注释法典丛书

新五版 · 3

中华人民共和国

婚姻家庭

注释法典

中国法制出版社
CHINA LEGAL PUBLISHING HOUSE

我国的立法体系①

立法主体	立法权限
全国人民代表大会	修改宪法，制定和修改刑事、民事、国家机构的和其他的基本法律
全国人民代表大会常务委员会	制定和修改除应当由全国人民代表大会制定的法律以外的其他法律；在全国人民代表大会闭会期间，对全国人民代表大会制定的法律进行部分补充和修改；根据全国人民代表大会授权制定相关法律；解释法律。
国务院	根据宪法、法律和全国人民代表大会及其常务委员会的授权，制定行政法规。
省、自治区、直辖市的人民代表大会及其常务委员会	根据本行政区域的具体情况和实际需要，在不同宪法、法律、行政法规相抵触的前提下，制定地方性法规。
设区的市、自治州的人民代表大会及其常务委员会	在不同上位法相抵触的前提下，可对城乡建设与管理、生态文明建设、历史文化保护、基层治理等事项制定地方性法规。
经济特区所在地的省、市的人民代表大会及其常务委员会	根据全国人民代表大会的授权决定，制定法规，在经济特区范围内实施。
上海市人民代表大会及其常务委员会	根据全国人民代表大会常务委员会的授权决定，制定浦东新区法规，在浦东新区实施。
海南省人民代表大会及其常务委员会	根据法律规定，制定海南自由贸易港法规，在海南自由贸易港范围内实施。
民族自治地方的人民代表大会	依照当地民族的政治、经济和文化的特点，制定自治条例和单行条例。对法律和行政法规的规定作出变通的规定，但不得违背法律或者行政法规的基本原则，不得对宪法和民族区域自治法的规定以及其他有关法律、行政法规专门就民族自治地方所作的规定作出变通规定。
国务院各部、委员会、中国人民银行、审计署和具有行政管理职能的直属机构以及法律规定的机构	根据法律和国务院的行政法规、决定、命令，在本部门的权限范围内，制定规章。
省、自治区、直辖市和设区的市、自治州的人民政府	根据法律、行政法规和本省、自治区、直辖市的地方性法规，制定规章。设区的市、自治州人民政府制定的地方政府规章限于城乡建设与管理、生态文明建设、历史文化保护、基层治理等方面的事项。
中央军事委员会	根据宪法和法律制定军事法规，在武装力量内部实施。
中国人民解放军各战区、军兵种和中国人民武装警察部队	根据法律和中央军事委员会的军事法规、决定、命令，在其权限范围内制定军事规章，在武装力量内部实施。
国家监察委员会	根据宪法和法律、全国人民代表大会常务委员会的有关决定，制定监察法规。
最高人民法院、最高人民检察院	作出属于审判、检察工作中具体应用法律的解释。

① 本图表为编者根据《立法法》相关规定编辑整理，供参考。

出 版 说 明

“注释法典”丛书是我社集数年法规编撰经验，创新出版的大型实用法律工具书。本套工具书不仅全面反映我国立法成果与现状，全面收录相关领域重要法律文件，而且秉持权威、实用的理念，从条文【注释】、【实务问答】及【裁判规则】多角度阐释重要法律规定，相信能够成为广大读者理解、掌握、适用法律的首选工具书。

本套工具书以中国特色社会主义法律体系为主线，结合实践确定分册，独家打造七重法律价值：

一、内容全面

本分册涵盖婚姻家庭领域重要的法律、法规、部门规章、司法解释等文件，收录的文件均为现行有效文本，方便读者全面、及时掌握相关规定。

二、注释精炼

在重要法律文件前设【理解与适用】，介绍该法历史沿革、主要内容、适用注意事项；以【注释】形式对重难点条文进行详细阐释。注释内容在吸取全国人大常委会法制工作委员会、最高人民法院等权威解读的基础上，结合最新公布的相关规定及司法实践全新撰写，保证注释内容的准确性与时效性。另外，在重要条文注释中，提炼简明小标题，并予以加粗，帮助读者快速把握条文注释主要内容。

三、实务问答

在相关法条下设【实务问答】，内容来源于最高人民法院司法观点、相关函复等，解答法律适用中的重点与难点。

四、案例指导

在相关法条下设【案例】，案件主要来源于最高人民法院、最高人民检察院指导性案例及公报案例，整理【裁判规则】，展示解决法律问题的权威实例。

五、关联法规链接

在相关法条下以【链接】的方式索引关联条文，提供相关且有效的条文援引，全面体现相关法律规定。

六、层级清晰　检索便捷

(1) 目录按照法律文件的效力等级分为法律及文件、行政法规及文件、部门规章及文件、司法解释及文件四个层级。(2) 每一层级下法律文件大多按照公布或者最后一次修改时间排列，以方便读者快速定位目标文件，但为了方便读者对某一类问题进行集中查找，本书将一些联系紧密的文件进行了集中排版。

七、超值增值服务

为了使读者能够全面了解解决法律问题的实例，准确适用法律，同时及时充分了解我国立法的动态信息，凡是购买本书的读者，均可获得以下超值增值服务：(1) 扫码添加书后“法规编辑部”公众号→点击菜单栏→进入资料下载栏→选择注释法典资料项→点击网址或扫码下载，即可获取最高人民法院、最高人民检察院指导性案例电子版；(2) 通过“法规编辑部”公众号，及时了解最新立法信息，并可线上留言，编辑团队会就图书相关疑问进行动态解答。

能够为大家学习法律、解决法律难题提供实实在在的帮助，是我们全心努力的方向，衷心欢迎广大读者朋友反馈意见、建议。

中国法制出版社

2023 年 7 月

目　　录*

一、综合

二、婚　姻

* 编者按:本目录中的时间为法律文件的公布时间或最后一次修正、修订公布时间。

三、家 庭

1. 综 合

2. 户籍管理

3. 抚养、扶养、赡养

4. 收养、寄养

5. 家庭生活保障

行政法规及文件

部门规章及文件

6. 特殊群体权益保障

法 律

行政法规

部门规范性文件

司法解释及文件

一、综合

中华人民共和国宪法(节录)

· 1982年12月4日第五届全国人民代表大会第五次会议通过
· 1982年12月4日全国人民代表大会公告公布施行
· 根据1988年4月12日第七届全国人民代表大会第一次会议通过的《中华人民共和国宪法修正案》、1993年3月29日第八届全国人民代表大会第一次会议通过的《中华人民共和国宪法修正案》、1999年3月15日第九届全国人民代表大会第二次会议通过的《中华人民共和国宪法修正案》、2004年3月14日第十届全国人民代表大会第二次会议通过的《中华人民共和国宪法修正案》和2018年3月11日第十三届全国人民代表大会第一次会议通过的《中华人民共和国宪法修正案》修正

……

第四十九条 【婚姻家庭制度】①婚姻、家庭、母亲和儿童受国家的保护。

夫妻双方有实行计划生育的义务。

父母有抚养教育未成年子女的义务,成年子女有赡养扶助父母的义务。

禁止破坏婚姻自由,禁止虐待老人、妇女和儿童。

……

中华人民共和国民法典(节录)

· 2020年5月28日第十三届全国人民代表大会第三次会议通过
· 2020年5月28日中华人民共和国主席令第45号公布
· 自2021年1月1日起施行

第一编 总 则

第一章 基本规定

第一条 【立法目的和依据】为了保护民事主体的合法权益,调整民事关系,维护社会和经济秩序,适应中国特色社会主义发展要求,弘扬社会主义核心价值观,根据宪法,制定本法。

注释 本条规定了《民法典》②五个方面的立法目的:

一是保护民事主体的合法权益。民事主体的合法权益包括人身权利,财产权利,兼具人身和财产性质的知识产权等权利,以及其他合法权益。保护公民的各项基本权利是宪法的基本原则和要求,保护民事主体的合法权益是民法的首要目的,也是落实和体现宪法精神的表现。可以说,《民法典》的全部规定都是围绕保护民事主体的合法权益而展开的。

二是调整民事关系。民事权益存在于特定社会关系之中,民法保护民事权利,是通过调整民事关系来实现的。

三是维护社会和经济秩序。民法保护单个主体的民事权利,调整民事主体之间的关系,从而确立并维护整个社会的民事生活秩序。

四是适应中国特色社会主义发展要求。法律是上层建筑,由经济基础决定的,并与经济基础相

① 条文主旨为编者所加,下同。
② 为便于阅读,本书理解与适用、注释、链接中对相关法律文件名称中的"中华人民共和国"字样都予以省略。

适应。编纂民法典就是为了满足人民群众的这种法治需求。社会主义市场经济本质上是法治经济,通过编纂民法典不断完善社会主义法律体系,健全市场秩序,维护交易安全,促进社会主义市场经济持续健康发展。

五是弘扬社会主义核心价值观。社会主义核心价值观是民族精神和时代精神的高度凝练,是中国特色社会主义法治的价值内核,是中国特色社会主义法治建设的灵魂,是坚持中国特色社会主义法治发展道路的基本遵循。社会主义核心价值观包括富强、民主、文明、和谐,自由、平等、公正、法治,爱国、敬业、诚信、友善。社会主义核心价值观要融入法治建设的全过程,要将社会主义核心价值观的基本要求融入法律,转化为法律规范性要求,将法律规范作为践行社会主义核心价值观的制度载体,使法律更好地体现国家的价值目标、社会的价值取向、公民的价值追求。编纂民法典,健全民事基本法律制度,可以强化全社会的契约精神。按照党中央关于把社会主义核心价值观融入法治建设的要求,应当强调在民事活动中弘扬中华优秀文化,践行社会主义核心价值观,大力弘扬自由、平等、公正、诚信等社会主义核心价值观。

宪法是国家的根本大法,是母法,是其他法律制定的依据。我国《立法法》明确规定,宪法具有最高的法律效力,一切法律、行政法规、地方性法规、自治条例和单行条例、规章都不得同宪法相抵触。“根据宪法,制定本法”的规定明确了《民法典》的立法依据。宪法是民法的立法根据,民法的规定必须体现宪法精神,落实宪法的要求,不得违背宪法。不仅民法的实体内容应当落实宪法的原则和要求,民法制定的立法程序也必须符合宪法关于立法制度和程序的规定。

第二条　【调整范围】民法调整平等主体的自然人、法人和非法人组织之间的人身关系和财产关系。

注释 民事主体是民事关系的参与者、民事权利的享有者、民事义务的履行者和民事责任的承担者。本条首先列举了民事主体的具体类型,包括自然人、法人和非法人组织三类。自然人是最为重要的民事主体,民法上使用这个概念,主要是与法人相区别。法人是法律上拟制的人,法人是一种社会组织,法律基于社会现实的需要,赋予符合一定条件的组织法人资格,便于这些组织独立从事民事活动,归根结底是为了扩展自然人从事民事活动的广度。《民法总则》创设了第三类民事主体非法人组织,包括个人独资企业、合伙企业等不具有法人资格的组织,《民法典》予以了延续。赋予这些组织以民事主体地位,有利于其开展民事活动,也与其他法律的规定相衔接。

自然人、法人、非法人组织之间的社会关系多种多样,并非所有社会关系都由民法调整。民法仅调整他们之间的民事关系,即作为平等主体的自然人、法人、非法人组织之间发生的社会关系。比如,行政机关在从事行政管理活动时,会与自然人或法人形成行政法律关系,这种行政法律关系双方的地位是不平等的,不由民法调整。机关从事民事活动,比如因购买商品而与公司签订买卖合同,民法要求其必须以机关法人的身份进行,此时机关法人与其他民事主体之间的法律地位是平等的,这种买卖合同关系则由民法调整。

民法所调整的民事关系根据权利义务所涉及的内容不同可以分为两大类,即民事主体之间的财产关系和人身关系。人身关系是指民事主体之间基于人格和身份形成的无直接物质利益因素的民事法律关系。人身关系有的与民事主体的人格利益相关,有的与民事主体的特定身份相关。如配偶之间的婚姻关系,父母子女之间抚养和赡养关系。财产关系是指民事主体之间基于物质利益而形成的民事法律关系。财产关系包括静态的财产支配关系,如所有权关系,还包括动态的财产流转关系,如债权债务关系等。从财产关系所涉及的权利内容而言,财产关系包括物权关系、债权关系等。

链接《民事诉讼法》第3条

第三条　【民事权利及其他合法权益受法律保护】民事主体的人身权利、财产权利以及其他合法权益受法律保护,任何组织或者个人不得侵犯。

注释 民事权利及其他合法权益受法律保护是民法的基本精神,也是民事立法的出发点和落脚点,统领整部《民法典》和各民商事特别法。

人身权利包括生命权、健康权、姓名权、名誉权、荣誉权、肖像权、隐私权、婚姻自主权、监护权等,财产权利包括所有权、用益物权、担保物权、股权等。民法除保护人身权利和财产权利外,兼具有人身和财产性质的知识产权、继承权等也受法律保护。除列明的民事权利外,《民法典》还规定保护其他合法权益,原因在于,有些民事权益法律并未明确规定,但确有必要予以保护的,法律也应当予以保护。民事权利及其他合法权益受法律保护,就要求任何组织或者个人不得侵犯。不得侵犯就是任何组织或者个人不得非法侵占、限制、剥夺他人的民事权利及其他合法权益,也不得干涉他人正常行使民事权利及其他合法权益。当然,这并非意味着民事主体的民事权利可以毫无限制,是绝对自由的。相反,民事主体行使民事权利要受到法律、公序良俗的约束,民事主体不得滥用民事权利,且国家基于公共利益的需要,在法律权限范围内经法定程序,在给予公平合理补偿的前提下,可以对民事主体的财产予以征收或者征用。

第四条 【平等原则】民事主体在民事活动中的法律地位一律平等。

注释 平等原则,是指民事主体在从事民事活动时,相互之间在法律地位上都是平等的,合法权益受到法律的平等保护。当事人之间地位平等是民法区别于其他法律部门的最为重要的特征。

民事主体的法律地位一律平等。首先,体现为自然人的权利能力一律平等。权利能力就是自然人享有民事权利、承担民事义务的法律资格,这种法律资格,不因自然人的出身、身份、职业、性别、年龄、民族、种族等而不同,所有自然人从法律人格上而言都是平等的、没有差别的。其次,体现为所有民事主体之间在从事民事活动时双方的法律地位平等。虽然国家行政机关在从事行政管理时,作为管理者,与被管理的行政相对人的地位是不平等的,存在隶属关系或管理与被管理的关系。但当机关法人与其他民事主体包括自然人、法人或者非法人组织从事交易时,二者的法律地位则是平等的。民法为了维护和实现民事主体之间法律地位的平等性,确保民事主体之间能平等协商交易条款,规定当事人一方利用优势地位强加给另一方的不公平的"霸王条款"无效。最后,平等原则的平等还体现为所有民事主体的合法权益受到法律的平等保护。平等保护就是民事主体权利在法律上都一视同仁受到保护。平等保护还意味着民事主体的权利受到侵害时,在法律适用上是平等的、能够获得同等的法律救济。

链接《宪法》第33条;《消费者权益保护法》第4条;《合伙企业法》第5条

第五条 【自愿原则】民事主体从事民事活动,应当遵循自愿原则,按照自己的意思设立、变更、终止民事法律关系。

注释 自愿原则,也被称为意思自治原则,就是民事主体有权根据自己的意愿,自愿从事民事活动,按照自己的意思自主决定民事法律关系的内容及其设立、变更和终止,自觉承受相应的法律后果。平等原则是民法的前提和基础,自愿原则即意思自治原则,是民法的核心。

自愿原则,可以从以下四个方面来理解。首先,民事主体有权自愿从事民事活动。民事主体参加或不参加某一民事活动由其自己根据自身意志和利益自由决定,其他民事主体不得干预,更不能强迫其参加。其次,民事主体有权自主决定民事法律关系的内容。民事主体决定参加民事活动后,可以根据自己的利益和需要,决定与谁建立民事法律关系,并决定具体的权利、义务内容,以及民事活动的行为方式。再次,民事主体有权自主决定民事法律关系的变动。民事法律关系的产生、变更、终止应由民事主体自己根据本人意志自主决定。最后,民事主体应当自觉承受相应法律后果。与民事主体自愿参加民事活动、自主决定民事法律关系相伴的是,民事主体需要自觉承受相应法律后果。自愿或者说意思自治的必然要求就是,每个人对自己的行为负责。自愿原则要求民事主体在行使权利的同时自觉履行约定或法定的义务,并承担相应的法律后果。

需要进一步说明的是,自愿或者意思自治不是毫无约束的绝对的自由与放任。民事主体实现自愿、自主或意思自治的前提是民事主体之间的平等法律地位。因此,民事主体的自愿建立在相互尊重的基础上,必须尊重其他民事主体的自主意志。民事主体的意思自治,还受到民法的公平原则、诚信原则、守法原则等基本原则的约束,这些原则要求民事主体从事民事活动,要公平合理、诚实守信,不得违反法律,不得违背公序良俗。

链接《证券法》第4条;《反不正当竞争法》第2条;《电子商务法》第5条

第六条 【公平原则】民事主体从事民事活动,应当遵循公平原则,合理确定各方的权利和义务。

注释 公平原则要求民事主体从事民事活动时要秉持公平理念,公正、平允、合理地确定各方的权利和义务,并依法承担相应的民事责任。公平原则体现了民法促进社会公平正义的基本价值,对规范民事主体的行为发挥着重要作用。公平原则作为民法的基本原则,不仅仅是民事主体从事民事活动应当遵守的基本行为准则,也是人民法院审理民事纠纷应当遵守的基本裁判准则。

案例 朱兆龙诉东台市许河安全器材厂侵权责任纠纷案[1](《最高人民法院公报》2020年第2期)

裁判规则:个人经营的淘宝网店绑定企业营业执照后变更为企业性质网店的,虽仍由个人经营,但因淘宝店披露的信息均为该企业信息,导致该淘宝店实际已经有属于企业所有权的权利外观。在企业不再允许该绑定,且绑定不能被取消的情况下,企业径自取得该淘宝店经营权的,并不构成对个人经营权的侵权。鉴于个人对网店信用升级有一定贡献,企业将店铺经营权收回的同时,根据公平理念和利益平衡原则,应当对原经营者给予适当的补偿。

链接《公司法》第126条;《拍卖法》第4条;《渔业法》第22条

第七条 【诚信原则】民事主体从事民事活动,应当遵循诚信原则,秉持诚实,恪守承诺。

注释 诚信原则要求所有民事主体在从事任何民事活动,包括行使民事权利、履行民事义务、承担民事责任时,都应该秉持诚实、善意,信守自己的承诺。

诚信原则作为民法最为重要的基本原则,被称为民法的"帝王条款",是各国民法公认的基本原则。

诚信原则具有高度抽象性和概括性,使得诚信原则对于民事主体从事民事活动、司法机关进行民事裁判活动都具有重要作用。诚信原则为民事主体开展民事活动提供指导,是民事主体从事民事活动的行为规则,要求民事主体行使权利、履行义务都应善意不欺、恪守信用。同时,诚信原则对司法机关裁判民事纠纷也具有积极作用,在当事人没有明确约定或法律没有具体规定时,司法机关可以根据诚信原则填补合同漏洞、弥补法律空白,平衡民事主体之间、民事主体与社会之间的利益,进而实现社会的公平正义。

案例 韩龙梅等诉阳光人寿保险股份有限公司江苏分公司保险合同纠纷案(《最高人民法院公报》2010年第5期)

裁判规则:《保险法》规定:"订立保险合同,保险人应当向投保人说明保险合同的条款内容,并可以就保险标的或者被保险人的有关情况提出询问,投保人应当如实告知。"保险人或其委托的代理人出售"自助式保险卡"未尽说明义务,又未对相关事项向投保人提出询问,自行代替投保人激活保险卡形成数据电文形式的电子保险单,在保险合同生效后,保险人以电子保险单内容不准确,投保人违反如实告知义务为由主张解除保险合同的,人民法院不予支持。

链接《反不正当竞争法》第2条;《拍卖法》第4条

第八条 【守法与公序良俗原则】民事主体从事民事活动,不得违反法律,不得违背公序良俗。

注释 守法和公序良俗原则,是现代民法的一项重要基本原则。

公序良俗是指公共秩序和善良习俗。守法和公序良俗原则要求自然人、法人和非法人组织在从事民事活动时,不得违反各种法律的强制性规定,不违背公共秩序和善良习俗:(1)民事主体从事民事活动不得违反法律。不得违反法律中的法律不仅包括民事法律,还包括其他部门法。所谓不得违反法律,就是要求不违反法律的强制性规定。民事主体在从事民事活动时,只要法律未明文禁止,又不违背公序良俗,就可以根据自己的利益和需要创设权利、义务内容。民事主体在从事民事活动时享有较大的自主空间,实现充分的意思自治。由于民法的基本原则之一就是意思自治,民法通常情况下不会干预民事主体的行为自由,民法的大多数规范都是任意性规范。对于任意性规范,民事主体可以结合自身的利益需要,决定是否纳入自己的意思自治范围。但是,任何人的自由并非毫无限制的,民法同样需要维护社会基本的生产、生活秩序,需要维护国家的基本价值追求,法律的强制性规范就是为实现这一目的而制定的,民事主体在从事民事活动时,应当遵守法律的强制性规定。(2)民事主体从事民事活动不得违背公序良俗。不得违背公序良俗原则,就是

---

[1] 本书收集的发生于《民法典》公布之前的案例,援引的法条为当时有效的条文,其中的裁判规则与《民法典》生效后的内容并不冲突,仍可作为参考。——编者注

不得违背公共秩序和善良习俗。公共秩序,是指政治、经济、文化等领域的基本秩序和根本理念,是与国家和社会整体利益相关的基础性原则、价值和秩序,在以往的民商事立法中被称为社会公共利益。善良习俗是指基于社会主流道德观念的习俗,也被称为社会公共道德,是全体社会成员所普遍认可、遵循的道德准则。善良习俗具有一定的时代性和地域性,随着社会成员的普遍道德观念的改变而改变。公共秩序强调的是国家和社会层面的价值理念,善良习俗突出的则是民间的道德观念,二者相辅相成,互为补充。

链接《公司法》第5条;《妇女权益保障法》第7条;《保险法》第4条

第九条　【绿色原则】民事主体从事民事活动,应当有利于节约资源、保护生态环境。

注释 绿色原则贯彻宪法关于保护环境的要求,同时落实党中央关于建设生态文明、实现可持续发展理念的要求,将环境资源保护上升至民法基本原则的地位,具有鲜明的时代特征,将全面开启环境资源保护的民法通道,有利于构建生态时代下人与自然的新型关系,顺应绿色立法潮流。

链接《宪法》第9条;《森林法》第3条;《土地管理法》第38条;《环境保护法》第6条

第十条　【处理民事纠纷的依据】处理民事纠纷,应当依照法律;法律没有规定的,可以适用习惯,但是不得违背公序良俗。

注释 本条规定,人民法院、仲裁机构等在处理民事纠纷时,首先应当依照法律。这里的法律是指广义的法律,包括全国人大及其常委会制定的法律和国务院制定的行政法规,也不排除地方性法规、自治条例和单行条例等。根据《立法法》第11条第8项规定,民事基本制度只能由全国人民代表大会及其常委会制定的法律规定。行政法规可以根据法律的规定或经法律的授权,针对特定领域的民事关系作出具体的细化规定。

本条还规定,法律没有规定的,可以适用不违背公序良俗的习惯。习惯是指在一定地域、行业范围内长期为一般人从事民事活动时普遍遵守的民间习俗、惯常做法等。适用习惯受到两个方面的限制:一是适用习惯的前提是法律没有规定。所谓法律没有规定,就是相关的法律、行政法规、地方性法规对特定民事纠纷未作出规定。二是所适用的习惯不得违背公序良俗。

案例 李金华诉立融典当公司典当纠纷案(《最高人民法院公报》2006年第1期)

裁判规则:绝当后,消灭当户基于典当合同对当物的回赎权,既不违反法律规定,也符合典当行业的惯例和社会公众的一般理解。

链接《最高人民法院关于适用〈中华人民共和国民法典〉总则编若干问题的解释》(以下简称《总则编解释》)第2条

第十一条　【特别法优先】其他法律对民事关系有特别规定的,依照其规定。

注释《立法法》第103条规定,同一机关制定的法律,特别规定与一般规定不一致的,适用特别规定。《民法典》出台后,将作为一般法,各民商事单行法作为特别法,根据《立法法》的规定,特别法的规定将优先适用。本条明确强调了特别法优先的法律适用规则。

如关于诉讼时效,总则编规定的一般诉讼时效期间为3年。而《海商法》第260条规定,有关海上拖航合同的请求权,时效期间为1年,自知道或者应当知道权利被侵害之日起计算。《保险法》第26条第2款规定,人寿保险的被保险人或者受益人向保险人请求给付保险金的诉讼时效期间为5年,自其知道或者应当知道保险事故发生之日起计算。上述规定就具有优先适用的地位。

链接《立法法》第103、105条;《涉外民事关系法律适用法》第2条;《票据法》第96条;《总则编解释》第1条

第十二条　【民法的效力范围】中华人民共和国领域内的民事活动,适用中华人民共和国法律。法律另有规定的,依照其规定。

链接《涉外民事关系法律适用法》第3条

第二章　自然人

第一节　民事权利能力和民事行为能力

第十三条　【自然人民事权利能力的起止时间】自然人从出生时起到死亡时止,具有民事权利能力,依法享有民事权利,承担民事义务。

注释 民事权利能力是指民事主体享有民事权利、承担民事义务的法律资格。法律规定了自然人民事权利能力,也即确认了自然人的民事主体地位,这是自然人依法享有民事权利,承担民事义务的前提。自然人的民事权利能力既包括自然人享有

民事权利的资格,也包括自然人承担民事义务的资格。

民事权利能力具有不可剥夺的特征。民事权利能力始于出生,终于死亡。自然人生存期间,其民事权利能力不因任何原因丧失、消灭。自然人受到刑事处罚、丧失民事行为能力等,都不能导致民事权利能力的减损或者消灭。法律包括公法都不得对自然人的民事权利能力进行限制或者剥夺。

第十四条 【民事权利能力平等】自然人的民事权利能力一律平等。

第十五条 【出生和死亡时间的认定】自然人的出生时间和死亡时间,以出生证明、死亡证明记载的时间为准;没有出生证明、死亡证明的,以户籍登记或者其他有效身份登记记载的时间为准。有其他证据足以推翻以上记载时间的,以该证据证明的时间为准。

注释 本条将出生证明、死亡证明记载的时间作为判断自然人出生时间、死亡时间的最基本依据。出生证明,即出生医学证明,记载有新生儿的姓名、性别、出生时间、父母亲姓名等。

死亡证明是指有关单位出具的证明自然人死亡的文书。主要包括以下几类:公民死于医疗单位的,由医疗单位出具死亡医学证明书;公民正常死亡但无法取得医院出具的死亡证明的,由社区、村(居)委会或者基层卫生医疗机构出具证明;公民非正常死亡或者卫生部门不能确定是否属于正常死亡的,由公安司法部门出具死亡证明;死亡公民已经火化的,殡葬部门出具火化证明。死亡证明是记载死亡时间的原始凭证,具有证明死亡时间的准确性和规范性,因此本条将死亡证明记载的时间作为判断自然人死亡时间的最基本的依据。

依据本条规定,没有出生证明、死亡证明的,以户籍登记或者其他有效身份登记记载的时间为准。户籍登记是国家公安机关按照国家户籍管理法律法规,对公民的身份信息进行登记记载的制度。

户籍登记以外的其他有效身份登记,包括我国公民居住证、港澳同胞回乡证、台湾居民的有效旅行证件、外国人居留证等。

链接《户口登记条例》第7条

第十六条 【胎儿利益保护】涉及遗产继承、接受赠与等胎儿利益保护的,胎儿视为具有民事权利能力。但是,胎儿娩出时为死体的,其民事权利能力自始不存在。

注释 自然人的民事权利能力始于出生,胎儿尚未与母体分离,不是独立的自然人,不能依据民事权利能力的一般规定进行保护。

本条从法律上明确胎儿在特定情形下视为具有民事权利能力。胎儿自母亲怀孕之时起就应当被视为具有民事权利能力,无须待到其出生之时,即可行使继承权等权利。但如"胎儿娩出时为死体"的,则溯及怀胎期间消灭其民事权利能力。胎儿享有的部分民事权利能力,除本条明确规定的遗产继承、接受赠与,还可能包括人身损害赔偿请求权、抚养损害赔偿请求权以及其他基于身份的请求权。

链接《总则编解释》第4条

第十七条 【成年时间】十八周岁以上的自然人为成年人。不满十八周岁的自然人为未成年人。

注释 在民法中区分成年人与未成年人的法律意义主要有以下几个方面:一是判断民事法律行为的效力。成年人可以独立实施民事法律行为,未成年人只可以独立实施部分民事法律行为,实施其他民事法律行为要经过法定代理人的同意或者追认。二是确定婚姻家庭关系中的权利义务。三是设立监护。为了保护未成年人的人身、财产权利及其他合法权益,对未成年人应当设立监护人。父母是未成年人的监护人,未成年人的父母已经死亡或者没有监护能力的,依法由其他有监护能力的人担任监护人。《民法典》将成年人年龄确定为18周岁。这也与我国宪法的相关规定相一致。我国宪法将选举权和被选举权这一重要的政治权利,赋予年满18周岁的公民。

链接《宪法》第34条;《未成年人保护法》第2条

第十八条 【完全民事行为能力人】成年人为完全民事行为能力人,可以独立实施民事法律行为。

十六周岁以上的未成年人,以自己的劳动收入为主要生活来源的,视为完全民事行为能力人。

注释 民事行为能力是指民事主体独立参与民事活动,以自己的行为取得民事权利或者承担民事义务的法律资格。民事行为能力与民事权利能力不同,民事权利能力是民事主体从事民事活动的前提,民事行为能力是民事主体从事民事活动的条件。所有的自然人都有民事权利能力,但不一定都有民事行为能力。自然人一经出生即当然享有民事权利能力,但要独立从事民事活动,实施民事法律行为,还必须要具有相应的民事行为能力。自然人的辨识能力因年龄、智力、精神健康等因素不同而有差异。《民法典》根据自然人辨识能力的不同,将自然人的民事行为能力分为完全民事行为能力、限制民事行为能力和无民事行为能力。完全民事行为能力人具有健全的辨识能力,可以独立进行民事活动;限制民事行为能力人只能独立进行与其辨识能力相适应的民事活动;无民事行为能力人应当由其法定代理人代理实施民事活动。

依据本条规定,成年人,即年满18周岁的自然人,具有完全民事行为能力,可以独立实施民事法律行为,并独立对民事法律行为的法律后果负责。但是,本条规定的成年人指辨认识别能力正常的成年人,对于辨认识别能力不足的成年人则根据具体情况的不同归为限制民事行为能力人或者无民事行为能力人。16周岁以上的未成年人,如果以自己的劳动收入为主要生活来源的,表明其已经具备成年人的辨识能力,可以独立实施民事法律行为,独立承担民事法律行为的后果,因此法律将其视为完全民事行为能力人。

链接《劳动法》第15条;《预防未成年人犯罪法》第27条

第十九条 【限制民事行为能力的未成年人】八周岁以上的未成年人为限制民事行为能力人,实施民事法律行为由其法定代理人代理或者经其法定代理人同意、追认;但是,可以独立实施纯获利益的民事法律行为或者与其年龄、智力相适应的民事法律行为。

注释 依据本条规定,8周岁以上的未成年人为限制民事行为能力人,心智发育仍然不够成熟,实施民事法律行为一般应当由其法定代理人代理,或者经其法定代理人同意、追认。同意是指事前同意,即限制民事行为能力的未成年人实施民事法律行为要经法定代理人的事前同意;追认是指事后追认,即限制民事行为能力的未成年人实施的民事法律行为要经过法定代理人的事后追认,才能对该未成年人发生效力。但是,8周岁以上的未成年人已经具有一定的辨认识别能力,法律应当允许其独立实施一定的民事法律行为。可以独立实施的民事法律行为包括两类:一类是纯获利益的民事法律行为,例如接受赠与等。限制民事行为能力的未成年人通常不会因这类行为遭受不利益,可以独立实施。另一类是与其年龄、智力相适应的民事法律行为,例如8周岁的儿童购买学习用品等。限制民事行为能力的未成年人对实施这类行为有相应的认知能力,可以独立实施。

链接《广告法》第33条;《公证法》第31条;《保险法》第39条

第二十条 【无民事行为能力的未成年人】不满八周岁的未成年人为无民事行为能力人,由其法定代理人代理实施民事法律行为。

注释 无民事行为能力是指不具有以自己的行为取得民事权利或者承担民事义务的资格。8周岁以下的未成年人,生理心理发育仍然很不成熟,对自己行为的辨认识别能力以及行为后果的预见能力仍然非常不够,为了避免他们的权益受到损害,法律将其规定为无民事行为能力人。依据本条规定,8周岁以下的儿童不具有独立从事民事法律行为的资格,要由其法定代理人代理实施民事法律行为。

第二十一条 【无民事行为能力的成年人】不能辨认自己行为的成年人为无民事行为能力人,由其法定代理人代理实施民事法律行为。

八周岁以上的未成年人不能辨认自己行为的,适用前款规定。

注释 原《民法通则》规定,只有完全不能辨认自己行为的精神病患者为无民事行为能力人,不完全正确。除了精神病患者之外,还有植物人、老年痴呆症患者等成年人也没有民事行为能力。根据实际情况,《民法典》采取了新的成年人无民事行为能力的标准,即不能辨认自己行为。已满18周岁的成年人,只要是不能辨认自己的行为的,就是无民事行为能力人,而不再区分是因何原因而不能辨认自己的行为。

8周岁以上的未成年人原本是限制民事行为能力人,如果8周岁以上的未成年人不能辨认自己的行为,与不能辨认自己行为的成年人一样,也是无民事行为能力人。

无民事行为能力的成年人或者8周岁以上不能辨认自己行为的未成年人,在实施民事法律行为时,都须由其法定代理人代理,不得自己独立实施,否则为无效。

第二十二条 【限制民事行为能力的成年人】不能完全辨认自己行为的成年人为限制民事行为能力人,实施民事法律行为由其法定代理人代理或者经其法定代理人同意、追认;但是,可以独立实施纯获利益的民事法律行为或者与其智力、精神健康状况相适应的民事法律行为。

注释 因智力障碍、精神障碍以及其他疾病导致不能完全辨认自己行为的成年人,均为限制民事行为能力人。限制民事行为能力的成年人实施民事法律行为一般由其法定代理人代理或者经其法定代理人同意、追认,但也可以独立实施一定的民事法律行为。关于"与其智力、精神健康状况相适应"的认定,可以从行为与本人生活相关联的程度,本人的智力、精神健康状况能否理解其行为并预见相应的后果,以及标的、数量、价款或者报酬等方面认定。

链接《总则编解释》第5条

第二十三条 【非完全民事行为能力人的法定代理人】无民事行为能力人、限制民事行为能力人的监护人是其法定代理人。

第二十四条 【民事行为能力的认定及恢复】不能辨认或者不能完全辨认自己行为的成年人,其利害关系人或者有关组织,可以向人民法院申请认定该成年人为无民事行为能力人或者限制民事行为能力人。

被人民法院认定为无民事行为能力人或者限制民事行为能力人的,经本人、利害关系人或者有关组织申请,人民法院可以根据其智力、精神健康恢复的状况,认定该成年人恢复为限制民事行为能力人或者完全民事行为能力人。

本条规定的有关组织包括:居民委员会、村民委员会、学校、医疗机构、妇女联合会、残疾人联合会、依法设立的老年人组织、民政部门等。

注释 本条规定针对的是不能辨认或者不能完全辨认自己行为的成年人。无民事行为能力或者限制民事行为能力的成年人辨认识别能力不足,往往是因为先天因素或者疾病、事故等原因造成的,短时期内难以恢复,有的甚至是不可逆转的。将不能辨认或者不能完全辨认自己行为的成年人,认定为无民事行为能力人或者限制民事行为能力人,一是对该成年人可以依照法定程序选任监护人,以保护其人身权益、财产权益及其他合法权益。二是法定代理人可以通过主张该成年人所实施的民事法律行为无效,或者撤销该民事法律行为,从而避免该成年人的权益受到损害。三是有利于保护交易安全。交易相对人可以事先决定是否与该成年人进行交易,如果在不知情的情况下进行了交易,相对人也可以通过催告法定代理人及时予以追认或者依法撤销该民事法律行为,尽快确定民事法律行为的效力。

依据本条规定,该认定需要向人民法院提出申请,并需要由人民法院作出判决,主要原因是无民事行为能力或者限制民事行为能力的认定对成年人的权益影响重大。将成年人认定为无民事行为能力或者限制民事行为能力,既是对辨认识别能力不足的成年人的保护,也是对这些成年人自由实施民事法律行为的限制,因此必须通过法定程序进行。此外,这些成年人辨认识别能力缺失的程度也有所不同,一般人难以认定,宜由人民法院综合各方面情况作出判断。

需要注意的是,本条中关于利害关系人的具体范围无法通过立法明确规定,应当具体情况具体分析。一般而言,对于第1款规定的"利害关系人"的范围,主要包括本人的近亲属、债权债务人等。对于第2款规定的"利害关系人"的范围,主要包括本人的监护人、债权债务人等。但具体案件中,这些主体是否都有资格向人民法院提出申请,也要在个案中根据实际情况作出判断。认定利害关系人是否是适格的申请主体,需要看本人的民事行为能力状况对其是否有重要意义或者影响。例如,本人的债务人如果不是为了确定民事法律行为的效力,也不得向人民法院申请认定其为无民事行为能力人、限制民事行为能力人。

链接《民事诉讼法》第194—196条

第二十五条 【自然人的住所】自然人以户籍登记或者其他有效身份登记记载的居所为住所;经常居所与住所不一致的,经常居所视为住所。

注释 住所是指民事主体进行民事活动的中心场所或者主要场所。自然人的住所一般指自然人长期居住、较为固定的居所。自然人的住所对婚姻登记、宣告失踪、宣告死亡、债务履行地、司法管辖、诉讼送达等具有重要的法律意义。居所指自然人实际居住的一定处所,其与住所的区别是,一个自然人可以同时有两个或多个居所,但只能有一个住所。一般的居所都是自然人临时居住,为暂时性的,住所则为长期固定的。依据本条规定,自然人以户籍登记或者其他有效身份登记记载的居所为住所。户籍登记是国家公安机关按照国家户籍管理法律法规,对公民的身份信息进行登记记载的制度。本条中的"其他有效身份登记"主要包括居住证和外国人的有效居留证件等。

链接《民事诉讼法》第22、23条

第二节 监 护

第二十六条 【父母子女之间的法律义务】父母对未成年子女负有抚养、教育和保护的义务。

成年子女对父母负有赡养、扶助和保护的义务。

注释 监护制度是我国基本的民事法律制度之一,在整个《民法典》中都占有重要地位。《民法典》构建了以家庭监护为基础、社会监护为补充、国家监护为兜底的监护制度。

依据本条规定,父母对未成年子女的抚养、教育和保护义务,主要包括进行生活上的照料,保障未成年人接受义务教育,以适当的方式方法管理和教育未成年人,保护未成年人的人身、财产不受到侵害,促进未成年人的身心健康发展等。成年子女对父母的赡养、扶助和保护义务,主要包括子女对丧失劳动能力或生活困难的父母,要进行生活上的照料和经济上的供养,从精神上慰藉父母,保护父母的人身、财产权益不受侵害。本法婚姻家庭编、老年人权益保障法等对此作出了较为具体的规定。

链接《宪法》第49条;《老年人权益保障法》第14条;《教育法》第50条;《未成年人保护法》第7条

第二十七条 【未成年人的监护人】父母是未成年子女的监护人。

未成年人的父母已经死亡或者没有监护能力的,由下列有监护能力的人按顺序担任监护人:

(一)祖父母、外祖父母;

(二)兄、姐;

(三)其他愿意担任监护人的个人或者组织,但是须经未成年人住所地的居民委员会、村民委员会或者民政部门同意。

注释 监护是保障无民事行为能力人和限制民事行为能力人的权益,弥补其民事行为能力不足的法律制度。被监护人包括两类:一类是未成年人;另一类是无民事行为能力和限制民事行为能力的成年人。

本条是关于未成年人的监护人的规定。

本条第1款规定,父母是未成年人的监护人。只有在父母死亡或者没有监护能力的情况下,才可以由其他个人或者有关组织担任监护人。

本条第2款对父母之外的其他个人或者组织担任监护人作出规定。一是规定父母之外具有监护能力的人按顺序担任监护人;二是增加了有关组织担任监护人的规定。

本条明确具有监护资格的人按照顺序担任监护人,主要目的在于防止具有监护资格的人之间互相推卸责任。当出现两个或者两个以上具有监护资格的人都愿意担任监护人,或者应当担任监护人的人认为自己不适合担任或认为其他具有监护资格的人更适合担任,则可以按照本条规定的顺序确定监护人,或者依照本法第30条规定进行协商;协商不成的,按照本法第31条规定的监护争议解决程序处理,由居民委员会、村民委员会、民政部门或者人民法院按照最有利于被监护人的原则指定监护人,不受本条规定的顺序的限制,但仍可作为依据。

第二十八条 【非完全民事行为能力成年人的监护人】无民事行为能力或者限制民事行为能力的成年人,由下列有监护能力的人按顺序担任监护人:

(一)配偶;

(二)父母、子女;

(三)其他近亲属;

(四)其他愿意担任监护人的个人或者组织,但是须经被监护人住所地的居民委员会、村民委员会或者民政部门同意。

注释 本条规定的需要设立监护的成年人为无民事行为能力人或者限制民事行为能力人,包括因智力、精神障碍以及因年老、疾病等各种原因,导致辨识能力不足的成年人。监护是对失智成年人人身、财产等各方面权益的保护和安排。

第二十九条 【遗嘱指定监护】被监护人的父母担任监护人的,可以通过遗嘱指定监护人。

注释 依据本条规定,被监护人(包括未成年人、无民事行为能力或者限制民事行为能力的成年人)的父母可以通过立遗嘱的形式为被监护人指定监护人,但前提是被监护人的父母正在担任着监护人。父母如果因丧失监护能力没有担任监护人,或者因侵害被监护人合法权益被撤销监护人资格等不再担任监护人的,已不宜再通过立遗嘱的形式为被监护人指定监护人。

关于遗嘱指定监护与法定监护的关系,一般来说,遗嘱指定监护具有优先地位。遗嘱指定监护是父母通过立遗嘱选择值得信任并对保护被监护人权益最为有利的人担任监护人,应当优先于本法第27条、第28条规定的法定监护。遗嘱指定监护指定的监护人,也应当不限于本法第27条、第28条规定的具有监护资格的人。但是,遗嘱指定的监护人应当具有监护能力,能够履行监护职责。如果遗嘱指定后,客观情况发生变化,遗嘱指定的监护人因患病等原因丧失监护能力,或者因出国等各种原因不能够履行监护职责,就不能执行遗嘱指定监护,应当依法另行确定监护人。担任监护人的被监护人父母通过遗嘱指定监护人,遗嘱生效时被指定的人不同意担任监护人的,人民法院应当适用本法第27条、第28条的规定确定监护人。

链接《总则编解释》第7条

第三十条 【协议确定监护人】依法具有监护资格的人之间可以协议确定监护人。协议确定监护人应当尊重被监护人的真实意愿。

注释 协议监护是确定监护人的方式之一。依据本条规定,协议监护具有以下几个特点:第一,协议主体必须是依法具有监护资格的人。即本法第27条、第28条规定的具有监护资格的人。未成年人的父母有监护能力的,不得与其他人签订协议,确定由其他人担任监护人,推卸自身责任。对于未成年人,协议监护只限于父母死亡或者没有监护能力的情况。父母丧失监护能力的,可以不作为协议监护的主体,但对协议确定监护人也可以提出自己的意见。具有监护资格的人在协议确定未成年人的监护时,从有利于保护被监护人的利益出发,对被监护人的意愿应当尽量予以尊重。第二,协议确定的监护人必须在具有监护资格的人之间产生,不得在法律规定的具有监护资格的人之外确定监护人。在具有监护资格的人之外确定监护人的,协议监护无效。第三,协议监护是具有监护资格的人合意的结果,合意产生后,由协议确定的监护人担任监护人,履行监护职责。监护人一旦确定,即不得擅自变更,否则要承担相应的法律责任。协议确定监护人对被监护人的利益影响重大,应当充分尊重被监护人的真实意愿。"尊重被监护人的真实意愿"不是简单地征求被监护人的意见,要结合多种情况进行综合考量判断,探求其内心真实的愿望。限制民事行为能力的未成年人和成年人已经具备了一定的认知判断能力以及较强的表达能力,协议确定监护人应当直接听取其意见,并对其意见是否反映其真实意愿,结合其他一些因素进行判断,如是否受到胁迫等。无民事行为能力的被监护人,不具有独立的认知判断能力,但这并不意味着这些被监护人没有真实意愿。对于无民事行为能力的被监护人的真实意愿,也应当结合各种情况判断,如被监护人与哪一个具有监护资格的人生活联系最为密切等。发现并充分尊重被监护人的真实意愿,对于保护被监护人的身心健康,具有重要意义。

链接《总则编解释》第8条

第三十一条 【监护争议解决程序】对监护人的确定有争议的,由被监护人住所地的居民委员会、村民委员会或者民政部门指定监护人,有关当事人对指定不服的,可以向人民法院申请指定监护人;有关当事人也可以直接向人民法院申请指定监护人。

居民委员会、村民委员会、民政部门或者人民法院应当尊重被监护人的真实意愿,按照最有利于被监护人的原则在依法具有监护资格的人中指定监护人。

依据本条第一款规定指定监护人前,被监护人的人身权利、财产权利以及其他合法权益处于无人保护状态的,由被监护人住所地的居民委员会、村民委员会、法律规定的有关组织或者民政部门担任临时监护人。

监护人被指定后,不得擅自变更;擅自变更的,不免除被指定的监护人的责任。

注释 本条规定不再保留《民法通则》规定的诉前指定程序。按照《民法通则》规定,对担任监护人有争议的案件,在向法院提起诉讼前,必须先经有关单位或者居民委员会、村民委员会进行指定。在实践中,因相关单位不愿指定、迟迟不指定监护人的情况较为常见,导致监护人长期不确定,诉讼程序难以启动,给妥善解决监护争议增加了难度,不利于保护被监护人的权益。鉴于此,本法不再规定监护诉讼的指定前置程序,对监护人的确定有争议的,有关当事人可以不经指定,直接向人民法院提出申请,由人民法院指定。本条还删去了《民法通则》规定的未成年人父母所在单位或者成年被监护人所在单位指定监护人的内容。

本条第1款规定了对监护人的确定有争议情况下的两种解决途径:一是由被监护人住所地的居民委员会、村民委员会或者民政部门指定监护人。该指定并没有终局效力。有关当事人对该指定不服的,可以向法院提出申请,由法院指定监护人。法院的指定具有终局效力,被指定的监护人应当履行监护职责,不得推卸。二是有关当事人可以不经居民委员会、村民委员会或者民政部门的指定,直接向法院提出申请,由法院指定监护人。本款规定的"对监护人的确定有争议的",既包括争当监护人的情况,也包括推卸拒不担当监护人的情况。主要有以下几类情形:一是具有监护资格的人均认为自己适合担任监护人,争当监护人;二是按照本法第27条、第28条规定的顺序应当担任监护人的,认为自己没有监护能力,无法履行监护职责或者认为其他具有监护资格的人更适宜担任监护人;三是后一顺序具有监护资格的人要求前一顺序具有监护资格的人依法履行监护职责;四是具有监护资格的人均推卸监护职责,拒不担当监护人的情况。对此,居民委员会、村民委员会或者民政部门应当介入,切实履行起指定监护的职责,依法指定监护人。本款中的两处"有关当事人"指对监护人的确定有争议的当事人。

第2款规定了居民委员会、村民委员会、民政部门或者人民法院指定监护人的原则:一是应当尊重被监护人的真实意愿;二是要按照最有利于被监护人的原则指定。具体参考因素如下:(1)与被监护人生活、情感联系的密切程度;(2)依法具有监护资格的人的监护顺序;(3)是否有不利于履行监护职责的违法犯罪等情形;(4)依法具有监护资格的人的监护能力、意愿、品行等。

第3款规定了临时监护制度。临时监护人由被监护人住所地的居民委员会、村民委员会、法律规定的有关组织或者民政部门担任。本款中的"依照本条第一款规定指定监护人前"应当从宽理解,不能仅限于监护争议解决期间。从时间点上,应当包括以下两个期间:一是监护争议解决程序启动之后,即居民委员会、村民委员会、民政部门开始处理监护争议或者人民法院受理监护申请之后,至指定监护人之前的期间;二是监护争议解决程序启动之前,只要发现因无人履行监护职责,被监护人的合法权益处于无人保护状态的,就由本条规定的居民委员会、村民委员会、法律规定的有关组织或者民政部门担任临时监护人,随后再依法启动监护争议解决程序,指定监护人。

第4款规定了指定监护的法律效力。依照监护争议解决程序,由居民委员会、村民委员会、民政部门或者人民法院指定监护人后,被指定的监护人应当履行监护职责,不得推卸,不得擅自变更。如果擅自变更为由其他人担任监护人的,不免除被指定的监护人的责任。被监护人侵害他人的合法权益,或者被监护人自身受到损害的,被指定的监护人仍应当承担责任,擅自变更后的监护人也要根据过错程度承担相应的责任。

链接《总则编解释》第9、10条

第三十二条 【公职监护人】没有依法具有监护资格的人的,监护人由民政部门担任,也可以由具备履行监护职责条件的被监护人住所地的居民委员会、村民委员会担任。

注释 本条是关于在监护人缺位时由政府民政部门担任兜底监护人的规定。"没有依法具有监护资格的人的"主要指没有本法第27条、第28条规定的具有监护资格的人的情况,即被监护人的父母死亡或者没有监护能力,也没有其他近亲属,或者其他近亲属都没有监护能力,而且还没有符合条件的其他愿意担任监护人的个人或者组织。如果存在具有监护资格的人,但其拒绝担任监护人的,不适用本条规定。

第三十三条 【意定监护】具有完全民事行为能力的成年人,可以与其近亲属、其他愿意担任监护人的个人或者组织事先协商,以书面形式确定自己的监护人,在自己丧失或者部分丧失民事行为能力时,由该监护人履行监护职责。

注释 意定监护是在监护领域对自愿原则的贯彻落实,是具有完全民事行为能力的成年人对自己将来的监护事务,按照自己的意愿事先所做的安排。依据本条规定,具有完全民事行为能力的成年人确定自己丧失或者部分丧失民事行为能力时的监护人,可以事先取得被选择方的认可,即经双方协商一致。意定监护对被监护人的权益影响很大,应以书面方式为宜,明确写明经双方认可的内容,对于其真实性、合法性加以保障,从根源上减少意定监护纠纷。

需要注意的是，意定监护不同于本法第30条规定的协议确定监护人，后者仍然属于法定监护方式，协议的主体是具有监护资格的人。一般而言，意定监护优先于法定监护予以适用。法律设立意定监护制度即是要尊重成年人自己的意愿，当然具有优先适用的地位。只有在意定监护协议无效或者因各种原因，例如协议确定的监护人丧失监护能力，监护协议无法履行的情况下，再适用法定监护。

链接《老年人权益保障法》第26条；《总则编解释》第11条

第三十四条 【监护职责及临时生活照料】监护人的职责是代理被监护人实施民事法律行为，保护被监护人的人身权利、财产权利以及其他合法权益等。

监护人依法履行监护职责产生的权利，受法律保护。

监护人不履行监护职责或者侵害被监护人合法权益的，应当承担法律责任。

因发生突发事件等紧急情况，监护人暂时无法履行监护职责，被监护人的生活处于无人照料状态的，被监护人住所地的居民委员会、村民委员会或者民政部门应当为被监护人安排必要的临时生活照料措施。

注释 本条第1款规定了监护人的职责。监护人保护被监护人的人身权利、财产权利以及其他合法权益的职责，主要包括：保护被监护人的身心健康，促进未成年人的健康成长，对成年被监护人也要积极促进其健康状况的恢复；照顾被监护人的生活；管理和保护被监护人的财产；对被监护人进行教育和必要的管理；在被监护人合法权益受到侵害或者与人发生争议时，代理其进行诉讼等。相关单行法也对监护人的监护职责作出较为具体的规定。例如，《未成年人保护法》专章对未成年人的父母或者其他监护人的监护职责作出具体规定。《精神卫生法》对精神障碍患者的监护人职责作出规定。

第2款规定了监护人因履行监护职责所产生的权利。例如，监护人为保护被监护人的人身权益，享有医疗方案的同意权；监护人为了保护被监护人财产权益，享有财产的管理和支配权；被监护人合法权益受到侵害或者与人发生争议时，代理被监护人参加诉讼的权利等。监护人享有这些权利，是为履行监护职责所需要，目的还是保护被监护人的人身、财产权利及其他合法权益。监护人行使这些权利时，其他人不得侵害或者剥夺。相关单行法也对监护人因履行监护职责所产生的权利作出规定。《广告法》第33条规定，广告主或者广告经营者在广告中使用无民事行为能力人、限制民事行为能力人的名义或者形象的，应当事先取得其监护人的书面同意。《母婴保健法》第19条规定，依照本法规定施行终止妊娠或者结扎手术，本人无行为能力的，应当经其监护人同意，并签署意见。

第3款规定了监护人的责任。监护人如果不履行监护职责或者侵害被监护人合法权益的，应当承担相应的责任，主要包括两个方面：一是对被监护人的侵权行为承担责任。二是监护人不履行监护职责或者侵害被监护人合法权益，造成被监护人人身、财产损害的，应当承担民事责任。

第4款是新增条款，这里的"突发事件"，是指突发事件应对法中规定的突然发生，造成或者可能造成严重社会危害，需要采取应急处置措施予以应对的自然灾害、事故灾难、公共卫生事件和社会安全事件。需要注意的是，安排临时生活照料措施与民事监护中的临时监护制度不同。安排临时生活照料措施主要就是对被监护人进行生活照料，而临时监护除了照料生活之外，还有许多情况需要处理，可能包括一些涉及被监护人的权利义务的重大决定。

第三十五条 【履行监护职责应遵循的原则】监护人应当按照最有利于被监护人的原则履行监护职责。监护人除为维护被监护人利益外，不得处分被监护人的财产。

未成年人的监护人履行监护职责，在作出与被监护人利益有关的决定时，应当根据被监护人的年龄和智力状况，尊重被监护人的真实意愿。

成年人的监护人履行监护职责，应当最大程度地尊重被监护人的真实意愿，保障并协助被监护人实施与其智力、精神健康状况相适应的民事法律行为。对被监护人有能力独立处理的事务，监护人不得干涉。

注释 本条第1款确立了最有利于被监护人的原则。依据本款规定，对未成年人和成年被监护人的监护，均要遵循最有利于被监护人的原则，即监护人在保护被监护人的人身权利、财产权利及其他合法权益的过程中,要综合各方面因素进行权衡,选择最有利于被监护人的方案,采取最有利于被监护人的措施,使被监护人的利益最大化。

第2款规定了尊重未成年人意愿的原则。依据本款规定,未成年人的监护人在作出与未成年人的利益有关的决定时,应当征求未成年人的意见,在未成年人提出自己的意见后,再根据未成年人的年龄、社会经验、认知能力和判断能力等,探求、尊重被监护人的真实意愿。

第3款规定了最大限度地尊重成年被监护人意愿的原则。最大限度地尊重被监护人的真实意愿是成年人的监护人履行监护职责的基本原则,贯穿于履行监护职责的方方面面。如果某项民事法律行为,根据被监护人的智力、精神健康状况,被监护人可以独立实施,监护人不得代理实施,要创造条件保障、支持被监护人独立实施。监护人不得干涉被监护人有能力独立处理的事务,促进被监护人按照自己的意愿独立、正常生活。

链接《未成年人保护法》第16条

第三十六条 【监护人资格的撤销】监护人有下列情形之一的,人民法院根据有关个人或者组织的申请,撤销其监护人资格,安排必要的临时监护措施,并按照最有利于被监护人的原则依法指定监护人:

(一)实施严重损害被监护人身心健康的行为;

(二)怠于履行监护职责,或者无法履行监护职责且拒绝将监护职责部分或者全部委托给他人,导致被监护人处于危困状态;

(三)实施严重侵害被监护人合法权益的其他行为。

本条规定的有关个人、组织包括:其他依法具有监护资格的人,居民委员会、村民委员会、学校、医疗机构、妇女联合会、残疾人联合会、未成年人保护组织、依法设立的老年人组织、民政部门等。

前款规定的个人和民政部门以外的组织未及时向人民法院申请撤销监护人资格的,民政部门应当向人民法院申请。

注释 本条第1款规定了撤销监护人资格诉讼的适用情形。一是实施严重损害被监护人身心健康行为的,例如性侵害、出卖、遗弃、虐待、暴力伤害被监护人等。二是怠于履行监护职责,或者无法履行监护职责且拒绝将监护职责部分或者全部委托给他人,导致被监护人处于危困状态的。例如,父母有吸毒、赌博等恶习,怠于履行监护职责,导致儿童面临严重危险等;父母外出打工,也没有将监护职责委托给他人,留下年龄较小的儿童独立在家生活,处于危困状态等。三是兜底性规定,只要有严重侵害被监护人合法权益行为的,均可以撤销监护人资格。例如,教唆、利用未成年人实施违法犯罪行为等。

撤销监护人资格诉讼往往要持续一定的时间。在此期间内,如果被监护人的人身、财产等合法权益处于无人保护状态,人民法院应当安排必要的临时监护措施。依据本法第31条第3款的规定,人民法院可以指定被监护人住所地的居民委员会、村民委员会、法律规定的有关组织或者民政部门担任临时监护人。

第2款对有权向法院申请撤销监护人资格的主体作出规定。第3款对兜底性的申请主体作出规定。当第2款规定的个人和民政部门以外的组织因各种原因未及时向人民法院提出撤销监护人资格的申请,导致被监护人的合法权益无法得到保护,则民政部门应当承担起向法院申请撤销监护人资格的职责。要正确理解本款与第2款赋予民政部门申请主体资格的关系。民政部门只要是发现具有严重侵害被监护人合法权益的情形,即可依据本条第2款规定,向法院申请撤销监护人资格,不需要等到其他个人或者组织都不向法院申请之后再行申请。如果其他个人或者组织都不向法院申请撤销监护人资格,此时,民政部门应当依照第3款规定,主动向法院提出申请。

链接《总则编解释》第9—11条

第三十七条 【监护人资格撤销后的义务】依法负担被监护人抚养费、赡养费、扶养费的父母、子女、配偶等,被人民法院撤销监护人资格后,应当继续履行负担的义务。

注释 实践中,监护人往往由父母、子女、配偶等法定扶养义务人担任。监护人被撤销监护人资格后,就不能再继续履行监护职责。但法定扶养义务是基于血缘、婚姻等关系确立的法律义务,该义务不因监护人资格的撤销而免除。

第三十八条 【监护人资格的恢复】被监护人的父母或者子女被人民法院撤销监护人资格后,除对被监护人实施故意犯罪的外,确有悔改表现的,经其申请,人民法院可以在尊重被监护人真实意愿的前提下,视情况恢复其监护人资格,人民法院指定的监护人与被监护人的监护关系同时终止。

注释 依据本条规定,恢复监护人资格必须要向人民法院申请,由人民法院决定是否予以恢复。父母与子女是最近的直系亲属关系,本条适用的对象仅限于被监护人的父母或者子女,其他个人或者组织的监护人资格一旦被撤销,即不再恢复。被监护人的父母或者子女被撤销监护人资格后,再恢复监护人资格还需要满足以下几个条件:1. 没有对被监护人实施故意犯罪的情形。如对被监护人实施性侵害、虐待、遗弃被监护人等构成刑事犯罪的,不得恢复监护人资格。但对因过失犯罪,例如因过失导致被监护人受到伤害等被撤销监护人资格的,则可以根据具体情况来判断是否恢复监护人资格。2. 确有悔改表现,即被监护人的父母或者子女不但要有悔改的意愿,还要有实际的悔改表现,这需要由人民法院根据具体情形予以判断。3. 要尊重被监护人的真实意愿。如被监护人不愿意其父母或者子女继续担任监护人的,则不得恢复。4. 即使符合以上条件,法院也还需要综合考虑各方面情况,从有利于被监护人权益保护的角度,决定是否恢复监护人资格。

第三十九条 【监护关系的终止】有下列情形之一的,监护关系终止:

(一)被监护人取得或者恢复完全民事行为能力;

(二)监护人丧失监护能力;

(三)被监护人或者监护人死亡;

(四)人民法院认定监护关系终止的其他情形。

监护关系终止后,被监护人仍然需要监护的,应当依法另行确定监护人。

注释 监护法律关系消灭,发生的法律后果是:1. 被监护人脱离监护,即为完全民事行为能力人,可以独立行使民事权利,独立承担民事义务,人身、财产权益均由自己维护,民事行为的实施亦独立为之。2. 在财产上,监护关系的消灭引起财产的清算和归还。

在监护法律关系相对消灭,即监护关系终止后,被监护人仍然需要监护的,实际上是监护关系的变更,应当依照法律规定另行确定监护人。

链接《总则编解释》第12条

第三节 宣告失踪和宣告死亡

第四十条 【宣告失踪】自然人下落不明满二年的,利害关系人可以向人民法院申请宣告该自然人为失踪人。

注释 宣告失踪是指自然人下落不明达到法定的期限,经利害关系人申请,人民法院依照法定程序宣告其为失踪人的一项制度。本条规定的宣告失踪的条件包含三个层次:

1. 自然人下落不明满2年。所谓下落不明,是指自然人持续不间断地没有音讯的状态。

2. 利害关系人向人民法院申请。利害关系人的范围界定较宽,包括:被申请人的近亲属,依据本法第1128、1129条规定对被申请人有继承权的亲属;债权人、债务人、合伙人等与被申请人有民事权利义务关系的民事主体,但是不申请宣告失踪不影响其权利行使、义务履行的除外。宣告失踪的申请可由这些利害关系人中的一人提出或数人同时提出,没有先后顺序的区别。

3. 由人民法院依据法定程序进行宣告。宣告失踪在法律效果上对自然人的财产利益产生重大影响,必须由司法机关经过严格程序来进行。因此,宣告失踪只能由人民法院作出,其他任何机关和个人无权作出宣告失踪的决定。依照《民事诉讼法》的规定,人民法院审理宣告失踪案件,适用特别程序。人民法院受理宣告失踪案件后,应当发出寻找下落不明人的公告。宣告失踪的公告期间为3个月。公告期间届满,人民法院应当根据被宣告失踪的事实是否得到确认,作出宣告失踪的判决或者驳回申请的判决。《最高人民法院关于适用〈中华人民共和国民事诉讼法〉的解释》第345条规定:"寻找下落不明人的公告应当记载下列内容:(一)被申请人应当在规定期间内向受理法院申报其具体地址及其联系方式。否则,被申请人将被宣告失踪、宣告死亡;(二)凡知悉被申请人生存现状的人,应当在公告期间内将其所知道情况向受理法院报告。"

链接《民事诉讼法》第190、192条;《总则编解释》第14条

第四十一条 【下落不明的起算时间】自然人下落不明的时间自其失去音讯之日起计算。战争期间下落不明的,下落不明的时间自战争结束之日或者有关机关确定的下落不明之日起计算。

注释 宣告自然人失踪,最重要的条件就是达到法定的下落不明的时间要求。下落不明的起算时间,为其失去音讯之日,也是最后获得该自然人音

讯之日。本条规定中的“自然人下落不明的时间自其失去音讯之日起计算”,失去音讯之日作为起算日不算入,从下一日开始计算。

需要说明的是,本条关于下落不明的时间如何计算的规定,虽然在宣告失踪条件的规定之后,但不仅适用于宣告失踪的情形,也适用于宣告死亡的情形。

第四十二条 【财产代管人】失踪人的财产由其配偶、成年子女、父母或者其他愿意担任财产代管人的人代管。

代管有争议,没有前款规定的人,或者前款规定的人无代管能力的,由人民法院指定的人代管。

注释 法律设立宣告失踪制度,主要就是为了结束失踪人财产无人管理以及其应当履行的义务不能得到及时履行的不确定状态,这既是对失踪人利益的保护,同时也是对失踪人的债权人等利害关系人合法权益的保护。

本条规定的“其他愿意担任财产代管人的人”,既包括其他亲属、朋友,也包括有关组织。

链接《总则编解释》第15条

第四十三条 【财产代管人的职责】财产代管人应当妥善管理失踪人的财产,维护其财产权益。

失踪人所欠税款、债务和应付的其他费用,由财产代管人从失踪人的财产中支付。

财产代管人因故意或者重大过失造成失踪人财产损失的,应当承担赔偿责任。

注释 财产代管人负有像对待自己事务一样的注意义务,来管理失踪人的财产,这种代管直接来自法律的规定,代管财产的目的也不是从中获利,该种管理财产的行为通常是无偿的。因此,只要尽到善良管理人的义务,即能够像管理自己的事务一样管理失踪人的财产即可。只有在代管人故意或重大过失造成失踪人的财产损害时,才应当承担赔偿责任,对于一般的过失造成的损害不承担赔偿责任。存在这种情形的,在失踪人失踪期间,失踪人的利害关系人可以向人民法院请求财产代管人承担民事责任,并可以依照本法第44条的规定,向人民法院申请变更财产代管人。

本条第2款中的“其他费用”,包括赡养费、扶养费、抚育费和因代管财产所需的管理费等必要的费用。

第四十四条 【财产代管人的变更】财产代管人不履行代管职责、侵害失踪人财产权益或者丧失代管能力的,失踪人的利害关系人可以向人民法院申请变更财产代管人。

财产代管人有正当理由的,可以向人民法院申请变更财产代管人。

人民法院变更财产代管人的,变更后的财产代管人有权请求原财产代管人及时移交有关财产并报告财产代管情况。

注释 变更财产代管人需要有法定的事由。依照本条第1款的规定,如果出现财产代管人不履行代管职责、侵害失踪人财产权益或者丧失代管能力等事由,表明该财产代管人已经不再适格,则失踪人的利害关系人就可以向人民法院申请变更财产代管人。这里的利害关系人既包括失踪人的近亲属,也包括其他利害关系人,如失踪人的债权人。

《最高人民法院关于适用〈中华人民共和国民事诉讼法〉的解释》第342条第1款规定:“失踪人的财产代管人经人民法院指定后,代管人申请变更代管的,比照民事诉讼法特别程序的有关规定进行审理。申请理由成立的,裁定撤销申请人的代管人身份,同时另行指定财产代管人;申请理由不成立的,裁定驳回申请。”第2款规定:“失踪人的其他利害关系人申请变更代管的,人民法院应当告知其以原指定的代管人为被告起诉,并按普通程序进行审理。”

第四十五条 【失踪宣告的撤销】失踪人重新出现,经本人或者利害关系人申请,人民法院应当撤销失踪宣告。

失踪人重新出现,有权请求财产代管人及时移交有关财产并报告财产代管情况。

注释 本条第1款规定了失踪宣告撤销的条件:1. 失踪人重新出现,即是重新得到了失踪人的音讯,从而消除了其下落不明的状态。2. 经本人或者利害关系人申请。这里利害关系人的范围应当与申请宣告失踪的利害关系人范围一致,包括被申请宣告失踪人的配偶、父母、子女、兄弟姐妹、祖父母、外祖父母、孙子女、外孙子女以及其他与失踪人有民事权利义务关系的人。应当向下落不明人住所地基层人民法院提出申请。3. 撤销失踪宣告应当由人民法院作出。自然人失踪只能由人民法院依据法定程序进行宣告,因此,该宣告的撤销也应当由人民法院通过法定程序来作出。

本条第2款规定了失踪人重新出现后的法律

效果。宣告失踪一经撤销,原被宣告失踪的自然人本人就应当恢复对自己财产的控制,财产代管人的代管职责应当相应结束,即停止代管行为,移交代管的财产并向本人报告代管情况。只要代管人非出于恶意,其在代管期间支付的各种合理费用,失踪人不得要求代管人返还。

链接《民事诉讼法》第193条

第四十六条 【宣告死亡】自然人有下列情形之一的,利害关系人可以向人民法院申请宣告该自然人死亡:

(一)下落不明满四年;

(二)因意外事件,下落不明满二年。

因意外事件下落不明,经有关机关证明该自然人不可能生存的,申请宣告死亡不受二年时间的限制。

注释 宣告死亡是自然人下落不明达到法定期限,经利害关系人申请,人民法院经过法定程序在法律上推定失踪人死亡的一项民事制度。宣告自然人死亡,是对自然人死亡的法律上的推定,这种推定将产生与生理死亡基本一样的法律效果,因此,宣告死亡必须具备法律规定的条件:

1. 自然人下落不明的时间要达到法定的长度。一般情况下,下落不明的时间要满4年。如果是因意外事件而下落不明,下落不明的时间要满2年。而对于因意外事件下落不明的自然人,如果与该意外事件有关的机关证明该自然人不可能生存的,利害关系人就可以据此申请宣告该自然人死亡,而不必等到下落不明满2年。

2. 必须要由利害关系人提出申请。此处所说的利害关系人,是与被宣告人是生存还是死亡的法律后果有利害关系的人,包括:被申请人的配偶、父母、子女,以及依据本法第1129条规定对被申请人有继承权的亲属。在被申请人的配偶、父母、子女均已死亡或者下落不明,或者不申请宣告死亡不能保护其相应合法权益的情况下,被申请人的其他近亲属,以及依据本法第1128条规定对被申请人有继承权的亲属,也应当认定为本条规定的利害关系人。此外,被申请人的债权人、债务人、合伙人等民事主体一般不能认定为本条规定的利害关系人,但是不申请宣告死亡不能保护其相应合法权益的除外。申请宣告死亡的利害关系人没有顺序要求。依照《民事诉讼法》第191条的规定,利害关系人申请宣告其死亡的,向下落不明人住所地基层人民法院提出。申请书应当写明下落不明的事实、时间和请求,并附有公安机关或者其他有关机关关于该公民下落不明的书面证明。

3. 只能由人民法院经过法定程序,宣告自然人死亡。依照民事诉讼法的规定,人民法院审理宣告死亡案件,适用民事诉讼法关于特别程序的规定。人民法院受理宣告死亡案件后,应当发出寻找下落不明人的公告,公告期间为1年。因意外事件下落不明,经有关机关证明该公民不可能生存的,宣告死亡的公告期间为3个月。公告期间届满,人民法院应当根据被宣告死亡的事实是否得到确认,作出宣告死亡的判决或者驳回申请的判决。

链接《民事诉讼法》第192条;《总则编解释》第16、17条

第四十七条 【宣告失踪与宣告死亡申请的竞合】对同一自然人,有的利害关系人申请宣告死亡,有的利害关系人申请宣告失踪,符合本法规定的宣告死亡条件的,人民法院应当宣告死亡。

注释 本条明确了宣告死亡和宣告失踪的关系,宣告死亡并不以宣告失踪为前提。

第四十八条 【死亡日期的确定】被宣告死亡的人,人民法院宣告死亡的判决作出之日视为其死亡的日期;因意外事件下落不明宣告死亡的,意外事件发生之日视为其死亡的日期。

第四十九条 【被宣告死亡人实际生存时的行为效力】自然人被宣告死亡但是并未死亡的,不影响该自然人在被宣告死亡期间实施的民事法律行为的效力。

第五十条 【死亡宣告的撤销】被宣告死亡的人重新出现,经本人或者利害关系人申请,人民法院应当撤销死亡宣告。

注释 宣告死亡是人民法院经过法定程序作出的,具有宣示性和公信力,产生相应的法律后果。即使被宣告人事实上没有死亡,也不能在重新出现后使得与其相关的民事法律关系当然地回复到原来的状态,而必须经本人或者利害关系人申请,同样由人民法院通过法定程序,作出新判决,撤销原判决。

第五十一条 【宣告死亡及其撤销后婚姻关系的效力】被宣告死亡的人的婚姻关系,自死亡宣告之日起消除。死亡宣告被撤销的,婚姻关系自撤销死亡宣告之日起自行恢复。但是,其配偶再

婚或者向婚姻登记机关书面声明不愿意恢复的除外。

注释 死亡宣告被撤销后,对当事人婚姻关系发生的法律效果是:1. 被宣告死亡的自然人的配偶没有再婚的,死亡宣告被撤销后,原来的婚姻关系可以自行恢复,仍与原配偶为夫妻关系,不必再进行结婚登记;2. 其配偶向婚姻登记机关书面声明不愿意与被宣告死亡的配偶恢复婚姻关系的,则不能自行恢复夫妻关系;3. 被宣告死亡的自然人的配偶已经再婚,即使再婚后又离婚或再婚后新配偶已经死亡的,也不得因为撤销死亡宣告而自动恢复原来的婚姻关系。

第五十二条 【死亡宣告撤销后子女被收养的效力】被宣告死亡的人在被宣告死亡期间,其子女被他人依法收养的,在死亡宣告被撤销后,不得以未经本人同意为由主张收养行为无效。

第五十三条 【死亡宣告撤销后的财产返还与赔偿责任】被撤销死亡宣告的人有权请求依照本法第六编取得其财产的民事主体返还财产;无法返还的,应当给予适当补偿。

利害关系人隐瞒真实情况,致使他人被宣告死亡而取得其财产的,除应当返还财产外,还应当对由此造成的损失承担赔偿责任。

第四节 个体工商户和农村承包经营户

第五十四条 【个体工商户】自然人从事工商业经营,经依法登记,为个体工商户。个体工商户可以起字号。

注释 个体工商户与法人和非法人组织的最大区别就是不具有组织性:1. 个体工商户没有"设立"过程,不存在"出资"行为,法律也不要求个体工商户一定要具有"字号"或"名称"。2. 个体工商户经登记机关登记的经营场所只能为一处,不得设立分支机构。3. 个体工商户的经营形式仅包括个人经营和家庭经营,进行工商业经营的自然人本身须参与具体经营活动;在家庭经营的情况下,"家庭"不是作为进行经营活动的"组织"出现。4. 个体工商户缴纳的税种是个人所得税。

有经营能力的自然人或家庭,经依法登记,领取个体工商户营业执照,从事工商业经营的,可以成为个体工商户。个体工商户应当依法登记下列事项:组成形式、经营范围、经营场所,经营者姓名、住所。个体工商户可以使用名称,也可以不使用名称。个体工商户使用名称的,登记事项还应当包括名称。一户个体工商户只能使用一个名称。个体工商户名称组织形式不得使用"企业""公司"和"农民专业合作社"字样。

链接《促进个体工商户发展条例》;《市场主体登记管理条例》;《市场主体登记管理条例实施细则》

第五十五条 【农村承包经营户】农村集体经济组织的成员,依法取得农村土地承包经营权,从事家庭承包经营的,为农村承包经营户。

注释 农村承包经营户是指在法律允许的范围内,按照农村土地承包经营合同的约定,利用农村集体土地从事种植业以及副业生产经营的农村集体经济组织的成员或者家庭。

农村土地家庭承包的承包方是本集体经济组织的农户。农户是农村中以血缘和婚姻关系为基础组成的农村最基本的社会单位。它既是独立的生活单位,又是独立的生产单位。作为生产单位的农户,一般是依靠家庭成员的劳动进行农业生产与经营活动的。对农村土地实行家庭承包的,农户成为农村集体经济中一个独立的经营层次,是农村从事生产经营活动的基本单位。以户为生产经营单位,与一般的自然人个人作为民事主体有所区别,但又不同于非法人组织这类民事主体。因此法律对其单独进行规定,即农村集体经济组织的成员,依法取得农村土地承包经营权,从事家庭承包经营的,为农村承包经营户。

链接《农村土地承包法》第5、16条

第五十六条 【"两户"的债务承担】个体工商户的债务,个人经营的,以个人财产承担;家庭经营的,以家庭财产承担;无法区分的,以家庭财产承担。

农村承包经营户的债务,以从事农村土地承包经营的农户财产承担;事实上由农户部分成员经营的,以该部分成员的财产承担。

注释 对于实践中无法区分是个人经营还是家庭经营,是个人投资还是家庭投资,是个人享用经营收益还是家庭共同享用经营收益,进而确定债务是以个人财产承担还是以家庭财产承担的问题,司法实践中一般有以下认定标准:1. 以公民个人名义申请登记的个体工商户,用家庭共有财产投资,或者收益的主要部分供家庭成员享用的,其债务应以家庭共有财产清偿。2. 夫妻关系存续期间,一方从事个体经营,其收入为夫妻共有财产,债务亦应以夫妻共有财产清偿。此外,个体工商户的债务,如以其家庭共有财产承担责任,应当保留家庭成员的生活必需品和必要的生产工具。

对于农村土地承包经营需要说明的是:1. 家庭承包中,是按人人有份分配承包地,按户组成一个生产经营单位作为承包方。2. 本集体经济组织的农户作为承包方的,主要是针对耕地、草地和林地等适宜家庭承包的土地的承包。3. 农户内的成员分家析产的,单独成户的成员可以对原家庭承包的土地进行分别耕作,但承包经营权仍是一个整体,不能分割。

在承包期内,无论承包户内人口发生什么样的变化,是增是减,只要作为承包户的家庭还存在,承包户就是一个生产经营单位,是一个对外承担责任的主体。考虑到随着我国城乡经济结构的调整和城镇化的发展,农村剩余劳动力向城镇的转移会不断增加,有的家庭成员进城务工就业,分门立户,已完全不参与家庭土地承包经营,也不分享承包家庭的收益,在这种情况下,可以不再承担原所在家庭承包经营的债务。因此本条规定,"事实上由农户部分成员经营的,以该部分成员的财产承担"。需要指出的是,在实践中,这一规定要严格掌握,防止借本条规定逃避应承担的债务。

第三章 法 人

第一节 一般规定

第五十七条 【法人的定义】法人是具有民事权利能力和民事行为能力,依法独立享有民事权利和承担民事义务的组织。

注释 法人是"自然人"的对称,是自然人之外最为重要的民事主体,有自身独立的法律人格,可以以自己的名义起诉与应诉、拥有财产、进行交易、承担责任。法人制度是近现代民法上一项极为重要的法律制度。

所谓法人的民事权利能力,是指法人作为民事主体,享受民事权利并承担民事义务的资格。法人的民事权利能力与法人的民事主体资格是同一的,法人之所以具有民事主体资格,就是因为其具有民事权利能力。法人的民事权利能力是法人实施民事行为和从事民事活动的前提和基础。法人和自然人均具有民事权利能力,但是法人的民事权利能力不同于自然人的民事权利能力。法人是组织体,不是生命体,因此,某些与自然人的人身不可分离的人身权如生命权、健康权等不可能由法人享有,以性别、年龄、身份及亲属关系等为前提的权利义务,也不可能由法人享有和承担。

所谓法人的民事行为能力,是指法人作为民事主体,以自己的行为取得民事权利并承担民事义务的资格。法人作为一个统一的组织体,有自己的内部机构,能够产生并实现自己的意思,从而决定了法人具有民事行为能力。董事作为法人的机关,其在职务上的行为,视为法人本身的行为。法人的团体意志并不同于个人的意志,也不是个人意志的简单总和,而是一种意志的综合。

链接《公司法》第3条

第五十八条 【法人的成立】法人应当依法成立。

法人应当有自己的名称、组织机构、住所、财产或者经费。法人成立的具体条件和程序,依照法律、行政法规的规定。

设立法人,法律、行政法规规定须经有关机关批准的,依照其规定。

注释 法人成立,是指法人开始取得民事主体资格,享有民事权利能力。法人的成立,表现为营利法人、非营利法人以及特别法人开始具有法人的人格,是其成为民事权利主体的始期。法人成立的条件是:1. 须有设立行为。法人必须经过设立人的设立行为,才可能成立。2. 须符合设立的要求:(1)法人要有自己的名称,确定自己法人人格的文字标识;(2)要有能够进行经营活动的组织机构;(3)必须有自己固定的住所;(4)须有必要的财产或者经费,能够进行必要的经营活动和承担民事责任。3. 须有法律依据或经主管机关的批准。中国的法人设立不采取自由设立主义,凡是成立法人,均须依据相关的法律,以法律规定作为成立的依据。4. 须经登记。法人的设立,原则上均须经过登记方能取得法人资格。机关法人成立不须登记。事业单位法人和社会团体法人,除法律规定不需要登记的外,也要办理登记。成立法人,须完成以上条件才能够取得法人资格。法人的成立与法人的设立是不同的概念。设立是行为,成立是结果;设立尚未成立,成立必须经过设立。设立成功,方为成立,法人成立前尚无法人资格。

链接《公司法》第6—8、23条;《社会团体登记管理条例》第3条

第五十九条 【法人的民事权利能力和民事行为能力】法人的民事权利能力和民事行为能力,从法人成立时产生,到法人终止时消灭。

注释 法人的民事权利能力是法人具有民事主体资格的表现,一旦成立即具有民事权利能力,在法人终止前,其民事权利能力始终存在。法人的民事权利能力因法人成立而取得,因法人终止而消灭。

法人的民事行为能力是法人自己实施民事法律行为的资格。法人作为社会组织体,没有无民事行为能力、限制民事行为能力、完全民事行为能力的划分,一旦成立,即具有民事行为能力。一旦终止,其民事行为能力立即消灭。也就是说,法人的民事权利能力与民事行为能力在取得和消灭的时间上是一致的。

本条规定"法人的民事权利能力和民事行为能力,从法人成立时产生,到法人终止时消灭"。之所以用"成立"而非"登记",是因为在我国,"登记"并非各类法人成立的统一必备程序要件。比如,机关法人的成立无须履行登记程序。具备法人条件的事业单位和社会团体,经依法登记成立,取得法人资格;依法不需要办理法人登记的,从成立之日起,具有法人资格。之所以用"终止"而非"解散",是因为法人解散后进入清算,清算中的法人仍是法人,法人资格继续存在,只是其民事行为能力被限制在了清算目的范围内,不得从事与清算无关的活动。清算结束并完成法人注销登记时,法人终止;依法不需要办理法人登记的,清算结束时,法人终止。法人终止,意味着其民事主体资格消灭。

第六十条 【法人的民事责任承担】法人以其全部财产独立承担民事责任。

注释 法人以其全部财产独立承担民事责任,即承担有限责任。无论法人应当承担多少责任,最终都以其全部财产来承担,不承担无限责任。法人以其全部财产独立承担民事责任,这就是法人的民事责任能力。民事责任能力,是指民事主体据以独立承担民事责任的法律地位或法律资格,也叫作侵权行为能力。我国民法采取法人实在说,承认法人的民事责任能力。法人作为一个实在的组织体,对其法定代表人及成员在执行职务中的行为造成他人的损害,承担民事责任。

链接《公司法》第3、14条

第六十一条 【法定代表人】依照法律或者法人章程的规定,代表法人从事民事活动的负责人,为法人的法定代表人。

法定代表人以法人名义从事的民事活动,其法律后果由法人承受。

法人章程或者法人权力机构对法定代表人代表权的限制,不得对抗善意相对人。

注释 法人的章程或者权力机构对法定代表人的代表权范围的限制,对于法定代表人有完全的效力,即法定代表人不得超出其法人章程或者权力机构对其的限制。法人的章程或者权力机构对法定代表人的代表权范围的限制,对于第三人不具有完全的效力。只要与其进行民事活动的相对人是善意的,对其超出职权范围不知情且无过失,法人就不能以超越职权为由对抗该善意相对人;如果相对人知情,则可以主张该民事法律行为无效或者撤销。

链接《公司法》第13条;《民事诉讼法》第51条

第六十二条 【法定代表人职务行为的法律责任】法定代表人因执行职务造成他人损害的,由法人承担民事责任。

法人承担民事责任后,依照法律或者法人章程的规定,可以向有过错的法定代表人追偿。

注释 法定代表人因执行职务造成他人损害的,由法人承担责任,此处法人承担的责任形态是替代责任。法定代表人因执行职务造成他人损害的责任承担规则是:1. 法定代表人因执行职务造成他人的损害,由法人承担赔偿责任。2. 法人承担了赔偿责任以后,如果法定代表人在执行职务中,对造成他人损害是有过错的,法人可以向法定代表人要求追偿。

链接《公司法》第149条;《保险法》第83条

第六十三条 【法人的住所】法人以其主要办事机构所在地为住所。依法需要办理法人登记的,应当将主要办事机构所在地登记为住所。

注释 住所是民事主体从事民事活动所产生的各种权利义务的归属地点,是发生民事法律关系的中心地域。法人若要从事民事活动,形成各种民事法律关系,则与自然人一样,也需要以一定的地域作为中心,即也需要住所。一个法人有可能拥有数个活动场所或者办事机构,但法人的住所只有一个。法人的住所在法律上具有重要意义,如决定债务履行地、登记管辖、诉讼管辖、法律文书送达之处所、涉外民事关系之准据法等。

法人登记是指法人依法将其内部情况向国家登记机关报告登记的制度,是将法人内部情况公布于外的一种方法。通过法人登记进行公示,既是保护交往相对人的需要,也是对法人进行必要的管理监督,以实现对社会经济秩序有效间接调控的目的。除依法不需要办理法人登记即可成立的少数法人外,绝大多数法人只有经登记机关依法登记,方能取得法人资格。同时在我国还存在着依法不需要办理法人登记的法人,比如依法不需要办理法人登记的事业单位和社会团体等。

链接《公司法》第10条;《最高人民法院关于适用〈中华人民共和国民事诉讼法〉的解释》第3条

第六十四条 【法人的变更登记】法人存续期间登记事项发生变化的,应当依法向登记机关申请变更登记。

注释 市场主体变更登记事项,应当自作出变更决议、决定或者法定变更事项发生之日起30日内向登记机关申请变更登记。市场主体变更登记事项属于依法须经批准的,申请人应当在批准文件有效期内向登记机关申请变更登记。

依法登记成立的法人,在其取得法人资格的同时,其在登记机关登记的事项亦产生对外公示的效力。这些登记的事项在法人的运行过程中可能发生变化。如果不及时到登记机关办理变更登记,就会出现对外公示的登记信息与法人的实际信息不一致的情况,从而危及交易安全和交往安全。因此,法人存续期间登记事项发生变化的,应当依法向登记机关申请变更登记。

链接《公司法》第7条;《市场主体登记管理条例》第24—29条;《事业单位登记管理暂行条例》第10条;《社会团体登记管理条例》第18条;《基金会管理条例》第15条

第六十五条 【法人登记的对抗效力】法人的实际情况与登记的事项不一致的,不得对抗善意相对人。

案例 北京公达房地产有限责任公司诉北京市祥和三峡房地产开发公司房地产开发合同纠纷案(《最高人民法院公报》2010年第11期)

裁判规则:公司的法定代表人依法代表公司对外进行民事活动。法定代表人发生变更的,应当在工商管理部门办理变更登记。公司的法定代表人在对外签订合同时已经被上级单位决定停止职务,但未办理变更登记,公司以此主张合同无效的,人民法院不予支持。

链接《公司法》第32条;《最高人民法院关于适用〈中华人民共和国公司法〉若干问题的规定(三)》第25—28条

第六十六条 【法人登记公示制度】登记机关应当依法及时公示法人登记的有关信息。

链接《公司法》第6条;《企业信息公示暂行条例》第3、6—8条;《慈善法》第70条

第六十七条 【法人合并、分立后的权利义务承担】法人合并的,其权利和义务由合并后的法人享有和承担。

法人分立的,其权利和义务由分立后的法人享有连带债权,承担连带债务,但是债权人和债务人另有约定的除外。

注释 法人合并,是指两个以上的法人不经清算程序而合并为一个法人的法律行为。按合并方式的不同,法人合并分为吸收合并和新设合并。吸收合并,是指一个或多个法人归并到一个现存的法人中,被合并的法人资格消灭,存续法人的主体资格仍然存在。新设合并,是指两个以上的法人合并为一个新法人,原来的法人消灭,新的法人产生。法人分立,是指一个法人分成两个或两个以上法人的法律行为。按分立方式的不同,法人分立分为派生分立和新设分立两种方式。派生分立,是指原法人仍然存在,但从原法人中分立出去一个新的法人;新设分立,是指原法人分立为两个或者两个以上新的法人,原法人不复存在。因合并、分立而存续的法人,其登记事项发生变化的,应当申请变更登记;因合并、分立而解散的法人,应当申请注销登记;因合并、分立而新设立的法人,应当申请设立登记。

链接《公司法》第174、176条

第六十八条 【法人的终止】有下列原因之一并依法完成清算、注销登记的,法人终止:

(一)法人解散;

(二)法人被宣告破产;

(三)法律规定的其他原因。

法人终止,法律、行政法规规定须经有关机关批准的,依照其规定。

注释 法人的终止也叫法人的消灭,是指法人丧失民事主体资格,不再具有民事权利能力与民事行为能力。法人终止后,其民事权利能力和民事行

为能力消灭,民事主体资格丧失,终止后的法人不能再以法人的名义对外从事民事活动。

链接《公司法》第180条;《企业破产法》第2、7条

第六十九条 【法人的解散】有下列情形之一的,法人解散:

(一)法人章程规定的存续期间届满或者法人章程规定的其他解散事由出现;

(二)法人的权力机构决议解散;

(三)因法人合并或者分立需要解散;

(四)法人依法被吊销营业执照、登记证书,被责令关闭或者被撤销;

(五)法律规定的其他情形。

案例 林方清诉常熟市凯莱实业有限公司、戴小明公司解散纠纷案(最高人民法院指导案例8号)

裁判规则:《公司法》第183条将"公司经营管理发生严重困难"作为股东提起解散公司之诉的条件之一。判断"公司经营管理是否发生严重困难",应从公司组织机构的运行状态进行综合分析。公司虽处于盈利状态,但其股东会机制长期失灵,内部管理有严重障碍,已陷入僵局状态,可以认定为公司经营管理发生严重困难。对于符合公司法及相关司法解释规定的其他条件的,人民法院可以依法判决公司解散。

第七十条 【法人解散后的清算】法人解散的,除合并或者分立的情形外,清算义务人应当及时组成清算组进行清算。

法人的董事、理事等执行机构或者决策机构的成员为清算义务人。法律、行政法规另有规定的,依照其规定。

清算义务人未及时履行清算义务,造成损害的,应当承担民事责任;主管机关或者利害关系人可以申请人民法院指定有关人员组成清算组进行清算。

注释 本条第1款规定了清算义务人的及时清算义务。法人的清算义务人应当及时履行其负有的启动清算程序即组成清算组的义务,即便司法强制解散情形下也不例外。经研究认为,法人的类型多样,不同类型的法人解散后需要组成清算组的时间不尽相同。比如,依照《公司法》第183条的规定,公司应当在解散事由出现之日起15日内成立清算组,开始清算。但是,依照《慈善法》第18条的规定,慈善组织的决策机构应当在终止情形出现之日起30日内成立清算组进行清算。

本条第2款规定了清算义务人的担当主体。清算义务人与清算人的概念不同。清算义务人是指法人解散后依法负有启动清算程序的主体,其义务在于根据法律规定及时启动相应的清算程序以终止法人。清算义务人也可称为法人清算的组织主体。清算人,在我国通常被称为清算组,是指具体负责清算事务的主体,其义务在于依照法定程序进行清算。如果法人解散后未进行清算,也就不存在清算人,但始终存在着清算义务人。需要说明的是,清算义务人直接担任清算人进行清算时,在具体民事主体上存在竞合的情形。明确清算义务人的概念及其责任,对于督促清算义务人及时履行清算义务,从源头上减少僵尸企业等,具有重要意义。

本条第3款规定了清算义务人未及时履行清算义务的后果。

在理解本条第3款时应当注意以下三点:1. 清算义务人未及时履行清算义务,会引发两种不同性质的法律后果:一是程序方面的法律后果,即强制清算程序的启动,具体规定于本款后半段"主管机关或者利害关系人可以申请人民法院指定有关人员组成清算组进行清算"。二是实体责任方面的法律后果,即"清算义务人未及时履行清算义务,造成损害的,应当承担民事责任"。2. 关于强制清算程序的启动主体,包括主管机关和利害关系人。主管机关作为启动主体的,比如《慈善法》第18条第2款规定,不成立清算组或者清算组不履行职责的,民政部门可以申请人民法院指定有关人员组成清算组进行清算。利害关系人作为启动主体的,比如《公司法》第183条规定,逾期不成立清算组进行清算的,债权人可以申请人民法院指定有关人员组成清算组进行清算。审判实务中,最高人民法院通过司法解释又将申请强制清算的主体作了扩展。《最高人民法院关于适用〈中华人民共和国公司法〉若干问题的规定(二)》第7条第2款规定:"有下列情形之一,债权人、公司股东、董事或其他利害关系人申请人民法院指定清算组进行清算的,人民法院应予受理:(一)公司解散逾期不成立清算组进行清算的;(二)虽然成立清算组但故意拖延清算的;(三)违法清算可能严重损害债权人或者股东利益的。"3. 关于实体责任方面的法律后果,乃是基于侵权责任原理,在判断责任构成时,应当按照清算义务人主观上有过错、

客观上未及时履行清算义务、造成损害、损害与清算义务人未及时履行清算义务之间存在因果关系进行把握。

链接《公司法》第183条;《慈善法》第18条;《保险法》第89、149条;《事业单位登记管理暂行条例》第13条;《社会团体登记管理条例》第20条;《基金会管理条例》第18条;《民办非企业单位登记管理暂行条例》第16条;《宗教事务条例》第60条;《最高人民法院关于适用〈中华人民共和国公司法〉若干问题的规定(二)》第18—20条

第七十一条 【法人清算的法律适用】法人的清算程序和清算组职权,依照有关法律的规定;没有规定的,参照适用公司法律的有关规定。

链接《公司法》第184、186—189条;《最高人民法院关于适用〈中华人民共和国公司法〉若干问题的规定(二)》第7条

第七十二条 【清算的法律效果】清算期间法人存续,但是不得从事与清算无关的活动。

法人清算后的剩余财产,按照法人章程的规定或者法人权力机构的决议处理。法律另有规定的,依照其规定。

清算结束并完成法人注销登记时,法人终止;依法不需要办理法人登记的,清算结束时,法人终止。

链接《公司法》第186条

第七十三条 【法人因破产而终止】法人被宣告破产的,依法进行破产清算并完成法人注销登记时,法人终止。

注释 与法人解散后进行的清算不同,法人被宣告破产后,依法进行破产清算。

需要注意的是,目前我国并无统一的破产法,《企业破产法》的适用范围是企业。但《企业破产法》为企业法人以外的法人和非法人组织破产时的清算程序,预留了接口。该法第135条规定:"其他法律规定企业法人以外的组织的清算,属于破产清算的,参照适用本法规定的程序。"

链接《企业破产法》;《民办教育促进法》第58、59条

第七十四条 【法人的分支机构】法人可以依法设立分支机构。法律、行政法规规定分支机构应当登记的,依照其规定。

分支机构以自己的名义从事民事活动,产生的民事责任由法人承担;也可以先以该分支机构管理的财产承担,不足以承担的,由法人承担。

注释 法人的分支机构,是指企业法人投资设立的、有固定经营场所、以自己名义直接对外从事经营活动的、不具有法人资格,其民事责任由其隶属企业法人承担的经济组织。包括企业法人或公司的分厂、分公司、营业部、分理处、储蓄所等机构。

法人设立分支机构,可以根据自己的实际需要确定。只有在法律、行政法规规定,分支机构应当办理登记的时候,设立的分支机构才需要按照规定办理登记。

法人的分支机构是法人的组成部分,其产生的责任,本应由法人承担有限责任,由于法人的分支机构单独登记,又有一定的财产,具有一定的责任能力,因而法人的分支机构自己也能承担一定的责任。相对人可以根据自己的利益,选择法人承担民事责任;或者选择法人的分支机构承担民事责任,法人承担补充责任。

链接《公司法》第14条;《商业银行法》第19、22条;《保险法》第74条;《社会团体登记管理条例》第17条;《基金会管理条例》第12条;《民办非企业单位登记管理暂行条例》第13条;《市场主体登记管理条例》第23条

第七十五条 【法人设立行为的法律后果】设立人为设立法人从事的民事活动,其法律后果由法人承受;法人未成立的,其法律后果由设立人承受,设立人为二人以上的,享有连带债权,承担连带债务。

设立人为设立法人以自己的名义从事民事活动产生的民事责任,第三人有权选择请求法人或者设立人承担。

链接《公司法》第94条;《最高人民法院关于适用〈中华人民共和国公司法〉若干问题的规定(三)》第2—5条

第二节 营利法人

第七十六条 【营利法人的定义和类型】以取得利润并分配给股东等出资人为目的成立的法人,为营利法人。

营利法人包括有限责任公司、股份有限公司和其他企业法人等。

注释 营利法人区别于非营利法人的重要的特征,不是"取得利润",而是"利润分配给出资人"。如果利润归属于法人,用于实现法人目的,则不是营

利法人;如果利润分配给出资人,则属于营利法人。是否从事经营活动并获取利润,与法人成立的目的没有直接关系,也不影响营利法人与非营利法人的分类。例如,基金会法人是非营利法人,但为了维持财产价值或者升值,也会将管理的资金用于经营活动;有些寺庙也会收取门票等。

链接《公司法》第4、8、34条

第七十七条 【营利法人的成立】营利法人经依法登记成立。

注释 营利法人取得法人资格只有一种方式,即经过登记程序成立。经过依法登记后,营利法人取得法人资格。

链接《公司法》第6条

第七十八条 【营利法人的营业执照】依法设立的营利法人,由登记机关发给营利法人营业执照。营业执照签发日期为营利法人的成立日期。

注释 本条明确了营利法人成立的时间点,也就是营利法人营业的起始点——营业执照的签发日期。在此之前的设立阶段,营利法人还没有正式成立,不具有法人资格,不能以营利法人名义参与民事活动。营利法人经登记成立后,需要由登记机关颁发营业执照。登记机关核准营利法人的标志是颁发给其营业执照,营利法人营业执照的颁发日期是公司的成立日期。营业执照除经营资格证明这一功能外,还具有法人资格证明的功能,集经营资格和法人资格于一身,成为法人资格合法存在的身份证明和直接表现。

营业执照上应该记载相应的法定事项,是作为营利法人必须具备的条件,在营业执照上予以明确能够使与其交易的市场主体了解它的信息,对该法人作出切实的评价。所以这些信息必须与实际情况相符,不能任意变更,一旦发生变化,营利法人应当向登记机关作出变更登记申请,依法予以变更。

链接《市场主体登记管理条例》第21条

第七十九条 【营利法人的章程】设立营利法人应当依法制定法人章程。

注释 法人章程是关于法人组织和行为的自治规则。设立营利法人必须有法人章程,章程是营利法人设立的法定必备文件之一。《公司法》第11条就明确规定,设立公司必须依法制定公司章程。法人章程是法人的行为准则,对法人具有约束力,法人的权力机构、执行机构和监督机构及其成员等也都要受到章程的制约。

链接《公司法》第12、25条

第八十条 【营利法人的权力机构】营利法人应当设权力机构。

权力机构行使修改法人章程,选举或者更换执行机构、监督机构成员,以及法人章程规定的其他职权。

链接《公司法》第36、66、98条

第八十一条 【营利法人的执行机构】营利法人应当设执行机构。

执行机构行使召集权力机构会议,决定法人的经营计划和投资方案,决定法人内部管理机构的设置,以及法人章程规定的其他职权。

执行机构为董事会或者执行董事的,董事长、执行董事或者经理按照法人章程的规定担任法定代表人;未设董事会或者执行董事的,法人章程规定的主要负责人为其执行机构和法定代表人。

链接《公司法》第13、44、50、67条

第八十二条 【营利法人的监督机构】营利法人设监事会或者监事等监督机构的,监督机构依法行使检查法人财务,监督执行机构成员、高级管理人员执行法人职务的行为,以及法人章程规定的其他职权。

链接《公司法》第51、70、117条

第八十三条 【出资人滥用权利的责任承担】营利法人的出资人不得滥用出资人权利损害法人或者其他出资人的利益;滥用出资人权利造成法人或者其他出资人损失的,应当依法承担民事责任。

营利法人的出资人不得滥用法人独立地位和出资人有限责任损害法人债权人的利益;滥用法人独立地位和出资人有限责任,逃避债务,严重损害法人债权人的利益的,应当对法人债务承担连带责任。

注释 滥用出资人权利,是指营利法人的出资人为自己的利益或者第三人谋取利益,利用自己作为出资人的权利,损害法人或者其他出资人利益的行为。构成滥用出资人权利的要件是:1. 行为的主体是营利法人的出资人;2. 营利法人的出资人实施了不正当地利用自己出资人权利的行为;3. 出资人滥用自己权利的目的,是为自己的利益或者为第三人谋取利益,是故意所为;4. 出资人滥用自己权利的行为,给法人或者其他出资人造成损

失的，滥用权利的行为与损害后果之间具有引起与被引起的因果关系。滥用出资人权利的法律后果是依法承担损害赔偿责任。损害赔偿请求权人，是因此受到损害的法人或者其他出资人。

法人人格否认，是指法人虽为独立的民事主体，承担独立于其成员的责任，但当出现有悖于法人存在目的及独立责任的情形时，如果在坚持形式上的独立人格与独立责任将有悖于公平时，在具体个案中视法人的独立人格于不顾，直接将法人的责任归结为法人成员的责任。法人人格否认的构成要件是：1. 法人人格否认的行为人是营利法人的出资人；2. 法人人格否认的行为，是营利法人的出资人滥用法人独立地位和出资人有限责任而逃避债务；3. 营利法人的出资人滥用其权利逃避债务的目的，是为自己或者其他第三人谋取利益；4. 出资人滥用法人独立地位和出资人有限责任的行为，损害了法人债权人的利益，滥用行为与损害后果之间具有因果关系。法人的债权人是实际损害的受害人，其受到的损害应当达到严重的程度。构成法人人格否认，应当承担损害赔偿责任，请求权人是受到严重损害的法人债权人。责任主体是滥用权利地位的出资人和法人，共同对受到损害的法人债权人承担连带责任。

案例 **1. 徐工集团工程机械股份有限公司诉成都川交工贸有限责任公司等买卖合同纠纷案（最高人民法院指导案例15号）**

裁判规则：关联公司的人员、业务、财务等方面交叉或混同，导致各自财产无法区分，丧失独立人格的，构成人格混同。

关联公司人格混同，严重损害债权人利益的，关联公司相互之间对外部债务承担连带责任。

2. 邵某与云南通海昆通工贸有限公司、通海兴通达工贸有限公司民间借贷纠纷案（《最高人民法院公报》2017年第3期）

裁判规则：依据《公司法》第20条第3款的规定，认定公司滥用法人人格和有限责任的法律责任，应综合多种因素作出判断。在实践中，公司设立的背景，公司的股东、控制人以及主要财务人员的情况，该公司的主要经营业务以及公司与其他公司之间的交易目的，公司的纳税情况以及具体债权人与公司签订合同时的背景情况和履行情况等因素，均应纳入考察范围。

链接《公司法》第20条

第八十四条 【利用关联关系造成损失的赔偿责任】营利法人的控股出资人、实际控制人、董事、监事、高级管理人员不得利用其关联关系损害法人的利益；利用关联关系造成法人损失的，应当承担赔偿责任。

注释 法人的关联交易一般是指具有投资关系或者合同关系的不同主体之间所进行的交易，又称为关联方交易。

根据本条规定，与营利法人有关联关系的五种人不得利用其与营利法人的关联关系损害营利法人的利益，包括：1. 营利法人的控股出资人。比如，出资额占有限责任公司资本总额50%以上或者持有的股份占股份有限公司股本总额50%以上的股东；出资额或者持有股份的比例虽然不足50%，但依其出资额或者持有的股份所享有的表决权已足以对股东会、股东大会的决议产生重大影响的股东。2. 实际控制人。是指虽然不是营利法人的出资人，但通过投资关系、协议或者其他安排，能够实际支配营利法人行为的人。3. 董事。是指营利法人权力机构选举出来的董事会成员。4. 监事。是指营利法人权力机构选举出来的监事会成员。5. 高级管理人员。是指营利法人的经理、副经理、财务负责人，上市公司董事会秘书以及营利法人章程规定的其他人员。所谓关联关系，是指营利法人的控股出资人、实际控制人、董事、监事、高级管理人员与其直接或者间接控制的营利法人之间的关系，以及可能导致营利法人利益转移的其他关系；但是，国家控股的营利法人之间不仅仅因为同受国家控股而具有关联关系。利用关联关系给法人造成损失的，应当就损失承担赔偿责任。

链接《公司法》第21条；《最高人民法院关于适用〈中华人民共和国公司法〉若干问题的规定（三）》第12条

第八十五条 【营利法人出资人对瑕疵决议的撤销权】营利法人的权力机构、执行机构作出决议的会议召集程序、表决方式违反法律、行政法规、法人章程，或者决议内容违反法人章程的，营利法人的出资人可以请求人民法院撤销该决议。但是，营利法人依据该决议与善意相对人形成的民事法律关系不受影响。

注释 根据本条的规定，可以请求人民法院撤销的营利法人权力机构、执行机构决议，分为存在程序瑕疵和存在内容瑕疵两类。程序瑕疵是指营利法人权力机构、执行机构作出决议的会议召集程序、表决方式违反法律、行政法规、法人章程。内容瑕疵是指营利法人的权力机构、执行机构决议内容违反法人章程。无论存在程序瑕疵还是内容瑕疵,营利法人的任何出资人都可以请求人民法院撤销该决议。

要注意的是,根据本条规定,即使决议被人民法院撤销,营利法人依据该决议与善意相对人形成的民事法律关系不受影响。

案例 李建军诉上海佳动力环保科技有限公司公司决议撤销纠纷案(最高人民法院指导案例10号)

裁判规则: 人民法院在审理公司决议撤销纠纷案件中应当审查:会议召集程序、表决方式是否违反法律、行政法规或者公司章程,以及决议内容是否违反公司章程。在未违反上述规定的前提下,解聘总经理职务的决议所依据的事实是否属实,理由是否成立,不属于司法审查范围。

链接 《公司法》第22条

第八十六条 【营利法人的社会责任】 营利法人从事经营活动,应当遵守商业道德,维护交易安全,接受政府和社会的监督,承担社会责任。

第三节 非营利法人

第八十七条 【非营利法人的定义和范围】 为公益目的或者其他非营利目的成立,不向出资人、设立人或者会员分配所取得利润的法人,为非营利法人。

非营利法人包括事业单位、社会团体、基金会、社会服务机构等。

注释 非营利法人,是"营利法人"的对称,指为公益目的或者其他非营利目的的成立,不向其成员或者设立人分配利润的法人。非营利法人既包括面向社会大众,以满足不特定多数人的利益为目的的公益法人,如中华慈善总会、中国红十字会、环境保护协会、保护妇女儿童组织、各类基金会等;也包括为其他非营利目的的成立的法人,比如为互助互益目的(即既非为公益又非为成员的经济利益,而是为成员的非经济利益)而成立的互益性法人(又称为共益性法人),仅面向成员提供服务,如商会、行业协会、学会、俱乐部等。非营利法人均不得分配利润,这是由其设立目的决定的。非营利法人如果在其存续期间分配利润,则与营利法人难以区分,背离非营利法人的设立目的。尽管非营利法人均不得分配利润,但在法人终止后能否分配剩余财产方面,为公益目的设立的非营利法人与为其他目的设立的非营利法人不同。为其他目的的设立的非营利法人可以分配剩余财产,但为公益目的的设立的非营利法人不得分配剩余财产。将非营利法人按照为公益目的的设立和为其他非营利目的的设立进行区分,有助于国家针对不同性质的非营利法人,制定不同的法律规范和政策措施,更好地促进各类非营利法人的发展。

第八十八条 【事业单位法人资格的取得】 具备法人条件,为适应经济社会发展需要,提供公益服务设立的事业单位,经依法登记成立,取得事业单位法人资格;依法不需要办理法人登记的,从成立之日起,具有事业单位法人资格。

链接 《事业单位登记管理暂行条例》第2、3、6、11条

第八十九条 【事业单位法人的组织机构】 事业单位法人设理事会的,除法律另有规定外,理事会为其决策机构。事业单位法人的法定代表人依照法律、行政法规或者法人章程的规定产生。

第九十条 【社会团体法人资格的取得】 具备法人条件,基于会员共同意愿,为公益目的或者会员共同利益等非营利目的设立的社会团体,经依法登记成立,取得社会团体法人资格;依法不需要办理法人登记的,从成立之日起,具有社会团体法人资格。

链接 《社会团体登记管理条例》第2、3、6、9条

第九十一条 【社会团体法人章程和组织机构】 设立社会团体法人应当依法制定法人章程。

社会团体法人应当设会员大会或者会员代表大会等权力机构。

社会团体法人应当设理事会等执行机构。理事长或者会长等负责人按照法人章程的规定担任法定代表人。

第九十二条 【捐助法人】 具备法人条件,为公益目的以捐助财产设立的基金会、社会服务机构等,经依法登记成立,取得捐助法人资格。

依法设立的宗教活动场所,具备法人条件的,可以申请法人登记,取得捐助法人资格。法律、行政法规对宗教活动场所有规定的,依照其规定。

注释 捐助法人,是指由自然人或者法人、非法人组织为实现公益目的,自愿捐助一定资金为基础而成

立,以对捐助资金进行专门管理为目的的非营利法人。捐助法人的特点是:1. 捐助法人是财产集合体,是以财产的集合为基础成立的法人;2. 捐助法人没有成员或者会员,不存在通常的社会团体法人由会员大会组成的权力机构,只设立理事会和监事会;3. 捐助法人具有非营利性,活动宗旨是通过资金资助促进科学研究、文化教育、社会福利和其他公益事业的发展,不具有营利性,为公益法人。

捐助法人的类型是:1. 基金会,是利用自然人、法人或者非法人组织捐赠的财产,以从事公益事业为目的,按照基金会管理条例成立的非营利法人。2. 社会服务机构,是由社会公益性资金或政府财政拨款举办的以公益为目的,运用专业技能在某些专业领域提供社会服务的机构。3. 宗教捐助法人。宗教捐助法人也是捐助法人,由于具有特殊性,本条第 2 款专门规定宗教捐助法人。

依法设立的宗教活动场所,具有法人条件的,可以申请法人登记,取得捐助法人资格。故宗教捐助法人是依法设立,具有法人条件的宗教活动场所,经过登记成立的捐助法人。其特点是:1. 是依法设立的宗教活动场所,包括寺院、道观、教会等;2. 应当具备法人条件,有自己的名称、组织机构、住所、财产和经费;3. 依照宗教活动场所自己的意愿,可以申请登记成立捐助法人,也可以不申请登记成立捐助法人,愿意登记为宗教捐助法人的须经过登记,登记后取得宗教捐助法人资格,成为民事主体,享有民事权利能力和民事行为能力,能够自己承担民事责任。

链接《宗教事务条例》第 7、19 条;《基金会管理条例》第 2 条

第九十三条 【捐助法人章程和组织机构】设立捐助法人应当依法制定法人章程。

捐助法人应当设理事会、民主管理组织等决策机构,并设执行机构。理事长等负责人按照法人章程的规定担任法定代表人。

捐助法人应当设监事会等监督机构。

第九十四条 【捐助人的权利】捐助人有权向捐助法人查询捐助财产的使用、管理情况,并提出意见和建议,捐助法人应当及时、如实答复。

捐助法人的决策机构、执行机构或者法定代表人作出决定的程序违反法律、行政法规、法人章程,或者决定内容违反法人章程的,捐助人等利害关系人或者主管机关可以请求人民法院撤销该决定。但是,捐助法人依据该决定与善意相对人形成的民事法律关系不受影响。

注释捐助法人的财产,由捐助人提供,因而捐助人尽管不从捐助法人的活动中获得利益,但是对于捐助法人享有部分权利。捐助人对捐助法人享有的权利是:1. 查询捐助财产使用、管理情况。捐助法人对此负有义务,应当及时、如实答复。2. 对捐助法人使用和管理捐助财产有权提出意见和建议,便于改进工作,使捐助财产发挥更好的公益效益。3. 对于捐助法人错误的决定有权向人民法院主张撤销。捐助法人的决策机构、执行机构或者其法定代表人作出的决定违反了捐助法人章程的规定,不符合捐助人捐助财产设置捐助法人的意愿,捐助人享有向人民法院请求予以撤销的权利,查证属实的,人民法院应当予以撤销。与捐助法人有关的利害关系人或者捐助法人的主管机关,对此也享有撤销权,可以请求人民法院予以撤销。

基于维护交易安全的考虑,相关决定被人民法院撤销后,捐助法人依据该决定与善意相对人形成的民事法律关系不受影响。这并不意味着撤销权的行使没有效果。如果决定存在瑕疵并被人民法院撤销,造成损失的,可要求有过错的决策机构成员、执行机构成员或者法定代表人赔偿。这方面的立法精神在《基金会管理条例》中已有体现。《基金会管理条例》第 43 条第 1 款规定:"基金会理事会违反本条例和章程规定决策不当,致使基金会遭受财产损失的,参与决策的理事应当承担相应的赔偿责任。"当然,如果表决时投了反对票,则该投反对票者不应当承担赔偿责任。

链接《基金会管理条例》第 39、43 条;《宗教事务条例》第 57、58 条

第九十五条 【公益性非营利法人剩余财产的处理】为公益目的成立的非营利法人终止时,不得向出资人、设立人或者会员分配剩余财产。剩余财产应当按照法人章程的规定或者权力机构的决议用于公益目的;无法按照法人章程的规定或者权力机构的决议处理的,由主管机关主持转给宗旨相同或者相近的法人,并向社会公告。

注释非营利法人终止时,能否向出资人、设立人或者会员等分配剩余财产,是区别为公益目的成立的非营利法人和其他非营利法人的主要标准。

链接《慈善法》第 18 条;《民办教育促进法》第 46、59 条;《基金会管理条例》第 10、33 条;《宗教事

务条例》第60条

第四节　特别法人

第九十六条　【特别法人的类型】本节规定的机关法人、农村集体经济组织法人、城镇农村的合作经济组织法人、基层群众性自治组织法人,为特别法人。

注释 特别法人,是指我国现实生活中存在的,既不属于营利法人,也不属于非营利法人,具有民事权利能力和民事行为能力,依法独立享有民事权利和承担民事义务的组织。其特点是:1. 特别法人既不属于营利法人,也不属于非营利法人。特别法人是为公益目的或者其他非营利目的而成立的,但又不具有出资人和设立人,而是依据国家法律或者政府的命令而设立的法人。2. 特别法人具有法人的组织形式。特别法人有自己的名称、组织机构、住所,有一定的财产或者经费,也有其法定代表人,并且依照法律的规定而设立,具备法人的所有组织形式,是一个具有法人资格的组织体。3. 特别法人具有民事权利能力和民事行为能力,能够以自己的财产或者经费承担民事责任。4. 法律只规定了四类特别法人,包括机关法人、农村集体经济组织法人、合作经济组织法人和基层群众性自治组织法人。

第九十七条　【机关法人】有独立经费的机关和承担行政职能的法定机构从成立之日起,具有机关法人资格,可以从事为履行职能所需要的民事活动。

第九十八条　【机关法人的终止】机关法人被撤销的,法人终止,其民事权利和义务由继任的机关法人享有和承担;没有继任的机关法人的,由作出撤销决定的机关法人享有和承担。

注释 机关法人,是指依照法律和行政命令组建,享有公权力,有独立的经费,以从事国家管理活动为主的各级国家机关。这种机关从成立之日起,即具有法人资格。机关法人作为民事主体,只有在其从事为履行职能所需要的民事活动时,才有意义。

链接《行政诉讼法》第26条

第九十九条　【农村集体经济组织法人】农村集体经济组织依法取得法人资格。

法律、行政法规对农村集体经济组织有规定的,依照其规定。

注释 农村集体经济组织法人,是指在自然乡村范围内,农民将其各自所有的生产资料投入集体所有,集体组织农业生产经营,集体劳动或者个人承包,按劳分配,具有民事权利能力和民事行为能力的特别法人。农村集体经济组织法人与营利法人和非营利法人最大的区别是,农村集体经济组织法人的成员具有天然性和身份性。所谓天然性和身份性是指集体经济组织的成员与土地有依附关系,与农民的身份也有依附关系。因此,农村集体成员的加入、退出与其他法人有很大的区别,营利法人和非营利法人的成员原则上讲都是加入自愿,退出自由;而农村集体经济组织的成员原则上讲,其加入和退出都是与土地和农民的身份密切相关的。

链接《农村土地承包法》第13条

第一百条　【合作经济组织法人】城镇农村的合作经济组织依法取得法人资格。

法律、行政法规对城镇农村的合作经济组织有规定的,依照其规定。

注释 城镇农村的合作经济组织法人,是指城市居民或者农民等小生产者,为了维护和改善各自的生产及生活条件,在自愿互助和平等互利的基础上,遵守合作社的法律和规章制度,联合从事特定经济活动所组成的具有企业性质的特别法人。合作经济组织依法成立后,符合法律要求的,就具有法人资格,具有民事权利能力和民事行为能力,依法承担民事责任。

链接《农民专业合作社法》第2、10、11条

第一百零一条　【基层群众性自治组织法人】居民委员会、村民委员会具有基层群众性自治组织法人资格,可以从事为履行职能所需要的民事活动。

未设立村集体经济组织的,村民委员会可以依法代行村集体经济组织的职能。

注释 村民委员会和居民委员会都是我国的基层群众性自治组织。

与其他法人相比,具有下列特殊性:1. 设立特殊。村民委员会、居民委员会都是依据法律直接设立的。村民委员会是各行政村依据村民委员会组织法设立的;居民委员会是依据居民委员会组织法设立的。2. 变更和终止特殊。除非村乡合并或者居民社区的区划发生变化,否则村民委员会和居民委员会不终止。3. 行使职能特殊。村民委

员会和居民委员会主要从事公益事业和提供公共服务,这与营利法人和非营利法人的职能有较大的不同。4. 组织机构特殊。村民委员会一般由村主任等村干部组成,居民委员会一般由居委会主任等干部组成,根据村民委员会组织法和居民委员会组织法,这些成员都是经过公开选举产生。5. 责任承担上特殊。根据《城市居民委员会组织法》的规定,居民委员会办理本居住地区公益事业所需的费用,经居民会议讨论决定,可以根据自愿原则向居民筹集,也可以向本居住地区的受益单位筹集,但是必须经受益单位同意;收支账目应当及时公布,接受居民监督。居民委员会的工作经费和来源,由不设区的市、市辖区的人民政府或者上级人民政府规定并拨付;经居民会议同意,可以从居民委员会的经济收入中给予适当补助。因此,其债务也只能以居民筹集的费用、政府拨付的工作经费和居民委员会的经济收入补助来承担。村民委员会原则上也应当以其办公经费承担债务,该债务是其代表村集体从事经济活动所欠,可以以村集体财产承担,但不得处分村集体所有的土地。

链接《村民委员会组织法》第 2 条;《城市居民委员会组织法》第 2—4 条

第四章 非法人组织

第一百零二条 【非法人组织的定义】非法人组织是不具有法人资格,但是能够依法以自己的名义从事民事活动的组织。

非法人组织包括个人独资企业、合伙企业、不具有法人资格的专业服务机构等。

注释 非法人组织的特征有:(1)虽然不具有法人资格,但能够依法以自己的名义从事民事活动。这类组织没有法人资格,不能独立承担民事责任,是介于自然人和法人之间的一种社会组织。但该类组织具有民事权利能力和民事行为能力,能够以自己的名义从事民事活动。(2)依法成立。非法人组织在设立程序上须履行法定的登记手续,经有关机关核准登记,这是非法人组织的合法性要件。只有依法成立,才具有民事权利能力和民事行为能力。(3)有一定的组织机构。即拥有符合法律规定的名称、固定的从事生产经营等业务活动的场所,以及相应的组织管理机构和负责人,使之能够以该组织的名义对外从事相应的民事活动。(4)有一定的财产或经费。虽然非法人组织不能独立承担民事责任,也不要求其有独立的财产,但由于它是经依法登记的组织,可以以自己的名义对外从事民事活动,享受民事权利、承担民事义务,因此它应该有与其经营活动和经营规模相适应的财产或者经费,作为其参与民事活动,享受民事权利、承担民事义务的物质基础和财产保证。应当指出的是,非法人组织的财产或经费,与法人的财产或者经费不同,即它不是独立的,是其所属法人或公民财产的组成部分,归该法人或公民所有。(5)不具有独立承担民事责任的能力。由于非法人组织没有独立的财产或经费,因而它不具有独立承担民事责任的能力。该类组织与法人的最大区别,就是不能独立承担民事责任,当其因对外进行民事活动而需要承担民事责任时,如其自身所拥有的财产能够承担责任,则由其自身承担;如其自身所拥有的财产不足以承担责任,则由其出资人或设立人承担连带责任。

第一百零三条 【非法人组织的设立程序】非法人组织应当依照法律的规定登记。

设立非法人组织,法律、行政法规规定须经有关机关批准的,依照其规定。

第一百零四条 【非法人组织的债务承担】非法人组织的财产不足以清偿债务的,其出资人或者设立人承担无限责任。法律另有规定的,依照其规定。

第一百零五条 【非法人组织的代表人】非法人组织可以确定一人或者数人代表该组织从事民事活动。

第一百零六条 【非法人组织的解散】有下列情形之一的,非法人组织解散:

(一)章程规定的存续期间届满或者章程规定的其他解散事由出现;

(二)出资人或者设立人决定解散;

(三)法律规定的其他情形。

链接《合伙企业法》第 85 条;《个人独资企业法》第 26 条

第一百零七条 【非法人组织的清算】非法人组织解散的,应当依法进行清算。

注释 出资人或设立人在非法人组织出现解散事由后,应当解散非法人组织,指定清算人开展清算活动。非法人组织的清算人可以由非法人组织的设立人或出资人确定,或者按照法律规定的方式确定。清算人可以由非法人组织的出资人或者设立人担任,也可以是设立人或出资人委托的人,还可能是法律规定的其他人员。清算期间,非法人组织不得开展与清算目的无关的活动。非法人组织清算完成后,依法需要登记的非法人组织,还需要到登记机关办理注销登记手续,完成注销登记手续后非法人组织终止。

链接《个人独资企业法》第27—30、32条;《合伙企业法》第86—88条

第一百零八条 【非法人组织的参照适用规定】非法人组织除适用本章规定外,参照适用本编第三章第一节的有关规定。

第五章 民事权利

第一百零九条 【一般人格权】自然人的人身自由、人格尊严受法律保护。

注释 人格权是指民事主体专属享有,以人格利益为客体,为维护民事主体独立人格所必备的固有民事权利。

链接《宪法》第37、38条;《刑法》第238条

第一百一十条 【民事主体的人格权】自然人享有生命权、身体权、健康权、姓名权、肖像权、名誉权、荣誉权、隐私权、婚姻自主权等权利。

法人、非法人组织享有名称权、名誉权和荣誉权。

第一百一十一条 【个人信息受法律保护】自然人的个人信息受法律保护。任何组织或者个人需要获取他人个人信息的,应当依法取得并确保信息安全,不得非法收集、使用、加工、传输他人个人信息,不得非法买卖、提供或者公开他人个人信息。

注释 个人信息权利是公民在现代信息社会享有的重要权利,承载着信息主体的人格利益,也与信息主体的其他人身、财产利益密切相关。因此,明确对个人信息的保护,对于保护公民的人格尊严、人格自由,使公民免受非法侵扰,维护正常的社会秩序具有现实意义。

案例 河北省保定市人民检察院诉李某侵害消费者个人信息和权益民事公益诉讼案(最高人民检察院发布11件检察机关个人信息保护公益诉讼典型案例)

裁判规则:保定市院在审查案件时发现,李某被判处侵犯公民个人信息罪的同时,存在利用非法获取的公民个人信息进行消费欺诈的行为。调查期间,保定市院通过调取刑事侦查卷宗、审查电子数据、询问被调查人和证人,查清李某非法获取、出售个人信息事实;通过委托公安机关依托异地协查平台调取46名消费者陈述,审查电话客服证言、话术音频、商品检测报告,证实李某利用个人信息批量、随机进行电话滋扰和欺诈的事实;通过调取快递公司快递收发记录、资金结算书证和李某银行账户流水资料,并委托出具会计专业分析报告,查清李某消费欺诈金额。同时,保定市院邀请河北大学公益诉讼研究基地的专家对该案进行论证并开展问卷调查,专家论证和调查结果均支持检察机关对李某的侵权行为提起民事公益诉讼并提出惩罚性赔偿诉讼请求。

链接《消费者权益保护法》第14、29、50条;《个人信息保护法》;《刑法》第253条之一;《最高人民法院、最高人民检察院关于办理侵犯公民个人信息刑事案件适用法律若干问题的解释》

第一百一十二条 【婚姻家庭关系等产生的人身权利】自然人因婚姻家庭关系等产生的人身权利受法律保护。

第一百一十三条 【财产权受法律平等保护】民事主体的财产权利受法律平等保护。

注释 财产权利平等保护原则,是指不同的民事主体对其所享有的财产权利,享有平等地位,适用规则平等和法律保护平等的民法原则。其内容是:1. 财产权利的地位一律平等,最主要的含义是强调自然人和其他权利人的财产权利受到平等保护。2. 适用规则平等,对于财产权利的取得、设定、移转和消灭,都适用共同规则,体现法律规则适用的平等性。3. 保护的平等,在财产权利出现争议时,平等保护所有受到侵害的财产权利,不受任何歧视。

财产权利的内容是:1. 物权;2. 债权;3. 知识产权;4. 继承权;5. 股权和其他投资性权利;6. 其他财产权利与利益。

链接《宪法》第12、13条

第一百一十四条 【物权的定义及类型】民事主体依法享有物权。

物权是权利人依法对特定的物享有直接支配和排他的权利,包括所有权、用益物权和担保物权。

注释 物权,是对物的权利。物权是一种财产权,

财产权主要有物权、债权、继承权和知识产权中的财产权。财产可分为有形财产和无形财产，物权是对有形财产的权利。这种权利是权利人在法律规定的范围内对特定的物享有的直接支配和排他的权利。由于物权是直接支配物的权利，因而物权又被称为“绝对权”；物权的权利人享有物权，任何其他人都不得非法干预，物权的权利人以外的任何人都是物权的义务人，因此物权又被称为“对世权”。

物权的权利人对物享有直接支配的权利，是物权的主要特征之一。各种物权均以直接支配物作为其基本内容。“直接”即权利人实现其权利不必借助于他人，在法律规定的范围内，完全可以按照自己的意愿行使权利。“支配”有安排、利用的意思，包括占有、使用、收益和处分的权能总和。“直接支配”指的是对于物不需要他人的协助、配合，权利人就能对物自主利用。对所有权来说，权利人可以按照自己的意愿行使占有、使用、收益和处分的权利。直接支配还有排除他人干涉的含义，其他人负有不妨碍、不干涉物权人行使权利的义务。

物权的排他性是指一物之上不能有相互冲突的物权，比如所有权，一物之上只能有一个所有权，此物是我的就不是你的（建筑物区分所有权等是特例）；即使一物之上可以设定若干个抵押权，但由于是按照抵押权设定的先后顺序优先受偿，其间也不存在冲突。

1. 所有权。所有权是指权利人依法对自己的不动产和动产享有全面支配的权利。所有权具有四项权能，即占有、使用、收益和处分。“占有”是对于财产的实际管领或控制，拥有一个物的一般前提就是占有，这是财产所有者直接行使所有权的表现。“使用”是权利主体对财产的运用，发挥财产的使用价值。拥有物的目的一般是使用。“收益”是通过财产的占有、使用等方式取得的经济效益。使用物并获益是拥有物的目的之一。“处分”是指财产所有人对其财产在事实上和法律上的最终处置。

2. 用益物权。用益物权是权利人对他人所有的不动产或者动产，依法享有占有、使用和收益的权利。本法中规定了土地承包经营权、建设用地使用权、宅基地使用权和地役权这几种用益物权。用益物权是以对他人所有的不动产或者动产为使用、收益的目的而设立的，因而被称作“用益”物权。用益物权制度是物权法律制度中一项非常重要的制度，与所有权制度、担保物权制度一同构成了物权制度的完整体系。

3. 担保物权。担保物权是为了确保债务履行而设立的物权，当债务人不履行债务时，债权人就担保财产依法享有优先受偿的权利。担保物权对保证债权实现、维护交易秩序、促进资金融通，具有重要作用。担保物权包括抵押权、质权和留置权。

第一百一十五条 【物权的客体】物包括不动产和动产。法律规定权利作为物权客体的，依照其规定。

注释 法律上所指的物，主要是不动产和动产。不动产是不可移动的物，比如土地以及房屋、林木等土地附着物。动产是不动产以外的可移动的物，比如机动车、电视机等。物权法上的物指有体物或者有形物，有体物或者有形物是物理上的物，包括固体、液体、气体，也包括电等没有形状的物。所谓有体物或者有形物主要是与精神产品相对而言的，著作、商标、专利等是精神产品，是无体物或者无形物，精神产品通常不是物权制度规范的对象。同时，并非所有的有体物或者有形物都是物权制度规范的对象，能够作为物权制度规范对象的还必须是人力所能控制、有利用价值的物。随着科学技术的发展，一些原来无法控制且无法利用的物可以控制和利用了，也就纳入了物权制度的调整范围，物权制度规范的物的范围也在不断扩大。

精神产品不属于物权制度的调整范围，但是在有些情况下，财产权利可以作为担保物权的标的，比如可以转让的注册商标专用权、专利权、著作权等知识产权中的财产权，可以出质作为担保物权的标的，形成权利质权，由此权利也成为物权的客体。因此，本条规定，法律规定权利作为物权客体的，依照规定。

第一百一十六条 【物权法定原则】物权的种类和内容，由法律规定。

注释 物权法定中的“法”，指法律，即全国人民代表大会及其常务委员会制定的法律，除法律明确规定可以由行政法规、地方性法规规定的外，一般不包括行政法规和地方性法规。需要说明的是，物权法定中的法律，除本法物权编外，还包括其他法律,如《土地管理法》《城市房地产管理法》《矿产资源法》《草原法》《森林法》《海域使用管理法》《渔业法》《海商法》《民用航空法》等,这些法律中都有对物权的规定。

物权法定,有两层含义:一是物权由法律规定,当事人不能自由创设物权;二是违背物权法定原则,所设"物权"没有法律效力。本条规定"物权的种类和内容,由法律规定",需要注意以下几点:(1)设立哪些物权的种类,只能由法律规定,当事人之间不能创立。物权的种类大的分所有权、用益物权和担保物权,用益物权中还可分为土地承包经营权、建设用地使用权、宅基地使用权和地役权;担保物权中还可分为抵押权、质权和留置权。(2)物权的权利内容,一般也只能由法律规定,物权的内容指物权的权利义务,如土地承包经营权的承包期多长、何时设立、流转权限,承包地的调整、收回,被征收中的权利义务等。有关物权的规定许多都是强制性规范,当事人应当严格遵守,不能由当事人约定排除,除非法律规定了"有约定的按照约定""当事人另有约定的除外"这些例外情形。

第一百一十七条 【征收与征用】为了公共利益的需要,依照法律规定的权限和程序征收、征用不动产或者动产的,应当给予公平、合理的补偿。

注释 征收是国家以行政权取得集体、单位和个人的财产所有权的行为。征收的主体是国家,通常是政府以行政命令的方式从集体、单位和个人手中取得土地、房屋等财产。在物权法上,征收是物权变动的一种特殊的情形,涉及所有权人的所有权丧失。征用是国家为了抢险、救灾等公共利益需要,在紧急情况下强制性地使用单位、个人的不动产或者动产。征用的目的只在获得使用权,征用不导致所有权移转,被征用的不动产或者动产使用后,应当返还被征用人。征收、征用属于政府行使行政权,属于行政关系,不属于民事关系,但由于征收、征用是对所有权或者使用权的限制,同时又是国家取得所有权或者使用权的一种方式,因此民法通常从这一民事角度对此作原则性规定。

需要说明的是,征收和征用是两个不同的法律概念。征收是指为了公共利益需要,国家将他人所有的财产强制地征归国有;征用是指为了公共利益需要而强制性地使用他人的财产。征收和征用共同之处在于,都是为了公共利益需要,都要经过法定程序,并都要给予补偿。不同之处在于,征收主要是所有权的改变,征用只是使用权的改变。征收是国家从被征收人手中直接取得所有权,其结果是所有权发生了移转;征用则主要是国家在紧急情况下对他人财产的强制使用,一旦紧急情况结束,被征用的财产应返还原权利人。

链接《国有土地上房屋征收与补偿条例》第2条;《宪法》第10、13条;《土地管理法》第45—49条

第一百一十八条 【债权的定义】民事主体依法享有债权。

债权是因合同、侵权行为、无因管理、不当得利以及法律的其他规定,权利人请求特定义务人为或者不为一定行为的权利。

注释 债是因合同、侵权行为、无因管理、不当得利以及法律的其他规定,在特定当事人之间发生的权利义务关系。首先,债是一种民事法律关系,是民事主体之间以权利义务为内容的法律关系。其次,债是特定当事人之间的法律关系。债的主体各方均为特定当事人。再次,债是特定当事人之间得请求为或者不为一定行为的法律关系。享有权利的人是债权人,负有义务的人是债务人。债是以请求权为特征的法律关系,债权人行使债权,只能通过请求债务人为或者不为一定行为得以实现。最后,债是因合同、侵权行为、无因管理、不当得利以及法律的其他规定而发生的法律关系。债权是因合同、侵权行为、无因管理、不当得利以及法律的其他规定,权利人请求特定义务人为或者不为一定行为的权利。债权是现代社会生活中民事主体的一项重要财产权利。

合同是平等主体的自然人、法人、非法人组织之间设立、变更、终止民事权利义务关系的协议。合同依法成立后,即在当事人之间产生债权债务关系。基于合同所产生的债为合同之债。债权人有权按照合同约定,请求合同义务人履行合同义务。合同之债是民事主体为自己利益依自己意思自行设定的,合同之债属于意定之债。

侵权行为,是指侵害他人民事权益的行为。本法第3条规定,民事主体的人身权利、财产权利以及其他合法权益受法律保护,任何组织或者个人不得侵犯。在民事活动中,民事主体的合法权益受法律保护,任何人都负有不得侵害的义务。行为人侵害他人人身权利、财产权利以及其他合

法权益的，应依法承担民事责任。民事权益受到侵害的，被侵权人有权请求侵权人承担侵权责任。因侵权行为，侵权人与被侵权人之间形成债权债务关系。侵权行为之债不是侵权人所愿意发生的法律后果，法律确认侵权行为之债的目的在于通过债权和民事责任使侵权行为人承担其不法行为所造成的不利后果，给被侵权人以救济，从而保护民事主体的合法民事权益。

无因管理，是指没有法定的或者约定的义务，为避免他人利益受损失进行管理的行为。无因管理行为虽为干预他人事务，但却是以避免他人利益受损失为目的，有利于社会的互助行为。法律为鼓励这一行为赋予管理人请求受益人偿还因管理行为支出的必要费用的权利。因无因管理产生的债称为无因管理之债。无因管理之债并不是基于当事人的意愿设定的，而是根据法律的规定，为法定之债。

不当得利，是指没有法律根据，取得不当利益，造成他人损失的情形。在社会生活中，任何民事主体不得没有法律根据，取得利益而致他人损害，因此，法律规定受损失的人有权请求取得不当得利的人返还不当利益。不当得利为债的发生原因，基于不当得利而产生的债称为不当得利之债。不当得利之债既不同于合同之债，也不同于无因管理之债。不当得利不是当事人双方间的合意，并非当事人寻求的法律目的，也不以当事人的意志为转移，而是法律为纠正不当得利，直接赋予当事人的权利义务，也是法定之债。

合同、侵权行为、无因管理、不当得利是债的发生的主要原因，除此以外，法律的其他规定也会引起债的发生，民事主体依法享有债权。如本法第26条规定，父母对未成年子女负有抚养、教育和保护的义务。成年子女对父母负有赡养、扶助和保护的义务。父母不履行抚养义务时，未成年的或不能独立生活的子女，有要求父母付给抚养费的权利。子女不履行赡养义务时，无劳动能力的或生活困难的父母，有要求子女付给赡养费的权利。此时，未成年的或不能独立生活的子女和无劳动能力的或生活困难的父母依据法律的规定享有债权。

第一百一十九条 【合同之债】依法成立的合同，对当事人具有法律约束力。

注释 合同是双方或多方的民事法律行为，只有各方的意思表示一致才能成立。合同之债是当事人在平等基础上自愿设定的，订不订合同、与谁订合同、合同的内容如何等，由当事人自愿约定。但是，合同依法成立以后，对当事人就具有了法律约束力。所谓法律约束力，是指当事人应当按照合同的约定履行自己的义务，非依法律规定或者取得对方同意，不得擅自变更或者解除合同。如果不履行合同义务或者履行合同义务不符合约定，应当承担违约责任。只有依法成立的合同才能产生合同之债。

第一百二十条 【侵权之债】民事权益受到侵害的，被侵权人有权请求侵权人承担侵权责任。

注释 被侵权人在其民事权益被侵权人侵害构成侵权时，有权请求侵权人承担侵权责任。这种权利是一种请求权。所谓请求权，是指请求他人为一定行为或不为一定行为的权利。请求权人自己不能直接取得作为该权利内容的利益，必须通过他人的特定行为间接取得。在侵权人的行为构成侵权，侵害了被侵权人的民事权益时，被侵权人有权请求侵权人承担侵权责任。被侵权人可以直接向侵权人行使请求权，也可以向法院提起诉讼，请求法院保护自己的合法权益。

被侵权人可以是所有具有民事权利能力的民事主体，只要是具有实体法上的民事权利能力，又因侵权行为而使其民事权益受到侵害的人，就具有被侵权人的资格，包括自然人、法人和非法人组织。被侵权人的资格不在于其是否具有民事行为能力，但是有无民事行为能力关系到其是否可以自己行使请求侵权人承担侵权责任的权利。

第一百二十一条 【无因管理之债】没有法定的或者约定的义务，为避免他人利益受损失而进行管理的人，有权请求受益人偿还由此支出的必要费用。

注释 构成无因管理，有以下几个要件：

1. 管理他人事务。管理他人事务，即为他人进行管理，这是成立无因管理的首要条件。如将自己的事务误认为他人事务进行管理，即使目的是为他人避免损失，也不能构成无因管理。

2. 为避免他人利益受损失。一般来说，在既无法定义务又无约定义务的情况下，管理他人的事务，属于干预他人事务的范畴。而法律规定的无因管理，是为避免他人利益受损失而进行管理的行为。符合助人为乐、危难相助的道德准则的行为,应该得到鼓励和受到保护。

3. 没有法定的或者约定的义务。无因,指没有法定的或者约定的义务。没有法定的或者约定的义务是无因管理成立的重要条件。如果行为人负有法定的或者约定的义务进行管理,则不能构成无因管理。

根据本条规定,符合以上三个要件,构成无因管理。无因管理发生后,管理人享有请求受益人偿还因管理行为支出的必要费用,受益人有偿还该项费用的义务。

第一百二十二条 【不当得利之债】因他人没有法律根据,取得不当利益,受损失的人有权请求其返还不当利益。

注释 构成不当得利,有以下几个要件:

1. 民事主体一方取得利益。取得利益,是指财产利益的增加。既包括积极的增加,即财产总额的增加;也包括消极的增加,即财产总额应减少而未减少,如本应支付的费用没有支付等。

2. 民事主体他方受到损失。受到损失,是指财产利益的减少。既包括积极损失,即财产总额的减少;也包括消极损失,即应当增加的利益没有增加。

3. 一方取得利益与他方受到损失之间有因果关系。一方取得利益与他方受到损失之间有因果关系是指他方的损失是因一方获得利益造成的。

4. 没有法律根据。没有法律根据是构成不当得利的重要要件。如果一方取得利益和他方受到损失之间有法律根据,民事主体之间的关系就受到法律的认可和保护,不构成不当得利。

第一百二十三条 【知识产权及其客体】民事主体依法享有知识产权。

知识产权是权利人依法就下列客体享有的专有的权利:

(一)作品;

(二)发明、实用新型、外观设计;

(三)商标;

(四)地理标志;

(五)商业秘密;

(六)集成电路布图设计;

(七)植物新品种;

(八)法律规定的其他客体。

注释 知识产权是国际上广泛使用的一个法律概念,是民事主体对其创造性的客体依法享有的专有权利。知识产权有以下特征:1. 知识产权是一种无形财产权。2. 知识产权具有财产权和人身权的双重属性,如作者享有发表权、署名权、修改权等人身权。3. 知识产权具有专有性。本条规定,知识产权是权利人依法就下列客体享有的专有的权利。法律规定知识产权为权利人专有,除权利人同意或法律规定外,权利人以外的第三人不得享有或者使用该项权利,否则为侵害他人的知识产权。4. 知识产权具有地域性,法律确认和保护的知识产权,除该国与他国条约或参加国际公约外,只在一国领域内发生法律效力。5. 知识产权具有时间性,各国法律对知识产权的保护都有严格的时间限制。丧失效力的知识产权客体进入公有领域,成为全人类共有的财富。

根据本条规定,知识产权是权利人依法就下列客体所享有的专有权利:

1. 作品。对作品的知识产权保护主要规定在著作权相关法律法规中。《著作权法》第 3 条规定,本法所称的作品,是指文学、艺术和科学领域内具有独创性并能以一定形式表现的智力成果,包括:(1)文字作品;(2)口述作品;(3)音乐、戏剧、曲艺、舞蹈、杂技艺术作品;(4)美术、建筑作品;(5)摄影作品;(6)视听作品;(7)工程设计图、产品设计图、地图、示意图等图形作品和模型作品;(8)计算机软件;(9)符合作品特征的其他智力成果。权利人依法就作品享有的专有权利是著作权。根据著作权法的规定,著作权是指著作权人对其作品享有的人身权和财产权,包括发表权、署名权、修改权、保护作品完整权、复制权、发行权、出租权、展览权、表演权、放映权、广播权、信息网络传播权、摄制权、改编权、翻译权、汇编权和应当由著作权人享有的其他权利。

2. 发明、实用新型、外观设计。《专利法》第 2 条规定,本法所称的发明创造是指发明、实用新型和外观设计。发明,是指对产品、方法或者其改进所提出的新的技术方案。实用新型,是指对产品的形状、构造或者其结合所提出的适于实用的新的技术方案。外观设计,是指对产品的整体或者局部的形状、图案或者其结合以及色彩与形状、图案的结合所作出的富有美感并适于工业应用的新设计。

3. 商标。《商标法》第 3 条规定,经商标局核准注册的商标为注册商标,包括商品商标、服务商标和集体商标、证明商标。本法所称集体商标，是指以团体、协会或者其他组织名义注册，供该组织成员在商事活动中使用，以表明使用者在该组织中的成员资格的标志。本法所称证明商标，是指由对某种商品或者服务具有监督能力的组织所控制，而由该组织以外的单位或者个人使用于其商品或者服务，用以证明该商品或者服务的原产地、原料、制造方法、质量或者其他特定品质的标志。

4. 地理标志。地理标志是指标示某商品来源于某地区，该商品的特定质量、信誉或者其他特征，主要由该地区的自然因素或者人文因素所决定的标志。权利人依法就地理标志享有专有权。

5. 商业秘密。商业秘密是指不为公众所知悉、能为权利人带来经济利益、具有实用性并经权利人采取保密措施的技术信息和经营信息。权利人依法对商业秘密享有专有权。

6. 集成电路布图设计。集成电路布图设计是指集成电路中至少有一个是有源元件的两个以上元件和部分或者全部互连线路的三维配置，或者为制造集成电路而准备的上述三维配置。权利人依法对集成电路布图设计享有专有权。

7. 植物新品种。植物新品种是指植物品种保护名录内经过人工选育或者发现的野生植物加以改良，具备新颖性、特异性、一致性、稳定性和适当命名的植物品种。

8. 法律规定的其他客体。除了前述明确列举的知识产权的客体，本条第 2 款第 8 项规定了“法律规定的其他客体”，为未来知识产权客体的发展留出了空间。

链接《著作权法》第 3 条；《专利法》第 2 条；《商标法》第 3、16、57 条；《商标法实施条例》第 4 条；《反不正当竞争法》第 5、10 条

第一百二十四条 【继承权及其客体】自然人依法享有继承权。

自然人合法的私有财产，可以依法继承。

第一百二十五条 【投资性权利】民事主体依法享有股权和其他投资性权利。

注释 股权是指民事主体因投资于公司成为公司股东而享有的权利。股权根据行使目的和方式的不同可分为自益权和共益权两部分。自益权指股东基于自身利益诉求而享有的权利，可以单独行使，包括资产收益权、剩余财产分配请求权、股份转让权、新股优先认购权等；共益权指股东基于全体股东或者公司的利益诉求而享有的权利，包括股东会表决权、股东会召集权、提案权、质询权、公司章程及账册的查阅权、股东会决议撤销请求权等。

其他投资性权利是指民事主体通过投资享有的权利。如民事主体通过购买证券、基金、保险等进行投资，而享有的民事权利。根据本条规定，民事主体依法享有其他投资性权利。这些投资性权利的具体权利内容根据证券法等具体法律规定依法享有。

链接《公司法》第 4 条

第一百二十六条 【其他民事权益】民事主体享有法律规定的其他民事权利和利益。

第一百二十七条 【对数据和网络虚拟财产的保护】法律对数据、网络虚拟财产的保护有规定的，依照其规定。

注释 数据可以分为原生数据和衍生数据。原生数据是指不依赖于现有数据而产生的数据，衍生数据是指原生数据被记录、存储后，经过算法加工、计算、聚合而成的系统的、可读取、有使用价值的数据，例如购物偏好数据、信用记录数据等。能够成为知识产权客体的数据是衍生数据。网络虚拟财产是指虚拟的网络本身以及存在于网络上的具有财产性的电磁记录，是一种能够用现有的度量标准度量其价值的数字化的新型财产。网络虚拟财产作为一种新型的财产，具有不同于现有财产类型的特点。

链接《网络安全法》第 10 条

第一百二十八条 【对弱势群体的特别保护】法律对未成年人、老年人、残疾人、妇女、消费者等的民事权利保护有特别规定的，依照其规定。

第一百二十九条 【民事权利的取得方式】民事权利可以依据民事法律行为、事实行为、法律规定的事件或者法律规定的其他方式取得。

注释 民事权利的取得，是指民事主体依据合法的方式获得民事权利。根据本条规定，民事权利可以依据民事法律行为、事实行为、法律规定的事件或者法律规定的其他方式取得。

1. 民事法律行为。民事法律行为是指民事主体通过意思表示设立、变更、终止民事法律关系的行为，民法理论一般称为法律行为。如订立买卖合同的行为、订立遗嘱、放弃继承权、赠与等。本法本编第六章专章规定了民事法律行为，对民事

法律行为的概念、成立、效力等作了规定。

2. 事实行为。事实行为是指行为人主观上没有引起民事法律关系发生、变更或者消灭的意思,而依照法律的规定产生一定民事法律后果的行为。如自建房屋、拾得遗失物、无因管理行为、劳动生产等。事实行为有合法的,也有不合法的。拾得遗失物等属于合法的事实行为,侵害他人的人身、财产的侵权行为是不合法的事实行为。民事权利可以依据事实行为取得,如民事主体因无因管理行为取得对他人的无因管理债权等。

3. 法律规定的事件。法律规定的事件是指与人的意志无关而根据法律规定能引起民事法律关系变动的客观情况,如自然人的出生、死亡,自然灾害,生产事故、果实自落以及时间经过等。民事权利可以依据法律规定的事件取得,如民事主体因出生取得继承权等。

4. 法律规定的其他方式。除了民事法律行为、事实行为、法律规定的事件,民事权利还可以依据法律规定的其他方式取得。如本法第 229 条规定,因人民法院、仲裁机构的法律文书或者人民政府的征收决定等,导致物权设立、变更、转让或者消灭的,自法律文书或者征收决定等生效时发生效力。

第一百三十条 【权利行使的自愿原则】民事主体按照自己的意愿依法行使民事权利,不受干涉。

注释 本条是自愿原则在行使民事权利中的体现,民事主体按照自己的意愿依法行使民事权利,不受干涉。体现在:一是民事主体有权按照自己的意愿依法行使民事权利或者不行使民事权利。二是民事主体有权按照自己的意愿选择依法行使的民事权利内容。三是民事主体有权按照自己的意愿选择依法行使民事权利的方式。民事主体按照自己的意愿行使权利,任何组织和个人不得非法干涉。

第一百三十一条 【权利人的义务履行】民事主体行使权利时,应当履行法律规定的和当事人约定的义务。

第一百三十二条 【禁止权利滥用】民事主体不得滥用民事权利损害国家利益、社会公共利益或者他人合法权益。

注释 不得滥用民事权利,指民事权利的行使不得损害国家利益、社会公共利益或者他人合法权益。权利的行使,有一定界限。行使民事权利损害国家利益、社会公共利益或者他人合法权益的,为滥用民事权利。滥用民事权利和侵权存在区别,权利滥用的前提是有正当权利存在,且是权利行使或与权利行使有关的行为,侵权行为一般事先没有正当权利存在;权利不得滥用原则是对民事主体行使民事权利的一定限制,通过限制民事主体不得滥用权利损害国家利益、社会公共利益或者他人合法权益达到民事权利与国家利益、社会公共利益、他人合法权益的平衡,而侵权责任制度设置的目的是保护民事主体的权利。

链接《总则编解释》第 3 条;《最高人民法院关于印发〈全国法院贯彻实施民法典工作会议纪要〉的通知》第 1 条

第六章 民事法律行为

第一节 一般规定

第一百三十三条 【民事法律行为的定义】民事法律行为是民事主体通过意思表示设立、变更、终止民事法律关系的行为。

注释 民事法律行为是对合同行为、婚姻行为、遗嘱行为等一系列能够产生具体权利义务关系的行为的抽象和概括,是民事主体在民事活动中实现自己意图的一项重要民事制度。

相较于《民法通则》,《民法典》对"民事法律行为"的内涵作了调整,使其既包括合法的法律行为,也包括无效、可撤销和效力待定的法律行为,同时强调了民事法律行为是民事主体通过意思表示设立、变更、终止民事法律关系的行为,突出了"意思表示"这一核心要素。

民事法律行为具有以下特征:

1. 民事法律行为是民事主体实施的行为。民事法律行为作为一种法律事实,其必须是由自然人、法人和非法人组织这些民事主体实施的行为,非民事主体实施的行为不是民事法律行为,例如司法机关作出的裁决,行政机关作出的处罚决定等也会产生法律后果,但其不是以民事主体身份作出的行为,因而裁决和处罚决定不属于民事法律行为。但机关在履行公共管理职能过程中可能会进行一些民事活动,例如行政机关购买办公用品、修建办公大楼等,这些行为属于民事法律行为。

2. 民事法律行为应当是以发生一定的法律效果为目的的行为。民事主体在社会生产生活中会从事各种各样的活动，但并非任何行为都是民事法律行为。根据本条的规定，只有以设立、变更、终止民事法律关系为目的的行为才是民事法律行为，其最终结果是让民事主体具体地享受民事权利、承担民事义务。所谓设立民事法律关系，是指民事主体通过民事法律行为形成某种法律关系，例如在合同领域，双方当事人通过要约和承诺形成的买卖关系、租赁关系、委托关系等合同关系。所谓变更民事法律关系，是指民事主体在保持原有民事法律关系效力的基础上，通过民事法律行为对其内容作出一些调整。这里需要注意的是，如果民事主体改变了原有民事法律关系的效力，就不属于这里的变更，而是消灭了原有民事法律关系，设立了一个新的民事法律关系。所谓消灭民事法律关系，是指民事主体通过民事法律行为消灭原民事法律关系，终止其效力。这里需要强调的是，民事法律行为虽然是民事主体期望发生一定法律效果而实施的行为，但并非任何民事法律行为都能最终产生民事主体所期望的法律效果。民事主体所从事的民事法律行为既可能是合法的，也可能是非法的，这与《民法通则》关于民事法律行为的规定有很大的不同。根据本章第三节关于民事法律行为效力的规定，合法有效的民事法律行为能产生民事主体所期望发生的法律效果，但是非法的民事法律行为则不一定能产生民事主体所期望的法律效果，例如无效的民事法律行为就确定地不发生民事主体所期望发生的法律效果；如果当事人提出撤销的申请，可撤销的民事法律行为也不能实现民事主体所期望的法律效果。非法的民事法律行为虽然可能不能实现民事主体意欲实现的法律效果，但是都可能产生一定的法律后果，例如根据本章的规定，欺诈、胁迫等民事法律行为是非法的，可能产生民事法律行为被撤销的法律后果；又如根据本章的规定，恶意串通损害他人合法权益的民事法律行为会产生无效的法律后果。

3. 民事法律行为是以意思表示为核心要素的行为。意思表示是指民事主体意欲发生一定法律效果的内心意思的外在表达，是民事法律行为最为核心的内容。民事法律行为之所以能对民事主体产生法律约束力，就是因为其是民事主体按照自己的意思作出的。这也是民事法律行为与事实行为最根本的区别。

第一百三十四条 【民事法律行为的成立】民事法律行为可以基于双方或者多方的意思表示一致成立，也可以基于单方的意思表示成立。

法人、非法人组织依照法律或者章程规定的议事方式和表决程序作出决议的，该决议行为成立。

注释 本条第1款根据不同的民事法律行为类型对其不同的成立条件和成立时间作了规定：

1. 双方民事法律行为。双方民事法律行为是指双方当事人意思表示一致才能成立的民事法律行为。最为典型的双方民事法律行为是合同。双方民事法律行为与单方民事法律行为的最大区别是行为的成立需要双方的意思表示一致，仅凭一方的意思表示而没有经过对方的认可或者同意不能成立。

2. 多方民事法律行为。多方民事法律行为是指根据两个以上的民事主体的意思表示一致而成立的行为。订立公司章程的行为和签订合伙协议的行为就是较为典型的多方民事法律行为。

3. 单方民事法律行为。单方民事法律行为是指根据一方的意思表示就能成立的行为。与双方民事法律行为不同，单方民事法律行为不存在相对方，其成立不需要其他人的配合或者同意，而是依据行为人自己一方的意志就可以产生自己所期望的法律效果。在现实生活中单方民事法律行为也不少，这些民事法律行为从内容上划分，主要可以分为两类：(1)行使个人权利而实施的单方行为，例如所有权人抛弃所有权的行为等，这些单方民事法律行为仅涉及个人的权利变动，不涉及他人的权利变动；(2)涉及他人权利变动的单方民事法律行为，例如立遗嘱，授予代理权，行使撤销权、解除权、选择权等处分形成权的行为。

本条第2款规定了一种较为特殊的民事法律行为，即决议行为。决议行为是两个或者两个以上的当事人基于共同的意思表示、意图实现一定法律效果而实施的行为，其满足民事法律行为的所有条件，是一种民事法律行为。但是与多方民事法律行为、双方民事法律行为和单方民事法律行为相比，其又具有特殊性，这种特殊性体现在三个方面：1. 双方民事法律行为或者多方民事法律行为需要所有当事人意思表示一致才能成立，决议行为一般并不需要所有当事人意思表示一致才能成立，而是多数人意思表示一致就可以成立。2. 双方民事法律行为或者多方民事法律行为的设立过程一般不需要遵循特定的程序,而决议行为一般需要依据一定的程序才能设立,根据本条的规定,决议行为应当依照法律或者章程规定的议事方式和表决程序。3. 双方民事法律行为或者多方民事法律行为适用的范围一般不受限制,而根据本条的规定,决议行为原则上仅适用于法人或者非法人组织内部的决议事项。

第一百三十五条 【民事法律行为的形式】民事法律行为可以采用书面形式、口头形式或者其他形式;法律、行政法规规定或者当事人约定采用特定形式的,应当采用特定形式。

注释 民事法律行为的形式是民事法律行为的核心要素意思表示的外在表现形式。

根据本条的规定,民事法律行为可以采用书面形式、口头形式或者其他形式。书面形式是指以文字等可以以有形形式再现民事法律行为内容的形式。书面形式的种类很多,根据本法第469条的规定,书面形式是合同书、信件、电报、电传、传真等可以有形地表现所载内容的形式。以电子数据交换、电子邮件等方式能够有形地表现所载内容,并可以随时调取查用的数据电文,视为书面形式。随着互联网技术的发展,微信、QQ等已成为人们社会交往的重要载体,也可以成为民事法律行为的载体,有的也属于书面形式的种类。所谓口头形式,是指当事人以面对面的谈话或者以电话交流等方式形成民事法律行为的形式。除了书面形式和口头形式外,本条还规定民事法律行为可以采用其他形式。如实施的行为本身表明已经作出相应意思表示,并符合民事法律行为成立条件的,人民法院可以认定为本条规定的采用其他形式实施的民事法律行为。例如在合同领域,可以根据当事人的行为或者特定情形推定合同的成立,即默示合同。这类合同在现实生活中很多,例如租房合同的期限届满后,出租人未提出让承租人退房,承租人也未表示退房而是继续交房租,出租人接受了租金。根据双方的行为,可以推定租赁合同继续有效。对于民事法律行为是采用书面形式、口头形式还是其他形式,由当事人自主选择,法律原则上不干涉。

链接《总则编解释》第18条

第一百三十六条 【民事法律行为的生效】民事法律行为自成立时生效,但是法律另有规定或者当事人另有约定的除外。

行为人非依法律规定或者未经对方同意,不得擅自变更或者解除民事法律行为。

注释 民事法律行为的生效是指民事法律行为产生法律约束力。

根据本条规定,民事法律行为从成立时具有法律拘束力。也就是说,民事法律行为自成立时生效,但是,民事法律行为成立和生效的时间,既有相一致的情形,也有不一致的情形:1. 民事法律行为的成立和生效处于同一个时间点,依法成立的民事法律行为,具备法律行为生效要件的,即时生效。2. 民事法律行为的成立和生效并非同一个时间,有三种情形:(1)法律规定民事法律行为须批准、登记生效的,成立后须经过批准、登记程序才能发生法律效力。(2)当事人约定民事法律行为生效条件的,约定的生效条件成就的,才能发生法律效力。(3)附生效条件、附生效期限的民事法律行为,其所附条件成就,或者所附期限到来时,该民事法律行为才能生效,其成立和生效也并非同一时间。

第二节 意思表示

第一百三十七条 【有相对人的意思表示的生效时间】以对话方式作出的意思表示,相对人知道其内容时生效。

以非对话方式作出的意思表示,到达相对人时生效。以非对话方式作出的采用数据电文形式的意思表示,相对人指定特定系统接收数据电文的,该数据电文进入该特定系统时生效;未指定特定系统的,相对人知道或者应当知道该数据电文进入其系统时生效。当事人对采用数据电文形式的意思表示的生效时间另有约定的,按照其约定。

注释 意思表示是指行为人为了产生一定民法上的效果而将其内心意思通过一定方式表达于外部的行为。意思是指设立、变更、终止民事法律关系的内心意图,表示是指将内心意思以适当方式向适当对象表示出来的行为。意思表示具有如下特征:1. 意思表示的表意人具有使民事法律关系发生变动的意图。通过这种意图,表意人可以依据自己的主观意志发生法律关系,所以从这种角度讲,意思表示是实现意思自治的工具。2. 意思表示是一个将意思由内到外的表示过程。一个人内心可能有很多的主观意思,但是若不通过适当的方式表示出来,让他人知晓,其内心意思就没有任何法律意义。3. 意思表示可以产生一定的法律效果。符合法定生效要件的意思表示可以发生当事人预期的法律效果。意思表示作为民事法律行为中最为核心的要素,对于确定民事法律行为的效力具有重要作用。

本条是对有相对人的意思表示生效时间的规定。对于此类情况,本条根据是否采用对话方式作了不同规定:

1. 以对话方式作出的意思表示。所谓以对话方式作出的意思表示是指采取使相对方可以同步受领的方式进行的意思表示,例如面对面交谈、电话等方式。在以这种方式进行的意思表示中,表意人作出意思表示和相对人受领意思表示是同步进行的,没有时间差,因此,表意人作出意思表示并使相对人知道时即发生效力。基于此,本条第1款规定,以对话方式作出的意思表示,相对人知道其内容时生效。

2. 以非对话方式作出的意思表示。以非对话方式作出的意思表示,是指表意人作出意思表示的时间与相对人受领意思表示的时间不同步,二者之间存在时间差。非对话的意思表示在现实生活中存在的形式多样,例如传真、信函等。对于非对话的意思表示的生效时间,我国采用到达主义,规定意思表示到达相对人时生效。需要强调的是,这里"到达"并不意味着相对人必须亲自收到,只要进入相对人通常的地址、住所或者能够控制的地方(如信箱)即可视为到达,意思表示被相对人的代理人收到也可以视为到达。送达相对人时生效还意味着即使在意思表示送达相对人前相对人已经知道该意思表示内容的,该意思表示也不生效。

3. 以非对话方式作出的采用数据电文形式的意思表示。数据电文系指经由电子手段、电磁手段、光学手段或类似手段生成、发送、接收或存储的信息,这些手段包括但不限于电子数据交换、电子邮件、电报、电传或传真。采用数据电文方式作出的意思表示虽然也是以非对话方式进行的,但由于其发出和到达具有自动性、实时性等特点,意思表示发出即到达,其生效时间也与一般的非对话方式作出的意思表示的生效时间有所区别。采用数据电文形式订立合同,收件人指定特定系统接收数据电文的,该数据电文进入该特定系统的时间,视为到达时间;未指定特定系统的,该数据电文进入收件人的任何系统的首次时间,视为到达时间。当事人对采用数据电文形式的意思表示的生效时间另有约定的,按照其约定。这主要是为了尊重当事人对意思表示生效时间的约定,体现意思自治。在现实生活中,当事人可以约定数据电文形式意思表示的生效时间不是该意思表示进入特定系统的时间。有这种约定的,从其约定。

链接《电子签名法》第11条

第一百三十八条 【无相对人的意思表示的生效时间】无相对人的意思表示,表示完成时生效。法律另有规定的,依照其规定。

注释 本条对无相对人的意思表示的生效时间作了规定。无相对人的意思表示在完成时生效,这是无相对人意思表示生效的一般性规则。但有时法律对无相对人的意思表示的生效时间会作出特别规定,例如《民法典》继承编部分就明确规定,遗嘱这种无相对人的意思表示自遗嘱人死亡时发生效力。所以,本条还规定,法律对无相对人意思表示的生效时间另有规定的,依照其规定。

第一百三十九条 【公告的意思表示的生效时间】以公告方式作出的意思表示,公告发布时生效。

注释 实践中,在意思表示有相对人的情况下,可能会发生意思表示的表意人不知道相对人的具体地址、相对人下落不明的情形。对表意人来说,要通过信函、邮件等方式送达相对人是困难的,其意思表示就有可能迟迟不能生效,影响其利益。对此,必须允许表意人采取特殊方式送达其意思表示。本条明确规定了表意人在这种情况下可以以公告方式作出意思表示。本条规定,对于以公告方式作出的意思表示,公告发布时生效。这里的公告方式既可以是在有关机构的公告栏,例如人民法院的公告栏;也可以是在报纸上刊登公告的方式。以公告方式作出的意思表示,表意人一旦发出公告能够为社会公众所知道,就认为意思表示已经到达,即发生效力。理解本条还需要注意两点:本条所规定的表意人并不是在任何情况都可以采用公告方式作出意思表示,只有在表意人非因自己的过错而不知相对人的下落或者地址的情况下才可以采用公告方式作出意思表示,否则对相对人很不公平。在表意人知道相对人下落的情况下,表意人不得采用公告方式作出意思表示,除非相对人同意。

第一百四十条 【意思表示的方式】行为人可以明示或者默示作出意思表示。

沉默只有在有法律规定、当事人约定或者符合当事人之间的交易习惯时,才可以视为意思表示。

注释 意思表示可以明示的方式或默示的方式做出。所谓明示的意思表示就是行为人以作为的方式,使得相对人能够直接了解到意思表示的内容。比较典型的是表意人采用口头、书面方式直接向相对人进行的意思表示。以默示方式作出的意思表示,又称为行为默示,是指行为人虽没有以语言或文字等明示方式作出意思表示,但以行为的方式作出了意思表示。这种方式虽不如明示方式那么直接表达出了意思表示的内容,但通过其行为可以推定出其作出一定的意思表示。在现实生活中,以默示方式作出的意思表示也比较常见。例如某人向自动售货机投入货币的行为即可推断其作出了购买物品的意思表示。又比如某人乘坐无人售票的公交车时,其投币行为就可以视为其具有缔结运输合同的意思表示。

在现实生活中也会出现一种特殊情形,即行为人以沉默的方式作出意思表示。沉默是一种既无语言表示也无行为表示的纯粹的缄默,是一种完全的不作为。沉默原则上不得作为意思表示的方式。只有在有法律规定、当事人约定或者符合当事人之间的交易习惯时,才可以视为意思表示。例如本法典合同编第638条第1款规定,试用买卖的买受人在试用期内可以购买标的物,也可以拒绝购买。试用期间届满,买受人对是否购买标的物未作表示的,视为购买。在这条规定中,试用期间届满后,买受人对是否购买标的物未作表示就是一种沉默,但这种沉默就可以视为买受人作出了购买的意思表示。

第一百四十一条 【意思表示的撤回】行为人可以撤回意思表示。撤回意思表示的通知应当在意思表示到达相对人前或者与意思表示同时到达相对人。

注释 意思表示的撤回,是指在意思表示作出之后但在发生法律效力之前,意思表示的行为人欲使该意思表示不发生效力而作出的意思表示。意思表示之所以可以撤回,是因为意思表示生效才能发生法律约束力,在其尚未生效之前,不会对意思表示的相对人产生任何影响,也不会对交易秩序产生任何影响。

行为人可以撤回意思表示,但不是在任何情况下都可以,而是有条件的。根据本条的规定,撤回意思表示的通知应当在意思表示到达相对人前或者与意思表示同时到达相对人。如果撤回意思表示的通知在意思表示到达相对人之后到达的,该意思表示已经生效,是否能够使其失效,则取决于相对人是否同意。因此,行为人若要撤回意思表示,必须选择以快于意思表示作出的方式发出撤回的通知,使之能在意思表示到达之前到达相对人。如果意思表示的行为人作出意思表示以后又立即以比作出意思表示更快的方式发出撤回通知,按照通常情况,撤回的通知应当先于或者最迟会与意思表示同时到达相对人,但因为其他原因耽误了,撤回的通知在意思表示到达相对人后才到达相对人,在这种情况下,相对人应当根据诚信原则及时通知意思表示的行为人,告知其撤回的通知已经迟到,意思表示已经生效;如果相对人怠于通知行为人,行为人撤回意思表示的通知视为未迟到,仍发生撤回表示的效力。

理解本条需要注意两点:

1. 意思表示的撤回原则上只有在该意思表示有相对人的情况下才有意义,若是无相对人的意思表示,在表示作出时就发生效力,不可能撤回,只可能撤销。

2. 意思表示的撤回与意思表示的撤销是不同的。根据本条的规定,意思表示的撤回是在意思表示未生效前使其不发生效力,而意思表示的撤销是指在意思表示作出并生效之后,行为人又作出取消其意思表示的表示。由于意思表示在到达后已经生效,相对人已知悉了意思表示的内容,甚至可能已经对该意思表示产生了合理的信赖,因此,行为人能否在意思表示生效后取消其意思表示,需要考虑保障相对人合理信赖的问题。这与意思表示撤回中仅考虑保护意思表示行为人对其意思表示的自由处分权利存在较大区别。考虑到意思表示生效后,已经对行为人产生了法律约束力,能否撤销,要平衡行为人和相对人的利益,不宜泛泛规定行为人可以撤销意思表示,基于此,合同编规定,要约可以撤销,但撤销要约的通知应当在受要约人发出承诺通知之前到达受要约人。同时还规定,有下列情形之一的,要约不得撤销:(1)要约人确定了承诺期限或者以其他形式明示要约不可撤销;

(2)受要约人有理由认为要约是不可撤销的,并已经为履行合同作了准备工作。所以,本条只规定了意思表示的撤回,未规定意思表示的撤销。

第一百四十二条 【意思表示的解释】有相对人的意思表示的解释,应当按照所使用的词句,结合相关条款、行为的性质和目的、习惯以及诚信原则,确定意思表示的含义。

无相对人的意思表示的解释,不能完全拘泥于所使用的词句,而应当结合相关条款、行为的性质和目的、习惯以及诚信原则,确定行为人的真实意思。

注释 所谓意思表示的解释是指因意思表示不清楚或者不明确发生争议时,由人民法院或者仲裁机构对意思表示进行的解释。解释的目的就是明确意思表示的真实含义。意思表示的解释具有以下特征:1. 意思表示解释的对象是当事人已经表示出来的、确定的意思,而非深藏于当事人内心的意思。深藏于当事人内心的意思无法作为认识的对象,是无法解释的。2. 对意思表示进行解释的主体是人民法院或者仲裁机构,并不是任何机构或者个人都可以对意思表示作出有权解释。只有人民法院或者仲裁机构对意思表示作出的解释才是有权解释,才会对当事人产生法律约束力。3. 人民法院或者仲裁机构对意思表示的解释不是任意的主观解释,而是必须遵循一定的规则进行解释,这些规则就是解释意思表示的方法。

本条区分有相对人的意思表示和无相对人的意思表示,分别规定了不同的解释规则,主要基于以下考虑:有相对人的意思表示中,需要有意思表示的受领人,意思表示一旦为相对人所受领,相对人就会对此产生合理信赖。如果出现表意人的内心真实意思和外在表示出来的意思不一致的情况,就需要平衡保护相对人的信赖利益与保护表意人的内心真实意思;同时,在这种情况下还需要考虑相对人对意思表示的理解水平。而在无相对人的意思表示的情况下,因不存在受领人,则不需要考虑受领人的理解水平问题。因此,对无相对人的意思表示的解释就是主要探究表意人的内心真实意思。这里需要强调一点,对无相对人的意思表示的解释,不能完全拘泥于意思表示所使用的词句,但不是完全抛开意思表示所使用的词句,这主要是为了防止在解释这类意思表示时自由裁量权过大,影响当事人的利益。例如在对遗嘱进行解释时,虽说主要是探究遗嘱人作遗嘱的真实意思,但也不能完全不考虑遗嘱本身的词句。

第三节 民事法律行为的效力

第一百四十三条 【民事法律行为的有效条件】具备下列条件的民事法律行为有效:

(一)行为人具有相应的民事行为能力;

(二)意思表示真实;

(三)不违反法律、行政法规的强制性规定,不违背公序良俗。

注释 根据本条规定,民事法律行为应当具备的有效条件包括:

1. 行为人具有相应的民事行为能力。民事行为能力是行为人通过自己行为参与民事活动,享有权利和承担义务的能力。与作为法律资格的民事权利能力相比,民事行为能力是行为人实施民事法律行为的相应保证。

2. 意思表示真实。意思表示作为民事法律行为的核心要素,其真实性对于保证行为人正确实现行为目的至关重要。应当注意,此处的真实应作扩大解释,实际上还包含了传统民法理论意思表示自由的含义。比如,在因欺诈、胁迫实施民事法律行为的情形,受欺诈人、受胁迫人的意思表示虽然从表面看是真实的,但实际上并非其内心自由意志的体现。在意思表示不真实的情况下,民事法律行为不能具有完全有效的效力。

3. 不违反法律、行政法规的强制性规定,不违背公序良俗。

案例 云南福运物流有限公司与中国人寿财产保险股份公司曲靖中心支公司财产损失保险合同纠纷案(《最高人民法院公报》2016年第7期)

裁判规则:当事人就货物保险损失达成的《赔偿协议书》及《货运险赔偿确认书》是对财产损害赔偿金额的自认,是真实意思表示,是有效的民事法律行为。

链接《消费者权益保护法》第26条;《最高人民法院关于国有土地开荒后用于农耕的土地使用权转让合同纠纷案件如何适用法律问题的批复》

第一百四十四条 【无民事行为能力人实施的民事法律行为】无民事行为能力人实施的民事法律行为无效。

第一百四十五条 【限制民事行为能力人实施的民事法律行为】限制民事行为能力人实施的

纯获利益的民事法律行为或者与其年龄、智力、精神健康状况相适应的民事法律行为有效;实施的其他民事法律行为经法定代理人同意或者追认后有效。

相对人可以催告法定代理人自收到通知之日起三十日内予以追认。法定代理人未作表示的,视为拒绝追认。民事法律行为被追认前,善意相对人有撤销的权利。撤销应当以通知的方式作出。

注释 限制民事行为能力人所从事的民事法律行为,须经法定代理人同意或者追认才能有效。如果没有经过同意或者追认,民事法律行为即使成立,也并不实际生效,而处于效力待定状态。这里对法定代理人补正限制民事行为能力人的行为能力规定了两种方式:一种是同意,指的是法定代理人事先对限制民事行为能力人实施某种民事法律行为予以明确认可;另一种是追认,指的是法定代理人事后明确无误地对限制民事行为能力人实施某种民事法律行为表示同意。无论是事先的同意还是事后的追认,都是法定代理人的单方意思表示,无须行为相对人的同意即可发生效力。需要说明的是,法定代理人对限制民事行为能力人行为的同意或者追认应当采用明示的方式作出,同时应当为行为相对人所知晓才能发生效力。

限制民事行为能力人实施民事法律行为后,与其从事民事法律行为的相对人可以催告限制民事行为能力人的法定代理人在30日内予以追认。法定代理人未作表示的,视为拒绝追认。所谓催告,是指民事法律行为的相对人要求法定代理人在一定期限内就是否认可限制民事行为能力人所实施民事法律行为的效力作出表示,逾期不作表示的,视为法定代理人拒绝承认行为的效力。催告在民法理论上被称为"准法律行为",因为尽管催告具有类似意思表示的行为外观,但其最终效力的发生却仍然来自法律规定。限制民事行为能力人在其行为能力范围之外实施的民事法律行为属于效力待定,此种效力不确定的状态不应一直持续。立法赋予相对人以催告权,可以避免这种效力不确定的状态长期持续,从而保护相对人权益,维护交易安全。在相对人催告法定代理人对行为是否予以追认的期间内,如果法定代理人不对此作出表示,意味着法定代理人对通过追认补足行为效力的态度是消极的、放任的,此时应视为其拒绝追认,因此该行为不发生效力。需要说明的是,相对人的催告应当以明示方式作出,期间也应从法定代理人收到通知之日起算。本条确定的期间为30日,法定代理人超过30日未作表示的,视为拒绝追认。

本条第2款除规定相对人的催告权外,还规定了善意相对人的撤销权,即民事法律行为被追认前,善意相对人有撤销的权利。此处的撤销权在性质上属于形成权,即相对人可以直接通过自己的行为而无须借助他人即可行使的权利。本条撤销权的行使应注意以下几点:1. 相对人撤销权的行使须在法定代理人追认之前,法定代理人一经追认,相对人不得再行使这一权利。2. 仅善意相对人可行使撤销权。所谓善意,是指相对人实施民事法律行为时并不知晓对方为限制民事行为能力人,且此种不知晓不构成重大过失。3. 相对人行使撤销权时,应当通过通知的方式作出,这种通知必须是明示的、明确的,不得通过默示的方式。

链接《票据法》第6条;《总则编解释》第29条

第一百四十六条 【虚假表示与隐藏行为效力】行为人与相对人以虚假的意思表示实施的民事法律行为无效。

以虚假的意思表示隐藏的民事法律行为的效力,依照有关法律规定处理。

注释 虚假意思表示又称虚伪表示,是指行为人与相对人都知道自己所表示的意思并非真意,通谋作出与真意不一致的意思表示。虚假表示的特征在于,双方当事人都知道自己所表示出的意思不是真实意思,民事法律行为本身欠缺效果意思,双方均不希望此行为能够真正发生法律上的效力。一般而言,虚假表示在结构上包括内外两层行为:外部的表面行为是双方当事人共同作出与真实意思不一致的行为,也可称作伪装行为;内部的隐藏行为则是被隐藏于表面行为之下,体现双方真实意思的行为,也可称作非伪装行为。比如,双方名为买卖实为赠与,买卖并非双方的真实意思表示,属于表面行为或伪装行为;赠与是双方的真实意思表示,属于隐藏行为或者非伪装行为。尽管隐藏行为的存在与虚假表示联系在一起,但虚假表示与隐藏行为并不总是一一对应。具体而言,无虚假表示就无所谓隐藏行为,有隐藏行为也就存在虚假表示,但存在虚假表示,并不一定有隐藏行为。比如,以逃避债务为目的假装财产赠与,赠与行为是虚假表示,但并不存在隐藏行为。

本条第1款是对双方以虚假意思表示作出的民事法律行为效力的规定,即行为人与相对人以虚假的意思表示实施的民事法律行为无效。这一规定的含义是:双方通过虚假的意思表示实施的民事法律行为是无效的。之所以对通过虚假表示实施的民事法律行为的效力予以否定,是因为这一意思表示所指向的法律效果并非双方当事人的内心真意,双方对此相互知晓,如果认定其为有效,有悖于意思自治的原则。本款虽未明确规定行为人与相对人须通谋而为虚假的意思表示,实际上双方对虚假意思表示达成一致的结果反映出二者必须有一个意思联络的过程。这也是虚假表示区别于真意保留的重要一点,真意保留的相对人并不知晓行为人表示的是虚假意思。

本条第2款是对隐藏行为效力的规定:行为人以虚假的意思表示隐藏的民事法律行为的效力,依照有关法律规定处理。当同时存在虚伪表示与隐藏行为时,虚伪表示无效,隐藏行为并不因此无效,其效力如何,应当依据有关法律规定处理。具体来说,如果这种隐藏行为本身符合该行为的生效要件,那么就可以生效。如在名为赠与实为买卖的行为中,赠与行为属于双方共同以虚假意思表示实施的民事法律行为,无效;而隐藏于赠与形式之下的买卖则是双方共同的真实意思表示,其效力能否成就取决于其是否符合买卖合同有关的法律规定:如果符合买卖合同生效要件的法律规定,则为有效;反之,则无效。

案例 日照港集团有限公司煤炭运销部与山西焦煤集团国际发展股份有限公司借款合同纠纷案(《最高人民法院公报》2017年第6期)

裁判规则:在三方或三方以上的企业间进行的封闭式循环买卖中,一方在同一时期先卖后买同一标的物,低价卖出高价买入,明显违背营利法人的经营目的与商业常理,此种异常的买卖实为企业间以买卖形式掩盖的借贷法律关系。企业间为此而签订的买卖合同,属于当事人共同实施的虚伪意思表示,应认定为无效。

在企业间实际的借贷法律关系中,作为中间方的托盘企业并非出于生产、经营需要而借款,而是为了转贷牟利,故借贷合同亦应认定为无效。借款合同无效后,借款人应向贷款人返还借款的本金和利息。因贷款人对合同的无效也存在过错,人民法院可以相应减轻借款人返还的利息金额。

第一百四十七条 【重大误解】基于重大误解实施的民事法律行为,行为人有权请求人民法院或者仲裁机构予以撤销。

注释 本条是关于基于重大误解实施的民事法律行为的效力规定。传统民法理论与重大误解相关的概念是错误。错误是指表意人非故意地使意思与表示不一致。按照意思表示本身的两个阶段,可以划分为意思形成阶段的错误和意思表达阶段的错误。其中,意思表达阶段的错误,是错误制度的主要规范对象,又可细分为表示错误与内容错误。所谓表示错误,是指表意人错误使用表示符号,该表示符号所表达的法律后果并非表意人内心的真实想法,典型的如将合同价款10000元写成1000元、误将A画当作B画取走等。所谓内容错误,不同于表示错误,它是指表意人使用的表示符号并没有错,但对该符号所表示的内容产生理解错误。典型的内容错误又可细分为同一性错误和行为类型错误。同一性错误如甲想和乙订立合同,却误将丙当作乙。行为类型错误如甲想把画卖给乙,对乙说:“我有一幅画,你要不要?”由于没有约定价格,乙理解为赠与而予以接受。此时,买卖合同因未形成合意而不成立,赠与因符合表示主义而成立。甲可以基于行为类型错误而主张撤销赠与合同。意思形成阶段的错误,是指表意人在形成意思表示时所产生的错误,也称为动机错误。原则上,法律行为的效力与动机错误无关。比如,当事人对相对人的履约能力是否符合自己需求产生错误认识,不应作为错误主张撤销。但是,动机错误一律不得作为错误予以撤销的原则也有例外,当有关人或物的性质错误被视为对交易具有重要作用时,这种情形下的动机错误视为内容错误,同样可以适用错误规则。性质错误典型的例子如,甲以为A赛马赢得过竞赛冠军,故以重金买下,但实际上赢得竞赛冠军的是B赛马。此时甲对A赛马是否赢得过竞赛冠军的能力产生错误认识,属于性质错误。

认定重大误解需满足以下几个条件:一是行为人主观上存在错误认识,这种错误可以是关于行为的性质,也可以是关于行为的相对人、交易标的的质量、数量等;二是行为的结果与行为人的意思相悖;三是行为人的错误认识与行为后果之间存在因果关系,即如果没有这种错误认识,将不会产生该行为后果;四是行为人在客观上遭受了较大损失,如果没有损失或者损失较小,也不能构成重大误解。行为人对行为的性质、对方当事人或者标的物的品种、质量、规格、价格、数量等产生错误认识,按照通常理解如果不发生该错误认识行为人就不会作出相应意思表示的,人民法院可以认定为本条规定的重大误解。

行为人能够证明自己实施民事法律行为时存在重大误解,并请求撤销该民事法律行为的,人民法院依法予以支持;但是,根据交易习惯等认定行为人无权请求撤销的除外。

链接《总则编解释》第19、20条;《最高人民法院关于印发〈全国法院贯彻实施民法典工作会议纪要〉的通知》第2条

第一百四十八条 【欺诈】一方以欺诈手段,使对方在违背真实意思的情况下实施的民事法律行为,受欺诈方有权请求人民法院或者仲裁机构予以撤销。

注释 民法中的欺诈,一般是指行为人故意欺骗他人,使对方陷入错误判断,并基于此错误判断作出意思表示的行为。欺诈的构成要件一般包括四项:一是行为人须有欺诈的故意。这种故意既包括使对方陷入错误判断的故意,也包括诱使对方基于此错误判断而作出意思表示的故意。二是行为人须有欺诈的行为。这种行为既可以是故意告知虚假情况,也可以是负有告知义务的人故意隐瞒真实情况。三是受欺诈人因行为人的欺诈行为陷入错误判断,即欺诈行为与错误判断之间存在因果关系。四是受欺诈人基于错误判断作出意思表示。

欺诈的构成并不需要受欺诈人客观上遭受损害后果的事实,只要受欺诈人因欺诈行为作出了实施民事法律行为的意思表示,即可成立欺诈。故意告知虚假情况,或者故意隐瞒真实情况,诱使当事人作出错误意思表示的,人民法院可以认定为本条规定的欺诈。欺诈的法律后果为可撤销,享有撤销权的是受欺诈人。其应通过人民法院或者仲裁机构行使撤销权。

案例 1. 刘某前诉安邦财产保险公司保险合同纠纷案(《最高人民法院公报》2013年第8期)

裁判规则:保险事故发生后,保险公司作为专业理赔机构,基于专业经验及对保险合同的理解,其明知或应知保险事故属于赔偿范围,而在无法律和合同依据的情况下,故意隐瞒被保险人可以获得保险赔偿的重要事实,对被保险人进行诱导,在此基础上双方达成销案协议的,应认定被保险人作出了不真实的意思表示,保险公司的行为违背诚信原则构成保险合同欺诈。被保险人请求撤销该销案协议的,人民法院应予支持。

2. 中国农业银行长沙市先锋支行与湖南金帆投资管理有限公司、长沙金霞开发建设有限公司借款担保合同纠纷案(《最高人民法院公报》2009年第1期)

裁判规则:导致合同当事人分别持有的合同文本内容有出入的原因复杂多样,不能据此简单地认定合同某一方当事人存在故意欺诈的情形。合同一方当事人如果据此主张对方当事人恶意欺诈,还应当提供其他证据予以证明。

第一百四十九条 【第三人欺诈】第三人实施欺诈行为,使一方在违背真实意思的情况下实施的民事法律行为,对方知道或者应当知道该欺诈行为的,受欺诈方有权请求人民法院或者仲裁机构予以撤销。

注释 本条中的第三人,一般是指民事法律行为的双方当事人之外、与一方存在某种关系的特定人。当事人之外的第三人对其中一方当事人实施欺诈,有可能是仅仅为了帮助对方当事人达成交易,也有可能是最终为实现自己的目的。

但其根本目的在于使受欺诈人陷入错误认识,作出"若了解真实情况便不会作出的"意思表示。此时,受欺诈人享有对民事法律行为的撤销权,但该撤销权行使须满足一定条件。具体来说,第三人实施欺诈行为,只有在受欺诈人的相对方非属于善意时,受欺诈人才能行使撤销权。相对方的这种非善意表现为,对于第三人的欺诈行为,其知道或者应当知道。撤销权的行使仍须通过人民法院或者仲裁机构行使。

需注意的是,在第三人欺诈而相对人是善意的情况下,受欺诈人尽管不能通过行使撤销权的方式保护其自身权益,但如果其权益因此受损,并不妨碍其向实施欺诈的第三人主张赔偿。

链接《总则编解释》第21条

第一百五十条 【胁迫】一方或者第三人以胁迫手段,使对方在违背真实意思的情况下实施的

民事法律行为，受胁迫方有权请求人民法院或者仲裁机构予以撤销。

注释 所谓胁迫，是指行为人通过威胁、恐吓等不法手段对他人思想上施加强制，由此使他人产生恐惧心理并基于恐惧心理作出意思表示的行为。在民法理论中，胁迫与欺诈一样，都属于意思表示不自由的情形。当事人因受胁迫而作出意思表示，其意思表示并没有产生错误，受胁迫人在作出符合胁迫人要求的意思表示时，清楚地意识到自己意思表示的法律后果，只是这种意思表示的作出并非基于受胁迫人的自由意志。胁迫的构成要件一般应当包括：1. 胁迫人主观上有胁迫的故意，即故意实施胁迫行为使他人陷入恐惧以及基于此恐惧心理作出意思表示。2. 胁迫人客观上实施了胁迫的行为，即以将要实施某种加害行为威胁受胁迫人，以此使受胁迫人产生心理恐惧。这种加害既可以是对自然人及其近亲属等的人身权利、财产权利以及其他合法权益造成损害，也可以是对法人、非法人组织的名誉、荣誉、财产权益等造成损害，客观上使受胁迫人产生了恐惧心理。3. 胁迫须具有不法性，包括手段或者目的的不法性，反之则不成立胁迫。4. 受胁迫人基于胁迫产生的恐惧心理作出意思表示。换言之，意思表示的作出与胁迫存在因果关系。此处因果关系的判断，应以受胁迫人自身而非其他人为标准。

从民法理论上讲，胁迫行为具有不法性，且构成对受胁迫人利益的侵害，应当认定因胁迫实施的民事法律行为无效。但考虑到民事活动的复杂性以及意思自治的民事基本原则，受胁迫人在其权益受损时，有权基于自身的利益衡量对民事法律行为的效力作出选择。因此，本条将因胁迫实施的民事法律行为效力规定为可撤销，同时赋予受胁迫人以撤销权。

需要注意的是，根据本条规定，无论是一方胁迫还是第三人胁迫，受胁迫人均享有对民事法律行为的撤销权。

链接《总则编解释》第22条

第一百五十一条 【乘人之危导致的显失公平】一方利用对方处于危困状态、缺乏判断能力等情形，致使民事法律行为成立时显失公平的，受损害方有权请求人民法院或者仲裁机构予以撤销。

注释 本条的显失公平将原《民法通则》和《合同法》中的"显失公平"与"乘人之危"合并规定，并赋予了其新的内涵。

本条所规定的显失公平须包括两项要件：1. 主观上，民事法律行为的一方当事人利用了对方处于危困状态、缺乏判断能力等情形。这意味着，一方当事人主观上意识到对方当事人处于不利情境，且有利用这一不利情境之故意。所谓危困状态，一般指因陷入某种暂时性的急迫困境而对于金钱、物的需求极为迫切等。如一方利用对方家有重病患者、为治疗病患出卖房产之机，以远低于市场价格购买该房产。所谓缺乏判断能力，是指缺少基于理性考虑而实施民事法律行为或对民事法律行为的后果予以评估的能力，如金融机构的从业人员向文化水平较低的老年人兜售理财产品，由于缺少判断能力，这些老年人以高昂价格购买了实际收益率较低的理财产品。2. 客观上，民事行为成立时显失公平。此处的显失公平是指双方当事人在民事法律行为中的权利义务明显失衡、显著不相称。至于"失衡""不相称"的具体标准，则需要结合民事法律行为的具体情形，如市场风险、交易行情、通常做法等加以判断。同时，需要说明的是，对于显失公平的判断时点，应以民事法律行为成立时为限。由于民事法律行为从成立到实际履行往往有一个过程，这一过程中的许多因素都可能对双方当事人的权利义务产生影响，如果不限定判断的时点，对于显失公平的判定将会缺少客观标准，也无法将原已存在的"权利义务失衡"结果与民事法律行为成立后当事人以外因素对权利义务产生的影响相区分。

案例 1. 黄某华诉刘某明债权人撤销权纠纷案（《最高人民法院公报》2013年第1期）

裁判规则：用人单位与劳动者就工伤事故达成赔偿协议，但约定的赔偿金额明显低于劳动者应当享受的工伤保险待遇的，应当认定为显失公平。劳动者请求撤销该赔偿协议的，人民法院应予支持。

2. 家园公司诉森得瑞公司合同纠纷案（《最高人民法院公报》2007年第2期）

裁判规则：合同的显失公平，是指合同一方当事人利用自身优势，或者利用对方没有经验等情形，在与对方签订合同中设定明显对自己一方有利的条款，致使双方基于合同的权利义务和客观利益严重失衡，明显违反公平原则。双方签订的合同中设定了某些看似对一方明显不利的条款，

但设立该条款是双方当事人真实的意思表示,其实质恰恰在于衡平双方的权利义务。在此情形下,合同一方当事人以显失公平为由请求撤销该合同条款的,不应予以支持。

第一百五十二条 【撤销权的消灭期间】有下列情形之一的,撤销权消灭:

(一)当事人自知道或者应当知道撤销事由之日起一年内、重大误解的当事人自知道或者应当知道撤销事由之日起九十日内没有行使撤销权;

(二)当事人受胁迫,自胁迫行为终止之日起一年内没有行使撤销权;

(三)当事人知道撤销事由后明确表示或者以自己的行为表明放弃撤销权。

当事人自民事法律行为发生之日起五年内没有行使撤销权的,撤销权消灭。

注释 民事法律行为因不同事由被撤销的,其撤销权应当在一定期间内行使。这一点是由撤销权的性质决定的。在民法理论上,撤销权属于形成权,行为人可以通过自己的行为直接行使权利,实现权利目的。但是,撤销权的行使将使得可撤销的民事法律行为效力终局性地归于无效,这将对相对人的利益产生重大影响。因此,享有撤销权的权利人必须在一定期间内决定是否行使这一权利,从而保护相对人的利益,维护交易安全。这一期间被称为除斥期间,除斥期间经过,撤销权终局性地归于消灭,可撤销的民事法律行为自此成为完全有效的民事法律行为。

由于导致民事法律行为可撤销的事由多样,因此不同情况下除斥期间的起算以及期间的长短也应有所不同。本条在《民法通则》和《合同法》规定的基础上,对撤销权的除斥期间作了以下规定:1. 撤销权原则上应在权利人知道或者应当知道撤销事由之日起 1 年内行使,但自民事法律行为发生之日起 5 年内没有行使的,撤销权消灭。将期间起算的标准规定为"当事人自知道或者应当知道撤销事由之日",有利于撤销权人的利益保护,防止其因不知撤销事由存在而错失撤销权的行使。同时,辅之以"自民事法律行为发生之日起五年"的客观期间,有助于法律关系的稳定,稳定交易秩序,维护交易安全。2. 对于因重大误解享有撤销权的,权利人应在知道或者应当知道撤销事由之日起 90 日内行使,否则撤销权消灭。同欺诈、胁迫、显失公平等影响意思表示自由的情形相比,重大误解权利人的撤销事由系自己造就,不应赋予其与其他撤销事由同样的除斥期间。3. 对于因胁迫享有撤销权的,应自胁迫行为终止之日起 1 年内行使,否则撤销权消灭。同欺诈、重大误解等其他撤销事由相比,胁迫具有特殊性。受胁迫人在胁迫行为终止前,即使知道胁迫行为的存在,事实上仍然无法行使撤销权。考虑到这一特殊情况,本条将因胁迫享有撤销权的除斥期间起算规定为"自胁迫行为终止之日起",期间仍为 1 年。4. 对于权利人知道撤销事由后明确表示或者以自己的行为表明放弃撤销权的,撤销权消灭,不受 1 年期间的限制。权利人无论是明确表示还是通过行为表示对撤销权的放弃,均属于对自己权利的处分,依据意思自治的原则,法律予以准许。

第一百五十三条 【违反强制性规定及违背公序良俗的民事法律行为的效力】违反法律、行政法规的强制性规定的民事法律行为无效。但是,该强制性规定不导致该民事法律行为无效的除外。

违背公序良俗的民事法律行为无效。

注释 民事法律行为虽然是彰显意思自治、保障权利实现的主要制度,但这种自由必须限定在不损害国家利益、社会公共利益的范围之内。民事主体的民事法律行为一旦超越法律和道德所容许的限度,构成对国家利益、社会公共利益的侵害,其效力就必须被否定。而法律、行政法规的强制性规定以及公共秩序和善良习俗,即是对民事主体意思自治施加的限制。

本法第 143 条规定了民事法律行为的有效要件,属于对民事法律行为有效的一般性要求,而本条则属于可以直接判定行为效力的裁判性规范。

本条第 1 款规定,违反法律、行政法规的强制性规定的民事法律行为无效,但是该强制性规定不导致该民事法律行为无效的除外。法律规范分为强制性规范与任意性规范。任意性规范的目的是引导、规范民事主体的行为,并不具备强制性效力,民事法律行为与任意性规范不一致的,并不影响其效力。任意性规范体现的是法律对主体实施民事法律行为的一种指引,当事人可以选择适用,也可以选择不适用。与任意性规范相对的是强制性规范,后者体现的是法律基于对国家利益、社会公共利益等的考量,对私人意思自治领域所施加的一种限制。民事主体在实施民事法律行为时,必须服从这种对行为自由的限制,否则会因对国家利益、社会公共利益等的侵害而被判定无效。但是,民事法律行为违反强制性规定无效有一种例外,即当该强制性规定本身并不导致民事法律行为无效时,民事法律行为并不无效。这里实际上涉及对具体强制性规定的性质判断问题。某些强制性规定尽管要求民事主体不得违反,但其并不导致民事法律行为无效。违反该法律规定的后果应由违法一方承担,没有违法的当事人不应承受一方违法的后果。比如,一家经营水果的商店出售种子,农户购买了该种子,该商店违法经营种子,必须承担相应违法责任,但出于保护农户的目的,不宜认定该买卖行为无效。

本条第2款规定,违背公序良俗的民事法律行为无效。公序良俗是公共秩序和善良习俗的简称,属于不确定概念。民法学说一般采取类型化研究的方式,将裁判实务中依据公序良俗裁判的典型案件,区别为若干公序良俗违反的行为类型。人民法院或者仲裁机构在审理案件时,如果发现待决案件事实与其中某一个类型相符,即可判定行为无效。这些类型包括但不限于:(1)危害国家政治、经济、财政、税收、金融、治安等秩序类型;(2)危害家庭关系行为类型;(3)违反性道德行为类型;(4)违反人权和人格尊重行为类型;(5)限制经济自由行为类型;(6)违反公正竞争行为类型;(7)违反消费者保护行为类型;(8)违反劳动者保护行为类型等。同强制性规定一样,公序良俗也体现了国家对民事领域意思自治的一种限制。因此,对公序良俗的违背也构成民事法律行为无效的理由。

案例 1. 四川金核矿业有限公司与新疆临钢资源投资股份有限公司特殊区域合作勘查合同纠纷案(《最高人民法院公报》2017年第4期)

裁判规则:当事人关于在自然保护区、风景名胜区、重点生态功能区、生态环境敏感区和脆弱区等区域内勘查开采矿产资源的合同约定,不得违反法律、行政法规的强制性规定或者损害环境公共利益,否则应依法认定无效。环境资源法律法规中的禁止性规定,即便未明确违反相关规定将导致合同无效,但若认定合同有效并继续履行将损害环境公共利益的,应当认定合同无效。

2. 饶某礼诉某物资供应站等房屋租赁合同纠纷案(最高人民法院指导案例170号)

裁判规则:违反行政规章一般不影响合同效力,但违反行政规章签订租赁合同,约定将经鉴定机构鉴定存在严重结构隐患,或将造成重大安全事故的应当尽快拆除的危房出租用于经营酒店,危及不特定公众人身及财产安全,属于损害社会公共利益、违背公序良俗的行为,应当依法认定租赁合同无效,按照合同双方的过错大小确定各自应当承担的法律责任。

链接《最高人民法院关于审理建设工程施工合同纠纷案件适用法律问题的解释(一)》第1条

第一百五十四条 【恶意串通】行为人与相对人恶意串通,损害他人合法权益的民事法律行为无效。

注释 所谓恶意串通,是指行为人与相对人互相勾结,为牟取私利而实施的损害他人合法权益的民事法律行为。恶意串通的民事法律行为在主观上要求双方有互相串通、为满足私利而损害他人合法权益的目的,客观上表现为实施了一定形式的行为来达到这一目的。

需注意的是,在虚伪表示的民事法律行为中,行为人与相对人所表示出的意思均非真意,而恶意串通的双方当事人所表达的都是内心真意,二者尽管在法律后果上相同,但不可混淆。尽管在某些情况下,双方通谋的虚伪表示也表现为主观上的恶意,且同时损害了他人的合法权益,但二者的侧重点不同,不能相互替代。

案例 1. 上海欧宝生物科技有限公司诉辽宁特莱维置业发展有限公司企业借贷纠纷案(最高人民法院指导案例68号)

裁判规则:人民法院审理民事案件中发现存在虚假诉讼可能时,应当依职权调取相关证据,详细询问当事人,全面严格审查诉讼请求与相关证据之间是否存在矛盾,以及当事人诉讼中言行是否违背常理。经综合审查判断,当事人存在虚构事实、恶意串通、规避法律或国家政策以谋取非法利益,进行虚假民事诉讼情形的,应当依法予以制裁。

2. 广东龙正投资发展有限公司与广东景茂拍卖行有限公司委托拍卖执行复议案(最高人民法院指导案例35号)

裁判规则:拍卖行与买受人有关联关系,拍卖行为存在以下情形,损害与标的物相关权利人合法权益的,人民法院可以视为拍卖行与买受人恶意串通,依法裁定该拍卖无效:(1)拍卖过程中没有其他无关联关系的竞买人参与竞买,或者虽有

其他竞买人参与竞买,但未进行充分竞价的;(2)拍卖标的物的评估价明显低于实际价格,仍以该评估价成交的。

3. 瑞士嘉吉国际公司诉福建金石制油有限公司等确认合同无效纠纷案(最高人民法院指导案例33号)

裁判规则:债务人将主要财产以明显不合理低价转让给其关联公司,关联公司在明知债务人欠债的情况下,未实际支付对价的,可以认定债务人与其关联公司恶意串通、损害债权人利益,与此相关的财产转让合同应当认定为无效。

《合同法》第59条规定适用于第三人为财产所有权人的情形,在债权人对债务人享有普通债权的情况下,应当根据《合同法》第58条的规定,判令因无效合同取得的财产返还原财产所有人,而不能根据第59条规定直接判令债务人的关联公司因"恶意串通,损害第三人利益"的合同而取得的债务人的财产返还债权人。

第一百五十五条 【无效或者被撤销民事法律行为自始无效】无效的或者被撤销的民事法律行为自始没有法律约束力。

注释 无效和被撤销的民事法律行为是自始无效的,具有溯及力。即民事法律行为一旦无效或者被撤销后,双方的权利义务状态应当回复到这一行为实施之前的状态,已经履行的,应当恢复原状。

关于本条,还有两点需要进一步说明:1. 无效的民事法律行为除自始无效外,还应当是当然无效、绝对无效。所谓当然无效,是指只要民事法律行为具备无效条件,其便当然产生无效的法律后果,无须经过特定程序的确认才无效。所谓绝对无效,是指这种民事法律行为的无效是绝对而非相对的,对包括当事人在内的其他任何人而言均是无效的。2. 对于诸如劳动关系、合伙关系等特别领域中存在的某些持续性民事法律行为无效以及被撤销的效力问题,可以考虑在具体单行法中作出特别规定。

链接《总则编解释》第23条

第一百五十六条 【民事法律行为部分无效】民事法律行为部分无效,不影响其他部分效力的,其他部分仍然有效。

注释 民事法律行为的无效事由既可以导致其全部无效,也可以导致其部分无效。在部分无效时,如果不影响其他部分的效力,其他部分仍可有效。这意味着,只有在民事法律行为的内容效力可分且相互不影响的情况下,部分无效才不会导致其他部分同时无效。反之,当部分无效的民事法律行为会影响其他部分效力的,其他部分也应无效。

本条所规定的"民事法律行为部分无效,不影响其他部分效力"的情形,主要包括以下几种:一是民事法律行为的标的数量超过国家法律许可的范围。比如,借贷合同中,双方当事人约定的利息高于国家限定的最高标准,则超过部分无效,不受法律保护,但在国家所限定的最高标准以内的利息仍然有效。又如,遗嘱继承中,被继承人将其全部遗产均遗赠他人,并未给胎儿保留必要的遗产份额,违反了继承法律相关规定。因此,在遗产的应继份范围内的那部分遗赠是无效的,但其他部分的遗赠仍然有效。二是民事法律行为的标的可分,其中一项或数项无效。比如,同一买卖合同的标的物有多个,其中一个或数个标的物因属于国家禁止流通物而无效,其他标的物的买卖仍为有效。三是民事法律行为的非根本性条款因违法或违背公序良俗而无效。比如,雇佣合同中有条款约定"工作期间发生的一切人身伤害,雇主概不负责"。这一条款因违反相关劳动法律以及公序良俗原则而无效,但雇佣合同的其他权利义务条款并不因此无效。

链接《劳动法》第18条;《劳动合同法》第27条

第一百五十七条 【民事法律行为无效、被撤销、不生效力的法律后果】民事法律行为无效、被撤销或者确定不发生效力后,行为人因该行为取得的财产,应当予以返还;不能返还或者没有必要返还的,应当折价补偿。有过错的一方应当赔偿对方由此所受到的损失;各方都有过错的,应当各自承担相应的责任。法律另有规定的,依照其规定。

第四节 民事法律行为的附条件和附期限

第一百五十八条 【附条件的民事法律行为】民事法律行为可以附条件,但是根据其性质不得附条件的除外。附生效条件的民事法律行为,自条件成就时生效。附解除条件的民事法律行为,自条件成就时失效。

注释 民事法律行为中所附的条件,是指当事人以未来客观上不确定发生的事实,作为民事法律行为效力的附款。所附条件具有以下特点:1. 条件系当事人共同约定,并作为民事法律行为的一部分内容。条件体现的是双方约定一致的意思，这是与法定条件最大的不同之处，后者是指由法律规定的、不由当事人意思决定并具有普遍约束力的条件。当事人不得以法定条件作为其所附条件。2. 条件是未来可能发生的事实。这意味着，已经过去的、现在的以及将来确定不会发生的事实不能作为民事法律行为的所附条件。如果是将来必然发生的事实，应当作为附期限。应当注意，这种条件事实发生的不确定性应当是客观存在的，如果仅仅是当事人认为事实发生与否不确定，但实际上必然发生或者不发生的，也不能作为所附条件。3. 所附条件是当事人用以限定民事法律行为效力的附属意思表示。应当将所附条件与民事法律行为中的供货条件、付款条件等相互区分，后者是民事法律行为自身内容的一部分而非决定效力的附属意思表示。4. 所附条件中的事实应为合法事实，违法事实不能作为民事法律行为的附条件。如不能约定以故意伤害他人作为合同生效的条件。

以所附条件决定民事法律行为效力发生或消灭为标准，条件可以分为生效条件和解除条件。所谓生效条件，是指使民事法律行为效力发生或者不发生的条件。生效条件具备之前，民事法律行为虽已成立但未生效，其效力是否发生处于不确定状态。条件具备，民事法律行为生效；条件不具备，民事法律行为就不生效。比如，甲乙签订房屋买卖合同，同意甲将所居住的房产出卖给乙，但条件是甲出国定居，不在国内居住。当条件具备时，此房屋买卖合同才生效。所谓解除条件，又称消灭条件，是指对已经生效的民事法律行为，当条件具备时，该民事法律行为失效；如果该条件确定不具备，则该民事法律行为将继续有效。

在附条件的民事法律行为中，所附条件的出现与否将直接决定民事法律行为的效力状态。附生效条件的民事法律行为，自条件成就时生效。附解除条件的民事法律行为，自条件成就时失效。需要特别指出的是，附条件的民事法律行为虽然在所附条件出现时才生效或失效，但在条件尚未具备时，民事法律行为对于当事人仍然具有法律约束力，当事人不得随意变更或者撤销。因此，可以将附条件的民事法律行为的效力分为条件成就前效力和条件成就后效力。对于附生效条件的民事法律行为来说，条件成就前的效力表现为当事人不得随意变更、撤销民事法律行为以及对于民事法律行为生效的期待权；对于附解除条件的民事法律行为来说，条件成就前的效力表现为条件具备后民事法律行为效力归于消灭的期待权。

链接《总则编解释》第24条

第一百五十九条 【条件成就或不成就的拟制】 附条件的民事法律行为，当事人为自己的利益不正当地阻止条件成就的，视为条件已经成就；不正当地促成条件成就的，视为条件不成就。

注释 在附条件的民事法律行为中，条件的成就或不成就直接关系到民事法律行为的效力状况。对附生效条件的民事法律行为来说，条件成就，民事法律行为就开始生效；条件不成就，民事法律行为就确定不发生效力。对附解除条件的民事法律行为来说，条件成就，民事法律行为就失效，反之民事法律行为继续有效。

根据本条规定，当事人为自己的利益不正当地阻止条件成就的，视为条件已经成就；不正当地促成条件成就的，视为条件不成就。对本条的把握应当注意以下几点：第一，当事人主观上有为自己利益人为改变条件状态的故意。换言之，当事人从自己利益角度考虑，主观上具有使条件成就或者不成就的故意。第二，当事人为此实施了人为改变条件成就状态的行为。民事法律行为中所附条件，其成就与否本不确定。当事人为自己利益实施了促成或阻止条件成就的行为。第三，该行为具有不正当性。这主要是指当事人的此种行为违反了诚信原则，不符合事先约定。

第一百六十条 【附期限的民事法律行为】 民事法律行为可以附期限，但是根据其性质不得附期限的除外。附生效期限的民事法律行为，自期限届至时生效。附终止期限的民事法律行为，自期限届满时失效。

注释 附期限的民事法律行为的生效或失效本身并不具有或然性，是将来一定能够发生的事实。期限的到来是必然确定的，但到来的具体时日却未必十分确定。生效期限，是指决定民事法律行为效力发生的期限。期限届至，民事法律行为生效；期限届至前，民事法律行为虽已成立但并未生效。终止期限，是指决定民事法律行为效力消灭的期限。期限届至，民事法律行为失效；期限届至前，民事法律行为始终有效。

链接《保险法》第13条

第七章　代　理

第一节　一般规定

第一百六十一条　【代理的适用范围】民事主体可以通过代理人实施民事法律行为。

依照法律规定、当事人约定或者民事法律行为的性质,应当由本人亲自实施的民事法律行为,不得代理。

注释 代理是指代理人代被代理人实施民事法律行为,其法律效果直接归属于被代理人的行为。

代理的适用范围原则上限于民事法律行为。但一般认为,一些与合同密切相关的准民事法律行为、事实行为和程序行为,如要约邀请、要约撤回、订约时样品的交付和受领、办理合同公证等,也允许代理。但不是所有民事法律行为都允许代理。根据本条第2款的规定,下列三类民事法律行为不得代理:1. 依照法律规定应当由本人亲自实施的民事法律行为。2. 依照当事人约定应当由本人亲自实施的民事法律行为。当事人双方基于某种原因,约定某一民事法律行为必须由本人亲自实施的,当事人自然应当遵守这一约定,不得通过代理人实施该民事法律行为。3. 依照民事法律行为的性质,应当由本人亲自实施的民事法律行为。这主要是指具有人身性质的身份行为,比如结婚、离婚、收养、遗嘱、遗赠等。

链接《海关法》第11条;《保险法》第117条;《拍卖法》第26、34条

第一百六十二条　【代理的效力】代理人在代理权限内,以被代理人名义实施的民事法律行为,对被代理人发生效力。

第一百六十三条　【代理的类型】代理包括委托代理和法定代理。

委托代理人按照被代理人的委托行使代理权。法定代理人依照法律的规定行使代理权。

注释 委托代理是指按照被代理人的委托来行使代理权的代理,有的学者又称为"意定代理""授权代理"等。

法定代理是指依照法律的规定来行使代理权的代理。法定代理人的代理权来自法律的直接规定,无需被代理人的授权,也只有在符合法律规定条件的情况下才能取消代理人的代理权。《民法通则》将代理分为委托代理、法定代理和指定代理。本法取消了指定代理这一类型,本条规定的法定代理,涵盖了《民法通则》规定的法定代理和指定代理。法定代理人的类型主要有:1. 监护人。2. 失踪人的财产代管人。3. 清算组。

第一百六十四条　【不当代理的民事责任】代理人不履行或者不完全履行职责,造成被代理人损害的,应当承担民事责任。

代理人和相对人恶意串通,损害被代理人合法权益的,代理人和相对人应当承担连带责任。

第二节　委托代理

第一百六十五条　【授权委托书】委托代理授权采用书面形式的,授权委托书应当载明代理人的姓名或者名称、代理事项、权限和期限,并由被代理人签名或者盖章。

第一百六十六条　【共同代理】数人为同一代理事项的代理人的,应当共同行使代理权,但是当事人另有约定的除外。

注释 共同代理是指数个代理人共同行使一项代理权的代理。共同代理有几个特征:1. 有数个代理人。2. 只有一个代理权。如果数个代理人有数个代理权,属于集合代理,而不是共同代理。比如,被代理人授权甲为其购买一台电视机、乙为其购买一台电冰箱,即为集合代理。被代理人授权甲、乙一起为其购买一台电视机和一台电冰箱,才属于共同代理。3. 共同行使代理权。数人应当共同实施代理行为,享有共同的权利义务。任何一个代理人单独行使代理权,均属于无权代理。如果数个代理人对同一个代理权可以单独行使,也属于单独代理,而不是共同代理。

链接《信托法》第31条;《总则编解释》第25条

第一百六十七条　【违法代理的责任承担】代理人知道或者应当知道代理事项违法仍然实施代理行为,或者被代理人知道或者应当知道代理人的代理行为违法未作反对表示的,被代理人和代理人应当承担连带责任。

注释 被代理人、代理人利用委托代理关系从事的违法行为可分为两类:一是代理事项本身违法,如委托代理人销售假冒伪劣产品;二是代理事项不违法,但代理人实施的代理行为违法,如委托代理人销售合法产品,代理人将该产品贴上假冒商标进行销售。代理违法造成第三人损害的,自应承担民事责任,但由被代理人承担还是由代理人承

担应当根据不同情形来确定。

第一百六十八条 【禁止自己代理和双方代理】代理人不得以被代理人的名义与自己实施民事法律行为,但是被代理人同意或者追认的除外。

代理人不得以被代理人的名义与自己同时代理的其他人实施民事法律行为,但是被代理的双方同意或者追认的除外。

第一百六十九条 【复代理】代理人需要转委托第三人代理的,应当取得被代理人的同意或者追认。

转委托代理经被代理人同意或者追认的,被代理人可以就代理事务直接指示转委托的第三人,代理人仅就第三人的选任以及对第三人的指示承担责任。

转委托代理未经被代理人同意或者追认的,代理人应当对转委托的第三人的行为承担责任;但是,在紧急情况下代理人为了维护被代理人的利益需要转委托第三人代理的除外。

注释 本条是关于转委托代理的规定。转委托代理,又称再代理、复代理,是指代理人为了实施其代理权限内的行为,而以自己的名义为被代理人选任代理人的代理。

转委托代理具有以下几个特征:1. 以本代理的存在为前提。2. 转委托的第三人是原代理人以自己的名义选任的代理人。此为转委托代理的重要特征。3. 转委托的第三人行使的代理权是原代理人的代理权,但原代理人的代理权并不因此丧失。转委托的第三人是由原代理人以自己名义选任的,其代理权直接来源于原代理人的代理权,而且权限范围不得大于原代理权的权限范围。4. 转委托的第三人是被代理人的代理人,而不是代理人的代理人。转委托的第三人以被代理人的名义实施民事法律行为,其法律效果直接归属于被代理人。如果转委托的第三人以代理人的名义实施民事法律行为,就不是转委托代理,而属于一般代理。

本条明确只有在两种情况下才允许转委托代理:1. 被代理人允许。被代理人的允许,包括事先同意和事后追认。2. 出现紧急情况。根据本条第3款的规定,在紧急情况下代理人为了维护被代理人利益的需要,可以转委托第三人代理。

原代理人选任了转委托代理人后,转委托代理人所实施的民事法律行为的效力直接对被代理人发生,如果出现问题造成被代理人损害的,原则上原代理人不再承担任何责任。但根据本条第2款规定,在两种情况下原代理人仍然需要承担责任:1. 原代理人在选任转委托代理人时存在过错,比如明知转委托代理人的品德或者能力难以胜任代理工作仍然选任;2. 转委托代理人的行为是根据原代理人的指示来实施的。

根据本条第3款的规定,在原代理人未经被代理人同意或者追认而选任转委托的第三人时,转委托的第三人实施的代理行为就构成无权代理,除符合本法第172条规定的表见代理外,其行为对被代理人不发生效力,代理人应当对转委托的第三人的行为承担责任。

链接《总则编解释》第26条

第一百七十条 【职务代理】执行法人或者非法人组织工作任务的人员,就其职权范围内的事项,以法人或者非法人组织的名义实施的民事法律行为,对法人或者非法人组织发生效力。

法人或者非法人组织对执行其工作任务的人员职权范围的限制,不得对抗善意相对人。

注释 本条是关于职务代理的规定。职务代理,顾名思义,是指根据代理人所担任的职务而产生的代理,即执行法人或者非法人组织工作任务的人员,就其职权范围内的事项,以法人或者非法人组织的名义实施的民事法律行为,无须法人或者非法人组织的特别授权,对法人或者非法人组织发生效力。

第一百七十一条 【无权代理】行为人没有代理权、超越代理权或者代理权终止后,仍然实施代理行为,未经被代理人追认的,对被代理人不发生效力。

相对人可以催告被代理人自收到通知之日起三十日内予以追认。被代理人未作表示的,视为拒绝追认。行为人实施的行为被追认前,善意相对人有撤销的权利。撤销应当以通知的方式作出。

行为人实施的行为未被追认的,善意相对人有权请求行为人履行债务或者就其受到的损害请求行为人赔偿。但是,赔偿的范围不得超过被代理人追认时相对人所能获得的利益。

相对人知道或者应当知道行为人无权代理的,相对人和行为人按照各自的过错承担责任。

注释 本条将无权代理分为三种类型:1. 没有代理

权的无权代理。指行为人根本没有得到被代理人的授权,就以被代理人名义从事的代理。比如,行为人伪造他人的公章、合同书或者授权委托书等,假冒他人的名义实施民事法律行为,就是典型的无权代理。2. 超越代理权的无权代理。指行为人与被代理人之间有代理关系存在,行为人有一定的代理权,但其实施的代理行为超出了代理权的范围的代理。比如,甲委托乙购买300台电视机,但是乙擅自与他人签订了购买500台电视机的合同;或者甲委托乙购买电视机,但是乙购买了电冰箱,这些都是超越代理权的无权代理。3. 代理权终止后的无权代理。指行为人与被代理人之间原本有代理关系,由于法定情形的出现使得代理权终止,但是行为人仍然从事的代理。法定情形主要指本法第173条规定的情形,包括代理期限届满、代理事务完成或者被代理人取消委托等。

行为人没有代理权却以被代理人的名义实施民事法律行为,不合被代理人意愿,法律效果不能直接及于被代理人,本当无效。但是,考虑到行为人实施的民事法律行为并非都是对被代理人不利,有些对被代理人可能是有利的;而且,既然代理行为已经完成,行为人有为被代理人实施民事法律行为的意思表示,相对人有意与被代理人缔约,如果被代理人愿意事后承认,从鼓励交易、维护交易秩序稳定以及更好地保护各方当事人利益的角度出发,也没有必要一概否定其效力。因此,法律规定如果符合法定条件的,允许行为人实施的民事法律行为对被代理人发生效力。

无权代理发生后,根据本条规定,被代理人有追认和拒绝的权利。这里所指的追认,是指被代理人对无权代理行为事后予以承认的一种单方意思表示。被代理人的追认应当以明示的意思表示向相对人作出,如果仅向行为人作出意思表示,也必须使相对人知道后才能产生法律效果。追认必须在相对人催告期限尚未届满前以及善意相对人未行使撤销权前行使。

无权代理经被代理人追认即产生效力,拒绝便不生效力,这是为了更好地保护被代理人的合法权益。但同时为保护相对人的合法权益,法律赋予了相对人催告权和善意相对人撤销权。所谓催告权,是指相对人催促被代理人在一定期限内明确答复是否承认无权代理行为。根据本条第2款的规定,催告权的行使一般具有以下要件:1. 要求被代理人在一定的期限内作出答复,本条第2款规定的期限为30日;2. 催告应当以通知的方式作出;3. 催告的意思必须是向被代理人作出。这里的撤销权,是指相对人在被代理人未追认无权代理行为之前,可撤回其对行为人所作的意思表示。相对人撤销权的行使必须满足以下条件:1. 必须在被代理人作出追认之前作出,如果被代理人已经对无权代理行为作出了追认,该民事法律行为就对被代理人产生了效力,相对人就不能再撤销其意思表示了;2. 相对人在行为人实施民事法律行为时必须是善意的,也就是说,相对人在作出意思表示时,并不知道对方是无权代理的。

链接《总则编解释》第25、27、29条

第一百七十二条 【表见代理】行为人没有代理权、超越代理权或者代理权终止后,仍然实施代理行为,相对人有理由相信行为人有代理权的,代理行为有效。

注释 表见代理是指行为人虽无代理权而实施代理行为,如果相对人有理由相信其有代理权,该代理行为有效。构成表见代理需要满足以下条件:1. 存在代理权的外观;2. 相对人不知道行为人行为时没有代理权,且无过失。所谓无过失,是指相对人的这种不知道不是因为其疏忽大意造成的。

案例 王某刚与王某安、第三人岚县大源采矿厂侵犯出资人权益纠纷案(《最高人民法院公报》2013年第5期)

裁判规则:夫妻一方转让个人独资企业,即使未经另一方同意,相对人有理由相信行为人有代理权的,则构成表见代理,该代理行为有效。个人独资企业的投资人发生变更的,应向工商登记机关申请办理变更登记,但该变更登记不属于转让行为有效的前提条件,未办理变更登记,依照法律规定应当受到相应的行政处罚,但并不影响转让的效力。《个人独资企业法》第15条的规定应视为管理性的强制性规范而非效力性的强制性规范。

链接《总则编解释》第28条

第三节 代理终止

第一百七十三条 【委托代理的终止】有下列情形之一的,委托代理终止:

(一)代理期限届满或者代理事务完成;

(二)被代理人取消委托或者代理人辞去委托;

（三）代理人丧失民事行为能力；

（四）代理人或者被代理人死亡；

（五）作为代理人或者被代理人的法人、非法人组织终止。

第一百七十四条 【委托代理终止的例外】被代理人死亡后，有下列情形之一的，委托代理人实施的代理行为有效：

（一）代理人不知道且不应当知道被代理人死亡；

（二）被代理人的继承人予以承认；

（三）授权中明确代理权在代理事务完成时终止；

（四）被代理人死亡前已经实施，为了被代理人的继承人的利益继续代理。

作为被代理人的法人、非法人组织终止的，参照适用前款规定。

第一百七十五条 【法定代理的终止】有下列情形之一的，法定代理终止：

（一）被代理人取得或者恢复完全民事行为能力；

（二）代理人丧失民事行为能力；

（三）代理人或者被代理人死亡；

（四）法律规定的其他情形。

第八章 民事责任

第一百七十六条 【民事责任】民事主体依照法律规定或者按照当事人约定，履行民事义务，承担民事责任。

注释 民事责任的基本特征有两个方面：

1. 民事责任是民事主体违反民事义务所应承担的责任，是以民事义务为基础的。法律规定或者当事人约定民事主体应当做什么和不应当做什么，即要求应当为一定的行为或者不为一定的行为，这就是民事主体的义务。法律也同时规定了违反民事义务的后果，即应当承担的责任，这就是民事责任。民事责任不同于民事义务，民事责任是违反民事义务的后果，而不是民事义务本身。

本条规定民事主体依照法律规定或者按照当事人约定履行民事义务，根据这一规定，民事义务包括法律直接规定的义务和在法律允许的范围内民事主体自行约定的义务。

2. 民事责任具有强制性。强制性是法律责任的重要特征。民事责任的强制性表现在对不履行民事义务的行为予以制裁，要求民事主体承担民事责任。

链接《建筑法》第15条；《劳动合同法》第39条

第一百七十七条 【按份责任】二人以上依法承担按份责任，能够确定责任大小的，各自承担相应的责任；难以确定责任大小的，平均承担责任。

注释 按份责任，是指责任人为多人时，各责任人按照一定的份额向权利人承担民事责任，各责任人之间无连带关系。也就是说，责任人各自承担不同份额的责任，不具有连带性，权利人只能请求属于按份责任人的责任份额。按份责任产生的前提，是两个以上的民事主体不依照法律规定或者当事人约定履行民事义务，产生的民事责任。

第一百七十八条 【连带责任】二人以上依法承担连带责任的，权利人有权请求部分或者全部连带责任人承担责任。

连带责任人的责任份额根据各自责任大小确定；难以确定责任大小的，平均承担责任。实际承担责任超过自己责任份额的连带责任人，有权向其他连带责任人追偿。

连带责任，由法律规定或者当事人约定。

注释 连带责任，是指依照法律规定或者当事人约定，两个或者两个以上当事人对共同产生的不履行民事义务的民事责任承担全部责任，并因此引起内部债务关系的一种民事责任。连带责任是一项重要的责任承担方式。连带责任可能基于合同产生，也可能基于侵权行为导致。

连带责任对外是一个整体的责任。连带责任中的每个主体都需要对被损害者承担全部责任。被请求承担全部责任的连带责任主体，不得因自己的过错程度而只承担自己的责任。连带责任给了被损害者更多的选择权，被损害者可以请求一个或者数个连带责任人承担全部或者部分的赔偿责任。连带责任是法定责任，连带责任人之间不能约定改变责任的性质，对于内部责任份额的约定对外不发生效力。

在一个或者数个连带责任人清偿了全部责任后，实际承担责任的人有权向其他连带责任人追偿。行使追偿权的前提是连带责任人实际承担了超出自己责任的份额。

第一百七十九条 【民事责任的承担方式】承担民事责任的方式主要有：

（一）停止侵害；

(二)排除妨碍;

(三)消除危险;

(四)返还财产;

(五)恢复原状;

(六)修理、重作、更换;

(七)继续履行;

(八)赔偿损失;

(九)支付违约金;

(十)消除影响、恢复名誉;

(十一)赔礼道歉。

法律规定惩罚性赔偿的,依照其规定。

本条规定的承担民事责任的方式,可以单独适用,也可以合并适用。

注释 根据本条规定,承担民事责任的方式主要有:

1. 停止侵害。停止侵害主要是要求行为人不实施某种侵害。这种责任方式能够及时制止侵害,防止侵害后果的扩大。

2. 排除妨碍。排除妨碍是指行为人实施的行为使他人无法行使或者不能正常行使人身、财产权利,受害人可以要求行为人排除妨碍权利实施的障碍。

3. 消除危险。消除危险是指行为人的行为对他人人身、财产权益造成现实威胁,他人有权要求行为人采取有效措施消除这种现实威胁。

4. 返还财产。返还财产责任是因行为人无权占有他人财产而产生。没有法律或者合同根据占有他人财产,就构成无权占有,侵害了他人财产权益,行为人应当返还该财产。

5. 恢复原状。恢复原状是指行为人通过修理等手段使受到损坏的财产恢复到损坏发生前的状况的一种责任方式。采取恢复原状责任方式要符合以下条件:一是受到损坏的财产仍然存在且有恢复原状的可能性。受到损坏的财产不存在或者恢复原状不可能的,受害人可以请求选择其他责任方式如赔偿损失。二是恢复原状有必要,即受害人认为恢复原状是必要的且具有经济上的合理性。恢复原状若没有经济上的合理性,就不宜适用该责任方式。如果修理后不能或者不能完全达到受损前状况的,义务人还应当对该财产价值贬损的部分予以赔偿。

6. 修理、重作、更换。修理、重作、更换主要是违反合同应当承担的民事责任形式,是违反合同后所采取的补救措施。修理包括对产品、工作成果等标的物质量瑕疵的修补,也包括对服务质量瑕疵的改善,这是最为普遍的补救方式。在存在严重的质量瑕疵,以致不能通过修理达到约定的或者法定的质量情形下,受损害方可以选择更换或者重作的补救方式。修理、重作、更换不是恢复原状。如果违法行为人将损坏的财产修理复原,则是承担恢复原状的责任。

7. 继续履行。继续履行就是按照合同的约定继续履行义务。当事人订立合同都是追求一定的目的,这一目的直接体现在对合同标的的履行,义务人只有按照合同约定的标的履行,才能实现权利人订立合同的目的。所以,继续履行合同是当事人一方违反合同后,应当负的一项重要的民事责任。对合同一方当事人不能自觉履行合同的,另一方当事人有权请求违约方继续履行合同或者请求人民法院、仲裁机构强制违约当事人继续履行合同。

8. 赔偿损失。赔偿损失是指行为人向受害人支付一定数额的金钱以弥补其损失的责任方式,是运用较为广泛的一种责任方式。赔偿的目的,最基本的是补偿损害,使受到损害的权利得到救济,使受害人能恢复到未受到损害前的状态。

9. 支付违约金。违约金是当事人在合同中约定的或者由法律直接规定的一方违反合同时应向对方支付一定数额的金钱,这是违反合同可以采用的承担民事责任的方式,只适用于合同当事人有违约金约定或者法律规定违反合同应支付违约金的情形。违约金的标的物通常是金钱,但是当事人也可以约定违约金标的物为金钱以外的其他财产。违约金根据产生的来源可以分为法定违约金、约定违约金。法定违约金是由法律直接规定违约的情形和应当支付违约金的数额。只要当事人一方发生法律规定的违约情况,就应当按照法律规定的数额向对方支付违约金。如果违约金是由当事人约定的,为约定违约金。约定违约金是一种合同关系,有的称为违约金合同。约定违约金又被看成为一种附条件合同,只有在违约行为发生的情况下,违约金合同生效;违约行为不发生,违约金合同不生效。当事人约定违约金的,一方违约时,应当按照该约定支付违约金。如果约定的违约金低于造成的损失的,当事人可以请求人民法院或者仲裁机构予以增加;约定的违约金过分高于造成的损失的,当事人可以请求人民法院或者仲裁机构予以适当减少。如果当事人专门就迟延履行约定违约金的，该种违约金仅是违约方对其迟延履行所承担的违约责任，因此，违约方支付违约金后还应当继续履行义务。

10. 消除影响、恢复名誉。消除影响、恢复名誉是指人民法院根据受害人的请求，责令行为人在一定范围内采取适当方式消除对受害人名誉的不利影响，以使其名誉得到恢复的一种责任方式。具体适用消除影响、恢复名誉，要根据侵害行为所造成的影响和受害人名誉受损的后果决定。处理的原则是，行为人应当根据造成不良影响的大小，采取程度不同的措施给受害人消除不良影响，例如在报刊上或者网络上发表文章损害他人名誉权的，就应当在该报刊或者网站上发表书面声明，对错误内容进行更正。消除影响、恢复名誉主要适用于侵害名誉权等情形，一般不适用侵犯隐私权的情形，因为消除影响、恢复名誉一般是公开进行的，如果适用于隐私权的保护，有可能进一步披露受害人的隐私，造成进一步的影响。

11. 赔礼道歉。赔礼道歉是指行为人通过口头、书面或者其他方式向受害人进行道歉，以取得谅解的一种责任方式。

本条第2款规定，法律规定惩罚性赔偿的，依照其赔偿。惩罚性赔偿是指当侵权人(义务人)以恶意、故意、欺诈等的方式实施加害行为而致权利人受到损害的，权利人可以获得实际损害赔偿之外的增加赔偿。其目的是通过对义务人施以惩罚，阻止其重复实施恶意行为，并警示他人不要采取类似行为。

本条规定了11种承担民事责任的方式，各有特点，可以单独采用一种方式，也可以采用多种方式。具体适用民事责任的方式掌握的原则是，如果一种方式不足以救济权利人的，就应当同时适用其他方式。

案例 秦某学滥伐林木刑事附带民事公益诉讼案(最高人民法院指导案例172号)

裁判规则：1. 人民法院确定被告人森林生态环境修复义务时，可以参考专家意见及林业规划设计单位、自然保护区主管部门等出具的专业意见，明确履行修复义务的树种、树龄、地点、数量、存活率及完成时间等具体要求。2. 被告人自愿交纳保证金作为履行生态环境修复义务担保的，人民法院可以将该情形作为从轻量刑情节。

第一百八十条 【不可抗力】因不可抗力不能履行民事义务的，不承担民事责任。法律另有规定的，依照其规定。

不可抗力是不能预见、不能避免且不能克服的客观情况。

注释 不可抗力是指不能预见、不能避免且不能克服的客观情况。对不能预见的理解，应是根据现有的技术水平，一般对某事件发生没有预知能力。人们对某事件的发生的预知能力取决于当代的科学技术水平。不能避免并不能克服，应是指当事人已经尽到最大努力和采取一切可以采取的措施，仍不能避免某种事件的发生并不能克服事件所造成的后果。其表明某个事件的发生和事件所造成的后果具有必然性。

通常情况下，因不可抗力不能履行民事义务的，不承担民事责任。但法律规定因不可抗力不能履行民事义务，也要承担民事责任的则需要依法承担民事责任。例如《民用航空法》规定，民用航空器造成他人损害的，民用航空器的经营人只有能够证明损害是武装冲突、骚乱的直接后果，或者是因受害人故意造成的，才能免除其责任。因不可抗力的自然灾害造成的，不能免除民用航空器经营人的责任。举例来说，民用飞机在空中遭雷击坠毁，造成地面人员伤亡。航空公司不能以不可抗力为由，对受害人予以抗辩。

链接《电力法》第60条；《旅游法》第67条；《水污染防治法》第96条；《铁路法》第18条

第一百八十一条 【正当防卫】因正当防卫造成损害的，不承担民事责任。

正当防卫超过必要的限度，造成不应有的损害的，正当防卫人应当承担适当的民事责任。

注释 正当防卫，是指为了使国家利益、社会公共利益、本人或者他人的人身权利、财产权利以及其他合法权益免受正在进行的不法侵害，而针对实施侵害行为的人采取的制止不法侵害的行为。正当防卫作为行为人不承担责任和减轻责任的情形，其根据是行为的正当性、合法性，表明行为人主观上没有过错。正当防卫是法律赋予当事人自卫的权利，属于受法律鼓励的行为，目的是保护当事人本人、他人不受侵犯。

正当防卫应当同时具备以下六个要件：1. 必须是为了使国家利益、社会公共利益、本人或者他人的人身权利、财产权利以及其他合法权益免受不法侵害而实施的。《刑法》第20条第1款规定,为了使国家、公共利益、本人或者他人的人身、财产和其他权利免受正在进行的不法侵害,而采取的制止不法侵害的行为,对不法侵害人造成损害的,属于正当防卫,不负刑事责任。2. 必须有不法侵害行为发生。所谓不法侵害行为,是指对某种权利或者利益的侵害为法律所明文禁止,既包括犯罪行为,也包括其他违法的侵害行为。3. 必须是正在进行的不法侵害。正当防卫的目的是制止不法侵害,避免危害结果的发生,因此,不法侵害必须是正在进行的,而不是尚未开始,或者已经实施完毕,或者实施者确已自动停止。否则,就是防卫不适时,应当承担民事责任。4. 必须是国家利益、社会公共利益、本人或者他人的人身权利、财产权利以及其他合法权益遭受不法侵害,在来不及请求有关国家机关救助的情况下实施的防卫行为。5. 必须是针对不法侵害者本人实行。即正当防卫行为不能对没有实施不法侵害行为的第三者(包括不法侵害者的家属)造成损害。6. 不能明显超过必要限度造成损害。正当防卫是有益于社会的合法行为,但应受一定限度的制约,即正当防卫应以足以制止不法侵害为限。只有同时满足以上六个要件,才能构成正当防卫,防卫人才能免予承担民事责任。

对于正当防卫是否超过必要的限度,人民法院应当综合不法侵害的性质、手段、强度、危害程度和防卫的时机、手段、强度、损害后果等因素判断。经审理,正当防卫没有超过必要限度的,人民法院应当认定正当防卫人不承担责任。正当防卫超过必要限度的,人民法院应当认定正当防卫人在造成不应有的损害范围内承担部分责任;实施侵害行为的人请求正当防卫人承担全部责任的,人民法院不予支持。实施侵害行为的人不能证明防卫行为造成不应有的损害,仅以正当防卫人采取的反击方式和强度与不法侵害不相当为由主张防卫过当的,人民法院不予支持。

链接《总则编解释》第30、31条

第一百八十二条 【紧急避险】因紧急避险造成损害的,由引起险情发生的人承担民事责任。

危险由自然原因引起的,紧急避险人不承担民事责任,可以给予适当补偿。

紧急避险采取措施不当或者超过必要的限度,造成不应有的损害的,紧急避险人应当承担适当的民事责任。

注释 紧急避险,是指为了使国家利益、社会公共利益、本人或者他人的人身权利、财产权利以及其他合法权益免受正在发生的急迫危险,不得已而采取的紧急措施。危险有时来自人的行为,有时来自自然原因。不管危险来源于哪儿,紧急避险人避让风险、排除危险的行为都有其正当性、合法性。

紧急避险的构成要件:1. 必须是为了使国家利益、社会公共利益、本人或者他人的人身权利、财产权利以及其他合法权益免受危险的损害。我国《刑法》第21条规定,为了使国家、公共利益、本人或者他人的人身、财产和其他权利免受正在发生的危险,不得已采取的紧急避险行为,造成损害的,不负刑事责任。2. 必须是针对正在发生的急迫危险。倘若危险已经消除或者尚未发生,或者虽然已经发生但不会对合法权益造成损害,则不得采取紧急避险措施。某人基于对危险状况的误解、臆想而采取紧急避险措施,造成他人利益损害的,应向他人承担民事责任。3. 必须是在不得已情况下采取避险措施。所谓不得已,是指当事人面对突然而遇的危险,不得不采取紧急避险措施,以保全更大的利益,且这个利益是法律所保护的。4. 避险行为不能超过必要的限度。所谓不能超过必要的限度,是指在面临急迫危险时,避险人须采取适当的措施,以尽可能小的损害保全更大的利益,即紧急避险行为所引起的损害应轻于危险所可能带来的损害。对于紧急避险是否采取措施不当或者超过必要的限度,人民法院应当综合危险的性质、急迫程度、避险行为所保护的权益以及造成的损害后果等因素判断。

紧急避险人造成本人或者他人损害的,由引起险情发生的人承担责任。而当危险是由自然原因引起的,则区分两种情况:1. 紧急避险人是为了他人的利益而由受益人给予适当补偿。造成第三人利益损害的,免予对第三人承担责任。例如甲、乙、丙系邻居,丙的房子因雷击失火,甲为了引消防车进入灭火,推倒了乙的院墙,使消防车进入后及时扑灭了丙家的大火。按照紧急避险的抗辩事由,甲对乙不承担责任。2. 紧急避险人是为了本人的利益造成第三人利益损害的,则其不承担责任,但应当对第三人的损害给予补偿。

经审理,紧急避险采取措施并无不当且没有

超过必要限度的，人民法院应当认定紧急避险人不承担责任。紧急避险采取措施不当或者超过必要限度的，人民法院应当根据紧急避险人的过错程度、避险措施造成不应有的损害的原因力大小、紧急避险人是否为受益人等因素认定紧急避险人在造成的不应有的损害范围内承担相应的责任。

链接《总则编解释》第32、33条

第一百八十三条 【因保护他人民事权益而受损的责任承担】因保护他人民事权益使自己受到损害的，由侵权人承担民事责任，受益人可以给予适当补偿。没有侵权人、侵权人逃逸或者无力承担民事责任，受害人请求补偿的，受益人应当给予适当补偿。

注释 本条的目的在于保护见义勇为者，鼓励见义勇为行为。

本条适用的情形是受害人为了保护他人的民事权益不受非法侵害遭受损害，通常情况下，应当由侵权人承担民事责任。但是，侵权人逃逸或者没有承担民事责任的能力，为了公平起见，由受益人给受害人适当的补偿。需注意的是，补偿不是赔偿，赔偿一般是填平原则，即损失多少赔偿多少，而补偿仅是其中的一部分。"给予适当的补偿"，人民法院可以根据受害人所受损失和已获赔偿的情况、受益人受益的多少及其经济条件等因素确定受益人承担的补偿数额。

案例 1. 张某福、张某凯诉朱某彪生命权纠纷案（最高人民法院指导案例98号）

裁判规则：行为人非因法定职责、法定义务或约定义务，为保护国家、社会公共利益或者他人的人身、财产安全，实施阻止不法侵害者逃逸的行为，人民法院可以认定为见义勇为。

2. 重庆市涪陵志大物业管理有限公司诉重庆市涪陵区人力资源和社会保障局劳动和社会保障行政确认案（最高人民法院指导案例94号）

裁判规则：职工见义勇为，为制止违法犯罪行为而受到伤害的，属于《工伤保险条例》第15条第1款第2项规定的为维护公共利益受到伤害的情形，应当视同工伤。

链接《总则编解释》第34条

第一百八十四条 【紧急救助的责任豁免】因自愿实施紧急救助行为造成受助人损害的，救助人不承担民事责任。

注释 本条规定包括以下几个方面：(1)救助人自愿实施紧急救助行为。自愿实施紧急救助行为是指一般所称的见义勇为或者乐于助人的行为，不包括专业救助行为。本条所称的救助人是指非专业人员，即一般所称的见义勇为或者乐于助人的志愿人员。专业救助人员通常掌握某一领域内的专业知识、专业技能，并根据其工作性质有义务救助并专门从事救助工作。因此，为与专业救助人员实施救助行为相区别，本条明确了"自愿"的前提条件。(2)救助人以救助为目的实施紧急救助行为。救助人不承担民事责任的条件之一是救助人需以"救助"受助人为行为的主观目的。当受助人由于自身健康等原因处于紧急情况需要救助时，救助人是以救助受助人为目的，为了受助人的利益实施的紧急救助行为。(3)受助人的损害与救助人的行为有因果关系，即在紧急救助过程中，因为救助人的行为造成受助人的损害。(4)救助人对因救助行为造成受助人的损害不承担民事责任。

第一百八十五条 【英雄烈士人格利益的保护】侵害英雄烈士等的姓名、肖像、名誉、荣誉，损害社会公共利益的，应当承担民事责任。

案例 杭州市上城区人民检察院诉某网络科技有限公司英雄烈士保护民事公益诉讼案[人民法院贯彻实施民法典典型案例（第一批）]

裁判规则：英雄的事迹和精神是中华民族共同的历史记忆和精神财富，雷锋同志的姓名作为一种重要的人格利益，应当受到保护。某网络科技有限公司使用的"雷锋"文字具有特定意义，确系社会公众所广泛认知的雷锋同志之姓名。该公司明知雷锋同志的姓名具有特定的意义，仍擅自将其用于开展网络商业宣传，会让公众对"雷锋社群"等称谓产生误解，侵犯了英雄烈士的人格利益。将商业运作模式假"雷锋精神"之名推广，既曲解了"雷锋精神"，与社会公众的一般认知相背离，也损害了承载于其上的人民群众的特定感情，对营造积极健康的网络环境产生负面影响，侵害了社会公共利益。

第一百八十六条 【违约责任与侵权责任的竞合】因当事人一方的违约行为，损害对方人身权益、财产权益的，受损害方有权选择请求其承担违约责任或者侵权责任。

注释 本条是关于违约责任与侵权责任竞合的规定。违约责任与侵权责任的竞合，是指义务人的违约行为既符合违约要件,又符合侵权要件,导致违约责任与侵权责任一并产生。从另一方面来说,受损害方既可以就违约责任行使请求权,也可以就侵权责任行使请求权。这就又产生两种请求权竞合的情况。根据公平原则,本条规定,受损害方可以在两种请求权中选择行使一种请求权。这意味着受损害方只能行使一种请求权,如果受损害方选择行使一种请求权并得到实现,那么另一种请求权即告消灭。但是,如果受损害方行使一种请求权未果,而另一种请求权并未因时效而消灭,则受损害方仍可行使另一种请求权。由于合同纠纷与侵权纠纷在管辖法院和适用法律方面存在区别,允许受损害方选择有利于自己的一种诉由提起诉讼,对受损害方比较方便,也有利于对受损害方的保护。对违约方来说,这两种责任无论对方要求其承担哪一种,都是合理的。

案例 **东京海上日动火灾保险(中国)有限公司上海分公司与新杰物流集团股份有限公司保险人代位求偿权纠纷案**(《最高人民法院公报》2019年第12期)

裁判规则:货物运输合同履行过程中托运人财产遭受损失,在承运人存在侵权责任与合同违约责任竞合的情形下,允许托运人或其保险人依据《合同法》第122条选择侵权诉讼或合同违约诉讼。但是,托运人要求承运人承担侵权责任的,承运人仍然可以依据货物运输合同的有关约定进行抗辩。法院应依据诚实信用原则,综合考虑合同条款效力、合同目的等因素确定赔偿范围。

第一百八十七条 【民事责任优先】民事主体因同一行为应当承担民事责任、行政责任和刑事责任的,承担行政责任或者刑事责任不影响承担民事责任;民事主体的财产不足以支付的,优先用于承担民事责任。

链接《产品质量法》第64条;《食品安全法》第147条;《公司法》第214条;《刑法》第36条

第九章 诉讼时效

第一百八十八条 【普通诉讼时效】向人民法院请求保护民事权利的诉讼时效期间为三年。法律另有规定的,依照其规定。

诉讼时效期间自权利人知道或者应当知道权利受到损害以及义务人之日起计算。法律另有规定的,依照其规定。但是,自权利受到损害之日起超过二十年的,人民法院不予保护,有特殊情况的,人民法院可以根据权利人的申请决定延长。

注释 诉讼时效是权利人在法定期间内不行使权利,该期间届满后,发生义务人可以拒绝履行其给付义务效果的法律制度。该制度有利于促使权利人及时行使权利,维护交易秩序和安全。

本法将《民法通则》规定的普通诉讼时效期间从2年延长为3年,自权利人知道或者应当知道权利受到损害以及义务人之日起计算。法律另有规定的,根据特别规定优于一般规定的原则,优先适用特别规定。

考虑到如果权利人知悉权利受到损害较晚,以致诉讼时效过分迟延地不能完成,会影响到该制度的稳定性和宗旨。极端情况下,可能发生从权利被侵害的事实出现到权利人知道这一事实,超过普通诉讼时效期间的情况。因此,有必要配套规定客观主义起算点的最长权利保护期间加以限制。应当指出,这种最长权利保护期间并非一种独立的期间类型,是制度设计上的一种补足,在性质上是不变期间,本条将最长权利保护期规定为20年。如20年期间仍不够用的,人民法院可以根据权利人的申请决定延长。

链接《民事诉讼法》第57条;《保险法》第26条;《拍卖法》第61条;《环境保护法》第66条;《总则编解释》第35条

第一百八十九条 【分期履行债务诉讼时效的起算】当事人约定同一债务分期履行的,诉讼时效期间自最后一期履行期限届满之日起计算。

注释 分期履行债务是按照当事人事先约定,分批分次完成一个债务履行的情况。分期付款买卖合同是最典型的分期履行债务。分期履行债务具有整体性和唯一性,系本条规定的同一债务,诉讼时效期间自该一个债务履行期限届满之日起计算。

第一百九十条 【对法定代理人请求权诉讼时效的起算】无民事行为能力人或者限制民事行为能力人对其法定代理人的请求权的诉讼时效期间,自该法定代理终止之日起计算。

链接《总则编解释》第36、37条

第一百九十一条 【未成年人遭受性侵害的损害赔偿诉讼时效的起算】未成年人遭受性侵害的损害赔偿请求权的诉讼时效期间,自受害人年满十八周岁之日起计算。

注释 需注意的是,如果年满18周岁之前,其法定代理人选择与侵害人私了的方式解决纠纷，受害人在年满18周岁之后，可以依据本条的规定请求损害赔偿。未成年人遭受性侵害的损害赔偿请求权的诉讼时效期间，自受害人年满18周岁之日起计算。其具体的诉讼时效期间，适用本法第188条3年的普通诉讼时效期间的规定，即从年满18周岁之日起计算3年；符合本法第194条、第195条诉讼时效中止、中断情形的，可以相应中止、中断。

第一百九十二条 【诉讼时效届满的法律效果】诉讼时效期间届满的，义务人可以提出不履行义务的抗辩。

诉讼时效期间届满后，义务人同意履行的，不得以诉讼时效期间届满为由抗辩；义务人已经自愿履行的，不得请求返还。

注释 根据本条规定，诉讼时效期间届满的，义务人可以提出不履行义务的抗辩。这就意味着，权利人享有起诉权，可以向法院主张其已过诉讼时效之权利，法院应当受理。如果义务人不提出时效完成的抗辩，法院将以公权力维护权利人的利益；如果义务人行使抗辩权，法院审查后会依法保护义务人的抗辩权，不得强制义务人履行义务。但是，义务人行使时效抗辩权不得违反诚实信用原则，否则即使诉讼时效完成，义务人也不能取得时效抗辩权。例如在诉讼时效期间届满前，义务人通过与权利人协商，营造其将履行义务的假象，及至时效完成后，立即援引时效抗辩拒绝履行义务。该种行为违反诚实信用，构成时效抗辩权的滥用，不受保护。

诉讼时效期间届满后，权利人虽不能请求法律的强制性保护，但法律并不否定其权利的存在。若义务人放弃时效利益自愿履行的，权利人可以受领并保持，受领不属于不当得利，义务人不得请求返还。诉讼时效期间届满后，义务人同意履行的，不得以诉讼时效期间届满为由抗辩。这是因为诉讼时效届满后，义务人可以处分自己的时效利益。此时义务人同意履行义务，属于对时效利益的放弃。义务人放弃时效利益的行为属于单方法律行为，并且是处分行为，自义务人放弃时效利益的意思表示到达权利人时起即发生时效利益放弃的法律效果，不以权利人同意为条件。

第一百九十三条 【诉讼时效援用】人民法院不得主动适用诉讼时效的规定。

注释 本条将诉讼时效的客体明确为抗辩权，诉讼时效期间届满的直接效果是义务人取得抗辩权。抗辩权属于私权的一种，可以选择行使，也可以选择不行使。义务人对时效利益的处分不违反法律的规定，也没有侵犯国家、集体及他人的合法权益，人民法院不应当主动干预。

需要注意的是，关于诉讼时效的释明。《最高人民法院关于审理民事案件适用诉讼时效制度若干问题的规定》第2条规定，当事人未提出诉讼时效抗辩，人民法院不应对诉讼时效问题进行释明。

第一百九十四条 【诉讼时效的中止】在诉讼时效期间的最后六个月内，因下列障碍，不能行使请求权的，诉讼时效中止：

（一）不可抗力；

（二）无民事行为能力人或者限制民事行为能力人没有法定代理人，或者法定代理人死亡、丧失民事行为能力、丧失代理权；

（三）继承开始后未确定继承人或者遗产管理人；

（四）权利人被义务人或者其他人控制；

（五）其他导致权利人不能行使请求权的障碍。

自中止时效的原因消除之日起满六个月，诉讼时效期间届满。

注释 诉讼时效中止，是因法定事由的存在使诉讼时效停止进行，待法定事由消除后继续进行的制度。在诉讼时效进行中的某一时间内，出现了权利人主张权利的客观障碍，导致权利人无法在诉讼时效期间内行使权利，可能产生不公平的结果，因此法律规定了诉讼时效中止制度。

链接《国防动员法》第67条；《海商法》第266条

第一百九十五条 【诉讼时效的中断】有下列情形之一的，诉讼时效中断，从中断、有关程序终结时起，诉讼时效期间重新计算：

（一）权利人向义务人提出履行请求；

（二）义务人同意履行义务；

（三）权利人提起诉讼或者申请仲裁；

（四）与提起诉讼或者申请仲裁具有同等效力的其他情形。

注释 诉讼时效期间中断，指诉讼时效期间进行过程中，出现了权利人积极行使权利的法定事由，从而使已经经过的诉讼时效期间归于消灭，重新计算期间的制度。

诉讼时效中断的特征表现为，一是发生于诉

讼时效的进行中,诉讼时效尚未开始计算或者已经届满的情况下排除其适用。二是发生了一定的法定事由导致诉讼时效存在的基础被推翻。三是它使已经进行的诉讼时效重新起算,以前经过的期间归于消灭。

链接《最高人民法院关于审理民事案件适用诉讼时效制度若干问题的规定》第8—17条;《最高人民法院关于印发〈全国法院贯彻实施民法典工作会议纪要〉的通知》第5条;《总则编解释》第38条

第一百九十六条 【不适用诉讼时效的情形】下列请求权不适用诉讼时效的规定:

(一)请求停止侵害、排除妨碍、消除危险;

(二)不动产物权和登记的动产物权的权利人请求返还财产;

(三)请求支付抚养费、赡养费或者扶养费;

(四)依法不适用诉讼时效的其他请求权。

案例 上海市虹口区久乐大厦小区业主大会诉上海环亚实业总公司业主共有权纠纷案(最高人民法院指导案例65号)

裁判规则:专项维修资金是专门用于物业共用部位、共用设施设备保修期满后的维修和更新、改造的资金,属于全体业主共有。缴纳专项维修资金是业主为维护建筑物的长期安全使用而应承担的一项法定义务。业主拒绝缴纳专项维修资金,并以诉讼时效提出抗辩的,人民法院不予支持。

第一百九十七条 【诉讼时效法定】诉讼时效的期间、计算方法以及中止、中断的事由由法律规定,当事人约定无效。

当事人对诉讼时效利益的预先放弃无效。

第一百九十八条 【仲裁时效】法律对仲裁时效有规定的,依照其规定;没有规定的,适用诉讼时效的规定。

第一百九十九条 【除斥期间】法律规定或者当事人约定的撤销权、解除权等权利的存续期间,除法律另有规定外,自权利人知道或者应当知道权利产生之日起计算,不适用有关诉讼时效中止、中断和延长的规定。存续期间届满,撤销权、解除权等权利消灭。

案例 绵阳市红日实业有限公司、蒋某诉绵阳高新区科创实业有限公司股东会决议效力及公司增资纠纷案(《最高人民法院公报》2011年第3期)

裁判规则:在民商事法律关系中,公司作为行为主体实施法律行为的过程可以划分为两个层次,一是公司内部的意思形成阶段,通常表现为股东会或董事会决议;二是公司对外作出意思表示的阶段,通常表现为公司对外签订的合同。出于保护善意第三人和维护交易安全的考虑,在公司内部意思形成过程存在瑕疵的情况下,只要对外的表示行为不存在无效的情形,公司就应受其表示行为的制约。

根据《公司法》的规定,公司新增资本时,股东有权优先按照实缴的出资比例认缴出资。从权利性质上来看,股东对于新增资本的优先认缴权应属形成权。现行法律并未明确规定该项权利的行使期限,但从维护交易安全和稳定经济秩序的角度出发,结合商事行为的规则和特点,人民法院在处理相关案件时应限定该项权利行使的合理期间,对于超出合理期间行使优先认缴权的主张不予支持。

第十章 期间计算

第二百条 【期间的计算单位】民法所称的期间按照公历年、月、日、小时计算。

第二百零一条 【期间的起算】按照年、月、日计算期间的,开始的当日不计入,自下一日开始计算。

按照小时计算期间的,自法律规定或者当事人约定的时间开始计算。

链接《民事诉讼法》第85条

第二百零二条 【期间结束】按照年、月计算期间的,到期月的对应日为期间的最后一日;没有对应日的,月末日为期间的最后一日。

第二百零三条 【期间计算的特殊规定】期间的最后一日是法定休假日的,以法定休假日结束的次日为期间的最后一日。

期间的最后一日的截止时间为二十四时;有业务时间的,停止业务活动的时间为截止时间。

链接《劳动法》第44、45条;《民事诉讼法》第85条;《全国年节及纪念日放假办法》;《国务院关于职工工作时间的规定》第7条

第二百零四条 【期间法定或约定】期间的计算方法依照本法的规定,但是法律另有规定或者当事人另有约定的除外。

第二编 物 权

第一分编 通 则

第一章 一般规定

第二百零五条 【物权编的调整范围】本编调整因物的归属和利用产生的民事关系。

注释 本条是对物权编调整范围的规定。物权法律关系,是因对物的归属和利用在民事主体之间产生的权利义务关系。物包括不动产和动产。法律规定权利作为物权客体的,依照其规定。物权是权利人依法对特定的物享有直接支配和排他的权利,包括所有权、用益物权和担保物权。

链接《民法典》第2、114、115条

第二百零六条 【我国基本经济制度与社会主义市场经济原则】国家坚持和完善公有制为主体、多种所有制经济共同发展,按劳分配为主体、多种分配方式并存,社会主义市场经济体制等社会主义基本经济制度。

国家巩固和发展公有制经济,鼓励、支持和引导非公有制经济的发展。

国家实行社会主义市场经济,保障一切市场主体的平等法律地位和发展权利。

链接《宪法》第6、11、15条

第二百零七条 【平等保护原则】国家、集体、私人的物权和其他权利人的物权受法律平等保护,任何组织或者个人不得侵犯。

注释 本条是对物权平等保护原则的规定。物权平等保护原则表现为:(1)物权的主体平等,不得歧视非公有物权的主体;(2)物权平等,无论是国家的、集体的、私人的还是其他权利人的物权,都是平等的物权,受物权法律规则的约束,不存在高低之分;(3)平等受到保护,当不同的所有权受到侵害时,在法律保护上一律平等,不得对私人的物权歧视对待。

链接《宪法》第12、13条;《民法典》第3、113条

第二百零八条 【物权公示原则】不动产物权的设立、变更、转让和消灭,应当依照法律规定登记。动产物权的设立和转让,应当依照法律规定交付。

注释 **物权公示公信原则**

物权公示,是指在物权变动时,必须将物权变动的事实通过一定的公示方法向社会公开,使第三人知道物权变动的情况,以避免第三人遭受损害并保护交易安全。物权公信,是指物权变动经过公示以后所产生的公信力,即物权变动按照法定方法公示以后,不仅正常的物权变动产生公信后果,而且即使物的出让人事实上无权处分,善意受让人基于对公示的信赖,仍能取得物权。

物权公示方法

根据本条规定,不动产物权变动的公示方法是登记,不动产物权的设立、变更、转让和消灭应当依照法律规定登记,才能取得公信力;动产物权变动的公示方法是交付,动产物权的设立和转让,应当依照法律规定交付,动产交付产生动产物权变动的公信力。

链接《城市房地产管理法》第60、61条;《不动产登记暂行条例》

第二章 物权的设立、变更、转让和消灭

第一节 不动产登记

第二百零九条 【不动产物权的登记生效原则及其例外】不动产物权的设立、变更、转让和消灭,经依法登记,发生效力;未经登记,不发生效力,但是法律另有规定的除外。

依法属于国家所有的自然资源,所有权可以不登记。

注释 不动产物权的设立、变更、转让和消灭,统称为不动产物权变动。不动产物权变动必须依照法律规定进行登记,只有经过登记,才能够发生物权变动的效果,才具有发生物权变动的外部特征,才能取得不动产物权变动的公信力。除法律另有规定外,不动产物权变动未经登记,不发生物权变动的法律效果,法律不承认其物权已经发生变动,也不予以法律保护。

"法律另有规定的除外",主要包括三方面的内容:(1)本条第二款所规定的,依法属于国家所有的自然资源,所有权可以不登记,至于在国家所有的土地、森林、海域等自然资源上设立用益物权、担保物权,则需要依法登记生效。(2)本章第三节规定的物权设立、变更、转让或者消灭的一些特殊情况,即主要是非依法律行为而发生的物权变动的情形:第一,因人民法院、仲裁机构的法律文书或者人民政府的征收决定等,导致物权设立、

变更、转让或者消灭的,自法律文书或者征收决定等生效时发生效力;第二,因继承取得物权的,自继承开始时发生效力;第三,因合法建造、拆除房屋等事实行为设立或者消灭物权的,自事实行为成就时发生效力。(3)考虑到现行法律的规定以及我国的实际情况尤其是农村的实际情况,本法并没有对不动产物权的设立、变更、转让和消灭,一概规定必须经依法登记才发生效力。例如,土地承包经营权一章中规定,"土地承包经营权互换、转让的,当事人可以向登记机构申请登记;未经登记,不得对抗善意第三人"。这里规定的是"未经登记,不得对抗善意第三人",而不是"不发生效力"。宅基地使用权一章,对宅基地使用权的变动,也并未规定必须登记,只是规定"已经登记的宅基地使用权转让或者消灭的,应当及时办理变更登记或者注销登记"。地役权一章中规定,"地役权自地役权合同生效时设立。当事人要求登记的,可以向登记机构申请地役权登记;未经登记,不得对抗善意第三人"。

案例 **大连羽田钢管有限公司与大连保税区弘丰钢铁工贸有限公司、株式会社羽田钢管制造所、大连高新技术产业园区龙王塘街道办事处物权确认纠纷案**(《最高人民法院公报》2012年第6期)

裁判规则:在物权确权纠纷案件中,根据物权变动的基本原则,对于当事人依据受让合同提出的确权请求应当视动产与不动产区别予以对待。人民法院对于已经交付的动产权属可以予以确认。对于权利人提出的登记于他人名下的不动产物权归其所有的确权请求,人民法院不宜直接判决确认其权属,而应当判决他人向权利人办理登记过户。

链接《不动产登记暂行条例》;《不动产登记暂行条例实施细则》;《民法典》第374条;《森林法》第14、15条;《土地管理法》第12条;《草原法》第11条

第二百一十条 【不动产登记机构和不动产统一登记】不动产登记,由不动产所在地的登记机构办理。

国家对不动产实行统一登记制度。统一登记的范围、登记机构和登记办法,由法律、行政法规规定。

注释 不动产登记实行属地原则,即不动产登记由不动产所在地的登记机构专属管辖,不得在异地进行不动产物权变动登记。

国家对不动产实行统一登记制度,国务院已于2014年11月24日发布《不动产登记暂行条例》,自2015年3月1日起施行。该条例规定的就是统一的不动产物权变动的登记制度。

链接《不动产登记暂行条例》;《不动产登记暂行条例实施细则》

第二百一十一条 【申请不动产登记应提供的必要材料】当事人申请登记,应当根据不同登记事项提供权属证明和不动产界址、面积等必要材料。

注释 本条是对申请不动产登记应当提供必要材料的规定。申请人应当提交下列材料,并对申请材料的真实性负责:(1)登记申请书;(2)申请人、代理人身份证明材料、授权委托书;(3)相关的不动产权属来源证明材料、登记原因证明文件、不动产权属证书;(4)不动产界址、空间界限、面积等材料;(5)与他人利害关系的说明材料;(6)法律、行政法规以及不动产登记暂行条例实施细则规定的其他材料。不动产登记机构应当在办公场所和门户网站公开申请登记所需材料目录和示范文本等信息。

链接《不动产登记暂行条例》第14—16条

第二百一十二条 【不动产登记机构应当履行的职责】登记机构应当履行下列职责:

(一)查验申请人提供的权属证明和其他必要材料;

(二)就有关登记事项询问申请人;

(三)如实、及时登记有关事项;

(四)法律、行政法规规定的其他职责。

申请登记的不动产的有关情况需要进一步证明的,登记机构可以要求申请人补充材料,必要时可以实地查看。

链接《不动产登记暂行条例》第17—22条

第二百一十三条 【不动产登记机构的禁止行为】登记机构不得有下列行为:

(一)要求对不动产进行评估;

(二)以年检等名义进行重复登记;

(三)超出登记职责范围的其他行为。

链接《不动产登记暂行条例》第29、30条

第二百一十四条 【不动产物权变动的生效时间】不动产物权的设立、变更、转让和消灭,依照法律规定应当登记的,自记载于不动产登记簿时发生效力。

注释 本条是对不动产物权变动登记效力发生时间的规定。不动产物权变动登记效力的发生时间,是指不动产发生物权变动效力的具体时间。只有不动产物权变动发生了效力,不动产物权才真正归属于不动产登记申请人享有,不动产物权人才可以依照自己的意志行使物权。

应当将登记机构审查认为符合不动产物权变动登记要求的时间,作为不动产物权变动登记记载于不动产登记簿的时间。

链接《不动产登记暂行条例》第 21 条

第二百一十五条 【合同效力和物权效力区分】当事人之间订立有关设立、变更、转让和消灭不动产物权的合同,除法律另有规定或者当事人另有约定外,自合同成立时生效;未办理物权登记的,不影响合同效力。

注释 以发生物权变动为目的的基础关系,主要是合同,属于债权法律关系的范畴,其成立以及生效应该依据合同相关法律规定来判断。民法学将这种合同看成是物权变动的原因行为。不动产物权的变动一般只能在登记时生效,依法成立生效的合同也许不能发生物权变动的结果。这可能是因为物权因客观情势发生变迁,使得物权的变动成为不可能;也可能是物权的出让人"一物二卖",其中一个买受人先行进行了不动产登记,其他的买受人便不可能取得合同约定转让的物权。有关设立、变更、转让和消灭不动产物权的合同和物权的设立、变更、转让和消灭本身是两个应当加以区分的情况。除非法律有特别规定,合同一经成立,只要不违反法律的强制性规定和社会公共利益,就可以发生效力。合同只是当事人之间的一种合意,并不必然与登记联系在一起。登记是针对民事权利的变动而设定的,它是与物权的变动联系在一起的,是一种物权变动的公示方法。登记并不是针对合同行为,而是针对物权的变动所采取的一种公示方法,如果当事人之间仅就物权的变动达成合意,而没有办理登记,合同仍然有效。例如,当事人双方订立了房屋买卖合同之后,合同就已经生效,但如果没有办理登记手续,房屋所有权不能发生移转。当然,违约的合同当事人一方应该承担违约责任。依不同情形,买受人可以请求债务人实际履行合同,即请求出卖人办理不动产转让登记,或者请求债务人赔偿损失。

案例 重庆索特盐化股份有限公司与重庆新万基房地产开发有限公司土地使用权转让合同纠纷案(《最高人民法院公报》2009 年第 4 期)

裁判规则:根据《物权法》第十五条的规定,当事人之间订立有关设立、变更、转让和消灭不动产物权的合同,除法律另有规定或者合同另有约定外,自合同成立时生效;未办理物权登记的,不影响合同效力。该规定确定了不动产物权变动的原因与结果相区分的原则。物权转让行为不能成就,并不必然导致物权转让合同无效。

链接《民法典》第 502 条

第二百一十六条 【不动产登记簿效力及管理机构】不动产登记簿是物权归属和内容的根据。

不动产登记簿由登记机构管理。

注释 不动产登记簿,是不动产登记机构按照国务院自然资源主管部门规定设立的统一的不动产权属登记簿。不动产登记簿应当记载以下事项:(1)不动产的坐落、界址、空间界限、面积、用途等自然状况;(2)不动产权利的主体、类型、内容、来源、期限、权利变化等权属状况;(3)涉及不动产权利限制、提示的事项;(4)其他相关事项。

不动产登记簿应当采用电子介质,暂不具备条件的,可以采用纸质介质。不动产登记机构应当明确不动产登记簿唯一、合法的介质形式。

由于不动产登记簿是物权归属和内容的根据,因而在不动产登记簿上记载某人享有某项物权时,就直接推定该人享有该项物权,其物权的内容也以不动产登记簿上的记载为准。这就是不动产登记簿所记载的权利的正确性推定效力规则。但当事人有证据证明不动产登记簿的记载与真实权利状态不符、其为该不动产物权的真实权利人,请求确认其享有物权的,应予支持。

案例 江西省南昌百货总公司、湖南赛福尔房地产开发公司与南昌新洪房地产综合开发有限公司合资、合作开发房地产合同纠纷案(《最高人民法院公报》2013 年第 1 期)

裁判规则:一、在审理合作开发房地产纠纷时,判断争议房屋产权的归属应当依据合作协议的约定以及房地产管理部门的登记情况全面分析。在没有证据证明双方变更了合作协议约定的情况下,一方当事人仅以为对方偿还部分债务或向对方出借款项、对争议房产享有优先受偿权,以及"五证"登记在其名下等事实为由,主张确认全

部房产归其所有的,人民法院不予支持。

二、合作双方在签订合作合同之后,合作项目在双方共同努力下得以优化变更,建筑面积在土地面积不变的情况下因容积率变化而得以增加。由于土地价值与容积率呈正相关,提供土地一方的出资部分因容积率增加而增值,其应分获的房产面积亦应相应增加,该方当事人可按照原合同约定的分配比例请求分配新增面积部分。当事人对于应分得但未实际获得的不足部分,如让另一方实际交付已不现实,可根据市场行情认定该部分房产价值,由另一方以支付现金的方式补足该部分面积差。

链接《不动产登记暂行条例》第8—10条;《最高人民法院关于适用〈中华人民共和国民法典〉物权编的解释(一)》[以下简称《物权编解释(一)》]第2条

第二百一十七条 【不动产登记簿与不动产权属证书的关系】不动产权属证书是权利人享有该不动产物权的证明。不动产权属证书记载的事项,应当与不动产登记簿一致;记载不一致的,除有证据证明不动产登记簿确有错误外,以不动产登记簿为准。

注释 不动产权属证书是权利人享有该不动产物权的证明。不动产登记机构完成登记后,依法向申请人核发不动产权属证书。不动产权属证书与不动产登记簿的关系是:完成不动产物权公示的是不动产登记簿,不动产物权的归属和内容以不动产登记簿的记载为根据;不动产权属证书只是不动产登记簿所记载的内容的外在表现形式。简言之,不动产登记簿是不动产权属证书的母本,不动产权属证书是证明不动产登记簿登记内容的证明书。故不动产权属证书记载的事项应当与不动产登记簿一致;如果出现记载不一致的,除有证据证明并且经过法定程序认定不动产登记簿确有错误的外,物权的归属以不动产登记簿为准。

案例 四川省聚丰房地产开发有限责任公司与达州广播电视大学合资、合作开发房地产合同纠纷案(《最高人民法院公报》2014年第10期)

裁判规则:根据《物权法》的规定,不动产物权应当依不动产登记簿的内容确定,不动产权属证书只是权利人享有该不动产物权的证明。行政机关注销国有土地使用证但并未注销土地登记的,国有土地的使用权人仍然是土地登记档案中记载的权利人。国有土地使用权转让法律关系中的转让人以国有土地使用证被注销、其不再享有土地使用权为由主张解除合同的,人民法院不应支持。

链接《不动产登记暂行条例》第21条

第二百一十八条 【不动产登记资料的查询、复制】权利人、利害关系人可以申请查询、复制不动产登记资料,登记机构应当提供。

注释 本条中的权利人,是指不动产权属持有者,以及不动产权属交易合同的双方当事人;利害关系人是在合同双方当事人以外的或者物权人以外的人中,可能和这个物权发生联系的这部分人。

链接《不动产登记暂行条例》第27条

第二百一十九条 【利害关系人的非法利用不动产登记资料禁止义务】利害关系人不得公开、非法使用权利人的不动产登记资料。

注释 本条是对利害关系人不得公开、非法使用不动产登记资料的规定。查询不动产登记资料的单位、个人应当向不动产登记机构说明查询目的,不得将查询获得的不动产登记资料用于其他目的;未经权利人同意,不得泄露查询获得的不动产登记资料。

链接《不动产登记暂行条例》第28条

第二百二十条 【更正登记和异议登记】权利人、利害关系人认为不动产登记簿记载的事项错误的,可以申请更正登记。不动产登记簿记载的权利人书面同意更正或者有证据证明登记确有错误的,登记机构应当予以更正。

不动产登记簿记载的权利人不同意更正的,利害关系人可以申请异议登记。登记机构予以异议登记,申请人自异议登记之日起十五日内不提起诉讼的,异议登记失效。异议登记不当,造成权利人损害的,权利人可以向申请人请求损害赔偿。

注释 **更正登记**

更正登记,是指已经完成的登记,由于当初登记手续的错误或者遗漏,致使登记与原始的实体权利关系不一致,为消除这种不一致的状态,对既存的登记内容进行修正补充的登记。故更正登记的目的是对不动产物权登记订正错误、补充遗漏。更正登记有两种方式,一种是经权利人(包括登记上的权利人和事实上的权利人)以及利害关系人申请作出的更正登记,另一种是登记机关自己发现错误后作出的更正登记。

异议登记

所谓异议登记，就是将事实上的权利人以及利害关系人对不动产登记簿记载的权利所提出的异议记入登记簿。异议登记的法律效力是，登记簿上所记载的权利失去正确性推定的效力，第三人也不得主张依照登记的公信力而受到保护。异议登记虽然可以对真正权利人提供保护，但这种保护应当是临时性的，因为它同时也给不动产物权交易造成了一种不稳定的状态。为使不动产物权的不稳定状态早日恢复正常，法律必须对异议登记的有效期间作出限制。因此，本条规定，申请人自异议登记之日起十五日内不提起诉讼的，异议登记失效。由于异议登记可以使登记簿上所记载的权利失去正确性推定的效力，同时，异议登记的申请人在提出异议登记的申请时也无需充分证明其权利受到了损害，如果申请人滥用异议登记制度，将可能给登记簿上记载的权利人的利益造成损害。因此，本条规定，异议登记不当，造成权利人损害的，权利人可以向申请人请求损害赔偿。

案例 案外人王某对具有强制执行力的公证债权文书申请执行异议案［《江苏省高级人民法院公报》（2015年第3辑）］

裁判规则：我国《物权法》第16条规定，不动产登记簿是物权归属和内容的根据。第19条规定，权利人、利害关系人认为不动产登记簿记载的事项错误的，可以申请更正登记；有证据证明登记确有错误的，登记机构应当予以更正。由此可见，我国《物权法》仅赋予不动产登记权利推定的效力，在有相反证据足以推翻登记的情形下，仍应以实际权利人为准。实践中，由于当事人或登记机构的原因，不动产登记簿上记载的物权状况可能与真实的权利状况不一致，若有证据证明不动产登记与实际权利状况不符的，人民法院应当以证据证明的事实确认不动产的真正权利人。

链接《物权编解释（一）》第3条

第二百二十一条　【预告登记】当事人签订买卖房屋的协议或者签订其他不动产物权的协议，为保障将来实现物权，按照约定可以向登记机构申请预告登记。预告登记后，未经预告登记的权利人同意，处分该不动产的，不发生物权效力。

预告登记后，债权消灭或者自能够进行不动产登记之日起九十日内未申请登记的，预告登记失效。

注释　预告登记

预告登记，是指为了保全债权的实现、保全物权的顺位请求权等而进行的提前登记。预告登记与一般的不动产登记的区别在于：一般的不动产登记都是在不动产物权变动已经完成的状态下所进行的登记，而预告登记则是为了保全将来发生的不动产物权变动而进行的登记。预告登记完成后，并不导致不动产物权的设立或者变动，只是使登记申请人取得请求将来发生物权变动的权利。纳入预告登记的请求权，对后来发生与该项请求权内容相同的不动产物权的处分行为，具有排他的效力，以确保将来只发生该请求权所期待的法律后果。

未经预告登记的权利人同意，转让不动产所有权等物权，或者设立建设用地使用权、居住权、地役权、抵押权等其他物权的，应当依照本条第一款的规定，认定其不发生物权效力。预告登记的买卖不动产物权的协议被认定无效、被撤销，或者预告登记的权利人放弃债权的，应当认定为本条第二款所称的“债权消灭”。

预告登记的适用范围

预告登记适用于有关不动产物权的协议，在我国主要适用于商品房预售。在商品房预售中，预售登记作出以后，使期房买卖得到了公示，这种期待权具有对抗第三人的效力。也就是说，在办理了预售登记后，房屋所有人不得进行一房多卖，否则，其违反房屋预售登记内容作出的处分房屋所有权的行为无效。值得注意的是，预售登记主要是为了保护买受人的利益，如果买受人不愿意进行预售登记，法律不宜强制其办理登记手续。

链接《物权编解释（一）》第4、5条；《城市商品房预售管理办法》第10条

第二百二十二条　【不动产登记错误损害赔偿责任】当事人提供虚假材料申请登记，造成他人损害的，应当承担赔偿责任。

因登记错误，造成他人损害的，登记机构应当承担赔偿责任。登记机构赔偿后，可以向造成登记错误的人追偿。

案例 杨某群诉四川省泸州市规划建设局房屋行政登记案（《人民法院案例选（月版）》2009年第3辑）

裁判规则：申请人以隐瞒真实情况、提交虚假申请等非法手段获取房屋登记的，属于申报不实，

即便房屋登记机构无过错,人民法院在诉讼中也应依法予以纠正。

链接《不动产登记暂行条例》第29条

第二百二十三条 【不动产登记收费标准的确定】不动产登记费按件收取,不得按照不动产的面积、体积或者价款的比例收取。

注释 不动产登记以件计费,而不是按照不动产的面积、体积或者价款的比例收取。

2016年12月6日国家发展改革委、财政部发布《关于不动产登记收费标准等有关问题的通知》,按照按件收费的要求,确定了收费标准:(1)住宅类不动产登记收费标准。落实不动产统一登记制度,实行房屋所有权及其建设用地使用权一体登记。原有住房及其建设用地分别办理各类登记时收取的登记费,统一整合调整为不动产登记收费,即住宅所有权及其建设用地使用权一并登记,收取一次登记费。规划用途为住宅的房屋及其建设用地使用权申请办理不动产登记事项,提供具体服务内容,据实收取不动产登记费,收费标准为每件80元。(2)非住宅类不动产登记收费标准。办理非住宅类不动产权利的首次登记、转移登记、变更登记,收取不动产登记费,收费标准为每件550元。(3)证书工本费标准。不动产登记机构按上述规定收取不动产登记费,核发一本不动产权属证书的不收取证书工本费。向一个以上不动产权利人核发权属证书的,每增加一本证书加收证书工本费10元。不动产登记机构依法核发不动产登记证明,不得收取登记证明工本费。

链接《关于不动产登记收费标准等有关问题的通知》

第二节 动产交付

第二百二十四条 【动产物权变动生效时间】动产物权的设立和转让,自交付时发生效力,但是法律另有规定的除外。

注释 动产物权的设立和转让,主要是指当事人通过合同约定转让动产所有权和设立动产质权两种情况。交付,是指动产的直接占有的转移,即一方按照法律行为的要求,将动产转移给另一方直接占有。

法律另有规定的除外条款是指:(1)关于动产观念交付的法律规定,即民法典物权编第226—228条规定;(2)本章关于依非法律行为而发生物权变动的第229—231条规定;(3)本编担保物权分编对动产抵押权和留置权的规定。这些情形不适用本条的规定。

案例 **中国长城资产管理公司乌鲁木齐办事处与新疆华电工贸有限责任公司、新疆华电红雁池发电有限责任公司、新疆华电苇湖梁发电有限责任公司等借款合同纠纷案**(《最高人民法院公报》2009年第2期)

裁判规则:一、注册资本是公司最基本的资产,确定和维持公司一定数额的资本,对于奠定公司基本的债务清偿能力,保障债权人利益和交易安全具有重要价值。股东出资是公司资本确定、维持原则的基本要求,出资是股东最基本、最重要的义务,股东应当按期足额缴纳公司章程中规定的各自所认缴的出资额,以货币出资的,应当将货币出资足额存入公司在银行开设的账户;以非货币财产出资的,应当依法办理财产权的转移手续。

二、根据《物权法》第二十三条的规定,动产物权的设立和转让自交付时发生效力,动产所有权的转移以实际交付为准。股东以动产实物出资的,应当将作为出资的动产按期实际交付给公司。未实际交付的,应当认定股东没有履行出资义务,其出资没有实际到位。

第二百二十五条 【船舶、航空器和机动车物权变动采取登记对抗主义】船舶、航空器和机动车等的物权的设立、变更、转让和消灭,未经登记,不得对抗善意第三人。

注释 根据《海商法》的规定,船舶所有权的取得、转让和消灭,应当向船舶登记机关登记;未经登记的,不得对抗第三人。根据《民用航空法》的规定,民用航空器所有权的取得、转让和消灭,应当向国务院民用航空主管部门登记;未经登记的,不得对抗第三人。

所谓善意第三人,就是指不知道也不应当知道物权发生了变动的其他人。转让人转让船舶、航空器和机动车等所有权,受让人已经支付合理价款并取得占有,虽未经登记,但转让人的债权人主张其为本条所称的"善意第三人"的,不予支持,法律另有规定的除外。

链接《海商法》第3、9、10、13条;《民用航空法》第5、11、12、14、16条;《道路交通安全法》第8、12条;《物权编解释(一)》第6、20条

第二百二十六条 【简易交付】动产物权设立

和转让前，权利人已经占有该动产的，物权自民事法律行为生效时发生效力。

注释 本条是对简易交付的规定。简易交付，是指交易标的物已经为受让人占有，转让人无须进行现实交付的无形交付方式。简易交付的条件，须在受让人已经占有了动产的场合，仅需当事人之间就所有权让与达成合意，即产生物权变动的效力。转让人将自主占有的意思授予受让人，以代替现实的交付行为，受让人就从他主占有变为自主占有，就实现了动产交付，实现了动产物权的变动。当事人以本条规定的简易交付方式交付动产的，转让动产民事法律行为生效时为动产交付之时。

链接《物权编解释(一)》第17条

第二百二十七条 【指示交付】动产物权设立和转让前，第三人占有该动产的，负有交付义务的人可以通过转让请求第三人返还原物的权利代替交付。

注释 **指示交付**

指示交付，又叫返还请求权让与，是指在交易标的物被第三人占有的场合，出让人与受让人约定，出让人将其对占有人的返还请求权移转给受让人，由受让人向第三人行使，以代替现实交付的动产交付方式。举例说明：甲将自己的自行车出租给乙使用，租期一个月，租赁期未满之时，甲又将该自行车出售给丙，由于租期未满，自行车尚由乙合法使用，此时为使得丙享有对该自行车的所有权，甲应当将自己享有的针对乙的返还原物请求权转让给丙以代替现实交付。当事人以本条规定的方式交付动产的，转让人与受让人之间有关转让返还原物请求权的协议生效时为动产交付之时。

指示交付适用的条件

指示交付的适用条件是：(1)双方当事人达成动产物权变动协议；(2)作为交易标的的动产在物权交易之前就由第三人占有；(3)出让人对第三人占有的动产享有返还原物请求权；(4)出让人能将对第三人占有的动产返还请求权转让给受让人。

指示交付的公示力

移转请求权的交付方式只是通过当事人之间的约定而产生的，并且标的物仍然处于第三人占有之下，因此占有发生移转，还需要第三人实际交付标的物。如果第三人因行使抗辩权拒绝交付财产，则请求权的转让只能在出让人和受让人之间产生效力，并不能因此对抗第三人。除抗辩权之外，如果第三人对出让人享有法定或约定的抵销权，或者因为出让人对第三人负有债务而使第三人享有留置权，第三人也可通过行使这些权利而拒绝向买受人作出交付。

案例 **肯考帝亚农产品贸易(上海)有限公司与广东富虹油品有限公司、第三人中国建设银行股份有限公司湛江市分行所有权确认纠纷案**(《最高人民法院公报》2012年第1期)

裁判规则：《物权法》第二十三条规定，动产物权的设立和转让，自交付时发生效力。交付是否完成是动产所有权转移与否的标准，动产由第三人占有时，则应根据《物权法》第二十六条的规定进行指示交付。《最高人民法院关于适用〈中华人民共和国担保法〉若干问题的解释》第八十八条规定，出质人以间接占有的财产出质的，以质押合同书面通知占有人时视为移交。根据该条规定精神，提货单的交付，仅意味着当事人的提货请求权进行了转移，在当事人未将提货请求转移事实通知实际占有人时，提货单的交付并不构成《物权法》第二十六条所规定的指示交付。

链接《物权编解释(一)》第17条

第二百二十八条 【占有改定】动产物权转让时，当事人又约定由出让人继续占有该动产的，物权自该约定生效时发生效力。

注释 **占有改定的含义**

占有改定，是指在转让动产物权时，转让人希望继续占有该动产，当事人双方订立合同并约定转让人可以继续占有该动产，而受让人因此取得对标的物的间接占有以代替标的物的实际交付。

占有改定的效力

以占有改定的方式实现所有权移转仅仅是通过当事人的合意在观念中完成的。无论约定采取何种形式，口头或者书面，第三人都无从察知物权的变动，所以对于因信赖出让人直接占有动产这一事实状态而与之交易的第三人，就必须通过善意取得制度加以保护。

案例 **青岛源宏祥纺织有限公司诉港润(聊城)印染有限公司取回权确认纠纷案**(《最高人民法院公报》2012年第4期)

裁判规则：《物权法》第二十三条规定："动产物权的设立和转让，自交付时发生效力，但法律另

有规定的除外。”同时，该法第二十七条规定：“动产物权转让时，双方又约定由出让人继续占有该动产的，物权自该约定生效时发生效力。”依据上述规定，动产物权的转让，以交付为公示要件，无论交付的方式是现实交付还是以占有改定方式交付。当事人之间仅仅就物权的转移达成协议，但未就该动产达成出让人继续占有该动产的占有改定协议的，不能构成物权法第二十七条规定的占有改定，故不能发生物权转移的效力。

第三节　其他规定

第二百二十九条　【法律文书、征收决定导致物权变动效力发生时间】因人民法院、仲裁机构的法律文书或者人民政府的征收决定等，导致物权设立、变更、转让或者消灭的，自法律文书或者征收决定等生效时发生效力。

注释 人民法院、仲裁机构在分割共有不动产或者动产等案件中作出并依法生效的改变原有物权关系的判决书、裁决书、调解书，以及人民法院在执行程序中作出的拍卖成交裁定书、变卖成交裁定书、以物抵债裁定书，应当认定为民法典第二百二十九条所称导致物权设立、变更、转让或者消灭的人民法院、仲裁机构的法律文书。

链接《物权编解释(一)》第7、8条

第二百三十条　【因继承取得物权的生效时间】因继承取得物权的，自继承开始时发生效力。

注释 本条是对因继承取得的物权发生效力的时间的规定。本条与原《物权法》相比，删除了因受遗赠取得物权的，自受遗赠开始时发生效力的规定。这一修改主要是考虑到受遗赠取得物权存在受遗赠人是否接受遗赠的问题，且接受遗赠还有可能会与继承人之间发生争议。

发生继承的事实取得物权的，本条规定自继承开始时发生物权变动的效力。根据民法典继承编第一千一百二十一条第一款的规定，继承从被继承人死亡时开始。尽管在被继承人死亡时好像并未直接发生继承，还要办理继承手续，有的还要进行诉讼通过裁判确定。无论在继承人死亡之后多久才确定继承的结果，但在实际上，继承人取得被继承人的遗产物权，都是在被继承人死亡之时，因为法律规定被继承人死亡的时间，就是继承开始的时间，该继承开始的时间，就是遗产的物权变动的时间。

链接《民法典》第1121条；《物权编解释(一)》第8条

第二百三十一条　【因事实行为设立或者消灭物权的生效时间】因合法建造、拆除房屋等事实行为设立或者消灭物权的，自事实行为成就时发生效力。

注释 所谓事实行为，是指不以意思表示为要素的能够产生民事法律后果的法律事实。如用钢筋、水泥、砖瓦、木石建造房屋或者用布料缝制衣服，用木料制作家具，将缝制好的衣物抛弃或者将制作好的家具烧毁等能引起物权设立或消灭的行为。首先，事实行为是人的行为，是人的一种有意识的活动，与自然事实有别；其次，事实行为是一种法律事实，即能够在人与人之间产生、变更或终止民事法律关系；再次，事实行为不以意思表示为要素，即行为人是否表达了某种心理状态，法律不予考虑，只要有某种事实行为存在，法律便直接赋予其法律效果。本条即是对事实行为导致物权变动效力的规定。

第二百三十二条　【非依民事法律行为享有的不动产物权变动】处分依照本节规定享有的不动产物权，依照法律规定需要办理登记的，未经登记，不发生物权效力。

注释 物权变动须以法律规定的公示方法进行，如动产交付、不动产登记等。在本节规定的非以法律行为导致物权变动的情况下，不必遵循依照法律行为导致物权变动应当遵循的一般公示方法，这三种不动产物权的变动方式并不按照法律规定的物权变动公示方法进行。为维护交易秩序和交易安全，本条明确规定，本节规定的三种非以法律行为导致物权变动的，尽管权利人享有该物权，但是在处分该不动产物权时，依照法律规定应当登记而未登记的，不发生物权效力，故在处分该物权之前，一定要办理不动产登记，否则无法取得转让物权的效力。

第三章　物权的保护

第二百三十三条　【物权保护争讼程序】物权受到侵害的，权利人可以通过和解、调解、仲裁、诉讼等途径解决。

注释 和解是当事人之间私了。调解是通过第三人调停解决纠纷。仲裁是当事人协议选择仲裁机构，由仲裁机构裁决解决争端。诉讼包括民事、行政、刑事三大诉讼,物权保护的诉讼主要指提起民事诉讼。

链接《物权编解释(一)》第1条

第二百三十四条 【物权确认请求权】因物权的归属、内容发生争议的,利害关系人可以请求确认权利。

注释 物权的确认是物权保护的前提,它包括对所有权归属的确认和对他物权的确认这两方面的内容。确认所有权归属,即确认产权,是一种独立的保护方法,不能以其他方法代替之;同时,确认产权又是采取其他保护方法的最初步骤。在物权归属问题未得到确定时,其他的保护方法也就无从适用。

确认物权的归属必须向有关行政机关或者人民法院提出请求,而不能实行自力救济,即不能单纯以自身的力量维护或者恢复物权的圆满状态。在很多情形中,确认物权往往是行使返还原物请求权的前提,物权的归属如果没有得到确认,根本就无法行使返还原物请求权。

第二百三十五条 【返还原物请求权】无权占有不动产或者动产的,权利人可以请求返还原物。

注释 本条是对返还原物请求权的规定。返还原物请求权,是指物权人对于无权占有标的物之人的请求返还该物的权利。所有权人在其所有物被他人非法占有时,可以向非法占有人请求返还原物,或请求法院责令非法占有人返还原物。适用返还原物保护方法的前提,须原物仍然存在,如果原物已经灭失,只能请求赔偿损失。

财产所有权人只能向没有法律根据而侵占其所有物的人,即非法占有人请求返还。如果非所有权人对所有权人的财产的占有是合法占有,对合法占有人在合法占有期间,所有权人不能请求返还原物。由于返还原物的目的是要追回脱离所有权人占有的财产,故要求返还的原物应当是特定物。如果被非法占有的是种类物,除非该种类物的原物仍存在,否则就不能要求返还原物,只能要求赔偿损失,或者要求返还同种类及同质量的物。所有权人要求返还财产时,对由原物所生的孳息可以同时要求返还。

第二百三十六条 【排除妨害、消除危险请求权】妨害物权或者可能妨害物权的,权利人可以请求排除妨害或者消除危险。

注释 排除妨害请求权,是指当物权的享有和行使受到占有以外的方式妨害,物权人对妨害人享有请求排除妨害,使自己的权利恢复圆满状态的物权请求权。被排除的妨害需具有不法性,倘若物权人负有容忍义务,则无排除妨害请求权。排除妨害的费用应当由非法妨害人负担。

消除危险请求权,是指由于他人的非法行为足以使财产有遭受毁损、灭失的危险时,物权人有权请求人民法院责令其消除危险,以免造成财产损失的物权请求权。采用消除危险这种保护方法时,应当查清事实,只有危险是客观存在的,且这种违法行为足以危及财产安全时,才能运用消除危险的方法来保护其所有权,其条件是根据社会一般观念确认危险有可能发生。危险的可能性主要是针对将来而言,只要将来有可能发生危险,所有人便可行使此项请求权。对消除危险的费用,由造成危险的行为人负担。

案例 黄某煌、沈某梅与无锡市锦江旅游客运有限公司、无锡城建物业管理有限公司排除妨碍纠纷案(《人民法院案例选(月版)》2009年第2辑)

裁判规则:楼宇外墙设立广告牌属于在区分所有权建筑物的共有部位设定地役权,应当取得建筑物全体业主或授权管理单位的许可,地役权的行使对特定业主的物权造成妨害的,地役权人应当承担排除妨害、赔偿损失等法律责任。

第二百三十七条 【修理、重作、更换或者恢复原状请求权】造成不动产或者动产毁损的,权利人可以依法请求修理、重作、更换或者恢复原状。

第二百三十八条 【物权损害赔偿请求权】侵害物权,造成权利人损害的,权利人可以依法请求损害赔偿,也可以依法请求承担其他民事责任。

第二百三十九条 【物权保护方式的单用和并用】本章规定的物权保护方式,可以单独适用,也可以根据权利被侵害的情形合并适用。

第二分编 所有权

第四章 一般规定

第二百四十条 【所有权的定义】所有权人对自己的不动产或者动产,依法享有占有、使用、收益和处分的权利。

注释 占有,就是对于财产的实际管领或控制,拥有一个物的一般前提就是占有,这是财产所有者直接行使所有权的表现。使用,是权利主体对财产的运用,发挥财产的使用价值。收益,是通过财产的占有、使用等方式取得经济效益。处分,是指财产所有人对其财产在事实上和法律上的最终处置。

第二百四十一条　【所有权人设立他物权】所有权人有权在自己的不动产或者动产上设立用益物权和担保物权。用益物权人、担保物权人行使权利,不得损害所有权人的权益。

注释 所有权人在自己的不动产或者动产上设立用益物权和担保物权,是所有权人行使其所有权的具体体现。由于用益物权与担保物权都是对他人的物享有的权利,因此统称为"他物权",与此相对应,所有权称为"自物权"。

他物权分为用益物权和担保物权。用益物权包括土地承包经营权、建设用地使用权、宅基地使用权、地役权、居住权;担保物权包括抵押权、质权和留置权,还包括所有权保留、优先权、让与担保等非典型担保物权。由于用益物权和担保物权都是在他人所有之物上设置的物权,因此,在行使用益物权和担保物权的时候,权利人不得损害所有权人的权益。

第二百四十二条　【国家专有】法律规定专属于国家所有的不动产和动产,任何组织或者个人不能取得所有权。

注释 国家专有是指只能为国家所有而不能为任何其他人所拥有。国家专有的财产由于不能为他人所拥有,因此不能通过交换或者赠与等任何流通手段转移所有权。

国家专有的不动产和动产的范围主要是:(1)国有土地;(2)海域;(3)水流;(4)矿产资源;(5)野生动物资源;(6)无线电频谱资源。

第二百四十三条　【征收】为了公共利益的需要,依照法律规定的权限和程序可以征收集体所有的土地和组织、个人的房屋以及其他不动产。

征收集体所有的土地,应当依法及时足额支付土地补偿费、安置补助费以及农村村民住宅、其他地上附着物和青苗等的补偿费用,并安排被征地农民的社会保障费用,保障被征地农民的生活,维护被征地农民的合法权益。

征收组织、个人的房屋以及其他不动产,应当依法给予征收补偿,维护被征收人的合法权益;征收个人住宅的,还应当保障被征收人的居住条件。

任何组织或者个人不得贪污、挪用、私分、截留、拖欠征收补偿费等费用。

注释 征收,是国家取得所有权的一种方式,是将集体或者个人的财产征收到国家手中,成为国家所有权的客体,其后果是集体或者个人消灭所有权,国家取得所有权。征收的后果严重,应当给予严格限制:(1)征收的目的必须是为了公共利益的需要,而不是一般的建设需要。(2)征收的财产应当是土地、房屋及其他不动产。(3)征收不动产应当支付补偿费,对丧失所有权的人给予合理的补偿。征收集体所有的土地,应当支付土地补偿费、安置补助费以及农村村民住宅、其他地上附着物和青苗补偿费等费用。同时,要足额安排被征地农民的社会保障费用,维护被征地农民的合法权益,保障被征地农民的生活。征收组织、个人的房屋或者其他不动产,应当给予征收补偿,维护被征收人的合法权益。征收居民住房的,还应当保障被征收人的居住条件。(4)为了保证补偿费能够足额地发到被征收人的手中,任何组织和个人不得贪污、挪用、私分、截留、拖欠征收补偿费等费用。

链接《土地管理法》第2、45—51、79、80条;《国有土地上房屋征收与补偿条例》

第二百四十四条　【保护耕地与禁止违法征地】国家对耕地实行特殊保护,严格限制农用地转为建设用地,控制建设用地总量。不得违反法律规定的权限和程序征收集体所有的土地。

第二百四十五条　【征用】因抢险救灾、疫情防控等紧急需要,依照法律规定的权限和程序可以征用组织、个人的不动产或者动产。被征用的不动产或者动产使用后,应当返还被征用人。组织、个人的不动产或者动产被征用或者征用后毁损、灭失的,应当给予补偿。

注释 征用,是国家对单位和个人的财产的强制使用。遇有抢险救灾、疫情防控等紧急需要时,国家可以依照法律规定的权限和程序,征用组织、个人的不动产或者动产。

对于被征用的所有权人的权利保护方法是:(1)被征用的不动产或者动产在使用后,应当返还被征用人,其条件是被征用的不动产或者动产的价值仍在。(2)如果不动产或者动产被征用或者被征用后毁损、灭失的,则应当由国家给予补偿,不能使权利人因此受到损失。

链接《民法典》第117、327条

第五章 国家所有权和集体所有权、私人所有权

第二百四十六条 【国家所有权】法律规定属于国家所有的财产,属于国家所有即全民所有。

国有财产由国务院代表国家行使所有权。法律另有规定的,依照其规定。

注释 依据宪法、相关法律、行政法规,本法第247—254条明确规定矿藏、水流、海域、无居民海岛、城市的土地、无线电频谱资源、国防资产属于国家所有。法律规定属于国家所有的农村和城市郊区的土地,野生动植物资源,文物,铁路、公路、电力设施、电信设施和油气管道等基础设施属于国家所有。除法律规定属于集体所有的外,森林、山岭、草原、荒地、滩涂等自然资源,属于国家所有。

第二百四十七条 【矿藏、水流和海域的国家所有权】矿藏、水流、海域属于国家所有。

第二百四十八条 【无居民海岛的国家所有权】无居民海岛属于国家所有,国务院代表国家行使无居民海岛所有权。

注释 无居民海岛,是指不属于居民户籍管理的住址登记地的海岛。我国《海岛保护法》自2010年3月1日起施行,明确规定无居民海岛属于国家所有,由国务院代表国家行使无居民海岛所有权,凡是无居民海岛开发利用,都必须报经省级人民政府或者国务院批准并取得海岛使用权、缴纳海岛使用金。

链接《海岛保护法》第4、5条

第二百四十九条 【国家所有土地的范围】城市的土地,属于国家所有。法律规定属于国家所有的农村和城市郊区的土地,属于国家所有。

第二百五十条 【国家所有的自然资源】森林、山岭、草原、荒地、滩涂等自然资源,属于国家所有,但是法律规定属于集体所有的除外。

第二百五十一条 【国家所有的野生动植物资源】法律规定属于国家所有的野生动植物资源,属于国家所有。

第二百五十二条 【无线电频谱资源的国家所有权】无线电频谱资源属于国家所有。

第二百五十三条 【国家所有的文物的范围】法律规定属于国家所有的文物,属于国家所有。

注释 中华人民共和国境内地下、内水和领海中遗存的一切文物,属于国家所有。古文化遗址、古墓葬、石窟寺属于国家所有。国家指定保护的纪念建筑物、古建筑、石刻、壁画、近代现代代表性建筑等不可移动文物,除国家另有规定的以外,属于国家所有。国有不可移动文物的所有权不因其所依附的土地所有权或者使用权的改变而改变。

下列可移动文物,属于国家所有:(1)中国境内出土的文物,国家另有规定的除外;(2)国有文物收藏单位以及其他国家机关、部队和国有企业、事业组织等收藏、保管的文物;(3)国家征集、购买的文物;(4)公民、法人和其他组织捐赠给国家的文物;(5)法律规定属于国家所有的其他文物。属于国家所有的可移动文物的所有权不因其保管、收藏单位的终止或者变更而改变。

链接《文物保护法》第5条

第二百五十四条 【国防资产、基础设施的国家所有权】国防资产属于国家所有。

铁路、公路、电力设施、电信设施和油气管道等基础设施,依照法律规定为国家所有的,属于国家所有。

注释 国家为武装力量建设、国防科研生产和其他国防建设直接投入的资金、划拨使用的土地等资源,以及由此形成的用于国防目的的武器装备和设备设施、物资器材、技术成果等属于国防资产。国防资产归国家所有。

铁路、公路、电力设施、电信设施和油气管道等都属于国家的基础设施,对国民经济发展和保证人民生命财产安全意义重大。因此,这些基础设施,法律规定为国家所有的,都属于国家所有,没有规定为国家所有的,可以为民事主体所有。

第二百五十五条 【国家机关的物权】国家机关对其直接支配的不动产和动产,享有占有、使用以及依照法律和国务院的有关规定处分的权利。

第二百五十六条 【国家举办的事业单位的物权】国家举办的事业单位对其直接支配的不动产和动产,享有占有、使用以及依照法律和国务院的有关规定收益、处分的权利。

第二百五十七条 【国有企业出资人制度】国家出资的企业,由国务院、地方人民政府依照法律、行政法规规定分别代表国家履行出资人职责,享有出资人权益。

注释 适用本条时应注意:

第一,国家出资的企业,不仅包括国家出资兴

办的企业,如国有独资公司,也包括国家控股、参股的有限责任公司和股份有限公司等。当然国家出资的企业不仅仅是公司形式,也包括未进行公司制改造的其他企业。

第二,由国务院和地方人民政府分别代表国家履行出资人的职责。值得注意的是,国家实行国有企业出资人制度的前提是国家统一所有,国家是国有企业的出资人。中央政府与地方政府都只是分别代表国家履行出资人职责,享有出资人权益。不能把国家所有与政府所有等同起来,更不能把国家所有与地方政府所有等同。根据《企业国有资产法》以及《企业国有资产监督管理暂行条例》的规定,国务院和地方人民政府的具体分工是:国务院代表国家对关系国民经济命脉和国家安全的大型国有及国有控股、国有参股企业,重要基础设施和重要自然资源等领域的国有及国有控股、国有参股企业,履行出资人职责。省、自治区、直辖市人民政府和设区的市、自治州人民政府分别代表国家对由国务院履行出资人职责以外的国有及国有控股、国有参股企业,履行出资人职责。

链接《公司法》第64—70条;《企业国有资产法》;《企业国有资产监督管理暂行条例》

第二百五十八条 【国有财产的保护】国家所有的财产受法律保护,禁止任何组织或者个人侵占、哄抢、私分、截留、破坏。

第二百五十九条 【国有财产管理法律责任】履行国有财产管理、监督职责的机构及其工作人员,应当依法加强对国有财产的管理、监督,促进国有财产保值增值,防止国有财产损失;滥用职权,玩忽职守,造成国有财产损失的,应当依法承担法律责任。

违反国有财产管理规定,在企业改制、合并分立、关联交易等过程中,低价转让、合谋私分、擅自担保或者以其他方式造成国有财产损失的,应当依法承担法律责任。

第二百六十条 【集体财产范围】集体所有的不动产和动产包括:

(一)法律规定属于集体所有的土地和森林、山岭、草原、荒地、滩涂;

(二)集体所有的建筑物、生产设施、农田水利设施;

(三)集体所有的教育、科学、文化、卫生、体育等设施;

(四)集体所有的其他不动产和动产。

第二百六十一条 【农民集体所有财产归属及重大事项集体决定】农民集体所有的不动产和动产,属于本集体成员集体所有。

下列事项应当依照法定程序经本集体成员决定:

(一)土地承包方案以及将土地发包给本集体以外的组织或者个人承包;

(二)个别土地承包经营权人之间承包地的调整;

(三)土地补偿费等费用的使用、分配办法;

(四)集体出资的企业的所有权变动等事项;

(五)法律规定的其他事项。

注释 涉及村民利益的下列事项,经村民会议讨论决定方可办理:(1)本村享受误工补贴的人员及补贴标准;(2)从村集体经济所得收益的使用;(3)本村公益事业的兴办和筹资筹劳方案及建设承包方案;(4)土地承包经营方案;(5)村集体经济项目的立项、承包方案;(6)宅基地的使用方案;(7)征地补偿费的使用、分配方案;(8)以借贷、租赁或者其他方式处分村集体财产;(9)村民会议认为应当由村民会议讨论决定的涉及村民利益的其他事项。村民会议可以授权村民代表会议讨论决定前述规定的事项。法律对讨论决定村集体经济组织财产和成员权益的事项另有规定的,依照其规定。

链接《土地管理法》第9、10条;《农村土地承包法》第28、52条;《村民委员会组织法》第21—24条

第二百六十二条 【行使集体所有权的主体】对于集体所有的土地和森林、山岭、草原、荒地、滩涂等,依照下列规定行使所有权:

(一)属于村农民集体所有的,由村集体经济组织或者村民委员会依法代表集体行使所有权;

(二)分别属于村内两个以上农民集体所有的,由村内各该集体经济组织或者村民小组依法代表集体行使所有权;

(三)属于乡镇农民集体所有的,由乡镇集体经济组织代表集体行使所有权。

注释"村"是指行政村,即设立村民委员会的村,而非自然村。"分别属于村内两个以上农民集体所有"主要是指该农民集体所有的土地和其他财产在改革开放以前就分别属于两个以上的生产队,现在其土地和其他集体财产仍然分别属于相

当于原生产队的各该农村集体经济组织或者村民小组的农民集体所有。“村民小组”是指行政村内的由村民组成的自治组织。根据《村民委员会组织法》的规定,村民委员会可以根据居住地区划分若干个村民小组。如果村内有集体经济组织的,就由村内的集体经济组织行使所有权;如果没有村内的集体经济组织,则由村民小组来行使。

属于乡镇农民集体所有的,由乡镇集体经济组织代表集体行使所有权。这种情况包括:一是指改革开放以前,原来以人民公社为核算单位的土地,在公社改为乡镇以后仍然属于乡镇农民集体所有;二是在人民公社时期,公社一级掌握的集体所有的土地和其他财产仍然属于乡镇农民集体所有。上述两种情况下,由乡镇集体经济组织来行使所有权。

链接《土地管理法》第 11 条;《农村土地承包法》第 13 条

第二百六十三条 【城镇集体财产权利】城镇集体所有的不动产和动产,依照法律、行政法规的规定由本集体享有占有、使用、收益和处分的权利。

第二百六十四条 【集体财产状况的公布】农村集体经济组织或者村民委员会、村民小组应当依照法律、行政法规以及章程、村规民约向本集体成员公布集体财产的状况。集体成员有权查阅、复制相关资料。

第二百六十五条 【集体财产的保护】集体所有的财产受法律保护,禁止任何组织或者个人侵占、哄抢、私分、破坏。

农村集体经济组织、村民委员会或者其负责人作出的决定侵害集体成员合法权益的,受侵害的集体成员可以请求人民法院予以撤销。

注释 集体所有的财产,不论是农村集体所有的财产,还是城镇集体所有的财产,都平等地受到法律保护,他人不得侵害。故本条规定禁止任何组织或者个人侵占、哄抢、私分、破坏集体所有的财产。

本条特别授予集体组织成员一个权利,即在农村集体经济组织、村民委员会或者其负责人作出的决定侵害集体成员合法权益的时候,受侵害的集体成员享有撤销权,可以请求人民法院对侵害集体成员合法权益的决定予以撤销。这个撤销权没有规定除斥期间,原则上应当适用民法典总则编第一百五十二条有关除斥期间为一年的规定。

第二百六十六条 【私人所有权】私人对其合法的收入、房屋、生活用品、生产工具、原材料等不动产和动产享有所有权。

注释 **私人的含义**

“私人”是和国家、集体相对应的物权主体,不但包括我国的公民,也包括在我国合法取得财产的外国人和无国籍人。不仅包括自然人,还包括个人独资企业、个人合伙等组织。

私有财产的范围

(1)收入。是指人们从事各种劳动获得的货币收入或者有价物。主要包括:工资,指定期支付给员工的劳动报酬,包括计时工资、计件工资、职务工资、级别工资、基础工资、工龄工资、奖金、津贴和补贴、加班加点工资和特殊情况下支付的报酬等;从事智力创造和提供劳务所取得的物质权利,如稿费、专利转让费、讲课费、咨询费、演出费等;因拥有债权、股权而取得的利息、股息、红利所得;出租建筑物、土地使用权、机器设备、车船以及其他财产所得;转让有价证券、股权、建筑物、土地使用权、机器设备、车船以及其他财产所得;得奖、中奖、中彩以及其他偶然所得;从事个体经营的劳动收入、从事承包土地所获得的收益等。

(2)房屋。包括依法购买的城镇住宅,也包括在农村宅基地上依法建造的住宅,还包括商铺、厂房等建筑物。根据土地管理法、城市房地产管理法以及本法的规定,房屋仅指在土地上的建筑物部分,不包括其占有的土地。

(3)生活用品。是指用于生活方面的物品,如家用电器、私人汽车、家具等。

(4)生产工具和原材料。生产工具是指人们在进行生产活动时所使用的器具,如机器设备、车辆、船舶等运输工具。原材料是指生产产品所需的物质基础材料,如矿石、木材、钢铁等。生产工具和原材料是重要的生产资料,是生产所必需的基础物质。

除上述外,私人财产还包括其他的不动产和动产,如图书、个人收藏品、牲畜和家禽等。

案例 **汪某诚等六人诉淮安市博物馆返还祖宅的埋藏文物纠纷案(《最高人民法院公报》2013 年第 5 期)**

裁判规则:《民法通则》第七十九条规定,所有人不明的埋藏物,归国家所有;《文物保护法》第五条也将中华人民共和国境内地下遗存的文物一般

推定为"属于国家所有"。但埋藏或隐藏于公民祖宅且能够基本证明属于其祖产的埋藏物,在无法律明文规定禁止其拥有的情况下,应判定属于公民私人财产。

链接《宪法》第13条;《刑法》第92条

第二百六十七条 【私有财产的保护】私人的合法财产受法律保护,禁止任何组织或者个人侵占、哄抢、破坏。

第二百六十八条 【企业出资人的权利】国家、集体和私人依法可以出资设立有限责任公司、股份有限公司或者其他企业。国家、集体和私人所有的不动产或者动产投到企业的,由出资人按照约定或者出资比例享有资产收益、重大决策以及选择经营管理者等权利并履行义务。

注释 出资人是对企业投入资本的自然人、法人或者非法人组织。国家、集体和私人依法可以出资设立有限责任公司、股份有限公司或者其他企业。既然向有限责任公司、股份有限公司或者其他企业投资,出资人就对该企业享有股权以及其他投资性权利。国家、集体和私人所有的不动产或者动产投到企业的,由出资人按照约定或者出资比例享有股权,包括:(1)资产收益,出资人有权通过企业盈余分配,从中获得红利;(2)重大决策,出资人通过股东会或者股东大会等作出决议的方式,决定企业的重大行为;(3)选择经营管理者,有权通过股东会或者股东大会作出决议选择、更换公司的董事或者监事,决定董事或者监事的薪酬,通过董事会聘任或者解聘经理等企业高管;(4)其他权利。

出资人同时也应当履行相应的义务,例如按照约定或者章程的规定,按期、足额地缴纳出资,不得滥用出资人的权利干涉企业正常的经营活动等。

第二百六十九条 【法人财产权】营利法人对其不动产和动产依照法律、行政法规以及章程享有占有、使用、收益和处分的权利。

营利法人以外的法人,对其不动产和动产的权利,适用有关法律、行政法规以及章程的规定。

注释 **法人**

法人,是指具有民事权利能力和民事行为能力,依法独立享有民事权利和承担民事义务的组织。法人应当具备以下条件:(1)依法成立;(2)有必要的财产或者经费;(3)有自己的名称、组织机构和场所;(4)能够独立承担民事责任。

营利法人财产权

以取得利润并分配给股东等出资人为目的成立的法人,为营利法人。营利法人包括有限责任公司、股份有限公司和其他企业法人等。出资人将其不动产或者动产投入营利法人后,即构成了法人独立的财产。营利法人享有法人财产权,即依照法律、行政法规和章程的规定对该财产享有占有、使用、收益和处分的权利,出资人个人不能直接对其投入的资产进行支配,这是营利法人实现自主经营、自负盈亏,独立承担民事责任的物质基础。

链接《民法典》第57、76条;《公司法》第3条

第二百七十条 【社会团体法人、捐助法人合法财产的保护】社会团体法人、捐助法人依法所有的不动产和动产,受法律保护。

注释 社会团体法人是指基于会员的共同意愿,为实现公益目的或者会员共同利益等非营利目的设立的非营利法人。其特征是:(1)设立的目的具有公益性或者团体性,是为了实现公益目的或者会员的共同利益而设立事业单位法人;(2)社会团体法人的设立是基于会员的共同意愿,经过发起人发起,会员集资形成法人的财产;(3)从事的活动比较广泛,既有公益性活动,也有基于会员共同利益进行的活动;(4)性质属于非营利法人,须符合法人条件,不得进行商业经营活动,不得获取经营利益。

捐助法人,是指由自然人或者法人、非法人组织为实现公益目的,自愿捐助一定资金为基础而成立,以对捐助资金进行专门管理为目的的非营利法人。捐助法人的特点是:(1)捐助法人是财产集合体,是以财产的集合为基础成立的法人,为财团法人;(2)捐助法人没有成员或者会员,不存在通常的社会团体法人由会员大会组成的权力机构,只设立理事会和监事会;(3)捐助法人具有非营利性,活动宗旨是通过资金资助进行科学研究、文化教育、社会福利和其他公益事业的发展,不具有营利性,为公益法人。

链接《民法典》第87、90、92条

第六章 业主的建筑物区分所有权

第二百七十一条 【建筑物区分所有权】业主对建筑物内的住宅、经营性用房等专有部分享有

所有权,对专有部分以外的共有部分享有共有和共同管理的权利。

注释 建筑物区分所有权人,对建筑物内的住宅、商业用房等专有部分享有所有权,对专有部分以外的共有部分如电梯、过道、楼梯、水箱、外墙面、水电气的主管线等享有共有和共同管理的权利。业主可以自行管理建筑物及其附属设施,也可以委托物业服务企业或者其他管理人管理。业主可以设立业主大会,选举业主委员会,制定或者修改业主大会议事规则和建筑物及其附属设施的管理规约,选举业主委员会和更换业主委员会成员,选聘和解聘物业服务企业或者其他管理人,筹集和使用建筑物及其附属设施的维修资金,改建和重建建筑物及其附属设施等。业主大会和业主委员会,对任意弃置垃圾、排放大气污染物或者噪声、违反规定饲养动物、违章搭建、侵占通道、拒付物业费等损害他人合法权益的行为,有权依照法律、法规以及管理规约,要求行为人停止侵害、消除危险、排除妨害、赔偿损失。

案例 孙某军诉南京市清江花苑小区业主委员会业主知情权纠纷案(《最高人民法院公报》2015 年第 12 期)

裁判规则:业主作为建筑物区分所有人,享有知情权,享有了解本小区建筑区划内涉及业主共有权及共同管理权等相关事项的权利,业主委员会应全面、合理公开其掌握的情况和资料。对于业主行使知情权亦应加以合理限制,防止滥用权利,其范围应限于涉及业主合法权益的信息,并遵循简便的原则。

链接《物业管理条例》第 6 条;《最高人民法院关于审理建筑物区分所有权纠纷案件适用法律若干问题的解释》第 1 条

第二百七十二条 【业主对专有部分的专有权】业主对其建筑物专有部分享有占有、使用、收益和处分的权利。业主行使权利不得危及建筑物的安全,不得损害其他业主的合法权益。

注释 建筑区划内符合下列条件的房屋,以及车位、摊位等特定空间,应当认定为本章所称的专有部分:(1)具有构造上的独立性,能够明确区分;(2)具有利用上的独立性,可以排他使用;(3)能够登记成为特定业主所有权的客体。规划上专属于特定房屋,且建设单位销售时已经根据规划列入该特定房屋买卖合同中的露台等,应当认定为本章所称专有部分的组成部分。

对于建筑物区分所有权人对专有部分享有的权利,一方面,应明确其与一般所有权相同,具有绝对性、永久性、排他性。所有权人在法律限制范围内可以自由使用、收益、处分专有部分,并排除他人干涉。另一方面,也应注意到其与一般所有权的不同:业主的专有部分是建筑物的重要组成部分,与共有部分具有一体性、不可分离性,例如没有电梯、楼道、走廊,业主不可能出入自己的居室、经营性用房等专有部分;没有水箱,水、电等管线,业主无法使用自己的居室、经营性用房等专有部分。因此业主对专有部分行使所有权应受到一定限制。例如,业主对专有部分装修时,不得拆除房屋内的承重墙,不得在专有部分内储藏、存放易燃易爆危险物品,危及整个建筑物的安全,损害其他业主的合法权益。

案例 郑州二建公司诉王某础公有住房出售协议违约纠纷案(《最高人民法院公报》2006 年第 1 期)

裁判规则:一、建筑物区分所有权人只能在该建筑物中自己专有的部位行使所有权四项权能,未经该建筑物的其他区分所有权人和物业经营管理者、维修者许可,不得对该建筑物的共用部位行使权利。

二、公有住房售出单位对公有住房的共用部位承担着维修责任。售出单位在与公有住房买受人签订的售房协议中,为了不加重自己一方在住房售出后的维修负担,约定买受人不得实施有碍公有住房共用部位安全的行为,这样的约定没有限制买受人正当行使自己的权利,因此是合法有效的。

链接《最高人民法院关于审理建筑物区分所有权纠纷案件适用法律若干问题的解释》第 2 条

第二百七十三条 【业主对共有部分的共有权及义务】业主对建筑物专有部分以外的共有部分,享有权利,承担义务;不得以放弃权利为由不履行义务。

业主转让建筑物内的住宅、经营性用房,其对共有部分享有的共有和共同管理的权利一并转让。

注释 关于业主对共有部分的权利,主要应注意,业主对专有部分以外的共有部分既享有权利,又承担义务,并且,业主不得以放弃权利为由不履行义务。例如,业主不得以不使用电梯为由,不交纳电梯维修费用;在集中供暖的情况下,不得以冬季不在此住宅居住为由,不交纳暖气费用。关于如何行使该项共有权利、承担义务还要依据本法及相关法律、法规和建筑区划管理规约的规定。

对于本条,值得强调第二款的规定,即业主对其建筑物专有部分的所有权不能单独转让,而必须与其共用部分持分权和成员权一同转让。业主的建筑物区分所有权是一个集合权,包括对专有部分享有的所有权、对建筑区划内的共有部分享有的共有权和共同管理的权利,这三种权利具有不可分离性。在这三种权利中,业主对专有部分的所有权占主导地位,是业主对专有部分以外的共有部分享有共有权以及对共有部分享有共同管理权的前提与基础。而且,区分所有人所有的专有部分的大小,也决定了其对建筑物共有部分享有的共有和共同管理权利的份额大小。因此本条规定,业主转让建筑物内的住宅、经营性用房,其对共有部分享有的共有和共同管理的权利一并转让。

案例 1. 无锡市春江花园业主委员会诉上海陆家嘴物业管理有限公司等物业管理纠纷案(《最高人民法院公报》2010 年第 5 期)

裁判规则:根据《物权法》第七十二条的规定,业主对建筑物专有部分以外的共有部分,享有权利,承担义务。共有部分在物业服务企业物业管理(包括前期物业管理)期间所产生的收益,在没有特别约定的情况下,应属全体业主所有,并主要用于补充小区的专项维修资金。物业服务企业对共有部分进行经营管理的,可以享有一定比例的收益。

2. 徐州西苑艺君花园(一期)业主委员会诉徐州中川房地产开发有限公司物业管理用房所有权确认纠纷案(《最高人民法院公报》2014 年第 6 期)

裁判规则:业主委员会依照《物权法》第七十五条第一款规定成立,具有一定目的、名称、组织机构与场所,管理相应财产,是《民事诉讼法》第四十九条第一款规定的"其他组织"。业主委员会依据业主共同或业主大会决议,在授权范围内,以业主委员会名义从事法律行为,具备诉讼主体资格。

物业管理用房依规划定点建造,为区分所有权建筑物管理人进行管理维护业务必须的场所,依照《物权法》第七十二条第一款的规定,为业主共有。在建筑物竣工验收交付后,物业管理用房的分割、转移、调整或重新配置,应当由业主共同或业主大会决定。

链接《物业管理条例》第 54 条;《最高人民法院关于审理建筑物区分所有权纠纷案件适用法律若干问题的解释》第 3、4 条

第二百七十四条 【建筑区划内的道路、绿地等场所和设施属于业主共有财产】建筑区划内的道路,属于业主共有,但是属于城镇公共道路的除外。建筑区划内的绿地,属于业主共有,但是属于城镇公共绿地或者明示属于个人的除外。建筑区划内的其他公共场所、公用设施和物业服务用房,属于业主共有。

注释 区分所有建筑物中的道路属于业主共有,但属于城镇公共道路的除外。只要小区中的道路不是城镇公共道路,就都属于业主共有,是"私家路",不属于私家路的才是公共道路,界限应当清楚。

确定区分所有建筑物绿地的权属规则是:小区的绿地属于全体业主共有。除外的是:(1)属于城镇公共绿地的除外,城镇公共绿地属于国家,不能归属于全体业主或者个别业主。(2)明示属于个人的除外,以下两项绿地属于明示属于个人:连排别墅业主的屋前屋后的绿地,明示属于个人的,归个人所有或者专有使用;独栋别墅院内的绿地,明示属于个人,归个人所有或者专有使用。至于普通住宅的一层业主的窗前绿地的权属问题,开发商把窗前绿地赠送给一层业主,实际上等于把绿地这一部分共有的建设用地使用权和草坪的所有权都给了一层业主。如果没有解决土地使用权和绿地所有权的权属,这样做不妥。如果在规划中就确定一层业主窗前绿地属于一层业主,并且对土地使用权和绿地所有权的权属有明确约定,缴纳必要费用,不存在侵害全体业主共有权的,可以确认窗前绿地为"明示属于个人",不属于共有部分。

其他公共场所属于确定的共有部分,不得归属于开发商所有。相对于会所以外的,为全体业主使用的广场、舞厅、图书室、棋牌室等,属于其他公共场所。而园林属于绿地,走廊、门庭、大堂等则属于建筑物的构成部分,本来就是共有部分,不会出现争议,不必专门规定。

公用设施是指小区内的健身设施、消防设施，属于共有部分，不存在例外。

现代住宅建筑物的物业管理是必要的，故建设住宅建筑物必须建设物业服务用房。物业服务用房属于业主共有，不得另行约定。

案例 1. 长城宽带网络服务有限公司江苏分公司诉中国铁通集团有限公司南京分公司恢复原状纠纷案（《最高人民法院公报》2019年第12期）

裁判规则：小区内的通信管道在小区交付后属于全体业主共有。通信运营公司与小区房地产开发公司签订的小区内通信管线等通信设施由通信运营公司享有专有使用权的条款，侵犯了业主的共有权，侵犯了业主选择电信服务的自由选择权，应属无效。

2. 宜兴市新街街道海德名园业主委员会诉宜兴市恒兴置业有限公司、南京紫竹物业管理股份有限公司宜兴分公司物权确认纠纷、财产损害赔偿纠纷案（《最高人民法院公报》2018年第11期）

裁判规则：开发商与小区业主对开发商在小区内建造的房屋发生权属争议时，应由开发商承担举证责任。如开发商无充分证据证明该房屋系其所有，且其已将该房屋建设成本分摊到出售给业主的商品房中，则该房屋应当属于小区全体业主所有。开发商在没有明确取得业主同意的情况下，自行占有使用该房屋，不能视为业主默示同意由开发商无偿使用，应认定开发商构成侵权。业主参照自该房屋应当移交时起的使用费向开发商主张赔偿责任的，人民法院应予支持。

3. 青岛中南物业管理有限公司南京分公司诉徐某太、陆某侠物业管理合同纠纷案（《最高人民法院公报》2007年第9期）

裁判规则：一、业主与所在小区的物业管理公司签订物业管理服务协议后，即与物业管理公司之间建立了物业管理服务合同关系。物业管理公司作为提供物业管理服务的合同一方当事人，有义务依约进行物业管理，要求业主遵守业主公约及小区物业管理规定，有权对于违反业主公约及物业管理规定的行为加以纠正，以维护小区正常的物业管理秩序，维护小区全体业主的共同利益。当业主不按照整改要求纠正违反业主公约和物业管理规定的行为时，物业管理公司作为合同一方当事人，有权依法提起诉讼。

二、对于与业主所购房屋毗邻庭院绿地的权属问题，不能仅仅依据房地产开发商的售楼人员曾向业主口头承诺"买一楼房屋送花园"，以及该庭院绿地实际为业主占有、使用的事实，即认定业主对该庭院绿地享有独占使用权。该庭院绿地作为不动产，其使用权的归属必须根据房屋买卖双方正式签订的商品房买卖协议及物权登记情况加以确定。

三、业主不得违反业主公约及物业管理规定，基于个人利益擅自破坏、改造与其房屋毗邻的庭院绿地。即使业主对于该庭院绿地具有独占使用权，如果该庭院绿地属于小区绿地的组成部分，业主在使用该庭院绿地时亦应遵守业主公约、物业管理规定关于小区绿地的管理规定，不得擅自破坏该庭院绿地，损害小区其他业主的合法权益。

链接《物业管理条例》第37条；《最高人民法院关于审理建筑物区分所有权纠纷案件适用法律若干问题的解释》第3条

第二百七十五条 【车位、车库的归属规则】 建筑区划内，规划用于停放汽车的车位、车库的归属，由当事人通过出售、附赠或者出租等方式约定。

占用业主共有的道路或者其他场地用于停放汽车的车位，属于业主共有。

注释 建筑区划内，规划用于停放汽车的车位和车库的权属应当依据合同确定。通过出售和附赠取得车库车位的，所有权归属于业主；车库车位出租的，所有权归属于开发商，业主享有使用权。确定出售和附赠车位、车库的所有权属于业主的，车库车位的所有权和土地使用权也应当进行物权登记，在转移专有权时，车库车位的所有权和土地使用权并不必然跟随建筑物的权属一并转移，须单独进行转让或者不转让。

占用业主共有道路或者其他场地建立的车位，属于全体业主共有。至于如何使用，确定的办法是：(1)应当留出适当部分作为访客车位；(2)其余部分不能随意使用，应当建立业主的专有使用权，或者进行租赁，均须交付费用，而不是随意由业主使用，保持业主对车位利益的均衡；(3)属于共有的车位取得的收益，除管理费外，归属于全体业主，由业主大会或业主委员会决定，将其归并于公共维修基金或者按照面积分给全体业主。

链接《最高人民法院关于审理建筑物区分所有权纠纷案件适用法律若干问题的解释》第6条

第二百七十六条 【车位、车库优先满足业主需求】建筑区划内,规划用于停放汽车的车位、车库应当首先满足业主的需要。

注释 车库、车位只有在业主的需求解决之后,才可以向外出售或者出租。这是从实际情况出发规定的内容,有利于纠纷的解决和预防。何谓首先满足业主的需要,司法实践经验是,建设单位按照配置比例将车位、车库,以出售、附赠或者出租等方式处分给业主的,应当认定其符合"应当首先满足业主的需要"的规定;反之,超出配置比例处分给业主的,就是没有首先满足业主需要。此处的配置比例是指规划确定的建筑区划内用于停放汽车的车位、车库与房屋套数的比例。至于没有首先满足业主需要的应当如何处理,受到损害的业主有权向人民法院起诉,对于超出配置比例处分给业主车库、车位的行为,应当认定为无效。

链接《最高人民法院关于审理建筑物区分所有权纠纷案件适用法律若干问题的解释》第5条

第二百七十七条 【设立业主大会和选举业主委员会】业主可以设立业主大会,选举业主委员会。业主大会、业主委员会成立的具体条件和程序,依照法律、法规的规定。

地方人民政府有关部门、居民委员会应当对设立业主大会和选举业主委员会给予指导和协助。

注释 **业主大会**

业主大会是业主的自治组织,是基于业主对建筑物区分所有权的行使产生的,由全体业主组成,是建筑区划内建筑物及其附属设施的管理机构。业主大会的职责是:对外,代表该建筑物的全体业主,其性质为非法人组织性质的管理团体,代表全体所有人为民事法律行为和诉讼行为,具有非法人组织的功能;对内,对建筑物的管理工作作出决策,对共同事务进行决议,如制定管理规约,选任、解任管理人,共有部分的变更,建筑物部分毁损的修建等。业主大会应当定期召开,每年至少召开一次至两次。

业主委员会

业主委员会是业主大会的执行机构,由业主大会选举产生,执行业主大会的决议,履行下列职责:(1)召集业主大会会议,报告物业管理的实施情况;(2)代表业主与业主大会选聘的物业管理企业签订物业服务合同;(3)及时了解业主、物业使用人的意见和建议,监督和协助物业管理企业履行物业服务合同;(4)监督管理规约的实施;(5)业主大会赋予的其他职责。

链接《物业管理条例》第8—20条

第二百七十八条 【由业主共同决定的事项以及表决规则】下列事项由业主共同决定:

(一)制定和修改业主大会议事规则;

(二)制定和修改管理规约;

(三)选举业主委员会或者更换业主委员会成员;

(四)选聘和解聘物业服务企业或者其他管理人;

(五)使用建筑物及其附属设施的维修资金;

(六)筹集建筑物及其附属设施的维修资金;

(七)改建、重建建筑物及其附属设施;

(八)改变共有部分的用途或者利用共有部分从事经营活动;

(九)有关共有和共同管理权利的其他重大事项。

业主共同决定事项,应当由专有部分面积占比三分之二以上的业主且人数占比三分之二以上的业主参与表决。决定前款第六项至第八项规定的事项,应当经参与表决专有部分面积四分之三以上的业主且参与表决人数四分之三以上的业主同意。决定前款其他事项,应当经参与表决专有部分面积过半数的业主且参与表决人数过半数的业主同意。

注释 处分共有部分,以及业主大会依法决定或者管理规约依法确定应由业主共同决定的事项,应当认定为本条规定的有关共有和共同管理权利的"其他重大事项"。

本条规定中的专有部分面积,可以按照不动产登记簿记载的面积计算;尚未进行物权登记的,暂按测绘机构的实测面积计算;尚未进行实测的,暂按房屋买卖合同记载的面积计算。本条规定中的业主人数,可以按照专有部分的数量计算,一个专有部分按一人计算。但建设单位尚未出售和虽已出售但尚未交付的部分,以及同一买受人拥有一个以上专有部分的,按一人计算。

链接《最高人民法院关于审理建筑物区分所有权纠纷案件适用法律若干问题的解释》第7—9条

第二百七十九条 【业主将住宅转变为经营性用房应当遵循的规则】业主不得违反法律、法规以及管理规约,将住宅改变为经营性用房。业主将住宅改变为经营性用房的,除遵守法律、法规以及管理规约外,应当经有利害关系的业主一致同意。

注释 业主负有维护住宅建筑物现状的义务,其中包括不得将住宅改变为经营性用房。如果业主要将住宅改变为经营性用房,除了应当遵守法律、法规以及管理规约外,还应当经过有利害关系的业主的一致同意,有利害关系的业主只要有一人不同意,就不得改变住宅用房的用途。有利害关系的业主,应当根据改变为经营性用房用途的不同,影响范围和影响程度的不同,具体分析确定。具体而言,业主将住宅改变为经营性用房,本栋建筑物内的其他业主,应当认定为本条所称"有利害关系的业主"。建筑区划内,本栋建筑物之外的业主,主张与自己有利害关系的,应证明其房屋价值、生活质量受到或者可能受到不利影响。

业主将住宅改变为经营性用房,未依据本条的规定经有利害关系的业主一致同意,有利害关系的业主请求排除妨害、消除危险、恢复原状或者赔偿损失的,人民法院应予支持。将住宅改变为经营性用房的业主以多数有利害关系的业主同意其行为进行抗辩的,人民法院不予支持。

案例 张某诉郑某伟、中国联合网络通信有限公司武汉市分公司建筑物区分所有权纠纷案(《最高人民法院公报》2014 年第 11 期)

裁判规则:在审理建筑物区分所有权案件时,即使业主对房屋的使用没有给其他区分所有权人造成噪音、污水、异味等影响,只要房屋的用途发生改变,由专供个人、家庭日常生活居住使用改变为用于商业、工业、旅游、办公等经营性活动,即可认定该行为影响了业主的安宁生活,属于将住宅改变为经营性用房,应依照《物权法》第七十七条关于业主改变住宅用途的规定处理。

房屋使用人将住宅改变为经营性用房的,应承担与业主相同的法定义务,除遵守法律、法规和管理规约外,还应当经有利害关系的业主同意。

链接《最高人民法院关于审理建筑物区分所有权纠纷案件适用法律若干问题的解释》第 10、11 条

第二百八十条 【业主大会、业主委员会决定的效力】业主大会或者业主委员会的决定,对业主具有法律约束力。

业主大会或者业主委员会作出的决定侵害业主合法权益的,受侵害的业主可以请求人民法院予以撤销。

注释 对业主具有约束力的业主大会或者业主委员会的决定,必须是依法设立的业主大会、业主委员会作出的,必须是业主大会、业主委员会依据法定程序作出的,必须是符合法律、法规及规章,不违背社会道德,不损害国家、公共利益和他人利益的决定。上述三点必须同时具备,否则业主大会、业主委员会的决定对业主没有约束力。

本条第二款赋予了业主请求人民法院撤销业主大会或者业主委员会作出的不当决定的权利。业主以业主大会或者业主委员会作出的决定侵害其合法权益或者违反了法律规定的程序为由,依据本条第二款的规定请求人民法院撤销该决定的,应当在知道或者应当知道业主大会或者业主委员会作出决定之日起一年内行使。

链接《物业管理条例》第 12、19 条;《最高人民法院关于审理建筑物区分所有权纠纷案件适用法律若干问题的解释》第 12、13 条

第二百八十一条 【建筑物及其附属设施维修资金的归属和处分】建筑物及其附属设施的维修资金,属于业主共有。经业主共同决定,可以用于电梯、屋顶、外墙、无障碍设施等共有部分的维修、更新和改造。建筑物及其附属设施的维修资金的筹集、使用情况应当定期公布。

紧急情况下需要维修建筑物及其附属设施的,业主大会或者业主委员会可以依法申请使用建筑物及其附属设施的维修资金。

注释 建筑物及其附属设施的维修资金属于业主所有,专项用于物业保修期满后物业共用部位、共用设施设备的维修和更新、改造,不得挪作他用。维修资金的使用方法是:(1)经业主共同决定,可以用于电梯、屋顶、外墙、无障碍设施等共有部分的维修、更新和改造。(2)紧急情况下需要维修建筑物及其附属设施的,业主大会或者业主委员会可以依法申请使用维修资金。(3)维修资金的筹集、使用情况,应当向全体业主定期公布,增加透明度,便于监督管理。

案例 夏某鹏等人诉上海市闸北区精文城市家园小区业主委员会业主知情权纠纷案(《最高人民法院公报》2011 年第 10 期)

裁判规则:业主知情权是指业主了解建筑区划内涉及业主共有权以及共同管理权相关事项的

权利。根据最高人民法院《关于审理建筑物区分所有权纠纷案件具体应用法律若干问题的解释》第十三条的规定,业主请求公布、查阅建筑物及其附属设施的维修基金使用、业委会的决定及会议记录、共有部分的收益、物业服务合同等情况和资料的,人民法院应予支持。司法解释对于业主知情权的范围作出了明确的规定,业主以合理的方式行使知情权,应当受到法律保护。

链接《物业管理条例》第53、54、60条;《最高人民法院关于审理建筑物区分所有权纠纷案件适用法律若干问题的解释》第13条

第二百八十二条 【业主共有部分产生收入的归属】建设单位、物业服务企业或者其他管理人等利用业主的共有部分产生的收入,在扣除合理成本之后,属于业主共有。

注释 本条是民法典新增的条文,是关于建筑物共有部分产生收益的归属的规定。区分所有建筑物的共有部分属于业主共有,如果共有部分发生收益,应当归属于全体业主所有。物业服务机构将这些收益作为自己的经营收益,侵害全体业主的权利的,构成侵权行为。

处置这些共有部分发生收益的办法是:(1)应当扣除物业服务企业合理的管理成本,这是应当负担的部分,不应当由物业服务企业自己负担。(2)应当给物业服务企业必要的利润。物业服务企业也是经营者,为经营业主的共有部分获得收益付出了代价,应当有一定的回报,但应当实事求是。(3)其余部分,归属于全体业主共有。至于如何处置,应当由业主大会决定。如果业主大会决议归属于公共维修资金,应当归入公共维修资金;如果业主大会决议分给全体业主个人享有,应当按照每一个业主专有部分的建筑面积比例分配。

链接《物业管理条例》第54、63条

第二百八十三条 【建筑物及其附属设施的费用分摊和收益分配确定规则】建筑物及其附属设施的费用分摊、收益分配等事项,有约定的,按照约定;没有约定或者约定不明确的,按照业主专有部分面积所占比例确定。

第二百八十四条 【建筑物及其附属设施的管理】业主可以自行管理建筑物及其附属设施,也可以委托物业服务企业或者其他管理人管理。

对建设单位聘请的物业服务企业或者其他管理人,业主有权依法更换。

注释 在业主、业主大会选聘物业服务企业之前,建设单位选聘物业服务企业的,应当签订书面的前期物业服务合同。建设单位与物业买受人签订的买卖合同应当包含前期物业服务合同约定的内容。前期物业服务合同可以约定期限;但是,期限未满、业主委员会与物业服务企业签订的物业服务合同生效的,前期物业服务合同终止。

链接《物业管理条例》第2、32—36条

第二百八十五条 【物业服务企业或其他接受业主委托的管理人的管理义务】物业服务企业或者其他管理人根据业主的委托,依照本法第三编有关物业服务合同的规定管理建筑区划内的建筑物及其附属设施,接受业主的监督,并及时答复业主对物业服务情况提出的询问。

物业服务企业或者其他管理人应当执行政府依法实施的应急处置措施和其他管理措施,积极配合开展相关工作。

注释 业主委员会应当与业主大会选聘的物业服务企业订立书面的物业服务合同。物业服务合同应当对物业管理事项、服务质量、服务费用、双方的权利义务、专项维修资金的管理与使用、物业管理用房、合同期限、违约责任等内容进行约定。物业服务企业应当按照物业服务合同的约定,提供相应的服务。物业服务企业未能履行物业服务合同的约定,导致业主人身、财产安全受到损害的,应当依法承担相应的法律责任。

本条第二款为民法典新增内容,规定了物业服务企业或其他管理人对政府依法实施的应急处置措施和其他管理措施的积极配合义务。

链接《民法典》第937—950条;《最高人民法院关于审理建筑物区分所有权纠纷案件适用法律若干问题的解释》

第二百八十六条 【业主守法义务和业主大会与业主委员会职责】业主应当遵守法律、法规以及管理规约,相关行为应当符合节约资源、保护生态环境的要求。对于物业服务企业或者其他管理人执行政府依法实施的应急处置措施和其他管理措施,业主应当依法予以配合。

业主大会或者业主委员会,对任意弃置垃圾、排放污染物或者噪声、违反规定饲养动物、违章搭建、侵占通道、拒付物业费等损害他人合法权益的行为,有权依照法律、法规以及管理规约,请求行为人停止侵害、排除妨碍、消除危险、恢复原状、赔

偿损失。

业主或者其他行为人拒不履行相关义务的，有关当事人可以向有关行政主管部门报告或者投诉，有关行政主管部门应当依法处理。

注释 业主守法义务，除了遵守法律、行政法规之外，还要遵守管理规约的规定，相关行为应当符合节约资源、保护生态环境的要求。对物业服务企业或其他管理人执行政府实施的应急处置和其他管理措施，业主也应积极予以配合。管理规约是业主大会制定的区分所有建筑物管理的自治规则，内容是业主为了增进共同利益，确保良好的生活环境，经业主大会决议的共同遵守事项。管理规约的订立、变更或废止，都必须经过业主大会决议，经参与表决专有部分面积过半数的业主且参与表决人数过半数的业主同意。

业主或者其他行为人违反法律、法规、国家相关强制性标准、管理规约，或者违反业主大会、业主委员会依法作出的决定，实施下列行为的，可以认定为本条第二款所称的其他"损害他人合法权益的行为"：(1)损害房屋承重结构，损害或者违章使用电力、燃气、消防设施，在建筑物内放置危险、放射性物品等危及建筑物安全或者妨碍建筑物正常使用；(2)违反规定破坏、改变建筑物外墙面的形状、颜色等损害建筑物外观；(3)违反规定进行房屋装饰装修；(4)违章加建、改建，侵占、挖掘公共通道、道路、场地或者其他共有部分。

链接《物业管理条例》第17、45、50条；《最高人民法院关于审理建筑物区分所有权纠纷案件适用法律若干问题的解释》第15条

第二百八十七条 【业主请求权】业主对建设单位、物业服务企业或者其他管理人以及其他业主侵害自己合法权益的行为，有权请求其承担民事责任。

注释 本条赋予业主以请求权，业主对建设单位、物业服务企业或者其他管理人以及其他业主侵害自己合法权益的行为，有权请求其承担民事责任，维护自己的合法权益。业主行使该请求权，可以直接向建设单位、物业服务企业和其他管理人请求，可以向有关行政主管部门投诉，也可以向人民法院起诉，由人民法院判决。

链接《最高人民法院关于审理物业服务纠纷案件适用法律若干问题的解释》

第七章 相邻关系

第二百八十八条 【处理相邻关系的原则】不动产的相邻权利人应当按照有利生产、方便生活、团结互助、公平合理的原则，正确处理相邻关系。

注释 **相邻关系**

相邻关系，是指不动产的相邻各方在行使所有权或其他物权时，因相互间应当给予方便或接受限制而发生的权利义务关系。相邻权利义务关系也可以从权利的角度称其为相邻权。

相邻关系是法定的：不动产权利人对相邻不动产权利人有避免妨害的注意义务；不动产权利人在非使用邻地就不能对自己的不动产进行正常使用时，有权在对邻地损害最小的范围内使用邻地，邻地权利人不能阻拦。

相邻权利人

本条中规定的相邻权利人的范围，既包括相邻不动产的所有权人，也包括相邻不动产的用益物权人和占有人。

第二百八十九条 【处理相邻关系的依据】法律、法规对处理相邻关系有规定的，依照其规定；法律、法规没有规定的，可以按照当地习惯。

注释 处理相邻关系，首先是依照法律、法规的规定。当没有法律和行政法规的规定时，可以适用习惯作为处理相邻关系的依据。习惯，是指在长期的社会实践中逐渐形成的，被人们公认的行为准则，具有普遍性和认同性，一经国家认可，就具有法律效力，成为调整社会关系的行为规范。民间习惯虽然没有上升为法律，但它之所以存在，被人们普遍接受和遵从，有其社会根源、思想根源、文化根源和经济根源，只要不违反法律的规定和公序良俗，人民法院在规范民事裁判尺度时就应当遵从。

链接《民法典》第10条

第二百九十条 【相邻用水、排水、流水关系】不动产权利人应当为相邻权利人用水、排水提供必要的便利。

对自然流水的利用，应当在不动产的相邻权利人之间合理分配。对自然流水的排放，应当尊重自然流向。

注释 关于生产、生活用水的排放，相邻一方必须使用另一方的土地排水的，应当予以准许；但应在必要限度内使用并采取适当的保护措施排水，如

仍造成损失的,由受益人合理补偿。相邻一方可以采取其他合理的措施排水而未采取,向他方土地排水毁损或者可能毁损他方财产,他方要求致害人停止侵害、消除危险、恢复原状、赔偿损失的,应当予以支持。

第二百九十一条 【相邻关系中的通行权】不动产权利人对相邻权利人因通行等必须利用其土地的,应当提供必要的便利。

注释 一方必须在相邻一方使用的土地上通行的,应当予以准许;因此造成损失的,应当给予适当补偿。

对于一方所有的或者使用的建筑物范围内历史形成的必经通道,所有权人或者使用权人不得堵塞。因堵塞影响他人生产、生活,他人要求排除妨碍或者恢复原状的,应当予以支持。但有条件另开通道的,可以另开通道。

案例 居某炎诉王某炎相邻通行权纠纷案(《最高人民法院公报》2013 年第 3 期)

裁判规则:一、买卖合同中,买受人取得的只能是出卖人有处分权的标的物或权利。如果出卖人无权处分,即使买卖双方在合同中进行了约定,买受人也无法通过该买卖合同而取得相应的权属。

二、出卖人出卖不动产时,其基于相邻关系而在他人不动产上享有的通行等权利不应成为转让标的。即使双方在买卖合同中对该通行权进行了所谓的约定,对第三人也不具有约束力。买受人享有的通行权权源基础同样是相邻关系,而并非买卖合同的约定。当客观情况发生变化,买受人不再符合相邻关系要件时,第三人得拒绝买受人的通行要求,买受人无权以买卖合同中关于通行权的约定约束第三人。

第二百九十二条 【相邻土地的利用】不动产权利人因建造、修缮建筑物以及铺设电线、电缆、水管、暖气和燃气管线等必须利用相邻土地、建筑物的,该土地、建筑物的权利人应当提供必要的便利。

注释 相邻一方因施工临时占用另一方土地的,占用的一方如未按照双方约定的范围、用途和期限使用的,应当责令其及时清理现场,排除妨碍,恢复原状,赔偿损失。

在邻地上安设管线。从建筑工程学角度上讲,土地权利人非经过邻人的土地而不能安设电线、水管、煤气管等管线,而此等管线又为土地权利人所必需,该土地权利人有权通过邻人土地的上下安设,但应选择损害最小的处所及方法安设,仍有损害的,应支付赔偿金。

第二百九十三条 【相邻建筑物通风、采光、日照】建造建筑物,不得违反国家有关工程建设标准,不得妨碍相邻建筑物的通风、采光和日照。

第二百九十四条 【相邻不动产之间不得排放、施放污染物】不动产权利人不得违反国家规定弃置固体废物,排放大气污染物、水污染物、土壤污染物、噪声、光辐射、电磁辐射等有害物质。

第二百九十五条 【维护相邻不动产安全】不动产权利人挖掘土地、建造建筑物、铺设管线以及安装设备等,不得危及相邻不动产的安全。

第二百九十六条 【相邻权的限度】不动产权利人因用水、排水、通行、铺设管线等利用相邻不动产的,应当尽量避免对相邻的不动产权利人造成损害。

注释 不动产权利人因用水、排水、通行、铺设管线等利用相邻不动产的,应当遵守约定,负有尽量避免对相邻不动产权利人造成损害的义务。对于没有造成损害的,相邻方应当容忍,一般不应要求不动产权利人给付费用。

相邻方违反相邻关系造成对方损害的救济方法,本条没有规定,主要有以下几种:

(1)依据约定进行救济。双方当事人之间事先存在合同约定,或者在区分所有建筑物的业主管理规约有明确规定的,应当按照合同的约定或者管理规约的规定,处理双方的争议。没有按照约定或者管理规约的规定处理相邻纠纷的,违约一方应当承担责任。

(2)强制拆除。对于相邻方建设的建筑物或者其他设施妨害对方权利行使,对方提出强制拆除的,应当予以准许,对妨害相邻关系的建筑物或者其他设施予以强制拆除。

(3)适当补偿。相邻一方给相邻另一方的不动产权利行使提供方便,对自己的权利行使造成妨害的,提供方便的一方可以请求予以适当补偿。对方应当根据实际情况,对造成妨害的对方予以适当补偿。

(4)合理损失赔偿原则。利用相邻方的不动产,对相邻方造成损害的,都应当对实际造成的损失承担赔偿责任。相邻关系的赔偿责任不以过错为要件,只要造成了损害就应当承担赔偿责任。

第八章　共　有

第二百九十七条　【共有及其形式】不动产或者动产可以由两个以上组织、个人共有。共有包括按份共有和共同共有。

注释　共有权的概念

共有权，是指两个以上的民事主体对同一项财产共同享有的所有权。其特征是：(1)共有权的主体具有非单一性，须由两个或两个以上的自然人、法人或非法人组织构成。(2)共有物的所有权具有单一性，共有权的客体即共有物是同一项财产，共有权是一个所有权。(3)共有权的内容具有双重性，包括所有权具有的与非所有权人构成的对世性的权利义务关系，以及内部共有人之间的权利义务关系。(4)共有权具有意志或目的的共同性，基于共同的生活、生产和经营目的，或者基于共同的意志发生共有关系。

共有权的类型

共有权包括的类型有：(1)按份共有，即对同一项财产，数个所有人按照既定的份额，享有权利，负担义务。(2)共同共有，即对同一项财产，数个所有人不分份额地享有权利、承担义务。(3)准共有，即共有的权利不是所有权，而是所有权之外的他物权和知识产权。

第二百九十八条　【按份共有】按份共有人对共有的不动产或者动产按照其份额享有所有权。

注释　按份共有的概念

按份共有，又称分别共有，指数人按应有份额(部分)对共有物共同享有权利和分担义务的共有。

按份共有的特征

按份共有的法律特征有：第一，各个共有人对共有物按份额享有不同的权利。各个共有人的份额又称为应有份额，其数额一般由共有人事先约定，或按出资比例决定。如果各个共有人应有部分不明确，则应推定为均等。第二，各共有人对共有财产享有权利和承担义务是根据其不同的份额确定的。份额不同，各个共有人对共同财产的权利和义务各不相同。第三，各个共有人的权利不是局限于共有财产某一具体部分，或就某一具体部分单独享有所有权，而是及于财产的全部。

第二百九十九条　【共同共有】共同共有人对共有的不动产或者动产共同享有所有权。

注释　共同共有的概念

共同共有是指两个或两个以上的民事主体，根据某种共同关系而对某项财产不分份额地共同享有权利并承担义务。

共同共有的特征

共同共有的特征是：第一，共同共有根据共同关系而产生，以共同关系的存在为前提，例如夫妻关系、家庭关系。第二，在共同共有关系存续期间内，共有财产不分份额，这是共同共有与按份共有的主要区别。第三，在共同共有中，各共有人平等地对共有物享有权利和承担义务，共同共有人的权利及于整个共有财产，行使全部共有权。第四，共同共有人对共有物享有连带权利，承担连带义务。基于共有物而设定的权利，每个共同共有人都是权利人，该权利为连带权利；基于共有关系而发生的债务，亦为连带债务，每个共同共有人都是连带债务人；基于共有关系发生的民事责任，为连带民事责任，每个共有人都是连带责任人。

第三百条　【共有物的管理】共有人按照约定管理共有的不动产或者动产；没有约定或者约定不明确的，各共有人都有管理的权利和义务。

第三百零一条　【共有人对共有财产重大事项的表决权规则】处分共有的不动产或者动产以及对共有的不动产或者动产作重大修缮、变更性质或者用途的，应当经占份额三分之二以上的按份共有人或者全体共同共有人同意，但是共有人之间另有约定的除外。

注释 本条对原《物权法》第九十七条进行了修改，增加规定对共有的不动产或者动产变更性质或者用途的，亦应当经占份额三分之二以上的按份共有人或者全体共同共有人同意。

第三百零二条　【共有物管理费用的分担规则】共有人对共有物的管理费用以及其他负担，有约定的，按照其约定；没有约定或者约定不明确的，按份共有人按照其份额负担，共同共有人共同负担。

注释 共有财产的管理费用，是指因保存、改良或者利用共有财产的行为所支付的费用。管理费用也包括其他负担，如因共有物致害他人所应支付的损害赔偿金。

对管理费用的负担规则是：(1)对共有物的管理费用以及其他负担，有约定的，按照约定处理；

(2)没有约定或者约定不明确的,按份共有人按照其份额负担,共同共有人共同负担。(3)共有人中的一人支付管理费用,该费用是必要管理费用的,其超过应有份额所应分担的额外部分,对其他共有人可以按其各应分担的份额请求偿还。

第三百零三条 【共有物的分割规则】共有人约定不得分割共有的不动产或者动产,以维持共有关系的,应当按照约定,但是共有人有重大理由需要分割的,可以请求分割;没有约定或者约定不明确的,按份共有人可以随时请求分割,共同共有人在共有的基础丧失或者有重大理由需要分割时可以请求分割。因分割造成其他共有人损害的,应当给予赔偿。

注释 在共有关系存续期间,共有人负有维持共有状态的义务。分割共有财产的规则是:

(1)约定不得分割共有财产的,不得分割。共有人约定不得分割共有的不动产或者动产以维持共有关系的,应当按照约定,维持共有关系,不得请求分割共有财产,消灭共有关系。共同共有的共有关系存续期间,原则上不得分割。

(2)有不得分割约定,但有重大理由需要分割共有财产的。共有人虽有不得分割共有的不动产或者动产以维持共有关系的协议,但有重大理由需要分割的,可以请求分割。至于请求分割的共有人究竟是一人、数人或者全体,则不问。共有人全体请求分割共有财产的,则为消灭共有关系的当事人一致意见,可以分割。

(3)没有约定或者约定不明确的,按份共有的共有人可以随时请求分割;共同共有的共有人在共有的基础丧失或者有重大理由需要分割时,也可以请求分割。

(4)造成损害的赔偿。不论是否约定保持共有关系,共有人提出对共有财产请求分割,在分割共有财产时对其他共有人造成损害的,应当给予赔偿。

第三百零四条 【共有物分割的方式】共有人可以协商确定分割方式。达不成协议,共有的不动产或者动产可以分割且不会因分割减损价值的,应当对实物予以分割;难以分割或者因分割会减损价值的,应当对折价或者拍卖、变卖取得的价款予以分割。

共有人分割所得的不动产或者动产有瑕疵的,其他共有人应当分担损失。

注释 **分割方式**

(1)实物分割。在不影响共有物的使用价值和特定用途时,可以对共有物进行实物分割。(2)变价分割。如果共有物无法进行实物分割,或实物分割将减损物的使用价值或者改变物的特定用途时,例如甲乙共有一头牛或者一辆汽车,应当将共有物进行拍卖或者变卖,对所得价款进行分割。(3)折价分割。折价分割方式主要存在于以下情形,即对于不可分割的共有物或者分割将减损其价值的,如果共有人中的一人愿意取得共有物,可以由该共有人取得共有物,并由该共有人向其他共有人折价赔偿。

瑕疵担保责任

瑕疵担保责任,包括权利的瑕疵担保责任和物的瑕疵担保责任。前者指共有人应担保第三人就其他共有人分得之物不得主张任何权利;后者指共有人对其他共有人应担保其分得部分于分割前未隐含物上瑕疵。

第三百零五条 【按份共有人的优先购买权】按份共有人可以转让其享有的共有的不动产或者动产份额。其他共有人在同等条件下享有优先购买的权利。

注释 **共有份额转让权**

在一般情况下,按份共有人转让其享有的共有份额,无需得到其他共有人同意,但不得侵害其他共有人的利益,并受法律的限制。法律有特别规定的,共有人处分其份额应遵守法律的规定。

优先购买权

这里的"同等条件"是指,其他共有人就购买该份额所给出的价格等条件与欲购买该份额的非共有人相同。同等条件应当综合共有份额的转让价格、价款履行方式及期限等因素确定。值得注意的是,优先购买权是共有人相对于非共有人而言的,在共有人之间并无优先的问题,当数个共有人均欲行使其优先购买权时,应协商确定各自的购买比例。

链接《物权编解释(一)》第9—13条

第三百零六条 【按份共有人行使优先购买权的规则】按份共有人转让其享有的共有的不动产或者动产份额的,应当将转让条件及时通知其他共有人。其他共有人应当在合理期限内行使优先购买权。

两个以上其他共有人主张行使优先购买权

的，协商确定各自的购买比例；协商不成的，按照转让时各自的共有份额比例行使优先购买权。

注释 本条为民法典新增条款，是对行使优先购买权方法的规定。按份共有人转让其享有的共有的不动产或者动产份额的，应当将转让条件及时通知其他共有人。优先购买权的行使期间，按份共有人之间有约定的，按照约定处理；没有约定或者约定不明的，按照下列情形确定：

(1)转让人向其他按份共有人发出的包含同等条件内容的通知中载明行使期间的，以该期间为准；(2)通知中未载明行使期间，或者载明的期间短于通知送达之日起十五日的，为十五日；(3)转让人未通知的，为其他按份共有人知道或者应当知道最终确定的同等条件之日起十五日；(4)转让人未通知，且无法确定其他按份共有人知道或者应当知道最终确定的同等条件的，为共有份额权属转移之日起六个月。

链接《物权编解释(一)》第11、14条

第三百零七条 【因共有产生的债权债务承担规则】因共有的不动产或者动产产生的债权债务，在对外关系上，共有人享有连带债权、承担连带债务，但是法律另有规定或者第三人知道共有人不具有连带债权债务关系的除外；在共有人内部关系上，除共有人另有约定外，按份共有人按照份额享有债权、承担债务，共同共有人共同享有债权、承担债务。偿还债务超过自己应当承担份额的按份共有人，有权向其他共有人追偿。

注释 因共有财产产生的债权债务关系的对外效力

对外关系是指共有人与全体共有人之外的第三人之间的法律关系。关于对外效力，首先注意，对因共有财产产生的债权债务关系的对外效力不区分按份共有和共同共有，只要是因共有的不动产或者动产产生的债权债务，共有人对债权债务享有连带债权、承担连带债务。但法律另有规定或者第三人知道共有人不具有连带债权债务关系的除外。其次，连带的方法，是共有人享有连带债权时，任一共有人都可向第三人主张债权，共有人承担连带债务时，第三人可向任一共有人主张债权。

因共有财产产生的债权债务关系的对内效力

内部关系是指共有人之间的关系。关于对内效力，首先注意，除共有人另有约定外，因共有形式不同，共有人享有债权、承担债务的方式也不同。按份共有人按照份额享有权利、承担债务，共同共有人共同享有债权、承担债务。其次，只有按份共有人有权向其他共有人追偿，并且，行使该追偿权的前提是其偿还债务超过自己应当承担的份额。

第三百零八条 【共有关系不明时对共有关系性质的推定】共有人对共有的不动产或者动产没有约定为按份共有或者共同共有，或者约定不明确的，除共有人具有家庭关系等外，视为按份共有。

注释 共有人对共有的不动产或者动产没有约定为按份共有或者共同共有，或者约定不明确的，就是共有关系性质不明。在共有关系性质不明的情况下，确定的规则是，除共有人具有婚姻、家庭关系或者合伙关系之外，都视为按份共有，按照按份共有确定共有人的权利义务和对外关系。本条使用的是“视为”，如果共有人之一能够推翻“视为”的推定，则应当按照证据认定共有的性质。

第三百零九条 【按份共有人份额不明时份额的确定】按份共有人对共有的不动产或者动产享有的份额，没有约定或者约定不明确的，按照出资额确定；不能确定出资额的，视为等额享有。

第三百一十条 【准共有】两个以上组织、个人共同享有用益物权、担保物权的，参照适用本章的有关规定。

第九章 所有权取得的特别规定

第三百一十一条 【善意取得】无处分权人将不动产或者动产转让给受让人的，所有权人有权追回；除法律另有规定外，符合下列情形的，受让人取得该不动产或者动产的所有权：

(一)受让人受让该不动产或者动产时是善意；

(二)以合理的价格转让；

(三)转让的不动产或者动产依照法律规定应当登记的已经登记，不需要登记的已经交付给受让人。

受让人依据前款规定取得不动产或者动产的所有权的，原所有权人有权向无处分权人请求损害赔偿。

当事人善意取得其他物权的，参照适用前两款规定。

注释 **善意取得的概念**

善意取得,指受让人以财产所有权转移为目的,善意、对价受让且占有该财产,即使出让人无转移所有权的权利,受让人仍取得其所有权。善意取得既适用于动产,也可适用于不动产,既可适用于所有权的取得,也可适用于他物权的取得,特别是用益物权的善意取得。

善意取得的条件

善意取得的条件:第一,受让人需是善意的,不知出让人是无处分权人。第二,受让人支付了合理的价款。第三,受让人已经完成了取得物权的公示,即转让的财产应当登记的已经登记,不需要登记的已经交付给受让人。三项条件必须同时具备,否则不构成善意取得。

受让人受让不动产或者动产时,不知道转让人无处分权,且无重大过失的,应当认定受让人为善意。真实权利人主张受让人不构成善意的,应当承担举证证明责任。具有下列情形之一的,应当认定不动产受让人知道转让人无处分权:(1)登记簿上存在有效的异议登记;(2)预告登记有效期内,未经预告登记的权利人同意;(3)登记簿上已经记载司法机关或者行政机关依法裁定、决定查封或者以其他形式限制不动产权利的有关事项;(4)受让人知道登记簿上记载的权利主体错误;(5)受让人知道他人已经依法享有不动产物权。真实权利人有证据证明不动产受让人应当知道转让人无处分权的,应当认定受让人具有重大过失。

案例 刘某兵诉卢某成财产权属纠纷案(《最高人民法院公报》2008 年第 2 期)

裁判规则:善意取得是指无处分权人将不动产或者动产转让给受让人,受让人是善意的且付出合理的价格,依法取得该不动产或者动产的所有权。因此,善意取得应当符合以下三个条件:一、受让人受让该财产时是善意的;二、以合理的价格受让;三、受让的财产依照法律规定应当登记的已经登记,不需要登记的已经交付给受让人。

机动车虽然属于动产,但存在一些严格的管理措施使机动车不同于其他无需登记的动产。行为人未在二手机动车交易市场内交易取得他人合法所有的机动车,不能证明自己为善意并付出相应合理价格的,对其主张善意取得机动车所有权的请求,人民法院不予支持。

链接《物权编解释(一)》第 14—20 条

第三百一十二条 【遗失物的善意取得】所有权人或者其他权利人有权追回遗失物。该遗失物通过转让被他人占有的,权利人有权向无处分权人请求损害赔偿,或者自知道或者应当知道受让人之日起二年内向受让人请求返还原物;但是,受让人通过拍卖或者向具有经营资格的经营者购得该遗失物的,权利人请求返还原物时应当支付受让人所付的费用。权利人向受让人支付所付费用后,有权向无处分权人追偿。

注释 本条对遗失物的善意取得制度作出了规定。规则是:(1)所有权人或者其他权利人有权追回遗失物,这是一般性原则。(2)如果该遗失物通过转让被他人占有的,权利人可以选择,或者向无处分权人请求遗失物转让的损害赔偿,这是承认善意取得的效力,因而向无处分权人请求损害赔偿;或者自知道或者应当知道受让人之日起二年内向受让人请求返还原物,这是在行使物权请求权,但是受让人通过拍卖或者向具有经营资格的经营者购得该遗失物的,权利人请求返还原物时应当支付受让人所付的费用。(3)如果权利人取得了返还的遗失物,又向受让人支付了所付费用后,有权向无处分权人进行追偿。

第三百一十三条 【善意取得的动产上原有的权利负担消灭及其例外】善意受让人取得动产后,该动产上的原有权利消灭。但是,善意受让人在受让时知道或者应当知道该权利的除外。

第三百一十四条 【拾得遗失物的返还】拾得遗失物,应当返还权利人。拾得人应当及时通知权利人领取,或者送交公安等有关部门。

第三百一十五条 【有关部门收到遗失物的处理】有关部门收到遗失物,知道权利人的,应当及时通知其领取;不知道的,应当及时发布招领公告。

第三百一十六条 【遗失物的妥善保管义务】拾得人在遗失物送交有关部门前,有关部门在遗失物被领取前,应当妥善保管遗失物。因故意或者重大过失致使遗失物毁损、灭失的,应当承担民事责任。

第三百一十七条 【权利人领取遗失物时的费用支付义务】权利人领取遗失物时,应当向拾得人或者有关部门支付保管遗失物等支出的必要费用。

权利人悬赏寻找遗失物的,领取遗失物时应当按照承诺履行义务。

拾得人侵占遗失物的，无权请求保管遗失物等支出的费用，也无权请求权利人按照承诺履行义务。

第三百一十八条 【无人认领的遗失物的处理规则】遗失物自发布招领公告之日起一年内无人认领的，归国家所有。

注释 本条是对失物招领公告期限的规定。遗失物自发布招领公告之日起一年内无人认领的，归国家所有。对此，原《物权法》规定的是六个月，民法典物权编改为一年，更有利于保护遗失人的权利。

遗失物归国家所有的，属于原始取得。

第三百一十九条 【拾得漂流物、埋藏物或者隐藏物】拾得漂流物、发现埋藏物或者隐藏物的，参照适用拾得遗失物的有关规定。法律另有规定的，依照其规定。

注释 本条是对拾得漂流物、发现埋藏物或者隐藏物的规定。漂流物，是指在河流等水域漂流的无主物或者所有权人不明的物。埋藏物，是指藏附于土地中的物。隐藏物，是指隐匿于土地之外的其他包藏物中的物。

对于漂流物、埋藏物或者隐藏物的权属取得规则，本条规定适用拾得遗失物的规则处理。漂流物、埋藏物和隐藏物归还失主的，不发生原始取得；归国家所有的，属于原始取得。法律另有规定的，依照法律的规定确定。例如属于国家所有的资源，属于国家所有，他人不能取得。

第三百二十条 【从物随主物转让规则】主物转让的，从物随主物转让，但是当事人另有约定的除外。

注释 **主物**

主物是指独立存在，与同属于一人的他物结合在一起使用而起主要作用的物。

从物

从物是主物的对称，指独立存在，与同属于一人的他物合并使用而起辅助作用的物。

主物与从物的区分

主物和从物的关系及划分标准一般有如下几个方面：(1)主物和从物在物理意义上看是两个独立的物，而不是整体与部分的关系；(2)主物和从物结合在一起发挥作用，即必须有从物附着于主物的事实，并且从物对主物发挥辅助性的作用；(3)主物和从物必须具有可分性；(4)主物和从物应为同一人所有。

值得强调的是，当事人的约定可以排除"从物随主物转让"规则的适用。

链接《民法典》第631条

第三百二十一条 【孳息的归属】天然孳息，由所有权人取得；既有所有权人又有用益物权人的，由用益物权人取得。当事人另有约定的，按照其约定。

法定孳息，当事人有约定的，按照约定取得；没有约定或者约定不明确的，按照交易习惯取得。

注释 **天然孳息**

天然孳息，是指按照原物的自然规律而自然滋生和繁衍的新的独立的物。天然孳息的范围非常广，主要来源于种植业和养殖业，如耕作土地获得粮食和其他出产物，种植果树产生果实，养殖牲畜获得各种子畜和奶产品等。

法定孳息

法定孳息，是指物依据法律规定或当事人的法律行为而产生的孳息，如利息、租金等。法定孳息，当事人有约定的，应当按照约定取得；如果没有约定或者约定不明确的，按照交易习惯取得。交易习惯通常是，孳息在没有与原物分离以前，由原物所有权人享有，原物所有权转移后，孳息的所有权随之转移。

第三百二十二条 【添附】因加工、附合、混合而产生的物的归属，有约定的，按照约定；没有约定或者约定不明确的，依照法律规定；法律没有规定的，按照充分发挥物的效用以及保护无过错当事人的原则确定。因一方当事人的过错或者确定物的归属造成另一方当事人损害的，应当给予赔偿或者补偿。

注释 本条是民法典新增条文，是对添附的规定。

添附，是指不同所有权人的物被结合、混合在一起成为一个新物，或者利用别人之物加工成为新物的事实状态。把添附作为取得所有权的根据，原因在于添附发生后，要恢复各物的原状在事实上已不可能或者在经济上是不合理的，有必要使添附物归一方所有或各方共有，以解决双方的争执。

添附物的归属因添附情况的不同，分为三种类型：

(1)加工：是指一方使用他人的物，将其加工改造为具有更高价值的物。原物因为加工人的劳动而成为新物,如在他人的木板上作画。加工物的所有权归属,如果当事人有约定的依约定处理;无约定的,加工所增价值未超过原材料价值,则加工物归原材料所有权人;如果加工价值显然大于原物的价值,新物可以归加工人所有;如果加工价值与原材料价值相当,可由双方共有。除共有外,不论哪种情况,取得加工物所有权的一方应对对方的加工劳动或原材料的价值予以补偿。

(2)附合:是指不同所有权人的物密切结合在一起而成为一种新物。在附合的情况下,各原所有权人的物虽可识别,但非经拆毁不能恢复原来的状态。如砖、木的附合构建成房屋。附合物的所有权归属应区分两种情况:第一,当动产附合于不动产之上时,由不动产所有权人取得附合物的所有权,原动产所有权人则可取得与其原财产价值相当的补偿。第二,当动产与动产附合时,附合的动产有主从之别的,由主物的所有权人取得附合物的所有权,同时给对方以价值上的补偿。如无主从之别,则由各动产所有权人按其动产附合时的价值共有附合物。

(3)混合:是指不同所有权人的物互相结合在一起,难以分开并形成新的财产。如米与米的混合,酒与酒的混合。混合与附合不同,在混合的情况下,已无法识别原各所有权人的财产,而附合则原各所有权人的财产仍然能够识别。混合物一般应由原物价值量较大的一方取得所有权,给另一方以相当的补偿。如果原物价值量相差不多,也可由各方共有。

添附的所有权归属规则是:(1)因加工、附合、混合而产生的物的归属,有约定的按照约定;(2)没有约定或者约定不明确的,依照法律规定。(3)当事人没有约定,法律也没有规定的,按照充分发挥物的效用以及保护无过错当事人的原则确定。发挥物的效用原则,是指物归属于哪一方更能够发挥物的效用,就应归属于哪一方的规则。保护无过错当事人的原则,是指对于无过错一方当事人给予更好的保护。两个原则,应当首先考虑物的效用原则。(4)因一方当事人的过错或者确定物的归属给另一方当事人造成损失的,应当给予赔偿或者补偿。

案例 胡某云诉汤某勤、王某峰所有权确认纠纷案(《最高人民法院公报》2011年第12期)

裁判规则:房屋拆迁安置权益属房屋所有权的综合性权能,一般包括被拆房屋补偿款、搬迁费用、新建房屋补贴、新建房屋土地使用权等在内。应以被拆迁房屋的所有权权属决定拆迁安置权益的归属,共有人之间有权通过协议予以分割。

在他人享有使用权之土地上建造房屋而形成附合的,房屋所有权一般归属于土地使用权人。对实施房屋建造的非土地使用权人所进行的补偿不仅仅包括金钱给付,在特定身份关系下亦应包括居住使用权益。

第三分编　用益物权

第十章　一般规定

第三百二十三条　【用益物权的定义】用益物权人对他人所有的不动产或者动产,依法享有占有、使用和收益的权利。

注释 作为物权体系的重要组成部分,用益物权具备物权的一般特征,如以对物的实际占有为前提、以使用收益为目的,此外还有以下几个方面的特征:(1)用益物权是一种他物权,是在他人所有之物上设立一个新的物权。(2)用益物权是以使用和收益为内容的定限物权,目的就是对他人所有的不动产或动产的使用和收益。(3)用益物权为独立物权,一旦依当事人约定或法律直接规定设立,用益物权人便能独立地享有对标的物的使用和收益权,除了能有效地对抗第三人以外,也能对抗所有权人。

用益物权的基本内容,是对用益物权的标的物享有占有、使用和收益的权利,是通过直接支配他人之物而占有、使用和收益。这是从所有权的权能中分离出来的权能,表现的是对财产的利用关系。用益物权人享有用益物权,就可以占有用益物、使用用益物,对用益物直接支配并进行收益。

第三百二十四条　【国家和集体所有的自然资源的使用规则】国家所有或者国家所有由集体使用以及法律规定属于集体所有的自然资源,组织、个人依法可以占有、使用和收益。

第三百二十五条　【自然资源有偿使用制度】国家实行自然资源有偿使用制度,但是法律另有规定的除外。

第三百二十六条　【用益物权的行使规范】用益物权人行使权利,应当遵守法律有关保护和合理开发利用资源、保护生态环境的规定。所有权人不得干涉用益物权人行使权利。

第三百二十七条 【被征收、征用时用益物权人的补偿请求权】因不动产或者动产被征收、征用致使用益物权消灭或者影响用益物权行使的，用益物权人有权依据本法第二百四十三条、第二百四十五条的规定获得相应补偿。

第三百二十八条 【海域使用权】依法取得的海域使用权受法律保护。

注释 海域使用权是指单位或者个人依法取得对国家所有的特定海域排他性的使用权。单位和个人使用海域，必须依法取得海域使用权。海域使用权取得的方式主要有三种：一是单位和个人向海洋行政主管部门申请；二是招标；三是拍卖。

链接《海域使用管理法》第19—26条

第三百二十九条 【特许物权依法保护】依法取得的探矿权、采矿权、取水权和使用水域、滩涂从事养殖、捕捞的权利受法律保护。

第十一章 土地承包经营权

第三百三十条 【农村土地承包经营】农村集体经济组织实行家庭承包经营为基础、统分结合的双层经营体制。

农民集体所有和国家所有由农民集体使用的耕地、林地、草地以及其他用于农业的土地，依法实行土地承包经营制度。

链接《农村土地承包法》第1—3条

第三百三十一条 【土地承包经营权内容】土地承包经营权人依法对其承包经营的耕地、林地、草地等享有占有、使用和收益的权利，有权从事种植业、林业、畜牧业等农业生产。

链接《土地管理法》第13条；《农村土地承包法》第8—11、17条

第三百三十二条 【土地的承包期限】耕地的承包期为三十年。草地的承包期为三十年至五十年。林地的承包期为三十年至七十年。

前款规定的承包期限届满，由土地承包经营权人依照农村土地承包的法律规定继续承包。

第三百三十三条 【土地承包经营权的设立与登记】土地承包经营权自土地承包经营权合同生效时设立。

登记机构应当向土地承包经营权人发放土地承包经营权证、林权证等证书，并登记造册，确认土地承包经营权。

注释 土地承包经营合同生效后，发包方不得因承办人或者负责人的变动而变更或者解除，也不得因集体经济组织的分立或者合并而变更或者解除。

链接《农村土地承包法》第22—24条

第三百三十四条 【土地承包经营权的互换、转让】土地承包经营权人依照法律规定，有权将土地承包经营权互换、转让。未经依法批准，不得将承包地用于非农建设。

链接《农村土地承包法》第9、33、34条；《国务院办公厅关于引导农村产权流转交易市场健康发展的意见》；《国务院关于开展农村承包土地的经营权和农民住房财产权抵押贷款试点的指导意见》；《农村土地经营权流转管理办法》；《农村土地承包合同管理办法》

第三百三十五条 【土地承包经营权流转的登记对抗主义】土地承包经营权互换、转让的，当事人可以向登记机构申请登记；未经登记，不得对抗善意第三人。

第三百三十六条 【承包地的调整】承包期内发包人不得调整承包地。

因自然灾害严重毁损承包地等特殊情形，需要适当调整承包的耕地和草地的，应当依照农村土地承包的法律规定办理。

注释 承包期内，因自然灾害严重毁损承包地等特殊情形对个别农户之间承包的耕地和草地需要适当调整的，必须经本集体经济组织成员的村民会议三分之二以上成员或者三分之二以上村民代表的同意，并报乡（镇）人民政府和县级人民政府农业农村、林业和草原等主管部门批准。承包合同中约定不得调整的，按照其约定。

链接《农村土地承包法》第28—31条

第三百三十七条 【承包地的收回】承包期内发包人不得收回承包地。法律另有规定的，依照其规定。

链接《农村土地承包法》第27条

第三百三十八条 【征收承包地的补偿规则】承包地被征收的，土地承包经营权人有权依据本法第二百四十三条的规定获得相应补偿。

链接《土地管理法》第47、48条；《农村土地承包法》第17条

第三百三十九条 【土地经营权的流转】土地

承包经营权人可以自主决定依法采取出租、入股或者其他方式向他人流转土地经营权。

注释 本条为民法典为与《农村土地承包法》相衔接而新增的条文，是对土地经营权流转的规定。

土地经营权，是建立在农村土地承包经营的“三权分置”制度之上产生的权利，即在农村土地集体所有权的基础上，设立土地承包经营权；再在土地承包经营权之上设立土地经营权，构成“三权分置”的农村土地权利结构。其中，土地所有权归属于农村集体经济组织所有，土地承包经营权归属于承包该土地的农民家庭享有。由于土地承包经营权流转性不强，因而在土地承包经营权之上，再设立一个土地经营权，属于土地承包经营权人享有的、可以进行较大范围流转并且能够保持土地承包经营权不变的用益物权。

建立在土地承包经营权上的土地经营权，是土地承包经营权人的权利，权利人可以将其转让，由他人享有和行使土地经营权，而土地承包经营权人保留土地承包经营权，并因转让土地经营权而使自己获益。这就是设置“三权分置”制度的初衷。

链接《农村土地承包法》第 36 条

第三百四十条 【土地经营权人的基本权利】 土地经营权人有权在合同约定的期限内占有农村土地，自主开展农业生产经营并取得收益。

注释 本条为民法典新增条文，是关于土地经营权人受让权利后果的规定。

土地经营权也是用益物权，通过转让而取得土地经营权的权利人，是用益物权人，享有用益物权的权利。

由于土地经营权是建立在土地承包经营权之上的用益物权，其期限受到原来的用益物权即土地承包经营权期限的制约，因而土地经营权人的权利行使期限是在合同约定的期限内，即设置土地经营权的期限不得超过土地承包经营权的期限，土地承包经营权的期限受制于设置土地承包经营权合同的期限。在合同约定的期限内，土地经营权人享有用益物权的权能，即占有、使用、收益的权利，有权占有该农村土地，自主开展农业生产经营活动，获得收益。

第三百四十一条 【土地经营权的设立与登记】 流转期限为五年以上的土地经营权，自流转合同生效时设立。当事人可以向登记机构申请土地经营权登记；未经登记，不得对抗善意第三人。

注释 本条为民法典新增条文，是关于土地经营权设立时间及登记的规定。

土地经营权作为用益物权，其设立的方式是出让方和受让方签订土地经营权出租、入股等合同，在合同中约定双方各自的权利义务。对于流转期限为五年以上的土地经营权流转，当该合同生效时土地经营权就设立，受让方取得土地经营权。对于土地经营权的登记问题，本条规定采登记对抗主义，即当事人可以向登记机构申请土地经营权登记，未经登记的，不得对抗善意第三人。

对于不满五年的土地经营权流转，本条没有明文规定，其实也应当自流转合同生效时设立，不会在其他的时点发生取得土地经营权的效力。至于是否应当登记，可以理解为可以登记也可以不登记，不过五年以上的土地经营权的登记也是自愿为之，也没有规定为强制登记，因而不足五年的土地经营权应当理解为不必登记。

链接《农村土地承包法》第 41 条

第三百四十二条 【以其他方式承包取得的土地经营权流转】 通过招标、拍卖、公开协商等方式承包农村土地，经依法登记取得权属证书的，可以依法采取出租、入股、抵押或者其他方式流转土地经营权。

链接《农村土地承包法》第 48、49 条

第三百四十三条 【国有农用地承包经营的法律适用】 国家所有的农用地实行承包经营的，参照适用本编的有关规定。

链接《土地管理法》第 13 条

第十二章　建设用地使用权

第三百四十四条 【建设用地使用权的概念】 建设用地使用权人依法对国家所有的土地享有占有、使用和收益的权利，有权利用该土地建造建筑物、构筑物及其附属设施。

注释 建设用地包括住宅用地、公共设施用地、工矿用地、交通水利设施用地、旅游用地、军事设施用地等。本条中的建筑物主要是指住宅、写字楼、厂房等。构筑物主要是指不具有居住或者生产经营功能的人工建造物，比如道路、桥梁、隧道、水池、水塔、纪念碑等；附属设施主要是指附属于建筑物、构筑物的一些设施。

链接《城市房地产管理法》第二章

第三百四十五条 【建设用地使用权的分层

设立】建设用地使用权可以在土地的地表、地上或者地下分别设立。

第三百四十六条 【建设用地使用权的设立原则】设立建设用地使用权,应当符合节约资源、保护生态环境的要求,遵守法律、行政法规关于土地用途的规定,不得损害已经设立的用益物权。

第三百四十七条 【建设用地使用权的出让方式】设立建设用地使用权,可以采取出让或者划拨等方式。

工业、商业、旅游、娱乐和商品住宅等经营性用地以及同一土地有两个以上意向用地者的,应当采取招标、拍卖等公开竞价的方式出让。

严格限制以划拨方式设立建设用地使用权。

注释 建设用地使用权设立的方式主要有两种:有偿出让和无偿划拨。有偿出让是建设用地使用权设立的主要方式,是指出让人将一定期限的建设用地使用权出让给建设用地使用权人使用,建设用地使用权人向出让人支付一定的出让金。有偿出让的方式主要包括拍卖、招标和协议等。划拨是无偿取得建设用地使用权的一种方式,是指县级以上人民政府依法批准,在建设用地使用权人缴纳补偿、安置等费用后将该幅土地交付其使用,或者将建设用地使用权无偿交付给建设用地使用权人使用的行为。

链接《土地管理法》第54条;《城市房地产管理法》第8、13、23、24条

第三百四十八条 【建设用地使用权出让合同】通过招标、拍卖、协议等出让方式设立建设用地使用权的,当事人应当采用书面形式订立建设用地使用权出让合同。

建设用地使用权出让合同一般包括下列条款:

(一)当事人的名称和住所;

(二)土地界址、面积等;

(三)建筑物、构筑物及其附属设施占用的空间;

(四)土地用途、规划条件;

(五)建设用地使用权期限;

(六)出让金等费用及其支付方式;

(七)解决争议的方法。

链接《城市房地产管理法》第15条;《城镇国有土地使用权出让和转让暂行条例》第11、12条

第三百四十九条 【建设用地使用权的登记】设立建设用地使用权的,应当向登记机构申请建设用地使用权登记。建设用地使用权自登记时设立。登记机构应当向建设用地使用权人发放权属证书。

链接《土地管理法》第12条;《城市房地产管理法》第60条

第三百五十条 【土地用途限定规则】建设用地使用权人应当合理利用土地,不得改变土地用途;需要改变土地用途的,应当依法经有关行政主管部门批准。

链接《土地管理法》第4、56条;《城市房地产管理法》第18、44条

第三百五十一条 【建设用地使用权人支付出让金等费用的义务】建设用地使用权人应当依照法律规定以及合同约定支付出让金等费用。

第三百五十二条 【建设用地使用权人建造的建筑物、构筑物及其附属设施的归属】建设用地使用权人建造的建筑物、构筑物及其附属设施的所有权属于建设用地使用权人,但是有相反证据证明的除外。

注释 本条应注意以下几点:

(1)这里规定的建筑物、构筑物及其附属设施必须是合法建造产生的。违章建筑是要被没收和强制拆除的,更不会产生合法的所有权。因此,并不在本条的调整范围内。

(2)本条所说的例外情况,主要是针对在现在的城市房地产建设中,一部分市政公共设施,是通过开发商和有关部门约定,由开发商在房地产项目开发中配套建设,但是所有权归国家。这部分设施,其性质属于市政公用,其归属就应当按照有充分的证据证明的事先约定来确定,而不是当然地归建设用地使用权人。后续通过房地产交易成为建设用地使用权人的权利人也应当尊重这种权属划分。

(3)本条解决的是建筑物的原始取得问题。在实践中还存在以下情况:地上建筑物不是建设用地使用权人建造;是建设用地使用权人建造,但是基于与他人设立的其他法律关系,如合资、合作等,并约定建筑物权利归属的;建设用地使用权人已经将建筑物预售予他人等。在这些情况下,如果当事人只是未办理土地使用权变更登记,而其他方面均合法的情况下,建筑物可归于他人,但应责令双方办理建设用地使用权变更登记手续。

第三百五十三条 【建设用地使用权的流转方式】建设用地使用权人有权将建设用地使用权转让、互换、出资、赠与或者抵押,但是法律另有规定的除外。

链接《土地管理法》第2条;《城市房地产管理法》第39、40、48、51条

第三百五十四条 【建设用地使用权流转的合同形式和期限】建设用地使用权转让、互换、出资、赠与或者抵押的,当事人应当采用书面形式订立相应的合同。使用期限由当事人约定,但是不得超过建设用地使用权的剩余期限。

案例 山西嘉和泰房地产开发有限公司与太原重型机械(集团)有限公司土地使用权转让合同纠纷案(《最高人民法院公报》2008年第3期)

裁判规则:根据《最高人民法院关于审理涉及国有土地使用权合同纠纷案件适用法律问题的解释》第九条的规定,转让方未取得出让土地使用权证书与受让方订立合同转让土地使用权,起诉前转让方已经取得出让土地使用权证书或者有批准权的人民政府同意转让的,应当认定合同有效。

链接《城镇国有土地使用权出让和转让暂行条例》第20—22条

第三百五十五条 【建设用地使用权流转登记】建设用地使用权转让、互换、出资或者赠与的,应当向登记机构申请变更登记。

第三百五十六条 【建设用地使用权流转之房随地走】建设用地使用权转让、互换、出资或者赠与的,附着于该土地上的建筑物、构筑物及其附属设施一并处分。

第三百五十七条 【建设用地使用权流转之地随房走】建筑物、构筑物及其附属设施转让、互换、出资或者赠与的,该建筑物、构筑物及其附属设施占用范围内的建设用地使用权一并处分。

注释 本条和上一条规定了建设用地使用权与其地上不动产一并处分的规则。这两条实际上是一个整体,只要建设用地使用权和地上房屋有一个发生了转让,另外一个就要相应转让。从法律后果上说,不可能也不允许把"房"和"地"分别转让给不同的主体。此外,本条中所讲的附属设施占用范围内的建设用地使用权有可能是一宗单独的建设用地使用权,也有可能是共同享有的建设用地使用权中的份额,特别是在建筑物区分所有的情况下。转让占用范围内的建设用地使用权不可能也不应该导致对业主共同享有的建设用地使用权的分割。在这种情况下,除了本条外,还要依据业主的建筑物区分所有权的有关规定,全面确定当事人的权利义务。

案例 中国信达资产管理公司西安办事处与陕西省粮油食品进出口公司西安中转冷库、陕西省粮油食品进出口公司借款担保合同纠纷案(《最高人民法院公报》2009年第12期)

裁判规则:根据《城市房地产管理法》第三十一条的规定,房地产转让、抵押时,房屋的所有权和该房屋占用范围内的土地使用权同时转让、抵押。据此,房产转让人负有将所售房屋占用范围内的土地使用权移转给受让人的义务,受让人享有要求将所购房屋占用范围内的土地使用权移转给自己的权利。在土地使用权变更登记完成之前,转让人为登记的名义权利人,但受让人为实质权利人的,可以请求将土地使用权变更至自己名下。

链接《城市房地产管理法》第32条

第三百五十八条 【建设用地使用权的提前收回及其补偿】建设用地使用权期限届满前,因公共利益需要提前收回该土地的,应当依据本法第二百四十三条的规定对该土地上的房屋以及其他不动产给予补偿,并退还相应的出让金。

第三百五十九条 【建设用地使用权期限届满的处理规则】住宅建设用地使用权期限届满的,自动续期。续期费用的缴纳或者减免,依照法律、行政法规的规定办理。

非住宅建设用地使用权期限届满后的续期,依照法律规定办理。该土地上的房屋以及其他不动产的归属,有约定的,按照约定;没有约定或者约定不明确的,依照法律、行政法规的规定办理。

注释 根据《城镇国有土地使用权出让和转让暂行条例》的规定,建设用地使用权出让的最高年限为:居住用地七十年。本条对住宅建设用地使用权和非住宅建设用地使用权的续期分别作出了规定,明确规定住宅建设用地使用权期限届满的,自动续期。

第三百六十条 【建设用地使用权注销登记】建设用地使用权消灭的,出让人应当及时办理注销登记。登记机构应当收回权属证书。

第三百六十一条 【集体土地作为建设用地的法律适用】集体所有的土地作为建设用地的,应当依照土地管理的法律规定办理。

第十三章 宅基地使用权

第三百六十二条 【宅基地使用权内容】宅基地使用权人依法对集体所有的土地享有占有和使用的权利,有权依法利用该土地建造住宅及其附属设施。

第三百六十三条 【宅基地使用权的法律适用】宅基地使用权的取得、行使和转让,适用土地管理的法律和国家有关规定。

注释 农村村民一户只能拥有一处宅基地,其宅基地的面积不得超过省、自治区、直辖市规定的标准。人均土地少、不能保障一户拥有一处宅基地的地区,县级人民政府在充分尊重农村村民意愿的基础上,可以采取措施,按照省、自治区、直辖市规定的标准保障农村村民实现户有所居。农村村民建住宅,应当符合乡(镇)土地利用总体规划、村庄规划,不得占用永久基本农田,并尽量使用原有的宅基地和村内空闲地。编制乡(镇)土地利用总体规划、村庄规划应当统筹并合理安排宅基地用地,改善农村村民居住环境和条件。农村村民住宅用地,由乡(镇)人民政府审核批准;其中,涉及占用农用地的,依照《土地管理法》第四十四条的规定办理审批手续。农村村民出卖、出租、赠与住宅后,再申请宅基地的,不予批准。国家允许进城落户的农村村民依法自愿有偿退出宅基地,鼓励农村集体经济组织及其成员盘活利用闲置宅基地和闲置住宅。国务院农业农村主管部门负责全国农村宅基地改革和管理有关工作。

第三百六十四条 【宅基地灭失后的重新分配】宅基地因自然灾害等原因灭失的,宅基地使用权消灭。对失去宅基地的村民,应当依法重新分配宅基地。

第三百六十五条 【宅基地使用权的变更登记与注销登记】已经登记的宅基地使用权转让或者消灭的,应当及时办理变更登记或者注销登记。

第十四章 居住权

第三百六十六条 【居住权的定义】居住权人有权按照合同约定,对他人的住宅享有占有、使用的用益物权,以满足生活居住的需要。

注释 本章内容为民法典新增内容。本条是对居住权概念的规定。

居住权,是指自然人依照合同的约定,对他人所有的住宅享有占有、使用的用益物权。民法的居住权与公法的居住权不同。在公法中,国家保障人人有房屋居住的权利也叫居住权,或者叫住房权。民法的居住权是民事权利,是用益物权的一种,其特征是:(1)居住权的基本属性是他物权,具有用益性;(2)居住权是为特定自然人基于生活用房而设立的物权,具有人身性;(3)居住权是一种长期存在的物权,具有独立性;(4)居住权的设定是一种恩惠行为,具有不可转让性。

我国历史上没有规定过居住权,居住权存在的必要性表现在:(1)充分发挥房屋的效能;(2)充分尊重所有权人的意志和利益;(3)有利于发挥家庭职能,体现自然人之间的互帮互助。

居住权作为用益物权具有特殊性,即居住权人对于权利的客体即住宅只享有占有和使用的权利,不享有收益的权利,不能以此进行出租等营利活动。

第三百六十七条 【居住权合同】设立居住权,当事人应当采用书面形式订立居住权合同。

居住权合同一般包括下列条款:

(一)当事人的姓名或者名称和住所;

(二)住宅的位置;

(三)居住的条件和要求;

(四)居住权期限;

(五)解决争议的方法。

注释 居住权可以通过合同方式设立,也可以通过遗嘱方式设立。通过合同设立居住权,是房屋所有权人通过书面合同的方式与他人协议,设定居住权。例如,夫妻双方离婚时在离婚协议中约定,离婚后的房屋所有权归一方所有,另一方对其中的一部分房屋享有一定期限或者终身的居住权。

第三百六十八条 【居住权的设立】居住权无偿设立,但是当事人另有约定的除外。设立居住权的,应当向登记机构申请居住权登记。居住权自登记时设立。

注释 居住权为无偿设立,因而居住权人对取得居住权无需支付对价。不过,居住权人应当支付住房及其附属设施的日常维护费用和物业管理费用,以通常的保养费用、物业管理费用为限。如果房屋需要进行重大修缮或者改建,只要没有特别的约定,居住权人不承担此项费用。对于居住权收费另有约定的,按照约定处理。

居住权是用益物权,对其设立采用登记发生

主义,只有经过登记才能设立居住权。之所以对居住权采取登记发生主义,是因为居住权与租赁权相似,但租赁权是债权,而居住权是物权,性质截然不同,如果不采取登记发生主义,可能会与租赁权相混淆。规定居住权须经登记而发生,就能够确定其与租赁权的界限,不会发生混淆,一旦没有登记,就没有发生居住权。

第三百六十九条 【居住权的限制性规定及例外】居住权不得转让、继承。设立居住权的住宅不得出租,但是当事人另有约定的除外。

注释 居住权人行使居住权,须履行应尽的义务:

(1)合理使用房屋的义务:居住权人不得将房屋用于生活消费以外的目的,可以对房屋进行合理的装饰装修,进行必要的维护,但不得改建、改装和作重大的结构性改变。

(2)对房屋的合理保管义务:居住权人应当合理保管房屋,在居住期内尽到善良管理人的注意义务,不得从事任何损害房屋的行为。如果房屋存在毁损的隐患,应当及时通知所有人进行修缮或者采取必要的措施。

(3)不得转让、继承和出租的义务:居住权人对其居住的房屋不得转让,在居住权存续期间,对居住权的标的负有不得出租义务,不能以此进行营利活动;居住权也不能成为居住权人的遗产,不能通过继承而由其继承人所继承。居住权也不得转让,具有专属性。如果双方当事人在设立居住权合同中对上述义务另有约定的,依照其约定处理。

第三百七十条 【居住权的消灭】居住权期限届满或者居住权人死亡的,居住权消灭。居住权消灭的,应当及时办理注销登记。

注释 居住权依据一定的事实而消灭。本条只规定了居住权期限届满和居住权人死亡是居住权消灭的原因,其实这只是居住权消灭的部分原因。

居住权消灭的原因包括:

(1)居住权抛弃:居住权人采用明示方法抛弃居住权的,居住权消灭。这种明示的抛弃意思表示应当对所有权人作出。居住权人作出抛弃表示的,即发生消灭居住权的效力,并且不得撤销,除非得到所有权人的同意。

(2)居住权期限届满:居住权设定的期限届满,居住权即时消灭,所有权的负担解除。

(3)居住权人死亡:权利主体消灭,居住权也随之消灭。

(4)解除居住权条件成就:在设定居住权的遗嘱、遗赠或者合同中,对居住权设有解除条件的,如果该条件成就,则居住权消灭。

(5)居住权撤销:居住权人具有以下两种情形的,房屋所有权人有权撤销居住权,故意侵害住房所有权人及其亲属的人身权或者对其财产造成重大损害的;危及住房安全等严重影响住房所有权人或者他人合法权益的。

(6)住房被征收、征用、灭失:房屋被征收、征用,以及房屋灭失,都消灭居住权。住房所有权人因此取得补偿费、赔偿金的,居住权人有权请求分得适当的份额;如果居住权人没有独立生活能力,也可以放弃补偿请求权而要求适当安置。

(7)权利混同:住房所有权和居住权发生混同,即两个权利归属于同一人的,发生居住权消灭的后果。例如,房屋所有权人将房屋转让或者赠与给居住权人,此时居住权的存在已经丧失意义,因此发生居住权消灭的后果。

居住权消灭,在当事人之间消灭居住权的权利义务关系。居住权人应当返还住房,同时应当到物权登记机构办理居住权注销登记。

第三百七十一条 【以遗嘱设立居住权的法律适用】以遗嘱方式设立居住权的,参照适用本章的有关规定。

注释 依据遗嘱方式设立居住权,包括遗嘱继承和遗赠。

(1)依据遗嘱继承方式设立:房屋所有权人可以在遗嘱中对死后房屋作为遗产的使用问题,为法定继承人中的一人或者数人设定居住权,但须留出适当房屋由其配偶终身居住。

(2)依据遗赠的方式设立:房屋所有权人可以在遗嘱中为法定继承人之外的人设定居住权。例如,遗嘱指定将自己所有的房屋中的一部分,让自己的保姆终身或者非终身居住。

不论是依据遗嘱继承方式还是遗赠方式取得居住权,都是依据遗嘱取得居住权。遗嘱生效后,还须进行居住权登记,否则不能取得居住权。

链接《民法典》第1133条

第十五章 地役权

第三百七十二条 【地役权的定义】地役权人有权按照合同约定,利用他人的不动产,以提高自己的不动产的效益。

前款所称他人的不动产为供役地，自己的不动产为需役地。

注释 地役权是一种独立的物权，在性质上属于用益物权的范围，是按照合同约定利用他人的不动产，以提高自己不动产效益的权利。因使用他人不动产而获得便利的不动产为需役地，为他人不动产的便利而供使用的不动产为供役地。地役权的“役”，即“使用”的意思。

第三百七十三条 【地役权合同】设立地役权，当事人应当采用书面形式订立地役权合同。

地役权合同一般包括下列条款：

（一）当事人的姓名或者名称和住所；

（二）供役地和需役地的位置；

（三）利用目的和方法；

（四）地役权期限；

（五）费用及其支付方式；

（六）解决争议的方法。

第三百七十四条 【地役权的设立与登记】地役权自地役权合同生效时设立。当事人要求登记的，可以向登记机构申请地役权登记；未经登记，不得对抗善意第三人。

第三百七十五条 【供役地权利人的义务】供役地权利人应当按照合同约定，允许地役权人利用其不动产，不得妨害地役权人行使权利。

注释 本条是对供役地人义务的规定。

供役地人的主要义务，是容忍土地上的负担和不作为义务，即允许地役权人利用其不动产，不得妨害地役权人行使权利。具体表现为：（1）供役地人负有容忍土地上负担的义务，应当根据设定的地役权性质的不同，承担不同的义务，供役地人应主动放弃对自身土地部分使用的权利，甚至容忍他人对自己土地实施合同约定的某种程度上的干预和损害等。（2）不得妨害地役权人行使权利，对地役权人行使权利实施干扰、干涉、破坏的，应当承担责任。

此外，供役地人还有相应的权利和义务：

（1）附属设施使用权及费用分担义务。对于在供役地上所设的附属设施，供役地人在不影响地役权行使的范围内，有权对其加以利用。如地役权人铺设的管道，在地役权人没有使用的情况下，或者已经使用但不妨害地役权人行使权利的情况下，供役地人有权进行利用，应当按其受益的比例，分担附属设施的保养维修费用。

（2）变更使用场所及方法的请求权。在设定地役权时定有权利行使场所及方法的，供役地人也可以提出变更。变更的条件是，如变更该场所及方法对地役权人并无不利，而对于供役地人有利的，则供役地人请求地役权人变更地役权的行使场所及方法，地役权人不得拒绝。因此支出的费用，由供役地人负担。

（3）费用及其调整请求权。有偿地役权，供役地人依约享有请求地役权人按期支付费用的权利。如果地役权人不按期支付费用，则应承担违约责任。地役权人长期拖欠费用的，供役地人可依法终止地役权合同。无偿地役权，如果由于土地权利人就土地的负担增加，非当时所能预料，以及依原约定显失公平的，供役地人有权请求酌定地租；地役权设定后，如果土地价值有升降，依原定地租给付显失公平的，供役地人也可以请求予以增加。

第三百七十六条 【地役权人的义务】地役权人应当按照合同约定的利用目的和方法利用供役地，尽量减少对供役地权利人物权的限制。

第三百七十七条 【地役权的期限】地役权期限由当事人约定；但是，不得超过土地承包经营权、建设用地使用权等用益物权的剩余期限。

注释 地役权的期限的确定方法，是由当事人约定，当事人没有约定或者约定不明确的，应当协议补充，并按照补充协议的约定确定期限。但是，如果供役地或者需役地上设立的是土地承包经营权或者建设用地使用权的，不论是约定地役权的期限，还是补充协议约定地役权的期限，只要是设定地役权，地役权的期限就不得超过该土地承包经营权和建设用地使用权的剩余期限。供役地和需役地所剩余的期限不同的，应当按照最短的剩余期限确定地役权的期限。如果供役地和需役地上是土地所有权或者宅基地使用权的，尽管这两个土地权利不具有期限，但是在设定地役权时，也应当约定地役权的期限，不得约定为永久期限。

第三百七十八条 【在享有或者负担地役权的土地上设立用益物权的规则】土地所有权人享有地役权或者负担地役权的，设立土地承包经营权、宅基地使用权等用益物权时，该用益物权人继续享有或者负担已经设立的地役权。

第三百七十九条 【土地所有权人在已设立

用益物权的土地上设立地役权的规则】土地上已经设立土地承包经营权、建设用地使用权、宅基地使用权等用益物权的,未经用益物权人同意,土地所有权人不得设立地役权。

第三百八十条 【地役权的转让规则】地役权不得单独转让。土地承包经营权、建设用地使用权等转让的,地役权一并转让,但是合同另有约定的除外。

注释 由于地役权的成立必须是有需役地与供役地同时存在,因此在法律属性上地役权与其他物权不同。地役权虽然是一种独立的用益物权,但它仍然应当与需役地的使用权共命运,必须与需役地使用权一同移转,不得与需役地分离而单独让与。

地役权的从属性,主要表现在三种情形:第一,地役权人不得自己保留需役地的使用权,而单独将地役权转让;第二,地役权人不得自己保留地役权,而单独将需役地的使用权转让;第三,地役权人也不得将需役地的使用权与地役权分别让与不同的人。总之,地役权只能随需役地使用权的转让而转让。

第三百八十一条 【地役权不得单独抵押】地役权不得单独抵押。土地经营权、建设用地使用权等抵押的,在实现抵押权时,地役权一并转让。

第三百八十二条 【需役地部分转让效果】需役地以及需役地上的土地承包经营权、建设用地使用权等部分转让时,转让部分涉及地役权的,受让人同时享有地役权。

第三百八十三条 【供役地部分转让效果】供役地以及供役地上的土地承包经营权、建设用地使用权等部分转让时,转让部分涉及地役权的,地役权对受让人具有法律约束力。

第三百八十四条 【供役地权利人解除权】地役权人有下列情形之一的,供役地权利人有权解除地役权合同,地役权消灭:

(一)违反法律规定或者合同约定,滥用地役权;

(二)有偿利用供役地,约定的付款期限届满后在合理期限内经两次催告未支付费用。

注释 针对地役权而言,当地役权合同出现本条规定的两项法定事由时,供役地权利人有权解除地役权合同,地役权随之消灭。

(1)违反法律规定或者合同约定,滥用地役权。地役权设定后,地役权人与供役地权利人任何一方都不得擅自解除地役权合同,但如果地役权人违反法律规定或者合同约定,法律赋予了供役地权利人解除地役权合同的权利。如地役权人超越土地利用的范围不按约定的方法利用供役地等,就属于滥用地役权。

(2)有偿利用供役地,约定的付款期限届满后在合理期限内经两次催告未支付费用。地役权合同通常为有偿,那么,地役权人应当按照合同的约定履行付款义务。如果地役权人无正当理由,在合同约定的付款期限届满后,仍没有按照合同约定支付费用,而且在供役地权利人确定的一个合理期限内经两次催告,地役权人仍不履行付款义务的,表明地役权人没有履行合同的诚意,或者根本不可能再履行合同,供役地权利人可以解除地役权合同,地役权随之消灭。

第三百八十五条 【地役权变动后的登记】已经登记的地役权变更、转让或者消灭的,应当及时办理变更登记或者注销登记。

第四分编 担保物权

第十六章 一般规定

第三百八十六条 【担保物权的定义】担保物权人在债务人不履行到期债务或者发生当事人约定的实现担保物权的情形,依法享有就担保财产优先受偿的权利,但是法律另有规定的除外。

注释 担保物权以确保债权人的债权得到完全清偿为目的。这是担保物权与其他物权的最大区别。

担保物权具有优先受偿的效力。优先受偿性是担保物权的最主要效力。担保物权的优先受偿性主要体现在两方面:一是优先于其他不享有担保物权的普通债权;二是有可能优先于其他物权,如后顺位的担保物权。但需要注意的是,担保物权的优先受偿性并不是绝对的,如果本法或者其他法律有特别的规定,担保物权的优先受偿效力会受到影响,如我国《海商法》规定,船舶优先权人优先于担保物权人受偿。

担保物权是在债务人或者第三人的财产上成立的权利。债务人既可以以自己的财产,也可以第三人的财产为债权设立担保物权。

担保物权具有物上代位性。债权人设立担保

物权并不以使用担保财产为目的，而是以取得该财产的交换价值为目的，因此，担保财产灭失、毁损，但代替该财产的交换价值还存在的，担保物权的效力仍存在，但此时担保物权的效力转移到了该代替物上。

案例 深圳市奕之帆贸易有限公司、侯某宾与深圳兆邦基集团有限公司、深圳市康诺富信息咨询有限公司、深圳市鲤鱼门投资发展有限公司、第三人广东立兆电子科技有限公司合同纠纷案(《最高人民法院公报》2020年第2期)

裁判规则：1. 让与担保的设立应在债务履行期届满之前，但就让与担保的实现问题，参照《物权法》第一百七十条的规定则需要满足债务人不履行到期债务或者发生当事人约定的实现权利的情形等条件。双方当事人在设立让与担保的合同中约定，如担保物的价值不足以覆盖相关债务，即使债务履行期尚未届满，债权人亦有权主张行使让与担保权利。该约定不违反法律行政法规的强制性规定，应当认定合法有效。

2. 为防止出现债权人取得标的物价值与债权额之间差额等类似于流质、流押之情形，让与担保权利的实现应对当事人课以清算义务。双方当事人就让与担保标的物价值达成的合意，可认定为确定标的物价值的有效方式。在让与担保标的物价值已经确定，但双方均预见债权数额有可能发生变化的情况下，当事人仍应在最终据实结算的债务数额基础上履行相应的清算义务。

第三百八十七条 【担保物权适用范围及反担保】债权人在借贷、买卖等民事活动中，为保障实现其债权，需要担保的，可以依照本法和其他法律的规定设立担保物权。

第三人为债务人向债权人提供担保的，可以要求债务人提供反担保。反担保适用本法和其他法律的规定。

注释 担保物权的适用范围

本条第一款规定了担保的适用范围，即在借贷、买卖等民事活动中发生的债权债务关系。对该适用范围的规定，应当注意以下几点：第一，担保物权适用于民事活动，不适用于国家行政行为(如征收税款)、司法行为(如扣押产生费用)等不平等主体之间产生的关系。这是由担保物权本身的性质所决定的，担保物权是平等主体之间为确保债权的实现而设定的。第二，为了引导当事人设定担保物权，本法列举了借贷、买卖两种典型的可以设定担保物权的民事活动，但可以设定担保物权的民事活动很广泛，并不仅限于这两种民事活动。在其他民事活动中，如货物运输、加工承揽等都可以设定担保物权。第三，对因侵权行为已经产生的债权，属于普通债权的范围，可以用设定担保物权的方式确保债权的实现。

本条提到的依照本法和其他法律的规定设立担保物权，这里的"其他法律"主要指海商法、民用航空法、农村土地承包法等对船舶抵押、航空器抵押、土地经营权抵押等作规定的法律，"其他法律"的表述也为今后相关特别法规定设立担保物权留下接口。因此，设立担保物权还应当依据这些特别法。

反担保

反担保的方式，既可以是债务人自己担保，也可以是其他第三人担保。反担保也是担保，其实质内容与担保完全一样，设立程序上也无不同，抵押反担保和质押反担保适用民法典物权编的规定，保证反担保适用民法典合同编的规定。

链接《最高人民法院关于适用〈中华人民共和国民法典〉有关担保制度的解释》第19条

第三百八十八条 【担保合同及其与主合同的关系】设立担保物权，应当依照本法和其他法律的规定订立担保合同。担保合同包括抵押合同、质押合同和其他具有担保功能的合同。担保合同是主债权债务合同的从合同。主债权债务合同无效的，担保合同无效，但是法律另有规定的除外。

担保合同被确认无效后，债务人、担保人、债权人有过错的，应当根据其过错各自承担相应的民事责任。

注释 担保合同的从属性

担保合同具有从属性，除法律另有规定外，主债权债务合同无效的，担保合同无效。当事人在担保合同中约定担保合同的效力独立于主合同，或者约定担保人对主合同无效的法律后果承担担保责任，该有关担保独立性的约定无效。主合同有效的，有关担保独立性的约定无效不影响担保合同的效力；主合同无效的，人民法院应当认定担保合同无效，但是法律另有规定的除外。因金融机构开立的独立保函发生的纠纷，适用《最高人民法院关于审理独立保函纠纷案件若干问题的规定》。

但应注意,担保合同随主债权债务合同无效而无效只是一般规则,并不是绝对的,在法律另有规定的情况下,担保合同可以作为独立合同存在,不受主债权债务合同效力的影响。例如,在本法规定的最高额抵押权中,最高额抵押合同就具有相对的独立性。

担保合同无效的情形

本条只规定了主合同无效导致担保合同无效的情形。需特别强调的是,导致担保合同无效的原因很多,主债权债务合同无效只是原因之一。在主债权债务合同有效的情况下,担保合同也有可能无效。例如,担保合同违反社会公共利益或者国家利益无效,担保合同因债权人与债务人的恶意串通而无效等。因为主合同与担保合同都是民事法律行为,因此其无效适用民事法律行为无效的规则。也就是说,判断担保合同是否有效,不能仅以主债权债务合同是否有效为标准。

担保合同无效的赔偿责任

主合同有效而第三人提供的担保合同无效,人民法院应当区分不同情形确定担保人的赔偿责任:(1)债权人与担保人均有过错的,担保人承担的赔偿责任不应超过债务人不能清偿部分的二分之一;(2)担保人有过错而债权人无过错的,担保人对债务人不能清偿的部分承担赔偿责任;(3)债权人有过错而担保人无过错的,担保人不承担赔偿责任。主合同无效导致第三人提供的担保合同无效,担保人无过错的,不承担赔偿责任;担保人有过错的,其承担的赔偿责任不应超过债务人不能清偿部分的三分之一。

链接《最高人民法院关于适用〈中华人民共和国民法典〉有关担保制度的解释》第2、17—19条

第三百八十九条 【担保范围】担保物权的担保范围包括主债权及其利息、违约金、损害赔偿金、保管担保财产和实现担保物权的费用。当事人另有约定的,按照其约定。

注释 担保物权的担保范围包括:

(1)主债权。主债权指债权人与债务人之间因债的法律关系所发生的原本债权,例如金钱债权、交付货物的债权或者提供劳务的债权。主债权是相对于利息和其他附随债权而言,不包括利息以及其他因主债权而产生的附随债权。

(2)利息。利息指实现担保物权时主债权所应产生的收益。一般来说,金钱债权都有利息,因此其当然也在担保范围内。利息可以按照法律规定确定,也可以由当事人约定,但当事人不能违反法律规定约定过高的利息,否则超过部分的利息无效。

(3)违约金。违约金指按照当事人的约定,一方当事人违约的,应向另一方支付的金钱。

(4)损害赔偿金。损害赔偿金指一方当事人因违反合同或者因其他行为给债权人造成的财产、人身损失而给付的赔偿额。损害赔偿金的范围可以由法律直接规定,或由双方约定,在法律没有特别规定或者当事人没有约定的情况下,应按照完全赔偿原则确定具体赔偿数额。

(5)保管担保财产的费用。保管担保财产的费用指债权人在占有担保财产期间因履行善良保管义务而支付的各种费用。

(6)实现担保物权的费用。实现担保物权的费用指担保物权人在实现担保物权过程中所花费的各种实际费用,如对担保财产的评估费用、拍卖或者变卖担保财产的费用、向人民法院申请强制变卖或者拍卖的费用等。

链接《最高人民法院关于适用〈中华人民共和国民法典〉有关担保制度的解释》第3、22条

第三百九十条 【担保物权的物上代位性】担保期间,担保财产毁损、灭失或者被征收等,担保物权人可以就获得的保险金、赔偿金或者补偿金等优先受偿。被担保债权的履行期限未届满的,也可以提存该保险金、赔偿金或者补偿金等。

注释 本条是对担保物权物上代位性的规定。关于代位物的范围应注意:第一,这里损害赔偿金是担保财产因第三人的侵权行为或者其他原因毁损、灭失时,担保人所获得的。如果是由于债权人的原因导致担保财产毁损、灭失的,根据本法第四百三十二条、第四百五十一条的规定,质权人、留置权人负有妥善保管质押或留置财产的义务;因保管不善致使质押或者留置财产毁损、灭失的,应当承担赔偿责任,质权人、留置权人向出质人或者债务人支付的损害赔偿金不能作为担保财产的代位物。第二,担保财产毁损、灭失或者被征收后担保人所得的损害赔偿金、保险金或者补偿金只是代位物的几种形态,但并不仅仅以此为限。如担保财产的残留物也属于代位物的范围。

链接《最高人民法院关于适用〈中华人民共和国

民法典〉有关担保制度的解释》第41、42条

第三百九十一条 【债务转让对担保物权的效力】第三人提供担保，未经其书面同意，债权人允许债务人转移全部或者部分债务的，担保人不再承担相应的担保责任。

注释 理解本条应当注意以下几点：

（1）本条只适用于第三人提供担保财产的情况。主债务被分割或者部分转移，债务人自己提供物的担保，债权人请求以该担保财产担保全部债务履行的，人民法院应予支持；第三人提供物的担保，主张对未经其书面同意转移的债务不再承担担保责任的，人民法院应予支持。

（2）"不再承担相应的担保责任"是指未经担保人书面同意，债权人许可债务人转移全部债务的，可以免除担保人全部担保责任；债权人许可债务人转移部分债务的，可以免除担保人部分的担保责任，担保人不得要求免除全部担保责任。

链接《最高人民法院关于适用〈中华人民共和国民法典〉有关担保制度的解释》第39条

第三百九十二条 【人保和物保并存时的处理规则】被担保的债权既有物的担保又有人的担保的，债务人不履行到期债务或者发生当事人约定的实现担保物权的情形，债权人应当按照约定实现债权；没有约定或者约定不明确，债务人自己提供物的担保的，债权人应当先就该物的担保实现债权；第三人提供物的担保的，债权人可以就物的担保实现债权，也可以请求保证人承担保证责任。提供担保的第三人承担担保责任后，有权向债务人追偿。

注释 本条区分三种情况对同一债权上既有物的担保又有人的担保的情况作了规定：（1）在当事人对物的担保和人的担保的关系有约定的情况下，应当尊重当事人的意思，按约定实现债权。这充分尊重了当事人的意愿。（2）在没有约定或者约定不明确，债务人自己提供物的担保的情况下，应当先就该物的担保实现债权。（3）在没有约定或者约定不明确，既有第三人提供物的担保，又有人的担保的情况下，应当允许当事人进行选择。实践中，对同一债权，还可能出现债务人和第三人均提供了物的担保，还有第三人提供人的担保的情形。在这种情况下，无论是从公平的角度，还是从防止日后追索权的繁琐，节约成本的角度，债权人都应当先行使债务人提供的物的担保，再行使第三人提供的物的担保，否则保证人可以享有抗辩权。

承担了担保责任或者赔偿责任的担保人，在其承担责任的范围内向债务人追偿的，人民法院应予支持。同一债权既有债务人自己提供的物的担保，又有第三人提供的担保，承担了担保责任或者赔偿责任的第三人，主张行使债权人对债务人享有的担保物权的，人民法院应予支持。

链接《最高人民法院关于适用〈中华人民共和国民法典〉有关担保制度的解释》第13、14、18条

第三百九十三条 【担保物权消灭的情形】有下列情形之一的，担保物权消灭：

（一）主债权消灭；

（二）担保物权实现；

（三）债权人放弃担保物权；

（四）法律规定担保物权消灭的其他情形。

第十七章 抵押权

第一节 一般抵押权

第三百九十四条 【抵押权的定义】为担保债务的履行，债务人或者第三人不转移财产的占有，将该财产抵押给债权人的，债务人不履行到期债务或者发生当事人约定的实现抵押权的情形，债权人有权就该财产优先受偿。

前款规定的债务人或者第三人为抵押人，债权人为抵押权人，提供担保的财产为抵押财产。

案例 中国长城资产管理公司济南办事处与中国重汽集团济南卡车股份有限公司、山东小鸭集团有限责任公司借款抵押合同纠纷案（《最高人民法院公报》2008年第3期）

裁判规则：抵押担保是物的担保。在抵押人不是主债务人的情况下，抵押权人可以请求拍卖、变卖抵押财产优先受偿，但不得请求抵押人直接承担债务人的债务。

第三百九十五条 【可抵押财产的范围】债务人或者第三人有权处分的下列财产可以抵押：

（一）建筑物和其他土地附着物；

（二）建设用地使用权；

（三）海域使用权；

（四）生产设备、原材料、半成品、产品；

（五）正在建造的建筑物、船舶、航空器；

（六）交通运输工具；

(七)法律、行政法规未禁止抵押的其他财产。

抵押人可以将前款所列财产一并抵押。

注释 抵押财产,也称为抵押权标的物或者抵押物,是指被设置了抵押权的不动产、动产或者权利。抵押财产的特点是:(1)抵押财产包括不动产、特定动产和权利。抵押财产主要是不动产,也包括特定的动产,以及建设用地使用权、土地经营权等物权。(2)抵押财产须具有可转让性,抵押权的性质是变价权,供抵押的不动产或者动产如果有妨害其使用的目的,具有不得让与的性质或者即使可以让与但让与其变价将会受到影响,都不能设置抵押权。

链接《最高人民法院关于适用〈中华人民共和国民法典〉有关担保制度的解释》第49、50条;《城市房地产管理法》第32、48条;《农村土地承包法》第53条

第三百九十六条 【浮动抵押】企业、个体工商户、农业生产经营者可以将现有的以及将有的生产设备、原材料、半成品、产品抵押,债务人不履行到期债务或者发生当事人约定的实现抵押权的情形,债权人有权就抵押财产确定时的动产优先受偿。

注释 **浮动抵押的概念**

是指企业、个体工商户、农业生产经营者作为抵押人,以其所有的全部财产包括现有的以及将有的生产设备、原材料、半成品、产品为标的而设立的动产抵押权。债务人不履行到期债务或者发生当事人约定的实现抵押权的情形,债权人有权就抵押财产确定时的动产优先受偿。比如企业以现有的以及未来可能买进的机器设备、库存产成品、生产原材料等动产担保债务的履行。

浮动抵押权设定后,抵押人可以将抵押的原材料投入成品生产,也可以卖出抵押的财产。当发生债务履行期届满未清偿债务、当事人约定的实现抵押权的情形成就时,抵押财产确定,也就是说此时企业有什么财产,这些财产就是抵押财产。抵押财产确定前企业卖出的财产不追回,买进的财产算作抵押财产。

浮动抵押的特征

浮动抵押具有不同于固定抵押的两个特征:第一,浮动抵押设定后,抵押的财产不断发生变化,直到约定或者法定的事由发生,抵押财产才确定。第二,浮动抵押期间,抵押人处分抵押财产不必经抵押权人同意,除抵押人恶意实施损害抵押权人利益的行为外,抵押权人对抵押财产无追及的权利,只能就约定或者法定事由发生后确定的财产优先受偿。

浮动抵押设立条件

(1)设定浮动抵押的主体仅限于企业、个体工商户、农业生产经营者。只要是注册的企业都可以设定浮动抵押。除了上述三项主体,国家机关、社会团体、事业单位、非农业生产者的自然人不可以设立浮动抵押。

(2)设立浮动抵押的财产仅限于生产设备、原材料、半成品和产品。除此之外的动产、不动产、知识产权以及债权等不得设立浮动抵押。

(3)设立浮动抵押要有书面协议。该协议一般包括担保债权的种类和数额、债务履行期间、抵押财产的范围、实现抵押权的条件等。

(4)实现抵押权的条件是债务人不履行到期债务或者发生当事人约定的实现抵押权的事由。

链接《民法典》第411条

第三百九十七条 【建筑物和相应的建设用地使用权一并抵押规则】以建筑物抵押的,该建筑物占用范围内的建设用地使用权一并抵押。以建设用地使用权抵押的,该土地上的建筑物一并抵押。

抵押人未依据前款规定一并抵押的,未抵押的财产视为一并抵押。

链接《城市房地产管理法》第32、48条

第三百九十八条 【乡镇、村企业的建设用地使用权与房屋一并抵押规则】乡镇、村企业的建设用地使用权不得单独抵押。以乡镇、村企业的厂房等建筑物抵押的,其占用范围内的建设用地使用权一并抵押。

注释 乡镇、村企业不能仅以集体所有的建设用地抵押,但可以将乡镇、村企业的厂房等建筑物抵押,以厂房等建筑物抵押的,其占用范围内的建设用地使用权一并抵押。以乡镇、村企业的厂房等建筑物占用范围内的建设用地使用权抵押的,实现抵押权后,未经法定程序不得改变土地所有权的性质和土地的用途。

第三百九十九条 【禁止抵押的财产范围】下列财产不得抵押:

(一)土地所有权;

(二)宅基地、自留地、自留山等集体所有土地

的使用权，但是法律规定可以抵押的除外；

（三）学校、幼儿园、医疗机构等为公益目的成立的非营利法人的教育设施、医疗卫生设施和其他公益设施；

（四）所有权、使用权不明或者有争议的财产；

（五）依法被查封、扣押、监管的财产；

（六）法律、行政法规规定不得抵押的其他财产。

注释 土地所有权包括国有土地所有权，也包括集体土地所有权。

以公益为目的的非营利性学校、幼儿园、医疗机构、养老机构等提供担保的，人民法院应当认定担保合同无效，但是有下列情形之一的除外：(1)在购入或者以融资租赁方式承租教育设施、医疗卫生设施、养老服务设施和其他公益设施时，出卖人、出租人为担保价款或者租金实现而在该公益设施上保留所有权；(2)以教育设施、医疗卫生设施、养老服务设施和其他公益设施以外的不动产、动产或者财产权利设立担保物权。登记为营利法人的学校、幼儿园、医疗机构、养老机构等提供担保，当事人以其不具有担保资格为由主张担保合同无效的，人民法院不予支持。

依法查封、扣押的财产，指人民法院或者行政机关采取强制措施将财产就地贴上封条或者运到另外的处所，不准任何人占有、使用或者处分的财产。依法监管的财产，指行政机关依照法律规定监督、管理的财产。比如海关依照有关法律、法规，监管进出境的运输工具、货物、行李物品、邮递物品和其他物品，对违反海关法和其他有关法律法规规定的进出境货物、物品予以扣留。依法被查封、扣押、监管的财产，其合法性处于不确定状态，国家法律不能予以确认和保护。因此禁止以依法被查封、扣押、监管的财产抵押。但已经设定抵押的财产被采取查封、扣押等财产保全或者执行措施的，不影响抵押权的效力。

链接《最高人民法院关于适用〈中华人民共和国民法典〉有关担保制度的解释》第5、6条

第四百条 【抵押合同】设立抵押权，当事人应当采用书面形式订立抵押合同。

抵押合同一般包括下列条款：

（一）被担保债权的种类和数额；

（二）债务人履行债务的期限；

（三）抵押财产的名称、数量等情况；

（四）担保的范围。

链接《城市房地产管理法》第50条

第四百零一条 【流押条款的效力】抵押权人在债务履行期限届满前，与抵押人约定债务人不履行到期债务时抵押财产归债权人所有的，只能依法就抵押财产优先受偿。

注释 本条是对禁止流押的规定。

流押，也叫作流押契约、抵押财产代偿条款或流抵契约，是指抵押权人与抵押人约定，当债务人届期不履行债务时，抵押权人有权直接取得抵押财产的所有权的协议。抵押权人在债务履行期届满前，不得与抵押人约定在债务人不履行到期债务时，抵押财产归债权人所有。抵押权人和抵押人订立流押契约，流押条款一律无效。即使是在抵押权实现时订立的实现抵押权协议，也不得出现流押契约。当事人以抵押财产折价方式清偿债务，才是正常的抵押权实现方法。

订立流押条款的，虽然流押条款无效，但是抵押权仍然成立，因而只能依法就抵押财产优先受偿，使债务得到清偿。

在实践中，下列约定也被认为属于流押契约：(1)在借款合同中，订有清偿期限届至而借款人不还款时，贷款人可以将抵押财产自行加以变卖的约定；(2)抵押权人在债权清偿期届满后与债务人另订有延期清偿的合同，在该合同中附以延展的期限内如果仍未能清偿时，就将抵押财产交给债权人经营的约定；(3)债务人以所负担的债务额作为某项不动产的出售价，与债权人订立一个不动产买卖合同，但并不移转该不动产的占有，只是约明在一定的期限内清偿债务以赎回该财产。此种合同虽然在形式上是买卖，实际上是就原有债务设定的抵押权，只不过以回赎期间作为清偿期间罢了。

第四百零二条 【不动产抵押登记】以本法第三百九十五条第一款第一项至第三项规定的财产或者第五项规定的正在建造的建筑物抵押的，应当办理抵押登记。抵押权自登记时设立。

注释 **不动产抵押的设定**

抵押权是担保物权，设定抵押权除了要订立抵押合同之外，对某些不动产设置抵押权还须进行抵押权登记，并且只有经过抵押权登记，才能发生抵押权的效果。本条规定，须登记发生法律效力的抵押权是：(1)建筑物和其他土地附着物；(2)建设用地使用权；(3)海域使用权；(4)正在建造的建筑

物。以这些不动产设置抵押权的,在订立抵押合同之后,应当进行抵押权登记,经过登记之后,抵押权才发生,即抵押权自登记时设立。

不动产抵押合同生效后未办理抵押登记手续,债权人请求抵押人办理抵押登记手续的,人民法院应予支持。不动产登记簿就抵押财产、被担保的债权范围等所作的记载与抵押合同约定不一致的,人民法院应当根据登记簿的记载确定抵押财产、被担保的债权范围等事项。当事人申请办理抵押登记手续时,因登记机构的过错致使其不能办理抵押登记,当事人请求登记机构承担赔偿责任的,人民法院依法予以支持。

案例 中国光大银行股份有限公司上海青浦支行诉上海东鹤房地产有限公司、陈某绮保证合同纠纷案(《最高人民法院公报》2014年第9期)

裁判规则:一、开发商为套取银行资金,与自然人串通签订虚假的预售商品房买卖合同,以该自然人的名义与银行签订商品房抵押贷款合同而获得银行贷款,当商品房买卖合同被依法确认无效后,开发商与该自然人应对银行的贷款共同承担连带清偿责任。

二、预售商品房抵押贷款中,虽然银行与借款人(购房人)对预售商品房做了抵押预告登记,但该预告登记并未使银行获得现实的抵押权,而是待房屋建成交付借款人后银行就该房屋设立抵押权的一种预先的排他性保全。如果房屋建成后的产权未登记至借款人名下,则抵押权设立登记无法完成,银行不能对该预售商品房行使抵押权。

链接《最高人民法院关于适用〈中华人民共和国民法典〉有关担保制度的解释》第46—48条;《城市房地产管理法》第62条

第四百零三条 【动产抵押的效力】以动产抵押的,抵押权自抵押合同生效时设立;未经登记,不得对抗善意第三人。

注释 **动产抵押的设定**

以动产抵押的,例如民法典物权编第三百九十五条规定的生产设备、原材料、半成品、产品、正在建造的船舶、航空器、交通运输工具等,采取登记对抗主义,抵押权自抵押合同生效时设立;未经抵押权登记的,抵押权亦设立,只是不得对抗善意第三人。

未登记的动产抵押权的效力

动产抵押合同订立后未办理抵押登记,动产抵押权的效力按照下列情形分别处理:(1)抵押人转让抵押财产,受让人占有抵押财产后,抵押权人向受让人请求行使抵押权的,人民法院不予支持,但是抵押权人能够举证证明受让人知道或者应当知道已经订立抵押合同的除外;(2)抵押人将抵押财产出租给他人并移转占有,抵押权人行使抵押权的,租赁关系不受影响,但是抵押权人能够举证证明承租人知道或者应当知道已经订立抵押合同的除外;(3)抵押人的其他债权人向人民法院申请保全或者执行抵押财产,人民法院已经作出财产保全裁定或者采取执行措施,抵押权人主张对抵押财产优先受偿的,人民法院不予支持;(4)抵押人破产,抵押权人主张对抵押财产优先受偿的,人民法院不予支持。

链接《最高人民法院关于适用〈中华人民共和国民法典〉有关担保制度的解释》第54条

第四百零四条 【动产抵押权对抗效力的限制】以动产抵押的,不得对抗正常经营活动中已经支付合理价款并取得抵押财产的买受人。

注释 动产抵押采取登记对抗主义,未经登记不得对抗善意第三人,不仅如此,即使办理登记的动产抵押,也不得对抗在正常经营活动中已经支付合理价款并取得抵押财产的买受人。如果在动产抵押过程中,抵押人在与他人进行正常的经营活动,对抵押财产与对方当事人进行交易,对方已经支付了合理价款、取得了该抵押财产的,这些抵押财产就不再是抵押权的客体,抵押权人对其不能主张抵押权。但有下列情形之一的除外:(1)购买商品的数量明显超过一般买受人;(2)购买出卖人的生产设备;(3)订立买卖合同的目的在于担保出卖人或者第三人履行债务;(4)买受人与出卖人存在直接或者间接的控制关系;(5)买受人应当查询抵押登记而未查询的其他情形。出卖人正常经营活动,是指出卖人的经营活动属于其营业执照明确记载的经营范围,且出卖人持续销售同类商品。

链接《最高人民法院关于适用〈中华人民共和国民法典〉有关担保制度的解释》第56条

第四百零五条 【抵押权和租赁权的关系】抵押权设立前,抵押财产已经出租并转移占有的,原租赁关系不受该抵押权的影响。

注释 对抵押权设立之前的抵押财产出租,租赁关系不受抵押权的影响。其条件是:(1)订立抵押合同前抵押财产已经出租;(2)成立租赁合同关系并且已经将租赁物转移占有。如果抵押权设立之前仅成立了租赁合同关系,但是抵押财产并未被承租人占有的,或者抵押权设立之后对抵押财产进行租赁,租赁关系受到抵押权的影响,抵押权实现后,租赁合同对受让人不具有约束力。

链接《城市房地产抵押管理办法》第21条

第四百零六条 【抵押期间抵押财产转让应当遵循的规则】抵押期间,抵押人可以转让抵押财产。当事人另有约定的,按照其约定。抵押财产转让的,抵押权不受影响。

抵押人转让抵押财产的,应当及时通知抵押权人。抵押权人能够证明抵押财产转让可能损害抵押权的,可以请求抵押人将转让所得的价款向抵押权人提前清偿债务或者提存。转让的价款超过债权数额的部分归抵押人所有,不足部分由债务人清偿。

注释 在抵押关系存续期间,抵押人转让抵押财产的,原《物权法》第一百九十一条采取比较严格的规则,即抵押期间,抵押人经抵押权人同意转让抵押财产的,应当将转让所得的价款向抵押权人提前清偿债务或者提存。转让的价款超过债权数额的部分归抵押人所有,不足部分由债务人清偿。抵押期间,抵押人未经抵押权人同意,不得转让抵押财产,但受让人代为清偿债务消灭抵押权的除外。

事实上,在财产上设置抵押权,只要抵押权跟随抵押财产一并移转,就能够保障抵押权人的权利。故民法典在规定抵押期间转让抵押财产的规则时,改变了原《物权法》的上述规定,采纳了从宽的规则,具体为:(1)抵押期间,抵押人可以转让抵押财产,并不加以禁止,只是在转让时应当通知抵押权人。(2)如果当事人对此另有约定的,按照其约定。(3)抵押期间,抵押人将抵押财产转让的,抵押权不受影响,即抵押财产是设有抵押权负担的财产,进行转让时,抵押权随着所有权的转让而转让,取得抵押财产的受让人在取得所有权的同时,也负有抵押人所负担的义务,受到抵押权的约束。(4)抵押权人能够证明抵押财产转让可能损害抵押权的,可以请求抵押人将转让所得的价款向抵押权人提前清偿债务或者提存。转让的价款超过债权数额的部分,归抵押人所有,不足部分由债务人清偿。

当事人约定禁止或者限制转让抵押财产但是未将约定登记,抵押人违反约定转让抵押财产,抵押权人请求确认转让合同无效的,人民法院不予支持;抵押财产已经交付或者登记,抵押权人请求确认转让不发生物权效力的,人民法院不予支持,但是抵押权人有证据证明受让人知道的除外;抵押权人请求抵押人承担违约责任的,人民法院依法予以支持。当事人约定禁止或者限制转让抵押财产且已经将约定登记,抵押人违反约定转让抵押财产,抵押权人请求确认转让合同无效的,人民法院不予支持;抵押财产已经交付或者登记,抵押权人主张转让不发生物权效力的,人民法院应予支持,但是因受让人代替债务人清偿债务导致抵押权消灭的除外。

链接《最高人民法院关于适用〈中华人民共和国民法典〉有关担保制度的解释》第43条

第四百零七条 【抵押权的从属性】抵押权不得与债权分离而单独转让或者作为其他债权的担保。债权转让的,担保该债权的抵押权一并转让,但是法律另有规定或者当事人另有约定的除外。

注释 抵押权不是独立的物权,是附随于被担保的债权的从权利,因而抵押权不得与债权分离而单独转让,也不能作为已经提供担保的债权以外的其他债权的担保。所以,债权转让的,担保该债权的抵押权一并转让,但是法律另有规定或者当事人另有约定的除外,例如民法典物权编第四百二十一条规定,最高额抵押担保的债权确定前,部分债权转让的,最高额抵押权不得转让,只有当事人另有约定的除外。

第四百零八条 【抵押财产价值减少时抵押权人的保护措施】抵押人的行为足以使抵押财产价值减少的,抵押权人有权请求抵押人停止其行为;抵押财产价值减少的,抵押权人有权请求恢复抵押财产的价值,或者提供与减少的价值相应的担保。抵押人不恢复抵押财产的价值,也不提供担保的,抵押权人有权请求债务人提前清偿债务。

注释 本条规定的抵押财产价值减少,均是由于抵押人的行为造成的,即只有在抵押人对抵押财产价值减少有过错时,才按照本条的规定处理。这种侵害行为必须是抵押人的行为,故意和过失、作为与不作为均包括在内。

第四百零九条 【抵押权人放弃抵押权或抵押权顺位的法律后果】抵押权人可以放弃抵押权或者抵押权的顺位。抵押权人与抵押人可以协议变更抵押权顺位以及被担保的债权数额等内容。但是,抵押权的变更未经其他抵押权人书面同意的,不得对其他抵押权人产生不利影响。

债务人以自己的财产设定抵押,抵押权人放弃该抵押权、抵押权顺位或者变更抵押权的,其他担保人在抵押权人丧失优先受偿权益的范围内免除担保责任,但是其他担保人承诺仍然提供担保的除外。

注释 放弃抵押权

抵押权人放弃抵押权,不必经过抵押人的同意。抵押权人放弃抵押权的,抵押权消灭。此时抵押权人变成普通债权人,其债权应当与其他普通债权人按照债权的比例受偿。

抵押权的顺位

抵押权的顺位是抵押权人优先受偿的顺序,作为抵押权人享有的一项利益,抵押权人可以放弃其顺位,即放弃优先受偿的次序利益。抵押权人放弃抵押权顺位的,放弃人处于最后顺位,所有后顺位抵押权人的顺位依次递进。但在放弃人放弃抵押权顺位后新设定的抵押权不受该放弃的影响,其顺位仍应在放弃人的抵押权顺位之后。

抵押权顺位的变更,是指将同一抵押财产上的数个抵押权的清偿顺序互换。抵押权的顺位变更后,各抵押权人只能在其变更后的顺序上行使优先受偿权。抵押权顺位的变更对其他抵押权人产生不利影响时,必须经过他们的书面同意。

第四百一十条 【抵押权实现的方式和程序】债务人不履行到期债务或者发生当事人约定的实现抵押权的情形,抵押权人可以与抵押人协议以抵押财产折价或者以拍卖、变卖该抵押财产所得的价款优先受偿。协议损害其他债权人利益的,其他债权人可以请求人民法院撤销该协议。

抵押权人与抵押人未就抵押权实现方式达成协议的,抵押权人可以请求人民法院拍卖、变卖抵押财产。

抵押财产折价或者变卖的,应当参照市场价格。

注释 抵押权实现的方式

本条提供了三种抵押财产的处理方式供抵押权人与抵押人协议时选择:

(1)折价方式

抵押财产折价,是指在抵押权实现时,抵押权人与抵押人协议,或者协议不成经由人民法院判决,按照抵押财产自身的品质、参考市场价格折算为价款,把抵押财产所有权转移给抵押权人,从而实现抵押权的抵押权实现方式。

(2)拍卖方式

拍卖也称为竞卖,是指以公开竞争的方法将标的物卖给出价最高的买者。拍卖又分为自愿拍卖和强制拍卖两种,自愿拍卖是出卖人与拍卖机构,一般为拍卖行订立委托合同,委托拍卖机构拍卖;强制拍卖是债务人的财产基于某些法定的原因由司法机关如人民法院强制性拍卖。抵押权人与抵押人协议以抵押财产拍卖来实现债权的方式属于第一种方式,双方达成一致意见,即可选择拍卖机构进行拍卖。

(3)变卖方式

变卖的方式就是以拍卖以外的生活中一般的买卖形式出让抵押财产来实现债权的方式。为了保障变卖的价格公允,变卖抵押财产应当参照市场价格。

链接《最高人民法院关于适用〈中华人民共和国民法典〉有关担保制度的解释》第45条

第四百一十一条 【浮动抵押财产的确定】依据本法第三百九十六条规定设定抵押的,抵押财产自下列情形之一发生时确定:

(一)债务履行期限届满,债权未实现;

(二)抵押人被宣告破产或者解散;

(三)当事人约定的实现抵押权的情形;

(四)严重影响债权实现的其他情形。

注释 浮动抵押权在以下情形时确定:

(1)债务履行期限届期,债权未实现:应当对浮动抵押的抵押财产进行确定,不得再进行浮动。

(2)抵押人被宣告破产或者解散:抵押财产必须确定,这种确定称之为自动封押,浮动抵押变为固定抵押,无论浮动抵押权人是否知道该事由的发生或者有没有实现抵押权,都不影响抵押财产的自动确定。

(3)当事人约定的实现抵押权的情形:实现抵押权,抵押的财产必须确定,浮动抵押必须经过确定变为固定抵押,抵押权的实现才有可能。

(4)严重影响债权实现的其他情形:抵押财产也必须确定。例如,抵押人因经营管理不善而导致经营状况恶化或严重亏损,或者抵押人为了逃避债务而故意低价转让财产或隐匿、转移财产,都属于严重影响债权实现的情形。

浮动抵押财产被确定后,变成固定抵押,在抵押权实现的规则上，与普通抵押没有区别。

第四百一十二条 【抵押财产孳息归属】债务人不履行到期债务或者发生当事人约定的实现抵押权的情形，致使抵押财产被人民法院依法扣押的，自扣押之日起，抵押权人有权收取该抵押财产的天然孳息或者法定孳息，但是抵押权人未通知应当清偿法定孳息义务人的除外。

前款规定的孳息应当先充抵收取孳息的费用。

注释 当出现债务人不履行到期债务或者发生当事人约定的实现抵押权情形，致使抵押财产被人民法院依法扣押的，等于抵押权人对抵押财产已经开始主张权利，因而自抵押财产被扣押之日起，抵押权人有权收取该抵押财产的天然孳息或者法定孳息，但是抵押权人未通知应当清偿法定孳息的义务人的除外，故抵押权人自抵押财产被扣押后，如果要收取抵押财产的法定孳息，应当通知清偿法定孳息的义务人。

已经被扣押的孳息，尽管抵押权人可以收取，但是仍然是抵押人的财产，扣押的孳息仍然应当用于清偿抵押权人的债务，实现抵押权人的债权。

链接《最高人民法院关于适用〈中华人民共和国民法典〉有关担保制度的解释》第40条

第四百一十三条 【抵押财产变价款的归属原则】抵押财产折价或者拍卖、变卖后，其价款超过债权数额的部分归抵押人所有，不足部分由债务人清偿。

第四百一十四条 【同一财产上多个抵押权的效力顺序】同一财产向两个以上债权人抵押的，拍卖、变卖抵押财产所得的价款依照下列规定清偿：

（一）抵押权已经登记的，按照登记的时间先后确定清偿顺序；

（二）抵押权已经登记的先于未登记的受偿；

（三）抵押权未登记的，按照债权比例清偿。

其他可以登记的担保物权，清偿顺序参照适用前款规定。

注释 同一财产向两个以上的债权人抵押的，拍卖、变卖抵押财产所得价款的清偿顺位有三项标准：(1)抵押权都已经登记的，按照登记的先后顺序清偿。顺序相同的，按照债权比例清偿。(2)抵押权已经登记的，先于未登记的受偿。已经登记的优先清偿，没有登记的，只能在经过登记的抵押权实现后，以剩余的抵押财产受偿。(3)抵押权未登记的，不具有对抗效力，无优先受偿权，仍按照债权比例清偿。

第四百一十五条 【既有抵押权又有质权的财产的清偿顺序】同一财产既设立抵押权又设立质权的，拍卖、变卖该财产所得的价款按照登记、交付的时间先后确定清偿顺序。

注释 本条是民法典新增条文，是关于抵押权与质权关系的规定。我国立法承认动产抵押，因而可能发生抵押财产被质押或质押财产被抵押的情形。同一财产既设立抵押权又设立质权的，本条规定的清偿顺序是：拍卖、变卖该财产所得的价款，按照登记、交付的时间先后确定清偿顺序。

第四百一十六条 【买卖价款抵押权】动产抵押担保的主债权是抵押物的价款，标的物交付后十日内办理抵押登记的，该抵押权人优先于抵押物买受人的其他担保物权人受偿，但是留置权人除外。

注释 担保人在设立动产浮动抵押并办理抵押登记后又购入或者以融资租赁方式承租新的动产，下列权利人为担保价款债权或者租金的实现而订立担保合同，并在该动产交付后十日内办理登记，主张其权利优先于在先设立的浮动抵押权的，人民法院应予支持：(1)在该动产上设立抵押权或者保留所有权的出卖人；(2)为价款支付提供融资而在该动产上设立抵押权的债权人；(3)以融资租赁方式出租该动产的出租人。买受人取得动产但未付清价款或者承租人以融资租赁方式占有租赁物但是未付清全部租金，又以标的物为他人设立担保物权，上述所列权利人为担保价款债权或者租金的实现而订立担保合同，并在该动产交付后十日内办理登记，主张其权利优先于买受人为他人设立的担保物权的，人民法院应予支持。同一动产上存在多个价款优先权的，人民法院应当按照登记的时间先后确定清偿顺序。

链接《最高人民法院关于适用〈中华人民共和国民法典〉有关担保制度的解释》第57条

第四百一十七条 【抵押权对新增建筑物的效力】建设用地使用权抵押后，该土地上新增的建筑物不属于抵押财产。该建设用地使用权实现抵押权时，应当将该土地上新增的建筑物与建设用地使用权一并处分。但是，新增建筑物所得的价款，抵押权人无权优先受偿。

注释 当事人仅以建设用地使用权抵押，债权人主张抵押权的效力及于土地上已有的建筑物以及正在建造的建筑物已完成部分的,人民法院应予支持。债权人主张抵押权的效力及于正在建造的建筑物的续建部分以及新增建筑物的,人民法院不予支持。当事人以正在建造的建筑物抵押,抵押权的效力范围限于已办理抵押登记的部分。当事人按照担保合同的约定,主张抵押权的效力及于续建部分、新增建筑物以及规划中尚未建造的建筑物的,人民法院不予支持。抵押人将建设用地使用权、土地上的建筑物或者正在建造的建筑物分别抵押给不同债权人的,人民法院应当根据抵押登记的时间先后确定清偿顺序。

链接《最高人民法院关于适用〈中华人民共和国民法典〉有关担保制度的解释》第51条

第四百一十八条 【集体所有土地使用权抵押权的实现效果】以集体所有土地的使用权依法抵押的,实现抵押权后,未经法定程序,不得改变土地所有权的性质和土地用途。

第四百一十九条 【抵押权的存续期间】抵押权人应当在主债权诉讼时效期间行使抵押权;未行使的,人民法院不予保护。

注释 主债权诉讼时效期间届满后,抵押权人主张行使抵押权的,人民法院不予支持;抵押人以主债权诉讼时效期间届满为由,主张不承担担保责任的,人民法院应予支持。主债权诉讼时效期间届满前,债权人仅对债务人提起诉讼,经人民法院判决或者调解后未在民事诉讼法规定的申请执行时效期间内对债务人申请强制执行,其向抵押人主张行使抵押权的,人民法院不予支持。

案例 王某诉李某抵押合同纠纷案(《最高人民法院公报》2017年第7期)

裁判规则:抵押权人在主债权诉讼时效期间未行使抵押权将导致抵押权消灭,而非胜诉权的丧失。抵押权消灭后,抵押人要求解除抵押权登记的,人民法院应当支持。

链接《民法典》第188条;《最高人民法院关于适用〈中华人民共和国民法典〉有关担保制度的解释》第44条

第二节 最高额抵押权

第四百二十条 【最高额抵押规则】为担保债务的履行,债务人或者第三人对一定期间内将要连续发生的债权提供担保财产的,债务人不履行到期债务或者发生当事人约定的实现抵押权的情形,抵押权人有权在最高债权额限度内就该担保财产优先受偿。

最高额抵押权设立前已经存在的债权,经当事人同意,可以转入最高额抵押担保的债权范围。

注释 最高债权额,是指包括主债权及其利息、违约金、损害赔偿金、保管担保财产的费用、实现债权或者实现担保物权的费用等在内的全部债权,但是当事人另有约定的除外。登记的最高债权额与当事人约定的最高债权额不一致的,应当依据登记的最高债权额确定债权人优先受偿的范围。

最高额抵押具有以下特征:(1)最高额抵押是限额抵押。设定抵押时,抵押人与抵押权人协议约定抵押财产担保的最高债权限额,无论将来实际发生的债权如何增减变动,抵押权人只能在最高债权额范围内对抵押财产享有优先受偿权。实际发生的债权超过最高限额的,以抵押权设定时约定的最高债权额为限优先受偿;不及最高限额的,以实际发生的债权额为限优先受偿。(2)最高额抵押是为将来发生的债权提供担保。最高额抵押权设定时,不以主债权的存在为前提,是典型的担保将来债权的抵押权。这里的"将来债权",是指设定抵押时尚未发生,在抵押期间将要发生的债权。(3)最高额抵押所担保的最高债权额是确定的,但实际发生额不确定。设定最高额抵押权时,债权尚未发生,为担保将来债权的履行,抵押人和抵押权人协议确定担保的最高数额,在此额度内对债权担保。(4)最高额抵押是对一定期间内连续发生的债权作担保。这里讲的一定期间,不仅指债权发生的期间,更是指抵押权担保的期间。连续发生的债权,是指所发生的债权次数不确定,且接连发生。

案例 中国工商银行股份有限公司宣城龙首支行诉宣城柏冠贸易有限公司、江苏凯盛置业有限公司等金融借款合同纠纷案(最高人民法院指导案例95号)

裁判规则:当事人另行达成协议将最高额抵押权设立前已经存在的债权转入该最高额抵押担保的债权范围,只要转入的债权数额仍在该最高额抵押担保的最高债权额限度内,即使未对该最高额抵押权办理变更登记手续,该最高额抵押权的效力仍然及于被转入的债权,但不得对第三人产生不利影响。

链接《最高人民法院关于适用〈中华人民共和国民法典〉有关担保制度的解释》第15条

第四百二十一条 【最高额抵押权担保的部分债权转让效力】最高额抵押担保的债权确定前，部分债权转让的，最高额抵押权不得转让，但是当事人另有约定的除外。

第四百二十二条 【最高额抵押合同条款变更】最高额抵押担保的债权确定前，抵押权人与抵押人可以通过协议变更债权确定的期间、债权范围以及最高债权额。但是，变更的内容不得对其他抵押权人产生不利影响。

第四百二十三条 【最高额抵押所担保债权的确定事由】有下列情形之一的，抵押权人的债权确定：

（一）约定的债权确定期间届满；

（二）没有约定债权确定期间或者约定不明确，抵押权人或者抵押人自最高额抵押权设立之日起满二年后请求确定债权；

（三）新的债权不可能发生；

（四）抵押权人知道或者应当知道抵押财产被查封、扣押；

（五）债务人、抵押人被宣告破产或者解散；

（六）法律规定债权确定的其他情形。

第四百二十四条 【最高额抵押的法律适用】最高额抵押权除适用本节规定外，适用本章第一节的有关规定。

第十八章 质 权

第一节 动产质权

第四百二十五条 【动产质权概念】为担保债务的履行，债务人或者第三人将其动产出质给债权人占有的，债务人不履行到期债务或者发生当事人约定的实现质权的情形，债权人有权就该动产优先受偿。

前款规定的债务人或者第三人为出质人，债权人为质权人，交付的动产为质押财产。

第四百二十六条 【禁止出质的动产范围】法律、行政法规禁止转让的动产不得出质。

注释 法律、行政法规未明确规定禁止转让的动产，都可以作为设定质权的标的。法律、行政法规规定禁止流通的动产不得设定质权，例如毒品、管制枪支等。规定禁止转让的动产的依据只能是全国人大及其常委会制定的法律以及国务院制定的行政法规。其他规范性文件，不能作为规定禁止转让动产的依据。

第四百二十七条 【质押合同形式及内容】设立质权，当事人应当采用书面形式订立质押合同。

质押合同一般包括下列条款：

（一）被担保债权的种类和数额；

（二）债务人履行债务的期限；

（三）质押财产的名称、数量等情况；

（四）担保的范围；

（五）质押财产交付的时间、方式。

链接《最高人民法院关于适用〈中华人民共和国民法典〉有关担保制度的解释》第53条

第四百二十八条 【流质条款的效力】质权人在债务履行期限届满前，与出质人约定债务人不履行到期债务时质押财产归债权人所有的，只能依法就质押财产优先受偿。

注释 流质，也称绝押，是指转移质物所有权的预先约定。订立质押合同时，出质人和质权人在合同中不得约定在债务人履行期限届满质权人未受清偿时，将质物所有权转移为债权人所有。当事人在质押合同中约定流质条款的，流质条款无效，但是质押合同还是有效的，因此，只能依法就质押财产优先受偿。

第四百二十九条 【质权的设立】质权自出质人交付质押财产时设立。

注释 质权自出质人交付质押财产时设立。质押合同是要物合同，即实践性合同。在出质人未将质押财产移交于质权人占有前，质权合同不能发生效力。质押财产的占有，即出质人应将质押财产的占有移转给质权人，不局限于现实的移转占有，也包括简易交付或指示交付，但出质人不得以占有改定的方式而继续占有标的物。出质人代质权人占有质押财产的，质权合同不生效。

债权人、出质人与监管人订立三方协议，出质人以通过一定数量、品种等概括描述能够确定范围的货物为债务的履行提供担保，当事人有证据证明监管人系受债权人的委托监管并实际控制该货物的，应当认定质权于监管人实际控制货物之日起设立。监管人违反约定向出质人或者其他人放货、因保管不善导致货物毁损灭失，债权人请求监管人承担违约责任的，人民法院依法予以支持。当事人有证据证明监管人系受出质人委托监管该货物,或者虽然受债权人委托但是未实际履行监管职责,导致货物仍由出质人实际控制的,应当认定质权未设立。债权人可以基于质押合同的约定请求出质人承担违约责任,但是不得超过质权有效设立时出质人应当承担的责任范围。监管人未履行监管职责,债权人请求监管人承担责任的,人民法院依法予以支持。

案例 中国农业发展银行安徽省分行诉张某标、安徽长江融资担保集团有限公司执行异议之诉纠纷案(最高人民法院指导案例54号)

裁判规则:当事人依约为出质的金钱开立保证金专门账户,且质权人取得对该专门账户的占有控制权,符合金钱特定化和移交占有的要求,即使该账户内资金余额发生浮动,也不影响该金钱质权的设立。

链接《最高人民法院关于适用〈中华人民共和国民法典〉有关担保制度的解释》第55条

第四百三十条 【质权人的孳息收取权】质权人有权收取质押财产的孳息,但是合同另有约定的除外。

前款规定的孳息应当先充抵收取孳息的费用。

注释 质权人有权收取质押财产的孳息。孳息不仅包括天然孳息,也包括法定孳息。质权合同另有约定的,按照其约定。不过,质权人收取质物的孳息,并不是取得孳息的所有权,而是取得质物孳息的质权,取得对质物孳息的占有,但质物孳息的所有权仍然归属于出质人。

第四百三十一条 【质权人对质押财产处分的限制及其法律责任】质权人在质权存续期间,未经出质人同意,擅自使用、处分质押财产,造成出质人损害的,应当承担赔偿责任。

第四百三十二条 【质物保管义务】质权人负有妥善保管质押财产的义务;因保管不善致使质押财产毁损、灭失的,应当承担赔偿责任。

质权人的行为可能使质押财产毁损、灭失的,出质人可以请求质权人将质押财产提存,或者请求提前清偿债务并返还质押财产。

注释 妥善保管,即以善良管理人的注意义务加以保管。善良管理人的注意,是指依照一般交易上的观念,认为有相当的知识经验及诚意的人所具有的注意,即以一种善良的心和应当具备的知识来保管质物。如果达不到应当注意的保管标准的,就不是妥善保管。

第四百三十三条 【质押财产保全】因不可归责于质权人的事由可能使质押财产毁损或者价值明显减少,足以危害质权人权利的,质权人有权请求出质人提供相应的担保;出质人不提供的,质权人可以拍卖、变卖质押财产,并与出质人协议将拍卖、变卖所得的价款提前清偿债务或者提存。

注释 在质权存续期间,质权人对质押财产享有保全请求权。因不可归责于质权人的事由可能使质押财产毁损或者价值明显减少,足以危害质权人权利的,质权人可以行使质押财产保全请求权,请求出质人提供相应的担保,以保障自己债权的实现。质权保全权的行使规则是:

(1)质权人不能直接将质押财产加以拍卖或变卖,而须先要求出质人提供相应的担保,如果出质人提供了担保的,质权人不得行使物上代位权。

(2)出质人拒不提供担保时,质权人才能行使物上代位权,拍卖、变卖质押财产;质权人可以自行拍卖、变卖质押财产,无需出质人同意。

(3)质权人对于拍卖或变卖质押财产的价金,应当与出质人协商,作出选择:或者将价金用于提前清偿质权人的债权,或者将价金提存,在债务履行期届满之时再行使质权。

第四百三十四条 【转质】质权人在质权存续期间,未经出质人同意转质,造成质押财产毁损、灭失的,应当承担赔偿责任。

注释 **转质**

转质,是指质权人为自己或他人债务提供担保,将质物再度设定新的质权给第三人的行为。质物的转质可以分成责任转质和承诺转质。

承诺转质,指经出质人同意,质权人在占有的质物上为第三人设定质权的行为。承诺转质是经出质人同意的行为,质权人对因转质权人的过错而造成的损失承担责任,并不因转质而加重法律责任。

责任转质,指质权人不经出质人同意,以自己的责任将质物转质于第三人的行为。责任转质因未经出质人同意将质物转质,不仅要承担质物因转质权人的过失而灭失、毁损的责任,而且要承担转质期间发生的因不可抗力产生的质物的风险责任,其责任要比未转质的情况沉重得多。本条规定属于责任转质的情形。

转质的后果

转质的后果是:(1)转质权担保的债权范围应

当在原质权所担保的债权范围之内，超过的部分不具有优先受偿的效力。(2)转质权的效力优于原质权。

第四百三十五条 【放弃质权】质权人可以放弃质权。债务人以自己的财产出质，质权人放弃该质权的，其他担保人在质权人丧失优先受偿权益的范围内免除担保责任，但是其他担保人承诺仍然提供担保的除外。

案例 黑龙江北大荒投资担保股份有限公司与黑龙江省建三江农垦七星粮油工贸有限责任公司、黑龙江省建三江农垦宏达粮油工贸有限公司等担保合同纠纷案(《最高人民法院公报》2018年第1期)

裁判规则：同一债权上既有人的担保，又有债务人提供的物的担保，债权人与债务人的共同过错致使本应依法设立的质权未设立，保证人对此并无过错的，债权人应对质权未设立承担不利后果。物权法第176条对债务人提供的物保与第三人提供的人保并存时的债权实现顺序有明文规定，保证人对先以债务人的质物清偿债务存在合理信赖，债权人放弃质权损害了保证人的顺位信赖利益，保证人应依物权法第218条的规定在质权人丧失优先受偿权益的范围内免除保证责任。

第四百三十六条 【质物返还与质权实现】债务人履行债务或者出质人提前清偿所担保的债权的，质权人应当返还质押财产。

债务人不履行到期债务或者发生当事人约定的实现质权的情形，质权人可以与出质人协议以质押财产折价，也可以就拍卖、变卖质押财产所得的价款优先受偿。

质押财产折价或者变卖的，应当参照市场价格。

第四百三十七条 【出质人请求质权人及时行使质权】出质人可以请求质权人在债务履行期限届满后及时行使质权；质权人不行使的，出质人可以请求人民法院拍卖、变卖质押财产。

出质人请求质权人及时行使质权，因质权人怠于行使权利造成出质人损害的，由质权人承担赔偿责任。

注释 为了避免质权人怠于行使权利，本条赋予了出质人行使质权的请求权及质权人怠于行使质权的责任。适用本条时应注意：

(1)出质人的质权行使请求权。出质人在债务履行期届满，不能偿还债务时，有权请求质权人及时行使质权，如果质权人经出质人请求后仍不行使的，出质人有权径行到人民法院要求拍卖、变卖质物，以清偿债务。

(2)质权人怠于行使质权的责任。随着市场价格的变化，质物也存在着价格下跌或者意外灭失的风险，因此，一旦债务履行期届满而债务人未清偿债务时，质权人应当及时行使质权，以免给出质人造成损失，出质人也有权请求质权人行使权利。因质权人怠于行使权利致使质物价格下跌，或者发生其他毁损、灭失等情形使质物无法实现其原有的变价额，在此情形下，质权人对于出质人的损失要承担赔偿责任。

链接《最高人民法院关于适用〈中华人民共和国民法典〉有关担保制度的解释》第44条

第四百三十八条 【质押财产变价款归属原则】质押财产折价或者拍卖、变卖后，其价款超过债权数额的部分归出质人所有，不足部分由债务人清偿。

第四百三十九条 【最高额质权】出质人与质权人可以协议设立最高额质权。

最高额质权除适用本节有关规定外，参照适用本编第十七章第二节的有关规定。

注释 最高额质权，是指对于一定期间内连续发生的不特定的债权预定一个限额，由债务人或者第三人提供质物予以担保而设定的特殊质权。根据本条第二款，关于最高额质权的具体的规则，应参照关于动产质权的规定和最高额抵押权的规定确定。

第二节 权利质权

第四百四十条 【可出质的权利的范围】债务人或者第三人有权处分的下列权利可以出质：

(一)汇票、本票、支票；

(二)债券、存款单；

(三)仓单、提单；

(四)可以转让的基金份额、股权；

(五)可以转让的注册商标专用权、专利权、著作权等知识产权中的财产权；

(六)现有的以及将有的应收账款；

(七)法律、行政法规规定可以出质的其他财产权利。

注释 权利质权，是指以所有权以外的依法可转让的债权或者其他财产权利为标的物而设定的质权。权利质权是以所有权以外的财产权为标的物的质权,能够作为权利质权标的物的权利须符合以下几项条件:(1)仅以财产权利为限;(2)必须是依法可以转让的财产权利;(3)必须是不违背现行法规定及权利质权性质的财产权利。权利质权的设定以登记或者权利凭证的交付作为生效要件。

案例 1. 福建海峡银行股份有限公司福州五一支行诉长乐亚新污水处理有限公司、福州市政工程有限公司金融借款合同纠纷案(最高人民法院指导案例 53 号)

裁判规则:1. 特许经营权的收益权可以质押,并可作为应收账款进行出质登记。2. 特许经营权的收益权依其性质不宜折价、拍卖或变卖,质权人主张优先受偿权的,人民法院可以判令出质债权的债务人将收益权的应收账款优先支付质权人。

2. 常州新区工行诉康美公司借款合同纠纷案(《最高人民法院公报》2005 年第 4 期)

裁判规则:根据担保法第七十五条第(四)项规定,以出口退税账户托管的方式贷款,构成出口退税权利质押。贷款人在借款得不到清偿时,有权在借款人的出口退税款中优先受偿。

第四百四十一条 【有价证券质权】以汇票、本票、支票、债券、存款单、仓单、提单出质的,质权自权利凭证交付质权人时设立;没有权利凭证的,质权自办理出质登记时设立。法律另有规定的,依照其规定。

注释 以汇票出质,当事人以背书记载"质押"字样并在汇票上签章,汇票已经交付质权人的,应当认定质权自汇票交付质权人时设立。

存货人或者仓单持有人在仓单上以背书记载"质押"字样,并经保管人签章,仓单已经交付质权人的,应当认定质权自仓单交付质权人时设立。没有权利凭证的仓单,依法可以办理出质登记的,仓单质权自办理出质登记时设立。出质人既以仓单出质,又以仓储物设立担保,按照公示的先后确定清偿顺序;难以确定先后的,按照债权比例清偿。保管人为同一货物签发多份仓单,出质人在多份仓单上设立多个质权,按照公示的先后确定清偿顺序;难以确定先后的,按照债权比例受偿。

案例 中国建设银行股份有限公司广州荔湾支行诉广东蓝粤能源发展有限公司等信用证开证纠纷案(最高人民法院指导案例第 111 号)

裁判规则:1. 提单持有人是否因受领提单的交付而取得物权以及取得何种类型的物权,取决于合同的约定。开证行根据其与开证申请人之间的合同约定持有提单时,人民法院应结合信用证交易的特点,对案涉合同进行合理解释,确定开证行持有提单的真实意思表示。

2. 开证行对信用证项下单据中的提单以及提单项下的货物享有质权的,开证行行使提单质权的方式与行使提单项下货物动产质权的方式相同,即对提单项下货物折价、变卖、拍卖后所得价款享有优先受偿权。

链接《最高人民法院关于适用〈中华人民共和国民法典〉有关担保制度的解释》第 58—60 条

第四百四十二条 【有价证券质权人行使权利的特别规定】汇票、本票、支票、债券、存款单、仓单、提单的兑现日期或者提货日期先于主债权到期的,质权人可以兑现或者提货,并与出质人协议将兑现的价款或者提取的货物提前清偿债务或者提存。

注释 以有价证券为标的设定质权,在质押中会存在两个债权的有效期。一个是票据债权的履行期,另一个是质权担保债权的履行期。本条所指兑现日期,是指汇票、支票、本票、债券、存款单上所记载的票据权利得以实现的日期。

第四百四十三条 【基金份额质权、股权质权】以基金份额、股权出质的,质权自办理出质登记时设立。

基金份额、股权出质后,不得转让,但是出质人与质权人协商同意的除外。出质人转让基金份额、股权所得的价款,应当向质权人提前清偿债务或者提存。

第四百四十四条 【知识产权质权】以注册商标专用权、专利权、著作权等知识产权中的财产权出质的,质权自办理出质登记时设立。

知识产权中的财产权出质后,出质人不得转让或者许可他人使用,但是出质人与质权人协商同意的除外。出质人转让或者许可他人使用出质的知识产权中的财产权所得的价款,应当向质权人提前清偿债务或者提存。

第四百四十五条 【应收账款质权】以应收账款出质的,质权自办理出质登记时设立。

应收账款出质后,不得转让,但是出质人与质权人协商同意的除外。出质人转让应收账款所得的价款,应当向质权人提前清偿债务或者提存。

链接《最高人民法院关于适用〈中华人民共和国民法典〉有关担保制度的解释》第61条

第四百四十六条 【权利质权的法律适用】权利质权除适用本节规定外,适用本章第一节的有关规定。

第十九章 留置权

第四百四十七条 【留置权的定义】债务人不履行到期债务,债权人可以留置已经合法占有的债务人的动产,并有权就该动产优先受偿。

前款规定的债权人为留置权人,占有的动产为留置财产。

注释 **留置权的概念**

留置权,是对于法律规定可以留置的债权,债权人依债权占有属于债务人的动产,在债务人未按照约定的期限履行债务时,债权人有权依法留置该财产,以该财产折价或者以拍卖、变卖的价款优先受偿的法定担保物权。留置权具有以下几项特征:

(1)从属性。留置权依主债权的存在而存在,依主债权的转移而转移,并因主债权的消灭而消灭。

(2)法定性。留置权只能直接依据法律的规定发生,不能由当事人自由设定。只要债务人不履行到期债务,债权人即可以依照法律规定留置已经合法占有的债务人的动产,并在满足法律规定的条件的情况下,折价或者拍卖、变卖留置财产以受偿。

(3)不可分性。留置权的不可分性表现为:一是留置权所担保的是债权的全部,而不是部分;二是留置权的效力及于债权人所留置的全部留置财产,留置权人可以对留置财产的全部行使留置权,而不是部分。只要债权未受全部清偿,留置权人就可以对全部留置财产行使权利,不受债权分割或者部分清偿以及留置财产分割的影响。当然,为了公平起见,依据本法第四百五十条,留置财产为可分物的,债权人留置的财产的价值应当相当于债务的金额,而不应留置其占有的债务人的全部动产。

留置权成立条件

(1)债权人已经合法占有债务人的动产。第一,留置权的标的物只能是动产,债权人占有的不动产上不能成立留置权。第二,债权人必须占有动产。债权人的这种占有可以是直接占有,也可以是间接占有。但单纯的持有不能成立留置权,如占有辅助人虽持有动产,却并非占有人,因此不享有留置权。第三,债权人必须基于合法原因而占有债务人动产,如基于承揽、运输、保管合同的约定而取得动产的占有。如果不是合法占有的债务人的动产,不得留置,如债权人以侵权行为占有的债务人的动产。

(2)债权人占有的动产,应当与债权属于同一法律关系,但企业之间留置的除外。

(3)债务人不履行到期债务。债权人对已经合法占有的动产,并不能当然成立留置权,留置权的成立还须以债权已届清偿期而债务人未全部履行为要件。

第四百四十八条 【留置财产与债权的关系】债权人留置的动产,应当与债权属于同一法律关系,但是企业之间留置的除外。

注释 所谓"同一法律关系",是指动产的占有和债权的发生之间有关联,动产的占有与债权的发生均基于同一法律关系。同一法律关系不以合同关系为限,合同关系以外的其他法律关系,诸如因不当得利、无因管理、侵权行为而发生的债权关系,若与动产的占有之间存在关联,亦属于存在同一法律关系。

案例 **长三角商品交易所有限公司诉卢某云返还原物纠纷案**(《最高人民法院公报》2017年第1期)

裁判规则:留置权是平等主体之间实现债权的担保方式;除企业之间留置的以外,债权人留置的动产,应当与债权属于同一法律关系。

劳动关系主体双方在履行劳动合同过程中处于管理与被管理的不平等关系。劳动者以用人单位拖欠劳动报酬为由,主张对用人单位供其使用的工具、物品等动产行使留置权,因此类动产不是劳动合同关系的标的物,与劳动债权不属于同一法律关系,故人民法院不予支持该主张。

链接《最高人民法院关于适用〈中华人民共和国民法典〉有关担保制度的解释》第62条

第四百四十九条 【留置权适用范围的限制性规定】法律规定或者当事人约定不得留置的动产,不得留置。

第四百五十条 【可分留置物】留置财产为可分物的,留置财产的价值应当相当于债务的金额。

链接《最高人民法院关于适用〈中华人民共和国民法典〉有关担保制度的解释》第38条

第四百五十一条　【留置权人保管义务】留置权人负有妥善保管留置财产的义务;因保管不善致使留置财产毁损、灭失的,应当承担赔偿责任。

注释 本条是关于留置权人保管义务的规定。有几点需要注意:

(1)这里的"妥善保管",理论上是指留置权人应当以善良管理人的注意保管留置财产。留置权人对保管未予以善良管理人之注意的,即为保管不善。而在实际中应当依据一般交易上的观念,以一个有知识有经验的理性人所应具有的标准来加以衡量。

(2)对留置权人保管义务的责任实行过错推定。只要留置物毁损、灭失,而留置权人又不能证明自己对留置物进行了妥善保管的,就应承担赔偿责任;若留置权人能够证明自己已尽必要的注意并采取适当的措施进行了妥善保管,则其不承担赔偿责任。

(3)妥善保管留置物是留置权人的法定义务,原则上未经债务人同意,不得使用、出租留置财产或者擅自把留置财产作为其他债权的担保物。但是,留置权人出于保管的需要,为使留置财产不因闲置而生损害,在必要的范围内有使用留置财产的权利,如适当使用留置的机动车或者机械以防止其生锈。

第四百五十二条　【留置财产的孳息收取】留置权人有权收取留置财产的孳息。

前款规定的孳息应当先充抵收取孳息的费用。

注释 留置权人对收取的孳息只享有留置权,并不享有所有权。留置财产孳息抵充债权清偿顺序的一般规则是:先抵充收取孳息的费用,次及利息,然后是原债权。

第四百五十三条　【留置权的实现】留置权人与债务人应当约定留置财产后的债务履行期限;没有约定或者约定不明确的,留置权人应当给债务人六十日以上履行债务的期限,但是鲜活易腐等不易保管的动产除外。债务人逾期未履行的,留置权人可以与债务人协议以留置财产折价,也可以就拍卖、变卖留置财产所得的价款优先受偿。

留置财产折价或者变卖的,应当参照市场价格。

第四百五十四条　【债务人请求留置权人行使留置权】债务人可以请求留置权人在债务履行期限届满后行使留置权;留置权人不行使的,债务人可以请求人民法院拍卖、变卖留置财产。

注释 值得注意的是,本条规定的"债务履行期限届满"无宽限期的限制。也就是说,债务履行期届满,留置权成立后,债务履行的宽限期届满前,债务人可以要求留置权人行使留置权。留置权人不行使的,债务人可以请求人民法院对留置财产拍卖、变价,从而清偿债务。

第四百五十五条　【留置权实现方式】留置财产折价或者拍卖、变卖后,其价款超过债权数额的部分归债务人所有,不足部分由债务人清偿。

第四百五十六条　【留置权优先于其他担保物权效力】同一动产上已经设立抵押权或者质权,该动产又被留置的,留置权人优先受偿。

注释 本条是关于留置权与抵押权或者质权关系的规定。适用本条应注意:在同一动产上,无论留置权是产生于抵押权或者质权之前,还是产生于抵押权或者质权之后,留置权的效力都优先于抵押权或者质权。也就是说,留置权对抵押权或者质权的优先效力不受其产生时间的影响。

第四百五十七条　【留置权消灭】留置权人对留置财产丧失占有或者留置权人接受债务人另行提供担保的,留置权消灭。

第五分编　占　有

第二十章　占　有

第四百五十八条　【有权占有法律适用】基于合同关系等产生的占有,有关不动产或者动产的使用、收益、违约责任等,按照合同约定;合同没有约定或者约定不明确的,依照有关法律规定。

注释 占有是指占有人对物具有事实上的管领和控制的状态。导致占有发生的法律关系多种多样:一种是有权占有,主要指基于合同等债的关系而产生的占有,例如根据运输或者保管合同,承运人或者保管人对托运或者寄存货物发生的占有;一种是无权占有,主要发生在占有人对不动产或者动产的占有无正当法律关系,或者原法律关系被撤销或者无效时占有人对占有物的占有,包括误将他人之物认为己有或者借用他人之物到期不还等。

第四百五十九条　【恶意占有人的损害赔偿责任】占有人因使用占有的不动产或者动产,致使该不动产或者动产受到损害的,恶意占有人应当承担赔偿责任。

第四百六十条 【权利人的返还请求权和占有人的费用求偿权】不动产或者动产被占有人占有的，权利人可以请求返还原物及其孳息；但是，应当支付善意占有人因维护该不动产或者动产支出的必要费用。

注释 第一，无论是善意占有人还是恶意占有人，对于权利人都负有返还原物及其孳息的义务；第二，返还原物及其孳息之后，善意占有人对于因维护该不动产或者动产而支出的必要费用，可以要求权利人返还，而恶意占有人无此项请求权。

值得注意的是，善意占有人求偿权的范围限于必要费用。必要费用是指因保存、管理占有物所必需支出的费用。如占有物的维修费、饲养费等。

第四百六十一条 【占有物毁损或者灭失时占有人的责任】占有的不动产或者动产毁损、灭失，该不动产或者动产的权利人请求赔偿的，占有人应当将因毁损、灭失取得的保险金、赔偿金或者补偿金等返还给权利人；权利人的损害未得到足够弥补的，恶意占有人还应当赔偿损失。

注释 本条是对占有物毁损、灭失代位物返还责任的规定。

占有的不动产或者动产毁损、灭失，不论是因不可抗力，还是被遗失或者盗窃，其责任规则是：

(1)如果该不动产或者动产即占有物的权利人请求赔偿的，占有人应当将因毁损、灭失取得的保险金、赔偿金或者补偿金等代位物如数返还给权利人，对此，不论是善意占有人还是恶意占有人，均负此责任。

(2)占有物因毁损、灭失取得的保险金、赔偿金或者补偿金全部返还权利人，权利人的损害未得到足够弥补的，恶意占有人应当承担赔偿损失的责任，善意占有人不负此责任。

第四百六十二条 【占有保护的方法】占有的不动产或者动产被侵占的，占有人有权请求返还原物；对妨害占有的行为，占有人有权请求排除妨害或者消除危险；因侵占或者妨害造成损害的，占有人有权依法请求损害赔偿。

占有人返还原物的请求权，自侵占发生之日起一年内未行使的，该请求权消灭。

注释 占有保护请求权，是占有人对占有的公力救济，即请求国家有权机关通过运用国家强制力来保护其占有。具体的请求权是：

(1)返还原物请求权。占有物返还请求权发生于占有物被侵夺的情形。此种侵夺占有而构成的侵占，是指非基于占有人的意思，采取违法的行为使其丧失对物的控制与支配。需要注意的是，非因他人的侵夺而丧失占有的，如因受欺诈或者胁迫而交付的，不享有占有物返还请求权。此外，还需说明一点，即本条所规定占有物返还请求权的要件之一为侵占人的行为必须是造成占有人丧失占有的直接原因，否则不发生依据本条规定而产生的占有物返还请求权。例如，遗失物之拾得人，虽然拾得人未将遗失物交送有关机关而据为己有，但此种侵占非本条所规定的情形。拾得人将遗失物据为已有的行为，并非失主丧失占有的直接原因(失主最初丧失对物的占有，可能是由于疏忽大意遗忘物品等)，因此失主对于拾得人不得依占有物返还请求权为据提起诉讼，而应依其所有权人的地位提请行使返还原物请求权。

(2)排除妨害请求权。当占有人的占有被妨害时，占有人有权行使排除妨害请求权。排除妨害的费用应由妨害人负担。占有人自行除去妨害的，其费用可依无因管理的规定向相对人请求偿还。

(3)消除危险请求权。消除危险请求权中的危险，应为具体的事实的危险；对于一般抽象的危险，法律不加以保护。具体的事实的危险，指其所用的方法，使外界感知对占有的妨害。例如违反建筑规则建设高危建筑、接近邻地开掘地窖等产生对邻地的危险。

(4)损害赔偿请求权。因侵占或者妨害占有人的占有，造成损害的，占有人有权请求侵害人承担损害赔偿责任。

……

第七编 侵权责任

第一章 一般规定

第一千一百六十四条 【侵权责任编的调整范围】本编调整因侵害民事权益产生的民事关系。

注释 在《民法典》中，侵权责任编是专门调整侵权责任法律关系的规范。侵权行为发生后，在侵权人和被侵权人之间发生侵权责任法律关系，被侵权人是侵权责任法律关系的请求权人，是权利主体，侵权人是责任主体，负担满足被侵权人侵权责任请求权的责任。侵权责任编就是调整这种法律关系的专门法。

侵权责任保护的范围是:

1. 所有的民事权利都受侵权责任编保护。按照《民法典》第五章规定的民事权利,即人格权、身份权、物权、债权、知识产权、继承权和股权及其他投资性权利,都在侵权责任的保护之中。

2. 法律保护的民事利益即法益。包括一般人格权保护的其他人格利益、胎儿的人格利益、死者的人格利益、其他身份利益和其他财产利益。这些都由侵权责任予以保护。

这些民事权益受到侵害,产生侵权责任法律关系,被侵权人可以行使请求权,侵权人应当承担侵权责任,救济损害。

第一千一百六十五条 【过错责任原则与过错推定责任】行为人因过错侵害他人民事权益造成损害的,应当承担侵权责任。

依照法律规定推定行为人有过错,其不能证明自己没有过错的,应当承担侵权责任。

注释 过错责任是指造成损害并不必然承担赔偿责任,必须要看行为人是否有过错,有过错有责任,无过错无责任。在过错责任原则下,只要同时满足以下条件,行为人就应承担侵权责任:一是行为人实施了某一行为。二是行为人行为时有过错。过错分为故意和过失。故意是指行为人预见到自己的行为会导致某一损害后果而希望或者放任该后果发生的一种主观心理状态。过失是指行为人因疏忽或者轻信而使自己未履行应有注意义务的一种心理状态。故意与过失的主要区别是:故意表现为行为人对损害后果的追求、放任心态,而过失表现为行为人不希望、不追求、不放任损害后果的心态。三是受害人的民事权益受到损害。四是行为人的行为与受害人的损害之间有因果关系。因果关系是指行为人的行为作为原因,损害事实作为结果,在二者之间存在的前者导致后者发生的客观联系。

在过错责任原则中,通常由受害人证明行为人是否有过错,但在一些情况下也适用过错推定。所谓过错推定,是指根据法律规定推定行为人有过错,行为人不能证明自己没有过错的,应当承担侵权责任。

案例 1. 刘某莲、郭某丽、郭某双诉孙某、河南兰庭物业管理有限公司信阳分公司生命权纠纷案(最高人民法院指导案例142号)

裁判规则:行为人为了维护因碰撞而受伤害一方的合法权益,劝阻另一方不要离开碰撞现场且没有超过合理限度的,属于合法行为。被劝阻人因自身疾病发生猝死,其近亲属请求行为人承担侵权责任的,人民法院不予支持。

2. 北京兰世达光电科技有限公司、黄某兰诉赵某名誉权纠纷案(最高人民法院指导案例143号)

裁判规则:(1)认定微信群中的言论构成侵犯他人名誉权,应当符合名誉权侵权的全部构成要件,还应当考虑信息网络传播的特点并结合侵权主体、传播范围、损害程度等具体因素进行综合判断。

(2)不特定关系人组成的微信群具有公共空间属性,公民在此类微信群中发布侮辱、诽谤、污蔑或者贬损他人的言论构成名誉权侵权,应当依法承担法律责任。

第一千一百六十六条 【无过错责任】行为人造成他人民事权益损害,不论行为人有无过错,法律规定应当承担侵权责任的,依照其规定。

注释 非过错责任原则是指不以行为人的过错为要件,只要其活动或者所管理的人或者物损害了他人的民事权益,除非有法定的免责事由,行为人就要承担侵权责任。适用无过错责任原则的意义在于加重行为人的责任,及时救济受害人,使其损害赔偿请求权更容易实现。

非过错责任的构成要件有三个:一是行为;二是受害人的损害;三是行为与损害之间具有因果关系。具备这三个要件,构成侵权责任。行为人如果能够证明损害是受害人自己故意造成的,则免除侵权责任。

第一千一百六十七条 【危及他人人身、财产安全的责任承担方式】侵权行为危及他人人身、财产安全的,被侵权人有权请求侵权人承担停止侵害、排除妨碍、消除危险等侵权责任。

注释 民事权益保全请求权,是指侵权行为危及人身、财产安全时,被侵权人对侵权人享有停止侵害、排除妨碍、消除危险等请求权。这几种侵权责任的适用条件,都是侵权行为危及他人人身、财产安全,尚未造成实际损害的情形。事实上,即使这种侵权行为已经造成了受害人的损害,除了损害赔偿之外,被侵权人也可以请求这些救济方法。

侵权行为危及人身、财产安全,停止侵害就是保全请求权。在发生这种情况时，向法院请求停止侵害，法院裁判停止侵害，就是禁止行为人继续实施侵权行为。排除妨碍、消除危险其实也是保全请求权的具体措施，是在侵权行为实施中，虽然没有造成损害，但是造成了妨碍，或者存在权利损害的危险，要在停止侵害的基础上，排除对权利构成妨碍的行为，消除权利受到损害的危险。

第一千一百六十八条 【共同侵权】二人以上共同实施侵权行为，造成他人损害的，应当承担连带责任。

注释 共同侵权行为，是指二人以上基于主观的或者客观的意思联络，共同实施侵权行为造成他人损害，应当承担连带赔偿责任的多数人侵权行为。构成共同侵权行为，应当承担连带赔偿责任。

构成共同侵权行为需要满足以下几个要件：一是主体的复数性。二是共同实施侵权行为。这一要件中的"共同"主要包括三层含义：其一，共同故意。其二，共同过失。"共同过失"主要是数个行为人共同从事某种行为，基于共同的疏忽大意，造成他人损害。其三，故意行为与过失行为相结合。三是侵权行为与损害后果之间具有因果关系。四是受害人具有损害，且该损害不可分割。

案例 **重庆市人民政府、重庆两江志愿服务发展中心诉重庆藏金阁物业管理有限公司、重庆首旭环保科技有限公司生态环境损害赔偿、环境民事公益诉讼案**（最高人民法院指导案例130号）

裁判规则：取得排污许可证的企业，负有确保其排污处理设备正常运行且排放物达到国家和地方排放标准的法定义务，委托其他单位处理的，应当对受托单位履行监管义务；明知受托单位违法排污不予制止甚或提供便利的，应当对环境污染损害承担连带责任。

污染者向水域排污造成生态环境损害，生态环境修复费用难以计算的，可以根据环境保护部门关于生态环境损害鉴定评估有关规定，采用虚拟治理成本法对损害后果进行量化，根据违法排污的污染物种类、排污量及污染源排他性等因素计算生态环境损害量化数额。

链接《最高人民法院关于审理旅游纠纷案件适用法律若干问题的规定》第14条

第一千一百六十九条 【教唆侵权、帮助侵权】教唆、帮助他人实施侵权行为的，应当与行为人承担连带责任。

教唆、帮助无民事行为能力人、限制民事行为能力人实施侵权行为的，应当承担侵权责任；该无民事行为能力人、限制民事行为能力人的监护人未尽到监护职责的，应当承担相应的责任。

注释 教唆行为，是指对他人进行开导、说服，或通过刺激、利诱、怂恿等方法使该他人从事侵权行为。教唆行为只能以积极的作为方式做出，消极的不作为不能成立教唆行为，教唆行为可以通过口头、书面或其他形式加以表达，可以公开进行也可以秘密进行，可以当面教唆也可以通过别人传信的方式间接教唆。

帮助行为，是指给予他人以帮助，如提供工具或者指导方法，以便使该他人易于实施侵权行为。帮助行为通常是以积极的作为方式做出，但具有作为义务的人故意不作为时也可能构成帮助行为。帮助的内容可以是物质上的，也可以是精神上的，可以在行为人实施侵权行为前，也可以在实施过程中。一般认为，教唆行为与帮助行为的区别在于：教唆行为的特点是教唆人本人不亲自实施侵权行为，而是唆使他人产生侵权意图并实施侵权行为或危险行为；而帮助行为可能并不对加害行为起决定性作用，只是对加害行为起促进作用。

第一千一百七十条 【共同危险行为】二人以上实施危及他人人身、财产安全的行为，其中一人或者数人的行为造成他人损害，能够确定具体侵权人的，由侵权人承担责任；不能确定具体侵权人的，行为人承担连带责任。

注释 共同危险行为，是指数人的危险行为对他人的合法权益造成了某种危险，但对于实际造成的损害又无法查明是危险行为中的何人所为，法律为保护被侵权人的利益，将数个行为人视为侵权行为人。对于共同危险行为的免责事由，只有在确定具体侵权人的情形下，其他行为人才可以免除责任。

构成共同危险行为应当满足下列几个要件：一是二人以上实施危及他人人身、财产安全的行为，行为主体是复数。二是其中一人或者数人的行为造成他人损害。三是不能确定具体侵权人。在共同危险行为制度中，数个行为人实施的危险行为在时间上、空间上存在耦合性，事实上只有部分行为人的行为造成了损害后果，但是，由于受害人无法掌握各个行为人的行为动机、行为方式等证据,无法准确判断哪个行为才是真正的加害行为,为了保护受害人的合法权益,降低受害人的举证难度,避免其因不能指认真正侵权人而无法行使请求权,同时由于每个行为人都实施了危险行为,在道德上具有可责难性,所以规定由所有实施危险行为的人承担连带责任是合理的。如果受害人能够指认或者法院能够查明具体侵权人,就不能适用本条规定,只能要求具体侵权人承担侵权责任。

第一千一百七十一条　【分别侵权的连带责任】二人以上分别实施侵权行为造成同一损害,每个人的侵权行为都足以造成全部损害的,行为人承担连带责任。

注释 适用本条规定需要符合以下构成要件:一是二人以上分别实施侵权行为。行为主体的复数性仍然是最基本的条件,每个人的行为都必须是侵权行为。二是造成同一损害后果。“同一损害”指数个侵权行为所造成的损害的性质是相同的,都是身体伤害或者财产损失,并且损害内容具有关联性。如甲的侵权行为造成了丙左腿受伤,乙的侵权行为也造成了丙左腿受伤。如果乙的侵权行为造成了丙右腿受伤,那么,甲、乙两人的侵权行为造成的就不是同一损害,而是不同损害。三是每个人的侵权行为都足以造成全部损害。判断每个侵权行为是否足以造成全部损害是适用本条的关键。本条中的“足以”并不是指每个侵权行为都实际上造成了全部损害,而是指即便没有其他侵权行为的共同作用,独立的单个侵权行为也有可能造成全部损害。如甲、乙两个人分别从不同方向向同一房屋放火,将该房屋烧毁,根据两个方向的火势判断,即使不存在另一把火,其中的任何一把火都有可能使整栋房屋烧毁,此即每把火都“足以”烧毁整栋房屋。

第一千一百七十二条　【分别侵权的按份责任】二人以上分别实施侵权行为造成同一损害,能够确定责任大小的,各自承担相应的责任;难以确定责任大小的,平均承担责任。

注释 适用本条规定应当符合下列构成要件:一是二人以上分别实施侵权行为。这一要件与本法第1171条中“二人以上分别实施侵权行为”的含义相同,要求数个侵权行为相互之间是独立的,不存在应当适用第1168条共同侵权制度的情形。二是造成同一损害后果。这一要件与本法第1171条中“造成同一损害”的含义也是一样的。本条与本法第1171条同属分别侵权制度,但在构成要件上有所不同,第1171条的构成要件更加严格,要求“每个人的侵权行为都足以造成全部损害”。

第一千一百七十三条　【与有过错】被侵权人对同一损害的发生或者扩大有过错的,可以减轻侵权人的责任。

注释 被侵权人对于损害的发生或者扩大也有过错的,让侵权人承担全部赔偿责任,有失公允。因此,侵权人可以被侵权人的过错为主张进行抗辩,要求减轻自己的侵权责任,主要是减少损害赔偿的数额。在学理上一般称为“与有过失”或“过失相抵”。

链接《水污染防治法》第96条第3款;《电力法》第60条第2款;《道路交通安全法》第76条第1款第2项

第一千一百七十四条　【受害人故意】损害是因受害人故意造成的,行为人不承担责任。

注释 受害人故意造成损害,是指受害人明知自己的行为会发生损害自己的后果,而希望或者放任此种结果的发生。受害人故意分为直接故意和间接故意。直接故意是指受害人从主观上追求损害自己的结果发生,例如受害人摸高压线自杀;间接故意是指受害人已经预见到自己的行为可能发生损害自己的结果,虽不直接追求损害结果的发生,但也不停止该行为,而是放任损害结果的发生,例如受害人盗割高压线,导致自己伤亡。

本条规定对行为人免责,是指损害完全是因为受害人的故意造成的,即受害人故意的行为是其损害发生的唯一原因。如果有证据证明损害是由于受害人的故意造成,但也有证据证明行为人对损害的发生也有故意或者重大过失的,应适用本法第1173条关于与有过失的规定。

链接《道路交通安全法》第76条第2款;《水污染防治法》第96条第3款;《铁路法》第58条;《电力法》第60条

第一千一百七十五条　【第三人过错】损害是因第三人造成的,第三人应当承担侵权责任。

注释 第三人原因也叫第三人过错,是指受害人和加害人对于损害的发生没有过错,受害人的损害完全是第三人的过错行为造成的,应当由第三人承担侵权责任的免责事由。第三人的过错包括故意和过失。第三人与被告不存在任何隶属关系,比如用人单位的工作人员在工作过程中造成他人损害的,用人单位不能以其工作人员作为第三人,提出“第三人过错”的抗辩。用人单位应当对工作人员造成的损害,承担替代责任。

第三人原因的特征是:(1)过错的主体是第三人;(2)第三人与当事人特别是行为人之间没有过错联系;(3)第三人的过错是损害发生的全部原因;(4)是免责事由,行为人不承担责任。

第三人原因作为免责事由,是一般性的免责事由,但是法律有特别规定的,应当适用特别规定。例如,《民法典》第1198条第2款、第1204条、第1233条、第1250条等都规定了第三人原因的特别规则,因而不适用本条规定。

第一千一百七十六条 【自甘风险】自愿参加具有一定风险的文体活动,因其他参加者的行为受到损害的,受害人不得请求其他参加者承担侵权责任;但是,其他参加者对损害的发生有故意或者重大过失的除外。

活动组织者的责任适用本法第一千一百九十八条至第一千二百零一条的规定。

注释 自甘风险也叫危险的自愿承担,本条是我国第一次确认自甘风险为免责事由。其构成要件是:(1)组织者组织的文体活动有一定的风险,例如蹦极;(2)受害人对该危险有意识,但是自愿参加;(3)受害人参加此活动,因其他参加者的行为造成损害;(4)组织者、其他参加者没有故意或者过失,例如参加足球比赛活动受到参加者的损害。

案例 宋某祯诉周某身体权纠纷案[人民法院贯彻实施民法典典型案例(第一批)]

裁判规则:竞技体育运动不同于一般的生活领域,主要目的即为争胜,此类运动具有对抗性、人身危险性的特点,参与者均处于潜在危险中,既是危险的潜在制造者,也是危险的潜在承担者。羽毛球运动系典型的对抗性体育竞赛,除扭伤、拉伤等常规风险外,更为突出的风险即在于羽毛球自身体积小、密度大、移动速度快,运动员如未及时作出判断即会被击中,甚至击伤。宋某祯作为多年参与羽毛球运动的爱好者,对于自身和其他参赛者的能力以及此项运动的危险和可能造成的损害,应当有所认知和预见,而宋某祯仍自愿参加比赛,将自身置于潜在危险之中,属于自甘冒险的行为。依照《民法典》第1176条第1款,在此情形下,只有周某对宋某祯受伤的损害后果存在故意或重大过失时,才需承担侵权损害赔偿责任。本案中,周某杀球进攻的行为系该类运动的正常技术动作,周某并不存在明显违反比赛规则的情形,不应认定其存在重大过失,且现行法律未就本案所涉情形适用公平责任予以规定,故宋某祯无权主张周某承担赔偿责任或分担损失。

第一千一百七十七条 【自力救济】合法权益受到侵害,情况紧迫且不能及时获得国家机关保护,不立即采取措施将使其合法权益受到难以弥补的损害的,受害人可以在保护自己合法权益的必要范围内采取扣留侵权人的财物等合理措施;但是,应当立即请求有关国家机关处理。

受害人采取的措施不当造成他人损害的,应当承担侵权责任。

注释 本条为新增条文,明确当受害人的合法权益受到侵害,情况紧迫且不能及时获得国家机关保护,不立即采取措施将使其合法权益受到难以弥补的损害的,受害人可以在保护自己合法权益的必要范围内采取扣留侵权人的财物等合理措施,此为法律或社会公德所认可,受害人因为采取自助行为而使侵权人的权益受到侵害的,无需承担侵权责任。但是当紧急情况解除,受害人权益得到保障后,则受害人应当立即请求有关国家机关处理。

需要注意的是,受害人采取的措施应当在必要范围内,如果因其采取的措施不当造成他人损害的,仍应当承担相应的侵权责任。

第一千一百七十八条 【特别规定优先适用】本法和其他法律对不承担责任或者减轻责任的情形另有规定的,依照其规定。

注释《民法典》规定的免责事由,主要集中在总则编,如第180条规定的不可抗力、第181条规定的正当防卫、第182条规定的紧急避险、第184条规定的紧急救助行为,都是免责事由和减责事由,都可以适用于侵权责任编,作为侵权责任的免责事由或者减责事由。

其他法律规定的免责事由,是指《民法典》之外的其他民事法律或者非民事法律中规定的有关侵权责任的免责事由和减责事由。例如,《道路交通安全法》规定了道路交通事故责任的免责事由;《民用航空法》规定了承运人的免责事由和减责事由;《铁路法》规定了铁路运输企业的免责事由;《产品质量法》规定了产品责任的免责事由。在侵权责任纠纷的法律适用中,都属于特别法规定的免责事由或者减责事由。

链接《民法典》第180—182、184条

第二章 损害赔偿

第一千一百七十九条 【人身损害赔偿范围】 侵害他人造成人身损害的,应当赔偿医疗费、护理费、交通费、营养费、住院伙食补助费等为治疗和康复支出的合理费用,以及因误工减少的收入。造成残疾的,还应当赔偿辅助器具费和残疾赔偿金;造成死亡的,还应当赔偿丧葬费和死亡赔偿金。

注释 医疗费包括挂号费、检查费、药费、治疗费、康复费等费用。既包括已经发生的费用,也包括将来确定要发生的费用。护理费是指受害人因受到损害导致生活不能自理,需要有人进行护理而产生的费用支出。一般根据护理人员的收入状况、护理人数、护理期限确定。交通费是指受害人及其必要的陪护人员因就医或者转院所实际发生的用于交通的费用。营养费是对受到伤害的人在治疗和康复期间需要补充营养的费用。因误工减少的收入是指受害人由于受到伤害,无法从事正常工作或者劳动而失去或者减少的工作、劳动收入。残疾生活辅助器具费是指受害人因残疾而造成身体功能全部或者部分丧失后需要配制补偿功能的残疾辅助器具的费用。残疾赔偿金实际上是对受到伤害造成残疾丧失劳动能力而失去的劳动收入的赔偿,我国不采取实际赔偿的方法,而采用一般赔偿20年损失的一次性赔偿方法。

受害人因伤害造成死亡的,还应当赔偿丧葬费和死亡赔偿金。丧葬费是对死者丧葬所应支付的财产损失,按照受诉法院所在地上一年度职工月平均工资标准,以6个月总额计算。对死亡赔偿金也是采取一次性赔偿20年的固定标准计算。

链接《产品质量法》第44条;《消费者权益保护法》第49条;《最高人民法院关于审理人身损害赔偿案件适用法律若干问题的解释》第6—22条;《最高人民法院关于适用〈中华人民共和国侵权责任法〉若干问题的通知》四

第一千一百八十条 【以相同数额确定死亡赔偿金】 因同一侵权行为造成多人死亡的,可以以相同数额确定死亡赔偿金。

注释 这里需要注意几点:1. 以相同数额确定死亡赔偿金并非确定死亡赔偿金的一般方式,若分别计算死亡赔偿金较为容易,可以不采用这种方式。2. 根据本法的规定,以相同数额确定死亡赔偿金原则上仅适用于因同一侵权行为造成多人死亡的案件。3. 本条特别强调,对因同一侵权行为造成多人死亡的,只是"可以"以相同数额确定死亡赔偿金,而不是任何因同一侵权行为造成多人死亡的案件都"必须"或者"应当"以相同数额确定死亡赔偿金。法院可以根据具体案情,综合考虑各种因素后决定。实践中,原告的态度也是一个重要考虑因素,多数原告主动请求以相同数额确定死亡赔偿金的,当然可以;原告没有主动请求,但多数原告对法院所提以相同数额确定的死亡赔偿金方案没有异议的,也可以适用这种方式。4. 以相同数额确定死亡赔偿金的,原则上不考虑受害人的年龄、收入状况等个人因素。这里还需强调一点,本条只是规定,因同一侵权行为造成多人死亡的,可以对"死亡赔偿金"以相同数额确定,对死者在死亡前产生的医疗费、护理费等合理费用支出以及丧葬费支出,宜根据实际支出情况单独计算,损失多少,赔偿多少。

第一千一百八十一条 【被侵权人死亡时请求权主体的确定】 被侵权人死亡的,其近亲属有权请求侵权人承担侵权责任。被侵权人为组织,该组织分立、合并的,承继权利的组织有权请求侵权人承担侵权责任。

被侵权人死亡的,支付被侵权人医疗费、丧葬费等合理费用的人有权请求侵权人赔偿费用,但是侵权人已经支付该费用的除外。

注释 本条区分以下情况作出规定:一是被侵权人死亡的,其近亲属有权请求侵权人承担侵权责任。近亲属的范围在本法第1045条作了明确规定,包括配偶、父母、子女、兄弟姐妹、祖父母、外祖父母、孙子女、外孙子女。二是被侵权人为组织,该组织分立、合并的,承继权利的组织有权请求侵权人承担侵权责任。组织在分立、合并过程中一般都会通过合同对权利的承继者作出安排,没有作出安排的,则依据公司相关法律规定决定谁有权承继这种权利。

本条第2款赋予实际支付医疗费、丧葬费等费用的主体独立请求权。适用本款时,应重点注意以下四个问题:(1)本款适用的情形为,侵权人实施侵害行为致使被侵权人死亡的。如果被侵权

人的死亡与侵权人无关,则应当依其他相关的民事法律处理,与本款无关。(2)支付医疗费、丧葬费等合理费用的人,为请求权主体。该第三人应当与被侵权人无近亲属关系。否则该第三人无须依本款请求侵权人赔偿,而应当直接依据本条第1款前半段请求侵权人承担侵权责任。(3)支付合理费用的第三人只能请求侵权人赔偿其实际支付的合理费用,包括医疗费、丧葬费等,而不能请求侵权人支付死亡赔偿金。死亡赔偿金请求权只能依本条第1款前半段的规定,由被侵权人的近亲属享有。(4)如果侵权人之前已经向被侵权人的近亲属或者其他第三人支付过医疗费、丧葬费等合理费用的,本款中支付被侵权人医疗费、丧葬费等合理费用的人不得再请求侵权人支付,而只能向获得侵权人所支付款项的被侵权人的近亲属或其他第三人请求支付。

第一千一百八十二条 【侵害他人人身权益造成财产损失的赔偿计算方式】侵害他人人身权益造成财产损失的,按照被侵权人因此受到的损失或者侵权人因此获得的利益赔偿;被侵权人因此受到的损失以及侵权人因此获得的利益难以确定,被侵权人和侵权人就赔偿数额协商不一致,向人民法院提起诉讼的,由人民法院根据实际情况确定赔偿数额。

注释 本条共列举了三种方式,用以确定对侵害人身权益导致财产损失的赔偿数额:

(1)按照受害人的实际损失赔偿

一般情形下,侵害人身权,被侵权人的损失是可以实际计算出来的,此时侵权人向被侵权人赔偿的数额以被侵权人的实际损失为准。此种损失计算方式又区分侵害的是姓名权、肖像权、名誉权、荣誉权、隐私权等精神性人格权还是生命权、健康权、身体权等物质性人格权。针对精神性人格权的赔偿,需被侵权人举证证明所遭受的实际损失;针对物质性人格权的赔偿,则按照第1179条确定的赔偿项目来计算。

(2)按照侵权人所获利益赔偿

在有些情形下,被侵权人因人身权益受到侵害确实造成了财产损失,但是该财产损失却难以确定,或者被侵权人难以举证证明财产损失的具体数额。如果侵权人因该侵权行为所获利益可以确定,此时依"侵权人不得依自己之侵权行为而获益"的规则,可以将该侵权人所获利益视为被侵权人的损失,由侵权人依此数额赔偿。

(3)按照实际情况赔偿

按照前面两种方法都难以确定具体的赔偿数额,被侵权人与侵权方可以协商确定具体数额,如果双方无法通过协商达成一致,则可以向人民法院提起诉讼,由法院根据实际情况确定赔偿数额,法院所需考量的具体情况主要包括侵权人的过错程度、具体侵权行为和方式、造成的后果和影响等。

案例 **无锡国威陶瓷电器有限公司、蒋某屏与常熟市林芝电热器件有限公司、苏宁易购集团股份有限公司侵害实用新型专利权纠纷案**(《最高人民法院公报》2019年第3期)

裁判规则:根据当事人的诉讼请求和案件事实,选择以侵权人因侵权获得的利益计算专利侵权损害赔偿数额时,对于多部件或者多专利的被诉侵权产品,原则上不宜简单采用侵权产品销售总金额乘以侵权产品利润率的方式计算侵权获利,而需要考虑涉案专利对于侵权产品利润的贡献度,以"侵权产品销售总金额×利润率×专利技术对产品价值的贡献度"的方法进行计算。对于专利技术对产品价值的贡献度,可以结合涉案专利对产品的重要性等因素酌定。在侵权行为可分的情况下,计算侵权损害赔偿时,如果既存在可以较为精确计算权利人损失或者侵权人获益的部分,又存在难以计算权利人损失或者侵权人获益的部分,可以对前者适用以权利人损失或者侵权人获益计算赔偿,对后者适用法定赔偿,以两者之和确定损害赔偿数额。

第一千一百八十三条 【精神损害赔偿】侵害自然人人身权益造成严重精神损害的,被侵权人有权请求精神损害赔偿。

因故意或者重大过失侵害自然人具有人身意义的特定物造成严重精神损害的,被侵权人有权请求精神损害赔偿。

注释 并非只要侵害到人身权益,被侵权人就可以获得精神损害赔偿,本条规定需"造成严重精神损害"才能够获得精神损害赔偿,"严重精神损害"是构成精神损害赔偿的法定条件。偶尔的痛苦和不高兴不能认为是严重精神损害。

对于造成财产损失的,一般不以承担精神损害赔偿责任的方法进行救济。但是,如果侵权人故意或者重大过失侵害了他人具有人身意义的特定物从而给其造成严重精神损害的，由于该特定物中包含人身利益(包括人格利益和身份利益因素)，对该特定物的损害会造成被侵权人的严重精神损害，被侵权人有权请求精神损害赔偿，侵权人应当对此因特定物的财产损害而造成的被侵权人的精神损害承担赔偿责任。

链接《民法典》第 996 条;《最高人民法院关于确定民事侵权精神损害赔偿责任若干问题的解释》第 1—3 条

第一千一百八十四条 【财产损失的计算】侵害他人财产的，财产损失按照损失发生时的市场价格或者其他合理方式计算。

案例 茅某贤、成县茨坝须弥山实业有限公司、甘肃有色地质勘查局 106 队、成县恒兴矿业有限公司与白银有色金属公司采矿权纠纷案(《最高人民法院公报》2012 年第 3 期)

裁判规则：根据《行政处罚法》第 7 条第 1 款的规定，公民、法人或者其他组织因违法受到行政处罚，其违法行为对他人造成损害的，应当依法承担民事责任。行为人因过错侵害他人民事权益的，应当承担相应的赔偿责任，行为人因同一行为已受到行政处罚的，不影响其承担民事责任。

当事人对自己提出的诉讼请求所依据的事实或反驳对方诉讼请求所依据的事实有责任提供证据加以证明。没有证据或者证据不足以证明当事人的事实主张的，由负有举证责任的当事人承担不利后果。案件调查处理过程中，当事人恶意阻挠调查取证，致使调查部门无法取得相关证据的，当事人应当承担举证不能的法律后果。行为人侵犯他人财产造成损失的，应当承担赔偿责任，特别是恶意侵犯国有资产的行为所付出的成本不同于一般民事交易行为中的成本，计算侵权损失数额时不应予以剔除。

第一千一百八十五条 【故意侵害知识产权的惩罚性赔偿责任】故意侵害他人知识产权，情节严重的，被侵权人有权请求相应的惩罚性赔偿。

注释 本条为新增条文，建立了故意侵害知识产权的惩罚性赔偿责任制度。侵害知识产权惩罚性赔偿责任的构成要件是：(1)须是故意侵害他人知识产权，过失侵害知识产权的不适用惩罚性赔偿责任;(2)侵害知识产权的情节严重，而不是一般情节。符合这两个条件的，被侵权人有权请求相应的惩罚性赔偿。

案例 某种业科技有限公司诉某农业产业发展有限公司侵害植物新品种权纠纷案[人民法院贯彻实施民法典典型案例(第一批)]

裁判规则：某农业产业发展有限公司系被诉侵权种子的交易组织者、决策者，其行为构成销售侵权。由于该公司拒不提供相关账簿，故审理法院参考其宣传资料，综合考虑侵权情节推定侵权获利达到 100 万元以上，并以此为基数。该公司明知未经许可销售授权品种繁殖材料的侵权性质，所销售的被诉侵权种子部分包装未标注任何信息、部分包装标注为其他商品粮，试图掩盖侵权行为和逃避责任追究的意图明显，具有侵权恶意。其未取得种子生产经营许可证生产经营种子，可以认定为侵权行为情节严重。因此，审理法院依法适用惩罚性赔偿，按照基数的二倍确定惩罚性赔偿数额，全额支持权利人诉请。

第一千一百八十六条 【公平分担损失】受害人和行为人对损害的发生都没有过错的，依照法律的规定由双方分担损失。

第一千一百八十七条 【赔偿费用的支付方式】损害发生后，当事人可以协商赔偿费用的支付方式。协商不一致的，赔偿费用应当一次性支付;一次性支付确有困难的，可以分期支付，但是被侵权人有权请求提供相应的担保。

第三章 责任主体的特殊规定

第一千一百八十八条 【监护人责任】无民事行为能力人、限制民事行为能力人造成他人损害的，由监护人承担侵权责任。监护人尽到监护职责的，可以减轻其侵权责任。

有财产的无民事行为能力人、限制民事行为能力人造成他人损害的，从本人财产中支付赔偿费用;不足部分，由监护人赔偿。

注释 监护人责任，是指无民事行为能力人或者限制民事行为能力人造成他人损害，由其监护人承担侵权责任。本条规定的规则与《民法典》第 1068 条关于“未成年子女造成他人损害的，父母应当依法承担民事责任”的规定部分重合，其中的“依法”，就是本条规定。

链接《民法典》第 34、35 条

第一千一百八十九条 【委托监护时监护人的责任】无民事行为能力人、限制民事行为能力人造成他人损害，监护人将监护职责委托给他人的，监护人应当承担侵权责任；受托人有过错的，承担相应的责任。

注释 委托监护中，无民事行为能力人、限制民事行为能力人或造成他人损害的侵权责任分担规则是：

1. 委托监护侵权责任的主体涉及两方：一是监护人，二是受托监护人。

2. 两种责任主体承担的责任是单向连带责任，即混合责任，监护人承担的是对全部损害的连带责任，只要被侵权人主张其承担全部责任，就须承担全部赔偿责任。

3. 受托监护人存在未尽监护职责的过错，应当在其过错造成损失的范围内，承担相应的按份责任，不承担连带责任，被侵权人不能向其主张承担全部赔偿责任。

第一千一百九十条 【暂时丧失意识后的侵权责任】完全民事行为能力人对自己的行为暂时没有意识或者失去控制造成他人损害有过错的，应当承担侵权责任；没有过错的，根据行为人的经济状况对受害人适当补偿。

完全民事行为能力人因醉酒、滥用麻醉药品或者精神药品对自己的行为暂时没有意识或者失去控制造成他人损害的，应当承担侵权责任。

注释 第1款中的过错，是指"过错"导致其丧失意识，因为失去意识之后确实没有过错可言。完全民事行为能力人是由于其过错导致意识丧失，那么对于丧失意识后的行为造成他人损害的，则要承担相应的侵权责任。

第2款规定的是行为人因醉酒、滥用麻醉药品或者精神药品而暂时没有意识或者失去控制造成他人损害的，就是对自己暂时丧失心智有过失，因而对造成的损害应当承担赔偿责任。

第一千一百九十一条 【用人单位责任和劳务派遣单位、劳务用工单位责任】用人单位的工作人员因执行工作任务造成他人损害的，由用人单位承担侵权责任。用人单位承担侵权责任后，可以向有故意或者重大过失的工作人员追偿。

劳务派遣期间，被派遣的工作人员因执行工作任务造成他人损害的，由接受劳务派遣的用工单位承担侵权责任；劳务派遣单位有过错的，承担相应的责任。

注释 用人单位承担责任的前提之一必须是工作人员的行为构成了侵权。本条中的"用人单位"泛指一切使用他人的法人、非法人组织，例如公司、机关、合伙企业、基金会甚至一人有限责任公司等，只要聘用他人作为自己单位的工作人员，都属于用人单位。

用人单位承担侵权责任的前提之二是工作人员的行为与"执行工作任务"有关。工作人员应当按照用人单位的授权或者指示进行工作。需要指出的是，国家机关以及工作人员因工作造成他人损害的，一类属于履行公职权的行为，另一类不属于履行公职权的行为，是国家机关为了维持国家机关正常运转所进行的民事行为。对于第一类属于履行公职权的行为，依据《国家赔偿法》的规定，有的需要国家机关承担国家赔偿责任。对于第二类国家机关在民事活动中侵害他人合法权益的，国家机关需要承担民事侵权责任。比如，国家机关的司机外出办理公务，发生了交通事故有责任的，应当由国家机关承担侵权责任。本法调整国家机关及工作人员在民事活动中发生的侵权行为，对于属于《国家赔偿法》调整范围的，适用《国家赔偿法》的规定。

劳务派遣的用工形式不同于一般的用人单位，劳务派遣单位虽然与被派遣的员工签订劳动合同，但不对被派遣员工进行使用和具体的管理。在劳务派遣期间，被派遣的工作人员是为接受劳务派遣的用工单位工作，接受用工单位的指示和管理，同时由用工单位为被派遣的工作人员提供相应的劳动条件和劳动保护，所以，被派遣的工作人员因工作造成他人损害的，其责任应当由接受劳务派遣的用工单位承担。劳务派遣单位有过错的，才需承担相应的责任。

链接《劳动合同法》第58、59条

第一千一百九十二条 【个人劳务关系中的侵权责任】个人之间形成劳务关系，提供劳务一方因劳务造成他人损害的，由接受劳务一方承担侵权责任。接受劳务一方承担侵权责任后，可以向有故意或者重大过失的提供劳务一方追偿。提供劳务一方因劳务受到损害的，根据双方各自的过错承担相应的责任。

提供劳务期间，因第三人的行为造成提供劳务一方损害的，提供劳务一方有权请求第三人承担侵权责任，也有权请求接受劳务一方给予补偿。接受劳务一方补偿后，可以向第三人追偿。

注释 劳务关系是指提供劳务一方为接受劳务一

方提供劳务服务,由接受劳务一方按照约定支付报酬而建立的一种民事权利义务关系。

链接《最高人民法院关于审理人身损害赔偿案件适用法律若干问题的解释》第4、5条

第一千一百九十三条 【承揽关系中的侵权责任】承揽人在完成工作过程中造成第三人损害或者自己损害的,定作人不承担侵权责任。但是,定作人对定作、指示或者选任有过错的,应当承担相应的责任。

第一千一百九十四条 【网络侵权责任】网络用户、网络服务提供者利用网络侵害他人民事权益的,应当承担侵权责任。法律另有规定的,依照其规定。

注释 网络侵权是指发生在互联网上的各种侵害他人民事权益的行为,它不是指侵害某种特定权利(利益)的具体侵权行为,也不属于在构成要件方面具有某种特殊性的特殊侵权行为,而是指一切发生于互联网空间的侵权行为。

网络用户利用网络侵害他人民事权益,大体可以分为以下几种类型:

一是侵害人格权。主要表现为:(1)盗用或者假冒他人姓名,侵害姓名权;(2)未经许可使用他人肖像,侵害肖像权;(3)发表攻击、诽谤他人的文章,侵害名誉权;(4)非法侵入他人电脑、非法截取他人传输的信息、擅自披露他人个人信息、大量发送垃圾邮件,侵害隐私权。

二是侵害财产利益。基于网络活动的便捷性和商务性,通过网络侵害财产利益的情形较为常见,如窃取他人网络银行账户中的资金,而最典型的是侵害网络虚拟财产,如窃取他人网络游戏装备、虚拟货币等。

三是侵害知识产权。主要表现为侵犯他人著作权与商标权:(1)侵犯著作权。如擅自将他人作品进行数字化传输,规避技术措施,侵犯数据库等。(2)侵犯商标权。如在网站上使用他人商标,故意使消费者误以为该网站为商标权人的网站,恶意抢注与他人商标相同或相类似的域名等。

"网络服务提供者"一词内涵较广,不仅应当包括技术服务提供者,还应当包括内容服务提供者。所谓技术服务提供者,主要是指提供接入、缓存、信息存储空间、搜索以及链接等服务类型的网络主体,其不直接向网络用户提供信息。所谓内容服务提供者,是指主动向网络用户提供内容的网络主体。其法律地位与出版社相同,应当对所上传内容的真实性与合法性负责,如果提供了侵权信息,如捏造虚假事实诽谤他人、发布侵犯著作权的影视作品等,应当承担侵权责任。

网络侵权责任的一般规则,包括网络用户在他人的网络上实施侵权行为的责任承担规则,以及网络服务提供者利用自己的网络实施侵权行为的责任承担规则。无论上述两种情形中的哪一种,都适用过错责任原则确定侵权责任,网络用户或者网络服务提供者对自己实施的网络侵权行为负责。

本条规定的"法律另有规定",应当是指其他法律对网络用户、网络服务提供者利用网络侵害他人民事权益承担民事责任的情形。例如,《电子商务法》《消费者权益保护法》《食品安全法》等都对这类侵权行为作出特别规定,应当依照其规定确定这些民事主体的侵权责任。

链接《信息网络传播权保护条例》第13—17、20—24条;《最高人民法院关于审理侵害信息网络传播权民事纠纷案件适用法律若干问题的规定》

第一千一百九十五条 【"通知与取下"制度】网络用户利用网络服务实施侵权行为的,权利人有权通知网络服务提供者采取删除、屏蔽、断开链接等必要措施。通知应当包括构成侵权的初步证据及权利人的真实身份信息。

网络服务提供者接到通知后,应当及时将该通知转送相关网络用户,并根据构成侵权的初步证据和服务类型采取必要措施;未及时采取必要措施的,对损害的扩大部分与该网络用户承担连带责任。

权利人因错误通知造成网络用户或者网络服务提供者损害的,应当承担侵权责任。法律另有规定的,依照其规定。

注释 权利人的通知权:网络用户利用他人的网络服务实施侵权行为的,原则上网络服务提供者不承担责任,因为无法承担海量信息的审查义务。解决这种侵权纠纷的方法是"通知与取下"制度,即认为自己权益受到损害的权利人,有权通知网络服务提供者,对网络用户在该网站上发布的信息采取删除、屏蔽、断开链接等必要措施,消除侵权信息及其影响。"通知与取下"制度主要是为了有条件地豁免网络服务提供者对网络用户的直接侵权行为所应承担的间接侵权责任。网络服务提

供者接到权利人的通知后,应当实施两个行为:一是及时将该通知转送相关网络用户,二是对侵权信息根据构成侵权的初步证据和服务类型等实际情况需要,及时采取删除、屏蔽或者断开链接等必要措施。网络服务提供者履行了上述两项义务的,不承担侵权责任。网络服务提供者未及时采取必要措施的,构成侵权责任,要对损害的扩大部分与该网络用户承担部分连带责任。对于网络服务提供者主动实施的侵权行为,只要符合法律规定的构成要件,就应当承担侵权责任,不能主张适用"通知与取下"制度豁免责任。

通知的主要内容:应当包括构成侵权的初步证据及权利人的真实身份信息,没有这些必要内容的通知无效。

对错误行使通知权的权利人进行惩罚的措施:因权利人错误行使通知权进行通知,依照该通知采取的必要措施造成了网络用户或者网络服务提供者损害的,错误通知的行为人应当对网络用户和网络服务提供者的损害承担侵权赔偿责任。法律另有规定的,依照其规定。

案例 威海嘉易烤生活家电有限公司诉永康市金仕德工贸有限公司、浙江天猫网络有限公司侵害发明专利权纠纷案(最高人民法院指导案例83号)

裁判规则:1. 网络用户利用网络服务实施侵权行为,被侵权人依据侵权责任法向网络服务提供者所发出的要求其采取必要措施的通知,包含被侵权人身份情况、权属凭证、侵权人网络地址、侵权事实初步证据等内容的,即属有效通知。网络服务提供者自行设定的投诉规则,不得影响权利人依法维护其自身合法权利。

2. 原《侵权责任法》第36条第2款所规定的网络服务提供者接到通知后所应采取的必要措施包括但并不限于删除、屏蔽、断开链接。"必要措施"应遵循审慎、合理的原则,根据所侵害权利的性质、侵权的具体情形和技术条件等来加以综合确定。

链接《最高人民法院关于审理利用信息网络侵害人身权益民事纠纷案件适用法律若干问题的规定》第2—5条

第一千一百九十六条 【"反通知"制度】网络用户接到转送的通知后,可以向网络服务提供者提交不存在侵权行为的声明。声明应当包括不存在侵权行为的初步证据及网络用户的真实身份信息。

网络服务提供者接到声明后,应当将该声明转送发出通知的权利人,并告知其可以向有关部门投诉或者向人民法院提起诉讼。网络服务提供者在转送声明到达权利人后的合理期限内,未收到权利人已经投诉或者提起诉讼通知的,应当及时终止所采取的措施。

注释 当权利人行使对网络用户发布的信息采取必要措施的通知权,网络服务提供者将该通知转送网络用户,网络用户接到该通知后,即产生反通知权,可以向网络服务提供者提交自己不存在侵权行为的声明。提交的反通知声明,也应当包括不存在侵权行为的初步证据以及其真实身份信息,不符合这样的要求的反通知声明不发生反通知的效果。权利人在收到反通知的声明合理期限内,未通知网络服务提供者其已经投诉或者起诉通知的,网络服务提供者应当及时对网络用户发布的信息终止所采取的删除、屏蔽或者断开链接等措施,保护网络用户即反通知权利人的表达自由。

第一千一百九十七条 【网络服务提供者与网络用户的连带责任】网络服务提供者知道或者应当知道网络用户利用其网络服务侵害他人民事权益,未采取必要措施的,与该网络用户承担连带责任。

注释 对于"知道"的判断,是一个极具实务操作的难题,法官在具体案件中应当综合各种因素,以一个合理标准去判断,一般应当遵循三大原则:

一是,根据提供技术服务的网络服务提供者的类型不同,判断标准应当有所不同。相比提供其他服务的网络服务提供者,认定提供接入、缓存服务的网络服务提供者"知道"的标准应当更加严格。接入服务连接着网站和网络用户,所有网络信息包括侵权信息都需要通过接入服务才能得以传输,但这种传输是即时的,信息量十分庞大,该类型网络服务提供者无法一一核实,如果认定标准过于宽泛,可能会使得接入服务提供者承担过重的责任,影响普遍接入服务。

二是,根据保护对象的不同,判断标准也应当有所不同。对于著作权而言,除非侵权信息十分明显,只要网络服务提供者没有对网络用户上传的信息进行人工编排等,一般不应认定构成侵权行为。涉嫌诋毁他人名誉、不当使用他人肖像、违法公布他人个人信息等行为,不经法院审理,有时难以准确判断是否为侵权行为,网络服务提供者不是司法机关,不应当要求其具有专业的法律素养,更不能要求其对用户发布的信息一一核实,通常人认为不应属于侵权信息即可免除责任。

三是,提供技术服务的网络服务提供者没有普遍审查义务。在审判实践中,应当谨慎认定此类网络服务提供者"知道"网络用户利用其网络服务实施侵权行为。如果判断标准过宽,可能会使网络服务提供者实际上承担了普遍审查的义务。事实上,由于网络具有开放性的特质,网络信息十分庞杂,要求此类网络服务提供者逐一审查,可能大量增加网络服务提供者的运营成本,阻碍网络产业的发展。

链接《最高人民法院关于审理利用信息网络侵害人身权益民事纠纷案件适用法律若干问题的规定》第6—10条

第一千一百九十八条 【违反安全保障义务的侵权责任】宾馆、商场、银行、车站、机场、体育场馆、娱乐场所等经营场所、公共场所的经营者、管理者或者群众性活动的组织者,未尽到安全保障义务,造成他人损害的,应当承担侵权责任。

因第三人的行为造成他人损害的,由第三人承担侵权责任;经营者、管理者或者组织者未尽到安全保障义务的,承担相应的补充责任。经营者、管理者或者组织者承担补充责任后,可以向第三人追偿。

注释 安全保障义务,是指宾馆、商场、银行、车站、机场、体育场馆、娱乐场所等经营场所、公共场所的经营者、管理人或者群众性活动的组织者所负有的,在合理限度范围内保护他人人身和财产安全的义务。

案例 1. 李某月等诉广州市花都区梯面镇红山村村民委员会违反安全保障义务责任纠纷案(最高人民法院指导案例140号)

裁判规则:公共场所经营管理者的安全保障义务,应限于合理限度范围内,与其管理和控制能力相适应。完全民事行为能力人因私自攀爬景区内果树采摘果实而不慎跌落致其自身损害,主张经营管理者承担赔偿责任的,人民法院不予支持。

2. 支某1等诉北京市永定河管理处生命权、健康权、身体权纠纷案(最高人民法院指导案例141号)

裁判规则:消力池属于禁止公众进入的水利工程设施,不属于侵权责任法第三十七条第一款规定的"公共场所"。消力池的管理人和所有人采取了合理的安全提示和防护措施,完全民事行为能力人擅自进入造成自身损害,请求管理人和所有人承担赔偿责任的,人民法院不予支持。

3. 赵某华与沈阳皇朝万鑫酒店管理有限公司、沈阳中一万鑫物业管理有限公司财产损害赔偿纠纷案(《最高人民法院公报》2019年第5期)

裁判规则:消防安全事关人身、财产安全,属于社会公共利益,确保建筑物消防安全是建设单位的法定义务。商品房买卖合同的购房人一般不具有检测所购房屋是否符合消防安全规定的能力,难以适用一般商品买卖合同在标的物交付后买受人应当及时检验产品质量的规定。

案涉责任人在不同时期的数个行为密切结合致使火灾发生,侵权行为、致害原因前后接继而非叠加,责任人对火灾的发生均有重大过失,但没有共同故意或者共同过失,应各自承担相应的责任。建设单位并非主动积极的行为致受害人权益受损,不承担主要责任。

物业服务企业依法或依约在物业管理区域内负有安全防范义务,应协助做好安全事故、隐患等的防范、制止或救助工作。第三人原因致损,物业服务企业未尽到专业管理人的谨慎注意义务的,应在其能够预见和防范的范围内承担相应的补充责任。

4. 许某敏等诉徐州市圣亚国际旅行社有限公司人身损害赔偿纠纷案(《最高人民法院公报》2012年第6期)

裁判规则:在旅行合同关系中,旅行社通过第三人协助履行合同义务的,该第三人对游客的人身安全和财产安全负有保障义务。除游客直接与该第三人另行订立合同关系外,该第三人如有故意或过失侵害游客合同权益的行为,旅行社应当对此承担相应的法律责任。

链接《最高人民法院关于审理旅游纠纷案件适用法律若干问题的规定》第7条

第一千一百九十九条 【教育机构对无民事行为能力人受到人身损害的过错推定责任】无民事行为能力人在幼儿园、学校或者其他教育机构学习、生活期间受到人身损害的,幼儿园、学校或者其他教育机构应当承担侵权责任;但是,能够证明尽到教育、管理职责的,不承担侵权责任。

第一千二百条 【教育机构对限制民事行为能力人受到人身损害的过错责任】限制民事行为能力人在学校或者其他教育机构学习、生活期间受到人身损害,学校或者其他教育机构未尽到教育、管理职责的,应当承担侵权责任。

注释 与本法第1199条采用过错推定原则不同,对限制民事行为能力人的情况,本条采用了过错责任原则。《教育法》《未成年人保护法》以及其他地方性法规和部门规章中,对于学校、幼儿园和其他教育机构的教育、管理职责已经作了广泛、具体的规定。只要学校或者其他教育机构未尽到这些职责,使得限制民事行为能力人在学习、生活期间受到人身损害的,学校或者其他教育机构就要承担责任。

链接《未成年人保护法》第三章;《学生伤害事故处理办法》第9条

第一千二百零一条 【受到校外人员人身损害时的责任分担】无民事行为能力人或者限制民事行为能力人在幼儿园、学校或者其他教育机构学习、生活期间,受到幼儿园、学校或者其他教育机构以外的第三人人身损害的,由第三人承担侵权责任;幼儿园、学校或者其他教育机构未尽到管理职责的,承担相应的补充责任。幼儿园、学校或者其他教育机构承担补充责任后,可以向第三人追偿。

注释"幼儿园、学校或者其他教育机构以外的第三人",是指幼儿园、学校或者其他教育机构的教师、学生和其他工作人员以外的人员。适用本条时注意以下三点:

第一,第三人的侵权责任和安全保障义务人的补充责任有先后顺序。首先由第三人承担侵权责任,在无法找到第三人或者第三人没有能力承担全部侵权责任时,由幼儿园、学校或者其他教育机构承担补充责任。如果第三人已经承担全部侵权责任,则幼儿园、学校或者其他教育机构不再承担侵权责任。

第二,幼儿园、学校或者其他教育机构承担的补充责任应根据其未尽到的管理职责的程度来确定。

第三,校方承担了相应的补充责任之后,还可以就其损失向第三人追偿,因为第三人才是真正的侵权人,对于损害的发生具有全部原因力。

……

第九章 饲养动物损害责任

第一千二百四十五条 【饲养动物损害责任一般规定】饲养的动物造成他人损害的,动物饲养人或者管理人应当承担侵权责任;但是,能够证明损害是因被侵权人故意或者重大过失造成的,可以不承担或者减轻责任。

注释 在各类侵权行为中,饲养动物致人损害是一种特殊的形式,其特殊性在于它是一种间接侵权引发的直接责任,其加害行为是人的行为与动物的行为的复合。人的行为是指人对动物的所有、占有、饲养或者管理。动物的行为是直接的加害行为。这两种行为相结合,才能构成侵权行为。动物致人损害的构成要件是:须为饲养的动物;须有动物的加害行为;须有造成他人损害的事实;须有动物加害行为与损害之间的因果关系。

普遍认为,"饲养的动物"应同时具备:为特定的人所有或者占有;饲养人或者管理人对动物具有适当程度的控制力;依动物自身的特性,有可能对他人或者财产造成损害;该动物为家畜、家禽、宠物或者驯养的野兽、爬行类动物等。因此,饲养的动物必须是能够为人所占有或者控制的动物。那么,对于自然保护区或者野生动物保护区的野兽,虽然可能为人们在一定程度上所饲养或者管理,如定期投放食物,甚至为其生存和繁殖提供了适宜的条件和环境,但人们对它的控制力较低,因此,野生动物不能列入本法所说的"饲养的动物"。

动物的饲养人或者管理人都是责任主体。动物的饲养人是指动物的所有人,即对动物享有占有、使用、收益、处分权的人;动物的管理人是指实际控制和管束动物的人,管理人对动物不享有所有权,而只是根据某种法律关系直接占有和控制动物。

链接《野生动物保护法》第2、19条

第一千二百四十六条 【未对动物采取安全措施损害责任】违反管理规定,未对动物采取安全措施造成他人损害的,动物饲养人或者管理人应当承担侵权责任;但是,能够证明损害是因被侵权人故意造成的,可以减轻责任。

注释 这里所谓的管理规定,应当限于规范性法律文件的规定,包括法律、行政法规、规章、条例、办法等。例如,《天津市养犬管理条例》《重庆市养犬管理暂行办法》等。但是,小区的管理规约等应当不属于此处所说的管理规定。

原《侵权责任法》第79条规定这种饲养动物损害责任,并没有规定减轻责任的规则,因此将其称为绝对责任条款。这样的规定是不合适的。本条增加了减轻责任的规则,动物饲养人或者管理人能够证明损害是由被侵权人故意造成的,不是免除责任,而是减轻责任。被侵权人重大过失或者过失所致损害,不在减轻责任之列。

第一千二百四十七条 【禁止饲养的危险动物损害责任】禁止饲养的烈性犬等危险动物造成他人损害的,动物饲养人或者管理人应当承担侵权责任。

注释 禁止饲养的烈性犬等危险动物造成他人损害的,是饲养动物损害责任中最严格的责任,不仅适用无过错责任原则,而且没有规定免责事由,因而被称为绝对责任条款。

禁止饲养的动物,即禁止饲养的烈性犬等危险动物,不仅包括烈性犬,还包括类似烈性犬等其他凶猛的危险动物。具体的范围是:(1)烈性犬,如藏獒等;(2)家畜、家禽中的其他危险动物;(3)禁止饲养的野生动物,如野猪、狼、豺、虎、豹、狮等。

第一千二百四十八条 【动物园饲养动物损害责任】动物园的动物造成他人损害的,动物园应当承担侵权责任;但是,能够证明尽到管理职责的,不承担侵权责任。

注释 本条适用过错推定责任,动物园负有高度注意义务,只有能够证明已经采取足够的安全措施,并尽到充分的警示义务,才能认定为没有过错。如果动物园能够证明设施、设备没有瑕疵、有明显的警示牌,管理人员对游客挑逗、投打动物或者擅自翻越栏杆靠近动物等行为进行了劝阻,该尽的管理职责已经做到了,那么动物园就可以不承担侵权责任。

链接《野生动物保护法》第19条

第一千二百四十九条 【遗弃、逃逸动物损害责任】遗弃、逃逸的动物在遗弃、逃逸期间造成他人损害的,由动物原饲养人或者管理人承担侵权责任。

注释 动物的遗弃是指动物饲养人抛弃了动物。逃逸的动物是指饲养人并不是放弃了自己饲养的权利,而是暂时地丧失了对该动物的占有和控制。

第一千二百五十条 【因第三人过错致使动物致害责任】因第三人的过错致使动物造成他人损害的,被侵权人可以向动物饲养人或者管理人请求赔偿,也可以向第三人请求赔偿。动物饲养人或者管理人赔偿后,有权向第三人追偿。

注释 本条中的第三人的过错是指被侵权人和动物饲养人或者管理人以外的人对动物造成损害有过错。第三人的过错在大多数场合表现为:有意挑逗、投打、投喂、诱使动物,其后果致使他人受到人身或者财产的损害,其实质是实施了诱发动物致害的行为。

第一千二百五十一条 【饲养动物应负的社会责任】饲养动物应当遵守法律法规,尊重社会公德,不得妨碍他人生活。

注释 本条是倡导性规定,希望人们文明地饲养动物。从民事立法的角度来看,其属于无害条款。从法律规范的角度来看,倡导性规定不宜理解为法律规范,因为法律规范是由构成要件和法律后果组成的,而该条规定既没有构成要件,也没有法律后果。在司法实务中,如果受害人以该条规定为依据起诉,请求赔偿,人民法院应当不予支持。

第十章 建筑物和物件损害责任

第一千二百五十二条 【建筑物、构筑物或者其他设施倒塌、塌陷致害责任】建筑物、构筑物或者其他设施倒塌、塌陷造成他人损害的,由建设单位与施工单位承担连带责任,但是建设单位与施工单位能够证明不存在质量缺陷的除外。建设单位、施工单位赔偿后,有其他责任人的,有权向其他责任人追偿。

因所有人、管理人、使用人或者第三人的原因,建筑物、构筑物或者其他设施倒塌、塌陷造成他人损害的,由所有人、管理人、使用人或者第三人承担侵权责任。

注释 不动产设施倒塌、塌陷,是指建筑物、构筑物或者其他设施坍塌、倒覆,造成该建筑物、构筑物或者其他设施丧失基本使用功能。

本条第1款对建筑物、构筑物或者其他设施倒塌、塌陷造成他人损害规定了两个责任主体:一是建设单位。通常情况下,建设单位依法取得土地使用权,在该土地上建造建筑物、构筑物或者其他设施,是建设工程合同的总发包人。二是施工单位。施工单位与建设单位或者其他发包人签订建设工程合同，对建设工程进行施工。

一般来讲，本条第1款规定的“其他责任人”，主要包括以下范围：一是勘察单位、设计单位等。二是监理单位。三是勘察、设计、监理单位以外的责任人。例如，根据《建筑法》第79条的规定，负责颁发建筑工程施工许可证的部门及其工作人员对不符合施工条件的建筑工程颁发施工许可证的，负责工程质量监督检查或者竣工验收的部门及其工作人员对不合格的建筑工程出具质量合格文件或者按合格工程验收，造成损失的，由该部门承担相应的赔偿责任。

如果业主或者其他房屋使用者在装修房屋的过程中，违法擅自将房屋的承重墙拆改导致房屋倒塌、塌陷造成他人损害的，该业主或者其他使用人即属于本条第2款规定的“其他责任人”，应当承担侵权责任。

链接《建筑法》第55、56、58、60—62、66、67、69、70、73—75、79、80条；《文物保护法》第21条；《刑法》第137、138条；《物业管理条例》第55条；《建设工程质量管理条例》第3、15、26、27、32、36、39、41、42、58、63—67、69条

第一千二百五十三条 【建筑物、构筑物或者其他设施及其搁置物、悬挂物脱落、坠落致害责任】建筑物、构筑物或者其他设施及其搁置物、悬挂物发生脱落、坠落造成他人损害，所有人、管理人或者使用人不能证明自己没有过错的，应当承担侵权责任。所有人、管理人或者使用人赔偿后，有其他责任人的，有权向其他责任人追偿。

注释 建筑物是指人工建造的、固定在土地上，其空间用于居住、生产或者存放物品的设施，如住宅、写字楼、车间、仓库等。

构筑物或者其他设施是指人工建造的、固定在土地上、建筑物以外的某些设施，例如道路、桥梁、隧道、城墙、堤坝等。

建筑物、构筑物或者其他设施上的搁置物、悬挂物是指搁置、悬挂在建筑物、构筑物或者其他设施上，非建筑物、构筑物或者其他设施本身组成部分的物品。例如，搁置在阳台上的花盆、悬挂在房屋天花板上的吊扇、脚手架上悬挂的建筑工具等。

建筑物、构筑物或者其他设施及其搁置物、悬挂物脱落、坠落，是指建筑物、构筑物或者其他设施的某一个组成部分以及搁置物、悬挂物从建筑物、构筑物或者其他设施上脱落、坠落。例如，房屋墙壁上的瓷砖脱落、房屋天花板坠落、吊灯坠落、屋顶瓦片滑落、房屋窗户玻璃被风刮碎坠落、阳台上放置的花盆坠落等。

本条规定了三个侵权责任主体：一是所有人。所有人是指对建筑物等设施拥有所有权的人。二是管理人。管理人是指对建筑物等设施及其搁置物、悬挂物负有管理、维护义务的人。三是使用人。一般来讲，使用人是指因租赁、借用或者其他情形使用建筑物等设施的人。

第一千二百五十四条 【高空抛掷物、坠落物致害责任】禁止从建筑物中抛掷物品。从建筑物中抛掷物品或者从建筑物上坠落的物品造成他人损害的，由侵权人依法承担侵权责任；经调查难以确定具体侵权人的，除能够证明自己不是侵权人的外，由可能加害的建筑物使用人给予补偿。可能加害的建筑物使用人补偿后，有权向侵权人追偿。

物业服务企业等建筑物管理人应当采取必要的安全保障措施防止前款规定情形的发生；未采取必要的安全保障措施的，应当依法承担未履行安全保障义务的侵权责任。

发生本条第一款规定的情形的，公安等机关应当依法及时调查，查清责任人。

注释 这一条文与原《侵权责任法》第87条规定相比，有了重大改变，规定的基本规则是：

1. 禁止从建筑物中抛掷物品。这是一个禁止性规定，是对建筑物抛掷物、坠落物损害责任的基础性规定。在建筑物中抛掷物品，是非常危险的危害公共安全的行为。很多建筑物的居民习惯于向窗外抛掷物品，是非常不道德、违反公序良俗的。这些行为必须严格禁止。

2. 从建筑物抛掷物品或者坠落物品造成损害由侵权人承担责任。任何人从建筑物中抛掷物品，或者建筑物坠落物品，造成他人损害，都由侵权人承担责任，侵权人就是抛掷物品的行为人，或者坠落物品的建筑物的所有人、管理人或者使用人。他们的作为或者不作为造成他人损害，当然要由他们自己承担侵权责任。

3. 经调查难以确定具体侵权人由可能加害的建筑物使用人给予补偿。难以确定具体侵权人的由可能加害的建筑物使用人给予补偿，是原《侵权责任法》第87条规定的规则。建筑物抛掷、坠落

的物品致人损害，侵权人不明补偿责任的构成要件是：(1)行为人在建筑物中抛掷物品，或者建筑物有坠落物品；(2)抛掷的物品或者坠落的物品造成他人损害，主要是人身损害；(3)实施抛掷行为或者坠落物品的所有人不明，不能确定真正的加害人；(4)不能证明自己不是侵权人。

具备上述四个要件，该建筑物的使用人是可能加害的建筑物使用人。责任承担的方式，是由可能加害的建筑物使用人对受害人的损失给予补偿，而不是承担连带责任。补偿的责任范围，应当依照每一个人的经济状况适当确定。

能够证明自己不是加害人，即没有实施建筑物抛掷物品行为，也不是建筑物坠落物品的权利人的，不承担补偿责任。

4. 可能加害的建筑物使用人补偿后有权向侵权人追偿。由可能加害的建筑物使用人承担补偿责任，其中必定有无辜者，即没有加害的建筑物使用人。为公平起见，可能加害的建筑物使用人承担了补偿责任后，查到了侵权人，当然对其享有追偿权，可以向其进行追偿。

5. 建筑物管理人未采取安全保障必要措施依法承担责任。物业服务企业等建筑物管理人对建筑物的安全负有安全保障义务。因此，本条第2款规定，建筑物管理人应当采取必要的安全保障措施，防止高空抛掷物品或者坠落物品造成损害的发生。未尽此安全保障义务，造成损害的，应当依照本法第1198条规定，承担违反安全保障义务的损害责任。

6. 公安等机关应当依法及时调查，查清责任人。为避免大量出现加害人不明的高空抛物损害责任，本条规定公安等机关应当依法及时调查，查清责任人。

链接《最高人民法院关于依法妥善审理高空抛物、坠物案件的意见》

第一千二百五十五条 【堆放物致害责任】堆放物倒塌、滚落或者滑落造成他人损害，堆放人不能证明自己没有过错的，应当承担侵权责任。

注释 堆放物是指堆放在土地上或者其他地方的物品。堆放物须是非固定在其他物体上，例如，建筑工地上堆放的砖块，木料场堆放的圆木等。本条所说的倒塌，包括堆放物整体的倒塌和部分的脱落、坠落、滑落、滚落等。堆放人是指将物体堆放在某处的人。堆放人可能是所有人，也可能是管理人。

链接《最高人民法院关于处理涉及汶川地震相关案件适用法律问题的意见（二）》九

第一千二百五十六条 【在公共道路上妨碍通行物品的致害责任】在公共道路上堆放、倾倒、遗撒妨碍通行的物品造成他人损害的，由行为人承担侵权责任。公共道路管理人不能证明已经尽到清理、防护、警示等义务的，应当承担相应的责任。

注释 公共道路是指公共通行的道路。本条规定的堆放、倾倒、遗撒妨碍通行物，是指在公共道路上堆放、倾倒、遗撒物品，影响他人对该公共道路正常、合理的使用。在公共道路上堆放、倾倒、遗撒妨碍通行物，既可以是堆放、倾倒、遗撒固体物，例如，在公共道路上非法设置路障、晾晒粮食、倾倒垃圾等；也可以是倾倒液体、排放气体，例如，运油车将石油泄漏到公路上、非法向道路排水、热力井向道路散发出大量蒸汽。本条规定的有关单位或者个人，主要是指堆放、倾倒、遗撒妨碍通行物的单位或者个人。

案例 1. 丁某章诉江苏京沪高速公路有限公司等人身损害赔偿纠纷案（《最高人民法院公报》2016年第10期）

裁判规则：车辆通过付费方式进入高速公路的法律关系，系通行者与高速公路管理者达成的有偿使用高速公路的民事合同关系，高速公路管理者有及时巡视和清障的义务，以保障司乘人员在通过高速公路时的安全、畅通。通行者在高速公路驾车行驶时碾轧到车辆散落物导致交通事故的，高速公路管理者在不能举证证明已尽到及时巡视和清障义务的情况下，应当承担相应的赔偿责任。

2. 姚某民与东台市城市管理局、东台市环境卫生管理处公共道路妨碍通行责任纠纷案（《最高人民法院公报》2015年第1期）

裁判规则：在公共交通道路上堆放、倾倒、遗撒妨碍他人通行的物品。无法确定具体行为人时，环卫机构作为具体负责道路清扫的责任单位。应当根据路面的实际情况制定相应的巡查频率和保洁制度，并在每次巡查保洁后保存相应的记录，保持路面基本见本色，保障安全通行。环卫机构未能提供其巡回保洁和及时清理的相关记录，应当认定其未尽到清理、保洁的义务，对他人因此受伤产生的损失。依法应承担相应的赔偿责任。

第一千二百五十七条 【林木致害的责任】因林木折断、倾倒或者果实坠落等造成他人损害，林木的所有人或者管理人不能证明自己没有过错的，应当承担侵权责任。

注释 本条所说的林木，包括自然生长和人工种植的林木。本条规定并未限定林木生长的地域范围，林地中的林木、公共道路旁的林木以及院落周围零星生长的树木等折断造成他人损害，林木的所有人或者管理人不能证明自己没有过错的，均要承担侵权责任。

需要说明的是，很多时候，林木的折断表面上是由于自然原因或者第三人等的原因造成的，但实质上与所有人或者管理人的过错有关。例如，大风将因虫害而枯死的大树刮倒，砸伤了过路的行人。大风和虫害是导致树木折断的因素，但由于虫害可能是因所有人或者管理人没有尽到管理、维护的义务造成的，因此，所有人或者管理人不能证明自己没有过错的，仍然要承担侵权责任。再如，他人驾驶机动车撞到树木上，造成树木倾斜，后来树木倾倒或者折断造成他人损害，所有人或者管理人不能证明在该树木被撞倾斜后，自己为了防止该树木倾倒或者折断而及时采取了合理措施的，仍然要承担侵权责任。

链接《森林法》第 20 条

第一千二百五十八条 【公共场所或道路施工致害责任和窨井等地下设施致害责任】在公共场所或者道路上挖掘、修缮安装地下设施等造成他人损害，施工人不能证明已经设置明显标志和采取安全措施的，应当承担侵权责任。

窨井等地下设施造成他人损害，管理人不能证明尽到管理职责的，应当承担侵权责任。

注释 在公共场所或者道路上施工，是指在公共场所或者道路上挖坑、修路、修缮安装地下设施等。例如架设电线、铺设管道、维修公路、修缮下水道等。在公共场所或者道路上施工，应当取得有关管理部门的许可，必须设置明显的警示标志和采取有效的安全措施。首先，设置的警示标志必须具有明显性。施工人设置的警示标志要足以引起他人对施工现场的注意，从而使他人采取相应的安全应对措施，如减速、绕行等。其次，施工人要保证警示标志的稳固并负责对其进行维护，使警示标志持续地存在于施工期间。最后，仅设置明显的标志不足以保障他人的安全的，施工人还应当采取其他有效的安全措施。

公共场所施工致人损害的责任人是施工人。施工人是指组织施工的单位或者个人，而非施工单位的工作人员或者个体施工人的雇员。施工人一般是承包或者承揽他人的工程进行施工的单位或者个人，有时也可能是自己为自己的工程施工。

窨井是指上下水道或者其他地下管线工程中，为便于检查或疏通而设置的井状构筑物。其他地下设施包括地窖、水井、下水道以及其他地下坑道等。窨井等地下设施的管理人，是指负责对该地下设施进行管理、维护的单位或者个人。城市地下设施复杂，有输水、输油、输气、输电设施等，不同的地下设施可能归不同的单位管理，在损害发生后要明确具体的管理人，由相关的管理人依法承担侵权责任。

……

中华人民共和国涉外民事关系法律适用法

· 2010 年 10 月 28 日第十一届全国人民代表大会常务委员会第十七次会议通过
· 2010 年 10 月 28 日中华人民共和国主席令第 36 号公布
· 自 2011 年 4 月 1 日起施行

第一章　一般规定

第一条 为了明确涉外民事关系的法律适用，合理解决涉外民事争议，维护当事人的合法权益，制定本法。

第二条 涉外民事关系适用的法律，依照本法确定。其他法律对涉外民事关系法律适用另有特别规定的，依照其规定。

本法和其他法律对涉外民事关系法律适用没有规定的，适用与该涉外民事关系有最密切联系的法律。

第三条 当事人依照法律规定可以明示选择涉外民事关系适用的法律。

第四条 中华人民共和国法律对涉外民事关系有强制性规定的，直接适用该强制性规定。

第五条 外国法律的适用将损害中华人民共

和国社会公共利益的,适用中华人民共和国法律。

第六条 涉外民事关系适用外国法律,该国不同区域实施不同法律的,适用与该涉外民事关系有最密切联系区域的法律。

第七条 诉讼时效,适用相关涉外民事关系应当适用的法律。

第八条 涉外民事关系的定性,适用法院地法律。

第九条 涉外民事关系适用的外国法律,不包括该国的法律适用法。

第十条 涉外民事关系适用的外国法律,由人民法院、仲裁机构或者行政机关查明。当事人选择适用外国法律的,应当提供该国法律。

不能查明外国法律或者该国法律没有规定的,适用中华人民共和国法律。

第二章 民事主体

第十一条 自然人的民事权利能力,适用经常居所地法律。

第十二条 自然人的民事行为能力,适用经常居所地法律。

自然人从事民事活动,依照经常居所地法律为无民事行为能力,依照行为地法律为有民事行为能力的,适用行为地法律,但涉及婚姻家庭、继承的除外。

第十三条 宣告失踪或者宣告死亡,适用自然人经常居所地法律。

第十四条 法人及其分支机构的民事权利能力、民事行为能力、组织机构、股东权利义务等事项,适用登记地法律。

法人的主营业地与登记地不一致的,可以适用主营业地法律。法人的经常居所地,为其主营业地。

第十五条 人格权的内容,适用权利人经常居所地法律。

第十六条 代理适用代理行为地法律,但被代理人与代理人的民事关系,适用代理关系发生地法律。

当事人可以协议选择委托代理适用的法律。

第十七条 当事人可以协议选择信托适用的法律。当事人没有选择的,适用信托财产所在地法律或者信托关系发生地法律。

第十八条 当事人可以协议选择仲裁协议适用的法律。当事人没有选择的,适用仲裁机构所在地法律或者仲裁地法律。

第十九条 依照本法适用国籍国法律,自然人具有两个以上国籍的,适用有经常居所的国籍国法律;在所有国籍国均无经常居所的,适用与其有最密切联系的国籍国法律。自然人无国籍或者国籍不明的,适用其经常居所地法律。

第二十条 依照本法适用经常居所地法律,自然人经常居所地不明的,适用其现在居所地法律。

第三章 婚姻家庭

第二十一条 结婚条件,适用当事人共同经常居所地法律;没有共同经常居所地的,适用共同国籍国法律;没有共同国籍,在一方当事人经常居所地或者国籍国缔结婚姻的,适用婚姻缔结地法律。

第二十二条 结婚手续,符合婚姻缔结地法律、一方当事人经常居所地法律或者国籍国法律的,均为有效。

第二十三条 夫妻人身关系,适用共同经常居所地法律;没有共同经常居所地的,适用共同国籍国法律。

第二十四条 夫妻财产关系,当事人可以协议选择适用一方当事人经常居所地法律、国籍国法律或者主要财产所在地法律。当事人没有选择的,适用共同经常居所地法律;没有共同经常居所地的,适用共同国籍国法律。

第二十五条 父母子女人身、财产关系,适用共同经常居所地法律;没有共同经常居所地的,适用一方当事人经常居所地法律或者国籍国法律中有利于保护弱者权益的法律。

第二十六条 协议离婚,当事人可以协议选择适用一方当事人经常居所地法律或者国籍国法律。当事人没有选择的,适用共同经常居所地法律;没有共同经常居所地的,适用共同国籍国法律;没有共同国籍的,适用办理离婚手续机构所在地法律。

第二十七条 诉讼离婚,适用法院地法律。

第二十八条 收养的条件和手续,适用收养人和被收养人经常居所地法律。收养的效力,适用收养时收养人经常居所地法律。收养关系的解除,适用收养时被收养人经常居所地法律或者法院地法律。

第二十九条 扶养，适用一方当事人经常居所地法律、国籍国法律或者主要财产所在地法律中有利于保护被扶养人权益的法律。

第三十条 监护，适用一方当事人经常居所地法律或者国籍国法律中有利于保护被监护人权益的法律。

第四章 继 承

第三十一条 法定继承，适用被继承人死亡时经常居所地法律，但不动产法定继承，适用不动产所在地法律。

第三十二条 遗嘱方式，符合遗嘱人立遗嘱时或者死亡时经常居所地法律、国籍国法律或者遗嘱行为地法律的，遗嘱均为成立。

第三十三条 遗嘱效力，适用遗嘱人立遗嘱时或者死亡时经常居所地法律或者国籍国法律。

第三十四条 遗产管理等事项，适用遗产所在地法律。

第三十五条 无人继承遗产的归属，适用被继承人死亡时遗产所在地法律。

第五章 物 权

第三十六条 不动产物权，适用不动产所在地法律。

第三十七条 当事人可以协议选择动产物权适用的法律。当事人没有选择的，适用法律事实发生时动产所在地法律。

第三十八条 当事人可以协议选择运输中动产物权发生变更适用的法律。当事人没有选择的，适用运输目的地法律。

第三十九条 有价证券，适用有价证券权利实现地法律或者其他与该有价证券有最密切联系的法律。

第四十条 权利质权，适用质权设立地法律。

第六章 债 权

第四十一条 当事人可以协议选择合同适用的法律。当事人没有选择的，适用履行义务最能体现该合同特征的一方当事人经常居所地法律或者其他与该合同有最密切联系的法律。

第四十二条 消费者合同，适用消费者经常居所地法律；消费者选择适用商品、服务提供地法律或者经营者在消费者经常居所地没有从事相关经营活动的，适用商品、服务提供地法律。

第四十三条 劳动合同，适用劳动者工作地法律；难以确定劳动者工作地的，适用用人单位主营业地法律。劳务派遣，可以适用劳务派出地法律。

第四十四条 侵权责任，适用侵权行为地法律，但当事人有共同经常居所地的，适用共同经常居所地法律。侵权行为发生后，当事人协议选择适用法律的，按照其协议。

第四十五条 产品责任，适用被侵权人经常居所地法律；被侵权人选择适用侵权人主营业地法律、损害发生地法律的，或者侵权人在被侵权人经常居所地没有从事相关经营活动的，适用侵权人主营业地法律或者损害发生地法律。

第四十六条 通过网络或者采用其他方式侵害姓名权、肖像权、名誉权、隐私权等人格权的，适用被侵权人经常居所地法律。

第四十七条 不当得利、无因管理，适用当事人协议选择适用的法律。当事人没有选择的，适用当事人共同经常居所地法律；没有共同经常居所地的，适用不当得利、无因管理发生地法律。

第七章 知识产权

第四十八条 知识产权的归属和内容，适用被请求保护地法律。

第四十九条 当事人可以协议选择知识产权转让和许可使用适用的法律。当事人没有选择的，适用本法对合同的有关规定。

第五十条 知识产权的侵权责任，适用被请求保护地法律，当事人也可以在侵权行为发生后协议选择适用法院地法律。

第八章 附 则

第五十一条 《中华人民共和国民法通则》第一百四十六条、第一百四十七条，《中华人民共和国继承法》第三十六条，与本法的规定不一致的，适用本法。

第五十二条 本法自 2011 年 4 月 1 日起施行。

中华人民共和国法律援助法

·2021 年 8 月 20 日第十三届全国人民代表大会常务委员会第三十次会议通过
·2021 年 8 月 20 日中华人民共和国主席令第 93 号公布
·自 2022 年 1 月 1 日起施行

理解与适用

2021 年 8 月 20 日，第十三届全国人大常委会第三十次会议经表决，通过了《法律援助法》，自 2022 年 1 月 1 日起施行，从法律层面对法律援助工作作出了具体规定。

《法律援助法》共 7 章 71 条，具体分为总则、机构和人员、形式和范围、程序和实施、保障和监督、法律责任、附则，主要围绕“广覆盖”“高质量”两大目标进行了规定。

“广覆盖”主要体现在：

第一，法律援助的形式和范围进一步扩大，第 22 条将“劳动争议调解与仲裁代理”作为新增法律援助形式，并增加“规章”作为扩大法律援助形式的依据。

第二，对于刑事法律援助，第 25 条在应当通知辩护范围中增加“申请法律援助的死刑复核案件被告人”，并将“盲、聋、哑人”扩大为“视力、听力、言语残疾人”。第 29 条将刑事附带民事诉讼案件的原告人及其法定代理人纳入可以申请法律援助范围。

第三，对于民事、行政法律援助，第 31 条在申请法律援助的事项中增加“确认劳动关系”“生态破坏损害赔偿”等情形。第 32 条在申请法律援助不受经济困难条件限制的情形中，增加规定“英雄烈士近亲属为维护英雄烈士的人格权益”“因见义勇为行为主张相关民事权益”等情形。

“高质量”主要体现在：

第一，对可能被判处无期徒刑、死刑的人，以及死刑复核案件的被告人提供法律援助的资格问题作出规定，第 26 条明确“应当指派具有三年以上相关执业经历的律师担任辩护人” 。

第二，第 32 条对免予经济困难审查和第 44 条对先行提供法律援助的情形作出明确，有利于及时为当事人提供法律服务，化解纠纷，维护社会安定。

第三，增强了法律援助的保障水平。参见第 4 条、第 52 条、第 55 条对法律援助经费、补贴标准、流动机制等相关规定。

第四，加大了对法律援助机构和人员的监管力度。第 55 条、第 56 条对法律援助工作的投诉查处作出制度性规定。第 57 条还规定了引入第三方评估等多种方式定期对法律援助服务质量进行考核。第 60 条则明确了律师协会对律师事务所、律师履行法律援助义务的考核和相关惩戒措施。

第一章　总　则

第一条　【立法目的】为了规范和促进法律援助工作，保障公民和有关当事人的合法权益，保障法律正确实施，维护社会公平正义，制定本法。

注释 本条是关于立法目的的规定。一是规范和促进法律援助工作。二是保障公民和有关当事人的合法权益。三是保障法律正确实施。四是维护社会公平正义。

链接《法律援助条例》第 1 条；《关于完善法律援助制度的意见》

第二条　【基本含义】本法所称法律援助，是国家建立的为经济困难公民和符合法定条件的其他当事人无偿提供法律咨询、代理、刑事辩护等法律服务的制度，是公共法律服务体系的组成部分。

注释 可以从四个方面来理解法律援助的概念：首先，法律援助是国家建立的一项法律制度，体现了国家责任。明确国家责任有利于动员更多力量参与法律援助，不仅政府有责任，立法机关、司法机关以及社会各方面都有责任。其次，法律援助的对象是经济困难公民和符合法定条件的其他当事人。第一，法律援助的对象是自然人，不包括法人等组织；第二，法律援助的对象不仅包括经济困难公民，还包括符合法定条件的其他当事人。再次，法律援助是一种无偿提供的法律服务。简单理解，法律援助就是让贫困和其他弱势群体打得起官司、打得赢官司。最后，法律援助是公共法律服务体系的组成部分。

链接《律师法》第28条；《法律援助条例》第2条；《办理法律援助案件程序规定》第24条

第三条 【基本原则】法律援助工作坚持中国共产党领导，坚持以人民为中心，尊重和保障人权，遵循公开、公平、公正的原则，实行国家保障与社会参与相结合。

注释 本条是关于法律援助工作应当遵循的基本原则的规定。根据本条规定，法律援助工作应当遵循五项原则：坚持中国共产党领导，坚持以人民为中心，尊重和保障人权，遵循公开、公平、公正的原则，实行国家保障与社会参与相结合。这些原则内涵于法律援助法的立法目的以及我国法律援助的概念之中，并体现在本法各项具体制度设计之中。

链接《政府信息公开条例》第5条

第四条 【法律援助保障体系】县级以上人民政府应当将法律援助工作纳入国民经济和社会发展规划、基本公共服务体系，保障法律援助事业与经济社会协调发展。

县级以上人民政府应当健全法律援助保障体系，将法律援助相关经费列入本级政府预算，建立动态调整机制，保障法律援助工作需要，促进法律援助均衡发展。

注释 本条是关于人民政府保障职责的规定。

根据本条规定，县级以上人民政府应当将法律援助工作纳入国民经济和社会发展规划，纳入基本公共服务体系。本条规定的责任主体是县级以上人民政府，不包括乡镇一级政府。同时，县级以上人民政府还应当将法律援助相关经费列入本级政府预算，建立动态调整机制。也就是说，法律援助经费的规模应当根据法律援助工作的实际需要而定，而不是盲目"多多益善"或者"只增不减"。

链接《法律援助条例》第3条

第五条 【政府相关部门职责】国务院司法行政部门指导、监督全国的法律援助工作。县级以上地方人民政府司法行政部门指导、监督本行政区域的法律援助工作。

县级以上人民政府其他有关部门依照各自职责，为法律援助工作提供支持和保障。

注释 本条是关于政府相关部门职责的规定。

司法行政部门指导、监督法律援助工作

一是从层级上看，国务院司法行政部门，即司法部，作为中央政府组成部门，指导、监督全国的法律援助工作；县级以上地方人民政府司法行政部门指导、监督本行政区域的法律援助工作。二是从职责内容上看，主要包括指导和监督两个方面。指导包括制定配套规章制度、发布典型案例、加强法律援助普法宣传等；监督主要是对法律援助机构以及各类法律援助人员执行法律法规和政策的情况进行监督。

其他有关部门提供支持和保障

如依托社会救助对象以及老年人、残疾人等数据系统，建立法律援助对象动态数据库，简化审查程序，就需要财政、民政等部门提供支持和保障。

链接《法律援助条例》第4、5条

第六条 【公检法机关保障职责】人民法院、人民检察院、公安机关应当在各自职责范围内保障当事人依法获得法律援助，为法律援助人员开展工作提供便利。

链接《刑事诉讼法》第35条第2、3款，第36条第2款，第39条第2款，第293条，第304条第2款；《最高人民法院、司法部关于开展刑事案件律师辩护全覆盖试点工作的办法》第13条

第七条 【律师协会职责】律师协会应当指导和支持律师事务所、律师参与法律援助工作。

链接《律师法》第28、42条；《法律援助条例》第4条；《最高人民法院、司法部关于开展刑事案件律师辩护全覆盖试点工作的办法》第7条，第10条，第19条，第22条

第八条 【鼓励群团组织、事业单位、社会组织提供法律援助】国家鼓励和支持群团组织、事业单位、社会组织在司法行政部门指导下，依法提供法律援助。

注释 本条是关于国家鼓励和支持群团组织、事业单位、社会组织在司法行政部门指导下依法提供法律援助的规定。

1. 群团组织。群团组织是群众性团体组织的简称。截至2019年，我国群团组织共有22个，包括中华全国总工会、中国共产主义青年团中央委

员会、中华全国妇女联合会、中国文学艺术界联合会、中国作家协会、中国科学技术协会、中华全国归国华侨联合会、中国法学会、中国人民对外友好协会、中华全国新闻工作者协会、中华全国台湾同胞联谊会、中国国际贸易促进委员会、中国残疾人联合会、中国红十字会总会、中国人民外交学会、中国宋庆龄基金会、黄埔军校同学会、欧美同学会、中国思想政治工作研究会、中华职业教育社、中华全国工商业联合会和中国计划生育协会。

2. 事业单位。根据《事业单位登记管理暂行条例》,事业单位是指国家为了社会公益目的,由国家机关举办或者其他组织利用国有资产举办的,从事教育、科技、文化、卫生等活动的社会服务组织。

3. 社会组织。我国社会组织包括社会团体、基金会和社会服务机构三类。

链接《法律援助条例》第 8 条;《社会团体登记管理条例》;《民办非企业单位登记管理暂行条例》;《基金会管理条例》;《全国性社会组织评估管理规定》;《事业单位登记管理暂行条例》

第九条 【社会力量支持】国家鼓励和支持企业事业单位、社会组织和个人等社会力量,依法通过捐赠等方式为法律援助事业提供支持;对符合条件的,给予税收优惠。

注释 本条是关于国家鼓励和支持社会力量为法律援助事业提供支持的规定。根据本条规定,社会力量可以通过捐赠等方式为法律援助事业提供支持,符合法定条件的,可以享受税收优惠。

链接《民法典》第 658—660、663、665 条;《法律援助条例》第 7、8 条;《公益事业捐赠法》;《慈善法》;《企业所得税法》;《个人所得税法》

第十条 【法律援助宣传与监督】司法行政部门应当开展经常性的法律援助宣传教育,普及法律援助知识。

新闻媒体应当积极开展法律援助公益宣传,并加强舆论监督。

第十一条 【表彰与奖励】国家对在法律援助工作中做出突出贡献的组织和个人,按照有关规定给予表彰、奖励。

注释 本条是关于国家对在法律援助工作中做出突出贡献的组织和个人按照有关规定给予表彰、奖励的规定。实施表彰、奖励的主体主要是负责指导、监督法律援助工作的司法行政部门。同时,有关的社会团体或者其他社会组织,如工会、共产主义青年团、妇女联合会、残疾人联合会等群团组织也可以根据实际情况,联合司法行政部门实施表彰、奖励。

表彰主要是精神层面的。表彰的形式包括对受表彰的组织和个人授予光荣称号,颁发奖章、证书,以及对先进事迹进行宣传等。奖励一般包括给予一定的奖金、经费等。

链接《法律援助条例》第 9 条;《最高人民法院关于适用〈中华人民共和国刑事诉讼法〉的解释》第 44 条;《办理法律援助案件程序规定》第 20—22 条

第二章 机构和人员

第十二条 【法律援助机构的设立及其职责】县级以上人民政府司法行政部门应当设立法律援助机构。法律援助机构负责组织实施法律援助工作,受理、审查法律援助申请,指派律师、基层法律服务工作者、法律援助志愿者等法律援助人员提供法律援助,支付法律援助补贴。

注释 在我国,县级以上人民政府司法行政部门设立的法律援助机构,名称一般为"法律援助中心",代表国家和政府组织实施法律援助。司法部和省、市、县三级司法行政部门都应当设立法律援助机构。法律援助机构不同于法律援助管理机构,后者是司法行政部门设立的负责指导、监督本行政区域法律援助工作的内设或者直属机构,如法律援助局(处)、公共法律服务管理局(处)等。

法律援助机构的职责

1. 受理、审查法律援助申请。受理,是指接收公民的法律援助申请,一般表现为接收法律援助申请材料。审查,内容一般包括法律援助的管辖和法律援助条件,经审查后作出是否给予法律援助的决定。

2. 指派律师、基层法律服务工作者、法律援助志愿者等法律援助人员提供法律援助。

3. 支付法律援助补贴。根据《关于完善法律援助补贴标准的指导意见》,法律援助补贴是指法律援助机构按照规定支付给社会律师、基层法律服务工作者、社会组织人员等法律援助事项承办人员(不含法律援助机构工作人员,以及其他承办法律援助事项的具有公职身份的基层法律服务工作者、社会组织人员)所属单位的费用。

链接《法律援助条例》第 4、19 条

第十三条 【法律援助受理和法律援助工作站或者联络点设立】法律援助机构根据工作需要，可以安排本机构具有律师资格或者法律职业资格的工作人员提供法律援助；可以设置法律援助工作站或者联络点，就近受理法律援助申请。

注释 法律援助机构工作人员属于政府公职人员，承办法律援助事项是职务行为，不领取法律援助补贴，与社会律师不存在市场竞争关系。

法律援助工作站，一般是指法律援助机构依托乡镇司法所、劳动仲裁、监狱、部队、人武部等单位以及群团组织设立的服务网点。

法律援助联络点，一般是指法律援助机构在村（居）委会设立的服务网点。

法律援助工作站和联络点的职责

受理法律援助申请，也就是接收群众提交法律援助的申请材料，经初步审查，认为符合法律援助条件的，可以当场受理并及时将申请材料转交给有管辖权的法律援助机构，也可以协助群众通过法律援助服务网或者其他网上渠道申请法律援助。此外，法律援助工作站或者联络点可以提供法律援助咨询解答、代写法律文书、宣传法律援助制度等法律服务。有的法律援助工作站还负责协助法律援助机构开展经济困难状况核查。

链接《法律援助条例》第5、17、21、24条；本法第57条；《办理法律援助案件程序规定》第18、21条

第十四条 【派驻值班律师】法律援助机构可以在人民法院、人民检察院和看守所等场所派驻值班律师，依法为没有辩护人的犯罪嫌疑人、被告人提供法律援助。

注释 值班律师，是指法律援助机构在看守所、人民检察院、人民法院等场所设立法律援助工作站，通过派驻或安排的方式，为没有辩护人的犯罪嫌疑人、被告人提供法律帮助的律师。值班律师由法律援助机构派驻，看守所、人民检察院和人民法院不能自行安排律师在上述场所提供值班律师法律帮助。看守所、人民检察院、人民法院应当为法律援助工作站提供必要的办公场所和设施。可以担任值班律师的人员主要包括执业律师和本法第13条规定的法律援助机构中具有律师资格或者法律职业资格的工作人员。基层法律服务工作者、没有执业律师资格的法律援助志愿者不能提供值班律师法律帮助。

值班律师的服务对象是没有辩护人的犯罪嫌疑人、被告人。没有辩护人指犯罪嫌疑人、被告人没有委托辩护人并且不符合法律援助机构指派律师为其提供辩护的条件。没有辩护人的犯罪嫌疑人、被告人提出申请值班律师法律帮助的，法律援助机构免予审查申请人经济困难状况。

链接《刑事诉讼法》第35、36、39、173、174、278条；《最高人民法院关于适用〈中华人民共和国刑事诉讼法〉的解释》第44条；《公安机关办理刑事案件程序规定》第49条

第十五条 【政府采购】司法行政部门可以通过政府采购等方式，择优选择律师事务所等法律服务机构为受援人提供法律援助。

链接《政府采购法》第22条；《律师法》第42条；《法律援助条例》第6条；《关于刑事诉讼法律援助工作的规定》第26条；《律师执业管理办法》第45条；《办理法律援助案件程序规定》第22条；《司法部、财政部关于建立健全政府购买法律服务机制的意见》

第十六条 【法律援助义务主体】律师事务所、基层法律服务所、律师、基层法律服务工作者负有依法提供法律援助的义务。

律师事务所、基层法律服务所应当支持和保障本所律师、基层法律服务工作者履行法律援助义务。

链接 本法第55、57、61—63条；《律师执业管理办法》第45条；《律师事务所管理办法》第48条；《基层法律服务所管理办法》第24条；《基层法律服务工作者管理办法》第34条

第十七条 【法律援助志愿服务】国家鼓励和规范法律援助志愿服务；支持符合条件的个人作为法律援助志愿者，依法提供法律援助。

高等院校、科研机构可以组织从事法学教育、研究工作的人员和法学专业学生作为法律援助志愿者，在司法行政部门指导下，为当事人提供法律咨询、代拟法律文书等法律援助。

法律援助志愿者具体管理办法由国务院有关部门规定。

注释 高等院校、科研机构中从事法学教育、研究工作的人员和法学专业学生提供法律援助服务要以法律援助志愿者身份进行。法律援助志愿服务的形式主要是为当事人提供法律咨询、代拟法律文书、部分案件代理等，志愿者也可以参与法律援助宣传、培训、理论研究、案件质量评估等工作。

链接《志愿服务条例》第23、32条

第十八条 【法律服务资源依法跨区域流动机制】国家建立健全法律服务资源依法跨区域流动机制,鼓励和支持律师事务所、律师、法律援助志愿者等在法律服务资源相对短缺地区提供法律援助。

链接《律师法》第42条

第十九条 【法律援助人员的职责】法律援助人员应当依法履行职责,及时为受援人提供符合标准的法律援助服务,维护受援人的合法权益。

注释"及时"与本法第36、39、43、49条等规定的"三日内""二十四小时内""七日内""五日内"等具体时效要求相衔接。

符合标准的法律援助服务是指法律援助人员依照司法部出台的《全国刑事法律援助服务规范》《全国民事行政法律援助服务规范》和地方出台的服务标准,提供高质量法律援助服务等。

链接《律师法》第42条;《法律援助条例》第6条;《律师执业管理办法》第45条;《办理法律援助案件程序规定》第23条

第二十条 【法律援助人员职业道德和执业纪律】法律援助人员应当恪守职业道德和执业纪律,不得向受援人收取任何财物。

注释不得向受援人收取任何财物,是指法律援助人员不能被动接受受援人赠送的任何财物,更不能主动要求受援人给予财物。

链接《律师法》第3条;《法律援助条例》第22条

第二十一条 【保密义务】法律援助机构、法律援助人员对提供法律援助过程中知悉的国家秘密、商业秘密和个人隐私应当予以保密。

注释 **国家秘密**

国家秘密是指关系国家安全和利益,依照法定程序确定,在一定时间内只限一定范围的人员知悉的事项。其包括:国家事务重大决策中的秘密事项;国防建设和武装力量活动中的秘密事项;外交和外事活动中的秘密事项以及对外承担保密义务的秘密事项;国民经济和社会发展中的秘密事项;科学技术中的秘密事项;维护国家安全活动和追查刑事犯罪中的秘密事项;经国家保密行政管理部门确定的其他秘密事项;等等。

商业秘密

商业秘密是指非公开性的、非排他性的,能使经营者获得利益、竞争优势或其他潜在的商业利益的秘密。

个人隐私

个人隐私是指公民个人生活中不愿为他人(一定范围以外的人)公开或知悉的秘密,且这一秘密与其他人及社会利益无关。

链接《民法典》第1032、1033条;《律师执业管理办法》第43条

第三章 形式和范围

第二十二条 【法律援助服务形式】法律援助机构可以组织法律援助人员依法提供下列形式的法律援助服务:

(一)法律咨询;

(二)代拟法律文书;

(三)刑事辩护与代理;

(四)民事案件、行政案件、国家赔偿案件的诉讼代理及非诉讼代理;

(五)值班律师法律帮助;

(六)劳动争议调解与仲裁代理;

(七)法律、法规、规章规定的其他形式。

注释本条是关于法律援助服务形式的规定。

根据本条规定,法律援助服务形式包括法律咨询,代拟法律文书,刑事辩护与代理,民事案件、行政案件、国家赔偿案件的诉讼代理及非诉讼代理,值班律师法律帮助,劳动争议调解与仲裁代理,法律、法规、规章规定的其他形式。

代拟法律文书

代拟法律文书是替有困难的当事人起草、撰写申请书、起诉状、答辩状、申诉状等。

值班律师法律帮助

值班律师法律帮助是法律援助机构通过在人民法院、人民检察院、看守所等场所设立法律援助工作站,以派驻或者安排律师的方式,为没有辩护人的犯罪嫌疑人、被告人提供法律咨询、程序选择建议、申请变更强制措施、对案件处理提出意见等。

链接《刑事诉讼法》第35、36、39、278、293、304条;《律师法》第28条;《律师执业管理办法》第25条;《法律援助值班律师工作办法》;《关于完善法律援助制度的意见》;《劳动争议调解仲裁法》

第二十三条 【法律咨询服务提供】法律援助机构应当通过服务窗口、电话、网络等多种方式提供法律咨询服务;提示当事人享有依法申请法律援助的权利,并告知申请法律援助的条件和程序。

注释本条的提示和告知义务与本法第35条规定

的告知义务不同。这里的提示和告知义务的主体是法律援助机构；第35条规定的告知义务的主体是人民法院、人民检察院、公安机关和有关部门。

链接《办理法律援助案件程序规定》第24条

第二十四条 【刑事法律援助申请】刑事案件的犯罪嫌疑人、被告人因经济困难或者其他原因没有委托辩护人的，本人及其近亲属可以向法律援助机构申请法律援助。

注释 **申请刑事法律援助的条件**

(1)法律援助的对象是刑事案件的犯罪嫌疑人、被告人，既包括刑事公诉案件的犯罪嫌疑人、被告人，也包括刑事自诉案件的被告人。(2)申请法律援助的原因是因经济困难或者其他原因没有委托辩护人。(3)申请主体是犯罪嫌疑人、被告人本人及其近亲属。这里的近亲属指该犯罪嫌疑人、被告人的夫、妻、父、母、子、女、同胞兄弟姊妹。(4)向办案机关所在地法律援助机构提出申请。

链接《刑事诉讼法》第35、293条；《法律援助条例》第11条

第二十五条 【应当指派律师辩护人和可以指派律师辩护人的情形】刑事案件的犯罪嫌疑人、被告人属于下列人员之一，没有委托辩护人的，人民法院、人民检察院、公安机关应当通知法律援助机构指派律师担任辩护人：

(一)未成年人；

(二)视力、听力、言语残疾人；

(三)不能完全辨认自己行为的成年人；

(四)可能被判处无期徒刑、死刑的人；

(五)申请法律援助的死刑复核案件被告人；

(六)缺席审判案件的被告人；

(七)法律法规规定的其他人员。

其他适用普通程序审理的刑事案件，被告人没有委托辩护人的，人民法院可以通知法律援助机构指派律师担任辩护人。

注释 **应当指派律师担任辩护人的情形**

1. 未成年人。犯罪嫌疑人、被告人是未成年人，且没有委托辩护人的，人民法院、人民检察院、公安机关应当通知法律援助机构指派律师担任辩护人。

2. 视力、听力、言语残疾人。犯罪嫌疑人、被告人是视力、听力、言语残疾人，且没有委托辩护人的，人民法院、人民检察院、公安机关应当通知法律援助机构指派律师担任辩护人。根据国家标准《残疾人残疾分类和分级》(GB/T 26341—2010)的规定，视力残疾是指各种原因导致双眼视力低下并且不能矫正或双眼视野缩小，以致影响其日常生活和社会参与。视力残疾包括盲及低视力。听力残疾是指各种原因导致双耳不同程度的永久性听力障碍，听不到或听不清周围环境声及言语声，以致影响其日常生活和社会参与。言语残疾是指各种原因导致的不同程度的言语障碍，经治疗一年以上不愈或病程超过两年，而不能或难以进行正常的言语交流活动，以致影响其日常生活和社会参与。包括：失语、运动性构音障碍、器质性构音障碍、发声障碍、儿童言语发育迟滞、听力障碍所致的言语障碍、口吃等。

3. 不能完全辨认自己行为的成年人。犯罪嫌疑人、被告人是不能完全辨认自己行为的成年人，且没有委托辩护人的，人民法院、人民检察院、公安机关应当通知法律援助机构指派律师担任辩护人。不能完全辨认自己行为的成年人是指《刑事诉讼法》中规定的尚未完全丧失辨认或者控制自己行为能力的精神病人。

4. 可能被判处无期徒刑、死刑的人。这里的"可能"被判处无期徒刑、死刑，是人民法院、人民检察院、公安机关根据案件的事实和证据情况得出的一种判断，而非定论。这里的"死刑"包括"死刑立即执行"和"死刑缓期两年执行"。

5. 申请法律援助的死刑复核案件被告人。死刑复核案件中的被告人没有委托辩护人，向人民法院提出法律援助申请的，人民法院应当通知法律援助机构指派律师担任辩护人。需要说明的是，本项通知程序的启动，不是人民法院发现死刑复核案件被告人没有委托辩护人，即应通知法律援助机构指派律师担任辩护人，还需要被告人提出法律援助申请。此外，本项与本法第39条的不同之处在于，本项属于应当通知辩护的范围，没有委托辩护人的死刑复核案件被告人提出法律援助申请，人民法院即应当通知法律援助机构，法律援助机构接到通知后应当指派律师担任其辩护人。而第39条规定的是人民法院等向法律援助机构转交被告人法律援助申请的义务，是否提供法律援助需由法律援助机构审查决定。因此，没有委托辩护人的死刑复核案件被告人，就死刑复核事项提出法律援助申请的，不适用本法第39条的规定。

6. 缺席审判案件的被告人。根据《刑事诉讼

法》的规定，对于贪污贿赂犯罪案件，以及需要及时进行审判，经最高人民检察院核准的严重危害国家安全犯罪、恐怖活动犯罪案件，人民法院在特定条件下可以在被告人不出庭的情况下进行开庭审判。需要说明的是，这里只针对进入审判程序的被告人，在侦查阶段和审查起诉阶段，虽然上述案件的犯罪嫌疑人在境外，但公安机关、人民检察院仅需告知其有权委托辩护人，而无须通知法律援助机构指派律师担任其辩护人。

7. 法律法规规定的其他人员。

链接《法律援助条例》第12条；《最高人民法院关于适用〈中华人民共和国刑事诉讼法〉的解释》第47条；《人民检察院刑事诉讼规则》第42条；《关于刑事诉讼法律援助工作的规定》第9、13条

第二十六条 【特殊案件辩护人的条件】对可能被判处无期徒刑、死刑的人，以及死刑复核案件的被告人，法律援助机构收到人民法院、人民检察院、公安机关通知后，应当指派具有三年以上相关执业经历的律师担任辩护人。

注释 **为特殊犯罪嫌疑人、被告人指派的辩护人应当具备的条件**

1. 法律援助机构只能指派律师，而不能指派非律师的基层法律服务工作者、法律援助志愿者等法律援助人员担任辩护人。

2. 这里的"律师"是指《律师法》规定中的律师，即依法取得律师执业证书，接受委托或者指定，为当事人提供法律服务的执业人员。

3. 指派的律师必须具有3年以上相关执业经历。需要注意的是，这里的"相关执业经历"指从事刑事辩护的经历；"3年"应当从取得律师执业证书并开始从事刑事辩护服务起算。对于取得律师执业证书后，未从事刑事辩护服务，或者从事刑事辩护服务不满3年的律师，不得指派其担任本条中的辩护人。

链接《律师法》；《关于充分保障律师依法履行辩护职责确保死刑案件办理质量的若干规定》；《关于刑事诉讼法律援助工作的规定》第13条

第二十七条 【犯罪嫌疑人、被告人委托辩护权保障】人民法院、人民检察院、公安机关通知法律援助机构指派律师担任辩护人时，不得限制或者损害犯罪嫌疑人、被告人委托辩护人的权利。

注释 本条是关于保护犯罪嫌疑人、被告人委托辩护权的规定。

刑事诉讼中，犯罪嫌疑人、被告人的辩护权可以通过自行辩护、委托辩护和法律援助机构指派律师辩护三种方式得以实现。只有在犯罪嫌疑人、被告人没有委托辩护人的情况下，法律援助机构才能指派律师为其提供辩护。这表明法律援助机构指派律师辩护提供的是一种兜底性的法律援助服务，这种辩护形式不能与委托辩护相冲突，更不能限制或者损害犯罪嫌疑人、被告人委托辩护的权利，否则就背离了刑事法律援助维护司法公正的目的和初衷。

链接《刑事诉讼法》第33、34条

第二十八条 【强制医疗案件的法律援助】强制医疗案件的被申请人或者被告人没有委托诉讼代理人的，人民法院应当通知法律援助机构指派律师为其提供法律援助。

注释 本条是关于为强制医疗案件的被申请人或者被告人提供法律援助的规定。

《刑事诉讼法》第302条规定，实施暴力行为，危害公共安全或者严重危害公民人身安全，经法定程序鉴定依法不负刑事责任的精神病人，有继续危害社会可能的，可以予以强制医疗。需要注意的是，一是由于被申请人、被告人是无民事行为能力人，自己无法委托诉讼代理人，需要由其法定代理人代为委托，因此，这里的"没有委托诉讼代理人"包括"其法定代理人没有代为委托诉讼代理人"。二是委托诉讼代理人参照委托辩护人的规定执行。因此，被申请人或者被告人可以委托一至二人作为诉讼代理人。可以被委托为诉讼代理人的范围包括：律师；人民团体或者被申请人、被告人所在单位推荐的人；被申请人、被告人的监护人、亲友。三是通知义务的主体仅限于人民法院。四是根据本法第36条的规定，人民法院、人民检察院、公安机关发现强制医疗案件的被申请人、被告人没有委托诉讼代理人的，应当在3日内通知法律援助机构指派律师，法律援助机构收到通知后应当在3日内指派律师并通知人民法院、人民检察院、公安机关。五是法律援助机构只能指派律师为被申请人或者被告人提供法律援助。

链接《刑法》第18条；《刑事诉讼法》第47、302、304条；《人民检察院刑事诉讼规则》第545条

第二十九条 【被害人、自诉人及原告人等法律援助申请】刑事公诉案件的被害人及其法定代理人或者近亲属，刑事自诉案件的自诉人及其法

定代理人，刑事附带民事诉讼案件的原告人及其法定代理人，因经济困难没有委托诉讼代理人的，可以向法律援助机构申请法律援助。

注释 根据本条规定，下列人员因经济困难没有委托诉讼代理人的，可以向法律援助机构申请法律援助。

1. 刑事公诉案件的被害人及其法定代理人或者近亲属

这里规定法定代理人有权申请法律援助，是考虑到一些被害人是未成年人或者无民事行为能力人，他们的诉讼权利需要由其法定代理人代为行使。规定被害人的近亲属有权申请法律援助，主要是考虑有些刑事公诉案件造成了被害人死亡，这种情况下可由其近亲属委托诉讼代理人参加诉讼。

2. 刑事自诉案件的自诉人及其法定代理人

自诉案件。(1)告诉才处理的案件，包括：侮辱、诽谤案；暴力干涉婚姻自由案；虐待案；侵占案。(2)被害人有证据证明的轻微刑事案件，包括：故意伤害案(轻伤)；非法侵入住宅案；侵犯通信自由案；重婚案；遗弃案；生产、销售伪劣商品案(严重危害社会秩序和国家利益的除外)；侵犯知识产权案(严重危害社会秩序和国家利益的除外)；《刑法》分则，第4章、第5章规定的，可能判处3年有期徒刑以下刑罚的案件。(3)被害人有证据证明对被告人侵犯自己人身、财产权利的行为应当依法追究刑事责任，而公安机关或者人民检察院不予追究被告人刑事责任的案件。

3. 刑事附带民事诉讼案件的原告人及其法定代理人

《刑事诉讼法》第101条第1款规定："被害人由于被告人的犯罪行为而遭受物质损失的，在刑事诉讼过程中，有权提起附带民事诉讼。被害人死亡或者丧失行为能力的，被害人的法定代理人、近亲属有权提起附带民事诉讼。"

链接《刑法》；《刑事诉讼法》第46、101、210条；《关于刑事诉讼法律援助工作的规定》第3、5条；《最高人民法院关于适用〈中华人民共和国刑事诉讼法〉的解释》第1、62条

第三十条 【值班律师提供法律帮助】值班律师应当依法为没有辩护人的犯罪嫌疑人、被告人提供法律咨询、程序选择建议、申请变更强制措施、对案件处理提出意见等法律帮助。

注释 **值班律师的工作职责**

1. 提供法律咨询

值班律师提供法律咨询时，应当告知犯罪嫌疑人、被告人有关法律帮助的相关规定，结合案件所在的诉讼阶段，解释相关诉讼权利和程序规定，解答犯罪嫌疑人、被告人咨询的法律问题。值班律师提供法律咨询的，应当记录犯罪嫌疑人、被告人涉嫌的罪名、咨询的法律问题、提供的法律解答。

2. 提供程序选择建议

这是指对于采取何种诉讼程序处理案件，值班律师在向犯罪嫌疑人、被告人说明程序的法律规定和法律结果的基础上，向犯罪嫌疑人、被告人提出选择建议。

3. 申请变更强制措施

犯罪嫌疑人被采取强制措施的，值班律师可以为其向有关司法机关申请予以变更。例如，犯罪嫌疑人被拘留、逮捕的，有关司法机关经申请可以将拘留、逮捕变更为取保候审、监视居住。

4. 对案件处理提出意见

包括对犯罪嫌疑人、被告人如何进行刑事诉讼，在诉讼中如何供述等程序问题提出意见，也包括对是否构成犯罪，是否有自首、立功、坦白等情节，人民检察院的量刑建议中的主刑、附加刑以及是否适用缓刑等问题，为犯罪嫌疑人、被告人向人民法院、人民检察院、公安机关提出处理意见。

链接《刑事诉讼法》第36条；《法律援助值班律师工作办法》第6—9条

第三十一条 【民事和行政法律援助事项范围】下列事项的当事人，因经济困难没有委托代理人的，可以向法律援助机构申请法律援助：

(一)依法请求国家赔偿；

(二)请求给予社会保险待遇或者社会救助；

(三)请求发给抚恤金；

(四)请求给付赡养费、抚养费、扶养费；

(五)请求确认劳动关系或者支付劳动报酬；

(六)请求认定公民无民事行为能力或者限制民事行为能力；

(七)请求工伤事故、交通事故、食品药品安全事故、医疗事故人身损害赔偿；

(八)请求环境污染、生态破坏损害赔偿；

(九)法律、法规、规章规定的其他情形。

注释 申请民事和行政法律援助应当具备三个条

件:第一,经济困难;第二,没有委托代理人;第三,具体事项类型符合法定的范围。

依法请求国家赔偿

国家机关和国家机关工作人员行使职权侵犯公民、法人和其他组织合法权益,造成损害的,受害人有依法取得国家赔偿的权利。国家赔偿包括行政赔偿和司法赔偿。

行政机关及其工作人员在行使行政职权时有下列侵犯人身权情形之一的,受害人有取得赔偿的权利:(1)违法拘留或者违法采取限制公民人身自由的行政强制措施的;(2)非法拘禁或者以其他方法非法剥夺公民人身自由的;(3)以殴打、虐待等行为或者唆使、放纵他人以殴打、虐待等行为造成公民身体伤害或者死亡的;(4)违法使用武器、警械造成公民身体伤害或者死亡的;(5)造成公民身体伤害或者死亡的其他违法行为。行政机关及其工作人员在行使行政职权时有下列侵犯财产权情形之一的,受害人有取得赔偿的权利:(1)违法实施罚款、吊销许可证和执照、责令停产停业、没收财物等行政处罚的;(2)违法对财产采取查封、扣押、冻结等行政强制措施的;(3)违法征收、征用财产的;(4)造成财产损害的其他违法行为。

行使侦查、检察、审判职权的机关以及看守所、监狱管理机关及其工作人员在行使职权时有下列侵犯人身权情形之一的,受害人有取得赔偿的权利:(1)违反《刑事诉讼法》的规定对公民采取拘留措施的,或者依照《刑事诉讼法》规定的条件和程序对公民采取拘留措施,但是拘留时间超过《刑事诉讼法》规定的时限,其后决定撤销案件、不起诉或者判决宣告无罪终止追究刑事责任的;(2)对公民采取逮捕措施后,决定撤销案件、不起诉或者判决宣告无罪终止追究刑事责任的;(3)依照审判监督程序再审改判无罪,原判刑罚已经执行的;(4)刑讯逼供或者以殴打、虐待等行为或者唆使、放纵他人以殴打、虐待等行为造成公民身体伤害或者死亡的;(5)违法使用武器、警械造成公民身体伤害或者死亡的。

行使侦查、检察、审判职权的机关以及看守所、监狱管理机关及其工作人员在行使职权时有下列侵犯财产权情形之一的,受害人有取得赔偿的权利:(1)违法对财产采取查封、扣押、冻结、追缴等措施的;(2)依照审判监督程序再审改判无罪,原判罚金、没收财产已经执行的。

《国家赔偿法》规定了能够请求国家赔偿的途径,包括向赔偿义务机关提出、申请复议、提起诉讼等,在这些程序中,当事人可以依法申请法律援助。

请求给予社会保险待遇或者社会救助

社会保险待遇是指参加社会保险的个人,在符合法定条件时要求社会保险经办机构给付的相关费用等待遇。社会保险待遇包括基本养老保险、基本医疗保险、工伤保险、失业保险和生育保险等领域的保险待遇。个人对社会保险经办机构不依法支付社会保险待遇的行为,可以依法申请行政复议或者提起行政诉讼。

社会救助是指国家对生活困难的人员给予的相关帮助,以保障其基本生活。社会救助包括最低生活保障、特困人员供养、受灾人员救助、医疗救助、教育救助、住房救助、就业救助、临时救助等。申请或者已获得社会救助的家庭或者人员,对社会救助管理部门作出的具体行政行为不服的,可以依法申请行政复议或者提起行政诉讼。

本法将请求给予社会保险待遇或者社会救助的事项纳入法律援助范围。

请求发给抚恤金

抚恤金分为三种:一是与军人、退役军人等有关的抚恤金。军人因战、因公、因病致残的,享受国家规定的残疾抚恤金。军人牺牲、病故的,国家按照规定发给其遗属抚恤金。二是与社会保险有关的抚恤金。失业人员在领取失业保险金期间死亡的,向其遗属发给抚恤金。参加基本养老保险的个人,因病或者非因工死亡的,其遗属可以领取抚恤金;因工死亡的,其遗属领取供养亲属抚恤金。三是国家机关工作人员及离退休人员的抚恤金。

请求给付赡养费、抚养费、扶养费

未成年子女或者不能独立生活的成年子女,有权要求父母给付抚养费。

缺乏劳动能力或者生活困难的父母,有权要求其成年子女给付赡养费。

夫妻有相互扶养的义务,需要扶养的一方,在另一方不履行扶养义务时,有要求其给付扶养费的权利。

请求确认劳动关系或者支付劳动报酬

根据《劳动争议调解仲裁法》,发生劳动争议,当事人不愿协商、协商不成或者达成和解协议后不履行的,可以向调解组织申请调解;不愿调解、调解不成或者达成调解协议后不履行的,可以向劳动争议仲裁委员会申请仲裁;对仲裁裁决不服的,除该法另有规定的外,可以向人民法院提起诉讼。请求确认劳动关系或者支付劳动报酬,是劳动者的重要权益,本法将其纳入法律援助事项范围。

请求认定公民无民事行为能力或者限制民事行为能力

认定行为能力案件分为两类:一是申请将一个人认定为限制民事行为能力人或者无民事行为能力人。对于不能辨认或者不能完全辨认自己行为的成年人,其利害关系人或者有关组织,可以向人民法院提出申请。二是将已经被认定为无民事行为能力的人,申请认定为限制民事行为能力人或者完全民事行为能力人;将已经被认定为限制民事行为能力的人,申请认定为完全民事行为能力人。在这些案件中,本人、利害关系人或者有关组织可以申请法律援助。

请求工伤事故、交通事故、食品药品安全事故、医疗事故人身损害赔偿

工伤事故、交通事故、食品药品安全事故、医疗事故是现实生活中比较多发的几类事故,造成人身损害的,涉及受害人的医疗费、误工费等方面的赔偿,通常关系到受害人的基本生活,且有的问题专业性强,为了更好地保障受害人的合法权益,本法将这些案件纳入法律援助事项范围。

请求环境污染、生态破坏损害赔偿

环境污染主要是指向环境排放物质等超出了环境自净能力导致的环境质量降低,包括水污染、大气污染、噪声污染、固体废弃物污染等。生态破坏是指对自然资源的不合理利用等行为导致对生态平衡等的破坏。

链接《国家赔偿法》;《兵役法》;《军人地位和权益保障法》;《退役军人保障法》;《社会保险法》;《行政复议法》;《行政诉讼法》;《民法典》;《劳动法》;《劳动合同法》;《劳动争议调解仲裁法》;《中央专项彩票公益金法律援助项目实施与管理办法》

第三十二条 【申请法律援助不受经济困难条件限制的情形】有下列情形之一,当事人申请法律援助的,不受经济困难条件的限制:

(一)英雄烈士近亲属为维护英雄烈士的人格权益;

(二)因见义勇为行为主张相关民事权益;

(三)再审改判无罪请求国家赔偿;

(四)遭受虐待、遗弃或者家庭暴力的受害人主张相关权益;

(五)法律、法规、规章规定的其他情形。

注释 通常情况下,当事人申请法律援助需要以经济困难为条件,但有的案件当事人本身就需要给予特殊保护,或者案件涉及维护社会公共利益和弘扬社会主义核心价值观,因此,无论当事人是否经济困难,国家都给予其法律援助。这些案件既包括主张民事损害赔偿的案件,也包括受害人依法提起自诉的刑事案件。

1. 英雄烈士近亲属为维护英雄烈士的人格权益。对侵害英雄烈士的姓名、肖像、名誉、荣誉的行为,英雄烈士的近亲属可以依法向人民法院提起诉讼,法律援助机构应当依法提供法律援助,不受经济困难条件的限制。

2. 因见义勇为行为主张相关民事权益。见义勇为人员因实施见义勇为行为导致自身权益受到侵害,主张损害赔偿等民事权益的,申请法律援助时不受经济困难条件的限制。

3. 再审改判无罪请求国家赔偿。依照审判监督程序再审改判无罪,原判刑罚已经执行或者原判罚金、没收财产已经执行的,受害人有取得国家赔偿的权利。再审改判无罪的当事人请求国家赔偿,不受经济困难条件的限制。

4. 遭受虐待、遗弃或者家庭暴力的受害人主张相关权益。虐待主要有两类:一是家庭成员之间的虐待。二是未成年人、老年人、精神病人、残疾人等特殊群体的照护机构,对被照护者的虐待。遗弃是指对于年老、年幼、患病或者其他没有独立生活能力的人,负有扶养义务而拒绝扶养的行为。根据《反家庭暴力法》的规定,家庭暴力是指家庭成员之间以殴打、捆绑、残害、限制人身自由以及经常性谩骂、恐吓等方式实施的身体、精神等侵害行为。家庭成员以外共同生活的人之间实施的暴力行为,也可适用《反家庭暴力法》的规定进行处理。

5. 法律、法规、规章规定的其他情形。除本法规定的不受经济困难条件限制的案件以外,法律、法规、规章也可以根据实际情况,规定不受经济困难条件限制的其他法律援助的案件范围。例如,

《北京市法律援助条例》规定,农民工因请求支付劳动报酬或者工伤赔偿申请法律援助的,不受经济困难条件的限制。

链接《国家赔偿法》第17、18条;《民法典》;《未成年人保护法》;《老年人权益保障法》;《妇女权益保障法》;《残疾人保障法》;《精神卫生法》;《刑法》;《反家庭暴力法》

第三十三条 【申诉、再审的法律援助申请】当事人不服司法机关生效裁判或者决定提出申诉或者申请再审,人民法院决定、裁定再审或者人民检察院提出抗诉,因经济困难没有委托辩护人或者诉讼代理人的,本人及其近亲属可以向法律援助机构申请法律援助。

注释再审案件的启动一般分为三种情形:由当事人向人民法院申请再审,人民法院决定再审;人民法院审判委员会自行决定再审;当事人向人民检察院申请抗诉,人民检察院提出抗诉,人民法院进行再审。本条适用于第一种情形。再审案件的当事人本人及其近亲属可以申请法律援助,申请法律援助应当符合经济困难这一条件。

链接《民事诉讼法》;《行政诉讼法》;《刑事诉讼法》

第三十四条 【经济困难标准制定】经济困难的标准,由省、自治区、直辖市人民政府根据本行政区域经济发展状况和法律援助工作需要确定,并实行动态调整。

注释省、自治区、直辖市人民政府是明确经济困难标准的责任主体。实践中,各地法律援助经济困难标准通常是以当地最低生活保障标准为参照系的,由于最低生活保障标准是需要动态调整的,因此,法律援助经济困难标准也随之调整。

链接《法律援助条例》第13条;《办理法律援助案件程序规定》第15条

第四章 程序和实施

第三十五条 【申请法律援助告知义务】人民法院、人民检察院、公安机关和有关部门在办理案件或者相关事务中,应当及时告知有关当事人有权依法申请法律援助。

注释公安机关、人民检察院在第一次讯问犯罪嫌疑人或者采取强制措施的时候,应当告知本人及其近亲属可以向法律援助机构申请法律援助。

人民检察院自收到移送审查起诉的案件材料之日起3日内,应当告知犯罪嫌疑人及其近亲属可以向法律援助机构申请法律援助;应当告知被害人及其法定代理人或者近亲属有权委托诉讼代理人,并告知其如果经济困难,可以向法律援助机构申请法律援助。

人民法院自受理案件之日起3日内,应当告知被告人及其近亲属可以向法律援助机构申请法律援助;应当告知自诉人及其法定代理人有权委托诉讼代理人,并告知其如果经济困难,可以向法律援助机构申请法律援助。人民法院决定再审的案件,应当自决定再审之日起3日内履行相关告知职责。

链接《关于刑事诉讼法律援助工作的规定》第5、24条

第三十六条 【刑事案件法律援助的指派要求】人民法院、人民检察院、公安机关办理刑事案件,发现有本法第二十五条第一款、第二十八条规定情形的,应当在三日内通知法律援助机构指派律师。法律援助机构收到通知后,应当在三日内指派律师并通知人民法院、人民检察院、公安机关。

链接《人民检察院刑事诉讼规则》第42条;《公安机关办理刑事案件程序规定》第46条;《关于刑事诉讼法律援助工作的规定》第5条;《关于开展刑事案件律师辩护全覆盖试点工作的办法》

第三十七条 【值班律师权利保障】人民法院、人民检察院、公安机关应当保障值班律师依法提供法律帮助,告知没有辩护人的犯罪嫌疑人、被告人有权约见值班律师,并依法为值班律师了解案件有关情况、阅卷、会见等提供便利。

注释保障犯罪嫌疑人、被告人约见值班律师的权利,应当及时、明确和详细告知,让犯罪嫌疑人、被告人清晰地知悉值班律师提供的法律帮助内容、约见的时间和方式等。为犯罪嫌疑人、被告人申请约见值班律师提供便利,让其可以选择通过口头、书面等多种方式提出申请,在犯罪嫌疑人、被告人提出申请后,人民法院、人民检察院、公安机关应当依法及时联系安排。

《刑事诉讼法》第173条规定:"人民检察院审查案件,应当讯问犯罪嫌疑人,听取辩护人或者值班律师、被害人及其诉讼代理人的意见,并记录在案。辩护人或者值班律师、被害人及其诉讼代理人提出书面意见的,应当附卷。犯罪嫌疑人认罪

认罚的，人民检察院应当告知其享有的诉讼权利和认罪认罚的法律规定，听取犯罪嫌疑人、辩护人或者值班律师、被害人及其诉讼代理人对下列事项的意见，并记录在案：（一）涉嫌的犯罪事实、罪名及适用的法律规定；（二）从轻、减轻或者免除处罚等从宽处罚的建议；（三）认罪认罚后案件审理适用的程序；（四）其他需要听取意见的事项。人民检察院依照前两款规定听取值班律师意见的，应当提前为值班律师了解案件有关情况提供必要的便利。”

链接《刑事诉讼法》第36、173条；《法律援助值班律师工作办法》

第三十八条 【法律援助管辖】对诉讼事项的法律援助，由申请人向办案机关所在地的法律援助机构提出申请；对非诉讼事项的法律援助，由申请人向争议处理机关所在地或者事由发生地的法律援助机构提出申请。

注释 1. 诉讼事项法律援助的申请

诉讼事项主要可以分为民事诉讼、行政诉讼和刑事诉讼等类型。在民事诉讼和行政诉讼中，办案机关所在地就是审理案件的人民法院所在地。刑事诉讼的程序相对复杂，分为侦查阶段、审查起诉阶段和审判阶段，涉及公安机关、人民检察院和人民法院，在不同阶段申请法律援助，应根据该阶段办案机关所在地来确定法律援助机构。

2. 非诉讼事项法律援助的申请

法律援助中的非诉讼事项包括仲裁、行政复议等事项。对于仲裁或者行政复议等非诉讼事项，当事人向争议处理机关所在地或者事由发生地的法律援助机构提出申请。争议处理机关是指处理该事项争议的机关，如仲裁中的仲裁委员会、行政复议程序中的行政复议机关等。事由发生地是指需要处理的事项本身的发生地，如劳动争议纠纷中劳动争议发生地、国家损害赔偿事项中当事人人身或财产受损害的发生地等。

链接《法律援助条例》第14条；《办理法律援助案件程序规定》第8、34条

第三十九条 【法律援助申请转交】被羁押的犯罪嫌疑人、被告人、服刑人员，以及强制隔离戒毒人员等提出法律援助申请的，办案机关、监管场所应当在二十四小时内将申请转交法律援助机构。

犯罪嫌疑人、被告人通过值班律师提出代理、刑事辩护等法律援助申请的，值班律师应当在二十四小时内将申请转交法律援助机构。

注释 被羁押的犯罪嫌疑人、被告人提出法律援助申请的，公安机关、人民检察院、人民法院应当在收到申请24小时内将其申请转交或者告知法律援助机构，并于3日内通知申请人的法定代理人、近亲属或者其委托的其他人员协助向法律援助机构提供证件、证明等相关材料。无法通知犯罪嫌疑人、被告人的法定代理人或者近亲属的，应当在转交申请时一并告知法律援助机构。

链接《关于刑事诉讼法律援助工作的规定》第7条；《人民检察院刑事诉讼规则》第43条；《公安机关办理刑事案件程序规定》第47条第1款

第四十条 【代为提出法律援助申请】无民事行为能力人或者限制民事行为能力人需要法律援助的，可以由其法定代理人代为提出申请。法定代理人侵犯无民事行为能力人、限制民事行为能力人合法权益的，其他法定代理人或者近亲属可以代为提出法律援助申请。

被羁押的犯罪嫌疑人、被告人、服刑人员，以及强制隔离戒毒人员，可以由其法定代理人或者近亲属代为提出法律援助申请。

注释 **无民事行为能力人或者限制民事行为能力人申请法律援助**

根据《民法典》，无民事行为能力人一般包括：不满8周岁的未成年人；不能辨认自己行为的成年人；8周岁以上的未成年人不能辨认自己行为的。限制民事行为能力人一般包括：8周岁以上的未成年人；不能完全辨认自己行为的成年人。无民事行为能力人、限制民事行为能力人的监护人是其法定代理人。

父母是未成年子女的监护人，未成年人的父母已经死亡或者没有监护能力的，由祖父母、外祖父母，兄、姐，或者经未成年人住所地的居民委员会、村民委员会或者民政部门同意担任监护人的个人或者组织按照顺序担任监护人。

无民事行为能力或者限制民事行为能力的成年人，由下列有监护能力的人按顺序担任监护人：(1)配偶；(2)父母、子女；(3)其他近亲属；(4)其他愿意担任监护人的个人或者组织，但是须经被监护人住所地的居民委员会、村民委员会或者民政部门同意。

没有依法具有监护资格的人的，监护人由民

政部门担任,也可以由具备履行监护职责条件的被监护人住所地的居民委员会、村民委员会担任。

根据《民法典》第1045条的规定,配偶、父母、子女、兄弟姐妹、祖父母、外祖父母、孙子女、外孙子女为近亲属。根据《刑事诉讼法》第108条的规定,近亲属是指夫、妻、父、母、子、女、同胞兄弟姊妹。

被羁押的犯罪嫌疑人、被告人、服刑人员,强制隔离戒毒人员申请法律援助

1. 被羁押的犯罪嫌疑人、被告人

羁押一般是指为防止犯罪嫌疑人、被告人逃跑、自杀、串供、毁灭证据或继续进行犯罪活动,保证侦查、起诉和审判工作的顺利进行,依照《刑事诉讼法》对犯罪嫌疑人、被告人采取的拘留、逮捕等在一定期限内限制其人身自由的强制措施。羁押场所包括看守所、拘留所、留置室。上述两种人员都属于本条所称被羁押的犯罪嫌疑人、被告人。

2. 被羁押的服刑人员

在刑事诉讼案件的判决和裁定生效后,被剥夺人身自由的罪犯会被依法移送监狱或者其他执行机关执行刑罚。对被判处有期徒刑的罪犯,在被交付执行刑罚前,剩余刑期在3个月以下的,由看守所代为执行。上述两种人员都属于本条所称的被羁押的服刑人员。

3. 强制隔离戒毒人员

强制隔离戒毒是指公安机关依法实施的,对通过社区戒毒难以戒除毒瘾的人员,在一定期限内,适度限制其人身自由以进行生理脱毒、心理矫治、适度劳动、身体康复和法律道德教育的一种行政强制措施。强制隔离戒毒人员即被采取上述强制措施的吸毒成瘾人员。《禁毒法》第38条规定:"吸毒成瘾人员有下列情形之一的,由县级以上人民政府公安机关作出强制隔离戒毒的决定:(一)拒绝接受社区戒毒的;(二)在社区戒毒期间吸食、注射毒品的;(三)严重违反社区戒毒协议的;(四)经社区戒毒、强制隔离戒毒后再次吸食、注射毒品的。对于吸毒成瘾严重,通过社区戒毒难以戒除毒瘾的人员,公安机关可以直接作出强制隔离戒毒的决定。吸毒成瘾人员自愿接受强制隔离戒毒的,经公安机关同意,可以进入强制隔离戒毒场所戒毒。"

链接《民法典》第19—24、27—39、1045条;《禁毒法》第38条;《刑事诉讼法》第108条

第四十一条 【经济困难状况如实说明及核查】因经济困难申请法律援助的,申请人应当如实说明经济困难状况。

法律援助机构核查申请人的经济困难状况,可以通过信息共享查询,或者由申请人进行个人诚信承诺。

法律援助机构开展核查工作,有关部门、单位、村民委员会、居民委员会和个人应当予以配合。

链接《法律援助条例》第18条;《办理法律援助案件程序规定》第9、10、15条

第四十二条 【免予核查经济困难状况情形】法律援助申请人有材料证明属于下列人员之一的,免予核查经济困难状况:

(一)无固定生活来源的未成年人、老年人、残疾人等特定群体;

(二)社会救助、司法救助或者优抚对象;

(三)申请支付劳动报酬或者请求工伤事故人身损害赔偿的进城务工人员;

(四)法律、法规、规章规定的其他人员。

注释 **无固定生活来源的未成年人、老年人、残疾人等特定群体**

以上群体主要是指城市"三无"人员和农村"五保"供养人员等城乡特困人员,包括经县级民政部门或者乡镇人民政府、街道办事处审核确认,符合无劳动能力、无生活来源且无法定赡养、抚养、扶养义务人,或者其法定赡养、抚养、扶养义务人无赡养、抚养、扶养能力的未成年人、老年人、残疾人。

社会救助、司法救助或者优抚对象

社会救助对象主要包括:最低生活保障家庭;特困人员;受灾人员;临时遇困家庭或者人员;支出型贫困家庭;生活无着的流浪乞讨人员;需要急救,但身份不明或者无力支付费用的人员;低收入家庭;省、自治区、直辖市人民政府确定的其他特殊困难家庭或者人员。

国家司法救助对象包括:(1)刑事案件被害人受到犯罪侵害,致使重伤或严重残疾,因案件无法侦破造成生活困难的;或者因加害人死亡或没有赔偿能力,无法经过诉讼获得赔偿,造成生活困难的。(2)刑事案件被害人受到犯罪侵害危及生命,急需救治,无力承担医疗救治费用的。(3)刑事案件被害人受到犯罪侵害而死亡,因案件无法侦破

造成依靠其收入为主要生活来源的近亲属生活困难的;或者因加害人死亡或没有赔偿能力,依靠被害人收入为主要生活来源的近亲属无法经过诉讼获得赔偿,造成生活困难的。(4)刑事案件被害人受到犯罪侵害,致使财产遭受重大损失,因案件无法侦破造成生活困难的;或者因加害人死亡或没有赔偿能力,无法经过诉讼获得赔偿,造成生活困难的。(5)举报人、证人、鉴定人因举报、作证、鉴定受到打击报复,致使人身受到伤害或财产受到重大损失,无法经过诉讼获得赔偿,造成生活困难的。(6)追索赡养费、扶养费、抚育费等,因被执行人没有履行能力,造成申请执行人生活困难的。(7)对于道路交通事故等民事侵权行为造成人身伤害,无法经过诉讼获得赔偿,造成生活困难的。(8)党委政法委和政法各单位根据实际情况,认为需要救助的其他人员。

申请国家司法救助人员,具有以下情形之一的,一般不予救助:对案件发生有重大过错的;无正当理由,拒绝配合查明犯罪事实的;故意作虚伪陈述或者伪造证据,妨害刑事诉讼的;在诉讼中主动放弃民事赔偿请求或拒绝加害责任人及其近亲属赔偿的;生活困难非案件原因所导致的;通过社会救助措施,已经得到合理补偿、救助的。对社会组织、法人,不予救助。

社会优抚是指国家和社会依照法律法规给予对国家和社会作出牺牲或者特殊贡献者及其家属的物质帮助、优待照顾、精神褒扬,包括各种优待、抚恤、补助、援助、养老、就业安置、褒扬革命烈士等。社会优抚的对象主要包括:现役军人、伤残军人、退役军人、国家机关伤残人员、革命烈士家属、因公牺牲军人家属、病故军人家属、现役军人家属。

申请支付劳动报酬或者请求工伤事故人身损害赔偿的进城务工人员

进城务工人员一般也被称为农民工,是指户籍地在农村,进入城区务工,在当地或者异地从事非农业产业劳动6个月及以上,常住地在城区,以非农业收入为主要收入的劳动者。

法律、法规、规章规定的其他人员

(1)依据《刑事诉讼法》和本法第25条规定指派辩护人的,即刑事案件的犯罪嫌疑人、被告人属于下列人员之一,没有委托辩护人的,人民法院、人民检察院、公安机关应当通知法律援助机构指派律师担任辩护人:未成年人;视力、听力、言语残疾人;不能完全辨认自己行为的成年人;可能被判处无期徒刑、死刑的人;申请法律援助的死刑复核案件被告人;缺席审判案件的被告人;法律法规规定的其他人员。其他适用普通程序审理的刑事案件,被告人没有委托辩护人的,人民法院可以通知法律援助机构指派律师担任辩护人。

(2)依据《刑事诉讼法》和本法第28条规定指派诉讼代理律师的,即强制医疗案件的被申请人或者被告人没有委托诉讼代理人的,人民法院应当通知法律援助机构指派律师为其提供法律援助。

(3)依据本法第32条规定,当事人申请法律援助的,不受经济困难条件限制的,包括以下情形:英雄烈士近亲属为维护英雄烈士的人格权益;因见义勇为行为主张相关民事权益;再审改判无罪请求国家赔偿;遭受虐待、遗弃或者家庭暴力的受害人主张相关权益;法律、法规、规章规定的其他情形。

链接《法律援助条例》第12条;《办理法律援助案件程序规定》第10条;《社会救助暂行办法》;《关于建立完善国家司法救助制度的意见(试行)》;《保障农民工工资支付条例》第45条第1款;《刑事诉讼法》

第四十三条 【法律援助申请处理】法律援助机构应当自收到法律援助申请之日起七日内进行审查,作出是否给予法律援助的决定。决定给予法律援助的,应当自作出决定之日起三日内指派法律援助人员为受援人提供法律援助;决定不给予法律援助的,应当书面告知申请人,并说明理由。

申请人提交的申请材料不齐全的,法律援助机构应当一次性告知申请人需要补充的材料或者要求申请人作出说明。申请人未按要求补充材料或者作出说明的,视为撤回申请。

注释 1. 申请人所提交的证件和证明材料齐全,法律援助机构认为符合法律援助条件的,应当在7日内及时决定提供法律援助。

2. 根据申请人所提交的证件和证明材料,法律援助机构认为不符合法律援助条件的,决定不给予法律援助的,应当在收到申请材料后7日内书面告知申请人不提供帮助的理由。

3. 认为提交的证件和证明材料不齐全的,法律援助机构应当一次性告知申请人需要补充的必要材料或者要求申请人作出必要的说明。

4. 认为提交的证件和证明材料需要查证的，由法律援助机构向有关机关、单位和个人调查核实。

链接《法律援助条例》第18条；《办理法律援助案件程序规定》第13条

第四十四条　【先行提供法律援助】法律援助机构收到法律援助申请后，发现有下列情形之一的，可以决定先行提供法律援助：

（一）距法定时效或者期限届满不足七日，需要及时提起诉讼或者申请仲裁、行政复议；

（二）需要立即申请财产保全、证据保全或者先予执行；

（三）法律、法规、规章规定的其他情形。

法律援助机构先行提供法律援助的，受援人应当及时补办有关手续，补充有关材料。

注释 **法定时效或者法定期限即将届满**

此处的法定时效或者法定期限，是指法律规定的当事人在权利遭受侵害时能够提起诉讼或者申请仲裁、行政复议，请求获得法律保护的期限。法定期限内，当事人有权依法获得救济；期限届满后，未起诉、申请仲裁、行政复议的当事人，法律对其相关实体权利不再予以救济。

（1）《刑法》规定，刑事犯罪追诉时效期限：法定最高刑为不满5年有期徒刑的，经过5年；法定最高刑为5年以上不满10年有期徒刑的，经过10年；法定最高刑为10年以上有期徒刑的，经过15年；法定最高刑为无期徒刑、死刑的，经过20年。如果20年以后认为必须追诉的，须报请最高人民检察院核准。追诉期限从犯罪之日起计算；犯罪行为有连续或者继续状态的，从犯罪行为终了之日起计算。在追诉期限以内又犯罪的，前罪追诉的期限从犯后罪之日起计算。犯罪超过上述期限将不再追诉。

（2）《民法典》规定，向人民法院请求保护民事权利的诉讼时效期间为3年。法律另有规定的，依照其规定。诉讼时效期间自权利人知道或者应当知道权利受到损害以及义务人之日起计算。法律另有规定的，依照其规定。但是，自权利受到损害之日起超过20年的，人民法院不予保护，有特殊情况的，人民法院可以根据权利人的申请决定延长。当事人约定同一债务分期履行的，诉讼时效期间自最后一期履行期限届满之日起计算。无民事行为能力人或者限制民事行为能力人对其法定代理人的请求权的诉讼时效期间，自该法定代理终止之日起计算。未成年人遭受性侵害的损害赔偿请求权的诉讼时效期间，自受害人年满18周岁之日起计算。诉讼时效期间届满的，义务人可以提出不履行义务的抗辩。诉讼时效期间届满后，义务人同意履行的，不得以诉讼时效期间届满为由抗辩；义务人已经自愿履行的，不得请求返还。

（3）《行政诉讼法》规定，公民、法人或者其他组织直接向人民法院提起诉讼的，应当自知道或者应当知道作出行政行为之日起6个月内提出。法律另有规定的除外。因不动产提起诉讼的案件自行政行为作出之日起超过20年，其他案件自行政行为作出之日起超过5年提起诉讼的，人民法院不予受理。

（4）《民法典》规定，法律对仲裁时效有规定的，依照其规定；没有规定的，适用诉讼时效的规定，一般是3年。《劳动争议调解仲裁法》规定，劳动争议申请仲裁的时效期间为1年。仲裁时效期间从当事人知道或者应当知道其权利被侵害之日起计算。劳动关系存续期间因拖欠劳动报酬发生争议的，劳动者申请仲裁不受《劳动争议调解仲裁法》第27条第1款规定的仲裁时效期间的限制；但是，劳动关系终止的，应当自劳动关系终止之日起1年内提出。

（5）《行政复议法》规定，公民、法人或者其他组织认为具体行政行为侵犯其合法权益的，可以自知道该具体行政行为之日起60日内提出行政复议申请；但是法律规定的申请期限超过60日的除外。因不可抗力或者其他正当理由耽误法定申请期限的，申请期限自障碍消除之日起继续计算。

财产保全、证据保全或者先予执行

（1）关于财产保全，根据《民事诉讼法》的规定，人民法院对于可能因当事人一方的行为或者其他原因，使判决难以执行或者造成当事人其他损害的案件，根据对方当事人的申请，可以裁定对其财产进行保全。利害关系人因情况紧急，不立即申请保全将会使其合法权益受到难以弥补的损害的，可以在提起诉讼或者申请仲裁前向被保全财产所在地、被申请人住所地或者对案件有管辖权的人民法院申请采取保全措施。保全限于请求的范围，或者与本案有关的财物。财产保全采取查封、扣押、冻结或者法律规定的其他方法。

(2)关于证据保全，根据《民事诉讼法》的规定，在证据可能灭失或者以后难以取得的情况下，当事人可以在诉讼过程中向人民法院申请保全证据，人民法院也可以主动采取保全措施。因情况紧急，在证据可能灭失或者以后难以取得的情况下，利害关系人可以在提起诉讼或者申请仲裁前向证据所在地、被申请人住所地或者对案件有管辖权的人民法院申请保全证据。

(3)先予执行，是指人民法院在受理案件后、终审判决作出之前，根据一方当事人的申请，裁定对方当事人向申请一方当事人给付一定数额的金钱或其他财物，或者实施或停止某种行为，并立即付诸执行的一种程序。根据《民事诉讼法》的规定，先予执行适用的案件范围包括：追索赡养费、扶养费、抚养费、抚恤金、医疗费用的；追索劳动报酬的；因情况紧急需要先予执行的。适用先予执行，还要求：当事人之间权利义务关系明确，不先予执行将严重影响申请人的生活或者生产经营的；被申请人有履行能力。

链接《刑法》第87—89条；《民法典》第188—199条；《行政诉讼法》第46条；《行政复议法》第9条；《劳动争议调解仲裁法》第27条；《民事诉讼法》第84、103—111条

第四十五条　【特定群体法律援助服务】法律援助机构为老年人、残疾人提供法律援助服务的，应当根据实际情况提供无障碍设施设备和服务。

法律法规对向特定群体提供法律援助有其他特别规定的，依照其规定。

注释 根据实际情况提供无障碍设施设备和服务是指：第一，提供方便残疾人、老年人通行和使用的无障碍设施设备。例如，出入口、地面、电梯、扶手、厕位、房门、柜台等应当方便残疾人、老年人及其轮椅通行和使用。第二，提供无障碍信息传播与交流。法律援助机构应当创造条件为残疾人、老年人提供语音和文字提示、手语、盲文等信息交流服务，并对工作人员进行无障碍服务技能培训。第三，提供无障碍政务服务。

链接《老年人权益保障法》第64条；《未成年人保护法》；《残疾人保障法》第53条；《妇女权益保障法》；《保障农民工工资支付条例》

第四十六条　【法律援助人员义务】法律援助人员接受指派后，无正当理由不得拒绝、拖延或者终止提供法律援助服务。

法律援助人员应当按照规定向受援人通报法律援助事项办理情况，不得损害受援人合法权益。

注释 具体办理法律援助的人员主要有四类，即律师、基层法律服务工作者、法律援助志愿者以及法律援助机构内具有律师资格或者法律职业资格的工作人员。根据《律师执业管理办法》的规定，律师应当按照国家规定履行法律援助义务，为受援人提供符合标准的法律服务，维护受援人的合法权益，不得拖延、懈怠履行或者擅自停止履行法律援助职责，或者未经律师事务所、法律援助机构同意，擅自将法律援助案件转交其他人员办理。

链接《律师执业管理办法》第45条；《律师法》第47条；《律师协会会员违规行为处分规则(试行)》第22条；《基层法律服务工作者管理办法》

第四十七条　【受援人的如实陈述及配合义务】受援人应当向法律援助人员如实陈述与法律援助事项有关的情况，及时提供证据材料，协助、配合办理法律援助事项。

注释 需要注意的是，法律援助人员对于提供法律援助服务过程中知悉的受援人不愿泄露的有关情况和信息负有保密的义务。

链接《律师法》第3、32条

第四十八条　【法律援助终止情形】有下列情形之一的，法律援助机构应当作出终止法律援助的决定：

(一)受援人以欺骗或者其他不正当手段获得法律援助；

(二)受援人故意隐瞒与案件有关的重要事实或者提供虚假证据；

(三)受援人利用法律援助从事违法活动；

(四)受援人的经济状况发生变化，不再符合法律援助条件；

(五)案件终止审理或者已经被撤销；

(六)受援人自行委托律师或者其他代理人；

(七)受援人有正当理由要求终止法律援助；

(八)法律法规规定的其他情形。

法律援助人员发现有前款规定情形的，应当及时向法律援助机构报告。

注释 无论出现本条规定的哪一种情形，法律援助机构都应当作出终止法律援助的决定。

1. 受援人以欺骗或者其他不正当手段获得法律援助。这一般是指：法律援助申请人在依照本

法第41条对其家庭经济困难状况进行说明时，虚构其家庭经济困难情形，或者隐瞒其与其他家庭成员的可支配收入、财产或者家庭主要支出的情况，或者伪造法律援助申请所需要的身份证明文件，或者伪造本法第42条规定的免予核查经济困难状况相关人员证明材料的，或者贿赂法律援助机构工作人员，请托"人情"，或者使用其他不正当手段以获得法律援助的，等等。

2. 受援人故意隐瞒与案件有关的重要事实或者提供虚假证据。根据本法第47条的规定，受援人应当向法律援助人员如实陈述与法律援助事项有关的情况，及时提供证据材料，协助、配合办理法律援助事项。

3. 受援人利用法律援助从事违法活动。例如，受援人要求法律援助人员帮其毁灭、伪造证据，或者为其联络串供，或者威胁引诱证人改变证言作伪证，或者要求法律援助人员帮其贿赂有关办案人员或者其他人员企图影响办案公正，或者利用法律援助人员提供法律服务从事其他违法活动。

4. 受援人的经济状况发生变化，不再符合法律援助条件。例如，受援人在受援期间继承了一笔遗产，或者抽中一份大奖，或者家庭经济收入明显增加而不再符合经济困难标准的，法律援助机构应当停止向其提供法律援助。当然，对于提供法律援助不要求经济困难条件的，在案件终结之前，一般不能终止该项法律援助。

5. 案件终止审理或者已经被撤销。案件终止审理一般是指案件在审理过程中，由于法定特殊事由的出现而使案件继续审理已不可能或已无必要，由人民法院裁定终结案件的审理。例如：人民法院在审理过程中发现案件已经因特赦令免除刑罚的，或者依照《刑法》告诉才处理的犯罪，没有告诉或者撤回告诉的，或者犯罪嫌疑人、被告人死亡的，一般应当裁定终止审理。

6. 受援人自行委托律师或者其他代理人。

7. 受援人有正当理由要求终止法律援助。

8. 法律法规规定的其他情形。

链接《法律援助条例》第23条；《办理法律援助案件程序规定》第33条

第四十九条 【对不予法律援助、终止法律援助决定异议的提出】申请人、受援人对法律援助机构不予法律援助、终止法律援助的决定有异议的，可以向设立该法律援助机构的司法行政部门提出。

司法行政部门应当自收到异议之日起五日内进行审查，作出维持法律援助机构决定或者责令法律援助机构改正的决定。

申请人、受援人对司法行政部门维持法律援助机构决定不服的，可以依法申请行政复议或者提起行政诉讼。

注释 1. 对不予法律援助、终止法律援助的决定提出异议

司法行政部门作为法律援助工作的主管部门，有权对其设立的法律援助机构进行指导和监督，申请人、受援人应当向直接设立该机构的司法行政部门提出异议。

2. 申请行政复议

《行政复议法》第9条规定，公民、法人或者其他组织认为具体行政行为侵犯其合法权益的，可以自知道该具体行政行为之日起60日内提出行政复议申请；但是法律规定的申请期限超过60日的除外。第10条规定，依照《行政复议法》申请行政复议的公民、法人或者其他组织是申请人。公民、法人或者其他组织对行政机关的具体行政行为不服申请行政复议的，作出具体行政行为的行政机关是被申请人。第11条规定，申请人申请行政复议，可以书面申请，也可以口头申请；口头申请的，行政复议机关应当当场记录申请人的基本情况、行政复议请求、申请行政复议的主要事实、理由和时间。第12条规定，对县级以上地方各级人民政府工作部门的具体行政行为不服的，由申请人选择，可以向该部门的本级人民政府申请行政复议，也可以向上一级主管部门申请行政复议。

根据以上规定，当事人对司法行政部门作出的维持法律援助机构决定不服的，既可以向该司法行政部门的本级人民政府申请行政复议，也可以向其上一级主管部门申请行政复议。

3. 提起行政诉讼

《行政诉讼法》第2条规定，公民、法人或者其他组织认为行政机关和行政机关工作人员的行政行为侵犯其合法权益，有权依照该法向人民法院提起诉讼。《行政复议法》第5条规定，公民、法人或者其他组织对行政复议决定不服的，可以依照行政诉讼法的规定向人民法院提起行政诉讼，但是法律规定行政复议决定为最终裁决的除外。

因此，当事人对司法行政部门维持法律援助机构决定不服的，可以依法提起行政诉讼。同时，此类案件中，行政复议不是提起行政诉讼的前置程序，当事人可以选择不申请行政复议，直接提起行政诉讼。

链接《法律援助条例》第9条；《行政诉讼法》第2、44条；《行政复议法》第5、9—12条

第五十条 【法律援助事项报告及材料提交】法律援助事项办理结束后，法律援助人员应当及时向法律援助机构报告，提交有关法律文书的副本或者复印件、办理情况报告等材料。

链接《办理法律援助案件程序规定》第34条；《法律援助条例》第24条

第五章 保障和监督

第五十一条 【法律援助信息共享和工作协同】国家加强法律援助信息化建设，促进司法行政部门与司法机关及其他有关部门实现信息共享和工作协同。

第五十二条 【法律援助补贴】法律援助机构应当依照有关规定及时向法律援助人员支付法律援助补贴。

法律援助补贴的标准，由省、自治区、直辖市人民政府司法行政部门会同同级财政部门，根据当地经济发展水平和法律援助的服务类型、承办成本、基本劳务费用等确定，并实行动态调整。

法律援助补贴免征增值税和个人所得税。

注释 法律援助补贴是指法律援助机构按照规定支付给律师、基层法律服务工作者、法律援助志愿者等法律援助事项承办人员的费用。

链接《法律援助条例》第24条；《关于完善法律援助补贴标准的指导意见》

第五十三条 【对受援人和法律援助人员费用减免】人民法院应当根据情况对受援人缓收、减收或者免收诉讼费用；对法律援助人员复制相关材料等费用予以免收或者减收。

公证机构、司法鉴定机构应当对受援人减收或者免收公证费、鉴定费。

链接《关于依法保障律师执业权利的规定》第14条；《关于民事诉讼法律援助工作的规定》第10条；《关于刑事诉讼法律援助工作的规定》第20条

第五十四条 【法律援助人员培训制度】县级以上人民政府司法行政部门应当有计划地对法律援助人员进行培训，提高法律援助人员的专业素质和服务能力。

链接《法律援助条例》第5条

第五十五条 【受援人知情权、投诉权及请求变更权】受援人有权向法律援助机构、法律援助人员了解法律援助事项办理情况；法律援助机构、法律援助人员未依法履行职责的，受援人可以向司法行政部门投诉，并可以请求法律援助机构更换法律援助人员。

注释 **受援人的知情权**

受援人有权要求法律援助机构、法律援助人员向自己报告事项处理的进展情况、存在的问题和应对的措施等，以便受援人及时了解事项的状况，并根据最新情况及时调整相关决定。

受援人的投诉权

法律援助机构、法律援助人员未依法履行职责，受援人有权向司法行政部门投诉。“未依法履行职责”既包括没有尽到应尽的职责，也包括有违反法律规定的行为。根据《法律援助投诉处理办法》，可以向司法行政部门投诉的情形包括：违反规定办理法律援助受理、审查事项，或者违反规定指派、安排法律援助人员的；法律援助人员接受指派或安排后，懈怠履行或者擅自停止履行法律援助职责的；办理法律援助案件收取财物的；其他违反法律援助管理规定的行为。

链接 本法第12、19—21、46条；《法律援助投诉处理办法》

第五十六条 【法律援助工作投诉查处制度】司法行政部门应当建立法律援助工作投诉查处制度；接到投诉后，应当依照有关规定受理和调查处理，并及时向投诉人告知处理结果。

注释 司法行政机关受理投诉后，一般应当在45日内办结；投诉事项复杂的，经本机关负责人批准，可以适当延长办理期限。延长办理期限的，应当书面告知投诉人并说明理由。司法行政机关应当自作出处理决定之日起5个工作日内，向投诉人发送《法律援助投诉处理答复书》。投诉人对司法行政机关投诉处理答复不服的，可以依法申请行政复议或提起行政诉讼。

链接《基层法律服务工作者管理办法》第50条；《法律援助投诉处理办法》第15—17条

第五十七条 【法律援助服务的监督、服务质量标准和质量考核】司法行政部门应当加强对法

律援助服务的监督，制定法律援助服务质量标准，通过第三方评估等方式定期进行质量考核。

注释 不同形式的法律援助服务的具体要求和标准不一样，比如，《全国刑事法律援助服务规范》规定了刑事法律援助承办律师不得损害受援人的合法权益，应当确保每个诉讼阶段至少会见受援人一次，应当参加庭审，发表辩护意见并提交书面辩护意见。再比如，《全国民事行政法律援助服务规范》规定，对于信函方式咨询，承办人员应在 7 个工作日内作出处理决定；对于网络方式咨询，留言咨询问题应在 24 小时内进行解答，对于在线即时咨询问题，应在 5 小时内进行解答。疑难复杂的法律问题难以当时答复的，可约期办理。

链接《法律援助条例》第 6、26 条

第五十八条 【法律援助信息公开制度】司法行政部门、法律援助机构应当建立法律援助信息公开制度，定期向社会公布法律援助资金使用、案件办理、质量考核结果等情况，接受社会监督。

链接《基层法律服务所管理办法》第 24 条

第五十九条 【法律援助服务质量监督】法律援助机构应当综合运用庭审旁听、案卷检查、征询司法机关意见和回访受援人等措施，督促法律援助人员提升服务质量。

注释 回访受援人的内容具体有：法律援助人员服务态度，法律援助人员业务水平，法律援助服务质量，法律援助人员在提供法律援助服务过程中有无收受财物或者接受吃请的现象，对于法律援助工作的意见和建议等。

链接《办理法律援助案件程序规定》第 29、33 条

第六十条 【律师事务所、律师履行法律援助义务年度考核】律师协会应当将律师事务所、律师履行法律援助义务的情况纳入年度考核内容，对拒不履行或者怠于履行法律援助义务的律师事务所、律师，依照有关规定进行惩戒。

链接《律师事务所年度检查考核办法》第 16 条

第六章 法律责任

第六十一条 【法律援助机构及其工作人员法律责任】法律援助机构及其工作人员有下列情形之一的，由设立该法律援助机构的司法行政部门责令限期改正；有违法所得的，责令退还或者没收违法所得；对直接负责的主管人员和其他直接责任人员，依法给予处分：

（一）拒绝为符合法律援助条件的人员提供法律援助，或者故意为不符合法律援助条件的人员提供法律援助；

（二）指派不符合本法规定的人员提供法律援助；

（三）收取受援人财物；

（四）从事有偿法律服务；

（五）侵占、私分、挪用法律援助经费；

（六）泄露法律援助过程中知悉的国家秘密、商业秘密和个人隐私；

（七）法律法规规定的其他情形。

注释 **责令限期改正**

责令限期改正的主体是设立该法律援助机构的司法行政部门，即由司法行政部门责令有违法行为的法律援助机构及其工作人员在规定的期限内，对相应的违法行为进行整改。

有违法所得的，责令退还或者没收违法所得

违法所得是指法律援助机构及其工作人员因从事本条规定的违法行为所得到的不正当利益。司法行政机关应当依法责令其退还或者进行没收。实施上述行政处罚的前提是有违法所得，没有违法所得的就不必给予上述行政处罚。

依法给予处分

处分，是指国家机关、企事业单位依法对隶属于它的犯有轻微违法行为的人员的一种制裁性处理。依照《公务员法》，法律、法规授权的具有公共事务管理职能的事业单位中除工勤人员以外的工作人员，经批准参照该法进行管理。处分分为警告、记过、记大过、降级、撤职和开除 6 种。对直接负责的主管人员和其他直接责任人员具体给予哪种处分，则根据违法行为人违法行为的情节，按照干部管理权限，由有关机关决定。

链接 本法第 13、20、21、26、43、44 条；《法律援助条例》第 26 条

第六十二条 【律师事务所、基层法律服务所法律责任】律师事务所、基层法律服务所有下列情形之一的，由司法行政部门依法给予处罚：

（一）无正当理由拒绝接受法律援助机构指派；

（二）接受指派后，不及时安排本所律师、基层法律服务工作者办理法律援助事项或者拒绝为本所律师、基层法律服务工作者办理法律援助事项提供支持和保障；

（三）纵容或者放任本所律师、基层法律服务工作者怠于履行法律援助义务或者擅自终止提供法律援助；

（四）法律法规规定的其他情形。

注释 **律师事务所的法律责任**

《律师法》第50条规定，律师事务所拒绝履行法律援助义务的，由设区的市级或者直辖市的区人民政府司法行政部门视其情节给予警告、停业整顿1个月以上6个月以下的处罚，可以处10万元以下的罚款；有违法所得的，没收违法所得；情节特别严重的，由省、自治区、直辖市人民政府司法行政部门吊销律师事务所执业证书。

基层法律服务所的法律责任

依据《基层法律服务所管理办法》，基层法律服务所有法律、法规、规章规定应予处罚的其他行为，由所在地县级司法行政机关或者直辖市的区（县）司法行政机关予以警告；有违法所得的，依照法律、法规的规定没收违法所得，并由设区的市级或者直辖市的区（县）司法行政机关处以违法所得3倍以下的罚款，罚款数额最高为3万元。司法行政机关在对基层法律服务所实施行政处罚的同时，应当责令其限期整改。期满后仍不能改正，不宜继续执业的，由设区的市级或者直辖市的区（县）司法行政机关予以注销。

链接《法律援助条例》第27条

第六十三条 【律师、基层法律服务工作者责任】律师、基层法律服务工作者有下列情形之一的，由司法行政部门依法给予处罚：

（一）无正当理由拒绝履行法律援助义务或者怠于履行法律援助义务；

（二）擅自终止提供法律援助；

（三）收取受援人财物；

（四）泄露法律援助过程中知悉的国家秘密、商业秘密和个人隐私；

（五）法律法规规定的其他情形。

注释 下列情况一般可视为具有正当理由：因疾病而无法参加诉讼活动的；已在同一案件中为一方当事人或者有利害关系的第三人代理或辩护的；不具有办理援助案件所需要的知识和经验的。

律师的法律责任

《律师法》第47条规定，律师拒绝履行法律援助义务的，由设区的市级或者直辖市的区人民政府司法行政部门给予警告，可以处5千元以下的罚款；有违法所得的，没收违法所得；情节严重的，给予停止执业3个月以下的处罚。第48条规定，私自接受委托、收取费用，接受委托人财物或者其他利益的，泄露商业秘密或者个人隐私的，由设区的市级或者直辖市的区人民政府司法行政部门给予警告，可以处1万元以下的罚款；有违法所得的，没收违法所得；情节严重的，给予停止执业3个月以上6个月以下的处罚。第49条规定，律师泄露国家秘密的，由设区的市级或者直辖市的区人民政府司法行政部门给予停止执业6个月以上1年以下的处罚，可以处5万元以下的罚款；有违法所得的，没收违法所得；情节严重的，由省、自治区、直辖市人民政府司法行政部门吊销其律师执业证书；构成犯罪的，依法追究刑事责任。

基层法律服务工作者的法律责任

《基层法律服务工作者管理办法》第46条规定，基层法律服务工作者无正当理由拒绝履行法律援助义务的，泄露在执业活动中知悉的国家秘密、商业秘密或者个人隐私的，私自接受委托承办法律事务，或者私自收取费用，或者向委托人索要额外报酬的，由所在地县级司法行政机关或者直辖市的区（县）司法行政机关予以警告；有违法所得的，依照法律、法规的规定没收违法所得，并由设区的市级或者直辖市的区（县）司法行政机关处以违法所得3倍以下的罚款，罚款数额最高为3万元。

链接《法律援助条例》第28、29条

第六十四条 【受援人法律责任】受援人以欺骗或者其他不正当手段获得法律援助的，由司法行政部门责令其支付已实施法律援助的费用，并处三千元以下罚款。

注释 欺骗主要是指虚构、隐瞒事实真相，提供虚假申请材料等行为。其他不正当手段是指受援人不符合上述申请法律援助的条件，以其他非法手段获得法律援助的情形。

链接 本法第31条

第六十五条 【冒用法律援助名义提供法律服务并谋利的法律责任】违反本法规定，冒用法律援助名义提供法律服务并谋取利益的，由司法行政部门责令改正，没收违法所得，并处违法所得一倍以上三倍以下罚款。

注释 仅冒用法律援助名义提供法律援助服务，但没有谋取利益，不构成本条规定的违法行为。

第六十六条 【国家机关及其工作人员渎职的责任】国家机关及其工作人员在法律援助工作中滥用职权、玩忽职守、徇私舞弊的，对直接负责的主管人员和其他直接责任人员，依法给予处分。

注释 滥用职权是指国家机关工作人员超越职权，违法决定、处理其无权决定、处理的事项，或者违反规定处理公务的行为。

玩忽职守是指国家机关工作人员不负责任，不履行或者不认真履行职责的行为。

徇私舞弊是指国家机关工作人员为徇个人私情、私利，不秉公执法，置国家和人民利益于不顾的行为。

滥用职权、玩忽职守、徇私舞弊，三者只要满足其中之一即可。

链接《法律援助条例》第30条

第六十七条 【刑事责任】违反本法规定，构成犯罪的，依法追究刑事责任。

第七章 附 则

第六十八条 【群团组织开展法律援助的法律适用】工会、共产主义青年团、妇女联合会、残疾人联合会等群团组织开展法律援助工作，参照适用本法的相关规定。

链接《残疾人就业条例》第24条

第六十九条 【对外国人和无国籍人提供法律援助的法律适用】对外国人和无国籍人提供法律援助，我国法律有规定的，适用法律规定；我国法律没有规定的，可以根据我国缔结或者参加的国际条约，或者按照互惠原则，参照适用本法的相关规定。

注释 根据《最高人民法院关于适用〈中华人民共和国刑事诉讼法〉的解释》的规定，外国籍被告人没有委托辩护人的，人民法院可以通知法律援助机构为其指派律师提供辩护。被告人拒绝辩护人辩护的，应当由其出具书面声明，或者将其口头声明记录在案；必要时，应当录音录像。被告人属于应当提供法律援助情形的，依照该解释的有关规定处理。

在民事、行政领域，给予外国人、无国籍人获得法律援助的权利，应当体现平等互惠，而不应是我国单方面的义务。在我国法律没有规定的情况下，除了根据我国缔结或者参加的国际条约，还可以按照互惠原则，参照适用本法相关规定处理。

链接《刑事诉讼法》第18条

第七十条 【对军人军属提供法律援助办法的制定】对军人军属提供法律援助的具体办法，由国务院和中央军事委员会有关部门制定。

第七十一条 【施行日期】本法自2022年1月1日起施行。

国务院关于印发中国妇女发展纲要和中国儿童发展纲要的通知

· 2021年9月8日
· 国发〔2021〕16号

各省、自治区、直辖市人民政府，国务院各部委、各直属机构：

现将《中国妇女发展纲要（2021—2030年）》和《中国儿童发展纲要（2021—2030年）》印发给你们，请认真贯彻执行。

中国妇女发展纲要（2021—2030年）

前 言

追求男女平等的事业是伟大的。妇女是人类文明的开创者、社会进步的推动者，是全面建设社会主义现代化国家的重要力量。男女平等和妇女全面发展程度，是衡量社会文明进步的重要标志。党和国家高度重视妇女事业发展，先后制定实施了三个周期的中国妇女发展纲要，为优化妇女发展环境、保障妇女合法权益提供了重要保障。

党的十八大以来，以习近平同志为核心的党中央将“坚持男女平等基本国策，保障妇女儿童合法权益”写入党的施政纲领，作为治国理政的重要内容，不断完善党委领导、政府主责、妇女儿童工作委员会（以下简称妇儿工委）协调、多部门合作、全社会参与的妇女工作机制，在出台法律、制定政策、编制规划、部署工作时充分考虑两性的现实差异和妇女的特殊利益，支持妇女充分发挥“半边天”作用，为促进妇女全面发展加速行动。妇女参与经济社会发展的能力和贡献率明显提升，社会地位显著提高，合法权益得到有效保障，健康状况得到极大改善，受教育程度不断提高，参与决策和管理的途径更加多元，社会保障水平稳步提升，在家庭生活中的重要作用进一步彰显，发展环境日益优化。妇女事业和男女平等发展取得了历史性新成就。

进入新时代，我国社会主要矛盾发生历史性变化，妇女群众对美好生活的需要日益广泛，妇女发展的不平衡不充分问题仍然突出。城乡、区域和群体之间妇女发展存在差距，农村特别是欠发达地区妇女民生保障力度还需加大。妇女在就业、人身财产、婚姻家庭等方面平等权利的保障仍面临现实困难。妇女参与国家和经济文化社会事务管理的水平有待全面提升。针对妇女各种形式的歧视不同程度存在，性别平等观念有待进一步普及，妇女发展的社会环境需要进一步优化。让性别平等落到实处、推动妇女走在时代前列，使命艰巨、任重道远。

当前，我国正处于实现"两个一百年"奋斗目标的历史交汇期。统筹推进"五位一体"总体布局，协调推进"四个全面"战略布局，推进国家治理体系和治理能力现代化，为更高水平促进男女平等和妇女全面发展提供了重大机遇。贯彻以人民为中心的发展思想，坚持新发展理念，坚持系统观念，对充分发挥妇女在社会生活和家庭生活中的独特作用，显著增强妇女的获得感、幸福感、安全感提出了更高要求。世界百年未有之大变局加速演进，推动构建人类命运共同体，建设一个妇女免于歧视的世界，打造一个包容发展的社会，对推动全球性别平等事业发展提出了新的要求。必须在把握新发展阶段、贯彻新发展理念、构建新发展格局中，科学规划妇女全面发展的新目标新任务，健全完善制度机制，团结引领妇女建功新时代、奋进新征程。

依照宪法和民法典、妇女权益保障法等有关法律法规，按照国家经济社会发展的总体目标要求以及男女平等和妇女发展实际，参照联合国《消除对妇女一切形式歧视公约》和2030年可持续发展议程等国际公约和文件宗旨，制定本纲要。

一、指导思想、基本原则和总体目标

（一）指导思想。

高举中国特色社会主义伟大旗帜，深入贯彻党的十九大和十九届二中、三中、四中、五中全会精神，坚持以马克思列宁主义、毛泽东思想、邓小平理论、"三个代表"重要思想、科学发展观、习近平新时代中国特色社会主义思想为指导，坚定不移贯彻新发展理念，坚持以人民为中心的发展思想，坚持走中国特色社会主义妇女发展道路，贯彻落实男女平等基本国策，不断完善促进男女平等和妇女全面发展的制度机制，推动性别平等成为全社会共同遵循的行为规范和价值标准，充分发挥妇女在全面建设社会主义现代化国家中的"半边天"作用，保障妇女平等依法行使民主权利、平等参与经济社会发展、平等享有改革发展成果，推动妇女走在时代前列。

（二）基本原则。

1. 坚持党的全面领导。坚持妇女事业发展的正确政治方向，贯彻落实党中央关于妇女事业发展的决策部署，切实把党的领导贯穿到妇女事业发展的全过程和各方面。

2. 坚持妇女事业与经济社会同步协调发展。将促进妇女全面发展目标任务纳入国家和地方经济社会发展总体规划，纳入专项规划，纳入民生实事项目，同部署、同落实，让经济社会发展成果更多更公平惠及广大妇女。

3. 坚持男女两性平等发展。贯彻落实男女平等基本国策，在出台法律、制定政策、编制规划、部署工作时充分考虑两性的现实差异和妇女的特殊利益，营造更加平等、包容、可持续的发展环境，缩小男女两性发展差距。

4. 坚持促进妇女全面发展。统筹兼顾妇女在政治、经济、文化、社会和家庭各方面的发展利益，有效解决制约妇女发展的重点难点问题，统筹推进城乡、区域、群体之间妇女的均衡发展，协调推进妇女在各领域的全面发展。

5. 坚持共建共治共享。在统筹推进"五位一体"总体布局、协调推进"四个全面"战略布局中充分发挥妇女的重要作用，促进妇女积极投身高质量发展，踊跃参与国家治理体系和治理能力现代化进程，共享经济社会发展成果。

（三）总体目标。

男女平等基本国策得到深入贯彻落实，促进男女平等和妇女全面发展的制度机制创新完善。妇女平等享有全方位全生命周期健康服务，健康水平持续提升。妇女平等享有受教育权利，素质能力持续提高。妇女平等享有经济权益，经济地位稳步提升。妇女平等享有政治权利，参与国家和经济文化社会事务管理的水平逐步提高。妇女平等享有多层次可持续的社会保障，待遇水平稳步提高。支持家庭发展的法规政策体系更加完善,社会主义家庭文明新风尚广泛弘扬。男女平等理念更加深入人心,妇女发展环境更为优化。法治体系更加健全,妇女合法权益得到切实保障。妇女的获得感、幸福感、安全感显著提升。展望2035年,与国家基本实现社会主义现代化相适应,男女平等和妇女全面发展取得更为明显的实质性进展,妇女更好地担负起新时代赋予的光荣使命,为实现中华民族伟大复兴的中国梦而不懈奋斗。

二、发展领域、主要目标和策略措施

(一)妇女与健康。

主要目标:

1. 妇女全生命周期享有良好的卫生健康服务,妇女人均预期寿命延长,人均健康预期寿命提高。

2. 孕产妇死亡率下降到12/10万以下,城乡、区域差距缩小。

3. 妇女的宫颈癌和乳腺癌防治意识明显提高。宫颈癌和乳腺癌综合防治能力不断增强。适龄妇女宫颈癌人群筛查率达到70%以上,乳腺癌人群筛查率逐步提高。

4. 生殖健康和优生优育知识全面普及,促进健康孕育,减少非意愿妊娠。

5. 减少艾滋病、梅毒和乙肝母婴传播,艾滋病母婴传播率下降到2%以下。

6. 妇女心理健康素养水平不断提升。妇女焦虑障碍、抑郁症患病率上升趋势减缓。

7. 普及健康知识,提高妇女健康素养水平。

8. 改善妇女营养状况。预防和减少孕产妇贫血。

9. 提高妇女经常参加体育锻炼的人数比例,提高妇女体质测定标准合格比例。

10. 健全妇幼健康服务体系,提升妇幼健康服务能力,妇女健康水平不断提高。

策略措施:

1. 完善保障妇女健康的制度机制。全面推进健康中国建设,把保障人民健康放在优先发展的战略位置,坚持预防为主,深入实施"健康中国行动"和"健康中国母亲行动",健全政府主导、部门协同、社会参与、行业监管、科技支撑的妇女健康保障工作机制。深入推进医疗、医保、医药联动改革,统筹改革监管体制,保障妇女获得高质量、有效率、可负担的医疗和保健服务。多渠道支持妇女健康事业发展。完善公共卫生应急管理体系,关注妇女的特殊需求。

2. 加强妇幼健康服务体系建设。健全以妇幼保健机构为核心、以基层医疗卫生机构为基础、以大中型医院和教学科研机构为支撑的妇幼健康服务网络,提升妇幼健康服务供给能力和水平。省、市、县级充分利用现有资源,加强政府举办、标准化的妇幼保健机构建设,全面开展妇幼保健机构绩效考核,强化考核结果应用,保障妇女儿童享有高质量的医疗保健服务。省、市、县级依托现有医疗机构,全面加强危重孕产妇救治中心建设,强化危重孕产妇救治保障。强化县、乡、村三级妇幼卫生服务网络建设,完善基层网底和转诊网络。加强复合型妇幼健康人才和产科、助产等岗位急需紧缺人才的培养使用。

3. 建立完善妇女全生命周期健康管理模式。针对青春期、育龄期、孕产期、更年期和老年期妇女的健康需求,提供全方位健康管理服务。坚持保健与临床结合,预防为主、关口前移,发挥多学科协作优势,积极发挥中医药在妇幼保健和疾病防治中的作用。为妇女提供宣传教育、咨询指导、筛查评估、综合干预和应急救治等全方位卫生健康服务,提高妇女健康水平和人均健康预期寿命。加强监管,促进妇幼健康新业态规范发展。

4. 保障孕产妇安全分娩。提倡科学备孕和适龄怀孕,保持适宜生育间隔,合理控制剖宫产率。完善医疗机构产科质量规范化管理体系。提供生育全程基本医疗保健服务,将孕产妇健康管理纳入基本公共卫生服务范围,孕产妇系统管理率达到90%以上。加强对流动孕产妇的管理服务。为低收入孕产妇住院分娩和危重孕产妇救治提供必要救助。持续推进高龄孕产妇等重点人群的分类管理和服务。全面落实妊娠风险筛查与评估、高危孕产妇专案管理、危急重症救治、孕产妇死亡个案报告和约谈通报制度。有效运行危重孕产妇救治网络,提高危急重症救治能力。

5. 完善宫颈癌和乳腺癌综合防治体系和救助政策。提高妇女的宫颈癌和乳腺癌防治意识和能力,宫颈癌和乳腺癌防治知识知晓率达到90%以上。推进适龄妇女人乳头瘤病毒疫苗接种试点工作。落实基本公共卫生服务中农村妇女宫颈癌和乳腺癌检查项目,促进70%的妇女在35—45岁接受高效宫颈癌筛查,督促用人单位落实女职工保健工作规定，定期进行女职工宫颈癌和乳腺癌筛查，提高人群筛查率。加强宫颈癌和乳腺癌筛查和诊断技术创新应用，提高筛查和服务能力，加强监测评估。强化筛查和后续诊治服务的衔接，促进早诊早治，宫颈癌患者治疗率达到90%以上。加强对困难患者的救助。

6. 提高妇女生殖健康水平。普及生殖道感染、性传播疾病等疾病防控知识。在学校教育不同阶段以多种形式开展科学、实用的健康教育，促进学生掌握生殖健康知识，提高自我保护能力。增强男女两性性道德、性健康、性安全意识，倡导共担避孕责任。将生殖健康服务融入妇女健康管理全过程，保障妇女享有避孕节育知情自主选择权。落实基本避孕服务项目，加强产后和流产后避孕节育服务，提高服务可及性，预防非意愿妊娠。推进婚前医学检查、孕前优生健康检查、增补叶酸等婚前孕前保健服务更加公平可及。减少非医学需要的人工流产。加强对女性健康安全用品产品的质量保障。规范不孕不育症诊疗服务。规范人类辅助生殖技术应用。

7. 加强艾滋病梅毒乙肝母婴传播防治。全面落实预防艾滋病、梅毒和乙肝母婴传播综合干预措施，提高孕早期检测率，孕产妇艾滋病、梅毒和乙肝检测率达到98%以上，艾滋病、梅毒孕产妇感染者治疗率达到95%以上。加大艾滋病防控力度，加强艾滋病防治知识和相关政策宣传教育，提高妇女的防范意识和能力。加强对妇女感染者特别是流动和欠发达地区妇女感染者的医疗服务，提高随访率。为孕产妇感染者及其家庭提供多种形式的健康咨询、心理和社会支持等服务。

8. 促进妇女心理健康。加强心理健康相关知识宣传，根据妇女需要开展心理咨询、评估和指导，促进妇女掌握基本的心理调适方法，预防抑郁、焦虑等心理问题。在心理健康和精神卫生服务体系建设中，重点关注青春期、孕产期、更年期和老年期妇女的心理健康。强化心理咨询和治疗技术在妇女保健和疾病防治中的应用。加大应用型心理健康和社会工作人员培养力度，促进医疗机构、心理健康和社会工作服务机构提供规范服务。鼓励社区为有需要的妇女提供心理健康服务支持。

9. 提升妇女健康素养。实施健康知识普及行动，加大妇女健康知识普及力度，建立完善健康科普专家库和资源库，持续深入开展健康科普宣传教育，规范发布妇女健康信息，引导妇女树立科学的健康理念，学习健康知识，掌握身心健康、预防疾病、科学就医、合理用药等知识技能。提高妇女参与传染病防控、应急避险的意识和能力。面向妇女开展控制烟草危害、拒绝酗酒、远离毒品宣传教育。引导妇女积极投身爱国卫生运动，养成文明健康生活方式。

10. 提高妇女营养水平。持续开展营养健康科普宣传教育，因地制宜开展营养和膳食指导，提高妇女对营养标签的知晓率，促进妇女学习掌握营养知识，均衡饮食、吃动平衡，预防控制营养不良和肥胖。面向不同年龄阶段妇女群体开发营养健康宣传信息和产品，提供有针对性的服务。开展孕产妇营养监测和定期评估，预防和减少孕产妇缺铁性贫血。预防控制老年妇女低体重和贫血。

11. 引导妇女积极参与全民健身行动。完善全民健身公共服务体系。引导妇女有效利用全民健身场地设施，积极参与全民健身赛事活动，加入各类健身组织。提倡机关、企事业单位开展工间操。鼓励支持工会组织、社区开展妇女健身活动，不断提高妇女的体育活动意识，培养运动习惯。

12. 强化妇女健康服务科技支撑。推进“互联网+妇幼健康”，促进大数据、云计算、人工智能、计算机仿真技术等在妇女健康领域的创新应用。实施妇女人群健康管理和健康风险预警。促进信息技术在妇女健康领域专科医联体建设中的应用，加强医疗机构间的协作，促进分级诊疗和上下联动。促进妇女身心健康领域的科学研究和成果转化。发挥妇产疾病领域国家临床医学研究中心的作用。

（二）妇女与教育。

主要目标：

1. 加强思想政治教育，增进妇女对习近平新时代中国特色社会主义思想的政治认同、思想认同、情感认同，引领妇女做伟大事业的建设者、文明风尚的倡导者、敢于追梦的奋斗者。

2. 教育工作全面贯彻男女平等基本国策。

3. 大中小学性别平等教育全面推进，教师和学生的男女平等意识明显增强。

4. 女童平等接受义务教育，九年义务教育巩固率提高到96%以上。

5. 女性平等接受高中阶段教育，高中阶段教育毛入学率达到并保持在92%以上。

6. 女性接受职业教育的水平逐步提高。

7. 高校在校生中男女比例保持均衡，高等教育学科专业的性别结构逐步趋于平衡。

8. 大力培养女性科技人才。男女两性的科学素质水平差距不断缩小。

9. 促进女性树立终身学习意识，女性接受终身教育水平不断提高。

10. 女性青壮年文盲基本消除。女性平均受教育年限不断提高。

策略措施：

1. 面向妇女广泛开展思想政治教育。深入开展习近平新时代中国特色社会主义思想学习教育，加强党史、新中国史、改革开放史、社会主义发展史教育，加强爱国主义、集体主义、社会主义教育，促进妇女更加坚定理想信念，不断厚植爱国情怀，把个人理想追求融入党和国家事业大局，为全面建设社会主义现代化国家贡献力量。深化民族团结进步教育，铸牢中华民族共同体意识。充分发挥学校教育主阵地作用，将思想价值引领贯穿于教育教学及管理全过程和校园生活各方面，融入学校党组织、共青团、少先队各类主题教育和实践活动。充分发挥爱国主义教育基地和国防教育基地的思想政治教育作用。

2. 将贯彻落实男女平等基本国策体现在教育工作全过程。增强教育工作者自觉贯彻男女平等基本国策的主动性和能动性。将男女平等基本国策落实到教育法规政策和规划制定、修订、执行和评估中，落实到各级各类教育内容、教学过程、学校管理中。加强对教材编制、课程设置、教学过程的性别平等评估。在师范类院校课程设置和教学、各级各类师资培训中加入性别平等内容。

3. 推动各级各类学校广泛开展性别平等教育。适时出台性别平等教育工作指导意见。推动因地制宜开发性别平等课程，加强专题师资培训。促进性别平等教育融入学校教学内容、校园文化、社团活动和社会实践活动。探索构建学校教育、家庭教育、社会教育相结合的性别平等教育模式。

4. 保障女童平等接受义务教育的权利和机会。深化教育教学改革，加快城乡义务教育一体化发展，均衡配置教育资源，确保女童平等接受公平优质的义务教育。健全精准控辍保学长效机制，加强分类指导，督促法定监护人依法保障女童接受义务教育，切实解决义务教育女童失学辍学问题。保障欠发达地区女童、留守女童、农业转移人口随迁子女以及残疾女童的受教育权利和机会。支持学业困难女童完成义务教育，提高女童义务教育巩固率。

5. 提高女性接受普通高中教育的比例。保障女性特别是欠发达地区和农村低收入家庭女性平等接受普通高中教育的权利和机会。鼓励普通高中多样化有特色发展，满足女性全面发展和个性化发展需求。有针对性地开展学科选择和职业生涯规划指导，提高女性自主选择能力，破除性别因素对女性学业和职业发展的影响。

6. 促进女性接受高质量职业教育。完善学历教育与培训并重的现代职业教育体系，优化专业设置，提供多种学习方式，支持女性获得职业技能等级证书，培养复合型技术技能女性人才和能工巧匠、大国工匠。鼓励职业院校面向高校女毕业生、女农民工、去产能分流女职工等重点人群开展就业创业和职业技能培训。

7. 保障女性平等接受高等教育的权利和机会。严格控制招生过程中的特殊专业范围，强化监管，建立约谈、处罚机制。保持高校在校生中男女比例的均衡。采取激励措施，提高女性在科学、技术、工程、数学等学科学生中的比例，支持数理化生等基础学科基地和前沿科学中心建设，加强对基础学科拔尖女生的培养。

8. 大力提高女性科学素质。开展全民科学素质行动，利用现代信息化手段，加大面向女性的科学知识教育、传播与普及力度。开展女科学家进校园活动，发挥优秀女科技人才的榜样引领作用。引导中小学女生参加各类科普活动和科技竞赛，培养科学兴趣、创新精神和实践能力。鼓励女大学生积极参与项目设计、社会实践、创新创业、科技竞赛等活动。深入实施农村妇女素质提升计划，支持农村妇女参与农业农村现代化建设。

9. 大力加强女性科技人才培养。探索建立多层次女性科技人才培养体系，培养具有国际竞争力的女性科技人才。关注培养义务教育阶段女生爱科学、学科学的兴趣和志向。引导高中阶段女生养成科学兴趣和钻研精神，支持有意愿的女生报考理工类院校。加大女性创新型、应用型人才培养力度，鼓励女大学生参与科研项目，在实践中培养科学精神和创新能力。引导女性从事科学和技术相关工作，增加女性科技人才参与继续教育和专业培训的机会。

10. 为女性终身学习提供支持。建立完善更加开放灵活的终身学习体系，完善注册学习、弹性学习和继续教育制度，拓宽学历教育渠道，满足女性多样化学习需求，关注因生育中断学业和职业女性的发展需求。建立健全国家学分银行和学习成果认定制度。扩大教育资源供给，为女性提供便捷的社区和在线教育，为进城务工女性、女性新市民、待业女性等提供有针对性的职业技能培训。

11. 持续巩固女性青壮年扫盲成果，加大普通话推广力度。完善扫盲工作机制，加强国家通用语言文字教育，消除女童辍学现象，杜绝产生女性青壮年新文盲。普通话培训及各类职业培训向欠发达地区妇女和残疾妇女等群体倾斜。深化扫盲后的继续教育。提高妇女平均受教育年限。

12. 加强女性学研究和人才培养。加强女子高校建设，推动有条件的高校开设妇女研究及性别平等相关课程。培养具有跨学科知识基础和性别平等意识的专业人才。加大对妇女理论研究的支持力度，加强跨学科研究，提高国家社科基金项目等重大研究项目中妇女或性别研究相关选题的立项比例。

13. 构建平等尊重和安全友善的校园环境。促进建立相互尊重、平等和睦的师生、同学关系，鼓励学校设置生命教育、心理健康教育和防性侵、防性骚扰的相关课程，提高学生的自我保护意识和能力。中小学校建立完善预防性侵未成年人工作机制，高校建立完善预防性侵和性骚扰工作机制，加强日常管理、预防排查、投诉受理和调查处置。加强师德师风建设，履行查询法定义务，对不符合条件的教职人员进行处置。

（三）妇女与经济。

主要目标：

1. 鼓励支持妇女为推动经济高质量发展贡献力量，妇女平等参与经济发展的权利和机会得到保障。

2. 促进平等就业，消除就业性别歧视。就业人员中的女性比例保持在45%左右。促进女大学生充分就业。

3. 优化妇女就业结构。城镇单位就业人员中的女性比例达到40%左右。

4. 促进女性人才发展。高级专业技术人员中的女性比例达到40%，促进女性劳动者提升职业技能水平。

5. 保障妇女获得公平的劳动报酬，男女收入差距明显缩小。

6. 保障女性劳动者劳动安全和健康。女职工职业病发病率明显降低。

7. 保障农村妇女平等享有土地承包经营权、宅基地使用权等权益，平等享有农村集体经济组织收益分配、土地征收或征用安置补偿权益。

8. 巩固拓展脱贫攻坚成果，增强农村低收入妇女群体的可持续发展能力。

9. 妇女在实施乡村振兴战略中的作用充分发挥。

策略措施：

1. 完善保障妇女平等获得经济资源、参与经济建设、享有经济发展成果的法律法规政策。制定实施支持女性科技人才在创新发展中发挥更大作用的政策措施。创新制度机制，保障妇女在就业创业、职业发展、劳动报酬、职业健康与安全、职业退出、土地等方面的权益，保障新业态从业人员劳动权益，为妇女充分参与经济高质量发展创造有利条件。

2. 加大消除就业性别歧视工作力度。全面落实消除就业性别歧视的法律法规政策，创造性别平等的就业机制和市场环境。对招聘、录用环节涉嫌性别歧视的用人单位进行联合约谈，依法惩处。督促用人单位加强就业性别歧视自查自纠。发挥劳动保障法律监督作用，对涉嫌就业性别歧视的用人单位提出纠正意见，或者向相关行政部门提出处理建议。依法受理涉及就业性别歧视的诉讼。发挥行业协会、商会协调监督作用，提高行业自律意识。党政机关、国有企事业单位在招录（聘）和职工晋职晋级、评定专业技术职称等方面发挥男女平等的示范引领作用。

3. 促进妇女就业创业。健全公共就业服务体系，深化就业服务专项活动，促进妇女就业的人岗对接。充分发挥现代服务业和新业态吸纳妇女就业的功能，支持妇女参与新业态新模式从业人员技能培训。加大帮扶力度，多渠道帮助就业困难妇女实现就业。扶持民族传统手工艺品产业发展，提高组织化程度，促进各族妇女就地就近就业。支持女性科技人才投身科技创业，发展农村电子商务，鼓励外出务工妇女返乡创业，支持有意愿的妇女下乡创业。创新金融、保险产品和服务模式，拓宽妇女创业融资渠道。

4. 促进女大学生就业创业。加强职业生涯规划指导服务，引导女大学生树立正确的择业就业观，提升就业能力。完善落实就业创业支持政策，高校和属地政府提供不断线的就业服务，拓宽女大学生市场化社会化就业渠道。鼓励女大学生到基层、中小微企业或新经济领域就业。推广女大学生创业导师制，开展女大学生创新创业大赛，支持女大学生创业。对有就业意愿的离校未就业女毕业生提供就业帮扶。

5. 改善妇女就业结构。完善终身职业技能培训制度，提升妇女职业技能水平，大力培育知识型、技能型、创新型女性劳动者。不断提高妇女在高新技术产业、战略性新兴产业和现代服务业从业人员中的比例。逐步消除职业性别隔离，提高城镇单位就业人员中的女性比例。扩大农村妇女转移就业规模，缩小男女转移就业差距。

6. 加强女性专业技术和技能人才队伍建设。制定相关政策，强化制度保障，支持女性科技人才承担科技计划项目、参与科技决策咨询、拓展科研学术网络、提升国际影响力和活跃度，完善女性科技人才评价激励机制，培养高层次女性科技人才。实施科技创新巾帼行动，搭建平台、提供服务，激励女性科技人才、技术技能人才立足岗位锐意创新。加强对女性专业技术和技能人才专业知识、科研管理、创新创业等的培训。加强典型宣传，发挥榜样引领作用。

7. 缩小男女两性收入差距。全面落实男女同工同酬，保障收入公平。促进女性对知识、技术、管理、数据等生产要素的掌握和应用，提高女性职业竞争力。督促用人单位制定实施男女平等的人力资源制度，畅通女性职业发展和职务职级晋升通道。探索开展薪酬调查，加强对收入的分性别统计，动态掌握男女两性收入状况。

8. 改善女性劳动者劳动安全状况。广泛开展劳动安全和健康宣传教育，加大《女职工劳动保护特别规定》宣传执行力度，提高用人单位和女性劳动者的劳动保护和安全生产意识。将女职工劳动保护纳入职业健康和安全生产监督管理范围，加强对用人单位的劳动保障监察以及劳动安全和职业健康监督。督促用人单位加强对女职工经期、孕期、哺乳期的特殊保护，落实哺乳时间和产假制度。督促用人单位加强职业防护和职业健康监督保护，保障女职工在工作中免受有毒有害物质和危险生产工艺的危害。

9. 保障女职工劳动权益。督促用人单位规范用工行为，依法与女职工签订劳动合同，推动签订女职工权益保护专项集体合同。加强劳动保障法律监督。指导用人单位建立预防和制止性骚扰工作机制，完善相关执法措施。加强劳动用工领域信用建设，加大对侵犯女职工劳动权益行为的失信惩戒力度。推动有条件的劳动人事争议仲裁机构设立女职工维权仲裁庭，依法处理女职工劳动争议案件。

10. 为女性生育后的职业发展创造有利条件。禁止用人单位因女职工怀孕、生育、哺乳而降低工资、恶意调岗、予以辞退、解除劳动(聘用)合同，推动落实生育奖励假期间的工资待遇，定期开展女职工生育权益保障专项督查。为女性生育后回归岗位或再就业提供培训等支持。高校、研究机构等用人单位探索设立女性科研人员生育后科研回归基金。推动用人单位根据女职工需要建立女职工哺乳室、孕妇休息室等设施。支持有条件的用人单位为职工提供福利性托育托管服务。

11. 保障农村妇女平等享有各项经济权益。在农村土地承包工作中，依法保障农村妇女权益。在宅基地使用权确权登记颁证工作中保障农村妇女权益，确保应登尽登。建立健全农村集体资产管理制度，规范农村集体经济组织成员身份确认办法，完善包括征地补偿安置在内的农村集体经济组织资产收益内部分配机制，保障妇女在农村集体经济组织资产股权量化、权益流转和继承等各环节，作为农村集体经济组织成员和家庭成员平等享有知情权、参与决策权和收益权。保障进城落户女农民的经济权益。畅通经济权益受侵害农村妇女的维权渠道。

12. 支持脱贫妇女稳定增加收入。建立农村低收入人口和欠发达地区帮扶机制。健全防止返贫监测和帮扶机制。扶持发展适合城乡低收入妇女自主发展的手工编织、农村电商等特色产业项目。通过致富带头人培育、帮扶车间建设和以工代赈等方式，支持农村妇女就地就近就业、实现增收致富。

13. 支持妇女积极参与乡村振兴。积极发挥妇女在农村一二三产业融合发展和农业农村现代化建设中的作用。大力开展现代农业示范基地建设,深入实施乡村振兴巾帼行动。发挥农村创业创新园区(基地)等平台作用,鼓励支持妇女创办领办新型农业经营主体和农业社会化服务组织。加强高素质女农民培育,引导女农民争做乡村工匠、文化能人、手工艺人、农技协领办人和新型农业经营管理能手。

(四)妇女参与决策和管理。

主要目标:

1. 保障妇女参与社会主义民主政治建设和社会治理,提升参与水平。

2. 中国共产党女党员保持合理比例。中国共产党各级党员代表大会中女党员代表比例一般不低于本地区党员总数中女性比例。

3. 各级人大代表和常委会委员中的女性比例逐步提高。各级政协委员和常委中的女性比例逐步提高。

4. 县级以上地方政府领导班子中的女干部比例逐步提高,担任正职的女干部占同级正职干部的比例逐步提高。

5. 国家机关部委和县级以上地方政府部门领导班子中的女干部比例逐步提高,担任正职的女干部占同级正职干部的比例逐步提高。

6. 各级各类事业单位领导班子成员中的女性比例逐步提高。

7. 企业董事会、监事会成员及管理层中的女性比例逐步提高。企事业单位职工代表大会中女性比例与女职工比例相适应。

8. 村党组织成员、村党组织书记中女性比例逐步提高。村委会成员中女性比例达到30%以上,村委会主任中女性比例逐步提高。

9. 社区党组织成员、社区党组织书记中女性比例逐步提高。社区居委会成员中女性比例保持在50%左右,社区居委会主任中女性比例达到40%以上。

10. 鼓励支持女性参加社会组织、担任社会组织负责人。

策略措施:

1. 加大对妇女参与决策和管理的支持力度。充分发挥妇女参与国家和社会事务管理的重要作用,破除制约妇女参与决策和管理的障碍,促进妇女参与决策和管理水平与妇女地位作用相适应。加大培训力度,提高各级领导干部贯彻落实男女平等基本国策的意识,把推动妇女参政纳入重要议程,提出目标举措。采取有效措施,提升各级党委、人大、政府、政协、党政工作部门以及企事业单位、基层群众自治组织和社会组织中的女性比例。

2. 提高妇女参与社会事务和民主管理的意识和能力。开展女性领导干部政治素质和领导能力培训。鼓励高校开设领导力相关课程,培养年轻女性的政治素养及参与决策和管理的意识。加大基层妇女骨干培训力度,提高妇女在自治、法治、德治中的参与意识和能力,鼓励妇女积极参与村(居)民议事会、理事会等自治组织,推进城乡社区妇女议事会实现全覆盖并有效运行,发挥妇女在城乡基层治理中的积极作用。探索打造妇女网上议事平台,引导妇女积极、有序参与基层民主管理和基层民主协商。

3. 重视发展中国共产党女党员。面向妇女深入开展思想政治工作,扩大党的妇女群众基础,培养对党的感情,深化对党的认识,引导拥护党的主张,激发妇女入党的政治意愿。加强对入党积极分子的培养教育。注重从各行各业青年女性中发展党员。在党代表候选人酝酿过程中,充分关注政治过硬、作风优良、敢于担当、实绩突出的优秀妇女,确保党员代表大会中女党员代表保持合理比例。

4. 提高人大女代表、政协女委员比例。落实人大代表选举规则和程序,在选区划分、代表名额分配、候选人推荐、选举等环节,保障妇女享有平等权利和机会。重视从基层、生产一线推荐人大代表女性候选人,候选人中应当有适当数量的妇女代表,并逐步提高妇女代表的比例。提名推荐、协商确定政协委员建议名单时,保障提名一定比例的妇女。充分发挥人大女代表、政协女委员在发展社会主义民主政治和男女平等事业中的积极作用。

5. 加大培养选拔女干部工作力度。培养忠诚干净担当的高素质专业化女干部,促进女干部不断增强学习本领、政治领导本领、改革创新本领、科学发展本领、依法执政本领、群众工作本领、狠抓落实本领、驾驭风险本领。优化女干部成长路径,注重日常培养和战略培养,为女干部参加教育培训、交流任职、挂职锻炼创造条件和机会。注重从基层、生产一线培养选拔女干部,注重选拔女干部到重要部门、关键岗位担任领导职务。注重保持优秀年轻干部队伍中女干部的合理比例。落实女干部选拔配备的目标任务，在保证质量的前提下实现应配尽配。保障妇女在干部录用、选拔、任(聘)用、晋升、退休各环节不因性别受到歧视。

6. 推动妇女积极参与事业单位决策管理。培养选拔优秀女性专业技术人员进入决策管理层。重视在卫生、教育、文化等女性集中的行业提高决策管理层中的女性比例，鼓励妇女积极参与本单位党建和群团组织建设，促进事业单位职工代表大会中的女职工代表比例与事业单位女职工比例相适应。在深化事业单位改革进程中，确保妇女在岗位晋升、职员晋级、职称评聘等方面享有平等的权利和机会。

7. 推动妇女广泛参与企业决策管理。将女干部选拔配备纳入国有企业领导班子和干部队伍建设规划，加大培养、选拔、使用力度。在深化企业人事制度改革进程中，采用组织推荐、公开招聘、民主推荐等方式，促进优秀妇女进入企业董事会、监事会和管理层。完善企业民主管理制度，促进企业职工代表大会中女职工代表比例与企业女职工比例相适应，支持女职工通过职工代表大会等形式参与企业民主决策、民主管理和民主监督。企业制定相关规章制度，对涉及女职工权益的事项，听取工会女职工委员会的意见，依法经职工代表大会审议通过。

8. 推动妇女有序参与城乡基层社会治理。注重从女致富能手、经商务工女性、乡村女教师女医生、女社会工作者、女大学生村官、女退休干部职工等群体中培养选拔村(社区)干部。在村(社区)“两委”换届工作中，通过提名确定女性候选人、女性委员专职专选、女性成员缺位增补等措施，提高村(居)委会成员、村(居)委会主任中的女性比例。组织妇女积极参与村规民约、居民公约的制定修订，开展协商议事活动。促进新社会阶层、社会工作者和志愿者中的女性积极参与社会治理。

9. 支持引导妇女参加社会组织。优化社会组织发展的制度环境，加大对以女性为成员主体或以女性为主要从业人员的社会组织的培育力度，加强支持和指导服务，促进其健康有序发展并积极参与社会组织协商。鼓励支持更多女性成为社会组织成员或从业人员，加强对社会组织女性专业人才和管理人才的培养，注重发现培养社会组织女性负责人。

10. 发挥妇联组织在推进国家治理体系和治理能力现代化进程中的作用。支持妇联组织履行代表妇女参与管理国家事务、经济文化事业和社会事务的职责，强化妇联组织参与民主决策、民主管理、民主监督，参与制定有关法律、法规、规章和政策，参与社会治理和公共服务的制度保障。在制定有关促进男女平等和保障妇女合法权益的法律法规政策以及培养选拔女干部工作中，充分听取妇联组织意见和建议。

(五)妇女与社会保障。

主要目标：

1. 妇女平等享有社会保障权益，保障水平不断提高。

2. 完善生育保障制度。提高生育保险参保率。

3. 完善医疗保障体系。妇女基本医疗保险参保率稳定在95%以上，待遇保障公平适度。

4. 完善养老保险制度体系。妇女基本养老保险参保率提高到95%，待遇水平稳步提高。

5. 完善失业保险和工伤保险制度。提高妇女失业保险和工伤保险参保人数，落实相关待遇保障。

6. 健全分层分类社会救助体系。困难妇女的生活得到基本保障。

7. 妇女福利待遇水平持续提高，重点向老年妇女、残疾妇女等群体倾斜。

8. 建立完善多层次养老服务和长期照护保障制度。保障老年妇女享有均等可及的基本养老服务，对失能妇女的照护服务水平不断提高。

9. 加强对妇女的关爱服务，重点为有困难、有需求的妇女提供帮扶。

策略措施：

1. 完善惠及妇女群体的社会保障体系。在制定修订社会救助、社会保险等相关法律法规以及健全覆盖全民的社会保障体系工作中，关切和保障妇女的特殊利益和需求。持续推动社会保险参保扩面，支持灵活就业女性参加相应社会保险，实现应保尽保，缩小社会保障的性别差距。建立国家级社会保险全民参保登记信息库，加强社会保障分性别统计、信息动态监测和管理。

2. 完善覆盖城乡妇女的生育保障制度。巩固提高生育保险覆盖率，完善生育保险生育医疗费用支付及生育津贴政策。妥善解决妇女在就业和领取失业金期间生育保障问题。提高生育保险与职工基本医疗保险合并实施成效。加强城乡居民生育医疗费用保障。

3. 不断提高妇女医疗保障水平。推动女职工和城乡女性居民持续参加基本医疗保险,满足妇女基本医疗保障需求。统筹发挥基本医保、大病保险、医疗救助三重制度综合保障作用,促进多层次医疗保障互补衔接,做好符合条件的低收入妇女医疗救助。推进建立女职工医疗互助,充分发挥商业保险对宫颈癌、乳腺癌等重大疾病的保障作用。

4. 促进妇女享有可持续多层次养老保险。建立完善基本养老保险全国统筹制度。督促用人单位依法为包括女职工在内的全体职工及时足额缴纳基本养老保险费,不断增加妇女参加基本养老保险的人数,促进妇女依法公平享有基本养老保险权益。鼓励有条件的用人单位为包括女职工在内的全体职工建立企业年金,丰富商业养老保险产品,提高妇女养老保险水平。

5. 保障女性失业保险权益。督促用人单位依法为女职工办理失业保险,提高女职工特别是女农民工的参保率。保障符合条件的失业女职工按时享受失业保险待遇。强化失业保险促就业防失业功能,支持女职工稳定就业。适时制定特殊时期失业保障政策,为包括女职工在内的劳动者提供失业保障。

6. 扩大妇女工伤保险覆盖面。增强工伤保险预防工伤、保障生活、促进康复的功能,推进新就业形态人员职业伤害保障试点,将新业态就业妇女纳入保障范围。督促用人单位特别是高风险行业单位依法为女职工办理工伤保险,确保落实工伤保险待遇。

7. 强化社会救助对生活困难妇女的兜底保障。推进法律实施,强化政策衔接,健全基本生活救助制度和医疗救助、教育救助、住房救助、就业救助、受灾人员救助等专项救助制度,健全临时救助政策措施,强化急难社会救助功能,积极发展服务类社会救助,推进政府购买社会救助服务,确保符合条件的妇女应救尽救。鼓励、支持慈善组织依法依规为生活困难妇女提供救助帮扶。推动建立统一的救助信息平台,加强社会救助分性别统计,精准识别救助对象。

8. 更好满足妇女群体的社会福利需求。完善经济困难高龄失能老年人补贴制度,落实各项补贴待遇,逐步提升老年妇女福利水平。完善残疾人补贴制度,动态调整、合理确定困难残疾人生活补贴和重度残疾人护理补贴标准,扩大适合残疾妇女特殊需求的公共服务供给。

9. 保障妇女享有基本养老服务。加快建设居家社区机构相协调、医养康养相结合的养老服务体系,大力发展普惠型养老服务。完善社区居家养老服务网络,推进公共设施适老化改造,推动专业机构服务向社区和家庭延伸。提升公办养老机构服务能力和水平,完善公建民营管理机制,结合服务能力适当拓展服务对象,重点为经济困难的失能失智、计划生育特殊家庭老年人提供托养服务。促进养老机构提供多元化、便利化、个性化服务,提高老年妇女生活照料、紧急救援、精神慰藉等服务水平。支持社会力量扩大普惠型养老服务供给,支持邻里之间的互助性养老。加大养老护理型人才培养力度,建设高素质、专业化的养老服务队伍。

10. 探索建立多层次长期照护保障制度。稳步建立长期护理保险制度,将符合条件的失能妇女按规定纳入保障范围,妥善解决其护理保障问题。加强长期护理保险制度与长期照护服务体系有机衔接。探索建立相关保险、福利、救助相衔接的长期照护保障制度,扩大养老机构护理型床位供给,提高护理服务质量。为家庭照料者提供照护培训、心理疏导等支持。

11. 提高对妇女的关爱服务水平。开展农村留守妇女关爱行动。对农村留守妇女进行摸底排查,建立完善以县级为单位的信息台账。积极为农村留守妇女创业发展搭建平台、提供服务。支持农村留守妇女参与乡村振兴和家庭文明建设,在乡村治理、邻里互助、留守老人儿童关爱服务中发挥积极作用。完善特殊困难失能留守老年人探访关爱制度,不断拓展对妇女群体的关爱服务,支持社会力量参与,重点为生活困难、残疾、重病等妇女群体提供权益保护、生活帮扶、精神抚慰等关爱服务。

(六)妇女与家庭建设。

主要目标:

1. 树立新时代家庭观,弘扬爱国爱家、相亲相爱、向上向善、共建共享的社会主义家庭文明新风尚，推动社会主义核心价值观在家庭落地生根。

2. 建立完善促进男女平等和妇女全面发展的家庭政策体系，增强家庭功能，提升家庭发展能力。

3. 拓展支持家庭与妇女全面发展的公共服务。

4. 注重发挥家庭家教家风在基层社会治理中的重要作用。

5. 充分发挥妇女在家庭生活中的独特作用，弘扬中华民族家庭美德、树立良好家风，支持妇女成为幸福安康家庭的建设者、倡导者。

6. 倡导构建男女平等、和睦、文明的婚姻家庭关系，降低婚姻家庭纠纷对妇女发展的不利影响。

7. 倡导和支持男女共担家务，缩小两性家务劳动时间差距。

8. 支持家庭承担赡养老人责任，不断提升老年妇女家庭生活质量。

9. 促进夫妻共同承担未成年子女的抚养、教育、保护责任，为未成年子女身心发展创造良好家庭环境。

策略措施：

1. 促进家庭成员践行社会主义核心价值观。加强教育引导、舆论宣传、文化熏陶、实践养成，宣传尊老爱幼、男女平等、夫妻和睦、勤俭持家、邻里团结等家庭美德，弘扬中华民族优秀传统家风、革命前辈红色家风、践行社会主义核心价值观的现代家风，营造平等、文明、和谐、稳定的家庭环境，实现共建共享的家庭追求，引导妇女和家庭成员自觉把家庭梦融入中国梦。

2. 制定出台促进男女平等和妇女全面发展的家庭政策。完善人口生育相关法律法规政策，推动生育政策与经济社会政策配套衔接。研究推动将3岁以下婴幼儿照护服务费用纳入个人所得税专项附加扣除、住房等方面支持政策，减轻家庭生育、养育、教育负担。完善幼儿养育、青少年发展、老人赡养、病残照料等政策，形成支持完善家庭基本功能、促进男女平等和妇女全面发展的家庭政策体系，增强家庭发展能力。完善产假制度，探索实施父母育儿假。建立促进家庭发展的政策评估机制。

3. 大力发展家庭公共服务。发展普惠托育服务体系，综合运用土地、住房、财政、金融、人才等支持政策，扩大托育服务供给。加快完善养老、家政等服务标准，推动婚姻家庭辅导服务、家庭教育指导服务普惠享有，提升面向家庭的公共服务水平。通过政府购买服务等方式，引导社会力量开展家庭服务，满足家庭日益增长的个性化、多元化需求。重点为经济困难、住房困难、临时遭遇困难家庭和残疾人家庭等提供支持，加大对计划生育特殊家庭的帮扶保障力度，加强对退役军人家庭的支持和保障。城市社区综合服务设施实现全覆盖。加强社区托育服务设施建设，完善社区养老托育、家政物业等服务网络。发展数字家庭。

4. 推动家庭家教家风在基层社会治理中发挥重要作用。构建党委领导、政府主导、部门合作、家庭尽责、社会参与的家庭建设工作格局。将建设好家庭、实施好家教、弘扬好家风纳入基层社会治理体系以及基层社会治理评价考核内容。鼓励家庭成员履行家庭和社会责任。增进政府治理和社会调节、居民自治良性互动，以千千万万家庭的好家风支撑起全社会的好风气。

5. 鼓励支持妇女在家庭生活中发挥独特作用。深化实施“家家幸福安康工程”，鼓励妇女带领家庭成员积极参与文明家庭、五好家庭、最美家庭等群众性精神文明建设活动，参与绿色家庭创建，提升健康素养，践行绿色、低碳、循环、可持续的生活方式，养成勤俭节约的好习惯，杜绝浪费。推进平安家庭、无烟家庭建设。

6. 促进婚姻家庭关系健康发展。面向家庭开展有关法律法规政策宣传，促进男女平等观念在婚姻家庭关系建设中落实落地，倡导夫妻平等参与家庭事务决策，反对一切形式的家庭暴力。开展恋爱、婚姻家庭观念教育，为适龄男女青年婚恋交友、组建家庭搭建平台，推广婚姻登记、婚育健康宣传教育、婚姻家庭关系辅导等“一站式”服务。广泛开展生育政策宣传。推进移风易俗，保障各民族妇女的婚姻自由，抵制早婚早育、高价彩礼等现象，选树宣传婚事新办典型，引导改变生男偏好，构建新型婚育文化。加强对广播电视、网络等婚恋活动和服务的规范管理。

7. 加强婚姻家庭纠纷预防化解工作。健全婚姻家庭纠纷预防化解工作机制，发挥综治中心和网格化服务管理作用，强化衔接联动，加强婚姻家庭纠纷预测预防预警，健全纠纷排查调处制度。推进县（市、区、旗）建立健全婚姻家庭纠纷人民调解委员会，建设人民调解员队伍，搭建“互联网+”

纠纷预防化解工作平台,支持社会力量参与,提供多元便捷服务。推进家事审判制度改革,加强诉调对接平台建设,构建新型家事纠纷综合协调解决模式。

8. 促进男女平等分担家务。倡导夫妻在家务劳动中分工配合,共同承担照料陪伴子女老人、教育子女、料理家务等家庭责任,缩小两性家务劳动时间差距。促进照料、保洁、烹饪等家务劳动社会化,持续推动家政服务业提质扩容增效,发展婴幼儿照护服务和失能失智老年人长期照护服务,增强家庭照护能力,研发家务劳动便利化产品。督促用人单位落实探亲假、职工带薪休假、配偶陪产假等制度,鼓励用人单位实施灵活休假和弹性工作制度,创造生育友好的工作环境,支持男女职工共同履行家庭责任。

9. 提高老年妇女的家庭生活质量。倡导养老、孝老、敬老的家庭美德,支持家庭履行赡养老人的主体责任。鼓励子女与老年人共同生活或就近居住,为长期照护老年人的家庭成员提供“喘息服务”。督促用人单位保障赡养义务人的探亲休假权利,推动建立子女护理假制度。建立完善社区老年人关爱服务机制。发展银发经济,推进智慧健康养老,满足老年妇女生活需要。依法保障老年妇女婚姻自由和家庭财产权利。

10. 增强父母共同承担家庭教育责任的意识和能力。推进家庭教育立法及实施,促进父母共同落实家庭教育主体责任,创造有利于未成年子女健康成长和发展的家庭环境。开展宣传培训,帮助父母树立科学家庭教育理念,摒弃“重智轻德”等观念,掌握科学知识和方法,注重言传身教,关注未成年子女身心健康,提高家庭科学育儿能力。鼓励父母加强亲子交流,共同陪伴未成年子女成长。

(七)妇女与环境。

主要目标:

1. 提高妇女的思想政治意识,引导妇女积极践行社会主义核心价值观。

2. 提升全社会的性别平等意识,推进男女平等基本国策宣传教育进机关、进学校、进企业、进城乡社区、进家庭。

3. 健全文化与传媒领域的性别平等评估和监管机制。

4. 全面提升妇女的媒介素养,提高妇女利用信息技术参与新时代经济社会高质量发展的能力。

5. 提高妇女的生态文明意识,促进妇女践行绿色发展理念,做生态文明建设的推动者和践行者。

6. 减少环境污染对妇女健康的危害。农村自来水普及率达到90%,提升城市集中式饮用水水源水质。

7. 稳步提高农村卫生厕所普及率,城镇公共厕所男女厕位比例标准化建设与实际需求相适应。

8. 妇女应对突发事件能力不断提高,作用得到发挥,特殊需求得到满足。

9. 广泛参与妇女领域的国际交流与合作,全面提升我国在国际妇女事务中的影响力。

策略措施:

1. 加强对妇女的思想政治引领。坚持用习近平新时代中国特色社会主义思想引领妇女,持续开展中国特色社会主义和中国梦宣传教育,发挥新时代文明实践中心、主流媒体、妇女之家等阵地作用,推动理想信念教育常态化制度化,弘扬党和人民在各个历史时期奋斗中形成的伟大精神,激发妇女的历史责任感和主人翁精神,引导妇女听党话、跟党走,增强“四个意识”、坚定“四个自信”、做到“两个维护”。通过教育联系服务,凝聚青年女性、知识女性、新兴产业从业女性和活跃在网络空间中的女性。通过培养、评选、表彰、宣传妇女先进集体和个人,激励妇女崇尚先进、学习先进、争当先进。通过深化东中部地区与西部民族地区对口支援和交流合作,促进各族妇女广泛交往深度交融。

2. 开展以男女平等为核心的先进性别文化宣传教育。将构建先进性别文化纳入繁荣社会主义先进文化制度体系。大力宣传新时代妇女在社会生活和家庭生活中的独特作用,宣传优秀妇女典型和性别平等优秀案例。推动各级干部学习习近平总书记关于妇女和妇女工作的重要论述以及马克思主义妇女观、男女平等基本国策。在机关、学校、企业、城乡社区、家庭以多种形式开展男女平等基本国策宣传教育,让性别平等成为全社会共同遵循的行为规范和价值标准。

3. 促进妇女共建共享精神文明创建和城乡人居环境改善成果。丰富优质文化产品和公共文化服务供给，满足妇女精神文化需求。鼓励妇女积极参与城市文明建设，将妇女参与程度和满意度纳入文明城市评选内容。引导妇女在文明单位创建中爱岗敬业，争做文明职工。促进妇女参与文明村镇创建，主动参与农村人居环境整治提升、农村文化发展、文明乡风培育和乡村社会治理。推进城乡公共文化服务体系一体建设，创新实施文化惠民工程，惠及城乡妇女。

4. 加强文化与传媒领域的性别平等培训、评估和监管。开展对文化传媒工作者和传媒相关专业学生的性别平等培训，提升文化与传媒领域性别平等传播能力。加强对公共文化产品和传媒涉及性别平等内容的监测和监管，吸纳性别专家参与相关评估，消除网络媒体、影视产品、公共出版物等中出现的歧视贬抑妇女、侮辱妇女人格尊严、物化妇女形象等不良现象，规范网络名人和公众账号传播行为。完善违规行为警示记录系统，优化线上舆情预警和线下评估处置机制。

5. 引导妇女提高媒介素养。利用妇女之家、图书馆、网络课堂等开展面向妇女的媒介素养培训和指导，加强妇女网络素养教育，提升妇女对媒介信息选择、判断和有效利用的能力，提升妇女网络安全意识和能力，消除性别数字鸿沟。加强学生网络素养教育，引导女生合理安全使用网络，提升自我保护能力，防止网络沉迷。重点帮助老年妇女、困难妇女和残疾妇女群体掌握网络基本知识技能。开展争做“巾帼好网民”活动，推动妇女弘扬网上正能量。

6. 充分发挥妇女在生态文明建设中的重要作用。广泛开展生态文化宣传教育和实践活动，引导妇女树立生态文明意识，提高环境科学素养，掌握环境科学知识，提升妇女生态环境保护意识和能力。鼓励妇女引领绿色生产生活，养成节约适度、绿色低碳、文明健康的生活方式和消费模式，杜绝浪费。支持妇女参与生态环境治理。

7. 持续改善妇女生活的环境质量。加强生态环境监测和健康监测，开展环境污染因素影响研究，监测分析评估环境政策、基础设施项目、生产生活学习环境等对妇女健康的影响。推进城乡生活环境治理，推进城镇污水管网全覆盖，开发利用清洁能源，推行垃圾分类和减量化、资源化，推广使用节能环保产品。

8. 为城乡妇女享有安全饮水提供保障。引导妇女积极参与水源保护。推进城市集中式饮用水水源地规范化建设，加强水源保护和水质监测，守护饮水安全命脉。加强水利基础设施建设，实施农村供水保障工程，提升水资源优化配置能力，为妇女取水、用水提供便利。

9. 加强符合妇女需求的卫生厕所建设。推进城镇公共厕所改造，完善落实城镇公共厕所设计标准，推动将男女厕位比例规范化建设和达标率纳入文明城市、文明社区、文明村镇、文明单位、文明校园的评选标准。分类有序推进农村厕所革命，稳步提高卫生厕所普及率，加强厕所粪污无害化处理与资源化利用。推动旅游景区、商场、客运枢纽和服务区等公共场所建设第三卫生间。

10. 在突发事件应对中关切妇女特别是孕期、哺乳期妇女及困难妇女群体的特殊需求。在突发事件应急体系建设、预防和应急处置机制建设、相关应急预案和规划制订中统筹考虑妇女特殊需求，优先保障女性卫生用品、孕产妇用品和重要医用物资供给。面向妇女开展突发事件预防应对知识和自救互救技能指导培训，提高妇女的防灾减灾意识和自救互救能力。在应对突发事件中加强对有需求妇女群体的救助服务和心理疏导。引导妇女积极参与防灾减灾工作。

11. 积极促进国际妇女事务交流与合作。认真履行关于促进男女平等与妇女全面发展的国际公约和文件，积极落实联合国2030年可持续发展议程涉及性别平等相关目标。参与全球促进性别平等事业，提升我国的话语权和影响力，开展国际交流合作，促进妇女发展交流互鉴，讲好中国妇女发展故事，宣传中国妇女事业发展成就。积极主办和参与涉及妇女议题的各类国际会议，推动发展妇女民间外交，持续打造我国妇女人文交流品牌，在国际舞台上展现中国形象。支持妇女投身“一带一路”建设，为推动构建人类命运共同体发挥重要作用。

12. 发挥妇联组织在营造男女平等和妇女全面发展环境中的积极作用。健全完善引领服务联系妇女的工作机制，发挥桥梁纽带作用，凝聚妇女人心。联合中央主流媒体，依托妇联全媒体，大力宣传习近平总书记关于妇女和妇女工作的重要论述，宣传马克思主义妇女观和男女平等基本国策，宣传妇女“半边天”作用。加强妇女舆情尤其是网络舆情监测，对错误观点言论及时发声，协调督促处置,正面引导舆论,优化有利于妇女全面发展的社会舆论环境。

(八)妇女与法律。

主要目标:

1. 全面贯彻落实男女平等宪法原则和基本国策,健全完善保障妇女合法权益的法律体系。

2. 促进法规政策性别平等评估机制规范化建设和有效运行。

3. 提高妇女尊法学法守法用法的意识和能力。充分发挥妇女在法治中国建设中的作用。

4. 深入实施反家庭暴力法,预防和制止针对妇女一切形式的家庭暴力。

5. 严厉打击拐卖妇女、性侵害妇女等违法犯罪行为。

6. 提升预防和制止性骚扰的法治意识,有效遏制针对妇女的性骚扰。

7. 严厉打击利用网络对妇女实施的违法犯罪行为。

8. 保障妇女在家庭关系中的财产所有权、继承权,保障妇女对婚姻家庭关系中共同财产享有知情权和平等处理权。

9. 依法为妇女提供公共法律服务。保障遭受侵害妇女获得及时有效的司法救助。

策略措施:

1. 推进男女平等宪法原则和基本国策贯彻落实到法治中国建设全过程。适时修订妇女权益保障法、刑法、社会保险法、女职工劳动保护特别规定等法律法规,完善保障妇女合法权益的法律体系。加大民法典、妇女权益保障法等法律法规的实施力度,加强执法检查和督查督办,保障侵害妇女权益案件获得公平公正处理。促进开展妇女权益保障领域的公益诉讼。将保障妇女权益相关内容纳入基层社会治理,纳入法治队伍建设、全民普法规划和群众性法治文化活动,增强全社会的男女平等法治意识和法治素养。

2. 加强法规政策性别平等评估工作。健全国家、省(自治区、直辖市)、市(地、州、盟)法规政策性别平等评估机制和县(市、区、旗)政策性别平等评估机制,明确评估范围,规范评估流程,细化评估指标。加强法规政策制定前研判、决策中贯彻、实施后评估的制度化建设。开展性别平等评估相关培训,加强专业化队伍建设,将男女平等基本国策落实到法规、规章、政策制定实施全过程各环节。

3. 提升妇女法治意识和参与法治中国建设的能力。深入开展民法典等专项普法活动,面向妇女提供法律咨询等服务,引导妇女自觉学习宪法和法律知识,增强法治观念,养成办事依法、遇事找法、解决问题用法、化解矛盾靠法的法治思维和行为习惯。鼓励妇女多途径参与立法、司法和普法活动。充分发挥女人大代表、女政协委员、妇联组织、以女性为成员主体或者以女性为主要服务对象的社会组织等在科学立法、民主立法和立法协商中的作用。

4. 加大反家庭暴力法的实施力度。健全完善预防和制止家庭暴力多部门合作机制,适时出台落实反家庭暴力法的司法解释、指导意见或实施细则,发布反家庭暴力的典型案例或指导性案例。推动省(自治区、直辖市)、市(地、州、盟)出台反家庭暴力地方性法规。加强宣传教育、预防排查,建立社区网格化家庭暴力重点监控机制。完善落实家庭暴力发现、报告、处置机制,强化相关主体强制报告意识,履行强制报告义务。加大接处警工作力度,开展家庭暴力警情、出具告诫书情况统计。对构成犯罪的施暴人依法追究刑事责任,从严处理重大恶性案件。及时签发人身保护令,提高审核签发率,加大执行力度。加强紧急庇护场所管理,提升庇护服务水平。加强对家庭暴力受害妇女的心理抚慰和生活救助,帮助其身心康复。加强对施暴者的教育警示、心理辅导和行为矫治。开展家庭暴力案件跟踪回访。加强反家庭暴力业务培训和统计。

5. 坚决打击拐卖妇女犯罪。完善落实集预防、打击、救助、安置、康复于一体的反拐工作长效机制。坚持预防为主、防治结合,提高全社会的反拐意识以及妇女的防范意识和能力。深入实施反对拐卖人口行动计划,打击拐卖妇女犯罪团伙。整治"买方市场",及时解救被拐妇女并帮助其正常融入社会。打击跨国跨区域拐卖妇女犯罪。

6. 加大对组织、强迫、引诱、容留、介绍卖淫等犯罪行为的打击力度。加强网络治理,利用大数据完善违法信息过滤、举报等功能,严厉打击利用网络组织、强迫、引诱、容留、介绍妇女卖淫。依法加大对强迫、引诱幼女和智力残疾妇女卖淫的打击力度。加强社会治安综合治理,建立常态化整治机制,鼓励群众监督和举报涉黄违法犯罪行为。

7. 有效控制和严厉惩处强奸、猥亵、侮辱妇女特别是女童和智力、精神残疾妇女的违法犯罪行为。加强防性侵教育，提高妇女尤其是女童的防性侵意识和能力。建立完善重点人群和家庭关爱服务机制、侵权案件发现报告机制、多部门联防联动机制和侵权案件推进工作督查制度。完善立案侦查制度，及时、全面、一次性收集固定证据，避免受害妇女遭受“二次伤害”。建立性侵害违法犯罪人员信息查询系统，完善和落实从业禁止制度。加强对受害妇女的隐私保护、心理疏导和干预。

8. 预防和制止针对妇女的性骚扰。推动完善防治性骚扰相关立法。多形式多渠道传播防治性骚扰知识，提升妇女防范和制止性骚扰的意识和能力。建立健全预防和制止性骚扰工作机制，加强联防联控，发挥典型案例示范指引作用。预防和制止公共场所和工作、学习等场所发生的性骚扰，在机关、企业、学校等单位建立相关工作机制，预防和制止利用职权、从属关系等实施性骚扰。畅通救济途径。

9. 保障妇女免遭利用网络实施违法犯罪行为的侵害。加强网络信息内容生态治理，加强对网络淫秽色情信息的监管和查处，依法打击网络信息服务平台、生产者和使用者对妇女实施猥亵、侮辱、诽谤、性骚扰、散布谣言、侵犯隐私等违法犯罪行为。加强对网络平台的规范管理，保护妇女个人信息安全。依法惩治利用网络非法收集、使用、加工、传输、买卖、提供或者公开妇女个人信息的违法犯罪行为。提高妇女防范电信网络诈骗的意识和能力，严厉打击采取非法网络贷款、虚假投资、咨询服务等手段骗取妇女钱财的违法犯罪行为。

10. 在婚姻家庭和继承案件处理中依法保障妇女的财产权益。保障妇女平等享有家庭财产的占有、使用、收益和处分权利。保障妇女依法享有夫妻互相继承遗产、子女平等继承遗产的权利。保障夫妻对共同财产享有平等的知情权、处理权，认定和分割夫妻共同财产、认定和清偿夫妻共同债务时，切实保障妇女合法权益。离婚时，保障妇女依法获得土地、房屋、股份等权益，保障负担较多家庭义务的妇女获得补偿、生活困难妇女获得经济帮助、无过错妇女依法获得损害赔偿。

11. 为妇女提供优质高效的公共法律服务。推进公共法律服务实体、网络、热线三大平台融合发展，为妇女特别是低收入妇女、老年妇女、残疾妇女、单亲困难母亲等提供便捷高效、均等普惠的公共法律服务。落实法律法规对妇女申请法律援助的相关规定，保障妇女在刑事、民事、行政案件中享有诉讼代理和维权指导服务。加强维护妇女合法权益的法律援助类社会组织和专业律师、基层法务工作者队伍建设。保障特定案件中生活困难妇女能够获得司法救助。

12. 发挥妇联组织代表和维护妇女合法权益的职能作用。支持妇联组织健全联合约谈、联席会议、信息通报、调研督查、发布案例等工作制度，推动保障妇女权益法律政策的制定实施。加强“12338”妇女维权热线建设，畅通妇女有序表达诉求的渠道。及时发现报告侵权问题，依法建议查处性别歧视事件或协助办理侵害妇女权益案件，配合打击侵害妇女合法权益的违法犯罪行为，为受侵害妇女提供帮助。

三、组织实施

（一）坚持党的全面领导。坚持以习近平新时代中国特色社会主义思想为指导，坚持以人民为中心的发展思想，坚持走中国特色社会主义妇女发展道路，把党的领导贯穿于纲要组织实施全过程。贯彻党中央关于妇女事业发展的决策部署，坚持和完善促进男女平等和妇女全面发展的制度机制，在统筹推进“五位一体”总体布局、协调推进“四个全面”战略布局中推进纲要实施。

（二）落实纲要实施责任。完善落实党委领导、政府主责、妇儿工委协调、多部门合作、全社会参与的纲要实施工作机制。国务院及地方各级人民政府负责纲要实施工作，各级妇儿工委负责组织、协调、指导、督促工作，各级妇儿工委办公室负责具体工作。有关部门、相关机构和人民团体结合职责，承担纲要相关目标任务落实工作。在出台法律、制定政策、编制规划、部署工作时贯彻落实男女平等基本国策，切实保障妇女合法权益，促进妇女全面发展。

（三）加强纲要与国民经济和社会发展规划的衔接。在经济社会发展总体规划及相关专项规划中贯彻落实男女平等基本国策，将纲要实施以及妇女事业发展纳入经济社会发展总体规划及相关专项规划，结合经济社会发展总体规划部署要求推进纲要实施，实现妇女事业发展与经济社会发展同步规划、同步部署、同步推进、同步落实。

（四）制定地方妇女发展规划和部门实施方案。省级人民政府依据本纲要，结合实际制定本级妇女发展规划。市、县级人民政府依据本纲要以及上一级妇女发展规划，结合实际制定本级妇女发展规划。省、市、县级规划颁布后1个月内报送上一级妇儿工委办公室。中央及地方承担纲要（规划）目标任务的有关部门、相关机构和人民团体结合职责，按照任务分工，制定实施方案并报送同级妇儿工委办公室。

（五）完善实施纲要的工作制度机制。健全目标管理责任制，将纲要实施纳入政府议事日程和考核内容，将纲要目标分解到责任单位并纳入目标管理和考核内容。健全督导检查制度，定期对纲要实施情况开展督查。健全报告制度，责任单位每年向同级妇儿工委报告纲要实施情况和下一年工作安排，下级妇儿工委每年向上一级妇儿工委报告本地区规划实施情况和下一年工作安排。健全议事协调制度，定期召开妇女儿童工作会议和妇儿工委全体会议、联络员会议等，总结交流情况，研究解决问题，部署工作任务。健全纲要实施示范制度，充分发挥示范单位以点带面、示范带动作用。健全表彰制度，对实施纲要先进集体和先进个人按照有关规定进行表彰。

（六）加强妇女发展经费支持。各级人民政府将实施纲要所需工作经费纳入财政预算，实现妇女事业和经济社会同步发展。重点支持革命老区、民族地区、边疆地区、欠发达地区妇女发展，支持特殊困难妇女群体发展。动员社会力量，多渠道筹集资源，共同发展妇女事业。

（七）坚持和创新实施纲要的有效做法。贯彻新发展理念，坚持问题导向、目标导向，构建促进妇女发展的法律法规政策体系，完善妇女合法权益保障机制，实施促进妇女发展的民生项目。通过分类指导、示范先行，总结推广好做法好经验。通过政府购买服务等方式，发挥社会力量推动纲要实施的作用。开展国际交流合作，交流互鉴经验做法，讲好中国妇女发展故事。

（八）加强纲要实施能力建设。将习近平总书记关于妇女和妇女工作的重要论述以及男女平等基本国策有关内容、相关法律法规政策纳入各级干部学习内容，将实施纲要所需知识纳入培训计划，举办多层次、多形式培训，增强政府有关部门、相关机构和人员实施纲要的责任意识和能力。以政治建设为统领，加强各级妇儿工委及其办公室能力建设，促进机构职能优化高效，为更好履职尽责提供必要的人力物力财力支持，为纲要实施提供组织保障。

（九）加大纲要宣传力度。大力宣传习近平总书记关于妇女和妇女工作的重要论述，宣传在党的坚强领导下妇女事业发展的成就，宣传男女平等基本国策和保障妇女合法权益、促进妇女发展的法律法规政策，宣传纲要内容和纲要实施的经验、成效，努力营造有利于妇女发展的社会氛围。

（十）加强妇女发展调查研究。充分发挥各级妇儿工委及其办公室作用，加强妇女发展专家队伍建设，依托高校、研究机构、社会组织等建设妇女发展研究基地，培育专业研究力量，广泛深入开展理论与实践研究，为制定完善相关法律法规政策提供参考。

（十一）鼓励社会各界广泛参与纲要实施。鼓励企事业单位、社会组织、慈善机构和公益人士参与保障妇女合法权益、促进妇女发展等工作。鼓励妇女参与纲要实施，提高妇女在参与纲要实施中实现自身全面发展的意识和能力。

四、监测评估

（一）加强监测评估制度建设。对纲要实施情况进行年度监测、中期评估、终期评估。落实并逐步完善性别统计监测方案。各级统计部门牵头组织开展年度监测，各级妇儿工委成员单位、有关部门、相关机构向同级统计部门报送年度监测数据，及时收集、分析反映妇女发展状况的相关数据和信息。各级妇儿工委组织开展中期和终期评估，各级妇儿工委成员单位、有关部门、相关机构向同级妇儿工委提交中期和终期评估报告。通过评估，了解掌握纲要实施进展和妇女发展状况，系统分析评价纲要目标任务完成情况，评判纲要策略措施的实施效果，总结经验做法，找出突出问题，预测发展趋势，提出对策建议。监测评估工作所需经费纳入财政预算。

（二）加强监测评估工作组织领导。各级妇儿工委设立监测评估领导小组，由同级妇儿工委及相关部门负责同志组成，负责监测评估工作的组织领导、监测评估方案的审批、监测评估报告的审核等。领导小组下设监测组和评估组。

监测组由各级统计部门牵头，相关部门负责纲要实施情况统计监测的人员参加，负责监测工作的组织、指导和培训，制定监测方案和指标体系，收集、分析数据信息，向同级妇儿工委提交年度、中期和终期监测报告,编辑出版年度妇女儿童统计资料等。监测组成员负责统筹协调本部门纲要实施监测、分析、数据上报、分性别分年龄指标完善等工作。

评估组由各级妇儿工委办公室牵头,相关部门负责纲要实施的人员参加,负责评估工作的组织、指导和培训,制定评估方案,组织开展评估工作,向同级妇儿工委提交中期和终期评估报告。评估组成员负责统筹协调本部门纲要实施自我评估工作,参加妇儿工委组织的评估工作。支持评估组相关部门就妇女保护与发展中的突出问题开展专项调查、评估,结果可供中期和终期评估参考。

(三)加强分性别统计监测。规范完善性别统计监测指标体系,根据需要调整扩充妇女发展统计指标,推动纳入国家和部门常规统计以及统计调查制度,加强部门分性别统计工作,推进分性别统计监测制度化建设。国家、省、市三级建立完善妇女发展统计监测数据库,支持县级妇女发展统计监测数据库建设。鼓励支持相关部门对妇女发展缺项数据开展专项统计调查。

(四)提升监测评估工作能力和水平。加强监测评估工作培训和部门协作,规范监测数据收集渠道、报送方式,提高数据质量。运用互联网和大数据等,丰富分性别统计信息。科学设计监测评估方案和方法,探索开展第三方评估。提升监测评估工作科学化、标准化、专业化水平。

(五)有效利用监测评估成果。发挥监测评估结果服务决策的作用,定期向同级人民政府及相关部门报送监测评估情况,为决策提供依据。建立监测评估报告交流、反馈和发布机制。加强对监测评估结果的研判和运用,对预计完成困难、波动较大的监测指标及时预警,对评估发现的突出问题和薄弱环节及时提出对策建议。运用监测评估结果指导下一阶段纲要实施,实现纲要实施的常态化监测、动态化预警、精准化干预、高质量推进。

中国儿童发展纲要(2021—2030年)

前　言

儿童是国家的未来、民族的希望。当代中国少年儿童既是实现第一个百年奋斗目标的经历者、见证者,更是实现第二个百年奋斗目标、建设社会主义现代化强国的生力军。促进儿童健康成长,能够为国家可持续发展提供宝贵资源和不竭动力,是建设社会主义现代化强国、实现中华民族伟大复兴中国梦的必然要求。党和国家始终高度重视儿童事业发展,先后制定实施三个周期的中国儿童发展纲要,为儿童生存、发展、受保护和参与权利的实现提供了重要保障。

党的十八大以来,以习近平同志为核心的党中央把培养好少年儿童作为一项战略性、基础性工作,坚持儿童优先原则,大力发展儿童事业,保障儿童权利的法律法规政策体系进一步完善,党委领导、政府主责、妇女儿童工作委员会(以下简称妇儿工委)协调、多部门合作、全社会参与的儿童工作机制进一步巩固,儿童发展环境进一步优化。截至2020年底,婴儿、5岁以下儿童死亡率分别从2010年的13.1‰、16.4‰下降到5.4‰、7.5‰;学前教育毛入园率从2010年的56.6%上升到85.2%,九年义务教育巩固率从2010年的91.1%上升到95.2%,高中阶段毛入学率从2010年的82.5%上升到91.2%;农村留守儿童、困境儿童等弱势群体得到更多关爱和保护。儿童发展和儿童事业取得了历史性新成就。

受经济社会发展水平制约,我国儿童事业发展仍然存在不平衡不充分问题。贯彻儿童优先原则的力度需要进一步加大,儿童思想引领需要进一步增强,保障儿童权利的法治建设需要持续推进,儿童发展的城乡、区域和群体之间差距需要进一步缩小,基层儿童保护和服务机制需要进一步健全,科技进步和生活方式变革给做好儿童工作带来新挑战,儿童事业发展使命艰巨、任重道远。

当前,我国正处于实现"两个一百年"奋斗目标的历史交汇期。坚持党的全面领导,坚持以人民为中心,坚持新发展理念,统筹推进"五位一体"总体布局,协调推进"四个全面"战略布局,推进国家治理体系和治理能力现代化,构建人类命运共同体,为儿童事业发展提供了重大机遇、擘画了美好前景。站在新的历史起点上,需要进一步落实儿童优先原则,全面提高儿童综合素质,培养造就德智体美劳全面发展的社会主义建设者和接班人,引领亿万儿童勇担新使命、建功新时代。

依据宪法和未成年人保护法等有关法律法规,按照国家经济社会发展的总体目标和要求,结合我国儿童发展的实际情况，参照联合国《儿童权利公约》和2030年可持续发展议程等国际公约和文件宗旨，制定本纲要。

一、指导思想、基本原则和总体目标

（一）指导思想。

高举中国特色社会主义伟大旗帜，深入贯彻党的十九大和十九届二中、三中、四中、五中全会精神，坚持以马克思列宁主义、毛泽东思想、邓小平理论、"三个代表"重要思想、科学发展观、习近平新时代中国特色社会主义思想为指导，坚定不移贯彻新发展理念，坚持以人民为中心的发展思想，坚持走中国特色社会主义儿童发展道路，坚持和完善最有利于儿童、促进儿童全面发展的制度机制，落实立德树人根本任务，优化儿童发展环境，保障儿童生存、发展、受保护和参与权利，全面提升儿童综合素质，为实现第二个百年奋斗目标、建设社会主义现代化强国奠定坚实的人才基础。

（二）基本原则。

1. 坚持党的全面领导。把握儿童事业发展的政治方向，贯彻落实党中央关于儿童事业发展的决策部署，切实把党的领导贯彻到儿童事业发展的全过程和各方面。

2. 坚持对儿童发展的优先保障。在出台法律、制定政策、编制规划、部署工作时优先考虑儿童的利益和发展需求。

3. 坚持促进儿童全面发展。尊重儿童的人格尊严，遵循儿童身心发展特点和规律，保障儿童身心健康，促进儿童在德智体美劳各方面全面发展。

4. 坚持保障儿童平等发展。创造公平社会环境，消除对儿童一切形式的歧视，保障所有儿童平等享有发展权利和机会。

5. 坚持鼓励儿童参与。尊重儿童主体地位，鼓励和支持儿童参与家庭、社会和文化生活，创造有利于儿童参与的社会环境。

（三）总体目标。

保障儿童权利的法律法规政策体系更加健全，促进儿童发展的工作机制更加完善，儿童优先的社会风尚普遍形成，城乡、区域、群体之间的儿童发展差距明显缩小。儿童享有更加均等和可及的基本公共服务，享有更加普惠和优越的福利保障，享有更加和谐友好的家庭和社会环境。儿童在健康、安全、教育、福利、家庭、环境、法律保护等领域的权利进一步实现，思想道德素养和全面发展水平显著提升，获得感、幸福感、安全感明显增强。展望2035年，与国家基本实现社会主义现代化相适应，儿童优先原则全面贯彻，儿童全面发展取得更为明显的实质性进展，广大儿童成长为建设社会主义现代化强国、担当民族复兴大任的时代新人。

二、发展领域、主要目标和策略措施

（一）儿童与健康。

主要目标：

1. 覆盖城乡的儿童健康服务体系更加完善，儿童医疗保健服务能力明显增强，儿童健康水平不断提高。

2. 普及儿童健康生活方式，提高儿童及其照护人健康素养。

3. 新生儿、婴儿和5岁以下儿童死亡率分别降至3.0‰、5.0‰和6.0‰以下，地区和城乡差距逐步缩小。

4. 构建完善覆盖婚前、孕前、孕期、新生儿和儿童各阶段的出生缺陷防治体系，预防和控制出生缺陷。

5. 儿童常见疾病和恶性肿瘤等严重危害儿童健康的疾病得到有效防治。

6. 适龄儿童免疫规划疫苗接种率以乡（镇、街道）为单位保持在90%以上。

7. 促进城乡儿童早期发展服务供给，普及儿童早期发展的知识、方法和技能。

8. 5岁以下儿童贫血率和生长迟缓率分别控制在10%和5%以下，儿童超重、肥胖上升趋势得到有效控制。

9. 儿童新发近视率明显下降，小学生近视率降至38%以下，初中生近视率降至60%以下，高中阶段学生近视率降至70%以下。0—6岁儿童眼保健和视力检查覆盖率达到90%以上。

10. 增强儿童体质，中小学生国家学生体质健康标准达标优良率达到60%以上。

11. 增强儿童心理健康服务能力，提升儿童心理健康水平。

12. 适龄儿童普遍接受性教育，儿童性健康服务可及性明显提高。

策略措施：

1. 优先保障儿童健康。将儿童健康理念融入经济社会发展政策，儿童健康主要指标纳入政府目标和责任考核。完善涵盖儿童的基本医疗卫生制度，加强儿童医疗保障政策与公共卫生政策衔接。加大对儿童医疗卫生与健康事业的投入力度，支持革命老区、民族地区、边疆地区和欠发达地区的儿童健康事业发展，逐步实现基本妇幼健康服务均等化。建设统一的妇幼健康信息平台，推动妇幼健康信息平台与电子健康档案的互联互通和信息共享，完善妇幼健康统计调查制度，推行"互联网+妇幼健康"服务模式，完善妇幼健康大数据，加强信息互联共享，实现儿童健康全周期全过程管理和服务的信息化、智能化。开展"儿童健康综合发展示范县"创建活动。

2. 完善儿童健康服务体系。构建国家、区域、省、市、县级儿童医疗保健服务网络，以妇幼保健机构、儿童医院和综合医院儿科为重点，统筹规划和配置区域内儿童健康服务资源。省、市、县级均各设置1所政府举办、标准化的妇幼保健机构，每千名儿童拥有儿科执业（助理）医生达到1.12名、床位增至3.17张。建立完善以区县妇幼保健机构为龙头，乡镇卫生院、社区卫生服务中心为枢纽，村卫生室为基础的基层儿童保健服务网络，每所乡镇卫生院、社区卫生服务中心至少配备1名提供规范儿童基本医疗服务的全科医生，至少配备2名专业从事儿童保健的医生。完善儿童急救体系。加快儿童医学人才培养，提高全科医生的儿科和儿童保健专业技能，提高儿科医务人员薪酬待遇。

3. 加大儿童健康知识宣传普及力度。强化父母或其他监护人是儿童健康第一责任人的理念，依托家庭、社区、学校、幼儿园、托育机构，加大科学育儿、预防疾病、及时就医、合理用药、合理膳食、应急避险、心理健康等知识和技能宣传普及力度，促进儿童养成健康行为习惯。构建全媒体健康知识传播机制。发挥健康科普专家库和资源库作用。推进医疗机构规范设置"孕妇学校"和家长课堂，鼓励医疗机构、医务人员、相关社会组织等开展健康科普活动。预防和制止儿童吸烟（含电子烟）、酗酒，保护儿童远离毒品。

4. 保障新生儿安全与健康。深入实施危重新生儿筛查与评估、高危新生儿专案管理、危急重症救治、新生儿死亡评审等制度。加强新生儿规范化访视工作，新生儿访视率保持在90%以上。完善医疗机构产科、新生儿科质量规范化管理体系，加强新生儿保健专科建设。依托现有机构加强危重新生儿救治中心建设，强化危重新生儿救治保障。

5. 加强出生缺陷综合防治。建立多部门联动防治出生缺陷的工作机制，落实出生缺陷三级防治措施，加强知识普及和出生缺陷防控咨询，推广婚姻登记、婚育健康宣传教育、生育指导"一站式"服务。强化婚前孕前保健，提升产前筛查和诊断能力，推动围孕期、产前产后一体化和多学科诊疗协作，规范服务与质量监管。扩大新生儿疾病筛查病种范围，建立筛查、阳性病例召回、诊断、治疗和随访一体化服务模式，促进早筛早诊早治。加强地中海贫血防治。健全出生缺陷防治网络，加强出生缺陷监测，促进出生缺陷防治领域科技创新和成果转化。

6. 加强儿童保健服务和管理。加强儿童保健门诊标准化、规范化建设，提升儿童保健服务质量。扎实开展0—6岁儿童健康管理工作，3岁以下儿童系统管理率和7岁以下儿童健康管理率保持在90%以上。推进以视力、听力、肢体、智力及孤独症等五类残疾为重点的0—6岁儿童残疾筛查，完善筛查、诊断、康复、救助相衔接的工作机制。提高儿童康复服务能力和水平。增强学校、幼儿园、托育机构的常见病预防保健能力，按标准配备校医、幼儿园及托育机构卫生保健人员和必要保健设备。加强对孤儿、流动儿童、留守儿童和困境儿童等重点人群的健康管理。

7. 强化儿童疾病防治。以早产、低出生体重、贫血、肥胖、心理行为异常、视力不良、龋齿等儿童健康问题为重点，推广儿童疾病防治适宜技术，建立早期筛查、诊断和干预服务机制。加强儿童口腔保健，12岁儿童龋患率控制在25%以内。加强儿童重大传染性疾病、新发传染病管理以及艾滋病、梅毒、乙肝母婴阻断工作。完善儿童血液病、恶性肿瘤等重病诊疗体系、药品供应制度、综合保障制度，开发治疗恶性肿瘤等疾病的特效药。科学合理制定罕见病目录，加强罕见病管理。推广应用中医儿科适宜技术。

8. 加强儿童免疫规划疫苗管理和预防接种。扩大国家免疫规划，维持较高水平的国家免疫规划疫苗接种率。支持多联多价等新型疫苗研制。加强疫苗研制、生产、流通和预防接种管理。完善预防接种异常反应补偿相关政策。

9. 加强儿童早期发展服务。建立健全多部门协作的儿童早期发展工作机制，开展涵盖良好健康、充足营养、回应性照护、早期学习、安全保障等多维度的儿童早期发展综合服务。加强对家庭和托育机构的婴幼儿早期发展指导服务。促进儿童早期发展服务进农村、进社区、进家庭，探索推广入户家访指导等适合农村边远地区儿童、困境儿童的早期发展服务模式。

10. 改善儿童营养状况。关注儿童生命早期1000天营养，开展孕前、孕产期营养与膳食评价指导。实施母乳喂养促进行动，强化爱婴医院管理，加强公共场所和工作场所母婴设施建设，6个月内婴儿纯母乳喂养率达到50%以上。普及为6月龄以上儿童合理添加辅食的知识技能。开展儿童生长发育监测和评价，加强个性化营养指导，保障儿童营养充足。加强食育教育，引导科学均衡饮食、吃动平衡，预防控制儿童超重和肥胖。加强学校、幼儿园、托育机构的营养健康教育和膳食指导。加大碘缺乏病防治知识宣传普及力度。完善食品标签体系。

11. 有效控制儿童近视。加强0—6岁儿童眼保健和视力检查工作，推动建立儿童视力电子档案。减轻学生学业负担，指导监督学生做好眼保健操，纠正不良读写姿势。保障学校、幼儿园、托育机构室内采光、照明和课桌椅、黑板等达到规定标准。指导家长掌握科学用眼护眼知识并引导儿童科学用眼护眼。教育儿童按需科学规范合理使用电子产品。确保儿童每天接触户外自然光不少于1小时。

12. 增强儿童身体素质。推进阳光体育运动，开足开齐体育与健康课。保障儿童每天至少1小时中等及以上强度的运动，培养儿童良好运动习惯。全面实施《国家学生体质健康标准》，完善学生健康体检和体质监测制度。鼓励公共体育场馆设施免费或优惠向周边学校和儿童开放，落实学校体育场馆设施在课余和节假日向学生开放政策，支持学校向体育类社会组织购买课后体育服务。进一步加大户外运动、健身休闲等配套公共基础设施建设力度。合理安排儿童作息，保证每天睡眠时间小学生达到10小时、初中生达到9小时、高中生达到8小时。

13. 加强儿童心理健康服务。构建儿童心理健康教育、咨询服务、评估治疗、危机干预和心理援助公共服务网络。中小学校配备心理健康教育教师。积极开展生命教育和挫折教育，培养儿童珍爱生命意识和自我情绪调适能力。关注和满足孤儿、事实无人抚养儿童、留守儿童和困境儿童心理发展需要。提高教师、家长预防和识别儿童心理行为异常的能力，加强儿童医院、精神专科医院和妇幼保健机构儿童心理咨询及专科门诊建设。大力培养儿童心理健康服务人才。

14. 为儿童提供性教育和性健康服务。引导儿童树立正确的性别观念和道德观念，正确认识两性关系。将性教育纳入基础教育体系和质量监测体系，增强教育效果。引导父母或其他监护人根据儿童年龄阶段和发展特点开展性教育，加强防范性侵害教育，提高儿童自我保护意识和能力。促进学校与医疗机构密切协作，提供适宜儿童的性健康服务，保护就诊儿童隐私。设立儿童性健康保护热线。

15. 加强儿童健康领域科研创新。围绕儿童重大疾病的预防、诊断、治疗、康复和健康管理开展基础研究和应用研究。加强儿科科技创新基地、平台建设，发挥儿科医学领域国家临床医学研究中心重要作用。鼓励儿童用药研发生产，加快儿童用药申报审批工作。完善儿童临床用药规范，药品说明书明确表述儿童用药信息。扩大国家基本药物目录中儿科用药品种和剂型范围，探索制定国家儿童基本药物目录，及时更新儿童禁用药品目录。推动儿童健康科技国际交流合作。

（二）儿童与安全。

主要目标：

1. 减少儿童伤害所致死亡和残疾。儿童伤害死亡率以2020年数据为基数下降20%。

2. 排查消除溺水隐患，儿童溺水死亡率持续下降。

3. 推广使用儿童安全座椅、安全头盔，儿童出行安全得到有效保障。

4. 减少儿童跌倒、跌落、烧烫伤和中毒等伤害的发生、致残和死亡。

5. 儿童食品安全得到有效保障。

6. 提升儿童用品质量安全水平。

7. 预防和制止针对儿童一切形式的暴力。

8. 提高对学生欺凌的综合治理能力，预防和有效处置学生欺凌。

9. 预防和干预儿童沉迷网络，有效治理不良信息、泄露隐私等问题。

10. 儿童遭受意外和暴力伤害的监测报告系统进一步完善。

策略措施：

1. 创建儿童安全环境。树立儿童伤害可防可控意识，通过宣传教育、改善环境、加强执法、使用安全产品、开展评估等策略，创建有利于儿童成长的家庭、学校、社区安全环境。开展安全自护教育，提高儿童及其看护人的安全意识，帮助其掌握安全知识技能，培养儿童安全行为习惯。落实学校、幼儿园、托育机构等安全管理主体责任，开展儿童防伤害、防暴力、避灾险、会自救等教育活动。

2. 建立健全儿童伤害防控工作体系。加大儿童伤害防控领域立法和执法力度。构建完善多部门合作的儿童伤害防控工作机制，鼓励社会力量参与儿童伤害防控。制定实施国家、地方儿童伤害防控行动计划，探索创新并大力推广儿童伤害防控适宜技术，优先制定实施针对流动儿童、留守儿童、困境儿童的伤害防控措施。

3. 预防和控制儿童溺水。加强看护，保证儿童远离危险水体。隔离、消除家庭及校园环境的溺水隐患，加强农村地区相关水体的防护隔离和安全巡查，加强开放性水域、水上游乐场所、船只等安全管理并配置适用于儿童的应急救援装备。加强预防溺水和应急救援知识技能教育，普及儿童游泳及水上安全技能，引导儿童使用安全游泳场所。

4. 预防和控制儿童道路交通伤害。完善交通安全立法。提高儿童看护人看护能力，培养儿童养成良好交通行为习惯。推广使用儿童安全座椅、安全头盔和儿童步行及骑乘非机动车反光标识。完善儿童道路安全防护用品标准，加强生产和销售监管。道路规划建设充分考虑儿童年龄特点，完善校园周边安全设施，严查严处交通违法行为。落实校车安全管理条例。

5. 预防和控制儿童跌倒、跌落、烧烫伤、中毒等伤害。消除环境危险因素，推广使用窗户护栏、窗口限位器等防护用品，减少儿童跌倒、跌落。教育儿童远离火源，引导家庭分隔热源，安全使用家用电器，推广使用具有儿童保护功能的家用电器，预防儿童烧烫伤。推广使用儿童安全包装，提升儿童看护人对农药、药物、日用化学品等的识别及保管能力，避免儿童中毒。预防婴幼儿窒息，提升看护人对婴幼儿有效照护能力。规范犬类管理及宠物饲养，预防动物咬伤。加强防灾减灾教育，提高儿童及其看护人针对地震、火灾、踩踏等的防灾避险技能。

6. 加强儿童食品安全监管。完善儿童食品安全标准体系。强化婴幼儿配方食品和婴幼儿辅助食品安全监管，加大婴幼儿配方乳粉产品抽检监测及不合格食品处罚力度。落实学校、幼儿园、托育机构食品安全管理主体责任，消除儿童集体用餐各环节食品安全隐患，加强校内及周边食品安全监管。严肃查处食品安全违法违规行为。

7. 预防和减少产品引发的儿童伤害。强化产品质量安全监管。健全儿童用品强制性国家标准体系，完善产品安全警示标识。建立健全儿童玩具强制性国家标准，加强儿童用品行业自律，鼓励制定技术先进的团体标准。对部分儿童用品依法实施强制性产品认证管理。持续开展儿童用品质量安全守护行动，严厉查处制售假冒伪劣产品的违法行为，鼓励消费者依法投诉举报产品安全问题。加强对产品造成儿童伤害的信息监测、分析、监督检查和缺陷产品召回工作。杜绝"毒跑道"、"毒校服"，保障游戏游艺设备及大型游乐设施安全，引导儿童安全使用电动扶梯、旋转门等设施设备。

8. 预防和控制针对儿童的暴力伤害。宣传倡导对儿童暴力零容忍理念，提升公众的法治意识和儿童保护意识，增强儿童的安全意识和自我保护能力。强化国家、社会、学校、家庭保护责任，建立防控针对儿童暴力伤害的部门合作工作机制，健全各级未成年人保护工作平台，落实针对儿童暴力伤害的发现、报告、干预机制。落实密切接触未成年人的机构和人员的强制报告责任。鼓励公众依法劝阻、制止、检举、控告针对儿童的暴力行为。依法严惩针对儿童的暴力违法犯罪行为。

9. 加强对学生欺凌的综合治理。完善落实学生欺凌综合治理的部门合作工作机制。营造文明安全校园环境，加强思想道德教育、法治教育和心理健康教育，培养学生的健全人格和社会交往能力。严格学校日常安全管理，健全学生欺凌早期预警、事中处理、事后干预等工作机制，提高教职员工、家长、学生对欺凌的预防和处置能力。依法依规调查和处置欺凌事件，发挥教育惩戒作用。强化校园周边综合治理，将学生欺凌专项治理纳入社会治安综合治理工作。

10. 加强未成年人网络保护。落实政府、企业、学校、家庭、社会保护责任,为儿童提供安全、健康的网络环境,保障儿童在网络空间中的合法权益。加强网络监管和治理,完善和落实网络信息监测、识别、举报、处置制度,依法惩处利用网络散布价值导向不良信息、从事危害未成年人身心健康的行为。网络游戏、网络直播、网络音视频、网络社交等网络服务提供者,针对未成年人使用其服务依法设置相应的时间管理、权限管理、消费管理等功能,不得为未满十六周岁儿童提供网络直播发布者账号注册服务。加强网络语言文明教育,坚决遏阻庸俗暴戾网络语言传播。实施国家统一的未成年人网络游戏电子身份认证,完善游戏产品分类、内容审核、时长限制等措施。加强儿童个人信息和隐私保护。

11. 提高对儿童遭受意外和暴力伤害的紧急救援、医疗救治、康复服务水平。广泛宣传儿童紧急救援知识,提升看护人、教师紧急救援技能。完善公共场所急救设施配备。完善国家紧急医学救援网络,加强儿童伤害院前急救设施设备配备,实现院前急救与院内急诊的有效衔接,加强康复机构能力建设,提高儿童医学救治以及康复服务的效率和水平。

12. 完善监测机制。建立健全国家和地方儿童遭受意外和暴力伤害监测体系,通过医疗机构、学校、幼儿园、托育机构、社区、司法机关等多渠道收集儿童伤害数据,促进数据规范化。建立多部门、多专业参与的数据共享、分析、评估和利用工作机制。

(三)儿童与教育。

主要目标:

1. 全面落实立德树人根本任务,培养德智体美劳全面发展的社会主义建设者和接班人。

2. 适龄儿童普遍接受有质量的学前教育,学前教育毛入园率达到并保持在90%以上。

3. 促进义务教育优质均衡发展和城乡一体化,九年义务教育巩固率提高到96%以上。

4. 巩固提高高中阶段教育普及水平,高中阶段教育毛入学率达到并保持在92%以上。

5. 孤儿、事实无人抚养儿童、残疾儿童、农业转移人口随迁子女、留守儿童、困境儿童等特殊群体受教育权利得到根本保障。残疾儿童义务教育巩固水平进一步提高。

6. 儿童科学素质全面提升,科学兴趣、创新意识、实践能力不断提高。

7. 以提高儿童综合素质为导向的教育评价体系更加完善。

8. 加强校园文化建设,营造友善、平等、相互尊重的师生关系和同学关系。

9. 学校家庭社会协同育人机制进一步完善。

策略措施:

1. 全面贯彻党的教育方针。坚持社会主义办学方向,健全立德树人落实机制,实施素质教育,完善德智体美劳全面培养的教育体系。提高思想道德素质,引领学生坚定理想信念,热爱祖国、热爱人民、热爱中国共产党、热爱社会主义,培育和践行社会主义核心价值观。提升智育水平,发展学生终身学习能力,促进思维发展,激发创新意识。坚持健康第一,深化体教融合,帮助学生磨练坚强意志、锻炼强健体魄。改进美育教学,提升学生审美和人文素养。加强劳动教育,引导学生树立正确的劳动观,形成良好劳动习惯,培养勤俭、奋斗、创新、奉献的劳动精神。

2. 全面落实教育优先发展战略。经济社会发展规划上优先安排教育,财政资金投入上优先保障教育,公共资源配置上优先满足教育。优化教育经费支出结构,把义务教育作为教育投入重中之重。依法落实各级政府教育支出责任,完善各教育阶段财政补助政策。支持和规范社会力量办学。

3. 培养儿童良好思想道德素质、法治意识和行为习惯。加强理想教育、道德教育、法治教育、劳动教育,养成良好道德品质、法治意识和行为习惯,形成积极健康的人格和良好心理品质。中小学、幼儿园广泛开展性别平等教育。完善德育工作体系,深化课程育人、文化育人、活动育人、实践育人、管理育人、协同育人。创新德育工作形式,丰富德育内容,增强德育工作吸引力、感染力和实效性。

4. 全面推进教育理念、体系、制度、内容、方法创新。严格落实课程方案和课程标准,提高教学质量。完善教材编写、修订、审查、选用、退出机制。遵循教育规律和学生身心发展规律,尊重个体差异,因材施教,推行启发式、探究式、参与式、合作式教学。探索具有特殊才能学生的培养体系。提升校园智能化水平,提高信息化服务教育教学和管理的能力水平，推动优质教育资源在线辐射农村和边远地区薄弱学校，加快发展适合不同学生的信息化自主学习方式，满足个性化发展需求。提高民族地区教育质量和水平，加大国家通用语言文字推广力度。深化民族团结进步教育。

5. 逐步推进学前教育全面普及。继续实施学前教育行动计划，重点补齐人口集中流入地、农村地区、欠发达地区、民族地区以及城市薄弱地区的普惠性资源短板，基本实现学前教育公共服务体系全覆盖。加强学前幼儿普通话教育，推进学前学会普通话。严格落实城镇小区配套幼儿园政策，鼓励国有企事业单位、街道、村集体举办公办幼儿园。健全普惠性学前教育成本分担机制，建立公办园收费标准动态调整机制，加强非营利性民办园收费监管，遏制过度逐利行为。注重科学保教，建立健全幼儿园保教质量监测体系，坚决克服和纠正"小学化"倾向，全面提升保教质量。

6. 推进城乡义务教育一体化发展。科学规划布局城乡学校建设，落实新建居住区配套建设学校规定，合理有序扩大城镇学校学位供给，解决城镇大班额问题。全面加强乡村小规模学校和乡镇寄宿制学校建设，进一步改善农村学校办学条件，加强乡村教师队伍建设，提升农村义务教育质量，推进义务教育优质均衡发展。健全精准控辍保学长效机制，提高义务教育巩固水平。保障女童平等接受义务教育。推进义务教育学校免试就近入学全覆盖，全面实行义务教育公办民办学校同步招生，支持和规范民办义务教育发展。

7. 进一步普及高中阶段教育。加快普通高中育人方式改革，推动高中阶段学校多样化有特色发展，满足学生个性化、多样化发展需要。推进中等职业教育和普通高中教育协调发展，建立中等职业教育和普通高中统一招生平台，深化职普融通。大力发展中等职业教育，建设一批优秀中职学校和优质专业，放宽中职招生地域限制。完善高中阶段学生资助政策。

8. 保障特殊儿童群体受教育权利。完善特殊教育保障机制，推进适龄残疾儿童教育全覆盖，提高特殊教育质量。坚持以普通学校随班就读为主体，以特殊教育学校为骨干，以送教上门和远程教育为补充，全面推进融合教育。大力发展残疾儿童学前教育，进一步提高残疾儿童义务教育巩固水平，加快发展以职业教育为重点的残疾人高中阶段教育。推进孤独症儿童教育工作。保障农业转移人口随迁子女平等享有基本公共教育服务。加强家庭经济困难学生精准资助，完善奖学金、助学金和助学贷款政策。加强对留守儿童和困境儿童的法治教育、安全教育和心理健康教育，优先满足留守儿童寄宿需求。在特殊教育学校大力推广国家通用手语和国家通用盲文。

9. 提高儿童科学素质。实施未成年人科学素质提升行动。将弘扬科学精神贯穿教育全过程，开展学前科学启蒙教育，提高学校科学教育质量，完善课程标准和课程体系，丰富课程资源，激发学生求知欲和想象力，培养儿童的创新精神和实践能力，鼓励有创新潜质的学生个性化发展。加强社会协同，注重利用科技馆、儿童中心、青少年宫、博物馆等校外场所开展校外科学学习和实践活动。广泛开展社区科普活动。加强专兼职科学教师和科技辅导员队伍建设。完善科学教育质量和未成年人科学素质监测评估。

10. 建立健全科学的教育评价制度体系。树立科学的教育质量观，建立健全以发展素质教育为导向的科学评价体系。落实县域义务教育质量、学校办学质量和学生发展质量评价标准。针对不同主体和不同学段、不同类型教育特点，改进结果评价，强化过程评价，探索增值评价，健全综合评价，克服唯分数、唯升学倾向。完善初高中学生学业水平考试和综合素质评价制度。高中阶段学校实行基于初中学业水平考试成绩、结合综合素质评价的招生录取模式，落实优质普通高中招生指标分配到初中政策，健全分类考试、综合评价、多元录取的高校招生机制。

11. 加强教师队伍建设。完善师德师风建设长效机制，引导教师自觉践行社会主义核心价值观，提升职业道德修养，坚守教书育人职责。完善教师资格准入制度，着力解决教师结构性、阶段性、区域性短缺问题。加强教师进修培训，提高基本功和专业能力。弘扬尊师重教的社会风尚。培养造就一支有理想信念、有道德情操、有扎实学识、有仁爱之心的高素质专业化创新型教师队伍。

12. 开展民主、文明、和谐、平等的友好型学校建设。加强校风、教风、学风建设，开展文明校园创建，构建尊师爱生的师生关系和团结友爱的同学关系。保障学生参与学校事务的权利。美化校园环境,优化学生学习、生活条件,推进校园无障碍环境建设和改造,为学生提供安全饮用水、卫生厕所和适合身高的课桌椅,改善学校用餐和学生寄宿条件。培育和丰富积极向上、健康文明的校园文化。

13. 坚持学校教育与家庭教育、社会教育相结合。加强家园、家校协作,推动教师家访制度化、常态化。加强中小学、幼儿园、社区家长学校、家长委员会建设,普及家庭教育知识,推广家庭教育经验。统筹社会教育各类场地、设施和队伍等资源,丰富校外教育内容和形式,鼓励儿童积极参与科技、文化、体育、艺术、劳动等实践活动,参与日常生活劳动、生产劳动和服务性劳动,帮助学生深入了解国情、社情、民情。增强校外教育公益性。加强校外教育理论研究。规范校外培训,切实减轻学生课外培训负担,严格监管面向低龄儿童的校外网络教育培训。充分发挥中小学校课后服务主渠道作用,完善中小学课后服务保障机制和措施,课后服务结束时间原则上不早于当地正常下班时间。发挥共青团、少先队、妇联、科协、关工委等组织的育人作用,形成学校、家庭、社会协同育人合力。

(四)儿童与福利。

主要目标:

1. 提升儿童福利水平,基本建成与经济社会发展水平相适应的适度普惠型儿童福利制度体系。

2. 面向儿童的基本公共服务均等化水平明显提高,城乡、区域和不同群体儿童的公共服务需求得到公平满足。

3. 巩固提高基本医疗保障水平,保障儿童基本医疗权益。

4. 构建连续完整的儿童营养改善项目支持体系。

5. 加快普惠托育服务体系建设,托育机构和托位数量持续增加。

6. 孤儿、事实无人抚养儿童、残疾儿童、流浪儿童生存、发展和安全权益得到有效保障。

7. 留守儿童关爱服务体系不断完善,流动儿童服务机制更加健全。

8. 城乡社区儿童之家覆盖率进一步巩固提高,服务能力持续提升。

9. 监测预防、强制报告、应急处置、评估帮扶、监护干预"五位一体"的基层儿童保护机制有效运行。县级以上人民政府开通并有效运行全国统一的儿童保护热线。

10. 基层儿童福利工作阵地和队伍建设进一步加强。

11. 为儿童服务的社会组织和儿童社会工作专业队伍明显壮大。

策略措施:

1. 完善儿童福利保障和救助制度体系。积极推进儿童福利立法。逐步建成与国家经济社会发展水平相适应、与相关福利制度相衔接的适度普惠型儿童福利制度体系。完善困境儿童分类保障政策,加大困境儿童保障力度。完善儿童福利政策,合理提高儿童福利标准。合理制定低保标准和特困人员救助供养标准并建立动态调整机制,提升儿童生活质量。

2. 提高面向儿童的公共服务供给水平。提高基本公共服务均等化和可及性水平,将儿童教育、医疗卫生、福利保障事项优先纳入基本公共服务清单,提高服务智慧化水平。完善面向儿童的基本公共服务标准体系,推动基本公共服务向欠发达地区、薄弱环节、特殊儿童群体倾斜。扩大公共服务覆盖面,全面落实儿童乘坐公共交通工具和游览参观票价优惠政策,推进采取年龄标准优先、身高标准补充的儿童票价优待政策。

3. 做好儿童医疗保障工作。强化基本医疗保险、大病保险、医疗救助三重保障功能,巩固提高儿童参加城乡居民基本医疗保险覆盖率。健全基本医疗保险筹资和待遇调整机制,完善医保目录动态调整机制。做好低收入家庭儿童城乡居民医保参保工作。做好符合条件的家庭经济困难患儿医疗救助。促进各类医疗保障互补衔接,支持商业保险机构开发并推广适宜不同年龄阶段儿童的大病和意外伤害险产品,统筹调动慈善医疗救助力量,支持医疗互助有序发展,合力降低患儿家庭医疗费用负担。

4. 推进实施儿童营养改善项目。巩固脱贫地区儿童营养改善项目实施成果。稳妥推进农村义务教育学生营养改善计划,完善膳食费用分摊机制。加强3—5岁学龄前儿童营养改善工作,实施学龄前儿童营养改善计划,构建从婴儿期到学龄期连续完整的儿童营养改善项目支持体系。

5. 发展普惠托育服务体系。将婴幼儿照护服务纳入经济社会发展规划，研究编制托育服务发展专项规划，强化政策引导，综合运用土地、住房、财政、金融、人才等支持政策，扩大托育服务供给。大力发展多种形式的普惠托育服务，推动建设一批承担指导功能的示范托育服务机构和社区托育服务设施，支持有条件的用人单位为职工提供托育服务，鼓励国有企业等主体积极参与各级政府推动的普惠托育服务体系建设，支持和引导社会力量依托社区提供普惠托育服务，鼓励和支持有条件的幼儿园招收2—3岁幼儿，制定家庭托育点管理办法。加大专业人才培养培训力度，依法逐步实行从业人员职业资格准入制度。制定完善托育服务的标准规范，加强综合监管，推动托育服务规范健康发展。

6. 加强孤儿和事实无人抚养儿童保障。落实孤儿和事实无人抚养儿童保障政策，明确保障对象，规范认定流程，合理确定保障标准。畅通亲属抚养、家庭寄养、机构养育和依法收养孤儿安置渠道。落实社会散居孤儿、事实无人抚养儿童监护责任。完善儿童收养相关法规政策，引导鼓励国内家庭收养病残儿童。健全收养评估制度，建立收养状况回访监督制度，加强收养登记信息化建设。推动收养工作高质量发展。

7. 落实残疾儿童康复救助制度。完善儿童残疾筛查、诊断、治疗、康复一体化工作机制，建立残疾报告和信息共享制度。提高残疾儿童康复服务覆盖率，为有需求的残疾儿童提供康复医疗、康复辅助器具、康复训练等基本康复服务，促进康复辅助器具提质升级。完善残疾儿童康复服务标准，增强残疾儿童康复服务供给能力，规范残疾儿童康复机构管理。支持儿童福利机构面向社会残疾儿童开展替代照料、养育教育辅导、康复训练等服务。

8. 加强流浪儿童救助保护工作。落实流浪儿童街面巡查和转介处置职责，依法依规为流浪儿童提供生活照料、身份查询、接送返回等服务。流出地县级政府建立源头治理和回归稳固机制，落实流浪儿童相关社会保障和义务教育等政策，教育督促流浪儿童父母或其他监护人履行抚养义务。依法严厉打击遗弃、虐待未成年人违法犯罪行为。

9. 加强留守儿童关爱保护。进一步完善留守儿童关爱保护工作体系。强化家庭监护主体责任，提高监护能力。强化县、乡级政府属地责任，落实关爱帮扶政策措施。常态化开展寒暑假特别关爱行动，充分发挥群团组织以及社会组织、社会工作者、志愿者等作用，加强对留守儿童心理、情感、行为和安全自护的指导服务。积极倡导企业履行社会责任，为务工人员加强与留守未成年子女的联系沟通提供支持。落实支持农民工返乡就业创业相关政策措施，从源头上减少留守儿童现象。

10. 完善流动儿童服务机制。深化户籍制度改革，健全以居住证为载体、与居住年限等条件挂钩的基本公共服务提供机制，推进城镇常住人口基本公共服务均等化，保障儿童平等享有教育、医疗卫生等基本公共服务。健全以社区为依托、面向流动儿童家庭的管理和服务网络，提升专业服务能力，促进流动儿童及其家庭融入社区。

11. 提高儿童之家建设、管理和服务水平。健全政府主导、部门统筹、多方参与、共同建设儿童之家的工作格局，巩固提高儿童之家覆盖率。完善儿童之家建设标准、工作制度和管理规范，配备专兼职工作人员，发挥社区儿童主任和妇联执委作用，提升管理和使用效能。保证儿童之家服务时长，拓展服务内容，确保服务安全，通过购买服务、项目合作等方式引入有资质的相关社会组织为儿童提供专业化、精细化服务，充分发挥儿童之家在基层社会治理和儿童保护中的作用。

12. 建立健全基层儿童保护机制。完善县(市、区、旗)、乡镇(街道)、村(社区)三级儿童保护机制。督促学校、幼儿园、托育机构、医疗机构、儿童福利机构、未成年人救助保护机构、村(居)民委员会等主体强化主动报告意识，履行困境儿童和受暴力伤害儿童强制报告义务。开通全国统一的儿童保护热线，及时受理、转介侵犯儿童合法权益的投诉、举报，探索完善接报、评估、处置、帮扶等一体化工作流程，明确相关部门工作职责和协作程序，形成“一门受理、协同办理”的工作机制。

13. 提升未成年人救助保护机构、儿童福利机构和基层儿童工作队伍服务能力。推进承担集中养育职能的儿童福利机构优化提质，推进儿童养育、康复、教育、医疗、社会工作一体化发展。整合县级儿童福利机构和未成年人救助保护相关机构职能，为临时监护情形未成年人、社会散居孤儿、留守儿童和困境儿童等提供服务。加强未成年人救助保护中心建设，制定完善未成年人救助保护机构工作标准。进一步落实未成年人救助保护机构、儿童督导员、儿童主任的工作职责，加大儿童督导员、儿童主任等基层儿童工作者培训力度，提高服务能力。

14. 支持引导社会力量参与儿童保护和服务工作。通过政府委托、项目合作、重点推介、孵化扶持等方式，积极培育为儿童服务的社会组织和志愿服务组织。将更多符合条件的儿童保护和服务事项纳入政府购买服务指导性目录，积极引导为儿童服务的社会组织面向城乡社区、家庭和学校提供服务。加强儿童社会工作专业队伍建设，提高服务技能水平。引导社会资源向欠发达地区倾斜，扶持欠发达地区为儿童服务的社会组织发展。

（五）儿童与家庭。

主要目标：

1. 发挥家庭立德树人第一所学校作用，培养儿童的好思想、好品行、好习惯。

2. 尊重儿童主体地位，保障儿童平等参与自身和家庭事务的权利。

3. 教育引导父母或其他监护人落实抚养、教育、保护责任，树立科学育儿理念，掌握运用科学育儿方法。

4. 培养儿童成为好家风的践行者和传承者。

5. 增强亲子互动，建立平等和谐的亲子关系。

6. 覆盖城乡的家庭教育指导服务体系基本建成，指导服务能力进一步提升。95%的城市社区和85%的农村社区（村）建立家长学校或家庭教育指导服务站点。

7. 支持家庭生育养育教育的法律法规政策体系基本形成。

8. 提升家庭领域理论和实践研究水平，促进成果转化应用。

策略措施：

1. 将立德树人落实到家庭教育各方面。父母或其他监护人应将立德树人作为家庭教育的首要任务，将思想品德教育融入日常生活，帮助儿童开拓视野、认识社会，通过身边人、身边事，培养儿童的好思想、好品德、好习惯，引导儿童树立正确的世界观、人生观、价值观。教育引导儿童践行社会主义核心价值观，学习中华民族优秀传统文化，厚植爱党爱祖国爱社会主义情怀。增强法治意识和社会责任感，从小学会做人、学会做事、学会学习，扣好人生第一粒扣子。

2. 尊重儿童主体地位和权利。引导父母或其他监护人以儿童为本，尊重儿童的身心发展规律和特点，保障儿童休息、锻炼、闲暇和娱乐的权利，合理安排儿童的学习和生活，增加体育锻炼、劳动实践、休息娱乐、社会实践、同伴交往、亲子活动等时间。尊重儿童的知情权、参与权，重视听取并采纳儿童的合理意见。教育引导儿童增强家庭和社会责任意识，鼓励儿童自主选择、自我管理、自我服务，参与力所能及的家务劳动，培养劳动习惯，提高劳动技能。

3. 增强监护责任意识和能力。创造良好家庭环境，满足儿童身心发展需要，培养儿童良好行为习惯和健康生活方式，提高安全意识和自救自护能力。加强宣传教育培训，帮助父母或其他监护人学习家庭教育知识，树立科学育儿理念和正确成才观，掌握科学育儿方法，尊重个体差异，因材施教。禁止对儿童殴打、虐待等一切形式的家庭暴力。加强对家庭落实监护责任的支持、监督和干预，根据不同需求为家庭提供分类指导和福利保障。

4. 用好家风培养熏陶儿童。发挥父母榜样和示范作用，教育引导儿童传承尊老爱幼、男女平等、夫妻和睦、勤俭持家、亲子平等、邻里团结的家庭美德，践行爱国爱家、相亲相爱、向上向善、共建共享的社会主义家庭文明新风尚。广泛开展内容丰富、形式新颖、富有教育意义的好家风宣传弘扬活动，推出系列家风文化服务产品。引领儿童养成文明健康的生活方式和消费模式，杜绝浪费。

5. 培育良好亲子关系。引导家庭建立有效的亲子沟通方式，加强亲子交流，增加陪伴时间，提高陪伴质量。鼓励支持家庭开展亲子游戏、亲子阅读、亲子运动、亲子出游等活动。指导帮助家庭调适亲子关系，缓解育儿焦虑，化解亲子矛盾。鼓励支持各类教育、科技、文化、体育、娱乐等公益性设施和场所以及城乡社区儿童之家等为开展家庭亲子活动提供条件。加强亲子阅读指导，培养儿童良好阅读习惯。分年龄段推荐优秀儿童书目，完善儿童社区阅读场所和功能，鼓励社区图书室设立亲子阅读区。

6. 构建覆盖城乡的家庭教育指导服务体系。依托现有机构设立家庭教育指导服务中心，统筹家庭教育指导服务工作，依托家长学校、城乡社区公共服务设施、妇女之家、儿童之家等设立家庭教育指导服务站点。建设家庭教育信息化共享平台，开设网上家长学校和家庭教育指导课程。中小学、幼儿园健全家庭教育指导服务工作制度，将家庭教育指导服务纳入学校工作计划和教师业务培训。社区(村)支持协助家庭教育指导服务站点开展家庭教育指导服务。鼓励支持公共文化服务场所开展家庭教育指导活动，利用多种媒体开展家庭教育知识宣传。

7. 强化对家庭教育指导服务的支持保障。推进实施家庭教育工作规划，推动家庭教育指导服务普惠享有，并纳入政府购买服务指导性目录，培育家庭教育服务机构。加强对家庭教育服务机构和从业人员的管理，规范家庭教育服务市场。加强家庭教育服务行业自律，研究制定服务质量标准，建立行业认证体系。鼓励机关、企事业单位和社会组织面向本单位职工开展家庭教育指导服务。支持社会工作机构、志愿服务组织和专业工作者依法依规开展家庭教育指导服务。

8. 完善支持家庭生育养育教育的法律法规政策。推进家庭教育立法及实施。完善三孩生育政策配套措施。促进出生人口性别比趋于正常。提高优生优育服务水平，增加优质普惠托育服务供给，推进教育公平与优质教育资源供给，落实产假制度和生育津贴，探索实施父母育儿假。推动将3岁以下婴幼儿照护服务费用纳入个人所得税专项附加扣除，加强住房等支持政策，减轻生育养育教育负担。将困境儿童及其家庭支持与保障作为家庭支持政策的优先领域。加快完善家政服务标准，提高家庭服务智慧化和数字化水平。鼓励用人单位创办母婴室和托育托管服务设施，实施弹性工时、居家办公等灵活的家庭友好措施。

9. 加强家庭领域理论和实践研究。充分发挥学术型社会组织作用，鼓励有条件的高校和科研机构开设家庭教育专业和课程，建立家庭领域研究基地，培养壮大家庭领域研究队伍，提升研究水平。坚持问题导向，聚焦家庭建设、家庭教育、家风培树等开展研究，及时推进研究成果转化，为家庭领域相关工作提供理论支撑。

(六)儿童与环境。

主要目标：

1. 将儿童优先理念落实到公共政策制定、公共设施建设、公共服务供给各方面，尊重、爱护儿童的社会环境进一步形成。

2. 提供更多有益于儿童全面发展的高质量精神文化产品。

3. 保护儿童免受各类传媒不良信息影响。提升儿童媒介素养。

4. 儿童参与家庭、学校和社会事务的权利得到充分保障。

5. 建设儿童友好城市和儿童友好社区。

6. 增加公益性儿童教育、科技、文化、体育、娱乐等校外活动场所，提高利用率和服务质量。

7. 减少环境污染对儿童的伤害。农村自来水普及率达到90%，稳步提高农村卫生厕所普及率。

8. 提高儿童生态环境保护意识，帮助养成绿色低碳生活习惯。

9. 预防和应对突发事件时充分考虑儿童的身心特点，优先满足儿童的特殊需求。

10. 儿童事务国际交流与合作广泛开展，在促进全球儿童事业发展中的作用进一步彰显。

策略措施：

1. 全面贯彻儿童优先原则。建立和完善促进儿童优先发展的制度体系，提高政府部门和社会公众对儿童权利的认识，增强保障儿童权利的自觉性。在出台法律、制定政策、编制规划、部署工作时优先考虑儿童利益和需求。鼓励企事业单位、各类公共服务机构和社会组织参与儿童发展和权利保护服务。在城乡建设规划和城市改造中提供更多适合儿童的公共设施和活动场所。

2. 提升面向儿童的公共文化服务水平。制作和传播体现社会主义核心价值观、适合儿童的图书、电影、歌曲、游戏、广播电视节目、动画片等精神文化产品，培育儿童文化品牌。支持儿童参与民族优秀传统文化的保护、传承和创新。探索在网络空间开展儿童思想道德教育的新途径、新方法，增强知识性、趣味性和时代性。支持儿童题材作品参加国家舞台艺术精品创作扶持工程等重大项目和重要展演节庆活动。鼓励社会组织、文化艺术机构为儿童文化艺术活动提供专业指导和场地支持。公共图书馆单设儿童阅览区，公共图书馆盲人阅览区为盲童阅读提供便利，鼓励社区图书室设立儿童图书专区。

3. 加强新闻出版、文化等领域市场监管和执法。加强对儿童出版物的审读、鉴定和处置，深化

"扫黄打非"工作,清除淫秽色情低俗、暴力恐怖迷信等有害出版物及信息。清理校园周边非法销售出版物和涉及低俗内容的儿童文化用品、玩具。严格网络出版、文化市场管理与执法,及时整治网络游戏、视频、直播、社交、学习类移动应用软件传播危害未成年人身心健康的有害信息。严格管控诱导未成年人无底线追星、拜金炫富等存在价值导向问题的不良信息和行为。加强互联网营业场所和娱乐场所执法,查处违规接纳未成年人、提供含有禁止内容的曲目和游戏游艺设备等违规行为。落实互联网企业主体责任,在产品开发、内容审核、用户管理、保护措施、举报处置等环节完善治理手段。

4. 规范与儿童相关的广告和商业性活动。规范与儿童有关的产品(服务)广告播出。在针对儿童的大众传播媒介上不得发布医疗、药品、医疗器械、保健食品、化妆品、酒类、美容广告,以及不利于儿童身心健康的网络游戏广告。禁止在大众传播媒介、公共场所发布声称全部或部分替代母乳的婴儿乳制品、饮料和其他食品广告。加大对相关虚假违法广告案件的查处力度。规范和限制安排儿童参加商业性展演活动。

5. 加强儿童媒介素养教育。保障儿童利用和参与媒介的权利。丰富儿童数字生活体验,提高数字生活质量。通过学校、幼儿园、家庭和社会等多种渠道,提升儿童及其监护人媒介素养,加强对不同年龄阶段儿童使用网络的分类教育指导,帮助儿童掌握网络基本知识技能,提高学习交流的能力,养成良好用网习惯,引导儿童抵制网络不文明行为,增强信息识别和网上自我保护能力,防止沉迷网络。为欠发达地区儿童、残疾儿童、困境儿童安全合理参与网络提供条件。

6. 保障儿童参与和表达的权利。尊重儿童参与自身和家庭事务的权利,培养儿童参与意识和能力。涉及儿童的法规政策制定、实施和评估以及重大事项决策,听取儿童意见。将儿童参与纳入学校、校外教育机构、社区工作计划。支持共青团、少先队、妇联等组织开展社会实践及体验活动。加强学校班委会和学生会建设,畅通学生参与学校事务的渠道。广泛开展儿童参与的宣传、教育和培训活动。

7. 开展儿童友好城市和儿童友好社区创建工作。鼓励创建社会政策友好、公共服务友好、权利保障友好、成长空间友好、发展环境友好的中国特色儿童友好城市。建立多部门合作工作机制,制定适合我国国情的儿童友好城市和儿童友好社区标准体系和建设指南,建设一批国家儿童友好城市。积极参与国际儿童友好城市建设交流活动。

8. 加大儿童校外活动场所建设和管理力度。将儿童活动场所建设纳入地方经济社会发展规划,加强各类爱国主义教育基地、党史国史教育基地、民族团结进步教育基地、科普教育基地、中小学生研学实践教育基地等的建设,加大对农村地区儿童活动场所建设和运行的扶持力度,推进儿童活动场所无障碍建设和改造。规范儿童校外活动场所管理,各类公益性教育、科技、文化、体育、娱乐场所对儿童免费或优惠开放,根据条件开辟儿童活动专区。在具备条件的校外活动场所普遍建立少先队组织。发挥校外活动场所的育人优势,打造特色鲜明、参与面广的儿童主题活动品牌。

9. 优化儿童健康成长的自然环境和人居环境。控制和治理大气、水、土壤等环境污染以及工业、生活和农村面源污染,加强水源保护和水质监测。加强铅等重金属污染防治和监测。推进城市饮用水水源地规范化建设。实施农村供水保障工程,提高农村集中供水率、自来水普及率、水质达标率和供水保证率。深入开展爱国卫生运动,持续改善村容村貌和人居环境,分类有序推进农村厕所革命,统筹农村改厕和污水、黑臭水体治理,因地制宜建设污水处理设施。

10. 创新开展面向儿童的生态文明宣传教育活动。把生态文明教育纳入国民教育体系,融入课堂教学、校园活动、社会实践等环节。推进生态环境科普基地和中小学环境教育社会实践基地建设,在世界环境日、全国低碳日、全国科技活动周等节点开展丰富的儿童环保主题活动,依托自然保护地等建设儿童自然教育保护基地,开展儿童自然教育。培养儿童生态文明意识,树立珍惜资源、保护自然、珍爱生命、与自然和谐相处的观念,自觉养成健康文明、绿色低碳、垃圾分类的良好生活习惯。

11. 在突发事件预防和应对中加强对儿童的保护。在制定突发事件应急预案时统筹考虑儿童的特殊需求。制定儿童防护用品标准,应急处置期间，优先保证儿童食品、药品、用品供给。学校、幼儿园、托育机构、校外教育机构和社区开展形式多样的安全教育和应急演练活动，提高教职工、儿童及其监护人识别灾害事故风险和应对灾害事故的能力。公共场所发生突发事件时，应优先救护儿童。在灾后恢复与重建阶段，针对儿童特点采取优先救助和康复措施，将灾害事故对儿童的伤害降到最低程度。

12. 开展促进儿童发展的国际交流与合作。认真履行联合国《儿童权利公约》等国际公约和文件，落实与儿童发展相关的可持续发展目标，扩大多边、双边特别是与共建“一带一路”国家的交流与合作，吸收借鉴国际社会在儿童领域的有益经验，积极宣介促进儿童发展的“中国故事”，在推动构建人类命运共同体、促进全球儿童事业发展中贡献中国智慧、彰显中国担当。

（七）儿童与法律保护。

主要目标：

1. 完善保障儿童权益的法律体系。

2. 加强保障儿童权益的执法工作。

3. 完善司法保护制度，司法工作体系满足儿童身心发展特殊需要。

4. 儿童法治素养和自我保护意识进一步提升，社会公众保护儿童的意识和能力进一步提高。

5. 依法保障儿童的民事权益。

6. 落实儿童监护制度，保障儿童获得有效监护。

7. 禁止使用童工，禁止对儿童的经济剥削，严格监管安排儿童参与商业性活动的行为。

8. 依法严惩性侵害、家庭暴力、拐卖、遗弃等侵犯儿童人身权利的违法犯罪行为。

9. 依法严惩利用网络侵犯儿童合法权益的违法犯罪行为。

10. 预防未成年人违法犯罪，对未成年人违法犯罪实行分级干预。降低未成年人犯罪人数占未成年人人口数量的比重。

策略措施：

1. 完善落实保障儿童权益的法律法规。健全保障儿童生存权、发展权、受保护权、参与权的法律法规体系。推动加快家庭教育、学前教育、儿童福利、网络保护等立法进程，适时修订相关法律法规、出台司法解释。增强立法工作的科学性和可操作性。加强未成年人保护法实施，落实法律监督、司法建议和法治督察制度。加强保障儿童权益的法学理论与实践研究。

2. 严格保障儿童权益执法。全面落实保障儿童权益主体责任。加大行政执法力度，及时发现和处置监护侵害、家庭暴力、校园及周边安全隐患、食品药品安全隐患等问题。探索建立保障儿童权益多部门综合执法制度，探索建立儿童救助协作制度，强化部门间信息沟通和工作衔接，形成执法、保护、服务合力。

3. 健全未成年人司法工作体系。公安机关、人民检察院、人民法院和司法行政部门应当确定专门机构或者指定专门人员负责办理涉及未成年人案件。完善未成年人司法保护工作评价考核标准。加强专业化办案与社会化保护配合衔接，加强司法机关与政府部门、人民团体、社会组织和社会工作者等的合作，共同做好未成年人心理干预、社会观护、教育矫治、社区矫正等工作。

4. 加强对未成年人的特殊司法保护。依法保障涉案未成年人的隐私权、名誉权以及知情权、参与权等诉讼权利。落实未成年人犯罪案件特别程序关于严格限制适用逮捕措施、法律援助、社会调查、心理评估、法定代理人或合适成年人到场、附条件不起诉、不公开审理、犯罪记录封存等规定。增强未成年人社区矫正实施效果。落实涉案未成年人与成年人分别关押、分别管理、分别教育制度。

5. 依法为儿童提供法律援助和司法救助。依托公共法律服务平台，为儿童提供法律咨询等法律援助服务，推进法律援助标准化、规范化建设，推进专业化儿童法律援助队伍建设。保障符合司法救助条件的儿童获得有针对性的经济救助、身心康复、生活安置、复学就业等多元综合救助。

6. 加强儿童保护的法治宣传教育。完善学校、家庭、社会共同参与的儿童法治教育工作机制，提高儿童法治素养。扎实推进青少年法治教育实践基地、法治资源教室和网络平台建设，运用法治副校长、以案释法、模拟法庭等多样化方式深入开展法治教育和法治实践活动。提高社会公众的法治意识，推动形成依法保障儿童权益的良好氛围。引导媒体客观、审慎、适度采访和报道涉未成年人案件。

7. 全面保障儿童的民事权益。依法保障儿童的人身权利、财产权利和其他合法权益。开展涉及儿童权益纠纷调解工作，探索父母婚内分居期间未成年子女权益保护措施，依法保障父母离婚后未成年子女获得探望、抚养、教育、保护的权利。依法保障儿童和胎儿的继承权和受遗赠权。依法保护儿童名誉、隐私和个人信息等人格权。完善支持起诉制度。对食品药品安全、产品质量、烟酒销售、文化宣传、网络传播等领域侵害儿童合法权益的行为，开展公益诉讼工作。

8. 完善落实监护制度。强化父母或其他监护人履行对未成年子女的抚养、教育和保护职责，依法规范父母或其他监护人委托他人照护未成年子女的行为。督促落实监护责任，禁止早婚早育和早婚辍学行为。加强对监护的监督、指导和帮助，落实强制家庭教育制度。强化村(居)民委员会对父母或其他监护人监护和委托照护的监督责任，村(居)儿童主任切实做好儿童面临监护风险或受到监护侵害情况发现、核实、报告工作。探索建立监护风险及异常状况评估制度。依法纠正和处理监护人侵害儿童权益事件。符合法定情形的儿童由县级以上民政部门代表国家进行监护。确保突发事件情况下无人照料儿童及时获得临时监护。

9. 严厉查处使用童工等违法犯罪行为。加强对使用童工行为的日常巡视监察和专项执法检查。严格落实儿童参加演出、节目制作等方面国家有关规定。加强对企业、其他经营组织或个人、网络平台等吸纳儿童参与广告拍摄、商业代言、演出、赛事、节目制作、网络直播等的监督管理。严格执行未成年工特殊保护规定，用人单位定期对未成年工进行健康检查，不得安排其从事过重、有毒、有害等危害儿童身心健康的劳动或者危险作业。

10. 预防和依法严惩性侵害儿童违法犯罪行为。加强儿童预防性侵害教育，提高儿童、家庭、学校、社区识别防范性侵害和发现报告的意识和能力，落实强制报告制度。建立全国统一的性侵害、虐待、拐卖、暴力伤害等违法犯罪人员信息查询系统，完善落实入职查询、从业禁止制度。探索建立性侵害儿童犯罪人员信息公开制度，严格落实外籍教师无犯罪证明备案制度。加强立案和立案监督，完善立案标准和定罪量刑标准。依法严惩对儿童负有特殊职责人员实施的性侵害行为，依法严惩组织、强迫、引诱、容留、介绍未成年人卖淫犯罪。建立未成年被害人“一站式”取证机制，保护未成年被害人免受“二次伤害”。探索制定性侵害儿童案件特殊证据标准。对遭受性侵害或者暴力伤害的未成年被害人及其家庭实施必要的心理干预、经济救助、法律援助、转学安置等保护措施。

11. 预防和依法严惩对儿童实施家庭暴力的违法犯罪行为。加强反家庭暴力宣传，杜绝针对儿童的家庭暴力以及严重忽视等不利于儿童身心健康的行为。落实强制报告制度，及时受理、调查、立案和转处儿童遭受家庭暴力案件。出台关于反家庭暴力法的司法解释、指导意见或实施细则，充分运用告诫书、人身安全保护令、撤销监护人资格等措施，加强对施暴人的惩戒和教育。对构成犯罪的施暴人依法追究刑事责任，从严处理重大恶性案件。保护未成年被害人的隐私和安全，及时为未成年被害人及目睹家庭暴力的儿童提供心理疏导、医疗救治和临时庇护。

12. 严厉打击拐卖儿童和引诱胁迫儿童涉毒、涉黑涉恶等违法犯罪行为。坚持和完善集预防、打击、救助、安置、康复于一体的反拐工作长效机制，继续实施反对拐卖人口行动计划。有效防范和严厉打击借收养名义买卖儿童、利用网络平台实施拐卖人口等违法犯罪行为，加大对出卖亲生子女犯罪的预防和打击力度，完善孕产妇就医生产身份核实机制，完善亲子鉴定意见书和出生医学证明开具制度，落实儿童出生登记制度。妥善安置查找不到亲生父母和自生自卖类案件的被解救儿童。禁止除公安机关以外的任何组织或者个人收集被拐卖儿童、父母和疑似被拐卖人员 DNA 数据等信息。实施全国青少年毒品预防教育工程，开展对引诱、教唆、欺骗、强迫、容留儿童吸贩毒犯罪专项打击行动。依法严惩胁迫、引诱、教唆儿童参与黑社会性质组织从事违法犯罪活动的行为。

13. 严厉打击侵犯儿童合法权益的网络违法犯罪行为。加强对网络空间涉及儿童违法犯罪的分析研究，以案释法，提高公众对儿童网络保护的意识和能力。禁止制作、复制、发布、传播或者持有有关未成年人的淫秽色情物品和网络信息。依法严惩利用网络性引诱、性侵害儿童的违法犯罪行为。禁止对儿童实施侮辱、诽谤、威胁或者恶意损害形象等网络欺凌行为。严厉打击利用网络诱骗儿童参与赌博以及敲诈勒索、实施金融诈骗等违法犯罪行为。

14. 有效预防未成年人违法犯罪。加强对未成年人的法治和预防犯罪教育。落实未成年人违法犯罪分级干预制度，依法采取教育矫治措施，及时发现、制止、管教未成年人不良行为。及时制止、处理未成年人严重不良行为和未达刑事责任年龄未成年人严重危害他人及社会的行为。完善专门学校入学程序、学生和学籍管理、转回普通学校等制度。对涉罪未成年人坚持依法惩戒与精准帮教相结合，增强教育矫治效果，预防重新犯罪。保障涉罪未成年人免受歧视，依法实现在复学、升学、就业等方面的同等权利。强化预防未成年人犯罪工作的基层基础。

三、组织实施

（一）坚持党的全面领导。坚持以习近平新时代中国特色社会主义思想为指导，坚持以人民为中心的发展思想，坚持走中国特色社会主义儿童发展道路，把党的领导贯穿于纲要组织实施全过程。贯彻党中央关于儿童事业发展的决策部署，在统筹推进"五位一体"总体布局、协调推进"四个全面"战略布局中推进纲要实施。

（二）落实纲要实施责任。完善落实党委领导、政府主责、妇儿工委协调、多部门合作、全社会参与的纲要实施工作机制。国务院及地方各级人民政府负责纲要实施工作，各级妇儿工委负责组织、协调、指导、督促工作，各级妇儿工委办公室负责具体工作。有关部门、相关机构和人民团体结合职责，承担纲要相关目标任务落实工作。在出台法律、制定政策、编制规划、部署工作时贯彻落实儿童优先原则，切实保障儿童权益，促进儿童优先发展。

（三）加强纲要与国民经济和社会发展规划的衔接。在经济社会发展总体规划及相关专项规划中贯彻落实儿童优先原则，将纲要实施以及儿童发展纳入经济社会发展总体规划及相关专项规划，结合经济社会发展总体规划部署要求推进纲要实施，实现儿童事业发展与经济社会发展同步规划、同步部署、同步推进、同步落实。

（四）制定地方儿童发展规划和部门实施方案。省级人民政府依据本纲要，结合实际制定本级儿童发展规划。市、县级人民政府依据本纲要以及上一级儿童发展规划，结合实际制定本级儿童发展规划。省、市、县级规划颁布后1个月内报送上一级妇儿工委办公室。中央及地方承担纲要（规划）目标任务的有关部门、相关机构和人民团体结合职责，按照任务分工，制定实施方案并报送同级妇儿工委办公室。

（五）完善实施纲要的工作制度机制。健全目标管理责任制，将纲要实施纳入政府议事日程和考核内容，将纲要目标分解到责任单位并纳入目标管理和考核内容。健全督导检查制度，定期对纲要实施情况开展督查。健全报告制度，责任单位每年向同级妇儿工委报告纲要实施情况和下一年工作安排，下级妇儿工委每年向上一级妇儿工委报告本地区规划实施情况和下一年工作安排。健全议事协调制度，定期召开妇女儿童工作会议和妇儿工委全体会议、联络员会议等，总结交流情况，研究解决问题，部署工作任务。健全纲要实施示范制度，充分发挥示范单位以点带面、示范带动作用。健全表彰制度，对实施纲要先进集体和先进个人按照有关规定进行表彰。

（六）加强儿童发展经费支持。各级人民政府将实施纲要所需工作经费纳入财政预算，实现儿童事业和经济社会同步发展。重点支持革命老区、民族地区、边疆地区、欠发达地区儿童发展，支持特殊困难儿童群体发展。动员社会力量，多渠道筹集资源，共同发展儿童事业。

（七）坚持和创新实施纲要的有效做法。贯彻新发展理念，坚持问题导向、目标导向，构建促进儿童发展的法律法规政策体系，完善儿童权益保障机制，实施促进儿童发展的民生项目。通过分类指导、示范先行，总结推广好做法好经验。通过政府购买服务等方式，发挥社会力量推动纲要实施的作用。开展国际交流合作，交流互鉴经验做法，讲好中国儿童发展故事。

（八）加强纲要实施能力建设。将习近平总书记关于儿童和儿童工作的重要论述以及儿童优先原则有关内容、相关法律法规政策纳入各级干部学习内容，将实施纲要所需知识纳入培训计划，举办多层次、多形式培训，增强政府有关部门、相关机构和人员实施纲要的责任意识和能力。以政治建设为统领，加强各级妇儿工委及其办公室能力建设，促进机构职能优化高效，为更好履职尽责提供必要的人力物力财力支持，为纲要实施提供组织保障。

（九）加大纲要宣传力度。大力宣传习近平总书记关于儿童和儿童工作的重要论述，宣传在党的坚强领导下儿童事业发展的成就，宣传儿童优先原则和保障儿童权益、促进儿童发展的法律法规政策，宣传纲要内容和纲要实施的经验、成效，努力营造关爱儿童、有利于儿童发展的社会氛围。

（十）加强儿童发展调查研究。充分发挥各级妇儿工委及其办公室作用，加强儿童工作智库建设，依托高校、研究机构、社会组织等建设儿童发展研究基地，培育专业研究力量，广泛深入开展理论与实践研究，为制定完善相关法律法规政策提供参考。

（十一）鼓励社会各界广泛参与纲要实施。健全学校、家庭、社会"三位一体"教育网络，鼓励企事业单位、社会组织、慈善机构和公益人士参与保障儿童权益、促进儿童发展等工作。鼓励儿童参与纲要实施，提高儿童在参与纲要实施中实现自身全面发展的意识和能力。

四、监测评估

（一）加强监测评估制度建设。对纲要实施情况进行年度监测、中期评估、终期评估。落实并逐步完善儿童统计监测方案。各级统计部门牵头组织开展年度监测，各级妇儿工委成员单位、有关部门、相关机构向同级统计部门报送年度监测数据，及时收集、分析反映儿童发展状况的相关数据和信息。各级妇儿工委组织开展中期和终期评估，各级妇儿工委成员单位、有关部门、相关机构向同级妇儿工委提交中期和终期评估报告。通过评估，了解掌握纲要实施进展和儿童发展状况，系统分析评价纲要目标任务完成情况，评判纲要策略措施的实施效果，总结经验做法，找出突出问题，预测发展趋势，提出对策建议。监测评估工作所需经费纳入财政预算。

（二）加强监测评估工作组织领导。各级妇儿工委设立监测评估领导小组，由同级妇儿工委及相关部门负责同志组成，负责监测评估工作的组织领导、监测评估方案的审批、监测评估报告的审核等。领导小组下设监测组和评估组。

监测组由各级统计部门牵头，相关部门负责纲要实施情况统计监测的人员参加，负责监测工作的组织、指导和培训，制定监测方案和指标体系，收集、分析数据信息，向同级妇儿工委提交年度、中期和终期监测报告，编辑出版年度妇女儿童统计资料等。监测组成员负责统筹协调本部门纲要实施监测、分析、数据上报、分性别分年龄指标完善等工作。

评估组由各级妇儿工委办公室牵头，相关部门负责纲要实施的人员参加，负责评估工作的组织、指导和培训，制定评估方案，组织开展评估工作，向同级妇儿工委提交中期和终期评估报告。评估组成员负责统筹协调本部门纲要实施自我评估工作，参加妇儿工委组织的评估工作。支持评估组相关部门就儿童保护与发展中的突出问题开展专项调查、评估，结果可供中期和终期评估参考。

（三）加强儿童发展统计监测。规范完善儿童发展统计监测指标体系，根据需要调整扩充儿童发展统计指标，推动纳入国家和部门常规统计以及统计调查制度，加强部门分年龄统计工作，推进儿童发展统计监测制度化建设。国家、省、市三级建立完善儿童发展统计监测数据库，支持县级儿童发展统计监测数据库建设。鼓励支持相关部门对儿童发展缺项数据开展专项统计调查。

（四）提升监测评估工作能力和水平。加强监测评估工作培训和部门协作，规范监测数据收集渠道、报送方式，提高数据质量。运用互联网和大数据等，丰富儿童发展和分年龄统计信息。科学设计监测评估方案和方法，探索开展第三方评估。提升监测评估工作科学化、标准化、专业化水平。

（五）有效利用监测评估成果。发挥监测评估结果服务决策的作用，定期向同级人民政府及相关部门报送监测评估情况，为决策提供依据。建立监测评估报告交流、反馈和发布机制。加强对监测评估结果的研判和运用，对预计完成困难、波动较大的监测指标及时预警，对评估发现的突出问题和短板弱项及时提出对策建议。运用监测评估结果指导下一阶段纲要实施，实现纲要实施的常态化监测、动态化预警、精准化干预、高质量推进。

最高人民法院关于适用《中华人民共和国民法典》总则编若干问题的解释

- 2021年12月30日最高人民法院审判委员会第1861次会议通过
- 2022年2月24日最高人民法院公告公布
- 自2022年3月1日起施行
- 法释〔2022〕6号

为正确审理民事案件，依法保护民事主体的合法权益，维护社会和经济秩序，根据《中华人民共和国民法典》《中华人民共和国民事诉讼法》等相关法律规定，结合审判实践，制定本解释。

一、一般规定

第一条 民法典第二编至第七编对民事关系有规定的，人民法院直接适用该规定；民法典第二编至第七编没有规定的，适用民法典第一编的规定，但是根据其性质不能适用的除外。

就同一民事关系，其他民事法律的规定属于对民法典相应规定的细化的，应当适用该民事法律的规定。民法典规定适用其他法律的，适用该法律的规定。

民法典及其他法律对民事关系没有具体规定的，可以遵循民法典关于基本原则的规定。

第二条 在一定地域、行业范围内长期为一般人从事民事活动时普遍遵守的民间习俗、惯常做法等，可以认定为民法典第十条规定的习惯。

当事人主张适用习惯的，应当就习惯及其具体内容提供相应证据；必要时，人民法院可以依职权查明。

适用习惯，不得违背社会主义核心价值观，不得违背公序良俗。

第三条 对于民法典第一百三十二条所称的滥用民事权利，人民法院可以根据权利行使的对象、目的、时间、方式、造成当事人之间利益失衡的程度等因素作出认定。

行为人以损害国家利益、社会公共利益、他人合法权益为主要目的行使民事权利的，人民法院应当认定构成滥用民事权利。

构成滥用民事权利的，人民法院应当认定该滥用行为不发生相应的法律效力。滥用民事权利造成损害的，依照民法典第七编等有关规定处理。

二、民事权利能力和民事行为能力

第四条 涉及遗产继承、接受赠与等胎儿利益保护，父母在胎儿娩出前作为法定代理人主张相应权利的，人民法院依法予以支持。

第五条 限制民事行为能力人实施的民事法律行为是否与其年龄、智力、精神健康状况相适应，人民法院可以从行为与本人生活相关联的程度，本人的智力、精神健康状况能否理解其行为并预见相应的后果，以及标的、数量、价款或者报酬等方面认定。

三、监　护

第六条 人民法院认定自然人的监护能力，应当根据其年龄、身心健康状况、经济条件等因素确定；认定有关组织的监护能力，应当根据其资质、信用、财产状况等因素确定。

第七条 担任监护人的被监护人父母通过遗嘱指定监护人，遗嘱生效时被指定的人不同意担任监护人的，人民法院应当适用民法典第二十七条、第二十八条的规定确定监护人。

未成年人由父母担任监护人，父母中的一方通过遗嘱指定监护人，另一方在遗嘱生效时有监护能力，有关当事人对监护人的确定有争议的，人民法院应当适用民法典第二十七条第一款的规定确定监护人。

第八条 未成年人的父母与其他依法具有监护资格的人订立协议，约定免除具有监护能力的父母的监护职责的，人民法院不予支持。协议约定在未成年人的父母丧失监护能力时由该具有监护资格的人担任监护人的，人民法院依法予以支持。

依法具有监护资格的人之间依据民法典第三十条的规定，约定由民法典第二十七条第二款、第二十八条规定的不同顺序的人共同担任监护人，或者由顺序在后的人担任监护人的，人民法院依法予以支持。

第九条 人民法院依据民法典第三十一条第二款、第三十六条第一款的规定指定监护人时，应当尊重被监护人的真实意愿，按照最有利于被监护人的原则指定，具体参考以下因素：

(一)与被监护人生活、情感联系的密切程度;

(二)依法具有监护资格的人的监护顺序;

(三)是否有不利于履行监护职责的违法犯罪等情形;

(四)依法具有监护资格的人的监护能力、意愿、品行等。

人民法院依法指定的监护人一般应当是一人,由数人共同担任监护人更有利于保护被监护人利益的,也可以是数人。

第十条 有关当事人不服居民委员会、村民委员会或者民政部门的指定,在接到指定通知之日起三十日内向人民法院申请指定监护人的,人民法院经审理认为指定并无不当,依法裁定驳回申请;认为指定不当,依法判决撤销指定并另行指定监护人。

有关当事人在接到指定通知之日起三十日后提出申请的,人民法院应当按照变更监护关系处理。

第十一条 具有完全民事行为能力的成年人与他人依据民法典第三十三条的规定订立书面协议事先确定自己的监护人后,协议的任何一方在该成年人丧失或者部分丧失民事行为能力前请求解除协议的,人民法院依法予以支持。该成年人丧失或者部分丧失民事行为能力后,协议确定的监护人无正当理由请求解除协议的,人民法院不予支持。

该成年人丧失或者部分丧失民事行为能力后,协议确定的监护人有民法典第三十六条第一款规定的情形之一,该条第二款规定的有关个人、组织申请撤销其监护人资格的,人民法院依法予以支持。

第十二条 监护人、其他依法具有监护资格的人之间就监护人是否有民法典第三十九条第一款第二项、第四项规定的应当终止监护关系的情形发生争议,申请变更监护人的,人民法院应当依法受理。经审理认为理由成立的,人民法院依法予以支持。

被依法指定的监护人与其他具有监护资格的人之间协议变更监护人的,人民法院应当尊重被监护人的真实意愿,按照最有利于被监护人的原则作出裁判。

第十三条 监护人因患病、外出务工等原因在一定期限内不能完全履行监护职责,将全部或者部分监护职责委托给他人,当事人主张受托人因此成为监护人的,人民法院不予支持。

四、宣告失踪和宣告死亡

第十四条 人民法院审理宣告失踪案件时,下列人员应当认定为民法典第四十条规定的利害关系人:

(一)被申请人的近亲属;

(二)依据民法典第一千一百二十八条、第一千一百二十九条规定对被申请人有继承权的亲属;

(三)债权人、债务人、合伙人等与被申请人有民事权利义务关系的民事主体,但是不申请宣告失踪不影响其权利行使、义务履行的除外。

第十五条 失踪人的财产代管人向失踪人的债务人请求偿还债务的,人民法院应当将财产代管人列为原告。

债权人提起诉讼,请求失踪人的财产代管人支付失踪人所欠的债务和其他费用的,人民法院应当将财产代管人列为被告。经审理认为债权人的诉讼请求成立的,人民法院应当判决财产代管人从失踪人的财产中支付失踪人所欠的债务和其他费用。

第十六条 人民法院审理宣告死亡案件时,被申请人的配偶、父母、子女,以及依据民法典第一千一百二十九条规定对被申请人有继承权的亲属应当认定为民法典第四十六条规定的利害关系人。

符合下列情形之一的,被申请人的其他近亲属,以及依据民法典第一千一百二十八条规定对被申请人有继承权的亲属应当认定为民法典第四十六条规定的利害关系人:

(一)被申请人的配偶、父母、子女均已死亡或者下落不明的;

(二)不申请宣告死亡不能保护其相应合法权益的。

被申请人的债权人、债务人、合伙人等民事主体不能认定为民法典第四十六条规定的利害关系人,但是不申请宣告死亡不能保护其相应合法权益的除外。

第十七条 自然人在战争期间下落不明的,利害关系人申请宣告死亡的期间适用民法典第四十六条第一款第一项的规定,自战争结束之日或者有关机关确定的下落不明之日起计算。

五、民事法律行为

第十八条 当事人未采用书面形式或者口头形式,但是实施的行为本身表明已经作出相应意思表示,并符合民事法律行为成立条件的,人民法院可以认定为民法典第一百三十五条规定的采用其他形式实施的民事法律行为。

第十九条 行为人对行为的性质、对方当事人或者标的物的品种、质量、规格、价格、数量等产生错误认识,按照通常理解如果不发生该错误认识行为人就不会作出相应意思表示的,人民法院可以认定为民法典第一百四十七条规定的重大误解。

行为人能够证明自己实施民事法律行为时存在重大误解,并请求撤销该民事法律行为的,人民法院依法予以支持;但是,根据交易习惯等认定行为人无权请求撤销的除外。

第二十条 行为人以其意思表示存在第三人转达错误为由请求撤销民事法律行为的,适用本解释第十九条的规定。

第二十一条 故意告知虚假情况,或者负有告知义务的人故意隐瞒真实情况,致使当事人基于错误认识作出意思表示的,人民法院可以认定为民法典第一百四十八条、第一百四十九条规定的欺诈。

第二十二条 以给自然人及其近亲属等的人身权利、财产权利以及其他合法权益造成损害或者以给法人、非法人组织的名誉、荣誉、财产权益等造成损害为要挟,迫使其基于恐惧心理作出意思表示的,人民法院可以认定为民法典第一百五十条规定的胁迫。

第二十三条 民事法律行为不成立,当事人请求返还财产、折价补偿或者赔偿损失的,参照适用民法典第一百五十七条的规定。

第二十四条 民事法律行为所附条件不可能发生,当事人约定为生效条件的,人民法院应当认定民事法律行为不发生效力;当事人约定为解除条件的,应当认定未附条件,民事法律行为是否失效,依照民法典和相关法律、行政法规的规定认定。

六、代　理

第二十五条 数个委托代理人共同行使代理权,其中一人或者数人未与其他委托代理人协商,擅自行使代理权的,依据民法典第一百七十一条、第一百七十二条等规定处理。

第二十六条 由于急病、通讯联络中断、疫情防控等特殊原因,委托代理人自己不能办理代理事项,又不能与被代理人及时取得联系,如不及时转委托第三人代理,会给被代理人的利益造成损失或者扩大损失的,人民法院应当认定为民法典第一百六十九条规定的紧急情况。

第二十七条 无权代理行为未被追认,相对人请求行为人履行债务或者赔偿损失的,由行为人就相对人知道或者应当知道行为人无权代理承担举证责任。行为人不能证明的,人民法院依法支持相对人的相应诉讼请求;行为人能够证明的,人民法院应当按照各自的过错认定行为人与相对人的责任。

第二十八条 同时符合下列条件的,人民法院可以认定为民法典第一百七十二条规定的相对人有理由相信行为人有代理权:

(一)存在代理权的外观;

(二)相对人不知道行为人行为时没有代理权,且无过失。

因是否构成表见代理发生争议的,相对人应当就无权代理符合前款第一项规定的条件承担举证责任;被代理人应当就相对人不符合前款第二项规定的条件承担举证责任。

第二十九条 法定代理人、被代理人依据民法典第一百四十五条、第一百七十一条的规定向相对人作出追认的意思表示的,人民法院应当依据民法典第一百三十七条的规定确认其追认意思表示的生效时间。

七、民事责任

第三十条 为了使国家利益、社会公共利益、本人或者他人的人身权利、财产权利以及其他合法权益免受正在进行的不法侵害,而针对实施侵害行为的人采取的制止不法侵害的行为,应当认定为民法典第一百八十一条规定的正当防卫。

第三十一条 对于正当防卫是否超过必要的限度,人民法院应当综合不法侵害的性质、手段、强度、危害程度和防卫的时机、手段、强度、损害后果等因素判断。

经审理,正当防卫没有超过必要限度的,人民法院应当认定正当防卫人不承担责任。正当防卫超过必要限度的，人民法院应当认定正当防卫人在造成不应有的损害范围内承担部分责任；实施侵害行为的人请求正当防卫人承担全部责任的，人民法院不予支持。

实施侵害行为的人不能证明防卫行为造成不应有的损害，仅以正当防卫人采取的反击方式和强度与不法侵害不相当为由主张防卫过当的，人民法院不予支持。

第三十二条 为了使国家利益、社会公共利益、本人或者他人的人身权利、财产权利以及其他合法权益免受正在发生的急迫危险，不得已而采取紧急措施的，应当认定为民法典第一百八十二条规定的紧急避险。

第三十三条 对于紧急避险是否采取措施不当或者超过必要的限度，人民法院应当综合危险的性质、急迫程度、避险行为所保护的权益以及造成的损害后果等因素判断。

经审理，紧急避险采取措施并无不当且没有超过必要限度的，人民法院应当认定紧急避险人不承担责任。紧急避险采取措施不当或者超过必要限度的，人民法院应当根据紧急避险人的过错程度、避险措施造成不应有的损害的原因力大小、紧急避险人是否为受益人等因素认定紧急避险人在造成的不应有的损害范围内承担相应的责任。

第三十四条 因保护他人民事权益使自己受到损害，受害人依据民法典第一百八十三条的规定请求受益人适当补偿的，人民法院可以根据受害人所受损失和已获赔偿的情况、受益人受益的多少及其经济条件等因素确定受益人承担的补偿数额。

八、诉讼时效

第三十五条 民法典第一百八十八条第一款规定的三年诉讼时效期间，可以适用民法典有关诉讼时效中止、中断的规定，不适用延长的规定。该条第二款规定的二十年期间不适用中止、中断的规定。

第三十六条 无民事行为能力人或者限制民事行为能力人的权利受到损害的，诉讼时效期间自其法定代理人知道或者应当知道权利受到损害以及义务人之日起计算，但是法律另有规定的除外。

第三十七条 无民事行为能力人、限制民事行为能力人的权利受到原法定代理人损害，且在取得、恢复完全民事行为能力或者在原法定代理终止并确定新的法定代理人后，相应民事主体才知道或者应当知道权利受到损害的，有关请求权诉讼时效期间的计算适用民法典第一百八十八条第二款、本解释第三十六条的规定。

第三十八条 诉讼时效依据民法典第一百九十五条的规定中断后，在新的诉讼时效期间内，再次出现第一百九十五条规定的中断事由，可以认定为诉讼时效再次中断。

权利人向义务人的代理人、财产代管人或者遗产管理人等提出履行请求的，可以认定为民法典第一百九十五条规定的诉讼时效中断。

九、附　则

第三十九条 本解释自2022年3月1日起施行。

民法典施行后的法律事实引起的民事案件，本解释施行后尚未终审的，适用本解释；本解释施行前已经终审，当事人申请再审或者按照审判监督程序决定再审的，不适用本解释。

最高人民法院关于适用《中华人民共和国涉外民事关系法律适用法》若干问题的解释（一）

· 2012年12月10日最高人民法院审判委员会第1563次会议通过

· 根据2020年12月23日最高人民法院审判委员会第1823次会议通过的《最高人民法院关于修改〈最高人民法院关于破产企业国有划拨土地使用权应否列入破产财产等问题的批复〉等二十九件商事类司法解释的决定》修正

· 2020年12月29日最高人民法院公告公布

· 自2021年1月1日起施行

· 法释〔2020〕18号

为正确审理涉外民事案件，根据《中华人民共和国涉外民事关系法律适用法》的规定，对人民法院适用该法的有关问题解释如下：

第一条 民事关系具有下列情形之一的，人民法院可以认定为涉外民事关系：

(一)当事人一方或双方是外国公民、外国法人或者其他组织、无国籍人；

(二)当事人一方或双方的经常居所地在中华人民共和国领域外；

(三)标的物在中华人民共和国领域外；

(四)产生、变更或者消灭民事关系的法律事实发生在中华人民共和国领域外；

(五)可以认定为涉外民事关系的其他情形。

第二条 涉外民事关系法律适用法实施以前发生的涉外民事关系，人民法院应当根据该涉外民事关系发生时的有关法律规定确定应当适用的法律；当时法律没有规定的，可以参照涉外民事关系法律适用法的规定确定。

第三条 涉外民事关系法律适用法与其他法律对同一涉外民事关系法律适用规定不一致的，适用涉外民事关系法律适用法的规定，但《中华人民共和国票据法》《中华人民共和国海商法》《中华人民共和国民用航空法》等商事领域法律的特别规定以及知识产权领域法律的特别规定除外。

涉外民事关系法律适用法对涉外民事关系的法律适用没有规定而其他法律有规定的，适用其他法律的规定。

第四条 中华人民共和国法律没有明确规定当事人可以选择涉外民事关系适用的法律，当事人选择适用法律的，人民法院应认定该选择无效。

第五条 一方当事人以双方协议选择的法律与系争的涉外民事关系没有实际联系为由主张选择无效的，人民法院不予支持。

第六条 当事人在一审法庭辩论终结前协议选择或者变更选择适用的法律的，人民法院应予准许。

各方当事人援引相同国家的法律且未提出法律适用异议的，人民法院可以认定当事人已经就涉外民事关系适用的法律做出了选择。

第七条 当事人在合同中援引尚未对中华人民共和国生效的国际条约的，人民法院可以根据该国际条约的内容确定当事人之间的权利义务，但违反中华人民共和国社会公共利益或中华人民共和国法律、行政法规强制性规定的除外。

第八条 有下列情形之一，涉及中华人民共和国社会公共利益、当事人不能通过约定排除适用、无需通过冲突规范指引而直接适用于涉外民事关系的法律、行政法规的规定，人民法院应当认定为涉外民事关系法律适用法第四条规定的强制性规定：

(一)涉及劳动者权益保护的；

(二)涉及食品或公共卫生安全的；

(三)涉及环境安全的；

(四)涉及外汇管制等金融安全的；

(五)涉及反垄断、反倾销的；

(六)应当认定为强制性规定的其他情形。

第九条 一方当事人故意制造涉外民事关系的连结点，规避中华人民共和国法律、行政法规的强制性规定的，人民法院应认定为不发生适用外国法律的效力。

第十条 涉外民事争议的解决须以另一涉外民事关系的确认为前提时，人民法院应当根据该先决问题自身的性质确定其应当适用的法律。

第十一条 案件涉及两个或者两个以上的涉外民事关系时，人民法院应当分别确定应当适用的法律。

第十二条 当事人没有选择涉外仲裁协议适用的法律，也没有约定仲裁机构或者仲裁地，或者约定不明的，人民法院可以适用中华人民共和国法律认定该仲裁协议的效力。

第十三条 自然人在涉外民事关系产生或者变更、终止时已经连续居住一年以上且作为其生活中心的地方，人民法院可以认定为涉外民事关系法律适用法规定的自然人的经常居所地，但就医、劳务派遣、公务等情形除外。

第十四条 人民法院应当将法人的设立登记地认定为涉外民事关系法律适用法规定的法人的登记地。

第十五条 人民法院通过由当事人提供、已对中华人民共和国生效的国际条约规定的途径、中外法律专家提供等合理途径仍不能获得外国法律的，可以认定为不能查明外国法律。

根据涉外民事关系法律适用法第十条第一款的规定，当事人应当提供外国法律，其在人民法院指定的合理期限内无正当理由未提供该外国法律的，可以认定为不能查明外国法律。

第十六条 人民法院应当听取各方当事人对应当适用的外国法律的内容及其理解与适用的意见，当事人对该外国法律的内容及其理解与适用均无异议的，人民法院可以予以确认；当事人有异议的，由人民法院审查认定。

第十七条 涉及香港特别行政区、澳门特别行政区的民事关系的法律适用问题，参照适用本规定。

第十八条 涉外民事关系法律适用法施行后发生的涉外民事纠纷案件，本解释施行后尚未终审的，适用本解释；本解释施行前已经终审，当事人申请再审或者按照审判监督程序决定再审的，不适用本解释。

第十九条 本院以前发布的司法解释与本解释不一致的，以本解释为准。

实用附录

1. 民法典婚姻家庭编新旧条文对比

相关法律规定	民法典
	第五编 婚姻家庭
	第一章 一般规定
《婚姻法》① **第一条** 本法是婚姻家庭~~关系的基本准则~~。	**第一千零四十条** 本编**调整因**婚姻家庭**产生的民事关系**。
第二条 实行婚姻自由、一夫一妻、男女平等的婚姻制度。 保护妇女、儿童和老人的合法权益。 ~~实行计划生育。~~	**第一千零四十一条** 婚姻家庭受国家保护。 实行婚姻自由、一夫一妻、男女平等的婚姻制度。 保护妇女、未成年人、老年人、**残疾人**的合法权益。
第三条 禁止包办、买卖婚姻和其他干涉婚姻自由的行为。禁止借婚姻索取财物。 禁止重婚。禁止有配偶者与他人同居。禁止家庭暴力。禁止家庭成员间的虐待和遗弃。	**第一千零四十二条** 禁止包办、买卖婚姻和其他干涉婚姻自由的行为。禁止借婚姻索取财物。 禁止重婚。禁止有配偶者与他人同居。 禁止家庭暴力。禁止家庭成员间的虐待和遗弃。
第四条 夫妻应当互相忠实，互相尊重；家庭成员~~间~~应当敬老爱幼，互相帮助，维护平等、和睦、文明的婚姻家庭关系。	**第一千零四十三条** **家庭应当树立优良家风，弘扬家庭美德，重视家庭文明建设。** 夫妻应当互相忠实，互相尊重，**互相关爱**；家庭成员应当敬老爱幼，互相帮助，维护平等、和睦、文明的婚姻家庭关系。
《收养法》 **第一条** 为保护合法的收养关系，维护收养关系当事人的权利，制定本法。	**第一千零四十四条** **收养应当遵循最有利于被收养人的原则，保障被收养人和收养人的合法权益。** **禁止借收养名义买卖未成年人。**

① “第五编 婚姻家庭”对照表左侧列中，没有特别标注法名的，内容为《婚姻法》条文。

续表

相关法律规定	民法典
《民通意见》 12. 民法通则中规定的近亲属，包括配偶、父母、子女、兄弟姐妹、祖父母、外祖父母、孙子女、外孙子女。	**第一千零四十五条　亲属包括配偶、血亲和姻亲。** 配偶、父母、子女、兄弟姐妹、祖父母、外祖父母、孙子女、外孙子女为近亲属。 **配偶、父母、子女和其他共同生活的近亲属为家庭成员。**
	第二章　结　婚
第五条　结婚必须男女双方完全自愿，不许任何一方对他方加以强迫或任何第三者加以干涉。	**第一千零四十六条**　结婚应当男女双方完全自愿，禁止任何一方对另一方加以强迫，**禁止任何**组织或者个人加以干涉。
第六条　结婚年龄，男不得早于二十二周岁，女不得早于二十周岁。~~晚婚晚育应予鼓励。~~	**第一千零四十七条**　结婚年龄，男不得早于二十二周岁，女不得早于二十周岁。
第七条　~~有下列情形之一的，~~禁止结婚： ~~（一）~~直系血亲和三代以内的旁系血亲~~；~~ ~~（二）患有医学上认为不应当结婚的疾病。~~	**第一千零四十八条**　直系血亲或者三代以内的旁系血亲禁止结婚。
第八条　要求结婚的男女双方必须亲自到婚姻登记机关进行结婚登记。符合本法规定的，予以登记，发给结婚证。取得结婚证，即确立夫妻关系。未办理结婚登记的，应当补办登记。	**第一千零四十九条**　要求结婚的男女双方应当亲自到婚姻登记机关申请结婚登记。符合本法规定的，予以登记，发给结婚证。完成结婚登记，即确立婚姻关系。未办理结婚登记的，应当补办登记。
第九条　登记结婚后，根据男女双方约定，女方可以成为男方家庭的成员，男方可以成为女方家庭的成员。	**第一千零五十条**　登记结婚后，按照男女双方约定，女方可以成为男方家庭的成员，男方可以成为女方家庭的成员。
第十条　有下列情形之一的，婚姻无效： （一）重婚~~的~~； （二）有禁止结婚的亲属关系~~的~~； ~~（三）婚前患有医学上认为不应当结婚的疾病，婚后尚未治愈的；~~ （四）未到法定婚龄~~的~~。	**第一千零五十一条**　有下列情形之一的，婚姻无效： （一）重婚； （二）有禁止结婚的亲属关系； （三）未到法定婚龄。
第十一条　因胁迫结婚的，受胁迫的一方可以向~~婚姻登记机关或~~人民法院请求撤销~~该~~婚姻。受胁迫的一方撤销婚姻的请求，应当自~~结婚登记~~之日起一年内提出。被非法限制人身自由的当事人请求撤销婚姻的，应当自恢复人身自由之日起一年内提出。	**第一千零五十二条**　因胁迫结婚的，受胁迫的一方可以向人民法院请求撤销婚姻。 请求撤销婚姻的，应当自**胁迫行为终止**之日起一年内提出。 被非法限制人身自由的当事人请求撤销婚姻的，应当自恢复人身自由之日起一年内提出。

续表

相关法律规定	民法典
	第一千零五十三条　一方患有重大疾病的，应当在结婚登记前如实告知另一方；不如实告知的，另一方可以向人民法院请求撤销婚姻。 **请求撤销婚姻的，应当自知道或者应当知道撤销事由之日起一年内提出。**
第十二条　无效或被撤销的婚姻，自始无效。当事人不具有夫妻的权利和义务。同居期间所得的财产，由当事人协议处理；协议不成时，由人民法院根据照顾无过错方的原则判决。对重婚导致的婚姻无效的财产处理，不得侵害合法婚姻当事人的财产权益。当事人所生的子女，适用本法有关父母子女的规定。	**第一千零五十四条**　无效的或者被撤销的婚姻自始没有法律约束力，当事人不具有夫妻的权利和义务。同居期间所得的财产，由当事人协议处理；协议不成的，由人民法院根据照顾无过错方的原则判决。对重婚导致的无效婚姻的财产处理，不得侵害合法婚姻当事人的财产权益。当事人所生的子女，适用本法关于父母子女的规定。 **婚姻无效或者被撤销的，无过错方有权请求损害赔偿。**
	第三章　家庭关系
	第一节　夫妻关系
第十三条　夫妻在家庭中地位平等。	**第一千零五十五条**　夫妻在**婚姻**家庭中地位平等。
第十四条　夫妻双方都有各用自己姓名的权利。	**第一千零五十六条**　夫妻双方都有各自使用自己姓名的权利。
第十五条　夫妻双方都有参加生产、工作、学习和社会活动的自由，一方不得对他方加以限制或干涉。	**第一千零五十七条**　夫妻双方都有参加生产、工作、学习和社会活动的自由，一方不得对另一方加以限制或者干涉。
第二十一条第一款　父母对子女有抚养教育的义务~~；子女对父母有赡养扶助的义务~~。	**第一千零五十八条**　夫妻双方**平等享有**对**未成年**子女抚养、**教育和保护的权利，共同承担**对**未成年**子女抚养、**教育和保护**的义务。
第二十条　夫妻有互相扶养的义务。 一方不履行扶养义务时，需要扶养的一方，有要求对方付给扶养费的权利。	**第一千零五十九条**　夫妻有相互扶养的义务。 需要扶养的一方，在另一方不履行扶养义务时，有要求其给付扶养费的权利。

续表

相关法律规定	民法典
《最高人民法院关于适用〈中华人民共和国婚姻法〉若干问题的解释(一)》 **第十七条** 婚姻法第十七条关于"夫妻对夫妻共同所有的财产,有平等的处理权"的规定,应当理解为: (一)夫或妻在处理夫妻共同财产上的权利是平等的。因日常生活需要而处理夫妻共同财产的,任何一方均有权决定。 (二)夫或妻非因日常生活需要对夫妻共同财产做重要处理决定,夫妻双方应当平等协商,取得一致意见。他人有理由相信其为夫妻双方共同意思表示的,另一方不得以不同意或不知道为由对抗善意第三人。	**第一千零六十条 夫妻一方因家庭日常生活需要而实施的民事法律行为,对夫妻双方发生效力,但是夫妻一方与相对人另有约定的除外。** **夫妻之间对一方可以实施的民事法律行为范围的限制,不得对抗善意相对人。**
第二十四条第一款 夫妻有相互继承遗产的权利。	**第一千零六十一条** 夫妻有相互继承遗产的权利。
第十七条 夫妻在婚姻关系存续期间所得的下列财产,归夫妻共同所有: (一)工资、奖金; (二)生产、经营的收益; (三)知识产权的收益; (四)继承<u>或赠与所得</u>的财产,<u>但</u>本法<u>第十八条</u>第三项规定的除外; (五)其他应当归共同所有的财产。 夫妻对共同~~所有的~~财产,有平等的处理权。	**第一千零六十二条** 夫妻在婚姻关系存续期间所得的下列财产,**为夫妻的共同财产,**归夫妻共同所有: (一)工资、奖金、**劳务报酬**; (二)生产、经营、**投资**的收益; (三)知识产权的收益; (四)继承<u>或者受赠</u>的财产,<u>但是</u>本法<u>第一千零六十三条</u>第三项规定的除外; (五)其他应当归共同所有的财产。 夫妻对共同财产,有平等的处理权。
第十八条 ~~有~~下列~~情形之一的,~~为夫妻一方的财产: (一)一方的婚前财产; (二)一方因<u>身体受到伤害</u>获得的<u>医疗费、残疾人生活补助费等费用</u>; (三)遗嘱<u>或</u>赠与合同中确定只归~~夫或妻~~一方的财产; (四)一方专用的生活用品; (五)其他应当归一方的财产。	**第一千零六十三条** 下列**财产**为夫妻一方的**个人**财产: (一)一方的婚前财产; (二)一方因<u>受到人身损害</u>获得的<u>赔偿或者补偿</u>; (三)遗嘱<u>或者</u>赠与合同中确定只归一方的财产; (四)一方专用的生活用品; (五)其他应当归一方的财产。

续表

相关法律规定	民法典
《最高人民法院关于审理涉及夫妻债务纠纷案件适用法律有关问题的解释》 **第一条** 夫妻双方共同签字或者夫妻一方事后追认等共同意思表示所负的债务，应当认定为夫妻共同债务。 **第二条** 夫妻一方在婚姻关系存续期间以个人名义为家庭日常生活需要所负的债务，债权人以属于夫妻共同债务为由主张权利的，人民法院应予支持。 **第三条** 夫妻一方在婚姻关系存续期间以个人名义超出家庭日常生活需要所负的债务，债权人以属于夫妻共同债务为由主张权利的，人民法院不予支持，但债权人能够证明该债务用于夫妻共同生活、共同生产经营或者基于夫妻双方共同意思表示的除外。	**第一千零六十四条** 夫妻双方共同签名或者夫妻一方事后追认等共同意思表示所负的债务，**以及**夫妻一方在婚姻关系存续期间以个人名义为家庭日常生活需要所负的债务，属于夫妻共同债务。 夫妻一方在婚姻关系存续期间以个人名义超出家庭日常生活需要所负的债务，不属于夫妻共同债务；但是，债权人能够证明该债务用于夫妻共同生活、共同生产经营或者基于夫妻双方共同意思表示的除外。
第十九条 夫妻可以约定婚姻关系存续期间所得的财产以及婚前财产归各自所有、共同所有或部分各自所有、部分共同所有。约定应当采用书面形式。没有约定或约定不明确的，适用本法第十七条、第十八条的规定。 夫妻对婚姻关系存续期间所得的财产以及婚前财产的约定，对双方具有约束力。 夫妻对婚姻关系存续期间所得的财产约定归各自所有的，夫或妻一方对外所负的债务，第三人知道该约定的，以夫或妻一方所有的财产清偿。	**第一千零六十五条** 男女双方可以约定婚姻关系存续期间所得的财产以及婚前财产归各自所有、共同所有或者部分各自所有、部分共同所有。约定应当采用书面形式。没有约定或者约定不明确的，适用本法第一千零六十二条、第一千零六十三条的规定。 夫妻对婚姻关系存续期间所得的财产以及婚前财产的约定，对双方具有**法律**约束力。 夫妻对婚姻关系存续期间所得的财产约定归各自所有，夫或者妻一方对外所负的债务，相对人知道该约定的，以夫或者妻一方的个人财产清偿。
《最高人民法院关于适用〈中华人民共和国婚姻法〉若干问题的解释(三)》 **第四条** 婚姻关系存续期间，夫妻一方请求分割共同财产的，人民法院不予支持，但有下列重大理由且不损害债权人利益的除外： (一)一方有隐藏、转移、变卖、毁损、挥霍夫妻共同财产或者伪造夫妻共同债务等严重损害夫妻共同财产利益行为的； (二)一方负有法定扶养义务的人患重大疾病需要医治，另一方不同意支付相关医疗费用的。	**第一千零六十六条** 婚姻关系存续期间，有下列情形之一的，夫妻一方可以向人民法院请求分割共同财产： (一)一方有隐藏、转移、变卖、毁损、挥霍夫妻共同财产或者伪造夫妻共同债务等严重损害夫妻共同财产利益的行为； (二)一方负有法定扶养义务的人患重大疾病需要医治，另一方不同意支付相关医疗费用。
	第二节 父母子女关系和其他近亲属关系

续表

相关法律规定	民法典
第二十一条 ~~父母对子女有抚养教育的义务;子女对父母有赡养扶助的义务。~~ 父母不履行抚养义务时,未成年~~的~~或不能独立生活的子女,有要求父母付给抚养费的权利。 子女不履行赡养义务时,无劳动能力~~的~~或生活困难的父母,有要求子女付给赡养费的权利。 ~~禁止溺婴、弃婴和其他残害婴儿的行为。~~	**第一千零六十七条** 父母不履行抚养义务的,未成年**子女**或者不能独立生活的**成年**子女,有要求父母给付抚养费的权利。 **成年**子女不履行赡养义务的,缺乏劳动能力或者生活困难的父母,有要求**成年**子女给付赡养费的权利。
第二十三条 父母有保护和教育未成年子女的权利和义务。~~在~~未成年子女对国家、集体或他人造成损害时,父母~~有~~承担民事责任~~的义务~~。	**第一千零六十八条** 父母有教育、保护未成年子女的权利和义务。未成年子女造成他人损害的,父母**应当依法**承担民事责任。
第三十条 子女应当尊重父母的婚姻权利,不得干涉父母再婚以及婚后的生活。子女对父母的赡养义务,不因父母的婚姻关系变化而终止。	**第一千零六十九条** 子女应当尊重父母的婚姻权利,不得干涉父母**离婚**、再婚以及婚后的生活。子女对父母的赡养义务,不因父母的婚姻关系变化而终止。
第二十四条第二款 父母和子女有相互继承遗产的权利。	**第一千零七十条** 父母和子女有相互继承遗产的权利。
第二十五条 非婚生子女享有与婚生子女同等的权利,任何人不得加以危害和歧视。 不直接抚养非婚生子女的生父或生母,应当负担子女的~~生活费和教育费,直至子女能独立生活为止。~~	**第一千零七十一条** 非婚生子女享有与婚生子女同等的权利,任何组织或者个人不得加以危害和歧视。 不直接抚养非婚生子女的生父或者生母,应当负担**未成年子女或者不能独立生活的成年子女的抚养费**。
第二十七条 继父母与继子女间,不得虐待或歧视。 继父或继母和受其抚养教育的继子女间的权利~~和~~义务,适用本法对父母子女关系的~~有关~~规定。	**第一千零七十二条** 继父母与继子女间,不得虐待或者歧视。 继父或者继母和受其抚养教育的继子女间的权利义务**关系**,适用本法关于父母子女关系的规定。
	第一千零七十三条 对亲子关系有异议且有正当理由的,父或者母可以向人民法院提起诉讼,请求确认或者否认亲子关系。 **对亲子关系有异议且有正当理由的,成年子女可以向人民法院提起诉讼,请求确认亲子关系。**
第二十八条 有负担能力的祖父母、外祖父母,对于父母已经死亡或父母无力抚养的未成年~~的~~孙子女、外孙子女,有抚养的义务。有负担能力的孙子女、外孙子女,对于子女已经死亡或子女无力赡养的祖父母、外祖父母,有赡养的义务。	**第一千零七十四条** 有负担能力的祖父母、外祖父母,对于父母已经死亡或者父母无力抚养的未成年孙子女、外孙子女,有抚养的义务。 有负担能力的孙子女、外孙子女,对于子女已经死亡或者子女无力赡养的祖父母、外祖父母,有赡养的义务。

续表

相关法律规定	民法典
第二十九条 有负担能力的兄、姐,对于父母已经死亡或父母无力抚养的未成年的弟、妹,有扶养的义务。由兄、姐扶养长大的有负担能力的弟、妹,对于缺乏劳动能力又缺乏生活来源的兄、姐,有扶养的义务。	**第一千零七十五条** 有负担能力的兄、姐,对于父母已经死亡或者父母无力抚养的未成年弟、妹,有扶养的义务。 由兄、姐扶养长大的有负担能力的弟、妹,对于缺乏劳动能力又缺乏生活来源的兄、姐,有扶养的义务。
	第四章 离 婚
第三十一条 男女双方自愿离婚的,~~准予离婚。双方必须~~到婚姻登记机关申请离婚。~~婚姻登记机关查明双方确实是自愿并对子女和财产问题已有适当处理时,发给离婚证。~~	**第一千零七十六条** 夫妻双方自愿离婚的,**应当签订书面离婚协议,并亲自**到婚姻登记机关申请离婚**登记**。 **离婚协议应当载明双方自愿离婚的意思表示和对子女抚养、财产以及债务处理等事项协商一致的意见。**
	第一千零七十七条 自婚姻登记机关收到离婚登记申请之日起三十日内,任何一方不愿意离婚的,可以向婚姻登记机关撤回离婚登记申请。 **前款规定期限届满后三十日内,双方应当亲自到婚姻登记机关申请发给离婚证;未申请的,视为撤回离婚登记申请。**
第三十一条 ~~男女双方自愿离婚的,准予离婚。双方必须到婚姻登记机关申请离婚。~~婚姻登记机关查明双方确实是自愿并对子女和财产~~问题已有适当处理时,~~发给离婚证。	**第一千零七十八条** 婚姻登记机关查明双方确实是自愿**离婚**,**并已经**对子女**抚养**、财产**以及债务处理等事项协商一致的,予以登记**,发给离婚证。
第三十二条 男女一方要求离婚的,可由有关部门进行调解或直接向人民法院提出离婚诉讼。 人民法院审理离婚案件,应当进行调解;如感情确已破裂,调解无效,应准予离婚。 有下列情形之一,调解无效的,应准予离婚: (一)重婚或~~有配偶者~~与他人同居~~的~~; (二)实施家庭暴力或虐待、遗弃家庭成员~~的~~; (三)有赌博、吸毒等恶习屡教不改~~的~~; (四)因感情不和分居满二年~~的~~; (五)其他导致夫妻感情破裂的情形。 一方被宣告失踪,另一方提出离婚诉讼的,应准予离婚。	**第一千零七十九条** 夫妻一方要求离婚的,可以由有关组织进行调解或者直接向人民法院提起离婚诉讼。 人民法院审理离婚案件,应当进行调解;如果感情确已破裂,调解无效的,应当准予离婚。 有下列情形之一,调解无效的,应当准予离婚: (一)重婚或者与他人同居; (二)实施家庭暴力或者虐待、遗弃家庭成员; (三)有赌博、吸毒等恶习屡教不改; (四)因感情不和分居满二年; (五)其他导致夫妻感情破裂的情形。 一方被宣告失踪,另一方提起离婚诉讼的,应当准予离婚。 **经人民法院判决不准离婚后,双方又分居满一年,一方再次提起离婚诉讼的,应当准予离婚。**
	第一千零八十条 完成离婚登记,或者离婚判决书、调解书生效,即解除婚姻关系。

续表

相关法律规定	民法典
第三十三条 现役军人的配偶要求离婚，须得军人同意，但军人一方有重大过错的除外。	**第一千零八十一条** 现役军人的配偶要求离婚，应当征得军人同意，但是军人一方有重大过错的除外。
第三十四条 女方在怀孕期间、分娩后一年内或中止妊娠后六个月内，男方不得提出离婚。女方提出离婚的，或人民法院认为确有必要受理男方离婚请求的，不在此限。	**第一千零八十二条** 女方在怀孕期间、分娩后一年内或者终止妊娠后六个月内，男方不得提出离婚；**但是，**女方提出离婚或者人民法院认为确有必要受理男方离婚请求的除外。
第三十五条 离婚后，男女双方自愿恢复夫妻关系的，必须到婚姻登记机关进行复婚登记。	**第一千零八十三条** 离婚后，男女双方自愿恢复婚姻关系的，应当到婚姻登记机关**重新**进行**结婚**登记。
第三十六条 父母与子女间的关系，不因父母离婚而消除。离婚后，子女无论由父或母直接抚养，仍是父母双方的子女。 离婚后，父母对于子女仍有抚养和教育的权利和义务。 离婚后，~~哺乳期内的子女，以随哺乳的母亲抚养为原则。哺乳期后的子女，如双方因抚养问题发生争执不能达成协议时，由人民法院根据子女的权益和双方的具体情况~~判决。	**第一千零八十四条** 父母与子女间的关系，不因父母离婚而消除。离婚后，子女无论由父或者母直接抚养，仍是父母双方的子女。 离婚后，父母对于子女仍有抚养、教育**、保护**的权利和义务。 离婚后，**不满两周岁的子女，以由母亲直接抚养为原则。已满两周岁的子女，父母双方对抚养问题协议不成的，由人民法院根据双方的具体情况，按照最有利于未成年子女的原则**判决。**子女已满八周岁的，应当尊重其真实意愿。**
第三十七条 离婚后，一方抚养的子女，另一方应负担~~必要的生活费和教育费的一部或~~全部，负担费用的多少和期限的长短，由双方协议；协议不成时，由人民法院判决。 关于子女生活费和教育费的协议或判决，不妨碍子女在必要时向父母任何一方提出超过协议或判决原定数额的合理要求。	**第一千零八十五条** 离婚后，子女由一方直接抚养的，另一方应当负担**部分或者**全部**抚养费**。负担费用的多少和期限的长短，由双方协议；协议不成的，由人民法院判决。 前款规定的协议或者判决，不妨碍子女在必要时向父母任何一方提出超过协议或者判决原定数额的合理要求。
第三十八条 离婚后，不直接抚养子女的父或母，有探望子女的权利，另一方有协助的义务。 行使探望权利的方式、时间由当事人协议；协议不成时，由人民法院判决。 父或母探望子女，不利于子女身心健康的，由人民法院依法中止探望~~的权利~~；中止的事由消失后，应当恢复探望~~的权利~~。	**第一千零八十六条** 离婚后，不直接抚养子女的父或者母，有探望子女的权利，另一方有协助的义务。 行使探望权利的方式、时间由当事人协议；协议不成的，由人民法院判决。 父或者母探望子女，不利于子女身心健康的，由人民法院依法中止探望；中止的事由消失后，应当恢复探望。
第三十九条 离婚时，夫妻的共同财产由双方协议处理；协议不成时，由人民法院根据财产的具体情况，照顾子女和女方权益的原则判决。 夫或妻在家庭土地承包经营中享有的权益等，应当依法予以保护。	**第一千零八十七条** 离婚时，夫妻的共同财产由双方协议处理；协议不成的，由人民法院根据财产的具体情况，**按照**照顾子女、女方**和无过错方**权益的原则判决。 **对**夫或者妻在家庭土地承包经营中享有的权益等，应当依法予以保护。

续表

相关法律规定	民法典
第四十条 夫妻书面约定婚姻关系存续期间所得的财产归各自所有，一方因抚育子女、照料老人、协助另一方工作等付出较多义务的，离婚时有权向另一方请求补偿，另一方应当予以补偿。	**第一千零八十八条** **夫妻**一方因抚育子女、照料老年人、协助另一方工作等负担较多义务的，离婚时有权向另一方请求补偿，另一方应当给予补偿。**具体办法由双方协议；协议不成的，由人民法院判决。**
第四十一条 离婚时，原为夫妻共同生活所负的债务，应当共同偿还。共同财产不足清偿的，或财产归各自所有的，由双方协议清偿；协议不成时，由人民法院判决。	**第一千零八十九条** 离婚时，**夫妻共同债务**应当共同偿还。共同财产不足清偿或者财产归各自所有的，由双方协议清偿；协议不成的，由人民法院判决。
第四十二条 离婚时，如一方生活困难，另一方应从其住房等个人财产中给予适当帮助。具体办法由双方协议；协议不成时，由人民法院判决。	**第一千零九十条** 离婚时，如果一方生活困难，**有负担能力的**另一方应当给予适当帮助。具体办法由双方协议；协议不成的，由人民法院判决。
第四十六条 有下列情形之一，导致离婚的，无过错方有权请求损害赔偿： （一）重婚的； （二）有配偶者与他人同居的； （三）实施家庭暴力的； （四）虐待、遗弃家庭成员的。	**第一千零九十一条** 有下列情形之一，导致离婚的，无过错方有权请求损害赔偿： （一）重婚； （二）与他人同居； （三）实施家庭暴力； （四）虐待、遗弃家庭成员； **（五）有其他重大过错。**
第四十七条 离婚时，一方隐藏、转移、变卖、毁损夫妻共同财产，或伪造债务企图侵占另一方财产的，分割夫妻共同财产时，对隐藏、转移、变卖、毁损夫妻共同财产或伪造债务的一方，可以少分或不分。离婚后，另一方发现有上述行为的，可以向人民法院提起诉讼，请求再次分割夫妻共同财产。 人民法院对前款规定的妨害民事诉讼的行为，依照民事诉讼法的规定予以制裁。	**第一千零九十二条** **夫妻**一方隐藏、转移、变卖、毁损、**挥霍**夫妻共同财产，或者伪造**夫妻共同**债务企图侵占另一方财产的，**在离婚**分割夫妻共同财产时，对该方可以少分或者不分。离婚后，另一方发现有上述行为的，可以向人民法院提起诉讼，请求再次分割夫妻共同财产。
	第五章 收 养
	第一节 收养关系的成立
《收养法》 **第四条** 下列不满十四周岁的未成年人可以被收养： （一）丧失父母的孤儿； （二）查找不到生父母的弃婴和儿童； （三）生父母有特殊困难无力抚养的子女。	**第一千零九十三条** 下列未成年人，可以被收养： （一）丧失父母的孤儿； （二）查找不到生父母的未成年人； （三）生父母有特殊困难无力抚养的子女。

续表

相关法律规定	民法典
《收养法》 **第五条** 下列公民、组织可以作送养人： （一）孤儿的监护人； （二）社会福利机构； （三）有特殊困难无力抚养子女的生父母。	**第一千零九十四条** 下列个人、组织可以作送养人： （一）孤儿的监护人； （二）儿童福利机构； （三）有特殊困难无力抚养子女的生父母。
《收养法》 **第十二条** 未成年人的父母均不具备完全民事行为能力的，该未成年人的监护人~~不得将其送养，但父母对该未成年人有严重危害可能的除外~~。	**第一千零九十五条** 未成年人的父母均不具备完全民事行为能力**且可能严重危害该未成年人**的，该未成年人的监护人**可以将其送养**。
《收养法》 **第十三条** 监护人送养~~未成年~~孤儿的，须征得有抚养义务的人同意。有抚养义务的人不同意送养、监护人不愿意继续履行监护职责的，应当依照《中华人民共和国民法通则》的规定变更监护人。	**第一千零九十六条** 监护人送养孤儿的，应当征得有抚养义务的人同意。有抚养义务的人不同意送养、监护人不愿意继续履行监护职责的，应当依照本法第一编的规定另行确定监护人。
《收养法》 **第十条第一款** 生父母送养子女，须双方共同送养。生父母一方不明或者查找不到的可以单方送养。	**第一千零九十七条** 生父母送养子女，应当双方共同送养。生父母一方不明或者查找不到的，可以单方送养。
《收养法》 **第六条** 收养人应当同时具备下列条件： （一）无子女； （二）有抚养教育被收养人的能力； （三）未患有在医学上认为不应当收养子女的疾病； （四）年满三十周岁。	**第一千零九十八条** 收养人应当同时具备下列条件： （一）无子女**或者只有一名子女**； （二）有抚养、教育**和保护**被收养人的能力； （三）未患有在医学上认为不应当收养子女的疾病； **（四）无不利于被收养人健康成长的违法犯罪记录；** （五）年满三十周岁。
《收养法》 **第七条** 收养三代以内同辈旁系血亲的子女，可以不受本法第四条第三项、第五条第三项、第九条和被收养人不满十四周岁的限制。 华侨收养三代以内同辈旁系血亲的子女，还可以不受~~收养人无子女~~的限制。	**第一千零九十九条** 收养三代以内旁系同辈血亲的子女，可以不受本法第一千零九十三条第三项、第一千零九十四条第三项和第一千一百零二条**规定**的限制。 华侨收养三代以内旁系同辈血亲的子女，还可以不受**本法第一千零九十八条第一项规定**的限制。
《收养法》 **第八条** ~~收养人只能收养一名子女。~~ 收养孤儿、残疾~~儿童~~或者社会福利机构抚养的查找不到生父母的~~弃婴和儿童~~，可以不受~~收养人无子女和收养一名~~的限制。	**第一千一百条** **无子女的收养人可以收养两名子女；有子女的收养人只能收养一名子女。** 收养孤儿、残疾**未成年人**或者儿童福利机构抚养的查找不到生父母的**未成年人**，可以不受**前款和本法第一千零九十八条第一项规定**的限制。

续表

相关法律规定	民法典
《收养法》 **第十条第二款** 有配偶者收养子女，须夫妻共同收养。	**第一千一百零一条** 有配偶者收养子女，应当夫妻共同收养。
《收养法》 **第九条** ~~无配偶的男性收养女性的~~，收养人与被收养人的年龄应当相差四十周岁以上。	**第一千一百零二条 无配偶者收养异性子女的**，收养人与被收养人的年龄应当相差四十周岁以上。
《收养法》 **第十四条** 继父或者继母经继子女的生父母同意，可以收养继子女，并可以不受本法第四条第三项、第五条第三项、第六条和被收养人不满十四周岁以及收养一名的限制。	**第一千一百零三条** 继父或者继母经继子女的生父母同意，可以收养继子女，并可以不受本法第一千零九十三条第三项、第一千零九十四条第三项、第一千零九十八条和第一千一百条第一款**规定**的限制。
《收养法》 **第十一条** 收养人收养与送养人送养，须双方自愿。收养~~年满~~十周岁以上未成年人的，应当征得被收养人的同意。	**第一千一百零四条** 收养人收养与送养人送养，应当双方自愿。收养八周岁以上未成年人的，应当征得被收养人的同意。
《收养法》 **第十五条** 收养应当向县级以上人民政府民政部门登记。收养关系自登记之日起成立。 收养查找不到生父母的~~弃婴和儿童~~的，办理登记的民政部门应当在登记前予以公告。 收养关系当事人愿意订立收养协议的，可以订立收养协议。 收养关系当事人各方或者一方要求办理收养公证的，应当办理收养公证。	**第一千一百零五条** 收养应当向县级以上人民政府民政部门登记。收养关系自登记之日起成立。 收养查找不到生父母的**未成年人**的，办理登记的民政部门应当在登记前予以公告。 收养关系当事人愿意签订收养协议的，可以签订收养协议。 收养关系当事人各方或者一方要求办理收养公证的，应当办理收养公证。 **县级以上人民政府民政部门应当依法进行收养评估。**
《收养法》 **第十六条** 收养关系成立后，公安部门应当依照国家有关规定为被收养人办理户口登记。	**第一千一百零六条** 收养关系成立后，公安机关应当按照国家有关规定为被收养人办理户口登记。
《收养法》 **第十七条** 孤儿或者生父母无力抚养的子女，可以由生父母的亲属、朋友抚养。抚养人与被抚养人的关系不适用收养关系。	**第一千一百零七条** 孤儿或者生父母无力抚养的子女，可以由生父母的亲属、朋友抚养；抚养人与被抚养人的关系不适用本章规定。
《收养法》 **第十八条** 配偶一方死亡，另一方送养未成年子女的，死亡一方的父母有优先抚养的权利。	**第一千一百零八条** 配偶一方死亡，另一方送养未成年子女的，死亡一方的父母有优先抚养的权利。

续表

相关法律规定	民法典
《收养法》 **第二十一条** 外国人依照本法可以在中华人民共和国收养子女。 外国人在中华人民共和国收养子女，应当经其所在国主管机关依照该国法律审查同意。收养人应当提供由其所在国有权机构出具的有关收养人的年龄、婚姻、职业、财产、健康、有无受过刑事处罚等状况的证明材料，该证明材料应当经其所在国外交机关或者外交机关授权的机构认证，并经中华人民共和国驻该国使领馆认证。该收养人应当与送养人订立书面协议，亲自向省级人民政府民政部门登记。 收养关系当事人各方或者一方要求办理收养公证的，应当到国务院司法行政部门认定的具有办理涉外公证资格的公证机构办理收养公证。	**第一千一百零九条** 外国人依法可以在中华人民共和国收养子女。 外国人在中华人民共和国收养子女，应当经其所在国主管机关依照该国法律审查同意。收养人应当提供由其所在国有权机构出具的有关其年龄、婚姻、职业、财产、健康、有无受过刑事处罚等状况的证明材料，**并**与送养人签订书面协议，亲自向省、自治区、直辖市人民政府民政部门登记。 **前款规定的**证明材料应当经收养人所在国外交机关或者外交机关授权的机构认证，并经中华人民共和国驻该国使领馆认证，**但是国家另有规定的除外**。
《收养法》 **第二十二条** 收养人、送养人要求保守收养秘密的，其他人应当尊重其意愿，不得泄露。	**第一千一百一十条** 收养人、送养人要求保守收养秘密的，其他人应当尊重其意愿，不得泄露。
	第二节 收养的效力
《婚姻法》 **第二十六条** 国家保护合法的收养关系。养父母和养子女间的权利和义务，适用本法对父母子女关系的有关规定。 养子女和生父母间的权利和义务，因收养关系的成立而消除。 《收养法》 **第二十三条** 自收养关系成立之日起，养父母与养子女间的权利义务关系，适用法律关于父母子女关系的规定；养子女与养父母的近亲属间的权利义务关系，适用法律关于子女与父母的近亲属关系的规定。 养子女与生父母及其他近亲属间的权利义务关系，因收养关系的成立而消除。	**第一千一百一十一条** 自收养关系成立之日起，养父母与养子女间的权利义务关系，适用**本法**关于父母子女关系的规定；养子女与养父母的近亲属间的权利义务关系，适用**本法**关于子女与父母的近亲属关系的规定。 养子女与生父母以及其他近亲属间的权利义务关系，因收养关系的成立而消除。
《收养法》 **第二十四条** 养子女可以随养父或者养母的姓，经当事人协商一致，也可以保留原姓。	**第一千一百一十二条** 养子女可以随养父或者养母的姓氏，经当事人协商一致，也可以保留原姓氏。

续表

相关法律规定	民法典
《收养法》 **第二十五条** ~~违反《中华人民共和国民法通则》第五十五条和本法~~规定的收养行为无法律效力。 收养行为被人民法院确认无效的，从行为开始时起就没有法律效力。	**第一千一百一十三条　有本法第一编关于民事法律行为无效规定情形或者违反本编**规定的收养行为无效。 无效的收养行为自始没有法律约束力。
	第三节　收养关系的解除
《收养法》 **第二十六条** 收养人在被收养人成年以前，不得解除收养关系，但收养人、送养人双方协议解除的除外，养子女~~年满~~十周岁以上的，应当征得本人同意。 收养人不履行抚养义务，有虐待、遗弃等侵害未成年养子女合法权益行为的，送养人有权要求解除养父母与养子女间的收养关系。送养人、收养人不能达成解除收养关系协议的，可以向人民法院起诉。	**第一千一百一十四条** 收养人在被收养人成年以前，不得解除收养关系，但是收养人、送养人双方协议解除的除外。养子女八周岁以上的，应当征得本人同意。 收养人不履行抚养义务，有虐待、遗弃等侵害未成年养子女合法权益行为的，送养人有权要求解除养父母与养子女间的收养关系。送养人、收养人不能达成解除收养关系协议的，可以向人民法院提起诉讼。
《收养法》 **第二十七条** 养父母与成年养子女关系恶化、无法共同生活的，可以协议解除收养关系。不能达成协议的，可以向人民法院起诉。	**第一千一百一十五条** 养父母与成年养子女关系恶化、无法共同生活的，可以协议解除收养关系。不能达成协议的，可以向人民法院提起诉讼。
《收养法》 **第二十八条** 当事人协议解除收养关系的，应当到民政部门办理解除收养关系~~的~~登记。	**第一千一百一十六条** 当事人协议解除收养关系的，应当到民政部门办理解除收养关系登记。
《收养法》 **第二十九条** 收养关系解除后，养子女与养父母及其他近亲属间的权利义务关系即行消除，与生父母及其他近亲属间的权利义务关系自行恢复，但成年养子女与生父母及其他近亲属间的权利义务关系是否恢复，可以协商确定。	**第一千一百一十七条** 收养关系解除后，养子女与养父母以及其他近亲属间的权利义务关系即行消除，与生父母以及其他近亲属间的权利义务关系自行恢复。但是，成年养子女与生父母以及其他近亲属间的权利义务关系是否恢复，可以协商确定。
《收养法》 **第三十条** 收养关系解除后，经养父母抚养的成年养子女，对缺乏劳动能力又缺乏生活来源的养父母，应当给付生活费。因养子女成年后虐待、遗弃养父母而解除收养关系的，养父母可以要求养子女补偿收养期间支出的~~生活费和教育费~~。 生父母要求解除收养关系的，养父母可以要求生父母适当补偿收养期间支出的~~生活费和教育费~~，但因养父母虐待、遗弃养子女而解除收养关系的除外。	**第一千一百一十八条** 收养关系解除后，经养父母抚养的成年养子女，对缺乏劳动能力又缺乏生活来源的养父母，应当给付生活费。因养子女成年后虐待、遗弃养父母而解除收养关系的，养父母可以要求养子女补偿收养期间支出的**抚养费**。 生父母要求解除收养关系的，养父母可以要求生父母适当补偿收养期间支出的**抚养费**；但是，因养父母虐待、遗弃养子女而解除收养关系的除外。

2.《最高人民法院关于适用〈中华人民共和国民法典〉婚姻家庭编的解释(一)》条文对比与解读

婚姻法相关司法解释	《婚姻家庭编司法解释(一)》①	解读
	为正确审理婚姻家庭纠纷案件,根据《中华人民共和国民法典》《中华人民共和国民事诉讼法》等相关法律规定,结合审判实践,制定本解释。	
	一、一般规定	
《婚姻法司法解释(一)》② **第一条 婚姻法第三条、第三十二条、第四十三条、第四十五条、第四十六条所称的"家庭暴力",是指行为人以殴打、捆绑、残害、强行限制人身自由或者其他手段,给其家庭成员的身体、精神等方面造成一定伤害后果的行为。**持续性、经常性的家庭暴力,**构成虐待。**	**第一条** 持续性、经常性的家庭暴力,**可以认定为民法典第一千零四十二条、第一千零七十九条、第一千零九十一条所称的**"虐待"。	本条仅保留"虐待"的定义,删除了"家庭暴力"的定义。原因是:《婚姻法司法解释(一)》施行时间为2001年,当时并无"家庭暴力"的法律定义。基于实务需求,司法解释对其内涵作出了明确。但2015年《反家庭暴力法》第2条规定,"本法所称家庭暴力,是指家庭成员之间以殴打、捆绑、残害、限制人身自由以及经常性谩骂、恐吓等方式实施的身体、精神等侵害行为"。既然《反家庭暴力法》已经对"家庭暴力"的定义在法律层面上予以明确,那么本条关于"家庭暴力"的定义已无保留必要。
《婚姻法司法解释(一)》 **第二条 婚姻法第三条、第三十二条、第四十六条**规定的"**有配偶者**与他人同居"的情形,是指有配偶者与婚外异性,不以夫妻名义,持续、稳定地共同居住。	**第二条 民法典第一千零四十二条、第一千零七十九条、第一千零九十一条**规定的"与他人同居"的情形,是指有配偶者与婚外异性,不以夫妻名义,持续、稳定地共同居住。	未作实质修改。
《婚姻法司法解释(二)》③ **第一条** 当事人**起诉**请求解除同居关系的,人民法院不予受理。**但当事人请求解除的同居关系,属于婚姻法第三条、第三十二条、第四十六条规定的"有配偶者与他人同居"的,人民法院应当受理并依法予以解除。** 当事人因同居期间财产分割或者子女抚养纠纷提起诉讼的,人民法院应当受理。	**第三条** 当事人**提起诉讼仅**请求解除同居关系的,人民法院不予受理;**已经受理的,裁定驳回起诉。** 当事人因同居期间财产分割或者子女抚养纠纷提起诉讼的,人民法院应当受理。	1. 仅请求解除同居关系的,已经受理的,应裁定驳回该项诉讼请求。 2. 同居本身的性质决定了其只能从道德而非法律角度规范,故不管是否为有配偶者与他人同居,同居关系都不能从法律角度予以调整。

① 《最高人民法院关于适用〈中华人民共和国民法典〉婚姻家庭编的解释(一)》以下简称《婚姻家庭编司法解释(一)》。
② 《最高人民法院关于适用〈中华人民共和国婚姻法〉若干问题的解释(一)》以下简称《婚姻法司法解释(一)》。
③ 《最高人民法院关于适用〈中华人民共和国婚姻法〉若干问题的解释(二)》以下简称《婚姻法司法解释(二)》。

婚姻法相关司法解释	《婚姻家庭编司法解释(一)》	解读
《婚姻法司法解释(一)》 **第三条** 当事人仅以**婚姻法第四条**为依据提起诉讼的,人民法院不予受理;已经受理的,裁定驳回起诉。	**第四条** 当事人仅以**民法典第一千零四十三条**为依据提起诉讼的,人民法院不予受理;已经受理的,裁定驳回起诉。	文字性修改。
《婚姻法司法解释(二)》 **第十条** 当事人请求返还按照习俗给付的彩礼的,如果查明属于以下情形,人民法院应当予以支持: (一)双方未办理结婚登记手续**的**; (二)双方办理结婚登记手续但确未共同生活**的**; (三)婚前给付并导致给付人生活困难**的**。 适用前款第(二)、(三)项的规定,应当以双方离婚为条件。	**第五条** 当事人请求返还按照习俗给付的彩礼的,如果查明属于以下情形,人民法院应当予以支持: (一)双方未办理结婚登记手续; (二)双方办理结婚登记手续但确未共同生活; (三)婚前给付并导致给付人生活困难。 适用前款第二项、第三项的规定,应当以双方离婚为条件。	该条完全保留了原规定。但实践中关于彩礼返还还会考虑双方在一起生活时间的长短等因素。很多案件中,即使没有办理结婚登记手续,彩礼也并不是全部返还;即使办理了结婚登记手续,双方在一起生活时间短的,也会酌情返还。
	二、结　婚	
《婚姻法司法解释(一)》 **第四条** 男女双方根据**婚姻法第八条**规定补办结婚登记的,婚姻关系的效力从双方均符合**婚姻法**所规定的结婚的实质要件时起算。	**第六条** 男女双方依据**民法典第一千零四十九条**规定补办结婚登记的,婚姻关系的效力从双方均符合**民法典**所规定的结婚的实质要件时起算。	未作实质修改。
《婚姻法司法解释(一)》 **第五条** 未**按婚姻法第八条**规定办理结婚登记而以夫妻名义共同生活的男女,**起诉到人民法院**要求离婚的,应当区别对待: (一)1994年2月1日民政部《婚姻登记管理条例》公布实施以前,男女双方已经符合结婚实质要件的,按事实婚姻处理。 (二)1994年2月1日民政部《婚姻登记管理条例》公布实施以后,男女双方符合结婚实质要件的,人民法院应当告知其**在案件受理前**补办结婚登记;未补办结婚登记的,**按解除同居关系**处理。	**第七条** 未**依据民法典第一千零四十九条**规定办理结婚登记而以夫妻名义共同生活的男女,**提起诉讼**要求离婚的,应当区别对待: (一)1994年2月1日民政部《婚姻登记管理条例》公布实施以前,男女双方已经符合结婚实质要件的,按事实婚姻处理。 (二)1994年2月1日民政部《婚姻登记管理条例》公布实施以后,男女双方符合结婚实质要件的,人民法院应当告知其补办结婚登记。未补办结婚登记的,**依据本解释第三条规定**处理。	《婚姻家庭编司法解释(一)》第3条已经规定,当事人提起诉讼仅请求解除同居关系的,人民法院不予受理,故本处相应修改。
《婚姻法司法解释(一)》 **第六条** 未**按婚姻法第八条**规定办理结婚登记而以夫妻名义共同生活的男女,一方死亡,另一方以配偶身份主张享有继承权的,**按照本解释第五条**的原则处理。	**第八条** 未**依据民法典第一千零四十九条**规定办理结婚登记而以夫妻名义共同生活的男女,一方死亡,另一方以配偶身份主张享有继承权的,**依据本解释第七条**的原则处理。	未作实质修改。

续表

婚姻法相关司法解释	《婚姻家庭编司法解释(一)》	解读
《婚姻法司法解释(一)》 **第七条** 有权依据**婚姻法第十条**规定向人民法院就已办理结婚登记的婚姻**申请宣告**婚姻无效的主体,包括婚姻当事人及利害关系人。利害关系人包括: (一)以重婚为由**申请宣告婚姻无效**的,为当事人的近亲属及基层组织。 (二)以未到法定婚龄为由**申请宣告婚姻无效**的,为未**达**法定婚龄者的近亲属。 (三)以有禁止结婚的亲属关系为由**申请宣告婚姻无效**的,为当事人的近亲属。 **(四)以婚前患有医学上认为不应当结婚的疾病,婚后尚未治愈为由申请宣告婚姻无效的,为与患病者共同生活的近亲属。**	**第九条** 有权依据**民法典第一千零五十一条**规定向人民法院就已办理结婚登记的婚姻**请求确认**婚姻无效的主体,包括婚姻当事人及利害关系人。**其中**,利害关系人包括: (一)以重婚为由的,为当事人的近亲属及基层组织; (二)以未到法定婚龄为由的,为未**到**法定婚龄者的近亲属; (三)以有禁止结婚的亲属关系为由的,为当事人的近亲属。	1. 婚姻无效案件是适用普通程序的案件,故表述上不宜使用特别程序中的"申请宣告"这类表述,而应改为"请求确认"。 2.《民法典》第1051条已经删除了医学上认为不应当结婚的疾病导致婚姻无效的情形,故本处亦予以删除。
《婚姻法司法解释(一)》 **第八条** 当事人依据**婚姻法第十条**规定向人民法院**申请宣告**婚姻无效**的,申请时**,法定的无效婚姻情形已经消失的,人民法院不予支持。	**第十条** 当事人依据**民法典第一千零五十一条**规定向人民法院**请求确认**婚姻无效,法定的无效婚姻情形**在提起诉讼时**已经消失的,人民法院不予支持。	婚姻无效案件适用普通程序,故表述上不宜使用特别程序中的"申请宣告"这类表述,而应改为"请求确认"。
《婚姻法司法解释(一)》 **第九条** 人民法院**审理宣告**婚姻无效案件,对婚姻效力的审理不适用调解,应当依法作出判决;**有关婚姻效力的判决一经作出,即发生法律效力。** 涉及财产分割和子女抚养的,可以调解。调解达成协议的,另行制作调解书。**对财产分割和子女抚养问题的判决不服的,当事人可以上诉。** 《婚姻法司法解释(二)》 **第二条** 人民法院受理**申请宣告**婚姻无效案件后,**经审查确属无效婚姻的,应当依法作出宣告婚姻无效的判决**。原告申请撤诉的,不予准许。 **第四条 人民法院审理无效婚姻案件,涉及财产分割和子女抚养的,应当对婚姻效力的认定和其他纠纷的处理分别制作裁判文书。**	**第十一条** 人民法院**受理请求确认婚姻无效案件后**,原告申请撤诉的,不予准许。 对婚姻效力的审理不适用调解,应当依法作出判决。 涉及财产分割和子女抚养的,可以调解。调解达成协议的,另行制作调解书;**未达成调解协议的,应当一并作出判决。**	1. 删除了"有关婚姻效力的判决一经作出,即发生法律效力"的规定,说明确认婚姻无效案件不再适用一审终审,适用普通程序,可以上诉,故不宜使用特别程序上常用的"宣告"表述。 2. 婚姻法司法解释的规定的前提是对婚姻无效这一诉讼请求的审理是特别程序,实行一审终审。但财产分割和子女抚养问题的审理仍应适用普通程序,可以调解、可以上诉。既然现在确认婚姻无效案件已明确适用普通程序,原条文中大多表述内容皆不用赘述。

续表

婚姻法相关司法解释	《婚姻家庭编司法解释(一)》	解读
《婚姻法司法解释(二)》 **第三条** 人民法院受理离婚案件后,经审查确属无效婚姻的,应当将婚姻无效的情形告知当事人,并依法作出**宣告**婚姻无效的判决。	**第十二条** 人民法院受理离婚案件后,经审理确属无效婚姻的,应当将婚姻无效的情形告知当事人,并依法作出**确认**婚姻无效的判决。	确认婚姻无效案件适用普通程序,不适用一审终审,不宜使用特别程序上常用的"宣告"表述。
《婚姻法司法解释(二)》 **第七条** 人民法院就同一婚姻关系分别受理了离婚和**申请宣告**婚姻无效案件的,对于离婚案件的审理,应当待**申请宣告**婚姻无效案件作出判决后进行。 **前款所指的婚姻关系被宣告无效后,涉及财产分割和子女抚养的,应当继续审理。**	**第十三条** 人民法院就同一婚姻关系分别受理了离婚和**请求确认**婚姻无效案件的,对于离婚案件的审理,应当待**请求确认**婚姻无效案件作出判决后进行。	婚姻无效案件是否继续审理财产和子女抚养问题,取决于当事人是否提出相应的诉讼请求。如果提出,则当然应当与婚姻无效的诉讼请求一并判决,而不是继续审理。
《婚姻法司法解释(二)》 **第五条** 夫妻一方或者双方死亡后**一年内**,生存一方或者利害关系人依据**婚姻法第十条**的规定**申请宣告**婚姻无效的,人民法院应当受理。	**第十四条** 夫妻一方或者双方死亡后,生存一方或者利害关系人依据**民法典第一千零五十一条**的规定**请求确认**婚姻无效的,人民法院应当受理。	法律关系无效是自始无效、永远无效,确认无效不应有时效限制,故删除"一年内"的表述。
《婚姻法司法解释(二)》 **第六条** 利害关系人依据**婚姻法第十条**的规定,**申请**人民法院**宣告**婚姻无效的,利害关系人为**申请人**,婚姻关系当事人双方为**被申请人**。 夫妻一方死亡的,生存一方为**被申请人**。 **夫妻双方均已死亡的,不列被申请人。**	**第十五条** 利害关系人依据**民法典第一千零五十一条**的规定,**请求**人民法院**确认**婚姻无效的,利害关系人为**原告**,婚姻关系当事人双方为**被告**。 夫妻一方死亡的,生存一方为**被告**。	确认婚姻无效案件属于适用二审终审普通程序的案件,不宜使用特别程序常用的"宣告""被申请人""申请人"等表述。
《婚姻法司法解释(一)》 **第十六条** 人民法院审理重婚导致的无效婚姻案件时,涉及财产处理的,应当准许合法婚姻当事人作为有独立请求权的第三人参加诉讼。	**第十六条** 人民法院审理重婚导致的无效婚姻案件时,涉及财产处理的,应当准许合法婚姻当事人作为有独立请求权的第三人参加诉讼。	
《婚姻法司法解释(三)》① **第一条** 当事人以**婚姻法第十条**规定以外的情形**申请宣告**婚姻无效的,人民法院应当判决驳回当事人的**申请**。 当事人以结婚登记程序存在瑕疵为由提起民事诉讼,主张撤销结婚登记的,告知其可以依法申请行政复议或者提起行政诉讼。	**第十七条** 当事人以**民法典第一千零五十一条**规定的**三种无效婚姻**以外的情形**请求确认**婚姻无效的,人民法院应当判决驳回当事人的**诉讼请求**。 当事人以结婚登记程序存在瑕疵为由提起民事诉讼,主张撤销结婚登记的,告知其可以依法申请行政复议或者提起行政诉讼。	确认婚姻无效案件属于适用二审终审普通程序的案件,故相应表述修改为"请求确认""诉讼请求"。

① 《最高人民法院关于适用〈中华人民共和国婚姻法〉若干问题的解释(三)》以下简称《婚姻法司法解释(三)》。

续表

婚姻法相关司法解释	《婚姻家庭编司法解释(一)》	解读
《婚姻法司法解释(一)》 **第十条　婚姻法第十一条**所称的“胁迫”**，是指**行为人以给另一方当事人或者其近亲属的生命、身体健康、名誉、财产等方面造成损害为要挟，迫使另一方当事人违背真实意愿结婚的**情况**。 因受胁迫而请求撤销婚姻的，只能是受胁迫一方的婚姻关系当事人本人。	**第十八条**　行为人以给另一方当事人或者其近亲属的生命、身体、健康、名誉、财产等方面造成损害为要挟，迫使另一方当事人违背真实意愿结婚的，**可以认定为民法典第一千零五十二条**所称的“胁迫”。 因受胁迫而请求撤销婚姻的，只能是受胁迫一方的婚姻关系当事人本人。	文字性修改。
《婚姻法司法解释(一)》 **第十二条**　婚姻法第十一条规定的“1年”，不适用诉讼时效中止、中断或者延长的规定。	**第十九条　民法典第一千零五十二条**规定的“一年”，不适用诉讼时效中止、中断或者延长的规定。 **受胁迫或者被非法限制人身自由的当事人请求撤销婚姻的，不适用民法典第一百五十二条第二款的规定。**	《民法典》第1052条第2款、第3款已经规定因胁迫结婚的当事人请求撤销婚姻的，自胁迫行为终止之日起一年内提出；被非法限制人身自由的当事人请求撤销婚姻的，应当自恢复人身自由之日起1年内提出。如果当事人被限制人身自由的时间长达5年以上，适用《民法典》第152条第2款则会导致仍被限制人身自由的当事人的撤销权消灭，对其明显不公平。 故从民法典婚姻家庭编与总则编特殊与一般的关系角度而言，应当体系解释为被胁迫、被非法限制人身自由的当事人请求撤销婚姻时，不受被胁迫、被非法限制人身自由行为发生之日起5年的限制。
《婚姻法司法解释(一)》 **第十三条　婚姻法第十二条**所规定的**自始无效**，是指无效或者可撤销婚姻在依法被**宣告**无效或被撤销时，才确定该婚姻自始不受法律保护。	**第二十条　民法典第一千零五十四条**所规定的“**自始没有法律约束力**”，是指无效婚姻或者可撤销婚姻在依法被**确认**无效或者被撤销时，才确定该婚姻自始不受法律保护。	文字性修改。
《婚姻法司法解释(一)》 **第十四条**　人民法院根据当事人的申请，依法**宣告**婚姻无效或者撤销婚姻的，应当收缴双方的结婚证书并将生效的判决书寄送当地婚姻登记管理机关。	**第二十一条**　人民法院根据当事人的请求，依法**确认**婚姻无效或者撤销婚姻的，应当收缴双方的结婚证书并将生效的判决书寄送当地婚姻登记管理机关。	文字性修改。
《婚姻法司法解释(一)》 **第十五条**　被**宣告**无效或被撤销的婚姻，当事人同居期间所得的财产，按共同共有处理。**但**有证据证明为当事人一方所有的除外。	**第二十二条**　被**确认**无效或者被撤销的婚姻，当事人同居期间所得的财产，除有证据证明为当事人一方所有的**以外**，按共同共有处理。	文字性修改。

续表

婚姻法相关司法解释	《婚姻家庭编司法解释(一)》	解读
	三、夫妻关系	
《婚姻法司法解释(三)》 **第九条** 夫以妻擅自中止妊娠侵犯其生育权为由请求损害赔偿的,人民法院不予支持;夫妻双方因是否生育发生纠纷,致使感情确已破裂,一方请求离婚的,人民法院经调解无效,应依照**婚姻法第三十二条第三款第(五)项**的规定处理。	**第二十三条** 夫以妻擅自中止妊娠侵犯其生育权为由请求损害赔偿的,人民法院不予支持;夫妻双方因是否生育发生纠纷,致使感情确已破裂,一方请求离婚的,人民法院经调解无效,应依照**民法典第一千零七十九条第三款第五项**的规定处理。	未作实质修改。
《婚姻法司法解释(二)》 **第十二条 婚姻法第十七条第三项**规定的"知识产权的收益",是指婚姻关系存续期间,实际取得或者已经明确可以取得的财产性收益。	**第二十四条 民法典第一千零六十二条第一款第三项**规定的"知识产权的收益",是指婚姻关系存续期间,实际取得或者已经明确可以取得的财产性收益。	未作实质修改。
《婚姻法司法解释(二)》 **第十一条** 婚姻关系存续期间,下列财产属于**婚姻法第十七条**规定的"其他应当归共同所有的财产": (一)一方以个人财产投资取得的收益; (二)男女双方实际取得或者应当取得的住房补贴、住房公积金; (三)男女双方实际取得或者应当取得的**养老保险金**、破产安置补偿费。	**第二十五条** 婚姻关系存续期间,下列财产属于**民法典第一千零六十二条**规定的"其他应当归共同所有的财产": (一)一方以个人财产投资取得的收益; (二)男女双方实际取得或者应当取得的住房补贴、住房公积金; (三)男女双方实际取得或者应当取得的**基本养老金**、破产安置补偿费。	《社会保险法》中明确规定为"基本养老金"而非"养老保险金",修改后与《社会保险法》的表述保持一致。
《婚姻法司法解释(三)》 **第五条** 夫妻一方个人财产在婚后产生的收益,除孳息和自然增值外,应认定为夫妻共同财产。	**第二十六条** 夫妻一方个人财产在婚后产生的收益,除孳息和自然增值外,应认定为夫妻共同财产。	
《婚姻法司法解释(二)》 **第十九条** 由一方婚前承租、婚后用共同财产购买的房屋,**房屋权属证书**登记在一方名下的,应当认定为夫妻共同财产。	**第二十七条** 由一方婚前承租、婚后用共同财产购买的房屋,登记在一方名下的,应当认定为夫妻共同财产。	房屋权属证书表述不符合"不动产权证书"的现行规范表述,而且原文表述不符合语法逻辑,房屋权属证书本身是一个书面文件,不可能登记在一方名下,只能是房屋被登记在一方名下。
《婚姻法司法解释(三)》 **第十一条** 一方未经另一方同意出售夫妻共同共有的房屋,第三人善意购买、支付合理对价并办理**产权**登记**手续**,另一方主张追回该房屋的,人民法院不予支持。 夫妻一方擅自处分共同共有的房屋造成另一方损失,离婚时另一方请求赔偿损失的,人民法院应予支持。	**第二十八条** 一方未经另一方同意出售夫妻共同所有的房屋,第三人善意购买、支付合理对价并**已**办理**不动产**登记,另一方主张追回该房屋的,人民法院不予支持。 夫妻一方擅自处分共同所有的房屋造成另一方损失,离婚时另一方请求赔偿损失的,人民法院应予支持。	将"产权登记手续"修改为"不动产登记"。

续表

婚姻法相关司法解释	《婚姻家庭编司法解释(一)》	解读
《婚姻法司法解释(二)》 **第二十二条** 当事人结婚前,父母为双方购置房屋出资的,该出资应当认定为对自己子女的个人赠与,但父母明确表示赠与双方的除外。 当事人结婚后,父母为双方购置房屋出资的,**该出资应当认定为对夫妻双方的赠与,但父母明确表示赠与一方的除外。**	**第二十九条** 当事人结婚前,父母为双方购置房屋出资的,该出资应当认定为对自己子女个人的赠与,但父母明确表示赠与双方的除外。 当事人结婚后,父母为双方购置房屋出资的,**依照约定处理;没有约定或者约定不明确的,按照民法典第一千零六十二条第一款第四项规定的原则处理。**	相较于《婚姻法司法解释(二)》第22条的规定,本条增加了"有约从约"的规定。需要强调的是,与本条相关的《婚姻法司法解释(三)》第7条未被纳入《婚姻家庭编司法解释(一)》。可以理解为,婚后由一方父母出资为子女购买的不动产,登记在出资人子女名下的,原则上视为对夫妻双方的赠与,与之前的规定相反。但不排除后续会有新的民法典司法解释作出相反的规定。
《婚姻法司法解释(二)》 **第十三条** 军人的伤亡保险金、伤残补助金、医药生活补助费属于个人财产。	**第三十条** 军人的伤亡保险金、伤残补助金、医药生活补助费属于个人财产。	
《婚姻法司法解释(一)》 **第十九条 婚姻法第十八条**规定为夫妻一方的**所有的**财产,不因婚姻关系的延续而转化为夫妻共同财产。但当事人另有约定的除外。	**第三十一条 民法典第一千零六十三条**规定为夫妻一方的**个人**财产,不因婚姻关系的延续而转化为夫妻共同财产。但当事人另有约定的除外。	文字性修改。
《婚姻法司法解释(三)》 **第六条** 婚前或者婚姻关系存续期间,当事人约定将一方所有的房产赠与另一方,赠与方在赠与房产变更登记之前撤销赠与,另一方请求判令继续履行的,人民法院可以按照**合同法第一百八十六条**的规定处理。	**第三十二条** 婚前或者婚姻关系存续期间,当事人约定将一方所有的房产赠与另一方**或者共有**,赠与方在赠与房产变更登记之前撤销赠与,另一方请求判令继续履行的,人民法院可以按照**民法典第六百五十八条**的规定处理。	增加一方将房产与另一方"共有"即"部分赠与"的情形。
《婚姻法司法解释(二)》 **第二十三条** 债权人就一方婚前所负个人债务向债务人的配偶主张权利的,人民法院不予支持。但债权人能够证明所负债务用于婚后家庭共同生活的除外。	**第三十三条** 债权人就一方婚前所负个人债务向债务人的配偶主张权利的,人民法院不予支持。但债权人能够证明所负债务用于婚后家庭共同生活的除外。	
《婚姻法司法解释(二)》 **第二十四条 债权人就婚姻关系存续期间夫妻一方以个人名义所负债务主张权利的,应当按夫妻共同债务处理。但夫妻一方能够证明债权人与债务人明确约定为**个人债务,或者能够证明属于婚姻法第十九条第三款规定情形的除外。	**第三十四条** 夫妻一方与第三人串通,虚构债务,第三人主张**该债务为夫妻共同债务**的,人民法院不予支持。 夫妻一方在从事赌博、吸毒等违法犯罪活动中所负债务,第三人主张**该债务为夫妻共同债务**的,人民法院不予支持。	《婚姻法司法解释(二)》第24条第1款于《民法典》第1064条已有规定,故《婚姻家庭编司法解释(一)》将其删除。

续表

婚姻法相关司法解释	《婚姻家庭编司法解释(一)》	解读
夫妻一方与第三人串通,虚构债务,第三人主张**权利**的,人民法院不予支持。 夫妻一方在从事赌博、吸毒等违法犯罪活动中所负债务,第三人主张**权利**的,人民法院不予支持。		
《婚姻法司法解释(二)》 **第二十五条** 当事人的离婚协议或者人民法院**的判决书**、**裁定书**、调解书已经对夫妻财产分割问题作出处理的,债权人仍有权就夫妻共同债务向男女双方主张权利。 一方就共同债务承担**连带**清偿责任后,**基于**离婚协议或者人民法院的法律文书**向另一方主张追偿**的,人民法院应当支持。	**第三十五条** 当事人的离婚协议或者人民法院**生效**判决、裁定、调解书已经对夫妻财产分割问题作出处理的,债权人仍有权就夫妻共同债务向男女双方主张权利。 一方就**夫妻**共同债务承担清偿责任后,**主张由另一方按照**离婚协议或者人民法院的法律文书**承担相应债务**的,人民法院应予支持。	1. 夫妻共同债务属于共同债务而非连带债务。相应地,夫妻一方承担的也不是连带责任,而是个人责任。 2. 根据《民法典》第307条的规定,按份共有人偿还债务超过自己应当承担份额时,有权向其他共有人追偿。但该条并未对共同共有人是否有追偿权作出规定。从体系解释角度而言,应理解为共同共有人之间没有追偿权。但不排除承担债务的夫妻一方按照离婚协议约定或法院的法律文书确定的财产分割比例要求另一方承担相应债务。
《婚姻法司法解释(二)》 **第二十六条** 夫或妻一方死亡的,生存一方应当对婚姻关系存续期间的共同债务承担**连带**清偿责任。	**第三十六条** 夫**或者**妻一方死亡的,生存一方应当对婚姻关系存续期间的**夫妻**共同债务承担清偿责任。	夫妻一方对夫妻共同债务承担的不是连带责任,而是个人责任。
《婚姻法司法解释(一)》 **第十八条** **婚姻法第十九条**所称"**第三人**知道该约定的",夫妻一方对此负有举证责任。	**第三十七条** **民法典第一千零六十五条第三款**所称"**相对人**知道该约定的",夫妻一方对此负有举证责任。	《民法典》第1065条中已将《婚姻法》第19条表述的第三人改为相对人。为与《民法典》表述一致,故作此修改。
《婚姻法司法解释(三)》 **第四条** 婚姻关系存续期间,夫妻一方请求分割共同财产的,人民法院不予支持,**但有下列重大理由且不损害债权人利益的除外:** **(一)一方有隐藏、转移、变卖、毁损、挥霍夫妻共同财产或者伪造夫妻共同债务等严重损害夫妻共同财产利益行为的;** **(二)一方负有法定扶养义务的人患重大疾病需要医治,另一方不同意支付相关医疗费用的。**	**第三十八条** 婚姻关系存续期间,**除民法典第一千零六十六条规定情形以外**,夫妻一方请求分割共同财产的,人民法院不予支持。	《民法典》第1066条已将《婚姻法司法解释(三)》第4条纳入。作为民法典的司法解释,本条直接引用《民法典》第1066条,而无需再行列举。

续表

婚姻法相关司法解释	《婚姻家庭编司法解释(一)》	解读
	四、父母子女关系	
《婚姻法司法解释(三)》 **第二条　夫妻一方向人民法院起诉请求确认亲子关系不存在**,并已提供必要证据予以证明,另一方没有相反证据又拒绝做亲子鉴定的,人民法院可以**推定请求确认**亲子关系**不存在**一方的主张成立。 **当事人一方**起诉请求确认亲子关系,并提供必要证据予以证明,另一方没有相反证据又拒绝做亲子鉴定的,人民法院可以**推定请求**确认亲子关系一方的主张成立。	**第三十九条　父或者母向人民法院起诉请求否认亲子关系**,并已提供必要证据予以证明,另一方没有相反证据又拒绝做亲子鉴定的,人民法院可以**认定否认**亲子关系一方的主张成立。 **父或者母以及成年子女**起诉请求确认亲子关系,并提供必要证据予以证明,另一方没有相反证据又拒绝做亲子鉴定的,人民法院可以**认定**确认亲子关系一方的主张成立。	1. 实务中存在否认同居期间所生子女亲子关系情形,故改为"父或者母"比"夫妻一方"适用范围更大。 2.《民法典》第1073条第2款规定,"对亲子关系有异议且有正当理由的,成年子女可以向人民法院提起诉讼,请求确认亲子关系",司法解释应与其保持一致。
《最高人民法院关于夫妻关系存续期间以人工授精所生子女的法律地位的函》 **在夫妻关系**存续期间,双方一致同意进行人工授精,所生子女应视为**夫妻双方的**婚生子女,父母子女**之间**权利义务关系适用**《婚姻法》**的有关规定。	**第四十条　婚姻关系**存续期间,**夫妻**双方一致同意进行人工授精,所生子女应视为婚生子女,父母子女**间**的权利义务关系适用**民法典**的有关规定。	文字性修改。
《婚姻法司法解释(一)》 **第二十条　婚姻法第二十一条**规定的"不能独立生活的子女",**是指**尚在校接受高中及其以下学历教育,或者丧失**或未完全**丧失劳动能力等非因主观原因而无法维持正常生活的成年子女。	**第四十一条**　尚在校接受高中及其以下学历教育,或者丧失、**部分丧失**劳动能力等非因主观原因而无法维持正常生活的成年子女,**可以认定为民法典第一千零六十七条**规定的"不能独立生活的**成年**子女"。	将"不能独立生活的子女"改为"不能独立生活的成年子女"。《民法典》第1067条已将《婚姻法》第21条中的"子女"改为"成年子女",因为未成年子女一般默认为没有独立生活能力,没有必要特别强调,故这里特指成年子女中没有独立生活能力的情形。
《婚姻法司法解释(一)》 **第二十一条　婚姻法第二十一条**所称"抚养费",包括子女生活费、教育费、医疗费等费用。	**第四十二条　民法典第一千零六十七条**所称"抚养费",包括子女生活费、教育费、医疗费等费用。	未作实质修改。
《婚姻法司法解释(三)》 **第三条**　婚姻关系存续期间,父母双方或者一方拒不履行抚养子女义务,未成年或者不能独立生活的子女请求支付抚养费的,人民法院应予支持。	**第四十三条**　婚姻关系存续期间,父母双方或者一方拒不履行抚养子女义务,未成年**子女**或者不能独立生活的**成年**子女请求支付抚养费的,人民法院应予支持。	文字性修改。

续表

婚姻法相关司法解释	《婚姻家庭编司法解释(一)》	解读
《最高人民法院关于人民法院审理离婚案件处理子女抚养问题的若干具体意见》 1.2 **周岁以下的子女,一般随母方生活。母方**有下列情形之一**的**,可**随父方生活**: (1)患有久治不愈的传染性疾病**或**其他严重疾病,子女不宜与其共同生活**的**; (2)有抚养条件不尽抚养义务,而**父方**要求子女随其生活**的**; (3)因其他原因,子女确**无法**随**母方**生活**的**。	**第四十四条　离婚案件涉及未成年子女抚养的,对不满两周岁的子女,按照民法典第一千零八十四条第三款规定的原则处理。母亲**有下列情形之一,**父亲请求直接抚养的,人民法院应予支持**: (一)患有久治不愈的传染性疾病**或者**其他严重疾病,子女不宜与其共同生活; (二)有抚养条件不尽抚养义务,而**父亲**要求子女随其生活; (三)因其他原因,子女确**不宜**随**母亲**生活。	将"母方有下列情形之一的,可随父方生活"修改为"母亲有下列情形之一,父亲请求直接抚养的,人民法院应予支持",明确了当事人对案件结果的预期。
《最高人民法院关于人民法院审理离婚案件处理子女抚养问题的若干具体意见》 2. 父母双方协议 **2** 周岁**以下**子女**随父方生活**,并对子女健康成长无不利影响的,**可予准许**。	**第四十五条**　父母双方协议**不满**两周岁子女**由父亲直接抚养**,并对子女健康成长无不利影响的,**人民法院应予支持**。	将"可予准许"修改为"应予支持",更尊重父母双方的协商结果。
《最高人民法院关于人民法院审理离婚案件处理子女抚养问题的若干具体意见》 3. 对两周岁**以上**未成年**的**子女,**父方和母方均要求随其生活**,一方有下列情形之一的,可予优先考虑: (1)已做绝育手术或因其他原因丧失生育能力的; (2)子女随其生活时间较长,改变生活环境对子女健康成长明显不利的; (3)无其他子女,而另一方有其他子女的; (4)子女随其生活,对子女成长有利,而另一方患有久治不愈的传染性疾病或其他严重疾病,或者有其他不利于子女身心健康的情形,不宜与子女共同生活的。	**第四十六条**　对**已满**两周岁的未成年子女,**父母均要求直接抚养**,一方有下列情形之一的,可予优先考虑: (一)已做绝育手术或者因其他原因丧失生育能力; (二)子女随其生活时间较长,改变生活环境对子女健康成长明显不利; (三)无其他子女,而另一方有其他子女; (四)子女随其生活,对子女成长有利,而另一方患有久治不愈的传染性疾病或者其他严重疾病,或者有其他不利于子女身心健康的情形,不宜与子女共同生活。	文字性修改。
《最高人民法院关于人民法院审理离婚案件处理子女抚养问题的若干具体意见》 4. **父方与母方**抚养子女的条件基本相同,双方均要求**子女与其共同生活**,但子女单独随祖父母**或**外祖父母共同生活多年,且祖父母或外祖父母要求并且有能力帮助子女照顾孙子女或外孙子女的,**可作为子女随父或母生活**的优先条件予以考虑。	**第四十七条　父母**抚养子女的条件基本相同,双方均要求**直接抚养子女**,但子女单独随祖父母**或者**外祖父母共同生活多年,且祖父母或者外祖父母要求并且有能力帮助子女照顾孙子女或者外孙子女的,**可以作为父或者母直接抚养子女**的优先条件予以考虑。	文字性修改。

续表

婚姻法相关司法解释	《婚姻家庭编司法解释(一)》	解读
《最高人民法院关于人民法院审理离婚案件处理子女抚养问题的若干具体意见》 6. 在有利于保护子女利益的前提下,父母双方协议轮流抚养子女的,**可予准许**。	**第四十八条** 在有利于保护子女利益的前提下,父母双方协议轮流直接抚养子女的,**人民法院应予支持**。	将"可予准许"修改为"应予支持",更尊重父母双方的协商结果。
《最高人民法院关于人民法院审理离婚案件处理子女抚养问题的若干具体意见》 7. **子女抚育费**的数额,**可**根据子女的实际需要、父母双方的负担能力和当地的实际生活水平确定。 有固定收入的,**抚育费**一般**可**按其月总收入的**20%**至**30%**的比例给付。负担两个以上子女**抚育费**的,比例**可**适当提高,但一般不得超过月总收入的**50%**。 无固定收入的,**抚育费**的数额**可**依据当年总收入**或**同行业平均收入,参照上述比例确定。 有特殊情况的,**可**适当提高**或**降低上述比例。	**第四十九条** **抚养费**的数额,**可以**根据子女的实际需要、父母双方的负担能力和当地的实际生活水平确定。 有固定收入的,**抚养费**一般**可以**按其月总收入的**百分之二十**至**三十**的比例给付。负担两个以上子女**抚养费**的,比例**可以**适当提高,但一般不得超过月总收入的**百分之五十**。 无固定收入的,**抚养费**的数额**可以**依据当年总收入**或者**同行业平均收入,参照上述比例确定。 有特殊情况的,**可以**适当提高**或者**降低上述比例。	文字性修改。
《最高人民法院关于人民法院审理离婚案件处理子女抚养问题的若干具体意见》 8. **抚育费应**定期给付,有条件的**可**一次性给付。	**第五十条** **抚养费应当**定期给付,有条件的**可以**一次性给付。	文字性修改。
《最高人民法院关于人民法院审理离婚案件处理子女抚养问题的若干具体意见》 9. **对**一方无经济收入或者下落不明的,**可**用其财物折抵子女**抚育费**。	**第五十一条** **父母**一方无经济收入或者下落不明的,**可以**用其财物折抵**抚养费**。	文字性修改。
《最高人民法院关于人民法院审理离婚案件处理子女抚养问题的若干具体意见》 10. 父母双方可以协议**子女随一方生活并由抚养方负担子女全部抚育费**。**但经查实**,抚养方的抚养能力明显不能保障子女所需费用,影响子女健康成长的,**不予准许**。	**第五十二条** 父母双方可以协议**由一方直接抚养子女并由直接抚养方负担子女全部抚养费**。**但是,直接**抚养方的抚养能力明显不能保障子女所需费用,影响子女健康成长的,**人民法院不予支持**。	文字性修改。

续表

婚姻法相关司法解释	《婚姻家庭编司法解释(一)》	解读
《最高人民法院关于人民法院审理离婚案件处理子女抚养问题的若干具体意见》 11. **抚育费**的给付期限,一般至子女**18**周岁为止。 **16**周岁以上不满**18**周岁,以其劳动收入为主要生活来源,并能维持当地一般生活水平的,父母可停止给付**抚育费**。	**第五十三条** **抚养费**的给付期限,一般至子女**十八**周岁为止。 **十六**周岁以上不满**十八**周岁,以其劳动收入为主要生活来源,并能维持当地一般生活水平的,父母可以停止给付**抚养费**。	文字性修改。
《最高人民法院关于人民法院审理离婚案件处理子女抚养问题的若干具体意见》 13. 生父与继母**或**生母与继父离婚时,对曾受其抚养教育的继子女,继父**或**继母不同意继续抚养的,仍应由生父母抚养。	**第五十四条** 生父与继母**离婚或者**生母与继父离婚时,对曾受其抚养教育的继子女,继父**或者**继母不同意继续抚养的,仍应由生父**或者**生母抚养。	文字性修改。
《最高人民法院关于人民法院审理离婚案件处理子女抚养问题的若干具体意见》 15. 离婚后,一方要求变更子女抚养关系的,或者子女要求增加**抚育**费的,**应**另行**起诉**。	**第五十五条** 离婚后,**父母**一方要求变更子女抚养关系的,或者子女要求增加**抚养费**的,**应当**另行**提起诉讼**。	文字性修改。
《最高人民法院关于人民法院审理离婚案件处理子女抚养问题的若干具体意见》 16. 一方要求变更子女抚养关系**有**下列情形之一的,应予支持: (1)与子女共同生活的一方因患严重疾病或因伤残无力继续抚养子女**的**; (2)与子女共同生活的一方不尽抚养义务或有虐待子女行为,或其与子女共同生活对子女身心健康确有不利影响**的**; (3)10**周岁以上未成年**子女,愿随另一方生活,该方又有抚养能力**的**; (4)有其他正当理由需要变更**的**。	**第五十六条** **具有**下列情形之一,**父母**一方要求变更子女抚养关系的,**人民法院**应予支持: (一)与子女共同生活的一方因患严重疾病或者因伤残无力继续抚养子女; (二)与子女共同生活的一方不尽抚养义务或有虐待子女行为,或者其与子女共同生活对子女身心健康确有不利影响; (三)**已满八周岁的**子女,愿随另一方生活,该方又有抚养能力; (四)有其他正当理由需要变更。	将"10周岁以上未成年子女"修改为"已满八周岁的子女",将可自由表达意志的年龄与民法典保持一致。
《最高人民法院关于人民法院审理离婚案件处理子女抚养问题的若干具体意见》 17. 父母双方协议变更子女抚养关系的,**应予准许**。	**第五十七条** 父母双方协议变更子女抚养关系的,**人民法院应予支持**。	文字性修改。

续表

婚姻法相关司法解释	《婚姻家庭编司法解释(一)》	解读
《最高人民法院关于人民法院审理离婚案件处理子女抚养问题的若干具体意见》 18. 子女要求增加**抚育费有**下列情形之一,**父或母有给付能力**的,应予支持: (1)原定**抚育费**数额不足以维持当地实际生活水平**的**; (2)因子女患病、上学,实际需要已超过原定数额**的**; (3)有其他正当理由应当增加**的**。	**第五十八条** 具有下列情形之一,子女要求**有负担能力的父或者母**增加**抚养费**的,**人民法院**应予支持: (一)原定**抚养费**数额不足以维持当地实际生活水平; (二)因子女患病、上学,实际需要已超过原定数额; (三)有其他正当理由应当增加。	文字性修改。
《最高人民法院关于人民法院审理离婚案件处理子女抚养问题的若干具体意见》 19. 父母不得因子女变更姓氏而拒付子女**抚育费**。父**或**母**一方**擅自将子女姓氏改为继母或继父姓氏而引起纠纷的,**应**责令恢复原姓氏。	**第五十九条** 父母不得因子女变更姓氏而拒付子女**抚养费**。父**或者**母擅自将子女姓氏改为继母或继父姓氏而引起纠纷的,**应当**责令恢复原姓氏。	文字性修改。
《最高人民法院关于人民法院审理离婚案件处理子女抚养问题的若干具体意见》 20. 在离婚诉讼期间,双方均拒绝抚养子女的,**可**先行裁定暂由一方抚养。	**第六十条** 在离婚诉讼期间,双方均拒绝抚养子女的,**可以**先行裁定暂由一方抚养。	文字性修改。
《最高人民法院关于人民法院审理离婚案件处理子女抚养问题的若干具体意见》 21. 对拒不履行**或**妨害他人履行生效判决、裁定、调解中有关子女抚养义务的当事人或者其他人,人民法院可依照**《中华人民共和国**民事诉讼法**》第一百零二条**的规定采取强制措施。	**第六十一条** 对拒不履行**或者**妨害他人履行生效判决、裁定、调解**书**中有关子女抚养义务的当事人或者其他人,人民法院可依照民事诉讼法**第一百一十一条**的规定采取强制措施。	文字性修改。
	五、离　婚	
《婚姻法司法解释(三)》 **第八条** 无民事行为能力人的配偶有**虐待、遗弃等严重损害无民事行为能力一方的人身权利或者财产权益**行为,其他有监护资格的人可以**依照特别程序**要求**变更监护关系**;变更后的监护人代理无民事行为能力一方提起离婚诉讼的,人民法院应予受理。	**第六十二条** 无民事行为能力人的配偶有**民法典第三十六条第一款规定**行为,其他有监护资格的人可以要求**撤销其监护资格,并依法指定新的监护人**;变更后的监护人代理无民事行为能力一方提起离婚诉讼的,人民法院应予受理。	本条将无民事行为能力人配偶的不法行为定位于《民法典》第36条第1款,比《婚姻法司法解释(三)》该条规定更准确。

续表

婚姻法相关司法解释	《婚姻家庭编司法解释(一)》	解读
《婚姻法司法解释(一)》 **第二十二条** 人民法院审理离婚案件,符合**第三十二条第三款**规定"应准予离婚"情形的,不应当因当事人有过错而判决不准离婚。	**第六十三条** 人民法院审理离婚案件,符合**民法典第一千零七十九条第三款**规定"应当准予离婚"情形的,不应当因当事人有过错而判决不准离婚。	未作实质修改。
《婚姻法司法解释(一)》 **第二十三条** **婚姻法第三十三条**所称的"军人一方有重大过错",可以依据**婚姻法第三十二条第三款前三项**规定及军人有其他重大过错导致夫妻感情破裂的情形予以判断。	**第六十四条** **民法典第一千零八十一条**所称的"军人一方有重大过错",可以依据**民法典第一千零七十九条第三款前三项**规定及军人有其他重大过错导致夫妻感情破裂的情形予以判断。	未作实质修改。
《婚姻法司法解释(一)》 **第二十四条** 人民法院作出的生效的离婚判决中未涉及探望权,当事人就探望权问题单独提起诉讼的,人民法院应予受理。	**第六十五条** 人民法院作出的生效的离婚判决中未涉及探望权,当事人就探望权问题单独提起诉讼的,人民法院应予受理。	
《婚姻法司法解释(一)》 **第二十五条** 当事人在履行生效判决、裁定或者调解书的过程中,请求中止**行使**探望**权**的,人民法院在征询双方当事人意见后,认为需要中止**行使**探望**权**的,依法作出裁定。中止探望的情形消失后,人民法院应当根据当事人的**申请**通知其恢复探望**权的行使**。	**第六十六条** 当事人在履行生效判决、裁定或者调解书的过程中,**一方**请求中止探望的,人民法院在征询双方当事人意见后,认为需要中止探望的,依法作出裁定;中止探望的情形消失后,人民法院应当根据当事人的**请求书面**通知其恢复探望。	恢复探望,本质是恢复执行。故根据2020年修正的《最高人民法院关于人民法院执行工作若干问题的规定(试行)》第60条规定"中止执行的情形消失后,执行法院可以根据当事人的申请或依职权恢复执行。恢复执行应当书面通知当事人"作出修改。
《婚姻法司法解释(一)》 **第二十六条** 未成年子女、直接抚养子女的父**或**母**及**其他对未成年子女负担抚养、教育义务的法定监护人,有权向人民法院提出中止探望**权**的请求。	**第六十七条** 未成年子女、直接抚养子女的父**或者**母**以及**其他对未成年子女负担抚养、教育、**保护**义务的法定监护人,有权向人民法院提出中止探望的请求。	《民法典》第1058条中规定,夫妻双方共同承担对未成年子女抚养、教育和保护的义务。而提出中止探望的请求是为了保护未成年人的身心健康,故应按照《民法典》第1058条的规定,增加"保护"二字表述。
《婚姻法司法解释(一)》 **第三十二条** **婚姻法第四十八条关于对拒不执行有关探望子女等判决和裁定的,由人民法院依法强制执行的规定,是指对**拒不**履行**协助另一方行使探望权的有关个人**和单位**采取拘留、罚款等强制措施,不能对子女的人身、探望行为进行强制执行。	**第六十八条** **对于**拒不协助另一方行使探望权的有关个人**或者组织,可以由人民法院依法**采取拘留、罚款等强制措施,**但是**不能对子女的人身、探望行为进行强制执行。	《民法典》已用"组织"统一替代"单位"的表述。

续表

婚姻法相关司法解释	《婚姻家庭编司法解释(一)》	解读
《婚姻法司法解释(三)》 **第十四条** 当事人达成的以**登记**离婚或者到人民法院**协议**离婚为条件的财产**分割**协议,如果双方**协议**离婚未成,一方在离婚诉讼中反悔的,人民法院应当认定该财产**分割**协议没有生效,并根据实际情况**依法对夫妻共同财产进行分割**。 《婚姻法司法解释(二)》 **第八条** 离婚协议中关于财产**分割的**条款**或者当事人因离婚就财产分割达成的协议**,对男女双方具有法律约束力。 当事人因履行上述**财产分割**协议发生纠纷提起诉讼的,人民法院应当受理。	**第六十九条** 当事人达成的以**协议**离婚或者到人民法院**调解**离婚为条件的财产**以及债务处理协议**,如果双方离婚未成,一方在离婚诉讼中反悔的,人民法院应当认定该财产**以及债务处理**协议没有生效,并根据实际情况**依照民法典第一千零八十七条和第一千零八十九条的规定判决**。 **当事人依照民法典第一千零七十六条签订的**离婚协议中关于财产**以及债务处理**的条款,对男女双方具有法律约束力。**登记离婚后**当事人因履行上述协议发生纠纷提起诉讼的,人民法院应当受理。	1. 诉至法院后,就不存在协议离婚,只能是调解离婚或判决离婚。 2. 将"财产分割协议"修改为"财产以及债务处理协议",将债务处理协议内容纳入其中。财产分割和债务处理条款都是当事人达成的协议,两者之间往往有牵连关系,无法割裂单独认定其效力,故应一并处理,同样对待。
《婚姻法司法解释(二)》 **第九条** **男女**双方协议离婚后**一年内**就财产分割问题反悔,请求**变更或者**撤销财产分割协议的,人民法院应当受理。 人民法院审理后,未发现订立财产分割协议时存在欺诈、胁迫等情形的,应当依法驳回当事人的诉讼请求。	**第七十条** **夫妻**双方协议离婚后就财产分割问题反悔,请求撤销财产分割协议的,人民法院应当受理。 人民法院审理后,未发现订立财产分割协议时存在欺诈、胁迫等情形的,应当依法驳回当事人的诉讼请求。	删除了"一年内"的时间限制,请求撤销财产分割协议的时间限制变为三年,与《民法典》关于诉讼时效三年的规定保持一致。
《婚姻法司法解释(二)》 **第十四条** 人民法院审理离婚案件,涉及分割发放到军人名下的复员费、自主择业费等一次性费用的,以夫妻婚姻关系存续年限乘以年平均值,所得数额为夫妻共同财产。 前款所称年平均值,是指将发放到军人名下的上述费用总额按具体年限均分得出的数额。其具体年限为人均寿命七十岁与军人入伍时实际年龄的差额。	**第七十一条** 人民法院审理离婚案件,涉及分割发放到军人名下的复员费、自主择业费等一次性费用的,以夫妻婚姻关系存续年限乘以年平均值,所得数额为夫妻共同财产。 前款所称年平均值,是指将发放到军人名下的上述费用总额按具体年限均分得出的数额。其具体年限为人均寿命七十岁与军人入伍时实际年龄的差额。	
《婚姻法司法解释(二)》 **第十五条** 夫妻双方分割共同财产中的股票、债券、投资基金份额等有价证券以及未上市股份有限公司股份时,协商不成或者按市价分配有困难的,人民法院可以根据数量按比例分配。	**第七十二条** 夫妻双方分割共同财产中的股票、债券、投资基金份额等有价证券以及未上市股份有限公司股份时,协商不成或者按市价分配有困难的,人民法院可以根据数量按比例分配。	

续表

婚姻法相关司法解释	《婚姻家庭编司法解释(一)》	解读
《婚姻法司法解释(二)》 **第十六条** 人民法院审理离婚案件,涉及分割夫妻共同财产中以一方名义在有限责任公司的出资额,另一方不是该公司股东的,按以下情形分别处理: (一)夫妻双方协商一致将出资额部分或者全部转让给该股东的配偶,过半数股东同意、其他股东明确表示放弃优先购买权的,该股东的配偶可以成为该公司股东; (二)夫妻双方就出资额转让份额和转让价格等事项协商一致后,**过半数股东**不同意转让,但愿意以同等**价格**购买该出资额的,人民法院可以对转让出资所得财产进行分割。**过半数股东**不同意转让,也不愿意以同等**价格**购买该出资额的,视为其同意转让,该股东的配偶可以成为该公司股东。 用于证明前款规定的**过半数**股东同意的证据,可以是**股东会决议**,也可以是当事人通过其他合法途径取得的股东的书面声明材料。	**第七十三条** 人民法院审理离婚案件,涉及分割夫妻共同财产中以一方名义在有限责任公司的出资额,另一方不是该公司股东的,按以下情形分别处理: (一)夫妻双方协商一致将出资额部分或者全部转让给该股东的配偶,**其他**股东过半数同意,**并且**其他股东**均**明确表示放弃优先购买权的,该股东的配偶可以成为该公司股东; (二)夫妻双方就出资额转让份额和转让价格等事项协商一致后,**其他股东半数以上**不同意转让,但愿意以同等**条件**购买该出资额的,人民法院可以对转让出资所得财产进行分割。**其他股东半数以上**不同意转让,也不愿意以同等**条件**购买该出资额的,视为其同意转让,该股东的配偶可以成为该公司股东。 **用于**证明前款规定的股东同意的证据,可以是**股东会议材料**,也可以是当事人通过其他合法途径取得的股东的书面声明材料。	1."过半数股东"的表述与《公司法》第71条第2款"其他股东过半数"的表述冲突。 2."同等价格"与《公司法》第71条第3款"同等条件"的规定冲突。《最高人民法院关于适用〈中华人民共和国公司法〉若干问题的规定(四)》第18条规定,同等条件的判断应当考虑转让股权的数量、价格、支付方式及期限等因素。 3.股东会决议是公司法上的专有名词,指的是公司召开股东会,并就公司重大事项作出的决议,也即该决议只能以公司名义作出,内容也只与公司本身经营管理事务有关。而其他股东是否同意转让股权则属于股东个人事项,与公司无关。不存在通过股东会决议方式行使的问题,故将"股东会决议"修改为"股东会议材料"。
《婚姻法司法解释(二)》 **第十七条** 人民法院审理离婚案件,涉及分割夫妻共同财产中以一方名义在合伙企业中的出资,另一方不是该企业合伙人的,当夫妻双方协商一致,将其合伙企业中的财产份额全部或者部分转让给对方时,按以下情形分别处理: (一)其他合伙人一致同意的,该配偶依法取得合伙人地位; (二)其他合伙人不同意转让,在同等条件下行使优先**受让权**的,可以对转让所得的财产进行分割; (三)其他合伙人不同意转让,也不行使优先**受让权**,但同意该合伙人退伙或者**退还**部分财产份额的,可以对**退还**的财产进行分割; (四)其他合伙人既不同意转让,也不行使优先**受让权**,又不同意该合伙人退伙或者**退还**部分财产份额的,视为全体合伙人同意转让,该配偶依法取得合伙人地位。	**第七十四条** 人民法院审理离婚案件,涉及分割夫妻共同财产中以一方名义在合伙企业中的出资,另一方不是该企业合伙人的,当夫妻双方协商一致,将其合伙企业中的财产份额全部或者部分转让给对方时,按以下情形分别处理: (一)其他合伙人一致同意的,该配偶依法取得合伙人地位; (二)其他合伙人不同意转让,在同等条件下行使优先**购买权**的,可以对转让所得的财产进行分割; (三)其他合伙人不同意转让,也不行使优先**购买权**,但同意该合伙人退伙或者**削减**部分财产份额的,可以对**结算后**的财产进行分割; (四)其他合伙人既不同意转让,也不行使优先**购买权**,又不同意该合伙人退伙或者**削减**部分财产份额的,视为全体合伙人同意转让,该配偶依法取得合伙人地位。	合伙企业法中没有"退还部分财产份额"的表述。事实上,财产份额也不存在退还的问题。其在法条上的准确表述应为《合伙企业法》第42条中"削减该合伙人相应财产份额的结算"。

续表

婚姻法相关司法解释	《婚姻家庭编司法解释(一)》	解读
《婚姻法司法解释(二)》 **第十八条** 夫妻以一方名义投资设立独资企业的,人民法院分割夫妻在该独资企业中的共同财产时,应当按照以下情形分别处理: (一)一方主张经营该企业的,对企业资产进行评估后,由取得企业一方给予另一方相应的补偿; (二)双方均主张经营该企业的,在双方竞价基础上,由取得企业的一方给予另一方相应的补偿; (三)双方均不愿意经营该企业的,按照《中华人民共和国个人独资企业法》等有关规定办理。	**第七十五条** 夫妻以一方名义投资设立**个人**独资企业的,人民法院分割夫妻在该**个人**独资企业中的共同财产时,应当按照以下情形分别处理: (一)一方主张经营该企业的,对企业资产进行评估后,由取得企业**资产所有权**一方给予另一方相应的补偿; (二)双方均主张经营该企业的,在双方竞价基础上,由取得企业**资产所有权**的一方给予另一方相应的补偿; (三)双方均不愿意经营该企业的,按照《中华人民共和国个人独资企业法》等有关规定办理。	个人独资企业本身是没有独立法人资格的法律拟制体,不存在企业作为物归谁所有的问题。能取得的只能是企业中资产的所有权。
《婚姻法司法解释(二)》 **第二十条** 双方对夫妻共同财产中的房屋价值及归属无法达成协议时,人民法院按以下情形分别处理: (一)双方均主张房屋所有权并且同意竞价取得的,应当准许; (二)一方主张房屋所有权的,由评估机构按市场价格对房屋作出评估,取得房屋所有权的一方应当给予另一方相应的补偿; (三)双方均不主张房屋所有权的,根据当事人的申请拍卖房屋,就所得价款进行分割。	**第七十六条** 双方对夫妻共同财产中的房屋价值及归属无法达成协议时,人民法院按以下情形分别处理: (一)双方均主张房屋所有权并且同意竞价取得的,应当准许; (二)一方主张房屋所有权的,由评估机构按市场价格对房屋作出评估,取得房屋所有权的一方应当给予另一方相应的补偿; (三)双方均不主张房屋所有权的,根据当事人的申请拍卖、**变卖**房屋,就所得价款进行分割。	实务中,双方均不主张不动产物权时,除拍卖外还有折价变卖的处理方式,应一并予以明确。
《婚姻法司法解释(二)》 **第二十一条** 离婚时双方对尚未取得所有权或者尚未取得完全所有权的房屋有争议且协商不成的,人民法院不宜判决房屋所有权的归属,应当根据实际情况判决由当事人使用。 当事人就前款规定的房屋取得完全所有权后,有争议的,可以另行向人民法院提起诉讼。	**第七十七条** 离婚时双方对尚未取得所有权或者尚未取得完全所有权的房屋有争议且协商不成的,人民法院不宜判决房屋所有权的归属,应当根据实际情况判决由当事人使用。 当事人就前款规定的房屋取得完全所有权后,有争议的,可以另行向人民法院提起诉讼。	
《婚姻法司法解释(三)》 **第十条** 夫妻一方婚前签订不动产买卖合同,以个人财产支付首付款并在银行贷款,婚后用夫妻共同财产还贷,不动产登记于首付款支付方名下的,离婚时该不动产由双方协议处理。	**第七十八条** 夫妻一方婚前签订不动产买卖合同,以个人财产支付首付款并在银行贷款,婚后用夫妻共同财产还贷,不动产登记于首付款支付方名下的,离婚时该不动产由双方协议处理。	产权登记为经济学概念,将其改为《民法典》规定的不动产登记。

续表

婚姻法相关司法解释	《婚姻家庭编司法解释(一)》	解读
依前款规定不能达成协议的,人民法院可以判决该不动产归产权登记一方,尚未归还的贷款为**产权**登记一方的个人债务。双方婚后共同还贷支付的款项及其相对应财产增值部分,离婚时应根据**婚姻法第三十九条第一款**规定的原则,由**产权**登记一方对另一方进行补偿。	依前款规定不能达成协议的,人民法院可以判决该不动产归登记一方,尚未归还的贷款为**不动产**登记一方的个人债务。双方婚后共同还贷支付的款项及其相对应财产增值部分,离婚时应根据**民法典第一千零八十七条第一款**规定的原则,由**不动产**登记一方对另一方进行补偿。	
《婚姻法司法解释(三)》 **第十二条** 婚姻关系存续期间,双方用夫妻共同财产出资购买以一方父母名义参加房改的房屋,**产权**登记在一方父母名下,离婚时另一方主张按照夫妻共同财产对该房屋进行分割的,人民法院不予支持。购买该房屋时的出资,可以作为债权处理。	**第七十九条** 婚姻关系存续期间,双方用夫妻共同财产出资购买以一方父母名义参加房改的房屋,登记在一方父母名下,离婚时另一方主张按照夫妻共同财产对该房屋进行分割的,人民法院不予支持。购买该房屋时的出资,可以作为债权处理。	文字性修改。
《婚姻法司法解释(三)》 **第十三条** 离婚时夫妻一方尚未退休、不符合领取**养老保险金**条件,另一方请求按照夫妻共同财产分割**养老保险金**的,人民法院不予支持;婚后以夫妻共同财产**缴付**养老保险费,离婚时一方主张将养老金账户中婚姻关系存续期间个人实际**缴付**部分作为夫妻共同财产分割的,人民法院应予支持。	**第八十条** 离婚时夫妻一方尚未退休、不符合领取**基本养老金**条件,另一方请求按照夫妻共同财产分割**基本养老金**的,人民法院不予支持;婚后以夫妻共同财产**缴纳基本**养老保险费,离婚时一方主张将养老金账户中婚姻关系存续期间个人实际**缴纳**部分**及利息**作为夫妻共同财产分割的,人民法院应予支持。	1. 概念修改参考《社会保险法》的相关内容; 2. 根据《社会保险法》第14条的规定,实际缴纳部分还有利息收入,利息也应属于夫妻共同财产。
《婚姻法司法解释(三)》 **第十五条** 婚姻关系存续期间,夫妻一方作为继承人依法可以继承的遗产,在继承人之间尚未实际分割,起诉离婚时另一方请求分割的,人民法院应当告知当事人在继承人之间实际分割遗产后另行起诉。	**第八十一条** 婚姻关系存续期间,夫妻一方作为继承人依法可以继承的遗产,在继承人之间尚未实际分割,起诉离婚时另一方请求分割的,人民法院应当告知当事人在继承人之间实际分割遗产后另行起诉。	
《婚姻法司法解释(三)》 **第十六条** 夫妻之间订立借款协议,以夫妻共同财产出借给一方从事个人经营活动**或**用于其他个人事务的,应视为双方约定处分夫妻共同财产的行为,离婚时可按照借款协议的约定处理。	**第八十二条** 夫妻之间订立借款协议,以夫妻共同财产出借给一方从事个人经营活动**或者**用于其他个人事务的,应视为双方约定处分夫妻共同财产的行为,离婚时可以按照借款协议的约定处理。	文字性修改。

续表

婚姻法相关司法解释	《婚姻家庭编司法解释(一)》	解读
《婚姻法司法解释(三)》 **第十八条** 离婚后,一方以尚有夫妻共同财产未处理为由向人民法院起诉请求分割的,经审查该财产确属离婚时未涉及的夫妻共同财产,人民法院应当依法予以分割。	**第八十三条** 离婚后,一方以尚有夫妻共同财产未处理为由向人民法院起诉请求分割的,经审查该财产确属离婚时未涉及的夫妻共同财产,人民法院应当依法予以分割。	
《婚姻法司法解释(一)》 **第三十一条** 当事人依据**婚姻法第四十七条**的规定向人民法院提起诉讼,请求再次分割夫妻共同财产的诉讼时效为**两年**,从当事人发现**之次日**起计算。	**第八十四条** 当事人依据**民法典第一千零九十二条**的规定向人民法院提起诉讼,请求再次分割夫妻共同财产的诉讼时效**期间**为**三年**,从当事人发现**之日**起计算。	将两年的诉讼时效修改为三年,与现行诉讼时效期间接轨。
《婚姻法司法解释(二)》 **第二十八条** 夫妻一方申请对配偶的个人财产或者夫妻共同财产采取保全措施的,人民法院可以在采取保全措施可能造成损失的范围内,根据实际情况,确定合理的财产担保数额。	**第八十五条** 夫妻一方申请对配偶的个人财产或者夫妻共同财产采取保全措施的,人民法院可以在采取保全措施可能造成损失的范围内,根据实际情况,确定合理的财产担保数额。	
《婚姻法司法解释(一)》 **第二十八条** **婚姻法第四十六条**规定的"损害赔偿",包括物质损害赔偿和精神损害赔偿。涉及精神损害赔偿的,适用最高人民法院《关于确定民事侵权精神损害赔偿责任若干问题的解释》的有关规定。	**第八十六条** **民法典第一千零九十一条**规定的"损害赔偿",包括物质损害赔偿和精神损害赔偿。涉及精神损害赔偿的,适用《最高人民法院关于确定民事侵权精神损害赔偿责任若干问题的解释》的有关规定。	未作实质修改。
《婚姻法司法解释(一)》 **第二十九条** 承担**婚姻法第四十六条**规定的损害赔偿责任的主体,为离婚诉讼当事人中无过错方的配偶。 人民法院判决不准离婚的案件,对于当事人基于**婚姻法第四十六条**提出的损害赔偿请求,不予支持。 在婚姻关系存续期间,当事人不起诉离婚而单独依据**该条规定**提起损害赔偿请求的,人民法院不予受理。	**第八十七条** 承担**民法典第一千零九十一条**规定的损害赔偿责任的主体,为离婚诉讼当事人中无过错方的配偶。 人民法院判决不准离婚的案件,对于当事人基于**民法典第一千零九十一条**提出的损害赔偿请求,不予支持。 在婚姻关系存续期间,当事人不起诉离婚而单独依据**民法典第一千零九十一条**提起损害赔偿请求的,人民法院不予受理。	未作实质修改。

续表

婚姻法相关司法解释	《婚姻家庭编司法解释(一)》	解读
《婚姻法司法解释(一)》 **第三十条** 人民法院受理离婚案件时,应当将**婚姻法第四十六条**等规定中当事人的有关权利义务,书面告知当事人。在适用**婚姻法第四十六条**时,应当区分以下不同情况: (一)符合**婚姻法第四十六条**规定的无过错方作为原告基于该条规定向人民法院提起损害赔偿请求的,必须在离婚诉讼的同时提出。 (二)符合**婚姻法第四十六条**规定的无过错方作为被告的离婚诉讼案件,如果被告不同意离婚也不基于该条规定提起损害赔偿请求的,可以**在离婚后1年内**就此单独提起诉讼。 (三)无过错方作为被告的离婚诉讼案件,一审时被告未基于**婚姻法第四十六条**规定提出损害赔偿请求,二审期间提出的,人民法院应当进行调解,调解不成的,告知当事人**在离婚后1年内**另行起诉。	**第八十八条** 人民法院受理离婚案件时,应当将**民法典第一千零九十一条**等规定中当事人的有关权利义务,书面告知当事人。在适用**民法典第一千零九十一条**时,应当区分以下不同情况: (一)符合**民法典第一千零九十一条**规定的无过错方作为原告基于该条规定向人民法院提起损害赔偿请求的,必须在离婚诉讼的同时提出。 (二)符合**民法典第一千零九十一条**规定的无过错方作为被告的离婚诉讼案件,如果被告不同意离婚也不基于该条规定提起损害赔偿请求的,可以就此单独提起诉讼。 (三)无过错方作为被告的离婚诉讼案件,一审时被告未基于**民法典第一千零九十一条**规定提出损害赔偿请求,二审期间提出的,人民法院应当进行调解;调解不成的,告知当事人另行起诉。**双方当事人同意由第二审人民法院一并审理的,第二审人民法院可以一并裁判。**	1. 离婚损害赔偿本质上为侵权之诉,应适用普通诉讼时效期间为三年,故删除"离婚后一年内"的表述。 2.《最高人民法院关于适用〈中华人民共和国民事诉讼法〉的解释》第326条第2款中规定,当事人放弃对诉讼请求的审级利益的,人民法院可以一并审理。故本条添加"双方当事人同意由第二审人民法院一并审理的,第二审人民法院可以一并裁判"。
《婚姻法司法解释(二)》 **第二十七条** 当事人在婚姻登记机关办理离婚登记手续后,以**婚姻法第四十六条**规定为由向人民法院提出损害赔偿请求的,人民法院应当受理。但当事人在协议离婚时已经明确表示放弃该项请求,**或者在办理离婚登记手续一年后提出**的,不予支持。	**第八十九条** 当事人在婚姻登记机关办理离婚登记手续后,以**民法典第一千零九十一条**规定为由向人民法院提出损害赔偿请求的,人民法院应当受理。但当事人在协议离婚时已经明确表示放弃该项请求的,**人民法院**不予支持。	本解释删除"在办理离婚登记手续一年后提出"的内容。离婚损害赔偿本质上为侵权之诉,应适用普通诉讼时效期间,即三年。
《婚姻法司法解释(三)》 **第十七条** 夫妻双方均有**婚姻法第四十六条**规定的过错情形,一方或者双方向对方提出离婚损害赔偿请求的,人民法院不予支持。	**第九十条** 夫妻双方均有**民法典第一千零九十一条**规定的过错情形,一方或者双方向对方提出离婚损害赔偿请求的,人民法院不予支持。	未作实质修改。
	六、附 则	
	第九十一条 本解释自2021年1月1日起施行。	施行时间与民法典施行时间一致。

二、婚姻

中华人民共和国民法典(节录)

· 2020年5月28日第十三届全国人民代表大会第三次会议通过
· 2020年5月28日中华人民共和国主席令第45号公布
· 自2021年1月1日起施行

……

第五编　婚姻家庭

第一章　一般规定

第一千零四十条　【婚姻家庭编的调整范围】本编调整因婚姻家庭产生的民事关系。

注释 婚姻家庭编的调整范围,是婚姻家庭产生的民事关系,规定的是亲属身份关系的发生、变更和消灭,以及配偶、父母子女和其他一定范围的亲属之间的身份地位和权利义务关系。

第一千零四十一条　【婚姻家庭关系基本原则】婚姻家庭受国家保护。

实行婚姻自由、一夫一妻、男女平等的婚姻制度。

保护妇女、未成年人、老年人、残疾人的合法权益。

注释 婚姻自由包括结婚自由和离婚自由。结婚自由,是指婚姻当事人享有根据自己的意愿与他人缔结婚姻的自由,即是否结婚、和谁结婚,当事人有权自主决定,不允许任何一方对另一方加以强迫或任何第三者加以干涉。离婚自由,是指在婚姻关系难以维系的情况下,双方或一方可依法定程序解除婚姻关系的自由。结婚自由和离婚自由共同构成婚姻自由的完整内容。任何干涉他人婚姻自由的行为都是违法的,情节严重构成犯罪的,将依法追究刑事责任。

一夫一妻制,是指一男一女结为夫妻的婚姻制度。根据此规定,任何人都不能同时有两个或两个以上的配偶。这就要求已婚者在配偶死亡或离婚之前不得再行结婚。同时,任何形式的一夫多妻或一妻多夫的两性关系都是违法的,应当受到法律的取缔和制裁。

男女平等原则,是指男女双方在婚姻关系和家庭生活各方面都享有平等的权利,承担平等的义务。在我国,男女平等的内容十分广泛,包括政治、经济、文化、社会和家庭生活等各方面。本条中的男女平等,仅指在婚姻家庭生活中的男女平等,既包括夫妻双方男女平等,也包括其他家庭成员之间的男女平等,如男女双方在结婚、离婚等婚姻关系方面的平等;父母子女间权利义务的规定对不同性别的家庭成员平等适用、不同性别的家庭成员相互之间的权利、义务的平等。

第一千零四十二条　【禁止的婚姻家庭行为】禁止包办、买卖婚姻和其他干涉婚姻自由的行为。禁止借婚姻索取财物。

禁止重婚。禁止有配偶者与他人同居。

禁止家庭暴力。禁止家庭成员间的虐待和遗弃。

注释 包办婚姻,是指婚姻当事人以外的第三人(包括父母)违背当事人的意愿,强迫其缔结婚姻的行为。

买卖婚姻,是指婚姻当事人以外的第三人(包括父母)以索取大量财物为目的,违背当事人的意愿,强迫其缔结婚姻的行为。

包办婚姻、买卖婚姻是较为典型的干涉婚姻自由的行为,均为法律所禁止,二者的区别在于是否以索取大量财物为目的。如果有其他干涉婚姻自由的行为,也在法律禁止之列。由于包办、买卖或者他人干涉而缔结的婚姻并非无效婚姻,而是可撤销婚姻。受胁迫的一方可依据婚姻家庭编第1052条的规定向婚姻登记机关或人民法院请求撤销该婚姻。

男女双方虽为自愿结婚,但一方以索取一定财物作为结婚的条件,这属于借婚姻索取财物的行为。该行为与买卖婚姻存在区别:前者双方以自愿结婚为前提,并且索要财物的主体是婚姻当事人;后者则是由第三方强迫当事人结婚,双方或者至少一方当事人并非出于自愿,并且索要财物的主体是婚姻当事人以外的第三人。

婚姻中存在借婚姻索取财物行为的,离婚时对于一方向另一方索要的财物应依据《最高人民法院关于适用〈中华人民共和国民法典〉婚姻家庭编的解释(一)》第5条关于彩礼返还的规定进行处理。此处需要注意区分借婚姻索取财物与借婚姻之名骗取财物的区别。在后一种情况中,行为人的目的仅为骗取财物而无与对方缔结婚姻的意愿,应按照诈骗来处理。

重婚,是指有配偶而又与他人结婚的,或者明知他人有配偶而与之结婚或虽未登记结婚但事实上与他人以夫妻名义同居生活。根据《刑法》第258条规定构成重婚罪的,应依法追究刑事责任。在离婚诉讼过程中,一方当事人如发生重婚罪诉讼,离婚判决要依赖于该诉讼结果作为依据的,对方当事人可向人民法院申请离婚案的中止审理,待有关诉讼终结后再申请恢复审理。且如果因一方重婚导致离婚的,无过错方可以向人民法院提出离婚损害赔偿请求。

有配偶者与他人同居的情形,是指有配偶者与婚外异性,不以夫妻名义,持续、稳定地共同居住。当事人提起诉讼仅请求解除同居关系的,人民法院不予受理;已经受理的,裁定驳回起诉。当事人因同居期间财产分割或者子女抚养纠纷提起诉讼的,人民法院应当受理。

家庭暴力,是指家庭成员之间以殴打、捆绑、残害、限制人身自由以及经常性谩骂、恐吓等方式实施的身体、精神等侵害行为。在婚姻纠纷中,法院一旦认定构成家庭暴力,在确认夫妻感情确已破裂且调解无效时,会成为判决准予离婚的理由,并且涉及离婚损害赔偿问题。

持续性、经常性的家庭暴力,构成虐待。根据《刑法》第260条的规定,虐待家庭成员,情节恶劣的,构成虐待罪。虐待罪一般采取不告不理的原则,但被害人没有能力告诉或者因受到强制、威吓无法告诉的除外。如果虐待家庭成员,致使被害人重伤、死亡的,则属于公诉案件,公安机关应当立案侦查。

对于年老、年幼、患病或者其他没有独立生活能力的人,负有扶养义务而拒绝扶养,情节恶劣的,构成遗弃罪,追究刑事责任。

案例 **1. 郑某丽诉倪某斌离婚纠纷案——威胁作为一种家庭暴力手段的司法认定**(2014年2月28日最高人民法院公布十起涉家庭暴力典型案例)

裁判规则: 被告将一个裹着白布的篮球挂在家中的阳台上,且在白布上写着对原告具有攻击性和威胁性的字句,还经常击打篮球,从视觉上折磨原告,使原告产生恐惧感,该行为构成精神暴力。在夫妻发生矛盾时,被告对原告实施身体暴力致其轻微伤,最终导致了原、被告夫妻感情的完全破裂。被告对原告实施家庭暴力使原告遭受精神损害,被告应承担过错责任,故被告应酌情赔偿原告精神损害抚慰金。

2. 王某贵故意伤害、虐待案(2014年5月28日最高人民法院公布五起依法惩治侵犯儿童权益犯罪典型案例)

裁判规则: 本案是一起典型的继母对未成年子女实施家庭暴力构成犯罪的案件,其中反映出两点尤其具有参考意义:一是施暴人实施家庭暴力,往往是一个长期、反复的过程。在这一过程中,大部分家庭暴力行为,依照刑法的规定构成虐待罪,但其中又有一次或几次家庭暴力行为,已经符合了刑法规定的故意伤害罪的构成要件,依法构成故意伤害罪。依照刑事诉讼法的规定,故意伤害罪属于公诉案件,虐待罪没有致被害人重伤、死亡的属于自诉案件。人民检察院只能对被告人犯故意伤害罪提起公诉,自诉人可以对被告人犯虐待罪另行提起告诉(即自诉)。人民法院可以将相关公诉案件和自诉案件合并审理。这样处理,既便于在事实、证据的认定方面保持一致,也有利于全面反映被告人实施家庭暴力犯罪的多种情节,综合衡量应当判处的刑罚,还有利于节省司法资源。本案的审判程序即反映出涉及家庭暴力犯罪案件"公诉、自诉合并审理"的特点。二是未成年子女的亲生父母离婚后,对该子女的监护权都是法定的,没有权利放弃、转让,不论是否和该子女共同居住,仍然属于该子女的法定代理人。在未成年子女遭受侵害的时候,未与该子女共同生活的一方,仍然可以以法定代理人的身份,代为提起告诉。本案被害人张某的生母张美丽,在与张某的生父张建志离婚后,虽然没有与张某共同生活,但其作为张某的法定代理人,代张某向人民法院提起虐待罪告诉,是合乎法律规定的。

链接《反家庭暴力法》;《刑法》第258、260、261条;《最高人民法院关于适用〈中华人民共和国民法典〉婚姻家庭编的解释(一)》第1—3条

第一千零四十三条 【婚姻家庭道德规范】家庭应当树立优良家风,弘扬家庭美德,重视家庭文明建设。

夫妻应当互相忠实,互相尊重,互相关爱;家庭成员应当敬老爱幼,互相帮助,维护平等、和睦、文明的婚姻家庭关系。

注释 当事人仅以本条为依据提起诉讼的,人民法院不予受理;已经受理的,裁定驳回起诉。

案例 **自愿赡养老人继承遗产案——高某翔诉高甲、高乙、高丙继承纠纷案**(最高人民法院发布人民法院大力弘扬社会主义核心价值观十大典型民事案例之九)

裁判规则:遗产继承处理的不仅是当事人之间的财产关系,还关系到家庭伦理和社会道德风尚,继承人应当本着互谅互让、和睦团结的精神消除误会,积极修复亲情关系,共促良好家风。本案中,高某翔虽没有赡养祖父母的法定义务,但其能专职侍奉生病的祖父母多年直至老人病故,是良好社会道德风尚的具体体现,应当予以鼓励。本案裁判结合《继承法》的规定对高某翔的赡养行为给予高度肯定,确定了其作为非法定继承人享有第一顺位的继承权利,并结合其赡养行为对高某翔适当继承遗产的范围进行合理认定,实现了情理法的有机融合,弘扬了团结友爱、孝老爱亲的中华民族传统美德。

第一千零四十四条 【收养的原则】收养应当遵循最有利于被收养人的原则,保障被收养人和收养人的合法权益。

禁止借收养名义买卖未成年人。

第一千零四十五条 【亲属、近亲属与家庭成员】亲属包括配偶、血亲和姻亲。

配偶、父母、子女、兄弟姐妹、祖父母、外祖父母、孙子女、外孙子女为近亲属。

配偶、父母、子女和其他共同生活的近亲属为家庭成员。

注释 我国亲属分为三个种类:

(1)配偶,是亲属,是关系最为密切的亲属,是因男女双方结婚而发生的亲属,是血亲的源泉、姻亲的基础。配偶的亲属身份始于结婚,终于配偶一方死亡或离婚。

(2)血亲,是指有血缘联系的亲属,是亲属中的主要部分。血亲分为自然血亲和拟制血亲。自然血亲是指出于同一祖先、有血缘联系的亲属,如父母与子女、祖父母与孙子女、外祖父母与外孙子女、兄弟姐妹等。拟制血亲是指本无血缘联系或者没有直接的血缘联系,但法律确认与自然血亲有同等权利义务的亲属。拟制血亲一般因收养而产生,在养父母养子女之间产生父母子女的权利义务关系。血亲还分为直系血亲和旁系血亲。直系血亲是指有直接血缘关系的亲属,包括生育自己和自己所生育的上下各代的亲属。旁系血亲是指有间接血缘关系的亲属,即与自己同出一源的亲属。

(3)姻亲,是指以婚姻为中介而产生的亲属,配偶一方与另一方的血亲之间为姻亲关系。如公婆与儿媳、岳父母与女婿等。我国的姻亲分为三类:一是血亲的配偶,是指己身的血亲包括直系血亲和旁系血亲的配偶。二是配偶的血亲,是指配偶的直系血亲和旁系血亲。三是配偶的血亲的配偶,是指自己配偶的血亲的夫或者妻。

链接《民法典》第28、1050条

第二章 结　婚

第一千零四十六条 【结婚自愿】结婚应当男女双方完全自愿,禁止任何一方对另一方加以强迫,禁止任何组织或者个人加以干涉。

注释 婚姻,是指男女双方以共同生活为目的,以产生配偶之间的权利义务为内容的两性结合。结婚是男女双方依照法律规定的条件和程序缔结配偶关系,并由此产生相应的民事权利、义务和责任的身份法律行为。

法律要求结婚应当男女双方完全自愿,具体表现为:1. 双方自愿而不是单方自愿;2. 双方本人自愿而不是父母或者第三者自愿;3. 完全自愿而不是勉强同意。法律禁止当事人的父母或者第三人对婚姻进行包办、强迫或者执意干预,排斥当事人非自愿的被迫同意。

除本条外,《妇女权益保障法》第61条规定,国家保护妇女的婚姻自主权,禁止干涉妇女的结婚、离婚自由。《老年人权益保障法》第21条规定,老年人的婚姻自由受法律保护。子女或者其他亲属不得干涉老年人离婚、再婚及婚后的生活。赡养人的赡养义务也不因老年人的婚姻关系变化而消除。

根据《刑法》第 257 条规定,以暴力干涉他人婚姻自由的,构成暴力干涉婚姻自由罪。暴力干涉婚姻自由罪属于告诉才处理的案件。但如果暴力干涉婚姻自由致使被害人死亡的,则属于公诉案件,公安机关应当立案侦查。

链接《宪法》第 49 条;《民法典》第 1042、1047 条;《妇女权益保障法》第 61 条;《老年人权益保障法》第 21 条;《刑法》第 257 条

第一千零四十七条 【法定婚龄】结婚年龄,男不得早于二十二周岁,女不得早于二十周岁。

注释 法定婚龄是法律规定的允许结婚的最低年龄。本条关于法定婚龄的规定是强制性规定,婚姻关系当事人均须遵行。双方或一方未达法定婚龄要求结婚的,由于其不满足法定婚龄的结婚要件,婚姻登记机关将不予登记。未达法定婚龄的当事人,即使通过隐瞒真实年龄或因婚姻登记机关审查不严而登记结婚,该婚姻也为无效婚姻,不具有婚姻的法律效力,婚姻当事人及其近亲属可以申请人民法院宣告婚姻无效。

第一千零四十八条 【禁止结婚的情形】直系血亲或者三代以内的旁系血亲禁止结婚。

注释 直系血亲,是指和自己有直接血缘关系的亲属,依照世代计算法规定,凡是出自于同一祖父母、外祖父母的血亲都是禁婚亲,包括生出自己的长辈(父母、祖父母、外祖父母以及更上的长辈)和自己生出来的下辈(子女、孙子女、外孙子女以及更下的直接晚辈)。

旁系血亲是具有间接血缘关系的亲属,即非直系血亲而在血缘上和自己同出一源的亲属。三代以内旁系血亲是在血缘上和自己同出于三代以内的亲属。这里的三代是从自己开始计算为一代的三代,一是兄弟姐妹;二是伯、叔、姑与侄、侄女,舅、姨与甥、甥女;三是堂兄弟姐妹和表兄弟姐妹。

链接《婚姻登记条例》第 6 条

第一千零四十九条 【结婚程序】要求结婚的男女双方应当亲自到婚姻登记机关申请结婚登记。符合本法规定的,予以登记,发给结婚证。完成结婚登记,即确立婚姻关系。未办理结婚登记的,应当补办登记。

注释 内地居民结婚,男女双方应当共同到一方当事人常住户口所在地的婚姻登记机关办理结婚登记。中国公民同外国人在中国内地结婚的,内地居民同香港居民、澳门居民、台湾居民、华侨在中国内地结婚的,男女双方应当共同到内地居民常住户口所在地的婚姻登记机关办理结婚登记。

婚姻登记机关应当对结婚登记当事人出具的证件、证明材料进行审查并询问相关情况。对当事人符合结婚条件的,应当当场予以登记,发给结婚证。

男女双方依据本条规定补办结婚登记的,婚姻关系的效力从双方均符合《民法典》所规定的结婚的实质要件时起算。

未依据本条规定办理结婚登记而以夫妻名义共同生活的男女,提起诉讼要求离婚的,应当区别对待:(1)1994 年 2 月 1 日民政部《婚姻登记管理条例》公布实施以前,男女双方已经符合结婚实质要件的,按事实婚姻处理。(2)1994 年 2 月 1 日民政部《婚姻登记管理条例》公布实施以后,男女双方符合结婚实质要件的,人民法院应当告知其补办结婚登记。未补办结婚登记的,当事人提起诉讼仅请求解除同居关系的,人民法院不予受理;已经受理的,裁定驳回起诉。当事人因同居期间财产分割或者子女抚养纠纷提起诉讼的,人民法院应当受理。未依据本条规定办理结婚登记而以夫妻名义共同生活的男女,一方死亡,另一方以配偶身份主张享有继承权的,也依据前述原则处理。

实务问答 如何申请结婚登记?

1. 内地居民在中国境内申请结婚。办理结婚登记的内地居民应当出具下列证件和证明材料:(1)本人的户口簿、身份证。(2)本人无配偶以及与对方当事人没有直系血亲和三代以内旁系血亲关系的签字声明。离过婚的,还应当持离婚证。离婚的当事人恢复夫妻关系的,必须双方亲自到一方户口所在地的婚姻登记机关申请复婚登记。

2. 港澳台居民在中国境内申请结婚。办理结婚登记的香港居民、澳门居民、台湾居民应当出具下列证件和证明材料:(1)本人的有效通行证、身份证。(2)经居住地公证机构公证的本人无配偶以及与对方当事人没有直系血亲和三代以内旁系血亲关系的声明。

3. 华侨在中国境内申请结婚。办理结婚登记的华侨应当出具下列证件和证明材料:(1)本人的有效护照。(2)居住国公证机构或者有权机关出具的、经中华人民共和国驻该国使(领)馆认证的本人无配偶以及与对方当事人没有直系血亲和

三代以内旁系血亲关系的证明,或者中华人民共和国驻该国使(领)馆出具的本人无配偶以及与对方当事人没有直系血亲和三代以内旁系血亲关系的证明。

4. 外国人在中国境内申请结婚。办理结婚登记的外国人应当出具下列证件和证明材料:(1)本人的有效护照或者其他有效的国际旅行证件。(2)所在国公证机构或者有权机关出具的、经中华人民共和国驻该国使(领)馆认证或者该国驻华使(领)馆认证的本人无配偶的证明,或者所在国驻华使(领)馆出具的本人无配偶的证明。

申请婚姻登记的当事人,应当如实向婚姻登记机关提供规定的有关证件和证明,不得隐瞒真实情况。

案例 **杨某坚诉周某妹、周某皮返还聘金纠纷案**(《最高人民法院公报》2002 年第 3 期)

裁判规则:双方未办结婚登记,而是按民间习俗举行仪式"结婚",进而以夫妻名义共同生活。这种不被法律承认的"婚姻"构成同居关系,应当解除。原告杨某在同居前给付聘金的行为虽属赠与,但该赠与行为追求的是双方结婚。现结婚不能实现,为结婚而赠与的财物应当返还。一审根据本案的实际情况,在酌情扣除为举办"结婚"仪式而支出的费用后,判决被告周某将聘金的余款返还给原告,判处恰当。被告上诉认为 23 万元的聘金是原告杨某的无偿赠与,不应返还,其理由缺乏法律依据,不予采纳。

链接《婚姻登记条例》第 4—7 条;《最高人民法院关于适用〈中华人民共和国民法典〉婚姻家庭编的解释(一)》第 6—8 条

第一千零五十条 【男女双方互为家庭成员】 登记结婚后,按照男女双方约定,女方可以成为男方家庭的成员,男方可以成为女方家庭的成员。

注释 本条是关于男女双方在登记结婚后互为家庭成员的规定。缔结婚姻后,无论男女双方采取何种组成家庭的方式,都应当由男女双方平等协商,双方享有共同约定的权利,任何一方不得将自己的意志强加给对方,第三人也不得对此加以干涉。

第一千零五十一条 【婚姻无效的情形】 有下列情形之一的,婚姻无效:

(一)重婚;

(二)有禁止结婚的亲属关系;

(三)未到法定婚龄。

注释 无效婚姻,是指男女因违反法律规定的结婚要件而不具有法律效力的两性违法结合。无效婚姻自始无效,当事人之间不具有夫妻间的权利义务。当事人依据本条规定向人民法院请求确认婚姻无效,法定的无效婚姻情形在提起诉讼时已经消失的,人民法院不予支持。

对婚姻效力的审理不适用调解,应当依法作出判决。人民法院受理请求确认婚姻无效案件后,原告申请撤诉的,不予准许。涉及财产分割和子女抚养的,可以调解。调解达成协议的,另行制作调解书;未达成调解协议的,应当一并作出判决。

相较于原《婚姻法》,本条删除了"婚前患有医学上认为不应当结婚的疾病,婚后尚未治愈"导致婚姻无效的规定。

根据本条规定,导致婚姻无效的原因包括:

1. 重婚。我国实行一夫一妻制,禁止重婚。任何人不能同时有两个或两个以上的配偶,否则即构成重婚。重婚的,应当确认后婚无效,维持前婚效力,对因重婚导致离婚的,无过错方有权请求损害赔偿。重婚构成犯罪的还应当依法追究重婚者的刑事责任。有配偶的一方重婚当然构成重婚罪。无配偶一方的重婚,以其是否"明知"重婚对方有配偶来区分主观上的恶意和善意,也是决定其是否构成《刑法》上重婚罪的区分标准。具体来说,如果无配偶一方明知他人有配偶而与之登记结婚,则其主观上是恶意的,构成《刑法》上的重婚罪;如果无配偶一方不知他人有配偶而与之登记结婚,则其主观上不具有恶意,不构成《刑法》上的重婚罪。但不论无配偶一方为善意还是恶意,都将导致婚姻无效。

2. 有禁止结婚的亲属关系。

3. 未到法定婚龄。婚姻当事人任何一方的年龄未达法定婚龄的,婚姻皆无效。

当事人以本条规定的三种无效婚姻以外的情形请求确认婚姻无效的,人民法院应当判决驳回当事人的诉讼请求。

当事人以结婚登记程序存在瑕疵为由提起民事诉讼,主张撤销结婚登记的,告知其可以依法申请行政复议或者提起行政诉讼。

有权依据本条规定向人民法院就已办理结婚登记的婚姻请求确认婚姻无效的主体,包括婚姻当事人及利害关系人。其中,利害关系人包括:

(1)以重婚为由的,为当事人的近亲属及基层组织;(2)以未到法定婚龄为由的,为未到法定婚龄者的近亲属;(3)以有禁止结婚的亲属关系为由的,为当事人的近亲属。夫妻一方或者双方死亡后,生存一方或者利害关系人依据本规定请求确认婚姻无效的,人民法院应当受理。

链接《民法典》第1042、1047、1048、1054、1079条;《最高人民法院关于适用〈中华人民共和国民法典〉婚姻家庭编的解释(一)》第9—17条

第一千零五十二条 【受胁迫婚姻的撤销】因胁迫结婚的,受胁迫的一方可以向人民法院请求撤销婚姻。

请求撤销婚姻的,应当自胁迫行为终止之日起一年内提出。

被非法限制人身自由的当事人请求撤销婚姻的,应当自恢复人身自由之日起一年内提出。

注释 可撤销婚姻,是指已经成立的婚姻关系因欠缺婚姻合意,受胁迫的一方当事人可向人民法院申请撤销的违法两性结合。

胁迫,是指行为人以给另一方当事人或者其近亲属的生命、身体、健康、名誉、财产等方面造成损害为要挟,迫使另一方当事人违背真实意愿结婚的情况。

构成婚姻胁迫,须具备以下要件:(1)行为人为婚姻当事人或者第三人。至于受胁迫者,则既可以是婚姻关系当事人,也可以是婚姻关系当事人的近亲属。(2)行为人须有胁迫的故意,是通过自己的威胁而使一方当事人产生恐惧心理,并基于这种心理而被迫同意结婚。(3)行为人须实施胁迫行为,使其产生恐惧心理。(4)受胁迫人同意结婚与胁迫行为之间须有因果关系。

因受胁迫而请求撤销婚姻的,只能是受胁迫一方的婚姻关系当事人本人。需注意的是,本条规定,因胁迫结婚的,受胁迫的一方可以向人民法院请求撤销婚姻,因此婚姻登记机关不再受理因胁迫结婚的撤销婚姻申请。撤销婚姻的请求权受除斥期间的约束,除斥期间为1年,不适用诉讼时效中止、中断或者延长的规定。受胁迫或者被非法限制人身自由的当事人请求撤销婚姻的,不适用本条第2款的规定。被非法限制人身自由的当事人请求撤销婚姻的,则应当自恢复人身自由之日起1年内提出。超过除斥期间的,撤销权消灭,不得再提出撤销婚姻的请求。

实务问答 **因胁迫而缔结的婚姻关系怎么处理?**

因胁迫而结婚,主要是指婚姻关系中的一方当事人或者婚姻关系之外的第三人,对婚姻关系中的另一方当事人,予以威胁或者强迫,使婚姻中的另一方当事人违背自己的意愿而缔结婚姻关系的婚姻。胁迫婚姻违反了结婚须男女双方完全自愿的原则,是违法婚姻,但是考虑到被胁迫的一方,在结婚时,虽然是违背了自己的意愿与他人缔结了婚姻关系,但有可能在和他人结婚后,组建了家庭,经过一段时间生活,与对方建立了一定的感情,婚姻关系还不错,特别是在有了孩子的情况下,与对方、孩子更有一种难以割舍的关系,在这种情况下,法律明确规定胁迫婚姻为无效婚姻,不一定适当,所以将因胁迫而缔结的婚姻,规定为可撤销婚姻,把是否否认其婚姻效力的申请请求权交给受胁迫方。如果受胁迫方不想维持因胁迫而缔结的婚姻,可以向人民法院请求撤销该婚姻,经审查核实,宣告该婚姻没有法律效力;如果最初受胁迫,但后来愿意共同生活,则可以放弃申请撤销婚姻效力的请求权,人民法院不能主动撤销当事人的婚姻关系。

第一千零五十三条 【隐瞒重大疾病的可撤销婚姻】一方患有重大疾病的,应当在结婚登记前如实告知另一方;不如实告知的,另一方可以向人民法院请求撤销婚姻。

请求撤销婚姻的,应当自知道或者应当知道撤销事由之日起一年内提出。

注释 在缔结婚姻关系时,如果一方患有重大疾病,对对方当事人负有告知义务,应当在结婚登记前如实告知另一方,对方当事人同意的,当然可以缔结婚姻关系。患病一方当事人如果不尽告知义务,即不告知或者虚假告知,另一方当事人享有撤销权,可以向人民法院请求撤销该婚姻。

因重大疾病未告知而提出撤销婚姻请求的撤销权,受除斥期间的限制,除斥期间为一年,权利人自知道或者应当知道撤销事由之日起一年内提出。超过除斥期间,撤销权消灭,不得再提出撤销婚姻的请求。

第一千零五十四条 【婚姻无效或被撤销的法律后果】无效的或者被撤销的婚姻自始没有法律约束力,当事人不具有夫妻的权利和义务。同居期间所得的财产,由当事人协议处理;协议不成的,由人民法院根据照顾无过错方的原则判决。

对重婚导致的无效婚姻的财产处理,不得侵害合法婚姻当事人的财产权益。当事人所生的子女,适用本法关于父母子女的规定。

婚姻无效或者被撤销的,无过错方有权请求损害赔偿。

注释 婚姻无效或被撤销的法律后果:

(1)对当事人的法律后果。婚姻关系自始没有法律约束力。"自始没有法律约束力",是指无效婚姻或者可撤销婚姻在依法被确认无效或者被撤销时,才确定该婚姻自始不受法律保护。婚姻无效或者被撤销的效力溯及既往,从婚姻关系开始时起就不具有婚姻的效力,当事人不具有夫妻的权利义务,相互不享有配偶权,并且自始不享有配偶权。

(2)对子女的法律后果。对无效婚姻关系或者可撤销婚姻关系中父母所生育的子女与婚生子女一样适用本法关于父母子女的规定,不受其父母婚姻无效或被撤销的影响。在婚姻被宣告无效或者被撤销后,当事人必须妥善处理子女的抚养和教育问题;当事人不能就子女的抚养和教育达成协议的,由人民法院依法判决。

(3)对财产的法律后果。由于无效婚姻关系不具有婚姻的法律效力,因而原则上不能适用夫妻财产制的有关规定。被确认无效或者被撤销的婚姻,当事人同居期间所得的财产,除有证据证明为当事人一方所有的以外,按共同共有处理。

(4)对重婚导致的无效婚姻的财产处理,应当保护好合法婚姻关系当事人的权益,妥善处理,不得侵害合法婚姻当事人的财产权益。人民法院审理重婚导致的无效婚姻案件时,涉及财产处理的,应当准许合法婚姻当事人作为有独立请求权的第三人参加诉讼。

(5)婚姻无效或者被撤销的,无过错方有权向人民法院起诉请求损害赔偿。

链接《民法典》第297—309、1051、1052、1067—1073条;《最高人民法院关于适用〈中华人民共和国民法典〉婚姻家庭编的解释(一)》第16—22条

第三章 家庭关系

第一节 夫妻关系

第一千零五十五条 【夫妻平等】夫妻在婚姻家庭中地位平等。

第一千零五十六条 【夫妻姓名权】夫妻双方都有各自使用自己姓名的权利。

第一千零五十七条 【夫妻人身自由权】夫妻双方都有参加生产、工作、学习和社会活动的自由,一方不得对另一方加以限制或者干涉。

第一千零五十八条 【夫妻抚养、教育和保护子女的权利义务平等】夫妻双方平等享有对未成年子女抚养、教育和保护的权利,共同承担对未成年子女抚养、教育和保护的义务。

注释 在离婚诉讼期间,双方均拒绝抚养子女的,可以先行裁定暂由一方抚养。

对拒不履行或者妨害他人履行生效判决、裁定、调解书中有关子女抚养义务的当事人或者其他人,人民法院可依照民事诉讼法第114条的规定,根据情节轻重予以罚款、拘留;构成犯罪的,依法追究刑事责任。

链接《民法典》第26—39、1188、1189条;《最高人民法院关于适用〈中华人民共和国民法典〉婚姻家庭编的解释(一)》第60、61条

第一千零五十九条 【夫妻扶养义务】夫妻有相互扶养的义务。

需要扶养的一方,在另一方不履行扶养义务时,有要求其给付扶养费的权利。

注释 夫妻之间的扶养,是指夫妻在物质上和生活上互相扶助、互相供养。这种权利和义务夫妻双方完全平等,有扶养能力的一方必须自觉承担这一义务,尤其是在一方丧失劳动能力时,更应当履行这一义务。一方违反这一义务,另一方有权要求其履行,可以请求有关组织调解,也可以向人民法院提起请求给付之诉,要求对方给付扶养费。

链接《刑法》第261条;《老年人权益保障法》第23条

第一千零六十条 【夫妻日常家事代理权】夫妻一方因家庭日常生活需要而实施的民事法律行为,对夫妻双方发生效力,但是夫妻一方与相对人另有约定的除外。

夫妻之间对一方可以实施的民事法律行为范围的限制,不得对抗善意相对人。

注释 家事代理权,是指配偶一方在与第三人就家庭日常事务为一定法律行为时,享有代理对方行使的权利。家事代理权行使的法律后果是,配偶一方代表家庭所为的行为,对双方均发生效力,由

双方承担连带责任。家事代理权与表见代理相似,适用表见代理的原理,其目的在于保护无过失第三人的利益,有利于保障交易的动态安全。

家事代理权的行使规则是:

1. 代理的事务限于家庭日常事务。诸如一家的食物、衣着等用品的购买,保健、娱乐、医疗,子女的教养,家具及日常用品的购置,保姆、家庭教师的聘用,亲友的馈赠,报纸杂志的订阅,皆包含在内。对于这类事务,夫妻间均有代理权,一方不得以不知情而推卸共同的责任。

2. 紧迫情形处理的代理权推定。该代理权的范围可以适当扩张,推定有代理权。对于夫妻一方在紧迫情形下,如果为婚姻共同生活的利益考虑,某业务不容延缓,并且他方配偶因疾病、缺席或者类似原因,无法表示同意时,推定夫妻一方对超出日常事务代理权范围的其他事务的代理,为有代理权。

3. 其他事务的共同决定。超出上述范围的婚姻家庭事务,应当由夫妻双方共同决定,一方不得擅自决定。

4. 第三人无法辨别配偶一方是否有代理权的责任。如果配偶中任何一方实施的行为为个人责任,该行为无法使第三人辨别是否已经超越日常事务代理权的,他方配偶应当承担连带责任。

夫妻一方滥用家事代理权的,他方可以对其代理权加以限制。为了保障交易的安全,保护善意第三人的合法利益,该种限制不得对抗善意第三人。

链接《民法典》第1062条

第一千零六十一条 【夫妻遗产继承权】夫妻有相互继承遗产的权利。

链接《民法典》第124、1127条;《妇女权益保障法》第58、59条

第一千零六十二条 【夫妻共同财产】夫妻在婚姻关系存续期间所得的下列财产,为夫妻的共同财产,归夫妻共同所有:

(一)工资、奖金、劳务报酬;

(二)生产、经营、投资的收益;

(三)知识产权的收益;

(四)继承或者受赠的财产,但是本法第一千零六十三条第三项规定的除外;

(五)其他应当归共同所有的财产。

夫妻对共同财产,有平等的处理权。

注释 1. 工资、奖金、劳务报酬,均为劳动所得,是指夫或妻一方或者双方从事一切劳动包括脑力劳动、体力劳动所获得的工资报酬和奖金报酬等。

2. 生产、经营、投资的收益,凡属于夫妻关系存续期间一方或双方从事生产、经营、投资等所获收益,均为夫妻共同财产。

3. 知识产权的收益,是指婚姻关系存续期间,实际取得或者已经明确可以取得的财产性收益。包括作品出版发行或允许他人使用而获得的报酬;专利权人许可他人使用其专利或者转让专利权所取得的收入;商标所有人许可他人使用其注册商标或转让商标权所取得的收入等。

4. 共同受赠、继承的财产,为夫妻共有财产。但是,按照《民法典》第1063条第3项规定,遗嘱或者赠与合同中确定只归夫或妻一方的财产除外。当事人结婚前,父母为双方购置房屋出资的,该出资应当认定为对自己子女个人的赠与,但父母明确表示赠与双方的除外。当事人结婚后,父母为双方购置房屋出资的,依照约定处理;没有约定或者约定不明确的,除遗嘱或者赠与合同中确定只归一方,则为夫妻共同财产。

5. 其他应当归共同所有的财产,包括:(1)一方以个人财产投资取得的收益;(2)男女双方实际取得或者应当取得的住房补贴、住房公积金;(3)男女双方实际取得或者应当取得的基本养老金、破产安置补偿费。

6. 夫妻一方个人财产在婚后产生的收益,除孳息和自然增值外,应认定为夫妻共同财产。

7. 由一方婚前承租、婚后用共同财产购买的房屋,登记在一方名下的,应当认定为夫妻共同财产。

关于"夫妻对共同所有的财产,有平等的处理权"的规定,应当理解为:(1)夫或妻在处理夫妻共同财产上的权利是平等的。因日常生活需要而处理夫妻共同财产的,任何一方均有权决定。(2)夫或妻非因日常生活需要对夫妻共同财产做重要处理决定,夫妻双方应当平等协商,取得一致意见。他人有理由相信其为夫妻双方共同意思表示的,另一方不得以不同意或不知道为由对抗善意第三人。

案例 **彭某静与梁某平、王某山、河北金海岸房地产开发有限公司股权转让侵权纠纷案**(《最高人民法院公报》2009年第5期)

裁判规则：夫妻双方共同出资设立公司的，应当以各自所有的财产作为注册资本，并各自承担相应的责任。因此，夫妻双方登记注册公司时应当提交财产分割证明。未进行财产分割的，应当认定为夫妻双方以共同共有财产出资设立公司，在夫妻关系存续期间，夫或妻名下的公司股份属于夫妻双方共同共有的财产，作为共同共有人，夫妻双方对该项财产享有平等的占有、使用、收益和处分的权利。

夫或妻非因日常生活需要对夫妻共同财产做重要处理决定，夫妻双方应当平等协商，取得一致意见。他人有理由相信其为夫妻双方共同意思表示的，另一方不得以不同意或不知道为由对抗善意第三人。因此，夫或妻一方转让共同共有的公司股权的行为，属于对夫妻共同财产做出重要处理，应当由夫妻双方协商一致并共同在股权转让协议、股东会决议和公司章程修正案上签名。

夫妻双方共同共有公司股权的，夫或妻一方与他人订立股权转让协议的效力问题，应当根据案件事实，结合另一方对股权转让是否明知、受让人是否为善意等因素进行综合分析。如果能够认定另一方明知股权转让且受让人是基于善意，则股权转让协议对于另一方具有约束力。

链接《最高人民法院关于适用〈中华人民共和国民法典〉婚姻家庭编的解释(一)》第24—27条

第一千零六十三条　【夫妻个人财产】下列财产为夫妻一方的个人财产：

(一)一方的婚前财产；

(二)一方因受到人身损害获得的赔偿或者补偿；

(三)遗嘱或者赠与合同中确定只归一方的财产；

(四)一方专用的生活用品；

(五)其他应当归一方的财产。

注释 1. 婚前个人财产。婚前个人所有的货币及一般的生产资料、生活资料归个人所有，不属于夫妻共同财产。

2. 一方因受到人身损害获得的赔偿和补偿。一方因受人身伤害而获得的医疗费、残疾人生活补助费等赔偿和补偿，是因其受到人身损害而得到的赔偿金和补偿费。该种财产具有人身性质，是用于保障受害人生活的基本费用，须归个人所有，不能作为夫妻共同财产。

3. 赠与合同或遗嘱中确定只归夫或妻一方的财产。赠与人或被继承人明确以赠与、继承给个人为条件，所赠与或者所继承的物品具有鲜明的个人属性，也体现了财产所有人支配财产的真实意志，完全是所有权应有的内容。这些财产属于夫妻个人财产。

4. 一方专用的生活物品。个人衣物、书籍、资料等，都是极具个人属性的财产，为个人财产。在离婚纠纷中争夺这些财产的也不在少数。在生活物品中，应当注意贵重物品和其他奢侈品除外，因为这些物品中有些价值极大，完全归一方所有不公平。

5. 军人的伤亡保险金、伤残补助金、医药生活补助费属于个人财产。

本条规定为夫妻一方的个人财产，不因婚姻关系的延续而转化为夫妻共同财产。但当事人另有约定的除外。

链接《民法典》第1062、1065条；《最高人民法院关于适用〈中华人民共和国民法典〉婚姻家庭编的解释(一)》第30、31条

第一千零六十四条　【夫妻共同债务】夫妻双方共同签名或者夫妻一方事后追认等共同意思表示所负的债务，以及夫妻一方在婚姻关系存续期间以个人名义为家庭日常生活需要所负的债务，属于夫妻共同债务。

夫妻一方在婚姻关系存续期间以个人名义超出家庭日常生活需要所负的债务，不属于夫妻共同债务；但是，债权人能够证明该债务用于夫妻共同生活、共同生产经营或者基于夫妻双方共同意思表示的除外。

注释 本条规定的确定夫妻共同债务的规则是：夫妻双方共同签名或者夫妻一方事后追认等共同意思表示所负的债务，以及夫妻一方在婚姻关系存续期间以个人名义为家庭日常生活需要所负的债务，属于夫妻共同债务。具体标准是：

1. 夫妻双方共同签名或者夫妻一方事后追认等共同意思表示所负的债务。

法律准许夫妻双方对财产的所有关系进行约定，也包括对债务的负担进行约定，双方约定归个人负担的债务，为个人债务。约定个人债务，可以与财产所有的约定一并约定，也可以单独约定。举债时没有夫妻的共同约定，但是举债之后对方配偶追认是夫妻共同债务的，当然也是夫妻共同债务。

2. 夫妻一方在婚姻关系存续期间以个人名义

为家庭日常生活需要所负的债务。

夫妻一方在婚姻关系存续期间以个人名义超出家庭日常生活需要所负的债务，不属于夫妻共同债务。例如，一方未经对方同意擅自资助与其没有扶养义务的亲朋所负的债务；一方未经对方同意独自筹资从事经营活动，其收入确未用于共同生活所负的债务；因个人实施违法行为所欠债务；婚前一方所欠债务；婚后一方为满足个人欲望确系与共同生活无关而负的债务等。为保护债权人的合法权益，本条特别规定，债权人能够证明该债务用于夫妻共同生活、共同生产经营或者基于夫妻双方共同意思表示的除外。

实践中对于夫妻共同债务的处理还需注意以下几个问题：

1. 债权人就一方婚前所负个人债务向债务人的配偶主张权利的，人民法院不予支持。但债权人能够证明所负债务用于婚后家庭共同生活的除外。

2. 夫妻一方与第三人串通，虚构债务，第三人主张该债务为夫妻共同债务的，人民法院不予支持。

3. 夫妻一方在从事赌博、吸毒等违法犯罪活动中所负债务，第三人主张该债务为夫妻共同债务的，人民法院不予支持。

4. 当事人的离婚协议或者人民法院生效判决、裁定、调解书已经对夫妻财产分割问题作出处理的，债权人仍有权就夫妻共同债务向男女双方主张权利。一方就夫妻共同债务承担清偿责任后，主张由另一方按照离婚协议或者人民法院的法律文书承担相应债务的，人民法院应予支持。

5. 夫或者妻一方死亡的，生存一方应当对婚姻关系存续期间的夫妻共同债务承担清偿责任。

案例 赵某诉项某敏、何某琴民间借贷纠纷案（《最高人民法院公报》2014 年第 12 期）

裁判规则：夫妻一方具有和第三人恶意串通、通过虚假诉讼虚构婚内债务嫌疑的，该夫妻一方单方自认债务，并不必然免除“出借人”对借贷关系成立并生效的事实应承担的举证责任。

借款人配偶未参加诉讼且出借人及借款人均未明确表示放弃该配偶可能承担的债务份额的，为查明案件事实，应依法追加与案件审理结果具有利害关系的借款人配偶作为第三人参加诉讼，以形成实质性的对抗。

出借人仅提供借据佐证借贷关系的，应深入调查辅助性事实以判断借贷合意的真实性，如举债的必要性、款项用途的合理性等。出借人无法提供证据证明借款交付事实的，应综合考虑出借人的经济状况、资金来源、交付方式、在场见证人等因素判断当事人陈述的可信度。对于大额借款仅有借据而无任何交付凭证、当事人陈述有重大疑点或矛盾之处的，应依据证据规则认定“出借人”未完成举证义务，判决驳回其诉讼请求。

链接《最高人民法院关于适用〈中华人民共和国民法典〉婚姻家庭编的解释（一）》第 33—36 条

第一千零六十五条　【夫妻约定财产制】男女双方可以约定婚姻关系存续期间所得的财产以及婚前财产归各自所有、共同所有或者部分各自所有、部分共同所有。约定应当采用书面形式。没有约定或者约定不明确的，适用本法第一千零六十二条、第一千零六十三条的规定。

夫妻对婚姻关系存续期间所得的财产以及婚前财产的约定，对双方具有法律约束力。

夫妻对婚姻关系存续期间所得的财产约定归各自所有，夫或者妻一方对外所负的债务，相对人知道该约定的，以夫或者妻一方的个人财产清偿。

注释 夫妻财产约定的内容是，可以约定婚姻关系存续期间所得的财产以及婚前财产归各自所有、共同所有或者部分各自所有、部分共同所有。夫妻财产约定的形式是，应当采用书面形式，即书面协议。夫妻财产约定的范围是，夫妻对婚姻关系存续期间所得的财产以及婚前财产的约定，对双方具有约束力。

夫妻财产约定的效力是，对双方具有约束力，第三人知道该约定的，可以对抗该第三人。就“相对人知道该约定”，夫妻一方对此负有举证责任。

案例 唐某诉李某某、唐某乙法定继承纠纷案（《最高人民法院公报》2014 年第 12 期）

裁判规则：夫妻之间达成的婚内财产分割协议是双方通过订立契约对采取何种夫妻财产制所作的约定，是双方协商一致对家庭财产进行内部分配的结果，在不涉及婚姻家庭以外第三人利益的情况下，应当尊重夫妻之间的真实意思表示，按照双方达成的婚内财产分割协议履行，优先保护事实物权人，不宜以产权登记作为确认不动产权属的唯一依据。

链接《民法典》第 135、143、1062、1063 条；《最高人民法院关于适用〈中华人民共和国民法典〉婚姻家庭编的解释（一）》第 37 条

第一千零六十六条 【婚内分割夫妻共同财产】婚姻关系存续期间,有下列情形之一的,夫妻一方可以向人民法院请求分割共同财产:

(一)一方有隐藏、转移、变卖、毁损、挥霍夫妻共同财产或者伪造夫妻共同债务等严重损害夫妻共同财产利益的行为;

(二)一方负有法定扶养义务的人患重大疾病需要医治,另一方不同意支付相关医疗费用。

注释 婚姻关系存续期间,除本条规定情形以外,夫妻一方请求分割共同财产的,人民法院不予支持。

链接《民法典》第303、1062、1063、1065条;《最高人民法院关于适用〈中华人民共和国民法典〉婚姻家庭编的解释(一)》第38条

第二节 父母子女关系和其他近亲属关系

第一千零六十七条 【父母与子女间的抚养赡养义务】父母不履行抚养义务的,未成年子女或者不能独立生活的成年子女,有要求父母给付抚养费的权利。

成年子女不履行赡养义务的,缺乏劳动能力或者生活困难的父母,有要求成年子女给付赡养费的权利。

注释 父母对未成年子女的抚养义务是法定义务。抚养,是指父母对未成年子女的健康成长提供必要物质条件,包括哺育、喂养、抚育、提供生活、教育和活动的费用等。

不能独立生活的子女,是指尚在校接受高中及其以下学历教育,或者丧失、部分丧失劳动能力等非因主观原因而无法维持正常生活的成年子女。抚养费,包括子女生活费、教育费、医疗费等费用。婚姻关系存续期间,父母双方或者一方拒不履行抚养子女义务,未成年子女或者不能独立生活的成年子女请求支付抚养费的,人民法院应予支持。

成年子女对父母的赡养义务,是亲属权的重要内容。赡养义务是法定义务,是成年子女必须履行的义务,特别是对缺乏劳动能力或者生活困难的父母,成年子女必须承担赡养义务。成年子女不履行赡养义务的,缺乏劳动能力或者生活困难的父母,有要求成年子女给付赡养费的权利,可以向法院起诉,请求判令成年子女强制赡养父母。

链接《民法典》第26、1054、1072、1111条;《老年人权益保障法》第10—22条;《未成年人保护法》第15—24条;《最高人民法院关于适用〈中华人民共和国民法典〉婚姻家庭编的解释(一)》第41—43条

第一千零六十八条 【父母教育、保护未成年子女的权利和义务】父母有教育、保护未成年子女的权利和义务。未成年子女造成他人损害的,父母应当依法承担民事责任。

第一千零六十九条 【子女尊重父母的婚姻权利及赡养义务】子女应当尊重父母的婚姻权利,不得干涉父母离婚、再婚以及婚后的生活。子女对父母的赡养义务,不因父母的婚姻关系变化而终止。

注释 根据本条规定,子女应当尊重父母的婚姻权利,父母享有离婚和再婚自由的权利,子女不得干涉父母再婚以及婚后的生活。同时,无论父母是否再婚,除非成年子女不具有赡养能力,否则均无法免除其对父母的赡养义务。负有赡养义务的子女有赡养能力而拒不履行赡养义务的,没有劳动能力或生活困难的父母,有权要求子女支付赡养费。暴力干涉老年人婚姻自由或者拒绝履行对老年人的赡养义务,情节严重构成犯罪的,需依法承担相应的刑事责任。

链接《老年人权益保障法》第18、21、75条;《刑法》第257、261条

第一千零七十条 【遗产继承权】父母和子女有相互继承遗产的权利。

第一千零七十一条 【非婚生子女权利】非婚生子女享有与婚生子女同等的权利,任何组织或者个人不得加以危害和歧视。

不直接抚养非婚生子女的生父或者生母,应当负担未成年子女或者不能独立生活的成年子女的抚养费。

注释 婚姻关系存续期间,夫妻双方一致同意进行人工授精,所生子女应视为婚生子女,父母子女间的权利义务关系适用《民法典》的有关规定。

案例 李某、范小某诉范某、滕某继承纠纷案(《最高人民法院公报》2006年第7期)

裁判规则:本案中,范某某和李某夫妻关系存续期间,双方一致同意利用他人的精子进行人工授精并使女方受孕后,男方反悔,应当征得女方同意。在未能协商一致的情况下男方死亡,其后子女出生,尽管该子女与男方没有血缘关系,仍应视为夫妻双方的婚生子女。男方在遗嘱中不给该子女保留必要的遗产份额,不符合法律规定,该部分遗嘱内容无效。

链接《最高人民法院关于适用〈中华人民共和国民法典〉婚姻家庭编的解释（一）》第40条

第一千零七十二条 【继父母子女之间权利义务】继父母与继子女间，不得虐待或者歧视。

继父或者继母和受其抚养教育的继子女间的权利义务关系，适用本法关于父母子女关系的规定。

注释 我国法律中的父母子女关系可分为婚生父母子女关系、非婚生父母子女关系、养父母子女关系和继父母子女关系四种。前三种父母子女关系都适用《民法典》关于父母子女关系权利义务的有关规定，只有继父母子女关系不能一概适用，而是有条件地适用父母子女关系权利义务的规定。在现实中，继父母与继子女的关系因具体情况的不同而具有不同的权利义务关系，主要可以分为三种类型：

1. 名义型，即继父母对继子女没有尽抚养的义务，继子女也没有对继父母尽到赡养的义务。这种情况下，继父母与继子女之间是纯粹的直系姻亲关系，没有父母子女间的权利义务关系。

2. 收养型，即继父或者继母经继子女的生父母同意，正式办理了收养手续，将继子女收养为养子女。随着收养关系的确立，继父母与继子女之间的关系为养父母子女关系，该子女与和其共同生活的生父或者生母之间的关系仍为直系血亲，而与不在一起共同生活的生父或者生母一方的父母子女关系随之消灭。

3. 共同生活型，即生父（母）与继母（父）再婚时，继子女尚未成年，他们随生父母一方与继父或者继母共同生活时，继父或者继母对其承担了部分或者全部抚养教育义务；或者成年继子女事实上对继父母长期承担了赡养义务，形成了赡养关系。这些继子女和生父母、继父母之间实际上形成了双重权利义务关系，即继子女和生父母、继父母之间的权利义务都适用父母子女关系的规定。

第2款规定的继父母与接受其抚养教育的继子女之间，属于法律上的拟制血亲关系，产生父母子女间的权利义务关系，但这种拟制血亲关系又和继父母收养继子女有所不同，它不以解除继子女与其生父母间的权利和义务关系为前提。其特征是：（1）继父母对继子女有抚养和教育的义务。对于不履行抚养义务的继父母，未成年的继子女或者不能独立生活的成年继子女，有要求其给付扶养费的权利。（2）继子女对继父母有赡养和扶助的义务。在通常情况下，受继父母抚养成人并独立生活的继子女，应当承担赡养继父母的义务。继子女不履行赡养义务时，缺乏劳动能力或者生活困难的继父母，有要求继子女支付赡养费的权利。（3）继父母和继子女之间有相互继承财产的权利。（4）继父母有教育、保护未成年继子女的权利和义务。在未成年继子女造成他人损害的，继父母应当依法承担民事责任。

生父与继母离婚或者生母与继父离婚时，对曾受其抚养教育的继子女，继父或者继母不同意继续抚养的，仍应由生父或者生母抚养。

链接《最高人民法院关于适用〈中华人民共和国民法典〉婚姻家庭编的解释（一）》第54条

第一千零七十三条 【亲子关系异议之诉】对亲子关系有异议且有正当理由的，父或者母可以向人民法院提起诉讼，请求确认或者否认亲子关系。

对亲子关系有异议且有正当理由的，成年子女可以向人民法院提起诉讼，请求确认亲子关系。

注释 父或者母向人民法院起诉请求否认亲子关系，并已提供必要证据予以证明，另一方没有相反证据又拒绝做亲子鉴定的，人民法院可以认定否认亲子关系一方的主张成立。

父或者母以及成年子女起诉请求确认亲子关系，并提供必要证据予以证明，另一方没有相反证据又拒绝做亲子鉴定的，人民法院可以认定确认亲子关系一方的主张成立。

链接《最高人民法院关于适用〈中华人民共和国民法典〉婚姻家庭编的解释（一）》第39条

第一千零七十四条 【祖孙之间的抚养、赡养义务】有负担能力的祖父母、外祖父母，对于父母已经死亡或者父母无力抚养的未成年孙子女、外孙子女，有抚养的义务。

有负担能力的孙子女、外孙子女，对于子女已经死亡或者子女无力赡养的祖父母、外祖父母，有赡养的义务。

注释 祖父母、外祖父母与孙子女、外孙子女之间，只有在满足法定条件的情况下，相互之间才有抚养或者赡养的义务。这些法定条件包括：（1）孙子女、外孙子女的父母已经死亡或者无力抚养；祖父母、外祖父母的子女已经死亡或者其子女无力赡养。（2）祖父母、外祖父母有抚养能力；孙子女、外孙子女有赡养能力。(3)孙子女、外孙子女未成年,且生活困难确有接受抚养的必要;祖父母、外祖父母生活困难确有接受赡养的必要。需要注意的是,本条规定的义务为法定义务,任何一方违反法律规定拒绝履行相关义务的,权利人均有权要求其履行。如果对方仍拒绝履行的,权利人可以向人民法院提起诉讼,要求义务人支付抚养费或者赡养费。

链接《老年人权益保障法》第19、20条

第一千零七十五条 【兄弟姐妹间扶养义务】有负担能力的兄、姐,对于父母已经死亡或者父母无力抚养的未成年弟、妹,有扶养的义务。

由兄、姐扶养长大的有负担能力的弟、妹,对于缺乏劳动能力又缺乏生活来源的兄、姐,有扶养的义务。

第四章 离 婚

第一千零七十六条 【协议离婚】夫妻双方自愿离婚的,应当签订书面离婚协议,并亲自到婚姻登记机关申请离婚登记。

离婚协议应当载明双方自愿离婚的意思表示和对子女抚养、财产以及债务处理等事项协商一致的意见。

注释 当事人依照本条签订的离婚协议中关于财产以及债务处理的条款,对男女双方具有法律约束力。登记离婚后当事人因履行上述协议发生纠纷提起诉讼的,人民法院应当受理。

夫妻双方协议离婚后就财产分割问题反悔,请求撤销财产分割协议的,人民法院应当受理。人民法院审理后,未发现订立财产分割协议时存在欺诈、胁迫等情形的,应当依法驳回当事人的诉讼请求。

链接《民政部关于贯彻落实〈中华人民共和国民法典〉中有关婚姻登记规定的通知》;《最高人民法院关于适用〈中华人民共和国民法典〉婚姻家庭编的解释(一)》第69、70条

第一千零七十七条 【离婚冷静期】自婚姻登记机关收到离婚登记申请之日起三十日内,任何一方不愿意离婚的,可以向婚姻登记机关撤回离婚登记申请。

前款规定期限届满后三十日内,双方应当亲自到婚姻登记机关申请发给离婚证;未申请的,视为撤回离婚登记申请。

实务问答 **什么是离婚冷静期?**

离婚冷静期是指夫妻协议离婚时,政府给要求离婚的双方当事人一段时间,强制当事人暂时搁置离婚纠纷,在法定期限内冷静思考离婚问题,考虑清楚后再行决定是否离婚。法律规定当事人冷静思考离婚问题的期限为离婚冷静期,本条中规定的30日即为离婚冷静期。在此期间,任何一方或者双方不愿意离婚的,可以向婚姻登记机关撤回离婚登记申请。在冷静期间,婚姻登记机关并不是坐视不理,而是可以对当事人进行心理咨询、谈心谈话,了解当事人的婚姻实际状况,判定是危急婚姻还是死亡婚姻、哪方责任大、过错在谁等,积极调解,既可以促使双方当事人平息怨恨、减少敌对,珍惜自己与配偶的婚姻关系,也为以后审查当事人提交的离婚协议做了充分的准备。

依据法律规定,在30日离婚冷静期内,任何一方不愿意离婚的,应当在该期间内到婚姻登记机关撤回离婚申请。对此,婚姻登记机关应当立即终止登记离婚程序。如果离婚冷静期届满,当事人仍坚持离婚,双方应当在离婚冷静期届满后的30日内,亲自到婚姻登记机关申请发给离婚证。婚姻登记机关查明双方确实是自愿离婚,并已对子女抚养、财产及债务处理等事项协商一致的,予以登记,发给离婚证。如果在离婚冷静期届满后的30日内,当事人双方没有亲自到婚姻登记机关申请发给离婚证,则视为撤回离婚申请。

第一千零七十八条 【婚姻登记机关对协议离婚的查明】婚姻登记机关查明双方确实是自愿离婚,并已经对子女抚养、财产以及债务处理等事项协商一致的,予以登记,发给离婚证。

第一千零七十九条 【诉讼离婚】夫妻一方要求离婚的,可以由有关组织进行调解或者直接向人民法院提起离婚诉讼。

人民法院审理离婚案件,应当进行调解;如果感情确已破裂,调解无效的,应当准予离婚。

有下列情形之一,调解无效的,应当准予离婚:

(一)重婚或者与他人同居;

(二)实施家庭暴力或者虐待、遗弃家庭成员;

(三)有赌博、吸毒等恶习屡教不改;

(四)因感情不和分居满二年;

(五)其他导致夫妻感情破裂的情形。

一方被宣告失踪,另一方提起离婚诉讼的,应当准予离婚。

经人民法院判决不准离婚后，双方又分居满一年，一方再次提起离婚诉讼的，应当准予离婚。

注释 诉讼离婚，是指婚姻当事人就是否离婚或者婚后子女抚养或财产、债务处理等问题不能达成协议，由一方向人民法院提出离婚请求，由人民法院调解或判决而解除其婚姻关系的一项制度。

夫妻双方因是否生育发生纠纷，致使感情确已破裂，一方请求离婚的，人民法院经调解无效，应依照本条第3款第5项的规定处理。

本条规定中涉及两种调解，即男女一方要求离婚时有关组织进行的调解和人民法院审理离婚案件过程中应当进行的调解。这两种调解因为主持调解的部门不同，因而效力也不同。对于有关组织进行的调解，是否进行调解以及最终形成的调解结果，完全取决于当事人的自愿。其对当事人没有法律上的约束力，当事人不经诉讼外有关组织的调解，或虽经调解但未达成调解协议或达成调解协议后又反悔的，仍可向人民法院提起离婚诉讼。而诉讼中人民法院进行的调解具有法律约束力。诉讼中法院进行的调解会产生三种结果：(1)调解和好，原告撤回离婚请求。(2)协议离婚，就解除婚姻关系以及离婚后子女的抚养和财产、债务处理等问题达成协议，由法院制作调解书。当然，通过调解达成协议，必须是当事人双方自愿，不得强迫。(3)调解无效，人民法院依法对离婚案件作出判决。

需要注意的是，人民法院审理离婚案件，符合本条第3款规定“应当准予离婚”情形的，不应当因当事人有过错而判决不准离婚。

链接《民法典》第40—46条；《最高人民法院关于适用〈中华人民共和国民法典〉婚姻家庭编的解释(一)》第23、62、63条

第一千零八十条 【婚姻关系的解除时间】完成离婚登记，或者离婚判决书、调解书生效，即解除婚姻关系。

第一千零八十一条 【现役军人离婚】现役军人的配偶要求离婚，应当征得军人同意，但是军人一方有重大过错的除外。

注释《刑法》第259条规定了破坏军婚罪：明知是现役军人的配偶而与之同居或者结婚的，处3年以下有期徒刑或者拘役。利用职权、从属关系，以胁迫手段奸淫现役军人的妻子的，依照本法第236条关于强奸罪的规定定罪处罚。该罪在量刑上较一般的重婚罪更为严厉。

军人一方的重大过错包括：重婚或者与他人同居的，实施家庭暴力或虐待、遗弃家庭成员的，有赌博、吸毒恶习屡教不改的。其他重大过错如强奸妇女、奸淫幼女、嫖娼等违法犯罪行为的。

链接《刑法》第259条；《最高人民法院关于适用〈中华人民共和国民法典〉婚姻家庭编的解释(一)》第64条

第一千零八十二条 【男方提出离婚的限制情形】女方在怀孕期间、分娩后一年内或者终止妊娠后六个月内，男方不得提出离婚；但是，女方提出离婚或者人民法院认为确有必要受理男方离婚请求的除外。

注释 本条是限制男方离婚请求权的规定。限制男方离婚请求权的目的，是保护妇女和子女的合法权益。上述期间是不变期间，不适用诉讼时效中止、中断和延长的规定。

适用本条时应该注意的是：(1)在本条所述情形下，如果女方提出离婚，不受本条限制。(2)法定期限届满则男方有权提出离婚。(3)本条针对的是诉讼离婚的情形，即在本条规定的法定期限内男方起诉要求离婚的，人民法院不予受理。如果双方自愿协议离婚的则不受本条所限。(4)在本条所述情形下，如果人民法院认为确有必要的，仍可以受理男方离婚请求。如夫妻双方感情确已破裂，法院不受理男方离婚请求，将导致男方人身受到限制或伤害等情形下，法院应当受理。

链接《妇女权益保障法》第64条

第一千零八十三条 【复婚】离婚后，男女双方自愿恢复婚姻关系的，应当到婚姻登记机关重新进行结婚登记。

注释 离婚的男女双方自愿恢复夫妻关系的，应当到婚姻登记机关办理复婚登记。复婚登记适用结婚登记的规定。

链接《婚姻登记条例》第14条

第一千零八十四条 【离婚后子女的抚养】父母与子女间的关系，不因父母离婚而消除。离婚后，子女无论由父或者母直接抚养，仍是父母双方的子女。

离婚后，父母对于子女仍有抚养、教育、保护的权利和义务。

离婚后，不满两周岁的子女，以由母亲直接抚养为原则。已满两周岁的子女，父母双方对抚养

问题协议不成的,由人民法院根据双方的具体情况,按照最有利于未成年子女的原则判决。子女已满八周岁的,应当尊重其真实意愿。

注释 离婚后子女抚养的规则是:

1. 不满两周岁即哺乳期内的子女,以由哺乳的母亲抚养为原则。

2. 母亲有下列情形之一,父亲请求直接抚养的,人民法院应予支持:(1)患有久治不愈的传染性疾病或者其他严重疾病的,子女不宜与其共同生活的;(2)有抚养条件但不尽抚养义务,而父亲要求子女随其生活的;(3)因其他原因,子女确不宜随母亲生活的。

3. 两周岁以上的未成年子女的抚养和优先抚养条件。对两周岁以上的未成年子女的直接抚养,原则是协商解决,发生争议的,人民法院根据最有利于子女的原则和双方的具体情况判决。

对已满两周岁的未成年子女,父母均要求直接抚养,一方有下列情形之一的,可予优先考虑:(1)已做绝育手术或者因其他原因丧失生育能力;(2)子女随其生活时间较长,改变生活环境对子女健康成长明显不利;(3)无其他子女,而另一方有其他子女;(4)子女随其生活,对子女成长有利,而另一方患有久治不愈的传染性疾病或者其他严重疾病,或者有其他不利于子女身心健康的情形,不宜与子女共同生活。

父母抚养子女的条件基本相同,双方均要求直接抚养子女,但子女单独随祖父母或者外祖父母共同生活多年,且祖父母或者外祖父母要求并且有能力帮助子女照顾孙子女或者外孙子女的,可以作为父或者母直接抚养子女的优先条件予以考虑。

在有利于保护子女利益的前提下,父母双方协议轮流直接抚养子女的,人民法院应予支持。

父母双方协议变更子女抚养关系的,人民法院应予支持。具有下列情形之一,父母一方要求变更子女抚养关系的,人民法院应予支持:(1)与子女共同生活的一方因患严重疾病或者因伤残无力继续抚养子女;(2)与子女共同生活的一方不尽抚养义务或有虐待子女行为,或者其与子女共同生活对子女身心健康确有不利影响;(3)已满八周岁的子女,愿随另一方生活,该方又有抚养能力;(4)有其他正当理由需要变更。

案例 **1. 胡某诉张某变更抚养关系案——全国第一道未成年人“人身安全保护令”**(最高人民法院发布保护未成年人权益十大优秀案例)

裁判规则:被告张某与其女张某某共同生活期间曾多次殴打、威胁张某某,限制张某某人身自由的情况属实,原告的申请符合法律规定。依法裁定:一、禁止张某威胁、殴打张某某;二、禁止张某限制张某某的人身自由。裁定作出后,该院向市妇联、区派出所、被告所在村委会下达了协助执行通知书,委托上述单位监督被告履行裁定书确定的义务。后本案以调解方式结案,张某自2011年4月28日起由胡某抚养。

2. 江某诉钟某变更抚养关系案——依法保障未成年人的受教育权(最高人民法院发布保护未成年人权益十大优秀案例)

裁判规则:适龄儿童接受义务教育是家长的义务,根据市团委、妇联作为未成年人保护组织为江某俊调取的大量证据材料,证明钟某作为法定监护人,剥夺江某俊的受教育权,严重影响了孩子的身心健康发展,侵犯了未成年人的合法权益。为保护江某俊的受教育权,保障其健康成长,法院在事实证据充分的情况下,依法变更江某俊的抚养关系。

链接《妇女权益保障法》第71条;《最高人民法院关于适用〈中华人民共和国民法典〉婚姻家庭编的解释(一)》第44—48、56、57条

第一千零八十五条 【离婚后子女抚养费的负担】离婚后,子女由一方直接抚养的,另一方应当负担部分或者全部抚养费。负担费用的多少和期限的长短,由双方协议;协议不成的,由人民法院判决。

前款规定的协议或者判决,不妨碍子女在必要时向父母任何一方提出超过协议或者判决原定数额的合理要求。

注释 抚养费应定期给付,有条件的可一次性给付。父母一方无经济收入或者下落不明的,可用其财物折抵抚养费。父母双方可以协议由一方直接抚养子女并由直接抚养方负担子女全部抚养费。但是,直接抚养方的抚养能力明显不能保障子女所需费用,影响子女健康成长的,人民法院不予支持。

抚养费的给付期限,一般至子女18周岁为止。16周岁以上不满18周岁,以其劳动收入为主要生活来源,并能维持当地一般生活水平的,父母可停止给付抚养费。

离婚后,父母一方要求变更子女抚养关系的,或者子女要求增加抚养费的,应当另行提起诉讼。

具有下列情形之一,父母一方要求变更子女抚养关系的,人民法院应予支持:(1)与子女共同生活的一方因患严重疾病或者因伤残无力继续抚养子女;(2)与子女共同生活的一方不尽抚养义务或有虐待子女行为,或者其与子女共同生活对子女身心健康确有不利影响;(3)已满8周岁的子女,愿随另一方生活,该方又有抚养能力;(4)有其他正当理由需要变更。

实务问答 抚养费的数额应如何确定?

子女抚养费的数额,可根据子女的实际需要、父母双方的负担能力和当地的实际生活水平确定,分两种情况:一是对于有固定收入的,二是对于无固定收入的。根据《最高人民法院关于适用〈中华人民共和国民法典〉婚姻家庭编的解释(一)》第49条规定:有固定收入的,抚养费一般可以按其月总收入的百分之二十至三十的比例给付。负担两个以上子女抚养费的,比例可以适当提高,但一般不得超过月总收入的百分之五十。无固定收入的,抚养费的数额可以依据当年总收入或者同行业平均收入,参照上述比例确定。有特殊情况的,可以适当提高或者降低上述比例。

案例 1. 原告李甲、李乙诉被告李丙抚养费纠纷案(2015年12月4日最高人民法院公布49起婚姻家庭纠纷典型案例)

裁判规则:本案系基于原告李乙与被告李丙离婚时所达成的离婚协议中关于子女抚养和教育费用约定的履行问题而产生纠纷。就双方关于"原告李甲由男方抚养,女方暂代养孩子四年,男方不支付抚养费,孩子上大学、结婚费用全部由男方承担"这一约定的合法性,法院认为,依据《婚姻法》第37条规定,子女的生活费及教育费由一方承担部分或全部承担均可。前述约定不违反该条法律规定,且为双方真实意思表示,内容并不违反其他法律的禁止性规定,因此,被告应当承担向原告李甲支付大学期间必要的生活费及教育费的民事责任。此外,法律就父母对"不能独立生活的子女"承担抚养义务属法定义务的规定,但并不禁止父母对不属于"不能独立生活的子女"之外的子女自愿或通过约定的方式承担抚养义务。因此,被告不能拒绝履行离婚时与李乙所约定的对李甲的抚养义务。

2. 刘某先诉徐某、尹某怡抚养费纠纷案(《最高人民法院公报》2016年第7期)

裁判规则:抚养费案件中第三人撤销权的认定,需明确父母基于对子女的抚养义务支付抚养费是否会侵犯父或母再婚后的夫妻共同财产权。虽然夫妻对共同所有财产享有平等处理的权利,但夫或妻也有合理处分个人收入的权利。除非一方支付的抚养费明显超过其负担能力或者有转移夫妻共同财产的行为,否则不能因未与现任配偶达成一致意见即认定属于侵犯夫妻共同财产权。

链接《最高人民法院关于适用〈中华人民共和国民法典〉婚姻家庭编的解释(一)》第49—53、58条

第一千零八十六条 【探望子女权利】离婚后,不直接抚养子女的父或者母,有探望子女的权利,另一方有协助的义务。

行使探望权利的方式、时间由当事人协议;协议不成的,由人民法院判决。

父或者母探望子女,不利于子女身心健康的,由人民法院依法中止探望;中止的事由消失后,应当恢复探望。

注释 探望权,是指夫妻离婚后,不直接抚养子女的父或母有权对子女进行探望的权利。直接抚养子女的一方有协助非直接抚养的一方行使探望权的义务。探望权的性质是亲权的内容。探望权是法定权利,与直接抚养权同时成立,不存在确权问题。行使探望权,涉及直接抚养一方和子女的利益,确定探望的时间、方式,由当事人协议;协议不成时,由人民法院判决。探望权人按照协议或法院判决实施探望时,如果子女对约定或判决的探望时间不同意,探望权人不得强行探望。

探望权中止,是指探望权人具有探望权中止的法定事由时,由法院判决探望权人在一定时间内中止行使探望权的制度。探望权中止的事由是:行使探望权不利于子女的身心健康,包括子女的身体、精神、道德或感情的健康。一方不负担子女抚养费或未按期给付抚养费,并不是中止探望权的条件,不能作为中止探望权的法律依据。未成年子女、直接抚养子女的父或者母以及其他对未成年子女负担抚养、教育、保护义务的法定监护人,有权向人民法院提出中止探望的请求。

探望权中止的事由消失后,被中止的探望权予以恢复。探望权的恢复,可以由当事人协商,也

可以由法院判决。当事人协商不成,当探望权中止的原因消灭以后,法院应当判决探望权恢复。

链接《最高人民法院关于适用〈中华人民共和国民法典〉婚姻家庭编的解释(一)》第65—68条

第一千零八十七条 【离婚时夫妻共同财产的处理】离婚时,夫妻的共同财产由双方协议处理;协议不成的,由人民法院根据财产的具体情况,按照照顾子女、女方和无过错方权益的原则判决。

对夫或者妻在家庭土地承包经营中享有的权益等,应当依法予以保护。

注释 离婚时,夫妻双方应当对其享有权利的共同财产进行处理。处理的方法是:

1. 由双方协议处理,达成协议的,写在离婚协议中,经过婚姻登记机关确认生效。

2. 协议不成的,由人民法院根据财产的具体情况,照顾子女、女方和无过错方权益的原则判决,因而并不是平均分配,判决分割时应当按照照顾子女、女方和无过错方原则。

3. 保护好土地承包经营权的个人权益。由于农村承包土地是以家庭为单位进行承包的,夫妻离婚后,不会因为离婚而再给其分配承包地,因此,夫或者妻在家庭土地承包经营中享有的权益等,在分割共同财产中应当依法予以保护,不能使在家庭关系中分离出去的一方受到损害。

需要注意的是,根据《妇女权益保障法》第67条的规定:"离婚诉讼期间,夫妻一方申请查询登记在对方名下财产状况且确因客观原因不能自行收集的,人民法院应当进行调查取证,有关部门和单位应当予以协助。离婚诉讼期间,夫妻双方均有向人民法院申报全部夫妻共同财产的义务。一方隐藏、转移、变卖、损毁、挥霍夫妻共同财产,或者伪造夫妻共同债务企图侵占另一方财产的,在离婚分割夫妻共同财产时,对该方可以少分或者不分财产。"

案例 1. 刘某诉郑某离婚及财产分割案(《最高人民法院公报》1995年第2期)

裁判规则:刘某参加国际、国内残疾人体育比赛所获奖牌、奖金,虽然是在夫妻关系存续期间所得,但奖牌系刘某作为残疾人运动员的一种荣誉象征,有特定的人身性,不应作为夫妻共同财产予以分割,所得奖金,因已用于支付刘某制作假肢、治病等费用,系家庭的共同支出,已无财产可分,郑某要求平分奖牌、奖金的申请,于法无据。

2. 莫某诉李某离婚纠纷案(《最高人民法院公报》2011年第12期)

裁判规则:离婚协议是解除夫妻双方人身关系的协议,该协议是一种要式协议,必须经双方当事人签名确认才能生效,即双方在协议上签名画押是其成立的前提条件。否则,即使有证人在场见证,证明双方达成离婚合意,但由于一方没有在离婚协议上签名确认,在法律上该离婚协议是没有成立的。

本案离婚协议是属于婚内离婚协议,所谓婚内离婚协议,是指男女双方在婚姻关系存续期间,以解除婚姻关系为基本目的,并就财产分割及子女抚养问题达成的协议。在双方未能在婚姻登记机关登记离婚的情况下,该协议没有生效,对双方当事人均不产生法律约束力,其中关于子女抚养、财产分割的约定,不能当然作为人民法院处理离婚案件的直接依据。

3. 于某某诉高某某离婚后财产纠纷案(2015年12月4日最高人民法院公布49起婚姻家庭纠纷典型案例)

裁判规则:本案中双方争议的焦点是在离婚协议中约定将夫妻共同共有的房产赠与未成年子女,离婚后一方在赠与房产变更登记之前是否有权予以撤销。在离婚协议中双方将共同财产赠与未成年子女的约定与解除婚姻关系、子女抚养、共同财产分割、共同债务清偿、离婚损害赔偿等内容互为前提、互为结果,构成了一个整体,是"一揽子"的解决方案。如果允许一方反悔,那么男女双方离婚协议的"整体性"将被破坏。在婚姻关系已经解除且不可逆的情况下如果允许当事人对于财产部分反悔将助长先离婚再恶意占有财产之有违诚实信用的行为,也不利于保护未成年子女的权益。因此,在离婚后一方在未征得作为共同共有人的另一方同意的情况下,无权单方撤销赠与。

4. 王某刚与王某安、第三人岚县大源采矿厂侵犯出资人权益纠纷案(《最高人民法院公报》2013年第5期)

裁判规则:夫妻一方转让个人独资企业,即使未经另一方同意,相对人有理由相信行为人是有代理权的,也构成表见代理,该代理行为有效。个人独资企业的投资人发生变更的,应向工商登记机关申请办理变更登记,但该变更登记不属于转让行为有效的前提条件,未办理变更登记,依照法律规定应当受到相应的行政处罚,但并不影响转让的效

力。《个人独资企业法》第15条的规定应视为管理性的强制性规范而非效力性的强制性规范。

链接《民法典》第308、309、1062条;《妇女权益保障法》第67条;《最高人民法院关于适用〈中华人民共和国民法典〉婚姻家庭编的解释(一)》第71—83条

第一千零八十八条 【离婚经济补偿】夫妻一方因抚育子女、照料老年人、协助另一方工作等负担较多义务的,离婚时有权向另一方请求补偿,另一方应当给予补偿。具体办法由双方协议;协议不成的,由人民法院判决。

注释 一方在家庭生活中付出较多义务,是指在婚姻关系存续期间,夫妻一方比另一方付出的抚育子女、照料老人、协助另一方工作等义务更多,对家庭的建设贡献较大。

双方婚姻关系已经解除,是发生经济补偿责任的必要条件。如果没有发生离婚的事实,不发生经济补偿义务。

付出较多义务的一方有权提出进行经济补偿的请求。经济补偿的数额,应当由双方协商解决。协商不成的,向法院起诉,由人民法院判决。人民法院判决时,应考虑请求权人付出义务的大小,请求权人因此受到损失和另一方从中受益的情况,综合确定。

链接《妇女权益保障法》第68条

第一千零八十九条 【离婚时夫妻共同债务的清偿】离婚时,夫妻共同债务应当共同偿还。共同财产不足清偿或者财产归各自所有的,由双方协议清偿;协议不成的,由人民法院判决。

注释 1. 夫妻共同债务应由夫妻共同清偿,即以共同财产清偿。方法是:(1)从夫妻共有财产中先清偿夫妻共同债务,然后再对剩余的夫妻共有财产进行分割,即先清偿、后分割的办法;(2)先分割、后清偿,即先分割共同财产和共同债务,然后各自以各自分得的财产清偿分得的债务。

2. 共同财产不足清偿或者财产归各自所有的,由双方协议,按照协议约定的方法进行清偿。

3. 双方协议不成的,向法院起诉,由人民法院依法判决。

案例 单H、刘C诉胡X、单L、单Y法定继承纠纷案(《最高人民法院公报》2006年第5期)

裁判规则:根据《最高人民法院关于适用〈中华人民共和国婚姻法〉若干问题的解释(二)》第24条第1款的规定,债权人就婚姻关系存续期间夫妻一方以个人名义所负债务主张权利的,应当按夫妻共同债务处理。但该项规定的本意是通过扩大对债权的担保范围,保障债权人的合法利益,维护交易安全和社会诚信,故该规定一般只适用于对夫妻外部债务关系的处理,在处理涉及夫妻内部财产关系的纠纷时,不能简单地依据该规定,将夫或妻一方的对外债务认定为夫妻共同债务,其他人民法院依据该规定作出的关于夫妻对外债务纠纷的生效裁判,也不能当然地作为处理夫妻内部财产纠纷的判决依据,主张夫或妻一方的对外债务属于夫妻共同债务的当事人仍负有证明该项债务确为夫妻共同债务的举证责任。

链接《民法典》第1060、1064条

第一千零九十条 【离婚经济帮助】离婚时,如果一方生活困难,有负担能力的另一方应当给予适当帮助。具体办法由双方协议;协议不成的,由人民法院判决。

注释 提供适当帮助的办法,应当由双方当事人协议,协议不成时,由人民法院判决。

链接《妇女权益保障法》第69条

第一千零九十一条 【离婚损害赔偿】有下列情形之一,导致离婚的,无过错方有权请求损害赔偿:

(一)重婚;

(二)与他人同居;

(三)实施家庭暴力;

(四)虐待、遗弃家庭成员;

(五)有其他重大过错。

注释 离婚过错损害赔偿,是指夫妻一方因为过错实施法律规定的违法行为,妨害婚姻关系和家庭关系,导致夫妻离婚,过错方应当承担的损害赔偿责任。承担本条规定的损害赔偿责任的主体,为离婚诉讼当事人中无过错方的配偶。损害赔偿包括物质损害赔偿和精神损害赔偿。涉及精神损害赔偿的,适用《最高人民法院关于确定民事侵权精神损害赔偿责任若干问题的解释》的有关规定。人民法院判决不准离婚的案件,对于当事人基于本条提出的损害赔偿请求,不予支持。

夫以妻擅自中止妊娠侵犯其生育权为由请求损害赔偿的,人民法院不予支持。

夫妻一方擅自处分共同所有的房屋造成另一方损失,离婚时另一方请求赔偿损失的,人民法院应予支持。

实务问答 什么情况下可以请求离婚损害赔偿?

按照《最高人民法院关于适用〈中华人民共和国民法典〉婚姻家庭编的解释(一)》第 87 条的规定,承担损害赔偿责任的主体,为离婚诉讼当事人中无过错方的配偶。人民法院判决不准离婚的案件,对于当事人基于这一规定提出的损害赔偿请求,不予支持。婚姻关系存续期间,当事人不起诉离婚而单独依据这一规定提起损害赔偿请求的,人民法院不予受理。第 88 条规定,人民法院受理离婚案件时,应当将《民法典》第 1091 条关于离婚时过错方损害赔偿制度规定中当事人的有关权利义务,书面告知当事人。区分不同情况予以适用:(1)符合《民法典》第 1091 条规定的无过错方作为原告基于该条规定向人民法院提起损害赔偿请求的,必须在离婚诉讼的同时提出。(2)符合《民法典》第 1091 条规定的无过错方作为被告的离婚诉讼案件,如果被告不同意离婚也不基于该条规定提起损害赔偿请求的,可以就此单独提起诉讼。(3)无过错方作为被告的离婚诉讼案件,一审时被告未基于《民法典》第 1091 条规定提出损害赔偿请求,二审期间提出的,人民法院应当进行调解;调解不成的,告知当事人另行起诉。双方当事人同意由第二审人民法院一并审理的,第二审人民法院可以一并裁判。第 90 条规定,夫妻双方均有《民法典》第 1091 条规定的过错情形,一方或者双方向对方提出离婚损害赔偿请求的,人民法院不予支持。

法律虽然规定了离婚损害赔偿制度,但并不是说法院在审理离婚案件时必须审理及判决过错方对无过错方予以赔偿。在离婚案件中无过错方对确有过错的另一方是否行使赔偿请求权,由受损害的无过错方自行决定,法院不能主动判决离婚损害赔偿。

案例 1. 周某诉张某离婚后损害责任纠纷案(2015 年 12 月 4 日最高人民法院公布 49 起婚姻家庭纠纷典型案例)

裁判规则:在离婚后发现被告的婚姻存续期间的出轨行为,请求精神损害赔偿的,人民法院依法予以支持。

2. 张某诉程某身体权纠纷案(2015 年 12 月 4 日最高人民法院公布 49 起婚姻家庭纠纷典型案例)

裁判规则:本案为家庭暴力的受害者在离婚后如何请求保护人身损害赔偿指明了道路。本案中张某在婚姻关系存续期间对程某的家庭暴力行为提起过刑事附带民事诉讼,获得了部分赔偿。在离婚后,对家庭暴力造成的人身损害再一次提起了民事诉讼,其赔偿请求也得到了终审人民法院的支持。根据本案,因家庭暴力造成的损害,当刑事附带民事判决不能囊括全部受害人应得的人身损害赔偿,对于没有对受害人进行赔偿的部分,受害人有权另行提起民事诉讼。

链接《民法典》第 1183 条;《最高人民法院关于适用〈中华人民共和国民法典〉婚姻家庭编的解释(一)》第 23、28、86—90 条;《最高人民法院关于确定民事侵权精神损害赔偿责任若干问题的解释》

第一千零九十二条 【一方侵害夫妻财产的处理规则】夫妻一方隐藏、转移、变卖、毁损、挥霍夫妻共同财产,或者伪造夫妻共同债务企图侵占另一方财产的,在离婚分割夫妻共同财产时,对该方可以少分或者不分。离婚后,另一方发现有上述行为的,可以向人民法院提起诉讼,请求再次分割夫妻共同财产。

注释 分割夫妻共同财产,首先是在离婚时进行分割。在分割夫妻共同财产中,如发现存在下列事由的,可以少分或者不分:1. 夫妻一方隐藏、转移、变卖、毁损、挥霍夫妻共同财产;2. 伪造夫妻共同债务企图侵占另一方财产。

如果是在离婚并实际分割了夫妻共同财产后,发现了上述情形的,当事人产生再次分割夫妻共同财产的请求权。当事人请求再次分割夫妻共同财产的,人民法院应当受理,并且按照查清的事实,对属于夫妻共同财产的部分进行再次分割。

当事人依据本条的规定向人民法院提起诉讼,请求再次分割夫妻共同财产的诉讼时效期间为 3 年,从当事人发现之日起计算。

案例 1. 李某诉孙某离婚后财产纠纷案(2015 年 12 月 4 日最高人民法院公布 49 起婚姻家庭纠纷典型案例)

裁判规则:李某在离婚后发现前夫孙某现住房是孙某在双方婚姻关系存续期间购买,孙某在离婚时对该房屋进行了隐瞒。虽然双方在离婚协议中有"男方经营的公司,所有的汽车等财产,离婚后属男方"的约定,但在房产价值远大于汽车的常识背景下,以"等"字涵盖房屋,违背常理,故法院认定该房为双方婚姻关系存续期间购买,应属于双方共同财产,并依法进行了分割。

2. 胡某诉周某离婚后财产案[江苏省常州市中级人民法院(2010)常民终字第816号民事判决书]

裁判规则:本案涉及夫妻离婚后的财产纠纷,争议的焦点是离婚时周某是否有隐藏、转移夫妻共同财产的行为。2004年12月15日,胡某与周某经婚姻登记机关协议离婚,双方在离婚协议中对夫妻关系存续期间的共同财产作出了处理,胡某放弃了夫妻关系存续期间的所有财产,作为对价,周某抚养婚生女周甲,周某另外支付胡某现金八万元人民币。现在胡某提出其放弃的所有财产中不包括滨江公司股权,当时其并不知道滨江公司股权情况。根据《婚姻法》第47条的规定,离婚时一方隐藏、转移、变卖、毁损夫妻共同财产或伪造债务企图侵占另一方财产的,分割夫妻共同财产时,对隐藏、转移、变卖、毁损夫妻共同财产或伪造债务的一方,可以少分或不分。离婚后,另一方发现有上述行为的,可以向人民法院提起诉讼,请求再次分割夫妻共同财产。据此,胡某应举证证明周某在离婚时有隐藏、转移夫妻共同财产的行为。胡某不能举证证明离婚时周某存在隐藏、转移夫妻共同财产的情况,故其请求不能成立。

3. 雷某某诉宋某某离婚纠纷案(最高人民法院指导案例66号)

裁判规则:一方在离婚诉讼期间或离婚诉讼前,隐藏、转移、变卖、毁损夫妻共同财产,或伪造债务企图侵占另一方财产的,离婚分割夫妻共同财产时,依照《婚姻法》第47条的规定可以少分或不分财产。

链接《最高人民法院关于适用〈中华人民共和国民法典〉婚姻家庭编的解释(一)》第83、84条

第五章 收 养

第一节 收养关系的成立

第一千零九十三条 【被收养人的条件】下列未成年人,可以被收养:

(一)丧失父母的孤儿;

(二)查找不到生父母的未成年人;

(三)生父母有特殊困难无力抚养的子女。

注释 收养,是指自然人领养他人的子女为自己的子女,依法创设拟制血亲亲子关系的身份法律行为。在收养的身份法律行为中,当事人分别是收养人、被收养人和送养人。收养人为养父或养母,被收养人为养子或养女,送养人是抚养被收养人的生父母或者其他人。收养的基本原则是:1. 最有利于被收养的未成年人的抚养、成长原则;2. 保证被收养人和收养人的合法权益原则;3. 平等自愿原则;4. 不得违背公序良俗原则。

第一千零九十四条 【送养人的条件】下列个人、组织可以作送养人:

(一)孤儿的监护人;

(二)儿童福利机构;

(三)有特殊困难无力抚养子女的生父母。

注释 1. 孤儿的监护人。孤儿是未成年人,其监护人可以送养,但须符合法律规定的条件。

2. 社会福利机构。我国的社会福利机构是指各地民政部门主管的收容、养育孤儿和查找不到生父母的弃婴、儿童的社会福利院。对于他们养育的孤儿、查找不到生父母的弃婴、儿童,可以送养。

3. 有特殊困难无力抚养子女的生父母,也可以将未成年子女送养。

链接《民法典》第1099、1103条;《未成年人保护法》第17条

第一千零九十五条 【监护人送养未成年人的情形】未成年人的父母均不具备完全民事行为能力且可能严重危害该未成年人的,该未成年人的监护人可以将其送养。

第一千零九十六条 【监护人送养孤儿的限制及变更监护人】监护人送养孤儿的,应当征得有抚养义务的人同意。有抚养义务的人不同意送养、监护人不愿意继续履行监护职责的,应当依照本法第一编的规定另行确定监护人。

链接《民法典》第27、36条;《中国公民收养子女登记办法》第3条;《收养登记工作规范》第17条

第一千零九十七条 【生父母送养子女的原则要求与例外】生父母送养子女,应当双方共同送养。生父母一方不明或者查找不到的,可以单方送养。

第一千零九十八条 【收养人条件】收养人应当同时具备下列条件:

(一)无子女或者只有一名子女;

(二)有抚养、教育和保护被收养人的能力;

(三)未患有在医学上认为不应当收养子女的

疾病;

(四)无不利于被收养人健康成长的违法犯罪记录;

(五)年满三十周岁。

第一千零九十九条 【三代以内旁系同辈血亲的收养】收养三代以内旁系同辈血亲的子女,可以不受本法第一千零九十三条第三项、第一千零九十四条第三项和第一千一百零二条规定的限制。

华侨收养三代以内旁系同辈血亲的子女,还可以不受本法第一千零九十八条第一项规定的限制。

链接《民法典》第1093、1094、1098、1100、1102条

第一千一百条 【收养人收养子女数量】无子女的收养人可以收养两名子女;有子女的收养人只能收养一名子女。

收养孤儿、残疾未成年人或者儿童福利机构抚养的查找不到生父母的未成年人,可以不受前款和本法第一千零九十八条第一项规定的限制。

注释 对收养人收养子女数量的限制,是防止收养人收养子女过多无照顾能力而损害被收养人的利益,同时也防止出现借收养而拐卖人口的情况出现。因此,本条规定无子女的收养人,可以收养两名子女;有一名子女的收养人只能收养一名子女。

鉴于爱心人士收养多名孤儿的善举,本条规定,如果收养孤儿,或者收养残疾未成年人,或者收养儿童福利机构抚养的查找不到生父母的未成年人,都是应当受到鼓励的行为,因而可以不受只能收养两名子女或者有一名子女的收养人只能收养一名子女的限制,也不受《民法典》第1098条第1项关于收养人无子女或者只有一名子女规定的限制。

链接《民法典》第1098、1099、1103条

第一千一百零一条 【共同收养】有配偶者收养子女,应当夫妻共同收养。

第一千一百零二条 【无配偶者收养异性子女的限制】无配偶者收养异性子女的,收养人与被收养人的年龄应当相差四十周岁以上。

第一千一百零三条 【收养继子女的特别规定】继父或者继母经继子女的生父母同意,可以收养继子女,并可以不受本法第一千零九十三条第三项、第一千零九十四条第三项、第一千零九十八条和第一千一百条第一款规定的限制。

链接《民法典》第1093、1094、1098、1100条

第一千一百零四条 【收养自愿原则】收养人收养与送养人送养,应当双方自愿。收养八周岁以上未成年人的,应当征得被收养人的同意。

注释 收养行为是民事法律行为,必须具备当事人收养合意这一必要条件。构成收养合意,应当具备以下条件:

1. 双方自愿:收养人收养与送养人送养须双方自愿,意思表示一致。收养与送养,是民法上的身份协议,收养合意应当按照合同成立的条件要求。在收养问题上,收养人和送养人的意思表示必须真实、自愿、一致,才能构成合意。

2. 须经8周岁以上的被送养人同意:收养未满8周岁的未成年人,不必经过其本人的同意。收养年满8周岁以上的未成年人,应当征得被收养人的同意。8周岁以上的未成年人是限制民事行为能力人,具有一定的识别能力和民事行为能力,是否接受被收养的事实,改变自己的身份关系,应当征得本人的同意。他(她)的同意,不构成收养的意思表示,但他(她)的不同意,构成收养合意的法律障碍,收养人和送养人即使达成收养合意,但由于有被收养人不同意的法律障碍,将使其收养合意无效。

链接《民法典》第19条

第一千一百零五条 【收养登记、收养协议、收养公证及收养评估】收养应当向县级以上人民政府民政部门登记。收养关系自登记之日起成立。

收养查找不到生父母的未成年人的,办理登记的民政部门应当在登记前予以公告。

收养关系当事人愿意签订收养协议的,可以签订收养协议。

收养关系当事人各方或者一方要求办理收养公证的,应当办理收养公证。

县级以上人民政府民政部门应当依法进行收养评估。

注释 收养关系成立的形式要件,是指收养关系成立所需要的程序性的必要条件。收养登记是收养的形式要件,必须具备。收养协议和收养公证是出于当事人的意愿和要求而进行的程序,不具有强制的意义。

链接《中国公民收养子女登记办法》;《收养登记工作规范》

第一千一百零六条 【收养后的户口登记】收养关系成立后,公安机关应当按照国家有关规定

为被收养人办理户口登记。

第一千一百零七条 【亲属、朋友的抚养】孤儿或者生父母无力抚养的子女，可以由生父母的亲属、朋友抚养；抚养人与被抚养人的关系不适用本章规定。

第一千一百零八条 【祖父母、外祖父母优先抚养权】配偶一方死亡，另一方送养未成年子女的，死亡一方的父母有优先抚养的权利。

第一千一百零九条 【涉外收养】外国人依法可以在中华人民共和国收养子女。

外国人在中华人民共和国收养子女，应当经其所在国主管机关依照该国法律审查同意。收养人应当提供由其所在国有权机构出具的有关其年龄、婚姻、职业、财产、健康、有无受过刑事处罚等状况的证明材料，并与送养人签订书面协议，亲自向省、自治区、直辖市人民政府民政部门登记。

前款规定的证明材料应当经收养人所在国外交机关或者外交机关授权的机构认证，并经中华人民共和国驻该国使领馆认证，但是国家另有规定的除外。

链接《外国人在中国收养子女登记办法》

第一千一百一十条 【保守收养秘密】收养人、送养人要求保守收养秘密的，其他人应当尊重其意愿，不得泄露。

第二节 收养的效力

第一千一百一十一条 【收养的效力】自收养关系成立之日起，养父母与养子女间的权利义务关系，适用本法关于父母子女关系的规定；养子女与养父母的近亲属间的权利义务关系，适用本法关于子女与父母的近亲属关系的规定。

养子女与生父母以及其他近亲属间的权利义务关系，因收养关系的成立而消除。

第一千一百一十二条 【养子女的姓氏】养子女可以随养父或者养母的姓氏，经当事人协商一致，也可以保留原姓氏。

第一千一百一十三条 【收养行为的无效】有本法第一编关于民事法律行为无效规定情形或者违反本编规定的收养行为无效。

无效的收养行为自始没有法律约束力。

第三节 收养关系的解除

第一千一百一十四条 【收养关系的协议解除与诉讼解除】收养人在被收养人成年以前，不得解除收养关系，但是收养人、送养人双方协议解除的除外。养子女八周岁以上的，应当征得本人同意。

收养人不履行抚养义务，有虐待、遗弃等侵害未成年养子女合法权益行为的，送养人有权要求解除养父母与养子女间的收养关系。送养人、收养人不能达成解除收养关系协议的，可以向人民法院提起诉讼。

注释 解除收养关系，是指收养的法律效力发生后，因出现一定的法定事由，无法继续维持收养亲子关系，通过解除的法定程序将其人为消灭。

本条禁止收养人在被收养人未成年时解除收养关系，以保护未成年被收养人的权益。当然，收养人和送养人达成一致意见协议解除的，不在此限。

第一千一百一十五条 【养父母与成年养子女解除收养关系】养父母与成年养子女关系恶化、无法共同生活的，可以协议解除收养关系。不能达成协议的，可以向人民法院提起诉讼。

第一千一百一十六条 【解除收养关系的登记】当事人协议解除收养关系的，应当到民政部门办理解除收养关系登记。

第一千一百一十七条 【收养关系解除的法律后果】收养关系解除后，养子女与养父母以及其他近亲属间的权利义务关系即行消除，与生父母以及其他近亲属间的权利义务关系自行恢复。但是，成年养子女与生父母以及其他近亲属间的权利义务关系是否恢复，可以协商确定。

注释 收养关系解除后，养子女与养父母及其他近亲属之间的权利义务关系即行消灭。养子女和养父母之间的亲子身份地位以及权利义务关系不再存在；养子女与养父母的近亲属身份关系，也不再具有子女与父母的近亲属的身份地位和权利义务关系。

收养关系解除后，养子女已经成年的，其与生父母及其他近亲属的权利义务关系是否恢复，可以由成年的养子女与生父母协商确定，同意恢复的，即行恢复与生父母及其他近亲属之间的身份地位及其权利义务关系；养子女尚未成年的，本条没有规定，依照本条的逻辑，可以确认养子女与生父母及其他近亲属之间的权利义务关系自行恢复。

第一千一百一十八条 【收养关系解除后生活费、抚养费支付】收养关系解除后，经养父母抚养的成年养子女，对缺乏劳动能力又缺乏生活来源的养父母，应当给付生活费。因养子女成年后虐待、遗弃养父母而解除收养关系的，养父母可以要求养子女补偿收养期间支出的抚养费。

生父母要求解除收养关系的，养父母可以要求生父母适当补偿收养期间支出的抚养费；但是，因养父母虐待、遗弃养子女而解除收养关系的除外。

注释 收养关系解除之后，还发生对解除收养关系后成年养子女的生活费给付义务和养父母的补偿请求权的效力：

1. 成年养子女的生活费给付义务。收养解除之后，经养父母抚养的成年养子女，对缺乏劳动能力又缺乏生活来源的养父母，应当给付生活费，其标准一般应不低于当地居民的普通生活费用标准。

2. 养父母的补偿请求权。养子女成年后虐待、遗弃养父母而解除收养关系的，养父母可以要求养子女补偿收养期间支出的生活费和教育费。

3. 生父母要求解除收养关系的，养父母可以要求生父母适当补偿收养期间支出的生活费和教育费，但因养父母虐待、遗弃养子女而解除收养关系的除外。

……

婚姻登记条例

- 2003年7月30日国务院第16次常务会议通过
- 2003年8月8日中华人民共和国国务院令第387号公布
- 自2003年10月1日起施行

第一章 总 则

第一条 为了规范婚姻登记工作，保障婚姻自由、一夫一妻、男女平等的婚姻制度的实施，保护婚姻当事人的合法权益，根据《中华人民共和国婚姻法》（以下简称婚姻法），制定本条例。

第二条 内地居民办理婚姻登记的机关是县级人民政府民政部门或者乡（镇）人民政府，省、自治区、直辖市人民政府可以按照便民原则确定农村居民办理婚姻登记的具体机关。

中国公民同外国人，内地居民同香港特别行政区居民（以下简称香港居民）、澳门特别行政区居民（以下简称澳门居民）、台湾地区居民（以下简称台湾居民）、华侨办理婚姻登记的机关是省、自治区、直辖市人民政府民政部门或者省、自治区、直辖市人民政府民政部门确定的机关。

第三条 婚姻登记机关的婚姻登记员应当接受婚姻登记业务培训，经考核合格，方可从事婚姻登记工作。

婚姻登记机关办理婚姻登记，除按收费标准向当事人收取工本费外，不得收取其他费用或者附加其他义务。

第二章 结婚登记

第四条 内地居民结婚，男女双方应当共同到一方当事人常住户口所在地的婚姻登记机关办理结婚登记。

中国公民同外国人在中国内地结婚的，内地居民同香港居民、澳门居民、台湾居民、华侨在中国内地结婚的，男女双方应当共同到内地居民常住户口所在地的婚姻登记机关办理结婚登记。

第五条 办理结婚登记的内地居民应当出具下列证件和证明材料：

（一）本人的户口簿、身份证；

（二）本人无配偶以及与对方当事人没有直系血亲和三代以内旁系血亲关系的签字声明。

办理结婚登记的香港居民、澳门居民、台湾居民应当出具下列证件和证明材料：

（一）本人的有效通行证、身份证；

（二）经居住地公证机构公证的本人无配偶以及与对方当事人没有直系血亲和三代以内旁系血亲关系的声明。

办理结婚登记的华侨应当出具下列证件和证明材料：

（一）本人的有效护照；

（二）居住国公证机构或者有权机关出具的、经中华人民共和国驻该国使（领）馆认证的本人无配偶以及与对方当事人没有直系血亲和三代以内旁系血亲关系的证明，或者中华人民共和国驻该国使（领）馆出具的本人无配偶以及与对方当事人没有直系血亲和三代以内旁系血亲关系的证明。

办理结婚登记的外国人应当出具下列证件和

证明材料：

（一）本人的有效护照或者其他有效的国际旅行证件；

（二）所在国公证机构或者有权机关出具的、经中华人民共和国驻该国使（领）馆认证或者该国驻华使（领）馆认证的本人无配偶的证明，或者所在国驻华使（领）馆出具的本人无配偶的证明。

第六条 办理结婚登记的当事人有下列情形之一的，婚姻登记机关不予登记：

（一）未到法定结婚年龄的；

（二）非双方自愿的；

（三）一方或者双方已有配偶的；

（四）属于直系血亲或者三代以内旁系血亲的；

（五）患有医学上认为不应当结婚的疾病的。

第七条 婚姻登记机关应当对结婚登记当事人出具的证件、证明材料进行审查并询问相关情况。对当事人符合结婚条件的，应当当场予以登记，发给结婚证；对当事人不符合结婚条件不予登记的，应当向当事人说明理由。

第八条 男女双方补办结婚登记的，适用本条例结婚登记的规定。

第九条 因胁迫结婚的，受胁迫的当事人依据婚姻法第十一条的规定向婚姻登记机关请求撤销其婚姻的，应当出具下列证明材料：

（一）本人的身份证、结婚证；

（二）能够证明受胁迫结婚的证明材料。

婚姻登记机关经审查认为受胁迫结婚的情况属实且不涉及子女抚养、财产及债务问题的，应当撤销该婚姻，宣告结婚证作废。

第三章 离婚登记

第十条 内地居民自愿离婚的，男女双方应当共同到一方当事人常住户口所在地的婚姻登记机关办理离婚登记。

中国公民同外国人在中国内地自愿离婚的，内地居民同香港居民、澳门居民、台湾居民、华侨在中国内地自愿离婚的，男女双方应当共同到内地居民常住户口所在地的婚姻登记机关办理离婚登记。

第十一条 办理离婚登记的内地居民应当出具下列证件和证明材料：

（一）本人的户口簿、身份证；

（二）本人的结婚证；

（三）双方当事人共同签署的离婚协议书。

办理离婚登记的香港居民、澳门居民、台湾居民、华侨、外国人除应当出具前款第（二）项、第（三）项规定的证件、证明材料外，香港居民、澳门居民、台湾居民还应当出具本人的有效通行证、身份证，华侨、外国人还应当出具本人的有效护照或者其他有效国际旅行证件。

离婚协议书应当载明双方当事人自愿离婚的意思表示以及对子女抚养、财产及债务处理等事项协商一致的意见。

第十二条 办理离婚登记的当事人有下列情形之一的，婚姻登记机关不予受理：

（一）未达成离婚协议的；

（二）属于无民事行为能力人或者限制民事行为能力人的；

（三）其结婚登记不是在中国内地办理的。

第十三条 婚姻登记机关应当对离婚登记当事人出具的证件、证明材料进行审查并询问相关情况。对当事人确属自愿离婚，并已对子女抚养、财产、债务等问题达成一致处理意见的，应当当场予以登记，发给离婚证。

第十四条 离婚的男女双方自愿恢复夫妻关系的，应当到婚姻登记机关办理复婚登记。复婚登记适用本条例结婚登记的规定。

第四章 婚姻登记档案和婚姻登记证

第十五条 婚姻登记机关应当建立婚姻登记档案。婚姻登记档案应当长期保管。具体管理办法由国务院民政部门会同国家档案管理部门规定。

第十六条 婚姻登记机关收到人民法院宣告婚姻无效或者撤销婚姻的判决书副本后，应当将该判决书副本收入当事人的婚姻登记档案。

第十七条 结婚证、离婚证遗失或者损毁的，当事人可以持户口簿、身份证向原办理婚姻登记的机关或者一方当事人常住户口所在地的婚姻登记机关申请补领。婚姻登记机关对当事人的婚姻登记档案进行查证，确认属实的，应当为当事人补发结婚证、离婚证。

第五章 罚 则

第十八条 婚姻登记机关及其婚姻登记员有下列行为之一的，对直接负责的主管人员和其他直接责任人员依法给予行政处分：

（一）为不符合婚姻登记条件的当事人办理婚姻登记的；

（二）玩忽职守造成婚姻登记档案损失的；

（三）办理婚姻登记或者补发结婚证、离婚证超过收费标准收取费用的。

违反前款第（三）项规定收取的费用，应当退还当事人。

第六章 附 则

第十九条 中华人民共和国驻外使（领）馆可以依照本条例的有关规定，为男女双方均居住于驻在国的中国公民办理婚姻登记。

第二十条 本条例规定的婚姻登记证由国务院民政部门规定式样并监制。

第二十一条 当事人办理婚姻登记或者补领结婚证、离婚证应当交纳工本费。工本费的收费标准由国务院价格主管部门会同国务院财政部门规定并公布。

第二十二条 本条例自2003年10月1日起施行。1994年1月12日国务院批准、1994年2月1日民政部发布的《婚姻登记管理条例》同时废止。

婚姻登记工作规范[①]

· 2015年12月8日

· 民发〔2015〕230号

第一章 总 则

第一条 为加强婚姻登记规范化管理，维护婚姻当事人的合法权益，根据《中华人民共和国婚姻法》和《婚姻登记条例》，制定本规范。

第二条 各级婚姻登记机关应当依照法律、法规及本规范，认真履行职责，做好婚姻登记工作。

第二章 婚姻登记机关

第三条 婚姻登记机关是依法履行婚姻登记行政职能的机关。

第四条 婚姻登记机关履行下列职责：

（一）办理婚姻登记；

（二）补发婚姻登记证；

（三）撤销受胁迫的婚姻；

（四）建立和管理婚姻登记档案；

（五）宣传婚姻法律法规，倡导文明婚俗。

第五条 婚姻登记管辖按照行政区域划分。

（一）县、不设区的市、市辖区人民政府民政部门办理双方或者一方常住户口在本行政区域内的内地居民之间的婚姻登记。

省级人民政府可以根据实际情况，规定乡（镇）人民政府办理双方或者一方常住户口在本乡（镇）的内地居民之间的婚姻登记。

（二）省级人民政府民政部门或者其确定的民政部门，办理一方常住户口在辖区内的涉外和涉香港、澳门、台湾居民以及华侨的婚姻登记。

办理经济技术开发区、高新技术开发区等特别区域内居民婚姻登记的机关由省级人民政府民政部门提出意见报同级人民政府确定。

（三）现役军人由部队驻地、入伍前常住户口所在地或另一方当事人常住户口所在地婚姻登记机关办理婚姻登记。

婚姻登记机关不得违反上述规定办理婚姻登记。

第六条 具有办理婚姻登记职能的县级以上人民政府民政部门和乡（镇）人民政府应当按照本规范要求设置婚姻登记处。

省级人民政府民政部门设置、变更或撤销婚姻登记处，应当形成文件并对外公布；市、县（市、区）人民政府民政部门、乡（镇）人民政府设置、变更或撤销婚姻登记处，应当形成文件，对外公布并逐级上报省级人民政府民政部门。省级人民政府民政部门应当相应调整婚姻登记信息系统使用相关权限。

第七条 省、市、县（市、区）人民政府民政部门和乡镇人民政府设置的婚姻登记处分别称为：

××省（自治区、直辖市）民政厅（局）婚姻登记处，××市民政局婚姻登记处，××县（市）民政局婚姻登记处；

××市××区民政局婚姻登记处；

××县（市、区）××乡（镇）人民政府婚姻登记处。

县、不设区的市、市辖区人民政府民政部门设置多个婚姻登记处的，应当在婚姻登记处前冠其

---

① 本规范中的变更情况可见《民政部关于贯彻落实〈中华人民共和国民法典〉中有关婚姻登记规定的通知》。

二、婚姻

所在地的地名。

第八条 婚姻登记处应当在门外醒目处悬挂婚姻登记处标牌。标牌尺寸不得小于1500mm×300mm或550mm×450mm。

第九条 婚姻登记处应当按照民政部要求，使用全国婚姻登记工作标识。

第十条 具有办理婚姻登记职能的县级以上人民政府民政部门和乡(镇)人民政府应当刻制婚姻登记工作业务专用印章和钢印。专用印章和钢印为圆形，直径35mm。

婚姻登记工作业务专用印章和钢印，中央刊“★”，“★”外围刊婚姻登记处所属民政厅(局)或乡(镇)人民政府名称，如：“××省民政厅”、“××市民政局”、“××市××区民政局”、“××县民政局”或者“××县××乡(镇)人民政府”。

“★”下方刊“婚姻登记专用章”。民政局设置多个婚姻登记处的，“婚姻登记专用章”下方刊婚姻登记处序号。

第十一条 婚姻登记处应当有独立的场所办理婚姻登记，并设有候登大厅、结婚登记区、离婚登记室和档案室。结婚登记区、离婚登记室可合并为相应数量的婚姻登记室。

婚姻登记场所应当宽敞、庄严、整洁，设有婚姻登记公告栏。

婚姻登记处不得设在婚纱摄影、婚庆服务、医疗等机构场所内，上述服务机构不得设置在婚姻登记场所内。

第十二条 婚姻登记处应当配备以下设备：

(一)复印机；

(二)传真机；

(三)扫描仪；

(四)证件及纸张打印机；

(五)计算机；

(六)身份证阅读器。

第十三条 婚姻登记处可以安装具有音频和视频功能的设备，并妥善保管音频和视频资料。

婚姻登记场所应当配备必要的公共服务设施，婚姻登记当事人应当按照要求合理使用。

第十四条 婚姻登记处实行政务公开，下列内容应当在婚姻登记处公开展示：

(一)本婚姻登记处的管辖权及依据；

(二)婚姻法的基本原则以及夫妻的权利、义务；

(三)结婚登记、离婚登记的条件与程序；

(四)补领婚姻登记证的条件与程序；

(五)无效婚姻及可撤销婚姻的规定；

(六)收费项目与收费标准；

(七)婚姻登记员职责及其照片、编号；

(八)婚姻登记处办公时间和服务电话，设置多个婚姻登记处的，应当同时公布，巡回登记的，应当公布巡回登记时间和地点；

(九)监督电话。

第十五条 婚姻登记处应当备有《中华人民共和国婚姻法》、《婚姻登记条例》及其他有关文件，供婚姻当事人免费查阅。

第十六条 婚姻登记处在工作日应当对外办公，办公时间在办公场所外公告。

第十七条 婚姻登记处应当通过省级婚姻登记信息系统开展实时联网登记，并将婚姻登记电子数据实时传送给民政部婚姻登记信息系统。

各级民政部门应当为本行政区域内婚姻登记管理信息化建设创造条件，并制定婚姻登记信息化管理制度。

婚姻登记处应当将保存的本辖区未录入信息系统的婚姻登记档案录入婚姻登记历史数据补录系统。

第十八条 婚姻登记处应当按照《婚姻登记档案管理办法》的规定管理婚姻登记档案。

第十九条 婚姻登记处应当制定婚姻登记印章、证书、纸制档案、电子档案等管理制度，完善业务学习、岗位责任、考评奖惩等制度。

第二十条 婚姻登记处应当开通婚姻登记网上预约功能和咨询电话，电话号码在当地114查询台登记。

具备条件的婚姻登记处应当开通互联网网页，互联网网页内容应当包括：办公时间、办公地点；管辖权限；申请结婚登记的条件、办理结婚登记的程序；申请离婚登记的条件、办理离婚登记的程序；申请补领婚姻登记证的程序和需要的证明材料、撤销婚姻的程序等内容。

第二十一条 婚姻登记处可以设立婚姻家庭辅导室，通过政府购买服务或公开招募志愿者等方式聘用婚姻家庭辅导员，并在坚持群众自愿的前提下，开展婚姻家庭辅导服务。婚姻家庭辅导员应当具备以下资格之一：

(一)社会工作师；

（二）心理咨询师；

（三）律师；

（四）其他相应专业资格。

第二十二条 婚姻登记处可以设立颁证厅，为有需要的当事人颁发结婚证。

第三章 婚姻登记员

第二十三条 婚姻登记机关应当配备专职婚姻登记员。婚姻登记员人数、编制可以参照《婚姻登记机关等级评定标准》确定。

第二十四条 婚姻登记员由本级民政部门考核、任命。

婚姻登记员应当由设区的市级以上人民政府民政部门进行业务培训，经考核合格，取得婚姻登记员培训考核合格证明，方可从事婚姻登记工作。其他人员不得从事本规范第二十五条规定的工作。

婚姻登记员培训考核合格证明由省级人民政府民政部门统一印制。

婚姻登记员应当至少每2年参加一次设区的市级以上人民政府民政部门举办的业务培训，取得业务培训考核合格证明。

婚姻登记处应当及时将婚姻登记员上岗或离岗信息逐级上报省级人民政府民政部门，省级人民政府民政部门应当根据上报的信息及时调整婚姻登记信息系统使用相关权限。

第二十五条 婚姻登记员的主要职责：

（一）负责对当事人有关婚姻状况声明的监督；

（二）审查当事人是否具备结婚、离婚、补发婚姻登记证、撤销受胁迫婚姻的条件；

（三）办理婚姻登记手续，签发婚姻登记证；

（四）建立婚姻登记档案。

第二十六条 婚姻登记员应当熟练掌握相关法律法规，熟练使用婚姻登记信息系统，文明执法，热情服务。婚姻登记员一般应具有大学专科以上学历。

婚姻登记员上岗应当佩带标识并统一着装。

第四章 结婚登记

第二十七条 结婚登记应当按照初审—受理—审查—登记（发证）的程序办理。

第二十八条 受理结婚登记申请的条件是：

（一）婚姻登记处具有管辖权；

（二）要求结婚的男女双方共同到婚姻登记处提出申请；

（三）当事人男年满22周岁，女年满20周岁；

（四）当事人双方均无配偶（未婚、离婚、丧偶）；

（五）当事人双方没有直系血亲和三代以内旁系血亲关系；

（六）双方自愿结婚；

（七）当事人提交3张2寸双方近期半身免冠合影照片；

（八）当事人持有本规范第二十九条至第三十五条规定的有效证件。

第二十九条 内地居民办理结婚登记应当提交本人有效的居民身份证和户口簿，因故不能提交身份证的可以出具有效的临时身份证。

居民身份证与户口簿上的姓名、性别、出生日期、公民身份号码应当一致；不一致的，当事人应当先到有关部门更正。

户口簿上的婚姻状况应当与当事人声明一致。不一致的，当事人应当向登记机关提供能够证明其声明真实性的法院生效司法文书、配偶居民死亡医学证明（推断）书等材料；不一致且无法提供相关材料的，当事人应当先到有关部门更正。

当事人声明的婚姻状况与婚姻登记档案记载不一致的，当事人应当向登记机关提供能够证明其声明真实性的法院生效司法文书、配偶居民死亡医学证明（推断）书等材料。

第三十条 现役军人办理结婚登记应当提交本人的居民身份证、军人证件和部队出具的军人婚姻登记证明。

居民身份证、军人证件和军人婚姻登记证明上的姓名、性别、出生日期、公民身份号码应当一致；不一致的，当事人应当先到有关部门更正。

第三十一条 香港居民办理结婚登记应当提交：

（一）港澳居民来往内地通行证或者港澳同胞回乡证；

（二）香港居民身份证；

（三）经香港委托公证人公证的本人无配偶以及与对方当事人没有直系血亲和三代以内旁系血亲关系的声明。

第三十二条 澳门居民办理结婚登记应当提交：

（一）港澳居民来往内地通行证或者港澳同胞回乡证；

（二）澳门居民身份证；

（三）经澳门公证机构公证的本人无配偶以及与对方当事人没有直系血亲和三代以内旁系血亲关系的声明。

第三十三条 台湾居民办理结婚登记应当提交：

（一）台湾居民来往大陆通行证或者其他有效旅行证件；

（二）本人在台湾地区居住的有效身份证；

（三）经台湾公证机构公证的本人无配偶以及与对方当事人没有直系血亲和三代以内旁系血亲关系的声明。

第三十四条 华侨办理结婚登记应当提交：

（一）本人的有效护照；

（二）居住国公证机构或者有权机关出具的、经中华人民共和国驻该国使（领）馆认证的本人无配偶以及与对方当事人没有直系血亲和三代以内旁系血亲关系的证明，或者中华人民共和国驻该国使（领）馆出具的本人无配偶以及与对方当事人没有直系血亲和三代以内旁系血亲关系的证明。

与中国无外交关系的国家出具的有关证明，应当经与该国及中国均有外交关系的第三国驻该国使（领）馆和中国驻第三国使（领）馆认证，或者经第三国驻华使（领）馆认证。

第三十五条 外国人办理结婚登记应当提交：

（一）本人的有效护照或者其他有效的国际旅行证件；

（二）所在国公证机构或者有权机关出具的、经中华人民共和国驻该国使（领）馆认证或者该国驻华使（领）馆认证的本人无配偶的证明，或者所在国驻华使（领）馆出具的本人无配偶证明。

与中国无外交关系的国家出具的有关证明，应当经与该国及中国均有外交关系的第三国驻该国使（领）馆和中国驻第三国使（领）馆认证，或者经第三国驻华使（领）馆认证。

第三十六条 婚姻登记员受理结婚登记申请，应当按照下列程序进行：

（一）询问当事人的结婚意愿；

（二）查验本规范第二十九条至第三十五条规定的相应证件和材料；

（三）自愿结婚的双方各填写一份《申请结婚登记声明书》；《申请结婚登记声明书》中“声明人”一栏的签名必须由声明人在监誓人面前完成并按指纹；

（四）当事人现场复述声明书内容，婚姻登记员作监誓人并在监誓人一栏签名。

第三十七条 婚姻登记员对当事人提交的证件、证明、声明进行审查，符合结婚条件的，填写《结婚登记审查处理表》和结婚证。

第三十八条 《结婚登记审查处理表》的填写：

（一）《结婚登记审查处理表》项目的填写，按照下列规定通过计算机完成：

1.“申请人姓名”：当事人是中国公民的，使用中文填写；当事人是外国人的，按照当事人护照上的姓名填写。

2.“出生日期”：使用阿拉伯数字，按照身份证件上的出生日期填写为“××××年××月××日”。

3.“身份证件号”：当事人是内地居民的，填写居民身份证号；当事人是香港、澳门、台湾居民的，填写香港、澳门、台湾居民身份证号，并在号码后加注“（香港）”、“（澳门）”或者“（台湾）”；当事人是华侨的，填写护照或旅行证件号；当事人是外国人的，填写当事人的护照或旅行证件号。

证件号码前面有字符的，应当一并填写。

4.“国籍”：当事人是内地居民、香港居民、澳门居民、台湾居民、华侨的，填写“中国”；当事人是外国人的，按照护照上的国籍填写；无国籍人，填写“无国籍”。

5.“提供证件情况”：应当将当事人提供的证件、证明逐一填写，不得省略。

6.“审查意见”：填写“符合结婚条件，准予登记”。

7.“结婚登记日期”：使用阿拉伯数字，填写为：“××××年××月××日”。填写的日期应当与结婚证上的登记日期一致。

8.“结婚证字号”填写式样按照民政部相关规定执行，填写规则见附则。

9.“结婚证印制号”填写颁发给当事人的结婚证上印制的号码。

10.“承办机关名称”：填写承办该结婚登记的婚姻登记处的名称。

（二）“登记员签名”：由批准该结婚登记的婚

姻登记员亲笔签名,不得使用个人印章或者计算机打印。

(三)在“照片”处粘贴当事人提交的照片,并在骑缝处加盖钢印。

第三十九条 结婚证的填写:

(一)结婚证上“结婚证字号”“姓名”“性别”“出生日期”“身份证件号”“国籍”“登记日期”应当与《结婚登记审查处理表》中相应项目完全一致。

(二)“婚姻登记员”:由批准该结婚登记的婚姻登记员使用黑色墨水钢笔或签字笔亲笔签名,签名应清晰可辨,不得使用个人印章或者计算机打印。

(三)在“照片”栏粘贴当事人双方合影照片。

(四)在照片与结婚证骑缝处加盖婚姻登记工作业务专用钢印。

(五)“登记机关”:盖婚姻登记工作业务专用印章(红印)。

第四十条 婚姻登记员在完成结婚证填写后,应当进行认真核对、检查。对填写错误、证件被污染或者损坏的,应当将证件报废处理,重新填写。

第四十一条 颁发结婚证,应当在当事人双方均在场时按照下列步骤进行:

(一)向当事人双方询问核对姓名、结婚意愿;

(二)告知当事人双方领取结婚证后的法律关系以及夫妻权利、义务;

(三)见证当事人本人亲自在《结婚登记审查处理表》上的“当事人领证签名并按指纹”一栏中签名并按指纹;

“当事人领证签名并按指纹”一栏不得空白,不得由他人代为填写、代按指纹。

(四)将结婚证分别颁发给结婚登记当事人双方,向双方当事人宣布:取得结婚证,确立夫妻关系;

(五)祝贺新人。

第四十二条 申请补办结婚登记的,当事人填写《申请补办结婚登记声明书》,婚姻登记机关按照结婚登记程序办理。

第四十三条 申请复婚登记的,当事人填写《申请结婚登记声明书》,婚姻登记机关按照结婚登记程序办理。

第四十四条 婚姻登记员每办完一对结婚登记,应当依照《婚姻登记档案管理办法》,对应当存档的材料进行整理、保存,不得出现原始材料丢失、损毁情况。

第四十五条 婚姻登记机关对不符合结婚登记条件的,不予受理。当事人要求出具《不予办理结婚登记告知书》的,应当出具。

第五章 撤销婚姻

第四十六条 受胁迫结婚的婚姻当事人,可以向原办理该结婚登记的机关请求撤销婚姻。

第四十七条 撤销婚姻应当按照初审—受理—审查—报批—公告的程序办理。

第四十八条 受理撤销婚姻申请的条件:

(一)婚姻登记处具有管辖权;

(二)受胁迫的一方和对方共同到婚姻登记机关签署双方无子女抚养、财产及债务问题的声明书;

(三)申请时距结婚登记之日或受胁迫的一方恢复人身自由之日不超过1年;

(四)当事人持有:

1. 本人的身份证、结婚证;

2. 要求撤销婚姻的书面申请;

3. 公安机关出具的当事人被拐卖、解救的相关材料,或者人民法院作出的能够证明当事人被胁迫结婚的判决书。

第四十九条 符合撤销婚姻的,婚姻登记处按以下程序进行:

(一)查验本规范第四十八条规定的证件和证明材料。

(二)当事人在婚姻登记员面前亲自填写《撤销婚姻申请书》,双方当事人在“声明人”一栏签名并按指纹。

(三)当事人宣读本人的申请书,婚姻登记员作监誓人并在监誓人一栏签名。

第五十条 婚姻登记处拟写“关于撤销×××与×××婚姻的决定”报所属民政部门或者乡(镇)人民政府;符合撤销条件的,婚姻登记机关应当批准,并印发撤销决定。

第五十一条 婚姻登记处应当将《关于撤销×××与×××婚姻的决定》送达当事人双方,并在婚姻登记公告栏公告30日。

第五十二条 婚姻登记处对不符合撤销婚姻条件的,应当告知当事人不予撤销原因,并告知当

二、婚姻

事人可以向人民法院请求撤销婚姻。

第五十三条 除受胁迫结婚之外,以任何理由请求宣告婚姻无效或者撤销婚姻的,婚姻登记机关不予受理。

第六章 离婚登记

第五十四条 离婚登记按照初审—受理—审查—登记(发证)的程序办理。

第五十五条 受理离婚登记申请的条件是:

(一)婚姻登记处具有管辖权;

(二)要求离婚的夫妻双方共同到婚姻登记处提出申请;

(三)双方均具有完全民事行为能力;

(四)当事人持有离婚协议书,协议书中载明双方自愿离婚的意思表示以及对子女抚养、财产及债务处理等事项协商一致的意见;

(五)当事人持有内地婚姻登记机关或者中国驻外使(领)馆颁发的结婚证;

(六)当事人各提交2张2寸单人近期半身免冠照片;

(七)当事人持有本规范第二十九条至第三十五条规定的有效身份证件。

第五十六条 婚姻登记员受理离婚登记申请,应当按照下列程序进行:

(一)分开询问当事人的离婚意愿,以及对离婚协议内容的意愿,并进行笔录,笔录当事人阅后签名。

(二)查验本规范第五十五条规定的证件和材料。申请办理离婚登记的当事人有一本结婚证丢失的,当事人应当书面声明遗失,婚姻登记机关可以根据另一本结婚证办理离婚登记;申请办理离婚登记的当事人两本结婚证都丢失的,当事人应当书面声明结婚证遗失并提供加盖查档专用章的结婚登记档案复印件,婚姻登记机关可根据当事人提供的上述材料办理离婚登记。

(三)双方自愿离婚且对子女抚养、财产及债务处理等事项协商一致的,双方填写《申请离婚登记声明书》;

《申请离婚登记声明书》中"声明人"一栏的签名必须由声明人在监誓人面前完成并按指纹;

婚姻登记员作监誓人并在监誓人一栏签名。

(四)夫妻双方应当在离婚协议上现场签名;婚姻登记员可以在离婚协议书上加盖"此件与存档件一致,涂改无效。XXXX婚姻登记处XX年XX月XX日"的长方形印章。协议书夫妻双方各一份,婚姻登记处存档一份。当事人因离婚协议书遗失等原因,要求婚姻登记机关复印其离婚协议书的,按照《婚姻登记档案管理办法》的规定查阅婚姻登记档案。

离婚登记完成后,当事人要求更换离婚协议书或变更离婚协议内容的,婚姻登记机关不予受理。

第五十七条 婚姻登记员对当事人提交的证件、《申请离婚登记声明书》、离婚协议书进行审查,符合离婚条件的,填写《离婚登记审查处理表》和离婚证。

《离婚登记审查处理表》和离婚证分别参照本规范第三十八条、第三十九条规定填写。

第五十八条 婚姻登记员在完成离婚证填写后,应当进行认真核对、检查。对打印或者书写错误、证件被污染或者损坏的,应当将证件报废处理,重新填写。

第五十九条 颁发离婚证,应当在当事人双方均在场时按照下列步骤进行:

(一)向当事人双方询问核对姓名、出生日期、离婚意愿;

(二)见证当事人本人亲自在《离婚登记审查处理表》"当事人领证签名并按指纹"一栏中签名并按指纹;

"当事人领证签名并按指纹"一栏不得空白,不得由他人代为填写、代按指纹;

(三)在当事人的结婚证上加盖条型印章,其中注明"双方离婚,证件失效。××婚姻登记处"。注销后的结婚证复印存档,原件退还当事人。

(四)将离婚证颁发给离婚当事人。

第六十条 婚姻登记员每办完一对离婚登记,应当依照《婚姻登记档案管理办法》,对应当存档的材料进行整理、保存,不得出现原始材料丢失、损毁情况。

第六十一条 婚姻登记机关对不符合离婚登记条件的,不予受理。当事人要求出具《不予办理离婚登记告知书》的,应当出具。

第七章 补领婚姻登记证

第六十二条 当事人遗失、损毁婚姻登记证,可以向原办理该婚姻登记的机关或者一方常住户口所在地的婚姻登记机关申请补领。有条件的省份，可以允许本省居民向本辖区内负责内地居民婚姻登记的机关申请补领婚姻登记证。

第六十三条 婚姻登记机关为当事人补发结婚证、离婚证，应当按照初审—受理—审查—发证程序进行。

第六十四条 受理补领结婚证、离婚证申请的条件是：

（一）婚姻登记处具有管辖权；

（二）当事人依法登记结婚或者离婚，现今仍然维持该状况；

（三）当事人持有本规范第二十九条至第三十五条规定的身份证件；

（四）当事人亲自到婚姻登记处提出申请，填写《申请补领婚姻登记证声明书》。

当事人因故不能到婚姻登记处申请补领婚姻登记证的，有档案可查且档案信息与身份信息一致的，可以委托他人办理。委托办理应当提交当事人的户口簿、身份证和经公证机关公证的授权委托书。委托书应当写明当事人姓名、身份证件号码、办理婚姻登记的时间及承办机关、目前的婚姻状况、委托事由、受委托人的姓名和身份证件号码。受委托人应当同时提交本人的身份证件。

当事人结婚登记档案查找不到的，当事人应当提供充分证据证明婚姻关系，婚姻登记机关经过严格审查，确认当事人存在婚姻关系的，可以为其补领结婚证。

第六十五条 婚姻登记员受理补领婚姻登记证申请，应当按照下列程序进行：

（一）查验本规范第六十四条规定的相应证件和证明材料；

（二）当事人填写《申请补领婚姻登记证声明书》，《申请补领婚姻登记证声明书》中“声明人”一栏的签名必须由声明人在监誓人面前完成并按指纹；

（三）婚姻登记员作监誓人并在监誓人一栏签名；

（四）申请补领结婚证的，双方当事人提交3张2寸双方近期半身免冠合影照片；申请补领离婚证的当事人提交2张2寸单人近期半身免冠照片。

第六十六条 婚姻登记员对当事人提交的证件、证明进行审查，符合补发条件的，填写《补发婚姻登记证审查处理表》和婚姻登记证。《补发婚姻登记证审查处理表》参照本规范第三十八条规定填写。

第六十七条 补发婚姻登记证时，应当向当事人询问核对姓名、出生日期，见证当事人本人亲自在《补发婚姻登记证审查处理表》“当事人领证签名并按指纹”一栏中签名并按指纹，将婚姻登记证发给当事人。

第六十八条 当事人的户口簿上以曾用名的方式反映姓名变更的，婚姻登记机关可以采信。

当事人办理结婚登记时未达到法定婚龄，通过非法手段骗取婚姻登记，其在申请补领时仍未达法定婚龄的，婚姻登记机关不得补发结婚证；其在申请补领时已达法定婚龄的，当事人应对结婚登记情况作出书面说明，婚姻登记机关补发的结婚证登记日期为当事人达到法定婚龄之日。

第六十九条 当事人办理过结婚登记，申请补领时的婚姻状况因离婚或丧偶发生改变的，不予补发结婚证；当事人办理过离婚登记的，申请补领时的婚姻状况因复婚发生改变的，不予补发离婚证。

第七十条 婚姻登记机关对不具备补发结婚证、离婚证受理条件的，不予受理。

第八章 监督与管理

第七十一条 各级民政部门应当建立监督检查制度，定期对本级民政部门设立的婚姻登记处和下级婚姻登记机关进行监督检查。

第七十二条 婚姻登记机关及其婚姻登记员有下列行为之一的，对直接负责的主管人员和其他直接责任人员依法给予行政处分：

（一）为不符合婚姻登记条件的当事人办理婚姻登记的；

（二）违反程序规定办理婚姻登记、发放婚姻登记证、撤销婚姻的；

（三）要求当事人提交《婚姻登记条例》和本规范规定以外的证件材料的；

（四）擅自提高收费标准或者增加收费项目的；

（五）玩忽职守造成婚姻登记档案损毁的；

（六）购买使用伪造婚姻证书的；

（七）违反规定应用婚姻登记信息系统的。

第七十三条 婚姻登记员违反规定办理婚姻

登记,给当事人造成严重后果的,应当由婚姻登记机关承担对当事人的赔偿责任,并对承办人员进行追偿。

第七十四条 婚姻登记证使用单位不得使用非上级民政部门提供的婚姻登记证。各级民政部门发现本行政区域内有使用非上级民政部门提供的婚姻登记证的,应当予以没收,并追究相关责任人的法律责任和行政责任。

第七十五条 婚姻登记机关发现婚姻登记证有质量问题时,应当及时书面报告省级人民政府民政部门或者国务院民政部门。

第七十六条 人民法院作出与婚姻相关的判决、裁定和调解后,当事人将生效司法文书送婚姻登记机关的,婚姻登记机关应当将司法文书复印件存档并将相关信息录入婚姻登记信息系统。

婚姻登记机关应当加强与本地区人民法院的婚姻信息共享工作,完善婚姻信息数据库。

第九章 附 则

第七十七条 本规范规定的当事人无配偶声明或者证明,自出具之日起6个月内有效。

第七十八条 县级或县级以上人民政府民政部门办理婚姻登记的,"结婚证字号"填写式样为"Jaaaaaa-bbbb-cccccc"(其中"aaaaaa"为6位行政区划代码,"bbbb"为当年年号,"cccccc"为当年办理婚姻登记的序号)。"离婚证字号"开头字符为"L"。"补发结婚证字号"开头字符为"BJ"。"补发离婚证字号"开头字符为"BL"。

县级人民政府民政部门设立多个婚姻登记巡回点的,由县级人民政府民政部门明确字号使用规则,规定各登记点使用号段。

乡(镇)人民政府办理婚姻登记的,行政区划代码由6位改为9位(在县级区划代码后增加三位乡镇代码),其他填写方法与上述规定一致。

对为方便人民群众办理婚姻登记、在行政区划单位之外设立的婚姻登记机关,其行政区划代码由省级人民政府民政部门按照前四位取所属地级市行政区划代码前四位,五六位为序号(从61开始,依次为62、63、……、99)的方式统一编码。

第七十九条 当事人向婚姻登记机关提交的"本人无配偶证明"等材料是外国语言文字的,应当翻译成中文。当事人未提交中文译文的,视为未提交该文件。婚姻登记机关可以接受中国驻外国使领馆或有资格的翻译机构出具的翻译文本。

第八十条 本规范自2016年2月1日起实施。

附件:

1. 申请结婚登记声明书
2. 结婚登记审查处理表(略)
3. 申请补办结婚登记声明书(略)
4. 不予办理结婚登记告知书(略)
5. 撤销婚姻申请书(略)
6. 关于撤销×××与×××婚姻的决定(略)
7. 申请离婚登记声明书(略)
8. 离婚登记审查处理表(略)
9. 不予办理离婚登记告知书(略)
10. 申请补领婚姻登记证声明书(略)
11. 补发婚姻登记证审查处理表(略)

婚姻登记档案管理办法

· 2006年1月23日民政部、国家档案局令第32号公布

· 自公布之日起施行

第一条 为规范婚姻登记档案管理,维护婚姻当事人的合法权益,根据《中华人民共和国档案法》和《婚姻登记条例》,制定本办法。

第二条 婚姻登记档案是婚姻登记机关在办理结婚登记、撤销婚姻、离婚登记、补发婚姻登记证的过程中形成的具有凭证作用的各种记录。

第三条 婚姻登记主管部门对婚姻登记档案工作实行统一领导,分级管理,并接受同级地方档案行政管理部门的监督和指导。

第四条 婚姻登记机关应当履行下列档案工作职责:

(一)及时将办理完毕的婚姻登记材料收集、整理、归档;

(二)建立健全各项规章制度,确保婚姻登记档案的齐全完整;

(三)采用科学的管理方法,提高婚姻登记档案的保管水平;

(四)办理查档服务,出具婚姻登记记录证明,告知婚姻登记档案的存放地;

(五)办理婚姻登记档案的移交工作。

第五条 办理结婚登记(含复婚、补办结婚登记,下同)形成的下列材料应当归档:

(一)《结婚登记审查处理表》;

(二)《申请结婚登记声明书》或者《申请补办结婚登记声明书》;

(三)香港特别行政区居民、澳门特别行政区居民、台湾地区居民、出国人员、华侨以及外国人提交的《婚姻登记条例》第五条规定的各种证明材料(含翻译材料);

(四)当事人身份证件(从《婚姻登记条例》第五条规定,下同)复印件;

(五)其他有关材料。

第六条 办理撤销婚姻形成的下列材料应当归档:

(一)婚姻登记机关关于撤销婚姻的决定;

(二)《撤销婚姻申请书》;

(三)当事人的结婚证原件;

(四)公安机关出具的当事人被拐卖、解救证明,或人民法院作出的能够证明当事人被胁迫结婚的判决书;

(五)当事人身份证件复印件;

(六)其他有关材料。

第七条 办理离婚登记形成的下列材料应当归档:

(一)《离婚登记审查处理表》;

(二)《申请离婚登记声明书》;

(三)当事人结婚证复印件;

(四)当事人离婚协议书;

(五)当事人身份证件复印件;

(六)其他有关材料。

第八条 办理补发婚姻登记证形成的下列材料应当归档:

(一)《补发婚姻登记证审查处理表》;

(二)《申请补领婚姻登记证声明书》;

(三)婚姻登记档案保管部门出具的婚姻登记档案记录证明或其他有关婚姻状况的证明;

(四)当事人身份证件复印件;

(五)当事人委托办理时提交的经公证机关公证的当事人身份证件复印件和委托书,受委托人本人的身份证件复印件;

(六)其他有关材料。

第九条 婚姻登记档案按照年度—婚姻登记性质分类。婚姻登记性质分为结婚登记类、撤销婚姻类、离婚登记类和补发婚姻登记证类四类。

人民法院宣告婚姻无效或者撤销婚姻的判决书副本归入撤销婚姻类档案。

婚姻无效或者撤销婚姻的,应当在当事人原婚姻登记档案的《结婚登记审查处理表》的"备注"栏中注明有关情况及相应的撤销婚姻类档案的档号。

第十条 婚姻登记材料的立卷归档应当遵循下列原则与方法:

(一)婚姻登记材料按照年度归档。

(二)一对当事人婚姻登记材料组成一卷。

(三)卷内材料分别按照本办法第五、六、七、八条规定的顺序排列。

(四)以有利于档案保管和利用的方法固定案卷。

(五)按本办法第九条的规定对案卷进行分类,并按照办理婚姻登记的时间顺序排列。

(六)在卷内文件首页上端的空白处加盖归档章(见附件1),并填写有关内容。归档章设置全宗号、年度、室编卷号、馆编卷号和页数等项目。

全宗号:档案馆给立档单位编制的代号。

年度:案卷的所属年度。

室编卷号:案卷排列的顺序号,每年每个类别分别从"1"开始标注。

馆编卷号:档案移交时按进馆要求编制。

页数:卷内材料有文字的页面数。

(七)按室编卷号的顺序将婚姻登记档案装入档案盒,并填写档案盒封面、盒脊和备考表的项目。

档案盒封面应标明全宗名称和婚姻登记处名称(见附件2)。

档案盒盒脊设置全宗号、年度、婚姻登记性质、起止卷号和盒号等项目(见附件3)。其中,起止卷号填写盒内第一份案卷和最后一份案卷的卷号,中间用"—"号连接;盒号即档案盒的排列顺序号,在档案移交时按进馆要求编制。

备考表置于盒内,说明本盒档案的情况,并填写整理人、检查人和日期(见附件4)。

(八)按类别分别编制婚姻登记档案目录(见附件5)。

(九)每年的婚姻登记档案目录加封面后装订成册,一式三份,并编制目录号(见附件6)。

第十一条 婚姻登记材料的归档要求:

(一)当年的婚姻登记材料应当在次年的3月

31 日前完成立卷归档；

（二）归档的婚姻登记材料必须齐全完整，案卷规范、整齐，复印件一律使用 A4 规格的复印纸，复印件和照片应当图像清晰；

（三）归档章、档案盒封面、盒脊、备考表等项目，使用蓝黑墨水或碳素墨水钢笔填写；婚姻登记档案目录应当打印；备考表和档案目录一律使用 A4 规格纸张。

第十二条　使用计算机办理婚姻登记所形成的电子文件，应当与纸质文件一并归档，归档要求参照《电子文件归档与管理规范》（GB/T18894－2002）。

第十三条　婚姻登记档案的保管期限为 100 年。对有继续保存价值的可以延长保管期限直至永久。

第十四条　婚姻登记档案应当按照下列规定进行移交：

（一）县级（含）以上地方人民政府民政部门形成的婚姻登记档案，应当在本单位档案部门保管一定时期后向同级国家档案馆移交，具体移交时间由双方商定。

（二）具有办理婚姻登记职能的乡（镇）人民政府形成的婚姻登记档案应当向乡（镇）档案部门移交，具体移交时间从乡（镇）的规定。

乡（镇）人民政府应当将每年的婚姻登记档案目录副本向上一级人民政府民政部门报送。

（三）被撤销或者合并的婚姻登记机关的婚姻登记档案应当按照前两款的规定及时移交。

第十五条　婚姻登记档案的利用应当遵守下列规定：

（一）婚姻登记档案保管部门应当建立档案利用制度，明确办理程序，维护当事人的合法权益；

（二）婚姻登记机关可以利用本机关移交的婚姻登记档案；

（三）婚姻当事人持有合法身份证件，可以查阅本人的婚姻登记档案；婚姻当事人因故不能亲自前往查阅的，可以办理授权委托书，委托他人代为办理，委托书应当经公证机关公证；

（四）人民法院、人民检察院、公安和安全部门为确认当事人的婚姻关系，持单位介绍信可以查阅婚姻登记档案；律师及其他诉讼代理人在诉讼过程中，持受理案件的法院出具的证明材料及本人有效证件可以查阅与诉讼有关的婚姻登记档案；

（五）其他单位、组织和个人要求查阅婚姻登记档案的，婚姻登记档案保管部门在确认其利用目的合理的情况下，经主管领导审核，可以利用；

（六）利用婚姻登记档案的单位、组织和个人，不得公开婚姻登记档案的内容，不得损害婚姻登记当事人的合法权益；

（七）婚姻登记档案不得外借，仅限于当场查阅；复印的婚姻登记档案需加盖婚姻登记档案保管部门的印章方为有效。

第十六条　婚姻登记档案的鉴定销毁应当符合下列要求：

（一）婚姻登记档案保管部门对保管期限到期的档案要进行价值鉴定，对无保存价值的予以销毁，但婚姻登记档案目录应当永久保存。

（二）对销毁的婚姻登记档案应当建立销毁清册，载明销毁档案的时间、种类和数量，并永久保存。

（三）婚姻登记档案保管部门应当派人监督婚姻登记档案的销毁过程，确保销毁档案没有漏销或者流失，并在销毁清册上签字。

第十七条　本办法由民政部负责解释。

第十八条　本办法自公布之日起施行。

中国边民与毗邻国边民婚姻登记办法

·2012 年 8 月 8 日民政部令第 45 号公布
·自 2012 年 10 月 1 日起施行

第一条　为规范边民婚姻登记工作，保护婚姻当事人的合法婚姻权益，根据《中华人民共和国婚姻法》、《婚姻登记条例》，制定本办法。

第二条　本办法所称边民是指中国与毗邻国边界线两侧县级行政区域内有当地常住户口的中国公民和外国人。中国与毗邻国就双方国家边境地区和边民的范围达成有关协议的，适用协议的规定。

第三条　本办法适用于中国边民与毗邻国边民在中国边境地区办理婚姻登记。

第四条　边民办理婚姻登记的机关是边境地区县级人民政府民政部门。

边境地区婚姻登记机关应当按照便民原则在交通不便的乡（镇）巡回登记。

第五条 中国边民与毗邻国边民在中国边境地区结婚,男女双方应当共同到中国一方当事人常住户口所在地的婚姻登记机关办理结婚登记。

第六条 办理结婚登记的中国边民应当出具下列证件、证明材料:

(一)本人的居民户口簿、居民身份证;

(二)本人无配偶以及与对方当事人没有直系血亲和三代以内旁系血亲关系的签字声明。

办理结婚登记的毗邻国边民应当出具下列证明材料:

(一)能够证明本人边民身份的有效护照、国际旅行证件或者边境地区出入境通行证件;

(二)所在国公证机构或者有权机关出具的、经中华人民共和国驻该国使(领)馆认证或者该国驻华使(领)馆认证的本人无配偶的证明,或者所在国驻华使(领)馆出具的本人无配偶的证明,或者由毗邻国边境地区与中国乡(镇)人民政府同级的政府出具的本人无配偶证明。

第七条 办理结婚登记的当事人有下列情形之一的,婚姻登记机关不予登记:

(一)未到中国法定结婚年龄的;

(二)非双方自愿的;

(三)一方或者双方已有配偶的;

(四)属于直系血亲或者三代以内旁系血亲的;

(五)患有医学上认为不应当结婚的疾病的。

第八条 婚姻登记机关应当对结婚登记当事人出具的证件、证明材料进行审查并询问相关情况,对当事人符合结婚条件的,应当当场予以登记,发给结婚证。对当事人不符合结婚条件不予登记的,应当向当事人说明理由。

第九条 男女双方补办结婚登记的,适用本办法关于结婚登记的规定。

第十条 未到婚姻登记机关办理结婚登记以夫妻名义同居生活的,不成立夫妻关系。

第十一条 因受胁迫结婚的,受胁迫的边民可以依据《中华人民共和国婚姻法》第十一条的规定向婚姻登记机关请求撤销其婚姻。受胁迫方应当出具下列证件、证明材料:

(一)本人的身份证件;

(二)结婚证;

(三)要求撤销婚姻的书面申请;

(四)公安机关出具或者人民法院作出的能够证明当事人被胁迫结婚的证明材料。

受胁迫方为毗邻国边民的,其身份证件包括能够证明边民身份的有效护照、国际旅行证件或者边境地区出入境通行证件。

婚姻登记机关经审查认为受胁迫结婚的情况属实且不涉及子女抚养、财产及债务问题的,应当撤销该婚姻,宣告结婚证作废。

第十二条 中国边民与毗邻国边民在中国边境地区自愿离婚的,应当共同到中国边民常住户口所在地的婚姻登记机关办理离婚登记。

第十三条 办理离婚登记的双方当事人应当出具下列证件、证明材料:

(一)本人的结婚证;

(二)双方当事人共同签署的离婚协议书。

除上述材料外,办理离婚登记的中国边民还需要提供本人的居民户口簿和居民身份证,毗邻国边民还需要提供能够证明边民身份的有效护照、国际旅行证件或者边境地区出入境通行证件。

离婚协议书应当载明双方当事人自愿离婚的意思表示以及对子女抚养、财产及债务处理等事项协商一致的意见。

第十四条 办理离婚登记的当事人有下列情形之一的,婚姻登记机关不予受理:

(一)未达成离婚协议的;

(二)属于无民事行为能力或者限制民事行为能力人的;

(三)其结婚登记不是在中国内地办理的。

第十五条 婚姻登记机关应当对离婚登记当事人出具的证件、证明材料进行审查并询问相关情况。对当事人确属自愿离婚,并已对子女抚养、财产、债务等问题达成一致处理意见的,应当当场予以登记,发给离婚证。

第十六条 离婚的男女双方自愿恢复夫妻关系的,应当到婚姻登记机关办理复婚登记。复婚登记适用本办法关于结婚登记的规定。

第十七条 结婚证、离婚证遗失或者损毁的,中国边民可以持居民户口簿、居民身份证,毗邻国边民可以持能够证明边民身份的有效护照、国际旅行证件或者边境地区出入境通行证向原办理婚姻登记的机关或者中国一方当事人常住户口所在地的婚姻登记机关申请补领。婚姻登记机关对当事人的婚姻登记档案进行查证,确认属实的,应当为当事人补发结婚证、离婚证。

第十八条 本办法自 2012 年 10 月 1 日起施行。1995 年颁布的《中国与毗邻国边民婚姻登记管理试行办法》(民政部令第 1 号)同时废止。

民政部关于贯彻落实《中华人民共和国民法典》中有关婚姻登记规定的通知

·2020 年 11 月 24 日
·民发〔2020〕116 号

各省、自治区、直辖市民政厅(局),各计划单列市民政局,新疆生产建设兵团民政局:

《中华人民共和国民法典》(以下简称《民法典》)将于 2021 年 1 月 1 日起施行。根据《民法典》规定,对婚姻登记有关程序等作出如下调整:

一、婚姻登记机关不再受理因胁迫结婚请求撤销业务

《民法典》第一千零五十二条第一款规定:"因胁迫结婚的,受胁迫的一方可以向人民法院请求撤销婚姻。"因此,婚姻登记机关不再受理因胁迫结婚的撤销婚姻申请,《婚姻登记工作规范》第四条第三款、第五章废止,删除第十四条第(五)项中"及可撤销婚姻"、第二十五条第(二)项中"撤销受胁迫婚姻"及第七十二条第(二)项中"撤销婚姻"表述。

二、调整离婚登记程序

根据《民法典》第一千零七十六条、第一千零七十七条和第一千零七十八条规定,离婚登记按如下程序办理:

(一)申请。夫妻双方自愿离婚的,应当签订书面离婚协议,共同到有管辖权的婚姻登记机关提出申请,并提供以下证件和证明材料:

1. 内地婚姻登记机关或者中国驻外使(领)馆颁发的结婚证;

2. 符合《婚姻登记工作规范》第二十九条至第三十五条规定的有效身份证件;

3. 在婚姻登记机关现场填写的《离婚登记申请书》(附件 1)。

(二)受理。婚姻登记机关按照《婚姻登记工作规范》有关规定对当事人提交的上述材料进行初审。

申请办理离婚登记的当事人有一本结婚证丢失的,当事人应当书面声明遗失,婚姻登记机关可以根据另一本结婚证受理离婚登记申请;申请办理离婚登记的当事人两本结婚证都丢失的,当事人应当书面声明结婚证遗失并提供加盖查档专用章的结婚登记档案复印件,婚姻登记机关可根据当事人提供的上述材料受理离婚登记申请。

婚姻登记机关对当事人提交的证件和证明材料初审无误后,发给《离婚登记申请受理回执单》(附件 2)。不符合离婚登记申请条件的,不予受理。当事人要求出具《不予受理离婚登记申请告知书》(附件 3)的,应当出具。

(三)冷静期。自婚姻登记机关收到离婚登记申请并向当事人发放《离婚登记申请受理回执单》之日起三十日内(自婚姻登记机关收到离婚登记申请之日的次日开始计算期间,期间的最后一日是法定休假日的,以法定休假日结束的次日为期间的最后一日),任何一方不愿意离婚的,可以持本人有效身份证件和《离婚登记申请受理回执单》(遗失的可不提供,但需书面说明情况),向受理离婚登记申请的婚姻登记机关撤回离婚登记申请,并亲自填写《撤回离婚登记申请书》(附件 4)。经婚姻登记机关核实无误后,发给《撤回离婚登记申请确认单》(附件 5),并将《离婚登记申请书》、《撤回离婚登记申请书》与《撤回离婚登记申请确认单(存根联)》一并存档。

自离婚冷静期届满后三十日内(自冷静期届满日的次日开始计算期间,期间的最后一日是法定休假日的,以法定休假日结束的次日为期间的最后一日),双方未共同到婚姻登记机关申请发给离婚证的,视为撤回离婚登记申请。

(四)审查。自离婚冷静期届满后三十日内(自冷静期届满日的次日开始计算期间,期间的最后一日是法定休假日的,以法定休假日结束的次日为期间的最后一日),双方当事人应当持《婚姻登记工作规范》第五十五条第(四)至(七)项规定的证件和材料,共同到婚姻登记机关申请发给离婚证。

婚姻登记机关按照《婚姻登记工作规范》第五十六条和第五十七条规定的程序和条件执行和审查。婚姻登记机关对不符合离婚登记条件的,不予办理。当事人要求出具《不予办理离婚登记告知书》(附件 7)的,应当出具。

（五）登记（发证）。婚姻登记机关按照《婚姻登记工作规范》第五十八条至六十条规定，予以登记，发给离婚证。

离婚协议书一式三份，男女双方各一份并自行保存，婚姻登记机关存档一份。婚姻登记机关在当事人持有的两份离婚协议书上加盖“此件与存档件一致，涂改无效。××××婚姻登记处××××年××月××日”的长方形红色印章并填写日期。多页离婚协议书同时在骑缝处加盖此印章，骑缝处不填写日期。当事人亲自签订的离婚协议书原件存档。婚姻登记机关在存档的离婚协议书加盖“××××婚姻登记处存档件××××年××月××日”的长方形红色印章并填写日期。

三、离婚登记档案归档

婚姻登记机关应当按照《婚姻登记档案管理办法》规定建立离婚登记档案，形成电子档案。

归档材料应当增加离婚登记申请环节所有材料（包括撤回离婚登记申请和视为撤回离婚登记申请的所有材料）。

四、工作要求

（一）加强宣传培训。要将本《通知》纳入信息公开的范围，将更新后的婚姻登记相关规定和工作程序及时在相关网站、婚姻登记场所公开，让群众知悉婚姻登记的工作流程和工作要求，最大限度做到便民利民。要抓紧开展教育培训工作，使婚姻登记员及时掌握《通知》的各项规定和要求，确保婚姻登记工作依法依规开展。

（二）做好配套衔接。加快推进本地区相关配套制度的“废改立”工作，确保与本《通知》的规定相一致。做好婚姻登记信息系统的升级，及时将离婚登记的申请、撤回等环节纳入信息系统，确保与婚姻登记程序有效衔接。

（三）强化风险防控。要做好分析研判，对《通知》实施过程中可能出现的风险和问题要有应对措施，确保矛盾问题得到及时处置。要健全请示报告制度，在《通知》执行过程中遇到的重要问题和有关情况，及时报告民政部。

本通知自2021年1月1日起施行。《民政部关于印发〈婚姻登记工作规范〉的通知》（民发〔2015〕230号）中与本《通知》不一致的，以本《通知》为准。

附件：1. 离婚登记申请书（略）

2. 离婚登记申请受理回执单（略）

3. 不予受理离婚登记申请告知书（略）

4. 撤回离婚登记申请书（略）

5. 撤回离婚登记申请确认单（略）

6. 离婚登记声明书（略）

7. 不予办理离婚登记告知书（略）

8. 离婚登记审查处理表（略）

民政部关于贯彻执行《婚姻登记条例》若干问题的意见

·2004年3月29日

·民函〔2004〕76号

各省、自治区、直辖市民政厅（局），计划单列市民政局，新疆生产建设兵团民政局：

为切实保障《婚姻登记条例》的贯彻实施，规范婚姻登记工作，方便当事人办理婚姻登记，经商国务院法制办公室、外交部、公安部、解放军总政治部等相关部门，现就《婚姻登记条例》贯彻执行过程中的若干问题提出以下处理意见：

一、关于身份证问题

当事人无法提交居民身份证的，婚姻登记机关可根据当事人出具的有效临时身份证办理婚姻登记。

二、关于户口簿问题

当事人无法出具居民户口簿的，婚姻登记机关可凭公安部门或有关户籍管理机构出具的加盖印章的户籍证明办理婚姻登记；当事人属于集体户口的，婚姻登记机关可凭集体户口簿内本人的户口卡片或加盖单位印章的记载其户籍情况的户口簿复印件办理婚姻登记。

当事人未办理落户手续的，户口迁出地或另一方当事人户口所在地的婚姻登记机关可凭公安部门或有关户籍管理机构出具的证明材料办理婚姻登记。

三、关于身份证、户口簿查验问题

当事人所持户口簿与身份证上的“姓名”、“性别”、“出生日期”内容不一致的，婚姻登记机关应告知当事人先到户籍所在地的公安部门履行相关项目变更和必要的证簿换领手续后再办理婚姻登记。

当事人声明的婚姻状况与户口簿“婚姻状况”内容不一致的，婚姻登记机关对当事人婚姻状况的审查主要依据其本人书面声明。

四、关于少数民族当事人提供的照片问题

为尊重少数民族的风俗习惯，少数民族当事人办理婚姻登记时提供的照片是否免冠从习俗。

五、关于离婚登记中的结婚证问题

申请办理离婚登记的当事人有一本结婚证丢失的，婚姻登记机关可根据另一本结婚证办理离婚登记；当事人两本结婚证都丢失的，婚姻登记机关可根据结婚登记档案或当事人提供的结婚登记记录证明等证明材料办理离婚登记。当事人应对结婚证丢失情况作出书面说明，该说明由婚姻登记机关存档。

申请办理离婚登记的当事人提供的结婚证上的姓名、出生日期、身份证号与身份证、户口簿不一致的，当事人应书面说明不一致的原因。

六、关于补领结婚证、离婚证问题

申请补领结婚证、离婚证的当事人出具的身份证、户口簿上的姓名、年龄、身份证号与原婚姻登记档案记载不一致的，当事人应书面说明不一致的原因，婚姻登记机关可根据当事人出具的身份证件补发结婚证、离婚证。

当事人办理结婚登记时未达法定婚龄，申请补领时仍未达法定婚龄的，婚姻登记机关不得补发结婚证。当事人办理结婚登记时未达法定婚龄，申请补领时已达法定婚龄的，当事人应对结婚登记情况作出书面说明；婚姻登记机关补发的结婚证登记日期应为当事人达到法定婚龄之日。

七、关于出国人员、华侨及港澳台居民结婚提交材料的问题

出国人员办理结婚登记应根据其出具的证件分情况处理。当事人出具身份证、户口簿作为身份证件的，按内地居民婚姻登记规定办理；当事人出具中国护照作为身份证件的，按华侨婚姻登记规定办理。

当事人以中国护照作为身份证件，在内地居住满一年、无法取得有关国家或我驻外使领馆出具的婚姻状况证明的，婚姻登记机关可根据当事人本人的相关情况声明及两个近亲属出具的有关当事人婚姻状况的证明办理结婚登记。

八、关于双方均非内地居民的结婚登记问题

双方均为外国人，要求在内地办理结婚登记的，如果当事人能够出具《婚姻登记条例》规定的相应证件和证明材料以及当事人本国承认其居民在国外办理结婚登记效力的证明，当事人工作或生活所在地具有办理涉外婚姻登记权限的登记机关应予受理。

一方为外国人、另一方为港澳台居民或华侨，或者双方均为港澳台居民或华侨，要求在内地办理结婚登记的，如果当事人能够出具《婚姻登记条例》规定的相应证件和证明材料，当事人工作或生活所在地具有相应办理婚姻登记权限的登记机关应予受理。

一方为出国人员、另一方为外国人或港澳台居民，或双方均为出国人员，要求在内地办理结婚登记的，如果当事人能够出具《婚姻登记条例》规定的相应证件和证明材料，出国人员出国前户口所在地具有相应办理婚姻登记权限的登记机关应予受理。

九、关于现役军人的婚姻登记问题

办理现役军人的婚姻登记仍按《民政部办公厅关于印发〈军队贯彻实施《中华人民共和国婚姻法》若干问题的规定〉有关内容的通知》（民办函〔2001〕226号）执行。

办理现役军人婚姻登记的机关可以是现役军人部队驻地所在地或户口注销前常住户口所在地的婚姻登记机关，也可以是非现役军人一方常住户口所在地的婚姻登记机关。

十、关于服刑人员的婚姻登记问题

服刑人员申请办理婚姻登记，应当亲自到婚姻登记机关提出申请并出具有效的身份证件；服刑人员无法出具身份证件的，可由监狱管理部门出具有关证明材料。

办理服刑人员婚姻登记的机关可以是一方当事人常住户口所在地或服刑监狱所在地的婚姻登记机关。

附件：公安部关于对执行《婚姻登记条例》有关问题的意见的函（略）

民政部办公厅关于开展婚姻登记“跨省通办”试点工作的通知

· 2021年5月17日
· 民办发〔2021〕8号

各省、自治区、直辖市民政厅（局），新疆生产建设兵团民政局：

为深入贯彻落实《国务院关于同意在部分地区开展内地居民婚姻登记“跨省通办”试点的批复》(国函〔2021〕48号),现就在部分地区开展内地居民婚姻登记“跨省通办”试点工作有关事项通知如下:

一、指导思想

以习近平新时代中国特色社会主义思想为指导,全面贯彻党的十九大和十九届二中、三中、四中、五中全会精神,进一步落实党中央、国务院关于深化“放管服”改革决策部署,坚持以人民为中心的发展思想,坚持新发展理念,主动适应经济社会发展新形势新要求,以人民群众需求为导向,以创新服务供给方式为途径,以优化服务资源配置为手段,稳妥有序推进婚姻登记“跨省通办”试点工作,为广大人民群众提供便捷高效的婚姻登记服务,为建设人民满意的服务型政府提供有力保障。

二、总体目标

发挥试点地区的先行先试作用,形成一批可复制可推广的政策措施和制度机制,为全国范围内实施婚姻登记“跨省通办”积累实践经验,为改革完善婚姻登记服务管理体制探索可行路径。

三、试点地区和试点期限

(一)试点地区。辽宁省、山东省、广东省、重庆市、四川省实施内地居民结婚登记和离婚登记“跨省通办”试点,江苏省、河南省、湖北省武汉市、陕西省西安市实施内地居民结婚登记“跨省通办”试点。

(二)试点期限。试点期限为2年,自2021年6月1日起至2023年5月31日止。

四、试点内容

(一)涉及调整实施的行政法规相关规定。在试点地区,暂时调整实施《婚姻登记条例》第四条第一款有关“内地居民结婚,男女双方应当共同到一方当事人常住户口所在地的婚姻登记机关办理结婚登记”的规定,第十条第一款有关“内地居民自愿离婚的,男女双方应当共同到一方当事人常住户口所在地的婚姻登记机关办理离婚登记”的规定。

在试点地区,将内地居民结(离)婚登记由一方当事人常住户口所在地的婚姻登记机关办理,扩大到一方当事人常住户口所在地或者经常居住地婚姻登记机关办理。调整后,双方均非本地户籍的婚姻登记当事人可以凭一方居住证和双方户口簿、身份证,在居住证发放地婚姻登记机关申请办理婚姻登记,或者自行选择在一方常住户口所在地办理婚姻登记。

(二)当事人需要提交的证件。按照试点要求,当事人选择在一方经常居住地申请办理婚姻登记的,除按照《婚姻登记条例》第五条和第十一条规定当事人需要提交的证件外,还应当提交一方当事人经常居住地的有效居住证。

五、工作要求

(一)加强组织领导。各试点地区要高度重视,成立试点工作领导小组,抓紧研究制定实施方案。积极争取把婚姻登记“跨省通办”试点工作纳入地方党委和政府的重要议事日程,落实好人员、场地、经费等保障。要加强具体指导、过程管理,跟踪评估实施效果,及时发现和解决突出问题。

(二)完善配套政策措施。要根据婚姻登记“跨省通办”试点工作要求,及时修订出台本地区的婚姻登记工作规范,编制婚姻登记办事指南,列明受理条件、证件材料要求、办理流程等内容,并及时在相关网站、婚姻登记场所公开,扩大试点工作社会知晓度,让群众广泛知悉。

(三)推进婚姻登记信息化建设。试点地区要在2021年5月底前完成登记窗口个人生物特征信息(人脸、指纹)采集、个人身份信息采集(身份证读卡器等)、文件档案电子化(高拍仪、扫描仪等)等外接设备的配置;非试点地区要在2021年底前完成相关设备配置。不论是试点地区还是非试点地区,都要在2021年底前完成1978年以来缺失婚姻登记历史档案的补充和完善工作,在2022年底前完成全部缺失婚姻登记历史档案的补充和完善工作,并同步实现历史纸质档案的电子化。要建立健全部省数据交换核对机制,确保部省数据实时交换、信息准确。

(四)加强干部队伍建设。及时开展婚姻登记“跨省通办”试点实务培训,确保婚姻登记员及时掌握“跨省通办”的各项规定和工作要求,确保婚姻登记工作依法依规开展。加强网络在线学习平台建设,提升教育培训的覆盖面和便捷性。加强窗口制度建设,认真落实窗口服务规范、工作纪律,打造高质量服务型婚姻登记机关。积极提升婚姻登记员的保障水平,改善工作环境,保持婚姻登记员队伍的稳定性。

（五）加强宣传引导。加强政策宣传和政策解读，引导公众全面、客观看待婚姻登记"跨省通办"试点工作，形成正确的社会预期。要协调新闻媒体加大对婚姻登记"跨省通办"试点工作实施情况的宣传报道，创造良好的社会氛围。要及时回应社会关切，正确引导舆论，为婚姻登记"跨省通办"试点工作创造良好的舆论环境。

各地在《通知》执行过程中遇到的重大问题，及时报告民政部。

民政部关于进一步加强涉外、涉港澳台居民及华侨婚姻登记管理工作的通知

· 2007年11月14日民函〔2007〕314号公布

· 根据2020年10月20日《民政部关于修改部分规范性文件的公告》修订

各省、自治区、直辖市民政厅（局），计划单列市民政局，新疆生产建设兵团民政局：

近来，有关部门陆续向我部通报，有不法分子使用伪造境外身份证件和单身证明在内地骗取婚姻登记，或者利用同一境外身份证件和单身证明在内地多次办理结婚登记，甚至出现专门伪造境外证件和单身证明、通过骗取婚姻登记牟取利益的犯罪团体。为维护婚姻登记工作的严肃性，预防和打击境外当事人骗婚、重婚等不法行为，现就进一步加强涉外、涉港澳台居民及华侨婚姻登记管理工作通知如下：

一、提高认识，切实维护婚姻登记秩序

婚姻登记是社会管理的重要组成部分，是贯彻落实《中华人民共和国民法典》，维护我国婚姻家庭制度的重要保障。预防和打击骗婚、重婚等违法犯罪活动是维护我国婚姻登记制度严肃性、维护内地与境外婚姻健康发展的迫切需要，是强化社会管理和公共服务的具体体现。各地要从构建和谐社会、维护国家形象、保护人民利益的高度，增强责任感和紧迫感，切实维护婚姻登记秩序。

二、加强指导，进一步提高队伍素质

各地要选用政治觉悟高、业务素养好的优秀人才从事涉外、涉港澳台居民及华侨婚姻登记工作。要加强对婚姻登记员的培训、考核和指导力度，提高婚姻登记员业务能力和处理突发事件的能力。婚姻登记员应为行政编制或参照公务员管理的事业编制人员，婚姻登记机关编制不足的，应当主动向当地编制部门报告，讲明这项工作的重要性，争取配足编制。

三、积极推进婚姻登记工作信息化，预防骗婚、重婚

各地要加快婚姻登记信息化建设，进一步提高管理水平，保证登记质量，防止骗婚、重婚现象发生。要充分利用民政部涉外、涉港澳台居民及华侨婚姻登记信息系统联网优势，同时积极争取与当地公安部门公民身份信息系统实现数据共享，防止当事人在不同地区多次登记或利用虚假身份证件办理登记。

四、严格登记程序，加强审查、询问和告知等程序

婚姻登记机关要加强对境外证件、证明材料的辨认和审查，认真比对当事人和身份证件上的照片，比对港、澳居民单身证明中公证人签名与印发的公证人签名式样，审查单身证明的格式和用语。要加强对当事人的询问，发现有疑点的，要进一步询问或者分别向双方当事人询问，提醒当事人谨防上当受骗。要向当事人履行必要的告知义务，宣传有关政策法规并告知其骗婚、重婚的法律后果，引导涉台婚姻登记当事人登记前阅读民政部编印的《两岸婚姻政策指南》。

五、妥善处理有关事宜，建立可疑信息报告制度

婚姻登记机关发现当事人证件、证明材料有疑问的，应暂缓办理登记，先作进一步核实。对香港居民所持单身证明有疑问的，可以向中国法律服务（香港）有限公司核实（联系人：钱蓓、张芝；咨询电话：00852-28279700；传真：00852-25281771；MSN：china_legal@ hotmail. com）；对台湾居民所持单身证明有疑问的，可以向省级公证协会核查当事人单身证明副本。确认当事人持有的证件、证明材料为伪造的，或者当事人承认是骗取婚姻登记的，婚姻登记机关应当终止办理程序。婚姻登记机关发现有团伙组织人员办理涉台婚姻登记的，应当及时报告当地台办，并建议其协调有关部门侦查、处理；发生内地一方以假身份结婚，台湾居民要求解除婚姻关系的，应当向当地台办报告，

建议其协调地方法院妥善处理。发现有团伙组织人员办理涉外、涉港澳居民及华侨婚姻登记等非正常情况的,应当及时向公安部门反映情况。

六、启用新式香港居民申请结婚声明书格式

经中国委托公证人协会有限公司、中国法律服务(香港)有限公司和我部商定,自2008年1月1日起启用新式香港居民申请结婚声明书格式。新式香港居民申请结婚声明书后附香港居民身份证及港澳居民往来内地通行证复印件、香港婚姻登记处出具的无婚姻记录证明书正本等材料(见附件1-4)。新式香港居民申请结婚声明书正、副本分别加贴防伪标识(防伪技术说明见附件5),该标识压声明书左下角"转递专用章"边线。各婚姻登记机关在办理涉港婚姻登记时要认真审查,自2008年1月1日后香港出具的委托公证声明书应当为新格式。

附件:1.《申请结婚声明书》适用格式1-1-1(未婚)(略)

2.《申请结婚声明书》适用格式1-1-2(离婚)(略)

3.《申请结婚声明书》适用格式1-1-3(丧偶)(略)

4.《申请补办结婚登记声明书》适用格式1-1-4(未婚)(略)

5. 公证文件防伪标识(审核转递)的技术方案说明(略)

最高人民法院关于适用《中华人民共和国民法典》婚姻家庭编的解释(一)

· 2020年12月25日最高人民法院审判委员会第1825次会议通过
· 2020年12月29日最高人民法院公告公布
· 自2021年1月1日起施行
· 法释〔2020〕22号

为正确审理婚姻家庭纠纷案件,根据《中华人民共和国民法典》《中华人民共和国民事诉讼法》等相关法律规定,结合审判实践,制定本解释。

一、一般规定

第一条 持续性、经常性的家庭暴力,可以认定为民法典第一千零四十二条、第一千零七十九条、第一千零九十一条所称的"虐待"。

第二条 民法典第一千零四十二条、第一千零七十九条、第一千零九十一条规定的"与他人同居"的情形,是指有配偶者与婚外异性,不以夫妻名义,持续、稳定地共同居住。

第三条 当事人提起诉讼仅请求解除同居关系的,人民法院不予受理;已经受理的,裁定驳回起诉。

当事人因同居期间财产分割或者子女抚养纠纷提起诉讼的,人民法院应当受理。

第四条 当事人仅以民法典第一千零四十三条为依据提起诉讼的,人民法院不予受理;已经受理的,裁定驳回起诉。

第五条 当事人请求返还按照习俗给付的彩礼的,如果查明属于以下情形,人民法院应当予以支持:

(一)双方未办理结婚登记手续;

(二)双方办理结婚登记手续但确未共同生活;

(三)婚前给付并导致给付人生活困难。

适用前款第二项、第三项的规定,应当以双方离婚为条件。

二、结　婚

第六条 男女双方依据民法典第一千零四十九条规定补办结婚登记的,婚姻关系的效力从双方均符合民法典所规定的结婚的实质要件时起算。

第七条 未依据民法典第一千零四十九条规定办理结婚登记而以夫妻名义共同生活的男女,提起诉讼要求离婚的,应当区别对待:

(一)1994年2月1日民政部《婚姻登记管理条例》公布实施以前,男女双方已经符合结婚实质要件的,按事实婚姻处理。

(二)1994年2月1日民政部《婚姻登记管理条例》公布实施以后,男女双方符合结婚实质要件的,人民法院应当告知其补办结婚登记。未补办结婚登记的,依据本解释第三条规定处理。

第八条 未依据民法典第一千零四十九条规定办理结婚登记而以夫妻名义共同生活的男女,一方死亡,另一方以配偶身份主张享有继承权的,依据本解释第七条的原则处理。

第九条 有权依据民法典第一千零五十一条规定向人民法院就已办理结婚登记的婚姻请求确认婚姻无效的主体,包括婚姻当事人及利害关系人。其中,利害关系人包括:

(一)以重婚为由的,为当事人的近亲属及基层组织;

(二)以未到法定婚龄为由的,为未到法定婚龄者的近亲属;

(三)以有禁止结婚的亲属关系为由的,为当事人的近亲属。

第十条 当事人依据民法典第一千零五十一条规定向人民法院请求确认婚姻无效,法定的无效婚姻情形在提起诉讼时已经消失的,人民法院不予支持。

第十一条 人民法院受理请求确认婚姻无效案件后,原告申请撤诉的,不予准许。

对婚姻效力的审理不适用调解,应当依法作出判决。

涉及财产分割和子女抚养的,可以调解。调解达成协议的,另行制作调解书;未达成调解协议的,应当一并作出判决。

第十二条 人民法院受理离婚案件后,经审理确属无效婚姻的,应当将婚姻无效的情形告知当事人,并依法作出确认婚姻无效的判决。

第十三条 人民法院就同一婚姻关系分别受理了离婚和请求确认婚姻无效案件的,对于离婚案件的审理,应当待请求确认婚姻无效案件作出判决后进行。

第十四条 夫妻一方或者双方死亡后,生存一方或者利害关系人依据民法典第一千零五十一条的规定请求确认婚姻无效的,人民法院应当受理。

第十五条 利害关系人依据民法典第一千零五十一条的规定,请求人民法院确认婚姻无效的,利害关系人为原告,婚姻关系当事人双方为被告。

夫妻一方死亡的,生存一方为被告。

第十六条 人民法院审理重婚导致的无效婚姻案件时,涉及财产处理的,应当准许合法婚姻当事人作为有独立请求权的第三人参加诉讼。

第十七条 当事人以民法典第一千零五十一条规定的三种无效婚姻以外的情形请求确认婚姻无效的,人民法院应当判决驳回当事人的诉讼请求。

当事人以结婚登记程序存在瑕疵为由提起民事诉讼,主张撤销结婚登记的,告知其可以依法申请行政复议或者提起行政诉讼。

第十八条 行为人以给另一方当事人或者其近亲属的生命、身体、健康、名誉、财产等方面造成损害为要挟,迫使另一方当事人违背真实意愿结婚的,可以认定为民法典第一千零五十二条所称的"胁迫"。

因受胁迫而请求撤销婚姻的,只能是受胁迫一方的婚姻关系当事人本人。

第十九条 民法典第一千零五十二条规定的"一年",不适用诉讼时效中止、中断或者延长的规定。

受胁迫或者被非法限制人身自由的当事人请求撤销婚姻的,不适用民法典第一百五十二条第二款的规定。

第二十条 民法典第一千零五十四条所规定的"自始没有法律约束力",是指无效婚姻或者可撤销婚姻在依法被确认无效或者被撤销时,才确定该婚姻自始不受法律保护。

第二十一条 人民法院根据当事人的请求,依法确认婚姻无效或者撤销婚姻的,应当收缴双方的结婚证书并将生效的判决书寄送当地婚姻登记管理机关。

第二十二条 被确认无效或者被撤销的婚姻,当事人同居期间所得的财产,除有证据证明为当事人一方所有的以外,按共同共有处理。

三、夫妻关系

第二十三条 夫以妻擅自中止妊娠侵犯其生育权为由请求损害赔偿的,人民法院不予支持;夫妻双方因是否生育发生纠纷,致使感情确已破裂,一方请求离婚的,人民法院经调解无效,应依照民法典第一千零七十九条第三款第五项的规定处理。

第二十四条 民法典第一千零六十二条第一款第三项规定的"知识产权的收益",是指婚姻关系存续期间,实际取得或者已经明确可以取得的财产性收益。

第二十五条 婚姻关系存续期间,下列财产属于民法典第一千零六十二条规定的"其他应当归共同所有的财产":

(一)一方以个人财产投资取得的收益;

(二)男女双方实际取得或者应当取得的住房补贴、住房公积金；

(三)男女双方实际取得或者应当取得的基本养老金、破产安置补偿费。

第二十六条 夫妻一方个人财产在婚后产生的收益，除孳息和自然增值外，应认定为夫妻共同财产。

第二十七条 由一方婚前承租、婚后用共同财产购买的房屋，登记在一方名下的，应当认定为夫妻共同财产。

第二十八条 一方未经另一方同意出售夫妻共同所有的房屋，第三人善意购买、支付合理对价并已办理不动产登记，另一方主张追回该房屋的，人民法院不予支持。

夫妻一方擅自处分共同所有的房屋造成另一方损失，离婚时另一方请求赔偿损失的，人民法院应予支持。

第二十九条 当事人结婚前，父母为双方购置房屋出资的，该出资应当认定为对自己子女个人的赠与，但父母明确表示赠与双方的除外。

当事人结婚后，父母为双方购置房屋出资的，依照约定处理；没有约定或者约定不明确的，按照民法典第一千零六十二条第一款第四项规定的原则处理。

第三十条 军人的伤亡保险金、伤残补助金、医药生活补助费属于个人财产。

第三十一条 民法典第一千零六十三条规定为夫妻一方的个人财产，不因婚姻关系的延续而转化为夫妻共同财产。但当事人另有约定的除外。

第三十二条 婚前或者婚姻关系存续期间，当事人约定将一方所有的房产赠与另一方或者共有，赠与方在赠与房产变更登记之前撤销赠与，另一方请求判令继续履行的，人民法院可以按照民法典第六百五十八条的规定处理。

第三十三条 债权人就一方婚前所负个人债务向债务人的配偶主张权利的，人民法院不予支持。但债权人能够证明所负债务用于婚后家庭共同生活的除外。

第三十四条 夫妻一方与第三人串通，虚构债务，第三人主张该债务为夫妻共同债务的，人民法院不予支持。

夫妻一方在从事赌博、吸毒等违法犯罪活动中所负债务，第三人主张该债务为夫妻共同债务的，人民法院不予支持。

第三十五条 当事人的离婚协议或者人民法院生效判决、裁定、调解书已经对夫妻财产分割问题作出处理的，债权人仍有权就夫妻共同债务向男女双方主张权利。

一方就夫妻共同债务承担清偿责任后，主张由另一方按照离婚协议或者人民法院的法律文书承担相应债务的，人民法院应予支持。

第三十六条 夫或者妻一方死亡的，生存一方应当对婚姻关系存续期间的夫妻共同债务承担清偿责任。

第三十七条 民法典第一千零六十五条第三款所称“相对人知道该约定的”，夫妻一方对此负有举证责任。

第三十八条 婚姻关系存续期间，除民法典第一千零六十六条规定情形以外，夫妻一方请求分割共同财产的，人民法院不予支持。

四、父母子女关系

第三十九条 父或者母向人民法院起诉请求否认亲子关系，并已提供必要证据予以证明，另一方没有相反证据又拒绝做亲子鉴定的，人民法院可以认定否认亲子关系一方的主张成立。

父或者母以及成年子女起诉请求确认亲子关系，并提供必要证据予以证明，另一方没有相反证据又拒绝做亲子鉴定的，人民法院可以认定确认亲子关系一方的主张成立。

第四十条 婚姻关系存续期间，夫妻双方一致同意进行人工授精，所生子女应视为婚生子女，父母子女间的权利义务关系适用民法典的有关规定。

第四十一条 尚在校接受高中及其以下学历教育，或者丧失、部分丧失劳动能力等非因主观原因而无法维持正常生活的成年子女，可以认定为民法典第一千零六十七条规定的“不能独立生活的成年子女”。

第四十二条 民法典第一千零六十七条所称“抚养费”，包括子女生活费、教育费、医疗费等费用。

第四十三条 婚姻关系存续期间，父母双方或者一方拒不履行抚养子女义务，未成年子女或者不能独立生活的成年子女请求支付抚养费的，人民法院应予支持。

第四十四条 离婚案件涉及未成年子女抚养的,对不满两周岁的子女,按照民法典第一千零八十四条第三款规定的原则处理。母亲有下列情形之一,父亲请求直接抚养的,人民法院应予支持:

(一)患有久治不愈的传染性疾病或者其他严重疾病,子女不宜与其共同生活;

(二)有抚养条件不尽抚养义务,而父亲要求子女随其生活;

(三)因其他原因,子女确不宜随母亲生活。

第四十五条 父母双方协议不满两周岁子女由父亲直接抚养,并对子女健康成长无不利影响的,人民法院应予支持。

第四十六条 对已满两周岁的未成年子女,父母均要求直接抚养,一方有下列情形之一的,可予优先考虑:

(一)已做绝育手术或者因其他原因丧失生育能力;

(二)子女随其生活时间较长,改变生活环境对子女健康成长明显不利;

(三)无其他子女,而另一方有其他子女;

(四)子女随其生活,对子女成长有利,而另一方患有久治不愈的传染性疾病或者其他严重疾病,或者有其他不利于子女身心健康的情形,不宜与子女共同生活。

第四十七条 父母抚养子女的条件基本相同,双方均要求直接抚养子女,但子女单独随祖父母或者外祖父母共同生活多年,且祖父母或者外祖父母要求并且有能力帮助子女照顾孙子女或者外孙子女的,可以作为父或者母直接抚养子女的优先条件予以考虑。

第四十八条 在有利于保护子女利益的前提下,父母双方协议轮流直接抚养子女的,人民法院应予支持。

第四十九条 抚养费的数额,可以根据子女的实际需要、父母双方的负担能力和当地的实际生活水平确定。

有固定收入的,抚养费一般可以按其月总收入的百分之二十至三十的比例给付。负担两个以上子女抚养费的,比例可以适当提高,但一般不得超过月总收入的百分之五十。

无固定收入的,抚养费的数额可以依据当年总收入或者同行业平均收入,参照上述比例确定。

有特殊情况的,可以适当提高或者降低上述比例。

第五十条 抚养费应当定期给付,有条件的可以一次性给付。

第五十一条 父母一方无经济收入或者下落不明的,可以用其财物折抵抚养费。

第五十二条 父母双方可以协议由一方直接抚养子女并由直接抚养方负担子女全部抚养费。但是,直接抚养方的抚养能力明显不能保障子女所需费用,影响子女健康成长的,人民法院不予支持。

第五十三条 抚养费的给付期限,一般至子女十八周岁为止。

十六周岁以上不满十八周岁,以其劳动收入为主要生活来源,并能维持当地一般生活水平的,父母可以停止给付抚养费。

第五十四条 生父与继母离婚或者生母与继父离婚时,对曾受其抚养教育的继子女,继父或者继母不同意继续抚养的,仍应由生父或者生母抚养。

第五十五条 离婚后,父母一方要求变更子女抚养关系的,或者子女要求增加抚养费的,应当另行提起诉讼。

第五十六条 具有下列情形之一,父母一方要求变更子女抚养关系的,人民法院应予支持:

(一)与子女共同生活的一方因患严重疾病或者因伤残无力继续抚养子女;

(二)与子女共同生活的一方不尽抚养义务或有虐待子女行为,或者其与子女共同生活对子女身心健康确有不利影响;

(三)已满八周岁的子女,愿随另一方生活,该方又有抚养能力;

(四)有其他正当理由需要变更。

第五十七条 父母双方协议变更子女抚养关系的,人民法院应予支持。

第五十八条 具有下列情形之一,子女要求有负担能力的父或者母增加抚养费的,人民法院应予支持:

(一)原定抚养费数额不足以维持当地实际生活水平;

(二)因子女患病、上学,实际需要已超过原定数额;

(三)有其他正当理由应当增加。

第五十九条 父母不得因子女变更姓氏而拒付子女抚养费。父或者母擅自将子女姓氏改为继母或继父姓氏而引起纠纷的,应当责令恢复原姓氏。

第六十条 在离婚诉讼期间,双方均拒绝抚养子女的,可以先行裁定暂由一方抚养。

第六十一条 对拒不履行或者妨害他人履行生效判决、裁定、调解书中有关子女抚养义务的当事人或者其他人,人民法院可依照民事诉讼法第一百一十一条的规定采取强制措施。

五、离　婚

第六十二条 无民事行为能力人的配偶有民法典第三十六条第一款规定行为,其他有监护资格的人可以要求撤销其监护资格,并依法指定新的监护人;变更后的监护人代理无民事行为能力一方提起离婚诉讼的,人民法院应予受理。

第六十三条 人民法院审理离婚案件,符合民法典第一千零七十九条第三款规定“应当准予离婚”情形的,不应当因当事人有过错而判决不准离婚。

第六十四条 民法典第一千零八十一条所称的“军人一方有重大过错”,可以依据民法典第一千零七十九条第三款前三项规定及军人有其他重大过错导致夫妻感情破裂的情形予以判断。

第六十五条 人民法院作出的生效的离婚判决中未涉及探望权,当事人就探望权问题单独提起诉讼的,人民法院应予受理。

第六十六条 当事人在履行生效判决、裁定或者调解书的过程中,一方请求中止探望的,人民法院在征询双方当事人意见后,认为需要中止探望的,依法作出裁定;中止探望的情形消失后,人民法院应当根据当事人的请求书面通知其恢复探望。

第六十七条 未成年子女、直接抚养子女的父或者母以及其他对未成年子女负担抚养、教育、保护义务的法定监护人,有权向人民法院提出中止探望的请求。

第六十八条 对于拒不协助另一方行使探望权的有关个人或者组织,可以由人民法院依法采取拘留、罚款等强制措施,但是不能对子女的人身、探望行为进行强制执行。

第六十九条 当事人达成的以协议离婚或者到人民法院调解离婚为条件的财产以及债务处理协议,如果双方离婚未成,一方在离婚诉讼中反悔的,人民法院应当认定该财产以及债务处理协议没有生效,并根据实际情况依照民法典第一千零八十七条和第一千零八十九条的规定判决。

当事人依照民法典第一千零七十六条签订的离婚协议中关于财产以及债务处理的条款,对男女双方具有法律约束力。登记离婚后当事人因履行上述协议发生纠纷提起诉讼的,人民法院应当受理。

第七十条 夫妻双方协议离婚后就财产分割问题反悔,请求撤销财产分割协议的,人民法院应当受理。

人民法院审理后,未发现订立财产分割协议时存在欺诈、胁迫等情形的,应当依法驳回当事人的诉讼请求。

第七十一条 人民法院审理离婚案件,涉及分割发放到军人名下的复员费、自主择业费等一次性费用的,以夫妻婚姻关系存续年限乘以年平均值,所得数额为夫妻共同财产。

前款所称年平均值,是指将发放到军人名下的上述费用总额按具体年限均分得出的数额。其具体年限为人均寿命七十岁与军人入伍时实际年龄的差额。

第七十二条 夫妻双方分割共同财产中的股票、债券、投资基金份额等有价证券以及未上市股份有限公司股份时,协商不成或者按市价分配有困难的,人民法院可以根据数量按比例分配。

第七十三条 人民法院审理离婚案件,涉及分割夫妻共同财产中以一方名义在有限责任公司的出资额,另一方不是该公司股东的,按以下情形分别处理:

(一)夫妻双方协商一致将出资额部分或者全部转让给该股东的配偶,其他股东过半数同意,并且其他股东均明确表示放弃优先购买权的,该股东的配偶可以成为该公司股东;

(二)夫妻双方就出资额转让份额和转让价格等事项协商一致后,其他股东半数以上不同意转让,但愿意以同等条件购买该出资额的,人民法院可以对转让出资所得财产进行分割。其他股东半数以上不同意转让,也不愿意以同等条件购买该出资额的,视为其同意转让,该股东的配偶可以成为该公司股东。

用于证明前款规定的股东同意的证据,可以是股东会议材料,也可以是当事人通过其他合法途径取得的股东的书面声明材料。

第七十四条 人民法院审理离婚案件,涉及分割夫妻共同财产中以一方名义在合伙企业中的出资,另一方不是该企业合伙人的,当夫妻双方协商一致,将其合伙企业中的财产份额全部或者部分转让给对方时,按以下情形分别处理:

(一)其他合伙人一致同意的,该配偶依法取得合伙人地位;

(二)其他合伙人不同意转让,在同等条件下行使优先购买权的,可以对转让所得的财产进行分割;

(三)其他合伙人不同意转让,也不行使优先购买权,但同意该合伙人退伙或者削减部分财产份额的,可以对结算后的财产进行分割;

(四)其他合伙人既不同意转让,也不行使优先购买权,又不同意该合伙人退伙或者削减部分财产份额的,视为全体合伙人同意转让,该配偶依法取得合伙人地位。

第七十五条 夫妻以一方名义投资设立个人独资企业的,人民法院分割夫妻在该个人独资企业中的共同财产时,应当按照以下情形分别处理:

(一)一方主张经营该企业的,对企业资产进行评估后,由取得企业资产所有权一方给予另一方相应的补偿;

(二)双方均主张经营该企业的,在双方竞价基础上,由取得企业资产所有权的一方给予另一方相应的补偿;

(三)双方均不愿意经营该企业的,按照《中华人民共和国个人独资企业法》等有关规定办理。

第七十六条 双方对夫妻共同财产中的房屋价值及归属无法达成协议时,人民法院按以下情形分别处理:

(一)双方均主张房屋所有权并且同意竞价取得的,应当准许;

(二)一方主张房屋所有权的,由评估机构按市场价格对房屋作出评估,取得房屋所有权的一方应当给予另一方相应的补偿;

(三)双方均不主张房屋所有权的,根据当事人的申请拍卖、变卖房屋,就所得价款进行分割。

第七十七条 离婚时双方对尚未取得所有权或者尚未取得完全所有权的房屋有争议且协商不成的,人民法院不宜判决房屋所有权的归属,应当根据实际情况判决由当事人使用。

当事人就前款规定的房屋取得完全所有权后,有争议的,可以另行向人民法院提起诉讼。

第七十八条 夫妻一方婚前签订不动产买卖合同,以个人财产支付首付款并在银行贷款,婚后用夫妻共同财产还贷,不动产登记于首付款支付方名下的,离婚时该不动产由双方协议处理。

依前款规定不能达成协议的,人民法院可以判决该不动产归登记一方,尚未归还的贷款为不动产登记一方的个人债务。双方婚后共同还贷支付的款项及其相对应财产增值部分,离婚时应根据民法典第一千零八十七条第一款规定的原则,由不动产登记一方对另一方进行补偿。

第七十九条 婚姻关系存续期间,双方用夫妻共同财产出资购买以一方父母名义参加房改的房屋,登记在一方父母名下,离婚时另一方主张按照夫妻共同财产对该房屋进行分割的,人民法院不予支持。购买该房屋时的出资,可以作为债权处理。

第八十条 离婚时夫妻一方尚未退休、不符合领取基本养老金条件,另一方请求按照夫妻共同财产分割基本养老金的,人民法院不予支持;婚后以夫妻共同财产缴纳基本养老保险费,离婚时一方主张将养老金账户中婚姻关系存续期间个人实际缴纳部分及利息作为夫妻共同财产分割的,人民法院应予支持。

第八十一条 婚姻关系存续期间,夫妻一方作为继承人依法可以继承的遗产,在继承人之间尚未实际分割,起诉离婚时另一方请求分割的,人民法院应当告知当事人在继承人之间实际分割遗产后另行起诉。

第八十二条 夫妻之间订立借款协议,以夫妻共同财产出借给一方从事个人经营活动或者用于其他个人事务的,应视为双方约定处分夫妻共同财产的行为,离婚时可以按照借款协议的约定处理。

第八十三条 离婚后,一方以尚有夫妻共同财产未处理为由向人民法院起诉请求分割的,经审查该财产确属离婚时未涉及的夫妻共同财产,人民法院应当依法予以分割。

第八十四条 当事人依据民法典第一千零九十二条的规定向人民法院提起诉讼,请求再次分割夫妻共同财产的诉讼时效期间为三年,从当事人发现之日起计算。

第八十五条 夫妻一方申请对配偶的个人财产或者夫妻共同财产采取保全措施的,人民法院可以在采取保全措施可能造成损失的范围内,根据实际情况,确定合理的财产担保数额。

第八十六条 民法典第一千零九十一条规定的"损害赔偿",包括物质损害赔偿和精神损害赔偿。涉及精神损害赔偿的,适用《最高人民法院关于确定民事侵权精神损害赔偿责任若干问题的解释》的有关规定。

第八十七条 承担民法典第一千零九十一条规定的损害赔偿责任的主体,为离婚诉讼当事人中无过错方的配偶。

人民法院判决不准离婚的案件,对于当事人基于民法典第一千零九十一条提出的损害赔偿请求,不予支持。

在婚姻关系存续期间,当事人不起诉离婚而单独依据民法典第一千零九十一条提起损害赔偿请求的,人民法院不予受理。

第八十八条 人民法院受理离婚案件时,应当将民法典第一千零九十一条等规定中当事人的有关权利义务,书面告知当事人。在适用民法典第一千零九十一条时,应当区分以下不同情况:

(一)符合民法典第一千零九十一条规定的无过错方作为原告基于该条规定向人民法院提起损害赔偿请求的,必须在离婚诉讼的同时提出。

(二)符合民法典第一千零九十一条规定的无过错方作为被告的离婚诉讼案件,如果被告不同意离婚也不基于该条规定提起损害赔偿请求的,可以就此单独提起诉讼。

(三)无过错方作为被告的离婚诉讼案件,一审时被告未基于民法典第一千零九十一条规定提出损害赔偿请求,二审期间提出的,人民法院应当进行调解;调解不成的,告知当事人另行起诉。双方当事人同意由第二审人民法院一并审理的,第二审人民法院可以一并裁判。

第八十九条 当事人在婚姻登记机关办理离婚登记手续后,以民法典第一千零九十一条规定为由向人民法院提出损害赔偿请求的,人民法院应当受理。但当事人在协议离婚时已经明确表示放弃该项请求的,人民法院不予支持。

第九十条 夫妻双方均有民法典第一千零九十一条规定的过错情形,一方或者双方向对方提出离婚损害赔偿请求的,人民法院不予支持。

六、附　则

第九十一条 本解释自2021年1月1日起施行。

最高人民法院关于依法妥善审理涉及夫妻债务案件有关问题的通知

·2017年2月28日
·法〔2017〕48号

各省、自治区、直辖市高级人民法院,解放军军事法院,新疆维吾尔自治区高级人民法院生产建设兵团分院:

家事审判工作是人民法院审判工作的重要内容。在家事审判工作中,正确处理夫妻债务,事关夫妻双方和债权人合法权益的保护,事关婚姻家庭稳定和市场交易安全的维护,事关和谐健康诚信经济社会建设的推进。为此,最高人民法院审判委员会第1710次会议讨论通过《最高人民法院关于适用〈中华人民共和国婚姻法〉若干问题的解释(二)的补充规定》,对该司法解释第二十四条增加规定了第二款和第三款。2017年2月28日,最高人民法院公布了修正的《最高人民法院关于适用〈中华人民共和国婚姻法〉若干问题的解释(二)》。为依法妥善审理好夫妻债务案件,现将有关问题通知如下:

一、坚持法治和德治相结合原则。在处理夫妻债务案件时,除应当依照婚姻法等法律和司法解释的规定,保护夫妻双方和债权人的合法权益,还应当结合社会主义道德价值理念,增强法律和司法解释适用的社会效果,以达到真正化解矛盾纠纷、维护婚姻家庭稳定、促进交易安全、推动经济社会和谐健康发展的目的。

二、保障未具名举债夫妻一方的诉讼权利。在审理以夫妻一方名义举债的案件中,原则上应当传唤夫妻双方本人和案件其他当事人本人到庭;需要证人出庭作证的,除法定事由外,应当通知证人出庭作证。在庭审中,应当按照《最高人民法院关于适用〈中华人民共和国民事诉讼法〉的解释》的规定,要求有关当事人和证人签署保证书,以保证当事人陈述和证人证言的真实性。未具名举债一方不能提供证据,但能够提供证据线索的,人民法院应当根据当事人的申请进行调查取证;对伪造、隐藏、毁灭证据的要依法予以惩处。未经审判程序,不得要求未举债的夫妻一方承担民事责任。

三、审查夫妻债务是否真实发生。债权人主张夫妻一方所负债务为夫妻共同债务的，应当结合案件的具体情况，按照《最高人民法院关于审理民间借贷案件适用法律若干问题的规定》第十六条第二款、第十九条规定，结合当事人之间关系及其到庭情况、借贷金额、债权凭证、款项交付、当事人的经济能力、当地或者当事人之间的交易方式、交易习惯、当事人财产变动情况以及当事人陈述、证人证言等事实和因素，综合判断债务是否发生。防止违反法律和司法解释规定，仅凭借条、借据等债权凭证就认定存在债务的简单做法。

在当事人举证基础上，要注意依职权查明举债一方作出有悖常理的自认的真实性。对夫妻一方主动申请人民法院出具民事调解书的，应当结合案件基础事实重点审查调解协议是否损害夫妻另一方的合法权益。对人民调解协议司法确认案件，应当按照《最高人民法院关于适用〈中华人民共和国民事诉讼法〉的解释》要求，注重审查基础法律关系的真实性。

四、区分合法债务和非法债务，对非法债务不予保护。在案件审理中，对夫妻一方在从事赌博、吸毒等违法犯罪活动中所负的债务，不予法律保护；对债权人知道或者应当知道夫妻一方举债用于赌博、吸毒等违法犯罪活动而向其出借款项，不予法律保护；对夫妻一方以个人名义举债后用于个人违法犯罪活动，举债人就该债务主张按夫妻共同债务处理的，不予支持。

五、把握不同阶段夫妻债务的认定标准。依照婚姻法第十七条、第十八条、第十九条和第四十一条有关夫妻共同财产制、分别财产制和债务偿还原则以及有关婚姻法司法解释的规定，正确处理夫妻一方以个人名义对外所负债务问题。

六、保护被执行夫妻双方基本生存权益不受影响。要树立生存权益高于债权的理念。对夫妻共同债务的执行涉及到夫妻双方的工资、住房等财产权益，甚至可能损害其基本生存权益的，应当保留夫妻双方及其所扶养家属的生活必需费用。执行夫妻名下住房时，应保障生活所必需的居住房屋，一般不得拍卖、变卖或抵债被执行人及其所扶养家属生活所必需的居住房屋。

七、制裁夫妻一方与第三人串通伪造债务的虚假诉讼。对实施虚假诉讼的当事人、委托诉讼代理人和证人等，要加强罚款、拘留等对妨碍民事诉讼的强制措施的适用。对实施虚假诉讼的委托诉讼代理人，除依法制裁外，还应向司法行政部门、律师协会或者行业协会发出司法建议。对涉嫌虚假诉讼等犯罪的，应依法将犯罪的线索、材料移送侦查机关。

以上通知，请遵照执行。执行中有何问题，请及时报告我院。

关于印发《关于妥善处理以冒名顶替或者弄虚作假的方式办理婚姻登记问题的指导意见》的通知

·2021 年 11 月 18 日

各省、自治区、直辖市高级人民法院、人民检察院、公安厅（局）、民政厅（局），新疆维吾尔自治区高级人民法院生产建设兵团分院，新疆生产建设兵团人民检察院、公安局、民政局：

为妥善有效处理以冒名顶替或者弄虚作假的方式办理婚姻登记引发的各类纠纷，维护婚姻登记秩序和当事人合法权益，节约行政成本和司法资源，根据《中华人民共和国民法典》《中华人民共和国行政诉讼法》《婚姻登记条例》等规定，最高人民法院、最高人民检察院、公安部、民政部制定了《关于妥善处理以冒名顶替或者弄虚作假的方式办理婚姻登记问题的指导意见》，现予印发，请结合实际贯彻执行。

关于妥善处理以冒名顶替或者弄虚作假的方式办理婚姻登记问题的指导意见

一、人民法院办理当事人冒名顶替或者弄虚作假婚姻登记类行政案件，应当根据案情实际，以促进问题解决、维护当事人合法权益为目的，依法立案、审理并作出裁判。

人民法院对当事人冒名顶替或者弄虚作假办理婚姻登记类行政案件，应当结合具体案情依法认定起诉期限；对被冒名顶替者或者其他当事人不属于其自身的原因耽误起诉期限的，被耽误的时间不计算在起诉期限内，但最长不得超过《中华人民共和国行政诉讼法》第四十六条第二款规定的起诉期限。

人民法院对相关事实进行调查认定后认为应当撤销婚姻登记的，应当及时向民政部门发送撤销婚姻登记的司法建议书。

二、人民检察院办理当事人冒名顶替或者弄虚作假婚姻登记类行政诉讼监督案件，应当依法开展调查核实，认为人民法院生效行政裁判确有错误的，应当依法提出监督纠正意见。可以根据案件实际情况，开展行政争议实质性化解工作。发现相关个人涉嫌犯罪的，应当依法移送线索、监督立案查处。

人民检察院根据调查核实认定情况、监督情况，认为婚姻登记存在错误应当撤销的，应当及时向民政部门发送检察建议书。

三、公安机关应当及时受理当事人冒名顶替或者弄虚作假婚姻登记的报案、举报，有证据证明存在违法犯罪事实，符合立案条件的，应当依法立案侦查。经调查属实的，依法依规认定处理并出具相关证明材料。

四、民政部门对于当事人反映身份信息被他人冒用办理婚姻登记，或者婚姻登记的一方反映另一方系冒名顶替、弄虚作假骗取婚姻登记的，应当及时将有关线索转交公安、司法等部门，配合相关部门做好调查处理。

民政部门收到公安、司法等部门出具的事实认定相关证明、情况说明、司法建议书、检察建议书等证据材料，应当对相关情况进行审核，符合条件的及时撤销相关婚姻登记。

民政部门决定撤销或者更正婚姻登记的，应当将撤销或者更正婚姻登记决定书于作出之日起15个工作日内送达当事人及利害关系人，同时抄送人民法院、人民检察院或者公安机关。

民政部门作出撤销或者更正婚姻登记决定后，应当及时在婚姻登记管理信息系统中备注说明情况并在附件中上传决定书。同时参照婚姻登记档案管理相关规定存档保管相关文书和证据材料。

五、民政部门应当根据《关于对婚姻登记严重失信当事人开展联合惩戒的合作备忘录》等文件要求，及时将使用伪造、变造或者冒用他人身份证件、户口簿、无配偶证明及其他证件、证明材料办理婚姻登记的当事人纳入婚姻登记领域严重失信当事人名单，由相关部门进行联合惩戒。

六、本指导意见所指当事人包括：涉案婚姻登记行为记载的自然人，使用伪造、变造的身份证件或者冒用他人身份证件办理婚姻登记的自然人，被冒用身份证件的自然人，其他利害关系人。

七、本指导意见自印发之日起施行。法律法规、规章、司法解释有新规定的，从其规定。

最高人民法院关于当事人申请承认澳大利亚法院出具的离婚证明书人民法院应否受理问题的批复

- 2005年7月11日最高人民法院审判委员会第1359次会议通过
- 根据2008年12月16日公布的《最高人民法院关于调整司法解释等文件中引用〈中华人民共和国民事诉讼法〉条文序号的决定》第一次修正
- 根据2020年12月23日最高人民法院审判委员会第1823次会议通过的《最高人民法院关于修改〈最高人民法院关于人民法院民事调解工作若干问题的规定〉等十九件民事诉讼类司法解释的决定》第二次修正
- 2020年12月29日最高人民法院公告公布
- 自2021年1月1日起施行
- 法释〔2020〕20号

广东省高级人民法院：

你院报送的粤高法民一他字〔2004〕9号“关于当事人申请承认澳大利亚法院出具的离婚证明书有关问题”的请示收悉。经研究，答复如下：

当事人持澳大利亚法院出具的离婚证明书向人民法院申请承认其效力的，人民法院应予受理，并依照《中华人民共和国民事诉讼法》第二百八十一条和第二百八十二条以及最高人民法院《关于中国公民申请承认外国法院离婚判决程序问题的规定》的有关规定进行审查，依法作出承认或者不予承认的裁定。

此复。

最高人民法院关于中国公民申请承认外国法院离婚判决程序问题的规定

- 1991年7月5日最高人民法院审判委员会第503次会议通过
- 根据2020年12月23日最高人民法院审判委员会第1823次会议通过的《最高人民法院关于修改〈最高人民法院关于人民法院民事调解工作若干问题的规定〉等十九件民事诉讼类司法解释的决定》修正
- 2020年12月29日最高人民法院公告公布
- 自2021年1月1日起施行
- 法释〔2020〕20号

第一条 对与我国没有订立司法协助协议的外国法院作出的离婚判决,中国籍当事人可以根据本规定向人民法院申请承认该外国法院的离婚判决。

对与我国有司法协助协议的外国法院作出的离婚判决,按照协议的规定申请承认。

第二条 外国法院离婚判决中的夫妻财产分割、生活费负担、子女抚养方面判决的承认执行,不适用本规定。

第三条 向人民法院申请承认外国法院的离婚判决,申请人应提出书面申请书,并须附有外国法院离婚判决书正本及经证明无误的中文译本。否则,不予受理。

第四条 申请书应记明以下事项:

(一)申请人姓名、性别、年龄、工作单位和住址;

(二)判决由何国法院作出,判结结果、时间;

(三)受传唤及应诉的情况;

(四)申请理由及请求;

(五)其他需要说明的情况。

第五条 申请由申请人住所地中级人民法院受理。申请人住所地与经常居住地不一致的,由经常居住地中级人民法院受理。

申请人不在国内的,由申请人原国内住所地中级人民法院受理。

第六条 人民法院接到申请书,经审查,符合本规定的受理条件的,应当在7日内立案;不符合的,应当在7日内通知申请人不予受理,并说明理由。

第七条 人民法院审查承认外国法院离婚判决的申请,由三名审判员组成合议庭进行,作出的裁定不得上诉。

第八条 人民法院受理申请后,对于外国法院离婚判决书没有指明已生效或生效时间的,应责令申请人提交作出判决的法院出具的判决已生效的证明文件。

第九条 外国法院作出离婚判决的原告为申请人的,人民法院应责令其提交作出判决的外国法院已合法传唤被告出庭的有关证明文件。

第十条 按照第八条、第九条要求提供的证明文件,应经该外国公证部门公证和我国驻该国使、领馆认证,或者履行中华人民共和国与该所在国订立的有关条约中规定的证明手续。同时应由申请人提供经证明无误的中文译本。

第十一条 居住在我国境内的外国法院离婚判决的被告为申请人,提交第八条、第十条所要求的证明文件和公证、认证有困难的,如能提交外国法院的应诉通知或出庭传票的,可推定外国法院离婚判决书为真实和已经生效。

第十二条 经审查,外国法院的离婚判决具有下列情形之一的,不予承认:

(一)判决尚未发生法律效力;

(二)作出判决的外国法院对案件没有管辖权;

(三)判决是在被告缺席且未得到合法传唤情况下作出的;

(四)该当事人之间的离婚案件,我国法院正在审理或已作出判决,或者第三国法院对该当事人之间作出的离婚案件判决已为我国法院所承认;

(五)判决违反我国法律的基本原则或者危害我国国家主权、安全和社会公共利益。

第十三条 对外国法院的离婚判决的承认,以裁定方式作出。没有第十二条规定的情形的,裁定承认其法律效力;具有第十二条规定的情形之一的,裁定驳回申请人的申请。

第十四条 裁定书以“中华人民共和国××中级人民法院”名义作出,由合议庭成员署名,加盖人民法院印章。

第十五条 裁定书一经送达,即发生法律效力。

第十六条 申请承认外国法院的离婚判决,申请人应向人民法院交纳案件受理费人民币100元。

第十七条 申请承认外国法院的离婚判决,委托他人代理的,必须向人民法院提交由委托人签名或盖章的授权委托书。委托人在国外出具的委托书,必须经我国驻该国的使、领馆证明,或者履行中华人民共和国与该所在国订立的有关条约中规定的证明手续。

第十八条 人民法院受理离婚诉讼后,原告一方变更请求申请承认外国法院离婚判决,或者被告一方另提出承认外国法院离婚判决申请的,其申请均不受理。

第十九条 人民法院受理承认外国法院离婚判决的申请后,对方当事人向人民法院起诉离婚的,人民法院不予受理。

第二十条 当事人之间的婚姻虽经外国法院判决,但未向人民法院申请承认的,不妨碍当事人一方另行向人民法院提出离婚诉讼。

第二十一条 申请人的申请为人民法院受理后,申请人可以撤回申请,人民法院以裁定准予撤回。申请人撤回申请后,不得再提出申请,但可以另向人民法院起诉离婚。

第二十二条 申请人的申请被驳回后,不得再提出申请,但可以另行向人民法院起诉离婚。

最高人民法院关于人民法院受理申请承认外国法院离婚判决案件有关问题的规定

- 1999年12月1日最高人民法院审判委员会第1090次会议通过
- 根据2020年12月23日最高人民法院审判委员会第1823次会议通过的《最高人民法院关于修改〈最高人民法院关于人民法院民事调解工作若干问题的规定〉等十九件民事诉讼类司法解释的决定》修正
- 2020年12月29日最高人民法院公告公布
- 自2021年1月1日起施行
- 法释〔2020〕20号

1998年9月17日,我院以法〔1998〕86号通知印发了《关于人民法院受理申请承认外国法院离婚判决案件几个问题的意见》,现根据新的情况,对人民法院受理申请承认外国法院离婚判决案件的有关问题重新作如下规定:

一、中国公民向人民法院申请承认外国法院离婚判决,人民法院不应以其未在国内缔结婚姻关系而拒绝受理;中国公民申请承认外国法院在其缺席情况下作出的离婚判决,应同时向人民法院提交作出该判决的外国法院已合法传唤其出庭的有关证明文件。

二、外国公民向人民法院申请承认外国法院离婚判决,如果其离婚的原配偶是中国公民的,人民法院应予受理;如果其离婚的原配偶是外国公民的,人民法院不予受理,但可告知其直接向婚姻登记机关申请结婚登记。

三、当事人向人民法院申请承认外国法院离婚调解书效力的,人民法院应予受理,并根据《关于中国公民申请承认外国法院离婚判决程序问题的规定》进行审查,作出承认或不予承认的裁定。

自本规定公布之日起,我院法〔1998〕86号通知印发的《关于人民法院受理申请承认外国法院离婚判决案件几个问题的意见》同时废止。

最高人民法院关于内地与香港特别行政区法院相互认可和执行婚姻家庭民事案件判决的安排

- 2017年5月22日最高人民法院审判委员会第1718次会议通过
- 2022年2月14日最高人民法院公告公布
- 自2022年2月15日起施行
- 法释〔2022〕4号

根据《中华人民共和国香港特别行政区基本法》第九十五条的规定,最高人民法院与香港特别行政区政府经协商,现就婚姻家庭民事案件判决的认可和执行问题作出如下安排。

第一条 当事人向香港特别行政区法院申请认可和执行内地人民法院就婚姻家庭民事案件作出的生效判决,或者向内地人民法院申请认可和执行香港特别行政区法院就婚姻家庭民事案件作出的生效判决的,适用本安排。

当事人向香港特别行政区法院申请认可内地

民政部门所发的离婚证,或者向内地人民法院申请认可依据《婚姻制度改革条例》(香港法例第178章)第V部、第VA部规定解除婚姻的协议书、备忘录的,参照适用本安排。

第二条 本安排所称生效判决:

(一)在内地,是指第二审判决,依法不准上诉或者超过法定期限没有上诉的第一审判决,以及依照审判监督程序作出的上述判决;

(二)在香港特别行政区,是指终审法院、高等法院上诉法庭及原讼法庭和区域法院作出的已经发生法律效力的判决,包括依据香港法律可以在生效后作出更改的命令。

前款所称判决,在内地包括判决、裁定、调解书,在香港特别行政区包括判决、命令、判令、讼费评定证明书、定额讼费证明书,但不包括双方依据其法律承认的其他国家和地区法院作出的判决。

第三条 本安排所称婚姻家庭民事案件:

(一)在内地是指:

1. 婚内夫妻财产分割纠纷案件;

2. 离婚纠纷案件;

3. 离婚后财产纠纷案件;

4. 婚姻无效纠纷案件;

5. 撤销婚姻纠纷案件;

6. 夫妻财产约定纠纷案件;

7. 同居关系子女抚养纠纷案件;

8. 亲子关系确认纠纷案件;

9. 抚养纠纷案件;

10. 扶养纠纷案件(限于夫妻之间扶养纠纷);

11. 确认收养关系纠纷案件;

12. 监护权纠纷案件(限于未成年子女监护权纠纷);

13. 探望权纠纷案件;

14. 申请人身安全保护令案件。

(二)在香港特别行政区是指:

1. 依据香港法例第179章《婚姻诉讼条例》第Ⅲ部作出的离婚绝对判令;

2. 依据香港法例第179章《婚姻诉讼条例》第IV部作出的婚姻无效绝对判令;

3. 依据香港法例第192章《婚姻法律程序与财产条例》作出的在讼案待决期间提供赡养费令;

4. 依据香港法例第13章《未成年人监护条例》、第16章《分居令及赡养令条例》、第192章《婚姻法律程序与财产条例》第II部、第IIA部作出的赡养令;

5. 依据香港法例第13章《未成年人监护条例》、第192章《婚姻法律程序与财产条例》第II部、第IIA部作出的财产转让及出售财产令;

6. 依据香港法例第182章《已婚者地位条例》作出的有关财产的命令;

7. 依据香港法例第192章《婚姻法律程序与财产条例》在双方在生时作出的修改赡养协议的命令;

8. 依据香港法例第290章《领养条例》作出的领养令;

9. 依据香港法例第179章《婚姻诉讼条例》、第429章《父母与子女条例》作出的父母身份、婚生地位或者确立婚生地位的宣告;

10. 依据香港法例第13章《未成年人监护条例》、第16章《分居令及赡养令条例》、第192章《婚姻法律程序与财产条例》作出的管养令;

11. 就受香港法院监护的未成年子女作出的管养令;

12. 依据香港法例第189章《家庭及同居关系暴力条例》作出的禁制骚扰令、驱逐令、重返令或者更改、暂停执行就未成年子女的管养令、探视令。

第四条 申请认可和执行本安排规定的判决:

(一)在内地向申请人住所地、经常居住地或者被申请人住所地、经常居住地、财产所在地的中级人民法院提出;

(二)在香港特别行政区向区域法院提出。

申请人应当向符合前款第一项规定的其中一个人民法院提出申请。向两个以上有管辖权的人民法院提出申请的,由最先立案的人民法院管辖。

第五条 申请认可和执行本安排第一条第一款规定的判决的,应当提交下列材料:

(一)申请书;

(二)经作出生效判决的法院盖章的判决副本;

(三)作出生效判决的法院出具的证明书,证明该判决属于本安排规定的婚姻家庭民事案件生效判决;

(四)判决为缺席判决的,应当提交法院已经合法传唤当事人的证明文件,但判决已经对此予以明确说明或者缺席方提出申请的除外;

(五)经公证的身份证件复印件。

申请认可本安排第一条第二款规定的离婚证或者协议书、备忘录的，应当提交下列材料：

（一）申请书；

（二）经公证的离婚证复印件，或者经公证的协议书、备忘录复印件；

（三）经公证的身份证件复印件。

向内地人民法院提交的文件没有中文文本的，应当提交准确的中文译本。

第六条 申请书应当载明下列事项：

（一）当事人的基本情况，包括姓名、住所、身份证件信息、通讯方式等；

（二）请求事项和理由，申请执行的，还需提供被申请人的财产状况和财产所在地；

（三）判决是否已在其他法院申请执行和执行情况。

第七条 申请认可和执行判决的期间、程序和方式，应当依据被请求方法律的规定。

第八条 法院应当尽快审查认可和执行的请求，并作出裁定或者命令。

第九条 申请认可和执行的判决，被申请人提供证据证明有下列情形之一的，法院审查核实后，不予认可和执行：

（一）根据原审法院地法律，被申请人未经合法传唤，或者虽经合法传唤但未获得合理的陈述、辩论机会的；

（二）判决是以欺诈方法取得的；

（三）被请求方法院受理相关诉讼后，请求方法院又受理就同一争议提起的诉讼并作出判决的；

（四）被请求方法院已经就同一争议作出判决，或者已经认可和执行其他国家和地区法院就同一争议所作出的判决的。

内地人民法院认为认可和执行香港特别行政区法院判决明显违反内地法律的基本原则或者社会公共利益，香港特别行政区法院认为认可和执行内地人民法院判决明显违反香港特别行政区法律的基本原则或者公共政策的，不予认可和执行。

申请认可和执行的判决涉及未成年子女的，在根据前款规定审查决定是否认可和执行时，应当充分考虑未成年子女的最佳利益。

第十条 被请求方法院不能对判决的全部判项予以认可和执行时，可以认可和执行其中的部份判项。

第十一条 对于香港特别行政区法院作出的判决，一方当事人已经提出上诉，内地人民法院审查核实后，可以中止认可和执行程序。经上诉，维持全部或者部份原判决的，恢复认可和执行程序；完全改变原判决的，终止认可和执行程序。

内地人民法院就已经作出的判决裁定再审的，香港特别行政区法院审查核实后，可以中止认可和执行程序。经再审，维持全部或者部份原判决的，恢复认可和执行程序；完全改变原判决的，终止认可和执行程序。

第十二条 在本安排下，内地人民法院作出的有关财产归一方所有的判项，在香港特别行政区将被视为命令一方向另一方转让该财产。

第十三条 被申请人在内地和香港特别行政区均有可供执行财产的，申请人可以分别向两地法院申请执行。

两地法院执行财产的总额不得超过判决确定的数额。应对方法院要求，两地法院应当相互提供本院执行判决的情况。

第十四条 内地与香港特别行政区法院相互认可和执行的财产给付范围，包括判决确定的给付财产和相应的利息、迟延履行金、诉讼费，不包括税收、罚款。

前款所称诉讼费，在香港特别行政区是指讼费评定证明书、定额讼费证明书核定或者命令支付的费用。

第十五条 被请求方法院就认可和执行的申请作出裁定或者命令后，当事人不服的，在内地可以于裁定送达之日起十日内向上一级人民法院申请复议，在香港特别行政区可以依据其法律规定提出上诉。

第十六条 在审理婚姻家庭民事案件期间，当事人申请认可和执行另一地法院就同一争议作出的判决的，应当受理。受理后，有关诉讼应当中止，待就认可和执行的申请作出裁定或者命令后，再视情终止或者恢复诉讼。

第十七条 审查认可和执行判决申请期间，当事人就同一争议提起诉讼的，不予受理；已经受理的，驳回起诉。

判决获得认可和执行后，当事人又就同一争议提起诉讼的，不予受理。

判决未获认可和执行的，申请人不得再次申请认可和执行，但可以就同一争议向被请求方法院提起诉讼。

第十八条 被请求方法院在受理认可和执行判决的申请之前或者之后,可以依据其法律规定采取保全或者强制措施。

第十九条 申请认可和执行判决的,应当依据被请求方有关诉讼收费的法律和规定交纳费用。

第二十条 内地与香港特别行政区法院自本安排生效之日起作出的判决,适用本安排。

第二十一条 本安排在执行过程中遇有问题或者需要修改的,由最高人民法院和香港特别行政区政府协商解决。

第二十二条 本安排自2022年2月15日起施行。

文书范本

夫妻共同财产及个人财产的计算公式

1. 夫妻共同财产的计算公式

公式一:

夫妻共同财产=约定的共同财产+法定的共同财产

公式二:

法定的共同财产=工资+奖金+其他劳动报酬+生产、经营、投资的收益+知识产权的收益+未确定由特定一方继承或受赠与所得的财产+一方以个人财产投资取得的收益+住房补贴+住房公积金+养老保险金+破产安置补偿费+购置的财产+取得的债权+复员费(部分)+军人自主择业费(部分)+其他应当归共同所有的财产(以上各项均为婚姻关系存续期间取得的)

(1)工资、奖金等计算公式

工资、奖金=工资+奖金+红包+红利+津贴+互助金+餐补+服装费+其他工资性的劳动收入

(2)生产、经营、投资的收益计算公式

生产、经营、投资的收益=经营承包、租赁企业、私营企业、个体工商业、合伙、个人独资、有限责任公司、投资所获得收益

(3)知识产权的收益计算公式

知识产权的收益=实际取得的财产性收益或者已经明确可以取得的财产性收益

(4)继承或赠与所得的财产计算要点

遗嘱或赠与合同中没有确定只归夫或妻一方的财产(继承权是在婚姻关系存续期间取得或者接受赠与是在婚姻关系存续期间)

(5)复员费、军人自主择业费(部分)计算公式

属于夫妻共同财产的复员费、自主择业费=夫妻婚姻关系存续年限×年平均值

年平均值=复员费、自主择业费总额÷(70-军人入伍时实际年龄)

(6)其他应当归共同所有的财产计算公式

其他应当归共同所有的财产=一方以个人财产投资取得的收益+男女双方实际取得或者应当取得的住房补贴+住房公积金+基本养老金+破产安置补偿费

2. 夫妻个人财产的计算公式

公式一:

夫妻个人财产=约定的夫妻个人财产+法定的夫妻个人的财产

公式二:

法定的夫妻个人的财产=一方的婚前财产+一方因受到人身损害获得的医疗费+残疾人生活补助费等费用+军人的伤亡保险金+军人伤残补助金+军人医药生活补助费+高原生活补助费+遗嘱或赠与合同中确定只归夫或妻一方的财产+一方专用的生活用品+其他应当归一方的财产

(1)一方的婚前财产计算要点

一方婚前的财产不因婚姻关系的延续而转化为夫妻共同财产(当事人另有约定的除外)

(2)一方因受到人身损害获得的医疗费、残疾人生活补助费等费用计算公式

一方因受到人身损害获得的医疗费、残疾人生活补助费等费用=医疗费+残疾人生活补助费+精神抚慰金+一次性工伤伤残补助金+交通补助费+营养补助费+住院伙食补助费+护理费+假肢安装费+军人的伤亡保险金+军人伤残补助金+军人医药生活补助费+其他一方因身体受到伤害而获得的费用

三、家庭

1. 综合

中华人民共和国家庭教育促进法

· 2021年10月23日第十三届全国人民代表大会常务委员会第三十一次会议通过
· 2021年10月23日中华人民共和国主席令第98号公布
· 自2022年1月1日起施行

第一章 总 则

第一条 为了发扬中华民族重视家庭教育的优良传统,引导全社会注重家庭、家教、家风,增进家庭幸福与社会和谐,培养德智体美劳全面发展的社会主义建设者和接班人,制定本法。

第二条 本法所称家庭教育,是指父母或者其他监护人为促进未成年人全面健康成长,对其实施的道德品质、身体素质、生活技能、文化修养、行为习惯等方面的培育、引导和影响。

第三条 家庭教育以立德树人为根本任务,培育和践行社会主义核心价值观,弘扬中华民族优秀传统文化、革命文化、社会主义先进文化,促进未成年人健康成长。

第四条 未成年人的父母或者其他监护人负责实施家庭教育。

国家和社会为家庭教育提供指导、支持和服务。

国家工作人员应当带头树立良好家风,履行家庭教育责任。

第五条 家庭教育应当符合以下要求:

(一)尊重未成年人身心发展规律和个体差异;

(二)尊重未成年人人格尊严,保护未成年人隐私权和个人信息,保障未成年人合法权益;

(三)遵循家庭教育特点,贯彻科学的家庭教育理念和方法;

(四)家庭教育、学校教育、社会教育紧密结合、协调一致;

(五)结合实际情况采取灵活多样的措施。

第六条 各级人民政府指导家庭教育工作,建立健全家庭学校社会协同育人机制。县级以上人民政府负责妇女儿童工作的机构,组织、协调、指导、督促有关部门做好家庭教育工作。

教育行政部门、妇女联合会统筹协调社会资源,协同推进覆盖城乡的家庭教育指导服务体系建设,并按照职责分工承担家庭教育工作的日常事务。

县级以上精神文明建设部门和县级以上人民政府公安、民政、司法行政、人力资源和社会保障、文化和旅游、卫生健康、市场监督管理、广播电视、体育、新闻出版、网信等有关部门在各自的职责范围内做好家庭教育工作。

第七条 县级以上人民政府应当制定家庭教育工作专项规划,将家庭教育指导服务纳入城乡公共服务体系和政府购买服务目录,将相关经费列入财政预算,鼓励和支持以政府购买服务的方式提供家庭教育指导。

第八条 人民法院、人民检察院发挥职能作用,配合同级人民政府及其有关部门建立家庭教育工作联动机制,共同做好家庭教育工作。

第九条 工会、共产主义青年团、残疾人联合会、科学技术协会、关心下一代工作委员会以及居民委员会、村民委员会等应当结合自身工作,积极开展家庭教育工作,为家庭教育提供社会支持。

第十条 国家鼓励和支持企业事业单位、社会组织及个人依法开展公益性家庭教育服务活动。

第十一条 国家鼓励开展家庭教育研究,鼓励高等学校开设家庭教育专业课程,支持师范院校和有条件的高等学校加强家庭教育学科建设,培养家庭教育服务专业人才,开展家庭教育服务人员培训。

第十二条 国家鼓励和支持自然人、法人和非法人组织为家庭教育事业进行捐赠或者提供志愿服务，对符合条件的，依法给予税收优惠。

国家对在家庭教育工作中做出突出贡献的组织和个人，按照有关规定给予表彰、奖励。

第十三条 每年5月15日国际家庭日所在周为全国家庭教育宣传周。

第二章 家庭责任

第十四条 父母或者其他监护人应当树立家庭是第一个课堂、家长是第一任老师的责任意识，承担对未成年人实施家庭教育的主体责任，用正确思想、方法和行为教育未成年人养成良好思想、品行和习惯。

共同生活的具有完全民事行为能力的其他家庭成员应当协助和配合未成年人的父母或者其他监护人实施家庭教育。

第十五条 未成年人的父母或者其他监护人及其他家庭成员应当注重家庭建设，培育积极健康的家庭文化，树立和传承优良家风，弘扬中华民族家庭美德，共同构建文明、和睦的家庭关系，为未成年人健康成长营造良好的家庭环境。

第十六条 未成年人的父母或者其他监护人应当针对不同年龄段未成年人的身心发展特点，以下列内容为指引，开展家庭教育：

（一）教育未成年人爱党、爱国、爱人民、爱集体、爱社会主义，树立维护国家统一的观念，铸牢中华民族共同体意识，培养家国情怀；

（二）教育未成年人崇德向善、尊老爱幼、热爱家庭、勤俭节约、团结互助、诚信友爱、遵纪守法，培养其良好社会公德、家庭美德、个人品德意识和法治意识；

（三）帮助未成年人树立正确的成才观，引导其培养广泛兴趣爱好、健康审美追求和良好学习习惯，增强科学探索精神、创新意识和能力；

（四）保证未成年人营养均衡、科学运动、睡眠充足、身心愉悦，引导其养成良好生活习惯和行为习惯，促进其身心健康发展；

（五）关注未成年人心理健康，教导其珍爱生命，对其进行交通出行、健康上网和防欺凌、防溺水、防诈骗、防拐卖、防性侵等方面的安全知识教育，帮助其掌握安全知识和技能，增强其自我保护的意识和能力；

（六）帮助未成年人树立正确的劳动观念，参加力所能及的劳动，提高生活自理能力和独立生活能力，养成吃苦耐劳的优秀品格和热爱劳动的良好习惯。

第十七条 未成年人的父母或者其他监护人实施家庭教育，应当关注未成年人的生理、心理、智力发展状况，尊重其参与相关家庭事务和发表意见的权利，合理运用以下方式方法：

（一）亲自养育，加强亲子陪伴；

（二）共同参与，发挥父母双方的作用；

（三）相机而教，寓教于日常生活之中；

（四）潜移默化，言传与身教相结合；

（五）严慈相济，关心爱护与严格要求并重；

（六）尊重差异，根据年龄和个性特点进行科学引导；

（七）平等交流，予以尊重、理解和鼓励；

（八）相互促进，父母与子女共同成长；

（九）其他有益于未成年人全面发展、健康成长的方式方法。

第十八条 未成年人的父母或者其他监护人应当树立正确的家庭教育理念，自觉学习家庭教育知识，在孕期和未成年人进入婴幼儿照护服务机构、幼儿园、中小学校等重要时段进行有针对性的学习，掌握科学的家庭教育方法，提高家庭教育的能力。

第十九条 未成年人的父母或者其他监护人应当与中小学校、幼儿园、婴幼儿照护服务机构、社区密切配合，积极参加其提供的公益性家庭教育指导和实践活动，共同促进未成年人健康成长。

第二十条 未成年人的父母分居或者离异的，应当相互配合履行家庭教育责任，任何一方不得拒绝或者怠于履行；除法律另有规定外，不得阻碍另一方实施家庭教育。

第二十一条 未成年人的父母或者其他监护人依法委托他人代为照护未成年人的，应当与被委托人、未成年人保持联系，定期了解未成年人学习、生活情况和心理状况，与被委托人共同履行家庭教育责任。

第二十二条 未成年人的父母或者其他监护人应当合理安排未成年人学习、休息、娱乐和体育锻炼的时间，避免加重未成年人学习负担，预防未成年人沉迷网络。

第二十三条 未成年人的父母或者其他监护人不得因性别、身体状况、智力等歧视未成年人，不得实施家庭暴力，不得胁迫、引诱、教唆、纵容、利用未成年人从事违反法律法规和社会公德的活动。

第三章 国家支持

第二十四条 国务院应当组织有关部门制定、修订并及时颁布全国家庭教育指导大纲。

省级人民政府或者有条件的设区的市级人民政府应当组织有关部门编写或者采用适合当地实际的家庭教育指导读本，制定相应的家庭教育指导服务工作规范和评估规范。

第二十五条 省级以上人民政府应当组织有关部门统筹建设家庭教育信息化共享服务平台，开设公益性网上家长学校和网络课程，开通服务热线，提供线上家庭教育指导服务。

第二十六条 县级以上地方人民政府应当加强监督管理，减轻义务教育阶段学生作业负担和校外培训负担，畅通学校家庭沟通渠道，推进学校教育和家庭教育相互配合。

第二十七条 县级以上地方人民政府及有关部门组织建立家庭教育指导服务专业队伍，加强对专业人员的培养，鼓励社会工作者、志愿者参与家庭教育指导服务工作。

第二十八条 县级以上地方人民政府可以结合当地实际情况和需要，通过多种途径和方式确定家庭教育指导机构。

家庭教育指导机构对辖区内社区家长学校、学校家长学校及其他家庭教育指导服务站点进行指导，同时开展家庭教育研究、服务人员队伍建设和培训、公共服务产品研发。

第二十九条 家庭教育指导机构应当及时向有需求的家庭提供服务。

对于父母或者其他监护人履行家庭教育责任存在一定困难的家庭，家庭教育指导机构应当根据具体情况，与相关部门协作配合，提供有针对性的服务。

第三十条 设区的市、县、乡级人民政府应当结合当地实际采取措施，对留守未成年人和困境未成年人家庭建档立卡，提供生活帮扶、创业就业支持等关爱服务，为留守未成年人和困境未成年人的父母或者其他监护人实施家庭教育创造条件。

教育行政部门、妇女联合会应当采取有针对性的措施，为留守未成年人和困境未成年人的父母或者其他监护人实施家庭教育提供服务，引导其积极关注未成年人身心健康状况、加强亲情关爱。

第三十一条 家庭教育指导机构开展家庭教育指导服务活动，不得组织或者变相组织营利性教育培训。

第三十二条 婚姻登记机构和收养登记机构应当通过现场咨询辅导、播放宣传教育片等形式，向办理婚姻登记、收养登记的当事人宣传家庭教育知识，提供家庭教育指导。

第三十三条 儿童福利机构、未成年人救助保护机构应当对本机构安排的寄养家庭、接受救助保护的未成年人的父母或者其他监护人提供家庭教育指导。

第三十四条 人民法院在审理离婚案件时，应当对有未成年子女的夫妻双方提供家庭教育指导。

第三十五条 妇女联合会发挥妇女在弘扬中华民族家庭美德、树立良好家风等方面的独特作用，宣传普及家庭教育知识，通过家庭教育指导机构、社区家长学校、文明家庭建设等多种渠道组织开展家庭教育实践活动，提供家庭教育指导服务。

第三十六条 自然人、法人和非法人组织可以依法设立非营利性家庭教育服务机构。

县级以上地方人民政府及有关部门可以采取政府补贴、奖励激励、购买服务等扶持措施，培育家庭教育服务机构。

教育、民政、卫生健康、市场监督管理等有关部门应当在各自职责范围内，依法对家庭教育服务机构及从业人员进行指导和监督。

第三十七条 国家机关、企业事业单位、群团组织、社会组织应当将家风建设纳入单位文化建设，支持职工参加相关的家庭教育服务活动。

文明城市、文明村镇、文明单位、文明社区、文明校园和文明家庭等创建活动，应当将家庭教育情况作为重要内容。

第四章 社会协同

第三十八条 居民委员会、村民委员会可以依托城乡社区公共服务设施，设立社区家长学校等家庭教育指导服务站点，配合家庭教育指导机构组织面向居民、村民的家庭教育知识宣传，为未成年人的父母或者其他监护人提供家庭教育指导服务。

第三十九条 中小学校、幼儿园应当将家庭教育指导服务纳入工作计划，作为教师业务培训的内容。

第四十条 中小学校、幼儿园可以采取建立家长学校等方式，针对不同年龄段未成年人的特点，定期组织公益性家庭教育指导服务和实践活动，并及时联系、督促未成年人的父母或者其他监护人参加。

第四十一条 中小学校、幼儿园应当根据家长的需求，邀请有关人员传授家庭教育理念、知识和方法，组织开展家庭教育指导服务和实践活动，促进家庭与学校共同教育。

第四十二条 具备条件的中小学校、幼儿园应当在教育行政部门的指导下，为家庭教育指导服务站点开展公益性家庭教育指导服务活动提供支持。

第四十三条 中小学校发现未成年学生严重违反校规校纪的，应当及时制止、管教，告知其父母或者其他监护人，并为其父母或者其他监护人提供有针对性的家庭教育指导服务；发现未成年学生有不良行为或者严重不良行为的，按照有关法律规定处理。

第四十四条 婴幼儿照护服务机构、早期教育服务机构应当为未成年人的父母或者其他监护人提供科学养育指导等家庭教育指导服务。

第四十五条 医疗保健机构在开展婚前保健、孕产期保健、儿童保健、预防接种等服务时，应当对有关成年人、未成年人的父母或者其他监护人开展科学养育知识和婴幼儿早期发展的宣传和指导。

第四十六条 图书馆、博物馆、文化馆、纪念馆、美术馆、科技馆、体育场馆、青少年宫、儿童活动中心等公共文化服务机构和爱国主义教育基地每年应当定期开展公益性家庭教育宣传、家庭教育指导服务和实践活动，开发家庭教育类公共文化服务产品。

广播、电视、报刊、互联网等新闻媒体应当宣传正确的家庭教育知识，传播科学的家庭教育理念和方法，营造重视家庭教育的良好社会氛围。

第四十七条 家庭教育服务机构应当加强自律管理，制定家庭教育服务规范，组织从业人员培训，提高从业人员的业务素质和能力。

第五章 法律责任

第四十八条 未成年人住所地的居民委员会、村民委员会、妇女联合会，未成年人的父母或者其他监护人所在单位，以及中小学校、幼儿园等有关密切接触未成年人的单位，发现父母或者其他监护人拒绝、怠于履行家庭教育责任，或者非法阻碍其他监护人实施家庭教育的，应当予以批评教育、劝诫制止，必要时督促其接受家庭教育指导。

未成年人的父母或者其他监护人依法委托他人代为照护未成年人，有关单位发现被委托人不依法履行家庭教育责任的，适用前款规定。

第四十九条 公安机关、人民检察院、人民法院在办理案件过程中，发现未成年人存在严重不良行为或者实施犯罪行为，或者未成年人的父母或者其他监护人不正确实施家庭教育侵害未成年人合法权益的，根据情况对父母或者其他监护人予以训诫，并可以责令其接受家庭教育指导。

第五十条 负有家庭教育工作职责的政府部门、机构有下列情形之一的，由其上级机关或者主管单位责令限期改正；情节严重的，对直接负责的主管人员和其他直接责任人员依法予以处分：

（一）不履行家庭教育工作职责；

（二）截留、挤占、挪用或者虚报、冒领家庭教育工作经费；

（三）其他滥用职权、玩忽职守或者徇私舞弊的情形。

第五十一条 家庭教育指导机构、中小学校、幼儿园、婴幼儿照护服务机构、早期教育服务机构违反本法规定，不履行或者不正确履行家庭教育指导服务职责的，由主管部门责令限期改正；情节严重的，对直接负责的主管人员和其他直接责任人员依法予以处分。

第五十二条 家庭教育服务机构有下列情形之一的，由主管部门责令限期改正；拒不改正或者情节严重的，由主管部门责令停业整顿、吊销营业执照或者撤销登记：

（一）未依法办理设立手续；

（二）从事超出许可业务范围的行为或作虚假、引人误解宣传，产生不良后果；

（三）侵犯未成年人及其父母或者其他监护人合法权益。

第五十三条 未成年人的父母或者其他监护人在家庭教育过程中对未成年人实施家庭暴力的，依照《中华人民共和国未成年人保护法》、《中华人民共和国反家庭暴力法》等法律的规定追究法律责任。

第五十四条 违反本法规定，构成违反治安管理行为的，由公安机关依法予以治安管理处罚；构成犯罪的，依法追究刑事责任。

第六章 附 则

第五十五条 本法自2022年1月1日起施行。

中华人民共和国人口与计划生育法

· 2001年12月29日第九届全国人民代表大会常务委员会第二十五次会议通过
· 根据2015年12月27日第十二届全国人民代表大会常务委员会第十八次会议《关于修改〈中华人民共和国人口与计划生育法〉的决定》第一次修正
· 根据2021年8月20日第十三届全国人民代表大会常务委员会第三十次会议《关于修改〈中华人民共和国人口与计划生育法〉的决定》第二次修正

第一章 总 则

第一条 为了实现人口与经济、社会、资源、环境的协调发展，推行计划生育，维护公民的合法权益，促进家庭幸福、民族繁荣与社会进步，根据宪法，制定本法。

第二条 我国是人口众多的国家，实行计划生育是国家的基本国策。

国家采取综合措施，调控人口数量，提高人口素质，推动实现适度生育水平，优化人口结构，促进人口长期均衡发展。

国家依靠宣传教育、科学技术进步、综合服务、建立健全奖励和社会保障制度，开展人口与计划生育工作。

第三条 开展人口与计划生育工作，应当与增加妇女受教育和就业机会、增进妇女健康、提高妇女地位相结合。

第四条 各级人民政府及其工作人员在推行计划生育工作中应当严格依法行政，文明执法，不得侵犯公民的合法权益。

卫生健康主管部门及其工作人员依法执行公务受法律保护。

第五条 国务院领导全国的人口与计划生育工作。

地方各级人民政府领导本行政区域内的人口与计划生育工作。

第六条 国务院卫生健康主管部门负责全国计划生育工作和与计划生育有关的人口工作。

县级以上地方各级人民政府卫生健康主管部门负责本行政区域内的计划生育工作和与计划生育有关的人口工作。

县级以上各级人民政府其他有关部门在各自的职责范围内，负责有关的人口与计划生育工作。

第七条 工会、共产主义青年团、妇女联合会及计划生育协会等社会团体、企业事业组织和公民应当协助人民政府开展人口与计划生育工作。

第八条 国家对在人口与计划生育工作中作出显著成绩的组织和个人，给予奖励。

第二章 人口发展规划的制定与实施

第九条 国务院编制人口发展规划，并将其纳入国民经济和社会发展计划。

县级以上地方各级人民政府根据全国人口发展规划以及上一级人民政府人口发展规划，结合当地实际情况编制本行政区域的人口发展规划，并将其纳入国民经济和社会发展计划。

第十条 县级以上各级人民政府根据人口发展规划，制定人口与计划生育实施方案并组织实施。

县级以上各级人民政府卫生健康主管部门负责实施人口与计划生育实施方案的日常工作。

乡、民族乡、镇的人民政府和城市街道办事处负责本管辖区域内的人口与计划生育工作，贯彻落实人口与计划生育实施方案。

第十一条 人口与计划生育实施方案应当规定调控人口数量，提高人口素质，推动实现适度生育水平，优化人口结构，加强母婴保健和婴幼儿照护服务，促进家庭发展的措施。

第十二条 村民委员会、居民委员会应当依法做好计划生育工作。

机关、部队、社会团体、企业事业组织应当做好本单位的计划生育工作。

第十三条 卫生健康、教育、科技、文化、民政、新闻出版、广播电视等部门应当组织开展人口与计划生育宣传教育。

大众传媒负有开展人口与计划生育的社会公益性宣传的义务。

学校应当在学生中,以符合受教育者特征的适当方式,有计划地开展生理卫生教育、青春期教育或者性健康教育。

第十四条 流动人口的计划生育工作由其户籍所在地和现居住地的人民政府共同负责管理,以现居住地为主。

第十五条 国家根据国民经济和社会发展状况逐步提高人口与计划生育经费投入的总体水平。各级人民政府应当保障人口与计划生育工作必要的经费。

各级人民政府应当对欠发达地区、少数民族地区开展人口与计划生育工作给予重点扶持。

国家鼓励社会团体、企业事业组织和个人为人口与计划生育工作提供捐助。

任何单位和个人不得截留、克扣、挪用人口与计划生育工作费用。

第十六条 国家鼓励开展人口与计划生育领域的科学研究和对外交流与合作。

第三章 生育调节

第十七条 公民有生育的权利,也有依法实行计划生育的义务,夫妻双方在实行计划生育中负有共同的责任。

第十八条 国家提倡适龄婚育、优生优育。一对夫妻可以生育三个子女。

符合法律、法规规定条件的,可以要求安排再生育子女。具体办法由省、自治区、直辖市人民代表大会或者其常务委员会规定。

少数民族也要实行计划生育,具体办法由省、自治区、直辖市人民代表大会或者其常务委员会规定。

夫妻双方户籍所在地的省、自治区、直辖市之间关于再生育子女的规定不一致的,按照有利于当事人的原则适用。

第十九条 国家创造条件,保障公民知情选择安全、有效、适宜的避孕节育措施。实施避孕节育手术,应当保证受术者的安全。

第二十条 育龄夫妻自主选择计划生育避孕节育措施,预防和减少非意愿妊娠。

第二十一条 实行计划生育的育龄夫妻免费享受国家规定的基本项目的计划生育技术服务。

前款规定所需经费,按照国家有关规定列入财政预算或者由社会保险予以保障。

第二十二条 禁止歧视、虐待生育女婴的妇女和不育的妇女。

禁止歧视、虐待、遗弃女婴。

第四章 奖励与社会保障

第二十三条 国家对实行计划生育的夫妻,按照规定给予奖励。

第二十四条 国家建立、健全基本养老保险、基本医疗保险、生育保险和社会福利等社会保障制度,促进计划生育。

国家鼓励保险公司举办有利于计划生育的保险项目。

第二十五条 符合法律、法规规定生育子女的夫妻,可以获得延长生育假的奖励或者其他福利待遇。

国家支持有条件的地方设立父母育儿假。

第二十六条 妇女怀孕、生育和哺乳期间,按照国家有关规定享受特殊劳动保护并可以获得帮助和补偿。国家保障妇女就业合法权益,为因生育影响就业的妇女提供就业服务。

公民实行计划生育手术,享受国家规定的休假。

第二十七条 国家采取财政、税收、保险、教育、住房、就业等支持措施,减轻家庭生育、养育、教育负担。

第二十八条 县级以上各级人民政府综合采取规划、土地、住房、财政、金融、人才等措施,推动建立普惠托育服务体系,提高婴幼儿家庭获得服务的可及性和公平性。

国家鼓励和引导社会力量兴办托育机构,支持幼儿园和机关、企业事业单位、社区提供托育服务。

托育机构的设置和服务应当符合托育服务相关标准和规范。托育机构应当向县级人民政府卫生健康主管部门备案。

第二十九条 县级以上地方各级人民政府应

当在城乡社区建设改造中，建设与常住人口规模相适应的婴幼儿活动场所及配套服务设施。

公共场所和女职工比较多的用人单位应当配置母婴设施，为婴幼儿照护、哺乳提供便利条件。

第三十条 县级以上各级人民政府应当加强对家庭婴幼儿照护的支持和指导，增强家庭的科学育儿能力。

医疗卫生机构应当按照规定为婴幼儿家庭开展预防接种、疾病防控等服务，提供膳食营养、生长发育等健康指导。

第三十一条 在国家提倡一对夫妻生育一个子女期间，自愿终身只生育一个子女的夫妻，国家发给《独生子女父母光荣证》。

获得《独生子女父母光荣证》的夫妻，按照国家和省、自治区、直辖市有关规定享受独生子女父母奖励。

法律、法规或者规章规定给予获得《独生子女父母光荣证》的夫妻奖励的措施中由其所在单位落实的，有关单位应当执行。

在国家提倡一对夫妻生育一个子女期间，按照规定应当享受计划生育家庭老年人奖励扶助的，继续享受相关奖励扶助，并在老年人福利、养老服务等方面给予必要的优先和照顾。

第三十二条 获得《独生子女父母光荣证》的夫妻，独生子女发生意外伤残、死亡的，按照规定获得扶助。县级以上各级人民政府建立、健全对上述人群的生活、养老、医疗、精神慰藉等全方位帮扶保障制度。

第三十三条 地方各级人民政府对农村实行计划生育的家庭发展经济，给予资金、技术、培训等方面的支持、优惠；对实行计划生育的贫困家庭，在扶贫贷款、以工代赈、扶贫项目和社会救济等方面给予优先照顾。

第三十四条 本章规定的奖励和社会保障措施，省、自治区、直辖市和设区的市、自治州的人民代表大会及其常务委员会或者人民政府可以依据本法和有关法律、行政法规的规定，结合当地实际情况，制定具体实施办法。

第五章 计划生育服务

第三十五条 国家建立婚前保健、孕产期保健制度，防止或者减少出生缺陷，提高出生婴儿健康水平。

第三十六条 各级人民政府应当采取措施，保障公民享有计划生育服务，提高公民的生殖健康水平。

第三十七条 医疗卫生机构应当针对育龄人群开展优生优育知识宣传教育，对育龄妇女开展围孕期、孕产期保健服务，承担计划生育、优生优育、生殖保健的咨询、指导和技术服务，规范开展不孕不育症诊疗。

第三十八条 计划生育技术服务人员应当指导实行计划生育的公民选择安全、有效、适宜的避孕措施。

国家鼓励计划生育新技术、新药具的研究、应用和推广。

第三十九条 严禁利用超声技术和其他技术手段进行非医学需要的胎儿性别鉴定；严禁非医学需要的选择性别的人工终止妊娠。

第六章 法律责任

第四十条 违反本法规定，有下列行为之一的，由卫生健康主管部门责令改正，给予警告，没收违法所得；违法所得一万元以上的，处违法所得二倍以上六倍以下的罚款；没有违法所得或者违法所得不足一万元的，处一万元以上三万元以下的罚款；情节严重的，由原发证机关吊销执业证书；构成犯罪的，依法追究刑事责任：

（一）非法为他人施行计划生育手术的；

（二）利用超声技术和其他技术手段为他人进行非医学需要的胎儿性别鉴定或者选择性别的人工终止妊娠的。

第四十一条 托育机构违反托育服务相关标准和规范的，由卫生健康主管部门责令改正，给予警告；拒不改正的，处五千元以上五万元以下的罚款；情节严重的，责令停止托育服务，并处五万元以上十万元以下的罚款。

托育机构有虐待婴幼儿行为的，其直接负责的主管人员和其他直接责任人员终身不得从事婴幼儿照护服务；构成犯罪的，依法追究刑事责任。

第四十二条 计划生育技术服务人员违章操作或者延误抢救、诊治，造成严重后果的，依照有关法律、行政法规的规定承担相应的法律责任。

第四十三条 国家机关工作人员在计划生育工作中，有下列行为之一，构成犯罪的，依法追究刑事责任；尚不构成犯罪的，依法给予处分；有违

法所得的,没收违法所得:

(一)侵犯公民人身权、财产权和其他合法权益的;

(二)滥用职权、玩忽职守、徇私舞弊的;

(三)索取、收受贿赂的;

(四)截留、克扣、挪用、贪污计划生育经费的;

(五)虚报、瞒报、伪造、篡改或者拒报人口与计划生育统计数据的。

第四十四条 违反本法规定,不履行协助计划生育管理义务的,由有关地方人民政府责令改正,并给予通报批评;对直接负责的主管人员和其他直接责任人员依法给予处分。

第四十五条 拒绝、阻碍卫生健康主管部门及其工作人员依法执行公务的,由卫生健康主管部门给予批评教育并予以制止;构成违反治安管理行为的,依法给予治安管理处罚;构成犯罪的,依法追究刑事责任。

第四十六条 公民、法人或者其他组织认为行政机关在实施计划生育管理过程中侵犯其合法权益,可以依法申请行政复议或者提起行政诉讼。

第七章 附 则

第四十七条 中国人民解放军和中国人民武装警察部队执行本法的具体办法,由中央军事委员会依据本法制定。

第四十八条 本法自 2002 年 9 月 1 日起施行。

2. 户籍管理

中华人民共和国居民身份证法

· 2003 年 6 月 28 日第十届全国人民代表大会常务委员会第三次会议通过

· 根据 2011 年 10 月 29 日第十一届全国人民代表大会常务委员会第二十三次会议《关于修改〈中华人民共和国居民身份证法〉的决定》修正

第一章 总 则

第一条 为了证明居住在中华人民共和国境内的公民的身份,保障公民的合法权益,便利公民进行社会活动,维护社会秩序,制定本法。

第二条 居住在中华人民共和国境内的年满十六周岁的中国公民,应当依照本法的规定申请领取居民身份证;未满十六周岁的中国公民,可以依照本法的规定申请领取居民身份证。

第三条 居民身份证登记的项目包括:姓名、性别、民族、出生日期、常住户口所在地住址、公民身份号码、本人相片、指纹信息、证件的有效期和签发机关。

公民身份号码是每个公民唯一的、终身不变的身份代码,由公安机关按照公民身份号码国家标准编制。

公民申请领取、换领、补领居民身份证,应当登记指纹信息。

第四条 居民身份证使用规范汉字和符合国家标准的数字符号填写。

民族自治地方的自治机关根据本地区的实际情况,对居民身份证用汉字登记的内容,可以决定同时使用实行区域自治的民族的文字或者选用一种当地通用的文字。

第五条 十六周岁以上公民的居民身份证的有效期为十年、二十年、长期。十六周岁至二十五周岁的,发给有效期十年的居民身份证;二十六周岁至四十五周岁的,发给有效期二十年的居民身份证;四十六周岁以上的,发给长期有效的居民身份证。

未满十六周岁的公民,自愿申请领取居民身份证的,发给有效期五年的居民身份证。

第六条 居民身份证式样由国务院公安部门制定。居民身份证由公安机关统一制作、发放。

居民身份证具备视读与机读两种功能,视读、机读的内容限于本法第三条第一款规定的项目。

公安机关及其人民警察对因制作、发放、查验、扣押居民身份证而知悉的公民的个人信息,应当予以保密。

第二章 申领和发放

第七条 公民应当自年满十六周岁之日起三个月内,向常住户口所在地的公安机关申请领取居民身份证。

未满十六周岁的公民,由监护人代为申请领取居民身份证。

第八条 居民身份证由居民常住户口所在地

的县级人民政府公安机关签发。

第九条 香港同胞、澳门同胞、台湾同胞迁入内地定居的，华侨回国定居的，以及外国人、无国籍人在中华人民共和国境内定居并被批准加入或者恢复中华人民共和国国籍的，在办理常住户口登记时，应当依照本法规定申请领取居民身份证。

第十条 申请领取居民身份证，应当填写《居民身份证申领登记表》，交验居民户口簿。

第十一条 国家决定换发新一代居民身份证、居民身份证有效期满、公民姓名变更或者证件严重损坏不能辨认的，公民应当换领新证；居民身份证登记项目出现错误的，公安机关应当及时更正，换发新证；领取新证时，必须交回原证。居民身份证丢失的，应当申请补领。

未满十六周岁公民的居民身份证有前款情形的，可以申请换领、换发或者补领新证。

公民办理常住户口迁移手续时，公安机关应当在居民身份证的机读项目中记载公民常住户口所在地住址变动的情况，并告知本人。

第十二条 公民申请领取、换领、补领居民身份证，公安机关应当按照规定及时予以办理。公安机关应当自公民提交《居民身份证申领登记表》之日起六十日内发放居民身份证；交通不便的地区，办理时间可以适当延长，但延长的时间不得超过三十日。

公民在申请领取、换领、补领居民身份证期间，急需使用居民身份证的，可以申请领取临时居民身份证，公安机关应当按照规定及时予以办理。具体办法由国务院公安部门规定。

第三章 使用和查验

第十三条 公民从事有关活动，需要证明身份的，有权使用居民身份证证明身份，有关单位及其工作人员不得拒绝。

有关单位及其工作人员对履行职责或者提供服务过程中获得的居民身份证记载的公民个人信息，应当予以保密。

第十四条 有下列情形之一的，公民应当出示居民身份证证明身份：

（一）常住户口登记项目变更；

（二）兵役登记；

（三）婚姻登记、收养登记；

（四）申请办理出境手续；

（五）法律、行政法规规定需要用居民身份证证明身份的其他情形。

依照本法规定未取得居民身份证的公民，从事前款规定的有关活动，可以使用符合国家规定的其他证明方式证明身份。

第十五条 人民警察依法执行职务，遇有下列情形之一的，经出示执法证件，可以查验居民身份证：

（一）对有违法犯罪嫌疑的人员，需要查明身份的；

（二）依法实施现场管制时，需要查明有关人员身份的；

（三）发生严重危害社会治安突发事件时，需要查明现场有关人员身份的；

（四）在火车站、长途汽车站、港口、码头、机场或者在重大活动期间设区的市级人民政府规定的场所，需要查明有关人员身份的；

（五）法律规定需要查明身份的其他情形。

有前款所列情形之一，拒绝人民警察查验居民身份证的，依照有关法律规定，分别不同情形，采取措施予以处理。

任何组织或者个人不得扣押居民身份证。但是，公安机关依照《中华人民共和国刑事诉讼法》执行监视居住强制措施的情形除外。

第四章 法律责任

第十六条 有下列行为之一的，由公安机关给予警告，并处二百元以下罚款，有违法所得的，没收违法所得：

（一）使用虚假证明材料骗领居民身份证的；

（二）出租、出借、转让居民身份证的；

（三）非法扣押他人居民身份证的。

第十七条 有下列行为之一的，由公安机关处二百元以上一千元以下罚款，或者处十日以下拘留，有违法所得的，没收违法所得：

（一）冒用他人居民身份证或者使用骗领的居民身份证的；

（二）购买、出售、使用伪造、变造的居民身份证的。

伪造、变造的居民身份证和骗领的居民身份证，由公安机关予以收缴。

第十八条 伪造、变造居民身份证的，依法追究刑事责任。

有本法第十六条、第十七条所列行为之一，从事犯罪活动的，依法追究刑事责任。

第十九条 国家机关或者金融、电信、交通、教育、医疗等单位的工作人员泄露在履行职责或者提供服务过程中获得的居民身份证记载的公民个人信息，构成犯罪的，依法追究刑事责任；尚不构成犯罪的，由公安机关处十日以上十五日以下拘留，并处五千元罚款，有违法所得的，没收违法所得。

单位有前款行为，构成犯罪的，依法追究刑事责任；尚不构成犯罪的，由公安机关对其直接负责的主管人员和其他直接责任人员，处十日以上十五日以下拘留，并处十万元以上五十万元以下罚款，有违法所得的，没收违法所得。

有前两款行为，对他人造成损害的，依法承担民事责任。

第二十条 人民警察有下列行为之一的，根据情节轻重，依法给予行政处分；构成犯罪的，依法追究刑事责任：

（一）利用制作、发放、查验居民身份证的便利，收受他人财物或者谋取其他利益的；

（二）非法变更公民身份号码，或者在居民身份证上登载本法第三条第一款规定项目以外的信息或者故意登载虚假信息的；

（三）无正当理由不在法定期限内发放居民身份证的；

（四）违反规定查验、扣押居民身份证，侵害公民合法权益的；

（五）泄露因制作、发放、查验、扣押居民身份证而知悉的公民个人信息，侵害公民合法权益的。

第五章 附 则

第二十一条 公民申请领取、换领、补领居民身份证，应当缴纳证件工本费。居民身份证工本费标准，由国务院价格主管部门会同国务院财政部门核定。

对城市中领取最低生活保障金的居民、农村中有特殊生活困难的居民，在其初次申请领取和换领居民身份证时，免收工本费。对其他生活确有困难的居民，在其初次申请领取和换领居民身份证时，可以减收工本费。免收和减收工本费的具体办法，由国务院财政部门会同国务院价格主管部门规定。

公安机关收取的居民身份证工本费，全部上缴国库。

第二十二条 现役的人民解放军军人、人民武装警察申请领取和发放居民身份证的具体办法，由国务院和中央军事委员会另行规定。

第二十三条 本法自2004年1月1日起施行，《中华人民共和国居民身份证条例》同时废止。

依照《中华人民共和国居民身份证条例》领取的居民身份证，自2013年1月1日起停止使用。依照本法在2012年1月1日以前领取的居民身份证，在其有效期内，继续有效。

国家决定换发新一代居民身份证后，原居民身份证的停止使用日期由国务院决定。

中华人民共和国户口登记条例

· 1958年1月9日全国人民代表大会常务委员会第九十一次会议通过
· 1958年1月9日中华人民共和国主席令公布
· 自公布之日起施行

第一条 为了维持社会秩序，保护公民的权利和利益，服务于社会主义建设，制定本条例。

第二条 中华人民共和国公民，都应当依照本条例的规定履行户口登记。

现役军人的户口登记，由军事机关按照管理现役军人的有关规定办理。

居留在中华人民共和国境内的外国人和无国籍的人的户口登记，除法令另有规定外，适用本条例。

第三条 户口登记工作，由各级公安机关主管。

城市和设有公安派出所的镇，以公安派出所管辖区为户口管辖区；乡和不设公安派出所的镇，以乡、镇管辖区为户口管辖区。乡、镇人民委员会和公安派出所为户口登记机关。

居住在机关、团体、学校、企业、事业等单位内部和公共宿舍的户口，由各单位指定专人，协助户口登记机关办理户口登记；分散居住的户口，由户口登记机关直接办理户口登记。

居住在军事机关和军人宿舍的非现役军人的户口，由各单位指定专人，协助户口登记机关办理户口登记。

农业、渔业、盐业、林业、牧畜业、手工业等生产合作社的户口,由合作社指定专人,协助户口登记机关办理户口登记。合作社以外的户口,由户口登记机关直接办理户口登记。

第四条 户口登记机关应当设立户口登记簿。

城市、水上和设有公安派出所的镇,应当每户发给一本户口簿。

农村以合作社为单位发给户口簿;合作社以外的户口不发给户口簿。

户口登记簿和户口簿登记的事项,具有证明公民身份的效力。

第五条 户口登记以户为单位。同主管人共同居住一处的立为一户,以主管人为户主。单身居住的自立一户,以本人为户主。居住在机关、团体、学校、企业、事业等单位内部和公共宿舍的户口共立一户或者分别立户。户主负责按照本条例的规定申报户口登记。

第六条 公民应当在经常居住的地方登记为常住人口,一个公民只能在一个地方登记为常住人口。

第七条 婴儿出生后1个月以内,由户主、亲属、抚养人或者邻居向婴儿常住地户口登记机关申报出生登记。

弃婴,由收养人或者育婴机关向户口登记机关申报出生登记。

第八条 公民死亡,城市在葬前,农村在1个月以内,由户主、亲属、抚养人或者邻居向户口登记机关申报死亡登记,注销户口。公民如果在暂住地死亡,由暂住地户口登记机关通知常住地户口登记机关注销户口。

公民因意外事故致死或者死因不明,户主、发现人应当立即报告当地公安派出所或者乡、镇人民委员会。

第九条 婴儿出生后,在申报出生登记前死亡的,应当同时申报出生、死亡两项登记。

第十条 公民迁出本户口管辖区,由本人或者户主在迁出前向户口登记机关申报迁出登记,领取迁移证件,注销户口。

公民由农村迁往城市,必须持有城市劳动部门的录用证明,学校的录取证明,或者城市户口登记机关的准予迁入的证明,向常住地户口登记机关申请办理迁出手续。

公民迁往边防地区,必须经过常住地县、市、市辖区公安机关批准。

第十一条 被征集服现役的公民,在入伍前,由本人或者户主持应征公民入伍通知书向常住地户口登记机关申报迁出登记,注销户口,不发迁移证件。

第十二条 被逮捕的人犯,由逮捕机关在通知人犯家属的同时,通知人犯常住地户口登记机关注销户口。

第十三条 公民迁移,从到达迁入地的时候起,城市在3日以内,农村在10日以内,由本人或者户主持迁移证件向户口登记机关申报迁入登记,缴销迁移证件。

没有迁移证件的公民,凭下列证件到迁入地的户口登记机关申报迁入登记:

(一)复员、转业和退伍的军人,凭县、市兵役机关或者团以上军事机关发给的证件;

(二)从国外回来的华侨和留学生,凭中华人民共和国护照或者入境证件;

(三)被人民法院、人民检察院或者公安机关释放的人,凭释放机关发给的证件。

第十四条 被假释、缓刑的犯人,被管制分子和其他依法被剥夺政治权利的人,在迁移的时候,必须经过户口登记机关转报县、市、市辖区人民法院或者公安机关批准,才可以办理迁出登记;到达迁入地后,应当立即向户口登记机关申报迁入登记。

第十五条 公民在常住地市、县范围以外的城市暂住3日以上的,由暂住地的户主或者本人在3日以内向户口登记机关申报暂住登记,离开前申报注销;暂住在旅店的,由旅店设置旅客登记簿随时登记。

公民在常住地市、县范围以内暂住,或者在常住地市、县范围以外的农村暂住,除暂住在旅店的由旅店设置旅客登记簿随时登记以外,不办理暂住登记。

第十六条 公民因私事离开常住地外出、暂住的时间超过3个月的,应当向户口登记机关申请延长时间或者办理迁移手续;既无理由延长时间又无迁移条件的,应当返回常住地。

第十七条 户口登记的内容需要变更或者更正的时候,由户主或者本人向户口登记机关申报;户口登记机关审查属实后予以变更或者更正。

户口登记机关认为必要的时候,可以向申请人索取有关变更或者更正的证明。

第十八条 公民变更姓名,依照下列规定办理:

(一)未满18周岁的人需要变更姓名的时候,由本人或者父母、收养人向户口登记机关申请变更登记;

(二)18周岁以上的人需要变更姓名的时候,由本人向户口登记机关申请变更登记。

第十九条 公民因结婚、离婚、收养、认领、分户、并户、失踪、寻回或者其他事由引起户口变动的时候,由户主或者本人向户口登记机关申报变更登记。

第二十条 有下列情形之一的,根据情节轻重,依法给予治安管理处罚或者追究刑事责任:

(一)不按照本条例的规定申报户口的;

(二)假报户口的;

(三)伪造、涂改、转让、出借、出卖户口证件的;

(四)冒名顶替他人户口的;

(五)旅店管理人不按照规定办理旅客登记的。

第二十一条 户口登记机关在户口登记工作中,如果发现有反革命分子和其他犯罪分子,应当提请司法机关依法追究刑事责任。

第二十二条 户口簿、册、表格、证件,由中华人民共和国公安部统一制定式样,由省、自治区、直辖市公安机关统筹印制。

公民领取户口簿和迁移证应当缴纳工本费。

第二十三条 民族自治地方的自治机关可以根据本条例的精神,结合当地具体情况,制定单行办法。

第二十四条 本条例自公布之日起施行。

3. 抚养、扶养、赡养

赡养协议公证细则

· 1991年4月2日

· 司发〔1991〕048号

第一条 为规范赡养协议公证程序,根据《中华人民共和国民法通则》、《中华人民共和国婚姻法》、《中华人民共和国继承法》、《中华人民共和国公证暂行条例》、《公证程序规则(试行)》,制定本细则。

第二条 赡养协议是赡养人就履行赡养义务与被赡养人订立的协议。或赡养人相互间为分担赡养义务订立的协议。

父母或祖父母、外祖父母为被赡养人,子女或孙子女、外孙子女为赡养人。

第三条 赡养协议公证是公证处依法证明当事人签订赡养协议真实、合法的行为。

第四条 赡养协议公证,由被赡养人或赡养人的住所地公证处受理。

第五条 申办赡养协议公证,当事人应向公证处提交以下证件和材料:

(一)赡养协议公证申请表;

(二)当事人的居民身份证或其他身份证明;

(三)委托代理申请,代理人应提交委托人的授权委托书和代理人的身份证明;

(四)当事人之间的亲属关系证明;

(五)赡养协议;

(六)公证处认为应当提交的其他材料。

第六条 符合下列条件的申请,公证处应予受理:

(一)当事人及其代理人身份明确,具有完全民事行为能力;

(二)当事人就赡养事宜已达成协议;

(三)当事人提交了本细则第五条规定的证件和材料;

(四)该公证事项属本公证处管辖。

对不符合前款规定条件的申请,公证处应作出不予受理的决定,并通知当事人。

第七条 赡养协议应包括下列主要内容:

(一)被赡养人和赡养人的姓名、性别、出生日期、家庭住址;

(二)被赡养人和赡养人之间的关系;

(三)赡养人应尽的具体义务。包括照顾被赡养人衣、食、住、行、病、葬的具体措施及对责任田、口粮田,自留地的耕、种、管、收等内容;

(四)赡养人提供赡养费和其他物质帮助的给付方式、给付时间;

(五)对被赡养人财产的保护措施;

(六)协议变更的条件和争议的解决方法;

(七)违约责任;

（八）如有履行协议的监督人，应到场并在协议上签字。

第八条 公证人员应认真接待当事人，按《公证程序规则（试行）》第二十四条规定制作笔录，并着重记录下列内容：

（一）被赡养人的健康、财产、工作状况，劳动和生活自理能力及子女情况，对赡养人的意见和要求；

（二）赡养人的工作、经济状况及赡养能力；

（三）赡养人与被赡养人之间的关系，签订赡养协议的原因和意思表示；

（四）赡养人应尽的具体义务；

（五）违约责任；

（六）设立赡养协议监督人的情况；

（七）公证人员认为应当记录的其他内容。

公证人员接待当事人，须根据民法通则、婚姻法和继承法等有关法律，向当事人说明签订赡养协议的法律依据，协议双方应承担的义务和享有的权利，以及不履行义务应承担的法律责任。

第九条 赡养协议公证，除按《公证程序规则（试行）》第二十三条规定的内容审查外，还应着重审查下列内容：

（一）赡养人必须是被赡养人的晚辈直系亲属；

（二）当事人的意思表示真实、协商一致；

（三）赡养协议条款完备，权利义务明确、具体、可行，协议中不得有处分被赡养人财产或以放弃继承权为条件不尽赡养义务等，侵害被赡养人合法权益的违反法律、政策的内容；

（四）协议监督人应自愿，并有承担监督义务的能力；

（五）公证人员认为应当查明的其他情况。

第十条 符合下列条件的赡养协议，公证处应出具公证书：

（一）当事人具有完全民事行为能力；

（二）委托代理人的代理行为合法；

（三）当事人意思表示真实，自愿；

（四）协议内容真实、合法，赡养人应尽的义务明确、具体、可行，协议条款完备，文字表述准确；

（五）办证程序符合规定。

不符合前款规定的，应当拒绝公证，并在办证期限内将拒绝的理由通知当事人。

第十一条 被赡养人不具有完全民事行为能力，应由赡养人之间共同签订赡养协议，并参照本细则规定办理公证。

第十二条 办理兄、姐与弟、妹之间的扶养协议公证，可参照本细则规定。

第十三条 本细则由司法部负责解释。

第十四条 本细则自一九九一年五月一日起施行。

附：

公证书格式（1）

公证书

（　　）××字第××号

兹证明被赡养人××（男或女，××××年×月×日出生，现住××省××县××乡××村）与赡养人×××（男或女，××××年×月×日出生，现住××省××县××乡××村）、×××（男或女，××××年×月×日出生，现住××省××县××乡××村），于××××年×月×日自愿签订了前面《赡养协议》，并在我的面前，在前面的协议上签名（盖章）。当事人签订上述协议的行为符合《中华人民共和国民法通则》第五十五条和《中华人民共和国婚姻法》的规定。

××省××县公证处
公证员×××
××××年×月×日

公证书格式（2）

公证书

（　　）××字第××号

兹证明赡养人×××（男或女，××××年×月×日出生，现住××省××县××乡××村）、×××（男或女，××××年×月×日出生，现住××省××县××乡××村）就赡养×××的问题于××××年×月×日自愿签订了前面《赡养协议》，并在我的面前，在前面的协议上签名（盖章）。当事人签订上述协议的行为符合《中华人民共和国民法通则》第五十五条和《中华人民共和国婚姻法》的规定。

××省××县公证处
公证员×××
××××年×月×日

注：本格式用于《赡养协议公证细则》第十一条规定的情况。

遗赠扶养协议公证细则

·1991年4月3日
·司发〔1991〕047号

第一条 为规范遗赠扶养协议公证程序，根据《中华人民共和国民法通则》、《中华人民共和国继承法》、《中华人民共和国公证暂行条例》、《公证程序规则（试行）》，制订本细则。

第二条 遗赠扶养协议是遗赠人和扶养人为明确相互间遗赠和扶养的权利义务关系所订立的协议。

需要他人扶养，并愿将自己的合法财产全部或部分遗赠给扶养人的为遗赠人；对遗赠人尽扶养义务并接受遗赠的人为扶养人。

第三条 遗赠扶养协议公证是公证处依法证明当事人签订遗赠扶养协议真实、合法的行为。

第四条 遗赠人必须是具有完全民事行为能力、有一定的可遗赠的财产、并需要他人扶养的公民。

第五条 扶养人必须是遗赠人法定继承人以外的公民或组织，并具有完全民事行为能力、能履行扶养义务。

第六条 遗赠扶养协议公证，由遗赠人或扶养人的住所地公证处受理。

第七条 办理遗赠扶养协议公证，当事人双方应亲自到公证处提出申请，遗赠人确有困难，公证人员可到其居住地办理。

第八条 申办遗赠扶养协议公证，当事人应向公证处提交以下证件和材料：

（一）当事人遗赠扶养协议公证申请表；

（二）当事人的居民身份证或其他身份证明；

（三）扶养人为组织的，应提交资格证明、法定代表人身份证明，代理人应提交授权委托书；

（四）村民委员会、居民委员会或所在单位出具的遗赠人的家庭成员情况证明；

（五）遗赠财产清单和所有权证明；

（六）村民委员会、居民委员会或所在单位出具的扶养人的经济情况和家庭成员情况证明；

（七）扶养人有配偶的，应提交其配偶同意订立遗赠扶养协议的书面意见；

（八）遗赠扶养协议；

（九）公证人员认为应当提交的其他材料。

第九条 符合下列条件的申请，公证处应予受理：

（一）当事人身份明确，具有完全民事行为能力；

（二）当事人就遗赠扶养协议事宜已达成协议；

（三）当事人提交了本细则第八条规定的证件和材料；

（四）该公证事项属于本公证处管辖。

对不符合前款规定条件的申请，公证处应作出不予受理的决定，并通知当事人。

第十条 公证人员接待当事人，应按《公证程序规则（试行）》第二十四条规定制作笔录，并着重记录下列内容：

（一）遗赠人和扶养人的近亲情况、经济状况；

（二）订立遗赠扶养协议的原因；

（三）遗赠人遗赠财产的名称、种类、数量、质量、价值、座落或存放地点，产权有无争议，有无债权债务及处理意见；

（四）扶养人的扶养条件、扶养能力、扶养方式，及应尽的义务；

（五）与当事人共同生活的家庭成员意见；

（六）遗赠财产的使用保管方法；

（七）争议的解决方法；

（八）违约责任；

（九）公证人员认为应当记录的其他内容。

公证人员接待当事人，须根据民法通则和继承法等有关法律，向当事人说明签订遗赠扶养协议的法律依据，协议双方应承担的义务和享有的权利，以及不履行义务承担的法律责任。

第十一条 遗赠扶养协议应包括下列主要内容：

（一）当事人的姓名、性别、出生日期、住址，扶养人为组织的应写明单位名称、住址、法定代表人及代理人的姓名；

（二）当事人自愿达成协议的意思表示；

（三）遗赠人受扶养的权利和遗赠的义务；扶养人受遗赠的权利和扶养义务，包括照顾遗赠人的衣、食、住、行、病、葬的具体措施及责任田、口粮田、自留地的耕、种、管、收和遗赠财产的名称、种类、数量、质量、价值、座落或存放地点、产权归属等；

（四）遗赠财产的保护措施或担保人同意担保的意思表示；

（五）协议变更、解除的条件和争议的解决方法；

（六）违约责任。

第十二条 遗赠扶养协议公证，除按《公证程序规则（试行）》第二十三条规定的内容审查外，应着重审查下列内容：

（一）当事人之间有共同生活的感情基础，一般居住在同一地；

（二）当事人的意思表示真实、协商一致，协议条款完备，权利义务明确、具体、可行；

（三）遗赠的财产属遗赠人所有，产权明确无争议；财产为特定的、不易灭失；

（四）遗赠人的债权债务有明确的处理意见；

（五）遗赠人有配偶并同居的，应以夫妻共同为一方签订协议；

（六）扶养人有配偶的，必须征得配偶的同意；

（七）担保人同意担保的意思表示及担保财产；

（八）公证人员认为应当查明的其他情况。

第十三条 符合下列条件的遗赠扶养协议，公证处应出具公证书：

（一）遗赠人和扶养人具有完全民事行为能力；

（二）当事人意思表示真实、自愿；

（三）协议内容真实、合法，条款完备，协议内容明确、具体、可行，文字表述准确；

（四）办证程序符合规定。

不符合前款规定条件的，应当拒绝公证，并在办证期限内将拒绝的理由通知当事人。

第十四条 订立遗赠扶养协议公证后，未征得扶养人的同意，遗赠人不得另行处分遗赠的财产，扶养人也不得干涉遗赠人处分未遗赠的财产。

第十五条 无遗赠财产的扶养协议公证，参照本细则办理。

第十六条 本细则由司法部负责解释。

第十七条 本细则自一九九一年五月一日起施行。

附：

公证书格式（1）

公证书

（　　）××字第××号

兹证明遗赠人×××（男或女，××××年×月×日出生，现住××省×市××街××号）与扶养人×××（男或女，××××年×月×日出生，现住××省××市××街××号）于××××年×月×日自愿签订了前面的《遗赠扶养协议》，并在我的面前，在前面的协议上签名（盖章）。×××与×××签订上述协议的行为符合《中华人民共和国民法通则》第五十五条和《中华人民共和国继承法》的规定。

××省××市公证处
公证员×××
××××年×月×日

公证书格式（2）

公证书

（　　）××字第××号

兹证明遗赠人×××（男或女，××××年×月×日出生，现住××省××市××街××号）与扶养人××××（单位名称）代表人×××（男或女，××××年×月×日出生，现住××省××市××街××号）于××××年×月×日自愿签订了前面的《遗赠扶养协议》，并在我的面前，在前面的协议上签名（盖章）。×××与××××（单位名称）的代表人×××签订上述协议符合《中华人民共和国民法通则》第五十五条和《中华人民共和国继承法》的规定。

××省××市公证处
公证员×××
××××年×月×日

4. 收养、寄养

中国公民收养子女登记办法

·1999年5月25日民政部令第14号发布
·根据2019年3月2日《国务院关于修改部分行政法规的决定》修正

第一条 为了规范收养登记行为,根据《中华人民共和国收养法》(以下简称收养法),制定本办法。

第二条 中国公民在中国境内收养子女或者协议解除收养关系的,应当依照本办法的规定办理登记。

办理收养登记的机关是县级人民政府民政部门。

第三条 收养社会福利机构抚养的查找不到生父母的弃婴、儿童和孤儿的,在社会福利机构所在地的收养登记机关办理登记。

收养非社会福利机构抚养的查找不到生父母的弃婴和儿童的,在弃婴和儿童发现地的收养登记机关办理登记。

收养生父母有特殊困难无力抚养的子女或者由监护人监护的孤儿的,在被收养人生父母或者监护人常住户口所在地(组织作监护人的,在该组织所在地)的收养登记机关办理登记。

收养三代以内同辈旁系血亲的子女,以及继父或者继母收养继子女的,在被收养人生父或者生母常住户口所在地的收养登记机关办理登记。

第四条 收养关系当事人应当亲自到收养登记机关办理成立收养关系的登记手续。

夫妻共同收养子女的,应当共同到收养登记机关办理登记手续;一方因故不能亲自前往的,应当书面委托另一方办理登记手续,委托书应当经过村民委员会或者居民委员会证明或者经过公证。

第五条 收养人应当向收养登记机关提交收养申请书和下列证件、证明材料:

(一)收养人的居民户口簿和居民身份证;

(二)由收养人所在单位或者村民委员会、居民委员会出具的本人婚姻状况和抚养教育被收养人的能力等情况的证明,以及收养人出具的子女情况声明;

(三)县级以上医疗机构出具的未患有在医学上认为不应当收养子女的疾病的身体健康检查证明。

收养查找不到生父母的弃婴、儿童的,并应当提交收养人经常居住地计划生育部门出具的收养人生育情况证明;其中收养非社会福利机构抚养的查找不到生父母的弃婴、儿童的,收养人还应当提交下列证明材料:

(一)收养人经常居住地计划生育部门出具的收养人无子女的证明;

(二)公安机关出具的捡拾弃婴、儿童报案的证明。

收养继子女的,可以只提交居民户口簿、居民身份证和收养人与被收养人生父或者生母结婚的证明。

对收养人出具的子女情况声明,登记机关可以进行调查核实。

第六条 送养人应当向收养登记机关提交下列证件和证明材料:

(一)送养人的居民户口簿和居民身份证(组织作监护人的,提交其负责人的身份证件);

(二)收养法规定送养时应当征得其他有抚养义务的人同意的,并提交其他有抚养义务的人同意送养的书面意见。

社会福利机构为送养人的,并应当提交弃婴、儿童进入社会福利机构的原始记录,公安机关出具的捡拾弃婴、儿童报案的证明,或者孤儿的生父母死亡或者宣告死亡的证明。

监护人为送养人的,并应当提交实际承担监护责任的证明,孤儿的父母死亡或者宣告死亡的证明,或者被收养人生父母无完全民事行为能力并对被收养人有严重危害的证明。

生父母为送养人的,并应当提交与当地计划生育部门签订的不违反计划生育规定的协议;有特殊困难无力抚养子女的,还应当提交送养人有特殊困难的声明。其中,因丧偶或者一方下落不明由单方送养的,还应当提交配偶死亡或者下落不明的证明。对送养人有特殊困难的声明,登记机关可以进行调查核实;子女由三代以内同辈旁系血亲收养的,还应当提交公安机关出具的或者经过公证的与收养人有亲属关系的证明。

被收养人是残疾儿童的,并应当提交县级以上医疗机构出具的该儿童的残疾证明。

第七条 收养登记机关收到收养登记申请书及有关材料后,应当自次日起30日内进行审查。对符合收养法规定条件的,为当事人办理收养登记,发给收养登记证,收养关系自登记之日起成立;对不符合收养法规定条件的,不予登记,并对当事人说明理由。

收养查找不到生父母的弃婴、儿童的,收养登记机关应当在登记前公告查找其生父母;自公告之日起满60日,弃婴、儿童的生父母或者其他监护人未认领的,视为查找不到生父母的弃婴、儿童。公告期间不计算在登记办理期限内。

第八条 收养关系成立后,需要为被收养人办理户口登记或者迁移手续的,由收养人持收养登记证到户口登记机关按照国家有关规定办理。

第九条 收养关系当事人协议解除收养关系的,应当持居民户口簿、居民身份证、收养登记证和解除收养关系的书面协议,共同到被收养人常住户口所在地的收养登记机关办理解除收养关系登记。

第十条 收养登记机关收到解除收养关系登记申请书及有关材料后,应当自次日起30日内进行审查;对符合收养法规定的,为当事人办理解除收养关系的登记,收回收养登记证,发给解除收养关系证明。

第十一条 为收养关系当事人出具证明材料的组织,应当如实出具有关证明材料。出具虚假证明材料的,由收养登记机关没收虚假证明材料,并建议有关组织对直接责任人员给予批评教育,或者依法给予行政处分、纪律处分。

第十二条 收养关系当事人弄虚作假骗取收养登记的,收养关系无效,由收养登记机关撤销登记,收缴收养登记证。

第十三条 本办法规定的收养登记证、解除收养关系证明的式样,由国务院民政部门制订。

第十四条 华侨以及居住在香港、澳门、台湾地区的中国公民在内地收养子女的,申请办理收养登记的管辖以及所需要出具的证件和证明材料,按照国务院民政部门的有关规定执行。

第十五条 本办法自发布之日起施行。

外国人在中华人民共和国收养子女登记办法

·1999年5月25日民政部令第15号发布
·自发布之日起施行

第一条 为了规范涉外收养登记行为,根据《中华人民共和国收养法》,制定本办法。

第二条 外国人在中华人民共和国境内收养子女(以下简称外国人在华收养子女),应当依照本办法办理登记。

收养人夫妻一方为外国人,在华收养子女,也应当依照本办法办理登记。

第三条 外国人在华收养子女,应当符合中国有关收养法律的规定,并应当符合收养人所在国有关收养法律的规定;因收养人所在国法律的规定与中国法律的规定不一致而产生的问题,由两国政府有关部门协商处理。

第四条 外国人在华收养子女,应当通过所在国政府或者政府委托的收养组织(以下简称外国收养组织)向中国政府委托的收养组织(以下简称中国收养组织)转交收养申请并提交收养人的家庭情况报告和证明。

前款规定的收养人的收养申请、家庭情况报告和证明,是指由其所在国有权机构出具,经其所在国外交机关或者外交机关授权的机构认证,并经中华人民共和国驻该国使馆或者领馆认证的下列文件:

(一)跨国收养申请书;

(二)出生证明;

(三)婚姻状况证明;

(四)职业、经济收入和财产状况证明;

(五)身体健康检查证明;

(六)有无受过刑事处罚的证明;

(七)收养人所在国主管机关同意其跨国收养子女的证明;

(八)家庭情况报告,包括收养人的身份、收养的合格性和适当性、家庭状况和病史、收养动机以及适合于照顾儿童的特点等。

在华工作或者学习连续居住1年以上的外国人在华收养子女,应当提交前款规定的除身体健康检查证明以外的文件,并应当提交在华所在单位或者有关部门出具的婚姻状况证明,职业、经济收入或者财产状况证明,有无受过刑事处罚证明以及县级以上医疗机构出具的身体健康检查证明。

第五条 送养人应当向省、自治区、直辖市人民政府民政部门提交本人的居民户口簿和居民身份证(社会福利机构作送养人的,应当提交其负责人的身份证件)、被收养人的户籍证明等情况证明,并根据不同情况提交下列有关证明材料:

(一)被收养人的生父母(包括已经离婚的)为送养人的,应当提交生父母有特殊困难无力抚养的证明和生父母双方同意送养的书面意见;其中,被收养人的生父或者生母因丧偶或者一方下落不明,由单方送养的,并应当提交配偶死亡或者下落不明的证明以及死亡的或者下落不明的配偶的父母不行使优先抚养权的书面声明;

(二)被收养人的父母均不具备完全民事行为能力,由被收养人的其他监护人作送养人的,应当提交被收养人的父母不具备完全民事行为能力且对被收养人有严重危害的证明以及监护人有监护权的证明;

(三)被收养人的父母均已死亡,由被收养人的监护人作送养人的,应当提交其生父母的死亡证明、监护人实际承担监护责任的证明,以及其他有抚养义务的人同意送养的书面意见;

(四)由社会福利机构作送养人的,应当提交弃婴、儿童被遗弃和发现的情况证明以及查找其父母或者其他监护人的情况证明;被收养人是孤儿的,应当提交孤儿父母的死亡或者宣告死亡证明,以及有抚养孤儿义务的其他人同意送养的书面意见。

送养残疾儿童的,还应当提交县级以上医疗机构出具的该儿童的残疾证明。

第六条 省、自治区、直辖市人民政府民政部门应当对送养人提交的证件和证明材料进行审查,对查找不到生父母的弃婴和儿童公告查找其生父母;认为被收养人、送养人符合收养法规定条件的,将符合收养法规定的被收养人、送养人名单通知中国收养组织,同时转交下列证件和证明材料:

(一)送养人的居民户口簿和居民身份证(社会福利机构作送养人的,为其负责人的身份证件)复制件;

(二)被收养人是弃婴或者孤儿的证明、户籍证明、成长情况报告和身体健康检查证明的复制件及照片。

省、自治区、直辖市人民政府民政部门查找弃婴或者儿童生父母的公告应当在省级地方报纸上刊登。自公告刊登之日起满60日,弃婴和儿童的生父母或者其他监护人未认领的,视为查找不到生父母的弃婴和儿童。

第七条 中国收养组织对外国收养人的收养申请和有关证明进行审查后,应当在省、自治区、直辖市人民政府民政部门报送的符合收养法规定条件的被收养人中,参照外国收养人的意愿,选择适当的被收养人,并将该被收养人及其送养人的有关情况通过外国政府或者外国收养组织送交外国收养人。外国收养人同意收养的,中国收养组织向其发出来华收养子女通知书,同时通知有关的省、自治区、直辖市人民政府民政部门向送养人发出被收养人已被同意收养的通知。

第八条 外国人来华收养子女,应当亲自来华办理登记手续。夫妻共同收养的,应当共同来华办理收养手续;一方因故不能来华的,应当书面委托另一方。委托书应当经所在国公证和认证。

第九条 外国人来华收养子女,应当与送养人订立书面收养协议。协议一式3份,收养人、送养人各执1份,办理收养登记手续时收养登记机关收存1份。

书面协议订立后,收养关系当事人应当共同到被收养人常住户口所在地的省、自治区、直辖市人民政府民政部门办理收养登记。

第十条 收养关系当事人办理收养登记时,应当填写外国人来华收养子女登记申请书并提交收养协议,同时分别提供有关材料。

收养人应当提供下列材料:

(一)中国收养组织发出的来华收养子女通知书;

(二)收养人的身份证件和照片。

送养人应当提供下列材料:

(一)省、自治区、直辖市人民政府民政部门发出的被收养人已被同意收养的通知;

(二)送养人的居民户口簿和居民身份证(社会福利机构作送养人的,为其负责人的身份证件)、被收养人的照片。

第十一条 收养登记机关收到外国人来华收

养子女登记申请书和收养人、被收养人及其送养人的有关材料后，应当自次日起7日内进行审查，对符合本办法第十条规定的，为当事人办理收养登记，发给收养登记证书。收养关系自登记之日起成立。

收养登记机关应当将登记结果通知中国收养组织。

第十二条 收养关系当事人办理收养登记后，各方或者一方要求办理收养公证的，应当到收养登记地的具有办理涉外公证资格的公证机构办理收养公证。

第十三条 被收养人出境前，收养人应当凭收养登记证书到收养登记地的公安机关为被收养人办理出境手续。

第十四条 外国人在华收养子女，应当向登记机关交纳登记费。登记费的收费标准按照国家有关规定执行。

中国收养组织是非营利性公益事业单位，为外国收养人提供收养服务，可以收取服务费。服务费的收费标准按照国家有关规定执行。

为抚养在社会福利机构生活的弃婴和儿童，国家鼓励外国收养人、外国收养组织向社会福利机构捐赠。受赠的社会福利机构必须将捐赠财物全部用于改善所抚养的弃婴和儿童的养育条件，不得挪作他用，并应当将捐赠财物的使用情况告知捐赠人。受赠的社会福利机构还应当接受有关部门的监督，并应当将捐赠的使用情况向社会公布。

第十五条 中国收养组织的活动受国务院民政部门监督。

第十六条 本办法自发布之日起施行。1993年11月3日国务院批准，1993年11月10日司法部、民政部发布的《外国人在中华人民共和国收养子女实施办法》同时废止。

家庭寄养管理办法

·2014年9月24日民政部令第54号公布
·自2014年12月1日起施行

第一章 总 则

第一条 为了规范家庭寄养工作，促进寄养儿童身心健康成长，根据《中华人民共和国未成年人保护法》和国家有关规定，制定本办法。

第二条 本办法所称家庭寄养，是指经过规定的程序，将民政部门监护的儿童委托在符合条件的家庭中养育的照料模式。

第三条 家庭寄养应当有利于寄养儿童的抚育、成长，保障寄养儿童的合法权益不受侵犯。

第四条 国务院民政部门负责全国家庭寄养监督管理工作。

县级以上地方人民政府民政部门负责本行政区域内家庭寄养监督管理工作。

第五条 县级以上地方人民政府民政部门设立的儿童福利机构负责家庭寄养工作的组织实施。

第六条 县级以上人民政府民政部门应当会同有关部门采取措施，鼓励、支持符合条件的家庭参与家庭寄养工作。

第二章 寄养条件

第七条 未满十八周岁、监护权在县级以上地方人民政府民政部门的孤儿、查找不到生父母的弃婴和儿童，可以被寄养。

需要长期依靠医疗康复、特殊教育等专业技术照料的重度残疾儿童，不宜安排家庭寄养。

第八条 寄养家庭应当同时具备下列条件：

（一）有儿童福利机构所在地的常住户口和固定住所。寄养儿童入住后，人均居住面积不低于当地人均居住水平；

（二）有稳定的经济收入，家庭成员人均收入在当地处于中等水平以上；

（三）家庭成员未患有传染病或者精神疾病，以及其他不利于寄养儿童抚育、成长的疾病；

（四）家庭成员无犯罪记录，无不良生活嗜好，关系和睦，与邻里关系融洽；

（五）主要照料人的年龄在三十周岁以上六十五周岁以下，身体健康，具有照料儿童的能力、经验，初中以上文化程度。

具有社会工作、医疗康复、心理健康、文化教育等专业知识的家庭和自愿无偿奉献爱心的家庭，同等条件下优先考虑。

第九条 每个寄养家庭寄养儿童的人数不得超过二人，且该家庭无未满六周岁的儿童。

第十条 寄养残疾儿童，应当优先在具备医疗、特殊教育、康复训练条件的社区中为其选择寄养家庭。

第十一条 寄养年满十周岁以上儿童的，应当征得寄养儿童的同意。

第三章 寄养关系的确立

第十二条 确立家庭寄养关系，应当经过以下程序：

（一）申请。拟开展寄养的家庭应当向儿童福利机构提出书面申请，并提供户口簿、身份证复印件，家庭经济收入和住房情况、家庭成员健康状况以及一致同意申请等证明材料；

（二）评估。儿童福利机构应当组织专业人员或者委托社会工作服务机构等第三方专业机构对提出申请的家庭进行实地调查，核实申请家庭是否具备寄养条件和抚育能力，了解其邻里关系、社会交往、有无犯罪记录、社区环境等情况，并根据调查结果提出评估意见；

（三）审核。儿童福利机构应当根据评估意见对申请家庭进行审核，确定后报主管民政部门备案；

（四）培训。儿童福利机构应当对寄养家庭主要照料人进行培训；

（五）签约。儿童福利机构应当与寄养家庭主要照料人签订寄养协议，明确寄养期限、寄养双方的权利义务、寄养家庭的主要照料人、寄养融合期限、违约责任及处理等事项。家庭寄养协议自双方签字（盖章）之日起生效。

第十三条 寄养家庭应当履行下列义务：

（一）保障寄养儿童人身安全，尊重寄养儿童人格尊严；

（二）为寄养儿童提供生活照料，满足日常营养需要，帮助其提高生活自理能力；

（三）培养寄养儿童健康的心理素质，树立良好的思想道德观念；

（四）按照国家规定安排寄养儿童接受学龄前教育和义务教育。负责与学校沟通，配合学校做好寄养儿童的学校教育；

（五）对患病的寄养儿童及时安排医治。寄养儿童发生急症、重症等情况时，应当及时进行医治，并向儿童福利机构报告；

（六）配合儿童福利机构为寄养的残疾儿童提供辅助矫治、肢体功能康复训练、聋儿语言康复训练等方面的服务；

（七）配合儿童福利机构做好寄养儿童的送养工作；

（八）定期向儿童福利机构反映寄养儿童的成长状况，并接受其探访、培训、监督和指导；

（九）及时向儿童福利机构报告家庭住所变更情况；

（十）保障寄养儿童应予保障的其他权益。

第十四条 儿童福利机构主要承担以下职责：

（一）制定家庭寄养工作计划并组织实施；

（二）负责寄养家庭的招募、调查、审核和签约；

（三）培训寄养家庭中的主要照料人，组织寄养工作经验交流活动；

（四）定期探访寄养儿童，及时处理存在的问题；

（五）监督、评估寄养家庭的养育工作；

（六）建立家庭寄养服务档案并妥善保管；

（七）根据协议规定发放寄养儿童所需款物；

（八）向主管民政部门及时反映家庭寄养工作情况并提出建议。

第十五条 寄养协议约定的主要照料人不得随意变更。确需变更的，应当经儿童福利机构同意，经培训后在家庭寄养协议主要照料人一栏中变更。

第十六条 寄养融合期的时间不得少于六十日。

第十七条 寄养家庭有协议约定的事由在短期内不能照料寄养儿童的，儿童福利机构应当为寄养儿童提供短期养育服务。短期养育服务时间一般不超过三十日。

第十八条 寄养儿童在寄养期间不办理户口迁移手续，不改变与民政部门的监护关系。

第四章 寄养关系的解除

第十九条 寄养家庭提出解除寄养关系的，应当提前一个月向儿童福利机构书面提出解除寄养关系的申请，儿童福利机构应当予以解除。但在融合期内提出解除寄养关系的除外。

第二十条 寄养家庭有下列情形之一的，儿童福利机构应当解除寄养关系：

（一）寄养家庭及其成员有歧视、虐待寄养儿童行为的；

（二）寄养家庭成员的健康、品行不符合本办法第八条第（三）和（四）项规定的；

（三）寄养家庭发生重大变故，导致无法履行寄养义务的；

（四）寄养家庭变更住所后不符合本办法第八条规定的；

（五）寄养家庭借机对外募款敛财的；

（六）寄养家庭不履行协议约定的其他情形。

第二十一条 寄养儿童有下列情形之一的，儿童福利机构应当解除寄养关系：

（一）寄养儿童与寄养家庭关系恶化，确实无法共同生活的；

（二）寄养儿童依法被收养、被亲生父母或者其他监护人认领的；

（三）寄养儿童因就医、就学等特殊原因需要解除寄养关系的。

第二十二条 解除家庭寄养关系，儿童福利机构应当以书面形式通知寄养家庭，并报其主管民政部门备案。家庭寄养关系的解除以儿童福利机构批准时间为准。

第二十三条 儿童福利机构拟送养寄养儿童时，应当在报送被送养人材料的同时通知寄养家庭。

第二十四条 家庭寄养关系解除后，儿童福利机构应当妥善安置寄养儿童，并安排社会工作、医疗康复、心理健康教育等专业技术人员对其进行辅导、照料。

第二十五条 符合收养条件、有收养意愿的寄养家庭，可以依法优先收养被寄养儿童。

第五章 监督管理

第二十六条 县级以上地方人民政府民政部门对家庭寄养工作负有以下监督管理职责：

（一）制定本地区家庭寄养工作政策；

（二）指导、检查本地区家庭寄养工作；

（三）负责寄养协议的备案，监督寄养协议的履行；

（四）协调解决儿童福利机构与寄养家庭之间的争议；

（五）与有关部门协商，及时处理家庭寄养工作中存在的问题。

第二十七条 开展跨县级或者设区的市级行政区域的家庭寄养，应当经过共同上一级人民政府民政部门同意。不得跨省、自治区、直辖市开展家庭寄养。

第二十八条 儿童福利机构应当聘用具有社会工作、医疗康复、心理健康教育等专业知识的专职工作人员。

第二十九条 家庭寄养经费，包括寄养儿童的养育费用补贴、寄养家庭的劳务补贴和寄养工作经费等。

寄养儿童养育费用补贴按照国家有关规定列支。寄养家庭劳务补贴、寄养工作经费等由当地人民政府予以保障。

第三十条 家庭寄养经费必须专款专用，儿童福利机构不得截留或者挪用。

第三十一条 儿童福利机构可以依法通过与社会组织合作、通过接受社会捐赠获得资助。

与境外社会组织或者个人开展同家庭寄养有关的合作项目，应当按照有关规定办理手续。

第六章 法律责任

第三十二条 寄养家庭不履行本办法规定的义务，或者未经同意变更主要照料人的，儿童福利机构可以督促其改正，情节严重的，可以解除寄养协议。

寄养家庭成员侵害寄养儿童的合法权益，造成人身财产损害的，依法承担民事责任；构成犯罪的，依法追究刑事责任。

第三十三条 儿童福利机构有下列情形之一的，由设立该机构的民政部门进行批评教育，并责令改正；情节严重的，对直接负责的主管人员和其他直接责任人员依法给予处分：

（一）不按照本办法的规定承担职责的；

（二）在办理家庭寄养工作中牟取利益，损害寄养儿童权益的；

（三）玩忽职守导致寄养协议不能正常履行的；

（四）跨省、自治区、直辖市开展家庭寄养，或者未经上级部门同意擅自开展跨县级或者设区的市级行政区域家庭寄养的；

（五）未按照有关规定办理手续，擅自与境外社会组织或者个人开展家庭寄养合作项目的。

第三十四条 县级以上地方人民政府民政部门不履行家庭寄养工作职责，由上一级人民政府民政部门责令其改正。情节严重的，对直接负责的主管人员和其他直接责任人员依法给予处分。

第七章　附　则

第三十五条　对流浪乞讨等生活无着未成年人承担临时监护责任的未成年人救助保护机构开展家庭寄养,参照本办法执行。

第三十六条　尚未设立儿童福利机构的,由县级以上地方人民政府民政部门负责本行政区域内家庭寄养的组织实施,具体工作参照本办法执行。

第三十七条　本办法自2014年12月1日起施行,2003年颁布的《家庭寄养管理暂行办法》(民发〔2003〕144号)同时废止。

收养评估办法(试行)

·2020年12月30日
·民发〔2020〕144号

第一条　为了加强收养登记管理,规范收养评估工作,保障被收养人的合法权益,根据《中华人民共和国民法典》,制定本办法。

第二条　中国内地居民在中国境内收养子女的,按照本办法进行收养评估。但是,收养继子女的除外。

第三条　本办法所称收养评估,是指民政部门对收养申请人是否具备抚养、教育和保护被收养人的能力进行调查、评估,并出具评估报告的专业服务行为。

第四条　收养评估应当遵循最有利于被收养人的原则,独立、客观、公正地对收养申请人进行评估,依法保护个人信息和隐私。

第五条　民政部门进行收养评估,可以自行组织,也可以委托第三方机构开展。

委托第三方机构开展收养评估的,民政部门应当与受委托的第三方机构签订委托协议。

第六条　民政部门自行组织开展收养评估的,应当组建收养评估小组。收养评估小组应有2名以上熟悉收养相关法律法规和政策的在编人员。

第七条　受委托的第三方机构应当同时具备下列条件:

(一)具有法人资格;

(二)组织机构健全,内部管理规范;

(三)业务范围包含社会调查或者评估,或者具备评估相关经验;

(四)有5名以上具有社会工作、医学、心理学等专业背景或者从事相关工作2年以上的专职工作人员;

(五)开展评估工作所需的其他条件。

第八条　收养评估内容包括收养申请人以下情况:收养动机、道德品行、受教育程度、健康状况、经济及住房条件、婚姻家庭关系、共同生活家庭成员意见、抚育计划、邻里关系、社区环境、与被收养人融合情况等。

收养申请人与被收养人融合的时间不少于30日。

第九条　收养评估流程包括书面告知、评估准备、实施评估、出具评估报告。

(一)书面告知。民政部门收到收养登记申请有关材料后,经初步审查收养申请人、送养人、被收养人符合《中华人民共和国民法典》、《中国公民收养子女登记办法》要求的,应当书面告知收养申请人将对其进行收养评估。委托第三方机构开展评估的,民政部门应当同时书面告知受委托的第三方机构。

(二)评估准备。收养申请人确认同意进行收养评估的,第三方机构应当选派2名以上具有社会工作、医学、心理学等专业背景或者从事相关工作2年以上的专职工作人员开展评估活动。民政部门自行组织收养评估的,由收养评估小组开展评估活动。

(三)实施评估。评估人员根据评估需要,可以采取面谈、查阅资料、实地走访等多种方式进行评估,全面了解收养申请人的情况。

(四)出具报告。收养评估小组和受委托的第三方机构应当根据评估情况制作书面收养评估报告。收养评估报告包括正文和附件两部分:正文部分包括评估工作的基本情况、评估内容分析、评估结论等;附件部分包括记载评估过程的文字、语音、照片、影像等资料。委托第三方机构评估的,收养评估报告应当由参与评估人员签名,并加盖机构公章。民政部门自行组织评估的,收养评估报告应当由收养评估小组成员共同签名。

第十条　收养评估报告应当在收养申请人确认同意进行收养评估之日起60日内作出。收养评估期间不计入收养登记办理期限。

收养评估报告应当作为民政部门办理收养登记的参考依据。

第十一条 收养评估期间，收养评估小组或者受委托的第三方机构发现收养申请人及其共同生活家庭成员有下列情形之一的，应当向民政部门报告：

（一）弄虚作假，伪造、变造相关材料或者隐瞒相关事实的；

（二）参加非法组织、邪教组织的；

（三）买卖、性侵、虐待或者遗弃、非法送养未成年人，及其他侵犯未成年人身心健康的；

（四）有持续性、经常性的家庭暴力的；

（五）有故意犯罪行为，判处或者可能判处有期徒刑以上刑罚的；

（六）患有精神类疾病、传染性疾病、重度残疾或者智力残疾、重大疾病的；

（七）存在吸毒、酗酒、赌博、嫖娼等恶习的；

（八）故意或者过失导致正与其进行融合的未成年人受到侵害或者面临其他危险情形的；

（九）有其他不利于未成年人身心健康行为的。

存在前款规定第（八）项规定情形的，民政部门应当立即向公安机关报案。

第十二条 评估人员、受委托的第三方机构与收养申请人、送养人有利害关系的，应当回避。

第十三条 民政部门应当加强对收养评估小组的监督和管理。

委托第三方机构开展收养评估的，民政部门应当对受委托第三方履行协议情况进行监督。

第十四条 开展收养评估不得收取任何费用。地方收养评估工作所需经费应当纳入同级民政部门预算。

第十五条 华侨以及居住在香港、澳门、台湾地区的中国公民申请收养的，当地有权机构已经作出收养评估报告的，民政部门可以不再重复开展收养评估。没有收养评估报告的，民政部门可以依据当地有权机构出具的相关证明材料，对收养申请人进行收养评估。

外国人申请收养的，收养评估按照有关法律法规规定执行。

第十六条 省级民政部门可以结合当地情况细化、补充收养评估内容、流程，并报民政部备案。

第十七条 本办法自 2021 年 1 月 1 日起施行，《民政部关于印发〈收养能力评估工作指引〉的通知》（民发〔2015〕168 号）同时废止。

民政部关于印发《收养登记工作规范》的通知

·2008 年 8 月 25 日民发〔2008〕118 号公布

·根据 2020 年 10 月 20 日《民政部关于修改部分规范性文件的公告》修订

各省、自治区、直辖市民政厅（局），计划单列市民政局，新疆生产建设兵团民政局：

为切实保证《中华人民共和国收养法》、《外国人在中华人民共和国收养子女登记办法》、《中国公民收养子女登记办法》和《华侨以及居住在香港、澳门、台湾地区的中国公民办理收养登记的管辖以及所需要出具的证件和证明材料的规定》的实施，进一步规范收养登记工作，我部制定了《收养登记工作规范》（以下简称《规范》）。现将《规范》印发你们，请认真贯彻执行。

《规范》对于收养登记机关的设置、收养登记和解除登记的程序、撤销收养和补领收养证件的要求以及收养登记机关和收养登记员的监督与管理等问题作了具体规定。请将在贯彻实施《规范》的过程中遇到的重要情况，及时报部社会事务局。

收养登记工作规范

为了规范收养登记工作，根据《中华人民共和国民法典》、《外国人在中华人民共和国收养子女登记办法》、《中国公民收养子女登记办法》和《华侨以及居住在香港、澳门、台湾地区的中国公民办理收养登记的管辖以及所需要出具的证件和证明材料的规定》，制定本规范。

第一章　收养登记机关和登记员

第一条 收养登记机关是依法履行收养登记行政职能的各级人民政府民政部门。

收养登记机关应当依照法律、法规及本规范，认真履行职责，做好收养登记工作。

第二条 收养登记机关的职责：

（一）办理收养登记；
（二）办理解除收养登记；
（三）撤销收养登记；
（四）补发收养登记证和解除收养关系证明；
（五）出具收养关系证明；
（六）办理寻找弃婴（弃儿）生父母公告；
（七）建立和保管收养登记档案；
（八）宣传收养法律法规。

第三条 收养登记的管辖按照《外国人在中华人民共和国收养子女登记办法》、《中国公民收养子女登记办法》和《华侨以及居住在香港、澳门、台湾地区的中国公民办理收养登记的管辖以及所需要出具的证件和证明材料的规定》的有关规定确定。

第四条 收养登记机关办理收养登记应当使用民政厅或者民政局公章。

收养登记机关应当按照有关规定刻制收养登记专用章。

第五条 收养登记机关应当设置有专门的办公场所，并在醒目位置悬挂收养登记处（科）标识牌。

收养登记场所应当庄严、整洁，设有收养登记公告栏。

第六条 收养登记实行政务公开，应当在收养登记场所公开展示下列内容：

（一）本收养登记机关的管辖权及依据；
（二）收养法的基本原则以及父母和子女的权利、义务；
（三）办理收养登记、解除收养登记的条件与程序；
（四）补领收养登记证的条件与程序；
（五）无效收养及可撤销收养的规定；
（六）收费项目与收费标准、依据；
（七）收养登记员职责及其照片、编号；
（八）办公时间和服务电话（电话号码在当地114查询台登记）；
（九）监督电话。

收养登记场所应当备有《中华人民共和国民法典》、《外国人在中华人民共和国收养子女登记办法》、《中国公民收养子女登记办法》和《华侨以及居住在香港、澳门、台湾地区的中国公民办理收养登记的管辖以及所需要出具的证件和证明材料的规定》，及其他有关文件供收养当事人免费查阅。

收养登记机关对外办公时间应当为国家法定办公时间。

第七条 收养登记机关应当实行计算机管理。各级民政部门应当为本行政区域内收养登记管理信息化建设创造条件。

第八条 收养登记机关应当配备收养登记员。收养登记员由本级民政部门考核、任免。

第九条 收养登记员的主要职责：

（一）解答咨询；
（二）审查当事人是否具备收养登记、解除收养登记、补发收养登记证、撤销收养登记的条件；
（三）颁发收养登记证；
（四）出具收养登记证明；
（五）及时将办理完毕的收养登记材料收集、整理、归档。

第十条 收养登记员应当熟练掌握相关法律法规和计算机操作，依法行政，热情服务，讲求效率。

收养登记员应当尊重当事人的意愿，保守收养秘密。

第十一条 收养登记员办理收养登记及相关业务应当按照申请-受理-审查-报批-登记-颁证的程序办理。

第十二条 收养登记员在完成表格和证书、证明填写后，应当进行认真核对、检查，并复印存档。对打印或者书写错误、证件被污染或者损坏的，应当作废处理，重新填写。

第二章 收养登记

第十三条 受理收养登记申请的条件是：

（一）收养登记机关具有管辖权；
（二）收养登记当事人提出申请；
（三）当事人持有的证件、证明材料符合规定。

收养人和被收养人应当提交2张2寸近期半身免冠合影照片。送养人应当提交2张2寸近期半身免冠合影或者单人照片，社会福利机构送养的除外。

第十四条 收养登记员受理收养登记申请，应当按照下列程序进行：

（一）区分收养登记类型，查验当事人提交的证件和证明材料、照片是否符合此类型的要求；
（二）询问或者调查当事人的收养意愿、目的和条件，告知收养登记的条件和弄虚作假的后果；

三、家庭

（三）见证当事人在《收养登记申请书》（附件1）上签名；

（四）将当事人的信息输入计算机应当用程序，并进行核查；

（五）复印当事人的身份证件、户口簿。单身收养的应当复印无婚姻登记记录证明、离婚证或者配偶死亡证明；夫妻双方共同收养的应当复印结婚证。

第十五条 《收养登记申请书》的填写：

（一）当事人"姓名"：当事人是中国公民的，使用中文填写；当事人是外国人的，按照当事人护照上的姓名填写；

（二）"出生日期"：使用阿拉伯数字，按照身份证件上的出生日期填写为"××××年××月××日"；

（三）"身份证件号"：当事人是内地居民的，填写公民身份号码；当事人是香港、澳门、台湾居民中的中国公民的，填写香港、澳门、台湾居民身份证号，并在号码后加注"（香港）"、"（澳门）"或者"（台湾）"；当事人是华侨的，填写护照号；当事人是外国人的，填写护照号。

证件号码前面有字符的，应当一并填写；

（四）"国籍"：当事人是内地居民、华侨以及居住在香港、澳门、台湾地区的中国公民的，填写"中国"；当事人是外国人的，按照护照上的国籍填写；

（五）"民族"、"职业"和"文化程度"，按照《中华人民共和国国家标准》填写；

（六）"健康状况"填写"健康"、"良好"、"残疾"或者其他疾病；

（七）"婚姻状况"填写"未婚"、"已婚"、"离婚"、"丧偶"；

（八）"家庭收入"填写家庭年收入总和；

（九）"住址"填写户口簿上的家庭住址；

（十）送养人是社会福利机构的，填写"送养人情况（1）"，经办人应当是社会福利机构工作人员。送养人是非社会福利机构的，填写"送养人情况（2）"，"送养人和被收养人关系"是亲属关系的，应当写明具体亲属关系；不是亲属关系的，应当写明"非亲属"。

收养非社会福利机构抚养的查找不到生父母的儿童的，送养人有关内容不填；

（十一）"被收养后改名为"填写被收养人被收养后更改的姓名。未更改姓名的，此栏不填；

（十二）被收养人"身份类别"分别填写"孤儿"、"社会福利机构抚养的查找不到生父母的儿童"、"非社会福利机构抚养的查找不到生父母的儿童"、"生父母有特殊困难无力抚养的子女"、"继子女"。收养三代以内同辈旁系血亲的子女，应当写明具体亲属关系；

（十三）继父母收养继子女的，要同时填写收养人和送养人有关内容。单身收养后，收养人结婚，其配偶要求收养继子女的；送养人死亡或者被人民法院宣告死亡的，送养人有关内容不填；

（十四）《收养登记申请书》中收养人、被收养人和送养人（送养人是社会福利机构的经办人）的签名必须由当事人在收养登记员当面完成；

当事人没有书写能力的，由当事人口述，收养登记员代为填写。收养登记员代当事人填写完毕后，应当宣读，当事人认为填写内容无误，在当事人签名处按指纹。当事人签名一栏不得空白，也不得由他人代为填写、代按指纹。

第十六条 收养登记员要分别询问或者调查收养人、送养人、8周岁以上的被收养人和其他应当询问或者调查的人。

询问或者调查的重点是被询问人或者被调查人的姓名、年龄、健康状况、经济和教育能力、收养人、送养人和被收养人之间的关系、收养的意愿和目的。特别是对年满10周岁以上的被收养人应当询问是否同意被收养和有关协议内容。

询问或者调查结束后，要将笔录给被询问人或者被调查人阅读。被询问人或者被调查人要写明"已阅读询问（或者调查）笔录，与本人所表示的意思一致（或者调查情况属实）"，并签名。被询问人或者被调查人没有书写能力的，可由收养登记员向被询问或者被调查人宣读所记录的内容，并注明"由收养登记员记录，并向当事人宣读，被询问人（被调查人）在确认所记录内容正确无误后按指纹。"然后请被询问人或者被调查人在注明处按指纹。

第十七条 收养查找不到生父母的弃婴、弃儿的，收养登记机关应当根据《中国公民收养子女登记办法》第七条的规定，在登记前公告查找其生父母（附件2）。

公告应当刊登在收养登记机关所在地设区的市（地区）级以上地方报纸上。公告要有查找不到生父母的弃婴、弃儿的照片。办理公告时收养登记员要保存捡拾证明和捡拾地派出所出具的报案证明。派出所出具的报案证明应当有出具该证明的警员签名和警号。

第十八条 办理内地居民收养登记和华侨收养登记,以及香港、澳门、台湾居民中的中国公民的收养登记,收养登记员收到当事人提交的申请书及有关材料后,应当自次日起30日内进行审查。对符合收养条件的,为当事人办理收养登记,填写《收养登记审查处理表》(附件3),报民政局主要领导或者分管领导批准,并填发收养登记证。

办理涉外收养登记,收养登记员收到当事人提交的申请书及有关材料后,应当自次日起7日内进行审查。对符合收养条件的,为当事人办理收养登记,填写《收养登记审查处理表》,报民政厅(局)主要领导或者分管领导批准,并填发收养登记证。

第十九条 《收养登记审查处理表》和收养登记证由计算机打印,未使用计算机进行收养登记的,应当使用蓝黑、黑色墨水的钢笔或者签字笔填写。

第二十条 《收养登记审查处理表》的填写:

(一)"提供证件情况":应当对当事人提供的证件、证明材料核实后填写"齐全";

(二)"审查意见":填写"符合收养条件,准予登记";

(三)"主要领导或者分管领导签名":由批准该收养登记的民政厅(局)主要领导或者分管领导亲笔签名,不得使用个人印章或者计算机打印;

(四)"收养登记员签名":由办理该收养登记的收养登记员亲笔签名,不得使用个人印章或者计算机打印;

(五)"收养登记日期":使用阿拉伯数字,填写为:"××××年××月××日"。填写的日期应当与收养登记证上的登记日期一致;

(六)"承办机关名称":填写承办单位名称;

(七)"收养登记证字号"填写式样为"(XXXX)AB收字YYYYY"(AB为收养登记机关所在省级和县级或者市级和区级的行政区域简称,XXXX为年号,YYYYY为当年办理收养登记的序号);

(八)"收养登记证印制号"填写颁发给当事人的收养登记证上印制的号码。

第二十一条 收养登记证的填写按照《民政部办公厅关于启用新式〈收养登记证〉的通知》(民办函〔2006〕203号)的要求填写。

收养登记证上收养登记字号、姓名、性别、国籍、出生日期、身份证件号、住址、被收养人身份、更改的姓名,以及登记日期应当与《收养登记申请书》和《收养登记审查处理表》中相应项目一致。

无送养人的,"送养人姓名(名称)"一栏不填。

第二十二条 颁发收养登记证,应当在当事人在场时按照下列步骤进行:

(一)核实当事人姓名和收养意愿;

(二)告知当事人领取收养登记证后的法律关系以及父母和子女的权利、义务;

(三)见证当事人本人亲自在附件3上的"当事人领证签名或者按指纹"一栏中签名;当事人没有书写能力的,应当按指纹。

"当事人领证签名或者按指纹"一栏不得空白,不得由他人代为填写、代按指纹;

(四)将收养登记证颁发给收养人,并向当事人宣布:取得收养登记证,确立收养关系。

第二十三条 收养登记机关对不符合收养登记条件的,不予受理,但应当向当事人出具《不予办理收养登记通知书》(附件4),并将当事人提交的证件和证明材料全部退还当事人。对于虚假证明材料,收养登记机关予以没收。

第三章　解除收养登记

第二十四条 受理解除收养关系登记申请的条件是:

(一)收养登记机关具有管辖权;

(二)收养人、送养人和被收养人共同到被收养人常住户口所在地的收养登记机关提出申请;

(三)收养人、送养人自愿解除收养关系并达成协议。被收养人年满8周岁的,已经征得其同意;

(四)持有收养登记机关颁发的收养登记证。经公证机构公证确立收养关系的,应当持有公证书;

(五)收养人、送养人和被收养人各提交2张2寸单人近期半身免冠照片,社会福利机构送养的除外;

(六)收养人、送养人和被收养人持有身份证件、户口簿。

送养人是社会福利机构的,要提交社会福利机构法定代表人居民身份证复印件。

养父母与成年养子女协议解除收养关系的,

无需送养人参与。

第二十五条 收养登记员受理解除收养关系登记申请,应当按照下列程序进行:

(一)查验当事人提交的照片、证件和证明材料。

当事人提供的收养登记证上的姓名、出生日期、公民身份号码与身份证、户口簿不一致的,当事人应当书面说明不一致的原因;

(二)向当事人讲明收养法关于解除收养关系的条件;

(三)询问当事人的解除收养关系意愿以及对解除收养关系协议内容的意愿;

(四)收养人、送养人和被收养人参照本规范第十五条的相关内容填写《解除收养登记申请书》(附件5);

(五)将当事人的信息输入计算机应当用程序,并进行核查;

(六)复印当事人的身份证件、户口簿。

第二十六条 收养登记员要分别询问收养人、送养人、8周岁以上的被收养人和其他应当询问的人。

询问的重点是被询问人的姓名、年龄、健康状况、民事行为能力、收养人、送养人和被收养人之间的关系、解除收养登记的意愿。对8周岁以上的被收养人应当询问是否同意解除收养登记和有关协议内容。

对未成年的被收养人,要询问送养人同意解除收养登记后接纳被收养人和有关协议内容。

询问结束后,要将笔录给被询问人阅读。被询问人要写明"已阅读询问笔录,与本人所表示的意思一致",并签名。被询问人没有书写能力的,可由收养登记员向被询问人宣读所记录的内容,并注明"由收养登记员记录,并向当事人宣读,被询问人在确认所记录内容正确无误后按指纹。"然后请被询问人在注明处按指纹。

第二十七条 收养登记员收到当事人提交的证件、申请解除收养关系登记申请书、解除收养关系协议书后,应当自次日起30日内进行审查。对符合解除收养条件的,为当事人办理解除收养关系登记,填写《解除收养登记审查处理表》(附件6),报民政厅(局)主要领导或者分管领导批准,并填发《解除收养关系证明》。

"解除收养关系证明字号"填写式样为"(XXXX)AB解字YYYYY"(AB为收养登记机关所在省级和县级或者市级和区级的行政区域简称,XXXX为年号,YYYYY为当年办理解除收养登记的序号)。

第二十八条 颁发解除收养关系证明,应当在当事人均在场时按照下列步骤进行:

(一)核实当事人姓名和解除收养关系意愿;

(二)告知当事人领取解除收养关系证明后的法律关系;

(三)见证当事人本人亲自在《解除收养登记审查处理表》"领证人签名或者按指纹"一栏中签名;当事人没有书写能力的,应当按指纹。

"领证人签名或者按指纹"一栏不得空白,不得由他人代为填写、代按指纹;

(四)收回收养登记证,收养登记证遗失应当提交查档证明;

(五)将解除收养关系证明一式两份分别颁发给解除收养关系的收养人和被收养人,并宣布:取得解除收养关系证明,收养关系解除。

第二十九条 收养登记机关对不符合解除收养关系登记条件的,不予受理,但应当向当事人出具《不予办理解除收养登记通知书》(附件7),将当事人提交的证件和证明材料全部退还当事人。对于虚假证明材料,收养登记机关予以没收。

第四章 撤销收养登记

第三十条 收养关系当事人弄虚作假骗取收养登记的,按照《中国公民收养子女登记办法》第十二条的规定,由利害关系人、有关单位或者组织向原收养登记机关提出,由收养登记机关撤销登记,收缴收养登记证。

第三十一条 收养登记员受理撤销收养登记申请,应当按照下列程序进行:

(一)查验申请人提交的证件和证明材料;

(二)申请人在收养登记员面前亲自填写《撤销收养登记申请书》(附件8),并签名。

申请人没有书写能力的,可由当事人口述,第三人代为填写,当事人在"申请人"一栏按指纹。

第三人应当在申请书上注明代写人的姓名、公民身份号码、住址、与申请人的关系。

收养登记机关工作人员不得作为第三人代申请人填写;

(三)申请人宣读本人的申请书,收养登记员作见证人并在见证人一栏签名；

（四）调查涉案当事人的收养登记情况。

第三十二条 符合撤销条件的，收养登记机关拟写《关于撤销×××与×××收养登记决定书》（附件9），报民政厅（局）主要领导或者分管领导批准，并印发撤销决定。

第三十三条 收养登记机关应当将《关于撤销×××与×××收养登记决定书》送达每位当事人，收缴收养登记证，并在收养登记机关的公告栏公告30日。

第三十四条 收养登记机关对不符合撤销收养条件的，应当告知当事人不予撤销的原因，并告知当事人可以向人民法院起诉。

第五章 补领收养登记证、解除收养关系证明

第三十五条 当事人遗失、损毁收养证件，可以向原收养登记机关申请补领。

第三十六条 受理补领收养登记证、解除收养关系证明申请的条件是：

（一）收养登记机关具有管辖权；

（二）依法登记收养或者解除收养关系，目前仍然维持该状况；

（三）收养人或者被收养人亲自到收养登记机关提出申请。

收养人或者被收养人因故不能到原收养登记机关申请补领收养登记证的，可以委托他人办理。委托办理应当提交经公证机关公证的当事人的身份证件复印件和委托书。委托书应当写明当事人办理收养登记的时间及承办机关、目前的收养状况、委托事由、受委托人的姓名和身份证件号码。受委托人应当同时提交本人的身份证件。

夫妻双方共同收养子女的，应当共同到收养登记机关提出申请，一方不能亲自到场的，应当书面委托另一方，委托书应当经过村（居）民委员会证明或者经过公证。外国人的委托书应当经所在国公证和认证。夫妻双方一方死亡的，另一方应当出具配偶死亡的证明；离婚的出具离婚证件，可以一方提出申请。

被收养人未成年的，可由监护人提出申请。监护人要提交监护证明；

（四）申请人持有身份证件、户口簿；

（五）申请人持有查档证明。

收养登记档案遗失的，申请人应当提交能够证明其收养状况的证明。户口本上父母子女关系的记载，单位、村（居）民委员会或者近亲属出具的写明当事人收养状况的证明可以作为当事人收养状况证明使用；

（六）收养人和被收养人的2张2寸合影或者单人近期半身免冠照片。

监护人提出申请的，要提交监护人1张2寸合影或者单人近期半身免冠照片。监护人为单位的，要提交单位法定代表人身份证件复印件和经办人1张2寸单人近期半身免冠照片。

第三十七条 收养登记员受理补领收养登记证、解除收养关系证明，应当按照下列程序进行：

（一）查验申请人提交的照片、证件和证明材料。

申请人出具的身份证、户口簿上的姓名、年龄、公民身份号码与原登记档案不一致的，申请人应当书面说明不一致的原因，收养登记机关可根据申请人出具的身份证件补发收养登记证；

（二）向申请人讲明补领收养登记证、解除收养关系证明的条件；

（三）询问申请人当时办理登记的情况和现在的收养状况。

对于没有档案可查的，收养登记员要对申请人进行询问。询问结束后，要将笔录给被询问人阅读。被询问人要写明“已阅读询问笔录，与本人所表示的意思一致”，并签名。被询问人没有书写能力的，可由收养登记员向被询问人宣读所记录的内容，并注明“由收养登记员记录，并向被询问人宣读，被询问人在确认所记录内容正确无误后按指纹。”然后请被询问人在注明处按指纹；

（四）申请人参照本规范第十五条相关规定填写《补领收养登记证申请书》（附件10）；

（五）将申请人的信息输入计算机应当用程序，并进行核查；

（六）向出具查档证明的机关进行核查；

（七）复印当事人的身份证件、户口簿。

第三十八条 收养登记员收到申请人提交的证件、证明后，应当自次日起30日内进行审查，符合补发条件的，填写《补发收养登记证审查处理表》（附件11），报民政厅（局）主要领导或者分管领导批准，并填发收养登记证、解除收养关系证明。

《补发收养登记证审查处理表》和收养登记证

按照《民政部办公厅关于启用新式〈收养登记证〉的通知》(民办函〔2006〕203号)和本规范相关规定填写。

第三十九条 补发收养登记证、解除收养关系证明,应当在申请人或者委托人在场时按照下列步骤进行:

(一)向申请人或者委托人核实姓名和原登记日期;

(二)见证申请人或者委托人在《补发收养登记证审查处理表》"领证人签名或者按指纹"一栏中签名;申请人或者委托人没有书写能力的,应当按指纹。

"领证人签名或者按指纹"一栏不得空白,不得由他人代为填写、代按指纹;

(三)将补发的收养登记证、解除收养登记证发给申请人或者委托人,并告知妥善保管。

第四十条 收养登记机关对不具备补发收养登记证、解除收养关系证明受理条件的,不予受理,并告知原因和依据。

第四十一条 当事人办理过收养或者解除收养关系登记,申请补领时的收养状况因解除收养关系或者收养关系当事人死亡发生改变的,不予补发收养登记证,可由收养登记机关出具收养登记证明。

收养登记证明不作为收养人和被收养人现在收养状况的证明。

第四十二条 出具收养登记证明的申请人范围和程序与补领收养登记证相同。申请人向原办理该收养登记的机关提出申请,并填写《出具收养登记证明申请书》(附件12)。收养登记员收到当事人提交的证件、证明后,应当自次日起30日内进行审查,符合出证条件的,填写《出具收养登记证明审查处理表》(附件13),报民政厅(局)主要领导或者分管领导批准,并填写《收养登记证明书》(附件14),发给申请人。

第四十三条 "收养登记证明字号"填写式样为"(XXXX)AB证字YYYYY"(AB为收养登记机关所在省级和县级或者市级和区级的行政区域简称,XXXX为年号,YYYYY为当年出具收养登记证明的序号)。

第六章 收养档案和证件管理

第四十四条 收养登记机关应当按照《收养登记档案管理暂行办法》(民发〔2003〕181号)的规定,制定立卷、归档、保管、移交和使用制度,建立和管理收养登记档案,不得出现原始材料丢失、损毁情况。

第四十五条 收养登记机关不得购买非上级民政部门提供的收养证件。各级民政部门发现本行政区域内有购买、使用非上级民政部门提供的收养证件的,应当予以没收,并追究相关责任人的法律责任和行政责任。

收养登记机关已将非法购制的收养证件颁发给收养当事人的,应当追回,并免费为当事人换发符合规定的收养登记证、解除收养关系证明。

报废的收养证件由收养登记机关登记造册,统一销毁。

收养登记机关发现收养证件有质量问题时,应当及时书面报告省(自治区、直辖市)人民政府民政部门。

第七章 监督与管理

第四十六条 各级民政部门应当建立监督检查制度,定期对本级民政部门设立的收养登记处(科)和下级收养登记机关进行监督检查,发现问题,及时纠正。

第四十七条 收养登记机关应当按规定到指定的物价部门办理收费许可证,按照国家规定的标准收取收养登记费,并使用财政部门统一制定的收费票据。

第四十八条 收养登记机关及其收养登记员有下列行为之一的,对直接负责的主管人员和其他直接责任人员依法给予行政处分:

(一)为不符合收养登记条件的当事人办理收养登记的;

(二)依法应当予以登记而不予登记的;

(三)违反程序规定办理收养登记、解除收养关系登记、撤销收养登记及其他证明的;

(四)要求当事人提交《中华人民共和国收养法》、《中国公民收养子女登记办法》、《华侨以及居住在香港、澳门、台湾地区的中国公民办理收养登记的管辖以及所需要出具的证件和证明材料的规定》、《外国人在中华人民共和国收养子女登记办法》和本规范规定以外的证件和证明材料的;

(五)擅自提高收费标准、增加收费项目或者不使用规定收费票据的;

（六）玩忽职守造成收养登记档案损毁的；

（七）泄露当事人收养秘密并造成严重后果的；

（八）购买使用伪造收养证书的。

第四十九条 收养登记员违反规定办理收养登记，给当事人造成严重后果的，应当由收养登记机关承担对当事人的赔偿责任，并对承办人员进行追偿。

第八章 附 则

第五十条 收养查找不到生父母的弃婴、儿童的公告费，由收养人缴纳。

第五十一条 收养登记当事人提交的居民身份证与常住户口簿上的姓名、性别、出生日期应当一致；不一致的，当事人应当先到公安部门更正。

居民身份证或者常住户口簿丢失，当事人应当先到公安户籍管理部门补办证件。当事人无法提交居民身份证的，可提交有效临时身份证办理收养登记。当事人无法提交居民户口簿的，可提交公安部门或者有关户籍管理机构出具的加盖印章的户籍证明办理收养登记。

第五十二条 收养登记当事人提交的所在单位或者村民委员会、居民委员会、县级以上医疗机构、人口计生部门出具的证明，以及本人的申请，有效期6个月。

第五十三条 人民法院依法判决或者调解结案的收养案件，确认收养关系效力或者解除收养关系的，不再办理收养登记或者解除收养登记。

第五十四条 《中华人民共和国收养法》公布施行以前所形成的收养关系，收养关系当事人申请办理收养登记的，不予受理。

附件1：

收养登记申请书

年 月 日

收养登记申请

收养目的：

不遗弃不虐待被收养人和抚育被收养人健康成长的保证：

其他有关事项：

本人申请内容完全真实，如有虚假，愿承担法律责任。

收养人签名 收养人签名

年 月 日 年 月 日

收养人情况

姓 名	（男）	（女）
出生日期		
身份证件号		
国 籍		
民 族		
职 业		
文化程度		
工作单位		
健康状况		

三、家庭

续表

婚姻状况		
子女情况	亲生子女(男)___个(女)___个 继 子 女(男)___个(女)___个 养 子 女(男)___个(女)___个	亲生子女(男)___个(女)___个 继 子 女(男)___个(女)___个 养 子 女(男)___个(女)___个
家庭年收入		
住 址		
联系收养的 收养组织名称		

送养人情况(1)

社会福利机构名称	
单位地址	
联系电话	
法定代表人姓名	
经办人姓名	(男/女)
经办人身份证件号	
经办人职务	
送养机构的意见	(填写是否同意收养人收养的意见和同意委托本机构经办人办理送养的意见) 送养机构公章 送养机构法定代表人签名:
社会福利机构 业务主管机关 领导签名、盖章	年　　月　　日

贴法定代表人身份证件复印件　　　　贴经办人照片

送养人情况(2)

姓 名	(男)	(女)
出生日期		
身份证件号		
国　籍		
民　族		
职　业		
文化程度		
工作单位		
健康状况		

婚姻状况		
住　址		
送养人与 被收养人关系		
送养人的意见	（填写送养原因和是否同意收养人收养的意见） 送养人签名　　送养人签名	

贴送养人照片

被收养人情况（1）

姓 名	（男/女）
被收养后改名为	
出生日期	
身份证件号	
国 籍	
民 族	
职 业	
文化程度	
工作单位	
健康状况	
婚姻状况	
被收养前的 户籍地或者捡拾地	
身份类别	（填写："孤儿"、"社会福利机构抚养的查找不到生父母的儿童"、"非社会福利机构抚养的查找不到生父母的儿童"、"生父母有特殊困难无力抚养的子女"、"继子女"。收养三代以内同辈旁系血亲的子女，应写明具体亲属关系。）

被收养人情况（2）

年满8周岁 被收养人对 收养登记的意见	签名
未满8周岁 被收养人 按手（足）印	

收养登记询问笔录

询问时间：____________　　　　询问地点：____________

询问人：______________ 被询问人：____________
记录人：______________
询问内容：

收养登记调查记录

调查时间：____________ 调查地点：____________
调查人：______________ 被调查人：____________
记录人：______________
调查内容：

附件 2

寻找弃婴(弃儿)生父母公告

<table>
<tr><td>弃婴

弃儿

照片</td><td>____年____月____日____时
在(何地)

捡拾男(女)性弃婴(弃儿)一名,
(姓名______),出生日期(或者估计年龄)______,
身体(健康或者残疾特征),
随身携带物品有______________________________________。
请孩子的亲生父母或者其他监护人持有效证件与__________
(联系人姓名)联系,联系电话__________,联系地址________________。
即日起 60 日内无人认领,孩子将被依法安置。

年　　月　　日</td></tr>
</table>

附件 3

收养登记审查处理表

提供证件情况	
审查意见	
主要领导或者分管领导签名	
收养登记员签名	
收养登记日期	
承办机关名称	
收养登记证字号	
收养登记证印制号	
领证人签名或者按指纹	年　月　日
备　注	

附件 4

不予办理收养登记通知书

__________、________________：

你们于______年______月______日在本处申请收养登记，因______________，根据《中华人民共和国民法典》和《中国公民收养子女登记办法》（或者《华侨以及居住在香港、澳门、台湾地区的中国公民办理收养登记的管辖以及所需要出具的证件和证明材料的规定》/《外国人在中华人民共和国收养子女登记办法》）的规定，不予办理收养登记。

民政局（公章）
年　月　日

附件 5

解除收养登记申请书

年　　月　　日

解除收养登记申请
事由：
本人申请内容完全真实，如有虚假，愿承担法律责任。
申请人签名____________　　　　申请人签名____________

________年____月____日　　　　________年____月____日

收养人情况

姓 名	（男）	（女）
出生日期		
身份证件号		
国 籍		
民 族		
职 业		
文化程度		
工作单位		
健康状况		
婚姻状况		
住 址		
收养人对解除收养登记的意见	签名：	签名：

贴收养人照片

送养人情况(1)

社会福利机构名称	
单位地址	
联系电话	
法定代表人姓名	
经办人姓名	(男/女)
经办人身份证件号	
经办人职务	
送养机构的意见	(填写是否同意解除收养的意见和同意委托本机构经办人办理送养的意见) 送养机构公章 送养机构法定代表人签名:
社会福利机构 业务主管机关 领导签名、盖章	年 月 日

贴法定代表人身份证件复印件　　贴经办人照片

送养人情况(2)

姓 名	(男)	(女)
出生日期		
身份证件号		
国 籍		
民 族		
职 业		
文化程度		
工作单位		
健康状况		
婚姻状况		
住 址		
送养人与 被收养人关系		
送养人的意见	(填写是否同意解除收养的意见) 送养人签名 送养人签名	

贴送养人照片

被收养人情况(1)

姓 名	(男/女)
出生日期	
身份证件号	
国 籍	
民 族	
职 业	
文化程度	
工作单位	
健康状况	
婚姻状况	
住 址	
身份类别	(填写:"孤儿"、"社会福利机构抚养的查找不到生父母的儿童"、"非社会福利机构抚养的查找不到生父母的儿童"、"生父母有特殊困难无力抚养的子女"、"继子女"。收养三代以内同辈旁系血亲的子女,应写明具体亲属关系。)

被收养人情况(2)

被收养人照片	
年满8周岁 被收养人对解除 收养登记的意见	签名
未满8周岁 被收养人 按手(足)印	

解除收养登记协议书

协议人自愿解除收养登记的意思表示:
协议事项:
收养人完全同意本协议的各项内容。

收养人签名

被收养人完全同意本协议的各项内容。
年满8周岁的被收养人签名

送养人完全同意本协议的各项内容。

送养人签名

注：1. 被收养人年满18周岁的，协议人为收养人和被收养人。

2. 被收养人年满8周岁、未满18周岁的，协议人为收养人、被收养人和送养人。

3. 被收养人未满8周岁的，协议人为收养人和送养人。

解除收养登记询问笔录

询问时间：____________　　询问地点：____________

询问人：______________　　被询问人：____________

记录人：______________

询问内容：

附件6

解除收养登记审查处理表

提供证件情况		
收养证字号		
收养登记日期		
收养登记机关		
解除收养登记 审查意见		
主要领导或者 分管领导签名		
收养登记员签名		
解除收养登记日期		
承办机关名称		
解除收养关系 证明字号		
解除收养关系 证明印制号		
领证人签名 或者按指纹	年　月　日	年　月　日
备 注		

附件 7

不予办理解除收养登记通知书

__________、_____________:

_____你们于_____年_____月_____日在本处申请解除收养登记,因欠缺________,根据《中华人民共和国民法典》和《中国公民收养子女登记办法》(或者《华侨以及居住在香港、澳门、台湾地区的中国公民办理收养登记的管辖以及所需要出具的证件和证明材料的规定》/《外国人在中华人民共和国收养子女登记办法》)的规定,不予办理解除收养登记。

民政局(公章)

年　　月　　日

附件 8

撤销收养登记申请书

申请人__________,性别_______,出生日期_____年___月___日,身份证件号______________,民族_______,国籍__________,因________________申请撤销收养人__________________、________________与________________被收养人________________,于_______年___月___日在_____________办理的收养登记,并提交下列证明材料:

共_____件。

申请人常住户口所在地

现住

联系方式

申请人　　　　　　　　　　　　见证人

年　　月　　日　　　　　　　　年　　月　　日

附件 9

关于撤销×××、×××与×××
收养登记决定书

收养人×××、×××与被收养人×××,于_______年___月___日在本机关办理的收养登记,《中华人民共和国民法典》第一千一百一十三条和《中国公民收养子女登记办法》第十二条的规定,决定撤销×××、×××与×××的收养登记,收缴本机关颁发的×××号收养登记证。

×××民政局

年　　月　　日

附件 10

补领收养登记证申请书

收养人______________与被收养人________________于________年____月____日在________________办理(收养登记/解除收养登记),收养人与被收养人仍维持该状况。现因(收养登记证/解除收养关系证明)(遗失/损毁),申请补领。

本人申请内容和所提供的情况完全真实,如有虚假,愿承担法律责任。

申请人________

年　　月　　日

收养人情况

姓 名	(男)	(女)
出生日期		
身份证件号		
国 籍		
民 族		
职 业		
文化程度		
工作单位		
婚姻状况		
住 址		
联系方式		

补收养登记证贴收养人与被收养人合影照片

补解除收养关系证明贴收养人照片

被收养人情况

姓 名	(男/女)
出生日期	
身份证件号	
国 籍	
民 族	
职 业	
文化程度	
工作单位	
健康状况	
婚姻状况	

续表

住 址	
身份类别	（填写："孤儿"、"社会福利机构抚养的查找不到生父母的儿童"、"非社会福利机构抚养的查找不到生父母的儿童"、"生父母有特殊困难无力抚养的子女"、"继子女"。收养三代以内同辈旁系血亲的子女，应写明具体亲属关系。）
联系方式	

补解除收养关系证明贴被收养人照片

被收养人的监护人情况(1)

单位名称	
单位地址	
联系电话	
法定代表人姓名	
经办人姓名	（男/女）
经办人身份证件号	
经办人职务	
单位意见	（填写是否同意委托本单位经办人办理补证的意见） 单位公章 单位法定代表人签名：
单位业务主管机关 领导签名、盖章	年 月 日

法定代表人身份证件复印件　　　　经办人照片

被收养人的监护人情况(2)

姓 名	（男）	（女）
出生日期		
身份证件号		
国 籍		
民 族		
职 业		
文化程度		
工作单位		
健康状况		
婚姻状况		

续表

住 址		
监护人与 被收养人关系		

监护人照片

补领收养登记证询问笔录

询问时间：________ 询问地点：________
询问人：________ 被询问人：________
记录人：________
询问内容：

附件 11

补发收养登记证审查处理表

补发证件类型	
补发原因	
提供证件情况	
审查意见	
主要领导或者 分管领导签名	
登记员签名	
补发日期	
承办机关名称	
补发证件字号	
补发证件印制号	
领证人签名 或者按指纹	年 月 日
备 注	

附件 12

出具收养登记证明申请书

收养人________与被收养人________于________年____月____日在________________办理(收养登记/解除收养登记)。现因________，申请出具收养登记证明。

本人申请内容和所提供的情况完全真实，如有虚假，愿承担法律责任。

申请人________
年　月　日

收养人情况

姓 名	（男）	（女）
出生日期		
身份证件号		
国　籍		
民　族		
职　业		
文化程度		
工作单位		
婚姻状况		
住　址		
联系方式		

被收养人情况

姓 名	（男/女）
出生日期	
身份证件号	
国 籍	
民 族	
职 业	
文化程度	
工作单位	
健康状况	
婚姻状况	
住 址	
身份类别	（填写："孤儿"、"社会福利机构抚养的查找不到生父母的儿童"、"非社会福利机构抚养的查找不到生父母的儿童"、"生父母有特殊困难无力抚养的子女"、"继子女"。收养三代以内同辈旁系血亲的子女，应写明具体亲属关系。）
联系方式	

被收养人的监护人情况(1)

单位名称	
单位地址	
联系电话	
法定代表人姓名	
经办人姓名	(男/女)
经办人身份证件号	
经办人职务	
单位意见	(填写是否同意委托本单位经办人办理出具证明的意见) 单位公章 单位法定代表人签名:
单位业务主管机关 领导签名、盖章	年　　月　　日

被收养人的监护人情况(2)

姓 名	(男)	(女)
出生日期		
身份证件号		
国 籍		
民 族		
职 业		
文化程度		
工作单位		
健康状况		
婚姻状况		
住 址		
监护人与 被收养人关系		

出具收养登记证明询问笔录

询问时间:______________ 询问地点:______________

询问人:______________ 被询问人:______________

记录人:______________

询问内容:

附件 13

出具收养登记证明审查处理表

出证原因	
提供证件情况	
审查意见	
主要领导或者分管领导签名	
登记员签名	
出证日期	
承办机关名称	
证明字号	
领证人签名或者按指纹	年　月　日
备　注	

附件 14

收养登记证明书

（　　）　证字　　号

经查，收养人________ 性别________ 国籍________

出生日期________ 身份证件号________

收养人________ 性别________ 国籍________

出生日期________ 身份证件号________

与被收养人________ 性别________ 国籍________

出生日期________ 身份证件号________

曾于____年___月___日在________办理________（收养登记/解除收养登记）

登记证字号

出证机关

年　月　日

注：本证明不能作为当事人现在收养状况的证明。

三、家庭

民政部、国家档案局关于印发《收养登记档案管理暂行办法》的通知

· 2003 年 12 月 17 日民发〔2003〕181 号公布
· 根据 2020 年 10 月 20 日《民政部关于修改部分规范性文件的公告》修订

各省、自治区、直辖市民政厅(局)、档案局、档案馆,计划单列市民政局、档案局、档案馆,新疆生产建设兵团民政局、档案局、档案馆:

现将《收养登记档案管理暂行办法》印发给你们,请遵照执行。

收养登记档案管理暂行办法

第一条 为了加强收养登记档案的规范化管理,更好地为收养工作服务,根据《中华人民共和国民法典》、《中华人民共和国档案法》、《中国公民收养子女登记办法》、《外国人在中华人民共和国收养子女登记办法》、《华侨以及居住在香港、澳门、台湾地区的中国公民办理收养登记的管辖以及所需要出具的证件和证明材料的规定》等法律、法规,制定本办法。

第二条 收养登记档案是指收养登记机关在依法办理收养登记过程中形成的记载收养当事人收养情况、具有保存价值的各种文字、图表、声像等不同形式的历史记录。

收养登记档案是各级民政部门全部档案的重要组成部分。

第三条 收养登记档案由各级民政部门实行集中统一管理,任何个人不得据为己有。

第四条 收养登记档案工作在业务上接受上级民政部门和同级档案行政管理部门的指导、监督和检查。

第五条 收养登记文件材料的归档范围是:

(一)成立收养关系登记材料:

1. 收养登记申请书;

2. 询问笔录;

3. 收养登记审批表;

4.《中国公民收养子女登记办法》第五、六条,《华侨以及居住在香港、澳门、台湾地区的中国公民办理收养登记的管辖以及所需要出具的证件和证明材料的规定》第三、四、五、六、七条,《外国人在中华人民共和国收养子女登记办法》第十条规定的各项证明材料;

5. 收养登记证复印件;

6. 收养协议;

7. 其他有关材料。

(二)解除收养关系登记材料:

1.《中国公民收养子女登记办法》第九条规定的各项证明材料;

2. 解除收养关系证明复印件;

3. 其他有关材料。

(三)撤销收养登记材料:

1. 收缴的收养登记证或者因故无法收缴收养登记证而出具的相关证明材料;

2. 其他有关材料。

第六条 收养登记文件材料的归档应当符合以下要求:

(一)凡应当归档的文件材料必须齐全完整。

(二)归档的文件材料中有照片或复印件的,应当图像清晰。

(三)在收养登记工作中形成的电子文件,应当按照《电子文件归档和管理规范》(G8/T18894—2002)进行整理归档,同时应当打印出纸质文件一并归档。

(四)收养登记文件材料应当在登记手续办理完毕后 60 日内归档。

(五)归档的文件材料除居民身份证、户籍证明、回乡证、旅行证件、护照等身份证明和收养登记证为原件的复印件外,其余均为原件。

第七条 收养登记文件材料的整理应当符合以下规则:

(一)成立收养关系登记类文件材料、解除收养关系登记类文件材料和撤销收养登记类文件材料均以卷为单位整理编号,一案一卷。

(二)每卷收养登记文件材料按照以下顺序排列:

1. 文件目录;

2. 收养登记申请书;

3. 询问笔录;

4. 收养登记审批表;

5. 撤销收养登记材料;

6. 收养人证明材料;

7. 被收养人证明材料；

8. 送养人证明材料；

9. 其他有关材料；

10. 备考表。

第八条 收养登记档案的分类和类目设置为：

收养登记档案一般按照年度—国籍（居住地）—收养登记性质来分类。其中，国籍（居住地）分为内地（大陆）公民，华侨，居住在香港、澳门、台湾地区的中国公民，外国人等类别；收养登记性质分为成立收养关系登记类、解除收养关系登记类和撤销收养登记类。

第九条 收养登记档案的保管期限为永久。

第十条 收养登记档案主要供收养登记管理机关使用；其他单位、组织或个人因特殊原因需要查借阅时，须经主管领导批准，并办理查借阅手续。

第十一条 对查借阅的档案严禁损毁、涂改、抽换、圈划、批注、污染等，如发生上述情况时，依据有关法律、法规进行处罚。

第十二条 档案管理人员要严格遵守《中华人民共和国档案法》和《中华人民共和国保守国家秘密法》的有关规定，严密保管档案，同时维护当事人的隐私权，不得泄露档案内容，未经批准不得擅自扩大查借阅范围。

第十三条 在办理外国人来华收养子女登记手续之前，形成的外国收养人档案，以及国内送养人和被送养人档案的管理由民政部另行规定。

第十四条 各省（自治区、直辖市）民政部门可根据当地实际情况制定本办法的具体实施细则。

第十五条 本办法自发布之日起施行。

民政部办公厅关于开展孤儿、事实无人抚养儿童认定申请受理“跨省通办”工作的通知

· 2021 年 6 月 23 日

· 民办发〔2021〕10 号

各省、自治区、直辖市民政厅（局），各计划单列市民政局，新疆生产建设兵团民政局：

为贯彻落实《国务院办公厅关于加快推进政务服务“跨省通办”的指导意见》（国办发〔2020〕35 号）等文件要求，现就孤儿、事实无人抚养儿童认定申请受理“跨省通办”有关事项通知如下：

一、重要意义

党中央、国务院高度重视儿童福利工作，给予孤儿、事实无人抚养儿童等儿童群体特别关怀关爱。习近平总书记指出，对儿童特别是孤儿和残疾儿童，全社会都要有仁爱之心、关爱之情，共同努力使他们能够健康成长，感受到社会主义大家庭的温暖。推进简政放权、放管结合、优化服务是党中央、国务院统筹经济社会发展、培育和激发市场主体活力的重大决策部署，其中创新服务方式、开展“跨省通办”工作是加快建设服务型政府的重要举措。开展孤儿、事实无人抚养儿童认定申请受理“跨省通办”工作，有利于满足广大人民群众异地办事需求，有效服务广大孤儿、事实无人抚养儿童群体，为他们提供更便捷、更贴心的服务。

二、主要任务

（一）优化申请方式。孤儿、事实无人抚养儿童认定采取任意地受理申请，户籍地负责审核的形式办理，申请人申请孤儿、事实无人抚养儿童认定，可以向全国范围内任意乡镇人民政府（街道办事处）提出，不受户籍地限制。

（二）规范办理流程。各地按照异地代收代办方式，统一使用全国儿童福利信息系统（以下简称信息系统）受理孤儿、事实无人抚养儿童认定申请。受理地乡镇人民政府（街道办事处）应当一次性告知申请人所需提供的材料，并对申请材料进行形式审查，在申请材料收齐之日起 3 个工作日内录入信息系统并推送至申请人户籍地乡镇人民政府（街道办事处）。户籍地乡镇人民政府（街道办事处）自收到推送材料之日起 15 个工作日内提出初步意见，并报县级人民政府民政部门。县级人民政府民政部门自收到乡镇人民政府（街道办事处）相关材料之日起 15 个工作日内完成审核工作，并将办理结果通过信息系统反馈受理地乡镇人民政府（街道办事处）。受理地乡镇人民政府（街道办事处）应在收到办理结果之日起 3 个工作日内告知申请人。认定为孤儿、事实无人抚养儿童的，户籍地民政部门应当按规定及时为其发放基本生活费、基本生活补贴。

孤儿、事实无人抚养儿童认定申请受理“跨省通办”工作自2021年6月30日起实施。

三、工作要求

（一）加强组织领导。各地要高度重视孤儿、事实无人抚养儿童认定申请受理“跨省通办”工作，加强组织领导，压实压紧责任，强化经费保障，细化具体操作流程，抓好任务落实。

（二）强化数据管理。各地要充分利用信息系统，受理材料以电子文档形式在信息系统中留存，受理地无需转寄纸质材料。各地要推动建立数据比对和共享机制，为开展认定工作提供支持，切实让数据多跑路、让群众少跑腿。

（三）加强监督管理。各地要加强对申请材料审核工作，发现采取虚报、隐瞒、伪造等手段骗取孤儿、事实无人抚养儿童相应保障的，要及时依法依规处置，并追回违法所得。

（四）加大宣传培训。各地要广泛开展宣传引导，提高政策知晓率。加强工作人员业务培训，提高服务水平和能力。及时总结工作亮点，宣传推广典型经验。

（五）开展督促指导。各地要加强事中事后监管，对于出现工作落实不到位，群众反映问题突出等情形的，及时给予处理。

各地在推行“跨省通办”工作中遇到的新情况、新问题，要及时向民政部报告。民政部将适时对各地工作进展情况进行检查指导。

民政部关于社会福利机构涉外送养工作的若干规定

· 2003年9月4日民发〔2003〕112号公布
· 根据2020年10月20日《民政部关于修改部分规范性文件的公告》修订

各省、自治区、直辖市民政厅（局），计划单列市民政局，新疆生产建设兵团民政局：

为了进一步规范社会福利机构的涉外送养行为，维护被送养儿童的合法权益，保证涉外送养工作的健康发展，现作如下规定：

一、涉外送养的儿童必须是社会福利机构抚养的丧失父母的孤儿（以下简称孤儿）或查找不到生父母的弃婴、儿童。

二、社会福利机构送养儿童，应当向省级人民政府民政部门报送以下证明材料：

（一）社会福利机构负责人的身份证复制件。

（二）被送养儿童的户籍证明复制件。

（三）被送养儿童成长情况报告。

成长情况报告应包括以下内容：入院经过、入院初期的身体状况、在院期间各阶段的身心发育状况及免疫接种情况、性格特征及表现、喜好、与他人交往等情况。

被送养儿童年龄为0-6周岁的，还应提交《被送养儿童成长状况表》（见附件1），此表每3个月填写一次。

（四）《被送养儿童体格检查表》及化验检查报告单（见附件2）。

体检应当在定点医院进行。定点医院应当是地（市）级以上的儿童医院或设有儿科的综合性医院。定点医院由社会福利机构的主管民政部门提出。省级人民政府民政部门审核批准，报中国收养中心备案。社会福利机构或其主管民政部门要与定点医院签订合作协议，明确双方的权利和责任。体检结果有效期为6个月，超过期限的应当重新体检。

被送养儿童是病残的，应提交病残诊断证明、检查报告、治疗情况报告等。

（五）被送养儿童2寸免冠彩色照片、近期全身生活照片。被送养儿童是病残儿童且病残有外观表现的，还应提供病残部位照片。

（六）被送养儿童是孤儿的，应当提交《社会福利机构接收孤儿入院登记表》（见附件3）、孤儿父母死亡或者宣告死亡的证明、其他有抚养义务的人同意送养的书面意见。

被送养儿童是弃婴的，应当提交公安机关出具的捡拾弃婴报案的证明、《捡拾弃婴登记表》（见附件4）、《社会福利机构接收弃婴入院登记表》（见附件5）。

（七）被送养儿童年满7周岁以上的，应提交儿童有关情况的报告。

（八）被送养儿童是年满8周岁以上的，应提交该儿童同意被送养的书面意见。

三、社会福利机构送养弃婴、儿童，省级人民政府民政部门应当在当地省级报纸上刊登查找弃婴、儿童生父母的公告。自公告刊登之日起满60日，弃婴、儿童的生父母或其他监护人未认领的，视为查找不到生父母的弃婴、儿童。

公告应包括以下内容：弃婴、儿童的姓名、年龄、性别、身体特征、被捡拾的时间、地点、随身携带物品、公告期限、认领方式，并附1寸入院初期的正面免冠照片。弃婴、儿童入院前姓名不详、年龄为估算的，要特别注明。

四、省级人民政府民政部门负责审查社会福利机构报送的材料，着重审查以下内容：

（一）报送的材料是否齐全、有效。

（二）被送养儿童的身体发育状况是否达到相应的发育水平；体检结果是否达到涉外送养各项指标的要求，是否患有智力低下、脑瘫及其他潜在性的不宜涉外送养的疾病。

（三）儿童来源是否清楚，身心发育是否健康，道德品质是否良好。

（四）有无其他不宜涉外送养的问题。

省级人民政府民政部门审查合格后，填写《涉外送养审查意见表》（见附件6），由省级人民政府民政部门负责人签署意见，并加盖印章。

五、省级人民政府民政部门审查同意后，应当向中国收养中心报送以下材料：

（一）涉外送养儿童名单。

（二）本规定第二条所列材料的复制件。

（三）《涉外送养审查意见表》。

六、被送养儿童的材料报送中国收养中心后，省级人民政府民政部门应当做好以下工作：

（一）所报送儿童寄养在家庭的，适时通知社会福利机构解除寄养关系。

（二）如有国内公民申请收养，应当及时通报中国收养中心。若该儿童尚未选配外国收养家庭，优先安排国内公民收养；若外国收养人已同意收养该儿童，则不再安排国内公民收养。

（三）如发生儿童病重或死亡等重大情况不能送养时，应当及时书面通报中国收养中心。

七、中国收养中心为被送养儿童选择到外国收养人后，向省级人民政府民政部门发出《涉外送养通知》，由省级人民政府民政部门书面通知社会福利机构。

八、社会福利机构接到被送养儿童已被同意收养的通知后，应当做好以下工作：

（一）复查被送养儿童身心发育等方面的情况、如果情况发生较大变化不宜涉外送养的，应当及时通过省级人民政府民政部门书面通报中国收养中心。

（二）将收养父母的情况如实告诉7周岁以上被送养儿童，并为其提供心理咨询和辅导。

（三）做好交接被送养儿童收养登记的各项准备工作。

九、收养登记前，省级人民政府民政部门应视具体情况确定适当的融和期，以便收养人与被送养儿童相互了解和融和。省级人民政府民政部门应当在法定工作日和指定的办公地点安排外国收养人与被送养儿童、送养人见面，在确认收养关系当事人的身份无误后，由送养人向收养人介绍被送养儿童的情况和有关事项，并向外国收养人交接被送养儿童。交接被送养儿童时，送养人和收养人应当签订融和期间委托监护协议（见附件7）。

融和期满后，收养关系当事人对收养事宜无疑义的，收养人和送养人应当订立书面收养协议（见附件8），协议一式三份。

十、收养协议订立后、收养关系当事人应当共同到被送养儿童常住户口所在地的省级人民政府民政部门，依照《外国人在中华人民共和国收养子女登记办法》的规定，办理收养登记。收养登记完成后，省级人民政府民政部门应当及时将收养登记结果转交中国收养中心、并附收养登记证件的复制件。

十一、从事涉外收养工作的人员应当严格依法办事，增强组织纪律观念，遵守外事工作纪律，恪守职业道德，保守工作秘密；不得私自联系涉外收养事务，不得指定收养；严禁在工作中弄虚作假，严禁从涉外收养中获取不正当收益。未经中国收养中心同意，禁止向外国收养人、外国收养组织提供被送养儿童的信息资料；未经省级人民政府民政部门同意，社会福利机构不得擅自接洽外国收养人、外国收养组织。

十二、本规定自下发之日起执行。

附件（略）

民政部办公厅关于外国人在中华人民共和国收养继子女当事人需要出具的证件和证明材料的通知

· 2008年1月8日民办函〔2008〕4号公布
· 根据2020年10月20日《民政部关于修改部分规范性文件的公告》修订

各省、自治区、直辖市民政厅(局),中国收养中心:

为规范外国人在中华人民共和国收养继子女行为,保障被收养人和收养人的合法权益,依据《中华人民共和国民法典》(以下简称《民法典》)和《外国人在中华人民共和国收养子女登记办法》(以下简称《登记办法》)的有关规定,对当事人需要出具的证件和证明材料通知如下:

一、收养人需要出具的证件和证明材料

依据《民法典》第一千一百零三条、《登记办法》第四条的规定,外国人在华收养继子女需要出具的证件和证明材料包括:

1. 跨国收养申请书;
2. 出生证明;
3. 收养人与被收养人生父或者生母结婚的证明;
4. 收养人所在国主管机关同意其跨国收养子女的证明或者主管机关同意被收养人入境入籍的证明;
5. 收养人2寸免冠照片两张。

以上文件除第五项外,均需办理公证、认证手续,并按照《登记办法》第四条、第七条的规定由中国收养中心进行审核、办理。

二、送养人需要出具的证件和证明材料

依据《民法典》第一千一百零三条、《登记办法》第五条的规定,送养人需要向省、自治区、直辖市人民政府民政部门出具的证件和证明材料包括:

1. 被收养人生父或者生母同意送养的书面意见;
2. 送养人居民户口簿和居民身份证;
3. 被收养人居民身份证或者户籍证明;
4. 送养人与被收养人之间的亲子关系证明;
5. 被收养人2寸免冠照片两张。

如果送养人死亡或者被人民法院宣告死亡的,可以不提供第一、二、四项证明材料,但再婚一方应当提交送养人的死亡证明(正常死亡证明由医疗卫生单位出具,非正常死亡证明由县以上公安部门出具)或者人民法院宣告死亡的判决书,本人的居民户口簿和居民身份证以及与被收养人之间的亲子关系证明,死亡或者被宣告死亡一方的父母不行使优先抚养权的书面声明。收养登记员对当事人提交的送养人死亡证明应当严格审查和进行必要的调查,并将调查笔录归卷存档。在办理收养登记时,《收养登记证》上有关送养人的信息不填。

被收养人年满十周岁的,应当提交被收养人同意被收养的证明。

省、自治区、直辖市人民政府民政部门对上述证件和证明材料进行审查后,认为被收养人、送养人符合收养法规定条件的,应当依据《登记办法》第六条的规定,通知中国收养中心,同时转交上述证件和证明材料的复制件及照片。

请各地严格遵照执行,并做好建档归档工作。

民政部办公厅关于生父母一方为非中国内地居民送养内地子女有关问题的意见

· 2009年9月24日民办发〔2009〕26号公布
· 根据2020年10月20日《民政部关于修改部分规范性文件的公告》修订

各省、自治区、直辖市民政厅(局),计划单列市民政局,新疆生产建设兵团民政局:

《中华人民共和国收养法》实施十年来,随着我国对外交流的不断深入,收养领域出现了许多新情况和新问题,为深入贯彻落实科学发展观,充分体现儿童最佳利益原则,切实维护收养关系当事人的合法权益和合理诉求,根据《中华人民共和国民法典》的有关规定,现就解决生父母一方为中国内地居民,另一方为非中国内地居民(外国人、华侨以及港澳台居民,下同)送养中国内地户籍子女问题提出以下意见:

一、被收养人的生父母应当提供的材料

(一)被收养人的生父或者生母是中国内地居

民的,应当提供下列材料:

1. 本人居民身份证、户口簿以及 2 张 2 寸近期半身免冠照片;

2. 本人与被收养人的父母子女关系证明;

3. 本人签署的同意送养子女的书面意见;

4. 被收养人居民身份证、户口簿以及 2 张 2 寸近期半身免冠照片。

父母子女关系证明是指 DNA 鉴定证明或者公安机关、人民法院、公证机构以及其他有权机关出具的能够证明父母子女关系的文书。(下同)

(二)被收养人的生父或者生母是非中国内地居民的,应当提供下列材料:

1. 本人有效身份证件(外国人、华侨应当提供本人有效护照或者其他有效的国际旅行证件,港澳台居民应当提供有效通行证和身份证,下同)和 2 张 2 寸近期半身免冠照片;

2. 本人与被收养人的父母子女关系证明;

3. 本人签署的同意送养子女的书面意见;

4. 所在国或者所在地区有权机关出具的不反对此送养行为的证明。

若送养人所在国无法出具材料 4 中的证明,也可以提供所在国驻华使领馆出具的表明该国法律不反对此类送养行为的证明。华侨无需提供材料 4。

送养人有特殊困难无力抚养子女的,应当同时提交父母有特殊困难无力抚养子女的证明。"有特殊困难"是指生父母家庭人均收入处于当地居民最低生活保障水平的,或者生父母因病、因残导致家庭生活困难的,或者因其他客观原因导致家庭无力抚养子女的。送养人为中国内地居民的,提供本人声明及所在街道办事处、乡镇人民政府出具的当事人有特殊困难无力抚养的证明。送养人为非中国内地居民的,提供本人声明及所在国或所在地区有权机构出具的本人有特殊困难无力抚养子女的证明,当事人在中国内地居住满一年,无法提供所在国或者所在地区出具的有特殊困难无力抚养子女证明,也可以只出具本人声明。

被收养人父母一方死亡或者下落不明的,送养人应当提交死亡或者下落不明的证明以及死亡或者下落不明一方的父母不行使优先抚养权的书面证明。由非中国内地居民单方送养的,应当同时提交本部分(一)中第 2、4 项材料。

被收养人是残疾儿童的,应当提交县级或者二级以上医疗机构出具的该儿童的残疾证明。

被收养人年满 8 周岁的,应当提交被收养人同意被收养的证明。

外国人、华侨提交的声明、书面意见或者所在国出具的证明材料,应当经我国驻该国使领馆认证或者该国驻华使领馆公证或者认证。港澳台地区居民提交的声明、书面意见或者所在地区出具的证明材料应当经有权机关公证。

二、办理收养登记的程序

收养人应当按照其身份提供相应的证件和证明材料,并按照现行法律程序办理收养手续。收养登记机关应当根据收养关系当事人的身份对其证件及证明材料进行审查,符合《中华人民共和国民法典》及相关规定的,予以登记,发给收养登记证。不符合规定的,应当说明原因。

民政部、国家发展和改革委员会、公安部、司法部、财政部、国家卫生和计划生育委员会、国家宗教事务局关于进一步做好弃婴相关工作的通知

· 2013 年 5 月 14 日民发〔2013〕83 号公布

· 根据 2020 年 10 月 20 日《民政部关于修改部分规范性文件的公告》修订

各省、自治区、直辖市民政厅(局)、发展改革委、公安厅(局)、司法厅(局)、财政厅(局)、卫生厅局(卫生计生委)、人口计生委、宗教局,新疆生产建设兵团民政局、发展改革委、公安局、司法局、财务局、卫生局、人口计生委、民宗局:

弃婴是全社会最弱势的特殊群体。近年来,各地区各部门以及社会各界在弃婴救助和保护方面做了许多卓有成效的工作,绝大多数弃婴得到了妥善安置和生活保障。但是必须看到,弃婴现象仍屡禁不止,弃婴安置和救治保障体系仍不健全,保障弃婴的基本生活和生命安全仍需要做大量艰苦细致的工作。为深入贯彻落实以人为本的执政理念和儿童优先的原则,维护弃婴合法权益,促进弃婴健康成长,现就进一步做好弃婴相关工作通知如下:

一、切实做好弃婴的接收、体检、户籍登记和抚育工作

(一)做好弃婴接收工作。公民发现弃婴后,

要第一时间向所辖社区居民委员会或村民委员会通报，及时依法向当地公安机关报案，不得自行收留和擅自处理。公安机关要做好查找弃婴的生父母和其他监护人的工作，对查找不到生父母和其他监护人的，出具弃婴捡拾证明，送民政部门指定的儿童福利机构临时代养并签订协议。儿童福利机构要及时发布寻亲公告，公告期满后，仍查找不到生父母和其他监护人的，经主管民政部门审批后，办理正式进入儿童福利机构的手续。

（二）做好弃婴体检和救治工作。对公安机关移送的弃婴，儿童福利机构要及时送卫生部门指定的医疗机构进行体检和传染病检查，并出具体检表。对患病弃婴，医疗机构要按照“先救治、后结算”的原则，积极予以救治，出院时医疗机构要出具治疗证明。

（三）做好弃婴户籍登记工作。儿童福利机构应持弃婴入院登记表、公安机关出具的弃婴捡拾证明等相关材料，及时到当地公安机关办理户籍登记。

（四）做好弃婴的抚育工作。对办理正式入院手续的弃婴，儿童福利机构要按照国务院办公厅《关于加强孤儿保障工作的意见》（国办发〔2010〕54号），做好抚育工作。

二、着力解决当前民办机构和个人收留弃婴的问题

（一）已收留弃婴的民办机构，应达到社会福利机构设置的基本标准，配置儿童成长必需的抚养、医疗、康复、教育等功能设施，配备与所承担工作和所提供服务相匹配的护理人员，建立健全符合国家消防安全和卫生防疫标准的制度等。对具备上述基本条件并与民政部门合办的，要严格按照双方签订的协议，加强日常管理，强化监督责任，依法依规开展工作；对具备上述基本条件未与民政部门合办的，民政部门要与其签订代养协议，明确责任，加强业务指导和规范管理；对具备上述基本条件但既不同意合办又不签订代养协议的，或不具备上述基本条件的，民政部门要会同公安等有关部门责令其停止收留活动，并将收留的弃婴一律送交民政部门设立的儿童福利机构收留抚养。

关于宗教界收留的弃婴，由民政部、国家宗教事务局在调研基础上，另行制定相关意见，加强引导，规范管理。条件成熟的，由地方民政部门商同级宗教事务部门提出稳妥处理意见，先行一步。

（二）已私自收留弃婴的个人，收留人有收养意愿且符合《中华人民共和国民法典》及相关法律政策规定的，依法办理收养登记。收留人有收养意愿但不符合相关法律政策规定的，收留人常住户口所在地的乡（镇）人民政府、街道办事处应当动员其将弃婴送交当地儿童福利机构抚养，同时为收留人看望弃婴、奉献爱心、开展志愿服务提供优先和便利条件；若收留人坚持自行抚养又符合家庭寄养条件的，当地儿童福利机构可与其签订家庭寄养协议，并参照《家庭寄养管理暂行办法》指导和监管。

（三）对利用弃婴牟利或从事违法活动的机构和个人，要严厉打击。构成犯罪的，要依法追究其刑事责任。

三、不断加强弃婴源头治理工作

（一）加强对《中华人民共和国刑法》、《中华人民共和国民法典》、《中华人民共和国治安管理处罚法》、《中华人民共和国未成年人保护法》中关于遗弃婴儿属于违法行为的宣传普及，提高儿童特别是残疾儿童的生父母及监护人的守法意识，营造呵护婴儿光荣、遗弃婴儿可耻的社会氛围。

（二）依据《中华人民共和国刑法》、《中华人民共和国民法典》和《中华人民共和国残疾人保障法》，打击和制止弃婴现象。加强技术防范、技术查询工作，对遗弃婴儿的当事人依法予以惩处。充分发挥民政助理员或基层社区工作人员、儿童福利督导员的作用，加强社区弃婴问题的监督管理，发现弃婴问题及时报案，积极协助弃婴捡拾人办理报案、移送等相关手续。

（三）依据《国务院关于批转中国残疾人事业“十二五”发展纲要的通知》（国发〔2011〕13号）要求，有条件的地方在开展一户多残、老残一体等困难残疾人生活补助试点和重度残疾人护理补贴试点工作中，统筹考虑残疾儿童保障问题，切实减轻生育和养育残疾婴儿家庭的经济负担。

四、落实相关部门职责，形成工作合力

民政部门要发挥做好弃婴相关工作的主导作用，协调有关部门健全弃婴的接收、救治、安置机制，加强对各类儿童福利机构以及弃婴收养工作的指导和管理，提高弃婴的养育质量和抚育水平。发展改革部门要根据儿童福利事业发展需要，推动儿童福利机构设施建设。公安机关要积极主动为弃婴办理相关手续，妥善做好弃婴接收、户籍办理等工作，要积极查找弃婴和儿童的生父母和其他监护人，严厉查处打击遗弃婴儿等违法犯罪行为。司法行政部门要加大弃婴权益保护法律法规宣传力度，开展多种形式的法制宣传活动，指导公证机构依法办理收养公证。财政部门要加大资金支持力度，保障儿童福利工作相关经费支出。卫生计生部门要加强对医疗保健机构的指导，指定条件较好的医院作为弃婴救治、体检的医疗机构，明确费用结算办法，配合相关部门做好弃婴的救治工作，并全面掌握辖区内居民的家庭成员情况和育龄人员的生育情况。宗教事务部门要配合相关部门做好引导和规范宗教界收留弃婴相关工作。

自本通知下发之日起，社会力量兴办以孤儿、弃婴为服务对象的社会福利机构，必须与当地县级以上人民政府民政部门共同举办。严禁任何机构和个人私自收留弃婴。

民政部关于规范生父母有特殊困难无力抚养的子女和社会散居孤儿收养工作的意见

· 2014年9月28日民发〔2014〕206号公布
· 根据2020年10月20日《民政部关于修改部分规范性文件的公告》修订

各省、自治区、直辖市民政厅（局）：

为规范生父母有特殊困难无力抚养的子女和社会散居孤儿（以下简称两类儿童）的收养工作，切实维护被收养儿童的合法权益，根据《中华人民共和国民法典》及《中国公民收养子女登记办法》、《外国人在中华人民共和国收养子女登记办法》及相关规定，现就两类儿童收养提出如下意见：

一、坚持两类儿童收养工作原则

收养应当有利于被收养未成年人的抚养、成长。要落实儿童利益最佳的原则，把“一切为了孩子”的要求贯穿于收养工作始终，让儿童回归家庭，得到父母的关爱和良好的教育。要坚持国内收养优先的原则，鼓励、支持符合条件的国内家庭收养，研究创制亲属收养的政策措施，积极引导国内家庭转变收养观念，帮助大龄和残疾儿童实现国内收养。同时，积极稳妥地开展涉外收养工作。要遵循平等自愿的原则，充分尊重被收养人和送养人的意愿，切实维护其合法权益。对送养八周岁以上未成年人的，要征得其本人同意。告知送养人送养的权利义务，让其知晓送养后的法律后果，方便其行使选择权利。他人不得诱使或强迫监护人送养。要坚持依法登记的原则，强化对收养登记工作人员的管理约束，不断增强法律意识，提高依法办事能力，严格依法依规办理收养登记。

二、明确送养人和送养意愿

生父母有特殊困难无力抚养的子女由生父母作为送养人。生父母均不具备完全民事行为能力且对被收养人有严重危害可能的，由被收养人的监护人作为送养人。社会散居孤儿由其监护人作为送养人。社会散居孤儿的监护人依法变更为社会福利机构的，可以由社会福利机构送养。送养人可以向民政部门提出送养意愿。民政部门可以委托社会福利机构代为接收送养意愿。

三、严格规范送养材料

提交送养材料时，送养人可以直接向县级以上人民政府民政部门提交，也可以由受委托的社会福利机构转交。受委托的社会福利机构应当协助送养人按照要求提交送养证明材料。

送养人应当提交下列证件和证明材料：本人及被收养人的居民身份证和居民户口簿或公安机关出具的户籍证明，《生父母或监护人同意送养的书面意见》（见附件1），并根据下列情况提交相关证明材料。

（一）生父母作为送养人的，应当提交下列证明材料：

1. 生父母有特殊困难无力抚养子女的证明；

2. 生父母与当地卫生和计划生育部门签订的计划生育协议。

生父母有特殊困难无力抚养的证明是指生父母所在单位或者村（居）委会根据下列证件、证明材料之一出具的能够确定生父母有特殊困难无力抚养的相关证明：

（1）县级以上医疗机构出具的重特大疾病证明；

（2）县级残疾人联合会出具的重度残疾证明；

（3）人民法院判处有期徒刑或无期徒刑、死刑的判决书。

生父母确因其他客观原因无力抚养子女的，

乡镇人民政府、街道办事处出具的有关证明可以作为生父母有特殊困难无力抚养的证明使用。

（二）如生父母一方死亡或者下落不明的，送养人还应当提交下列证明：

1. 死亡证明、公安机关或者其他有关机关出具的下落不明的证明；

2. 经公证的死亡或者下落不明一方的父母不行使优先抚养权的书面声明（见附件2）。

（三）生父母以外的监护人作为送养人的，应当提交下列证明材料：

1. 生父母的死亡证明或者人民法院出具的能够证明生父母双方均不具备完全民事行为能力的文书；

2. 监护人所在单位或村（居）委会出具的监护人实际承担监护责任的证明；

3. 其他有抚养义务的人（祖父母、外祖父母、成年兄姐）出具的经公证的同意送养的书面意见（见附件3）。

生父母均不具备完全民事行为能力的，还应当提交生父母所在单位、村（居）委会、医疗机构、司法鉴定机构或者其他有权机关出具的生父母对被收养人有严重危害可能的证明。

（四）涉外送养的，送养人还应当提交下列材料：

1. 被收养人照片；

2. 县级以上医疗机构出具的被收养人体检报告；

3. 被收养人成长报告。

体检报告参照《关于社会福利机构涉外送养若干规定》（民发〔2003〕112号）办理。被收养人成长报告应全面、准确地反映儿童的情况，包括儿童生父母简要情况、儿童成长发育情况、生活习惯、性格爱好等。7岁以上儿童的成长报告应着重反映儿童心理发育、学习、与人交往、道德品行等方面的情况。

四、依法办理收养登记

（一）中国公民收养两类儿童登记。

中国公民收养两类儿童登记的办理，按照《中国公民收养子女登记办法》及相关规定执行。

（二）外国人收养两类儿童登记。

外国人收养两类儿童登记的办理，由省级人民政府民政部门对送养人提交的涉外送养材料进行审查，认为符合法律规定的，填写《生父母有特殊困难无力抚养的子女和社会散居孤儿涉外送养审查意见表》（见附件4），并向中国儿童福利和收养中心报送，同时附两套上述涉外送养材料的复制件以及被收养人照片。

中国儿童福利和收养中心为被收养人选择到外国收养人后，向省级人民政府民政部门发出《涉外送养通知》，由省级人民政府民政部门书面通知送养人，或者由受委托的社会福利机构代为转交送养人。

送养人接到书面通知后，省级人民政府民政部门和受委托的社会福利机构，应当积极协助送养人做好交接工作，并指导送养人将收养人的情况如实告诉7周岁以上被收养人，帮助送养人做好被收养人的心理辅导。

受委托的社会福利机构可在自身条件允许时，应当事人一方要求，指定人员陪同送养人和被收养人办理收养登记。

外国人收养两类儿童的其他事宜参照《关于社会福利机构涉外送养若干规定》（民发〔2003〕112号）执行。

五、做好两类儿童收养工作的相关要求

各级人民政府民政部门要加强对受托社会福利机构指导督促，做好宣传引导工作，依法保障两类儿童收养工作的健康开展。要切实加强对被收养人的身份审核。受委托的社会福利机构要对被收养人和送养人的情况进行实地调查走访，重点了解是否符合两类儿童的送养条件，注意做好调查笔录、材料保存等工作，严防弄虚作假。有条件的地方可通过政府购买服务、引入社会工作者等方式开展收养评估工作，对被收养人和送养人的情况进行了解把握。各级人民政府民政部门要加强对送养证明材料的审查，依法办理收养登记。

附件 1

生父母或监护人同意送养的书面意见

本人______，身份证号：________________，是(儿童姓名)______(性别______，______年______月______日生，身份证号________________)的监护人，与该儿童是______关系。按照《中华人民共和国民法典》第一千一百零四条的规定，我自愿将上述儿童送养(包括涉外送养)。并做出声明如下：本人自愿送养该儿童，并未受到任何威胁、强迫；本人知道此收养将建立养父母与被收养儿童间永久性的父母子女关系；本人知道出具该书面意见的后果，特别是收养将导致______(儿童姓名)与本人的法律关系终止的后果。

下列内容由声明人亲笔抄录：本人保证已完全知晓、理解并同意上述声明，并永久性地放弃我作为监护人的所有权利。本人承诺严格遵守该书面意见规定的事项，绝不反悔。

声明人(签字)：

年　　月　　日

附件 2

死亡或下落不明一方的父母不行使优先抚养权的书面声明

本人______，身份证号：________________，是(□死亡 □下落不明)一方______的父亲/母亲______。本人知悉(孙子女/外孙子女姓名)______将被其父亲/母亲(姓名)______送养。按照《中华人民共和国民法典》第一千一百零八条的规定，本人不对(儿童姓名)________________行使优先抚养权，同意将该儿童送养。

下列内容由声明人亲笔抄录：本人保证已完全知晓、理解并同意上述声明，并永久性放弃我优先抚养(儿童姓名)______的权利。本人承诺严格遵守该书面意见规定的事项，绝不反悔。

特此声明。

声明人(签字)：

年　　月　　日

附件 3

其他有抚养义务的人同意送养的书面意见

本人______，身份证号：________________，是(儿童姓名)______(性别______，______年______月______日生，身份证号：________________)的(亲属关系)______。按照《中华人民共和国民法典》第一千零七十四条和第一千零七十五条的规定，本人是上述儿童的其他有抚养义务的人。按照《中华人民共和国民法典》第一千零九十六条‘监护人送养孤儿的，应当征得有抚养义务的人同意’及《中国公民收养子女登记办法》第六条第一款第(二)项、《外国人在中华人民共和国收养子女登记办法》第五条第二款第(四)项的规定，同意将其送养。

下列内容由声明人亲笔抄录：本人保证已完全知晓、理解并同意上述声明，本人承诺严格遵守该书面意见规定的事项，绝不反悔。

特此声明。

声明人（签字）：
年　　月　　日

附件 4

生父母有特殊困难无力抚养的子女和社会散居孤儿涉外送养审查意见表

省（自治区、直辖市）：
送养人姓名：
被收养人姓名：
填表日期：　　　年　　月　　日

中华人民共和国民政部　制

<table>
<tr><td colspan="2" rowspan="4">被收养人情况</td><td>姓名</td><td colspan="2"></td><td colspan="2">性别</td><td></td><td rowspan="3">照片</td></tr>
<tr><td>姓名拼音</td><td colspan="2"></td><td colspan="2">出生日期</td><td></td></tr>
<tr><td>身体状况</td><td colspan="5"></td></tr>
<tr><td>户籍住址</td><td colspan="6"></td></tr>
<tr><td rowspan="10">送养人情况</td><td rowspan="5">送养人</td><td>姓名</td><td></td><td>性别</td><td></td><td>出生日期</td><td></td><td rowspan="4"></td></tr>
<tr><td>单位</td><td colspan="5"></td></tr>
<tr><td>身份证号</td><td colspan="2"></td><td colspan="2">联系电话</td><td></td></tr>
<tr><td>与被收养人的关系</td><td colspan="5"></td></tr>
<tr><td>户籍住址</td><td colspan="6"></td></tr>
<tr><td rowspan="5">送养人</td><td>姓名</td><td></td><td>性别</td><td></td><td>出生日期</td><td></td><td rowspan="4"></td></tr>
<tr><td>单位</td><td colspan="5"></td></tr>
<tr><td>身份证号</td><td colspan="2"></td><td colspan="2">联系电话</td><td></td></tr>
<tr><td>与被收养人的关系</td><td colspan="5"></td></tr>
<tr><td>户籍住址</td><td colspan="6"></td></tr>
<tr><td colspan="3">送养人申请送养的意见</td><td colspan="6">送养人签字：
年　月　日</td></tr>
<tr><td colspan="3">省级民政部门审查意见</td><td colspan="6">负责人签字：
盖　章
年　月　日</td></tr>
</table>

注：“身体状况”栏填写“正常”或“病残诊断结论”。

民政部、公安部关于开展查找不到生父母的打拐解救儿童收养工作的通知

·2015年8月20日民发〔2015〕159号公布
·根据2020年10月20日《民政部关于修改部分规范性文件的公告》修订

各省、自治区、直辖市民政厅(局)、公安厅(局),新疆生产建设兵团民政局、公安局:

家庭是儿童成长的最佳环境,为落实党的十八届三中全会通过的《中共中央关于全面深化改革若干重大问题的决定》中关于健全困境儿童分类保障制度的要求以及国务院办公厅《中国反对拐卖人口行动计划(2013-2020年)》(国办发〔2013〕19号)的相关要求,进一步完善打拐解救儿童安置渠道,使查找不到生父母的打拐解救儿童能够通过收养回归家庭中健康、快乐成长,根据《中华人民共和国民法典》等法律法规的有关规定,现就查找不到生父母的打拐解救儿童收养问题通知如下:

一、全力查找打拐解救儿童生父母

儿童失踪后,其监护人应当及时向公安机关报警。公安机关接到儿童失踪报警后,应当立即出警处置并立案侦查,迅速启动儿童失踪快速查找机制,充分调动警务资源,第一时间组织查找,并及时免费采集失踪儿童父母血样录入全国打拐DNA信息库。

公安机关解救被拐卖儿童后,对于查找到生父母或其他监护人的,应当及时送还。对于暂时查找不到生父母及其他监护人的,应当送交社会福利机构或者救助保护机构抚养,并签发打拐解救儿童临时照料通知书(附件1),由社会福利机构或者救助保护机构承担临时监护责任。同时,公安机关要一律采集打拐解救儿童血样,检验后录入全国打拐DNA信息库比对,寻找儿童的生父母。公安机关经查找,1个月内未找到儿童生父母或其他监护人的,应当为社会福利机构或者救助保护机构出具暂时未查找到生父母或其他监护人的证明(附件2)。社会福利机构或者救助保护机构在接收打拐解救儿童后,应当在报纸和全国打拐解救儿童寻亲公告平台上发布儿童寻亲公告。公告满30日,儿童的生父母或者其他监护人未认领的,救助保护机构应当在7日内将儿童及相关材料移交当地社会福利机构。社会福利机构应当尽快为儿童办理入院手续并申报落户手续,公安机关应当积极办理落户手续。

从儿童被送交社会福利机构或者救助保护机构之日起满12个月,公安机关未能查找到儿童生父母或其他监护人的,应当向社会福利机构出具查找不到生父母或其他监护人的证明(附件3)。

打拐解救儿童在社会福利机构或者救助保护机构期间,如有人主张其为被公告儿童的生父母或者其他监护人的,上述机构应当立即通知公安机关,由公安机关开展调查核实工作。公安机关经调查确认找到打拐解救儿童生父母或其他监护人的,应当出具打拐解救儿童送还通知书(附件4),由社会福利机构或者救助保护机构配合该儿童生父母或其他监护人将儿童接回。

二、依法开展收养登记工作

社会福利机构收到查找不到生父母或其他监护人的证明后,对于符合收养条件的儿童,应当及时进行国内送养,使儿童能够尽快回归正常的家庭生活。

办理收养登记前,社会福利机构应当与收养家庭签订收养协议(附件5)。

收养人应当填写收养申请书并向有管辖权的收养登记机关提交下列证件、证明材料:

(一)居民户口簿和居民身份证;

(二)婚姻登记证或者离婚判决书、离婚调解书;

(三)县级以上医疗机构出具的未患有在医学上认为不应当收养子女疾病的身体健康检查证明;

收养登记机关应当对收养人进行收养能力评估。收养能力评估可以通过委托第三方等方式开展。收养能力评估应当包括收养人收养动机、职业和经济状况、受教育程度、身体情况、道德品质、家庭关系等内容。

社会福利机构应当向收养登记机关提交下列证件、证明材料:

(一)社会福利机构法人登记证书、法定代表人身份证明和授权委托书;

（二）被收养人照片、指纹、DNA 信息和情况说明；

（三）被收养人进入社会福利机构的原始记录和查找不到生父母或其他监护人的证明等相关证明材料；

被收养人有残疾或者患有重病的，社会福利机构应当同时提交县级以上医疗机构出具的残疾证明或者患病证明。

被收养人年满 8 周岁的，收养登记机关还应就收养登记事项单独征得其本人同意。

收养登记机关在收到收养登记申请书及相关材料后，应当按照规定进行公告。自公告之日起满 60 日，打拐解救儿童的生父母或者其他监护人未认领的，收养登记机关应当为符合条件的当事人办理收养登记。对不符合条件的，不予登记并对当事人说明理由。

三、妥善处理打拐解救儿童收养关系解除问题

打拐解救儿童被收养后，公安机关查找到其生父母或其他监护人，或者其生父母或其他监护人又查找到该儿童的，如儿童的生父母或其他监护人要求解除收养关系，且经公安机关确认该儿童确属于被盗抢、被拐骗或者走失的，收养人应当与社会福利机构共同到民政部门办理解除收养关系登记。

儿童的生父母双方或者其他监护人有出卖或者故意遗弃儿童行为的，应当依法追究法律责任，已成立的合法收养关系不受影响。

四、扎实抓好政策落实工作

（一）切实加强组织领导。各地要从落实党中央和国务院关于加强被拐卖受害人的救助、安置、康复和回归社会工作有关要求的高度充分认识此项工作的重要意义，将其作为保护未成年人合法权益和打击整治拐卖儿童犯罪买方市场的重要举措抓紧抓好。各地民政部门和公安部门要建立协调沟通机制，形成工作合力，细化职责分工，将好事办好。要做好督促检查工作，确保此项工作尽快落实。

（二）尽快解决历史问题。各地要优先解决已经在社会福利机构或者救助保护机构长期生活的打拐解救儿童的落户和收养问题。对于社会福利机构或者救助保护机构内尚未采集血样的打拐解救儿童，当地公安机关应当及时采集 DNA 信息入库比对查找其生父母，相关费用由公安机关承担，社会福利机构应当协助配合。对于采集了 DNA 信息、并在本通知实行前已经查找其生父母或其他监护人满 12 个月的儿童，公安机关应当直接向社会福利机构出具查找不到生父母或其他监护人的证明。社会福利机构或者救助保护机构应当及时在报纸和全国打拐解救儿童寻亲公告平台上发布寻亲公告，公告期满后救助保护机构应当在 7 日内将儿童及相关材料移交当地社会福利机构。社会福利机构应当在公安机关配合下尽快办理落户等手续，对于符合收养条件的儿童，按照本通知要求及时送养。

（三）着力做好宣传引导。各地要通过多种渠道主动做好政策宣传工作，特别是做好与新闻媒体的沟通，使群众充分了解相关法律规定和打拐解救儿童的生活状况，知晓办理收养登记对于保护打拐解救儿童权益和打击拐卖儿童犯罪的重要意义，营造良好的社会舆论氛围。

附件 1：

编号：______年______号

打拐解救儿童临时照料通知书

________________（福利机构/救助保护机构）：

按照国务院办公厅《中国反对拐卖人口行动计划（2013-2020 年）》和民政部、公安部《关于开展查找不到生父母的打拐解救儿童收养工作的通知》的相关规定，现将打拐解救儿童______（姓名），______（性别），______（年龄），____

____

(身高、体重等特征)送你单位临时照料。

公安机关(盖章)
年 月 日

民政部门经办人:__________,联系电话:____________
公安机关经办人:__________,联系电话:____________
注:本通知书一式两份,公安、民政各执一份。福利机构/救助保护机构在名称处盖章。

附件2:

编号:______年______号

暂时未查找到生父母或其他监护人证明

________________(福利机构/救助保护机构):
我局/分局以______年______号《打拐解救儿童临时照料通知书》送你单位临时照料的儿童,经工作,暂时未查找到其生父母或其他监护人。
特此证明。

公安机关(盖章)
年____月____日

注:本证明一式两份,公安、民政各执一份。福利机构/救助保护机构在名称处盖章。

附件3:

编号:______年______号

查找不到生父母或其他监护人证明

________________(社会福利机构):
我局/分局以______年______号《打拐解救儿童临时照料通知书》送你单位临时照料的儿童,经公安部门多方查找已满12个月,查找不到其生父母或其他监护人。
特此证明。

公安机关(盖章)
年____月____日

注:本证明一式三份,公安、社会福利机构各执一份,收养登记机关留存一份。社会福利机构在名称处盖章。

附件 4：

编号：______年______号

打拐解救儿童送还通知书

________________（福利机构/救助保护机构）：

我局/分局以年________号《打拐解救儿童临时照料通知书》送你单位临时照料的儿童，经调查确认，已找到其生父母（或其他监护人）________（姓名）、________（姓名），身份证号码分别为________________、________________。请按照民政部、公安部《关于开展查找不到生父母的打拐解救儿童收养工作的通知》的相关规定办理送还手续。

特此通知。

公安机关（盖章）

年____月____日

民政部门经办人：__________，联系电话：____________

公安机关经办人：__________，联系电话：____________

注：本通知书一式两份，公安、民政各执一份。福利机构/救助保护机构在名称处盖章。

附件 5：

编号：______年______号

收养协议

我们是____________、____________，现申请收养以______年______号《打拐解救儿童临时照料通知书》送福利机构临时照料的打拐解救儿童______（姓名）。为保护被收养儿童的合法权益，我们愿意遵守下列条款：

一、如公安机关查找到被收养儿童的生父母或其他监护人，我们愿意配合公安、社会福利机构开展相关工作。如其生父母或其他监护人要求解除收养关系，我们愿意与社会福利机构共同到民政部门办理解除收养关系登记。

二、我们应每年向解救被拐儿童的公安机关____________和社会福利机构____________报告被收养人的生活情况，并配合开展家访等工作。

三、如我们离开居住地6个月以上或者基本信息、联系方式变更的，保证及时向解救被拐儿童的公安机关和社会福利机构通报，并确保联系畅通。

送养机构（盖公章）　　　　公安机关（盖章）

年　月　日　　　　　　　　年　月　日

收养人：______（签字并按手印），联系电话：__________

收养人：______（签字并按手印），联系电话：__________

送养机构经办人：______，联系电话：____________

公安机关经办人：______，联系电话：____________

注：本协议一式四份，收养人、送养机构、公安机关各执一份，收养登记机关留存一份。

民政部、公安部、司法部、卫生部、人口计生委关于解决国内公民私自收养子女有关问题的通知

· 2008年9月5日
· 民发〔2008〕132号

各省、自治区、直辖市民政厅(局)、公安厅(局)、司法厅(局)、卫生厅(局)、人口计生委,新疆生产建设兵团民政局、公安局、司法局、卫生局、人口计生委:

《中华人民共和国收养法》(以下简称《收养法》)实施以来,国内公民依法收养意识不断增强,通过办理收养登记,有效地保障了收养关系当事人的合法权益。但目前依然存在国内公民未经登记私自收养子女的情况,因收养关系不能成立,导致已经被抚养的未成年人在落户、入学、继承等方面的合法权益无法得到有效保障。为全面贯彻落实科学发展观,体现以人为本,依法保护当事人的合法权益,进一步做好国内公民收养子女登记工作,现就解决国内公民私自收养子女问题通知如下:

一、区分不同情况,妥善解决现存私自收养子女问题

(一)1999年4月1日,《收养法》修改决定施行前国内公民私自收养子女的,依据司法部《关于办理收养法实施前建立的事实收养关系公证的通知》(司发通〔1993〕125号)、《关于贯彻执行〈中华人民共和国收养法〉若干问题的意见》(司发通〔2000〕33号)和公安部《关于国内公民收养弃婴等落户问题的通知》(公通字〔1997〕54号)的有关规定办理。

依据司法部《关于贯彻执行〈中华人民共和国收养法〉若干问题的意见》(司发通〔2000〕33号)的规定,对当事人之间抚养的事实已办理公证的,抚养人可持公证书、本人的合法有效身份证件及相关证明材料,向其常住户口所在地的户口登记机关提出落户申请,经县、市公安机关审批同意后,办理落户手续。

(二)1999年4月1日,《收养法》修改决定施行后国内公民私自收养子女的,按照下列情况办理:

1. 收养人符合《收养法》规定的条件,私自收养非社会福利机构抚养的查找不到生父母的弃婴和儿童,捡拾证明不齐全的,由收养人提出申请,到弃婴和儿童发现地的县(市)人民政府民政部门领取并填写《捡拾弃婴(儿童)情况证明》,经收养人常住户口所在地的村(居)民委员会确认,乡(镇)人民政府、街道办事处审核并出具《子女情况证明》,发现地公安部门对捡拾人进行询问并出具《捡拾弃婴(儿童)报案证明》,收养人持上述证明及《中国公民收养子女登记办法》(以下简称《登记办法》)规定的其他证明材料到弃婴和儿童发现地的县(市)人民政府民政部门办理收养登记。

2. 收养人具备抚养教育能力,身体健康,年满30周岁,先有子女,后又私自收养非社会福利机构抚养的查找不到生父母的弃婴和儿童,或者先私自收养非社会福利机构抚养的查找不到生父母的弃婴和儿童,后又生育子女的,由收养人提出申请,到弃婴和儿童发现地的县(市)人民政府民政部门领取并填写《捡拾弃婴(儿童)情况证明》,发现地公安部门出具《捡拾弃婴(儿童)报案证明》。弃婴和儿童发现地的县(市)人民政府民政部门应公告查找其生父母,并由发现地的社会福利机构办理入院登记手续,登记集体户口。对于查找不到生父母的弃婴、儿童,按照收养社会福利机构抚养的弃婴和儿童予以办理收养手续。由收养人常住户口所在地的村(居)民委员会确认,乡(镇)人民政府、街道办事处负责审核并出具收养前当事人《子女情况证明》。在公告期内或收养后有检举收养人政策外生育的,由人口计生部门予以调查处理。确属政策外生育的,由人口计生部门按有关规定处理。

捡拾地没有社会福利机构的,可到由上一级人民政府民政部门指定的机构办理。

3. 收养人不满30周岁,但符合收养人的其他条件,私自收养非社会福利机构抚养的查找不到生父母的弃婴和儿童且愿意继续抚养的,可向弃婴和儿童发现地的县(市)人民政府民政部门或社会福利机构提出助养申请,登记集体户口后签订义务助养协议,监护责任由民政部门或社会福利机构承担。待收养人年满30周岁后,仍符合收养人条件的,可以办理收养登记。

4. 单身男性私自收养非社会福利机构抚养的

三、家庭

查找不到生父母的女性弃婴和儿童,年龄相差不到40周岁的,由当事人常住户口所在地的乡(镇)人民政府、街道办事处,动员其将弃婴和儿童送交当地县(市)人民政府民政部门指定的社会福利机构抚养。

夫妻双方在婚姻关系存续期间私自收养女性弃婴和儿童,后因离婚或者丧偶,女婴由男方抚养,年龄相差不到40周岁,抚养事实满一年的,可凭公证机构出具的抚养事实公证书,以及人民法院离婚判决书、离婚调解书、离婚证或者其妻死亡证明等相关证明材料,到县(市)人民政府民政部门申请办理收养登记。

5. 私自收养生父母有特殊困难无力抚养的子女、由监护人送养的孤儿,或者私自收养三代以内同辈旁系血亲的子女,符合《收养法》规定条件的,应当依法办理登记手续;不符合条件的,应当将私自收养的子女交由生父母或者监护人抚养。

(三)私自收养发生后,收养人因经济状况,身体健康等原因不具备抚养能力,或者收养人一方死亡、离异,另一方不愿意继续抚养,或者养父母双亡的,可由收养人或其亲属将被收养人送交社会福利机构抚养(被收养人具备完全民事行为能力的除外)。其亲属符合收养人条件且愿意收养的,应当依法办理收养登记。

(四)对于不符合上述规定的国内公民私自收养,依据《收养法》及相关法律法规的规定,由当事人常住户口所在地的乡(镇)人民政府、街道办事处,动员其将弃婴或儿童送交社会福利机构抚养。

二、综合治理,建立依法安置弃婴的长效机制

有关部门要高度重视,从构建社会主义和谐社会的高度出发,采取有力措施,加大《收养法》、《登记办法》等法律、法规和政策的宣传贯彻力度,充分发挥乡(镇)人民政府、街道办事处,村(居)民委员会的作用,广泛深入地向群众宣传弃婴收养的有关规定,切实做到依法安置,依法登记和依法收养。

民政部门应协调、协助本辖区内弃婴的报案、临时安置、移送社会福利机构等工作。同时,要进一步加强、规范社会福利机构建设,提高养育水平,妥善接收、安置查找不到生父母的弃婴和儿童;对不按规定,拒绝接收的,要责令改正。

公安部门应依据有关规定及时为弃婴捡拾人出具捡拾报案证明,为查找不到生父母的弃婴和儿童办理社会福利机构集体户口,将已被收养的儿童户口迁至收养人家庭户口,并在登记与户主关系时注明子女关系;应积极查找弃婴和儿童的生父母或其他监护人,严厉打击查处借收养名义拐卖儿童、遗弃婴儿等违法犯罪行为。

司法行政部门应指导公证机构依法办理收养公证和当事人之间抚养事实公证。

卫生部门应加强对医疗保健机构的监督管理,配合民政、公安部门做好弃婴和儿童的收养登记工作。医疗保健机构发现弃婴和弃儿,应及时向所在地公安部门报案并移送福利机构,不得转送他人或私自收养。

人口计生部门应积极配合民政部门做好收养登记工作,掌握辖区内居民的家庭成员情况和育龄人员的生育情况,做好相关工作。

各地应广泛深入宣传通知精神,集中处理本行政区域内2009年4月1日之前发生的国内公民私自收养。自本通知下发之日起,公民捡拾弃婴的,一律到当地公安部门报案,查找不到生父母和其他监护人的一律由公安部门送交当地社会福利机构或者民政部门指定的抚养机构抚养。公民申请收养子女的,应到民政部门申请办理收养登记。对本通知下发之前已经处理且执行完结的私自收养子女的问题,不再重新处理;正在处理过程中,但按照通知规定不予处理的,终止有关程序;已经发生,尚未处理的,按本通知执行。

各级政府和有关部门应以科学发展观为统领,本着"以人为本、儿童至上、区别对待、依法办理"的原则,积极稳妥地解决已经形成的私自收养问题。各省、自治区、直辖市相关部门应根据通知精神,结合本地实际情况,制订相关实施意见。对已确立的收养关系的户口迁移,应按当地公安部门的现行规定执行。

附件:1. 捡拾弃婴(儿童)情况证明(略)

2. 子女情况证明(略)

3. 捡拾弃婴(儿童)报案证明(略)

5. 家庭生活保障

城市居民最低生活保障条例

· 1999 年 9 月 28 日中华人民共和国国务院令第 271 号发布
· 自 1999 年 10 月 1 日起施行

第一条 为了规范城市居民最低生活保障制度,保障城市居民基本生活,制定本条例。

第二条 持有非农业户口的城市居民,凡共同生活的家庭成员人均收入低于当地城市居民最低生活保障标准的,均有从当地人民政府获得基本生活物质帮助的权利。

前款所称收入,是指共同生活的家庭成员的全部货币收入和实物收入,包括法定赡养人、扶养人或者抚养人应当给付的赡养费、扶养费或者抚养费,不包括优抚对象按照国家规定享受的抚恤金、补助金。

第三条 城市居民最低生活保障制度遵循保障城市居民基本生活的原则,坚持国家保障与社会帮扶相结合、鼓励劳动自救的方针。

第四条 城市居民最低生活保障制度实行地方各级人民政府负责制。县级以上地方各级人民政府民政部门具体负责本行政区域内城市居民最低生活保障的管理工作;财政部门按照规定落实城市居民最低生活保障资金;统计、物价、审计、劳动保障和人事等部门分工负责,在各自的职责范围内负责城市居民最低生活保障的有关工作。

县级人民政府民政部门以及街道办事处和镇人民政府(以下统称管理审批机关)负责城市居民最低生活保障的具体管理审批工作。

居民委员会根据管理审批机关的委托,可以承担城市居民最低生活保障的日常管理、服务工作。

国务院民政部门负责全国城市居民最低生活保障的管理工作。

第五条 城市居民最低生活保障所需资金,由地方人民政府列入财政预算,纳入社会救济专项资金支出项目,专项管理,专款专用。

国家鼓励社会组织和个人为城市居民最低生活保障提供捐赠、资助;所提供的捐赠资助,全部纳入当地城市居民最低生活保障资金。

第六条 城市居民最低生活保障标准,按照当地维持城市居民基本生活所必需的衣、食、住费用,并适当考虑水电燃煤(燃气)费用以及未成年人的义务教育费用确定。

直辖市、设区的市的城市居民最低生活保障标准,由市人民政府民政部门会同财政、统计、物价等部门制定,报本级人民政府批准并公布执行;县(县级市)的城市居民最低生活保障标准,由县(县级市)人民政府民政部门会同财政、统计、物价等部门制定,报本级人民政府批准并报上一级人民政府备案后公布执行。

城市居民最低生活保障标准需要提高时,依照前两款的规定重新核定。

第七条 申请享受城市居民最低生活保障待遇,由户主向户籍所在地的街道办事处或者镇人民政府提出书面申请,并出具有关证明材料,填写《城市居民最低生活保障待遇审批表》。城市居民最低生活保障待遇,由其所在地的街道办事处或者镇人民政府初审,并将有关材料和初审意见报送县级人民政府民政部门审批。

管理审批机关为审批城市居民最低生活保障待遇的需要,可以通过入户调查、邻里访问以及信函索证等方式对申请人的家庭经济状况和实际生活水平进行调查核实。申请人及有关单位、组织或者个人应当接受调查,如实提供有关情况。

第八条 县级人民政府民政部门经审查,对符合享受城市居民最低生活保障待遇条件的家庭,应当区分下列不同情况批准其享受城市居民最低生活保障待遇:

(一)对无生活来源、无劳动能力又无法定赡养人、扶养人或者抚养人的城市居民,批准其按照当地城市居民最低生活保障标准全额享受;

(二)对尚有一定收入的城市居民,批准其按照家庭人均收入低于当地城市居民最低生活保障标准的差额享受。

县级人民政府民政部门经审查,对不符合享受城市居民最低生活保障待遇条件的,应当书面通知申请人,并说明理由。

管理审批机关应当自接到申请人提出申请之日起的 30 日内办结审批手续。

城市居民最低生活保障待遇由管理审批机关以货币形式按月发放；必要时，也可以给付实物。

第九条 对经批准享受城市居民最低生活保障待遇的城市居民，由管理审批机关采取适当形式以户为单位予以公布，接受群众监督。任何人对不符合法定条件而享受城市居民最低生活保障待遇的，都有权向管理审批机关提出意见；管理审批机关经核查，对情况属实的，应当予以纠正。

第十条 享受城市居民最低生活保障待遇的城市居民家庭人均收入情况发生变化的，应当及时通过居民委员会告知管理审批机关，办理停发、减发或者增发城市居民最低生活保障待遇的手续。

管理审批机关应当对享受城市居民最低生活保障待遇的城市居民的家庭收入情况定期进行核查。

在就业年龄内有劳动能力但尚未就业的城市居民，在享受城市居民最低生活保障待遇期间，应当参加其所在的居民委员会组织的公益性社区服务劳动。

第十一条 地方各级人民政府及其有关部门，应当对享受城市居民最低生活保障待遇的城市居民在就业、从事个体经营等方面给予必要的扶持和照顾。

第十二条 财政部门、审计部门依法监督城市居民最低生活保障资金的使用情况。

第十三条 从事城市居民最低生活保障管理审批工作的人员有下列行为之一的，给予批评教育，依法给予行政处分；构成犯罪的，依法追究刑事责任：

（一）对符合享受城市居民最低生活保障待遇条件的家庭拒不签署同意享受城市居民最低生活保障待遇意见的，或者对不符合享受城市居民最低生活保障待遇条件的家庭故意签署同意享受城市居民最低生活保障待遇意见的；

（二）玩忽职守、徇私舞弊，或者贪污、挪用、扣压、拖欠城市居民最低生活保障款物的。

第十四条 享受城市居民最低生活保障待遇的城市居民有下列行为之一的，由县级人民政府民政部门给予批评教育或者警告，追回其冒领的城市居民最低生活保障款物；情节恶劣的，处冒领金额1倍以上3倍以下的罚款：

（一）采取虚报、隐瞒、伪造等手段，骗取享受城市居民最低生活保障待遇的；

（二）在享受城市居民最低生活保障待遇期间家庭收入情况好转，不按规定告知管理审批机关，继续享受城市居民最低生活保障待遇的。

第十五条 城市居民对县级人民政府民政部门作出的不批准享受城市居民最低生活保障待遇或者减发、停发城市居民最低生活保障款物的决定或者给予的行政处罚不服的，可以依法申请行政复议；对复议决定仍不服的，可以依法提起行政诉讼。

第十六条 省、自治区、直辖市人民政府可以根据本条例，结合本行政区域城市居民最低生活保障工作的实际情况，规定实施的办法和步骤。

第十七条 本条例自1999年10月1日起施行。

社会救助暂行办法

· 2014年2月21日中华人民共和国国务院令第649号公布

· 根据2019年3月2日《国务院关于修改部分行政法规的决定》修订

第一章 总 则

第一条 为了加强社会救助，保障公民的基本生活，促进社会公平，维护社会和谐稳定，根据宪法，制定本办法。

第二条 社会救助制度坚持托底线、救急难、可持续，与其他社会保障制度相衔接，社会救助水平与经济社会发展水平相适应。

社会救助工作应当遵循公开、公平、公正、及时的原则。

第三条 国务院民政部门统筹全国社会救助体系建设。国务院民政、应急管理、卫生健康、教育、住房城乡建设、人力资源社会保障、医疗保障等部门，按照各自职责负责相应的社会救助管理工作。

县级以上地方人民政府民政、应急管理、卫生健康、教育、住房城乡建设、人力资源社会保障、医疗保障等部门，按照各自职责负责本行政区域内相应的社会救助管理工作。

前两款所列行政部门统称社会救助管理部门。

第四条 乡镇人民政府、街道办事处负责有关社会救助的申请受理、调查审核,具体工作由社会救助经办机构或者经办人员承担。

村民委员会、居民委员会协助做好有关社会救助工作。

第五条 县级以上人民政府应当将社会救助纳入国民经济和社会发展规划,建立健全政府领导、民政部门牵头、有关部门配合、社会力量参与的社会救助工作协调机制,完善社会救助资金、物资保障机制,将政府安排的社会救助资金和社会救助工作经费纳入财政预算。

社会救助资金实行专项管理,分账核算,专款专用,任何单位或者个人不得挤占挪用。社会救助资金的支付,按照财政国库管理的有关规定执行。

第六条 县级以上人民政府应当按照国家统一规划建立社会救助管理信息系统,实现社会救助信息互联互通、资源共享。

第七条 国家鼓励、支持社会力量参与社会救助。

第八条 对在社会救助工作中作出显著成绩的单位、个人,按照国家有关规定给予表彰、奖励。

第二章 最低生活保障

第九条 国家对共同生活的家庭成员人均收入低于当地最低生活保障标准,且符合当地最低生活保障家庭财产状况规定的家庭,给予最低生活保障。

第十条 最低生活保障标准,由省、自治区、直辖市或者设区的市级人民政府按照当地居民生活必需的费用确定、公布,并根据当地经济社会发展水平和物价变动情况适时调整。

最低生活保障家庭收入状况、财产状况的认定办法,由省、自治区、直辖市或者设区的市级人民政府按照国家有关规定制定。

第十一条 申请最低生活保障,按照下列程序办理:

(一)由共同生活的家庭成员向户籍所在地的乡镇人民政府、街道办事处提出书面申请;家庭成员申请有困难的,可以委托村民委员会、居民委员会代为提出申请。

(二)乡镇人民政府、街道办事处应当通过入户调查、邻里访问、信函索证、群众评议、信息核查等方式,对申请人的家庭收入状况、财产状况进行调查核实,提出初审意见,在申请人所在村、社区公示后报县级人民政府民政部门审批。

(三)县级人民政府民政部门经审查,对符合条件的申请予以批准,并在申请人所在村、社区公布;对不符合条件的申请不予批准,并书面向申请人说明理由。

第十二条 对批准获得最低生活保障的家庭,县级人民政府民政部门按照共同生活的家庭成员人均收入低于当地最低生活保障标准的差额,按月发给最低生活保障金。

对获得最低生活保障后生活仍有困难的老年人、未成年人、重度残疾人和重病患者,县级以上地方人民政府应当采取必要措施给予生活保障。

第十三条 最低生活保障家庭的人口状况、收入状况、财产状况发生变化的,应当及时告知乡镇人民政府、街道办事处。

县级人民政府民政部门以及乡镇人民政府、街道办事处应当对获得最低生活保障家庭的人口状况、收入状况、财产状况定期核查。

最低生活保障家庭的人口状况、收入状况、财产状况发生变化的,县级人民政府民政部门应当及时决定增发、减发或者停发最低生活保障金;决定停发最低生活保障金的,应当书面说明理由。

第三章 特困人员供养

第十四条 国家对无劳动能力、无生活来源且无法定赡养、抚养、扶养义务人,或者其法定赡养、抚养、扶养义务人无赡养、抚养、扶养能力的老年人、残疾人以及未满16周岁的未成年人,给予特困人员供养。

第十五条 特困人员供养的内容包括:

(一)提供基本生活条件;

(二)对生活不能自理的给予照料;

(三)提供疾病治疗;

(四)办理丧葬事宜。

特困人员供养标准,由省、自治区、直辖市或者设区的市级人民政府确定、公布。

特困人员供养应当与城乡居民基本养老保险、基本医疗保障、最低生活保障、孤儿基本生活保障等制度相衔接。

第十六条 申请特困人员供养,由本人向户籍所在地的乡镇人民政府、街道办事处提出书面申请;本人申请有困难的,可以委托村民委员会、居民委员会代为提出申请。

特困人员供养的审批程序适用本办法第十一条规定。

第十七条 乡镇人民政府、街道办事处应当及时了解掌握居民的生活情况,发现符合特困供养条件的人员,应当主动为其依法办理供养。

第十八条 特困供养人员不再符合供养条件的,村民委员会、居民委员会或者供养服务机构应当告知乡镇人民政府、街道办事处,由乡镇人民政府、街道办事处审核并报县级人民政府民政部门核准后,终止供养并予以公示。

第十九条 特困供养人员可以在当地的供养服务机构集中供养,也可以在家分散供养。特困供养人员可以自行选择供养形式。

第四章 受灾人员救助

第二十条 国家建立健全自然灾害救助制度,对基本生活受到自然灾害严重影响的人员,提供生活救助。

自然灾害救助实行属地管理,分级负责。

第二十一条 设区的市级以上人民政府和自然灾害多发、易发地区的县级人民政府应当根据自然灾害特点、居民人口数量和分布等情况,设立自然灾害救助物资储备库,保障自然灾害发生后救助物资的紧急供应。

第二十二条 自然灾害发生后,县级以上人民政府或者人民政府的自然灾害救助应急综合协调机构应当根据情况紧急疏散、转移、安置受灾人员,及时为受灾人员提供必要的食品、饮用水、衣被、取暖、临时住所、医疗防疫等应急救助。

第二十三条 灾情稳定后,受灾地区县级以上人民政府应当评估、核定并发布自然灾害损失情况。

第二十四条 受灾地区人民政府应当在确保安全的前提下,对住房损毁严重的受灾人员进行过渡性安置。

第二十五条 自然灾害危险消除后,受灾地区人民政府应急管理等部门应当及时核实本行政区域内居民住房恢复重建补助对象,并给予资金、物资等救助。

第二十六条 自然灾害发生后,受灾地区人民政府应当为因当年冬寒或者次年春荒遇到生活困难的受灾人员提供基本生活救助。

第五章 医疗救助

第二十七条 国家建立健全医疗救助制度,保障医疗救助对象获得基本医疗卫生服务。

第二十八条 下列人员可以申请相关医疗救助:

(一)最低生活保障家庭成员;

(二)特困供养人员;

(三)县级以上人民政府规定的其他特殊困难人员。

第二十九条 医疗救助采取下列方式:

(一)对救助对象参加城镇居民基本医疗保险或者新型农村合作医疗的个人缴费部分,给予补贴;

(二)对救助对象经基本医疗保险、大病保险和其他补充医疗保险支付后,个人及其家庭难以承担的符合规定的基本医疗自负费用,给予补助。

医疗救助标准,由县级以上人民政府按照经济社会发展水平和医疗救助资金情况确定、公布。

第三十条 申请医疗救助的,应当向乡镇人民政府、街道办事处提出,经审核、公示后,由县级人民政府医疗保障部门审批。最低生活保障家庭成员和特困供养人员的医疗救助,由县级人民政府医疗保障部门直接办理。

第三十一条 县级以上人民政府应当建立健全医疗救助与基本医疗保险、大病保险相衔接的医疗费用结算机制,为医疗救助对象提供便捷服务。

第三十二条 国家建立疾病应急救助制度,对需要急救但身份不明或者无力支付急救费用的急重危伤病患者给予救助。符合规定的急救费用由疾病应急救助基金支付。

疾病应急救助制度应当与其他医疗保障制度相衔接。

第六章 教育救助

第三十三条 国家对在义务教育阶段就学的最低生活保障家庭成员、特困供养人员,给予教育救助。

对在高中教育(含中等职业教育)、普通高等教育阶段就学的最低生活保障家庭成员、特困供养人员,以及不能入学接受义务教育的残疾儿童,根据实际情况给予适当教育救助。

第三十四条 教育救助根据不同教育阶段需求，采取减免相关费用、发放助学金、给予生活补助、安排勤工助学等方式实施，保障教育救助对象基本学习、生活需求。

第三十五条 教育救助标准，由省、自治区、直辖市人民政府根据经济社会发展水平和教育救助对象的基本学习、生活需求确定、公布。

第三十六条 申请教育救助，应当按照国家有关规定向就读学校提出，按规定程序审核、确认后，由学校按照国家有关规定实施。

第七章 住房救助

第三十七条 国家对符合规定标准的住房困难的最低生活保障家庭、分散供养的特困人员，给予住房救助。

第三十八条 住房救助通过配租公共租赁住房、发放住房租赁补贴、农村危房改造等方式实施。

第三十九条 住房困难标准和救助标准，由县级以上地方人民政府根据本行政区域经济社会发展水平、住房价格水平等因素确定、公布。

第四十条 城镇家庭申请住房救助的，应当经由乡镇人民政府、街道办事处或者直接向县级人民政府住房保障部门提出，经县级人民政府民政部门审核家庭收入、财产状况和县级人民政府住房保障部门审核家庭住房状况并公示后，对符合申请条件的申请人，由县级人民政府住房保障部门优先给予保障。

农村家庭申请住房救助的，按照县级以上人民政府有关规定执行。

第四十一条 各级人民政府按照国家规定通过财政投入、用地供应等措施为实施住房救助提供保障。

第八章 就业救助

第四十二条 国家对最低生活保障家庭中有劳动能力并处于失业状态的成员，通过贷款贴息、社会保险补贴、岗位补贴、培训补贴、费用减免、公益性岗位安置等办法，给予就业救助。

第四十三条 最低生活保障家庭有劳动能力的成员均处于失业状态的，县级以上地方人民政府应当采取有针对性的措施，确保该家庭至少有一人就业。

第四十四条 申请就业救助的，应当向住所地街道、社区公共就业服务机构提出，公共就业服务机构核实后予以登记，并免费提供就业岗位信息、职业介绍、职业指导等就业服务。

第四十五条 最低生活保障家庭中有劳动能力但未就业的成员，应当接受人力资源社会保障等有关部门介绍的工作；无正当理由，连续3次拒绝接受介绍的与其健康状况、劳动能力等相适应的工作的，县级人民政府民政部门应当决定减发或者停发其本人的最低生活保障金。

第四十六条 吸纳就业救助对象的用人单位，按照国家有关规定享受社会保险补贴、税收优惠、小额担保贷款等就业扶持政策。

第九章 临时救助

第四十七条 国家对因火灾、交通事故等意外事件，家庭成员突发重大疾病等原因，导致基本生活暂时出现严重困难的家庭，或者因生活必需支出突然增加超出家庭承受能力，导致基本生活暂时出现严重困难的最低生活保障家庭，以及遭遇其他特殊困难的家庭，给予临时救助。

第四十八条 申请临时救助的，应当向乡镇人民政府、街道办事处提出，经审核、公示后，由县级人民政府民政部门审批；救助金额较小的，县级人民政府民政部门可以委托乡镇人民政府、街道办事处审批。情况紧急的，可以按照规定简化审批手续。

第四十九条 临时救助的具体事项、标准，由县级以上地方人民政府确定、公布。

第五十条 国家对生活无着的流浪、乞讨人员提供临时食宿、急病救治、协助返回等救助。

第五十一条 公安机关和其他有关行政机关的工作人员在执行公务时发现流浪、乞讨人员的，应当告知其向救助管理机构求助。对其中的残疾人、未成年人、老年人和行动不便的其他人员，应当引导、护送到救助管理机构；对突发急病人员，应当立即通知急救机构进行救治。

第十章 社会力量参与

第五十二条 国家鼓励单位和个人等社会力量通过捐赠、设立帮扶项目、创办服务机构、提供志愿服务等方式，参与社会救助。

第五十三条 社会力量参与社会救助，按照国家有关规定享受财政补贴、税收优惠、费用减免等政策。

第五十四条 县级以上地方人民政府可以将社会救助中的具体服务事项通过委托、承包、采购等方式,向社会力量购买服务。

第五十五条 县级以上地方人民政府应当发挥社会工作服务机构和社会工作者作用,为社会救助对象提供社会融入、能力提升、心理疏导等专业服务。

第五十六条 社会救助管理部门及相关机构应当建立社会力量参与社会救助的机制和渠道,提供社会救助项目、需求信息,为社会力量参与社会救助创造条件、提供便利。

第十一章 监督管理

第五十七条 县级以上人民政府及其社会救助管理部门应当加强对社会救助工作的监督检查,完善相关监督管理制度。

第五十八条 申请或者已获得社会救助的家庭,应当按照规定如实申报家庭收入状况、财产状况。

县级以上人民政府民政部门根据申请或者已获得社会救助家庭的请求、委托,可以通过户籍管理、税务、社会保险、不动产登记、工商登记、住房公积金管理、车船管理等单位和银行、保险、证券等金融机构,代为查询、核对其家庭收入状况、财产状况;有关单位和金融机构应当予以配合。

县级以上人民政府民政部门应当建立申请和已获得社会救助家庭经济状况信息核对平台,为审核认定社会救助对象提供依据。

第五十九条 县级以上人民政府社会救助管理部门和乡镇人民政府、街道办事处在履行社会救助职责过程中,可以查阅、记录、复制与社会救助事项有关的资料,询问与社会救助事项有关的单位、个人,要求其对相关情况作出说明,提供相关证明材料。有关单位、个人应当如实提供。

第六十条 申请社会救助,应当按照本办法的规定提出;申请人难以确定社会救助管理部门的,可以先向社会救助经办机构或者县级人民政府民政部门求助。社会救助经办机构或者县级人民政府民政部门接到求助后,应当及时办理或者转交其他社会救助管理部门办理。

乡镇人民政府、街道办事处应当建立统一受理社会救助申请的窗口,及时受理、转办申请事项。

第六十一条 履行社会救助职责的工作人员对在社会救助工作中知悉的公民个人信息,除按照规定应当公示的信息外,应当予以保密。

第六十二条 县级以上人民政府及其社会救助管理部门应当通过报刊、广播、电视、互联网等媒体,宣传社会救助法律、法规和政策。

县级人民政府及其社会救助管理部门应当通过公共查阅室、资料索取点、信息公告栏等便于公众知晓的途径,及时公开社会救助资金、物资的管理和使用等情况,接受社会监督。

第六十三条 履行社会救助职责的工作人员行使职权,应当接受社会监督。

任何单位、个人有权对履行社会救助职责的工作人员在社会救助工作中的违法行为进行举报、投诉。受理举报、投诉的机关应当及时核实、处理。

第六十四条 县级以上人民政府财政部门、审计机关依法对社会救助资金、物资的筹集、分配、管理和使用实施监督。

第六十五条 申请或者已获得社会救助的家庭或者人员,对社会救助管理部门作出的具体行政行为不服的,可以依法申请行政复议或者提起行政诉讼。

第十二章 法律责任

第六十六条 违反本办法规定,有下列情形之一的,由上级行政机关或者监察机关责令改正;对直接负责的主管人员和其他直接责任人员依法给予处分:

(一)对符合申请条件的救助申请不予受理的;

(二)对符合救助条件的救助申请不予批准的;

(三)对不符合救助条件的救助申请予以批准的;

(四)泄露在工作中知悉的公民个人信息,造成后果的;

(五)丢失、篡改接受社会救助款物、服务记录等数据的;

(六)不按照规定发放社会救助资金、物资或者提供相关服务的;

（七）在履行社会救助职责过程中有其他滥用职权、玩忽职守、徇私舞弊行为的。

第六十七条 违反本办法规定，截留、挤占、挪用、私分社会救助资金、物资的，由有关部门责令追回；有违法所得的，没收违法所得；对直接负责的主管人员和其他直接责任人员依法给予处分。

第六十八条 采取虚报、隐瞒、伪造等手段，骗取社会救助资金、物资或者服务的，由有关部门决定停止社会救助，责令退回非法获取的救助资金、物资，可以处非法获取的救助款额或者物资价值1倍以上3倍以下的罚款；构成违反治安管理行为的，依法给予治安管理处罚。

第六十九条 违反本办法规定，构成犯罪的，依法追究刑事责任。

第十三章 附 则

第七十条 本办法自2014年5月1日起施行。

住房公积金管理条例

· 1999年4月3日中华人民共和国国务院令第262号发布

· 根据2002年3月24日《国务院关于修改〈住房公积金管理条例〉的决定》第一次修订

· 根据2019年3月24日《国务院关于修改部分行政法规的决定》第二次修订

第一章 总 则

第一条 为了加强对住房公积金的管理，维护住房公积金所有者的合法权益，促进城镇住房建设，提高城镇居民的居住水平，制定本条例。

第二条 本条例适用于中华人民共和国境内住房公积金的缴存、提取、使用、管理和监督。

本条例所称住房公积金，是指国家机关、国有企业、城镇集体企业、外商投资企业、城镇私营企业及其他城镇企业、事业单位、民办非企业单位、社会团体（以下统称单位）及其在职职工缴存的长期住房储金。

第三条 职工个人缴存的住房公积金和职工所在单位为职工缴存的住房公积金，属于职工个人所有。

第四条 住房公积金的管理实行住房公积金管理委员会决策、住房公积金管理中心运作、银行专户存储、财政监督的原则。

第五条 住房公积金应当用于职工购买、建造、翻建、大修自住住房，任何单位和个人不得挪作他用。

第六条 住房公积金的存、贷利率由中国人民银行提出，经征求国务院建设行政主管部门的意见后，报国务院批准。

第七条 国务院建设行政主管部门会同国务院财政部门、中国人民银行拟定住房公积金政策，并监督执行。

省、自治区人民政府建设行政主管部门会同同级财政部门以及中国人民银行分支机构，负责本行政区域内住房公积金管理法规、政策执行情况的监督。

第二章 机构及其职责

第八条 直辖市和省、自治区人民政府所在地的市以及其他设区的市（地、州、盟），应当设立住房公积金管理委员会，作为住房公积金管理的决策机构。住房公积金管理委员会的成员中，人民政府负责人和建设、财政、人民银行等有关部门负责人以及有关专家占1/3，工会代表和职工代表占1/3，单位代表占1/3。

住房公积金管理委员会主任应当由具有社会公信力的人士担任。

第九条 住房公积金管理委员会在住房公积金管理方面履行下列职责：

（一）依据有关法律、法规和政策，制定和调整住房公积金的具体管理措施，并监督实施；

（二）根据本条例第十八条的规定，拟订住房公积金的具体缴存比例；

（三）确定住房公积金的最高贷款额度；

（四）审批住房公积金归集、使用计划；

（五）审议住房公积金增值收益分配方案；

（六）审批住房公积金归集、使用计划执行情况的报告。

第十条 直辖市和省、自治区人民政府所在地的市以及其他设区的市（地、州、盟）应当按照精简、效能的原则，设立一个住房公积金管理中心，负责住房公积金的管理运作。县（市）不设立住房公积金管理中心。

前款规定的住房公积金管理中心可以在有条件的县(市)设立分支机构。住房公积金管理中心与其分支机构应当实行统一的规章制度,进行统一核算。

住房公积金管理中心是直属城市人民政府的不以营利为目的的独立的事业单位。

第十一条 住房公积金管理中心履行下列职责:

(一)编制、执行住房公积金的归集、使用计划;

(二)负责记载职工住房公积金的缴存、提取、使用等情况;

(三)负责住房公积金的核算;

(四)审批住房公积金的提取、使用;

(五)负责住房公积金的保值和归还;

(六)编制住房公积金归集、使用计划执行情况的报告;

(七)承办住房公积金管理委员会决定的其他事项。

第十二条 住房公积金管理委员会应当按照中国人民银行的有关规定,指定受委托办理住房公积金金融业务的商业银行(以下简称受委托银行);住房公积金管理中心应当委托受委托银行办理住房公积金贷款、结算等金融业务和住房公积金账户的设立、缴存、归还等手续。

住房公积金管理中心应当与受委托银行签订委托合同。

第三章 缴 存

第十三条 住房公积金管理中心应当在受委托银行设立住房公积金专户。

单位应当向住房公积金管理中心办理住房公积金缴存登记,并为本单位职工办理住房公积金账户设立手续。每个职工只能有一个住房公积金账户。

住房公积金管理中心应当建立职工住房公积金明细账,记载职工个人住房公积金的缴存、提取等情况。

第十四条 新设立的单位应当自设立之日起30日内向住房公积金管理中心办理住房公积金缴存登记,并自登记之日起20日内,为本单位职工办理住房公积金账户设立手续。

单位合并、分立、撤销、解散或者破产的,应当自发生上述情况之日起30日内由原单位或者清算组织向住房公积金管理中心办理变更登记或者注销登记,并自办妥变更登记或者注销登记之日起20日内,为本单位职工办理住房公积金账户转移或者封存手续。

第十五条 单位录用职工的,应当自录用之日起30日内向住房公积金管理中心办理缴存登记,并办理职工住房公积金账户的设立或者转移手续。

单位与职工终止劳动关系的,单位应当自劳动关系终止之日起30日内向住房公积金管理中心办理变更登记,并办理职工住房公积金账户转移或者封存手续。

第十六条 职工住房公积金的月缴存额为职工本人上一年度月平均工资乘以职工住房公积金缴存比例。

单位为职工缴存的住房公积金的月缴存额为职工本人上一年度月平均工资乘以单位住房公积金缴存比例。

第十七条 新参加工作的职工从参加工作的第二个月开始缴存住房公积金,月缴存额为职工本人当月工资乘以职工住房公积金缴存比例。

单位新调入的职工从调入单位发放工资之日起缴存住房公积金,月缴存额为职工本人当月工资乘以职工住房公积金缴存比例。

第十八条 职工和单位住房公积金的缴存比例均不得低于职工上一年度月平均工资的5%;有条件的城市,可以适当提高缴存比例。具体缴存比例由住房公积金管理委员会拟订,经本级人民政府审核后,报省、自治区、直辖市人民政府批准。

第十九条 职工个人缴存的住房公积金,由所在单位每月从其工资中代扣代缴。

单位应当于每月发放职工工资之日起5日内将单位缴存的和为职工代缴的住房公积金汇缴到住房公积金专户内,由受委托银行计入职工住房公积金账户。

第二十条 单位应当按时、足额缴存住房公积金,不得逾期缴存或者少缴。

对缴存住房公积金确有困难的单位,经本单位职工代表大会或者工会讨论通过,并经住房公积金管理中心审核,报住房公积金管理委员会批准后,可以降低缴存比例或者缓缴;待单位经济效益好转后,再提高缴存比例或者补缴缓缴。

第二十一条 住房公积金自存入职工住房公积金账户之日起按照国家规定的利率计息。

第二十二条 住房公积金管理中心应当为缴存住房公积金的职工发放缴存住房公积金的有效凭证。

第二十三条 单位为职工缴存的住房公积金,按照下列规定列支:

(一)机关在预算中列支;

(二)事业单位由财政部门核定收支后,在预算或者费用中列支;

(三)企业在成本中列支。

第四章 提取和使用

第二十四条 职工有下列情形之一的,可以提取职工住房公积金账户内的存储余额:

(一)购买、建造、翻建、大修自住住房的;

(二)离休、退休的;

(三)完全丧失劳动能力,并与单位终止劳动关系的;

(四)出境定居的;

(五)偿还购房贷款本息的;

(六)房租超出家庭工资收入的规定比例的。

依照前款第(二)、(三)、(四)项规定,提取职工住房公积金的,应当同时注销职工住房公积金账户。

职工死亡或者被宣告死亡的,职工的继承人、受遗赠人可以提取职工住房公积金账户内的存储余额;无继承人也无受遗赠人的,职工住房公积金账户内的存储余额纳入住房公积金的增值收益。

第二十五条 职工提取住房公积金账户内的存储余额的,所在单位应当予以核实,并出具提取证明。

职工应当持提取证明向住房公积金管理中心申请提取住房公积金。住房公积金管理中心应当自受理申请之日起 3 日内作出准予提取或者不准提取的决定,并通知申请人;准予提取的,由受委托银行办理支付手续。

第二十六条 缴存住房公积金的职工,在购买、建造、翻建、大修自住住房时,可以向住房公积金管理中心申请住房公积金贷款。

住房公积金管理中心应当自受理申请之日起 15 日内作出准予贷款或者不准贷款的决定,并通知申请人;准予贷款的,由受委托银行办理贷款手续。

住房公积金贷款的风险,由住房公积金管理中心承担。

第二十七条 申请人申请住房公积金贷款的,应当提供担保。

第二十八条 住房公积金管理中心在保证住房公积金提取和贷款的前提下,经住房公积金管理委员会批准,可以将住房公积金用于购买国债。

住房公积金管理中心不得向他人提供担保。

第二十九条 住房公积金的增值收益应当存入住房公积金管理中心在受委托银行开立的住房公积金增值收益专户,用于建立住房公积金贷款风险准备金、住房公积金管理中心的管理费用和建设城市廉租住房的补充资金。

第三十条 住房公积金管理中心的管理费用,由住房公积金管理中心按照规定的标准编制全年预算支出总额,报本级人民政府财政部门批准后,从住房公积金增值收益中上交本级财政,由本级财政拨付。

住房公积金管理中心的管理费用标准,由省、自治区、直辖市人民政府建设行政主管部门会同同级财政部门按照略高于国家规定的事业单位费用标准制定。

第五章 监 督

第三十一条 地方有关人民政府财政部门应当加强对本行政区域内住房公积金归集、提取和使用情况的监督,并向本级人民政府的住房公积金管理委员会通报。

住房公积金管理中心在编制住房公积金归集、使用计划时,应当征求财政部门的意见。

住房公积金管理委员会在审批住房公积金归集、使用计划和计划执行情况的报告时,必须有财政部门参加。

第三十二条 住房公积金管理中心编制的住房公积金年度预算、决算,应当经财政部门审核后,提交住房公积金管理委员会审议。

住房公积金管理中心应当每年定期向财政部门和住房公积金管理委员会报送财务报告,并将财务报告向社会公布。

第三十三条 住房公积金管理中心应当依法接受审计部门的审计监督。

第三十四条　住房公积金管理中心和职工有权督促单位按时履行下列义务：

（一）住房公积金的缴存登记或者变更、注销登记；

（二）住房公积金账户的设立、转移或者封存；

（三）足额缴存住房公积金。

第三十五条　住房公积金管理中心应当督促受委托银行及时办理委托合同约定的业务。

受委托银行应当按照委托合同的约定，定期向住房公积金管理中心提供有关的业务资料。

第三十六条　职工、单位有权查询本人、本单位住房公积金的缴存、提取情况，住房公积金管理中心、受委托银行不得拒绝。

职工、单位对住房公积金账户内的存储余额有异议的，可以申请受委托银行复核；对复核结果有异议的，可以申请住房公积金管理中心重新复核。受委托银行、住房公积金管理中心应当自收到申请之日起5日内给予书面答复。

职工有权揭发、检举、控告挪用住房公积金的行为。

第六章　罚　则

第三十七条　违反本条例的规定，单位不办理住房公积金缴存登记或者不为本单位职工办理住房公积金账户设立手续的，由住房公积金管理中心责令限期办理；逾期不办理的，处1万元以上5万元以下的罚款。

第三十八条　违反本条例的规定，单位逾期不缴或者少缴住房公积金的，由住房公积金管理中心责令限期缴存；逾期仍不缴存的，可以申请人民法院强制执行。

第三十九条　住房公积金管理委员会违反本条例规定审批住房公积金使用计划的，由国务院建设行政主管部门会同国务院财政部门或者由省、自治区人民政府建设行政主管部门会同同级财政部门，依据管理职权责令限期改正。

第四十条　住房公积金管理中心违反本条例规定，有下列行为之一的，由国务院建设行政主管部门或者省、自治区人民政府建设行政主管部门依据管理职权，责令限期改正；对负有责任的主管人员和其他直接责任人员，依法给予行政处分：

（一）未按照规定设立住房公积金专户的；

（二）未按照规定审批职工提取、使用住房公积金的；

（三）未按照规定使用住房公积金增值收益的；

（四）委托住房公积金管理委员会指定的银行以外的机构办理住房公积金金融业务的；

（五）未建立职工住房公积金明细账的；

（六）未为缴存住房公积金的职工发放缴存住房公积金的有效凭证的；

（七）未按照规定用住房公积金购买国债的。

第四十一条　违反本条例规定，挪用住房公积金的，由国务院建设行政主管部门或者省、自治区人民政府建设行政主管部门依据管理职权，追回挪用的住房公积金，没收违法所得；对挪用或者批准挪用住房公积金的人民政府负责人和政府有关部门负责人以及住房公积金管理中心负有责任的主管人员和其他直接责任人员，依照刑法关于挪用公款罪或者其他罪的规定，依法追究刑事责任；尚不够刑事处罚的，给予降级或者撤职的行政处分。

第四十二条　住房公积金管理中心违反财政法规的，由财政部门依法给予行政处罚。

第四十三条　违反本条例规定，住房公积金管理中心向他人提供担保的，对直接负责的主管人员和其他直接责任人员依法给予行政处分。

第四十四条　国家机关工作人员在住房公积金监督管理工作中滥用职权、玩忽职守、徇私舞弊，构成犯罪的，依法追究刑事责任；尚不构成犯罪的，依法给予行政处分。

第七章　附　则

第四十五条　住房公积金财务管理和会计核算的办法，由国务院财政部门商国务院建设行政主管部门制定。

第四十六条　本条例施行前尚未办理住房公积金缴存登记和职工住房公积金账户设立手续的单位，应当自本条例施行之日起60日内到住房公积金管理中心办理缴存登记，并到受委托银行办理职工住房公积金账户设立手续。

第四十七条　本条例自发布之日起施行。

国务院关于在全国建立农村最低生活保障制度的通知

· 2007 年 7 月 11 日
· 国发〔2007〕19 号

为贯彻落实党的十六届六中全会精神，切实解决农村贫困人口的生活困难，国务院决定，2007年在全国建立农村最低生活保障制度。现就有关问题通知如下：

一、充分认识建立农村最低生活保障制度的重要意义

改革开放以来，我国经济持续快速健康发展，党和政府高度重视“三农”工作，不断加大扶贫开发和社会救助工作力度，农村贫困人口数量大幅减少。但是，仍有部分贫困人口尚未解决温饱问题，需要政府给予必要的救助，以保障其基本生活，并帮助其中有劳动能力的人积极劳动脱贫致富。党的十六大以来，部分地区根据中央部署，积极探索建立农村最低生活保障制度，为全面解决农村贫困人口的基本生活问题打下了良好基础。在全国建立农村最低生活保障制度，是践行“三个代表”重要思想、落实科学发展观和构建社会主义和谐社会的必然要求，是解决农村贫困人口温饱问题的重要举措，也是建立覆盖城乡的社会保障体系的重要内容。做好这一工作，对于促进农村经济社会发展，逐步缩小城乡差距，维护社会公平具有重要意义。各地区、各部门要充分认识建立农村最低生活保障制度的重要性，将其作为社会主义新农村建设的一项重要任务，高度重视，扎实推进。

二、明确建立农村最低生活保障制度的目标和总体要求

建立农村最低生活保障制度的目标是：通过在全国范围建立农村最低生活保障制度，将符合条件的农村贫困人口全部纳入保障范围，稳定、持久、有效地解决全国农村贫困人口的温饱问题。

建立农村最低生活保障制度，实行地方人民政府负责制，按属地进行管理。各地要从当地农村经济社会发展水平和财力状况的实际出发，合理确定保障标准和对象范围。同时，要做到制度完善、程序明确、操作规范、方法简便，保证公开、公平、公正。要实行动态管理，做到保障对象有进有出，补助水平有升有降。要与扶贫开发、促进就业以及其他农村社会保障政策、生活性补助措施相衔接，坚持政府救济与家庭赡养扶养、社会互助、个人自立相结合，鼓励和支持有劳动能力的贫困人口生产自救，脱贫致富。

三、合理确定农村最低生活保障标准和对象范围

农村最低生活保障标准由县级以上地方人民政府按照能够维持当地农村居民全年基本生活所必需的吃饭、穿衣、用水、用电等费用确定，并报上一级地方人民政府备案后公布执行。农村最低生活保障标准要随着当地生活必需品价格变化和人民生活水平提高适时进行调整。

农村最低生活保障对象是家庭年人均纯收入低于当地最低生活保障标准的农村居民，主要是因病残、年老体弱、丧失劳动能力以及生存条件恶劣等原因造成生活常年困难的农村居民。

四、规范农村最低生活保障管理

农村最低生活保障的管理既要严格规范，又要从农村实际出发，采取简便易行的方法。

（一）申请、审核和审批。申请农村最低生活保障，一般由户主本人向户籍所在地的乡（镇）人民政府提出申请；村民委员会受乡（镇）人民政府委托，也可受理申请。受乡（镇）人民政府委托，在村党组织的领导下，村民委员会对申请人开展家庭经济状况调查、组织村民会议或村民代表会议民主评议后提出初步意见，报乡（镇）人民政府；乡（镇）人民政府审核后，报县级人民政府民政部门审批。乡（镇）人民政府和县级人民政府民政部门要核查申请人的家庭收入，了解其家庭财产、劳动力状况和实际生活水平，并结合村民民主评议，提出审核、审批意见。在核算申请人家庭收入时，申请人家庭按国家规定所获得的优待抚恤金、计划生育奖励与扶助金以及教育、见义勇为等方面的奖励性补助，一般不计入家庭收入，具体核算办法由地方人民政府确定。

（二）民主公示。村民委员会、乡（镇）人民政府以及县级人民政府民政部门要及时向社会公布有关信息，接受群众监督。公示的内容重点为：最低生活保障对象的申请情况和对最低生活保障对象的民主评议意见，审核、审批意见，实际补助水平等情况。对公示没有异议的,要按程序及时落实申请人的最低生活保障待遇;对公示有异议的,要进行调查核实,认真处理。

(三)资金发放。最低生活保障金原则上按照申请人家庭年人均纯收入与保障标准的差额发放,也可以在核查申请人家庭收入的基础上,按照其家庭的困难程度和类别,分档发放。要加快推行国库集中支付方式,通过代理金融机构直接、及时地将最低生活保障金支付到最低生活保障对象账户。

(四)动态管理。乡(镇)人民政府和县级人民政府民政部门要采取多种形式,定期或不定期调查了解农村困难群众的生活状况,及时将符合条件的困难群众纳入保障范围;并根据其家庭经济状况的变化,及时按程序办理停发、减发或增发最低生活保障金的手续。保障对象和补助水平变动情况都要及时向社会公示。

五、落实农村最低生活保障资金

农村最低生活保障资金的筹集以地方为主,地方各级人民政府要将农村最低生活保障资金列入财政预算,省级人民政府要加大投入。地方各级人民政府民政部门要根据保障对象人数等提出资金需求,经同级财政部门审核后列入预算。中央财政对财政困难地区给予适当补助。

地方各级人民政府及其相关部门要统筹考虑农村各项社会救助制度,合理安排农村最低生活保障资金,提高资金使用效益。同时,鼓励和引导社会力量为农村最低生活保障提供捐赠和资助。农村最低生活保障资金实行专项管理,专账核算,专款专用,严禁挤占挪用。

六、加强领导,确保农村最低生活保障制度的顺利实施

在全国建立农村最低生活保障制度,是一项重大而又复杂的系统性工作。地方各级人民政府要高度重视,将其纳入政府工作的重要议事日程,加强领导,明确责任,统筹协调,抓好落实。

要精心设计制度方案,周密组织实施。各省、自治区、直辖市人民政府制订和修订的方案,要报民政部、财政部备案。已建立农村最低生活保障制度的,要进一步完善制度,规范操作,努力提高管理水平;尚未建立农村最低生活保障制度的,要抓紧建章立制,在今年内把最低生活保障制度建立起来并组织实施。要加大政策宣传力度,利用广播、电视、报刊、互联网等媒体,做好宣传普及工作,使农村最低生活保障政策进村入户、家喻户晓。要加强协调与配合,各级民政部门要发挥职能部门作用,建立健全各项规章制度,推进信息化建设,不断提高规范化、制度化、科学化管理水平;财政部门要落实资金,加强对资金使用和管理的监督;扶贫部门要密切配合、搞好衔接,在最低生活保障制度实施后,仍要坚持开发式扶贫的方针,扶持有劳动能力的贫困人口脱贫致富。要做好新型农村合作医疗和农村医疗救助工作,防止因病致贫或返贫。要加强监督检查,县级以上地方人民政府及其相关部门要定期组织检查或抽查,对违法违纪行为及时纠正处理,对工作成绩突出的予以表彰,并定期向上一级人民政府及其相关部门报告工作进展情况。各省、自治区、直辖市人民政府要于每年年底前,将农村最低生活保障制度实施情况报告国务院。

农村最低生活保障工作涉及面广、政策性强、工作量大,地方各级人民政府在推进农村综合改革,加强农村公共服务能力建设的过程中,要统筹考虑建立农村最低生活保障制度的需要,科学整合县乡管理机构及人力资源,合理安排工作人员和工作经费,切实加强工作力量,提供必要的工作条件,逐步实现低保信息化管理,努力提高管理和服务质量,确保农村最低生活保障制度顺利实施和不断完善。

廉租住房保障办法

· 2007年11月8日建设部、国家发展和改革委员会、监察部、民政部、财政部、国土资源部、中国人民银行、国家税务总局、国家统计局令第162号公布

· 自2007年12月1日起施行

第一章 总 则

第一条 为促进廉租住房制度建设,逐步解决城市低收入家庭的住房困难,制定本办法。

第二条 城市低收入住房困难家庭的廉租住房保障及其监督管理,适用本办法。

本办法所称城市低收入住房困难家庭,是指城市和县人民政府所在地的镇范围内,家庭收入、

住房状况等符合市、县人民政府规定条件的家庭。

第三条 市、县人民政府应当在解决城市低收入家庭住房困难的发展规划及年度计划中，明确廉租住房保障工作目标、措施，并纳入本级国民经济与社会发展规划和住房建设规划。

第四条 国务院建设主管部门指导和监督全国廉租住房保障工作。县级以上地方人民政府建设(住房保障)主管部门负责本行政区域内廉租住房保障管理工作。廉租住房保障的具体工作可以由市、县人民政府确定的实施机构承担。

县级以上人民政府发展改革(价格)、监察、民政、财政、国土资源、金融管理、税务、统计等部门按照职责分工，负责廉租住房保障的相关工作。

第二章 保障方式

第五条 廉租住房保障方式实行货币补贴和实物配租相结合。货币补贴是指县级以上地方人民政府向申请廉租住房保障的城市低收入住房困难家庭发放租赁住房补贴，由其自行承租住房。实物配租是指县级以上地方人民政府向申请廉租住房保障的城市低收入住房困难家庭提供住房，并按照规定标准收取租金。

实施廉租住房保障，主要通过发放租赁补贴，增强城市低收入住房困难家庭承租住房的能力。廉租住房紧缺的城市，应当通过新建和收购等方式，增加廉租住房实物配租的房源。

第六条 市、县人民政府应当根据当地家庭平均住房水平、财政承受能力以及城市低收入住房困难家庭的人口数量、结构等因素，以户为单位确定廉租住房保障面积标准。

第七条 采取货币补贴方式的，补贴额度按照城市低收入住房困难家庭现住房面积与保障面积标准的差额、每平方米租赁住房补贴标准确定。

每平方米租赁住房补贴标准由市、县人民政府根据当地经济发展水平、市场平均租金、城市低收入住房困难家庭的经济承受能力等因素确定。其中对城市居民最低生活保障家庭，可以按照当地市场平均租金确定租赁住房补贴标准；对其他城市低收入住房困难家庭，可以根据收入情况等分类确定租赁住房补贴标准。

第八条 采取实物配租方式的，配租面积为城市低收入住房困难家庭现住房面积与保障面积标准的差额。

实物配租的住房租金标准实行政府定价。实物配租住房的租金，按照配租面积和市、县人民政府规定的租金标准确定。有条件的地区，对城市居民最低生活保障家庭，可以免收实物配租住房中住房保障面积标准内的租金。

第三章 保障资金及房屋来源

第九条 廉租住房保障资金采取多种渠道筹措。

廉租住房保障资金来源包括：

(一)年度财政预算安排的廉租住房保障资金；

(二)提取贷款风险准备金和管理费用后的住房公积金增值收益余额；

(三)土地出让净收益中安排的廉租住房保障资金；

(四)政府的廉租住房租金收入；

(五)社会捐赠及其他方式筹集的资金。

第十条 提取贷款风险准备金和管理费用后的住房公积金增值收益余额，应当全部用于廉租住房建设。

土地出让净收益用于廉租住房保障资金的比例，不得低于10%。

政府的廉租住房租金收入应当按照国家财政预算支出和财务制度的有关规定，实行收支两条线管理，专项用于廉租住房的维护和管理。

第十一条 对中西部财政困难地区，按照中央预算内投资补助和中央财政廉租住房保障专项补助资金的有关规定给予支持。

第十二条 实物配租的廉租住房来源主要包括：

(一)政府新建、收购的住房；

(二)腾退的公有住房；

(三)社会捐赠的住房；

(四)其他渠道筹集的住房。

第十三条 廉租住房建设用地，应当在土地供应计划中优先安排，并在申报年度用地指标时单独列出，采取划拨方式，保证供应。

廉租住房建设用地的规划布局，应当考虑城市低收入住房困难家庭居住和就业的便利。

廉租住房建设应当坚持经济、适用原则，提高规划设计水平，满足基本使用功能，应当按照发展节能省地环保型住宅的要求，推广新材料、新技术、新工艺。廉租住房应当符合国家质量安全标准。

第十四条 新建廉租住房,应当采取配套建设与相对集中建设相结合的方式,主要在经济适用住房、普通商品住房项目中配套建设。

新建廉租住房,应当将单套的建筑面积控制在50平方米以内,并根据城市低收入住房困难家庭的居住需要,合理确定套型结构。

配套建设廉租住房的经济适用住房或者普通商品住房项目,应当在用地规划、国有土地划拨决定书或者国有土地使用权出让合同中,明确配套建设的廉租住房总建筑面积、套数、布局、套型以及建成后的移交或回购等事项。

第十五条 廉租住房建设免征行政事业性收费和政府性基金。

鼓励社会捐赠住房作为廉租住房房源或捐赠用于廉租住房的资金。

政府或经政府认定的单位新建、购买、改建住房作为廉租住房,社会捐赠廉租住房房源、资金,按照国家规定的有关税收政策执行。

第四章 申请与核准

第十六条 申请廉租住房保障,应当提供下列材料:

(一)家庭收入情况的证明材料;

(二)家庭住房状况的证明材料;

(三)家庭成员身份证和户口簿;

(四)市、县人民政府规定的其他证明材料。

第十七条 申请廉租住房保障,按照下列程序办理:

(一)申请廉租住房保障的家庭,应当由户主向户口所在地街道办事处或者镇人民政府提出书面申请;

(二)街道办事处或者镇人民政府应当自受理申请之日起30日内,就申请人的家庭收入、家庭住房状况是否符合规定条件进行审核,提出初审意见并张榜公布,将初审意见和申请材料一并报送市(区)、县人民政府建设(住房保障)主管部门;

(三)建设(住房保障)主管部门应当自收到申请材料之日起15日内,就申请人的家庭住房状况是否符合规定条件提出审核意见,并将符合条件的申请人的申请材料转同级民政部门;

(四)民政部门应当自收到申请材料之日起15日内,就申请人的家庭收入是否符合规定条件提出审核意见,并反馈同级建设(住房保障)主管部门;

(五)经审核,家庭收入、家庭住房状况符合规定条件的,由建设(住房保障)主管部门予以公示,公示期限为15日;对经公示无异议或者异议不成立的,作为廉租住房保障对象予以登记,书面通知申请人,并向社会公开登记结果。

经审核,不符合规定条件的,建设(住房保障)主管部门应当书面通知申请人,说明理由。申请人对审核结果有异议的,可以向建设(住房保障)主管部门申诉。

第十八条 建设(住房保障)主管部门、民政等有关部门以及街道办事处、镇人民政府,可以通过入户调查、邻里访问以及信函索证等方式对申请人的家庭收入和住房状况等进行核实。申请人及有关单位和个人应当予以配合,如实提供有关情况。

第十九条 建设(住房保障)主管部门应当综合考虑登记的城市低收入住房困难家庭的收入水平、住房困难程度和申请顺序以及个人申请的保障方式等,确定相应的保障方式及轮候顺序,并向社会公开。

对已经登记为廉租住房保障对象的城市居民最低生活保障家庭,凡申请租赁住房货币补贴的,要优先安排发放补贴,基本做到应保尽保。

实物配租应当优先面向已经登记为廉租住房保障对象的孤、老、病、残等特殊困难家庭,城市居民最低生活保障家庭以及其他急需救助的家庭。

第二十条 对轮候到位的城市低收入住房困难家庭,建设(住房保障)主管部门或者具体实施机构应当按照已确定的保障方式,与其签订租赁住房补贴协议或者廉租住房租赁合同,予以发放租赁住房补贴或者配租廉租住房。

发放租赁住房补贴和配租廉租住房的结果,应当予以公布。

第二十一条 租赁住房补贴协议应当明确租赁住房补贴额度、停止发放租赁住房补贴的情形等内容。

廉租住房租赁合同应当明确下列内容:

(一)房屋的位置、朝向、面积、结构、附属设施和设备状况;

(二)租金及其支付方式;

（三）房屋用途和使用要求；

（四）租赁期限；

（五）房屋维修责任；

（六）停止实物配租的情形，包括承租人已不符合规定条件的，将所承租的廉租住房转借、转租或者改变用途，无正当理由连续6个月以上未在所承租的廉租住房居住或者未交纳廉租住房租金等；

（七）违约责任及争议解决办法，包括退回廉租住房、调整租金、依照有关法律法规规定处理等；

（八）其他约定。

第五章 监督管理

第二十二条 国务院建设主管部门、省级建设（住房保障）主管部门应当会同有关部门，加强对廉租住房保障工作的监督检查，并公布监督检查结果。

市、县人民政府应当定期向社会公布城市低收入住房困难家庭廉租住房保障情况。

第二十三条 市（区）、县人民政府建设（住房保障）主管部门应当按户建立廉租住房档案，并采取定期走访、抽查等方式，及时掌握城市低收入住房困难家庭的人口、收入及住房变动等有关情况。

第二十四条 已领取租赁住房补贴或者配租廉租住房的城市低收入住房困难家庭，应当按年度向所在地街道办事处或者镇人民政府如实申报家庭人口、收入及住房等变动情况。

街道办事处或者镇人民政府可以对申报情况进行核实、张榜公布，并将申报情况及核实结果报建设（住房保障）主管部门。

建设（住房保障）主管部门应当根据城市低收入住房困难家庭人口、收入、住房等变化情况，调整租赁住房补贴额度或实物配租面积、租金等；对不再符合规定条件的，应当停止发放租赁住房补贴，或者由承租人按照合同约定退回廉租住房。

第二十五条 城市低收入住房困难家庭不得将所承租的廉租住房转借、转租或者改变用途。

城市低收入住房困难家庭违反前款规定或者有下列行为之一的，应当按照合同约定退回廉租住房：

（一）无正当理由连续6个月以上未在所承租的廉租住房居住的；

（二）无正当理由累计6个月以上未交纳廉租住房租金的。

第二十六条 城市低收入住房困难家庭未按照合同约定退回廉租住房的，建设（住房保障）主管部门应当责令其限期退回；逾期未退回的，可以按照合同约定，采取调整租金等方式处理。

城市低收入住房困难家庭拒绝接受前款规定的处理方式的，由建设（住房保障）主管部门或者具体实施机构依照有关法律法规规定处理。

第二十七条 城市低收入住房困难家庭的收入标准、住房困难标准等以及住房保障面积标准，实行动态管理，由市、县人民政府每年向社会公布一次。

第二十八条 任何单位和个人有权对违反本办法规定的行为进行检举和控告。

第六章 法律责任

第二十九条 城市低收入住房困难家庭隐瞒有关情况或者提供虚假材料申请廉租住房保障的，建设（住房保障）主管部门不予受理，并给予警告。

第三十条 对以欺骗等不正当手段，取得审核同意或者获得廉租住房保障的，由建设（住房保障）主管部门给予警告；对已经登记但尚未获得廉租住房保障的，取消其登记；对已经获得廉租住房保障的，责令其退还已领取的租赁住房补贴，或者退出实物配租的住房并按市场价格补交以前房租。

第三十一条 廉租住房保障实施机构违反本办法规定，不执行政府规定的廉租住房租金标准的，由价格主管部门依法查处。

第三十二条 违反本办法规定，建设（住房保障）主管部门及有关部门的工作人员或者市、县人民政府确定的实施机构的工作人员，在廉租住房保障工作中滥用职权、玩忽职守、徇私舞弊的，依法给予处分；构成犯罪的，依法追究刑事责任。

第七章 附 则

第三十三条 对承租直管公房的城市低收入家庭，可以参照本办法有关规定，对住房保障面积标准范围内的租金予以适当减免。

第三十四条 本办法自2007年12月1日起施行。2003年12月31日发布的《城镇最低收入家庭廉租住房管理办法》(建设部、财政部、民政部、国土资源部、国家税务总局令第120号)同时废止。

公共租赁住房管理办法

·2012年5月28日住房和城乡建设部令第11号公布
·自2012年7月15日起施行

第一章 总 则

第一条 为了加强对公共租赁住房的管理,保障公平分配,规范运营与使用,健全退出机制,制定本办法。

第二条 公共租赁住房的分配、运营、使用、退出和管理,适用本办法。

第三条 本办法所称公共租赁住房,是指限定建设标准和租金水平,面向符合规定条件的城镇中等偏下收入住房困难家庭、新就业无房职工和在城镇稳定就业的外来务工人员出租的保障性住房。

公共租赁住房通过新建、改建、收购、长期租赁等多种方式筹集,可以由政府投资,也可以由政府提供政策支持、社会力量投资。

公共租赁住房可以是成套住房,也可以是宿舍型住房。

第四条 国务院住房和城乡建设主管部门负责全国公共租赁住房的指导和监督工作。

县级以上地方人民政府住房城乡建设(住房保障)主管部门负责本行政区域内的公共租赁住房管理工作。

第五条 直辖市和市、县级人民政府住房保障主管部门应当加强公共租赁住房管理信息系统建设,建立和完善公共租赁住房管理档案。

第六条 任何组织和个人对违反本办法的行为都有权进行举报、投诉。

住房城乡建设(住房保障)主管部门接到举报、投诉,应当依法及时核实、处理。

第二章 申请与审核

第七条 申请公共租赁住房,应当符合以下条件:

(一)在本地无住房或者住房面积低于规定标准;

(二)收入、财产低于规定标准;

(三)申请人为外来务工人员的,在本地稳定就业达到规定年限。

具体条件由直辖市和市、县级人民政府住房保障主管部门根据本地区实际情况确定,报本级人民政府批准后实施并向社会公布。

第八条 申请人应当根据市、县级人民政府住房保障主管部门的规定,提交申请材料,并对申请材料的真实性负责。申请人应当书面同意市、县级人民政府住房保障主管部门核实其申报信息。

申请人提交的申请材料齐全的,市、县级人民政府住房保障主管部门应当受理,并向申请人出具书面凭证;申请材料不齐全的,应当一次性书面告知申请人需要补正的材料。

对在开发区和园区集中建设面向用工单位或者园区就业人员配租的公共租赁住房,用人单位可以代表本单位职工申请。

第九条 市、县级人民政府住房保障主管部门应当会同有关部门,对申请人提交的申请材料进行审核。

经审核,对符合申请条件的申请人,应当予以公示,经公示无异议或者异议不成立的,登记为公共租赁住房轮候对象,并向社会公开;对不符合申请条件的申请人,应当书面通知并说明理由。

申请人对审核结果有异议,可以向市、县级人民政府住房保障主管部门申请复核。市、县级人民政府住房保障主管部门应当会同有关部门进行复核,并在15个工作日内将复核结果书面告知申请人。

第三章 轮候与配租

第十条 对登记为轮候对象的申请人,应当在轮候期内安排公共租赁住房。

直辖市和市、县级人民政府住房保障主管部门应当根据本地区经济发展水平和公共租赁住房需求,合理确定公共租赁住房轮候期,报本级人民政府批准后实施并向社会公布。轮候期一般不超过5年。

第十一条 公共租赁住房房源确定后,市、县级人民政府住房保障主管部门应当制定配租方案并向社会公布。

配租方案应当包括房源的位置、数量、户型、面积，租金标准，供应对象范围，意向登记时限等内容。

企事业单位投资的公共租赁住房的供应对象范围，可以规定为本单位职工。

第十二条 配租方案公布后，轮候对象可以按照配租方案，到市、县级人民政府住房保障主管部门进行意向登记。

市、县级人民政府住房保障主管部门应当会同有关部门，在15个工作日内对意向登记的轮候对象进行复审。对不符合条件的，应当书面通知并说明理由。

第十三条 对复审通过的轮候对象，市、县级人民政府住房保障主管部门可以采取综合评分、随机摇号等方式，确定配租对象与配租排序。

综合评分办法、摇号方式及评分、摇号的过程和结果应当向社会公开。

第十四条 配租对象与配租排序确定后应当予以公示。公示无异议或者异议不成立的，配租对象按照配租排序选择公共租赁住房。

配租结果应当向社会公开。

第十五条 复审通过的轮候对象中享受国家定期抚恤补助的优抚对象、孤老病残人员等，可以优先安排公共租赁住房。优先对象的范围和优先安排的办法由直辖市和市、县级人民政府住房保障主管部门根据本地区实际情况确定，报本级人民政府批准后实施并向社会公布。

社会力量投资和用人单位代表本单位职工申请的公共租赁住房，只能向经审核登记为轮候对象的申请人配租。

第十六条 配租对象选择公共租赁住房后，公共租赁住房所有权人或者其委托的运营单位与配租对象应当签订书面租赁合同。

租赁合同签订前，所有权人或者其委托的运营单位应当将租赁合同中涉及承租人责任的条款内容和应当退回公共租赁住房的情形向承租人明确说明。

第十七条 公共租赁住房租赁合同一般应当包括以下内容：

（一）合同当事人的名称或姓名；

（二）房屋的位置、用途、面积、结构、室内设施和设备，以及使用要求；

（三）租赁期限、租金数额和支付方式；

（四）房屋维修责任；

（五）物业服务、水、电、燃气、供热等相关费用的缴纳责任；

（六）退回公共租赁住房的情形；

（七）违约责任及争议解决办法；

（八）其他应当约定的事项。

省、自治区、直辖市人民政府住房城乡建设（住房保障）主管部门应当制定公共租赁住房租赁合同示范文本。

合同签订后，公共租赁住房所有权人或者其委托的运营单位应当在30日内将合同报市、县级人民政府住房保障主管部门备案。

第十八条 公共租赁住房租赁期限一般不超过5年。

第十九条 市、县级人民政府住房保障主管部门应当会同有关部门，按照略低于同地段住房市场租金水平的原则，确定本地区的公共租赁住房租金标准，报本级人民政府批准后实施。

公共租赁住房租金标准应当向社会公布，并定期调整。

第二十条 公共租赁住房租赁合同约定的租金数额，应当根据市、县级人民政府批准的公共租赁住房租金标准确定。

第二十一条 承租人应当根据合同约定，按时支付租金。

承租人收入低于当地规定标准的，可以依照有关规定申请租赁补贴或者减免。

第二十二条 政府投资的公共租赁住房的租金收入按照政府非税收入管理的有关规定缴入同级国库，实行收支两条线管理，专项用于偿还公共租赁住房贷款本息及公共租赁住房的维护、管理等。

第二十三条 因就业、子女就学等原因需要调换公共租赁住房的，经公共租赁住房所有权人或者其委托的运营单位同意，承租人之间可以互换所承租的公共租赁住房。

第四章 使用与退出

第二十四条 公共租赁住房的所有权人及其委托的运营单位应当负责公共租赁住房及其配套设施的维修养护，确保公共租赁住房的正常使用。

政府投资的公共租赁住房维修养护费用主要

通过公共租赁住房租金收入以及配套商业服务设施租金收入解决,不足部分由财政预算安排解决;社会力量投资建设的公共租赁住房维修养护费用由所有权人及其委托的运营单位承担。

第二十五条 公共租赁住房的所有权人及其委托的运营单位不得改变公共租赁住房的保障性住房性质、用途及其配套设施的规划用途。

第二十六条 承租人不得擅自装修所承租公共租赁住房。确需装修的,应当取得公共租赁住房的所有权人或其委托的运营单位同意。

第二十七条 承租人有下列行为之一的,应当退回公共租赁住房:

(一)转借、转租或者擅自调换所承租公共租赁住房的;

(二)改变所承租公共租赁住房用途的;

(三)破坏或者擅自装修所承租公共租赁住房,拒不恢复原状的;

(四)在公共租赁住房内从事违法活动的;

(五)无正当理由连续6个月以上闲置公共租赁住房的。

承租人拒不退回公共租赁住房的,市、县级人民政府住房保障主管部门应当责令其限期退回;逾期不退回的,市、县级人民政府住房保障主管部门可以依法申请人民法院强制执行。

第二十八条 市、县级人民政府住房保障主管部门应当加强对公共租赁住房使用的监督检查。

公共租赁住房的所有权人及其委托的运营单位应当对承租人使用公共租赁住房的情况进行巡查,发现有违反本办法规定行为的,应当及时依法处理或者向有关部门报告。

第二十九条 承租人累计6个月以上拖欠租金的,应当腾退所承租的公共租赁住房;拒不腾退的,公共租赁住房的所有权人或者其委托的运营单位可以向人民法院提起诉讼,要求承租人腾退公共租赁住房。

第三十条 租赁期届满需要续租的,承租人应当在租赁期满3个月前向市、县级人民政府住房保障主管部门提出申请。

市、县级人民政府住房保障主管部门应当会同有关部门对申请人是否符合条件进行审核。经审核符合条件的,准予续租,并签订续租合同。

未按规定提出续租申请的承租人,租赁期满应当腾退公共租赁住房;拒不腾退的,公共租赁住房的所有权人或者其委托的运营单位可以向人民法院提起诉讼,要求承租人腾退公共租赁住房。

第三十一条 承租人有下列情形之一的,应当腾退公共租赁住房:

(一)提出续租申请但经审核不符合续租条件的;

(二)租赁期内,通过购买、受赠、继承等方式获得其他住房并不再符合公共租赁住房配租条件的;

(三)租赁期内,承租或者承购其他保障性住房的。

承租人有前款规定情形之一的,公共租赁住房的所有权人或者其委托的运营单位应当为其安排合理的搬迁期,搬迁期内租金按照合同约定的租金数额缴纳。

搬迁期满不腾退公共租赁住房,承租人确无其他住房的,应当按照市场价格缴纳租金;承租人有其他住房的,公共租赁住房的所有权人或者其委托的运营单位可以向人民法院提起诉讼,要求承租人腾退公共租赁住房。

第三十二条 房地产经纪机构及其经纪人员不得提供公共租赁住房出租、转租、出售等经纪业务。

第五章 法律责任

第三十三条 住房城乡建设(住房保障)主管部门及其工作人员在公共租赁住房管理工作中不履行本办法规定的职责,或者滥用职权、玩忽职守、徇私舞弊的,对直接负责的主管人员和其他直接责任人员依法给予处分;构成犯罪的,依法追究刑事责任。

第三十四条 公共租赁住房的所有权人及其委托的运营单位违反本办法,有下列行为之一的,由市、县级人民政府住房保障主管部门责令限期改正,并处以3万元以下罚款:

(一)向不符合条件的对象出租公共租赁住房的;

(二)未履行公共租赁住房及其配套设施维修养护义务的;

(三)改变公共租赁住房的保障性住房性质、用途,以及配套设施的规划用途的。

公共租赁住房的所有权人为行政机关的,按照本办法第三十三条处理。

第三十五条 申请人隐瞒有关情况或者提供虚假材料申请公共租赁住房的，市、县级人民政府住房保障主管部门不予受理，给予警告，并记入公共租赁住房管理档案。

以欺骗等不正当手段，登记为轮候对象或者承租公共租赁住房的，由市、县级人民政府住房保障主管部门处以1000元以下罚款，记入公共租赁住房管理档案；登记为轮候对象的，取消其登记；已承租公共租赁住房的，责令限期退回所承租公共租赁住房，并按市场价格补缴租金，逾期不退回的，可以依法申请人民法院强制执行，承租人自退回公共租赁住房之日起五年内不得再次申请公共租赁住房。

第三十六条 承租人有下列行为之一的，由市、县级人民政府住房保障主管部门责令按市场价格补缴从违法行为发生之日起的租金，记入公共租赁住房管理档案，处以1000元以下罚款；有违法所得的，处以违法所得3倍以下但不超过3万元的罚款：

（一）转借、转租或者擅自调换所承租公共租赁住房的；

（二）改变所承租公共租赁住房用途的；

（三）破坏或者擅自装修所承租公共租赁住房，拒不恢复原状的；

（四）在公共租赁住房内从事违法活动的；

（五）无正当理由连续6个月以上闲置公共租赁住房的。

有前款所列行为，承租人自退回公共租赁住房之日起五年内不得再次申请公共租赁住房；造成损失的，依法承担赔偿责任。

第三十七条 违反本办法第三十二条的，依照《房地产经纪管理办法》第三十七条，由县级以上地方人民政府住房城乡建设（房地产）主管部门责令限期改正，记入房地产经纪信用档案；对房地产经纪人员，处以1万元以下罚款；对房地产经纪机构，取消网上签约资格，处以3万元以下罚款。

第六章 附 则

第三十八条 省、自治区、直辖市住房城乡建设（住房保障）主管部门可以根据本办法制定实施细则。

第三十九条 本办法自2012年7月15日起施行。

最低生活保障审核确认办法

·2021年6月11日

·民发〔2021〕57号

第一章 总 则

第一条 为规范最低生活保障审核确认工作，根据《社会救助暂行办法》、《中共中央办公厅 国务院办公厅印发〈关于改革完善社会救助制度的意见〉的通知》及国家相关规定，制定本办法。

第二条 县级人民政府民政部门负责最低生活保障的审核确认工作，乡镇人民政府（街道办事处）负责最低生活保障的受理、初审工作。村（居）民委员会协助做好相关工作。

有条件的地方可按程序将最低生活保障审核确认权限下放至乡镇人民政府（街道办事处），县级民政部门加强监督指导。

第三条 县级以上地方人民政府民政部门应当加强本辖区内最低生活保障审核确认工作的规范管理和相关服务，促进最低生活保障工作公开、公平、公正。

第二章 申请和受理

第四条 申请最低生活保障以家庭为单位，由申请家庭确定一名共同生活的家庭成员作为申请人，向户籍所在地乡镇人民政府（街道办事处）提出书面申请；实施网上申请受理的地方，可以通过互联网提出申请。

第五条 共同生活的家庭成员户籍所在地不在同一省（自治区、直辖市）的，可以由其中一个户籍所在地与经常居住地一致的家庭成员向其户籍所在地提出申请；共同生活的家庭成员户籍所在地与经常居住地均不一致的，可由任一家庭成员向其户籍所在地提出申请。最低生活保障审核确认、资金发放等工作由申请受理地县级人民政府民政部门和乡镇人民政府（街道办事处）负责，其他有关县级人民政府民政部门和乡镇人民政府（街道办事处）应当配合做好相关工作。

共同生活的家庭成员户籍所在地在同一省（自治区、直辖市）但不在同一县（市、区、旗）的，最低生活保障的申请受理、审核确认等工作按照各省(自治区、直辖市)有关规定执行。

有条件的地区可以有序推进持有居住证人员在居住地申办最低生活保障。

第六条 共同生活的家庭成员申请有困难的,可以委托村(居)民委员会或者其他人代为提出申请。委托申请的,应当办理相应委托手续。

乡镇人民政府(街道办事处)、村(居)民委员会在工作中发现困难家庭可能符合条件,但是未申请最低生活保障的,应当主动告知其共同生活的家庭成员相关政策。

第七条 共同生活的家庭成员包括:

(一)配偶;

(二)未成年子女;

(三)已成年但不能独立生活的子女,包括在校接受全日制本科及以下学历教育的子女;

(四)其他具有法定赡养、扶养、抚养义务关系并长期共同居住的人员。

下列人员不计入共同生活的家庭成员:

(一)连续三年以上(含三年)脱离家庭独立生活的宗教教职人员;

(二)在监狱内服刑、在戒毒所强制隔离戒毒或者宣告失踪人员;

(三)省级人民政府民政部门根据本条原则和有关程序认定的其他人员。

第八条 符合下列情形之一的人员,可以单独提出申请:

(一)最低生活保障边缘家庭中持有中华人民共和国残疾人证的一级、二级重度残疾人和三级智力残疾人、三级精神残疾人;

(二)最低生活保障边缘家庭中患有当地有关部门认定的重特大疾病的人员;

(三)脱离家庭、在宗教场所居住三年以上(含三年)的生活困难的宗教教职人员;

(四)县级以上人民政府民政部门规定的其他特殊困难人员。

最低生活保障边缘家庭一般指不符合最低生活保障条件,家庭人均收入低于当地最低生活保障标准1.5倍,且财产状况符合相关规定的家庭。

第九条 申请最低生活保障,共同生活的家庭成员应当履行以下义务:

(一)按规定提交相关申请材料;

(二)承诺所提供的信息真实、完整;

(三)履行授权核对其家庭经济状况的相关手续;

(四)积极配合开展家庭经济状况调查。

第十条 乡镇人民政府(街道办事处)应当对提交的材料进行审查,材料齐备的,予以受理;材料不齐备的,应当一次性告知补齐所有规定材料;可以通过国家或地方政务服务平台查询获取的相关材料,不再要求重复提交。

第十一条 对于已经受理的最低生活保障家庭申请,共同生活家庭成员与最低生活保障经办人员或者村(居)民委员会成员有近亲属关系的,乡镇人民政府(街道办事处)应当单独登记备案。

第三章 家庭经济状况调查

第十二条 家庭经济状况指共同生活家庭成员拥有的全部家庭收入和家庭财产。

第十三条 家庭收入指共同生活的家庭成员在规定期限内获得的全部现金及实物收入。主要包括:

(一)工资性收入。工资性收入指就业人员通过各种途径得到的全部劳动报酬和各种福利并扣除必要的就业成本,包括因任职或者受雇而取得的工资、薪金、奖金、劳动分红、津贴、补贴以及与任职或者受雇有关的其他所得等。

(二)经营净收入。经营净收入指从事生产经营及有偿服务活动所获得全部经营收入扣除经营费用、生产性固定资产折旧和生产税之后得到的收入。包括从事种植、养殖、采集及加工等农林牧渔业的生产收入,从事工业、建筑业、手工业、交通运输业、批发和零售贸易业、餐饮业、文教卫生业和社会服务业等经营及有偿服务活动的收入等。

(三)财产净收入。财产净收入指出让动产和不动产,或将动产和不动产交由其他机构、单位或个人使用并扣除相关费用之后得到的收入,包括储蓄存款利息、有价证券红利、储蓄性保险投资以及其他股息和红利等收入,集体财产收入分红和其他动产收入,以及转租承包土地经营权、出租或者出让房产以及其他不动产收入等。

(四)转移净收入。转移净收入指转移性收入扣减转移性支出之后的收入。其中,转移性收入指国家、机关企事业单位、社会组织对居民的各种经常性转移支付和居民之间的经常性收入转移,包括赡养(抚养、扶养)费、离退休金、失业保险金、遗属补助金、赔偿收入、接受捐赠(赠送)收入等;转移性支出指居民对国家、企事业单位、社会组织、居民的经常性转移支出,包括缴纳的税款、各项社会保障支出、赡养支出以及其他经常性转移支出等。

(五)其他应当计入家庭收入的项目。

下列收入不计入家庭收入:

(一)国家规定的优待抚恤金、计划生育奖励与扶助金、奖学金、见义勇为等奖励性补助;

(二)政府发放的各类社会救助款物;

(三)"十四五"期间,中央确定的城乡居民基本养老保险基础养老金;

(四)设区的市级以上地方人民政府规定的其他收入。

对于共同生活的家庭成员因残疾、患重病等增加的刚性支出、必要的就业成本等,在核算家庭收入时可按规定适当扣减。

第十四条 家庭财产指共同生活的家庭成员拥有的全部动产和不动产。动产主要包括银行存款、证券、基金、商业保险、债权、互联网金融资产以及车辆等。不动产主要包括房屋、林木等定着物。对于维持家庭生产生活的必需财产,可以在认定家庭财产状况时予以豁免。

第十五条 乡镇人民政府(街道办事处)应当自受理最低生活保障申请之日起3个工作日内,启动家庭经济状况调查工作。调查可以通过入户调查、邻里访问、信函索证或者提请县级人民政府民政部门开展家庭经济状况信息核对等方式进行。

共同生活家庭成员经常居住地与户籍所在地不一致的,经常居住地县级人民政府民政部门和乡镇人民政府(街道办事处)应当配合开展家庭经济状况调查、动态管理等相关工作。

第十六条 乡镇人民政府(街道办事处)可以在村(居)民委员会协助下,通过下列方式对申请家庭的经济状况和实际生活情况予以调查核实。每组调查人员不得少于2人。

(一)入户调查。调查人员到申请家庭中了解家庭收入、财产情况和吃、穿、住、用等实际生活情况。入户调查结束后,调查人员应当填写入户调查表,并由调查人员和在场的共同生活家庭成员分别签字。

(二)邻里访问。调查人员到申请家庭所在村(居)民委员会和社区,走访了解其家庭收入、财产和实际生活状况。

(三)信函索证。调查人员以信函等方式向相关单位和部门索取有关佐证材料。

(四)其他调查方式。

发生重大突发事件时,前款规定的入户调查、邻里访问程序可以采取电话、视频等非接触方式进行。

第十七条 县级人民政府民政部门应当在收到乡镇人民政府(街道办事处)对家庭经济状况进行信息核对提请后3个工作日内,启动信息核对程序,根据工作需要,依法依规查询共同生活家庭成员的户籍、纳税记录、社会保险缴纳、不动产登记、市场主体登记、住房公积金缴纳、车船登记,以及银行存款、商业保险、证券、互联网金融资产等信息。

县级人民政府民政部门可以根据当地实际情况,通过家庭用水、用电、燃气、通讯等日常生活费用支出,以及是否存在高收费学校就读(含入托、出国留学)、出国旅游等情况,对家庭经济状况进行辅助评估。

第十八条 经家庭经济状况信息核对,不符合条件的最低生活保障申请,乡镇人民政府(街道办事处)应当及时告知申请人。

申请人有异议的,应当提供相关佐证材料;乡镇人民政府(街道办事处)应当组织开展复查。

第四章 审核确认

第十九条 乡镇人民政府(街道办事处)应当根据家庭经济状况调查核实情况,提出初审意见,并在申请家庭所在村、社区进行公示。公示期为7天。公示期满无异议的,乡镇人民政府(街道办事处)应当及时将申请材料、家庭经济状况调查核实结果、初审意见等相关材料报送县级人民政府民政部门。

公示有异议的,乡镇人民政府(街道办事处)应当对申请家庭的经济状况重新组织调查或者开展民主评议。调查或者民主评议结束后,乡镇人民政府(街道办事处)应当重新提出初审意见,连同申请材料、家庭经济状况调查核实结果等相关材料报送县级人民政府民政部门。

第二十条 县级人民政府民政部门应当自收到乡镇人民政府(街道办事处)上报的申请材料、

家庭经济状况调查核实结果和初审意见等材料后10个工作日内，提出审核确认意见。

对单独登记备案或者在审核确认阶段接到投诉、举报的最低生活保障申请，县级人民政府民政部门应当入户调查。

第二十一条 县级人民政府民政部门经审核，对符合条件的申请予以确认同意，同时确定救助金额，发放最低生活保障证或确认通知书，并从作出确认同意决定之日下月起发放最低生活保障金。对不符合条件的申请不予确认同意，并应当在作出决定3个工作日内，通过乡镇人民政府（街道办事处）书面告知申请人并说明理由。

第二十二条 最低生活保障审核确认工作应当自受理之日起30个工作日之内完成；特殊情况下，可以延长至45个工作日。

第二十三条 最低生活保障金可以按照审核确定的申请家庭人均收入与当地最低生活保障标准的实际差额计算；也可以根据申请家庭困难程度和人员情况，采取分档方式计算。

第二十四条 县级人民政府民政部门应当在最低生活保障家庭所在村、社区公布最低生活保障申请人姓名、家庭成员数量、保障金额等信息。

信息公布应当依法保护个人隐私，不得公开无关信息。

第二十五条 最低生活保障金原则上实行社会化发放，通过银行、信用社等代理金融机构，按月支付到最低生活保障家庭的账户。

第二十六条 乡镇人民政府（街道办事处）或者村（居）民委会相关工作人员代为保管用于领取最低生活保障金的银行存折或银行卡的，应当与最低生活保障家庭成员签订书面协议并报县级人民政府民政部门备案。

第二十七条 对获得最低生活保障后生活仍有困难的老年人、未成年人、重度残疾人和重病患者，县级以上地方人民政府应当采取必要措施给予生活保障。

第二十八条 未经申请受理、家庭经济状况调查、审核确认等程序，不得将任何家庭或者个人直接纳入最低生活保障范围。

第五章 管理和监督

第二十九条 共同生活的家庭成员无正当理由拒不配合最低生活保障审核确认工作的，县级人民政府民政部门和乡镇人民政府（街道办事处）可以终止审核确认程序。

第三十条 最低生活保障家庭的人口状况、收入状况和财产状况发生变化的，应当及时告知乡镇人民政府（街道办事处）。

第三十一条 乡镇人民政府（街道办事处）应当对最低生活保障家庭的经济状况定期核查，并根据核查情况及时报县级人民政府民政部门办理最低生活保障金增发、减发、停发手续。

对短期内经济状况变化不大的最低生活保障家庭，乡镇人民政府（街道办事处）每年核查一次；对收入来源不固定、家庭成员有劳动能力的最低生活保障家庭，每半年核查一次。核查期内最低生活保障家庭的经济状况没有明显变化的，不再调整最低生活保障金额度。

发生重大突发事件时，前款规定的核查期限可以适当延长。

第三十二条 县级人民政府民政部门作出增发、减发、停发最低生活保障金决定，应当符合法定事由和规定程序；决定减发、停发最低生活保障金的，应当告知最低生活保障家庭成员并说明理由。

第三十三条 鼓励具备就业能力的最低生活保障家庭成员积极就业。对就业后家庭人均收入超过当地最低生活保障标准的最低生活保障家庭，县级人民政府民政部门可以给予一定时间的渐退期。

第三十四条 最低生活保障家庭中有就业能力但未就业的成员，应当接受人力资源社会保障等有关部门介绍的工作；无正当理由，连续3次拒绝接受介绍的与其健康状况、劳动能力等相适应的工作的，县级人民政府民政部门应当决定减发或者停发其本人的最低生活保障金。

第三十五条 县级以上人民政府民政部门应当加强对最低生活保障审核确认工作的监督检查，完善相关的监督检查制度。

第三十六条 县级以上地方人民政府民政部门和乡镇人民政府（街道办事处）应当公开社会救助服务热线，受理咨询、举报和投诉，接受社会和群众对最低生活保障审核确认工作的监督。

第三十七条 县级以上地方人民政府民政部门和乡镇人民政府（街道办事处）对接到的实名举报，应当逐一核查，并及时向举报人反馈核查处理结果。

第三十八条 申请或者已经获得最低生活保障的家庭成员对于民政部门作出的具体行政行为不服的,可以依法申请行政复议或者提起行政诉讼。

第三十九条 从事最低生活保障工作的人员存在滥用职权、玩忽职守、徇私舞弊、失职渎职等行为的,应当依法依规追究相关责任。对秉持公心、履职尽责但因客观原因出现失误偏差且能够及时纠正的,依法依规免于问责。

第六章 附 则

第四十条 省(自治区、直辖市)人民政府民政部门可以根据本办法,结合本地实际,制定实施细则,并报民政部备案。

第四十一条 本办法由民政部负责解释。

第四十二条 本办法自2021年7月1日起施行,2012年12月12日民政部印发的《最低生活保障审核审批办法(试行)》(民发〔2012〕220号)同时废止。

经济适用住房管理办法

· 2007年11月19日
· 建住房〔2007〕258号

第一章 总 则

第一条 为改进和规范经济适用住房制度,保护当事人合法权益,制定本办法。

第二条 本办法所称经济适用住房,是指政府提供政策优惠,限定套型面积和销售价格,按照合理标准建设,面向城市低收入住房困难家庭供应,具有保障性质的政策性住房。

本办法所称城市低收入住房困难家庭,是指城市和县人民政府所在地镇的范围内,家庭收入、住房状况等符合市、县人民政府规定条件的家庭。

第三条 经济适用住房制度是解决城市低收入家庭住房困难政策体系的组成部分。经济适用住房供应对象要与廉租住房保障对象相衔接。经济适用住房的建设、供应、使用及监督管理,应当遵守本办法。

第四条 发展经济适用住房应当在国家统一政策指导下,各地区因地制宜,政府主导、社会参与。市、县人民政府要根据当地经济社会发展水平、居民住房状况和收入水平等因素,合理确定经济适用住房的政策目标、建设标准、供应范围和供应对象等,并组织实施。省、自治区、直辖市人民政府对本行政区域经济适用住房工作负总责,对所辖市、县人民政府实行目标责任制管理。

第五条 国务院建设行政主管部门负责对全国经济适用住房工作的指导和实施监督。县级以上地方人民政府建设或房地产行政主管部门(以下简称"经济适用住房主管部门")负责本行政区域内经济适用住房管理工作。

县级以上人民政府发展改革(价格)、监察、财政、国土资源、税务及金融管理等部门根据职责分工,负责经济适用住房有关工作。

第六条 市、县人民政府应当在解决城市低收入家庭住房困难发展规划和年度计划中,明确经济适用住房建设规模、项目布局和用地安排等内容,并纳入本级国民经济与社会发展规划和住房建设规划,及时向社会公布。

第二章 优惠和支持政策

第七条 经济适用住房建设用地以划拨方式供应。经济适用住房建设用地应纳入当地年度土地供应计划,在申报年度用地指标时单独列出,确保优先供应。

第八条 经济适用住房建设项目免收城市基础设施配套费等各种行政事业性收费和政府性基金。经济适用住房项目外基础设施建设费用,由政府负担。经济适用住房建设单位可以以在建项目作抵押向商业银行申请住房开发贷款。

第九条 购买经济适用住房的个人向商业银行申请贷款,除符合《个人住房贷款管理办法》规定外,还应当出具市、县人民政府经济适用住房主管部门准予购房的核准通知。

购买经济适用住房可提取个人住房公积金和优先办理住房公积金贷款。

第十条 经济适用住房的贷款利率按有关规定执行。

第十一条 经济适用住房的建设和供应要严格执行国家规定的各项税费优惠政策。

第十二条 严禁以经济适用住房名义取得划拨土地后,以补交土地出让金等方式,变相进行商品房开发。

第三章 建设管理

第十三条 经济适用住房要统筹规划、合理布局、配套建设，充分考虑城市低收入住房困难家庭对交通等基础设施条件的要求，合理安排区位布局。

第十四条 在商品住房小区中配套建设经济适用住房的，应当在项目出让条件中，明确配套建设的经济适用住房的建设总面积、单套建筑面积、套数、套型比例、建设标准以及建成后移交或者回购等事项，并以合同方式约定。

第十五条 经济适用住房单套的建筑面积控制在60平方米左右。市、县人民政府应当根据当地经济发展水平、群众生活水平、住房状况、家庭结构和人口等因素，合理确定经济适用住房建设规模和各种套型的比例，并进行严格管理。

第十六条 经济适用住房建设按照政府组织协调、市场运作的原则，可以采取项目法人招标的方式，选择具有相应资质和良好社会责任的房地产开发企业实施；也可以由市、县人民政府确定的经济适用住房管理实施机构直接组织建设。在经济适用住房建设中，应注重发挥国有大型骨干建筑企业的积极作用。

第十七条 经济适用住房的规划设计和建设必须按照发展节能省地环保型住宅的要求，严格执行《住宅建筑规范》等国家有关住房建设的强制性标准，采取竞标方式优选规划设计方案，做到在较小的套型内实现基本的使用功能。积极推广应用先进、成熟、适用、安全的新技术、新工艺、新材料、新设备。

第十八条 经济适用住房建设单位对其建设的经济适用住房工程质量负最终责任，向买受人出具《住宅质量保证书》和《住宅使用说明书》，并承担保修责任，确保工程质量和使用安全。有关住房质量和性能等方面的要求，应在建设合同中予以明确。

经济适用住房的施工和监理，应当采取招标方式，选择具有资质和良好社会责任的建筑企业和监理公司实施。

第十九条 经济适用住房项目可采取招标方式选择物业服务企业实施前期物业服务，也可以在社区居委会等机构的指导下，由居民自我管理，提供符合居住区居民基本生活需要的物业服务。

第四章 价格管理

第二十条 确定经济适用住房的价格应当以保本微利为原则。其销售基准价格及浮动幅度，由有定价权的价格主管部门会同经济适用住房主管部门，依据经济适用住房价格管理的有关规定，在综合考虑建设、管理成本和利润的基础上确定并向社会公布。房地产开发企业实施的经济适用住房项目利润率按不高于3%核定；市、县人民政府直接组织建设的经济适用住房只能按成本价销售，不得有利润。

第二十一条 经济适用住房销售应当实行明码标价，销售价格不得高于基准价格及上浮幅度，不得在标价之外收取任何未予标明的费用。经济适用住房价格确定后应当向社会公布。价格主管部门应依法进行监督管理。

第二十二条 经济适用住房实行收费卡制度，各有关部门收取费用时，必须填写价格主管部门核发的交费登记卡。任何单位不得以押金、保证金等名义，变相向经济适用住房建设单位收取费用。

第二十三条 价格主管部门要加强成本监审，全面掌握经济适用住房成本及利润变动情况，确保经济适用住房做到质价相符。

第五章 准入和退出管理

第二十四条 经济适用住房管理应建立严格的准入和退出机制。经济适用住房由市、县人民政府按限定的价格，统一组织向符合购房条件的低收入家庭出售。经济适用住房供应实行申请、审核、公示和轮候制度。市、县人民政府应当制定经济适用住房申请、审核、公示和轮候的具体办法，并向社会公布。

第二十五条 城市低收入家庭申请购买经济适用住房应同时符合下列条件：

（一）具有当地城镇户口；

（二）家庭收入符合市、县人民政府划定的低收入家庭收入标准；

（三）无房或现住房面积低于市、县人民政府规定的住房困难标准。

经济适用住房供应对象的家庭收入标准和住房困难标准，由市、县人民政府根据当地商品住房价格、居民家庭可支配收入、居住水平和家庭人口结构等因素确定，实行动态管理，每年向社会公布一次。

第二十六条 经济适用住房资格申请采取街道办事处（镇人民政府）、市（区）、县人民政府逐级审核并公示的方式认定。审核单位应当通过入户调查、邻里访问以及信函索证等方式对申请人的家庭收入和住房状况等情况进行核实。申请人及有关单位、组织或者个人应当予以配合，如实提供有关情况。

第二十七条 经审核公示通过的家庭，由市、县人民政府经济适用住房主管部门发放准予购买经济适用住房的核准通知，注明可以购买的面积标准。然后按照收入水平、住房困难程度和申请顺序等因素进行轮候。

第二十八条 符合条件的家庭，可以持核准通知购买一套与核准面积相对应的经济适用住房。购买面积原则上不得超过核准面积。购买面积在核准面积以内的，按核准的价格购买；超过核准面积的部分，不得享受政府优惠，由购房人按照同地段同类普通商品住房的价格补交差价。

第二十九条 居民个人购买经济适用住房后，应当按照规定办理权属登记。房屋、土地登记部门在办理权属登记时，应当分别注明经济适用住房、划拨土地。

第三十条 经济适用住房购房人拥有有限产权。

购买经济适用住房不满5年，不得直接上市交易，购房人因特殊原因确需转让经济适用住房的，由政府按照原价格并考虑折旧和物价水平等因素进行回购。

购买经济适用住房满5年，购房人上市转让经济适用住房的，应按照届时同地段普通商品住房与经济适用住房差价的一定比例向政府交纳土地收益等相关价款，具体交纳比例由市、县人民政府确定，政府可优先回购；购房人也可以按照政府所定的标准向政府交纳土地收益等相关价款后，取得完全产权。

上述规定应在经济适用住房购买合同中予以载明，并明确相关违约责任。

第三十一条 已经购买经济适用住房的家庭又购买其他住房的，原经济适用住房由政府按规定及合同约定回购。政府回购的经济适用住房，仍应用于解决低收入家庭的住房困难。

第三十二条 已参加福利分房的家庭在退回所分房屋前不得购买经济适用住房，已购买经济适用住房的家庭不得再购买经济适用住房。

第三十三条 个人购买的经济适用住房在取得完全产权以前不得用于出租经营。

第六章 单位集资合作建房

第三十四条 距离城区较远的独立工矿企业和住房困难户较多的企业，在符合土地利用总体规划、城市规划、住房建设规划的前提下，经市、县人民政府批准，可以利用单位自用土地进行集资合作建房。参加单位集资合作建房的对象，必须限定在本单位符合市、县人民政府规定的低收入住房困难家庭。

第三十五条 单位集资合作建房是经济适用住房的组成部分，其建设标准、优惠政策、供应对象、产权关系等均按照经济适用住房的有关规定严格执行。单位集资合作建房应当纳入当地经济适用住房建设计划和用地计划管理。

第三十六条 任何单位不得利用新征用或新购买土地组织集资合作建房；各级国家机关一律不得搞单位集资合作建房。单位集资合作建房不得向不符合经济适用住房供应条件的家庭出售。

第三十七条 单位集资合作建房在满足本单位低收入住房困难家庭购买后，房源仍有少量剩余的，由市、县人民政府统一组织向符合经济适用住房购房条件的家庭出售，或由市、县人民政府以成本价收购后用作廉租住房。

第三十八条 向职工收取的单位集资合作建房款项实行专款管理、专项使用，并接受当地财政和经济适用住房主管部门的监督。

第三十九条 已参加福利分房、购买经济适用住房或参加单位集资合作建房的人员，不得再次参加单位集资合作建房。严禁任何单位借集资合作建房名义，变相实施住房实物分配或商品房开发。

第四十条 单位集资合作建房原则上不收取管理费用，不得有利润。

第七章 监督管理

第四十一条 市、县人民政府要加强对已购经济适用住房的后续管理，经济适用住房主管部门要切实履行职责，对已购经济适用住房家庭的居住人员、房屋的使用等情况进行定期检查，发现违规行为及时纠正。

第四十二条 市、县人民政府及其有关部门应当加强对经济适用住房建设、交易中违纪违法行为的查处。

（一）擅自改变经济适用住房或集资合作建房用地性质的，由国土资源主管部门按有关规定处罚。

（二）擅自提高经济适用住房或集资合作建房销售价格等价格违法行为的，由价格主管部门依法进行处罚。

（三）未取得资格的家庭购买经济适用住房或参加集资合作建房的，其所购买或集资建设的住房由经济适用住房主管部门限期按原价格并考虑折旧等因素作价收购；不能收购的，由经济适用住房主管部门责成其补缴经济适用住房或单位集资合作建房与同地段同类普通商品住房价格差，并对相关责任单位和责任人依法予以处罚。

第四十三条 对弄虚作假、隐瞒家庭收入和住房条件，骗购经济适用住房或单位集资合作建房的个人，由市、县人民政府经济适用住房主管部门限期按原价格并考虑折旧等因素作价收回所购住房，并依法和有关规定追究责任。对出具虚假证明的，依法追究相关责任人的责任。

第四十四条 国家机关工作人员在经济适用住房建设、管理过程中滥用职权、玩忽职守、徇私舞弊的，依法依纪追究责任；涉嫌犯罪的，移送司法机关处理。

第四十五条 任何单位和个人有权对违反本办法规定的行为进行检举和控告。

第八章　附　则

第四十六条 省、自治区、直辖市人民政府经济适用住房主管部门会同发展改革（价格）、监察、财政、国土资源、金融管理、税务主管部门根据本办法，可以制定具体实施办法。

第四十七条 本办法由建设部会同发展改革委、监察部、财政部、国土资源部、人民银行、税务总局负责解释。

第四十八条 本办法下发后尚未销售的经济适用住房，执行本办法有关准入和退出管理、价格管理、监督管理等规定；已销售的经济适用住房仍按原有规定执行。此前已审批但尚未开工的经济适用住房项目，凡不符合本办法规定内容的事项，应按本办法做相应调整。

第四十九条 建设部、发展改革委、国土资源部、人民银行《关于印发〈经济适用住房管理办法〉的通知》（建住房〔2004〕77号）同时废止。

城镇最低收入家庭廉租住房申请、审核及退出管理办法

· 2005年7月7日
· 建住房〔2005〕122号

第一条 为规范城镇最低收入家庭廉租住房管理，完善廉租住房工作机制，根据《城镇最低收入家庭廉租住房管理办法》（建设部令第120号），制定本办法。

第二条 城镇最低收入家庭廉租住房的申请、审核及退出管理，适用本办法。

第三条 市、县人民政府房地产行政主管部门负责城镇最低收入家庭廉租住房的申请、审核及退出管理工作。

第四条 申请廉租住房的家庭（以下简称申请家庭）应当同时具备下列条件：

（一）申请家庭人均收入符合当地廉租住房政策确定的收入标准；

（二）申请家庭人均现住房面积符合当地廉租住房政策确定的面积标准；

（三）申请家庭成员中至少有1人为当地非农业常住户口；

（四）申请家庭成员之间有法定的赡养、扶养或者抚养关系；

（五）符合当地廉租住房政策规定的其他标准。

第五条 申请廉租住房，应当由申请家庭的户主作为申请人；户主不具有完全民事行为能力的，申请家庭推举具有完全民事行为能力的家庭成员作为申请人。

申请人应当向户口所在地街道办事处或乡镇人民政府（以下简称受理机关）提出书面申请，并提供下列申请材料：

（一）民政部门出具的最低生活保障、救助证明或政府认定有关部门或单位出具的收入证明；

（二）申请家庭成员所在单位或居住地街道办

事处出具的现住房证明；

（三）申请家庭成员身份证和户口簿；

（四）地方政府或房地产行政主管部门规定需要提交的其他证明材料。

申请人为非户主的，还应当出具其他具有完全行为能力的家庭成员共同签名的书面委托书。

第六条 受理机关收到廉租住房申请材料后，应当及时作出是否受理的决定，并向申请人出具书面凭证。申请资料不齐全或者不符合法定形式的，应当在5日内书面告知申请人需要补正的全部内容，受理时间从申请人补齐资料的次日起计算；逾期不告知的，自收到申请材料之日起即为受理。

材料齐备后，受理机关应当及时签署意见并将全部申请资料移交房地产行政主管部门。

第七条 接到受理机关移交的申请资料后，房地产行政主管部门应当会同民政等部门组成审核小组予以审核。并可以通过查档取证、入户调查、邻里访问以及信函索证等方式对申请家庭收入、家庭人口和住房状况进行调查。申请家庭及有关单位、组织或者个人应当如实提供有关情况。房地产行政主管部门应当自收到申请材料之日起15日内向申请人出具审核决定。

经审核不符合条件的，房地产行政主管部门应当书面通知申请人，说明理由。经审核符合条件的，房地产行政主管部门应当在申请人的户口所在地、居住地或工作单位将审核决定予以公示，公示期限为15日。

第八条 经公示无异议或者异议不成立的，由房地产行政主管部门予以登记，并书面通知申请人。

经公示有异议的，房地产行政主管部门应在10日内完成核实。经核实异议成立的，不予登记。对不予登记的，应当书面通知申请人，说明不予登记的理由。

第九条 对于已登记的、申请租赁住房补贴或者实物配租的家庭，由房地产行政主管部门按照规定条件排队轮候。经民政等部门认定的由于无劳动能力、无生活来源、无法定赡养人、扶养人或抚养人、优抚对象、重度残疾等原因造成困难的家庭可优先予以解决。

轮候期间，申请家庭收入、人口、住房等情况发生变化，申请人应当及时告知房地产行政主管部门，经审核后，房地产行政主管部门应对变更情况进行变更登记，不再符合廉租住房条件的，由房地产行政主管部门取消资格。

第十条 已准予租赁住房补贴的家庭，应当与房地产行政主管部门签订《廉租住房租赁补贴协议》。协议应当明确租赁住房补贴标准、停止廉租住房补贴的规定及违约责任。租赁补贴家庭根据协议约定，可以根据居住需要，选择适当的住房，在与出租人达成租赁意向后，报房地产行政主管部门审查。经审查同意后，方可与出租人签订房屋租赁合同，并报房地产行政主管部门备案。房地产行政主管部门按规定标准向该家庭发放租赁补贴，用于冲减房屋租金。

第十一条 已准予实物配租的家庭，应当与廉租住房产权人签订廉租住房租赁合同。合同应当明确廉租住房情况、租金标准、腾退住房方式及违约责任等内容。承租人应当按照合同约定的标准缴纳租金，并按约定的期限腾退原有住房。

确定实物配租的最低收入家庭不接受配租方案的，原则上不再享有实物配租资格，房地产行政主管部门可视情况采取发放租赁住房补贴或其他保障方式对其实施住房保障。

第十二条 已准予租金核减的家庭，由房地产行政主管部门出具租金核减认定证明，到房屋产权单位办理租金核减手续。

第十三条 房地产行政主管部门应当在发放租赁住房补贴、配租廉租住房或租金核减后一个月内将结果在一定范围内予以公布。

第十四条 享受廉租住房保障的最低收入家庭应当按年度向房地产行政主管部门如实申报家庭收入、人口及住房变动情况。

房地产行政主管部门应当每年会同民政等相关部门对享受廉租住房保障家庭的收入、人口及住房等状况进行复核，并根据复核结果对享受廉租住房保障的资格、方式、额度等进行及时调整并书面告知当事人。

第十五条 享受廉租住房保障的家庭有下列情况之一的，由房地产行政主管部门作出取消保障资格的决定，收回承租的廉租住房，或者停止发放租赁补贴，或者停止租金核减：

（一）未如实申报家庭收入、家庭人口及住房状况的；

（二）家庭人均收入连续一年以上超出当地廉

租住房政策确定的收入标准的；

（三）因家庭人数减少或住房面积增加，人均住房面积超出当地廉租住房政策确定的住房标准的；

（四）擅自改变房屋用途的；

（五）将承租的廉租住房转借、转租的；

（六）连续六个月以上未在廉租住房居住的。

第十六条 房地产行政主管部门作出取消保障资格的决定后，应当在5日内书面通知当事人，说明理由。享受实物配租的家庭应当将承租的廉租住房在规定的期限内退回。逾期不退回的，房地产行政主管部门可以依法申请人民法院强制执行。

第十七条 房地产行政主管部门或者其他有关行政管理部门工作人员，违反本办法规定，在廉租住房管理工作中利用职务上的便利，收受他人财物或者其他好处的，对已批准的廉租住房不依法履行监督管理职责的，或者发现违法行为不予查处的，依法给予行政处分；构成犯罪的，依法追究刑事责任。

第十八条 各地可根据当地的实际情况制定具体细则。

第十九条 纳入廉租住房管理的其他家庭的申请、审核及退出管理办法，由各地结合当地实际情况，比照本办法自行制定。

第二十条 本办法自2005年10月1日之日起施行。

6. 特殊群体权益保障

中华人民共和国刑法（节录）

· 1979年7月1日第五届全国人民代表大会第二次会议通过
· 1997年3月14日第八届全国人民代表大会第五次会议修订
· 根据1998年12月29日第九届全国人民代表大会常务委员会第六次会议通过的《全国人民代表大会常务委员会关于惩治骗购外汇、逃汇和非法买卖外汇犯罪的决定》、1999年12月25日第九届全国人民代表大会常务委员会第十三次会议通过的《中华人民共和国刑法修正案》、2001年8月31日第九届全国人民代表大会常务委员会第二十三次会议通过的《中华人民共和国刑法修正案（二）》、2001年12月29日第九届全国人民代表大会常务委员会第二十五次会议通过的《中华人民共和国刑法修正案（三）》、2002年12月28日第九届全国人民代表大会常务委员会第三十一次会议通过的《中华人民共和国刑法修正案（四）》、2005年2月28日第十届全国人民代表大会常务委员会第十四次会议通过的《中华人民共和国刑法修正案（五）》、2006年6月29日第十届全国人民代表大会常务委员会第二十二次会议通过的《中华人民共和国刑法修正案（六）》、2009年2月28日第十一届全国人民代表大会常务委员会第七次会议通过的《中华人民共和国刑法修正案（七）》、2009年8月27日第十一届全国人民代表大会常务委员会第十次会议通过的《全国人民代表大会常务委员会关于修改部分法律的决定》、2011年2月25日第十一届全国人民代表大会常务委员会第十九次会议通过的《中华人民共和国刑法修正案（八）》、2015年8月29日第十二届全国人民代表大会常务委员会第十六次会议通过的《中华人民共和国刑法修正案（九）》、2017年11月4日第十二届全国人民代表大会常务委员会第三十次会议通过的《中华人民共和国刑法修正案（十）》和2020年12月26日第十三届全国人民代表大会常务委员会第二十四次会议通过的《中华人民共和国刑法修正案（十一）》修正）①

……

第二百三十六条 【强奸罪】以暴力、胁迫或者其他手段强奸妇女的，处三年以上十年以下有期徒刑。

奸淫不满十四周岁的幼女的，以强奸论，从重处罚。

① 刑法、历次刑法修正案、涉及修改刑法的决定的施行日期，分别依据各法律所规定的施行日期确定。另，总则部分条文主旨为编者所加，分则部分条文主旨是根据司法解释确定罪名所加。

强奸妇女、奸淫幼女,有下列情形之一的,处十年以上有期徒刑、无期徒刑或者死刑:

(一)强奸妇女、奸淫幼女情节恶劣的;

(二)强奸妇女、奸淫幼女多人的;

(三)在公共场所当众强奸妇女、奸淫幼女的;

(四)二人以上轮奸的;

(五)奸淫不满十周岁的幼女或者造成幼女伤害的;

(六)致使被害人重伤、死亡或者造成其他严重后果的。①

第二百三十六条之一 【负有照护职责人员性侵罪】对已满十四周岁不满十六周岁的未成年女性负有监护、收养、看护、教育、医疗等特殊职责的人员,与该未成年女性发生性关系的,处三年以下有期徒刑;情节恶劣的,处三年以上十年以下有期徒刑。

有前款行为,同时又构成本法第二百三十六条规定之罪的,依照处罚较重的规定定罪处罚。②

第二百三十七条 【强制猥亵、侮辱罪】以暴力、胁迫或者其他方法强制猥亵他人或者侮辱妇女的,处五年以下有期徒刑或者拘役。

聚众或者在公共场所当众犯前款罪的,或者有其他恶劣情节的,处五年以上有期徒刑。③

【猥亵儿童罪】猥亵儿童的,处五年以下有期徒刑;有下列情形之一的,处五年以上有期徒刑:

(一)猥亵儿童多人或者多次的;

(二)聚众猥亵儿童的,或者在公共场所当众猥亵儿童,情节恶劣的;

(三)造成儿童伤害或者其他严重后果的;

(四)猥亵手段恶劣或者有其他恶劣情节的。④

……

第二百四十条 【拐卖妇女、儿童罪】拐卖妇女、儿童的,处五年以上十年以下有期徒刑,并处罚金;有下列情形之一的,处十年以上有期徒刑或者无期徒刑,并处罚金或者没收财产;情节特别严重的,处死刑,并处没收财产:

(一)拐卖妇女、儿童集团的首要分子;

(二)拐卖妇女、儿童三人以上的;

(三)奸淫被拐卖的妇女的;

(四)诱骗、强迫被拐卖的妇女卖淫或者将被拐卖的妇女卖给他人迫使其卖淫的;

(五)以出卖为目的,使用暴力、胁迫或者麻醉方法绑架妇女、儿童的;

(六)以出卖为目的,偷盗婴幼儿的;

(七)造成被拐卖的妇女、儿童或者其亲属重伤、死亡或者其他严重后果的;

(八)将妇女、儿童卖往境外的。

拐卖妇女、儿童是指以出卖为目的,有拐骗、绑架、收买、贩卖、接送、中转妇女、儿童的行为之一的。

第二百四十一条 【收买被拐卖的妇女、儿童罪】收买被拐卖的妇女、儿童的,处三年以下有期徒刑、拘役或者管制。

收买被拐卖的妇女,强行与其发生性关系的,依照本法第二百三十六条的规定定罪处罚。

收买被拐卖的妇女、儿童,非法剥夺、限制其人身自由或者有伤害、侮辱等犯罪行为的,依照本法的有关规定定罪处罚。

---

① 根据2020年12月26日《中华人民共和国刑法修正案(十一)》修改。原条文为:“以暴力、胁迫或者其他手段强奸妇女的,处三年以上十年以下有期徒刑。

“奸淫不满十四周岁的幼女的,以强奸论,从重处罚。

“强奸妇女、奸淫幼女,有下列情形之一的,处十年以上有期徒刑、无期徒刑或者死刑:

“(一)强奸妇女、奸淫幼女情节恶劣的;

“(二)强奸妇女、奸淫幼女多人的;

“(三)在公共场所当众强奸妇女的;

“(四)二人以上轮奸的;

“(五)致使被害人重伤、死亡或者造成其他严重后果的。”

② 根据2020年12月26日《中华人民共和国刑法修正案(十一)》增加。

③ 根据2015年8月29日《中华人民共和国刑法修正案(九)》修改。原条文为:“以暴力、胁迫或者其他方法强制猥亵妇女或者侮辱妇女的,处五年以下有期徒刑或者拘役。

“聚众或者在公共场所当众犯前款罪的,处五年以上有期徒刑。

“猥亵儿童的,依照前两款的规定从重处罚。”

④ 根据2020年12月26日《中华人民共和国刑法修正案(十一)》修改。原第三款条文为:“猥亵儿童的,依照前两款的规定从重处罚。”

收买被拐卖的妇女、儿童，并有第二款、第三款规定的犯罪行为的，依照数罪并罚的规定处罚。

收买被拐卖的妇女、儿童又出卖的，依照本法第二百四十条的规定定罪处罚。

收买被拐卖的妇女、儿童，对被买儿童没有虐待行为，不阻碍对其进行解救的，可以从轻处罚；按照被买妇女的意愿，不阻碍其返回原居住地的，可以从轻或者减轻处罚。①

第二百四十二条　【妨害公务罪】以暴力、威胁方法阻碍国家机关工作人员解救被收买的妇女、儿童的，依照本法第二百七十七条的规定定罪处罚。

【聚众阻碍解救被收买的妇女、儿童罪】聚众阻碍国家机关工作人员解救被收买的妇女、儿童的首要分子，处五年以下有期徒刑或者拘役；其他参与者使用暴力、威胁方法的，依照前款的规定处罚。

……

第二百五十七条　【暴力干涉婚姻自由罪】以暴力干涉他人婚姻自由的，处二年以下有期徒刑或者拘役。

犯前款罪，致使被害人死亡的，处二年以上七年以下有期徒刑。

第一款罪，告诉的才处理。

……

第二百六十二条　【拐骗儿童罪】拐骗不满十四周岁的未成年人，脱离家庭或者监护人的，处五年以下有期徒刑或者拘役。

第二百六十二条之一　【组织残疾人、儿童乞讨罪】以暴力、胁迫手段组织残疾人或者不满十四周岁的未成年人乞讨的，处三年以下有期徒刑或者拘役，并处罚金；情节严重的，处三年以上七年以下有期徒刑，并处罚金。②

……

第四百一十六条　【不解救被拐卖、绑架妇女、儿童罪】对被拐卖、绑架的妇女、儿童负有解救职责的国家机关工作人员，接到被拐卖、绑架的妇女、儿童及其家属的解救要求或者接到其他人的举报，而对被拐卖、绑架的妇女、儿童不进行解救，造成严重后果的，处五年以下有期徒刑或者拘役。

【阻碍解救被拐卖、绑架妇女、儿童罪】负有解救职责的国家机关工作人员利用职务阻碍解救的，处二年以上七年以下有期徒刑；情节较轻的，处二年以下有期徒刑或者拘役。

……

中华人民共和国妇女权益保障法

· 1992 年 4 月 3 日第七届全国人民代表大会第五次会议通过
· 根据 2005 年 8 月 28 日第十届全国人民代表大会常务委员会第十七次会议《关于修改〈中华人民共和国妇女权益保障法〉的决定》第一次修正
· 根据 2018 年 10 月 26 日第十三届全国人民代表大会常务委员会第六次会议《关于修改〈中华人民共和国野生动物保护法〉等十五部法律的决定》第二次修正
· 2022 年 10 月 30 日第十三届全国人民代表大会常务委员会第三十七次会议修订
· 2022 年 10 月 30 日中华人民共和国主席令第 122 号公布
· 自 2023 年 1 月 1 日起施行

理解与适用

《妇女权益保障法》是关于妇女权益保护的基本法律。该法于 1992 年 4 月 3 日第七届全国人民代表大会第五次会议通过，并于 2005 年 8 月 28 日作了较大修改、于 2018 年 10 月 26 日作了个别调整。《妇女权益保障法》实施三十年来，为妇女的政治、经济、文化、社会和家庭生活等各方

---

① 根据 2015 年 8 月 29 日《中华人民共和国刑法修正案（九）》修改。原第六款条文为："收买被拐卖的妇女、儿童，按照被买妇女的意愿，不阻碍其返回原居住地的，对被买儿童没有虐待行为，不阻碍对其进行解救的，可以不追究刑事责任。"

② 根据 2006 年 6 月 29 日《中华人民共和国刑法修正案（六）》增加。

面权益提供了有力法治保障,推动男女平等基本国策深入人心。2022 年 10 月 30 日,第十三届全国人大常委会第三十七次会议审议通过新修订的《妇女权益保障法》。

一、本次修订的亮点

本次《妇女权益保障法》修订,是继 2005 年、2018 年两次修改后的一次全面修订。新修订的《妇女权益保障法》在原有规定基础上,积极适应新时代、新任务、新要求,对妇女权益保障制度机制作出更加全面系统的规定,亮点众多。总的来看,主要体现在四个方面:

一是全面贯彻落实男女平等基本国策,不断丰富妇女权益保障制度内容。实现男女平等是衡量社会文明的重要尺度,党和国家历来重视妇女发展与进步,把男女平等作为促进我国社会发展的一项基本国策。2005 年《妇女权益保障法》修改,明确规定"男女平等是国家的基本国策"。新修订的《妇女权益保障法》全面贯彻落实男女平等基本国策,不仅在总则中明确规定国家采取必要措施,促进男女平等,还在各章中不断丰富完善妇女权益保障的具体制度规定,确保妇女在政治、经济、文化、社会和家庭生活等各方面享有同男子平等的权利,确保广大妇女平等参与社会生活、平等获得发展机遇、平等享有发展成果。

二是在落实全面保障基础上,根据新时代妇女工作特点和妇女事业发展要求强化特殊保护。新修订的《妇女权益保障法》对妇女的政治权利、人身和人格权益、文化教育权益、劳动和社会保障权益、财产权益、婚姻家庭权益等各方面权益作出规定。在体现和落实全面保障的基础上,更加突出结合妇女自身特点和妇女工作实际,强调保护妇女依法享有的特殊权益、考虑妇女的特殊需求,在医疗保健和健康检查、公共设施配建、生育服务保障、预防和处置性骚扰、消除就业性别歧视等诸多方面,根据妇女特点提供特殊保护,为有效实现男女平等和促进妇女全面发展提供有力支撑。

三是完善政府相关保障措施,强化妇女联合会等有关方面的保障职责。新修订的《妇女权益保障法》积极贯彻落实党的二十大精神,全面总结我国妇女事业发展成就与经验,旗帜鲜明强调坚持中国共产党对妇女权益保障工作的领导,确保新时代妇女权益保障事业始终有"主心骨",始终坚持正确政治方向。明确建立政府主导、各方协同、社会参与的保障妇女权益工作机制,从制定和实施妇女发展规划、提供经费保障、完善妇女发展状况统计调查制度、发展妇女卫生健康事业、消除就业性别歧视、预防和处置侵害妇女权益违法犯罪行为等各方面,完善政府及其有关部门的具体保障措施。与此同时,新修订的《妇女权益保障法》高度重视妇联组织重要作用,进一步明确妇联做好维护妇女权益、促进男女平等和妇女全面发展的工作,明确妇女的合法权益受到侵害可以向妇女联合会求助。妇女联合会等妇女组织应当维护被侵害妇女的合法权益,支持帮助受害妇女,督促有关部门或者单位依法查处。

四是倡导全社会尊重和关爱妇女,鼓励和支持妇女自强。新修订的《妇女权益保障法》重视动员全社会各方面力量,共同关心、关爱和支持妇女发展,明确将男女平等基本国策纳入国民教育体系,通过开展宣传教育,增强全社会的男女平等意识,培育尊重和关爱妇女的社会风尚。组织动员国家机关、社会团体、企业事业单位、基层群众性自治组织以及其他组织和个人,结合工作职责和自身特点开展妇女权益保障工作,鼓励和支持社会力量通过依法捐赠、资助或者提供志愿服务等方式参与妇女权益保障事业。与此同时,充分尊重妇女的重要主体地位,明确国家采取措施支持女性人才成长,保障女性平等享有接受中高等教育的权利和机会,健全全民终身学习体系,为妇女终身学习创造条件,为妇女创造公平的就业创业环境,为困难妇女提供必要帮扶,保障和促进妇女在各领域的全面发展,更好发挥妇女"半边天"的重要作用。

二、本次修订的主要内容

《妇女权益保障法》修订前共九章、六十一条,经过本次修订,增至十章、共八十六条,修改涉及的条款多,增加的规定多,结构上也有调整。主要作了以下修改:

(一)完善总体性制度机制。一是在立法目的中增加规定促进妇女全面发展、弘扬社会主义核心价值观。二是规定国家采取必要措施,促进男女平等,消除对妇女一切形式的歧视,禁止排斥、限制妇女依法享有和行使各项权益。三是规定坚持中国共产党对妇女权益保障工作的领导，建立政府主导、各方协同、社会参与的保障妇女权益工作机制。四是规定男女平等评估机制、妇女发展状况和权益保障统计调查制度。五是明确国家将男女平等基本国策纳入国民教育体系。

（二）完善政治权利保障。一是规定国家采取措施支持女性人才成长。二是贯彻全过程人民民主，明确妇女联合会代表妇女积极参与国家和社会事务的民主协商、民主决策、民主管理和民主监督。

（三）完善人身和人格权益。一是将第六章“人身权利”前移作为第三章，并将章名修改为“人身和人格权益”，突出人身和人格权益的重要地位。二是强调妇女的人格尊严不受侵犯。三是强调禁止进行非医学需要的胎儿性别鉴定和选择性别的人工终止妊娠，规定医疗机构施行有关医疗活动时，应当尊重妇女本人意愿。四是在禁止拐卖、绑架妇女的基础上，规定政府及有关部门、村民委员会、居民委员会发现报告和解救、安置、救助、关爱被拐卖、绑架的妇女等职责。五是在禁止对妇女实施性骚扰的基础上，进一步完善预防和处置性骚扰、性侵害制度机制。六是规定住宿经营者应当加强安全保障措施，发现可能侵害妇女权益的违法犯罪行为时，及时向公安机关报告。七是媒体报道涉及妇女事件应当客观、适度，不得侵害妇女的人格权益。八是加强婚恋交友关系中的妇女权益保障，扩大人身安全保护令的适用范围。九是规定建立健全妇女健康服务体系、心理健康服务支持以及全生育周期系统保健制度，设立妇幼保健机构，定期为女职工安排健康检查，合理配备满足妇女需要的公共设施。

（四）完善文化教育权益。一是完善保障适龄女性未成年人接受并完成义务教育的制度机制。二是规定政府采取措施保障女性平等享有接受中高等教育的权利和机会。三是规定国家健全终身学习体系，为妇女终身学习创造条件。

（五）完善劳动和社会保障权益。一是消除就业性别歧视，明确就业性别歧视的具体情形，将就业性别歧视纳入劳动保障监察范围。二是规定用人单位女职工权益保障相关责任，明确劳动（聘用）合同或者服务协议中应当包含女职工权益保护相关内容。三是完善生育保障，规定国家建立健全职工生育休假制度，明确用人单位对女职工的生育保障义务，要求用人单位不得因结婚、怀孕、产假、哺乳等情形，限制女职工晋职、晋级、评聘专业技术职称和职务等。四是落实习近平总书记有关重要讲话精神，规定加强对贫困妇女、老龄妇女、残疾妇女等困难妇女的权益保障。

（六）完善财产权益。一是规定妇女在农村集体经济组织成员身份确认、不动产登记、征收或者征用补偿等方面的权利。二是规定村民自治章程、村规民约以及涉及村民利益事项的决定，不得侵害妇女在农村集体经济组织中的权益。三是规定国家保护妇女在城镇集体所有财产关系中的权益。

（七）完善婚姻家庭权益。一是规定国家鼓励婚前体检，明确婚姻登记机关应当提供婚姻家庭辅导服务。二是规定妇女对夫妻共同财产享有要求记载其姓名等权利。三是规定离婚诉讼期间共同财产查询、离婚时家务劳动经济补偿等制度。

（八）完善救济措施。增加一章关于“救济措施”的规定，作为第八章。一是规定人民政府是负责妇女工作的机构、妇女联合会可以督促有关部门或者单位依法查处侵害妇女权益的行为。二是规定用人单位侵害妇女劳动和社会保障权益的，人力资源和社会保障部门可以联合工会、妇女联合会约谈用人单位。三是规定妇女在农村集体经济组织成员身份确认等方面权益受到侵害时的救济措施，明确乡镇人民政府对村民自治章程、村规民约以及涉及村民利益事项的决定进行指导监督。四是规定妇女权益保障公益诉讼、支持起诉等制度。

（九）完善法律责任。就违反有关报告义务、预防和制止性骚扰义务、消除就业性别歧视等义务的行为，规定相应的法律责任。

第一章 总 则

第一条 【立法目的和依据】为了保障妇女的合法权益，促进男女平等和妇女全面发展，充分发挥妇女在全面建设社会主义现代化国家中的作用，弘扬社会主义核心价值观，根据宪法，制定本法。

注释 **保障妇女合法权益**

妇女权益保障法是我国全面保障妇女基本权益的专门法律，保障妇女的合法权益始终是这部法律制定修改的出发点和落脚点。

促进妇女实现全面发展

面向新时代，促进妇女实现全面发展，成为妇女权益保障事业更高层次的目标追求。为此，2022年修订在“促进男女平等”的基础上，增加促进“妇女全面发展”的规定，在具体制度设计中进一步明确国家采取措施支持女性人才成长，保障女性平等享有接受中高等教育的权利和机会，为妇女终身学习创造条件，为妇女创造公平的就业创业环境，为困难妇女提供必要帮扶，努力为妇女全面发展营造环境、扫清障碍、创造条件，保障和促进妇女在各领域的全面发展。

链接《宪法》第48、49条；《中国妇女发展纲要(2021—2030年)》

第二条 【男女平等基本国策】男女平等是国家的基本国策。妇女在政治的、经济的、文化的、社会的和家庭的生活等各方面享有同男子平等的权利。

国家采取必要措施，促进男女平等，消除对妇女一切形式的歧视，禁止排斥、限制妇女依法享有和行使各项权益。

国家保护妇女依法享有的特殊权益。

注释 **男女平等基本国策的内容**

男女平等基本国策的主要内容是，妇女在政治的、经济的、文化的、社会的和家庭的生活等各方面享有同男子平等的权利。

在理解和适用上，应当注意把握两个方面：一是男女平等权利不仅体现在总则的规定中，还体现在其他各章节中。例如，本法第十二条、第十八条的规定等。二是妇女享有同男子平等的权利，不仅体现在本法中，还体现在其他相关法律中。我国已经建立了以宪法为统领，以妇女权益保障法为主干，以民法典、刑法及其他相关法律为支撑的妇女权益保障法律体系，其他相关法律也从不同角度规定妇女享有同男子平等的权利。例如，民法典在婚姻家庭编中明确规定，夫妻在婚姻家庭中地位平等。夫妻双方都有各自使用自己姓名的权利。夫妻双方都有参加生产、工作、学习和社会活动的自由，一方不得对另一方加以限制或者干涉。夫妻双方平等享有对未成年子女抚养、教育和保护的权利，共同承担对未成年子女抚养、教育和保护的义务。夫妻有相互扶养的义务。夫妻有相互继承遗产的权利。夫妻对共同财产，有平等的处理权。

链接《消除对妇女一切形式歧视公约》

第三条 【党的领导与政府职责】坚持中国共产党对妇女权益保障工作的领导，建立政府主导、各方协同、社会参与的保障妇女权益工作机制。

各级人民政府应当重视和加强妇女权益的保障工作。

县级以上人民政府负责妇女儿童工作的机构，负责组织、协调、指导、督促有关部门做好妇女权益的保障工作。

县级以上人民政府有关部门在各自的职责范围内做好妇女权益的保障工作。

注释 **负责妇女儿童工作的机构**

“负责妇女儿童工作的机构”是指妇女儿童工作委员会(简称妇儿工委)，是县级以上人民政府负责妇女儿童工作的协调、议事机构，其办事机构通常设在同级妇女联合会。

妇儿工委负责组织、协调、指导、督促有关部门做好妇女权益的保障工作。具体而言，包括组织宣传有关保障妇女权益的法律、法规和政策，及监督检查实施情况；组织实施妇女发展规划及妇女权益保障工作计划；调查研究本行政区域内涉及妇女权益的突出问题，向有关机关提出意见、建议；接受群众对侵害妇女权益行为的投诉、举报，交有关部门查处，为受害妇女提供法律援助；协调、督促有关部门及时查处侵害妇女权益的重大、典型案件；总结和推广保障妇女权益工作的先进经验，表彰和奖励在保障妇女权益工作中做出显著贡献的单位和个人；其他与妇女权益保障相关工作等。

链接《中国妇女发展纲要(2021—2030年)》

第四条 【保障妇女合法权益的主体】保障妇女的合法权益是全社会的共同责任。国家机关、社会团体、企业事业单位、基层群众性自治组织以及其他组织和个人,应当依法保障妇女的权益。

国家采取有效措施,为妇女依法行使权利提供必要的条件。

注释 国家建立健全妇女在政治权利、人身和人格权益、文化教育权益、劳动和社会保障权益、财产权益、婚姻家庭权益等方面的有关法律法规和政策;同时,注重总结推广有益实践经验做法,为保障妇女各项权益顺利实现,提供便利条件和有效措施。

第五条 【妇女发展纲要、规划及经费保障】国务院制定和组织实施中国妇女发展纲要,将其纳入国民经济和社会发展规划,保障和促进妇女在各领域的全面发展。

县级以上地方各级人民政府根据中国妇女发展纲要,制定和组织实施本行政区域的妇女发展规划,将其纳入国民经济和社会发展规划。

县级以上人民政府应当将妇女权益保障所需经费列入本级预算。

注释 经费列入地方预算

妇女权益保障是各级政府的重要职责,将相关经费列入本级预算,是组织实施妇女发展纲要及相关规划的基础。将妇女权益保障经费列入地方预算,一方面能够保障所需资金来源的稳定性和持续性,确保妇女权益保障各项工作顺利开展;另一方面,强化相关预算约束,加强预算管理和监督。

第六条 【妇联等群团组织的职责】中华全国妇女联合会和地方各级妇女联合会依照法律和中华全国妇女联合会章程,代表和维护各族各界妇女的利益,做好维护妇女权益、促进男女平等和妇女全面发展的工作。

工会、共产主义青年团、残疾人联合会等群团组织应当在各自的工作范围内,做好维护妇女权益的工作。

注释 中华全国妇女联合会

中华全国妇女联合会成立于1949年4月3日,是全国各族各界妇女为争取进一步解放与发展而联合起来的群团组织,是中国共产党领导下的人民团体,是党和政府联系妇女群众的桥梁和纽带,是国家政权的重要社会支柱。妇女联合会实行全国组织、地方组织、基层组织和团体会员相结合的组织制度。

第七条 【妇女的义务】国家鼓励妇女自尊、自信、自立、自强,运用法律维护自身合法权益。

妇女应当遵守国家法律,尊重社会公德、职业道德和家庭美德,履行法律所规定的义务。

注释 加强法律学习

广大妇女需注重加强法律学习,增加储备常用法律知识,学会、用好法律武器,养成遇事找法、解决问题靠法的良好习惯。妇女面对侵害自身权益的行为和现象时,应当及时向有关部门反映情况并寻求法律救济,有理、有利、有节地依法维护好自身合法权益。

第八条 【制定法律政策充分考虑妇女权益】有关机关制定或者修改涉及妇女权益的法律、法规、规章和其他规范性文件,应当听取妇女联合会的意见,充分考虑妇女的特殊权益,必要时开展男女平等评估。

注释 充分考虑妇女特殊权益

本次修订强调制定法律政策应当充分考虑妇女特殊权益。根据新的规定,有关机关制定或者修改相关法律政策时,都要充分考虑妇女的特殊权益;法律政策的范围包括全国人大及其常委会制定的法律、国务院制定的行政法规、有立法权的地方制定的地方性法规、国务院部门和地方政府制定的规章以及其他有权机关制定的规范性文件,范围比原有的“法律、法规、规章和公共政策”更加广泛;只要涉及妇女权益就应当考虑相关要求,不再限于“涉及妇女权益的重大问题”。

男女平等评估

男女平等评估,有的称为“法律政策性别平等评估”,通常是指有关机关按照男女平等的价值观念以及一定的技术标准,对法律政策的实施情况及效果进行评估,进而为法律政策在制定及实施过程中做出必要调整提供参考。男女平等评估制度是在法律政策的制定和实施中贯彻落实男女平等基本国策的有效策略和制度保障。

《中国妇女发展纲要(2021—2030年)》提出,加强法规政策性别平等评估工作。健全国家、省(自治区、直辖市)、市(地、州、盟)法规政策性别平等评估机制和县(市、区、旗)政策性别平等评估机制,明确评估范围,规范评估流程,细化评估指标。加强法规政策制定前研判、决策中贯彻、实施后评估的制度化建设。开展性别平等评估相关培训,加强专业化队伍建设,将男女平等基本国策落实到法规、规章、政策制定实施全过程各环节。

链接《中国妇女发展纲要(2021—2030年)》

第九条 【妇女发展状况统计调查制度】国家建立健全妇女发展状况统计调查制度,完善性别统计监测指标体系,定期开展妇女发展状况和权益保障统计调查和分析,发布有关信息。

注释 通过妇女发展状况统计调查制度,获取妇女权益保障相关基础数据,可以较为全面准确地掌握我国妇女事业发展的总体情况,了解妇女权益保障取得的进步和成就以及存在的短板和缺陷,这对于国家采取有针对性的措施、切实改进工作具有重要意义。

第十条 【男女平等宣传教育】国家将男女平等基本国策纳入国民教育体系,开展宣传教育,增强全社会的男女平等意识,培育尊重和关爱妇女的社会风尚。

注释《中国妇女发展纲要(2021—2030年)》就"提升全社会的性别平等意识,推进男女平等基本国策宣传教育"这一目标,提出有关制度措施,开展以男女平等为核心的先进性别文化宣传教育,将构建先进性别文化纳入繁荣社会主义先进文化制度体系。具体包括:大力宣传新时代妇女在社会生活和家庭生活中的独特作用,宣传优秀妇女典型和性别平等优秀案例。推动各级干部学习习近平总书记关于妇女和妇女工作的重要论述以及马克思主义妇女观、男女平等基本国策。在机关、学校、企业、城乡社区、家庭以多种形式开展男女平等基本国策宣传教育,让性别平等成为全社会共同遵循的行为规范和价值标准。

第十一条 【表彰和奖励】国家对保障妇女合法权益成绩显著的组织和个人,按照有关规定给予表彰和奖励。

注释 **表彰和奖励的含义和对象**

表彰,是指表扬并嘉奖,以授予称号、通报表扬、通令嘉奖、记功以及发给奖状、荣誉证书、奖章等形式,对某种行为或者事迹给予肯定,较为侧重于精神层面。奖励,是指从精神上或物质上进行鼓励,包括精神奖励和物质奖励,通常以精神奖励为主,以物质奖励为辅。任何对保障妇女合法权益做出显著成绩的组织和个人,都是表彰和奖励的对象,包括国家机关、企事业单位、社会组织和公民个人等。

第二章 政治权利

第十二条 【国家保障男女享有平等的政治权利】国家保障妇女享有与男子平等的政治权利。

注释 **政治权利包含的内容**

我国公民的政治权利包括以下方面:(1)选举权和被选举权。这项政治权利是政治参与的主要表现形式。(2)享有言论、出版、集会、结社、游行、示威自由的权利。这些自由是公民行使政治权利的形式和保障。(3)担任国家机关职务以及企业、事业单位和人民团体领导职务的权利。这是公民直接参与国家管理,参与经济、文化和社会事务管理,实现其政治权利的重要途径。(4)对国家机关和国家工作人员的监督权,包括对其选举的国家工作人员的罢免权,以及对国家机关和国家工作人员的批评权和建议权。(5)对国家政治活动的知情权等。本条是关于保障男女平等享有政治权利的总体要求,随着经济社会发展进步,妇女政治权利的具体内容不断丰富完善,保障水平不断得到提升。

链接《宪法》第48条

第十三条 【妇女参与国家和社会事务管理的权利】妇女有权通过各种途径和形式,依法参与管理国家事务、管理经济和文化事业、管理社会事务。

妇女和妇女组织有权向各级国家机关提出妇女权益保障方面的意见和建议。

注释 **妇女实现政治权利的途径和形式**

妇女实现政治权利的途径和形式,总体上可分为两个层面:一是依据法律规定,妇女通过行使选举权选举代表组成各级人民代表大会,间接行使管理国家事务等政治权利。二是依照法律规定,通过各种途径和形式直接行使管理国家事务等政治权利。如:妇女有被选举权,通过成为各级人民代表大会或者各级国家机关组成人员的方式,直接行使政治权利;可以通过成立妇女组织或者参加基层自治组织以及妇联、工会、共青团等组织,行使监督权、建议权、知情权等方式,实现参与管理国家事务、管理经济和文化事业、管理社会事务等政治权利。妇女无论通过何种途径和形式实现政治权利,需符合有关法律法规的规定。

链接《宪法》第2、41条

第十四条 【妇女的选举权利】妇女享有与男

子平等的选举权和被选举权。

全国人民代表大会和地方各级人民代表大会的代表中,应当保证有适当数量的妇女代表。国家采取措施,逐步提高全国人民代表大会和地方各级人民代表大会的妇女代表的比例。

居民委员会、村民委员会成员中,应当保证有适当数量的妇女成员。

注释 提高人大女代表、政协女委员比例

2021年,国务院颁布的《中国妇女发展纲要(2021—2030年)》提出要提高人大女代表、政协女委员比例。落实人大代表选举规则和程序,在选区划分、代表名额分配、候选人推荐、选举等环节,保障妇女享有平等权利和机会;重视从基层、生产一线推荐人大代表女性候选人,候选人中应当有适当数量的妇女代表,并逐步提高妇女代表的比例。提名推荐、协商确定政协委员建议名单时,保障提名一定比例的妇女;充分发挥人大女代表、政协女委员在发展社会主义民主政治和男女平等事业中的积极作用。以上规定,为今后一段时期加强妇女政治生活参与,提供了明确指引。

链接《宪法》第34条

第十五条 【重视女干部和女性人才的培养】国家积极培养和选拔女干部,重视培养和选拔少数民族女干部。

国家机关、群团组织、企业事业单位培养、选拔和任用干部,应当坚持男女平等的原则,并有适当数量的妇女担任领导成员。

妇女联合会及其团体会员,可以向国家机关、群团组织、企业事业单位推荐女干部。

国家采取措施支持女性人才成长。

注释 妇女联合会推荐女干部

向国家机关、群团组织、企业事业单位推荐女干部,是妇联的一项职责。《中华全国妇女联合会章程》第三十七条规定,各级妇女联合会应成为培养和输送女干部的重要基地。应加强干部的培养,重视培训工作,加强培训基地建设。妇女联合会干部应合理流动。妇女联合会应经常向各方面推荐输送优秀女干部,特别要注意培养推荐输送少数民族和年轻女干部。

链接《宪法》第4、48条;《民族区域自治法》第22条;《中华全国妇女联合会章程》第4、5、37条

第十六条 【妇联代表妇女参与国家和社会事务】妇女联合会代表妇女积极参与国家和社会事务的民主协商、民主决策、民主管理和民主监督。

注释 妇女联合会代表妇女参与国家和社会事务的民主协商、民主决策、民主管理和民主监督,体现在多个方面。例如:(1)推荐女性人大代表候选人,向国家机关推荐女干部。(2)向有关机关提出关于完善相关法律、法规等的意见,向各级国家机关提出妇女权益保障方面的意见和建议。有关机关制定或者修改涉及妇女权益的法律、法规、规章和其他规范性文件,应当听取妇女联合会的意见。(3)妇女的合法权益受到侵害的,妇女联合会等妇女组织应当维护被侵害妇女的合法权益,有权要求并协助有关部门或者单位查处。有关部门或者单位不予处理或者处理不当的,妇女联合会可以向其提出督促处理意见,必要时可以提请同级人民政府开展督查。对于用人单位侵害妇女劳动和社会保障权益的行为,妇女联合会可以参加人力资源和社会保障部门组织的对用人单位的联合约谈,依法进行监督并要求用人单位限期纠正。

第十七条 【批评、建议、申诉、控告和检举权】对于有关妇女权益保障工作的批评或者合理可行的建议,有关部门应当听取和采纳;对于有关侵害妇女权益的申诉、控告和检举,有关部门应当查清事实,负责处理,任何组织和个人不得压制或者打击报复。

注释 批评权是指公民对国家机关和国家工作人员在工作中的缺点、错误有提出批评意见的权利。建议权是指公民对国家机关和国家工作人员的工作提出建设性意见的权利。申诉权是指公民的合法权益,因为行政机关或司法机关作出的错误的、违法的决定或判决,或者因为国家工作人员的违法失职行为而受到侵害,受害公民有向有关机关申诉理由,要求重新处理的权利。控告权是指公民对任何国家机关和国家工作人员的违法失职行为,有向有关机关进行揭发和指控的权利。检举权是指公民对违法失职的国家机关和国家工作人员,有向有关机关揭发事实,请求依法处理的权利。

链接《宪法》第41条

第三章 人身和人格权益

第十八条 【国家保障男女享有平等的人身和人格权益】国家保障妇女享有与男子平等的人

身和人格权益。

注释 **妇女享有的人身和人格权益**

根据民法典的规定，妇女享有的人身和人格权益的具体类型包括：(1)生命权，指自然人享有的以生命安全和生命尊严为内容的权利。(2)身体权，指自然人享有的以身体完整和行动自由为内容的权利。(3)健康权，指自然人享有的以身心健康为内容的权利。(4)姓名权，指自然人享有的依法决定、使用、变更或者许可他人使用自己姓名的权利。(5)肖像权，指自然人享有的依法制作、使用、公开或者许可他人使用自己肖像的权利。(6)名誉权，指自然人、法人和非法人组织就其品德、声望、才能、信用等所获得的社会评价，所享有的保有和维护的权利。(7)荣誉权，指自然人、法人和非法人组织对其获得的荣誉及其利益所享有的保持、自主决定的权利。(8)隐私权，指自然人享有的私人生活安宁与不愿为他人知晓的私密空间、私密活动、私密信息等依法受到保护，不受他人刺探、侵扰、泄露和公开的权利。(9)个人信息受保护的利益，指自然人的个人信息受法律保护，任何组织或者个人需要获取他人个人信息的，应当依法取得并确保信息安全，不得非法收集、使用、加工、传输他人个人信息，不得非法买卖、提供或者公开他人个人信息。(10)婚姻自主权，指自然人享有的结婚、离婚自由不受他人干涉的权利，对其的确认和保护主要体现在民法典的婚姻家庭编和本法的第七章“婚姻家庭权益”中。

第十九条　【妇女的人身自由不受侵犯】妇女的人身自由不受侵犯。禁止非法拘禁和以其他非法手段剥夺或者限制妇女的人身自由；禁止非法搜查妇女的身体。

注释 **搜查**

法律意义上的搜查是指司法机关在处理刑事案件时所采取的一类侦查措施。与搜查相类似的是《出境入境边防检查条例》中规定的边防检查站实施的人身检查。本条中的非法搜查应作宽泛解释，包括非法的搜查和非法的人身检查。搜查行为是司法机关等法定机关的合法侦查或者检查手段，其他任何组织和个人都无权对公民的身体进行搜查。即使是司法机关等法定机关在侦查或者检查过程中实施搜查行为，也必须严格依照法律规定的条件和程序进行，否则就可能构成非法搜查。

链接《宪法》第37条；《民法典》第109、1011、1165、1183条；《刑事诉讼法》第84、302条

第二十条　【妇女的人格尊严不受侵犯】妇女的人格尊严不受侵犯。禁止用侮辱、诽谤等方式损害妇女的人格尊严。

注释 **侮辱、诽谤**

本条规定的“侮辱”行为是指公然以暴力、谩骂等方式贬损妇女名誉的行为。侮辱行为既包括行为方式，也包括语言方式，还包括文字方式。本条规定的“诽谤”行为是指以散布捏造或者夸大的事实故意损害妇女名誉的行为。诽谤既可以是口头诽谤，也可以是文字诽谤。

本条所规定的“侮辱、诽谤”只是两种过错程度较为严重和典型的损害妇女人格尊严的行为，实践中，损害妇女人格尊严的行为远不止这两种方式。例如媒体通过夸大事实、过度渲染等方式报道涉及妇女事件的，有可能损害妇女的人格尊严；还如，未经妇女本人同意，通过广告、商标、音像制品、网络等形式使用妇女肖像的，也有可能损害妇女的人格尊严。所以，为了更周延地保护妇女的人格尊严，本条在“侮辱、诽谤”后特地规定了“等方式”，避免了列举的挂一漏万。

链接《宪法》第38条；《民法典》第109条

第二十一条　【保护妇女的生命权、身体权、健康权】妇女的生命权、身体权、健康权不受侵犯。禁止虐待、遗弃、残害、买卖以及其他侵害女性生命健康权益的行为。

禁止进行非医学需要的胎儿性别鉴定和选择性别的人工终止妊娠。

医疗机构施行生育手术、特殊检查或者特殊治疗时，应当征得妇女本人同意；在妇女与其家属或者关系人意见不一致时，应当尊重妇女本人意愿。

注释 **妇女患者在医疗中的知情同意权**

妇女患者在医疗中的知情同意权是指医疗机构在进行生育手术、特殊检查或者特殊治疗时，应当取得妇女本人同意。当然，妇女患者本人的同意是否真正体现了其意愿取决于其对这些诊疗行为是否真正了解。这就需要医疗机构在取得妇女患者同意前，向妇女患者履行说明义务。医疗机构的说明义务主要是指医方为取得患者对医疗行为的同意，而对该医疗行为的有关事项进行说明的义务。此种说明义务的对象主要是医疗过程中

具有严重损伤后果的医疗行为，该行为可能影响身体机能甚至危及生命，因此需要患者在知晓自己病情并了解该医疗行为风险的基础上，作出是否同意该医疗措施的决定。

链接《民法典》第1003条至第1005、1219条；《人口与计划生育法》第35条；《医师法》第25条；《医疗事故处理条例》第11条；《医疗机构管理条例》第33条；《医疗机构管理条例实施细则》第88条

第二十二条　【禁止拐卖、绑架妇女】禁止拐卖、绑架妇女；禁止收买被拐卖、绑架的妇女；禁止阻碍解救被拐卖、绑架的妇女。

各级人民政府和公安、民政、人力资源和社会保障、卫生健康等部门及村民委员会、居民委员会按照各自的职责及时发现报告，并采取措施解救被拐卖、绑架的妇女，做好被解救妇女的安置、救助和关爱等工作。妇女联合会协助和配合做好有关工作。任何组织和个人不得歧视被拐卖、绑架的妇女。

链接《中国反对拐卖人口行动计划（2021—2030年）》；《刑法》第240条至第242条

第二十三条　【禁止对妇女实施性骚扰】禁止违背妇女意愿，以言语、文字、图像、肢体行为等方式对其实施性骚扰。

受害妇女可以向有关单位和国家机关投诉。接到投诉的有关单位和国家机关应当及时处理，并书面告知处理结果。

受害妇女可以向公安机关报案，也可以向人民法院提起民事诉讼，依法请求行为人承担民事责任。

注释 **性骚扰的含义**

《民法典》人格权编第一千零一十条第一款进一步明确规定性骚扰行为的处置规制规则，即"违背他人意愿，以言语、文字、图像、肢体行为等方式对他人实施性骚扰的，受害人有权依法请求行为人承担民事责任"。2022年妇女权益保障法修订吸收民法典的规定精神，对"禁止对妇女实施性骚扰"作出更加具体的规定。

对性骚扰行为的具体把握

根据本条第一款的规定以及实践中的情形，认定性骚扰行为应当注意把握以下几个方面：一是本法规制的是针对妇女的性骚扰，受害人是女性，但实施性骚扰的行为人不区分是同性还是异性。二是性骚扰行为与性有关，行为人具有性意图，以获取性方面的生理或者心理满足为目的。具体方式是多种多样的，包括言语、文字、图像、肢体行为等。三是违背妇女的意愿，这是构成对妇女的性骚扰最核心的要件。妇女明确表示厌恶、反感、拒绝、警告或者反抗的，可以认为违背妇女意愿；妇女迫于压力而没有明确表示拒绝甚至表面服从，事实上也是违背妇女意愿；妇女曾经愿意但后来不愿意延续，如果继续纠缠不休，也可以认定为违背妇女意愿。四是性骚扰行为针对的对象是具体的、明确的，行为对象的特定性要在个案中结合具体情况加以判断。五是对妇女实施性骚扰的行为人主观上通常是故意的，在公共汽车、地铁等场所因为紧急刹车、拥挤等原因难以避免或者过失地触碰到妇女身体，一般不构成性骚扰。

链接《民法典》第1010条；《治安管理处罚法》第44条；《刑法》第237条

第二十四条　【学校防治性侵害、性骚扰的责任】学校应当根据女学生的年龄阶段，进行生理卫生、心理健康和自我保护教育，在教育、管理、设施等方面采取措施，提高其防范性侵害、性骚扰的自我保护意识和能力，保障女学生的人身安全和身心健康发展。

学校应当建立有效预防和科学处置性侵害、性骚扰的工作制度。对性侵害、性骚扰女学生的违法犯罪行为，学校不得隐瞒，应当及时通知受害未成年女学生的父母或者其他监护人，向公安机关、教育行政部门报告，并配合相关部门依法处理。

对遭受性侵害、性骚扰的女学生，学校、公安机关、教育行政部门等相关单位和人员应当保护其隐私和个人信息，并提供必要的保护措施。

注释 **学校处置机制**

当学校出现性侵害、性骚扰女学生的违法犯罪行为时，无论是发生在学生之间，还是发生在教职员工与学生之间，学校都不得隐瞒，应当立即向公安机关、教育行政部门报告，并配合相关部门依法处理。受害女学生是未成年人的，还应当及时通知受害女学生的父母或者其他监护人。对于教职员工性侵害、性骚扰等侵害女学生的违法犯罪行为，学校应当建立零容忍制度，不得包庇和隐瞒。根据教师法的规定，教师品行不良、侮辱学生，影响恶劣的，由所在的学校、其他教育机构或者教育行政部门给予行政处分或者解聘。教职员

工实施性骚扰行为,尚不构成违反治安管理处罚法的,学校要依照校规校纪给予相应的处分,情节严重的,要报教育行政部门给予处分,及时解聘实施性骚扰的教职员工;一旦发现教职员工实施性侵害行为的,学校应当及时向公安机关、教育行政部门报告,并配合公安机关、教育部门依法处理,并及时解聘实施性侵害的教职员工。

第二十五条 【用人单位的预防和制止对妇女性骚扰的义务】用人单位应当采取下列措施预防和制止对妇女的性骚扰:

(一)制定禁止性骚扰的规章制度;

(二)明确负责机构或者人员;

(三)开展预防和制止性骚扰的教育培训活动;

(四)采取必要的安全保卫措施;

(五)设置投诉电话、信箱等,畅通投诉渠道;

(六)建立和完善调查处置程序,及时处置纠纷并保护当事人隐私和个人信息;

(七)支持、协助受害妇女依法维权,必要时为受害妇女提供心理疏导;

(八)其他合理的预防和制止性骚扰措施。

注释 **采取必要的安全保卫措施**

用人单位应当根据员工的工作形式、工作环境或者生活环境,采取必要的安全保护措施,预防其遭受性骚扰或者在遭受性骚扰时能够获得及时有效的救济。例如,考虑女性员工的特殊需要,为女性员工提供必要的、隐蔽性较好的更衣、休息环境;配备必要的安保或者求助设施,在女职工遭受性骚扰时能够及时提供帮助。

设置投诉电话、信箱等

用人单位应当设置电话、信箱(包括传统信箱和电子信箱)等,便于接收对性骚扰的投诉。畅通投诉渠道,需要注意几点:一是要确保投诉渠道的便捷性,要根据本单位的实际情况,采取便于员工进行投诉的方式,既可以是一种方式,也可以是多种方式。二是要确保能够及时发现或者受理投诉。如果设置的电话长期无人接听、设置的信箱长期无人打开,就无法及时发现或者受理投诉。三是要能够支持实名或者匿名投诉。对性骚扰的投诉,既可能是受害人进行投诉,也可能是受害人以外的其他人进行投诉,无论投诉主体是谁,投诉渠道都应当保障投诉人可以选择实名投诉或者匿名投诉。

案例 郑某诉某公司劳动合同纠纷案(最高人民法院指导案例181号)

裁判规则:用人单位的管理人员对被性骚扰员工的投诉,应采取合理措施进行处置。管理人员未采取合理措施或者存在纵容性骚扰行为、干扰对性骚扰行为调查等情形,用人单位以管理人员未尽岗位职责,严重违反规章制度为由解除劳动合同,管理人员主张解除劳动合同违法的,人民法院不予支持。

链接《民法典》第1010条;《女职工劳动保护特别规定》第11条;《中国妇女发展纲要(2021—2030年)》;《劳动法》第4、25条

第二十六条 【住宿经营者对妇女的安全保障义务】住宿经营者应当及时准确登记住宿人员信息,健全住宿服务规章制度,加强安全保障措施;发现可能侵害妇女权益的违法犯罪行为,应当及时向公安机关报告。

注释 **住宿经营者的范围**

住宿业也可称旅馆业,根据《旅馆业治安管理办法》的规定,旅馆是指经营接待旅客住宿的旅馆、饭店、宾馆、招待所、客货栈、车马店、浴池等。治安管理处罚法、刑法使用的是"旅馆业"概念,未成年人保护法使用的是"住宿经营者"概念。住宿经营者和旅馆经营者是表述上的区别,其范围没有本质不同。

发现、报告

"发现",既包括住宿经营者在接待妇女入住时发现,也包括妇女入住后,住宿经营者在进行安全巡查时发现。"报告"的情况既包括已经发生的侵害妇女合法权益的违法犯罪行为,也包括可能侵害妇女权益的违法犯罪行为。

链接《旅馆业治安管理办法》第6、9条;《治安管理处罚法》第56条;《未成年人保护法》第57条;《民法典》第1198条

第二十七条 【禁止卖淫、嫖娼等行为】禁止卖淫、嫖娼;禁止组织、强迫、引诱、容留、介绍妇女卖淫或者对妇女进行猥亵活动;禁止组织、强迫、引诱、容留、介绍妇女在任何场所或者利用网络进行淫秽表演活动。

注释 **禁止卖淫、嫖娼**

所谓卖淫是指行为人通过与他人进行不正当的性行为换取金钱、实物等利益的行为。所谓嫖娼是指以付出金钱、实物为代价有偿与他人进行

性行为的活动。卖淫、嫖娼既有违社会公德，也违反法律规定。

禁止组织、强迫、引诱、容留、介绍妇女卖淫或者对妇女进行猥亵活动

组织妇女卖淫是指通过纠集、控制妇女进行卖淫，或者以雇佣、招募、容留等手段组织、诱骗妇女卖淫，从中牟利的行为。强迫妇女卖淫是指采取暴力、威胁或者其他手段，违背妇女意愿，迫使妇女进行卖淫的行为。强迫既包括暴力手段或者以暴力相威胁，也包括非暴力手段，例如以揭发妇女隐私或者使妇女遭受某种利益损失相威胁，或者通过其他手段对妇女形成精神控制。引诱妇女卖淫是指以金钱诱惑、许诺好处或者宣扬腐朽生活方式等手段，诱导妇女进行卖淫。容留妇女卖淫是指为妇女卖淫提供场所，使得卖淫活动得以进行的行为。其既包括在自己所有、租赁、经营管理的固定场所容留妇女卖淫，也包括在流动场所如交通工具中容留妇女卖淫。介绍妇女卖淫是指为卖淫者与嫖娼者寻找对象，并在他们中间牵线搭桥的行为。猥亵妇女，是指违背妇女的意愿，采取暴力、胁迫或者其他方法，强制以脱光衣服、抠摸等淫秽下流的手段侵害妇女的行为。

禁止进行淫秽表演活动

淫秽表演是指包含性行为或者露骨宣扬色情的淫秽表演，例如进行裸体表演或者性器官表演等。组织淫秽表演中的组织行为，包括策划表演安排、纠集或者雇佣表演人员、寻找或者租用表演场地、招揽观众等行为。淫秽表演既包括组织公开的淫秽表演，也包括组织针对部分人的淫秽表演。

链接《治安管理处罚法》第66、67、69条；《刑法》第358、359、362、365条

第二十八条 【妇女的人格权益受法律保护】 妇女的姓名权、肖像权、名誉权、荣誉权、隐私权和个人信息等人格权益受法律保护。

媒体报道涉及妇女事件应当客观、适度，不得通过夸大事实、过度渲染等方式侵害妇女的人格权益。

禁止通过大众传播媒介或者其他方式贬低损害妇女人格。未经本人同意，不得通过广告、商标、展览橱窗、报纸、期刊、图书、音像制品、电子出版物、网络等形式使用妇女肖像，但法律另有规定的除外。

注释 **客观、适度**

客观、适度是指应当遵守法律法规规定和新闻伦理等要求，对相关事件的报道客观、适度，不得夸大事实、过度渲染，侵害妇女人格权益。

肖像权

妇女对自己的肖像享有肖像权。第一，可以将自己的肖像等许可他人使用，但是依照法律规定或者根据其性质不得许可的除外。第二，通常情况下，未经肖像权人同意，不得制作、使用、公开肖像权人的肖像。未经肖像权人同意，肖像作品权利人不得以发表、复制、发行、出租、展览等方式使用或者公开肖像权人的肖像。第三，任何组织或者个人不得以丑化、污损，或者利用信息技术手段伪造等方式侵害他人的肖像权。

案例 **郎某、何某诽谤案**（最高人民检察院检例第137号）

裁判规则：恶意编造侮辱女性的不雅内容，利用网络诽谤他人，不仅严重损害妇女名誉权和人格尊严，使得妇女的工作、生活和身体健康遭受极大影响，而且经网络迅速传播，给广大公众造成不安全感，严重扰乱网络社会公共秩序，影响公众对国家法治、个人安全、社会治理的信心，属于"严重危害社会秩序和国家利益"的公诉情形，对于此类案件，司法机关应主动作为，由自诉转为公诉。

链接《民法典》第999、1020、1025条

第二十九条 【禁止因婚恋纠纷侵害妇女人格权益】 禁止以恋爱、交友为由或者在终止恋爱关系、离婚之后，纠缠、骚扰妇女，泄露、传播妇女隐私和个人信息。

妇女遭受上述侵害或者面临上述侵害现实危险的，可以向人民法院申请人身安全保护令。

注释 **人身安全保护令**

妇女权益保障法扩大了人身安全保护令的适用范围，对于妇女未与之建立恋爱关系的人以及前夫、前男友，妇女虽不与其共同生活，也可以申请人身安全保护令。此处人身安全保护令的申请和作出程序参照适用《反家庭暴力法》和《最高人民法院关于办理人身安全保护令案件适用法律若干问题的规定》的规定。

（1）关于申请主体和申请方式。受害人有权申请人身安全保护令；受害人是无民事行为能力人、限制民事行为能力人，或者因受到强制、威吓等原因无法申请人身安全保护令的，其近亲属、公

安机关、妇女联合会、居民委员会、村民委员会、救助管理机构可以代为申请。当事人因年老、残疾、重病等原因无法申请人身安全保护令,其近亲属、公安机关、民政部门、妇女联合会、居民委员会、村民委员会、残疾人联合会、依法设立的老年人组织、救助管理机构等,根据当事人意愿可以代为申请。申请人身安全保护令应当以书面方式提出;书面申请确有困难的,可以口头申请,由人民法院记入笔录。

(2)作出条件。包括有明确的被申请人,有具体的请求,有遭受家庭暴力或者面临家庭暴力现实危险的情形。

(3)案件管辖、作出期限和方式。人身安全保护令案件由申请人或者被申请人居住地、家庭暴力发生地的基层人民法院管辖。人民法院受理申请后,应当在七十二小时内作出人身安全保护令或者驳回申请;情况紧急的,应当在二十四小时内作出。

(4)作出期限和方式。人身安全保护令由人民法院以裁定形式作出。

(5)具体措施。人身安全保护令可以包括下列措施:禁止被申请人实施家庭暴力;禁止被申请人骚扰、跟踪、接触申请人及其相关近亲属;责令被申请人迁出申请人住所;保护申请人人身安全的其他措施;禁止被申请人以电话、短信、即时通讯工具、电子邮件等方式侮辱、诽谤、威胁申请人及其相关近亲属;禁止被申请人在申请人及其相关近亲属的住所、学校、工作单位等经常出入场所的一定范围内从事可能影响申请人及其相关近亲属正常生活、学习、工作的活动。

(6)有效期限。人身安全保护令的有效期不超过六个月,自作出之日起生效。人身安全保护令失效前,人民法院可以根据申请人的申请撤销、变更或者延长。

(7)对申请人的救济措施。申请人对驳回申请不服或者被申请人对人身安全保护令不服的,可以自裁定生效之日起五日内向作出裁定的人民法院申请复议一次。人民法院依法作出人身安全保护令的,复议期间不停止人身安全保护令的执行。

(8)送达范围。人民法院作出人身安全保护令后,应当送达申请人、被申请人、公安机关以及居民委员会、村民委员会等有关组织。人身安全保护令由人民法院执行,公安机关以及居民委员会、村民委员会等应当协助执行。

(9)违反人身安全保护令的法律责任。被申请人违反人身安全保护令,符合《刑法》第三百一十三条规定的,以拒不执行判决、裁定罪定罪处罚;同时构成其他犯罪的,依照刑法有关规定处理。尚不构成犯罪的,人民法院应当给予训诫,可以根据情节轻重处以一千元以下罚款、十五日以下拘留。

案例 **1. 滥施“家规”构成家庭暴力(最高人民法院公布十起涉家庭暴力典型案例)**

裁判规则:家庭暴力是婚姻关系中一方控制另一方的手段。根据法院查明事实,张某强给陈某转规定了很多不成文家规,如所洗衣服必须让张某强满意、挨骂不许还嘴、挨打后不许告诉他人等。张某强对陈某转的控制还可见于其诉讼中的表现,如在答辩状中表示道歉并保证不再殴打陈某转,但在庭审中却对陈某转进行威胁、指责、贬损,显见其无诚意和不思悔改。遂判决准许陈某转与张某强离婚。判决前,法院依陈某转申请作出人身安全保护裁定,禁止张某强殴打、威胁、跟踪、骚扰陈某转及女儿张某某。裁定有效期六个月,经跟踪回访确认,张某强未违反。

婚姻关系中,加害方滥施其制定的不成文家规控制受害方人身自由并实施暴力的,构成家庭暴力,受害方提出离婚且申请人身安全保护的,法院应准许双方离婚,并依受害方的申请,依法作出人身安全保护裁定,禁止加害方殴打骚扰受害方。

2. 实施精神暴力应作出人身安全保护令(最高人民法院发布人身安全保护令十大典型案例)

裁判规则:《反家庭暴力法》第二条规定,本法所称家庭暴力,是指家庭成员之间以殴打、捆绑、残害、限制人身自由以及经常性谩骂、恐吓等方式实施的身体、精神等侵害行为。因此,被申请人虽然未实施殴打、残害等行为给申请人造成肉体上的损伤,但若以经常性谩骂、恐吓等方式实施侵害申请人精神的行为,法院亦将对其严令禁止,对申请人给予保护。

链接《民法典》第1032—1034、1038条;《反家庭暴力法》第2、37条;《最高人民法院关于办理人身安全保护令案件适用法律若干问题的规定》

第三十条 【保障妇女健康】国家建立健全妇女健康服务体系,保障妇女享有基本医疗卫生服务，开展妇女常见病、多发病的预防、筛查和诊疗，提高妇女健康水平。

国家采取必要措施，开展经期、孕期、产期、哺乳期和更年期的健康知识普及、卫生保健和疾病防治，保障妇女特殊生理时期的健康需求，为有需要的妇女提供心理健康服务支持。

第三十一条 【为妇女提供健康服务和健康检查】县级以上地方人民政府应当设立妇幼保健机构，为妇女提供保健以及常见病防治服务。

国家鼓励和支持社会力量通过依法捐赠、资助或者提供志愿服务等方式，参与妇女卫生健康事业，提供安全的生理健康用品或者服务，满足妇女多样化、差异化的健康需求。

用人单位应当定期为女职工安排妇科疾病、乳腺疾病检查以及妇女特殊需要的其他健康检查。

链接《基本医疗卫生与健康促进法》第6、12条；《"健康中国2030"规划纲要》

第三十二条 【保障妇女生育权利】妇女依法享有生育子女的权利，也有不生育子女的自由。

注释 妇女有不生育子女的自由

妇女有不生育子女的自由，是指妇女有权选择生育或不生育子女，对于自愿不生育子女的妇女，任何单位或者个人不得予以歧视。

链接《人口与计划生育法》第18条；《最高人民法院关于适用〈中华人民共和国民法典〉婚姻家庭编的解释（一）》第23条

第三十三条 【保障妇女生育安全和健康】国家实行婚前、孕前、孕产期和产后保健制度，逐步建立妇女全生育周期系统保健制度。医疗保健机构应当提供安全、有效的医疗保健服务，保障妇女生育安全和健康。

有关部门应当提供安全、有效的避孕药具和技术，保障妇女的健康和安全。

注释 婚前保健

根据《母婴保健法》规定，医疗保健机构应当为公民提供婚前保健服务。婚前保健服务主要内容包括：（1）婚前卫生指导：关于性卫生知识、生育知识和遗传病知识的教育；（2）婚前卫生咨询：对有关婚配、生育保健等问题提供医学意见；（3）婚前医学检查：对准备结婚的男女双方可能患影响健康、婚姻和生育的疾病（严重遗传性疾病、指定传染病、有关精神病）进行医学检查，经婚前医学检查，医疗保健机构应当出具婚前医学检查证明。

2020年公布的《民法典》未再将"患有医学上认为不应当结婚的疾病"作为禁止结婚的情形，其第一千零五十三条第一款规定："一方患有重大疾病的，应当在结婚登记前如实告知另一方；不如实告知的，另一方可以向人民法院请求撤销婚姻。"这也就是将结婚自由的选择完全交给了男女双方当事人自己。

链接《"健康中国2030"规划纲要》；《人口与计划生育法》第20、35条；《基本医疗卫生与健康促进法》第24、44条；《民法典》第1053条

第三十四条 【妇女相关公共设施】各级人民政府在规划、建设基础设施时，应当考虑妇女的特殊需求，配备满足妇女需要的公共厕所和母婴室等公共设施。

第四章 文化教育权益

第三十五条 【文化教育权利男女平等】国家保障妇女享有与男子平等的文化教育权利。

注释 妇女享有平等的文化教育权利

妇女享有平等的文化教育权利主要体现在以下几个方面：一是适龄女性未成年人有接受义务教育的权利，政府、学校应当解决其就学实际困难，保证其完成义务教育；二是妇女在入学、升学、授予学位、派出留学、就业指导和服务等方面享有与男子平等的权利；三是扫除妇女中的文盲、半文盲；四是妇女有接受终身教育、职业教育和实用技术培训的权利；五是妇女从事科学、技术、文学、艺术和其他文化活动的，享有与男子平等的权利。

链接《宪法》第22、46、47条

第三十六条 【保障适龄女性未成年人接受并完成义务教育】父母或者其他监护人应当履行保障适龄女性未成年人接受并完成义务教育的义务。

对无正当理由不送适龄女性未成年人入学的父母或者其他监护人，由当地乡镇人民政府或者县级人民政府教育行政部门给予批评教育，依法责令其限期改正。居民委员会、村民委员会应当协助政府做好相关工作。

政府、学校应当采取有效措施，解决适龄女性未成年人就学存在的实际困难，并创造条件，保证适龄女性未成年人完成义务教育。

注释 我国的义务教育制度

我国现阶段义务教育指的是九年制的小学和

初中,其中小学一般为六年,初中为三年。与其他教育制度和教育工作相比,义务教育有自己的特征:一是强制性。强制性是义务教育的最典型特征,义务教育是所有儿童、少年必须接受的,国家必须予以保障的教育。二是普及性。即全体适龄儿童、少年,除因身体状况需要延缓入学或者休学的,都必须入学完成规定年限的义务教育。三是公益性。义务教育是国家必须予以保障的公益性事业。实施义务教育,不收学费、杂费。

链接《宪法》第 19 条;《义务教育法》第 2、4、6、11、13、19、20、58 条

第三十七条 【保障妇女平等教育权】学校和有关部门应当执行国家有关规定,保障妇女在入学、升学、授予学位、派出留学、就业指导和服务等方面享有与男子平等的权利。

学校在录取学生时,除国家规定的特殊专业外,不得以性别为由拒绝录取女性或者提高对女性的录取标准。

各级人民政府应当采取措施,保障女性平等享有接受中高等教育的权利和机会。

链接《教育法》第 17、37 条;《高等教育法》第 16、59 条

第三十八条 【扫除妇女中的文盲、半文盲】各级人民政府应当依照规定把扫除妇女中的文盲、半文盲工作,纳入扫盲和扫盲后继续教育规划,采取符合妇女特点的组织形式和工作方法,组织、监督有关部门具体实施。

链接《教育法》第 24 条

第三十九条 【为妇女终身学习创造条件】国家健全全民终身学习体系,为妇女终身学习创造条件。

各级人民政府和有关部门应当采取措施,根据城镇和农村妇女的需要,组织妇女接受职业教育和实用技术培训。

链接《教育法》第 11 条;《中国教育现代化 2035》;《中国妇女发展纲要(2021—2030 年)》

第四十条 【保障妇女平等从事文化活动】国家机关、社会团体和企业事业单位应当执行国家有关规定,保障妇女从事科学、技术、文学、艺术和其他文化活动,享有与男子平等的权利。

链接《宪法》第 22、47、48 条;《科学技术进步法》第 66 条

第五章 劳动和社会保障权益

第四十一条 【劳动权利和社会保障权利男女平等】国家保障妇女享有与男子平等的劳动权利和社会保障权利。

注释 **妇女平等享有劳动权利**

妇女平等享有劳动权利的具体内容包括:一是平等就业和选择职业的权利;二是获取劳动报酬的权利;三是休息休假的权利;四是获得劳动安全卫生保障的权利;五是接受职业技术培训的权利;六是享受社会保险和福利的权利;七是依法参加工会、组建工会、民主管理企业等权利;八是提请劳动争议处理以及寻求司法救济的权利;九是法律法规规定的其他劳动权利。

妇女平等享有社会保障权利

妇女平等享有社会保障权利的具体内容包括:一是社会保险体系,主要有生育保险、养老保险、医疗保险、失业保险、工伤保险等内容;二是社会救济和社会福利体系,主要有对无劳动能力又无生活来源的妇女发放最低生活标准费、对患病妇女提供基本医疗保障、对女童提供义务教育、对无劳动能力又无生活来源的残疾妇女提供救济和帮助等内容;三是社会优抚安置,如对服现役军人家属提供一定的基本生活物质保障。

链接《宪法》第 14、42、43、45 条

第四十二条 【就业保障措施】各级人民政府和有关部门应当完善就业保障政策措施,防止和纠正就业性别歧视,为妇女创造公平的就业创业环境,为就业困难的妇女提供必要的扶持和援助。

注释 **消除就业性别歧视的机制**

国家有关部门建立多种机制,持续探索促进性别平等、消除性别歧视的机制和措施,如人力资源和社会保障部等九部门于 2019 年 2 月印发了《关于进一步规范招聘行为促进妇女就业的通知》,最高人民法院于 2018 年底增加了"平等就业权纠纷"案由,最高人民检察院探索针对就业性别歧视提起检察公益诉讼等。全国总工会和全国妇联通过编制《促进工作场所性别平等指导手册》《消除工作场所性骚扰指导手册》《创建家庭友好型工作场所指导手册》《防治职场性骚扰指导手册》等积极宣传倡导监督工作中的性别平等。

第四十三条 【招录(聘)中禁止性别歧视】用人单位在招录(聘)过程中,除国家另有规定外,不

得实施下列行为：

（一）限定为男性或者规定男性优先；

（二）除个人基本信息外，进一步询问或者调查女性求职者的婚育情况；

（三）将妊娠测试作为入职体检项目；

（四）将限制结婚、生育或者婚姻、生育状况作为录（聘）用条件；

（五）其他以性别为由拒绝录（聘）用妇女或者差别化地提高对妇女录（聘）用标准的行为。

注释 除国家另有规定外

这里的“国家另有规定”主要包括劳动法和国务院于2012年公布的《女职工劳动保护特别规定》等法律、行政法规中有关对女性在怀孕、生育和哺乳期间的特殊劳动保护的规定。主要包括：

1.《劳动法》。第五十九条规定：“禁止安排女职工从事矿山井下、国家规定的第四级体力劳动强度的劳动和其他禁忌从事的劳动。”第六十条规定：“不得安排女职工在经期从事高处、低温、冷水作业和国家规定的第三级体力劳动强度的劳动。”第六十一条规定：“不得安排女职工在怀孕期间从事国家规定的第三级体力劳动强度的劳动和孕期禁忌从事的劳动。对怀孕七个月以上的女职工，不得安排其延长工作时间和夜班劳动。”第六十三条规定：“不得安排女职工在哺乳未满一周岁的婴儿期间从事国家规定的第三级体力劳动强度的劳动和哺乳期禁忌从事的其他劳动，不得安排其延长工作时间和夜班劳动。”

2.《女职工劳动保护特别规定》。（1）规定为孕期或者哺乳期女职工安排适当的劳动。女职工在孕期不能适应原劳动的，用人单位应当根据医疗机构的证明，予以减轻劳动量或者安排其他能够适应的劳动。对怀孕7个月以上的女职工，用人单位不得延长劳动时间或者安排夜班劳动，并应当在劳动时间内安排一定的休息时间。对哺乳未满1周岁婴儿的女职工，用人单位不得延长劳动时间或者安排夜班劳动。（2）规定用人单位应当遵守女职工禁忌从事的劳动范围的规定。用人单位应当将本单位属于女职工禁忌从事的劳动范围的岗位书面告知女职工。（3）明确列举女职工禁忌从事的劳动范围，女职工在经期、孕期、哺乳期禁忌从事的劳动范围。

第四十四条 【劳动合同和集体合同女职工特殊保护】用人单位在录（聘）用女职工时，应当依法与其签订劳动（聘用）合同或者服务协议，劳动（聘用）合同或者服务协议中应当具备女职工特殊保护条款，并不得规定限制女职工结婚、生育等内容。

职工一方与用人单位订立的集体合同中应当包含男女平等和女职工权益保护相关内容，也可以就相关内容制定专章、附件或者单独订立女职工权益保护专项集体合同。

注释 女职工权益保护专项集体合同

《劳动合同法》第五十二条规定，“企业职工一方与用人单位可以订立劳动安全卫生、女职工权益保护、工资调整机制等专项集体合同”。其中，女职工权益保护专项集体合同，是用人单位与本单位女职工根据法律法规的规定，就女职工合法权益和特殊利益方面的内容通过集体协商签订的专项协议，对用人单位和本单位的全体女职工具有法律约束力。

女职工权益保护专项集体合同的主要内容应包括：一是女职工的劳动权利。包括劳动就业、同工同酬、休息休假、保险福利待遇等。二是女职工的特殊利益。包括女职工禁忌劳动保护、“四期”保护、妇科疾病普查、生育待遇等。三是女职工的政治、文化、教育、发展权利。包括职业教育、技术培训、晋职晋级、参与企业民主管理等。四是双方认为应当协商的其他内容。例如，女职工权益保护专项集体合同中可以规定进修、培训、出国考察、挂职锻炼时企业必须安排一定比例的女职工参加等，切实维护和保障女职工的合法权益。

链接《劳动法》第16条；《劳动合同法》第10、52条；《就业促进法》第27条

第四十五条 【男女同工同酬】实行男女同工同酬。妇女在享受福利待遇方面享有与男子平等的权利。

注释 贯彻男女同工同酬原则的要求

贯彻男女同工同酬原则具体有以下三个方面的要求：第一，任何企事业单位、国家机关、社会组织等的任何工作岗位，不论男女，只要付出了同等价值的劳动，就应当领取同等的报酬。第二，不得因女职工怀孕、生育、哺乳等而降低其工资待遇，也不得因为妇女提供特殊的劳动保护而降低工资标准或减少其劳动报酬。第三，按照男女同工同酬的原则，妇女在享受福利待遇等方面也应当与男子享有平等的权利。

链接《宪法》第48条；《劳动法》第46条

第四十六条 【晋升和培训方面男女平等】在晋职、晋级、评聘专业技术职称和职务、培训等方面，应当坚持男女平等的原则，不得歧视妇女。

注释 在晋职、晋级、评聘专业技术职称和职务等具体方面，应当坚持同一标准，杜绝性别歧视，平等地晋升男女职工的职务和级别，不因性别差异而排斥女职工的晋升，在女性相对集中的用人单位，应当与性别结构比例相适应地晋升女职工的职务；凡达到一定专业技术水平的女职工都应享有与男职工平等的获得相应专业技术职称和职务机会的权利，不得因名额限制等原因减少符合条件的女职工评聘专业技术职称和职务的比例。

第四十七条 【妇女特殊劳动保护】用人单位应当根据妇女的特点，依法保护妇女在工作和劳动时的安全、健康以及休息的权利。

妇女在经期、孕期、产期、哺乳期受特殊保护。

链接《劳动合同法》第42条；《女职工劳动保护特别规定》

第四十八条 【怀孕、产假、哺乳期及退休时对女职工的保护规定】用人单位不得因结婚、怀孕、产假、哺乳等情形，降低女职工的工资和福利待遇，限制女职工晋职、晋级、评聘专业技术职称和职务，辞退女职工，单方解除劳动（聘用）合同或者服务协议。

女职工在怀孕以及依法享受产假期间，劳动（聘用）合同或者服务协议期满的，劳动（聘用）合同或者服务协议期限自动延续至产假结束。但是，用人单位依法解除、终止劳动（聘用）合同、服务协议，或者女职工依法要求解除、终止劳动（聘用）合同、服务协议的除外。

用人单位在执行国家退休制度时，不得以性别为由歧视妇女。

链接《劳动法》第29条；《劳动合同法》第42条

第四十九条 【把就业性别歧视纳入劳动保障监察范围】人力资源和社会保障部门应当将招聘、录取、晋职、晋级、评聘专业技术职称和职务、培训、辞退等过程中的性别歧视行为纳入劳动保障监察范围。

注释 任何组织或者个人对违反劳动保障法律、法规或者规章的行为，有权向劳动保障行政部门举报。女职工认为用人单位对其实施就业性别歧视的，有权向劳动保障行政部门投诉。

劳动保障行政部门应当依据《劳动保障监察条例》规定的监察期限和程序实施劳动保障监察，对违反本法和其他劳动保障法律、法规或者规章的行为，根据调查、检查的结果，依法作出处理：(1)对依法应当受到行政处罚的，依法作出行政处罚决定；(2)对应当改正未改正的，依法责令改正或者作出相应的行政处理决定；(3)对情节轻微且已改正的，撤销立案。发现违法案件不属于劳动保障监察事项的，应当及时移送有关部门处理；涉嫌犯罪的，应当依法移送司法机关。

劳动保障行政部门对违反劳动保障法律、法规或者规章的行为作出行政处罚或者行政处理决定前，应当听取用人单位的陈述、申辩；作出行政处罚或者行政处理决定，应当告知用人单位依法享有申请行政复议或者提起行政诉讼的权利。

链接《劳动保障监察条例》

第五十条 【妇女的社会保障权益】国家发展社会保障事业，保障妇女享有社会保险、社会救助和社会福利等权益。

国家提倡和鼓励为帮助妇女而开展的社会公益活动。

第五十一条 【生育保险、生育休假、生育救助制度】国家实行生育保险制度，建立健全婴幼儿托育服务等与生育相关的其他保障制度。

国家建立健全职工生育休假制度，保障孕产期女职工依法享有休息休假权益。

地方各级人民政府和有关部门应当按照国家有关规定，为符合条件的困难妇女提供必要的生育救助。

链接《女职工劳动保护特别规定》

第五十二条 【加强困难妇女权益保障】各级人民政府和有关部门应当采取必要措施，加强贫困妇女、老龄妇女、残疾妇女等困难妇女的权益保障，按照有关规定为其提供生活帮扶、就业创业支持等关爱服务。

链接《社会救助暂行办法》；《城市居民最低生活保障条例》；《国务院关于在全国建立农村最低生活保障制度的通知》

第六章 财产权益

第五十三条 【财产权利男女平等】国家保障妇女享有与男子平等的财产权利。

注释 **夫妻共同财产、个人财产**

根据《民法典》第一千零六十二条的规定，夫妻共同财产的范围包括：(1)工资、奖金、劳务报酬。即劳动者的劳动收入，既包括工资、奖金，也包括各种津贴、补贴等劳务报酬。(2)生产、经营、投资的收益。这包括夫妻一方或者双方从事生产、经营所得的各种收入和投资所得的收入，如农村中的农业生产和城市里的工业生产以及第三产业等各行各业的生产经营投资收益，有劳动收入，也有资本收益，如股票债券收入、股份、股权等资本利得，亦是夫妻共同财产的一种形式。(3)知识产权的收益。由知识产权取得的经济利益，属于夫妻共同财产，如因发表作品取得的稿费，因转让专利获得的转让费等，归夫妻共同所有。(4)继承或者受赠的财产，但遗嘱或者赠与合同中确定只归一方的财产除外。夫妻任何一方继承或者受赠的财产属于夫妻共同财产，但如果遗嘱或者赠与合同中指明财产归夫妻一方所有的，是遗嘱人或者赠与人根据自己意愿处分财产的表现，基于意思自治，应当尊重其对财产的处分权，该财产归一方所有。(5)其他应当归共同所有的财产。除此之外，夫妻一方的婚前财产、一方因受到人身损害获得的赔偿或者补偿、遗嘱或者赠与合同中确定只归一方的财产、一方专用的生活用品等属于夫妻一方的个人财产。

链接《宪法》第13、48条；《民法典》第3、113、300、301、1062、1126条

第五十四条 【保护夫妻、家庭共有财产中的妇女权益】在夫妻共同财产、家庭共有财产关系中，不得侵害妇女依法享有的权益。

第五十五条 【农村土地承包经营等方面男女平等】妇女在农村集体经济组织成员身份确认、土地承包经营、集体经济组织收益分配、土地征收补偿安置或者征用补偿以及宅基地使用等方面，享有与男子平等的权利。

申请农村土地承包经营权、宅基地使用权等不动产登记，应当在不动产登记簿和权属证书上将享有权利的妇女等家庭成员全部列明。征收补偿安置或者征用补偿协议应当将享有相关权益的妇女列入，并记载权益内容。

注释 **集体组织成员身份的确认**

集体组织成员身份的确认是保障农村妇女享有集体经济组织各项权益的前提和基础，但在部分地方，出现了将"外嫁女"排除在集体经济组织成员范围之外，或者将妇女折成0.5个人头股等情况，严重损害了农村妇女的合法权益。为有效确认集体经济组织成员身份，以推进农村集体产权制度改革，2016年12月中共中央、国务院《关于稳步推进农村集体产权制度改革的意见》提出，我国农村集体产权制度改革的目标之一就是科学确认农村集体经济组织成员身份，明晰集体所有产权关系，发展新型集体经济。同时，就如何确认农村集体经济组织成员身份作了较为明确要求：依据有关法律法规，按照尊重历史、兼顾现实、程序规范、群众认可的原则，统筹考虑户籍关系、农村土地承包关系、对集体积累的贡献等因素，协调平衡各方利益，做好农村集体经济组织成员身份确认工作，解决成员边界不清的问题。改革试点中，要探索在群众民主协商基础上确认农村集体经济组织成员的具体程序、标准和管理办法，建立健全农村集体经济组织成员登记备案机制。成员身份的确认既要得到多数人认可，又要防止多数人侵犯少数人权益，切实保护妇女合法权益。提倡农村集体经济组织成员家庭今后的新增人口，通过分享家庭内拥有的集体资产权益的办法，按章程获得集体资产份额和集体成员身份。

链接《民法典》第333、335条；《土地管理法》第47条

第五十六条 【保护妇女在农村集体经济组织中的各项权益】村民自治章程、村规民约，村民会议、村民代表会议的决定以及其他涉及村民利益事项的决定，不得以妇女未婚、结婚、离婚、丧偶、户无男性等为由，侵害妇女在农村集体经济组织中的各项权益。

因结婚男方到女方住所落户的，男方和子女享有与所在地农村集体经济组织成员平等的权益。

第五十七条 【保护妇女在城镇集体所有财产关系中的权益】国家保护妇女在城镇集体所有财产关系中的权益。妇女依照法律、法规的规定享有相关权益。

注释 **集体所有**

集体所有的不动产和动产包括：(1)法律规定属于集体所有的土地和森林、山岭、草原、荒地、滩涂；(2)集体所有的建筑物、生产设施、农田水利设施；(3)集体所有的教育、科学、文化、卫生、体育等设施；(4)集体所有的其他不动产和动产。

第五十八条 【财产继承权男女平等】妇女享有与男子平等的继承权。妇女依法行使继承权，

不受歧视。

丧偶妇女有权依法处分继承的财产，任何组织和个人不得干涉。

注释 **妇女享有与男子平等的继承权**

继承权的取得不因自然人的性别不同而不同。妇女享有与男子平等的继承权，不因妇女的婚姻、工作状况而有所差别，主要体现在以下方面：

第一，确定法定继承人的范围及继承顺序、继承份额不因自然人的性别不同而不同。法定继承是指继承人范围、继承顺序、继承份额等均由法律直接规定的继承方式。

第二，在遗嘱继承中，妇女享有由被继承人指定为继承人的权利。在遗嘱继承中，继承人是由被继承人指定的，这种指定是由被继承人在继承人中任意选定的，因此，妇女和男子并不必然同等继承被继承人的财产。在遗嘱继承中，妇女享有平等的继承权主要表现为两个方面：一是指定继承人时，既可以指定男性继承人，也可以指定女性继承人；二是在指定继承人为多人，且没有明确继承顺序和份额的情形下，根据男女平等的原则，妇女有取得与男子相同份额的遗产的权利。

第三，代位继承不因自然人的性别不同而不同。代位继承是指在继承顺位之中的继承人于被继承人死亡前死亡，而由其特定晚辈亲属代位继承。对于代位继承，凡适用于男性的继承，同样适用于女性；适用于父系的继承，也同样适用于母系。

第四，转继承不因自然人的性别不同而不同。转继承是指继承人本人在遗产分割前死亡，其应得的遗产份额转由其继承人继承。

第五，在夫妻财产继承中，夫妻继承地位平等，处分所继承的财产的权利平等。夫妻彼此是对方的第一顺位法定继承人。

第六，在适用其他继承规则时男女平等。比如，对生活有特殊困难又缺乏劳动能力的继承人，分配遗产时，应当予以照顾。对被继承人尽了主要扶养义务或者与被继承人共同生活的继承人，分配遗产时，可以多分。有扶养能力和有扶养条件的继承人，不尽扶养义务的，分配遗产时，应当不分或者少分。这里所讲的继承人是不分男女的，妇女享有与男子平等的财产继承权。

链接《民法典》第 207、1126、1127、1130 条

第五十九条 【丧偶儿媳作为第一顺序遗产继承人】丧偶儿媳对公婆尽了主要赡养义务的，作为第一顺序继承人，其继承权不受子女代位继承的影响。

链接《民法典》第 1128、1129 条

第七章 婚姻家庭权益

第六十条 【婚姻家庭权利男女平等】国家保障妇女享有与男子平等的婚姻家庭权利。

注释 **婚姻家庭权利**

婚姻家庭权利，是指民事主体基于婚姻家庭关系而享有的民事权利和利益。婚姻家庭权利既包括依婚姻家庭关系而产生的人身方面的权利，如婚姻自主权、对未成年人的监护权等，还包括依婚姻家庭关系而产生的财产方面的权利，如对家庭财产的占有、使用、收益和处分，对家庭成员财产的继承权等。男女婚姻家庭权利平等是男女平等在婚姻家庭领域中的体现，是建立美满婚姻关系和发展和睦的家庭生活的重要保障。

链接《民法典》第 1041、1055、1082、1087 条

第六十一条 【保护妇女婚姻自主权】国家保护妇女的婚姻自主权。禁止干涉妇女的结婚、离婚自由。

链接《宪法》第 49 条；《民法典》第 1041、1042 条；《刑法》第 257 条

第六十二条 【鼓励婚前医学检查或者健康体检】国家鼓励男女双方在结婚登记前，共同进行医学检查或者相关健康体检。

第六十三条 【婚姻家庭辅导服务】婚姻登记机关应当提供婚姻家庭辅导服务，引导当事人建立平等、和睦、文明的婚姻家庭关系。

注释 2015 年民政部印发的《婚姻登记工作规范》规定，婚姻登记处可以设立婚姻家庭辅导室，通过政府购买服务或公开招募志愿者等方式聘用婚姻家庭辅导员，并在坚持群众自愿的前提下，开展婚姻家庭辅导服务；同时规定，婚姻家庭辅导员应当具备以下资格之一：(1)社会工作师；(2)心理咨询师；(3)律师；(4)其他相应专业资格。

第六十四条 【男女双方离婚对女方予以特别保护】女方在怀孕期间、分娩后一年内或者终止妊娠后六个月内，男方不得提出离婚；但是，女方提出离婚或者人民法院认为确有必要受理男方离婚请求的除外。

注释 本条规定是对男方在妇女怀孕期间、分娩后一年内或者终止妊娠后六个月内的离婚请求权作

出限制，而不是对女方离婚请求权的限制，女方在此期间可以提出离婚请求。

链接《民法典》第1082条

第六十五条 【禁止对妇女实施家庭暴力】禁止对妇女实施家庭暴力。

县级以上人民政府有关部门、司法机关、社会团体、企业事业单位、基层群众性自治组织以及其他组织，应当在各自的职责范围内预防和制止家庭暴力，依法为受害妇女提供救助。

注释 **家庭暴力**

家庭暴力，是指家庭成员之间以殴打、捆绑、残害、限制人身自由以及经常性谩骂、恐吓等方式实施的身体、精神等侵害行为。一是，从表现形式上来看，家庭暴力主要包括身体暴力和精神暴力两种形式。身体暴力是最典型的家庭暴力形式，主要表现为殴打、捆绑、残害，限制人身自由，以饿、冻、有病不给治疗等方式虐待、遗弃没有独立生活能力的儿童、老人、残疾人、重病患者，在家庭教育中以暴力方式管教儿童等。精神暴力主要表现为对受害人进行侮辱、谩骂、诽谤、宣扬隐私、无端指责、人格贬损、恐吓、威胁、跟踪、骚扰等。精神暴力通常会使受害人产生自卑、恐惧、焦虑、抑郁等心理、精神方面的伤害。二是，从人员范围上来看，家庭暴力，主要发生在家庭成员之间。这里的家庭成员包括但不限于近亲属，而且不以共同生活为必要条件。家庭成员既包括配偶、父母、子女、兄弟姐妹、祖父母、外祖父母、孙子女、外孙子女等近亲属，也包括其他具有亲密亲属关系的人，例如公婆与儿媳、岳父母与女婿、姑嫂等亲属。此外，家庭成员以外共同生活的人实施暴力行为的，也要参照反家庭暴力法的规定执行。三是，从暴力程度上来看，只要存在相关暴力行为就构成家庭暴力，不要求相关行为造成伤害后果。如果造成伤害后果的，还要根据治安管理处罚法、刑法等承担相应法律责任，受到更为严厉的惩戒。

案例 威胁作为一种家庭暴力手段的司法认定（最高人民法院公布十起涉家庭暴力典型案例）

裁判规则：婚姻关系存续期间，一方用恐吓性的文字从视觉上威胁另一方，且在双方发生矛盾时，对另一方实施身体暴力，致使其身体受到损害的行为构成家庭暴力。一方实施家庭暴力使另一方遭受精神损害的，应承担过错责任，并应酌情赔偿另一方精神抚慰金。

链接《反家庭暴力法》第4条；《民法典》第1042条

第六十六条 【妇女在夫妻财产关系中的权利】妇女对夫妻共同财产享有与其配偶平等的占有、使用、收益和处分的权利，不受双方收入状况等情形的影响。

对夫妻共同所有的不动产以及可以联名登记的动产，女方有权要求在权属证书上记载其姓名；认为记载的权利人、标的物、权利比例等事项有错误的，有权依法申请更正登记或者异议登记，有关机构应当按照其申请依法办理相应登记手续。

注释 **平等的处理权**

妇女对夫妻共同财产享有与配偶“平等的处理权”。夫妻共同财产的性质是共同共有，不是按份共有，因此夫妻对全部共同财产，应当不分份额地享有同等的权利，承担同等的义务。不能根据夫妻双方经济收入的多少来确定其享有共同财产所有权的多少。夫妻双方对共同财产享有平等的占有、使用、收益和处分的权利。夫妻一方对共同财产的使用、处分，除另有约定外，应当在取得对方的同意之后进行。尤其是重大财产问题，未经对方同意，任何一方不得擅自处分。夫妻一方在处分共同财产时，另一方明知其行为而不作否认表示的，视为同意，事后不得以自己未参加处分为由否认处分的法律效力。夫妻一方未经对方同意擅自处分共同财产的，对方有权请求宣告该处分行为无效，但不得对抗善意第三人，即如果第三人不知道也无从知道夫妻一方的行为属于擅自处分行为的，该处分行为有效，以保护第三人的利益，维护交易安全。

链接《民法典》第1062、1063条

第六十七条 【离婚诉讼期间夫妻共同财产查明与保护】离婚诉讼期间，夫妻一方申请查询登记在对方名下财产状况且确因客观原因不能自行收集的，人民法院应当进行调查取证，有关部门和单位应当予以协助。

离婚诉讼期间，夫妻双方均有向人民法院申报全部夫妻共同财产的义务。一方隐藏、转移、变卖、损毁、挥霍夫妻共同财产，或者伪造夫妻共同债务企图侵占另一方财产的，在离婚分割夫妻共同财产时，对该方可以少分或者不分财产。

注释 **离婚诉讼中人民法院的调查取证**

适用本条第一款规定的前提条件是夫妻一方

申请查询登记在对方名下财产状况且确因客观原因不能自行收集。如果夫妻一方能够自行收集对方名下的财产信息的，不适用本款规定。本款规定中的"客观原因"是指申请当事人自身之外的非主观原因，例如现行法律法规不允许个人查询他人名下财产状况，申请查询方的人身自由受到限制，等等。

理解本款规定，还需要注意两点：一是在离婚诉讼期间，夫妻一方申请人民法院调查取证的，并不是不承担任何举证义务，其应当向人民法院提供另一方财产状况的基本线索，否则人民法院很难进行调查取证。二是人民法院根据当事人的申请进行调查取证的，有关部门和单位应当予以协助。例如，在满足本款规定条件的情况下，人民法院根据夫妻一方当事人的请求向商业银行调查获取另一方当事人名下的财产状况时，该商业银行应当予以协助。如果相关部门和单位拒绝予以协助的，根据《民事诉讼法》第一百一十七条的规定，人民法院除责令其履行协助义务外，并可以予以罚款；人民法院还可以对其主要负责人或者直接责任人员予以罚款；对仍不履行协助义务的，可以予以拘留；并可以向监察机关或者有关机关提出予以纪律处分的司法建议。

离婚诉讼期间夫妻双方对共同财产的申报义务

本条第二款明确规定了夫妻双方在离婚诉讼期间均有向人民法院申报全部夫妻共同财产的义务。根据该规定，夫妻双方均应当如实履行申报的义务，违反该义务的，将承担一定的法律后果，例如一方未如实履行申报义务的，在分割夫妻共同财产时将少分或者不分。

隐藏、转移、变卖、损毁、挥霍夫妻共同财产

隐藏是指将财产藏匿起来，不让他人发现，使另一方无法获知财产的所在从而无法控制。转移是指私自将财产移往他处，或将资金取出移往其他账户，脱离另一方的掌握。变卖是指将财产折价卖给他人。损毁是指采用打碎、拆卸、涂抹等破坏性手段使物品失去原貌，失去或者部分失去原来具有的使用价值和价值。挥霍是指对夫妻共有的财产没有目的的，不符合常理的耗费致使其不存在或者价值减损。上述违法行为，在主观上只能是故意的，不包括过失行为，如因不慎将某些共同财产毁坏，只要没有故意，就不属于本条规定之列。夫妻一方如果实施了上述行为，就属于对夫妻共同财产的侵害。

伪造夫妻共同债务企图侵占另一方财产

根据《民法典》第一千零八十九条的规定，离婚时，夫妻共同债务应当共同偿还。共同财产不足清偿或者财产归各自所有的，由双方协议清偿；协议不成的，由人民法院判决。这一规定，意味着夫妻在离婚时，如果共同财产不足以清偿共同债务，有可能以夫妻一方的个人财产来承担夫妻共同债务，具体数额由人民法院判决确定。对此，有的夫妻一方就有可能利用这一法律规定，伪造夫妻共同债务，企图侵占另一方财产。伪造债务是指制造内容虚假的债务凭证，包括合同、欠条等。伪造债务是违法行为的客观表现。其在主观上是故意，不是过失，是以侵占夫妻另一方财产为目的。只要夫妻一方实施伪造夫妻共同债务的行为，就属于对另一方财产的侵害。

离婚后发现财产被侵害、侵占

《民法典》第一千零九十二条规定，离婚后，另一方发现有上述行为的，可以向人民法院提起诉讼，请求再次分割夫妻共同财产。也就是说，离婚案件已审理终结，人民法院对离婚双方有关财产分割的调解书、判决书已发生法律效力后，又发现一方有隐藏、转移、变卖、损毁、挥霍夫妻共同财产或者伪造夫妻共同债务侵占另一方财产行为的，受损一方可以向人民法院提起诉讼，请求再次分割夫妻共同财产。在再次分割夫妻共同财产时，本条关于对违法一方可以少分或者不分的原则仍应适用。

链接《民事诉讼法》第67、117条；《民法典》第218、1063、1065、1089、1092条

第六十八条　【夫妻共担家庭义务与家务补偿制度】夫妻双方应当共同负担家庭义务，共同照顾家庭生活。

女方因抚育子女、照料老人、协助男方工作等负担较多义务的，有权在离婚时要求男方予以补偿。补偿办法由双方协议确定；协议不成的，可以向人民法院提起诉讼。

注释《民法典》第一千零八十八条规定，夫妻一方因抚育子女、照料老年人、协助另一方工作等负担较多义务的，离婚时有权向另一方请求补偿，另一方应当给予补偿。具体办法由双方协议；协议不成的，由人民法院判决。本法在民法典规定的基

础上，从保护女方权益的角度规定，女方因抚育子女、照料老人、协助男方工作等负担较多义务的，有权在离婚时要求男方予以补偿。补偿办法由双方协议确定，协议不成的，可以向人民法院提起诉讼。

链接《宪法》第49条；《民法典》第1058、1088条；《老年人权益保障法》第13条

第六十九条 【夫妻离婚时住房的处理】离婚时，分割夫妻共有的房屋或者处理夫妻共同租住的房屋，由双方协议解决；协议不成的，可以向人民法院提起诉讼。

链接《民法典》第1087条；《最高人民法院关于适用〈中华人民共和国民法典〉婚姻家庭编的解释（一）》第76条至第79条

第七十条 【母亲对未成年子女的监护权】父母双方对未成年子女享有平等的监护权。

父亲死亡、无监护能力或者有其他情形不能担任未成年子女的监护人的，母亲的监护权任何组织和个人不得干涉。

注释 父母双方对未成年子女享有平等的监护权，意味着父母双方平等地享有对未成年子女抚养、教育和保护的权利，不允许一方剥夺另一方的权利；同样也意味着承担同等的义务，不允许任何一方推卸责任，当未成年子女对国家、集体或者他人造成损害时，父母双方都要承担相应的民事责任。

链接《民法典》第34、35条；《未成年人保护法》第16条

第七十一条 【女方丧失生育能力离婚时子女抚养的处理】女方丧失生育能力的，在离婚处理子女抚养问题时，应当在最有利于未成年子女的条件下，优先考虑女方的抚养要求。

注释 **最有利于未成年子女原则**

最有利于未成年子女身心健康，保障其合法权益，实现儿童利益最大化，是处理离婚后子女直接抚养归属问题的出发点。在此前提下，结合父母的个人素质、对子女的责任感、家庭环境、父母与子女的感情等因素，以及双方的抚养能力和抚养条件等具体情况妥善解决。根据《民法典》第一千零八十四条第三款规定，离婚后，不满两周岁的子女，以由母亲直接抚养为原则。已满两周岁的子女，父母双方对抚养问题协议不成的，由人民法院根据双方的具体情况，按照最有利于未成年子女的原则判决。子女已满八周岁的，应当尊重其真实意愿。

链接《民法典》第1084条；《未成年人保护法》第107条；《最高人民法院关于适用〈中华人民共和国民法典〉婚姻家庭编的解释（一）》第44条至第48条

第八章 救济措施

第七十二条 【受侵害妇女救济途径】对侵害妇女合法权益的行为，任何组织和个人都有权予以劝阻、制止或者向有关部门提出控告或者检举。有关部门接到控告或者检举后，应当依法及时处理，并为控告人、检举人保密。

妇女的合法权益受到侵害的，有权要求有关部门依法处理，或者依法申请调解、仲裁，或者向人民法院起诉。

对符合条件的妇女，当地法律援助机构或者司法机关应当给予帮助，依法为其提供法律援助或者司法救助。

注释 有关部门接到控告或者检举后，应当及时处理，对属于本部门职责范围内的事项，依法予以处理，例如制止违法行为、对违法行为人予以行政处罚、对受害妇女予以救助等；对不属于本部门职责范围内的事项，应当依法告知控告人、检举人或者转交有权部门处理。为防止对控告人、检举人进行打击报复或扰乱其正常生活，有关部门应当为控告人、检举人保密。

法律援助

法律援助，是指国家建立的为经济困难公民和符合法定条件的其他当事人无偿提供法律咨询、代理、刑事辩护等法律服务的制度，是公共法律服务体系的组成部分。《法律援助法》第三十一条规定，下列事项的当事人，因经济困难没有委托代理人的，可以向法律援助机构申请法律援助：(1)依法请求国家赔偿；(2)请求给予社会保险待遇或者社会救助；(3)请求发给抚恤金；(4)请求给付赡养费、抚养费、扶养费；(5)请求确认劳动关系或者支付劳动报酬；(6)请求认定公民无民事行为能力或者限制民事行为能力；(7)请求工伤事故、交通事故、食品药品安全事故、医疗事故人身损害赔偿；(8)请求环境污染、生态破坏损害赔偿；(9)法律、法规、规章规定的其他情形。

司法救助

司法救助，是指在司法过程中对困难群众开展救助工作，有效维护当事人合法权益。2014年

中共中央政法委员会、财政部、最高人民法院、最高人民检察院、公安部、司法部印发《关于建立完善国家司法救助制度的意见(试行)》,2016 年最高人民检察院印发《人民检察院国家司法救助工作细则(试行)》,2019 年最高人民法院印发《人民法院国家司法救助案件办理程序规定(试行)》等,对国家司法救助制度进行规范。

第七十三条 【妇女组织提供维权帮助】妇女的合法权益受到侵害的,可以向妇女联合会等妇女组织求助。妇女联合会等妇女组织应当维护被侵害妇女的合法权益,有权要求并协助有关部门或者单位查处。有关部门或者单位应当依法查处,并予以答复;不予处理或者处理不当的,县级以上人民政府负责妇女儿童工作的机构、妇女联合会可以向其提出督促处理意见,必要时可以提请同级人民政府开展督查。

受害妇女进行诉讼需要帮助的,妇女联合会应当给予支持和帮助。

第七十四条 【联合约谈制度】用人单位侵害妇女劳动和社会保障权益的,人力资源和社会保障部门可以联合工会、妇女联合会约谈用人单位,依法进行监督并要求其限期纠正。

注释 被约谈对象应当按照约谈部门的要求采取措施,停止侵害妇女劳动和社会保障权益的行为,并限期进行整改。被约谈对象拒不接受约谈或者不落实整改要求的,有关主管部门可以采取进一步的监管和追责措施。例如,本法第八十三条规定,对于拒不改正或者情节严重的,处一万元以上五万元以下罚款。

第七十五条 【在农村集体经济组织中的权益受侵害时的救济途径】妇女在农村集体经济组织成员身份确认等方面权益受到侵害的,可以申请乡镇人民政府等进行协调,或者向人民法院起诉。

乡镇人民政府应当对村民自治章程、村规民约,村民会议、村民代表会议的决定以及其他涉及村民利益事项的决定进行指导,对其中违反法律、法规和国家政策规定,侵害妇女合法权益的内容责令改正;受侵害妇女向农村土地承包仲裁机构申请仲裁或者向人民法院起诉的,农村土地承包仲裁机构或者人民法院应当依法受理。

注释 乡镇人民政府的职责主要包括:一是对村民自治章程、村规民约,村民会议、村民代表会议的决定以及其他涉及村民利益事项的决定进行指导。二是对其中违反法律、法规和国家政策规定,侵害妇女合法权益的内容责令改正。

链接《村民委员会组织法》第 27、36 条;《农村土地承包法》第 12、55 条;《农村土地承包经营纠纷调解仲裁法》第 2 条

第七十六条 【妇女权益保护服务热线】县级以上人民政府应当开通全国统一的妇女权益保护服务热线,及时受理、移送有关侵害妇女合法权益的投诉、举报;有关部门或者单位接到投诉、举报后,应当及时予以处置。

鼓励和支持群团组织、企业事业单位、社会组织和个人参与建设妇女权益保护服务热线,提供妇女权益保护方面的咨询、帮助。

注释 2021 年,国务院《中国妇女发展纲要(2021—2030 年)》明确要求,加强“12338”妇女维权热线建设,畅通妇女有序表达诉求的渠道。

第七十七条 【检察建议和公益诉讼】侵害妇女合法权益,导致社会公共利益受损的,检察机关可以发出检察建议;有下列情形之一的,检察机关可以依法提起公益诉讼:

(一)确认农村妇女集体经济组织成员身份时侵害妇女权益或者侵害妇女享有的农村土地承包和集体收益、土地征收征用补偿分配权益和宅基地使用权益;

(二)侵害妇女平等就业权益;

(三)相关单位未采取合理措施预防和制止性骚扰;

(四)通过大众传播媒介或者其他方式贬低损害妇女人格;

(五)其他严重侵害妇女权益的情形。

链接《人民检察院检察建议工作规定》第 5、9—11 条

第七十八条 【支持起诉制度】国家机关、社会团体、企业事业单位对侵害妇女权益的行为,可以支持受侵害的妇女向人民法院起诉。

注释《民事诉讼法》第十五条规定,机关、社会团体、企业事业单位对损害国家、集体或者个人民事权益的行为,可以支持受损害的单位或者个人向人民法院起诉。根据民事诉讼法确立的基本原则,本条规定了支持起诉制度,主要是指,对于侵害妇女权益的行为,在受侵害妇女能力不足的情况下,有关国家机关如人民检察院、社会团体如妇联组织,企业事业单位可以为受侵害妇女向人民

法院起诉提供帮助和支持。尽管本法第七十七条规定了检察机关提起公益诉讼制度，然而，在众多权益和社会公共利益之外，仍有大量妇女权益在受到侵害时需要得到有效保护；在公益诉讼之外，仍有支持起诉的现实需求。

链接《民事诉讼法》第15条

第九章 法律责任

第七十九条 【未履行有关报告义务的责任】违反本法第二十二条第二款规定，未履行报告义务的，依法对直接负责的主管人员和其他直接责任人员给予处分。

第八十条 【对妇女实施性骚扰和未履行有关防治义务的责任】违反本法规定，对妇女实施性骚扰的，由公安机关给予批评教育或者出具告诫书，并由所在单位依法给予处分。

学校、用人单位违反本法规定，未采取必要措施预防和制止性骚扰，造成妇女权益受到侵害或者社会影响恶劣的，由上级机关或者主管部门责令改正；拒不改正或者情节严重的，依法对直接负责的主管人员和其他直接责任人员给予处分。

注释 **告诫**

告诫属于行政指导性质。行政指导是行政主体在其所管辖的权限内，为适应复杂多变的经济和社会需要，依据国家法律或者行政法规，适时灵活地采取引导、劝告、建议、协商、示范、制定导向性政策、发布有关信息等非强制性的手段，实现一定的行政目的的行为。告诫的作用是书面批评教育，既能有效震慑加害人，防止其再次实施性骚扰行为，也能作为法院审理性骚扰案件的证据。

第八十一条 【住宿经营者未履行相关报告义务的责任】违反本法第二十六条规定，未履行报告等义务的，依法给予警告、责令停业整顿或者吊销营业执照、吊销相关许可证，并处一万元以上五万元以下罚款。

注释 **警告**

警告是指行政机关对住宿经营者违反法律的行为给予严肃告诫的一种行政处罚，是行政机关对违法者提出的谴责、警告，防止其继续违法的措施，主要适用于情节比较轻微，尚未造成严重社会危害的违法行为。

停业整顿

停业整顿是指行政机关对违反法律规定的住宿经营者所采取的限制其经营资格的处罚措施。责令停业整顿的目的是纠正错误，改进工作。被处罚的住宿经营者应当在停业期间进行整顿，纠正违法行为，行政机关认为其达到恢复运营条件的，才可以重新开展相关业务。

吊销营业执照、吊销相关许可证

营业执照和许可证是行政机关依申请而核发的，允许公民、法人或者其他组织从事某种活动，享有某种资格的证明文件。吊销营业执照、吊销相关许可证，是行政机关通过对住宿经营者依法吊销核发的营业执照或相关许可证，从而剥夺其从事住宿经营服务的资格和权利的一种较为严重的处罚措施。

第八十二条 【贬损妇女人格的责任】违反本法规定，通过大众传播媒介或者其他方式贬低损害妇女人格的，由公安、网信、文化旅游、广播电视、新闻出版或者其他有关部门依据各自的职权责令改正，并依法给予行政处罚。

第八十三条 【用人单位歧视女性的责任】用人单位违反本法第四十三条和第四十八条规定的，由人力资源和社会保障部门责令改正；拒不改正或者情节严重的，处一万元以上五万元以下罚款。

注释 根据劳动法的相关规定，人力资源和社会保障部门主管劳动工作。因此本条规定，由人力资源和社会保障部门作为处罚主体。具体法律责任包括：

一是责令改正。责令改正，是指行政主体责令违法行为人停止和纠正违法行为，以恢复原状，维持法定的秩序或者状态。例如，责令用人单位改正招聘过程中的歧视行为，恢复女职工正常的工资和福利待遇等。

二是罚款。关于罚款的适用，本条设置了两种情形：在人力资源和社会保障部门责令改正后拒不改正的；违法行为情节严重的。这里规定的"情节严重"既包括对女职工造成的严重侵害后果，也包括对社会造成的严重恶劣影响。罚款的幅度为一万元以上五万元以下，人力资源和社会保障部门可以综合考虑用人单位违法行为的目的、主观过错的性质、危害结果的程度等因素，在规定的罚款幅度范围内确定。

第八十四条 【国家机关工作人员渎职的责任】违反本法规定，对侵害妇女权益的申诉、控告、检举，推诿、拖延、压制不予查处，或者对提出申诉、控告、检举的人进行打击报复的,依法责令改正,并对直接负责的主管人员和其他直接责任人员给予处分。

国家机关及其工作人员未依法履行职责,对侵害妇女权益的行为未及时制止或者未给予受害妇女必要帮助,造成严重后果的,依法对直接负责的主管人员和其他直接责任人员给予处分。

违反本法规定,侵害妇女人身和人格权益、文化教育权益、劳动和社会保障权益、财产权益以及婚姻家庭权益的,依法责令改正,直接负责的主管人员和其他直接责任人员属于国家工作人员的,依法给予处分。

第八十五条 【与其他法律责任的衔接】违反本法规定,侵害妇女的合法权益,其他法律、法规规定行政处罚的,从其规定;造成财产损失或者人身损害的,依法承担民事责任;构成犯罪的,依法追究刑事责任。

注释 本条对行政处罚、民事责任和刑事责任三种法律责任作了衔接性规定。

链接《行政处罚法》第2条;《治安管理处罚法》第43条;《民法典》第176、179条

第十章 附 则

第八十六条 【施行时间】本法自2023年1月1日起施行。

中华人民共和国预防未成年人犯罪法

- 1999年6月28日第九届全国人民代表大会常务委员会第十次会议通过
- 根据2012年10月26日第十一届全国人民代表大会常务委员会第二十九次会议《关于修改〈中华人民共和国预防未成年人犯罪法〉的决定》修正
- 2020年12月26日第十三届全国人民代表大会常务委员会第二十四次会议修订
- 2020年12月26日中华人民共和国主席令第64号公布
- 自2021年6月1日起施行

第一章 总 则

第一条 为了保障未成年人身心健康,培养未成年人良好品行,有效预防未成年人违法犯罪,制定本法。

第二条 预防未成年人犯罪,立足于教育和保护未成年人相结合,坚持预防为主、提前干预,对未成年人的不良行为和严重不良行为及时进行分级预防、干预和矫治。

第三条 开展预防未成年人犯罪工作,应当尊重未成年人人格尊严,保护未成年人的名誉权、隐私权和个人信息等合法权益。

第四条 预防未成年人犯罪,在各级人民政府组织下,实行综合治理。

国家机关、人民团体、社会组织、企业事业单位、居民委员会、村民委员会、学校、家庭等各负其责、相互配合,共同做好预防未成年人犯罪工作,及时消除滋生未成年人违法犯罪行为的各种消极因素,为未成年人身心健康发展创造良好的社会环境。

第五条 各级人民政府在预防未成年人犯罪方面的工作职责是:

(一)制定预防未成年人犯罪工作规划;

(二)组织公安、教育、民政、文化和旅游、市场监督管理、网信、卫生健康、新闻出版、电影、广播电视、司法行政等有关部门开展预防未成年人犯罪工作;

(三)为预防未成年人犯罪工作提供政策支持和经费保障;

(四)对本法的实施情况和工作规划的执行情况进行检查;

(五)组织开展预防未成年人犯罪宣传教育;

(六)其他预防未成年人犯罪工作职责。

第六条 国家加强专门学校建设,对有严重不良行为的未成年人进行专门教育。专门教育是国民教育体系的组成部分,是对有严重不良行为的未成年人进行教育和矫治的重要保护处分措施。

省级人民政府应当将专门教育发展和专门学校建设纳入经济社会发展规划。县级以上地方人民政府成立专门教育指导委员会,根据需要合理设置专门学校。

专门教育指导委员会由教育、民政、财政、人力资源社会保障、公安、司法行政、人民检察院、人民法院、共产主义青年团、妇女联合会、关心下一代工作委员会、专门学校等单位,以及律师、社会

工作者等人员组成，研究确定专门学校教学、管理等相关工作。

专门学校建设和专门教育具体办法，由国务院规定。

第七条 公安机关、人民检察院、人民法院、司法行政部门应当由专门机构或者经过专业培训、熟悉未成年人身心特点的专门人员负责预防未成年人犯罪工作。

第八条 共产主义青年团、妇女联合会、工会、残疾人联合会、关心下一代工作委员会、青年联合会、学生联合会、少年先锋队以及有关社会组织，应当协助各级人民政府及其有关部门、人民检察院和人民法院做好预防未成年人犯罪工作，为预防未成年人犯罪培育社会力量，提供支持服务。

第九条 国家鼓励、支持和指导社会工作服务机构等社会组织参与预防未成年人犯罪相关工作，并加强监督。

第十条 任何组织或者个人不得教唆、胁迫、引诱未成年人实施不良行为或者严重不良行为，以及为未成年人实施上述行为提供条件。

第十一条 未成年人应当遵守法律法规及社会公共道德规范，树立自尊、自律、自强意识，增强辨别是非和自我保护的能力，自觉抵制各种不良行为以及违法犯罪行为的引诱和侵害。

第十二条 预防未成年人犯罪，应当结合未成年人不同年龄的生理、心理特点，加强青春期教育、心理关爱、心理矫治和预防犯罪对策的研究。

第十三条 国家鼓励和支持预防未成年人犯罪相关学科建设、专业设置、人才培养及科学研究，开展国际交流与合作。

第十四条 国家对预防未成年人犯罪工作有显著成绩的组织和个人，给予表彰和奖励。

第二章 预防犯罪的教育

第十五条 国家、社会、学校和家庭应当对未成年人加强社会主义核心价值观教育，开展预防犯罪教育，增强未成年人的法治观念，使未成年人树立遵纪守法和防范违法犯罪的意识，提高自我管控能力。

第十六条 未成年人的父母或者其他监护人对未成年人的预防犯罪教育负有直接责任，应当依法履行监护职责，树立优良家风，培养未成年人良好品行；发现未成年人心理或者行为异常的，应当及时了解情况并进行教育、引导和劝诫，不得拒绝或者怠于履行监护职责。

第十七条 教育行政部门、学校应当将预防犯罪教育纳入学校教学计划，指导教职员工结合未成年人的特点，采取多种方式对未成年学生进行有针对性的预防犯罪教育。

第十八条 学校应当聘任从事法治教育的专职或者兼职教师，并可以从司法和执法机关、法学教育和法律服务机构等单位聘请法治副校长、校外法治辅导员。

第十九条 学校应当配备专职或者兼职的心理健康教育教师，开展心理健康教育。学校可以根据实际情况与专业心理健康机构合作，建立心理健康筛查和早期干预机制，预防和解决学生心理、行为异常问题。

学校应当与未成年学生的父母或者其他监护人加强沟通，共同做好未成年学生心理健康教育；发现未成年学生可能患有精神障碍的，应当立即告知其父母或者其他监护人送相关专业机构诊治。

第二十条 教育行政部门应当会同有关部门建立学生欺凌防控制度。学校应当加强日常安全管理，完善学生欺凌发现和处置的工作流程，严格排查并及时消除可能导致学生欺凌行为的各种隐患。

第二十一条 教育行政部门鼓励和支持学校聘请社会工作者长期或者定期进驻学校，协助开展道德教育、法治教育、生命教育和心理健康教育，参与预防和处理学生欺凌等行为。

第二十二条 教育行政部门、学校应当通过举办讲座、座谈、培训等活动，介绍科学合理的教育方法，指导教职员工、未成年学生的父母或者其他监护人有效预防未成年人犯罪。

学校应当将预防犯罪教育计划告知未成年学生的父母或者其他监护人。未成年学生的父母或者其他监护人应当配合学校对未成年学生进行有针对性的预防犯罪教育。

第二十三条 教育行政部门应当将预防犯罪教育的工作效果纳入学校年度考核内容。

第二十四条 各级人民政府及其有关部门、人民检察院、人民法院、共产主义青年团、少年先锋队、妇女联合会、残疾人联合会、关心下一代工作委员会等应当结合实际，组织、举办多种形式的预防未成年人犯罪宣传教育活动。有条件的地方可以建立青少年法治教育基地，对未成年人开展法治教育。

第二十五条 居民委员会、村民委员会应当积极开展有针对性的预防未成年人犯罪宣传活动，协助公安机关维护学校周围治安，及时掌握本辖区内未成年人的监护、就学和就业情况，组织、引导社区社会组织参与预防未成年人犯罪工作。

第二十六条 青少年宫、儿童活动中心等校外活动场所应当把预防犯罪教育作为一项重要的工作内容，开展多种形式的宣传教育活动。

第二十七条 职业培训机构、用人单位在对已满十六周岁准备就业的未成年人进行职业培训时，应当将预防犯罪教育纳入培训内容。

第三章　对不良行为的干预

第二十八条 本法所称不良行为，是指未成年人实施的不利于其健康成长的下列行为：

（一）吸烟、饮酒；

（二）多次旷课、逃学；

（三）无故夜不归宿、离家出走；

（四）沉迷网络；

（五）与社会上具有不良习性的人交往，组织或者参加实施不良行为的团伙；

（六）进入法律法规规定未成年人不宜进入的场所；

（七）参与赌博、变相赌博，或者参加封建迷信、邪教等活动；

（八）阅览、观看或者收听宣扬淫秽、色情、暴力、恐怖、极端等内容的读物、音像制品或者网络信息等；

（九）其他不利于未成年人身心健康成长的不良行为。

第二十九条 未成年人的父母或者其他监护人发现未成年人有不良行为的，应当及时制止并加强管教。

第三十条 公安机关、居民委员会、村民委员会发现本辖区内未成年人有不良行为的，应当及时制止，并督促其父母或者其他监护人依法履行监护职责。

第三十一条 学校对有不良行为的未成年学生，应当加强管理教育，不得歧视；对拒不改正或者情节严重的，学校可以根据情况予以处分或者采取以下管理教育措施：

（一）予以训导；

（二）要求遵守特定的行为规范；

（三）要求参加特定的专题教育；

（四）要求参加校内服务活动；

（五）要求接受社会工作者或者其他专业人员的心理辅导和行为干预；

（六）其他适当的管理教育措施。

第三十二条 学校和家庭应当加强沟通，建立家校合作机制。学校决定对未成年学生采取管理教育措施的，应当及时告知其父母或者其他监护人；未成年学生的父母或者其他监护人应当支持、配合学校进行管理教育。

第三十三条 未成年学生偷窃少量财物，或者有殴打、辱骂、恐吓、强行索要财物等学生欺凌行为，情节轻微的，可以由学校依照本法第三十一条规定采取相应的管理教育措施。

第三十四条 未成年学生旷课、逃学的，学校应当及时联系其父母或者其他监护人，了解有关情况；无正当理由的，学校和未成年学生的父母或者其他监护人应当督促其返校学习。

第三十五条 未成年人无故夜不归宿、离家出走的，父母或者其他监护人、所在的寄宿制学校应当及时查找，必要时向公安机关报告。

收留夜不归宿、离家出走未成年人的，应当及时联系其父母或者其他监护人、所在学校；无法取得联系的，应当及时向公安机关报告。

第三十六条 对夜不归宿、离家出走或者流落街头的未成年人，公安机关、公共场所管理机构等发现或者接到报告后，应当及时采取有效保护措施，并通知其父母或者其他监护人、所在的寄宿制学校，必要时应当护送其返回住所、学校；无法与其父母或者其他监护人、学校取得联系的，应当护送未成年人到救助保护机构接受救助。

第三十七条 未成年人的父母或者其他监护人、学校发现未成年人组织或者参加实施不良行为的团伙，应当及时制止；发现该团伙有违法犯罪嫌疑的，应当立即向公安机关报告。

第四章　对严重不良行为的矫治

第三十八条 本法所称严重不良行为，是指未成年人实施的有刑法规定、因不满法定刑事责任年龄不予刑事处罚的行为，以及严重危害社会的下列行为：

（一）结伙斗殴，追逐、拦截他人，强拿硬要或者任意损毁、占用公私财物等寻衅滋事行为；

（二）非法携带枪支、弹药或者弩、匕首等国家规定的管制器具；

（三）殴打、辱骂、恐吓，或者故意伤害他人身体；

（四）盗窃、哄抢、抢夺或者故意损毁公私财物；

（五）传播淫秽的读物、音像制品或者信息等；

（六）卖淫、嫖娼，或者进行淫秽表演；

（七）吸食、注射毒品，或者向他人提供毒品；

（八）参与赌博赌资较大；

（九）其他严重危害社会的行为。

第三十九条 未成年人的父母或者其他监护人、学校、居民委员会、村民委员会发现有人教唆、胁迫、引诱未成年人实施严重不良行为的，应当立即向公安机关报告。公安机关接到报告或者发现有上述情形的，应当及时依法查处；对人身安全受到威胁的未成年人，应当立即采取有效保护措施。

第四十条 公安机关接到举报或者发现未成年人有严重不良行为的，应当及时制止，依法调查处理，并可以责令其父母或者其他监护人消除或者减轻违法后果，采取措施严加管教。

第四十一条 对有严重不良行为的未成年人，公安机关可以根据具体情况，采取以下矫治教育措施：

（一）予以训诫；

（二）责令赔礼道歉、赔偿损失；

（三）责令具结悔过；

（四）责令定期报告活动情况；

（五）责令遵守特定的行为规范，不得实施特定行为、接触特定人员或者进入特定场所；

（六）责令接受心理辅导、行为矫治；

（七）责令参加社会服务活动；

（八）责令接受社会观护，由社会组织、有关机构在适当场所对未成年人进行教育、监督和管束；

（九）其他适当的矫治教育措施。

第四十二条 公安机关在对未成年人进行矫治教育时，可以根据需要邀请学校、居民委员会、村民委员会以及社会工作服务机构等社会组织参与。

未成年人的父母或者其他监护人应当积极配合矫治教育措施的实施，不得妨碍阻挠或者放任不管。

第四十三条 对有严重不良行为的未成年人，未成年人的父母或者其他监护人、所在学校无力管教或者管教无效的，可以向教育行政部门提出申请，经专门教育指导委员会评估同意后，由教育行政部门决定送入专门学校接受专门教育。

第四十四条 未成年人有下列情形之一的，经专门教育指导委员会评估同意，教育行政部门会同公安机关可以决定将其送入专门学校接受专门教育：

（一）实施严重危害社会的行为，情节恶劣或者造成严重后果；

（二）多次实施严重危害社会的行为；

（三）拒不接受或者配合本法第四十一条规定的矫治教育措施；

（四）法律、行政法规规定的其他情形。

第四十五条 未成年人实施刑法规定的行为、因不满法定刑事责任年龄不予刑事处罚的，经专门教育指导委员会评估同意，教育行政部门会同公安机关可以决定对其进行专门矫治教育。

省级人民政府应当结合本地的实际情况，至少确定一所专门学校按照分校区、分班级等方式设置专门场所，对前款规定的未成年人进行专门矫治教育。

前款规定的专门场所实行闭环管理，公安机关、司法行政部门负责未成年人的矫治工作，教育行政部门承担未成年人的教育工作。

第四十六条 专门学校应当在每个学期适时提请专门教育指导委员会对接受专门教育的未成年学生的情况进行评估。对经评估适合转回普通学校就读的，专门教育指导委员会应当向原决定机关提出书面建议，由原决定机关决定是否将未成年学生转回普通学校就读。

原决定机关决定将未成年学生转回普通学校的，其原所在学校不得拒绝接收；因特殊情况，不适宜转回原所在学校的，由教育行政部门安排转学。

第四十七条 专门学校应当对接受专门教育的未成年人分级分类进行教育和矫治，有针对性地开展道德教育、法治教育、心理健康教育，并根据实际情况进行职业教育；对没有完成义务教育的未成年人，应当保证其继续接受义务教育。

专门学校的未成年学生的学籍保留在原学校，符合毕业条件的，原学校应当颁发毕业证书。

第四十八条 专门学校应当与接受专门教育的未成年人的父母或者其他监护人加强联系，定期向其反馈未成年人的矫治和教育情况，为父母或者其他监护人、亲属等看望未成年人提供便利。

第四十九条 未成年人及其父母或者其他监护人对本章规定的行政决定不服的，可以依法提起行政复议或者行政诉讼。

第五章 对重新犯罪的预防

第五十条 公安机关、人民检察院、人民法院办理未成年人刑事案件，应当根据未成年人的生理、心理特点和犯罪的情况，有针对性地进行法治教育。

对涉及刑事案件的未成年人进行教育，其法定代理人以外的成年亲属或者教师、辅导员等参与有利于感化、挽救未成年人的，公安机关、人民检察院、人民法院应当邀请其参加有关活动。

第五十一条 公安机关、人民检察院、人民法院办理未成年人刑事案件，可以自行或者委托有关社会组织、机构对未成年犯罪嫌疑人或者被告人的成长经历、犯罪原因、监护、教育等情况进行社会调查；根据实际需要并经未成年犯罪嫌疑人、被告人及其法定代理人同意，可以对未成年犯罪嫌疑人、被告人进行心理测评。

社会调查和心理测评的报告可以作为办理案件和教育未成年人的参考。

第五十二条 公安机关、人民检察院、人民法院对于无固定住所、无法提供保证人的未成年人适用取保候审的，应当指定合适成年人作为保证人，必要时可以安排取保候审的未成年人接受社会观护。

第五十三条 对被拘留、逮捕以及在未成年犯管教所执行刑罚的未成年人，应当与成年人分别关押、管理和教育。对未成年人的社区矫正，应当与成年人分别进行。

对有上述情形且没有完成义务教育的未成年人，公安机关、人民检察院、人民法院、司法行政部门应当与教育行政部门相互配合，保证其继续接受义务教育。

第五十四条 未成年犯管教所、社区矫正机构应当对未成年犯、未成年社区矫正对象加强法治教育，并根据实际情况对其进行职业教育。

第五十五条 社区矫正机构应当告知未成年社区矫正对象安置帮教的有关规定，并配合安置帮教工作部门落实或者解决未成年社区矫正对象的就学、就业等问题。

第五十六条 对刑满释放的未成年人，未成年犯管教所应当提前通知其父母或者其他监护人按时接回，并协助落实安置帮教措施。没有父母或者其他监护人、无法查明其父母或者其他监护人的，未成年犯管教所应当提前通知未成年人原户籍所在地或者居住地的司法行政部门安排人员按时接回，由民政部门或者居民委员会、村民委员会依法对其进行监护。

第五十七条 未成年人的父母或者其他监护人和学校、居民委员会、村民委员会对接受社区矫正、刑满释放的未成年人，应当采取有效的帮教措施，协助司法机关以及有关部门做好安置帮教工作。

居民委员会、村民委员会可以聘请思想品德优秀，作风正派，热心未成年人工作的离退休人员、志愿者或其他人员协助做好前款规定的安置帮教工作。

第五十八条 刑满释放和接受社区矫正的未成年人，在复学、升学、就业等方面依法享有与其他未成年人同等的权利，任何单位和个人不得歧视。

第五十九条 未成年人的犯罪记录依法被封存的，公安机关、人民检察院、人民法院和司法行政部门不得向任何单位或者个人提供，但司法机关因办案需要或者有关单位根据国家有关规定进行查询的除外。依法进行查询的单位和个人应当对相关记录信息予以保密。

未成年人接受专门矫治教育、专门教育的记录，以及被行政处罚、采取刑事强制措施和不起诉的记录，适用前款规定。

第六十条 人民检察院通过依法行使检察权，对未成年人重新犯罪预防工作等进行监督。

第六章 法律责任

第六十一条 公安机关、人民检察院、人民法院在办理案件过程中发现实施严重不良行为的未成年人的父母或者其他监护人不依法履行监护职责的，应当予以训诫，并可以责令其接受家庭教育指导。

第六十二条 学校及其教职员工违反本法规定，不履行预防未成年人犯罪工作职责，或者虐待、歧视相关未成年人的，由教育行政等部门责令改正，通报批评；情节严重的，对直接负责的主管人员和其他直接责任人员依法给予处分。构成违反治安管理行为的，由公安机关依法予以治安管理处罚。

教职员工教唆、胁迫、引诱未成年人实施不良行为或者严重不良行为，以及品行不良、影响恶劣的，教育行政部门、学校应当依法予以解聘或者辞退。

第六十三条 违反本法规定，在复学、升学、就业等方面歧视相关未成年人的，由所在单位或者教育、人力资源社会保障等部门责令改正；拒不改正的，对直接负责的主管人员或者其他直接责任人员依法给予处分。

第六十四条 有关社会组织、机构及其工作人员虐待、歧视接受社会观护的未成年人，或者出具虚假社会调查、心理测评报告的，由民政、司法行政等部门对直接负责的主管人员或者其他直接责任人员依法给予处分，构成违反治安管理行为的，由公安机关予以治安管理处罚。

第六十五条 教唆、胁迫、引诱未成年人实施不良行为或者严重不良行为，构成违反治安管理行为的，由公安机关依法予以治安管理处罚。

第六十六条 国家机关及其工作人员在预防未成年人犯罪工作中滥用职权、玩忽职守、徇私舞弊的，对直接负责的主管人员和其他直接责任人员，依法给予处分。

第六十七条 违反本法规定，构成犯罪的，依法追究刑事责任。

第七章 附 则

第六十八条 本法自2021年6月1日起施行。

中华人民共和国未成年人保护法

- 1991年9月4日第七届全国人民代表大会常务委员会第二十一次会议通过
- 2006年12月29日第十届全国人民代表大会常务委员会第二十五次会议第一次修订
- 根据2012年10月26日第十一届全国人民代表大会常务委员会第二十九次会议《关于修改〈中华人民共和国未成年人保护法〉的决定》修正
- 2020年10月17日第十三届全国人民代表大会常务委员会第二十二次会议第二次修订
- 2020年10月17日中华人民共和国主席令第57号公布
- 自2021年6月1起施行

第一章 总 则

第一条 【立法目的和依据】为了保护未成年人身心健康，保障未成年人合法权益，促进未成年人德智体美劳全面发展，培养有理想、有道德、有文化、有纪律的社会主义建设者和接班人，培养担当民族复兴大任的时代新人，根据宪法，制定本法。

第二条 【未成年人的定义】本法所称未成年人是指未满十八周岁的公民。

第三条 【未成年人平等享有权利】国家保障未成年人的生存权、发展权、受保护权、参与权等权利。

未成年人依法平等地享有各项权利，不因本人及其父母或者其他监护人的民族、种族、性别、户籍、职业、宗教信仰、教育程度、家庭状况、身心健康状况等受到歧视。

第四条 【未成年人保护的基本原则和要求】保护未成年人，应当坚持最有利于未成年人的原则。处理涉及未成年人事项，应当符合下列要求：

（一）给予未成年人特殊、优先保护；

（二）尊重未成年人人格尊严；

（三）保护未成年人隐私权和个人信息；

（四）适应未成年人身心健康发展的规律和特点；

（五）听取未成年人的意见；

（六）保护与教育相结合。

第五条 【对未成年人进行教育】国家、社会、学校和家庭应当对未成年人进行理想教育、道德教育、科学教育、文化教育、法治教育、国家安全教育、健康教育、劳动教育,加强爱国主义、集体主义和中国特色社会主义的教育,培养爱祖国、爱人民、爱劳动、爱科学、爱社会主义的公德,抵制资本主义、封建主义和其他腐朽思想的侵蚀,引导未成年人树立和践行社会主义核心价值观。

第六条 【保护未成年人的共同责任】保护未成年人,是国家机关、武装力量、政党、人民团体、企业事业单位、社会组织、城乡基层群众性自治组织、未成年人的监护人以及其他成年人的共同责任。

国家、社会、学校和家庭应当教育和帮助未成年人维护自身合法权益,增强自我保护的意识和能力。

第七条 【监护人和国家在监护方面的责任】未成年人的父母或者其他监护人依法对未成年人承担监护职责。

国家采取措施指导、支持、帮助和监督未成年人的父母或者其他监护人履行监护职责。

第八条 【发展规划及预算】县级以上人民政府应当将未成年人保护工作纳入国民经济和社会发展规划,相关经费纳入本级政府预算。

第九条 【未成年人保护工作协调机制】县级以上人民政府应当建立未成年人保护工作协调机制,统筹、协调、督促和指导有关部门在各自职责范围内做好未成年人保护工作。协调机制具体工作由县级以上人民政府民政部门承担,省级人民政府也可以根据本地实际情况确定由其他有关部门承担。

第十条 【群团组织及社会组织的职责】共产主义青年团、妇女联合会、工会、残疾人联合会、关心下一代工作委员会、青年联合会、学生联合会、少年先锋队以及其他人民团体、有关社会组织,应当协助各级人民政府及其有关部门、人民检察院、人民法院做好未成年人保护工作,维护未成年人合法权益。

第十一条 【检举、控告和强制报告制度】任何组织或者个人发现不利于未成年人身心健康或者侵犯未成年人合法权益的情形,都有权劝阻、制止或者向公安、民政、教育等有关部门提出检举、控告。

国家机关、居民委员会、村民委员会、密切接触未成年人的单位及其工作人员,在工作中发现未成年人身心健康受到侵害、疑似受到侵害或者面临其他危险情形的,应当立即向公安、民政、教育等有关部门报告。

有关部门接到涉及未成年人的检举、控告或者报告,应当依法及时受理、处置,并以适当方式将处理结果告知相关单位和人员。

第十二条 【科学研究】国家鼓励和支持未成年人保护方面的科学研究,建设相关学科、设置相关专业,加强人才培养。

第十三条 【统计调查制度】国家建立健全未成年人统计调查制度,开展未成年人健康、受教育等状况的统计、调查和分析,发布未成年人保护的有关信息。

第十四条 【表彰和奖励】国家对保护未成年人有显著成绩的组织和个人给予表彰和奖励。

第二章 家庭保护

第十五条 【监护人及成年家庭成员的家庭教育职责】未成年人的父母或者其他监护人应当学习家庭教育知识,接受家庭教育指导,创造良好、和睦、文明的家庭环境。

共同生活的其他成年家庭成员应当协助未成年人的父母或者其他监护人抚养、教育和保护未成年人。

第十六条 【监护职责】未成年人的父母或者其他监护人应当履行下列监护职责:

(一)为未成年人提供生活、健康、安全等方面的保障;

(二)关注未成年人的生理、心理状况和情感需求;

(三)教育和引导未成年人遵纪守法、勤俭节约,养成良好的思想品德和行为习惯;

(四)对未成年人进行安全教育,提高未成年人的自我保护意识和能力;

(五)尊重未成年人受教育的权利,保障适龄未成年人依法接受并完成义务教育;

(六)保障未成年人休息、娱乐和体育锻炼的时间,引导未成年人进行有益身心健康的活动;

(七)妥善管理和保护未成年人的财产;

(八)依法代理未成年人实施民事法律行为;

(九)预防和制止未成年人的不良行为和违法

犯罪行为，并进行合理管教；

（十）其他应当履行的监护职责。

第十七条 【监护禁止行为】未成年人的父母或者其他监护人不得实施下列行为：

（一）虐待、遗弃、非法送养未成年人或者对未成年人实施家庭暴力；

（二）放任、教唆或者利用未成年人实施违法犯罪行为；

（三）放任、唆使未成年人参与邪教、迷信活动或者接受恐怖主义、分裂主义、极端主义等侵害；

（四）放任、唆使未成年人吸烟（含电子烟，下同）、饮酒、赌博、流浪乞讨或者欺凌他人；

（五）放任或者迫使应当接受义务教育的未成年人失学、辍学；

（六）放任未成年人沉迷网络，接触危害或者可能影响其身心健康的图书、报刊、电影、广播电视节目、音像制品、电子出版物和网络信息等；

（七）放任未成年人进入营业性娱乐场所、酒吧、互联网上网服务营业场所等不适宜未成年人活动的场所；

（八）允许或者迫使未成年人从事国家规定以外的劳动；

（九）允许、迫使未成年人结婚或者为未成年人订立婚约；

（十）违法处分、侵吞未成年人的财产或者利用未成年人牟取不正当利益；

（十一）其他侵犯未成年人身心健康、财产权益或者不依法履行未成年人保护义务的行为。

第十八条 【监护人的安全保障义务】未成年人的父母或者其他监护人应当为未成年人提供安全的家庭生活环境，及时排除引发触电、烫伤、跌落等伤害的安全隐患；采取配备儿童安全座椅、教育未成年人遵守交通规则等措施，防止未成年人受到交通事故的伤害；提高户外安全保护意识，避免未成年人发生溺水、动物伤害等事故。

第十九条 【尊重未成年人的知情权】未成年人的父母或者其他监护人应当根据未成年人的年龄和智力发展状况，在作出与未成年人权益有关的决定前，听取未成年人的意见，充分考虑其真实意愿。

第二十条 【监护人的报告义务】未成年人的父母或者其他监护人发现未成年人身心健康受到侵害、疑似受到侵害或者其他合法权益受到侵犯的，应当及时了解情况并采取保护措施；情况严重的，应当立即向公安、民政、教育等部门报告。

第二十一条 【临时照护及禁止未成年人单独生活】未成年人的父母或者其他监护人不得使未满八周岁或者由于身体、心理原因需要特别照顾的未成年人处于无人看护状态，或者将其交由无民事行为能力、限制民事行为能力、患有严重传染性疾病或者其他不适宜的人员临时照护。

未成年人的父母或者其他监护人不得使未满十六周岁的未成年人脱离监护单独生活。

第二十二条 【设立长期照护的条件】未成年人的父母或者其他监护人因外出务工等原因在一定期限内不能完全履行监护职责的，应当委托具有照护能力的完全民事行为能力人代为照护；无正当理由的，不得委托他人代为照护。

未成年人的父母或者其他监护人在确定被委托人时，应当综合考虑其道德品质、家庭状况、身心健康状况、与未成年人生活情感上的联系等情况，并听取有表达意愿能力未成年人的意见。

具有下列情形之一的，不得作为被委托人：

（一）曾实施性侵害、虐待、遗弃、拐卖、暴力伤害等违法犯罪行为；

（二）有吸毒、酗酒、赌博等恶习；

（三）曾拒不履行或者长期怠于履行监护、照护职责；

（四）其他不适宜担任被委托人的情形。

第二十三条 【设立长期照护的监护人的义务】未成年人的父母或者其他监护人应当及时将委托照护情况书面告知未成年人所在学校、幼儿园和实际居住地的居民委员会、村民委员会，加强和未成年人所在学校、幼儿园的沟通；与未成年人、被委托人至少每周联系和交流一次，了解未成年人的生活、学习、心理等情况，并给予未成年人亲情关爱。

未成年人的父母或者其他监护人接到被委托人、居民委员会、村民委员会、学校、幼儿园等关于未成年人心理、行为异常的通知后，应当及时采取干预措施。

第二十四条 【父母离婚对未成年子女的义务】未成年人的父母离婚时，应当妥善处理未成年子女的抚养、教育、探望、财产等事宜，听取有表达意愿能力未成年人的意见。不得以抢夺、藏匿未成年子女等方式争夺抚养权。

未成年人的父母离婚后，不直接抚养未成年子女的一方应当依照协议、人民法院判决或者调解确定的时间和方式，在不影响未成年人学习、生活的情况下探望未成年子女，直接抚养的一方应当配合，但被人民法院依法中止探望权的除外。

第三章　学校保护

第二十五条　【全面贯彻国家教育方针政策】学校应当全面贯彻国家教育方针，坚持立德树人，实施素质教育，提高教育质量，注重培养未成年学生认知能力、合作能力、创新能力和实践能力，促进未成年学生全面发展。

学校应当建立未成年学生保护工作制度，健全学生行为规范，培养未成年学生遵纪守法的良好行为习惯。

第二十六条　【幼儿园的保育教育职责】幼儿园应当做好保育、教育工作，遵循幼儿身心发展规律，实施启蒙教育，促进幼儿在体质、智力、品德等方面和谐发展。

第二十七条　【尊重未成年人人格尊严，不得实施体罚】学校、幼儿园的教职员工应当尊重未成年人人格尊严，不得对未成年人实施体罚、变相体罚或者其他侮辱人格尊严的行为。

第二十八条　【保障未成年学生受教育权利】学校应当保障未成年学生受教育的权利，不得违反国家规定开除、变相开除未成年学生。

学校应当对尚未完成义务教育的辍学未成年学生进行登记并劝返复学；劝返无效的，应当及时向教育行政部门书面报告。

第二十九条　【关爱帮扶 不得歧视】学校应当关心、爱护未成年学生，不得因家庭、身体、心理、学习能力等情况歧视学生。对家庭困难、身心有障碍的学生，应当提供关爱；对行为异常、学习有困难的学生，应当耐心帮助。

学校应当配合政府有关部门建立留守未成年学生、困境未成年学生的信息档案，开展关爱帮扶工作。

第三十条　【社会生活指导、心理健康辅导、青春期教育、生命教育】学校应当根据未成年学生身心发展特点，进行社会生活指导、心理健康辅导、青春期教育和生命教育。

第三十一条　【加强劳动教育】学校应当组织未成年学生参加与其年龄相适应的日常生活劳动、生产劳动和服务性劳动，帮助未成年学生掌握必要的劳动知识和技能，养成良好的劳动习惯。

第三十二条　【反对浪费 文明饮食】学校、幼儿园应当开展勤俭节约、反对浪费、珍惜粮食、文明饮食等宣传教育活动，帮助未成年人树立浪费可耻、节约为荣的意识，养成文明健康、绿色环保的生活习惯。

第三十三条　【保障未成年学生休息权】学校应当与未成年学生的父母或者其他监护人互相配合，合理安排未成年学生的学习时间，保障其休息、娱乐和体育锻炼的时间。

学校不得占用国家法定节假日、休息日及寒暑假期，组织义务教育阶段的未成年学生集体补课，加重其学习负担。

幼儿园、校外培训机构不得对学龄前未成年人进行小学课程教育。

第三十四条　【学校、幼儿园的卫生保健职责】学校、幼儿园应当提供必要的卫生保健条件，协助卫生健康部门做好在校、在园未成年人的卫生保健工作。

第三十五条　【保障未成人校园安全】学校、幼儿园应当建立安全管理制度，对未成年人进行安全教育，完善安保设施、配备安保人员，保障未成年人在校、在园期间的人身和财产安全。

学校、幼儿园不得在危及未成年人人身安全、身心健康的校舍和其他设施、场所中进行教育教学活动。

学校、幼儿园安排未成年人参加文化娱乐、社会实践等集体活动，应当保护未成年人的身心健康，防止发生人身伤害事故。

第三十六条　【校车安全管理制度】使用校车的学校、幼儿园应当建立健全校车安全管理制度，配备安全管理人员，定期对校车进行安全检查，对校车驾驶人进行安全教育，并向未成年人讲解校车安全乘坐知识，培养未成年人校车安全事故应急处理技能。

第三十七条　【突发事件处置】学校、幼儿园应当根据需要，制定应对自然灾害、事故灾难、公共卫生事件等突发事件和意外伤害的预案，配备相应设施并定期进行必要的演练。

未成年人在校内、园内或者本校、本园组织的校外、园外活动中发生人身伤害事故的，学校、幼儿园应当立即救护，妥善处理，及时通知未成年人的父母或者其他监护人,并向有关部门报告。

第三十八条 【禁止商业行为】学校、幼儿园不得安排未成年人参加商业性活动,不得向未成年人及其父母或者其他监护人推销或者要求其购买指定的商品和服务。

学校、幼儿园不得与校外培训机构合作为未成年人提供有偿课程辅导。

第三十九条 【防治学生欺凌】学校应当建立学生欺凌防控工作制度,对教职员工、学生等开展防治学生欺凌的教育和培训。

学校对学生欺凌行为应当立即制止,通知实施欺凌和被欺凌未成年学生的父母或者其他监护人参与欺凌行为的认定和处理;对相关未成年学生及时给予心理辅导、教育和引导;对相关未成年学生的父母或者其他监护人给予必要的家庭教育指导。

对实施欺凌的未成年学生,学校应当根据欺凌行为的性质和程度,依法加强管教。对严重的欺凌行为,学校不得隐瞒,应当及时向公安机关、教育行政部门报告,并配合相关部门依法处理。

第四十条 【防治性侵害、性骚扰】学校、幼儿园应当建立预防性侵害、性骚扰未成年人工作制度。对性侵害、性骚扰未成年人等违法犯罪行为,学校、幼儿园不得隐瞒,应当及时向公安机关、教育行政部门报告,并配合相关部门依法处理。

学校、幼儿园应当对未成年人开展适合其年龄的性教育,提高未成年人防范性侵害、性骚扰的自我保护意识和能力。对遭受性侵害、性骚扰的未成年人,学校、幼儿园应当及时采取相关的保护措施。

第四十一条 【参照适用规定】婴幼儿照护服务机构、早期教育服务机构、校外培训机构、校外托管机构等应当参照本章有关规定,根据不同年龄阶段未成年人的成长特点和规律,做好未成年人保护工作。

第四章 社会保护

第四十二条 【社会保护的基本内容】全社会应当树立关心、爱护未成年人的良好风尚。

国家鼓励、支持和引导人民团体、企业事业单位、社会组织以及其他组织和个人,开展有利于未成年人健康成长的社会活动和服务。

第四十三条 【居民委员会、村民委员会工作职责】居民委员会、村民委员会应当设置专人专岗负责未成年人保护工作,协助政府有关部门宣传未成年人保护方面的法律法规,指导、帮助和监督未成年人的父母或者其他监护人依法履行监护职责,建立留守未成年人、困境未成年人的信息档案并给予关爱帮扶。

居民委员会、村民委员会应当协助政府有关部门监督未成年人委托照护情况,发现被委托人缺乏照护能力、怠于履行照护职责等情况,应当及时向政府有关部门报告,并告知未成年人的父母或者其他监护人,帮助、督促被委托人履行照护职责。

第四十四条 【公用场馆的优惠政策】爱国主义教育基地、图书馆、青少年宫、儿童活动中心、儿童之家应当对未成年人免费开放;博物馆、纪念馆、科技馆、展览馆、美术馆、文化馆、社区公益性互联网上网服务场所以及影剧院、体育场馆、动物园、植物园、公园等场所,应当按照有关规定对未成年人免费或者优惠开放。

国家鼓励爱国主义教育基地、博物馆、科技馆、美术馆等公共场馆开设未成年人专场,为未成年人提供有针对性的服务。

国家鼓励国家机关、企业事业单位、部队等开发自身教育资源,设立未成年人开放日,为未成年人主题教育、社会实践、职业体验等提供支持。

国家鼓励科研机构和科技类社会组织对未成年人开展科学普及活动。

第四十五条 【未成年人免费或者优惠乘坐交通工具】城市公共交通以及公路、铁路、水路、航空客运等应当按照有关规定对未成年人实施免费或者优惠票价。

第四十六条 【母婴设施的配备】国家鼓励大型公共场所、公共交通工具、旅游景区景点等设置母婴室、婴儿护理台以及方便幼儿使用的坐便器、洗手台等卫生设施,为未成年人提供便利。

第四十七条 【不得限制针对未成年人的照顾或者优惠】任何组织或者个人不得违反有关规定,限制未成年人应当享有的照顾或者优惠。

第四十八条 【鼓励有利于未成年人健康成长的创作】国家鼓励创作、出版、制作和传播有利于未成年人健康成长的图书、报刊、电影、广播电视节目、舞台艺术作品、音像制品、电子出版物和网络信息等。

第四十九条 【新闻媒体的责任】新闻媒体应当加强未成年人保护方面的宣传,对侵犯未成年人合法权益的行为进行舆论监督。新闻媒体采访报道涉及未成年人事件应当客观、审慎和适度,不得侵犯未成年人的名誉、隐私和其他合法权益。

第五十条 【禁止危害未成年人身心健康的内容】禁止制作、复制、出版、发布、传播含有宣扬淫秽、色情、暴力、邪教、迷信、赌博、引诱自杀、恐怖主义、分裂主义、极端主义等危害未成年人身心健康内容的图书、报刊、电影、广播电视节目、舞台艺术作品、音像制品、电子出版物和网络信息等。

第五十一条 【提示可能影响未成年人身心健康的内容】任何组织或者个人出版、发布、传播的图书、报刊、电影、广播电视节目、舞台艺术作品、音像制品、电子出版物或者网络信息,包含可能影响未成年人身心健康内容的,应当以显著方式作出提示。

第五十二条 【禁止儿童色情制品】禁止制作、复制、发布、传播或者持有有关未成年人的淫秽色情物品和网络信息。

第五十三条 【与未成年人有关的广告管理】任何组织或者个人不得刊登、播放、张贴或者散发含有危害未成年人身心健康内容的广告;不得在学校、幼儿园播放、张贴或者散发商业广告;不得利用校服、教材等发布或者变相发布商业广告。

第五十四条 【禁止严重侵犯未成年人权益的行为】禁止拐卖、绑架、虐待、非法收养未成年人,禁止对未成年人实施性侵害、性骚扰。

禁止胁迫、引诱、教唆未成年人参加黑社会性质组织或者从事违法犯罪活动。

禁止胁迫、诱骗、利用未成年人乞讨。

第五十五条 【对生产、销售用于未成年人产品的要求】生产、销售用于未成年人的食品、药品、玩具、用具和游戏游艺设备、游乐设施等,应当符合国家或者行业标准,不得危害未成年人的人身安全和身心健康。上述产品的生产者应当在显著位置标明注意事项,未标明注意事项的不得销售。

第五十六条 【公共场所的安全保障义务】未成年人集中活动的公共场所应当符合国家或者行业安全标准,并采取相应安全保护措施。对可能存在安全风险的设施,应当定期进行维护,在显著位置设置安全警示标志并标明适龄范围和注意事项;必要时应当安排专门人员看管。

大型的商场、超市、医院、图书馆、博物馆、科技馆、游乐场、车站、码头、机场、旅游景区景点等场所运营单位应当设置搜寻走失未成年人的安全警报系统。场所运营单位接到求助后,应当立即启动安全警报系统,组织人员进行搜寻并向公安机关报告。

公共场所发生突发事件时,应当优先救护未成年人。

第五十七条 【住宿经营者安全保护义务】旅馆、宾馆、酒店等住宿经营者接待未成年人入住,或者接待未成年人和成年人共同入住时,应当询问父母或者其他监护人的联系方式、入住人员的身份关系等有关情况;发现有违法犯罪嫌疑的,应当立即向公安机关报告,并及时联系未成年人的父母或者其他监护人。

第五十八条 【不适宜未成年人活动场所设置与服务的限制】学校、幼儿园周边不得设置营业性娱乐场所、酒吧、互联网上网服务营业场所等不适宜未成年人活动的场所。营业性歌舞娱乐场所、酒吧、互联网上网服务营业场所等不适宜未成年人活动场所的经营者,不得允许未成年人进入;游艺娱乐场所设置的电子游戏设备,除国家法定节假日外,不得向未成年人提供。经营者应当在显著位置设置未成年人禁入、限入标志;对难以判明是否是未成年人的,应当要求其出示身份证件。

第五十九条 【对未成年人禁售烟、酒和彩票】学校、幼儿园周边不得设置烟、酒、彩票销售网点。禁止向未成年人销售烟、酒、彩票或者兑付彩票奖金。烟、酒和彩票经营者应当在显著位置设置不向未成年人销售烟、酒或者彩票的标志;对难以判明是否是未成年人的,应当要求其出示身份证件。

任何人不得在学校、幼儿园和其他未成年人集中活动的公共场所吸烟、饮酒。

第六十条 【禁止向未成年人提供、销售危险物品】禁止向未成年人提供、销售管制刀具或者其他可能致人严重伤害的器具等物品。经营者难以判明购买者是否是未成年人的,应当要求其出示身份证件。

第六十一条 【劳动保护】任何组织或者个人不得招用未满十六周岁未成年人,国家另有规定的除外。

营业性娱乐场所、酒吧、互联网上网服务营业场所等不适宜未成年人活动的场所不得招用已满十六周岁的未成年人。

招用已满十六周岁未成年人的单位和个人应

当执行国家在工种、劳动时间、劳动强度和保护措施等方面的规定,不得安排其从事过重、有毒、有害等危害未成年人身心健康的劳动或者危险作业。

任何组织或者个人不得组织未成年人进行危害其身心健康的表演等活动。经未成年人的父母或者其他监护人同意,未成年人参与演出、节目制作等活动,活动组织方应当根据国家有关规定,保障未成年人合法权益。

第六十二条 【从业查询】密切接触未成年人的单位招聘工作人员时,应当向公安机关、人民检察院查询应聘者是否具有性侵害、虐待、拐卖、暴力伤害等违法犯罪记录;发现其具有前述行为记录的,不得录用。

密切接触未成年人的单位应当每年定期对工作人员是否具有上述违法犯罪记录进行查询。通过查询或者其他方式发现其工作人员具有上述行为的,应当及时解聘。

第六十三条 【通信自由和通信秘密】任何组织或者个人不得隐匿、毁弃、非法删除未成年人的信件、日记、电子邮件或者其他网络通讯内容。

除下列情形外,任何组织或者个人不得开拆、查阅未成年人的信件、日记、电子邮件或者其他网络通讯内容:

(一)无民事行为能力未成年人的父母或者其他监护人代未成年人开拆、查阅;

(二)因国家安全或者追查刑事犯罪依法进行检查;

(三)紧急情况下为了保护未成年人本人的人身安全。

第五章 网络保护

第六十四条 【网络素养】国家、社会、学校和家庭应当加强未成年人网络素养宣传教育,培养和提高未成年人的网络素养,增强未成年人科学、文明、安全、合理使用网络的意识和能力,保障未成年人在网络空间的合法权益。

第六十五条 【健康网络内容创作与传播】国家鼓励和支持有利于未成年人健康成长的网络内容的创作与传播,鼓励和支持专门以未成年人为服务对象、适合未成年人身心健康特点的网络技术、产品、服务的研发、生产和使用。

第六十六条 【监督检查和执法】网信部门及其他有关部门应当加强对未成年人网络保护工作的监督检查,依法惩处利用网络从事危害未成年人身心健康的活动,为未成年人提供安全、健康的网络环境。

第六十七条 【可能影响健康的网络信息】网信部门会同公安、文化和旅游、新闻出版、电影、广播电视等部门根据保护不同年龄阶段未成年人的需要,确定可能影响未成年人身心健康网络信息的种类、范围和判断标准。

第六十八条 【沉迷网络的预防和干预】新闻出版、教育、卫生健康、文化和旅游、网信等部门应当定期开展预防未成年人沉迷网络的宣传教育,监督网络产品和服务提供者履行预防未成年人沉迷网络的义务,指导家庭、学校、社会组织互相配合,采取科学、合理的方式对未成年人沉迷网络进行预防和干预。

任何组织或者个人不得以侵害未成年人身心健康的方式对未成年人沉迷网络进行干预。

第六十九条 【网络保护软件】学校、社区、图书馆、文化馆、青少年宫等场所为未成年人提供的互联网上网服务设施,应当安装未成年人网络保护软件或者采取其他安全保护技术措施。

智能终端产品的制造者、销售者应当在产品上安装未成年人网络保护软件,或者以显著方式告知用户未成年人网络保护软件的安装渠道和方法。

第七十条 【学校对未成年学生沉迷网络的预防和处理】学校应当合理使用网络开展教学活动。未经学校允许,未成年学生不得将手机等智能终端产品带入课堂,带入学校的应当统一管理。

学校发现未成年学生沉迷网络的,应当及时告知其父母或者其他监护人,共同对未成年学生进行教育和引导,帮助其恢复正常的学习生活。

第七十一条 【监护人的网络保护义务】未成年人的父母或者其他监护人应当提高网络素养,规范自身使用网络的行为,加强对未成年人使用网络行为的引导和监督。

未成年人的父母或者其他监护人应当通过在智能终端产品上安装未成年人网络保护软件、选择适合未成年人的服务模式和管理功能等方式,避免未成年人接触危害或者可能影响其身心健康的网络信息,合理安排未成年人使用网络的时间,有效预防未成年人沉迷网络。

第七十二条 【个人信息处理规定以及更正权、删除权】信息处理者通过网络处理未成年人个人信息的，应当遵循合法、正当和必要的原则。处理不满十四周岁未成年人个人信息的，应当征得未成年人的父母或者其他监护人同意，但法律、行政法规另有规定的除外。

未成年人、父母或者其他监护人要求信息处理者更正、删除未成年人个人信息的，信息处理者应当及时采取措施予以更正、删除，但法律、行政法规另有规定的除外。

第七十三条　【私密信息的提示和保护义务】网络服务提供者发现未成年人通过网络发布私密信息的，应当及时提示，并采取必要的保护措施。

第七十四条　【预防网络沉迷的一般性规定】网络产品和服务提供者不得向未成年人提供诱导其沉迷的产品和服务。

网络游戏、网络直播、网络音视频、网络社交等网络服务提供者应当针对未成年人使用其服务设置相应的时间管理、权限管理、消费管理等功能。

以未成年人为服务对象的在线教育网络产品和服务，不得插入网络游戏链接，不得推送广告等与教学无关的信息。

第七十五条　【网络游戏服务提供者的义务】网络游戏经依法审批后方可运营。

国家建立统一的未成年人网络游戏电子身份认证系统。网络游戏服务提供者应当要求未成年人以真实身份信息注册并登录网络游戏。

网络游戏服务提供者应当按照国家有关规定和标准，对游戏产品进行分类，作出适龄提示，并采取技术措施，不得让未成年人接触不适宜的游戏或者游戏功能。

网络游戏服务提供者不得在每日二十二时至次日八时向未成年人提供网络游戏服务。

第七十六条　【网络直播服务提供者的义务】网络直播服务提供者不得为未满十六周岁的未成年人提供网络直播发布者账号注册服务；为年满十六周岁的未成年人提供网络直播发布者账号注册服务时，应当对其身份信息进行认证，并征得其父母或者其他监护人同意。

第七十七条　【禁止实施网络欺凌】任何组织或者个人不得通过网络以文字、图片、音视频等形式，对未成年人实施侮辱、诽谤、威胁或者恶意损害形象等网络欺凌行为。

遭受网络欺凌的未成年人及其父母或者其他监护人有权通知网络服务提供者采取删除、屏蔽、断开链接等措施。网络服务提供者接到通知后，应当及时采取必要的措施制止网络欺凌行为，防止信息扩散。

第七十八条　【接受投诉、举报】网络产品和服务提供者应当建立便捷、合理、有效的投诉和举报渠道，公开投诉、举报方式等信息，及时受理并处理涉及未成年人的投诉、举报。

第七十九条　【投诉、举报权】任何组织或者个人发现网络产品、服务含有危害未成年人身心健康的信息，有权向网络产品和服务提供者或者网信、公安等部门投诉、举报。

第八十条　【对用户行为的安全管理义务】网络服务提供者发现用户发布、传播可能影响未成年人身心健康的信息且未作显著提示的，应当作出提示或者通知用户予以提示；未作出提示的，不得传输相关信息。

网络服务提供者发现用户发布、传播含有危害未成年人身心健康内容的信息的，应当立即停止传输相关信息，采取删除、屏蔽、断开链接等处置措施，保存有关记录，并向网信、公安等部门报告。

网络服务提供者发现用户利用其网络服务对未成年人实施违法犯罪行为的，应当立即停止向该用户提供网络服务，保存有关记录，并向公安机关报告。

第六章　政府保护

第八十一条　【政府、基层自治组织未成年人保护工作的落实主体】县级以上人民政府承担未成年人保护协调机制具体工作的职能部门应当明确相关内设机构或者专门人员，负责承担未成年人保护工作。

乡镇人民政府和街道办事处应当设立未成年人保护工作站或者指定专门人员，及时办理未成年人相关事务；支持、指导居民委员会、村民委员会设立专人专岗，做好未成年人保护工作。

第八十二条　【家庭教育指导服务】各级人民政府应当将家庭教育指导服务纳入城乡公共服务体系，开展家庭教育知识宣传，鼓励和支持有关人民团体、企业事业单位、社会组织开展家庭教育指导服务。

第八十三条　【政府保障未成年人受教育的权利】各级人民政府应当保障未成年人受教育的权利，并采取措施保障留守未成年人、困境未成年人、残疾未成年人接受义务教育。

对尚未完成义务教育的辍学未成年学生，教育行政部门应当责令父母或者其他监护人将其送入学校接受义务教育。

第八十四条 【发展托育、学前教育事业】各级人民政府应当发展托育、学前教育事业，办好婴幼儿照护服务机构、幼儿园，支持社会力量依法兴办母婴室、婴幼儿照护服务机构、幼儿园。

县级以上地方人民政府及其有关部门应当培养和培训婴幼儿照护服务机构、幼儿园的保教人员，提高其职业道德素质和业务能力。

第八十五条 【职业教育及职业技能培训】各级人民政府应当发展职业教育，保障未成年人接受职业教育或者职业技能培训，鼓励和支持人民团体、企业事业单位、社会组织为未成年人提供职业技能培训服务。

第八十六条 【残疾未成年人接受教育的权利】各级人民政府应当保障具有接受普通教育能力、能适应校园生活的残疾未成年人就近在普通学校、幼儿园接受教育；保障不具有接受普通教育能力的残疾未成年人在特殊教育学校、幼儿园接受学前教育、义务教育和职业教育。

各级人民政府应当保障特殊教育学校、幼儿园的办学、办园条件，鼓励和支持社会力量举办特殊教育学校、幼儿园。

第八十七条 【政府保障校园安全】地方人民政府及其有关部门应当保障校园安全，监督、指导学校、幼儿园等单位落实校园安全责任，建立突发事件的报告、处置和协调机制。

第八十八条 【政府保障校园周边安全】公安机关和其他有关部门应当依法维护校园周边的治安和交通秩序，设置监控设备和交通安全设施，预防和制止侵害未成年人的违法犯罪行为。

第八十九条 【未成年人活动场所建设和维护、学校文化体育设施的免费或者优惠开放】地方人民政府应当建立和改善适合未成年人的活动场所和设施，支持公益性未成年人活动场所和设施的建设和运行，鼓励社会力量兴办适合未成年人的活动场所和设施，并加强管理。

地方人民政府应当采取措施，鼓励和支持学校在国家法定节假日、休息日及寒暑假期将文化体育设施对未成年人免费或者优惠开放。

地方人民政府应当采取措施，防止任何组织或者个人侵占、破坏学校、幼儿园、婴幼儿照护服务机构等未成年人活动场所的场地、房屋和设施。

第九十条 【卫生保健、传染病防治和心理健康】各级人民政府及其有关部门应当对未成年人进行卫生保健和营养指导，提供卫生保健服务。

卫生健康部门应当依法对未成年人的疫苗预防接种进行规范，防治未成年人常见病、多发病，加强传染病防治和监督管理，做好伤害预防和干预，指导和监督学校、幼儿园、婴幼儿照护服务机构开展卫生保健工作。

教育行政部门应当加强未成年人的心理健康教育，建立未成年人心理问题的早期发现和及时干预机制。卫生健康部门应当做好未成年人心理治疗、心理危机干预以及精神障碍早期识别和诊断治疗等工作。

第九十一条 【对困境未成年人实施分类保障】各级人民政府及其有关部门对困境未成年人实施分类保障，采取措施满足其生活、教育、安全、医疗康复、住房等方面的基本需要。

第九十二条 【民政部门临时监护】具有下列情形之一的，民政部门应当依法对未成年人进行临时监护：

（一）未成年人流浪乞讨或者身份不明，暂时查找不到父母或者其他监护人；

（二）监护人下落不明且无其他人可以担任监护人；

（三）监护人因自身客观原因或者因发生自然灾害、事故灾难、公共卫生事件等突发事件不能履行监护职责，导致未成年人监护缺失；

（四）监护人拒绝或者怠于履行监护职责，导致未成年人处于无人照料的状态；

（五）监护人教唆、利用未成年人实施违法犯罪行为，未成年人需要被带离安置；

（六）未成年人遭受监护人严重伤害或者面临人身安全威胁，需要被紧急安置；

（七）法律规定的其他情形。

第九十三条 【临时监护的具体方式】对临时监护的未成年人，民政部门可以采取委托亲属抚养、家庭寄养等方式进行安置，也可以交由未成年人救助保护机构或者儿童福利机构进行收留、抚养。

临时监护期间，经民政部门评估，监护人重新具备履行监护职责条件的，民政部门可以将未成年人送回监护人抚养。

第九十四条 【长期监护的法定情形】具有下列情形之一的，民政部门应当依法对未成年人进行长期监护：

（一）查找不到未成年人的父母或者其他监护人；

（二）监护人死亡或者被宣告死亡且无其他人可以担任监护人；

（三）监护人丧失监护能力且无其他人可以担任监护人；

（四）人民法院判决撤销监护人资格并指定由民政部门担任监护人；

（五）法律规定的其他情形。

第九十五条 【民政部门长期监护未成年人的收养】民政部门进行收养评估后，可以依法将其长期监护的未成年人交由符合条件的申请人收养。收养关系成立后，民政部门与未成年人的监护关系终止。

第九十六条 【民政部门承担国家监护职责的政府支持和机构建设】民政部门承担临时监护或者长期监护职责的，财政、教育、卫生健康、公安等部门应当根据各自职责予以配合。

县级以上人民政府及其民政部门应当根据需要设立未成年人救助保护机构、儿童福利机构，负责收留、抚养由民政部门监护的未成年人。

第九十七条 【建设全国统一的未成年人保护热线，支持社会力量共建未成年人保护平台】县级以上人民政府应当开通全国统一的未成年人保护热线，及时受理、转介侵犯未成年人合法权益的投诉、举报；鼓励和支持人民团体、企业事业单位、社会组织参与建设未成年人保护服务平台、服务热线、服务站点，提供未成年人保护方面的咨询、帮助。

第九十八条 【违法犯罪人员信息查询系统】国家建立性侵害、虐待、拐卖、暴力伤害等违法犯罪人员信息查询系统，向密切接触未成年人的单位提供免费查询服务。

第九十九条 【培育、引导和规范社会力量参与未成年人保护工作】地方人民政府应当培育、引导和规范有关社会组织、社会工作者参与未成年人保护工作，开展家庭教育指导服务，为未成年人的心理辅导、康复救助、监护及收养评估等提供专业服务。

第七章 司法保护

第一百条 【司法机关职责】公安机关、人民检察院、人民法院和司法行政部门应当依法履行职责，保障未成年人合法权益。

第一百零一条 【专门机构、专门人员及评价考核标准】公安机关、人民检察院、人民法院和司法行政部门应当确定专门机构或者指定专门人员，负责办理涉及未成年人案件。办理涉及未成年人案件的人员应当经过专门培训，熟悉未成年人身心特点。专门机构或者专门人员中，应当有女性工作人员。

公安机关、人民检察院、人民法院和司法行政部门应当对上述机构和人员实行与未成年人保护工作相适应的评价考核标准。

第一百零二条 【未成年人案件中语言、表达方式】公安机关、人民检察院、人民法院和司法行政部门办理涉及未成年人案件，应当考虑未成年人身心特点和健康成长的需要，使用未成年人能够理解的语言和表达方式，听取未成年人的意见。

第一百零三条 【个人信息保护】公安机关、人民检察院、人民法院、司法行政部门以及其他组织和个人不得披露有关案件中未成年人的姓名、影像、住所、就读学校以及其他可能识别出其身份的信息，但查找失踪、被拐卖未成年人等情形除外。

第一百零四条 【法律援助、司法救助】对需要法律援助或者司法救助的未成年人，法律援助机构或者公安机关、人民检察院、人民法院和司法行政部门应当给予帮助，依法为其提供法律援助或者司法救助。

法律援助机构应当指派熟悉未成年人身心特点的律师为未成年人提供法律援助服务。

法律援助机构和律师协会应当对办理未成年人法律援助案件的律师进行指导和培训。

第一百零五条 【检察监督】人民检察院通过行使检察权，对涉及未成年人的诉讼活动等依法进行监督。

第一百零六条 【公益诉讼】未成年人合法权益受到侵犯，相关组织和个人未代为提起诉讼的，人民检察院可以督促、支持其提起诉讼；涉及公共利益的，人民检察院有权提起公益诉讼。

第一百零七条 【继承权、受遗赠权和受抚养权保护】人民法院审理继承案件，应当依法保护未成年人的继承权和受遗赠权。

人民法院审理离婚案件，涉及未成年子女抚养问题的，应当尊重已满八周岁未成年子女的真实意愿，根据双方具体情况，按照最有利于未成年子女的原则依法处理。

第一百零八条 【人身安全保护令、撤销监护人资格】未成年人的父母或者其他监护人不依法履行监护职责或者严重侵犯被监护的未成年人合法权益的，人民法院可以根据有关人员或者单位的申请，依法作出人身安全保护令或者撤销监护人资格。

被撤销监护人资格的父母或者其他监护人应当依法继续负担抚养费用。

第一百零九条 【社会调查】人民法院审理离婚、抚养、收养、监护、探望等案件涉及未成年人的，可以自行或者委托社会组织对未成年人的相关情况进行社会调查。

第一百一十条 【法定代理人、合适成年人到场】公安机关、人民检察院、人民法院讯问未成年犯罪嫌疑人、被告人，询问未成年被害人、证人，应当依法通知其法定代理人或者其成年亲属、所在学校的代表等合适成年人到场，并采取适当方式，在适当场所进行，保障未成年人的名誉权、隐私权和其他合法权益。

人民法院开庭审理涉及未成年人案件，未成年被害人、证人一般不出庭作证；必须出庭的，应当采取保护其隐私的技术手段和心理干预等保护措施。

第一百一十一条 【特定未成年被害人司法保护】公安机关、人民检察院、人民法院应当与其他有关政府部门、人民团体、社会组织互相配合，对遭受性侵害或者暴力伤害的未成年被害人及其家庭实施必要的心理干预、经济救助、法律援助、转学安置等保护措施。

第一百一十二条 【同步录音录像等保护措施】公安机关、人民检察院、人民法院办理未成年人遭受性侵害或者暴力伤害案件，在询问未成年被害人、证人时，应当采取同步录音录像等措施，尽量一次完成；未成年被害人、证人是女性的，应当由女性工作人员进行。

第一百一十三条 【违法犯罪未成年人的保护方针和原则】对违法犯罪的未成年人，实行教育、感化、挽救的方针，坚持教育为主、惩罚为辅的原则。

对违法犯罪的未成年人依法处罚后，在升学、就业等方面不得歧视。

第一百一十四条 【司法机关对未尽保护职责单位的监督】公安机关、人民检察院、人民法院和司法行政部门发现有关单位未尽到未成年人教育、管理、救助、看护等保护职责的，应当向该单位提出建议。被建议单位应当在一个月内作出书面回复。

第一百一十五条 【司法机关开展未成年人法治宣传教育】公安机关、人民检察院、人民法院和司法行政部门应当结合实际，根据涉及未成年人案件的特点，开展未成年人法治宣传教育工作。

第一百一十六条 【社会组织、社会工作者参与未成年人司法保护】国家鼓励和支持社会组织、社会工作者参与涉及未成年人案件中未成年人的心理干预、法律援助、社会调查、社会观护、教育矫治、社区矫正等工作。

第八章 法律责任

第一百一十七条 【违反强制报告义务的法律责任】违反本法第十一条第二款规定，未履行报告义务造成严重后果的，由上级主管部门或者所在单位对直接负责的主管人员和其他直接责任人员依法给予处分。

第一百一十八条 【监护人不履行监护职责或者侵犯未成年人合法权益的法律责任】未成年人的父母或者其他监护人不依法履行监护职责或者侵犯未成年人合法权益的，由其居住地的居民委员会、村民委员会予以劝诫、制止；情节严重的，居民委员会、村民委员会应当及时向公安机关报告。

公安机关接到报告或者公安机关、人民检察院、人民法院在办理案件过程中发现未成年人的父母或者其他监护人存在上述情形的，应当予以训诫，并可以责令其接受家庭教育指导。

第一百一十九条 【学校等机构及其教职员工的法律责任】学校、幼儿园、婴幼儿照护服务等机构及其教职员工违反本法第二十七条、第二十八条、第三十九条规定的，由公安、教育、卫生健康、市场监督管理等部门按照职责分工责令改正；拒不改正或者情节严重的，对直接负责的主管人员和其他直接责任人员依法给予处分。

第一百二十条 【未给予免费或者优惠待遇

的法律责任】违反本法第四十四条、第四十五条、第四十七条规定，未给予未成年人免费或者优惠待遇的，由市场监督管理、文化和旅游、交通运输等部门按照职责分工责令限期改正，给予警告；拒不改正的，处一万元以上十万元以下罚款。

第一百二十一条 【制作、复制、出版、发布、传播危害未成年人出版物的法律责任】违反本法第五十条、第五十一条规定的，由新闻出版、广播电视、电影、网信等部门按照职责分工责令限期改正，给予警告，没收违法所得，可以并处十万元以下罚款；拒不改正或者情节严重的，责令暂停相关业务、停产停业或者吊销营业执照、吊销相关许可证，违法所得一百万元以上的，并处违法所得一倍以上十倍以下的罚款，没有违法所得或者违法所得不足一百万元的，并处十万元以上一百万元以下罚款。

第一百二十二条 【场所运营单位和住宿经营者的法律责任】场所运营单位违反本法第五十六条第二款规定、住宿经营者违反本法第五十七条规定的，由市场监督管理、应急管理、公安等部门按照职责分工责令限期改正，给予警告；拒不改正或者造成严重后果的，责令停业整顿或者吊销营业执照、吊销相关许可证，并处一万元以上十万元以下罚款。

第一百二十三条 【营业性娱乐场所等经营者的法律责任】相关经营者违反本法第五十八条、第五十九条第一款、第六十条规定的，由文化和旅游、市场监督管理、烟草专卖、公安等部门按照职责分工责令限期改正，给予警告，没收违法所得，可以并处五万元以下罚款；拒不改正或者情节严重的，责令停业整顿或者吊销营业执照、吊销相关许可证，可以并处五万元以上五十万元以下罚款。

第一百二十四条 【公共场所吸烟、饮酒的法律责任】违反本法第五十九条第二款规定，在学校、幼儿园和其他未成年人集中活动的公共场所吸烟、饮酒的，由卫生健康、教育、市场监督管理等部门按照职责分工责令改正，给予警告，可以并处五百元以下罚款；场所管理者未及时制止的，由卫生健康、教育、市场监督管理等部门按照职责分工给予警告，并处一万元以下罚款。

第一百二十五条 【未按规定招用、使用未成年人的法律责任】违反本法第六十一条规定的，由文化和旅游、人力资源和社会保障、市场监督管理等部门按照职责分工责令限期改正，给予警告，没收违法所得，可以并处十万元以下罚款；拒不改正或者情节严重的，责令停产停业或者吊销营业执照、吊销相关许可证，并处十万元以上一百万元以下罚款。

第一百二十六条 【密切接触未成年人单位的法律责任】密切接触未成年人的单位违反本法第六十二条规定，未履行查询义务，或者招用、继续聘用具有相关违法犯罪记录人员的，由教育、人力资源和社会保障、市场监督管理等部门按照职责分工责令限期改正，给予警告，并处五万元以下罚款；拒不改正或者造成严重后果的，责令停业整顿或者吊销营业执照、吊销相关许可证，并处五万元以上五十万元以下罚款，对直接负责的主管人员和其他直接责任人员依法给予处分。

第一百二十七条 【网络产品和服务提供者等的法律责任】信息处理者违反本法第七十二条规定，或者网络产品和服务提供者违反本法第七十三条、第七十四条、第七十五条、第七十六条、第七十七条、第八十条规定的，由公安、网信、电信、新闻出版、广播电视、文化和旅游等有关部门按照职责分工责令改正，给予警告，没收违法所得，违法所得一百万元以上的，并处违法所得一倍以上十倍以下罚款，没有违法所得或者违法所得不足一百万元的，并处十万元以上一百万元以下罚款，对直接负责的主管人员和其他责任人员处一万元以上十万元以下罚款；拒不改正或者情节严重的，并可以责令暂停相关业务、停业整顿、关闭网站、吊销营业执照或者吊销相关许可证。

第一百二十八条 【国家机关工作人员渎职的法律责任】国家机关工作人员玩忽职守、滥用职权、徇私舞弊，损害未成年人合法权益的，依法给予处分。

第一百二十九条 【民事责任、治安管理处罚和刑事责任】违反本法规定，侵犯未成年人合法权益，造成人身、财产或者其他损害的，依法承担民事责任。

违反本法规定，构成违反治安管理行为的，依法给予治安管理处罚；构成犯罪的，依法追究刑事责任。

第九章 附 则

第一百三十条 【相关概念的含义】本法中下

列用语的含义：

（一）密切接触未成年人的单位，是指学校、幼儿园等教育机构；校外培训机构；未成年人救助保护机构、儿童福利机构等未成年人安置、救助机构；婴幼儿照护服务机构、早期教育服务机构；校外托管、临时看护机构；家政服务机构；为未成年人提供医疗服务的医疗机构；其他对未成年人负有教育、培训、监护、救助、看护、医疗等职责的企业事业单位、社会组织等。

（二）学校，是指普通中小学、特殊教育学校、中等职业学校、专门学校。

（三）学生欺凌，是指发生在学生之间，一方蓄意或者恶意通过肢体、语言及网络等手段实施欺压、侮辱，造成另一方人身伤害、财产损失或者精神损害的行为。

第一百三十一条 【外国人、无国籍未成年人的保护】对中国境内未满十八周岁的外国人、无国籍人，依照本法有关规定予以保护。

第一百三十二条 【施行日期】本法自2021年6月1日起施行。

中华人民共和国老年人权益保障法

- 1996年8月29日第八届全国人民代表大会常务委员会第二十一次会议通过
- 根据2009年8月27日第十一届全国人民代表大会常务委员会第十次会议《关于修改部分法律的决定》第一次修正
- 2012年12月28日第十一届全国人民代表大会常务委员会第三十次会议修订
- 根据2015年4月24日第十二届全国人民代表大会常务委员会第十四次会议《关于修改〈中华人民共和国电力法〉等六部法律的决定》第二次修正
- 根据2018年12月29日第十三届全国人民代表大会常务委员会第七次会议《关于修改〈中华人民共和国劳动法〉等七部法律的决定》第三次修正

第一章 总 则

第一条 【立法宗旨】为了保障老年人合法权益，发展老龄事业，弘扬中华民族敬老、养老、助老的美德，根据宪法，制定本法。

第二条 【老年人的界定】本法所称老年人是指六十周岁以上的公民。

第三条 【国家依法保障老年人的合法权益】国家保障老年人依法享有的权益。

老年人有从国家和社会获得物质帮助的权利，有享受社会服务和社会优待的权利，有参与社会发展和共享发展成果的权利。

禁止歧视、侮辱、虐待或者遗弃老年人。

第四条 【积极应对人口老龄化】积极应对人口老龄化是国家的一项长期战略任务。

国家和社会应当采取措施，健全保障老年人权益的各项制度，逐步改善保障老年人生活、健康、安全以及参与社会发展的条件，实现老有所养、老有所医、老有所为、老有所学、老有所乐。

第五条 【社会保障、社会养老服务体系】国家建立多层次的社会保障体系，逐步提高对老年人的保障水平。

国家建立和完善以居家为基础、社区为依托、机构为支撑的社会养老服务体系。

倡导全社会优待老年人。

第六条 【老龄事业发展规划、老龄工作机构】各级人民政府应当将老龄事业纳入国民经济和社会发展规划，将老龄事业经费列入财政预算，建立稳定的经费保障机制，并鼓励社会各方面投入，使老龄事业与经济、社会协调发展。

国务院制定国家老龄事业发展规划。县级以上地方人民政府根据国家老龄事业发展规划，制定本行政区域的老龄事业发展规划和年度计划。

县级以上人民政府负责老龄工作的机构，负责组织、协调、指导、督促有关部门做好老年人权益保障工作。

第七条 【全社会的共同责任】保障老年人合法权益是全社会的共同责任。

国家机关、社会团体、企业事业单位和其他组织应当按照各自职责，做好老年人权益保障工作。

基层群众性自治组织和依法设立的老年人组织应当反映老年人的要求，维护老年人合法权益，为老年人服务。

提倡、鼓励义务为老年人服务。

第八条 【老龄化宣传教育】国家进行人口老龄化国情教育，增强全社会积极应对人口老龄化意识。

全社会应当广泛开展敬老、养老、助老宣传教育活动,树立尊重、关心、帮助老年人的社会风尚。

青少年组织、学校和幼儿园应当对青少年和儿童进行敬老、养老、助老的道德教育和维护老年人合法权益的法制教育。

广播、电影、电视、报刊、网络等应当反映老年人的生活,开展维护老年人合法权益的宣传,为老年人服务。

第九条 【老龄科学研究、统计调查】国家支持老龄科学研究,建立老年人状况统计调查和发布制度。

第十条 【表彰和奖励】各级人民政府和有关部门对维护老年人合法权益和敬老、养老、助老成绩显著的组织、家庭或者个人,对参与社会发展做出突出贡献的老年人,按照国家有关规定给予表彰或者奖励。

第十一条 【遵纪守法】老年人应当遵纪守法,履行法律规定的义务。

第十二条 【老年节】每年农历九月初九为老年节。

第二章 家庭赡养与扶养

第十三条 【居家养老】老年人养老以居家为基础,家庭成员应当尊重、关心和照料老年人。

第十四条 【赡养义务】赡养人应当履行对老年人经济上供养、生活上照料和精神上慰藉的义务,照顾老年人的特殊需要。

赡养人是指老年人的子女以及其他依法负有赡养义务的人。

赡养人的配偶应当协助赡养人履行赡养义务。

第十五条 【治疗和护理、生活照料】赡养人应当使患病的老年人及时得到治疗和护理;对经济困难的老年人,应当提供医疗费用。

对生活不能自理的老年人,赡养人应当承担照料责任;不能亲自照料的,可以按照老年人的意愿委托他人或者养老机构等照料。

第十六条 【老年人的住房】赡养人应当妥善安排老年人的住房,不得强迫老年人居住或者迁居条件低劣的房屋。

老年人自有的或者承租的住房,子女或者其他亲属不得侵占,不得擅自改变产权关系或者租赁关系。

老年人自有的住房,赡养人有维修的义务。

第十七条 【老年人的田地、林木和牲畜】赡养人有义务耕种或者委托他人耕种老年人承包的田地,照管或者委托他人照管老年人的林木和牲畜等,收益归老年人所有。

第十八条 【老年人的精神需求】家庭成员应当关心老年人的精神需求,不得忽视、冷落老年人。

与老年人分开居住的家庭成员,应当经常看望或者问候老年人。

用人单位应当按照国家有关规定保障赡养人探亲休假的权利。

第十九条 【不得拒绝履行赡养义务、要求老年人承担力不能及的劳动】赡养人不得以放弃继承权或者其他理由,拒绝履行赡养义务。

赡养人不履行赡养义务,老年人有要求赡养人付给赡养费等权利。

赡养人不得要求老年人承担力不能及的劳动。

第二十条 【赡养协议】经老年人同意,赡养人之间可以就履行赡养义务签订协议。赡养协议的内容不得违反法律的规定和老年人的意愿。

基层群众性自治组织、老年人组织或者赡养人所在单位监督协议的履行。

第二十一条 【老年人的婚姻自由】老年人的婚姻自由受法律保护。子女或者其他亲属不得干涉老年人离婚、再婚及婚后的生活。

赡养人的赡养义务不因老年人的婚姻关系变化而消除。

第二十二条 【老年人的财产权利】老年人对个人的财产,依法享有占有、使用、收益和处分的权利,子女或者其他亲属不得干涉,不得以窃取、骗取、强行索取等方式侵犯老年人的财产权益。

老年人有依法继承父母、配偶、子女或者其他亲属遗产的权利,有接受赠与的权利。子女或者其他亲属不得侵占、抢夺、转移、隐匿或者损毁应当由老年人继承或者接受赠与的财产。

老年人以遗嘱处分财产,应当依法为老年配偶保留必要的份额。

第二十三条 【扶养义务】老年人与配偶有相互扶养的义务。

由兄、姐扶养的弟、妹成年后,有负担能力的,对年老无赡养人的兄、姐有扶养的义务。

第二十四条 【督促履行赡养、扶养义务】赡养人、扶养人不履行赡养、扶养义务的，基层群众性自治组织、老年人组织或者赡养人、扶养人所在单位应当督促其履行。

第二十五条 【禁止实施家庭暴力】禁止对老年人实施家庭暴力。

第二十六条 【监护】具备完全民事行为能力的老年人，可以在近亲属或者其他与自己关系密切、愿意承担监护责任的个人、组织中协商确定自己的监护人。监护人在老年人丧失或者部分丧失民事行为能力时，依法承担监护责任。

老年人未事先确定监护人的，其丧失或者部分丧失民事行为能力时，依照有关法律的规定确定监护人。

第二十七条 【家庭养老支持政策】国家建立健全家庭养老支持政策，鼓励家庭成员与老年人共同生活或者就近居住，为老年人随配偶或者赡养人迁徙提供条件，为家庭成员照料老年人提供帮助。

第三章 社会保障

第二十八条 【基本养老保险】国家通过基本养老保险制度，保障老年人的基本生活。

第二十九条 【基本医疗保险】国家通过基本医疗保险制度，保障老年人的基本医疗需要。享受最低生活保障的老年人和符合条件的低收入家庭中的老年人参加新型农村合作医疗和城镇居民基本医疗保险所需个人缴费部分，由政府给予补贴。

有关部门制定医疗保险办法，应当对老年人给予照顾。

第三十条 【长期护理保障】国家逐步开展长期护理保障工作，保障老年人的护理需求。

对生活长期不能自理、经济困难的老年人，地方各级人民政府应当根据其失能程度等情况给予护理补贴。

第三十一条 【社会救助】国家对经济困难的老年人给予基本生活、医疗、居住或者其他救助。

老年人无劳动能力、无生活来源、无赡养人和扶养人，或者其赡养人和扶养人确无赡养能力或者扶养能力的，由地方各级人民政府依照有关规定给予供养或者救助。

对流浪乞讨、遭受遗弃等生活无着的老年人，由地方各级人民政府依照有关规定给予救助。

第三十二条 【住房照顾】地方各级人民政府在实施廉租住房、公共租赁住房等住房保障制度或者进行危旧房屋改造时，应当优先照顾符合条件的老年人。

第三十三条 【老年人福利制度】国家建立和完善老年人福利制度，根据经济社会发展水平和老年人的实际需要，增加老年人的社会福利。

国家鼓励地方建立八十周岁以上低收入老年人高龄津贴制度。

国家建立和完善计划生育家庭老年人扶助制度。

农村可以将未承包的集体所有的部分土地、山林、水面、滩涂等作为养老基地，收益供老年人养老。

第三十四条 【足额支付养老待遇、提高保障水平】老年人依法享有的养老金、医疗待遇和其他待遇应当得到保障，有关机构必须按时足额支付，不得克扣、拖欠或者挪用。

国家根据经济发展以及职工平均工资增长、物价上涨等情况，适时提高养老保障水平。

第三十五条 【鼓励慈善】国家鼓励慈善组织以及其他组织和个人为老年人提供物质帮助。

第三十六条 【遗赠扶养协议】老年人可以与集体经济组织、基层群众性自治组织、养老机构等组织或者个人签订遗赠扶养协议或者其他扶助协议。

负有扶养义务的组织或者个人按照遗赠扶养协议，承担该老年人生养死葬的义务，享有受遗赠的权利。

第四章 社会服务

第三十七条 【社区养老服务】地方各级人民政府和有关部门应当采取措施，发展城乡社区养老服务，鼓励、扶持专业服务机构及其他组织和个人，为居家的老年人提供生活照料、紧急救援、医疗护理、精神慰藉、心理咨询等多种形式的服务。

对经济困难的老年人，地方各级人民政府应当逐步给予养老服务补贴。

第三十八条 【养老服务设施建设】地方各级人民政府和有关部门、基层群众性自治组织，应当将养老服务设施纳入城乡社区配套设施建设规划，建立适应老年人需要的生活服务、文化体育活动、日间照料、疾病护理与康复等服务设施和网点,就近为老年人提供服务。

发扬邻里互助的传统,提倡邻里间关心、帮助有困难的老年人。

鼓励慈善组织、志愿者为老年人服务。倡导老年人互助服务。

第三十九条 【资金投入、扶持措施】各级人民政府应当根据经济发展水平和老年人服务需求,逐步增加对养老服务的投入。

各级人民政府和有关部门在财政、税费、土地、融资等方面采取措施,鼓励、扶持企业事业单位、社会组织或者个人兴办、运营养老、老年人日间照料、老年文化体育活动等设施。

第四十条 【养老服务设施用地】地方各级人民政府和有关部门应当按照老年人口比例及分布情况,将养老服务设施建设纳入城乡规划和土地利用总体规划,统筹安排养老服务设施建设用地及所需物资。

公益性养老服务设施用地,可以依法使用国有划拨土地或者农民集体所有的土地。

养老服务设施用地,非经法定程序不得改变用途。

第四十一条 【政府投资兴办的养老机构】政府投资兴办的养老机构,应当优先保障经济困难的孤寡、失能、高龄等老年人的服务需求。

第四十二条 【养老服务标准、评估制度】国务院有关部门制定养老服务设施建设、养老服务质量和养老服务职业等标准,建立健全养老机构分类管理和养老服务评估制度。

各级人民政府应当规范养老服务收费项目和标准,加强监督和管理。

第四十三条 【养老机构行政许可】设立公益性养老机构,应当依法办理相应的登记。

设立经营性养老机构,应当在市场监督管理部门办理登记。

养老机构登记后即可开展服务活动,并向县级以上人民政府民政部门备案。

第四十四条 【养老机构综合监管】地方各级人民政府加强对本行政区域养老机构管理工作的领导,建立养老机构综合监管制度。

县级以上人民政府民政部门负责养老机构的指导、监督和管理,其他有关部门依照职责分工对养老机构实施监督。

第四十五条 【监督检查措施】县级以上人民政府民政部门依法履行监督检查职责,可以采取下列措施:

(一)向养老机构和个人了解情况;

(二)进入涉嫌违法的养老机构进行现场检查;

(三)查阅或者复制有关合同、票据、账簿及其他有关资料;

(四)发现养老机构存在可能危及人身健康和生命财产安全风险的,责令限期改正,逾期不改正的,责令停业整顿。

县级以上人民政府民政部门调查养老机构涉嫌违法的行为,应当遵守《中华人民共和国行政强制法》和其他有关法律、行政法规的规定。

第四十六条 【养老机构的变更和终止】养老机构变更或者终止的,应当妥善安置收住的老年人,并依照规定到有关部门办理手续。有关部门应当为养老机构妥善安置老年人提供帮助。

第四十七条 【养老服务人才培养】国家建立健全养老服务人才培养、使用、评价和激励制度,依法规范用工,促进从业人员劳动报酬合理增长,发展专职、兼职和志愿者相结合的养老服务队伍。

国家鼓励高等学校、中等职业学校和职业培训机构设置相关专业或者培训项目,培养养老服务专业人才。

第四十八条 【养老服务协议】养老机构应当与接受服务的老年人或者其代理人签订服务协议,明确双方的权利、义务。

养老机构及其工作人员不得以任何方式侵害老年人的权益。

第四十九条 【养老机构责任保险】国家鼓励养老机构投保责任保险,鼓励保险公司承保责任保险。

第五十条 【老年医疗卫生服务】各级人民政府和有关部门应当将老年医疗卫生服务纳入城乡医疗卫生服务规划,将老年人健康管理和常见病预防等纳入国家基本公共卫生服务项目。鼓励为老年人提供保健、护理、临终关怀等服务。

国家鼓励医疗机构开设针对老年病的专科或者门诊。

医疗卫生机构应当开展老年人的健康服务和疾病防治工作。

第五十一条 【老年医学、健康教育】国家采取措施，加强老年医学的研究和人才培养，提高老年病的预防、治疗、科研水平，促进老年病的早期发现、诊断和治疗。

国家和社会采取措施，开展各种形式的健康教育，普及老年保健知识，增强老年人自我保健意识。

第五十二条 【发展老龄产业】国家采取措施，发展老龄产业，将老龄产业列入国家扶持行业目录。扶持和引导企业开发、生产、经营适应老年人需要的用品和提供相关的服务。

第五章 社会优待

第五十三条 【提高优待水平】县级以上人民政府及其有关部门根据经济社会发展情况和老年人的特殊需要，制定优待老年人的办法，逐步提高优待水平。

对常住在本行政区域内的外埠老年人给予同等优待。

第五十四条 【为领取养老金、结算医疗费等提供帮助】各级人民政府和有关部门应当为老年人及时、便利地领取养老金、结算医疗费和享受其他物质帮助提供条件。

第五十五条 【优先办理房屋权属关系变更等】各级人民政府和有关部门办理房屋权属关系变更、户口迁移等涉及老年人权益的重大事项时，应当就办理事项是否为老年人的真实意思表示进行询问，并依法优先办理。

第五十六条 【法律援助】老年人因其合法权益受侵害提起诉讼交纳诉讼费确有困难的，可以缓交、减交或者免交；需要获得律师帮助，但无力支付律师费用的，可以获得法律援助。

鼓励律师事务所、公证处、基层法律服务所和其他法律服务机构为经济困难的老年人提供免费或者优惠服务。

第五十七条 【就医优先】医疗机构应当为老年人就医提供方便，对老年人就医予以优先。有条件的地方，可以为老年人设立家庭病床，开展巡回医疗、护理、康复、免费体检等服务。

提倡为老年人义诊。

第五十八条 【生活优先、优惠】提倡与老年人日常生活密切相关的服务行业为老年人提供优先、优惠服务。

城市公共交通、公路、铁路、水路和航空客运，应当为老年人提供优待和照顾。

第五十九条 【公共文化设施的免费和优惠】博物馆、美术馆、科技馆、纪念馆、公共图书馆、文化馆、影剧院、体育场馆、公园、旅游景点等场所，应当对老年人免费或者优惠开放。

第六十条 【不承担酬劳义务】农村老年人不承担兴办公益事业的筹劳义务。

第六章 宜居环境

第六十一条 【宜居环境建设】国家采取措施，推进宜居环境建设，为老年人提供安全、便利和舒适的环境。

第六十二条 【宜居规划】各级人民政府在制定城乡规划时，应当根据人口老龄化发展趋势、老年人口分布和老年人的特点，统筹考虑适合老年人的公共基础设施、生活服务设施、医疗卫生设施和文化体育设施建设。

第六十三条 【完善工程建设标准体系】国家制定和完善涉及老年人的工程建设标准体系，在规划、设计、施工、监理、验收、运行、维护、管理等环节加强相关标准的实施与监督。

第六十四条 【无障碍设施建设】国家制定无障碍设施工程建设标准。新建、改建和扩建道路、公共交通设施、建筑物、居住区等，应当符合国家无障碍设施工程建设标准。

各级人民政府和有关部门应当按照国家无障碍设施工程建设标准，优先推进与老年人日常生活密切相关的公共服务设施的改造。

无障碍设施的所有人和管理人应当保障无障碍设施正常使用。

第六十五条 【老年宜居社区建设】国家推动老年宜居社区建设，引导、支持老年宜居住宅的开发，推动和扶持老年人家庭无障碍设施的改造，为老年人创造无障碍居住环境。

第七章 参与社会发展

第六十六条 【保障老年人参与社会生活】国家和社会应当重视、珍惜老年人的知识、技能、经验和优良品德，发挥老年人的专长和作用，保障老年人参与经济、政治、文化和社会生活。

第六十七条 【老年人组织】老年人可以通过老年人组织，开展有益身心健康的活动。

第六十八条 【听取老年人和老年人组织的

意见】制定法律、法规、规章和公共政策,涉及老年人权益重大问题的,应当听取老年人和老年人组织的意见。

老年人和老年人组织有权向国家机关提出老年人权益保障、老龄事业发展等方面的意见和建议。

第六十九条 【参与社会发展的具体活动】国家为老年人参与社会发展创造条件。根据社会需要和可能,鼓励老年人在自愿和量力的情况下,从事下列活动:

(一)对青少年和儿童进行社会主义、爱国主义、集体主义和艰苦奋斗等优良传统教育;

(二)传授文化和科技知识;

(三)提供咨询服务;

(四)依法参与科技开发和应用;

(五)依法从事经营和生产活动;

(六)参加志愿服务、兴办社会公益事业;

(七)参与维护社会治安、协助调解民间纠纷;

(八)参加其他社会活动。

第七十条 【保护合法收入、不得安排从事危险作业】老年人参加劳动的合法收入受法律保护。

任何单位和个人不得安排老年人从事危害其身心健康的劳动或者危险作业。

第七十一条 【继续教育】老年人有继续受教育的权利。

国家发展老年教育,把老年教育纳入终身教育体系,鼓励社会办好各类老年学校。

各级人民政府对老年教育应当加强领导,统一规划,加大投入。

第七十二条 【老年文化生活】国家和社会采取措施,开展适合老年人的群众性文化、体育、娱乐活动,丰富老年人的精神文化生活。

第八章 法律责任

第七十三条 【救济途径】老年人合法权益受到侵害的,被侵害人或者其代理人有权要求有关部门处理,或者依法向人民法院提起诉讼。

人民法院和有关部门,对侵犯老年人合法权益的申诉、控告和检举,应当依法及时受理,不得推诿、拖延。

第七十四条 【监管部门的职责】不履行保护老年人合法权益职责的部门或者组织,其上级主管部门应当给予批评教育,责令改正。

国家工作人员违法失职,致使老年人合法权益受到损害的,由其所在单位或者上级机关责令改正,或者依法给予处分;构成犯罪的,依法追究刑事责任。

第七十五条 【纠纷调解】老年人与家庭成员因赡养、扶养或者住房、财产等发生纠纷,可以申请人民调解委员会或者其他有关组织进行调解,也可以直接向人民法院提起诉讼。

人民调解委员会或者其他有关组织调解前款纠纷时,应当通过说服、疏导等方式化解矛盾和纠纷;对有过错的家庭成员,应当给予批评教育。

人民法院对老年人追索赡养费或者扶养费的申请,可以依法裁定先予执行。

第七十六条 【干涉老年人婚姻自由的责任】干涉老年人婚姻自由,对老年人负有赡养义务、扶养义务而拒绝赡养、扶养,虐待老年人或者对老年人实施家庭暴力的,由有关单位给予批评教育;构成违反治安管理行为的,依法给予治安管理处罚;构成犯罪的,依法追究刑事责任。

第七十七条 【侵害老年人财物的责任】家庭成员盗窃、诈骗、抢夺、侵占、勒索、故意损毁老年人财物,构成违反治安管理行为的,依法给予治安管理处罚;构成犯罪的,依法追究刑事责任。

第七十八条 【侮辱、诽谤老年人的责任】侮辱、诽谤老年人,构成违反治安管理行为的,依法给予治安管理处罚;构成犯罪的,依法追究刑事责任。

第七十九条 【养老机构及其工作人员的责任】养老机构及其工作人员侵害老年人人身和财产权益,或者未按照约定提供服务的,依法承担民事责任;有关主管部门依法给予行政处罚;构成犯罪的,依法追究刑事责任。

第八十条 【养老机构监管部门的责任】对养老机构负有管理和监督职责的部门及其工作人员滥用职权、玩忽职守、徇私舞弊的,对直接负责的主管人员和其他直接责任人员依法给予处分;构成犯罪的,依法追究刑事责任。

第八十一条 【未履行社会优待义务的责任】不按规定履行优待老年人义务的,由有关主管部门责令改正。

第八十二条 【工程、设施建设不符合标准等的责任】涉及老年人的工程不符合国家规定的标准或者无障碍设施所有人、管理人未尽到维护和管理职责的,由有关主管部门责令改正;造成损害的,依法承担民事责任;对有关单位、个人依法给予行政处罚;构成犯罪的,依法追究刑事责任。

第九章　附　则

第八十三条　【民族自治地方制定变通或者补充规定】民族自治地方的人民代表大会,可以根据本法的原则,结合当地民族风俗习惯的具体情况,依照法定程序制定变通的或者补充的规定。

第八十四条　【过渡期养老机构的整改】本法施行前设立的养老机构不符合本法规定条件的,应当限期整改。具体办法由国务院民政部门制定。

第八十五条　【施行日期】本法自 2013 年 7 月 1 日起施行。

中华人民共和国残疾人保障法

· 1990 年 12 月 28 日第七届全国人民代表大会常务委员会第十七次会议通过
· 2008 年 4 月 24 日第十一届全国人民代表大会常务委员会第二次会议修订
· 根据 2018 年 10 月 26 日第十三届全国人民代表大会常务委员会第六次会议《关于修改〈中华人民共和国野生动物保护法〉等十五部法律的决定》修正

第一章　总　则

第一条　为了维护残疾人的合法权益,发展残疾人事业,保障残疾人平等地充分参与社会生活,共享社会物质文化成果,根据宪法,制定本法。

第二条　残疾人是指在心理、生理、人体结构上,某种组织、功能丧失或者不正常,全部或者部分丧失以正常方式从事某种活动能力的人。

残疾人包括视力残疾、听力残疾、言语残疾、肢体残疾、智力残疾、精神残疾、多重残疾和其他残疾的人。

残疾标准由国务院规定。

第三条　残疾人在政治、经济、文化、社会和家庭生活等方面享有同其他公民平等的权利。

残疾人的公民权利和人格尊严受法律保护。

禁止基于残疾的歧视。禁止侮辱、侵害残疾人。禁止通过大众传播媒介或者其他方式贬低损害残疾人人格。

第四条　国家采取辅助方法和扶持措施,对残疾人给予特别扶助,减轻或者消除残疾影响和外界障碍,保障残疾人权利的实现。

第五条　县级以上人民政府应当将残疾人事业纳入国民经济和社会发展规划,加强领导,综合协调,并将残疾人事业经费列入财政预算,建立稳定的经费保障机制。

国务院制定中国残疾人事业发展纲要,县级以上地方人民政府根据中国残疾人事业发展纲要,制定本行政区域的残疾人事业发展规划和年度计划,使残疾人事业与经济、社会协调发展。

县级以上人民政府负责残疾人工作的机构,负责组织、协调、指导、督促有关部门做好残疾人事业的工作。

各级人民政府和有关部门,应当密切联系残疾人,听取残疾人的意见,按照各自的职责,做好残疾人工作。

第六条　国家采取措施,保障残疾人依照法律规定,通过各种途径和形式,管理国家事务,管理经济和文化事业,管理社会事务。

制定法律、法规、规章和公共政策,对涉及残疾人权益和残疾人事业的重大问题,应当听取残疾人和残疾人组织的意见。

残疾人和残疾人组织有权向各级国家机关提出残疾人权益保障、残疾人事业发展等方面的意见和建议。

第七条　全社会应当发扬人道主义精神,理解、尊重、关心、帮助残疾人,支持残疾人事业。

国家鼓励社会组织和个人为残疾人提供捐助和服务。

国家机关、社会团体、企业事业单位和城乡基层群众性自治组织,应当做好所属范围内的残疾人工作。

从事残疾人工作的国家工作人员和其他人员,应当依法履行职责,努力为残疾人服务。

第八条　中国残疾人联合会及其地方组织,代表残疾人的共同利益,维护残疾人的合法权益,团结教育残疾人,为残疾人服务。

中国残疾人联合会及其地方组织依照法律、法规、章程或者接受政府委托,开展残疾人工作,动员社会力量,发展残疾人事业。

第九条 残疾人的扶养人必须对残疾人履行扶养义务。

残疾人的监护人必须履行监护职责,尊重被监护人的意愿,维护被监护人的合法权益。

残疾人的亲属、监护人应当鼓励和帮助残疾人增强自立能力。

禁止对残疾人实施家庭暴力,禁止虐待、遗弃残疾人。

第十条 国家鼓励残疾人自尊、自信、自强、自立,为社会主义建设贡献力量。

残疾人应当遵守法律、法规,履行应尽的义务,遵守公共秩序,尊重社会公德。

第十一条 国家有计划地开展残疾预防工作,加强对残疾预防工作的领导,宣传、普及母婴保健和预防残疾的知识,建立健全出生缺陷预防和早期发现、早期治疗机制,针对遗传、疾病、药物、事故、灾害、环境污染和其他致残因素,组织和动员社会力量,采取措施,预防残疾的发生,减轻残疾程度。

国家建立健全残疾人统计调查制度,开展残疾人状况的统计调查和分析。

第十二条 国家和社会对残疾军人、因公致残人员以及其他为维护国家和人民利益致残的人员实行特别保障,给予抚恤和优待。

第十三条 对在社会主义建设中做出显著成绩的残疾人,对维护残疾人合法权益、发展残疾人事业、为残疾人服务做出显著成绩的单位和个人,各级人民政府和有关部门给予表彰和奖励。

第十四条 每年5月的第三个星期日为全国助残日。

第二章 康 复

第十五条 国家保障残疾人享有康复服务的权利。

各级人民政府和有关部门应当采取措施,为残疾人康复创造条件,建立和完善残疾人康复服务体系,并分阶段实施重点康复项目,帮助残疾人恢复或者补偿功能,增强其参与社会生活的能力。

第十六条 康复工作应当从实际出发,将现代康复技术与我国传统康复技术相结合;以社区康复为基础,康复机构为骨干,残疾人家庭为依托;以实用、易行、受益广的康复内容为重点,优先开展残疾儿童抢救性治疗和康复;发展符合康复要求的科学技术,鼓励自主创新,加强康复新技术的研究、开发和应用,为残疾人提供有效的康复服务。

第十七条 各级人民政府鼓励和扶持社会力量兴办残疾人康复机构。

地方各级人民政府和有关部门,应当组织和指导城乡社区服务组织、医疗预防保健机构、残疾人组织、残疾人家庭和其他社会力量,开展社区康复工作。

残疾人教育机构、福利性单位和其他为残疾人服务的机构,应当创造条件,开展康复训练活动。

残疾人在专业人员的指导和有关工作人员、志愿工作者及亲属的帮助下,应当努力进行功能、自理能力和劳动技能的训练。

第十八条 地方各级人民政府和有关部门应当根据需要有计划地在医疗机构设立康复医学科室,举办残疾人康复机构,开展康复医疗与训练、人员培训、技术指导、科学研究等工作。

第十九条 医学院校和其他有关院校应当有计划地开设康复课程,设置相关专业,培养各类康复专业人才。

政府和社会采取多种形式对从事康复工作的人员进行技术培训;向残疾人、残疾人亲属、有关工作人员和志愿工作者普及康复知识,传授康复方法。

第二十条 政府有关部门应当组织和扶持残疾人康复器械、辅助器具的研制、生产、供应、维修服务。

第三章 教 育

第二十一条 国家保障残疾人享有平等接受教育的权利。

各级人民政府应当将残疾人教育作为国家教育事业的组成部分,统一规划,加强领导,为残疾人接受教育创造条件。

政府、社会、学校应当采取有效措施,解决残疾儿童、少年就学存在的实际困难,帮助其完成义务教育。

各级人民政府对接受义务教育的残疾学生、贫困残疾人家庭的学生提供免费教科书,并给予寄宿生活费等费用补助;对接受义务教育以外其他教育的残疾学生、贫困残疾人家庭的学生按照国家有关规定给予资助。

第二十二条 残疾人教育,实行普及与提高相结合、以普及为重点的方针,保障义务教育,着重发展职业教育,积极开展学前教育,逐步发展高级中等以上教育。

第二十三条 残疾人教育应当根据残疾人的身心特性和需要,按照下列要求实施:

(一)在进行思想教育、文化教育的同时,加强身心补偿和职业教育;

(二)依据残疾类别和接受能力,采取普通教育方式或者特殊教育方式;

(三)特殊教育的课程设置、教材、教学方法、入学和在校年龄,可以有适度弹性。

第二十四条 县级以上人民政府应当根据残疾人的数量、分布状况和残疾类别等因素,合理设置残疾人教育机构,并鼓励社会力量办学、捐资助学。

第二十五条 普通教育机构对具有接受普通教育能力的残疾人实施教育,并为其学习提供便利和帮助。

普通小学、初级中等学校,必须招收能适应其学习生活的残疾儿童、少年入学;普通高级中等学校、中等职业学校和高等学校,必须招收符合国家规定的录取要求的残疾考生入学,不得因其残疾而拒绝招收;拒绝招收的,当事人或者其亲属、监护人可以要求有关部门处理,有关部门应当责令该学校招收。

普通幼儿教育机构应当接收能适应其生活的残疾幼儿。

第二十六条 残疾幼儿教育机构、普通幼儿教育机构附设的残疾儿童班、特殊教育机构的学前班、残疾儿童福利机构、残疾儿童家庭,对残疾儿童实施学前教育。

初级中等以下特殊教育机构和普通教育机构附设的特殊教育班,对不具有接受普通教育能力的残疾儿童、少年实施义务教育。

高级中等以上特殊教育机构、普通教育机构附设的特殊教育班和残疾人职业教育机构,对符合条件的残疾人实施高级中等以上文化教育、职业教育。

提供特殊教育的机构应当具备适合残疾人学习、康复、生活特点的场所和设施。

第二十七条 政府有关部门、残疾人所在单位和有关社会组织应当对残疾人开展扫除文盲、职业培训、创业培训和其他成人教育,鼓励残疾人自学成才。

第二十八条 国家有计划地举办各级各类特殊教育师范院校、专业,在普通师范院校附设特殊教育班,培养、培训特殊教育师资。普通师范院校开设特殊教育课程或者讲授有关内容,使普通教师掌握必要的特殊教育知识。

特殊教育教师和手语翻译,享受特殊教育津贴。

第二十九条 政府有关部门应当组织和扶持盲文、手语的研究和应用,特殊教育教材的编写和出版,特殊教育教学用具及其他辅助用品的研制、生产和供应。

第四章 劳动就业

第三十条 国家保障残疾人劳动的权利。

各级人民政府应当对残疾人劳动就业统筹规划,为残疾人创造劳动就业条件。

第三十一条 残疾人劳动就业,实行集中与分散相结合的方针,采取优惠政策和扶持保护措施,通过多渠道、多层次、多种形式,使残疾人劳动就业逐步普及、稳定、合理。

第三十二条 政府和社会举办残疾人福利企业、盲人按摩机构和其他福利性单位,集中安排残疾人就业。

第三十三条 国家实行按比例安排残疾人就业制度。

国家机关、社会团体、企业事业单位、民办非企业单位应当按照规定的比例安排残疾人就业,并为其选择适当的工种和岗位。达不到规定比例的,按照国家有关规定履行保障残疾人就业义务。国家鼓励用人单位超过规定比例安排残疾人就业。

残疾人就业的具体办法由国务院规定。

第三十四条 国家鼓励和扶持残疾人自主择业、自主创业。

第三十五条 地方各级人民政府和农村基层组织,应当组织和扶持农村残疾人从事种植业、养殖业、手工业和其他形式的生产劳动。

第三十六条 国家对安排残疾人就业达到、超过规定比例或者集中安排残疾人就业的用人单位和从事个体经营的残疾人,依法给予税收优惠,并在生产、经营、技术、资金、物资、场地等方面给予扶持。国家对从事个体经营的残疾人，免除行政事业性收费。

县级以上地方人民政府及其有关部门应当确定适合残疾人生产、经营的产品、项目，优先安排残疾人福利性单位生产或者经营，并根据残疾人福利性单位的生产特点确定某些产品由其专产。

政府采购，在同等条件下应当优先购买残疾人福利性单位的产品或者服务。

地方各级人民政府应当开发适合残疾人就业的公益性岗位。

对申请从事个体经营的残疾人，有关部门应当优先核发营业执照。

对从事各类生产劳动的农村残疾人，有关部门应当在生产服务、技术指导、农用物资供应、农副产品购销和信贷等方面，给予帮助。

第三十七条 政府有关部门设立的公共就业服务机构，应当为残疾人免费提供就业服务。

残疾人联合会举办的残疾人就业服务机构，应当组织开展免费的职业指导、职业介绍和职业培训，为残疾人就业和用人单位招用残疾人提供服务和帮助。

第三十八条 国家保护残疾人福利性单位的财产所有权和经营自主权，其合法权益不受侵犯。

在职工的招用、转正、晋级、职称评定、劳动报酬、生活福利、休息休假、社会保险等方面，不得歧视残疾人。

残疾职工所在单位应当根据残疾职工的特点，提供适当的劳动条件和劳动保护，并根据实际需要对劳动场所、劳动设备和生活设施进行改造。

国家采取措施，保障盲人保健和医疗按摩人员从业的合法权益。

第三十九条 残疾职工所在单位应当对残疾职工进行岗位技术培训，提高其劳动技能和技术水平。

第四十条 任何单位和个人不得以暴力、威胁或者非法限制人身自由的手段强迫残疾人劳动。

第五章 文化生活

第四十一条 国家保障残疾人享有平等参与文化生活的权利。

各级人民政府和有关部门鼓励、帮助残疾人参加各种文化、体育、娱乐活动，积极创造条件，丰富残疾人精神文化生活。

第四十二条 残疾人文化、体育、娱乐活动应当面向基层，融于社会公共文化生活，适应各类残疾人的不同特点和需要，使残疾人广泛参与。

第四十三条 政府和社会采取下列措施，丰富残疾人的精神文化生活：

（一）通过广播、电影、电视、报刊、图书、网络等形式，及时宣传报道残疾人的工作、生活等情况，为残疾人服务；

（二）组织和扶持盲文读物、盲人有声读物及其他残疾人读物的编写和出版，根据盲人的实际需要，在公共图书馆设立盲文读物、盲人有声读物图书室；

（三）开办电视手语节目，开办残疾人专题广播栏目，推进电视栏目、影视作品加配字幕、解说；

（四）组织和扶持残疾人开展群众性文化、体育、娱乐活动，举办特殊艺术演出和残疾人体育运动会，参加国际性比赛和交流；

（五）文化、体育、娱乐和其他公共活动场所，为残疾人提供方便和照顾。有计划地兴办残疾人活动场所。

第四十四条 政府和社会鼓励、帮助残疾人从事文学、艺术、教育、科学、技术和其他有益于人民的创造性劳动。

第四十五条 政府和社会促进残疾人与其他公民之间的相互理解和交流，宣传残疾人事业和扶助残疾人的事迹，弘扬残疾人自强不息的精神，倡导团结、友爱、互助的社会风尚。

第六章 社会保障

第四十六条 国家保障残疾人享有各项社会保障的权利。

政府和社会采取措施，完善对残疾人的社会保障，保障和改善残疾人的生活。

第四十七条 残疾人及其所在单位应当按照国家有关规定参加社会保险。

残疾人所在城乡基层群众性自治组织、残疾人家庭，应当鼓励、帮助残疾人参加社会保险。

对生活确有困难的残疾人，按照国家有关规定给予社会保险补贴。

第四十八条 各级人民政府对生活确有困难的残疾人，通过多种渠道给予生活、教育、住房和其他社会救助。

县级以上地方人民政府对享受最低生活保障待遇后生活仍有特别困难的残疾人家庭，应当采取其他措施保障其基本生活。

各级人民政府对贫困残疾人的基本医疗、康复服务、必要的辅助器具的配置和更换，应当按照规定给予救助。

对生活不能自理的残疾人，地方各级人民政府应当根据情况给予护理补贴。

第四十九条 地方各级人民政府对无劳动能力、无扶养人或者扶养人不具有扶养能力、无生活来源的残疾人，按照规定予以供养。

国家鼓励和扶持社会力量举办残疾人供养、托养机构。

残疾人供养、托养机构及其工作人员不得侮辱、虐待、遗弃残疾人。

第五十条 县级以上人民政府对残疾人搭乘公共交通工具，应当根据实际情况给予便利和优惠。残疾人可以免费携带随身必备的辅助器具。

盲人持有效证件免费乘坐市内公共汽车、电车、地铁、渡船等公共交通工具。盲人读物邮件免费寄递。

国家鼓励和支持提供电信、广播电视服务的单位对盲人、听力残疾人、言语残疾人给予优惠。

各级人民政府应当逐步增加对残疾人的其他照顾和扶助。

第五十一条 政府有关部门和残疾人组织应当建立和完善社会各界为残疾人捐助和服务的渠道，鼓励和支持发展残疾人慈善事业，开展志愿者助残等公益活动。

第七章 无障碍环境

第五十二条 国家和社会应当采取措施，逐步完善无障碍设施，推进信息交流无障碍，为残疾人平等参与社会生活创造无障碍环境。

各级人民政府应当对无障碍环境建设进行统筹规划，综合协调，加强监督管理。

第五十三条 无障碍设施的建设和改造，应当符合残疾人的实际需要。

新建、改建和扩建建筑物、道路、交通设施等，应当符合国家有关无障碍设施工程建设标准。

各级人民政府和有关部门应当按照国家无障碍设施工程建设规定，逐步推进已建成设施的改造，优先推进与残疾人日常工作、生活密切相关的公共服务设施的改造。

对无障碍设施应当及时维修和保护。

第五十四条 国家采取措施，为残疾人信息交流无障碍创造条件。

各级人民政府和有关部门应当采取措施，为残疾人获取公共信息提供便利。

国家和社会研制、开发适合残疾人使用的信息交流技术和产品。

国家举办的各类升学考试、职业资格考试和任职考试，有盲人参加的，应当为盲人提供盲文试卷、电子试卷或者由专门的工作人员予以协助。

第五十五条 公共服务机构和公共场所应当创造条件，为残疾人提供语音和文字提示、手语、盲文等信息交流服务，并提供优先服务和辅助性服务。

公共交通工具应当逐步达到无障碍设施的要求。有条件的公共停车场应当为残疾人设置专用停车位。

第五十六条 组织选举的部门应当为残疾人参加选举提供便利；有条件的，应当为盲人提供盲文选票。

第五十七条 国家鼓励和扶持无障碍辅助设备、无障碍交通工具的研制和开发。

第五十八条 盲人携带导盲犬出入公共场所，应当遵守国家有关规定。

第八章 法律责任

第五十九条 残疾人的合法权益受到侵害的，可以向残疾人组织投诉，残疾人组织应当维护残疾人的合法权益，有权要求有关部门或者单位查处。有关部门或者单位应当依法查处，并予以答复。

残疾人组织对残疾人通过诉讼维护其合法权益需要帮助的，应当给予支持。

残疾人组织对侵害特定残疾人群体利益的行为，有权要求有关部门依法查处。

第六十条 残疾人的合法权益受到侵害的，有权要求有关部门依法处理，或者依法向仲裁机构申请仲裁，或者依法向人民法院提起诉讼。

对有经济困难或者其他原因确需法律援助或者司法救助的残疾人，当地法律援助机构或者人民法院应当给予帮助，依法为其提供法律援助或者司法救助。

第六十一条 违反本法规定，对侵害残疾人权益行为的申诉、控告、检举，推诿、拖延、压制不予查处，或者对提出申诉、控告、检举的人进行打击报复的，由其所在单位、主管部门或者上级机关责令改正，并依法对直接负责的主管人员和其他直接责任人员给予处分。

国家工作人员未依法履行职责，对侵害残疾人权益的行为未及时制止或者未给予受害残疾人必要帮助，造成严重后果的，由其所在单位或者上级机关依法对直接负责的主管人员和其他直接责任人员给予处分。

第六十二条 违反本法规定，通过大众传播媒介或者其他方式贬低损害残疾人人格的，由文化、广播电视、电影、新闻出版或者其他有关主管部门依据各自的职权责令改正，并依法给予行政处罚。

第六十三条 违反本法规定，有关教育机构拒不接收残疾学生入学，或者在国家规定的录取要求以外附加条件限制残疾学生就学的，由有关主管部门责令改正，并依法对直接负责的主管人员和其他直接责任人员给予处分。

第六十四条 违反本法规定，在职工的招用等方面歧视残疾人的，由有关主管部门责令改正；残疾人劳动者可以依法向人民法院提起诉讼。

第六十五条 违反本法规定，供养、托养机构及其工作人员侮辱、虐待、遗弃残疾人的，对直接负责的主管人员和其他直接责任人员依法给予处分；构成违反治安管理行为的，依法给予行政处罚。

第六十六条 违反本法规定，新建、改建和扩建建筑物、道路、交通设施，不符合国家有关无障碍设施工程建设标准，或者对无障碍设施未进行及时维修和保护造成后果的，由有关主管部门依法处理。

第六十七条 违反本法规定，侵害残疾人的合法权益，其他法律、法规规定行政处罚的，从其规定；造成财产损失或者其他损害的，依法承担民事责任；构成犯罪的，依法追究刑事责任。

第九章 附 则

第六十八条 本法自2008年7月1日起施行。

农村五保供养工作条例

· 2006年1月11日国务院第121次常务会议通过

· 2006年1月21日中华人民共和国国务院令第456号公布

· 自2006年3月1日起施行

第一章 总 则

第一条 为了做好农村五保供养工作，保障农村五保供养对象的正常生活，促进农村社会保障制度的发展，制定本条例。

第二条 本条例所称农村五保供养，是指依照本条例规定，在吃、穿、住、医、葬方面给予村民的生活照顾和物质帮助。

第三条 国务院民政部门主管全国的农村五保供养工作；县级以上地方各级人民政府民政部门主管本行政区域内的农村五保供养工作。

乡、民族乡、镇人民政府管理本行政区域内的农村五保供养工作。

村民委员会协助乡、民族乡、镇人民政府开展农村五保供养工作。

第四条 国家鼓励社会组织和个人为农村五保供养对象和农村五保供养工作提供捐助和服务。

第五条 国家对在农村五保供养工作中做出显著成绩的单位和个人，给予表彰和奖励。

第二章 供养对象

第六条 老年、残疾或者未满16周岁的村民，无劳动能力、无生活来源又无法定赡养、抚养、扶养义务人，或者其法定赡养、抚养、扶养义务人无赡养、抚养、扶养能力的，享受农村五保供养待遇。

第七条 享受农村五保供养待遇，应当由村民本人向村民委员会提出申请；因年幼或者智力残疾无法表达意愿的，由村民小组或者其他村民代为提出申请。经村民委员会民主评议，对符合本条例第六条规定条件的，在本村范围内公告；无重大异议的，由村民委员会将评议意见和有关材料报送乡、民族乡、镇人民政府审核。

乡、民族乡、镇人民政府应当自收到评议意见之日起20日内提出审核意见,并将审核意见和有关材料报送县级人民政府民政部门审批。县级人民政府民政部门应当自收到审核意见和有关材料之日起20日内作出审批决定。对批准给予农村五保供养待遇的,发给《农村五保供养证书》;对不符合条件不予批准的,应当书面说明理由。

乡、民族乡、镇人民政府应当对申请人的家庭状况和经济条件进行调查核实;必要时,县级人民政府民政部门可以进行复核。申请人、有关组织或者个人应当配合、接受调查,如实提供有关情况。

第八条 农村五保供养对象不再符合本条例第六条规定条件的,村民委员会或者敬老院等农村五保供养服务机构(以下简称农村五保供养服务机构)应当向乡、民族乡、镇人民政府报告,由乡、民族乡、镇人民政府审核并报县级人民政府民政部门核准后,核销其《农村五保供养证书》。

农村五保供养对象死亡,丧葬事宜办理完毕后,村民委员会或者农村五保供养服务机构应当向乡、民族乡、镇人民政府报告,由乡、民族乡、镇人民政府报县级人民政府民政部门核准后,核销其《农村五保供养证书》。

第三章 供养内容

第九条 农村五保供养包括下列供养内容:

(一)供给粮油、副食品和生活用燃料;

(二)供给服装、被褥等生活用品和零用钱;

(三)提供符合基本居住条件的住房;

(四)提供疾病治疗,对生活不能自理的给予照料;

(五)办理丧葬事宜。

农村五保供养对象未满16周岁或者已满16周岁仍在接受义务教育的,应当保障他们依法接受义务教育所需费用。

农村五保供养对象的疾病治疗,应当与当地农村合作医疗和农村医疗救助制度相衔接。

第十条 农村五保供养标准不得低于当地村民的平均生活水平,并根据当地村民平均生活水平的提高适时调整。

农村五保供养标准,可以由省、自治区、直辖市人民政府制定,在本行政区域内公布执行,也可以由设区的市级或者县级人民政府制定,报所在的省、自治区、直辖市人民政府备案后公布执行。

国务院民政部门、国务院财政部门应当加强对农村五保供养标准制定工作的指导。

第十一条 农村五保供养资金,在地方人民政府财政预算中安排。有农村集体经营等收入的地方,可以从农村集体经营等收入中安排资金,用于补助和改善农村五保供养对象的生活。农村五保供养对象将承包土地交由他人代耕的,其收益归该农村五保供养对象所有。具体办法由省、自治区、直辖市人民政府规定。

中央财政对财政困难地区的农村五保供养,在资金上给予适当补助。

农村五保供养资金,应当专门用于农村五保供养对象的生活,任何组织或者个人不得贪污、挪用、截留或者私分。

第四章 供养形式

第十二条 农村五保供养对象可以在当地的农村五保供养服务机构集中供养,也可以在家分散供养。农村五保供养对象可以自行选择供养形式。

第十三条 集中供养的农村五保供养对象,由农村五保供养服务机构提供供养服务;分散供养的农村五保供养对象,可以由村民委员会提供照料,也可以由农村五保供养服务机构提供有关供养服务。

第十四条 各级人民政府应当把农村五保供养服务机构建设纳入经济社会发展规划。

县级人民政府和乡、民族乡、镇人民政府应当为农村五保供养服务机构提供必要的设备、管理资金,并配备必要的工作人员。

第十五条 农村五保供养服务机构应当建立健全内部民主管理和服务管理制度。

农村五保供养服务机构工作人员应当经过必要的培训。

第十六条 农村五保供养服务机构可以开展以改善农村五保供养对象生活条件为目的的农副业生产。地方各级人民政府及其有关部门应当对农村五保供养服务机构开展农副业生产给予必要的扶持。

第十七条 乡、民族乡、镇人民政府应当与村民委员会或者农村五保供养服务机构签订供养服务协议,保证农村五保供养对象享受符合要求的供养。

村民委员会可以委托村民对分散供养的农村五保供养对象提供照料。

第五章　监督管理

第十八条　县级以上人民政府应当依法加强对农村五保供养工作的监督管理。县级以上地方各级人民政府民政部门和乡、民族乡、镇人民政府应当制定农村五保供养工作的管理制度，并负责督促实施。

第十九条　财政部门应当按时足额拨付农村五保供养资金，确保资金到位，并加强对资金使用情况的监督管理。

审计机关应当依法加强对农村五保供养资金使用情况的审计。

第二十条　农村五保供养待遇的申请条件、程序、民主评议情况以及农村五保供养的标准和资金使用情况等，应当向社会公告，接受社会监督。

第二十一条　农村五保供养服务机构应当遵守治安、消防、卫生、财务会计等方面的法律、法规和国家有关规定，向农村五保供养对象提供符合要求的供养服务，并接受地方人民政府及其有关部门的监督管理。

第六章　法律责任

第二十二条　违反本条例规定，有关行政机关及其工作人员有下列行为之一的，对直接负责的主管人员以及其他直接责任人员依法给予行政处分；构成犯罪的，依法追究刑事责任：

（一）对符合农村五保供养条件的村民不予批准享受农村五保供养待遇的，或者对不符合农村五保供养条件的村民批准其享受农村五保供养待遇的；

（二）贪污、挪用、截留、私分农村五保供养款物的；

（三）有其他滥用职权、玩忽职守、徇私舞弊行为的。

第二十三条　违反本条例规定，村民委员会组成人员贪污、挪用、截留农村五保供养款物的，依法予以罢免；构成犯罪的，依法追究刑事责任。

违反本条例规定，农村五保供养服务机构工作人员私分、挪用、截留农村五保供养款物的，予以辞退；构成犯罪的，依法追究刑事责任。

第二十四条　违反本条例规定，村民委员会或者农村五保供养服务机构对农村五保供养对象提供的供养服务不符合要求的，由乡、民族乡、镇人民政府责令限期改正；逾期不改正的，乡、民族乡、镇人民政府有权终止供养服务协议；造成损失的，依法承担赔偿责任。

第七章　附　则

第二十五条　《农村五保供养证书》由国务院民政部门规定式样，由省、自治区、直辖市人民政府民政部门监制。

第二十六条　本条例自2006年3月1日起施行。1994年1月23日国务院发布的《农村五保供养工作条例》同时废止。

特困人员认定办法

·2021年4月26日
·民发〔2021〕43号

第一章　总　则

第一条　根据《社会救助暂行办法》、《国务院关于进一步健全特困人员救助供养制度的意见》、《中共中央办公厅 国务院办公厅印发〈关于改革完善社会救助制度的意见〉的通知》及国家相关规定，制定本办法。

第二条　特困人员认定工作应当遵循以下原则：

（一）应救尽救，应养尽养；

（二）属地管理，分级负责；

（三）严格规范，高效便民；

（四）公开、公平、公正。

第三条　县级以上地方人民政府民政部门统筹做好本行政区域内特困人员认定及救助供养工作。

县级人民政府民政部门负责特困人员认定的审核确认工作，乡镇人民政府（街道办事处）负责特困人员认定的受理、初审工作。村（居）民委员会协助做好相关工作。

第二章　认定条件

第四条　同时具备以下条件的老年人、残疾人和未成年人，应当依法纳入特困人员救助供养范围：

（一）无劳动能力；

（二）无生活来源；

（三）无法定赡养、抚养、扶养义务人或者其法定义务人无履行义务能力。

第五条 符合下列情形之一的，应当认定为本办法所称的无劳动能力：

（一）60周岁以上的老年人；

（二）未满16周岁的未成年人；

（三）残疾等级为一、二、三级的智力、精神残疾人，残疾等级为一、二级的肢体残疾人，残疾等级为一级的视力残疾人；

（四）省、自治区、直辖市人民政府规定的其他情形。

第六条 收入低于当地最低生活保障标准，且财产符合当地特困人员财产状况规定的，应当认定为本办法所称的无生活来源。

前款所称收入包括工资性收入、经营净收入、财产净收入、转移净收入等各类收入。中央确定的城乡居民基本养老保险基础养老金、基本医疗保险等社会保险和优待抚恤金、高龄津贴不计入在内。

第七条 特困人员财产状况认定标准由设区的市级以上地方人民政府民政部门制定，并报同级地方人民政府同意。

第八条 法定义务人符合下列情形之一的，应当认定为本办法所称的无履行义务能力：

（一）特困人员；

（二）60周岁以上的最低生活保障对象；

（三）70周岁以上的老年人，本人收入低于当地上年人均可支配收入，且其财产符合当地低收入家庭财产状况规定的；

（四）重度残疾人和残疾等级为三级的智力、精神残疾人，本人收入低于当地上年人均可支配收入，且其财产符合当地低收入家庭财产状况规定的；

（五）无民事行为能力、被宣告失踪或者在监狱服刑的人员，且其财产符合当地低收入家庭财产状况规定的；

（六）省、自治区、直辖市人民政府规定的其他情形。

第九条 同时符合特困人员救助供养条件和孤儿、事实无人抚养儿童认定条件的未成年人，选择申请纳入孤儿、事实无人抚养儿童基本生活保障范围的，不再认定为特困人员。

第三章 申请及受理

第十条 申请特困人员救助供养，应当由本人向户籍所在地乡镇人民政府（街道办事处）提出书面申请。本人申请有困难的，可以委托村（居）民委员会或者他人代为提出申请。

申请材料主要包括本人有效身份证明，劳动能力、生活来源、财产状况以及赡养、抚养、扶养情况的书面声明，承诺所提供信息真实、完整的承诺书，残疾人应当提供中华人民共和国残疾人证。

申请人及其法定义务人应当履行授权核查家庭经济状况的相关手续。

第十一条 乡镇人民政府（街道办事处）、村（居）民委员会应当及时了解掌握辖区内居民的生活情况，发现可能符合特困人员救助供养条件的，应当告知其救助供养政策，对因无民事行为能力或者限制民事行为能力等原因无法提出申请的，应当主动帮助其申请。

第十二条 乡镇人民政府（街道办事处）应当对申请人或者其代理人提交的材料进行审查，材料齐备的，予以受理；材料不齐备的，应当一次性告知申请人或者其代理人补齐所有规定材料。

第四章 审核确认

第十三条 乡镇人民政府（街道办事处）应当自受理申请之日起15个工作日内，通过入户调查、邻里访问、信函索证、信息核对等方式，对申请人的经济状况、实际生活状况以及赡养、抚养、扶养状况等进行调查核实，并提出初审意见。

申请人以及有关单位、组织或者个人应当配合调查，如实提供有关情况。村（居）民委员会应当协助乡镇人民政府（街道办事处）开展调查核实。

第十四条 调查核实过程中，乡镇人民政府（街道办事处）可视情组织民主评议，在村（居）民委员会协助下，对申请人书面声明内容的真实性、完整性及调查核实结果的客观性进行评议。

第十五条 乡镇人民政府（街道办事处）应当将初审意见及时在申请人所在村（社区）公示。公示期为7天。

公示期满无异议的，乡镇人民政府（街道办事处）应当将初审意见连同申请、调查核实等相关材料报送县级人民政府民政部门。对公示有异议的，乡镇人民政府（街道办事处）应当重新组织调查核实，在15个工作日内提出初审意见，并重新公示。

第十六条 县级人民政府民政部门应当全面审核乡镇人民政府（街道办事处）上报的申请材料、调查材料和初审意见，按照不低于30%的比例随机抽查核实，并在15个工作日内提出确认意见。

第十七条 对符合救助供养条件的申请，县级人民政府民政部门应当及时予以确认，建立救助供养档案，从确认之日下月起给予救助供养待遇，并通过乡镇人民政府（街道办事处）在申请人所在村（社区）公布。

第十八条 不符合条件、不予同意的，县级人民政府民政部门应当在作出决定3个工作日内，通过乡镇人民政府（街道办事处）书面告知申请人或者其代理人并说明理由。

第十九条 特困人员救助供养标准城乡不一致的地区，对于拥有承包土地或者参加农村集体经济收益分配的特困人员，一般给予农村特困人员救助供养待遇。实施易地扶贫搬迁至城镇地区的，给予城市特困人员救助供养待遇。

第五章 生活自理能力评估

第二十条 县级人民政府民政部门应当在乡镇人民政府（街道办事处）、村（居）民委员会协助下，对特困人员生活自理能力进行评估，并根据评估结果，确定特困人员应当享受的照料护理标准档次。

有条件的地方，可以委托第三方机构开展特困人员生活自理能力评估。

第二十一条 特困人员生活自理能力，一般依据以下6项指标综合评估：

（一）自主吃饭；

（二）自主穿衣；

（三）自主上下床；

（四）自主如厕；

（五）室内自主行走；

（六）自主洗澡。

第二十二条 根据本办法第二十一条规定内容，特困人员生活自理状况6项指标全部达到的，可以视为具备生活自理能力；有3项以下（含3项）指标不能达到的，可以视为部分丧失生活自理能力；有4项以上（含4项）指标不能达到的，可以视为完全丧失生活自理能力。

第二十三条 特困人员生活自理能力发生变化的，本人、照料服务人、村（居）民委员会或者供养服务机构应当通过乡镇人民政府（街道办事处）及时报告县级人民政府民政部门，县级人民政府民政部门应当自接到报告之日起10个工作日内组织复核评估，并根据评估结果及时调整特困人员生活自理能力认定类别。

第六章 终止救助供养

第二十四条 特困人员有下列情形之一的，应当及时终止救助供养：

（一）死亡或者被宣告死亡、被宣告失踪；

（二）具备或者恢复劳动能力；

（三）依法被判处刑罚，且在监狱服刑；

（四）收入和财产状况不再符合本办法第六条规定；

（五）法定义务人具有了履行义务能力或者新增具有履行义务能力的法定义务人；

（六）自愿申请退出救助供养。

特困人员中的未成年人，可继续享有救助供养待遇至18周岁；年满18周岁仍在接受义务教育或者在普通高中、中等职业学校就读的，可继续享有救助供养待遇。

第二十五条 特困人员不再符合救助供养条件的，本人、照料服务人、村（居）民委员会或者供养服务机构应当及时告知乡镇人民政府（街道办事处），由乡镇人民政府（街道办事处）调查核实并报县级人民政府民政部门核准。

县级人民政府民政部门、乡镇人民政府（街道办事处）在工作中发现特困人员不再符合救助供养条件的，应当及时办理终止救助供养手续。

第二十六条 对拟终止救助供养的特困人员，县级人民政府民政部门应当通过乡镇人民政府（街道办事处），在其所在村（社区）或者供养服务机构公示。公示期为7天。

公示期满无异议的，县级人民政府民政部门应当作出终止决定并从下月起终止救助供养。对公示有异议的，县级人民政府民政部门应当组织调查核实，在15个工作日内作出是否终止救助供养决定，并重新公示。对决定终止救助供养的，应当通过乡镇人民政府（街道办事处）将终止理由书面告知当事人、村（居）民委员会。

第二十七条 对终止救助供养的原特困人员，符合最低生活保障、临时救助等其他社会救助条件的，应当按规定及时纳入相应救助范围。

第七章 附 则

第二十八条 有条件的地方可将审核确认权限下放至乡镇人民政府（街道办事处），县级民政部门加强监督指导。

第二十九条 本办法自2021年7月1日起施行。2016年10月10日民政部印发的《特困人员认定办法》同时废止。

最高人民法院关于审理拐卖妇女案件适用法律有关问题的解释

· 1999年12月23日最高人民法院审判委员会第1094次会议通过
· 2000年1月3日最高人民法院公告公布
· 自2000年1月25日起施行
· 法释〔2000〕1号

为依法惩治拐卖妇女的犯罪行为，根据刑法和刑事诉讼法的有关规定，现就审理拐卖妇女案件具体适用法律的有关问题解释如下：

第一条 刑法第二百四十条规定的拐卖妇女罪中的"妇女"，既包括具有中国国籍的妇女，也包括具有外国国籍和无国籍的妇女。被拐卖的外国妇女没有身份证明的，不影响对犯罪分子的定罪处罚。

第二条 外国人或者无国籍人拐卖外国妇女到我国境内被查获的，应当根据刑法第六条的规定，适用我国刑法定罪处罚。

第三条 对于外国籍被告人身份无法查明或者其国籍国拒绝提供有关身份证明，人民检察院根据刑事诉讼法第一百二十八条第二款的规定起诉的案件，人民法院应当依法受理。

最高人民法院关于审理拐卖妇女儿童犯罪案件具体应用法律若干问题的解释

· 2016年11月14日最高人民法院审判委员会第1699次会议通过
· 2016年12月21日最高人民法院公告公布
· 自2017年1月1日起施行
· 法释〔2016〕28号

为依法惩治拐卖妇女、儿童犯罪，切实保障妇女、儿童的合法权益，维护家庭和谐与社会稳定，根据刑法有关规定，结合司法实践，现就审理此类案件具体应用法律的若干问题解释如下：

第一条 对婴幼儿采取欺骗、利诱等手段使其脱离监护人或者看护人的，视为刑法第二百四十条第一款第（六）项规定的"偷盗婴幼儿"。

第二条 医疗机构、社会福利机构等单位的工作人员以非法获利为目的，将所诊疗、护理、抚养的儿童出卖给他人的，以拐卖儿童罪论处。

第三条 以介绍婚姻为名，采取非法扣押身份证件、限制人身自由等方式，或者利用妇女人地生疏、语言不通、孤立无援等境况，违背妇女意志，将其出卖给他人的，应当以拐卖妇女罪追究刑事责任。

以介绍婚姻为名，与被介绍妇女串通骗取他人钱财，数额较大的，应当以诈骗罪追究刑事责任。

第四条 在国家机关工作人员排查来历不明儿童或者进行解救时，将所收买的儿童藏匿、转移或者实施其他妨碍解救行为，经说服教育仍不配合的，属于刑法第二百四十一条第六款规定的"阻碍对其进行解救"。

第五条 收买被拐卖的妇女，业已形成稳定的婚姻家庭关系，解救时被买妇女自愿继续留在当地共同生活的，可以视为"按照被买妇女的意愿，不阻碍其返回原居住地"。

第六条 收买被拐卖的妇女、儿童后又组织、强迫卖淫或者组织乞讨、进行违反治安管理活动等构成其他犯罪的，依照数罪并罚的规定处罚。

第七条 收买被拐卖的妇女、儿童，又以暴力、威胁方法阻碍国家机关工作人员解救被收买的妇女、儿童,或者聚众阻碍国家机关工作人员解救被收买的妇女、儿童,构成妨害公务罪、聚众阻碍解救被收买的妇女、儿童罪的,依照数罪并罚的规定处罚。

第八条 出于结婚目的收买被拐卖的妇女,或者出于抚养目的收买被拐卖的儿童,涉及多名家庭成员、亲友参与的,对其中起主要作用的人员应当依法追究刑事责任。

第九条 刑法第二百四十条、第二百四十一条规定的儿童,是指不满十四周岁的人。其中,不满一周岁的为婴儿,一周岁以上不满六周岁的为幼儿。

第十条 本解释自2017年1月1日起施行。

最高人民法院、最高人民检察院、公安部、司法部关于依法惩治拐卖妇女儿童犯罪的意见

·2010年3月15日
·法发〔2010〕7号

为加大对妇女、儿童合法权益的司法保护力度,贯彻落实《中国反对拐卖妇女儿童行动计划(2008-2012)》,根据刑法、刑事诉讼法等相关法律及司法解释的规定,最高人民法院、最高人民检察院、公安部、司法部就依法惩治拐卖妇女、儿童犯罪提出如下意见:

一、总体要求

1. 依法加大打击力度,确保社会和谐稳定。自1991年全国范围内开展打击拐卖妇女、儿童犯罪专项行动以来,侦破并依法处理了一大批拐卖妇女、儿童犯罪案件,犯罪分子受到依法严惩。2008年,全国法院共审结拐卖妇女、儿童犯罪案件1353件,比2007年上升9.91%;判决发生法律效力的犯罪分子2161人,同比增长11.05%,其中,被判处五年以上有期徒刑、无期徒刑至死刑的1319人,同比增长10.1%,重刑率为61.04%,高出同期全部刑事案件重刑率45.27个百分点。2009年,全国法院共审结拐卖妇女、儿童犯罪案件1636件,比2008年上升20.9%;判决发生法律效力的犯罪分子2413人,同比增长11.7%,其中被判处五年以上有期徒刑、无期徒刑至死刑的1475人,同比增长11.83%。

但是,必须清醒地认识到,由于种种原因,近年来,拐卖妇女、儿童犯罪在部分地区有所上升的势头仍未得到有效遏制。此类犯罪严重侵犯被拐卖妇女、儿童的人身权利,致使许多家庭骨肉分离,甚至家破人亡,严重危害社会和谐稳定。人民法院、人民检察院、公安机关、司法行政机关应当从维护人民群众切身利益、确保社会和谐稳定的大局出发,进一步依法加大打击力度,坚决有效遏制拐卖妇女、儿童犯罪的上升势头。

2. 注重协作配合,形成有效合力。人民法院、人民检察院、公安机关应当各司其职,各负其责,相互支持,相互配合,共同提高案件办理的质量与效率,保证办案的法律效果与社会效果的统一;司法行政机关应当切实做好有关案件的法律援助工作,维护当事人的合法权益。各地司法机关要统一思想认识,进一步加强涉案地域协调和部门配合,努力形成依法严惩拐卖妇女、儿童犯罪的整体合力。

3. 正确贯彻政策,保证办案效果。拐卖妇女、儿童犯罪往往涉及多人、多个环节,要根据宽严相济刑事政策和罪责刑相适应的刑法基本原则,综合考虑犯罪分子在共同犯罪中的地位、作用及人身危险性的大小,依法准确量刑。对于犯罪集团的首要分子、组织策划者、多次参与者、拐卖多人者或者具有累犯等从严、从重处罚情节的,必须重点打击,坚决依法严惩。对于罪行严重,依法应当判处重刑乃至死刑的,坚决依法判处。要注重铲除“买方市场”,从源头上遏制拐卖妇女、儿童犯罪。对于收买被拐卖的妇女、儿童,依法应当追究刑事责任的,坚决依法追究。同时,对于具有从宽处罚情节的,要在综合考虑犯罪事实、性质、情节和危害程度的基础上,依法从宽,体现政策,以分化瓦解犯罪,鼓励犯罪人悔过自新。

二、管　辖

4. 拐卖妇女、儿童犯罪案件依法由犯罪地的司法机关管辖。拐卖妇女、儿童犯罪的犯罪地包括拐出地、中转地、拐入地以及拐卖活动的途经地。如果由犯罪嫌疑人、被告人居住地的司法机关管辖更为适宜的,可以由犯罪嫌疑人、被告人居

住地的司法机关管辖。

5. 几个地区的司法机关都有权管辖的，一般由最先受理的司法机关管辖。犯罪嫌疑人、被告人或者被拐卖的妇女、儿童人数较多，涉及多个犯罪地的，可以移送主要犯罪地或者主要犯罪嫌疑人、被告人居住地的司法机关管辖。

6. 相对固定的多名犯罪嫌疑人、被告人分别在拐出地、中转地、拐入地实施某一环节的犯罪行为，犯罪所跨地域较广，全案集中管辖有困难的，可以由拐出地、中转地、拐入地的司法机关对不同犯罪分子分别实施的拐出、中转和拐入犯罪行为分别管辖。

7. 对管辖权发生争议的，争议各方应当本着有利于迅速查清犯罪事实，及时解救被拐卖的妇女、儿童，以及便于起诉、审判的原则，在法定期间内尽快协商解决；协商不成的，报请共同的上级机关确定管辖。

正在侦查中的案件发生管辖权争议的，在上级机关作出管辖决定前，受案机关不得停止侦查工作。

三、立　案

8. 具有下列情形之一，经审查，符合管辖规定的，公安机关应当立即以刑事案件立案，迅速开展侦查工作：

（1）接到拐卖妇女、儿童的报案、控告、举报的；

（2）接到儿童失踪或者已满十四周岁不满十八周岁的妇女失踪报案的；

（3）接到已满十八周岁的妇女失踪，可能被拐卖的报案的；

（4）发现流浪、乞讨的儿童可能系被拐卖的；

（5）发现有收买被拐卖妇女、儿童行为，依法应当追究刑事责任的；

（6）表明可能有拐卖妇女、儿童犯罪事实发生的其他情形的。

9. 公安机关在工作中发现犯罪嫌疑人或者被拐卖的妇女、儿童，不论案件是否属于自己管辖，都应当首先采取紧急措施。经审查，属于自己管辖的，依法立案侦查；不属于自己管辖的，及时移送有管辖权的公安机关处理。

10. 人民检察院要加强对拐卖妇女、儿童犯罪案件的立案监督，确保有案必立、有案必查。

四、证　据

11. 公安机关应当依照法定程序，全面收集能够证实犯罪嫌疑人有罪或者无罪、犯罪情节轻重的各种证据。

要特别重视收集、固定买卖妇女、儿童犯罪行为交易环节中钱款的存取证明、犯罪嫌疑人的通话清单、乘坐交通工具往来有关地方的票证、被拐卖儿童的 DNA 鉴定结论、有关监控录像、电子信息等客观性证据。

取证工作应当及时，防止时过境迁，难以弥补。

12. 公安机关应当高度重视并进一步加强 DNA 数据库的建设和完善。对失踪儿童的父母，或者疑似被拐卖的儿童，应当及时采集血样进行检验，通过全国 DNA 数据库，为查获犯罪，帮助被拐卖的儿童及时回归家庭提供科学依据。

13. 拐卖妇女、儿童犯罪所涉地区的办案单位应当加强协作配合。需要到异地调查取证的，相关司法机关应当密切配合；需要进一步补充查证的，应当积极支持。

五、定　性

14. 犯罪嫌疑人、被告人参与拐卖妇女、儿童犯罪活动的多个环节，只有部分环节的犯罪事实查证清楚、证据确实、充分的，可以对该环节的犯罪事实依法予以认定。

15. 以出卖为目的强抢儿童，或者捡拾儿童后予以出卖，符合刑法第二百四十条第二款规定的，应当以拐卖儿童罪论处。

以抚养为目的偷盗婴幼儿或者拐骗儿童，之后予以出卖的，以拐卖儿童罪论处。

16. 以非法获利为目的，出卖亲生子女的，应当以拐卖妇女、儿童罪论处。

17. 要严格区分借送养之名出卖亲生子女与民间送养行为的界限。区分的关键在于行为人是否具有非法获利的目的。应当通过审查将子女“送”人的背景和原因、有无收取钱财及收取钱财的多少、对方是否具有抚养目的及有无抚养能力等事实，综合判断行为人是否具有非法获利的目的。

具有下列情形之一的，可以认定属于出卖亲生子女，应当以拐卖妇女、儿童罪论处：

（1）将生育作为非法获利手段，生育后即出卖子女的；

（2）明知对方不具有抚养目的，或者根本不考虑对方是否具有抚养目的，为收取钱财将子女“送”给他人的；

（3）为收取明显不属于“营养费”、“感谢费”的巨额钱财将子女“送”给他人的；

（4）其他足以反映行为人具有非法获利目的的“送养”行为的。

不是出于非法获利目的，而是迫于生活困难，或者受重男轻女思想影响，私自将没有独立生活能力的子女送给他人抚养，包括收取少量“营养费”、“感谢费”的，属于民间送养行为，不能以拐卖妇女、儿童罪论处。对私自送养导致子女身心健康受到严重损害，或者具有其他恶劣情节，符合遗弃罪特征的，可以遗弃罪论处；情节显著轻微危害不大的，可由公安机关依法予以行政处罚。

18. 将妇女拐卖给有关场所，致使被拐卖的妇女被迫卖淫或者从事其他色情服务的，以拐卖妇女罪论处。

有关场所的经营管理人员事前与拐卖妇女的犯罪人通谋的，对该经营管理人员以拐卖妇女罪的共犯论处；同时构成拐卖妇女罪和组织卖淫罪的，择一重罪论处。

19. 医疗机构、社会福利机构等单位的工作人员以非法获利为目的，将所诊疗、护理、抚养的儿童贩卖给他人的，以拐卖儿童罪论处。

20. 明知是被拐卖的妇女、儿童而收买，具有下列情形之一的，以收买被拐卖的妇女、儿童罪论处；同时构成其他犯罪的，依照数罪并罚的规定处罚：

（1）收买被拐卖的妇女后，违背被收买妇女的意愿，阻碍其返回原居住地的；

（2）阻碍对被收买妇女、儿童进行解救的；

（3）非法剥夺、限制被收买妇女、儿童的人身自由，情节严重，或者对被收买妇女、儿童有强奸、伤害、侮辱、虐待等行为的；

（4）所收买的妇女、儿童被解救后又再次收买，或者收买多名被拐卖的妇女、儿童的；

（5）组织、诱骗、强迫被收买的妇女、儿童从事乞讨、苦役，或者盗窃、传销、卖淫等违法犯罪活动的；

（6）造成被收买妇女、儿童或者其亲属重伤、死亡以及其他严重后果的；

（7）具有其他严重情节的。

被追诉前主动向公安机关报案或者向有关单位反映，愿意让被收买妇女返回原居住地，或者将被收买儿童送回其家庭，或者将被收买妇女、儿童交给公安、民政、妇联等机关、组织，没有其他严重情节的，可以不追究刑事责任。

六、共同犯罪

21. 明知他人拐卖妇女、儿童，仍然向其提供被拐卖妇女、儿童的健康证明、出生证明或者其他帮助的，以拐卖妇女、儿童罪的共犯论处。

明知他人收买被拐卖的妇女、儿童，仍然向其提供被收买妇女、儿童的户籍证明、出生证明或者其他帮助的，以收买被拐卖的妇女、儿童罪的共犯论处，但是，收买人未被追究刑事责任的除外。

认定是否“明知”，应当根据证人证言、犯罪嫌疑人、被告人及其同案人供述和辩解，结合提供帮助的人次，以及是否明显违反相关规章制度、工作流程等，予以综合判断。

22. 明知他人系拐卖儿童的“人贩子”，仍然利用从事诊疗、福利救助等工作的便利或者了解被拐卖方情况的条件，居间介绍的，以拐卖儿童罪的共犯论处。

23. 对于拐卖妇女、儿童犯罪的共犯，应当根据各被告人在共同犯罪中的分工、地位、作用，参与拐卖的人数、次数，以及分赃数额等，准确区分主从犯。

对于组织、领导、指挥拐卖妇女、儿童的某一个或者某几个犯罪环节，或者积极参与实施拐骗、绑架、收买、贩卖、接送、中转妇女、儿童等犯罪行为，起主要作用的，应当认定为主犯。

对于仅提供被拐卖妇女、儿童信息或者相关证明文件，或者进行居间介绍，起辅助或者次要作用，没有获利或者获利较少的，一般可认定为从犯。

对于各被告人在共同犯罪中的地位、作用区别不明显的，可以不区分主从犯。

七、一罪与数罪

24. 拐卖妇女、儿童，又奸淫被拐卖的妇女、儿童，或者诱骗、强迫被拐卖的妇女、儿童卖淫的，以拐卖妇女、儿童罪处罚。

25. 拐卖妇女、儿童，又对被拐卖的妇女、儿童实施故意杀害、伤害、猥亵、侮辱等行为，构成其他犯罪的，依照数罪并罚的规定处罚。

26. 拐卖妇女、儿童或者收买被拐卖的妇女、儿童，又组织、教唆被拐卖、收买的妇女、儿童进行犯罪的，以拐卖妇女、儿童罪或者收买被拐卖的妇女、儿童罪与其所组织、教唆的罪数罪并罚。

27. 拐卖妇女、儿童或者收买被拐卖的妇女、儿童，又组织、教唆被拐卖、收买的未成年妇女、儿童进行盗窃、诈骗、抢夺、敲诈勒索等违反治安管理活动的，以拐卖妇女、儿童罪或者收买被拐卖的妇女、儿童罪与组织未成年人进行违反治安管理活动罪数罪并罚。

八、刑罚适用

28. 对于拐卖妇女、儿童犯罪集团的首要分子，情节严重的主犯，累犯，偷盗婴幼儿、强抢儿童情节严重，将妇女、儿童卖往境外情节严重，拐卖妇女、儿童多人多次、造成伤亡后果，或者具有其他严重情节的，依法从重处罚；情节特别严重的，依法判处死刑。

拐卖妇女、儿童，并对被拐卖的妇女、儿童实施故意杀害、伤害、猥亵、侮辱等行为，数罪并罚决定执行的刑罚应当依法体现从严。

29. 对于拐卖妇女、儿童的犯罪分子，应当注重依法适用财产刑，并切实加大执行力度，以强化刑罚的特殊预防与一般预防效果。

30. 犯收买被拐卖的妇女、儿童罪，对被收买妇女、儿童实施违法犯罪活动或者将其作为牟利工具的，处罚时应当依法体现从严。

收买被拐卖的妇女、儿童，对被收买妇女、儿童没有实施摧残、虐待行为或者与其已形成稳定的婚姻家庭关系，但仍应依法追究刑事责任的，一般应当从轻处罚；符合缓刑条件的，可以依法适用缓刑。

收买被拐卖的妇女、儿童，犯罪情节轻微的，可以依法免予刑事处罚。

31. 多名家庭成员或者亲友共同参与出卖亲生子女，或者“买人为妻”、“买人为子”构成收买被拐卖的妇女、儿童罪的，一般应当在综合考察犯意提起、各行为人在犯罪中所起作用等情节的基础上，依法追究其中罪责较重者的刑事责任。对于其他情节显著轻微危害不大，不认为是犯罪的，依法不追究刑事责任；必要时可以由公安机关予以行政处罚。

32. 具有从犯、自首、立功等法定从宽处罚情节的，依法从轻、减轻或者免除处罚。

对被拐卖的妇女、儿童没有实施摧残、虐待等违法犯罪行为，或者能够协助解救被拐卖的妇女、儿童，或者具有其他酌定从宽处罚情节的，可以依法酌情从轻处罚。

33. 同时具有从严和从宽处罚情节的，要在综合考察拐卖妇女、儿童的手段、拐卖妇女、儿童或者收买被拐卖妇女、儿童的人次、危害后果以及被告人主观恶性、人身危险性等因素的基础上，结合当地此类犯罪发案情况和社会治安状况，决定对被告人总体从严或者从宽处罚。

九、涉外犯罪

34. 要进一步加大对跨国、跨境拐卖妇女、儿童犯罪的打击力度。加强双边或者多边“反拐”国际交流与合作，加强对被跨国、跨境拐卖的妇女、儿童的救助工作。依照我国缔结或者参加的国际条约的规定，积极行使所享有的权利，履行所承担的义务，及时请求或者提供各项司法协助，有效遏制跨国、跨境拐卖妇女、儿童犯罪。

最高人民检察院关于全面加强未成年人国家司法救助工作的意见

· 2018年2月27日

· 高检发刑申字〔2018〕1号

为进一步加强未成年人司法保护，深入推进检察机关国家司法救助工作，根据《中华人民共和国未成年人保护法》和中央政法委、财政部、最高人民法院、最高人民检察院、公安部、司法部《关于建立完善国家司法救助制度的意见（试行）》《最高人民检察院关于贯彻实施〈关于建立完善国家司法救助制度的意见（试行）〉的若干意见》《人民检察院国家司法救助工作细则（试行）》，结合检察工作实际，现就全面加强未成年人国家司法救助工作，提出如下意见。

一、充分认识未成年人国家司法救助工作的重要意义

未成年人是祖国的未来，未成年人的健康成长直接关系到亿万家庭对美好生活的向往，关系到国家的富强和民族的复兴，关系到新时代社会主义现代化强国的全面建成。保护未成年人，既是全社会的共同责任，也是检察机关的重要职责。近年来，对未成年人的司法保护取得长足进展，但未成年人及其家庭因案返贫致困情况仍然存在，甚至出现生活无着、学业难继等问题，严重损害了未成年人合法权益，妨害了未成年人健康成长。对此，各地检察机关积极开展国家司法救助工作，及时帮扶司法过程中陷入困境的未成年人，取得明显成效，收到良好效果。各级检察机关要充分总结经验，进一步提高认识，切实增强开展未成年人国家司法救助工作的责任感和自觉性，以救助工作精细化、救助对象精准化、救助效果最优化为目标，突出未成年人保护重点，全面履行办案机关的司法责任，采取更加有力的措施，不断提升未成年人国家司法救助工作水平，在司法工作中充分反映党和政府的民生关怀，切实体现人民司法的温度、温情和温暖，帮助未成年人走出生活困境，迈上健康快乐成长的人生道路。

二、牢固树立特殊保护、及时救助的理念

未成年人身心未臻成熟，个体应变能力和心理承受能力较弱，容易受到不法侵害且往往造成严重后果。检察机关办理案件时，对特定案件中符合条件的未成年人，应当依职权及时开展国家司法救助工作，根据未成年人身心特点和未来发展需要，给予特殊、优先和全面保护。既立足于帮助未成年人尽快摆脱当前生活困境，也应着力改善未成年人的身心状况、家庭教养和社会环境，促进未成年人健康成长。既立足于帮助未成年人恢复正常生活学习，也应尊重未成年人的人格尊严、名誉权和隐私权等合法权利，避免造成“二次伤害”。既立足于发挥检察机关自身职能作用，也应充分连通其他相关部门和组织，调动社会各方面积极性，形成未成年人社会保护工作合力。

三、明确救助对象，实现救助范围全覆盖

对下列未成年人，案件管辖地检察机关应当给予救助：

（一）受到犯罪侵害致使身体出现伤残或者心理遭受严重创伤，因不能及时获得有效赔偿，造成生活困难的。

（二）受到犯罪侵害急需救治，其家庭无力承担医疗救治费用的。

（三）抚养人受到犯罪侵害致死，因不能及时获得有效赔偿，造成生活困难的。

（四）家庭财产受到犯罪侵害遭受重大损失，因不能及时获得有效赔偿，且未获得合理补偿、救助，造成生活困难的。

（五）因举报、作证受到打击报复，致使身体受到伤害或者家庭财产遭受重大损失，因不能及时获得有效赔偿，造成生活困难的。

（六）追索抚育费，因被执行人没有履行能力，造成生活困难的。

（七）因道路交通事故等民事侵权行为造成人身伤害，无法通过诉讼获得有效赔偿，造成生活困难的。

（八）其他因案件造成生活困难，认为需要救助的。

四、合理确定救助标准，确保救助金专款专用

检察机关决定对未成年人支付救助金的，应当根据未成年人家庭的经济状况，综合考虑其学习成长所需的合理费用，以案件管辖地所在省、自治区、直辖市上一年度职工月平均工资为基准确定救助金，一般不超过三十六个月的工资总额。对身体重伤或者严重残疾、家庭生活特别困难的未成年人，以及需要长期进行心理治疗或者身体康复的未成年人，可以突破救助限额，并依照有关规定报批。相关法律文书需要向社会公开的，应当隐去未成年人及其法定代理人、监护人的身份信息。

要加强对救助金使用情况的监督，必要时可以采用分期发放、第三方代管等救助金使用监管模式，确保救助金用作未成年人必需的合理支出。对截留、侵占、私分或者挪用救助金的单位和个人，严格依纪依法追究责任，并追回救助金。

五、积极开展多元方式救助，提升救助工作实效

未成年人健康快乐成长，既需要物质帮助，也需要精神抚慰和心理疏导；既需要解决生活面临的急迫困难，也需要安排好未来学习成长。检察机关在开展未成年人国家司法救助工作中，要增强对未成年人的特殊、优先保护意识，避免“给钱了事”的简单化做法，针对未成年人的具体情况，依托有关单位，借助专业力量，因人施策，精准帮扶，切实突出长远救助效果。

对下列因案件陷入困境的未成年人，检察机关可以给予相应方式帮助：

（一）对遭受性侵害、监护侵害以及其他身体伤害的，进行心理安抚和疏导；对出现心理创伤或者精神损害的，实施心理治疗。

（二）对没有监护人、监护人没有监护能力或者原监护人被撤销资格的，协助开展生活安置、提供临时照料、指定监护人等相关工作。

（三）对未完成义务教育而失学辍学的，帮助重返学校；对因经济困难可能导致失学辍学的，推动落实相关学生资助政策；对需要转学的，协调办理相关手续。

（四）对因身体伤残出现就医、康复困难的，帮助落实医疗、康复机构，促进身体康复。

（五）对因身体伤害或者财产损失提起附带民事诉讼的，帮助获得法律援助；对单独提起民事诉讼的，协调减免相关诉讼费用。

（六）对适龄未成年人有劳动、创业等意愿但缺乏必要技能的，协调有关部门提供技能培训等帮助。

（七）对符合社会救助条件的，给予政策咨询、帮扶转介，帮助协调其户籍所在地有关部门按规定纳入相关社会救助范围。

（八）认为合理、有效的其他方式。

六、主动开展救助工作，落实内部职责分工

国家司法救助工作是检察机关的重要职能，对未成年人进行司法保护是检察机关的应尽职责，开展好未成年人国家司法救助工作，需要各级检察机关、检察机关各相关职能部门和广大检察人员积极参与，群策群力，有效合作，共同推进。

刑事申诉检察部门负责受理、审查救助申请、提出救助审查意见和发放救助金等有关工作，未成年人检察工作部门负责给予其他方式救助等有关工作。侦查监督、公诉、刑事执行检察、民事行政检察、控告检察等办案部门要增强依职权主动救助意识，全面掌握未成年人受害情况和生活困难情况，对需要支付救助金的，及时交由刑事申诉检察部门按规定办理；对需要给予其他方式帮助的，及时交由未成年人检察工作部门按规定办理，或者通知未成年人检察工作部门介入。

刑事申诉检察部门和未成年人检察工作部门要注意加强沟通联系和协作配合，保障相关救助措施尽快落实到位。

七、积极调动各方力量，构建外部合作机制

检察机关开展未成年人国家司法救助工作，要坚持党委政法委统一领导，加强与法院、公安、司法行政部门的衔接，争取教育、民政、财政、人力资源和社会保障、卫计委等部门支持，对接共青团、妇联、关工委、工会、律协等群团组织和学校、医院、社区等相关单位，引导社会组织尤其是未成年人保护组织、公益慈善组织、社会工作服务机构、志愿者队伍等社会力量，搭建形成党委领导、政府支持、各有关方面积极参与的未成年人国家司法救助支持体系。

要主动运用相关公益项目和利用公共志愿服务平台，充分发挥其资源丰富、方法灵活、形式多样的优势，进一步拓展未成年人国家司法救助工作的深度和广度。

要坚持政府主导、社会广泛参与的救助资金筹措方式，不断加大筹措力度，拓宽来源渠道，积极鼓励爱心企业、爱心人士捐助救助资金。接受、使用捐助资金，应当向捐助人反馈救助的具体对象和救助金额，确保资金使用的透明度和公正性。

八、加强组织领导，健康有序推进救助工作

各级检察机关要以高度的政治责任感，加强和改善对未成年人国家司法救助工作的领导，精心组织、周密部署、抓好落实，努力形成各相关部门分工明确、衔接有序、紧密配合、协同推进的工作格局。上级检察机关要切实履行对本地区未成年人国家司法救助工作的组织、指导职责，加强对下级检察机关开展救助工作的督导，全面掌握救助工作进展情况，及时解决问题，总结推广经验，着力提升本地区未成年人国家司法救助工作水平。要加强宣传引导，展示典型案例和积极成效，努力创造全社会关注、关心和关爱未成年人国家司法救助工作的良好氛围。

关于建立侵害未成年人案件强制报告制度的意见（试行）

·2020年5月7日

第一条 为切实加强对未成年人的全面综合司法保护，及时有效惩治侵害未成年人违法犯罪，根据《中华人民共和国刑事诉讼法》《中华人民共和国未成年人保护法》《中华人民共和国反家庭暴力法》《中华人民共和国执业医师法》及相关法律法规,结合未成年人保护工作实际,制定本意见。

第二条 侵害未成年人案件强制报告,是指国家机关、法律法规授权行使公权力的各类组织及法律规定的公职人员,密切接触未成年人行业的各类组织及其从业人员,在工作中发现未成年人遭受或者疑似遭受不法侵害以及面临不法侵害危险的,应当立即向公安机关报案或举报。

第三条 本意见所称密切接触未成年人行业的各类组织,是指依法对未成年人负有教育、看护、医疗、救助、监护等特殊职责,或者虽不负有特殊职责但具有密切接触未成年人条件的企事业单位、基层群众自治组织、社会组织。主要包括:居(村)民委员会;中小学校、幼儿园、校外培训机构、未成年人校外活动场所等教育机构及校车服务提供者;托儿所等托育服务机构;医院、妇幼保健院、急救中心、诊所等医疗机构;儿童福利机构、救助管理机构、未成年人救助保护机构、社会工作服务机构;旅店、宾馆等。

第四条 本意见所称在工作中发现未成年人遭受或者疑似遭受不法侵害以及面临不法侵害危险的情况包括:

(一)未成年人的生殖器官或隐私部位遭受或疑似遭受非正常损伤的;

(二)不满十四周岁的女性未成年人遭受或疑似遭受性侵害、怀孕、流产的;

(三)十四周岁以上女性未成年人遭受或疑似遭受性侵害所致怀孕、流产的;

(四)未成年人身体存在多处损伤、严重营养不良、意识不清,存在或疑似存在受到家庭暴力、欺凌、虐待、殴打或者被人麻醉等情形的;

(五)未成年人因自杀、自残、工伤、中毒、被人麻醉、殴打等非正常原因导致伤残、死亡情形的;

(六)未成年人被遗弃或长期处于无人照料状态的;

(七)发现未成年人来源不明、失踪或者被拐卖、收买的;

(八)发现未成年人被组织乞讨的;

(九)其他严重侵害未成年人身心健康的情形或未成年人正在面临不法侵害危险的。

第五条 根据本意见规定情形向公安机关报案或举报的,应按照主管行政机关要求报告备案。

第六条 具备先期核实条件的相关单位、机构、组织及人员,可以对未成年人疑似遭受不法侵害的情况进行初步核实,并在报案或举报时将相关材料一并提交公安机关。

第七条 医疗机构及其从业人员在收治遭受或疑似遭受人身、精神损害的未成年人时,应当保持高度警惕,按规定书写、记录和保存相关病历资料。

第八条 公安机关接到疑似侵害未成年人权益的报案或举报后,应当立即接受,问明案件初步情况,并制作笔录。根据案件的具体情况,涉嫌违反治安管理的,依法受案审查;涉嫌犯罪的,依法立案侦查。对不属于自己管辖的,及时移送有管辖权的公安机关。

第九条 公安机关侦查未成年人被侵害案件,应当依照法定程序,及时、全面收集固定证据。对于严重侵害未成年人的暴力犯罪案件、社会高度关注的重大、敏感案件,公安机关、人民检察院应当加强办案中的协商、沟通与配合。

公安机关、人民检察院依法向报案人员或者单位调取指控犯罪所需要的处理记录、监控资料、证人证言等证据时,相关单位及其工作人员应当积极予以协助配合,并按照有关规定全面提供。

第十条 公安机关应当在受案或者立案后三日内向报案单位反馈案件进展,并在移送审查起诉前告知报案单位。

第十一条 人民检察院应当切实加强对侵害未成年人案件的立案监督。认为公安机关应当立案而不立案的,应当要求公安机关说明不立案的理由。认为不立案理由不能成立的,应当通知公安机关立案,公安机关接到通知后应当立即立案。

第十二条 公安机关、人民检察院发现未成年人需要保护救助的,应当委托或者联合民政部门或共青团、妇联等群团组织,对未成年人及其家庭实施必要的经济救助、医疗救治、心理干预、调查评估等保护措施。未成年被害人生活特别困难的,司法机关应当及时启动司法救助。

公安机关、人民检察院发现未成年人父母或者其他监护人不依法履行监护职责,或者侵害未成年人合法权益的,应当予以训诫或者责令其接受家庭教育指导。经教育仍不改正,情节严重的,应当依法依规予以惩处。

公安机关、妇联、居民委员会、村民委员会、救助管理机构、未成年人救助保护机构发现未成年人遭受家庭暴力或面临家庭暴力的现实危险,可以依法向人民法院代为申请人身安全保护令。

第十三条 公安机关、人民检察院和司法行政机关及教育、民政、卫生健康等主管行政机关应当对报案人的信息予以保密。违法窃取、泄露报告事项、报告受理情况以及报告人信息的,依法依规予以严惩。

第十四条 相关单位、组织及其工作人员应当注意保护未成年人隐私,对于涉案未成年人身份、案情等信息资料予以严格保密,严禁通过互联网或者以其他方式进行传播。私自传播的,依法给予治安处罚或追究其刑事责任。

第十五条 依法保障相关单位及其工作人员履行强制报告责任,对根据规定报告侵害未成年人案件而引发的纠纷,报告人不予承担相应法律责任;对于干扰、阻碍报告的组织或个人,依法追究法律责任。

第十六条 负有报告义务的单位及其工作人员未履行报告职责,造成严重后果的,由其主管行政机关或者本单位依法对直接负责的主管人员或者其他直接责任人员给予相应处分;构成犯罪的,依法追究刑事责任。相关单位或者单位主管人员阻止工作人员报告的,予以从重处罚。

第十七条 对于行使公权力的公职人员长期不重视强制报告工作,不按规定落实强制报告制度要求的,根据其情节、后果等情况,监察委员会应当依法对相关单位和失职失责人员进行问责,对涉嫌职务违法犯罪的依法调查处理。

第十八条 人民检察院依法对本意见的执行情况进行法律监督。对于工作中发现相关单位对本意见执行、监管不力的,可以通过发出检察建议书等方式进行监督纠正。

第十九条 对于因及时报案使遭受侵害未成年人得到妥善保护、犯罪分子受到依法惩处的,公安机关、人民检察院、民政部门应及时向其主管部门反馈相关情况,单独或联合给予相关机构、人员奖励、表彰。

第二十条 强制报告责任单位的主管部门应当在本部门职能范围内指导、督促责任单位严格落实本意见,并通过年度报告、不定期巡查等方式,对本意见执行情况进行检查。注重加强指导和培训,切实提高相关单位和人员的未成年人保护意识和能力水平。

第二十一条 各级监察委员会、人民检察院、公安机关、司法行政机关、教育、民政、卫生健康部门和妇联、共青团组织应当加强沟通交流,定期通报工作情况,及时研究实践中出现的新情况、新问题。

各部门建立联席会议制度,明确强制报告工作联系人,畅通联系渠道,加强工作衔接和信息共享。人民检察院负责联席会议制度日常工作安排。

第二十二条 相关单位应加强对侵害未成年人案件强制报告的政策和法治宣传,强化全社会保护未成年人、与侵害未成年人违法犯罪行为作斗争的意识,争取理解与支持,营造良好社会氛围。

第二十三条 本意见自印发之日起试行。

7. 反家庭暴力

中华人民共和国反家庭暴力法

· 2015 年 12 月 27 日第十二届全国人民代表大会常务委员会第十八次会议通过
· 2015 年 12 月 27 日中华人民共和国主席令第 37 号公布
· 自 2016 年 3 月 1 日起施行

第一章 总 则

第一条 【立法目的】为了预防和制止家庭暴力,保护家庭成员的合法权益,维护平等、和睦、文明的家庭关系,促进家庭和谐、社会稳定,制定本法。

第二条 【家庭暴力的界定】本法所称家庭暴力,是指家庭成员之间以殴打、捆绑、残害、限制人身自由以及经常性谩骂、恐吓等方式实施的身体、精神等侵害行为。

案例 谌某某违反人身安全保护令案(最高人民法院公布中国反家暴十大典型案例)

裁判规则:本案中谌某某在法院发出的人身安全保护令的有效期内,多次与罗某发生激烈争执,并以拟公开罗某隐私相要挟。随后,双方又因琐事发生冲突,谌某某找到罗某单位两位主要领导,披露罗某此前在家中提及的涉隐私内容,导致罗某正常工作环境和社交基础被严重破坏,精神受损,基于羞愤心理意欲辞职。法院认为,谌某某

前往罗某单位宣扬涉隐私内容，上述事实的传播和评价，对于女方而言，是不愿意让他人知晓的信息。男方将女方的涉隐私信息予以公开，属于侵犯其隐私。家庭暴力的核心是控制，谌某某以揭露罗某隐私相要挟，意欲对其进行控制，属于《中华人民共和国反家庭暴力法》中对家庭暴力定义的"精神上的侵害"。最后谌某某将隐私公开，进一步造成了对罗某精神上的实际侵害。对此，法院做出了拘留决定书，对谌某某实施了拘留5日的惩罚措施。"宣扬隐私"构成家庭暴力的观念在2023年修订的《中华人民共和国妇女权益保障法》第二十九条中也有体现。

第三条 【国家、社会、家庭的反家庭暴力责任】家庭成员之间应当互相帮助，互相关爱，和睦相处，履行家庭义务。

反家庭暴力是国家、社会和每个家庭的共同责任。

国家禁止任何形式的家庭暴力。

第四条 【相关部门和单位的反家庭暴力责任】县级以上人民政府负责妇女儿童工作的机构，负责组织、协调、指导、督促有关部门做好反家庭暴力工作。

县级以上人民政府有关部门、司法机关、人民团体、社会组织、居民委员会、村民委员会、企业事业单位，应当依照本法和有关法律规定，做好反家庭暴力工作。

各级人民政府应当对反家庭暴力工作给予必要的经费保障。

第五条 【反家庭暴力工作原则】反家庭暴力工作遵循预防为主，教育、矫治与惩处相结合原则。

反家庭暴力工作应当尊重受害人真实意愿，保护当事人隐私。

未成年人、老年人、残疾人、孕期和哺乳期的妇女、重病患者遭受家庭暴力的，应当给予特殊保护。

第二章 家庭暴力的预防

第六条 【反家庭暴力宣传教育】国家开展家庭美德宣传教育，普及反家庭暴力知识，增强公民反家庭暴力意识。

工会、共产主义青年团、妇女联合会、残疾人联合会应当在各自工作范围内，组织开展家庭美德和反家庭暴力宣传教育。

广播、电视、报刊、网络等应当开展家庭美德和反家庭暴力宣传。

学校、幼儿园应当开展家庭美德和反家庭暴力教育。

第七条 【预防和制止家庭暴力业务培训】县级以上人民政府有关部门、司法机关、妇女联合会应当将预防和制止家庭暴力纳入业务培训和统计工作。

医疗机构应当做好家庭暴力受害人的诊疗记录。

第八条 【基层组织反家庭暴力职责】乡镇人民政府、街道办事处应当组织开展家庭暴力预防工作，居民委员会、村民委员会、社会工作服务机构应当予以配合协助。

第九条 【政府支持】各级人民政府应当支持社会工作服务机构等社会组织开展心理健康咨询、家庭关系指导、家庭暴力预防知识教育等服务。

第十条 【调解义务】人民调解组织应当依法调解家庭纠纷，预防和减少家庭暴力的发生。

第十一条 【用人单位职责】用人单位发现本单位人员有家庭暴力情况的，应当给予批评教育，并做好家庭矛盾的调解、化解工作。

第十二条 【监护人职责】未成年人的监护人应当以文明的方式进行家庭教育，依法履行监护和教育职责，不得实施家庭暴力。

第三章 家庭暴力的处置

第十三条 【救济途径】家庭暴力受害人及其法定代理人、近亲属可以向加害人或者受害人所在单位、居民委员会、村民委员会、妇女联合会等单位投诉、反映或者求助。有关单位接到家庭暴力投诉、反映或者求助后，应当给予帮助、处理。

家庭暴力受害人及其法定代理人、近亲属也可以向公安机关报案或者依法向人民法院起诉。

单位、个人发现正在发生的家庭暴力行为，有权及时劝阻。

第十四条 【强制报告制度】学校、幼儿园、医疗机构、居民委员会、村民委员会、社会工作服务机构、救助管理机构、福利机构及其工作人员在工作中发现无民事行为能力人、限制民事行为能力人遭受或者疑似遭受家庭暴力的，应当及时向公安机关报案。公安机关应当对报案人的信息予以保密。

第十五条 【紧急安置】公安机关接到家庭暴力报案后应当及时出警,制止家庭暴力,按照有关规定调查取证,协助受害人就医、鉴定伤情。

无民事行为能力人、限制民事行为能力人因家庭暴力身体受到严重伤害、面临人身安全威胁或者处于无人照料等危险状态的,公安机关应当通知并协助民政部门将其安置到临时庇护场所、救助管理机构或者福利机构。

第十六条 【告诫书的适用及内容】家庭暴力情节较轻,依法不给予治安管理处罚的,由公安机关对加害人给予批评教育或者出具告诫书。

告诫书应当包括加害人的身份信息、家庭暴力的事实陈述、禁止加害人实施家庭暴力等内容。

第十七条 【告诫书送交、通知和监督】公安机关应当将告诫书送交加害人、受害人,并通知居民委员会、村民委员会。

居民委员会、村民委员会、公安派出所应当对收到告诫书的加害人、受害人进行查访,监督加害人不再实施家庭暴力。

第十八条 【临时庇护场所】县级或者设区的市级人民政府可以单独或者依托救助管理机构设立临时庇护场所,为家庭暴力受害人提供临时生活帮助。

第十九条 【法律援助】法律援助机构应当依法为家庭暴力受害人提供法律援助。

人民法院应当依法对家庭暴力受害人缓收、减收或者免收诉讼费用。

第二十条 【家庭暴力案件证据制度】人民法院审理涉及家庭暴力的案件,可以根据公安机关出警记录、告诫书、伤情鉴定意见等证据,认定家庭暴力事实。

第二十一条 【监护人资格的撤销】监护人实施家庭暴力严重侵害被监护人合法权益的,人民法院可以根据被监护人的近亲属、居民委员会、村民委员会、县级人民政府民政部门等有关人员或者单位的申请,依法撤销其监护人资格,另行指定监护人。

被撤销监护人资格的加害人,应当继续负担相应的赡养、扶养、抚养费用。

第二十二条 【当事人的法治教育及心理辅导】工会、共产主义青年团、妇女联合会、残疾人联合会、居民委员会、村民委员会等应当对实施家庭暴力的加害人进行法治教育,必要时可以对加害人、受害人进行心理辅导。

第四章 人身安全保护令

第二十三条 【人身安全保护令申请主体】当事人因遭受家庭暴力或者面临家庭暴力的现实危险,向人民法院申请人身安全保护令的,人民法院应当受理。

当事人是无民事行为能力人、限制民事行为能力人,或者因受到强制、威吓等原因无法申请人身安全保护令的,其近亲属、公安机关、妇女联合会、居民委员会、村民委员会、救助管理机构可以代为申请。

第二十四条 【申请人身安全保护令的方式】申请人身安全保护令应当以书面方式提出;书面申请确有困难的,可以口头申请,由人民法院记入笔录。

第二十五条 【人身安全保护令案件的管辖】人身安全保护令案件由申请人或者被申请人居住地、家庭暴力发生地的基层人民法院管辖。

第二十六条 【人身安全保护令的发出方式】人身安全保护令由人民法院以裁定形式作出。

第二十七条 【法院作出人身安全保护令的条件】作出人身安全保护令,应当具备下列条件:

(一)有明确的被申请人;

(二)有具体的请求;

(三)有遭受家庭暴力或者面临家庭暴力现实危险的情形。

实务问答 被申请人未实施实质性人身伤害行为是否符合发出人身安全保护令的条件?

家庭暴力具有隐密性和突发性,对于家庭暴力行为发生可能性的证明,难度相对较高,为防止侵害行为的发生,应适当降低证明标准,即只要申请人能够提供初步证据证明存在家暴发生的现实危险即可,对于侵害可能性的标准应当从宽。《最高人民法院关于办理人身安全保护令案件适用法律若干问题的规定》第六条明确了人身安全保护令案件中,人民法院根据相关证据,作出人身安全保护令的证明标准是“申请人遭受家庭暴力或者面临家庭暴力现实危险的事实存在较大可能性”,而非民事诉讼的“高度盖然性”,降低了证明标准,从而减轻了当事人的举证负担。实践中,即使被申请人尚未对申请人产生实质性伤害，但申请人能够证明遭受家庭暴力或者面临家庭暴力现实危险的事实存在较大可能性，法院应当立即发出人身安全保护令，这对于预防及制止家庭暴力、保护家庭成员，具有重要意义，也符合反家庭暴力工作应遵循预防为主的基本原则。

第二十八条 【人身安全保护令的案件审理时限】人民法院受理申请后，应当在七十二小时内作出人身安全保护令或者驳回申请；情况紧急的，应当在二十四小时内作出。

第二十九条 【人身安全保护令的内容】人身安全保护令可以包括下列措施：

（一）禁止被申请人实施家庭暴力；

（二）禁止被申请人骚扰、跟踪、接触申请人及其相关近亲属；

（三）责令被申请人迁出申请人住所；

（四）保护申请人人身安全的其他措施。

第三十条 【人身安全保护令时效以及变更】人身安全保护令的有效期不超过六个月，自作出之日起生效。人身安全保护令失效前，人民法院可以根据申请人的申请撤销、变更或者延长。

第三十一条 【人身安全保护令救济程序】申请人对驳回申请不服或者被申请人对人身安全保护令不服的，可以自裁定生效之日起五日内向作出裁定的人民法院申请复议一次。人民法院依法作出人身安全保护令的，复议期间不停止人身安全保护令的执行。

第三十二条 【人身安全保护令送达及执行】人民法院作出人身安全保护令后，应当送达申请人、被申请人、公安机关以及居民委员会、村民委员会等有关组织。人身安全保护令由人民法院执行，公安机关以及居民委员会、村民委员会等应当协助执行。

第五章 法律责任

第三十三条 【家庭暴力的行政及刑事责任】加害人实施家庭暴力，构成违反治安管理行为的，依法给予治安管理处罚；构成犯罪的，依法追究刑事责任。

第三十四条 【违反人身安全保护令的责任】被申请人违反人身安全保护令，构成犯罪的，依法追究刑事责任；尚不构成犯罪的，人民法院应当给予训诫，可以根据情节轻重处以一千元以下罚款、十五日以下拘留。

第三十五条 【强制报告义务主体法律责任】学校、幼儿园、医疗机构、居民委员会、村民委员会、社会工作服务机构、救助管理机构、福利机构及其工作人员未依照本法第十四条规定向公安机关报案，造成严重后果的，由上级主管部门或者本单位对直接负责的主管人员和其他直接责任人员依法给予处分。

第三十六条 【相关国家工作人员法律责任】负有反家庭暴力职责的国家工作人员玩忽职守、滥用职权、徇私舞弊的，依法给予处分；构成犯罪的，依法追究刑事责任。

第六章 附 则

第三十七条 【准家庭关系暴力行为的处理】家庭成员以外共同生活的人之间实施的暴力行为，参照本法规定执行。

案例 叶某申请人身安全保护令案——同居结束后受暴妇女仍可申请人身安全保护令（最高人民法院公布中国反家暴十大典型案例）

裁判规则：《中华人民共和国反家庭暴力法》第三十七条规定，家庭成员以外共同生活的人之间实施的暴力行为，参照本法规定执行。意味着监护、寄养、同居、离异等关系的人员之间发生的暴力也纳入法律约束。本案中，叶某与前男友黄某之间并非家庭成员关系，叶某的权益受侵害时，已结束了同居生活，但同居的结束，不代表同居关系的结束，还有共同财产、子女等一系列问题需要解决，如机械地要求受害者必须与侵害人同住一所才能获得保护，与反家暴法的立法初衷相违背，也不符合常理。反家庭暴力法的本质，是通过司法干预来禁止家庭成员、准家庭成员间，基于控制及特殊身份关系而产生的各种暴力。该法规定了非婚姻的准家庭成员关系也受其调整，那么在离婚妇女受暴后能获得司法干预的同时，同居结束后受暴妇女亦应同样能够获得保护。因此，同居男女朋友结束同居生活后若存在家庭暴力情形的，也应作为人身安全保护令的申请主体。

第三十八条 【实施日期】本法自 2016 年 3 月 1 日起施行。

民政部、全国妇联关于做好家庭暴力受害人庇护救助工作的指导意见

·2015 年 9 月 24 日
·民发〔2015〕189 号

为加大反对家庭暴力工作力度,依法保护家庭暴力受害人,特别是遭受家庭暴力侵害的妇女、未成年人、老年人等弱势群体的人身安全和其他合法权益,根据《中华人民共和国妇女权益保障法》、《中华人民共和国未成年人保护法》、《中华人民共和国老年人权益保障法》、《社会救助暂行办法》等有关规定,现就民政部门和妇联组织做好家庭暴力受害人(以下简称受害人)庇护救助工作提出以下指导意见:

一、工作对象

家庭暴力受害人庇护救助工作对象是指常住人口及流动人口中,因遭受家庭暴力导致人身安全受到威胁,处于无处居住等暂时生活困境,需要进行庇护救助的未成年人和寻求庇护救助的成年受害人。寻求庇护救助的妇女可携带需要其照料的未成年子女同时申请庇护。

二、工作原则

(一)未成年人特殊、优先保护原则。为遭受家庭暴力侵害的未成年人提供特殊、优先保护,积极主动庇护救助未成年受害人。依法干预处置监护人侵害未成年人合法权益的行为,切实保护未成年人合法权益。

(二)依法庇护原则。依法为受害人提供临时庇护救助服务,充分尊重受害人合理意愿,严格保护其个人隐私。积极运用家庭暴力告诫书、人身安全保护裁定、调解诉讼等法治手段,保障受害人人身安全,维护其合法权益。

(三)专业化帮扶原则。积极购买社会工作、心理咨询等专业服务,鼓励受害人自主接受救助方案和帮扶方式,协助家庭暴力受害人克服心理阴影和行为障碍,协调解决婚姻、生活、学习、工作等方面的实际困难,帮助其顺利返回家庭、融入社会。

(四)社会共同参与原则。在充分发挥民政部门和妇联组织职能职责和工作优势的基础上,动员引导多方面社会力量参与受害人庇护救助服务和反对家庭暴力宣传等工作,形成多方参与、优势互补、共同协作的工作合力。

三、工作内容

(一)及时受理求助。妇联组织要及时接待受害人求助请求或相关人员的举报投诉,根据调查了解的情况向公安机关报告,请公安机关对家庭暴力行为进行调查处置。妇联组织、民政部门发现未成年人遭受虐待、暴力伤害等家庭暴力情形的,应当及时报请公安机关进行调查处置和干预保护。民政部门及救助管理机构应当及时接收公安机关、妇联等有关部门护送或主动寻求庇护救助的受害人,办理入站登记手续,根据性别、年龄实行分类分区救助,妥善安排食宿等临时救助服务并做好隐私保护工作。救助管理机构庇护救助成年受害人期限一般不超过 10 天,因特殊情况需要延长的,报主管民政部门备案。城乡社区服务机构可以为社区内遭受家庭暴力的居民提供应急庇护救助服务。

(二)按需提供转介服务。民政部门及救助管理机构和妇联组织可以通过与社会工作服务机构、心理咨询机构等专业力量合作方式对受害人进行安全评估和需求评估,根据受害人的身心状况和客观需求制定个案服务方案。要积极协调人民法院、司法行政、人力资源社会保障、卫生等部门、社会救助经办机构、医院和社会组织,为符合条件的受害人提供司法救助、法律援助、婚姻家庭纠纷调解、就业援助、医疗救助、心理康复等转介服务。对于实施家庭暴力的未成年人监护人,应通过家庭教育指导、监护监督等多种方式,督促监护人改善监护方式,提升监护能力;对于目睹家庭暴力的未成年人,要提供心理辅导和关爱服务。

(三)加强受害人人身安全保护。民政部门及救助管理机构或妇联组织可以根据需要协助受害人或代表未成年受害人向人民法院申请人身安全保护裁定,依法保护受害人的人身安全,避免其再次受到家庭暴力的侵害。成年受害人在庇护期间自愿离开救助管理机构的,应提出书面申请,说明离开原因,可自行离开、由受害人亲友接回或由当地村(居)民委员会、基层妇联组织护送回家。其他监护人、近亲属前来接领未成年受害人的,经公安机关或村(居)民委员会确认其身份后,救助管理机构可以将未成年受害人交由其照料,并与其办理书面交接手续。

（四）强化未成年受害人救助保护。民政部门和救助管理机构要按照《最高人民法院、最高人民检察院、公安部、民政部关于依法处理监护人侵害未成年人权益行为若干问题的意见》（法发〔2014〕24号）要求，做好未成年受害人临时监护、调查评估、多方会商等工作。救助管理机构要将遭受家庭暴力侵害的未成年受害人安排在专门区域进行救助保护。对于年幼的未成年受害人，要安排专业社会工作者或专人予以陪护和精心照料，待其情绪稳定后可根据需要安排到爱心家庭寄养。未成年受害人接受司法机关调查时，民政部门或救助管理机构要安排专职社会工作者或专人予以陪伴，必要时请妇联组织派员参加，避免其受到“二次伤害”。对于遭受严重家庭暴力侵害的未成年人，民政部门或救助管理机构、妇联组织可以向人民法院提出申请，要求撤销施暴人监护资格，依法另行指定监护人。

四、工作要求

（一）健全工作机制。民政部门和妇联组织要建立有效的信息沟通渠道，建立健全定期会商、联合作业、协同帮扶等联动协作机制，细化具体任务职责和合作流程，共同做好受害人的庇护救助和权益维护工作。民政部门及救助管理机构要为妇联组织、司法机关开展受害人维权服务、司法调查等工作提供设施场所、业务协作等便利。妇联组织要依法为受害人提供维权服务。

（二）加强能力建设。民政部门及救助管理机构和妇联组织要选派政治素质高、业务能力强的工作人员参与受害人庇护救助工作，加强对工作人员的业务指导和能力培训。救助管理机构应开辟专门服务区域设立家庭暴力庇护场所，实现与流浪乞讨人员救助服务区域的相对隔离，有条件的地方可充分利用现有设施设置生活居室、社会工作室、心理访谈室、探访会客室等，设施陈列和环境布置要温馨舒适。救助管理机构要加强家庭暴力庇护工作的管理服务制度建设，建立健全来访会谈、出入登记、隐私保护、信息查阅等制度。妇联组织要加强“12338”法律维权热线和维权队伍建设，为受害人主动求助、法律咨询和依法维权提供便利渠道和服务。

（三）动员社会参与。民政部门和救助管理机构可以通过购买服务、项目合作、志愿服务等多种方式，鼓励支持社会组织、社会工作服务机构、法律服务机构参与家庭暴力受害人庇护救助服务，提供法律政策咨询、心理疏导、婚姻家庭纠纷调解、家庭关系辅导、法律援助等服务，并加强对社会力量的统筹协调。妇联组织可以发挥政治优势、组织优势和群众工作优势，动员引导爱心企业、爱心家庭和志愿者等社会力量通过慈善捐赠、志愿服务等方式参与家庭暴力受害人庇护救助服务。

（四）强化宣传引导。各级妇联组织和民政部门要积极调动舆论资源，主动借助新兴媒体，切实运用各类传播阵地，公布家庭暴力救助维权热线电话，开设反对家庭暴力专题栏目，传播介绍反对家庭暴力的法律法规；加强依法处理家庭暴力典型事例（案例）的法律解读、政策释义和宣传报道，引导受害人及时保存证据，依法维护自身合法权益；城乡社区服务机构要积极开展反对家庭暴力宣传，提高社区居民参与反对家庭暴力工作的意识，鼓励社区居民主动发现和报告监护人虐待未成年人等家庭暴力线索。

最高人民法院关于办理人身安全保护令案件适用法律若干问题的规定

· 2022年6月7日最高人民法院审判委员会第1870次会议通过
· 2022年7月14日最高人民法院公告公布
· 自2022年8月1日起施行
· 法释〔2022〕17号

为正确办理人身安全保护令案件，及时保护家庭暴力受害人的合法权益，根据《中华人民共和国民法典》《中华人民共和国反家庭暴力法》《中华人民共和国民事诉讼法》等相关法律规定，结合审判实践，制定本规定。

第一条 当事人因遭受家庭暴力或者面临家庭暴力的现实危险，依照反家庭暴力法向人民法院申请人身安全保护令的，人民法院应当受理。

向人民法院申请人身安全保护令，不以提起离婚等民事诉讼为条件。

第二条 当事人因年老、残疾、重病等原因无法申请人身安全保护令，其近亲属、公安机关、民政部门、妇女联合会、居民委员会、村民委员会、残疾人联合会、依法设立的老年人组织、救助管理机构等,根据当事人意愿,依照反家庭暴力法第二十三条规定代为申请的,人民法院应当依法受理。

第三条 家庭成员之间以冻饿或者经常性侮辱、诽谤、威胁、跟踪、骚扰等方式实施的身体或者精神侵害行为,应当认定为反家庭暴力法第二条规定的“家庭暴力”。

第四条 反家庭暴力法第三十七条规定的“家庭成员以外共同生活的人”一般包括共同生活的儿媳、女婿、公婆、岳父母以及其他有监护、扶养、寄养等关系的人。

第五条 当事人及其代理人对因客观原因不能自行收集的证据,申请人民法院调查收集,符合《最高人民法院关于适用〈中华人民共和国民事诉讼法〉的解释》第九十四条第一款规定情形的,人民法院应当调查收集。

人民法院经审查,认为办理案件需要的证据符合《最高人民法院关于适用〈中华人民共和国民事诉讼法〉的解释》第九十六条规定的,应当调查收集。

第六条 人身安全保护令案件中,人民法院根据相关证据,认为申请人遭受家庭暴力或者面临家庭暴力现实危险的事实存在较大可能性的,可以依法作出人身安全保护令。

前款所称“相关证据”包括:

(一)当事人的陈述;

(二)公安机关出具的家庭暴力告诫书、行政处罚决定书;

(三)公安机关的出警记录、讯问笔录、询问笔录、接警记录、报警回执等;

(四)被申请人曾出具的悔过书或者保证书等;

(五)记录家庭暴力发生或者解决过程等的视听资料;

(六)被申请人与申请人或者其近亲属之间的电话录音、短信、即时通讯信息、电子邮件等;

(七)医疗机构的诊疗记录;

(八)申请人或者被申请人所在单位、民政部门、居民委员会、村民委员会、妇女联合会、残疾人联合会、未成年人保护组织、依法设立的老年人组织、救助管理机构、反家暴社会公益机构等单位收到投诉、反映或者求助的记录;

(九)未成年子女提供的与其年龄、智力相适应的证言或者亲友、邻居等其他证人证言;

(十)伤情鉴定意见;

(十一)其他能够证明申请人遭受家庭暴力或者面临家庭暴力现实危险的证据。

第七条 人民法院可以通过在线诉讼平台、电话、短信、即时通讯工具、电子邮件等简便方式询问被申请人。被申请人未发表意见的,不影响人民法院依法作出人身安全保护令。

第八条 被申请人认可存在家庭暴力行为,但辩称申请人有过错的,不影响人民法院依法作出人身安全保护令。

第九条 离婚等案件中,当事人仅以人民法院曾作出人身安全保护令为由,主张存在家庭暴力事实的,人民法院应当根据《最高人民法院关于适用〈中华人民共和国民事诉讼法〉的解释》第一百零八条的规定,综合认定是否存在该事实。

第十条 反家庭暴力法第二十九条第四项规定的“保护申请人人身安全的其他措施”可以包括下列措施:

(一)禁止被申请人以电话、短信、即时通讯工具、电子邮件等方式侮辱、诽谤、威胁申请人及其相关近亲属;

(二)禁止被申请人在申请人及其相关近亲属的住所、学校、工作单位等经常出入场所的一定范围内从事可能影响申请人及其相关近亲属正常生活、学习、工作的活动。

第十一条 离婚案件中,判决不准离婚或者调解和好后,被申请人违反人身安全保护令实施家庭暴力的,可以认定为民事诉讼法第一百二十七条第七项规定的“新情况、新理由”。

第十二条 被申请人违反人身安全保护令,符合《中华人民共和国刑法》第三百一十三条规定的,以拒不执行判决、裁定罪定罪处罚;同时构成其他犯罪的,依照刑法有关规定处理。

第十三条 本规定自2022年8月1日起施行。

涉及家庭暴力婚姻案件审理指南

·2008年3月最高人民法院中国应用法学研究所

前　言

本指南的编制背景　家庭暴力问题的严重性和特殊性越来越被全社会所了解,人民法院也逐渐认识到涉及家庭暴力的婚姻家庭案件与普通婚姻家庭案件的不同特点和规律，意识到其处理方式应当与普通案件有所不同。因此，传统经验和知识已越来越不适应该类案件的高质量办案需求，许多法院尤其是基层人民法院呼唤有一本为办理涉及家庭暴力的婚姻案件而编制的操作指南。

本指南的编制目的　本指南的编写目的，是为了让办理涉及家庭暴力婚姻家庭案件的法官，能有一本专业的资源手册，帮助其做好法律规则、性别平等理念、家庭暴力理论知识、审判组织保障等方面的准备，以利于提高办案效率和分配正义的质量，更好地保障家庭暴力受害人的人身和财产权利。

本指南的编制依据　本指南的法律依据包括《中华人民共和国民法通则》、《中华人民共和国民事诉讼法》、《中华人民共和国婚姻法》、《中华人民共和国妇女权益保障法》和《最高人民法院关于进一步发挥诉讼调解在构建社会主义和谐社会中积极作用的若干意见》、《最高人民法院关于民事诉讼证据的若干规定》。

党和国家领导人关于"要重视维护妇女权利，要使社会性别主流化"、"促进性别平等，实现共同发展"的重要指示，最高人民法院领导对性别平等和司法公正的强调，以及其他有关国家机关、社会团体制定的有关落实宪法规定的平等原则的政策性文件，都为本指南的编制提供了有力的政策性支持。

与此同时，基层人民法院在审判实践中根据实际需要，谨慎地在法律允许的框架内进行的有益尝试所积累的宝贵经验，也为本指南的编写提供了厚实的实践基础。

本指南的基本性质　最高人民法院院领导指示，要为法官提供一些"指南式"的研究成果，直接服务于审判工作。本指南集法律研究、实践经验、域外借鉴、法律精神于一体，是人民法院司法智慧的结晶。但本指南不属于司法解释，而是为法官提供的参考性办案指南。

本指南的形式特点　本着全面、具体、明确、实用的原则，本指南在表现形式和表述方式上没有单纯地采取法律条文式的表述，而是对绝大多数条款作了进一步阐释，既提出了规范性的要求，对法律条文和法律原则做出了解释，又论述了相关的道理，对规范性要求的基础、原因作了阐述。这些阐释对于更好地理解指南的内容将提供一定的帮助。

本指南的使用方法　本指南不能作为法官裁判案件的法律依据，但可以在判决书的说理部分引用，作为论证的依据和素材。法官在运用本指南的过程中，如果发现需要增加的内容，可以继续发展；如果发现有的内容不完全符合本地实际情况，也可以在法律的框架内做出适当调整。

本指南的受益主体　本指南虽然是法官的办案指南，但其受益主体并不限于法官。律师、当事人、研究人员以及所有关注家庭暴力司法救济途径的人士都可以从本指南中获得自己需要的知识、教益和指导。

第一章　关于家庭暴力

第一条　了解家庭暴力基本知识的必要性

家庭暴力是一个社会问题，对其认识需要多学科的专门知识。人民法院在审理涉及家庭暴力案件的过程中，如果不能正确认识和对待家庭暴力，可能对人民法院高质、高效处理此类案件产生消极影响，不利于人民法院分配公平和正义。因此，本指南借鉴其他国家法官办理涉及家庭暴力案件的指南的做法，首先介绍家庭暴力基本知识，作为正确理解和执行本《指南》所有内容必不可少的重要基础。

第二条　家庭暴力的定义

家庭暴力作为国际领域普遍关注的一个社会问题，相关国际公约对其作了界定。尽管家庭暴力受害人并不限于妇女，有些情况下男性和儿童也会成为受害人，但是，由于针对妇女的家庭暴力最为普遍、最为严重，所以相关国际公约和其他国际文件对针对妇女的家庭暴力的界定通常只表述为针对妇女的暴力。

《联合国消除对妇女的暴力行为宣言》(1993)第一条规定，"对妇女的暴力行为"系指对妇女造成或可能造成身心方面或性方面的伤害或痛苦的任何基于性别的暴力行为，包括威胁进行这类行为、强迫或任意剥夺自由，而不论其发生在公共生活还是私人生活中。

联合国秘书长《关于侵害妇女的一切形式的暴力行为的深入研究》(2006)指出，基于性别的针对妇女的暴力行为是指"因为是女性而对她施加暴力或者特别影响到妇女的暴力，包括施加于身体、心理或性的伤害或痛苦或威胁施加这类行为，强迫和其他剥夺自由的行为。基于暴力的行为损害或阻碍妇女依照一般国际或人权公约享受人权和基本自由，符合联合国《消除对妇女的暴力行为宣言》第一条的规定”。

最高人民法院关于适用《中华人民共和国婚姻法》若干问题的解释（一）（2001）第一条规定：“家庭暴力是指行为人以殴打、捆绑、残害、强行限制人身自由或者其他手段，给其家庭成员的身体、精神等方面造成一定伤害后果的行为。持续性、经常性的家庭暴力，构成虐待。”

鉴于本指南旨在指导涉及家庭暴力的婚姻家庭案件的审理，所以本指南中的家庭暴力，是指发生在家庭成员之间，主要是夫妻之间，一方通过暴力或胁迫、侮辱、经济控制等手段实施侵害另一方的身体、性、精神等方面的人身权利，以达到控制另一方的目的的行为。

第三条 家庭暴力的类型

根据有关国际公约、国外立法例以及被普遍认可的学界理论研究成果，家庭暴力包括身体暴力、性暴力、精神暴力和经济控制四种类型。

1. 身体暴力是加害人通过殴打或捆绑受害人、或限制受害人人身自由等使受害人产生恐惧的行为；

2. 性暴力是加害人强迫受害人以其感到屈辱、恐惧、抵触的方式接受性行为，或残害受害人性器官等性侵犯行为；

3. 精神暴力是加害人以侮辱、谩骂、或者不予理睬、不给治病、不肯离婚等手段对受害人进行精神折磨，使受害人产生屈辱、恐惧、无价值感等作为或不作为行为；

4. 经济控制是加害人通过对夫妻共同财产和家庭收支状况的严格控制，摧毁受害人自尊心、自信心和自我价值感，以达到控制受害人的目的。

第四条 家庭暴力的普遍性和严重性

家庭暴力是一个全球性的社会问题，我国也不例外。据有关部门的权威调查，我国家庭暴力的发生率在29.7%到35.7%之间（不包括调查暗数），其中90%以上的受害人是女性。

关于家庭暴力是家务事的错误认识，以及法律救济途径的缺失，使得众多受害人生活在痛苦、愤怒和恐惧之中，严重损害受害人的人身权利。因家庭暴力引发受害人以暴制暴的恶性案件，近年来受到越来越多的关注。

第五条 家庭暴力发生和发展的规律

家庭暴力行为的发生和发展，呈周期性模式。模式的形成，一般要经过两个或两个以上暴力周期。每个周期通常包括关系紧张的积聚期（口角、轻微推搡等）、暴力爆发期（暴力发生、受害人受伤）、平静期（亦称蜜月期，加害人通过口头或行为表示道歉求饶获得原谅，双方和好直到下个暴力周期的到来）。加害人往往屡悔屡犯、始终不改。道歉、忏悔只是当家庭暴力暂时失效时，加害人借以达到继续控制受害人的手段而已。暴力周期的不断重复，使受害人感到无助和无望，因而受制于加害人。

第六条 分手暴力的特别规律

人们往往以为离婚后暴力自然就停止了，但是，引发家庭暴力的内在动机是加害人内心深处控制受害人的需要。一般情况下，这种欲望不仅不会因为离婚而消失，反而会因为受害人提出离婚请求受到刺激而增强。因此，一旦受害人提出分手，加害人往往先是采取哀求原谅、保证下不为例以及利用子女等手段来挽留受害人。然而，如果哀求不奏效，加害人往往就会转而借助暴力或实施更严重的暴力手段来达到控制目的，因而出现“分手暴力”。这种现象在夫妻分居或者离婚后相当普遍。

国际上，加拿大的实证研究表明，大约有1/3的受害妇女在对方探视未成年子女时受到暴力威胁。36%的女性在分居期间继续遭受男方的暴力侵害。美国司法部1983年和1997年3月公布的数据显示，美国有75%的家庭暴力受害人，在分手后继续遭受前夫或前男友的暴力侵害。

我国尚无这方面的统计数据，但是家庭暴力研究者普遍认为，分手期间或分手后，受害人的人身安全受家庭暴力侵害的频率和暴力的严重性确实迅速增加。

一般情况下，有三个变量可以预测发生分手暴力的危险程度：一是加害人之前有过身体暴力或暴力威胁行为；二是加害人和受害人居住地相距不远；三是加害人猜忌受害人有第三者。

第七条 一般夫妻纠纷与家庭暴力的区分

一般夫妻纠纷中也可能存在轻微暴力甚至因失手而造成较为严重的身体伤害，但其与家庭暴力有着本质的区别。家庭暴力的核心是权力和控制。加害人存在着通过暴力伤害达到目的的主观故意,大多数家庭暴力行为呈现周期性,并且不同程度地造成受害人的身体或心理伤害后果,导致受害一方因为恐惧而屈从于加害方的意愿。而夫妻纠纷不具有上述特征。

第八条 家庭暴力发生的原因

无论在社会上或家庭中,公民的人身权利均不得因任何原因而遭受人为侵害。家庭暴力的发生,不是受害人的过错,绝大多数情况下是基于性别的针对妇女的歧视。其发生的原因主要包括:

1. 加害人通过儿童期的模仿或亲身经历而习得暴力的沟通方式;

2. 家庭暴力行为通过社会和家庭文化的代际传递实现。传统文化默许男人打女人,父母打子女。在这种文化影响下长大的男人允许自己打女人,父母允许自己打子女。有这种文化的社会,接纳家庭暴力行为。在这样的家庭和社会中长大的子女,不知不觉接受了这种观念。家庭暴力行为就这样一代又一代传了下来;

3. 获益不受罚。虽然《中华人民共和国婚姻法》和《中华人民共和国妇女权益保障法》规定禁止家庭暴力,但是法律缺乏预防和制止家庭暴力的有效手段。社会给家庭暴力受害人提供的有效支持很少,因此家庭暴力发生时一般得不到干预。由于在家里打人能达到目的而不受惩罚,不管加害人事后多么后悔,又多么真诚地道歉,并保证决不再犯,都必然因缺乏真正改变自己行为的动机而一再使用暴力;

4. 加害人往往有体力上的优势。无论男打女还是女打男,加害人的体力,往往居于优势。90%以上的家庭暴力受害人是体力处于弱势的妇女、儿童和老人。

第九条 家庭暴力的相关因素

家庭暴力的发生,与加害人的原生家庭、社会和文化环境、以及双方的体力对比有关,但与暴力关系中双方的年龄、学历、职业、社会地位、经济收入、居住区域和民族等,均无必然联系。

第十条 加害人的心理和行为模式

1. 性别歧视

家庭暴力的加害人绝大多数为男性。这些男性信奉男尊女卑、男主女从的古训,他们相信暴力是其迫使受害人就范的合理而又有效的手段。因此,家庭暴力是基于性别的针对女性的暴力。

2. 内外双重面孔

加害人呈现给家人和外人的是两副不同的面孔。他们在家借助暴力手段控制家人,在外行为符合社会标准。

3. 过度的嫉妒

加害人有令人难以理解的嫉妒心。嫉妒表面上似乎是因为爱得过深,实质上嫉妒和爱没有太大关系。过度嫉妒者很少是心中有爱的人。嫉妒是嫉妒者因极度害怕失去某个人的感情、某种地位或利益而产生的焦虑,是嫉妒者不自信和缺乏安全感的表现。嫉妒者为了控制对方,以嫉妒为借口,捕风捉影,侮辱、谩骂、殴打配偶,甚至跟踪、限制对方行动自由。

4. 依赖心理

大多数加害人是不自信、不自爱、没有安全感的人,他需要借助别人对自己的态度,以证明自己的能力和价值。受害人在暴力下的顺从,是加害人获得自信和安全感的手段之一。这种依赖心理,使得加害人坚决不同意离婚,面对受害人的分手要求,加害人或采取分手暴力企图阻止受害人离开,或痛哭流涕保证痛改前非。

5. 人前自我伤害或以死相逼

受害人若想分手或离婚,加害人往往会在受害人、法官或特定人面前进行自我伤害,甚至以死相逼,其目的是为了使受害人产生内疚和幻想,以便继续控制和操纵受害人。加害人的自我伤害或者以死相逼行为只能说明,他只想达到自己的目的而不在乎对方的感受。自我伤害不是因为爱,而是暴力控制的另一种表现形式。

第十一条 受害人的心理和行为模式

1. 习得无助

家庭暴力作为一种控制手段,随着周期性循环,越来越严重,越来越频繁。无法逃脱的受暴处境,使受害人"学会了无助"。因为这种在心理学上被称为"习得无助"的信念,受害人以为自己无论如何也摆脱不了对方的控制,因而放弃反抗,忍气吞声、忍辱负重、委曲求全。

2. 抑郁状态

受害人习得无助后,悲观随之而来,而悲观是造成抑郁的主要因素。长期处于抑郁状态的人中,不少人会自杀或尝试自杀或产生杀人的念头。他们希望通过自杀或杀死加害人,来终止让他们感到如此不堪的生活。

3. 恐惧和焦虑

整天提心吊胆，神经高度紧张，是家庭暴力受害群体中最普遍的特征之一。暴力控制关系建立后，受害人会无限放大加害人的能力和权力，以为加害人无所不能。其恐惧和焦虑，甚至草木皆兵的心理，非一般人所能想象。

4. 忍辱负重

传统观念认为单亲家庭不利于未成年子女成长；经济上女性的生存能力弱于男性，离婚使得她的生活水平大大下降；社会缺乏针对家庭暴力受害人的有效支持等，迫使相当一部分受害人不到万不得已，不会报警或寻求其他外界帮助，更不会提出离婚。

5. 优柔寡断

如果受害人想要通过分手摆脱暴力控制，在社会和法律救济手段不到位的情况下，加害人的软硬兼施往往奏效。走投无路之时，受害人很可能被迫回到暴力关系中。

同样，家庭暴力受害人反复起诉和撤诉，表面上似乎优柔寡断，变化无常，实际上很可能是受害人想出的保护自己和子女暂时免受家庭暴力伤害的最佳的和最无奈的办法。

第十二条 家庭暴力对受害人和加害人的危害

家庭暴力不仅使受害人身体受伤，还会导致受害人抑郁、焦虑、沮丧、恐惧、无助、自责、愤怒、绝望和厌世等不良情绪。长期处于这种状态中，受害人会出现兴趣减弱、胆小怕事、缺乏自信和安全感、注意力难以集中、学习和工作能力下降等症状，并且出现心理问题躯体化倾向。

表面看来，施暴人似乎是家庭暴力关系中获益的一方，其实不尽然。大多数施暴人施暴，不是要把妻子打跑，而是希望能控制她。但是，通过施暴得到的结果，只能是越来越多的恐惧和冷漠。这使施暴人越来越不满，越来越受挫。随着施暴人的挫败感越来越强烈，家庭暴力的发生也就越来越频繁，越来越严重。家庭暴力越来越严重，受害人就越来越恐惧。当暴力的严重程度超过受害人的忍耐限度时，受害人就可能转为加害人，杀死原加害人。

第十三条 家庭暴力对未成年人的伤害

根据联合国秘书长 2006 年发布的《关于侵害妇女的一切形式的暴力行为的深入研究》，生活在暴力家庭中的未成年子女，至少会在心理健康、学习和行为三个方面出现障碍。

1. 许多出身于暴力型家庭的子女，学习时注意力难以集中。学校的差生，包括逃学和辍学的学生，有相当一部分来自暴力家庭。他们往往处于担心自己挨打和(或)担心一方家长挨打的焦虑中。其症状经常被误诊为多动症伴注意力集中障碍。然而，这些问题产生的根源往往在于使他们恐惧且缺少关爱的家庭暴力环境。

2. 即使未成年子女并不直接挨打，他们目睹一方家长挨打时所受到的心理伤害一点也不比直接挨打轻。家庭暴力发生时，孩子陷入极不安全和冲突的心理状态中。通常，他们一方面对加害人感到愤怒，另一方面又需要来自加害人的关爱。孩子无法理解，自己生活中最重要、也是最亲近的两个人之间，为什么会出现暴力。

3. 未成年子女挨打，不仅皮肉受苦，自信心和自尊心也受到很大打击。他们可能变得胆小怕事，难以信任他人，也可能变得蛮横无理、欺侮弱小、人际关系不良。心理上受到家庭暴力严重伤害的子女，还有可能在成年后出现反社会暴力倾向。加拿大的研究显示，目睹家庭暴力的孩子，出现严重行为问题的可能性，比起无暴力家庭中的孩子，男孩要高 17 倍，女孩要高 10 倍。

4. 更严重的后果是，家庭暴力行为的习得，主要是通过家庭文化的代际传递而实现的。根据联合国秘书长 2006 年《关于侵害妇女的一切形式的暴力行为的深入研究》，50%－70%的成年加害人是在暴力家庭中长大的。他们从小目睹父母之间的暴力行为，误以为家庭暴力是正常现象，并在不知不觉中学会用拳头解决问题。

第十四条 家庭暴力对社会的危害

当女性因为受暴而频频就医，或者因为家庭暴力造成的不良情绪难以排遣而导致工作效率降低、或被殴打致残或致死、或自杀、或以暴制暴杀死加害人，社会保障和社会秩序为此付出的代价不可低估。

第二章 基本原则和要求

第十五条 性别平等原则

法律面前人人平等，这个平等是指实质意义上的两性平等。法院在审理涉及家庭暴力的婚姻案件时,应当坚持实质意义上的性别平等原则,避免一切形式的隐性歧视,如:对女性在社会上和家庭中的人身权利保障采取双重标准;或者形式上男女平等对待,实质上区别对待。

第十六条 禁止家庭暴力原则

禁止家庭暴力,是我国批准加入的联合国相关文件对各国政府提出的要求,也是我国《中华人民共和国宪法》、《中华人民共和国婚姻法》、《中华人民共和国妇女权益保障法》的重要规定。我国各省市先后颁布的69个地方性预防和制止家庭暴力的法规,也对家庭暴力作了禁止性规定。虽然上述规定只是原则性的,可操作性有待提高,但是,众多的法规和政策体现了我国各级政府预防和制止家庭暴力的态度和决心,这也是本指南的核心。

第十七条 婚姻自由原则

婚姻自由包括结婚和离婚自由。结婚需要两个人的合意,离婚则只需一人提出且符合离婚条件即可。人民法院在维护当事人结婚自由的同时,对离婚自由的维护不可偏废。当事人一方提出离婚诉讼的,只要有离婚的法定理由,人民法院经调解不能达成和解的,应当调解或判决离婚。

在认定家庭暴力的情况下,如果一方当事人坚决要求离婚的,不管要求离婚的是加害人还是受害人,人民法院均应当尊重当事人意愿,维护婚姻自由原则,尽快调解或判决离婚,避免因久拖不决而出现更严重的暴力伤害行为。

一个不幸的婚姻死亡后,可以产生两个幸福的婚姻。即使其中有少数当事人是因为一时冲动而草率离婚的,作为成年人,他(她)们也应当为自己的行为负责。况且他们可以轻而易举地到民政部门办理复婚手续。即使复婚不可能了,这个经历也将教会他们珍惜自己未来的婚姻。

第十八条 适当照顾受害人、未成年子女原则

最大限度保护和实现弱势群体的权利是司法机关永恒的价值取向。在办理涉及家庭暴力的婚姻家庭案件过程中,应当坚持照顾受害人,以及因此直接或间接受害的未成年子女的原则。人民法院不能以任何理由做出与这一原则相悖的裁判。

第十九条 审理组织专门化

有条件的基层人民法院应当尽可能成立专门合议庭或安排专人独任审理涉及家庭暴力的婚姻案件,尽可能安排具有婚姻家庭经验和人生阅历较为丰富的中年法官,或者接受过家庭暴力专业培训和具备性别敏感性的法官办理涉及家庭暴力的婚姻案件,提高办案效率和探索审理此类案件的专门经验。

这是因为:处理家庭暴力问题不仅需要法学,还需要社会学、心理学、女性学和性别平等理论等知识,属于跨学科专业范畴。越是具备相关专业知识和社会阅历的人,越能理解婚姻案件中双方的心理互动模式和家庭暴力对婚姻的伤害,也就越能妥善处理涉及家庭暴力的婚姻案件。

第二十条 法官接受性别意识和家庭暴力知识培训

各级人民法院应当将性别平等和家庭暴力知识纳入到法官在职培训课程之中,并纳入考核内容。办理相关案件的法官每年应当接受不少于12个小时性别意识培训和不少于18个小时家庭暴力知识培训等。培训应当包括但不限于下列内容:

1. 家庭暴力的性质、范围及其发生的根本原因;

2. 家庭暴力关系中双方的互动模式;

3. 家庭暴力受害人及其家庭成员人身安全的保障措施;

4. 家庭暴力受害人和加害人可求助的社会机构及其职能;

5. 司法程序中的性别偏见;

6. 家庭暴力对幸福家庭与和谐社会的破坏作用,以及对儿童心理和行为的恶劣影响。

第二十一条 保护法官免受间接创伤

为避免法官在审理涉及家庭暴力案件时可能出现的心理枯竭或其他负面影响,各级人民法院应当尽可能给办案法官提供学习压力管理技巧的时间和机会,使法官了解有关自我保护的知识和措施,包括摄入足够的营养、积极参加体育锻炼、及时休息和放松、建立有效的社会支持系统、平衡生活和工作等。

心理学研究发现,直接或间接接触天灾人祸的人,包括受害人本人、目击者、受害人的亲朋好友和援助者,心理都会受到不同程度的负面影响。

家庭暴力是违反人性的行为。暴力的残忍性,使人经历愤怒、悲恸、哀伤和无助的心理磨难。受害人都是一些正在经历严重心理创伤的人,法

官频繁地接触她/他们，很容易受到负面影响，其累积效应，易导致心理枯竭，其症状包括越来越不想和别人交往、冷嘲热讽、身心疲惫、爱发火、焦虑、悲哀、睡眠障碍、紧张性头痛等。

除心理枯竭外，法官还可能因间接接触创伤事件所产生的其他负面影响而出现心理创伤。短期的创伤可能使法官出现易怒、悲哀、焦虑和睡眠障碍。长期创伤可能导致使法官出现冷嘲热讽、酗酒，甚至失去维持良好的夫妻关系的能力。

第二十二条 为其他机构、人员提供相关培训

家庭暴力是一个社会问题，需要多机构合作，才能有效预防和制止家庭暴力。各级人民法院应当积极发挥在预防和制止家庭暴力的多机构合作链条中的作用。有条件的法院应当到当地大中小学、公安、妇联、医院、庇护所、人民调解委员会等机构，提供性别平等、家庭暴力知识和相关法律实务知识培训，以提高整个社会预防和应对家庭暴力的能力。

第三章 人身安全保护措施

第二十三条 人身安全保护措施的必要性

在涉及家庭暴力的婚姻案件审理过程中，普遍存在受害人的人身安全受威胁、精神受控制的情况，甚至存在典型的“分手暴力”现象，严重影响诉讼活动的正常进行。因此，人民法院有必要对被害人采取保护性措施，包括以裁定的形式采取民事强制措施，保护受害人的人身安全，确保诉讼程序的严肃性和公正性。

第二十四条 受害人联系方式的保密

人民法院应对受害人的有关信息保密，特别是不能将受害人的行踪及联系方式告诉加害人，以防止加害人继续威胁、恐吓或伤害受害人。

人民法院可以要求受害人留下常用的联系方式。

第二十五条 受害人保护性缺席

有证据证明存在家庭暴力且受害人处理极度恐惧之中的，正常的开庭审理可能导致受害人重新受制于加害人的，或可能使受害人的人身安全处于危险之中的，人民法院可以应受害人的申请，单独听取其口头陈述意见，并提交书面意见。该案开庭时，其代理人可以代为出庭。

第二十六条 人身安全保护裁定的一般规定

人身安全保护裁定是一种民事强制措施，是人民法院为了保护家庭暴力受害人及其子女和特定亲属的人身安全、确保民事诉讼程序的正常进行而做出的裁定。

人民法院做出的人身安全保护裁定，以民事诉讼法第 140 条第 1 款第 11 项规定等为法律依据。

第二十七条 人身安全保护裁定的主要内容

人民法院做出的人身安全保护裁定，可以包括下列内容中的一项或多项：

1. 禁止被申请人殴打、威胁申请人或申请人的亲友；
2. 禁止被申请人骚扰、跟踪申请人，或者与申请人或者可能受到伤害的未成年子女进行不受欢迎的接触；
3. 人身安全保护裁定生效期间，一方不得擅自处理价值较大的夫妻共同财产；
4. 有必要的并且具备条件的，可以责令被申请人暂时搬出双方共同的住处；
5. 禁止被申请人在距离下列场所 200 米内活动：申请人的住处、学校、工作单位或其他申请人经常出入的场所；
6. 必要时，责令被申请人自费接受心理治疗；
7. 为保护申请人及其特定亲属人身安全的其他措施。

第二十八条 人身安全保护裁定的附带内容

申请人申请并经审查确有必要的，人身安全保护裁定可以附带解决以下事项：

1. 申请人没有稳定的经济来源，或者生活确有困难的，责令被申请人支付申请人在保护裁定生效期间的生活费以及未成年子女抚养费、教育费等；
2. 责令被申请人支付申请人因被申请人的暴力行为而接受治疗的支出费用、适当的心理治疗费及其他必要的费用。

被申请人的暴力行为造成的财产损失，留待审理后通过判决解决。

第二十九条 人身安全保护裁定的种类和有效期

人身安全保护裁定分为紧急保护裁定和长期保护裁定。

紧急保护裁定有效期为 15 天，长期保护裁定有效期为 3 至 6 个月。确有必要并经分管副院长

批准的，可以延长至12个月。

第三十条　人身安全保护措施的管辖

人身安全保护措施的申请由受害人经常居住地、加害人经常居住地或家庭暴力行为发生地的人民法院受理。

两个以上同级人民法院都有管辖权的，由最初受理的人民法院管辖。

第三十一条　人身安全保护措施申请的提出时间

人身安全保护裁定的申请，应当以书面形式提出；紧急情况下，可以口头申请。口头申请应当记录在案，并由申请人以签名、摁手印等方式确认。

人身安全保护裁定的申请，可以在离婚诉讼提起之前、诉讼过程中或者诉讼终结后的6个月内提出。

诉前提出申请的，当事人应当在人民法院签发人身保护裁定之后15日之内提出离婚诉讼。逾期没有提出离婚诉讼的，人身安全保护裁定自动失效。

第三十二条　人身安全保护申请的条件

申请人身安全保护裁定，应当符合下列条件：

1. 申请人是受害人；

2. 有明确的被申请人姓名、通讯住址或单位；

3. 有具体的请求和事实、理由；

4. 有一定证据表明曾遭受家庭暴力或正面临家庭暴力威胁。

受害人因客观原因无法自行申请的，由受害人近亲属或其他相关组织代为申请。相关组织和国家机关包括受害人所在单位、居（村）委会、庇护所、妇联组织、公安机关或检察机关等。

申请人身安全保护措施的证据，可以是伤照、报警证明、证人证言、社会机构的相关记录或证明、加害人保证书、加害人带有威胁内容的手机短信等。

第三十三条　人身安全保护措施申请的审查

人民法院收到人身安全保护措施的申请后，应当迅速对申请的形式要件及是否存在家庭暴力危险的证据进行审查。

人民法院在审查是否存在家庭暴力危险的证据时，可以根据家庭暴力案件自身的特点和规律，本着灵活、便捷的原则适当简化。

对于是否存在家庭暴力危险，申请人和被申请人均可以提交证明自己主张的证据，必要时人民法院也可以依职权调取证据予以核实或者举行听证。

第三十四条　人身安全保护裁定的做出

人民法院收到申请后，应当在48小时内做出是否批准的裁定。

人民法院经审查或听证确信存在家庭暴力危险，如果不采取人身安全保护措施将使受害人的合法权益受到难以弥补的损害的，应当做出人身安全保护裁定。

第三十五条　人身安全保护裁定的送达

人身安全保护裁定应当向申请人、被申请人或者同住成年家庭送达，同时抄送辖区公安机关；送达方式一般以书面形式直接送达、邮寄送达或委托送达，拒绝签收的可以留置送达。

情况紧急的，人民法院可以口头或通过电话等其他方式将裁定内容告知申请人、被申请人、辖区公安机关，并将告知情况记录在案。

第三十六条　人身安全保护裁定的生效与执行

人身安全保护裁定自送达之日起生效。

人民法院将人身安全保护裁定抄送辖区公安机关的同时，函告辖区的公安机关保持警觉，履行保护义务。公安机关拒不履行必要的保护义务，造成申请人伤害后果的，受害人可以以公安机关不作为为由提起行政诉讼，追究相关责任。

人民法院应当监督被申请人履行人身安全保护裁定。被申请人在人身安全裁定生效期间，继续骚扰受害人、殴打或者威胁受害人及其亲属、威逼受害人撤诉或放弃正当权益，或有其他拒不履行生效裁定行为的，人民法院可以根据民事诉讼法第102条相关规定，视其情节轻重处以罚款、拘留。构成犯罪的，移送公安机关处理或者告知受害人可以提起刑事自诉。

第三十七条　驳回申请及不服裁定的复议

人民法院经审查认为人身安全保护措施申请不符合申请条件的，驳回申请，并告知申请人申请复议的权利。

被申请人对人身安全保护裁定不服的，可以在收到人身安全保护裁定之日起5日内向签发裁定的人民法院申请复议一次。人民法院在收到复议申请之日起5日内做出复议裁定。复议期间不停止人身安全保护裁定的执行。

第三十八条 撤销人身安全保护裁定的听证

申请人、被申请人可以在收到人身安全紧急保护措施的裁定后3日内,请求人民法院举行延长或撤销紧急保护裁定的听证。

人民法院认为有必要举行听证的,应当在听证前三日将听证通知送达申请人和被申请人。特殊情况下,人民法院可以根据需要随时安排听证。

听证一律不公开进行。但是,经法院许可,双方当事人均可由一、两位亲朋陪伴出庭。陪伴当事人出庭听证的亲朋有妨碍诉讼秩序的除外。

听证通知合法送达后,申请人无正当理由拒不到庭的,一般情况下可以视为申请人放弃申请,但是,经核实受害人受到加害人胁迫或恐吓的除外。

被申请人无正当理由拒不到庭的,不影响听证的进行。

第三十九条 对撤回人身安全保护措施申请的审查

申请人提出申请后很快撤回申请的,或者经合法送达听证通知后不出席听证的,经审查,如存在以下因素,人民法院应当保持警觉,判断其是否因施暴人的威胁、胁迫所致。存在以下因素的,不予批准:

1. 被申请人有犯罪前科的;
2. 被申请人曾有严重家庭暴力行为的;
3. 被申请人自行或与申请人共同来申请撤销的;
4. 申请人的撤销申请无正当理由的或不符合逻辑的;等等。

第四章 证 据

第四十条 一定情况下的举证责任转移

人民法院在审理涉及家庭暴力的婚姻案件时,应当根据此类案件的特点和规律,合理分配举证责任。

对于家庭暴力行为的事实认定,应当适用民事诉讼的优势证据标准,根据逻辑推理、经验法则做出判断,避免采用刑事诉讼的证明标准。

原告提供证据证明受侵害事实及伤害后果并指认系被告所为的,举证责任转移到被告。被告虽否认侵害由其所为但无反证的,可以推定被告为加害人,认定家庭暴力的存在。

第四十一条 一般情况下,受害人陈述的可信度高于加害人

在案件审理中,双方当事人可能对于是否存在家庭暴力有截然不同的说法。加害人往往否认或淡化暴力行为的严重性,受害人则可能淡化自己挨打的事实。但一般情况下,受害人陈述的可信度高于加害人。因为很少有人愿意冒着被人耻笑的风险,捏造自己被配偶殴打、凌辱的事实。

第四十二条 加害人的悔过、保证

加害人在诉讼前做出的口头、书面悔过或保证,可以作为加害人实施家庭暴力的证据。

加害人在诉讼期间因其加害行为而对受害人做出的口头、书面道歉或不再施暴的保证,如无其他实质性的、具体的悔过行动,不应当被认为是真心悔改,也不应当被认为是真正放弃暴力沟通方式的表现,而应当被认为是继续控制受害人的另一有效手段,因此不应作为加害人悔改,或双方感情尚未破裂的证据。

家庭暴力加害人同时伴有赌博、酗酒、吸毒等恶习,之前做出的口头、书面悔过或保证可以视为其不思悔改的重要证据。

加害人的口头、书面道歉或保证应记录在案。

第四十三条 未成年子女的证言

家庭暴力具有隐蔽性。家庭暴力发生时,除了双方当事人和其子女之外,一般无外人在场。因此,子女通常是父母家庭暴力唯一的证人。其证言可以视为认定家庭暴力的重要证据。

借鉴德国、日本以及我国台湾的立法例,具备相应的观察能力、记忆能力和表达能力的2周岁以上的未成年子女提供与其年龄、智力和精神状况相当的证言,一般应当认定其证据效力。

法院判断子女证言的证明力大小时,应当考虑到其有可能受到一方或双方当事人的不当影响,同时应当采取措施最大限度地减少作证可能给未成年子女带来的伤害。

第四十四条 专家辅助人

人民法院可以依据当事人申请或者依职权聘请相关专家出庭,解释包括受虐配偶综合征在内的家庭暴力的特点和规律。专家辅助人必要时接受审判人员、双方当事人的询问和质疑。专家辅助人的意见,可以作为裁判的重要参考。

目前司法界以及社会上普遍对家庭暴力领域中的专门问题了解程度不够。这直接影响了科学技术知识在办理此类案件中所起的积极作用。有

条件的人民法院或者法院内部的相关审判庭，可以建立一个相关专业机构或专家的名单、联络办法，并事先作好沟通，鼓励其积极参与司法活动。

第四十五条 专家辅助人资格的审查与认定

专家辅助人可以是社会认可的家庭暴力问题研究专家、临床心理学家、精神病学家、社会学家或社会工作者、一线警察、庇护所一线工作人员。他们一般应当有一年以上的直接接触家庭暴力受害人（不包括本案受害人）的研究或工作经历。

人民法院审查专家辅助人的资格时，应当首先审查其理论联系实践的能力和经验，而后审查其之前的出庭经历和获得的相关评价。

第四十六条 专家辅助人的报酬

专家辅助人出庭所需费用，由申请人承担。

第四十七条 专家评估报告

法院可以依据当事人的申请，聘请有性别平等意识的家庭暴力问题专家、青少年问题专家、临床心理学家、精神科专家、社会学家等依据“家庭暴力对未成年人的负面影响”问题清单中的内容，对家庭暴力对未成年人造成的负面影响进行评估，并形成评估报告，以此作为法院判决子女抚养权归属的参考。

评估报告的内容包括家庭暴力的负面影响是否给未成年人造成心理创作及严重程度、目前的症状、过去的成长经历，以及父母或者直接抚养者对未成年人的经历和症状所持的态度。

第四十八条 国家机关、社会团体和组织相关的记录与证明

家庭暴力受害人在提起诉讼之前曾向公安机关、人民调解组织、妇联组织、庇护所、村委会等国家机关、社会团体和组织投诉，要求庇护、接受调解的，或者家庭暴力受害人曾寻求过医学治疗、心理咨询或治疗的，上述机构提供的录音或文字记载，及出具的书面证词、诊断或相关书证，内容符合证据材料要求的，经人民法院审查后认为真实可靠的，可以作为认定家庭暴力发生的重要证据。被告人否认但又无法举出反证，且无其他证据佐证的，人民法院可以推定其为加害人。

第四十九条 公安机关的接警或出警记录

人民法院在认定家庭暴力事实时，应当将公安机关的接警和出警记录作为重要的证据。

接警或出警记录施暴人、受害人的，人民法院可以据此认定家庭暴力事实存在。

出警记录记载了暴力行为、现场描述、双方当事人情绪、第三方在场（包括未成年子女）等事项的，人民法院应当综合各种因素，查明事实，做出判断。

报警或出警记录仅记载“家务纠纷、已经处理”等含糊内容的，人民法院可以根据需要或当事人的申请，通知处理该事件的警察出庭作证。

第五十条 互殴情况下对施暴人的认定

夫妻互殴情况下，人民法院应当综合以下因素正确判断是否存在家庭暴力：

1. 双方的体能和身高等身体状况；

2. 双方互殴的原因，如：一方先动手，另一方自卫；或一方先动手，另一方随手抄起身边的物品反击；

3. 双方对事件经过的陈述；

4. 伤害情形和严重程度对比，如：一方掐住对方的脖子，相对方挣扎中抓伤对方的皮肤；

5. 双方或一方之前曾有过施暴行为等。

第五十一条 人民法院调取、收集相关证据

当事人可以申请人民法院调取、收集以下因客观原因不能自行收集的证据：

1. 当事人之外的第三人持有的证据；

2. 由于加害人对家庭财产的控制，受害人不能收集到的与家庭财产数量以及加害人隐匿、转移家庭财产行为有关的证据；

3. 愿意作证但拒绝出庭的证人的证言。

经审查确需由人民法院取证的，人民法院可以直接取证，也可以应当事人或其代理人申请签发调查令，由其代理人到相关部门取证。

第五十二条 非语言信息对案件事实判断的重要性

人的思想控制其外在行为，人的行为反映其思想。心理学研究发现，在人际沟通中，人的非语言动作所传达的信息超过65%，而语言所传达的信息低于35%。很多时候，非语言动作所传达的信息的准确性要远远超过语言所传达的信息的准确性。因此，在审理涉及家庭暴力的离婚案件中，法官应当十分注意观察双方当事人在法庭上的言行举止，特别是双方的语音、语调、眼神、表情、肢体语言等，以便对事实做出正确判断。

第五章 财产分割

第五十三条 财产分割的基本理念

离婚妇女贫困化理论认为,传统的"男主外、女主内"的性别角色导致的家庭分工,给男性带来相应的事业发展、能力增长和社会地位的提高。与此同时,女性在相夫教子的家务劳动中投入了大量时间和精力,这在很大程度上限制了她在社会上的发展。一旦离婚,多年的奉献所带来的,是工作能力和学习能力的丧失,以及家庭暴力受害造成其平等协商能力的下降,使她无法平等主张自己的权利,因而导致其离婚后的贫困化。

人民法院在分割夫妻财产时,应当坚持性别平等的基本理念。这一基本理念的实现应当达到以下目的:一是公平地补偿,以平等体现离婚妇女在婚姻关系存续期间在照顾家庭方面投入的价值。二是有助于妇女离婚后的生存和发展。

第五十四条　一般要求

家庭暴力受害人请求离婚时,与普通的离婚案件当事人相比可能面临特殊的困难,应当引起特别关注。法院应当依法采取有效干预措施,确保公平处理配偶扶养、财产分割问题。

法院在审理婚姻家庭案件中,如果发现存在家庭暴力,应当意识到当事人双方之间存在权力失衡或者协商能力悬殊的现象。法院依法分割夫妻共同财产时,应当充分考虑家庭暴力因素,以利于女性离婚后在尽可能短的时间内恢复工作和学习的能力,找回自信、独立性和自主决策的能力,更好地承担家庭和社会责任。

第五十五条　财产利益受影响时的补偿与照顾

在加害人自认或法院认定的家庭暴力案件中,受害人需要治疗的、因家庭暴力失去工作或者影响正常工作的,以及在财产利益方面受到不利影响的,在财产分割时应得到适当照顾。

第五十六条　受害人所作牺牲的补偿与照顾

受害人向加害人提供接受高等教育的机会和资金支持,或支持加害人开拓事业而牺牲自己利益的,无论当初自愿与否,如果这种牺牲可能导致受害人离婚后生活和工作能力下降、收入减少、生活条件降低的,在财产分割时应当获得适当照顾。

第五十七条　家务劳动的平等对待

在家务劳动、抚育子女、照料老人等方面付出较多的当事人,在财产分割时可以适当予以照顾或补偿。

第五十八条　适当照顾的份额

符合上述第五十五条、第五十六条、第五十七条规定情况的受害人分割共有财产的份额一般不低于70%;针对加害人隐藏或转移财产的情况,分割夫妻共同财产时,受害方的份额一般不低于80%。

第五十九条　精神损害赔偿

家庭暴力受害人请求精神损害赔偿的,无论家庭暴力行为人是否已受到行政处罚或被追究刑事责任,人民法院均应当依据《中华人民共和国婚姻法》第46条相关规定予以支持。

第六十条　对共同债务的认定

认定夫妻一方在婚姻关系存续期间以个人名义所负债务的性质,不能机械适用《最高人民法院关于适用〈中华人民共和国婚姻法〉若干问题的解释(二)》第二十四条规定,而应综合考虑是否为家庭共同利益所负。主张为夫妻共同债务的一方应做出合理解释,相对方对此享有抗辩权。人民法院可以根据逻辑推理和日常生活经验进行判断,避免相对方的利益受损或放纵恶意债务人的不法行为。

第六十一条　对伪造债务等行为的制裁

人民法院发现一方有伪造或指使人伪造债务、转移或隐匿财产行为或嫌疑的,应当依据《中华人民共和国婚姻法》第47条和《中华人民共和国民事诉讼法》第102条相关规定予以处理。

第六十二条　对原判是否考虑家庭暴力因素的审查

被害人以家庭暴力未予认定或者认定错误导致财产分割或子女抚养判决不公而上诉或申请再审的,人民法院应当对原判是否充分考虑了涉及家庭暴力离婚案件自身的特点和规律以及当事人家庭分工模式等因素进行重点审查。一审已经认定家庭暴力,但在财产分割或子女抚养方面未给予考虑的,二审或再审过程中对此要予以重点审查,做出公平、合理的判决。

第六章　子女抚养和探视

第六十三条　加害方不宜直接抚养子女

考虑到家庭暴力行为的习得性特点,在人民法院认定家庭暴力存在的案件中,如果双方对由谁直接抚养子女不能达成一致意见,未成年子女原则上应由受害人直接抚养。但受害人自身没有基本的生活来源保障,或者患有不适合直接抚养子女的疾病的除外。

不能直接认定家庭暴力，但根据间接证据，结合双方在法庭上的表现、评估报告或专家意见，法官通过自由心证，断定存在家庭暴力的可能性非常大的，一般情况下，可以判决由受害方直接抚养子女。

有证据证明一方不仅实施家庭暴力，而且还伴有赌博、酗酒、吸毒恶习的，不宜直接抚养子女。

第六十四条　综合判断受害人的工作和生活能力

受害人很可能处于心理创伤后的应激状态，这可能在表面上使受害人直接抚养未成年子女看起来不如加害人理想，但是随着家庭暴力的停止，或者经过心理治疗，这种应激状态会逐渐消失。

人民法院需要综合考虑受害人在工作上的表现和能力，以及直接抚养子女的潜在能力，或者受害人婚前或者受暴前的工作和生活能力，做出最有利于未成年子女的判决。

第六十五条　征求未成年子女的意见

人民法院在判决由哪一方直接抚养未成年子女前，应当依法征求未成年子女的意见。但是，有下列情形之一的，未成年子女的意见只能作为参考因素：

1. 未成年人属于限制行为能力的人，其认知水平的发展还不成熟，不能正确判断什么对自己最有利；

2. 未成年子女害怕、怨恨但同时又依恋加害人。暴力家庭中的未成年子女可能在害怕、怨恨加害人对家庭成员施暴的同时，又需要加害人的关爱，因此存在较强的感情依恋。这种依恋之所以产生，是因为受害人的人身安全取决于施暴人的好恶。不违背施暴人的意愿，符合其最大利益。这种状况被心理学家称为"斯德哥尔摩综合征"，或者"心理创伤导致的感情纽带"。

3. 强者（权威）崇拜。人类对强者或权威的崇拜，使尚不能明辨是非的未成年人可能对家庭中的强者（施暴人）怀有崇拜的心理，误认为自己与受害人一起生活没有安全感，因而选择与加害人一起生活。

法官应当在综合考虑其他因素的基础上，做出真正最有利于未成年子女的判决。

第六十六条　未成年人权利优于家长的探视权

在未成年子女不受家庭暴力影响的权利与加害人探视未成年子女的权利相冲突时，应当优先考虑未成年人的权利。

加害人有下列情形之一，受害人提出申请的，人民法院可以裁定中止加害人的子女探视权：

1. 在未成年子女面前诋毁、恐吓或殴打承担直接抚养义务的受害人的；

2. 利用探视权继续控制受害人的；

3. 利用探视权对受害人进行跟踪、骚扰、威胁的；

4. 利用探视权继续对受害人和/或未成年子女施暴的；

5. 法院认为有必要的其他情形。

第六十七条　探视权的恢复

加害人有下列情形之一的，法院可以考虑恢复其探视权

1. 完成加害人心理矫治，并且有心理机构盖章、治疗师签名的其已经能够控制暴力冲动的证明；

2. 法院认为有必要的其他情形。

第六十八条　有关探视的具体规定

离婚并不一定能够阻止家庭暴力。暴力和暴力威胁可能随着离婚诉讼而进一步加剧。为了避免未成年子女成为加害人继续控制受害人的工具，最大限度保护未成年子女的利益，判决或者调解离婚的，人民法院可以在判决或者调解书中明确规定探视的方式、探视的具体时间和具体地点，以及交接办法。例如：

1. 时间：每月两次，探视时间一般为 9 : 00—17 : 00。

2. 地点：双方都信任、也有能力保障受害人和未成年子女人身安全的个人第三方、特定机构等。

特定机构包括庇护所、社会机构，包括营利和非营利机构等。

3. 交接方式：直接抚养的一方按约定提前 20 分钟把孩子送到指定地点，探视方 20 分钟后到达指定地点接走孩子。探视时间结束后，探视方按时把孩子送回到指定地点离开。直接抚养方在随后的 20 分钟内接回孩子。如果探视方有急事，要求临时变更探视时间，一般情况下，应当提前 24 小时通知第三方。第三方应当及时通知直接抚养孩子方，确定变更时间。

第六十九条　违反探视规定的处置

三、家庭

1. 探视方在探视日超过规定时间30分钟未接孩子,事先又未通知第三方的,视为放弃该次探视。

2. 探视方不得在探视时间之前的12小时之内和探视期间饮酒,否则视为放弃该次和(或)下次探视。

3. 迟到没有超过30分钟的,第三方或社会机构可以向探视方收取孩子的监管费。收费标准由双方协商。

第七章　调　解

第七十条　受害人无过错原则

任何单位或个人都没有权利,在包括家庭在内的任何场合,侵害他人人身权利。法官办理案件过程中,任何情况下都不得责备受害人,或要求受害人调整行为作为不挨打的交换条件。否则,就有可能无意中强化"做错事就该打"的错误观念。

第七十一条　有保留的中立原则

法官应当采取有保留的中立态度,通过对调解过程的掌控,减少加害人对受害人的不当影响,调整双方不平等的权利结构,提高受害人主张并维护自身权利的能力。

这是因为涉及家庭暴力的案件具有与普通民事案件不同的规律和特点,其中最大的差异在于双方不平等的互动模式,加害人在平常就控制了双方之间的话语权,案件调解时也往往会表现出控制欲,而受害人则因加害人的暴力威慑难以主张权利。要打破这种不平等的互动模式,需要法官对弱者的适度倾斜和道义上的支持。

第七十二条　背靠背调解

在涉及家庭暴力的案件中,面对面调解可能会增加受害人继续遭受加害人骚扰、威胁、恐吓和人身伤害的危险性。因此,如果当事人提出申请或者人民法院发现存在上述可能性而认为确有必要的,应当采取背靠背的调解方式,以利于保护受害人的人身权利。

第七十三条　适时调解和多元解纷机制的运用

法官可以根据双方当事人的具体情况,灵活地决定在庭前、庭中、庭后进行调解。

对于涉及家庭暴力的离婚案件,人民法院还可以运用多元解纷机制,邀请有关人员协助调解或者委托妇联或人民调解等组织或有关人员调解等多种调解形式对案件进行调解。

第七十四条　驾驭调解过程的技巧

人民法院可以通过控制调解的具体程序和内容来驾驭调解过程。

1. 决定双方当事人发言的次序;

2. 控制当事人发言的内容。对于破坏性或恐吓性的言语或行为,如一方对另一方进行警告、威胁、恐吓等,予以制止,必要时给予训诫;

3. 根据扶弱抑强的原则,决定双方法庭陈述的时间长短;

4. 支持、鼓励受害人主张自身权利;

5. 审查民事调解协议的具体内容,对显失公平的调解协议,法官可以向处于弱势的一方当事人行使释明权,告知其显失公平的情形。处于弱势的当事人坚持该协议内容的,人民法院在查明该当事人不是因为慑于加害人的威胁、报复的基础上,可以予以确认。

人民法院对于不予确认协议的离婚案件,应当及时做出判决。

第七十五条　和好调解

加害人认识到家庭暴力的发生完全是自己的过错,认识到家庭暴力造成的严重后果,且同时具备以下两种以上情形的,可以调解和好:

1. 积极配合,遵守法庭规则;

2. 承认施暴是自己的过错,不淡化暴力严重程度,不找借口,不推卸责任,并书面保证以后不再施暴;

3. 有换位思考的能力,能感受自己的暴力行为给受害人身体和心理造成的伤痛。

第七十六条　民事调解书的必要内容

民事调解书应当包含原告诉称和被告辩称的内容,一般情况下应当载明家庭暴力责任主体、子女监护权归属、财产分割等内容。

调解和好或撤诉的,应当注明双方均不得在民事调解协议书生效或撤诉后6个月内单方面处置双方共同财产。人民法院认为必要时可行使使明权,告知当事人提起财产确认之诉,以避免任何一方借机转移共同财产。

第七十七条　调解记录

人民法院主持调解时,应当将加害人的当庭悔过或口头保证记录在案。

对于当事人撤诉的案件,人民法院也应将已

查明的家庭暴力事实记录在案。

对于加害人不思悔改，受害人再次提起离婚诉讼的，人民法院可以根据记录在案的加害人实施家庭暴力的事实，迅速调解离婚或判决离婚。

第七十八条 加害人的行为矫正

调解过程中，加害人真正愿意悔改以换取不离婚的，征得受害人同意后，人民法院可以依据《民事诉讼法》第136条规定，裁定诉讼中止，给加害人六个月的考察期。

考察期内，加害人再次施暴的，视为不思悔改，应当恢复审理。

在有条件的地区，必要时，法官可以责令加害人自费接受心理治疗，接受认知和行为的矫正。拒不接受的，承担不利后果。

第八章 其 他

第七十九条 诉讼费的承担

家庭暴力离婚案件经调解或判决离婚的，一、二审诉讼费用原则上由加害人承担。

第八十条 人身安全保护措施的申请费用

申请人身安全保护措施的裁定，无需交纳任何费用。

第八十一条 反馈与改进本指南的途径

人民法院在本指南的试点阶段，应当保持敏感性，注意发现问题，探索解决办法，积累有益经验，提出完善的建议，随时反馈给中国应用法学研究所。

最高人民法院、最高人民检察院、公安部、司法部关于依法办理家庭暴力犯罪案件的意见

· 2015年3月2日
· 法发〔2015〕4号

发生在家庭成员之间，以及具有监护、扶养、寄养、同居等关系的共同生活人员之间的家庭暴力犯罪，严重侵害公民人身权利，破坏家庭关系，影响社会和谐稳定。人民法院、人民检察院、公安机关、司法行政机关应当严格履行职责，充分运用法律，积极预防和有效惩治各种家庭暴力犯罪，切实保障人权，维护社会秩序。为此，根据刑法、刑事诉讼法、婚姻法、未成年人保护法、老年人权益保障法、妇女权益保障法等法律，结合司法实践经验，制定本意见。

一、基本原则

1. *依法及时、有效干预。*针对家庭暴力持续反复发生，不断恶化升级的特点，人民法院、人民检察院、公安机关、司法行政机关对已发现的家庭暴力，应当依法采取及时、有效的措施，进行妥善处理，不能以家庭暴力发生在家庭成员之间，或者属于家务事为由而置之不理，互相推诿。

2. *保护被害人安全和隐私。*办理家庭暴力犯罪案件，应当首先保护被害人的安全。通过对被害人进行紧急救治、临时安置，以及对施暴人采取刑事强制措施、判处刑罚、宣告禁止令等措施，制止家庭暴力并防止再次发生，消除家庭暴力的现实侵害和潜在危险。对与案件有关的个人隐私，应当保密，但法律有特别规定的除外。

3. *尊重被害人意愿。*办理家庭暴力犯罪案件，既要严格依法进行，也要尊重被害人的意愿。在立案、采取刑事强制措施、提起公诉、判处刑罚、减刑、假释时，应当充分听取被害人意见，在法律规定的范围内作出合情、合理的处理。对法律规定可以调解、和解的案件，应当在当事人双方自愿的基础上进行调解、和解。

4. *对未成年人、老年人、残疾人、孕妇、哺乳期妇女、重病患者特殊保护。*办理家庭暴力犯罪案件，应当根据法律规定和案件情况，通过代为告诉、法律援助等措施，加大对未成年人、老年人、残疾人、孕妇、哺乳期妇女、重病患者的司法保护力度，切实保障他们的合法权益。

二、案件受理

5. *积极报案、控告和举报。*依照刑事诉讼法第一百零八条第一款"任何单位和个人发现有犯罪事实或者犯罪嫌疑人，有权利也有义务向公安机关、人民检察院或者人民法院报案或者举报"的规定，家庭暴力被害人及其亲属、朋友、邻居、同事，以及村（居）委会、人民调解委员会、妇联、共青团、残联、医院、学校、幼儿园等单位、组织，发现家庭暴力，有权利也有义务及时向公安机关、人民检察院、人民法院报案、控告或者举报。

公安机关、人民检察院、人民法院对于报案人、控告人和举报人不愿意公开自己的姓名和报案、控告、举报行为的，应当为其保守秘密，保护报

案人、控告人和举报人的安全。

6. 迅速审查、立案和转处。公安机关、人民检察院、人民法院接到家庭暴力的报案、控告或者举报后，应当立即问明案件的初步情况，制作笔录，迅速进行审查，按照刑事诉讼法关于立案的规定，根据自己的管辖范围，决定是否立案。对于符合立案条件的，要及时立案。对于可能构成犯罪但不属于自己管辖的，应当移送主管机关处理，并且通知报案人、控告人或者举报人；对于不属于自己管辖而又必须采取紧急措施的，应当先采取紧急措施，然后移送主管机关。

经审查，对于家庭暴力行为尚未构成犯罪，但属于违反治安管理行为的，应当将案件移送公安机关，依照治安管理处罚法的规定进行处理，同时告知被害人可以向人民调解委员会提出申请，或者向人民法院提起民事诉讼，要求施暴人承担停止侵害、赔礼道歉、赔偿损失等民事责任。

7. 注意发现犯罪案件。公安机关在处理人身伤害、虐待、遗弃等行政案件过程中，人民法院在审理婚姻家庭、继承、侵权责任纠纷等民事案件过程中，应当注意发现可能涉及的家庭暴力犯罪。一旦发现家庭暴力犯罪线索，公安机关应当将案件转为刑事案件办理，人民法院应当将案件移送公安机关；属于自诉案件的，公安机关、人民法院应当告知被害人提起自诉。

8. 尊重被害人的程序选择权。对于被害人有证据证明的轻微家庭暴力犯罪案件，在立案审查时，应当尊重被害人选择公诉或者自诉的权利。被害人要求公安机关处理的，公安机关应当依法立案、侦查。在侦查过程中，被害人不再要求公安机关处理或者要求转为自诉案件的，应当告知被害人向公安机关提交书面申请。经审查确系被害人自愿提出的，公安机关应当依法撤销案件。被害人就这类案件向人民法院提起自诉的，人民法院应当依法受理。

9. 通过代为告诉充分保障被害人自诉权。对于家庭暴力犯罪自诉案件，被害人无法告诉或者不能亲自告诉的，其法定代理人、近亲属可以告诉或者代为告诉；被害人是无行为能力人、限制行为能力人，其法定代理人、近亲属没有告诉或者代为告诉的，人民检察院可以告诉；侮辱、暴力干涉婚姻自由等告诉才处理的案件，被害人因受强制、威吓无法告诉的，人民检察院也可以告诉。人民法院对告诉或者代为告诉的，应当依法受理。

10. 切实加强立案监督。人民检察院要切实加强对家庭暴力犯罪案件的立案监督，发现公安机关应当立案而不立案的，或者被害人及其法定代理人、近亲属，有关单位、组织就公安机关不予立案向人民检察院提出异议的，人民检察院应当要求公安机关说明不立案的理由。人民检察院认为不立案理由不成立的，应当通知公安机关立案，公安机关接到通知后应当立案；认为不立案理由成立的，应当将理由告知提出异议的被害人及其法定代理人、近亲属或者有关单位、组织。

11. 及时、全面收集证据。公安机关在办理家庭暴力案件时，要充分、全面地收集、固定证据，除了收集现场的物证、被害人陈述、证人证言等证据外，还应当注意及时向村（居）委会、人民调解委员会、妇联、共青团、残联、医院、学校、幼儿园等单位、组织的工作人员，以及被害人的亲属、邻居等收集涉及家庭暴力的处理记录、病历、照片、视频等证据。

12. 妥善救治、安置被害人。人民法院、人民检察院、公安机关等负有保护公民人身安全职责的单位和组织，对因家庭暴力受到严重伤害需要紧急救治的被害人，应当立即协助联系医疗机构救治；对面临家庭暴力严重威胁，或者处于无人照料等危险状态，需要临时安置的被害人或者相关未成年人，应当通知并协助有关部门进行安置。

13. 依法采取强制措施。人民法院、人民检察院、公安机关对实施家庭暴力的犯罪嫌疑人、被告人，符合拘留、逮捕条件的，可以依法拘留、逮捕；没有采取拘留、逮捕措施的，应当通过走访、打电话等方式与被害人或者其法定代理人、近亲属联系，了解被害人的人身安全状况。对于犯罪嫌疑人、被告人再次实施家庭暴力的，应当根据情况，依法采取必要的强制措施。

人民法院、人民检察院、公安机关决定对实施家庭暴力的犯罪嫌疑人、被告人取保候审的，为了确保被害人及其子女和特定亲属的安全，可以依照刑事诉讼法第六十九条第二款的规定，责令犯罪嫌疑人、被告人不得再次实施家庭暴力；不得侵扰被害人的生活、工作、学习；不得进行酗酒、赌博等活动；经被害人申请且有必要的，责令不得接近被害人及其未成年子女。

14. 加强自诉案件举证指导。家庭暴力犯罪案件具有案发周期较长、证据难以保存,被害人处于相对弱势、举证能力有限,相关事实难以认定等特点。有些特点在自诉案件中表现得更为突出。因此,人民法院在审理家庭暴力自诉案件时,对于因当事人举证能力不足等原因,难以达到法律规定的证据要求的,应当及时对当事人进行举证指导,告知需要收集的证据及收集证据的方法。对于因客观原因不能取得的证据,当事人申请人民法院调取的,人民法院应当认真审查,认为确有必要的,应当调取。

15. 加大对被害人的法律援助力度。人民检察院自收到移送审查起诉的案件材料之日起三日内,人民法院自受理案件之日起三日内,应当告知被害人及其法定代理人或者近亲属有权委托诉讼代理人,如果经济困难,可以向法律援助机构申请法律援助;对于被害人是未成年人、老年人、重病患者或者残疾人等,因经济困难没有委托诉讼代理人的,人民检察院、人民法院应当帮助其申请法律援助。

法律援助机构应当依法为符合条件的被害人提供法律援助,指派熟悉反家庭暴力法律法规的律师办理案件。

三、定罪处罚

16. 依法准确定罪处罚。对故意杀人、故意伤害、强奸、猥亵儿童、非法拘禁、侮辱、暴力干涉婚姻自由、虐待、遗弃等侵害公民人身权利的家庭暴力犯罪,应当根据犯罪的事实、犯罪的性质、情节和对社会的危害程度,严格依照刑法的有关规定判处。对于同一行为同时触犯多个罪名的,依照处罚较重的规定定罪处罚。

17. 依法惩处虐待犯罪。采取殴打、冻饿、强迫过度劳动、限制人身自由、恐吓、侮辱、谩骂等手段,对家庭成员的身体和精神进行摧残、折磨,是实践中较为多发的虐待性质的家庭暴力。根据司法实践,具有虐待持续时间较长、次数较多;虐待手段残忍;虐待造成被害人轻微伤或者患较严重疾病;对未成年人、老年人、残疾人、孕妇、哺乳期妇女、重病患者实施较为严重的虐待行为等情形,属于刑法第二百六十条第一款规定的虐待"情节恶劣",应当依法以虐待罪定罪处罚。

准确区分虐待犯罪致人重伤、死亡与故意伤害、故意杀人犯罪致人重伤、死亡的界限,要根据被告人的主观故意、所实施的暴力手段与方式、是否立即或者直接造成被害人伤亡后果等进行综合判断。对于被告人主观上不具有侵害被害人健康或者剥夺被害人生命的故意,而是出于追求被害人肉体和精神上的痛苦,长期或者多次实施虐待行为,逐渐造成被害人身体损害,过失导致被害人重伤或者死亡的;或者因虐待致使被害人不堪忍受而自残、自杀,导致重伤或者死亡的,属于刑法第二百六十条第二款规定的虐待"致使被害人重伤、死亡",应当以虐待罪定罪处罚。对于被告人虽然实施家庭暴力呈现出经常性、持续性、反复性的特点,但其主观上具有希望或者放任被害人重伤或者死亡的故意,持凶器实施暴力,暴力手段残忍,暴力程度较强,直接或者立即造成被害人重伤或者死亡的,应当以故意伤害罪或者故意杀人罪定罪处罚。

依法惩处遗弃犯罪。负有扶养义务且有扶养能力的人,拒绝扶养年幼、年老、患病或者其他没有独立生活能力的家庭成员,是危害严重的遗弃性质的家庭暴力。根据司法实践,具有对被害人长期不予照顾、不提供生活来源;驱赶、逼迫被害人离家,致使被害人流离失所或者生存困难;遗弃患严重疾病或者生活不能自理的被害人;遗弃致使被害人身体严重损害或者造成其他严重后果等情形,属于刑法第二百六十一条规定的遗弃"情节恶劣",应当依法以遗弃罪定罪处罚。

准确区分遗弃罪与故意杀人罪的界限,要根据被告人的主观故意、所实施行为的时间与地点、是否立即造成被害人死亡,以及被害人对被告人的依赖程度等进行综合判断。对于只是为了逃避扶养义务,并不希望或者放任被害人死亡,将生活不能自理的被害人弃置在福利院、医院、派出所等单位或者广场、车站等行人较多的场所,希望被害人得到他人救助的,一般以遗弃罪定罪处罚。对于希望或者放任被害人死亡,不履行必要的扶养义务,致使被害人因缺乏生活照料而死亡,或者将生活不能自理的被害人带至荒山野岭等人迹罕至的场所扔弃,使被害人难以得到他人救助的,应当以故意杀人罪定罪处罚。

18. 切实贯彻宽严相济刑事政策。对于实施家庭暴力构成犯罪的,应当根据罪刑法定、罪刑相适应原则,兼顾维护家庭稳定、尊重被害人意愿等因素综合考虑,宽严并用,区别对待。根据司法实践,对于实施家庭暴力手段残忍或者造成严重后果；出于恶意侵占财产等卑劣动机实施家庭暴力；因酗酒、吸毒、赌博等恶习而长期或者多次实施家庭暴力；曾因实施家庭暴力受到刑事处罚、行政处罚；或者具有其他恶劣情形的，可以酌情从重处罚。对于实施家庭暴力犯罪情节较轻，或者被告人真诚悔罪，获得被害人谅解，从轻处罚有利于被扶养人的，可以酌情从轻处罚；对于情节轻微不需要判处刑罚的，人民检察院可以不起诉，人民法院可以判处免予刑事处罚。

对于实施家庭暴力情节显著轻微危害不大不构成犯罪的，应当撤销案件、不起诉，或者宣告无罪。

人民法院、人民检察院、公安机关应当充分运用训诫，责令施暴人保证不再实施家庭暴力，或者向被害人赔礼道歉、赔偿损失等非刑罚处罚措施，加强对施暴人的教育与惩戒。

19.准确认定对家庭暴力的正当防卫。为了使本人或者他人的人身权利免受不法侵害，对正在进行的家庭暴力采取制止行为，只要符合刑法规定的条件，就应当依法认定为正当防卫，不负刑事责任。防卫行为造成施暴人重伤、死亡，且明显超过必要限度，属于防卫过当，应当负刑事责任，但是应当减轻或者免除处罚。

认定防卫行为是否“明显超过必要限度”，应当以足以制止并使防卫人免受家庭暴力不法侵害的需要为标准，根据施暴人正在实施家庭暴力的严重程度、手段的残忍程度，防卫人所处的环境、面临的危险程度、采取的制止暴力的手段、造成施暴人重大损害的程度，以及既往家庭暴力的严重程度等进行综合判断。

20.充分考虑案件中的防卫因素和过错责任。对于长期遭受家庭暴力后，在激愤、恐惧状态下为了防止再次遭受家庭暴力，或者为了摆脱家庭暴力而故意杀害、伤害施暴人，被告人的行为具有防卫因素，施暴人在案件起因上具有明显过错或者直接责任的，可以酌情从宽处罚。对于因遭受严重家庭暴力，身体、精神受到重大损害而故意杀害施暴人；或者因不堪忍受长期家庭暴力而故意杀害施暴人，犯罪情节不是特别恶劣，手段不是特别残忍的，可以认定为刑法第二百三十二条规定的故意杀人“情节较轻”。在服刑期间确有悔改表现的，可以根据其家庭情况，依法放宽减刑的幅度，缩短减刑的起始时间与间隔时间；符合假释条件的，应当假释。被杀害施暴人的近亲属表示谅解的，在量刑、减刑、假释时应当予以充分考虑。

四、其他措施

21.充分运用禁止令措施。人民法院对实施家庭暴力构成犯罪被判处管制或者宣告缓刑的犯罪分子，为了确保被害人及其子女和特定亲属的人身安全，可以依照刑法第三十八条第二款、第七十二条第二款的规定，同时禁止犯罪分子再次实施家庭暴力，侵扰被害人的生活、工作、学习，进行酗酒、赌博等活动；经被害人申请且有必要的，禁止接近被害人及其未成年子女。

22.告知申请撤销施暴人的监护资格。人民法院、人民检察院、公安机关对于监护人实施家庭暴力，严重侵害被监护人合法权益的，在必要时可以告知被监护人及其他有监护资格的人员、单位，向人民法院提出申请，要求撤销监护人资格，依法另行指定监护人。

23.充分运用人身安全保护措施。人民法院为了保护被害人的人身安全，避免其再次受到家庭暴力的侵害，可以根据申请，依照民事诉讼法等法律的相关规定，作出禁止施暴人再次实施家庭暴力、禁止接近被害人、迁出被害人的住所等内容的裁定。对于施暴人违反裁定的行为，如对被害人进行威胁、恐吓、殴打、伤害、杀害，或者未经被害人同意拒不迁出住所的，人民法院可以根据情节轻重予以罚款、拘留；构成犯罪的，应当依法追究刑事责任。

24.充分运用社区矫正措施。社区矫正机构对因实施家庭暴力构成犯罪被判处管制、宣告缓刑、假释或者暂予监外执行的犯罪分子，应当依法开展家庭暴力行为矫治，通过制定有针对性的监管、教育和帮助措施，矫正犯罪分子的施暴心理和行为恶习。

25.加强反家庭暴力宣传教育。人民法院、人民检察院、公安机关、司法行政机关应当结合本部门工作职责，通过以案说法、社区普法、针对重点对象法制教育等多种形式，开展反家庭暴力宣传教育活动，有效预防家庭暴力，促进平等、和睦、文明的家庭关系，维护社会和谐、稳定。

四、继承

中华人民共和国民法典(节录)

·2020年5月28日第十三届全国人民代表大会第三次会议通过
·2020年5月28日中华人民共和国主席令第45号公布
·自2021年1月1日起施行

……

第六编 继 承

第一章 一般规定

第一千一百一十九条 【继承编的调整范围】本编调整因继承产生的民事关系。

注释 本条是关于继承编调整范围的规定。

《民法典》第124条规定,自然人依法享有继承权。自然人合法的私有财产,可以依法继承。

继承是指继承人对死者生前的财产权利和义务的承受,又称为财产继承,即自然人死亡时,其遗留的个人合法财产归死者生前在法定范围内指定的或者法定的亲属承受的民事法律关系。在继承法律关系中,生前享有的财产因其死亡而移转给他人的死者为被继承人,被继承人死亡时遗留的个人合法财产为遗产,依法承受被继承人遗产的法定范围内的人为继承人。以继承人继承遗产的方式为标准,可以将继承分为遗嘱继承和法定继承,这是对继承的基本分类。

继承的法律特征如下:(1)继承因作为被继承人的自然人死亡而发生;(2)继承中的继承人与被继承人存在特定亲属身份关系;(3)继承是处理死者遗产的法律关系;(4)继承是继承人概括承受被继承人遗产权利和义务的法律制度。

链接《宪法》第13条;《妇女权益保障法》第58条

第一千一百二十条 【继承权的保护】国家保护自然人的继承权。

注释 本条是关于国家保护自然人继承权原则的规定。本条的法律依据是《宪法》第13条第2款关于"国家依照法律规定保护公民的私有财产权和继承权"的规定。

这一基本原则包含两个方面的含义:(1)法律保护自然人享有依法继承遗产的权利,任何人不得干涉;(2)自然人的继承权受到他人非法侵害时,有权依照法律规定请求予以救济,国家以其强制力予以保护。

继承权是指自然人按照被继承人所立的合法有效遗嘱或法律的直接规定享有的继承被继承人遗产的权利。其法律特征是:(1)在继承权的主体方面,继承权只能是自然人享有的权利。(2)在取得根据方面,继承权是自然人依照合法有效的遗嘱或者法律的直接规定而享有的权利。(3)继承权的客体是被继承人生前的财产权利。(4)继承权的本质是独立的民事权利。

与继承法的规定相比,《民法典》继承编将继承相关条文中的"公民"改为了自然人,表述更科学。公民是一种政治上的身份,简单来说,就是具有某个国家国籍的人。有国籍后便享有公民权,可以参加国家政治生活。同一个人,在参加政治生活的时候被称为公民,在参加民事生活的时候被称为自然人。

链接《宪法》第13条

第一千一百二十一条 【继承的开始时间和死亡时间的推定】继承从被继承人死亡时开始。

相互有继承关系的数人在同一事件中死亡,难以确定死亡时间的,推定没有其他继承人的人先死亡。都有其他继承人,辈份不同的,推定长辈先死亡;辈份相同的,推定同时死亡,相互不发生继承。

注释 对被继承人死亡时间的确定,包括自然死亡和宣告死亡两种死亡情形。司法实践中,对自然人的死亡确定,是以呼吸停止和心脏搏动停止为生理死亡的时间。失踪人被宣告死亡,依照《民法典》第48条规定。

链接《民事诉讼法》第34条;《最高人民法院关于

适用〈中华人民共和国民法典〉继承编的解释（一）》第1条

第一千一百二十二条 【遗产的范围】遗产是自然人死亡时遗留的个人合法财产。

依照法律规定或者根据其性质不得继承的遗产，不得继承。

注释 遗产是继承法律关系的客体，也是继承权的标的。遗产作为特殊的财产，与一般财产存在诸多不同：首先，遗产仅存在于特定时间段。遗产是自然人死亡后所遗留的财产。而遗产一旦分割，也就转移成为继承人个人所有的财产，此时也不再是遗产了。遗产是在自然人死亡之后到被分割之前特定时间阶段的财产状态。其次，遗产在性质上属于财产。被继承人的人身性权利不属于遗产的范围，如著作权中的署名权等人身性权利，不能成为遗产被继承。再次，遗产是自然人死亡时遗留的所有个人财产。被继承人死亡后的所有个人财产都成为遗产，不论财产的形态，只要属于其个人所有的财产都转为遗产。遗产仅限于被继承人死亡时遗留的个人所有的财产，他人所有的财产、家庭共有的财产都不属于遗产范围，需要先剥离出去。最后，遗产是自然人死亡时遗留的合法的财产。只有自然人生前合法取得的财产才能成为遗产。如犯罪分子非法获得的财产在其死后不能成为遗产。

遗产范围是指被继承人在其死亡时遗留的可以作为遗产被继承人继承的财产范围。理解遗产的范围需要从三个方面把握：第一，遗产首先是财产或财产性权益，非财产性权利（人格权、人身权或相关权益）不得作为遗产继承；第二，遗产必须是合法的财产权，非法的财产权也不应算作遗产；第三，遗产必须是被继承人个人的财产，非个人财产不属于遗产的范围。我国有些财产性权益属于家庭共有，而非属于个人。比如土地承包经营权、宅基地使用权等，根据农村土地承包法、土地管理法的相关规定，获得土地承包经营权、宅基地使用权的主体是以户为单位，这些权利并不属于某个家庭成员。具体而言，遗产包括：自然人的收入；房屋、储蓄和生活用品；林木、牲畜和家禽；文物、图书资料；法律允许公民所有的生产资料；著作权、专利权中的财产权利等个人合法财产。

本条在规定可以继承的遗产的同时，还进一步明确不得继承的遗产范围。第2款规定了根据性质不得继承的遗产和根据法律规定不得继承的遗产。原因在于，能被继承的遗产应当是能够转由他人承受的财产，有些个人财产性权益虽然合法，但由于法律上的特殊性质，不宜或者不能由他人承继，在这种情况下，法律有必要将其排除在可继承的遗产范围外。根据本款规定，不得继承的遗产主要有两类：第一类是根据其性质不得继承的遗产，这主要是与被继承人人身有关的专属性权利，如被继承人所签订的劳动合同上的权利义务。第二类是根据法律规定不得继承的遗产。如果法律有明确规定某些财产不得继承的，继承人自然不得继承。

案例 李某祥诉李某梅继承权纠纷案（《最高人民法院公报》2009年第12期）

裁判规则：根据《农村土地承包法》第15条的规定，农村土地家庭承包的，承包方是本集体经济组织的农户，其本质特征是以本集体经济组织内部的农户家庭为单位实行农村土地承包经营。家庭承包方式的农村土地承包经营权属于农户家庭，而不属于某一个家庭成员。除林地外的家庭承包，当承包农地的农户家庭中的一人或几人死亡，承包经营仍然是以户为单位，承包地仍由该农户的其他家庭成员继续承包经营；当承包经营农户家庭的成员全部死亡，由于承包经营权的取得是以集体成员权为基础，该土地承包经营权归于消灭，不能由该农户家庭成员的继承人继续承包经营，更不能作为该农户家庭成员的遗产处理。

实务问答 空难死亡赔偿金能否作为遗产处理？

根据《最高人民法院关于空难死亡赔偿金能否作为遗产处理的复函》，空难死亡赔偿金是基于死者死亡对死者近亲属所支付的赔偿。获得空难死亡赔偿金的权利人是死者近亲属，而非死者。故空难死亡赔偿金不宜认定为遗产。

链接《农村土地承包法》第54条；《公司法》第75条；《保险法》第42条；《社会保险法》第14条；《海域使用管理法》第27条；《合伙企业法》第50条；《个人独资企业法》第17条；《住房公积金管理条例》第24条第3款；《最高人民法院关于适用〈中华人民共和国民法典〉继承编的解释（一）》第2、39条

第一千一百二十三条 【法定继承、遗嘱继承、遗赠和遗赠扶养协议的效力】继承开始后，按

照法定继承办理;有遗嘱的,按照遗嘱继承或者遗赠办理;有遗赠扶养协议的,按照协议办理。

注释 本条是关于法定继承、遗嘱继承、遗赠、遗赠扶养协议关系的规定。它们之间的继承顺序是:遗赠扶养协议>遗嘱继承、遗赠>法定继承。

法定继承是指被继承人死亡时没有留下遗嘱,其个人合法遗产的继承由法律规定的继承人范围、顺序和分配原则进行遗产继承的一种继承方式。

遗嘱继承,是指遗嘱中所指定的继承人,根据遗嘱指定的其应当继承的遗产种类、数额等,继承被继承人遗产的一种继承方式。

遗赠是指公民以遗嘱方式将个人财产赠与国家、集体或法定继承人以外的人,于其死亡时发生法律效力的民事行为。

遗赠扶养协议是指遗赠人和扶养人为明确相互间遗赠和扶养的权利义务关系所订立的协议。

第一千一百二十四条 【继承和遗赠的接受和放弃】继承开始后,继承人放弃继承的,应当在遗产处理前,以书面形式作出放弃继承的表示;没有表示的,视为接受继承。

受遗赠人应当在知道受遗赠后六十日内,作出接受或者放弃受遗赠的表示;到期没有表示的,视为放弃受遗赠。

注释 放弃继承就是继承人作出不接受继承、不参与遗产分割的意思表示。放弃继承的效力,追溯到继承开始的时间。放弃继承的继承人既可以是遗嘱继承人,也可以是法定继承人。放弃继承的意思表示可以是继承人本人作出,也可以通过其代理人作出。任何人不得胁迫、欺诈他人放弃继承。继承人放弃继承应当以书面形式向遗产管理人或者其他继承人表示。在诉讼中,继承人向人民法院以口头方式表示放弃继承的,要制作笔录,由放弃继承的人签名。继承人放弃继承的意思表示,应当在继承开始后、遗产分割前作出。遗产分割后表示放弃的不再是继承权,而是所有权。

遗产处理前或者在诉讼进行中,继承人对放弃继承反悔的,由人民法院根据其提出的具体理由,决定是否承认。遗产处理后,继承人对放弃继承反悔的,不予承认。

链接《最高人民法院关于适用〈中华人民共和国民法典〉继承编的解释(一)》第32—37条

第一千一百二十五条 【继承权的丧失】继承人有下列行为之一的,丧失继承权:

(一)故意杀害被继承人;

(二)为争夺遗产而杀害其他继承人;

(三)遗弃被继承人,或者虐待被继承人情节严重;

(四)伪造、篡改、隐匿或者销毁遗嘱,情节严重;

(五)以欺诈、胁迫手段迫使或者妨碍被继承人设立、变更或者撤回遗嘱,情节严重。

继承人有前款第三项至第五项行为,确有悔改表现,被继承人表示宽恕或者事后在遗嘱中将其列为继承人的,该继承人不丧失继承权。

受遗赠人有本条第一款规定行为的,丧失受遗赠权。

注释 继承权丧失是指继承人因对被继承人或者其他继承人实施了法律所禁止的行为,而依法被取消继承被继承人遗产的资格。继承权丧失是法律规定取消继承权的情形。丧失继承权的法定事由包括5种:

1. 故意杀害被继承人。在主观上,继承人存在杀人的故意,此处不包括过失犯罪,也不包括过失或者因正当防卫致被继承人死亡。在犯罪动机上,不论继承人是否为了取得被继承人的遗产。在客观上,继承人实施了杀害行为,而不论是否既遂。

2. 为争夺遗产而杀害其他继承人。主观上必须有杀害的故意,且动机为争夺遗产。客观上实施了杀害其他继承人的行为,而不论是否既遂。

3. 遗弃被继承人,或者虐待被继承人情节严重。需要注意的是,只要行为人实施了遗弃被继承人的行为,而不论这种行为是否严重,即失去继承权。而虐待被继承人需要达到情节严重。判断虐待被继承人情节是否严重,可以从实施虐待行为的时间、手段、后果和社会影响等方面认定。

4. 伪造、篡改、隐匿或者销毁遗嘱,情节严重。继承人伪造、篡改、隐匿或者销毁遗嘱,侵害了缺乏劳动能力又无生活来源的继承人的利益,并造成其生活困难的,应当认定为"情节严重"。

5. 以欺诈、胁迫手段迫使或者妨碍被继承人设立、变更或者撤回遗嘱,情节严重。不论继承人是采取欺诈手段还是胁迫手段,只要导致被继承人的真实意思歪曲,情节严重的,就构成丧失继承权的法定事由。

本条第2款是关于继承权恢复的规定，其前提条件是：1. 继承人丧失继承权是因为实施了本条第1款第3项至第5项行为。如果继承人因为故意杀害被继承人或者为争夺遗产杀害其他继承人而丧失继承权的，则不论如何是不能再恢复继承权的。2. 继承人确有悔改。认定继承人是否确有悔改，应该结合其行为及内心的主观认识来判断，不能仅仅从表面的行为分析，既要有悔改的外在行为，还要有内在的主观态度改正。3. 被继承人作出了恢复继承权的意思表示。此制度设置主要是为了尊重被继承人的真实意思，如果继承人确有悔改，但是被继承人未作出恢复继承权的意思表示，继承权仍无法恢复。

本条第3款规定为绝对丧失继承权的规定，针对的是受遗赠人，即受遗赠人一旦实施了本条第1款规定的行为，即永久丧失受遗赠权，不得再恢复。

链接《最高人民法院关于适用〈中华人民共和国民法典〉继承编的解释（一）》第5—9条

第二章 法定继承

第一千一百二十六条 【继承权男女平等原则】继承权男女平等。

注释 本条是关于继承权男女平等原则的规定。

在法定继承中，继承权男女平等，是继承权平等原则的核心和基本表现。继承权男女平等的含义是：(1)男女具有平等的继承权，不因性别差异而有所不同。(2)夫妻在继承上有平等的权利，有相互继承遗产的权利，如夫妻一方死亡后另一方再婚的，有权处分所继承的财产，任何人不得干涉。(3)在继承人的范围和法定继承的顺序上，男女亲等相同，父系亲与母系亲平等。(4)在代位继承中，男女有平等的代位继承权，适用于父系的代位继承，同样适用于母系。

第一千一百二十七条 【继承人的范围及继承顺序】遗产按照下列顺序继承：

（一）第一顺序：配偶、子女、父母；

（二）第二顺序：兄弟姐妹、祖父母、外祖父母。

继承开始后，由第一顺序继承人继承，第二顺序继承人不继承；没有第一顺序继承人继承的，由第二顺序继承人继承。

本编所称子女，包括婚生子女、非婚生子女、养子女和有扶养关系的继子女。

本编所称父母，包括生父母、养父母和有扶养关系的继父母。

本编所称兄弟姐妹，包括同父母的兄弟姐妹、同父异母或者同母异父的兄弟姐妹、养兄弟姐妹、有扶养关系的继兄弟姐妹。

注释 本条规定了两个继承顺序：1. 配偶、子女、父母为第一顺序法定继承人。其中，配偶是指因合法的婚姻关系而确立夫妻身份的男女双方；子女包括婚生子女、非婚生子女、养子女、有扶养关系的继子女；父母，包括生父母、养父母和有扶养关系的继父母。丧偶儿媳对公婆，丧偶女婿对岳父母尽了主要赡养义务的，作为第一顺序继承人。2. 兄弟姐妹、祖父母、外祖父母为第二顺序法定继承人。其中，兄弟姐妹包括同父母的兄弟姐妹、同父异母或者同母异父的兄弟姐妹、养兄弟姐妹、有扶养关系的继兄弟姐妹。

链接《民法典》第1070、1071条；《老年人权益保障法》第22条；《最高人民法院关于适用〈中华人民共和国民法典〉继承编的解释（一）》第10—13条

第一千一百二十八条 【代位继承】被继承人的子女先于被继承人死亡的，由被继承人的子女的直系晚辈血亲代位继承。

被继承人的兄弟姐妹先于被继承人死亡的，由被继承人的兄弟姐妹的子女代位继承。

代位继承人一般只能继承被代位继承人有权继承的遗产份额。

注释 代位继承也被称为“间接继承”，指具有法定继承权的人因主客观原因不能继承时，由其直系晚辈血亲按照该继承人的继承地位和顺序，继承被继承人遗产的制度。在代位继承中，具有法定继承权的人称为被代位继承人；按照被代位继承人的地位和顺序继承遗产的人称为代位继承人。本法在《继承法》第11条确立的代位继承制度基础上进一步扩大了被代位继承人的范围，即被继承人的兄弟姐妹也可作为被代位继承人，在其先于被继承人死亡时，其子女可以代位继承。

代位继承的份额是指代位继承人通过代位继承的方式能够取得的遗产份额。本法规定代位继承人一般只能继承被代位继承人有权继承的遗产份额，此为一般原则，在存在法律规定的多分、少分或者不分等情形时，其继承遗产的份额可能会有所变化。

案例 苏某甲诉李某田等法定继承纠纷案[人民法院贯彻实施民法典典型案例(第一批)]

裁判规则:本案是适用《民法典》关于侄甥代位继承制度的典型案例。当事人一致确认苏某泉生前未立遗嘱,也未立遗赠扶养协议,故苏某泉的遗产应由其继承人按照法定继承办理。苏某甲系苏某泉姐姐苏某乙的养子女,在苏某乙先于苏某泉死亡且苏某泉的遗产无人继承又无人受遗赠的情况下,根据《最高人民法院关于适用〈中华人民共和国民法典〉时间效力的若干规定》第14条,适用《民法典》第1128条第2款和第3款的规定,苏某甲有权作为苏某泉的法定继承人继承苏某泉的遗产。

链接《最高人民法院关于适用〈中华人民共和国民法典〉继承编的解释(一)》第14—17条

第一千一百二十九条 【丧偶儿媳、女婿的继承权】丧偶儿媳对公婆,丧偶女婿对岳父母,尽了主要赡养义务的,作为第一顺序继承人。

链接《最高人民法院关于适用〈中华人民共和国民法典〉继承编的解释(一)》第18条

第一千一百三十条 【遗产分配规则】同一顺序继承人继承遗产的份额,一般应当均等。

对生活有特殊困难又缺乏劳动能力的继承人,分配遗产时,应当予以照顾。

对被继承人尽了主要扶养义务或者与被继承人共同生活的继承人,分配遗产时,可以多分。

有扶养能力和有扶养条件的继承人,不尽扶养义务的,分配遗产时,应当不分或者少分。

继承人协商同意的,也可以不均等。

注释 法定继承人分割遗产的具体方法是:(1)同一顺序继承人之间遗产应当均等分配。这是对同一顺序继承人的继承权的平等保护。同一顺序的法定继承人的法律地位是平等的,不分男女老幼,不论是有血缘关系还是拟制的血缘关系,都平等地享有继承被继承人遗产的权利,并应该均等地获得遗产。需注意的是,遗嘱继承人依遗嘱取得遗产后,仍有权依照本条的规定取得遗嘱未处分的遗产。(2)对生活有特殊困难又缺乏劳动能力的继承人,应当予以适当照顾,适当多分。(3)对被继承人尽了主要扶养义务或者与被继承人共同生活的继承人,可以多分财产。(4)对于有扶养能力和扶养条件却不尽扶养义务的继承人,可以不分或者少分。(5)各继承人协商同意不均等分割的,也可以不均等分割。

链接《最高人民法院关于适用〈中华人民共和国民法典〉继承编的解释(一)》第4、16、17、19、22、23、43条

第一千一百三十一条 【酌情分得遗产权】对继承人以外的依靠被继承人扶养的人,或者继承人以外的对被继承人扶养较多的人,可以分给适当的遗产。

注释 本条对法定继承制度作了补充,使得法定继承人之外的与被继承人之间形成扶养关系、共同生活关系等的人能够基于此项制度获得被继承人的遗产。

对于本条,主要从以下几个方面进行理解:1.可以分给适当遗产的人为继承人以外的人。2.可以分给适当遗产的条件为继承人以外的人与被继承人之间具有扶养关系。与被继承人之间具有扶养关系,既包括依靠被继承人扶养的情形,也包括对被继承人扶养较多的情形。3.可以分给适当遗产的份额不具有确定性。依照本条规定可以分给适当遗产的人,分给他们遗产时,按具体情况可以多于或者少于继承人。本条没有对可以分得遗产份额的数额作明确规定,主要是考虑到实践中情况复杂,无法规定统一的标准,在分配遗产时,对于被继承人以外的人,可以综合考虑其与被继承人之间扶养关系的程度、遗产数额以及法定继承人的具体情况等因素,由当事人之间协商确定或者由法院确定适当的遗产份额。4.可以分给适当遗产的适用情形为遗产按照法定继承办理时。本条规定在法定继承这章,因此与被继承人有扶养关系的继承人以外的人仅在遗产按照法定继承办理时可以请求分给适当遗产。如果被继承人生前以有效的遗嘱或者遗赠扶养协议等处分了其全部遗产,而没有为与其有扶养关系的继承人以外的人保留遗产份额,则应尊重被继承人的意思表示,不能以本条取代被继承人已明示的有效的意思表示。如果被继承人立了遗嘱或者遗赠扶养协议,但是因存在本法第1154条规定的情形导致遗产中的有关部分按照法定继承办理的,对于这部分遗产可以适用本条规定。

链接《最高人民法院关于适用〈中华人民共和国民法典〉继承编的解释(一)》第20、21、41条

第一千一百三十二条 【继承的处理方式】继承人应当本着互谅互让、和睦团结的精神,协商处

理继承问题。遗产分割的时间、办法和份额,由继承人协商确定;协商不成的,可以由人民调解委员会调解或者向人民法院提起诉讼。

注释 人民调解委员会是在基层人民政府和基层人民法院指导下,调解民间纠纷的群众性组织,并依照法律规定,根据自愿原则进行调解。当事人对调解达成的协议应当履行;不愿调解、调解不成或者反悔的,可以向人民法院起诉。

案例 严某泰等诉严某平等继承纠纷案(2013年1月10日最高人民法院关于印发全国法院优秀调解案例的通知)

裁判规则:本案是因继承遗产而引发的典型家庭纠纷。被继承人是上海当地名人,继承人人数众多且分居世界各地,矛盾重重,纷争已久,办理难度很大。本案的成功调解,对人民法院审理继承等家庭案件具有很好的示范作用:一是立足亲情,准确寻找调解突破口。法院从亲情着手,耐心释法引导,唤起其对和睦家庭的回忆和向往,并借助当事人的亲戚做说服教育工作,以亲情感化了各方当事人,消除了各方之间的对立,为调解成功奠定了坚实的基础。二是找准调解难点,创新调解方法。法院准确把握确定继承份额和巨额不动产遗产变现分配两个难点,创新地采取继承人内部竞价的方式成功变现了房屋,确保了调解成功。三是最大限度实现当事人权益。法院调解化解纠纷,既实现了当事人的继承权利,更维护了亲情和家庭和睦这一更高的"利益",同时弘扬了"和为贵"的家庭伦理和社会价值。

链接《最高人民法院关于适用〈中华人民共和国民事诉讼法〉的解释》第70条;《人民调解法》

第三章 遗嘱继承和遗赠

第一千一百三十三条 【遗嘱处分个人财产】自然人可以依照本法规定立遗嘱处分个人财产,并可以指定遗嘱执行人。

自然人可以立遗嘱将个人财产指定由法定继承人中的一人或者数人继承。

自然人可以立遗嘱将个人财产赠与国家、集体或者法定继承人以外的组织、个人。

自然人可以依法设立遗嘱信托。

注释 本条是关于遗嘱继承的一般规定。

遗嘱继承是指于继承开始后,继承人按照被继承人合法有效的遗嘱,继承被继承人遗产的继承方式。遗嘱是遗嘱人生前按照自己的意思和想法处分自己财产的行为,体现的是遗嘱人的真实意志。生前立有遗嘱的被继承人称为遗嘱人或立遗嘱人,依照遗嘱的指定享有遗产继承权的人为遗嘱继承人。遗嘱继承所指向的客体为被继承人指定的遗产份额。

自然人可以依照《民法典》的规定,用立遗嘱的方法,处分个人在死后的遗产,并且可以指定遗嘱执行人,由遗嘱执行人执行自己的遗嘱。在遗嘱中,可以将个人死后的遗产指定由法定继承人中的一人或者数人继承。自然人也可以立遗嘱将个人财产赠给国家、集体或者法定继承人以外的人,即遗赠。设立遗赠也使其他继承人丧失或者部分丧失继承被继承人遗产的权利。

案例 向某琼等人诉张某霞等人执行遗嘱代理协议纠纷案(《最高人民法院公报》2004年第1期)

裁判规则:遗嘱执行人在遗嘱人没有明确其执行遗嘱所得报酬的情况下,与继承人就执行遗嘱相关事项自愿签订代理协议,并按照协议约定收取遗嘱执行费,不属于《律师法》第34条禁止的律师在同一案件中为双方当事人代理的情形,应认定代理协议有效。

链接《信托法》第13条

第一千一百三十四条 【自书遗嘱】自书遗嘱由遗嘱人亲笔书写,签名,注明年、月、日。

注释 遗嘱人自己书写的遗嘱,称为自书遗嘱。自书遗嘱应当由遗嘱人亲笔书写,签名,注明年、月、日。需要注意的是,自然人在遗书中涉及死后个人财产处分的内容,确为死者的真实意思表示,有本人签名并注明了年、月、日,又无相反证据的,可以按自书遗嘱对待。自书遗嘱不需要证人就当然地具有遗嘱的效力,这一点不同于代书遗嘱需要证人来证明。

链接《最高人民法院关于适用〈中华人民共和国民法典〉继承编的解释(一)》第27条

第一千一百三十五条 【代书遗嘱】代书遗嘱应当有两个以上见证人在场见证,由其中一人代书,并由遗嘱人、代书人和其他见证人签名,注明年、月、日。

注释 代书遗嘱是由他人代笔书写的遗嘱。代书遗嘱通常是在遗嘱人不会写字或因病不能写字的情况下不得已而为之的。代书遗嘱须符合以下要求:(1)须由遗嘱人口授遗嘱内容,并由一个见证人代书。(2)须有两个以上见证人在场见证。(3)须代书人、其他见证人和遗嘱人在遗嘱上签名,并注明年、月、日。

案例 何甲等与何乙等继承纠纷上诉案[广东省广州市中级人民法院(2008)穗中法民一终字第1814号民事判决书]

裁判规则:代书遗嘱违反应当有两个以上见证人在场见证的规定,应属无效。

第一千一百三十六条 【打印遗嘱】打印遗嘱应当有两个以上见证人在场见证。遗嘱人和见证人应当在遗嘱每一页签名,注明年、月、日。

注释 打印遗嘱是指遗嘱人通过电脑制作,用打印机打印出来的遗嘱。打印遗嘱有效的要件是:(1)遗嘱为电脑制作、打印机打印出来的文本形式。(2)打印遗嘱应当有两个以上见证人在场见证。(3)遗嘱人和见证人在遗嘱文本的每一页都签名。(4)注明年、月、日。

第一千一百三十七条 【录音录像遗嘱】以录音录像形式立的遗嘱,应当有两个以上见证人在场见证。遗嘱人和见证人应当在录音录像中记录其姓名或者肖像,以及年、月、日。

注释 录音录像遗嘱,是一种新型的遗嘱方式,是指以录音录像方式录制下来的遗嘱人的口述遗嘱,其实就是视听遗嘱。录音录像遗嘱应当符合下列要件:(1)有两个以上见证人在场见证,见证人应当在录音录像中记录其姓名或者肖像以及年、月、日。(2)由遗嘱人亲自叙述遗嘱的内容,内容应当具体,对有关财产的处分,应当说明财产的基本情况,说明财产归什么人承受。遗嘱人应当在录音录像中记录其姓名或者肖像以及年、月、日。(3)遗嘱人、见证人将有关视听资料封存,并签名、注明日期,以确定遗嘱的订立时间。(4)当众开启录音录像遗嘱,在继承开始后,在参加制作遗嘱的见证人和全体继承人到场的情况下,当众启封,维护录音录像遗嘱的真实性。具备这些要件的录音录像遗嘱,发生法律效力。

第一千一百三十八条 【口头遗嘱】遗嘱人在危急情况下,可以立口头遗嘱。口头遗嘱应当有两个以上见证人在场见证。危急情况消除后,遗嘱人能够以书面或者录音录像形式立遗嘱的,所立的口头遗嘱无效。

注释 口头遗嘱是由遗嘱人口头表达并不以任何方式记载的遗嘱。口头遗嘱完全靠见证人表述证明,极其容易发生纠纷。因此,法律规定遗嘱人只能在危急的情况下才可以立口头遗嘱,并且必须有两个以上见证人在场见证。危急情况消除后,遗嘱人能够以书面或者录音录像形式立遗嘱的,所立的口头遗嘱无效。

第一千一百三十九条 【公证遗嘱】公证遗嘱由遗嘱人经公证机构办理。

注释 公证遗嘱是指通过法律规定的公证形式订立的,有关订立程序和形式都由法律规定的遗嘱。根据我国《公证法》第2条的规定,公证是公证机构根据自然人、法人或者其他组织的申请,依照法定程序对民事法律行为、有法律意义的事实和文书的真实性、合法性予以证明的活动。

公证人员在办理遗嘱公证时,要依法对遗嘱人立遗嘱行为的真实性、合法性予以审查,审查的内容包括:遗嘱人是否具有完全民事行为能力,遗嘱人的意思表示是否真实,遗嘱的内容是否完备、文字表述是否准确,遗嘱内容是否违反法律规定和社会公共利益,遗嘱的签名、制作日期是否齐全以及办理公证的程序是否符合规定等。经审查认为遗嘱人立遗嘱行为符合法律规定的条件的,公证处应当出具公证书。公证遗嘱采用打印形式。遗嘱人根据遗嘱原稿核对后,应当在打印的公证遗嘱上签名、盖章或者按手印。

第一千一百四十条 【作为遗嘱见证人的消极条件】下列人员不能作为遗嘱见证人:

(一)无民事行为能力人、限制民事行为能力人以及其他不具有见证能力的人;

(二)继承人、受遗赠人;

(三)与继承人、受遗赠人有利害关系的人。

注释 除自书遗嘱外,其他各种遗嘱皆须有见证人参与。由于见证人的证明直接影响遗嘱的效力,为保证这几种遗嘱真实地反映遗嘱人的意思和想法,本条对遗嘱见证人的资格作出了限制性规定。其中,见证人是否具有民事行为能力,应当以遗嘱见证时为准。如果其于遗嘱人立遗嘱时具有完全民事行为能力,而后丧失行为能力,则不影响遗嘱见证的效力。

第一千一百四十一条 【必留份】遗嘱应当为缺乏劳动能力又没有生活来源的继承人保留必要的遗产份额。

注释 必留份是指被继承人在立遗嘱处分自己的

遗产时,必须依法留给特定继承人,不得自由处分的遗产份额。本条规定的遗嘱应当为缺乏劳动能力又没有生活来源的继承人保留必要的遗产份额,就是必留份。继承人是否缺乏劳动能力又没有生活来源,应当按遗嘱生效时该继承人的具体情况而定。

遗嘱非法处分必留份的,该部分遗嘱内容无效。

案例 1. 孟甲与孟乙等遗嘱继承纠纷上诉案[辽宁省辽河油田中级人民法院(2008)油民一终字第4号民事判决书]

裁判规则:遗嘱中未对缺乏劳动能力又无生活来源的继承人保留必要的遗产份额,该遗嘱涉及的财产部分无效。

2. 陈某某、陈某祥与陈某英等遗嘱继承纠纷案(2016年5月14日最高人民法院公布10起残疾人权益保障典型案例)

裁判规则:残疾人的继承权依法不受侵犯。本案中陈某某虽身体有严重残疾,但作为出嫁女,其父母在处分遗产时,并未坚持当地民间传统中将房产只传男不传女的习惯,将案涉部分房产以遗嘱的形式明确由身体有残疾的陈某某继承。人民法院通过判决的形式依法确认了遗嘱的效力,切实保护了陈某某的财产继承权,为陈某某日后的生活所需提供了坚实的物质保障。

链接《最高人民法院关于适用〈中华人民共和国民法典〉继承编的解释(一)》第31条

第一千一百四十二条 【遗嘱的撤回与变更】遗嘱人可以撤回、变更自己所立的遗嘱。

立遗嘱后,遗嘱人实施与遗嘱内容相反的民事法律行为的,视为对遗嘱相关内容的撤回。

立有数份遗嘱,内容相抵触的,以最后的遗嘱为准。

注释 本条是关于遗嘱撤回、变更和遗嘱效力冲突的规定。

遗嘱是遗嘱人处分其个人财产的行为,遗嘱只有在遗嘱人死亡后才会发生法律效力。因此,订立遗嘱后,遗嘱人认为遗嘱不当或者有错误,或者改变主意的,遗嘱人在死亡之前均可以撤回或者变更其原来订立的遗嘱,这也是遗嘱自由原则的具体表现。

遗嘱撤回是指遗嘱人在订立遗嘱后又通过一定的方式取消原来所立的遗嘱。遗嘱变更是指遗嘱人在遗嘱订立后对遗嘱内容的部分修改。

立有数份遗嘱,内容相抵触的,应当视为后设立的遗嘱取代或者变更了原设立的遗嘱。因此,遗嘱人设立数份遗嘱内容相抵触的,应当以最后设立的遗嘱为准,即"遗嘱设立在后效力优先"。本条规定删除了原《继承法》第20条第3款关于"自书、代书、录音、口头遗嘱,不得撤销、变更公证遗嘱"的公证遗嘱优先原则。

第一千一百四十三条 【遗嘱无效的情形】无民事行为能力人或者限制民事行为能力人所立的遗嘱无效。

遗嘱必须表示遗嘱人的真实意思,受欺诈、胁迫所立的遗嘱无效。

伪造的遗嘱无效。

遗嘱被篡改的,篡改的内容无效。

链接《民法典》第19—23、144条

第一千一百四十四条 【附义务的遗嘱继承或遗赠】遗嘱继承或者遗赠附有义务的,继承人或者受遗赠人应当履行义务。没有正当理由不履行义务的,经利害关系人或者有关组织请求,人民法院可以取消其接受附义务部分遗产的权利。

注释 本条规定,在遗嘱继承中,遗嘱人可以为继承人、受遗赠人设定一定的义务,继承人、受遗赠人在享有继承遗嘱人的遗产权利的同时,必须履行其义务。没有正当理由不履行义务的,经利害关系人或者有关组织请求,人民法院可以取消其接受附义务部分遗产的权利。

这种附加义务的条件,应当符合以下要求:(1)附义务的遗嘱所设定的义务,只能由遗嘱继承人或者受遗赠人承担,不得对不取得遗产利益的人设定义务。(2)设定的义务不得违背法律和社会公共利益。(3)设定的义务必须是可能实现的。(4)附义务的遗嘱中所规定的继承人或受遗赠人应当履行的义务,不得超过继承人或受遗赠人所取得的利益。

第四章 遗产的处理

第一千一百四十五条 【遗产管理人的选任】继承开始后,遗嘱执行人为遗产管理人;没有遗嘱执行人的,继承人应当及时推选遗产管理人;继承人未推选的,由继承人共同担任遗产管理人;没有继承人或者继承人均放弃继承的,由被继承人生前住所地的民政部门或者村民委员会担任遗产管理人。

第一千一百四十六条 【法院指定遗产管理人】对遗产管理人的确定有争议的,利害关系人可以向人民法院申请指定遗产管理人。

案例 欧某士申请指定遗产管理人案[人民法院贯彻实施民法典典型案例(第一批)]

裁判规则:魏姜氏遗产的多名继承人目前下落不明、信息不明,遗产房屋将在较长时间内不能明确所有权人,其管养维护责任可能长期无法得到有效落实,确有必要在析产分割条件成就前尽快依法确定管理责任人。而魏姜氏生前未留有遗嘱,未指定其遗嘱执行人或遗产管理人,在案各继承人之间就遗产管理问题又分歧巨大、未能协商达成一致意见,故当秉承最有利于遗产保护、管理、债权债务清理的原则,在综合考虑被继承人内心意愿、各继承人与被继承人亲疏远近关系、各继承人管理保护遗产的能力水平等方面因素,确定案涉遗产房屋的合适管理人。次女魏某燕一直在魏姜氏生前尽到主要赡养义务,与产权人关系较为亲近,且历代长期居住在遗产房屋内并曾主持危房改造,与遗产房屋有更深的历史情感联系,对周边人居环境更为熟悉,更有实际能力履行管养维护职责,更有能力清理遗产上可能存在的债权债务;长女魏某静一支可查后人现均居住漳州市,客观上无法对房屋尽到充分、周到的管养维护责任。故,由魏某静一支继承人跨市管理案涉遗产房屋暂不具备客观条件;魏某燕一支继承人能够协商支持由陈某萍、陈某芬共同管理案涉遗产房屋,符合遗产效用最大化原则。

第一千一百四十七条 【遗产管理人的职责】遗产管理人应当履行下列职责:

(一)清理遗产并制作遗产清单;

(二)向继承人报告遗产情况;

(三)采取必要措施防止遗产毁损、灭失;

(四)处理被继承人的债权债务;

(五)按照遗嘱或者依照法律规定分割遗产;

(六)实施与管理遗产有关的其他必要行为。

第一千一百四十八条 【遗产管理人的责任】遗产管理人应当依法履行职责,因故意或者重大过失造成继承人、受遗赠人、债权人损害的,应当承担民事责任。

注释 本条是关于遗产管理人履行职责及责任的规定,是新增条文。为使遗产债权人、受遗赠人等遗产权利人的利益得到保障,遗产管理人应当负善良管理人的注意义务。遗产管理人须忠实、谨慎地履行管理职责。遗产管理人未尽善良管理人的注意义务,不当履行职责,因故意或者重大过失造成继承人、受遗赠人、债权人损害的,应当承担民事责任,对造成的损失应当予以赔偿。

第一千一百四十九条 【遗产管理人的报酬】遗产管理人可以依照法律规定或者按照约定获得报酬。

第一千一百五十条 【继承开始的通知】继承开始后,知道被继承人死亡的继承人应当及时通知其他继承人和遗嘱执行人。继承人中无人知道被继承人死亡或者知道被继承人死亡而不能通知的,由被继承人生前所在单位或者住所地的居民委员会、村民委员会负责通知。

注释 本条是关于继承开始后的通知的规定。继承开始时,有的继承人因各种原因可能不知道继承已经开始,因此本条规定相关人员将被继承人死亡的事实通知继承人或者遗嘱执行人,以便保护相关继承人的利益,从而保证继承的顺利进行。

在通知的时间和方式上,一般要求负有通知义务的继承人或相关单位应当及时向其他继承人发出通知;通知的方式以能将被继承人死亡、继承开始的事实传达到继承人为准,一般以口头通知为主,如通过电话通知,也可以采取书面方式如电报、传真、快递等,甚至还可以采取公告的方式。

链接《最高人民法院关于适用〈中华人民共和国民法典〉继承编的解释(一)》第30条

第一千一百五十一条 【遗产的保管】存有遗产的人,应当妥善保管遗产,任何组织或者个人不得侵吞或者争抢。

第一千一百五十二条 【转继承】继承开始后,继承人于遗产分割前死亡,并没有放弃继承的,该继承人应当继承的遗产转给其继承人,但是遗嘱另有安排的除外。

链接《最高人民法院关于适用〈中华人民共和国民法典〉继承编的解释(一)》第38条

第一千一百五十三条 【遗产的确定】夫妻共同所有的财产,除有约定的外,遗产分割时,应当先将共同所有的财产的一半分出为配偶所有,其余的为被继承人的遗产。

遗产在家庭共有财产之中的,遗产分割时,应当先分出他人的财产。

注释 析产主要有以下两种情形：1. 夫妻共同财产的析产。在分割遗产之前，应当先确定遗产的范围。具体方法是：先析出夫妻个人财产；确定夫妻共同财产的范围；将确定为夫妻共同财产的财产一分为二，一半作为生存一方当事人的个人财产，另一半确定为遗产范围。如果夫妻双方约定为分别财产制的，则不存在这种析产问题。2. 家庭共同财产的析产。具体方法是，先析出家庭成员的个人财产，再析出家庭共同财产中属于其他成员的财产，然后析出被继承人个人的遗产债务，最终确定在家庭共同财产中的遗产。

实务问答 实践中如何从家庭共同财产中确定遗产？

本条第2款规定，遗产在家庭共有财产之中的，遗产分割时，应当先分出他人的财产。被继承人与家庭成员共同生活，势必会与其他家庭成员有家庭共同财产，在分割遗产时，也必须将其个人的共有份额划分出来，确定为遗产。例如，土地承包经营的农户中有一家庭成员死亡，由于土地承包经营是以家庭为单位承包的，在分割遗产时，就需要根据农村土地承包法的规定予以分割。《农村土地承包法》第32条第1款规定："承包人应得的承包收益，依照继承法的规定继承。"因此，可以继承的仅为被继承人应得的承包收益，即开展承包经营获得的部分收益。再如，甲一家四口在城市购买商品房一套，该房产的所有权属于按份共有产权，其中甲享有70%的所有权，其余三口人各占10%的所有权份额。甲死亡后，就应当将其所有的70%的产权划分出来，只有这70%的商品房的建筑物区分所有权属于遗产。

第一千一百五十四条 【按法定继承办理】有下列情形之一的，遗产中的有关部分按照法定继承办理：

（一）遗嘱继承人放弃继承或者受遗赠人放弃受遗赠；

（二）遗嘱继承人丧失继承权或者受遗赠人丧失受遗赠权；

（三）遗嘱继承人、受遗赠人先于遗嘱人死亡或者终止；

（四）遗嘱无效部分所涉及的遗产；

（五）遗嘱未处分的遗产。

第一千一百五十五条 【胎儿预留份】遗产分割时，应当保留胎儿的继承份额。胎儿娩出时是死体的，保留的份额按照法定继承办理。

注释 保留胎儿的继承份额，就是在计算参与遗产分割的人数时，应该将胎儿列入计算范围。需要注意的是，这里的继承份额既包括法定继承的继承份额，也包括遗嘱继承时的份额。在法定继承时，如果胎儿在继承人范围和顺序之内，应当按照法定或者协商确定的分割原则、比例计算胎儿的应继承遗产份额。在遗嘱继承时，如果遗嘱中明确哪些遗产属于受孕之胎儿的，那么在分割遗产时，就应将此部分遗产予以保留，而不得以胎儿尚未出生为由予以瓜分。

胎儿娩出时是死体的，其包括继承的权利能力在内的所有权利能力都溯及地消灭，则为其保留的份额按照法定继承办理，即由被继承人的法定继承人继承。

案例 李某、郭某阳诉郭某和、童某某继承纠纷案（最高人民法院指导案例50号）

裁判规则：夫妻关系存续期间，双方一致同意利用他人的精子进行人工授精并使女方受孕后，男方反悔，而女方坚持生出该子女的，不论该子女是否在夫妻关系存续期间出生，都应视为夫妻双方的婚生子女。

如果夫妻一方所订立的遗嘱中没有为胎儿保留遗产份额，因违反法律规定，该部分遗嘱内容无效。分割遗产时，应当为胎儿保留继承份额。

第一千一百五十六条 【遗产分割】遗产分割应当有利于生产和生活需要，不损害遗产的效用。

不宜分割的遗产，可以采取折价、适当补偿或者共有等方法处理。

链接《最高人民法院关于适用〈中华人民共和国民法典〉继承编的解释（一）》第42条

第一千一百五十七条 【再婚时对所继承遗产的处分】夫妻一方死亡后另一方再婚的，有权处分所继承的财产，任何组织或者个人不得干涉。

注释 本条是关于夫妻一方死亡另一方再婚仍有权处分所继承遗产的规定。夫妻有相互继承遗产的权利。当一方死亡后，另一方与他人再婚的，并不能改变其所继承的遗产成为自己的财产的性质，因而有权处分自己所继承的财产。

第一千一百五十八条 【遗赠扶养协议】自然人可以与继承人以外的组织或者个人签订遗赠扶养协议。按照协议，该组织或者个人承担该自然人生养死葬的义务，享有受遗赠的权利。

注释 遗赠扶养协议是指遗赠人和扶养人为明确

相互间遗赠和扶养的权利义务关系所订立的协议。遗赠人必须是具有完全民事行为能力、有一定的可遗赠的财产并需要他人扶养的自然人。扶养人必须是遗赠人法定继承人以外的个人或组织,并具有完全民事行为能力、能履行扶养义务。

遗赠扶养协议的特征如下:(1)遗赠扶养协议为双方法律行为,须有双方的意思表示一致才能成立。(2)遗赠扶养协议为诺成法律行为,自双方意思表示达成一致时起即发生效力。(3)遗赠扶养协议为要式法律行为,应采用书面形式。(4)遗赠扶养协议为双务有偿法律行为,扶养人负有负责受扶养人的生养死葬的义务,受扶养人也有将自己的财产遗赠给扶养人的义务。(5)遗赠扶养协议具有效力优先性,遗赠扶养协议与遗赠、遗嘱继承并存,则应当优先执行遗赠扶养协议。

链接《最高人民法院关于适用〈中华人民共和国民法典〉继承编的解释(一)》第40条

第一千一百五十九条 【遗产分割时的义务】分割遗产,应当清偿被继承人依法应当缴纳的税款和债务;但是,应当为缺乏劳动能力又没有生活来源的继承人保留必要的遗产。

注释 本条中关于应当为缺乏劳动能力又没有生活来源的继承人保留必要的遗产的规定,可从以下几个方面理解:首先,需要保留的前提是遗产可能不足以清偿债务和缴纳税款。其次,保留遗产指向的对象是缺乏劳动能力又没有生活来源的继承人。作出保留必须同时满足四个条件:(1)获得保留遗产的人必须是继承人,继承人以外的人不能享有此权利。(2)继承人缺乏劳动能力。缺乏劳动能力是指因无法参与生产劳动而获得经济收入维持生计。缺乏劳动能力必须是客观原因造成的无法劳动,而不是继承人主观上不愿意就业造成的。(3)继承人没有生活来源。没有生活来源就是继承人无法通过自身劳动获取收入养活自己,或者没有其他经济收入用以维持生计。(4)保留的是必要的遗产。就是维持其正常生活所需的必要的遗产,而不是全部遗产或者要确保其过超出一般人正常生活的奢侈生活。

保留必要遗产具有优先于税款支付和债务偿还的效力,只要被继承人的遗产可能不足以清偿所欠税款和债务,就必须予以保留。

第一千一百六十条 【无人继承的遗产的处理】无人继承又无人受遗赠的遗产,归国家所有,用于公益事业;死者生前是集体所有制组织成员的,归所在集体所有制组织所有。

第一千一百六十一条 【限定继承】继承人以所得遗产实际价值为限清偿被继承人依法应当缴纳的税款和债务。超过遗产实际价值部分,继承人自愿偿还的不在此限。

继承人放弃继承的,对被继承人依法应当缴纳的税款和债务可以不负清偿责任。

注释 限定继承是指继承人附加限制条件地接受被继承人的全部遗产的意思表示。一般的限定条件是以因继承所得之遗产偿还被继承人债务。

第一千一百六十二条 【遗赠与遗产债务清偿】执行遗赠不得妨碍清偿遗赠人依法应当缴纳的税款和债务。

第一千一百六十三条 【既有法定继承又有遗嘱继承、遗赠时的债务清偿】既有法定继承又有遗嘱继承、遗赠的,由法定继承人清偿被继承人依法应当缴纳的税款和债务;超过法定继承遗产实际价值部分,由遗嘱继承人和受遗赠人按比例以所得遗产清偿。

……

最高人民法院关于适用《中华人民共和国民法典》继承编的解释(一)

· 2020年12月25日最高人民法院审判委员会第1825次会议通过

· 2020年12月29日法释〔2020〕23号公布

· 自2021年1月1日起施行

为正确审理继承纠纷案件,根据《中华人民共和国民法典》等相关法律规定,结合审判实践,制定本解释。

一、一般规定

第一条 继承从被继承人生理死亡或者被宣告死亡时开始。

宣告死亡的,根据民法典第四十八条规定确定的死亡日期,为继承开始的时间。

第二条 承包人死亡时尚未取得承包收益的,可以将死者生前对承包所投入的资金和所付出的劳动及其增值和孳息，由发包单位或者接续承包合同的人合理折价、补偿。其价额作为遗产。

第三条 被继承人生前与他人订有遗赠扶养协议，同时又立有遗嘱的，继承开始后，如果遗赠扶养协议与遗嘱没有抵触，遗产分别按协议和遗嘱处理；如果有抵触，按协议处理，与协议抵触的遗嘱全部或者部分无效。

第四条 遗嘱继承人依遗嘱取得遗产后，仍有权依照民法典第一千一百三十条的规定取得遗嘱未处分的遗产。

第五条 在遗产继承中，继承人之间因是否丧失继承权发生纠纷，向人民法院提起诉讼的，由人民法院依据民法典第一千一百二十五条的规定，判决确认其是否丧失继承权。

第六条 继承人是否符合民法典第一千一百二十五条第一款第三项规定的"虐待被继承人情节严重"，可以从实施虐待行为的时间、手段、后果和社会影响等方面认定。

虐待被继承人情节严重的，不论是否追究刑事责任，均可确认其丧失继承权。

第七条 继承人故意杀害被继承人的，不论是既遂还是未遂，均应当确认其丧失继承权。

第八条 继承人有民法典第一千一百二十五条第一款第一项或者第二项所列之行为，而被继承人以遗嘱将遗产指定由该继承人继承的，可以确认遗嘱无效，并确认该继承人丧失继承权。

第九条 继承人伪造、篡改、隐匿或者销毁遗嘱，侵害了缺乏劳动能力又无生活来源的继承人的利益，并造成其生活困难的，应当认定为民法典第一千一百二十五条第一款第四项规定的"情节严重"。

二、法定继承

第十条 被收养人对养父母尽了赡养义务，同时又对生父母扶养较多的，除可以依照民法典第一千一百二十七条的规定继承养父母的遗产外，还可以依照民法典第一千一百三十一条的规定分得生父母适当的遗产。

第十一条 继子女继承了继父母遗产的，不影响其继承生父母的遗产。

继父母继承了继子女遗产的，不影响其继承生子女的遗产。

第十二条 养子女与生子女之间、养子女与养子女之间，系养兄弟姐妹，可以互为第二顺序继承人。

被收养人与其亲兄弟姐妹之间的权利义务关系，因收养关系的成立而消除，不能互为第二顺序继承人。

第十三条 继兄弟姐妹之间的继承权，因继兄弟姐妹之间的扶养关系而发生。没有扶养关系的，不能互为第二顺序继承人。

继兄弟姐妹之间相互继承了遗产的，不影响其继承亲兄弟姐妹的遗产。

第十四条 被继承人的孙子女、外孙子女、曾孙子女、外曾孙子女都可以代位继承，代位继承人不受辈数的限制。

第十五条 被继承人的养子女、已形成扶养关系的继子女的生子女可以代位继承；被继承人亲生子女的养子女可以代位继承；被继承人养子女的养子女可以代位继承；与被继承人已形成扶养关系的继子女的养子女也可以代位继承。

第十六条 代位继承人缺乏劳动能力又没有生活来源，或者对被继承人尽过主要赡养义务的，分配遗产时，可以多分。

第十七条 继承人丧失继承权的，其晚辈直系血亲不得代位继承。如该代位继承人缺乏劳动能力又没有生活来源，或者对被继承人尽赡养义务较多的，可以适当分给遗产。

第十八条 丧偶儿媳对公婆、丧偶女婿对岳父母，无论其是否再婚，依照民法典第一千一百二十九条规定作为第一顺序继承人时，不影响其子女代位继承。

第十九条 对被继承人生活提供了主要经济来源，或者在劳务等方面给予了主要扶助的，应当认定其尽了主要赡养义务或主要扶养义务。

第二十条 依照民法典第一千一百三十一条规定可以分给适当遗产的人，分给他们遗产时，按具体情况可以多于或者少于继承人。

第二十一条 依照民法典第一千一百三十一条规定可以分给适当遗产的人，在其依法取得被继承人遗产的权利受到侵犯时，本人有权以独立的诉讼主体资格向人民法院提起诉讼。

第二十二条 继承人有扶养能力和扶养条件，愿意尽扶养义务，但被继承人因有固定收入和劳动能力，明确表示不要求其扶养的，分配遗产时，一般不应因此而影响其继承份额。

第二十三条 有扶养能力和扶养条件的继承人虽然与被继承人共同生活，但对需要扶养的被继承人不尽扶养义务，分配遗产时，可以少分或者不分。

三、遗嘱继承和遗赠

第二十四条 继承人、受遗赠人的债权人、债务人，共同经营的合伙人，也应当视为与继承人、受遗赠人有利害关系，不能作为遗嘱的见证人。

第二十五条 遗嘱人未保留缺乏劳动能力又没有生活来源的继承人的遗产份额，遗产处理时，应当为该继承人留下必要的遗产，所剩余的部分，才可参照遗嘱确定的分配原则处理。

继承人是否缺乏劳动能力又没有生活来源，应当按遗嘱生效时该继承人的具体情况确定。

第二十六条 遗嘱人以遗嘱处分了国家、集体或者他人财产的，应当认定该部分遗嘱无效。

第二十七条 自然人在遗书中涉及死后个人财产处分的内容，确为死者的真实意思表示，有本人签名并注明了年、月、日，又无相反证据的，可以按自书遗嘱对待。

第二十八条 遗嘱人立遗嘱时必须具有完全民事行为能力。无民事行为能力人或者限制民事行为能力人所立的遗嘱，即使其本人后来具有完全民事行为能力，仍属无效遗嘱。遗嘱人立遗嘱时具有完全民事行为能力，后来成为无民事行为能力人或者限制民事行为能力人的，不影响遗嘱的效力。

第二十九条 附义务的遗嘱继承或者遗赠，如义务能够履行，而继承人、受遗赠人无正当理由不履行，经受益人或者其他继承人请求，人民法院可以取消其接受附义务部分遗产的权利，由提出请求的继承人或者受益人负责按遗嘱人的意愿履行义务，接受遗产。

四、遗产的处理

第三十条 人民法院在审理继承案件时，如果知道有继承人而无法通知的，分割遗产时，要保留其应继承的遗产，并确定该遗产的保管人或者保管单位。

第三十一条 应当为胎儿保留的遗产份额没有保留的，应从继承人所继承的遗产中扣回。

为胎儿保留的遗产份额，如胎儿出生后死亡的，由其继承人继承；如胎儿娩出时是死体的，由被继承人的继承人继承。

第三十二条 继承人因放弃继承权，致其不能履行法定义务的，放弃继承权的行为无效。

第三十三条 继承人放弃继承应当以书面形式向遗产管理人或者其他继承人表示。

第三十四条 在诉讼中，继承人向人民法院以口头方式表示放弃继承的，要制作笔录，由放弃继承的人签名。

第三十五条 继承人放弃继承的意思表示，应当在继承开始后、遗产分割前作出。遗产分割后表示放弃的不再是继承权，而是所有权。

第三十六条 遗产处理前或者在诉讼进行中，继承人对放弃继承反悔的，由人民法院根据其提出的具体理由，决定是否承认。遗产处理后，继承人对放弃继承反悔的，不予承认。

第三十七条 放弃继承的效力，追溯到继承开始的时间。

第三十八条 继承开始后，受遗赠人表示接受遗赠，并于遗产分割前死亡的，其接受遗赠的权利转移给他的继承人。

第三十九条 由国家或者集体组织供给生活费用的烈属和享受社会救济的自然人，其遗产仍应准许合法继承人继承。

第四十条 继承人以外的组织或者个人与自然人签订遗赠扶养协议后，无正当理由不履行，导致协议解除的，不能享有受遗赠的权利，其支付的供养费用一般不予补偿；遗赠人无正当理由不履行，导致协议解除的，则应当偿还继承人以外的组织或者个人已支付的供养费用。

第四十一条 遗产因无人继承又无人受遗赠归国家或者集体所有制组织所有时，按照民法典第一千一百三十一条规定可以分给适当遗产的人提出取得遗产的诉讼请求，人民法院应当视情况适当分给遗产。

第四十二条 人民法院在分割遗产中的房屋、生产资料和特定职业所需要的财产时，应当依据有利于发挥其使用效益和继承人的实际需要，兼顾各继承人的利益进行处理。

第四十三条 人民法院对故意隐匿、侵吞或者争抢遗产的继承人，可以酌情减少其应继承的遗产。

第四十四条 继承诉讼开始后，如继承人、受遗赠人中有既不愿参加诉讼，又不表示放弃实体权利的，应当追加为共同原告；继承人已书面表示放弃继承、受遗赠人在知道受遗赠后六十日内表示放弃受遗赠或者到期没有表示的，不再列为当事人。

五、附　则

第四十五条　本解释自 2021 年 1 月 1 日起施行。

文书范本

五代以内直系及旁系血亲表

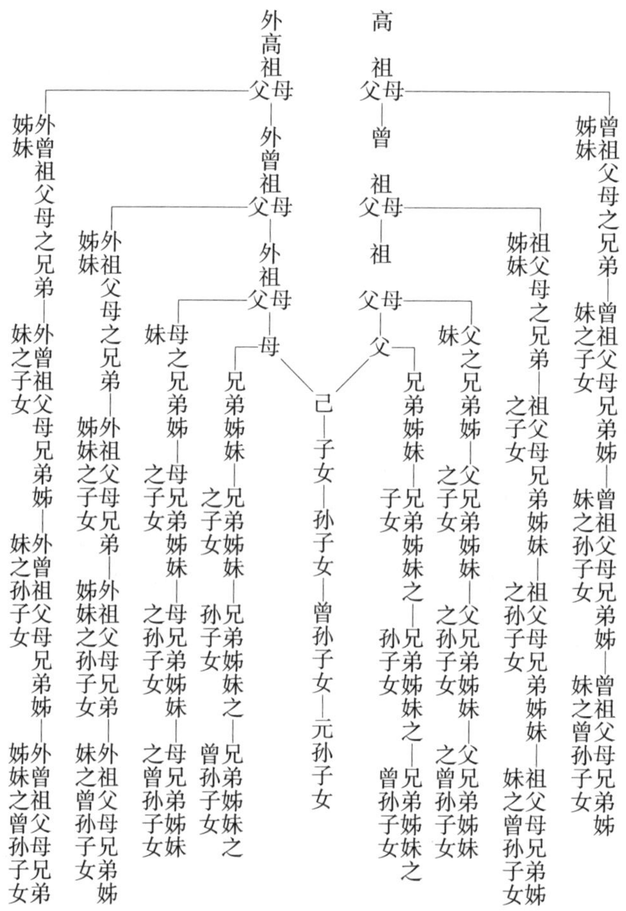

五、纠纷解决

中华人民共和国人民调解法

· 2010年8月28日第十一届全国人民代表大会常务委员会第十六次会议通过
· 2010年8月28日中华人民共和国主席令第34号公布
· 自2011年1月1日起施行

第一章　总　则

第一条　为了完善人民调解制度，规范人民调解活动，及时解决民间纠纷，维护社会和谐稳定，根据宪法，制定本法。

第二条　本法所称人民调解，是指人民调解委员会通过说服、疏导等方法，促使当事人在平等协商基础上自愿达成调解协议，解决民间纠纷的活动。

第三条　人民调解委员会调解民间纠纷，应当遵循下列原则：

（一）在当事人自愿、平等的基础上进行调解；

（二）不违背法律、法规和国家政策；

（三）尊重当事人的权利，不得因调解而阻止当事人依法通过仲裁、行政、司法等途径维护自己的权利。

第四条　人民调解委员会调解民间纠纷，不收取任何费用。

第五条　国务院司法行政部门负责指导全国的人民调解工作，县级以上地方人民政府司法行政部门负责指导本行政区域的人民调解工作。

基层人民法院对人民调解委员会调解民间纠纷进行业务指导。

第六条　国家鼓励和支持人民调解工作。县级以上地方人民政府对人民调解工作所需经费应当给予必要的支持和保障，对有突出贡献的人民调解委员会和人民调解员按照国家规定给予表彰奖励。

第二章　人民调解委员会

第七条　人民调解委员会是依法设立的调解民间纠纷的群众性组织。

第八条　村民委员会、居民委员会设立人民调解委员会。企业事业单位根据需要设立人民调解委员会。

人民调解委员会由委员三至九人组成，设主任一人，必要时，可以设副主任若干人。

人民调解委员会应当有妇女成员，多民族居住的地区应当有人数较少民族的成员。

第九条　村民委员会、居民委员会的人民调解委员会委员由村民会议或者村民代表会议、居民会议推选产生；企业事业单位设立的人民调解委员会委员由职工大会、职工代表大会或者工会组织推选产生。

人民调解委员会委员每届任期三年，可以连选连任。

第十条　县级人民政府司法行政部门应当对本行政区域内人民调解委员会的设立情况进行统计，并且将人民调解委员会以及人员组成和调整情况及时通报所在地基层人民法院。

第十一条　人民调解委员会应当建立健全各项调解工作制度，听取群众意见，接受群众监督。

第十二条　村民委员会、居民委员会和企业事业单位应当为人民调解委员会开展工作提供办公条件和必要的工作经费。

第三章　人民调解员

第十三条　人民调解员由人民调解委员会委员和人民调解委员会聘任的人员担任。

第十四条　人民调解员应当由公道正派、热心人民调解工作，并具有一定文化水平、政策水平和法律知识的成年公民担任。

县级人民政府司法行政部门应当定期对人民调解员进行业务培训。

第十五条　人民调解员在调解工作中有下列行为之一的，由其所在的人民调解委员会给予批评教育、责令改正，情节严重的，由推选或者聘任单位予以罢免或者解聘：

（一）偏袒一方当事人的；

（二）侮辱当事人的；

（三）索取、收受财物或者牟取其他不正当利益的；

（四）泄露当事人的个人隐私、商业秘密的。

第十六条 人民调解员从事调解工作，应当给予适当的误工补贴；因从事调解工作致伤致残，生活发生困难的，当地人民政府应当提供必要的医疗、生活救助；在人民调解工作岗位上牺牲的人民调解员，其配偶、子女按照国家规定享受抚恤和优待。

第四章 调解程序

第十七条 当事人可以向人民调解委员会申请调解；人民调解委员会也可以主动调解。当事人一方明确拒绝调解的，不得调解。

第十八条 基层人民法院、公安机关对适宜通过人民调解方式解决的纠纷，可以在受理前告知当事人向人民调解委员会申请调解。

第十九条 人民调解委员会根据调解纠纷的需要，可以指定一名或者数名人民调解员进行调解，也可以由当事人选择一名或者数名人民调解员进行调解。

第二十条 人民调解员根据调解纠纷的需要，在征得当事人的同意后，可以邀请当事人的亲属、邻里、同事等参与调解，也可以邀请具有专门知识、特定经验的人员或者有关社会组织的人员参与调解。

人民调解委员会支持当地公道正派、热心调解、群众认可的社会人士参与调解。

第二十一条 人民调解员调解民间纠纷，应当坚持原则，明法析理，主持公道。

调解民间纠纷，应当及时、就地进行，防止矛盾激化。

第二十二条 人民调解员根据纠纷的不同情况，可以采取多种方式调解民间纠纷，充分听取当事人的陈述，讲解有关法律、法规和国家政策，耐心疏导，在当事人平等协商、互谅互让的基础上提出纠纷解决方案，帮助当事人自愿达成调解协议。

第二十三条 当事人在人民调解活动中享有下列权利：

（一）选择或者接受人民调解员；

（二）接受调解、拒绝调解或者要求终止调解；

（三）要求调解公开进行或者不公开进行；

（四）自主表达意愿、自愿达成调解协议。

第二十四条 当事人在人民调解活动中履行下列义务：

（一）如实陈述纠纷事实；

（二）遵守调解现场秩序，尊重人民调解员；

（三）尊重对方当事人行使权利。

第二十五条 人民调解员在调解纠纷过程中，发现纠纷有可能激化的，应当采取有针对性的预防措施；对有可能引起治安案件、刑事案件的纠纷，应当及时向当地公安机关或者其他有关部门报告。

第二十六条 人民调解员调解纠纷，调解不成的，应当终止调解，并依据有关法律、法规的规定，告知当事人可以依法通过仲裁、行政、司法等途径维护自己的权利。

第二十七条 人民调解员应当记录调解情况。人民调解委员会应当建立调解工作档案，将调解登记、调解工作记录、调解协议书等材料立卷归档。

第五章 调解协议

第二十八条 经人民调解委员会调解达成调解协议的，可以制作调解协议书。当事人认为无需制作调解协议书的，可以采取口头协议方式，人民调解员应当记录协议内容。

第二十九条 调解协议书可以载明下列事项：

（一）当事人的基本情况；

（二）纠纷的主要事实、争议事项以及各方当事人的责任；

（三）当事人达成调解协议的内容，履行的方式、期限。

调解协议书自各方当事人签名、盖章或者按指印，人民调解员签名并加盖人民调解委员会印章之日起生效。调解协议书由当事人各执一份，人民调解委员会留存一份。

第三十条 口头调解协议自各方当事人达成协议之日起生效。

第三十一条 经人民调解委员会调解达成的调解协议，具有法律约束力，当事人应当按照约定履行。

人民调解委员会应当对调解协议的履行情况进行监督,督促当事人履行约定的义务。

第三十二条 经人民调解委员会调解达成调解协议后,当事人之间就调解协议的履行或者调解协议的内容发生争议的,一方当事人可以向人民法院提起诉讼。

第三十三条 经人民调解委员会调解达成调解协议后,双方当事人认为有必要的,可以自调解协议生效之日起三十日内共同向人民法院申请司法确认,人民法院应当及时对调解协议进行审查,依法确认调解协议的效力。

人民法院依法确认调解协议有效,一方当事人拒绝履行或者未全部履行的,对方当事人可以向人民法院申请强制执行。

人民法院依法确认调解协议无效的,当事人可以通过人民调解方式变更原调解协议或者达成新的调解协议,也可以向人民法院提起诉讼。

第六章 附 则

第三十四条 乡镇、街道以及社会团体或者其他组织根据需要可以参照本法有关规定设立人民调解委员会,调解民间纠纷。

第三十五条 本法自 2011 年 1 月 1 日起施行。

中华人民共和国民事诉讼法

· 1991 年 4 月 9 日第七届全国人民代表大会第四次会议通过

· 根据 2007 年 10 月 28 日第十届全国人民代表大会常务委员会第三十次会议《关于修改〈中华人民共和国民事诉讼法〉的决定》第一次修正

· 根据 2012 年 8 月 31 日第十一届全国人民代表大会常务委员会第二十八次会议《关于修改〈中华人民共和国民事诉讼法〉的决定》第二次修正

· 根据 2017 年 6 月 27 日第十二届全国人民代表大会常务委员会第二十八次会议《关于修改〈中华人民共和国民事诉讼法〉和〈中华人民共和国行政诉讼法〉的决定》第三次修正

· 根据 2021 年 12 月 24 日第十三届全国人民代表大会常务委员会第三十二次会议《关于修改〈中华人民共和国民事诉讼法〉的决定》第四次修正

理解与适用

人们在民事活动中因为利益冲突而发生了纠纷,可以通过和解、调解(法院外调解)、仲裁和民事诉讼等方式予以解决。这些解决纠纷的不同机制有着不同的适用范围,其中存在着交叉和重合,但民事诉讼是民事权利救济的最后防线。在民事诉讼中,法院只受理平等主体的公民之间、法人之间、其他组织之间以及他们相互之间因财产关系和人身关系发生的民事纠纷。这是民事诉讼与刑事诉讼、行政诉讼的最大区别。

我国现行民事诉讼法是 1991 年第七届全国人大第四次会议通过的,先后经历了 2007 年、2012 年、2017 年、2021 年四次修正,民事诉讼规则不断优化完善,对保护当事人诉讼权利,保障人民法院公正、高效审理民事案件,促进国家治理体系和治理能力现代化,发挥了重要作用。

2007 年十届全国人大常委会第三十次会议曾对民事诉讼法审判监督程序和执行程序的部分规定作了修改。2012 年 8 月 31 日,第十一届全国人民代表大会常务委员会第二十八次会议通过了《关于修改〈中华人民共和国民事诉讼法〉的决定》(以下简称《修改决定》),《修改决定》共 60 条,主要内容如下:

一、完善调解与诉讼相衔接的机制。1. 增加先行调解制度。规定经过人民调解未达成调解协议的纠纷,起诉到法院的,也可以先行调解。2. 增加民事诉讼法和人民调解法相衔接的规定。人民调解法规定了对调解协议的司法确认制度,经司法确认的调解协议具有强制执行效力。为做好法律的衔接,修改后的民事诉讼法在特别程序中专节规定“确认调解协议案件”,明确规定当事人申请司法确认调解协议的程序和法律后果。

二、进一步保障当事人的诉讼权利。1. 完善起诉和受理程序。规定人民法院应当保障当事人依照法律规定享有的起诉权利。人民法院对不符合起诉条件的,应当在 7 日内作出裁定书。原告对裁定不服的,可以提起上诉。2. 完善开庭前准备程序:一是,对当事人没有争议,可以适用督促程序的,转入督促程序。二是,对当事人争议不大的,采取调解等方式及时解决纠纷。三是,根据案件性质,确定适用简易程序或者普通程序。四是,需要开庭审理的,要求当事人交换证据,明确争议焦点。3. 增加公益诉讼制度。规定对污染环境、侵害众多消费者合法权益等损害社会公共利益的行为,法律规定的机关和有关组织可以向人民法院提起诉讼。4. 完善保全制度,在财产保全的基础上增加行为保全的规定。5. 完善裁判文书公开制度。

三、完善当事人举证制度。1. 明确接收当事人提交证据材料的手续。2. 促使当事人积极提供证据。规定当事人逾期提供证据的,人民法院应当责令其说明理由;拒不说明理由或者理由不成立的,人民法院根据不同情形可以不予采纳该证据,或者采纳该证据但予以训诫、罚款。3. 赋予当事人启动鉴定程序的权利。

四、完善简易程序。1. 设立小额诉讼制度。规定基层人民法院和它派出的法庭审理标的额人民币 5000 元以下的民事案件,实行一审终审。2. 扩大简易程序适用范围。根据当事人有权处分民事权利和诉讼权利的原则,规定当事人双方也可以约定适用简易程序。3. 进一步简化审理程序。规定基层人民法院和它派出的法庭审理简单的民事案件,可以用简便方式传唤当事人、送达文书、审理案件。

五、强化法律监督。1. 增加监督方式,在抗诉的基础上增加了检察建议的规定。2. 扩大监督范围,将调解书纳入检察监督范围。3. 强化监督手段。规定人民检察院因履行法律监督职责提出检察建议或者抗诉的需要,可以向当事人或者案外人调查核实有关情况。

六、完善审判监督程序。1. 完善再审审级规定。规定当事人一方人数众多或者当事人双方为公民的案件,也可以向原审人民法院申请再审。2. 完善申请再审检察建议或者抗诉程序。规定当事人在三种法定情况下可以向人民检察院申请再审检察建议或者抗诉。

七、完善执行程序。1. 强化执行措施。规定执行员接到申请执行书或者移交执行书,应当向被执行人发出执行通知,并可以立即采取强制执行措施。2. 制裁逃避执行行为。规定被执行人与他人恶意串通,通过诉讼、仲裁、调解等方式逃避履行法律文书确定的义务的,人民法院应当根据情节轻重予以罚款、拘留;构成犯罪的,依法追究刑事责任。3. 加大对拒不执行的惩处力度。

为配合修改后的民事诉讼法的实施,最高人民法院于 2015 年 1 月 30 日公布了《最高人民法院关于适用〈中华人民共和国民事诉讼法〉的解释》(以下简称《民诉解释》)。该解释共 552 条,主要在如下几个方面作了规定:

一、关于切实保障当事人诉讼权利的规定。《民诉解释》主要有以下几方面的完善:一是建立立案登记制。二是依法保护和规范当事人一审、二审、再审各个阶段申请撤诉行为。三是增加规定反诉构成的要件。四是明确规定因重复起诉不予受理的判断标准。五是对当事人在诉讼中变更或者增加诉讼请求作出细化规定。六是细化规定第三人撤销之诉、案外人申请再审之诉、执行异议之诉案件、当事人申请再审案件的适用条件、审理程序、审理方式以及救济途径等,以防止有关救济程序制度之间重复交叉,为当事人实现诉讼救济提供明确的途径指引,切实维护当事人、案外人、第三人的合法权益,切实维护人民法院裁判文书的既判力、严肃性和稳定性。

二、关于保障司法公开的规定。《民诉解释》主要有以下几方面的完善:一是严格执行开庭审理规定,对二审、再审程序可以不开庭审理的情形予以限制。二是进一步规范裁判文书制作。三是规定申请查阅裁判文书的范围和方式。

三、关于规范证据的审查与运用的规定。《民诉解释》主要有以下几方面的完善:一是增加举证证明责任分配原则的规定,合理分配举证证明责任。二是对逾期举证及其后果作出了分层次、分情形予以处罚的规定。三是增加关于法官组织质证、进行认证的规定,指引和规范法官组织质证、进行认证活动。四是增加关于法官审查判断证据的原则的规定,要求法官公开对证据审查判断的理由和结果。此外,《民诉解释》还对专家辅助人以及鉴定、勘验制度等问题做出了规定。

四、关于切实提高民事审判工作效率的规定。《民诉解释》主要有以下几方面的完善:一是规定各个诉讼程序有关期间和送达问题,促使当事人依法及时行使诉讼权利,保障诉讼程序顺畅有序进行。二是完善简易程序案件和小额诉讼案件的适用范围、程序转换、裁判文书简化等内容,积极落实修改后民事诉讼法关于简易程序和小额诉讼程序的最新规定。三是根据修改后民事诉讼法关于在立案阶段实行繁简分流的规定,增加规定审理前准备和庭前会议制度,以提前梳理当事人相关诉讼请求和意见、组织交换证据、归纳争议焦点,为提高庭审效率奠定基础。四是规定实现担保物权特别程序案件的申请人资格、提交材料及审查范围、审理方式等内容,缩短权利人实现担保物权的周期,降低维权成本,提高司法效率。

五、关于贯彻诚信原则的规定。《民诉解释》主要有以下几方面的完善:一是增加关于制裁违反诚信原则行为的规定,明确对诉讼参与人或者其他人冒充他人提起诉讼或者参加诉讼,证人签署保证书后作虚假证言等违反诚信原则的行为进行处罚。二是增加对虚假诉讼行为予以制裁的规定,打击当事人之间恶意串通,企图通过诉讼、调解等方式损害他人合法权益的行为。三是对当事人签署据实陈述保证书、证人签署如实作证保证书的程序及后果作出规定。四是增加规定失信被执行人名单制度,对被执行人不履行法律文书确定的义务的,人民法院除对被执行人予以处罚外,还可以根据情节将其纳入失信被执行人名单,将被执行人不履行或者不完全履行义务的信息向其所在单位、征信机构以及其他相关机构通报。

六、关于完善公益诉讼制度的规定。《民诉解释》主要有以下几方面的完善:一是细化规定提起公益诉讼的受理条件。二是明确了公益诉讼案件的管辖法院。三是规定了告知程序。四是对其他有权提起公益诉讼的机关和有关组织参加诉讼作出规定。五是协调公益诉讼与私益诉讼的关系。六是规定了公益诉讼案件可以和解、调解,但当事人达成和解或者调解协议后,人民法院应当将和解或者调解协议进行公告。七是对公益诉讼原告申请撤诉作出了限制性规定,即公益诉讼案件的原告在法庭辩论终结后申请撤诉的,人民法院不予准许。八是对公益诉讼案件裁判效力作出规定。公益诉讼案件的裁判发生法律效力后,其他依法具有原告资格的机关和有关组织就同一侵权行为另行提起公益诉讼的,人民法院裁定不予受理,但法律、司法解释另有规定的除外。

2020 年 12 月 29 日,最高人民法院关于修改《最高人民法院关于人民法院民事调解工作若干问题的规定》等十九件民事诉讼类司法解释的决定,对《民诉解释》以及其他民事诉讼相关规定作了修改,以适应《民法典》颁布实施之后相关法律概念的表述,并删除了部分冲突的条文,此外,也有部分修改为新增细化了司法解释的内容。

2017 年对民事诉讼法进行了第三次修正,将第 55 条增加一款,作为第二款,进一步明确了人民检察院作为提起公益诉讼的主体资格。

2021 年 12 月 24 日,第十三届全国人民代表大会常务委员会第三十二次会议通过《关于修改〈中华人民共和国民事诉讼法〉的决定》,对民事诉讼法进行了第四次修正。本次修改围绕优化司法确认程序、完善小额诉讼程序、完善简易程序、扩大独任制适用、健全在线诉讼规则等 5 个方面,对民事诉讼法作出多处调整, 新增条文 7 条,修改条文 8 条。其中新增条文为第 16 条、第 42 条、第 43 条、第 166 条、第 167 条、第 168 条、第 169 条。

需要注意的是,因民事诉讼法新增条文,民事诉讼法相关法律(尤其司法解释)规定中涉及该法的条文序号无法完全与新条文序号对应,读者使用时注意对比新增的 7 条一一对应。

为切实做好新民事诉讼法贯彻实施工作,2022 年 3 月 22 日,最高人民法院审判委员会第 1866 次全体会议审议通过了《最高人民法院关于修改〈最高人民法院关于适用《中华人民共和国民事诉讼法》的解释〉的决定》,该决定自 2022 年 4 月 10 日起施行。《决定》立足审判工作实际,坚持需求导向,严格对照新民事诉讼法有关规定对《民诉解释》条文序号和条文表述进行适应性修改,共计 16 个条文。

第一编　总　　则

第一章　任务、适用范围和基本原则

第一条　【立法依据】中华人民共和国民事诉讼法以宪法为根据，结合我国民事审判工作的经验和实际情况制定。

第二条　【立法目的】中华人民共和国民事诉讼法的任务，是保护当事人行使诉讼权利，保证人民法院查明事实，分清是非，正确适用法律，及时审理民事案件，确认民事权利义务关系，制裁民事违法行为，保护当事人的合法权益，教育公民自觉遵守法律，维护社会秩序、经济秩序，保障社会主义建设事业顺利进行。

第三条　【适用范围】人民法院受理公民之间、法人之间、其他组织之间以及他们相互之间因财产关系和人身关系提起的民事诉讼，适用本法的规定。

注释在理解本条时要注意民事纠纷解决机制的多种方式之间的关系：

1. 人民调解不影响诉讼，人民调解委员会的调解不具有法律上的执行力，人民调解委员会调解不成或者达成协议后反悔的，当事人可以依照民事诉讼法的规定向人民法院起诉。

2. 对于属于仲裁范围的民事纠纷，当事人可以协议选择仲裁，一旦选定仲裁，当事人应将纠纷提交选定的仲裁委员会申请仲裁。当事人若起诉，法院不予受理，但仲裁协议无效的除外。

3. 发生劳动争议，当事人不愿调解、调解不成或者达成调解协议后不履行的，可以向劳动争议仲裁委员会申请仲裁；对仲裁裁决不服的，除《劳动争议调解仲裁法》另有规定的外，可以向人民法院提起诉讼。

第四条　【空间效力】凡在中华人民共和国领域内进行民事诉讼，必须遵守本法。

第五条　【同等原则和对等原则】外国人、无国籍人、外国企业和组织在人民法院起诉、应诉，同中华人民共和国公民、法人和其他组织有同等的诉讼权利义务。

外国法院对中华人民共和国公民、法人和其他组织的民事诉讼权利加以限制的，中华人民共和国人民法院对该国公民、企业和组织的民事诉讼权利，实行对等原则。

第六条　【独立审判原则】民事案件的审判权由人民法院行使。

人民法院依照法律规定对民事案件独立进行审判，不受行政机关、社会团体和个人的干涉。

第七条　【以事实为根据，以法律为准绳原则】人民法院审理民事案件，必须以事实为根据，以法律为准绳。

第八条　【诉讼权利平等原则】民事诉讼当事人有平等的诉讼权利。人民法院审理民事案件，应当保障和便利当事人行使诉讼权利，对当事人在适用法律上一律平等。

注释当事人有平等的诉讼权利包含以下几方面的内容：(1)双方当事人的诉讼地位完全平等，即诉讼权利和义务平等。(2)双方当事人拥有同等的行使诉讼权利的手段，同时，人民法院平等地保障双方当事人行使诉讼权利。(3)对双方当事人在适用法律上一律平等。

第九条　【法院调解原则】人民法院审理民事案件，应当根据自愿和合法的原则进行调解；调解不成的，应当及时判决。

注释 **自愿**

即双方都愿意接受人民法院的调解，并且调解协议的达成必须是自愿的。在我国，就一般民事案件而言，调解不是诉讼的必经程序，如果当事人一方不愿意接受法院调解，调解程序就不能启动，即使启动也应当终结。

合法

即人民法院对民事案件进行调解时，在程序上不得违反自愿原则，在调解协议的内容中不得违反法律，不得损害国家、集体和他人的合法权益。

同时，需要注意的是，最高人民法院在2010年6月7日公布了《关于进一步贯彻“调解优先、调判结合”工作原则的若干意见》，其中要求人民法院要下大力气做好九类民事案件的调解工作。这九类民事案件分别是：事关民生和群体利益、需要政府和相关部门配合的案件；可能影响社会和谐稳定的群体性案件、集团诉讼案件、破产案件；民间债务、婚姻家庭继承等民事纠纷案件；案情复杂、难以形成证据优势的案件；当事人之间情绪严重对立的案件；相关法律法规没有规定或者规定不明确、适用法律有一定困难的案件；判决后难以执行的案件；社会普遍关注的敏感性案件；当事人情绪激烈、矛盾激化的再审案件、信访案件。

链接《最高人民法院关于人民法院民事调解工作若干问题的规定》;《最高人民法院关于人民法院特邀调解的规定》

第十条 【合议、回避、公开审判、两审终审制度】人民法院审理民事案件,依照法律规定实行合议、回避、公开审判和两审终审制度。

注释 两审终审是民事诉讼的基本制度,一审终审的案件是例外规定,包括:(1)最高人民法院作为一审法院审理的案件;(2)适用小额诉讼审理的案件;(3)人民法院按照特别程序以及督促程序、公示催告程序审理的案件(非诉案件);(4)民事诉讼法规定的不得上诉的裁定,就裁定本身可以认为是一审即告终结。

第十一条 【使用本民族语言文字原则】各民族公民都有用本民族语言、文字进行民事诉讼的权利。

在少数民族聚居或者多民族共同居住的地区,人民法院应当用当地民族通用的语言、文字进行审理和发布法律文书。

人民法院应当对不通晓当地民族通用的语言、文字的诉讼参与人提供翻译。

第十二条 【辩论原则】人民法院审理民事案件时,当事人有权进行辩论。

第十三条 【诚信原则和处分原则】民事诉讼应当遵循诚信原则。

当事人有权在法律规定的范围内处分自己的民事权利和诉讼权利。

注释 民事诉讼应当遵循诚信原则,本条是2012年民事诉讼法修改新增加的规定。2021年民事诉讼法修正将"诚实信用"修改为"诚信"。诚信原则,应当贯穿整个民事诉讼活动的全过程,不仅当事人和其他诉讼参与人应当遵守该原则,人民法院行使审判权也应当遵守这一原则。

为贯彻诚信原则的规定,《民诉解释》主要有以下几方面的完善:一是增加关于制裁违反诚信原则行为的规定,明确对诉讼参与人或者其他人冒充他人提起诉讼或者参加诉讼,证人签署保证书后作虚假证言等违反诚信原则的行为进行处罚。二是增加对虚假诉讼行为予以制裁的规定,打击当事人之间恶意串通,企图通过诉讼、调解等方式损害他人合法权益的行为。三是对当事人签署据实陈述保证书、证人签署如实作证保证书的程序及后果作出规定。四是增加规定失信被执行人名单制度,对被执行人不履行法律文书确定的义务的,人民法院除对被执行人予以处罚外,还可以根据情节将其纳入失信被执行人名单,将被执行人不履行或者不完全履行义务的信息向其所在单位、征信机构以及其他相关机构通报。

链接《民诉解释》110、119、189—190、516

第十四条 【检察监督原则】人民检察院有权对民事诉讼实行法律监督。

注释 本条2012年的修改是关于检察院法律监督权的规定,主要体现在:(1)增加了监督方式,这次修改在审判监督程序中增加规定,地方各级人民检察院对同级人民法院已经发生法律效力的判决、裁定,发现有本法第207条规定情形之一的,或者发现调解书损害国家利益、社会公共利益的,可以向同级人民法院提出检察建议,并报上级人民检察院备案;也可以提请上级人民检察院向同级人民法院提出抗诉。各级人民检察院对审判监督程序以外的其他审判程序中审判人员的违法行为,有权向同级人民法院提出检察建议。(2)扩大了监督范围。原民事诉讼法并没有明确规定对民事执行活动和人民法院的调解活动能否实行检察监督,为此,本条修改为人民检察院有权对民事诉讼实行法律监督。还增加规定:人民检察院有权对执行活动实行法律监督;人民检察院发现调解书损害国家利益、社会公共利益的,可以向同级人民法院提出检察建议,并报上级人民检察院备案;也可以提请上级人民检察院向同级人民法院提出抗诉。

第十五条 【支持起诉原则】机关、社会团体、企业事业单位对损害国家、集体或者个人民事权益的行为,可以支持受损害的单位或者个人向人民法院起诉。

第十六条 【在线诉讼法律效力】经当事人同意,民事诉讼活动可以通过信息网络平台在线进行。

民事诉讼活动通过信息网络平台在线进行的,与线下诉讼活动具有同等法律效力。

注释 本条是2021年修正新增条文。旨在确立在线诉讼法律效力,明确在线诉讼与线下诉讼具有同等法律效力,推动民事诉讼方式与信息化时代相适应,为未来在线诉讼发展拓展制度空间。同时,为尊重和保障当事人对在线诉讼的选择权,本条明确进行在线诉讼应当经当事人同意。

链接《人民法院在线诉讼规则》

第十七条 【民族自治地方的变通或者补充规定】民族自治地方的人民代表大会根据宪法和本法的原则,结合当地民族的具体情况,可以制定变通或者补充的规定。自治区的规定,报全国人民代表大会常务委员会批准。自治州、自治县的规定,报省或者自治区的人民代表大会常务委员会批准,并报全国人民代表大会常务委员会备案。

第二章 管 辖

第一节 级别管辖

第十八条 【基层法院管辖】基层人民法院管辖第一审民事案件,但本法另有规定的除外。

注释 注意:(1)案件受理后,受诉人民法院的管辖权不受当事人住所地、经常居住地变更的影响。(2)有管辖权的人民法院受理案件后,不得以行政区域变更为由,将案件移送给变更后有管辖权的人民法院。(3)级别管辖按照起诉时的标的额确定后,不因为诉讼过程中标的额的增加或减少而变动,但当事人故意规避有关级别管辖等规定的除外。(4)在当事人双方或一方全部没有履行合同义务的情况下,发生纠纷起诉至法院的,如当事人在诉讼请求中明确要求全部履行合同的,应以合同总金额加上其他请求额作为诉讼标的额,并据以确定级别管辖;如当事人在诉讼请求中要求解除合同的,应以其具体的诉讼请求数额来确定诉讼标的额,并据以确定级别管辖。(5)当事人在诉讼中增加诉讼请求从而加大诉讼标的额,致使诉讼标的额超过受诉法院级别管辖权限的,一般不再予以变动。但是当事人故意规避有关级别管辖等规定的除外。

另外,2015年4月30日《最高人民法院关于调整高级人民法院和中级人民法院管辖第一审民商事案件标准的通知》以列举的方式规定了一般由基层法院管辖的九类案件。这九类案件,有的属于无诉讼标的额的人身关系案件,有的属于既有人身关系又有财产关系的案件,有的则只有财产关系内容。对这九类案件,不管诉讼标的额大小,原则上由基层人民法院管辖,体现了中央及最高人民法院一贯要求的将矛盾纠纷解决在基层、解决在当地的司法政策。之所以用"一般"二字加以限制,是考虑到这九类案件中具体案件的特殊性,例如有的为新类型案件,有的具有涉外、涉港澳台因素等,由中级法院管辖可能更合理些。

链接《最高人民法院关于调整高级人民法院和中级人民法院管辖第一审民商事案件标准的通知》;《最高人民法院关于调整部分高级人民法院和中级人民法院管辖第一审民商事案件标准的通知》

第十九条 【中级法院管辖】中级人民法院管辖下列第一审民事案件:

(一)重大涉外案件;

(二)在本辖区有重大影响的案件;

(三)最高人民法院确定由中级人民法院管辖的案件。

注释 **重大涉外案件**

本条规定的重大涉外案件,包括争议标的额大的案件、案情复杂的案件,或者一方当事人人数众多等具有重大影响的案件。

一般由中级人民法院管辖的案件

(1)专利纠纷案件,但部分案件最高人民法院法院可以确定由基层人民法院管辖。(2)海事、海商案件由海事法院管辖,而海事法院都是中级法院。(3)重大的涉港、澳、台民事案件。(4)著作权民事纠纷案件,由中级以上人民法院管辖。但各高级人民法院根据本辖区的实际情况,可以确定若干基层人民法院管辖第一审著作权民事纠纷案件。(5)商标民事纠纷第一审案件,由中级以上人民法院管辖。但各高级人民法院根据本辖区的实际情况,经最高人民法院批准,可以在较大城市确定1—2个基层人民法院受理第一审商标民事纠纷案件。(6)涉及域名的侵权纠纷案件,由侵权行为地或者被告住所地的中级人民法院管辖。(7)虚假陈述证券民事赔偿案件,由省、自治区、直辖市人民政府所在的市、经济特区和计划单列市中级人民法院管辖。(8)对于仲裁协议的效力有异议请求法院作出裁决的,由中级人民法院管辖。(9)申请撤销仲裁裁决的,由仲裁委员会所在地的中级人民法院管辖。

链接《民诉解释》1—2;《最高人民法院关于印发基层人民法院管辖第一审知识产权民事案件标准的通知》;《最高人民法院关于调整地方各级人民法院管辖第一审知识产权民事案件标准的通知》;《最高人民法院关于涉外民商事案件诉讼管辖若干问题的规定》;《最高人民法院关于审理证券市场虚假陈述侵权民事赔偿案件的若干规定》第3条

第二十条 【高级法院管辖】高级人民法院管辖在本辖区有重大影响的第一审民事案件。

第二十一条 【最高法院管辖】最高人民法院管辖下列第一审民事案件：

（一）在全国有重大影响的案件；

（二）认为应当由本院审理的案件。

第二节 地域管辖

第二十二条 【被告住所地、经常居住地法院管辖】对公民提起的民事诉讼，由被告住所地人民法院管辖；被告住所地与经常居住地不一致的，由经常居住地人民法院管辖。

对法人或者其他组织提起的民事诉讼，由被告住所地人民法院管辖。

同一诉讼的几个被告住所地、经常居住地在两个以上人民法院辖区的，各该人民法院都有管辖权。

注释 一般地域管辖，通俗地说，就是原告就被告。公民的住所地是指公民的户籍所在地，法人或者其他组织的住所地是指法人或者其他组织的主要办事机构所在地。法人或者其他组织的主要办事机构所在地不能确定的，法人或者其他组织的注册地或者登记地为住所地。公民的经常居住地是指公民离开住所地至起诉时已连续居住一年以上的地方，但公民住院就医的地方除外。（参见《民诉解释》3—4）

在司法实践中要注意以下几种特殊情形：(1)原告、被告均被注销户籍的，由被告居住地人民法院管辖。(2)当事人的户籍迁出后尚未落户，有经常居住地的，由该地人民法院管辖；没有经常居住地的，由其原户籍所在地人民法院管辖。(3)双方当事人都被监禁或者被采取强制性教育措施的，由被告原住所地人民法院管辖。被告被监禁或者被采取强制性教育措施一年以上的，由被告被监禁地或者被采取强制性教育措施地人民法院管辖。(4)对没有办事机构的个人合伙、合伙型联营体提起的诉讼，由被告注册登记地人民法院管辖。没有注册登记，几个被告又不在同一辖区的，被告住所地的人民法院都有管辖权。(5)双方当事人均为军人或者军队单位的民事案件由军事法院管辖。(6)夫妻双方离开住所地超过一年，一方起诉离婚的案件，由被告经常居住地人民法院管辖；没有经常居住地的，由原告起诉时被告居住地人民法院管辖。(7)债权人申请支付令，适用本条规定，由债务人住所地基层人民法院管辖。

链接《民诉解释》5—8、11、12

第二十三条 【原告住所地、经常居住地法院管辖】下列民事诉讼，由原告住所地人民法院管辖；原告住所地与经常居住地不一致的，由原告经常居住地人民法院管辖：

（一）对不在中华人民共和国领域内居住的人提起的有关身份关系的诉讼；

（二）对下落不明或者宣告失踪的人提起的有关身份关系的诉讼；

（三）对被采取强制性教育措施的人提起的诉讼；

（四）对被监禁的人提起的诉讼。

注释 **原告住所地或居所地管辖的案件**

(1)追索赡养费、扶养费、抚养费案件的几个被告住所地不在同一辖区的，可以由原告住所地人民法院管辖。注意，这种情况下是“可以”，就是说被告住所地法院也有权管辖。(2)不服指定监护或者变更监护关系的案件，可以由被监护人住所地人民法院管辖。(3)夫妻一方离开住所地超过一年，另一方起诉离婚的案件，可以由原告住所地人民法院管辖。(4)被告一方被注销户籍的，依照本条的规定管辖。

定居国外华侨的离婚诉讼管辖

(1)在国内结婚并定居国外的华侨，如定居国法院以离婚诉讼须由婚姻缔结地法院管辖为由不予受理，当事人向人民法院提出离婚诉讼的，由婚姻缔结地或者一方在国内的最后居住地人民法院管辖。(2)在国外结婚并定居国外的华侨，如定居国法院以离婚诉讼须由国籍所属国法院管辖为由不予受理，当事人向人民法院提出离婚诉讼的，由一方原住所地或者在国内的最后居住地人民法院管辖。

居住在国外的中国公民的离婚案件管辖

(1)中国公民一方居住在国外，一方居住在国内，不论哪一方向人民法院提起离婚诉讼，国内一方住所地人民法院都有权管辖。国外一方在居住国法院起诉，国内一方向人民法院起诉的，受诉人民法院有权管辖。(2)中国公民双方在国外但未定居，一方向人民法院起诉离婚的，应由原告或者被告原住所地人民法院管辖。(3)已经离婚的中国公民，双方均定居国外，仅就国内财产分割提起诉讼的，由主要财产所在地人民法院管辖。

劳动争议案件的管辖

劳动争议案件由用人单位所在地或者劳动合同履行地的基层人民法院管辖。劳动合同履行地不明确的，由用人单位所在地的基层人民法院管辖。

链接《民诉解释》9—17

第二十四条 【合同纠纷的地域管辖】因合同纠纷提起的诉讼，由被告住所地或者合同履行地人民法院管辖。

注释 对于合同履行地的理解，需要注意：(1)合同约定履行地点的，以约定的履行地点为合同履行地。合同对履行地点没有约定或者约定不明确，争议标的为给付货币的，接收货币一方所在地为合同履行地；交付不动产的，不动产所在地为合同履行地；其他标的，履行义务一方所在地为合同履行地。即时结清的合同，交易行为地为合同履行地。合同没有实际履行，当事人双方住所地都不在合同约定的履行地的，由被告住所地人民法院管辖。(2)当事人在合同中明确约定了履行地点或交货地点，但在实际履行中以书面方式或双方当事人一致认可的其他方式变更约定的，以变更后的约定确定合同履行地。当事人未以上述方式变更原约定，或者变更原合同而未涉及履行地问题的，仍以原合同的约定确定履行地。(3)财产租赁合同、融资租赁合同以租赁物使用地为合同履行地。合同对履行地有约定的，从其约定。(4)以信息网络方式订立的买卖合同，通过信息网络交付标的的，以买受人住所地为合同履行地；通过其他方式交付标的的，收货地为合同履行地。合同对履行地有约定的，从其约定。(5)供用电、供用水、供用气、供用热力合同的履行地点，按照当事人约定；当事人没有约定或者约定不明确的，供电、水、气、热力设施的产权分界处为履行地点。(6)借款合同，贷款方所在地为合同履行地，但当事人另有约定的除外。(7)证券回购合同，凡在交易场所内进行的证券回购业务，交易场所所在地为合同履行地；在交易场所之外进行的证券回购业务，最初付款一方(返售方)所在地为合同履行地。(8)主合同和担保合同发生纠纷提起诉讼的，应当根据主合同确定案件管辖。担保人承担连带责任的担保合同发生纠纷，债权人向担保人主张权利的，应当由担保人住所地的法院管辖。主合同和担保合同选择管辖的法院不一致的，应当根据主合同确定案件管辖。

链接《民诉解释》18—21

第二十五条 【保险合同纠纷的地域管辖】因保险合同纠纷提起的诉讼，由被告住所地或者保险标的物所在地人民法院管辖。

注释 因财产保险合同纠纷提起的诉讼，如果保险标的物是运输工具或者运输中的货物，可以由运输工具登记注册地、运输目的地、保险事故发生地人民法院管辖。因人身保险合同纠纷提起的诉讼，可以由被保险人住所地人民法院管辖。

链接《民诉解释》21

第二十六条 【票据纠纷的地域管辖】因票据纠纷提起的诉讼，由票据支付地或者被告住所地人民法院管辖。

注释 人民法院依照《民事诉讼法》第228条规定终结公示催告程序后，公示催告申请人或者申报人向人民法院提起诉讼，因票据权利纠纷提起的，由票据支付地或者被告住所地人民法院管辖；因非票据权利纠纷提起的，由被告住所地人民法院管辖。

链接《民诉解释》455

第二十七条 【公司纠纷的地域管辖】因公司设立、确认股东资格、分配利润、解散等纠纷提起的诉讼，由公司住所地人民法院管辖。

注释 本条属于2012年的修改新增，是关于公司诉讼管辖的规定，理解本条应当注意：公司的主要办事机构所在地应当与公司注册地相区别，一般而言，公司的注册地与公司主要办事机构所在地是一致的，但有的情况下，公司是在境外注册，而其主要营业地设在中国，此时根据我国法律的规定，该公司的住所地在我国境内。另外，公司的主要办事机构也要与公司的经营场所相区别，经营场所是指公司进行业务活动所必需的一切场地，是公司进行经营的必要条件。公司经营场所除公司住所外，还包括住所之外的各种固定地点和设施，如生产场地，设有分支机构的公司还包括分支机构的所在地。而住所则是公司经营管理及业务活动的核心机构的所在地。

因股东名册记载、请求变更公司登记、股东知情权、公司决议、公司合并、公司分立、公司减资、公司增资等纠纷提起的诉讼，依照民事诉讼法第27条规定确定管辖。

链接《民诉解释》22

第二十八条 【运输合同纠纷的地域管辖】因铁路、公路、水上、航空运输和联合运输合同纠纷提起的诉讼,由运输始发地、目的地或者被告住所地人民法院管辖。

第二十九条 【侵权纠纷的地域管辖】因侵权行为提起的诉讼,由侵权行为地或者被告住所地人民法院管辖。

注释 侵权行为地包括侵权行为实施地、侵权结果发生地。对于某些侵权纠纷的地域管辖法院,相关法律和司法解释作出了明确的规定:

1. 因产品、服务质量不合格造成他人财产、人身损害提起的诉讼,产品制造地、产品销售地、服务提供地、侵权行为地和被告住所地人民法院都有管辖权。

2. 信息网络侵权行为实施地包括实施被诉侵权行为的计算机等信息设备所在地,侵权结果发生地包括被侵权人住所地。

3. 与铁路运输有关的侵权纠纷管辖:铁路行车事故及其他铁路运营事故造成的人身、财产损害赔偿纠纷,由铁路运输法院管辖。

4. 侵犯著作权案件的管辖:因侵害著作权行为提起的民事诉讼,由《著作权法》第47条、第48条所规定侵权行为的实施地、侵权复制品储藏地或者查封扣押地、被告住所地人民法院管辖。侵权复制品储藏地,是指大量或者经常性储存、隐匿侵权复制品所在地;查封扣押地,是指海关、版权等行政机关依法查封、扣押侵权复制品所在地。

5. 侵犯专利权案件的管辖:(1)因侵犯专利权行为提起的诉讼,由侵权行为地或者被告住所地人民法院管辖。侵权行为地包括:被诉侵犯发明、实用新型专利权的产品的制造、使用、许诺销售、销售、进口等行为的实施地;专利方法使用行为的实施地,依照该专利方法直接获得的产品的使用、许诺销售、销售、进口等行为的实施地;外观设计专利产品的制造、许诺销售、销售、进口等行为的实施地;假冒他人专利的行为实施地。上述侵权行为的侵权结果发生地。(2)原告仅对侵权产品制造者提起诉讼,未起诉销售者,侵权产品制造地与销售地不一致的,制造地人民法院有管辖权;以制造者与销售者为共同被告起诉的,销售地人民法院有管辖权。销售者是制造者分支机构,原告在销售地起诉侵权产品制造者制造、销售行为的,销售地人民法院有管辖权。

6. 侵犯商标权案件的管辖:因侵犯注册商标专用权行为提起的民事诉讼,由《商标法》第13条、第57条所规定侵权行为的实施地、侵权商品的储藏地或者查封扣押地、被告住所地人民法院管辖。侵权商品的储藏地,是指大量或者经常性储存、隐匿侵权商品所在地;查封扣押地,是指海关等行政机关依法查封、扣押侵权商品所在地。

7. 侵犯名誉权案件的管辖:名誉权案件,由侵权行为地或者被告住所地人民法院管辖。

链接《民诉解释》24—26;《最高人民法院关于审理专利纠纷案件适用法律问题的若干规定》第2条;《最高人民法院关于审理商标民事纠纷案件适用法律若干问题的解释》第6条;《最高人民法院关于审理著作权民事纠纷案件适用法律若干问题的解释》第4条;《最高人民法院关于铁路运输法院案件管辖范围的若干规定》第3条

第三十条 【交通事故损害赔偿纠纷的地域管辖】因铁路、公路、水上和航空事故请求损害赔偿提起的诉讼,由事故发生地或者车辆、船舶最先到达地、航空器最先降落地或者被告住所地人民法院管辖。

第三十一条 【海事损害事故赔偿纠纷的地域管辖】因船舶碰撞或者其他海事损害事故请求损害赔偿提起的诉讼,由碰撞发生地、碰撞船舶最先到达地、加害船舶被扣留地或者被告住所地人民法院管辖。

第三十二条 【海难救助费用纠纷的地域管辖】因海难救助费用提起的诉讼,由救助地或者被救助船舶最先到达地人民法院管辖。

第三十三条 【共同海损纠纷的地域管辖】因共同海损提起的诉讼,由船舶最先到达地、共同海损理算地或者航程终止地的人民法院管辖。

第三十四条 【专属管辖】下列案件,由本条规定的人民法院专属管辖:

(一)因不动产纠纷提起的诉讼,由不动产所在地人民法院管辖;

(二)因港口作业中发生纠纷提起的诉讼,由港口所在地人民法院管辖;

(三)因继承遗产纠纷提起的诉讼,由被继承人死亡时住所地或者主要遗产所在地人民法院管辖。

注释 专属管辖,是指法律规定某些特殊类型的案件专门由特定的法院管辖。专属管辖是排他性管辖,既排除了任何外国法院对诉讼的管辖权,也排除了诉讼当事人以协议方式选择国内的其他法院管辖。

本条第1项规定的不动产纠纷是指因不动产的权利确认、分割、相邻关系等引起的物权纠纷。农村土地承包经营合同纠纷、房屋租赁合同纠纷、建设工程施工合同纠纷、政策性房屋买卖合同纠纷,按照不动产纠纷确定管辖。不动产已登记的,以不动产登记簿记载的所在地为不动产所在地;不动产未登记的,以不动产实际所在地为不动产所在地。

实践中应当注意以下几种情况:

1. 因在中华人民共和国履行中外合资经营企业合同、中外合作经营企业合同、中外合作勘探开发自然资源合同发生纠纷提起的诉讼,由中华人民共和国人民法院管辖。

2. 因船舶排放、泄漏、倾倒油类或者其他有害物质,海上生产、作业或者拆船、修船作业造成海域污染损害提起的诉讼,由污染发生地、损害结果地或者采取预防污染措施地海事法院管辖。

3. 因在中华人民共和国领域和有管辖权的海域履行的海洋勘探开发合同纠纷提起的诉讼,由合同履行地海事法院管辖。

第三十五条 【协议管辖】合同或者其他财产权益纠纷的当事人可以书面协议选择被告住所地、合同履行地、合同签订地、原告住所地、标的物所在地等与争议有实际联系的地点的人民法院管辖,但不得违反本法对级别管辖和专属管辖的规定。

注释 本条属于2012年修改的关于协议管辖的规定,主要体现在:(1)在适用范围上增加了“其他财产权益纠纷”;(2)在选择管辖法院的连接点上增加规定“等与争议有实际联系的地点”,扩大了当事人可以协议选择管辖法院的范围。

理解本条应当注意:(1)只有合同或者其他财产权益纠纷的双方当事人可以协议选择管辖法院,因身份关系产生的民事纠纷不在此范围之内。(2)可以协议选择的法院应当是与争议有实际联系的地点的人民法院,在实践中,除了被告住所地、合同履行地、合同签订地、原告住所地、标的物所在地外,还包括侵犯物权或者知识产权等财产权益的行为发生地等。(3)根据管辖协议,起诉时能够确定管辖法院的,从其约定;不能确定的,依照民事诉讼法的相关规定确定管辖。管辖协议约定两个以上与争议有实际联系的地点的人民法院管辖,原告可以向其中一个人民法院起诉。(4)协议选择管辖法院不得违反本法对级别管辖和专属管辖的规定。例如,这里的“财产权益”包括物权,但是其中属于不动产纠纷的,只能由不动产所在地的人民法院管辖,当事人不能通过协议选择其他法院。(5)当事人协议管辖应当采用书面形式。本条规定的书面协议,包括书面合同中的协议管辖条款或者诉讼前以书面形式达成的选择管辖的协议。同时,根据合同法,书面协议既可以采取合同书的形式,包括书面合同中的协议管辖条款,也可以采取信件和数据电文(包括电报、电传、传真、电子数据交换和电子邮件)等可以有形地表现当事人双方协议选择管辖法院意思表示的形式。(6)经营者使用格式条款与消费者订立管辖协议,未采取合理方式提请消费者注意,消费者主张管辖协议无效的,人民法院应予支持。(7)管辖协议约定由一方当事人住所地人民法院管辖,协议签订后当事人住所地变更的,由签订管辖协议时的住所地人民法院管辖,但当事人另有约定的除外。(8)合同转让的,合同的管辖协议对合同受让人有效,但转让时受让人不知道有管辖协议,或者转让协议另有约定且原合同相对人同意的除外。(9)当事人因同居或者在解除婚姻、收养关系后发生财产争议,约定管辖的,可以适用本条规定确定管辖。

链接《民诉解释》29—34

第三十六条 【选择管辖】两个以上人民法院都有管辖权的诉讼,原告可以向其中一个人民法院起诉;原告向两个以上有管辖权的人民法院起诉的,由最先立案的人民法院管辖。

注释 两个以上人民法院都有管辖权的诉讼,先立案的人民法院不得将案件移送给另一个有管辖权的人民法院。人民法院在立案前发现其他有管辖权的人民法院已先立案的,不得重复立案;立案后发现其他有管辖权的人民法院已先立案的,裁定将案件移送给先立案的人民法院。

链接《民诉解释》36;《最高人民法院关于审理民事级别管辖异议案件若干问题的规定》

第三节 移送管辖和指定管辖

第三十七条 【移送管辖】人民法院发现受理

的案件不属于本院管辖的，应当移送有管辖权的人民法院，受移送的人民法院应当受理。受移送的人民法院认为受移送的案件依照规定不属于本院管辖的，应当报请上级人民法院指定管辖，不得再自行移送。

注释 移送管辖的适用条件：(1)法院已经受理了案件；(2)本院对受理的案件没有管辖权或者其他有管辖权的法院已经先立案受理该案；(3)受移送法院对该案有管辖权。

适用移送管辖的特殊情形：(1)当事人双方不服劳动争议仲裁委员会作出的同一仲裁裁决，就同一仲裁裁决分别向有管辖权的人民法院起诉的，后受理的人民法院应当将案件移送给先受理的人民法院。(2)当事人基于同一法律关系或者同一法律事实而发生纠纷，以不同诉讼请求分别向有管辖权的不同法院起诉的，后立案的法院在得知有关法院先立案的情况后，应当在7日内裁定将案件移送先立案的法院合并审理。此外，需要注意，受移送法院不能再行移送。共同管辖中，先立案的并有管辖权的法院不能将案件移送。

链接《民诉解释》36—38

第三十八条 【指定管辖】有管辖权的人民法院由于特殊原因，不能行使管辖权的，由上级人民法院指定管辖。

人民法院之间因管辖权发生争议，由争议双方协商解决；协商解决不了的，报请它们的共同上级人民法院指定管辖。

注释 本条第1款中的“特殊原因”，可能包括的情形，例如法院的全体法官均须回避；有管辖权的人民法院所在地发生了严重的自然灾害等。

发生管辖权争议的两个人民法院因协商不成报请它们的共同上级人民法院指定管辖时，双方为同属一个地、市辖区的基层人民法院的，由该地、市的中级人民法院及时指定管辖；同属一个省、自治区、直辖市的两个人民法院的，由该省、自治区、直辖市的高级人民法院及时指定管辖；双方为跨省、自治区、直辖市的人民法院，高级人民法院协商不成的，由最高人民法院及时指定管辖。报请上级人民法院指定管辖时，应当逐级进行。

人民法院依照本条第2款规定指定管辖的，应当作出裁定。对报请上级人民法院指定管辖的案件，下级人民法院应当中止审理。指定管辖裁定作出前，下级人民法院对案件作出判决、裁定的，上级人民法院应当在裁定指定管辖的同时，一并撤销下级人民法院的判决、裁定。

链接《民诉解释》40—41

第三十九条 【管辖权的转移】上级人民法院有权审理下级人民法院管辖的第一审民事案件；确有必要将本院管辖的第一审民事案件交下级人民法院审理的，应当报请其上级人民法院批准。

下级人民法院对它所管辖的第一审民事案件，认为需要由上级人民法院审理的，可以报请上级人民法院审理。

注释 本条是2012年修改的关于下交管辖权的规定：(1)从适用情形上，将其前提限制为“确有必要”。(2)在其程序上，增加报批程序，即将本院管辖的第一审民事案件交下级人民法院审理的，“应当报请其上级人民批准”。

下列第一审民事案件，人民法院依照本条第1款规定，可以在开庭前交下级人民法院审理：(1)破产程序中有关债务人的诉讼案件；(2)当事人人数众多且不方便诉讼的案件；(3)最高人民法院确定的其他类型案件。人民法院交下级人民法院审理前，应当报请其上级人民法院批准。上级人民法院批准后，人民法院应当裁定将案件交下级人民法院审理。

链接《民诉解释》42

第三章 审判组织

第四十条 【一审审判组织】人民法院审理第一审民事案件，由审判员、陪审员共同组成合议庭或者由审判员组成合议庭。合议庭的成员人数，必须是单数。

适用简易程序审理的民事案件，由审判员一人独任审理。基层人民法院审理的基本事实清楚、权利义务关系明确的第一审民事案件，可以由审判员一人适用普通程序独任审理。

陪审员在执行陪审职务时，与审判员有同等的权利义务。

注释 本条内容2021年进行了修改，在原法第2款的基础上增加“基层人民法院审理的基本事实清楚、权利义务关系明确的第一审民事案件，可以由审判员一人适用普通程序独任审理。”本次修改旨在建立独任制普通程序审理模式。对于基层人民法院审理的“基本事实清楚、权利义务关系明确”的第一审民事案件，可以由审判员一人适用普通程序独任审理，解除独任制与简易程序的严格绑定，推动独任制形式与审理程序灵活精准匹配，适应基层人民法院案件类型多元的工作实际。能有效解决实践中，部分案件的核心和关键事实清楚，仅部分事实细节或者关联事实需进一步查实，查明需要经过当事人补充举证质证、评估、鉴定、审计、调查取证等程序环节，耗时较长难题，这类案件总体上仍为简单案件，并无组成合议庭审理的必要，适宜由独任法官适用普通程序审理。

人民法院实行合议制审判的第一审案件，合议庭由审判员、助理审判员或者人民陪审员随机组成。合议庭成员相对固定的，应当定期交流。人民陪审员参加合议庭的，应当从人民陪审员名单中随机抽取确定。人民法院实行合议制审判第二审案件和其他应当组成合议庭审判的案件，由法官组成合议庭进行。人民陪审员在人民法院执行职务期间，除不能担任审判长外，同法官有同等的权利义务。

链接《最高人民法院关于人民法院合议庭工作的若干规定》1、3—5、7；《最高人民法院关于进一步加强合议庭职责的若干规定》2；《最高人民法院关于适用简易程序审理民事案件的若干规定》

第四十一条 【二审和再审审判组织】人民法院审理第二审民事案件，由审判员组成合议庭。合议庭的成员人数，必须是单数。

中级人民法院对第一审适用简易程序审结或者不服裁定提起上诉的第二审民事案件，事实清楚、权利义务关系明确的，经双方当事人同意，可以由审判员一人独任审理。

发回重审的案件，原审人民法院应当按照第一审程序另行组成合议庭。

审理再审案件，原来是第一审的，按照第一审程序另行组成合议庭；原来是第二审的或者是上级人民法院提审的，按照第二审程序另行组成合议庭。

注释 本条内容2021年进行了修改，增加了一款作为第2款，该修改旨在建立二审独任制审理模式。中级对一审以简易程序结案的上诉案件和裁定类上诉案件，满足“事实清楚，权利义务关系明确”条件，经双方当事人同意的，可以采用独任制审理。该规定在合理控制二审独任制适用范围的基础上，推动二审案件繁简分流，防止所有案件“平均用力”，提升司法整体效能。

第四十二条 【不适用独任制的情形】人民法院审理下列民事案件，不得由审判员一人独任审理：

（一）涉及国家利益、社会公共利益的案件；

（二）涉及群体性纠纷，可能影响社会稳定的案件；

（三）人民群众广泛关注或者其他社会影响较大的案件；

（四）属于新类型或者疑难复杂的案件；

（五）法律规定应当组成合议庭审理的案件；

（六）其他不宜由审判员一人独任审理的案件。

注释 本条是2021年修正新增加的条文。为了加强对独任制适用的制约监督，在扩大独任制适用的同时，明确适用标准，划定适用边界，确保适用独任制审理案件的质量。本条明确了不得适用独任制的6类案件，包括：涉及重大利益、影响社会稳定、产生广泛社会影响、新类型或疑难复杂、法律规定应当适用合议制的案件等。

第四十三条 【独任制向合议制转换】人民法院在审理过程中，发现案件不宜由审判员一人独任审理的，应当裁定转由合议庭审理。

当事人认为案件由审判员一人独任审理违反法律规定的，可以向人民法院提出异议。人民法院对当事人提出的异议应当审查，异议成立的，裁定转由合议庭审理；异议不成立的，裁定驳回。

注释 本条是2021年修正新增加的条文。一方面，保障了当事人异议权。当事人认为案件违反独任制适用标准、适用范围，不符合民事诉讼法、人民陪审员法等法律中关于应当适用合议制的有关规定的，可以向人民法院提出异议，强化当事人对独任制适用的制约监督；另一方面，旨在完善独任制向合议制转换机制。人民法院发现案件存在案情复杂、社会影响较大、法律适用疑难等情形，不宜由审判员一人独任审理的，以及当事人异议成立的，裁定转由合议庭审理。

第四十四条 【合议庭审判长的产生】合议庭的审判长由院长或者庭长指定审判员一人担任；院长或者庭长参加审判的，由院长或者庭长担任。

第四十五条 【合议庭的评议规则】合议庭评议案件，实行少数服从多数的原则。评议应当制作笔录，由合议庭成员签名。评议中的不同意见，必须如实记入笔录。

第四十六条 【审判人员工作纪律】审判人员应当依法秉公办案。

审判人员不得接受当事人及其诉讼代理人请客送礼。

审判人员有贪污受贿，徇私舞弊，枉法裁判行为的，应当追究法律责任；构成犯罪的，依法追究刑事责任。

第四章 回 避

第四十七条 【回避的对象、条件和方式】审判人员有下列情形之一的，应当自行回避，当事人有权用口头或者书面方式申请他们回避：

（一）是本案当事人或者当事人、诉讼代理人近亲属的；

（二）与本案有利害关系的；

（三）与本案当事人、诉讼代理人有其他关系，可能影响对案件公正审理的。

审判人员接受当事人、诉讼代理人请客送礼，或者违反规定会见当事人、诉讼代理人的，当事人有权要求他们回避。

审判人员有前款规定的行为的，应当依法追究法律责任。

前三款规定，适用于书记员、翻译人员、鉴定人、勘验人。

注释 2012年民事诉讼法修改对本条作了四方面完善：一是明确审判人员应当自行回避；二是增加了与审判人员有特殊关系的“诉讼代理人”的回避；三是在增加的第2款中规定了审判人员应当禁止并回避的行为，四是明确规定审判人员有禁止性行为的应当依法追究法律责任。

回避适用于民事诉讼的始终，无论是一审、二审还是再审。在回避对象上，适用于审判人员、书记员、翻译人员、鉴定人、勘验人。证人不适用回避。

审判人员有下列情形之一的，应当自行回避，当事人有权申请其回避：(1)是本案当事人或者当事人近亲属的；(2)本人或者其近亲属与本案有利害关系的；(3)担任过本案的证人、鉴定人、辩护人、诉讼代理人、翻译人员的；(4)是本案诉讼代理人近亲属的；(5)本人或者其近亲属持有本案非上市公司当事人的股份或者股权的；(6)与本案当事人或者诉讼代理人有其他利害关系，可能影响公正审理的。

本条修改的第2项内容是增加第2款应当禁止并回避的行为。本条第1款规定的应当回避的情形是建立在与审判人员有特定利害关系上；第2款新增的内容是建立在审判人员等的特定行为上的，即审判人员不得接受当事人、诉讼代理人的请客送礼，不得违反规定会见当事人、诉讼代理人。

审判人员有下列情形之一的，当事人有权申请其回避：(1)接受本案当事人及其受托人宴请，或者参加由其支付费用的活动的；(2)索取、接受本案当事人及其受托人财物或者其他利益的；(3)违反规定会见本案当事人、诉讼代理人的；(4)为本案当事人推荐、介绍诉讼代理人，或者为律师、其他人员介绍代理本案的；(5)向本案当事人及其受托人借用款物的；(6)有其他不正当行为，可能影响公正审理的。

同时需要注意以下几点：(1)在一个审判程序中参与过本案审判工作的审判人员，不得再参与该案其他程序的审判。发回重审的案件，在一审法院作出裁判后又进入第二审程序的，原第二审程序中审判人员不受前述规定的限制。(2)审判人员有应当回避的情形，没有自行回避，当事人也没有申请其回避的，由院长或者审判委员会决定其回避。(3)人民法院应当依法告知当事人对合议庭组成人员、独任审判员和书记员等人员有申请回避的权利。(4)民事诉讼法第47条所称的审判人员，包括参与本案审理的人民法院院长、副院长、审判委员会委员、庭长、副庭长、审判员和人民陪审员。(5)书记员和执行员适用审判人员回避的有关规定。

链接《民诉解释》43—49；《法官法》第24条；《最高人民法院关于审判人员在诉讼活动中执行回避制度若干问题的规定》

第四十八条 【回避申请】当事人提出回避申请，应当说明理由，在案件开始审理时提出；回避事由在案件开始审理后知道的，也可以在法庭辩论终结前提出。

被申请回避的人员在人民法院作出是否回避的决定前，应当暂停参与本案的工作，但案件需要采取紧急措施的除外。

第四十九条 【回避决定的程序】院长担任审判长或者独任审判员时的回避，由审判委员会决定；审判人员的回避，由院长决定；其他人员的回避，由审判长或者独任审判员决定。

第五十条 【回避决定的时限及效力】人民法院对当事人提出的回避申请,应当在申请提出的三日内,以口头或者书面形式作出决定。申请人对决定不服的,可以在接到决定时申请复议一次。复议期间,被申请回避的人员,不停止参与本案的工作。人民法院对复议申请,应当在三日内作出复议决定,并通知复议申请人。

第五章 诉讼参加人

第一节 当事人

第五十一条 【当事人范围】公民、法人和其他组织可以作为民事诉讼的当事人。

法人由其法定代表人进行诉讼。其他组织由其主要负责人进行诉讼。

注释 当事人,即因民事权利义务关系发生争议,以自己的名义进行诉讼,要求法院行使民事裁判权的人及相对人。从广义的角度说,原告、被告、共同诉讼人、诉讼代表人、第三人都是当事人。

法定代表人

《民法典》第61条规定:"依照法律或者法人章程的规定,代表法人从事民事活动的负责人,为法人的法定代表人。法定代表人以法人名义从事的民事活动,其法律后果由法人承受。法人章程或者法人权力机构对法定代表人代表权的限制,不得对抗善意相对人。"法人的章程或者权力机构对法定代表人的代表权范围的限制,对于法定代表人有完全的效力,即法定代表人不得超出其法人章程或者权力机构对其的限制。法人的章程或者权力机构对法定代表人的代表权范围的限制,对于第三人不具有完全的效力。只要进行民事活动的相对人是善意的,对其超出职权范围不知情且无过失,法人就不能以超越职权为由对抗该善意相对人;如果相对人知情,则可以主张该民事法律行为无效或者撤销。

法人的法定代表人以依法登记的为准,但法律另有规定的除外。依法不需要办理登记的法人,以其正职负责人为法定代表人;没有正职负责人的,以其主持工作的副职负责人为法定代表人。法定代表人已经变更,但未完成登记,变更后的法定代表人要求代表法人参加诉讼的,人民法院可以准许。其他组织,以其主要负责人为代表人。

在诉讼中,法人的法定代表人变更的,由新的法定代表人继续进行诉讼,并应向人民法院提交新的法定代表人身份证明书。原法定代表人进行的诉讼行为有效。该规定同样适用于其他组织参加的诉讼。

特别法人

《民法典》第96条规定:"本节规定的机关法人、农村集体经济组织法人、城镇农村的合作经济组织法人、基层群众性自治组织法人,为特别法人。"特别法人,是指我国现实生活中存在的,既不属于营利法人,也不属于非营利法人,具有民事权利能力和民事行为能力,依法独立享有民事权利和承担民事义务的组织。其特点是:1. 特别法人既不属于营利法人,也不属于非营利法人。特别法人是为公益目的或者其他非营利目的而成立的,但又不具有出资人和设立人,而是依据国家法律或者政府的命令而设立的法人。2. 特别法人具有法人的组织形式。特别法人有自己的名称、有组织机构、住所,也有一定的财产或者经费,也有其法定代表人,并且依照法律的规定而设立,具备法人的所有组织形式,是一个具有法人资格的组织体。3. 特别法人具有民事权利能力和民事行为能力,能够以自己的财产或者经费承担民事责任。4. 法律只规定了四类特别法人,包括机关法人、农村集体经济组织法人、合作经济组织法人和基层群众性自治组织法人。

非法人组织

《民法典》第102条规定:"非法人组织是不具有法人资格,但是能够依法以自己的名义从事民事活动的组织。非法人组织包括个人独资企业、合伙企业、不具有法人资格的专业服务机构等。"非法人组织是指不具有法人资格但可以以自己的名义从事民事活动的组织,与法人不同的是,非法人组织的民事责任由其出资人或者设立人承担无限责任。比如,根据《乡镇企业法》的规定,乡镇企业只有符合企业法人条件的,依法取得企业法人资格。因此不具备法人条件的乡镇企业也属于非法人组织。

非法人组织的特征有:一是非法人组织为一种组织体,而不是自然人,这是非法人组织和法人的相同之处。二是非法人组织不具有法人资格。非法人组织与法人的最大区别在于,非法人组织不能独立承担民事责任,非法人组织的责任最终是由设立人或出资人承担无限责任。三是和法人一样，非法人组织可以以自己的名义从事民事活动，非法人组织具有民事权利能力和民事行为能力，能够享有并行使民事权利，承担民事义务。

特殊情形下当事人的确定

在司法实践中，需要注意几种特殊情形下当事人的确定：(1)法人非依法设立的分支机构，或者虽依法设立，但没有领取营业执照的分支机构，以设立该分支机构的法人为当事人。(2)以挂靠形式从事民事活动，当事人请求由挂靠人和被挂靠人依法承担民事责任的，该挂靠人和被挂靠人为共同诉讼人。(3)在诉讼中，一方当事人死亡，需要等待继承人表明是否参加诉讼的，裁定中止诉讼。人民法院应当及时通知继承人作为当事人承担诉讼，被继承人已经进行的诉讼行为对承担诉讼的继承人有效。(4)法人或者其他组织的工作人员执行工作任务造成他人损害的，该法人或者其他组织为当事人。(5)提供劳务一方因劳务造成他人损害，受害人提起诉讼的，以接受劳务一方为被告。(6)在劳务派遣期间，被派遣的工作人员因执行工作任务造成他人损害的，以接受劳务派遣的用工单位为当事人。当事人主张劳务派遣单位承担责任的，该劳务派遣单位为共同被告。(7)在诉讼中，个体工商户以营业执照上登记的经营者为当事人。有字号的，以营业执照上登记的字号为当事人，但应同时注明该字号经营者的基本信息。营业执照上登记的经营者与实际经营者不一致的，以登记的经营者和实际经营者为共同诉讼人。(8)在诉讼中，未依法登记领取营业执照的个人合伙的全体合伙人为共同诉讼人。个人合伙有依法核准登记的字号的，应在法律文书中注明登记的字号。全体合伙人可以推选代表人；被推选的代表人，应由全体合伙人出具推选书。(9)当事人之间的纠纷经人民调解委员会或者其他依法设立的调解组织调解达成协议后，一方当事人不履行调解协议，另一方当事人向人民法院提起诉讼的，应以对方当事人为被告。(10)下列情形，以行为人为当事人：法人或者其他组织应登记而未登记，行为人即以该法人或者其他组织名义进行民事活动的；行为人没有代理权、超越代理权或者代理权终止后以被代理人名义进行民事活动的，但相对人有理由相信行为人有代理权的除外；法人或者其他组织依法终止后，行为人仍以其名义进行民事活动的。(11)企业法人合并的，因合并前的民事活动发生的纠纷，以合并后的企业为当事人；企业法人分立的，因分立前的民事活动发生的纠纷，以分立后的企业为共同诉讼人。(12)企业法人解散的，依法清算并注销前，以该企业法人为当事人；未依法清算即被注销的，以该企业法人的股东、发起人或者出资人为当事人。(13)借用业务介绍信、合同专用章、盖章的空白合同书或者银行账户的，出借单位和借用人为共同诉讼人。(14)因保证合同纠纷提起的诉讼，债权人向保证人和被保证人一并主张权利的，人民法院应当将保证人和被保证人列为共同被告。保证合同约定为一般保证，债权人仅起诉保证人的，人民法院应当通知被保证人作为共同被告参加诉讼；债权人仅起诉被保证人的，可以只列被保证人为被告。(15)无民事行为能力人、限制民事行为能力人造成他人损害的，无民事行为能力人、限制民事行为能力人和其监护人为共同被告。(16)居民委员会、村民委员会或者村民小组与他人发生民事纠纷的，居民委员会、村民委员会或者有独立财产的村民小组为当事人。(17)对侵害死者遗体、遗骨以及姓名、肖像、名誉、荣誉、隐私等行为提起诉讼的，死者的近亲属为当事人。(18)在继承遗产的诉讼中，部分继承人起诉的，人民法院应通知其他继承人作为共同原告参加诉讼；被通知的继承人不愿意参加诉讼又未明确表示放弃实体权利的，人民法院仍应将其列为共同原告。(19)原告起诉被代理人和代理人，要求承担连带责任的，被代理人和代理人为共同被告。原告起诉代理人和相对人，要求承担连带责任的，代理人和相对人为共同被告。(20)共有财产权受到他人侵害，部分共有权人起诉的，其他共有权人为共同诉讼人。

链接《民法典》第61、96、102条；《民诉解释》50—72

第五十二条 【诉讼权利义务】当事人有权委托代理人，提出回避申请，收集、提供证据，进行辩论，请求调解，提起上诉，申请执行。

当事人可以查阅本案有关材料，并可以复制本案有关材料和法律文书。查阅、复制本案有关材料的范围和办法由最高人民法院规定。

当事人必须依法行使诉讼权利，遵守诉讼秩序，履行发生法律效力的判决书、裁定书和调解书。

第五十三条 【自行和解】双方当事人可以自

行和解。

第五十四条 【诉讼请求的放弃、变更、承认、反驳及反诉】原告可以放弃或者变更诉讼请求。被告可以承认或者反驳诉讼请求,有权提起反诉。

第五十五条 【共同诉讼】当事人一方或者双方为二人以上,其诉讼标的是共同的,或者诉讼标的是同一种类、人民法院认为可以合并审理并经当事人同意的,为共同诉讼。

共同诉讼的一方当事人对诉讼标的有共同权利义务的,其中一人的诉讼行为经其他共同诉讼人承认,对其他共同诉讼人发生效力;对诉讼标的没有共同权利义务的,其中一人的诉讼行为对其他共同诉讼人不发生效力。

注释 共同诉讼是典型的诉的主体合并,包括必要的共同诉讼和普通的共同诉讼。

普通共同诉讼

是指当事人一方或者双方为2人以上,其诉讼标的是同一种类,人民法院认为可以合并审理并经当事人同意而进行的共同诉讼。普通共同诉讼是可分之诉,符合普通共同诉讼的要件的两个以上的诉讼是可以分开审理的,且在诉讼中,其中一人的诉讼行为对其他共同诉讼人不发生效力。法律明确规定可以合并审理的普通共同诉讼是:两个或者两个以上的债权人以同一次债务人为被告提起代位权诉讼的,人民法院可以合并审理。

必要共同诉讼

是指当事人一方或者双方为2人以上,其诉讼标的是共同的诉讼。在诉讼中,共同诉讼人都参加诉讼,其中一人的诉讼行为经其他共同诉讼人承认,对其他共同诉讼人发生效力。

必要共同诉讼的情形主要包括:(1)以挂靠形式从事民事活动,当事人请求由挂靠人和被挂靠人依法承担民事责任的,该挂靠人和被挂靠人为共同诉讼人。(2)在劳务派遣期间,被派遣的工作人员因执行工作任务造成他人损害的,以接受劳务派遣的用工单位为当事人。当事人主张劳务派遣单位承担责任的,该劳务派遣单位为共同被告。(3)在诉讼中,个体工商户以营业执照上登记的经营者为当事人。有字号的,以营业执照上登记的字号为当事人,但应同时注明该字号经营者的基本信息。营业执照上登记的经营者与实际经营者不一致的,以登记的经营者和实际经营者为共同诉讼人。(4)在诉讼中,未依法登记领取营业执照的个人合伙的全体合伙人为共同诉讼人。个人合伙有依法核准登记的字号的,应在法律文书中注明登记的字号。全体合伙人可以推选代表人;被推选的代表人,应由全体合伙人出具推选书。(5)企业法人合并的,因合并前的民事活动发生的纠纷,以合并后的企业为当事人;企业法人分立的,因分立前的民事活动发生的纠纷,以分立后的企业为共同诉讼人。(6)企业法人解散的,依法清算并注销前,以该企业法人为当事人;未依法清算即被注销的,以该企业法人的股东、发起人或者出资人为当事人。(7)借用业务介绍信、合同专用章、盖章的空白合同书或者银行账户的,出借单位和借用人为共同诉讼人。(8)因保证合同纠纷提起的诉讼,债权人向保证人和被保证人一并主张权利的,人民法院应当将保证人和被保证人列为共同被告。保证合同约定为一般保证,债权人仅起诉保证人的,人民法院应当通知被保证人作为共同被告参加诉讼;债权人仅起诉被保证人的,可以只列被保证人为被告。(9)无民事行为能力人、限制民事行为能力人造成他人损害的,无民事行为能力人、限制民事行为能力人和其监护人为共同被告。(10)对侵害死者遗体、遗骨以及姓名、肖像、名誉、荣誉、隐私等行为提起诉讼的,死者的近亲属为当事人。(11)在继承遗产的诉讼中,部分继承人起诉的,人民法院应通知其他继承人作为共同原告参加诉讼;被通知的继承人不愿意参加诉讼又未明确表示放弃实体权利的,人民法院仍应将其列为共同原告。(12)原告起诉被代理人和代理人,要求承担连带责任的,被代理人和代理人为共同被告。原告起诉代理人和相对人,要求承担连带责任的,代理人和相对人为共同被告。(13)共有财产权受到他人侵害,部分共有权人起诉的,其他共有权人为共同诉讼人。

链接《民诉解释》54、58—60、63—74

第五十六条 【当事人人数确定的代表人诉讼】当事人一方人数众多的共同诉讼,可以由当事人推选代表人进行诉讼。代表人的诉讼行为对其所代表的当事人发生效力,但代表人变更、放弃诉讼请求或者承认对方当事人的诉讼请求,进行和解,必须经被代表的当事人同意。

注释 当事人一方人数众多一般指10人以上。当事人一方人数众多在起诉时确定的,可以由全体当事人推选共同的代表人,也可以由部分当事人推选自己的代表人;推选不出代表人的当事人,在必要的共同诉讼中可以自己参加诉讼,在普通的共同诉讼中可以另行起诉。

链接《民诉解释》75、76

第五十七条 【当事人人数不确定的代表人诉讼】诉讼标的是同一种类、当事人一方人数众多在起诉时人数尚未确定的,人民法院可以发出公告,说明案件情况和诉讼请求,通知权利人在一定期间向人民法院登记。

向人民法院登记的权利人可以推选代表人进行诉讼;推选不出代表人的,人民法院可以与参加登记的权利人商定代表人。

代表人的诉讼行为对其所代表的当事人发生效力,但代表人变更、放弃诉讼请求或者承认对方当事人的诉讼请求,进行和解,必须经被代表的当事人同意。

人民法院作出的判决、裁定,对参加登记的全体权利人发生效力。未参加登记的权利人在诉讼时效期间提起诉讼的,适用该判决、裁定。

注释 当事人一方人数众多在起诉时不确定的,由当事人推选代表人。当事人推选不出的,可以由人民法院提出人选与当事人协商;协商不成的,也可以由人民法院在起诉的当事人中指定代表人。

依照本条规定受理的案件,人民法院可以发出公告,通知权利人向人民法院登记。公告期间根据案件的具体情况确定,但不得少于30日。

根据本条规定向人民法院登记的权利人,应当证明其与对方当事人的法律关系和所受到的损害。证明不了的,不予登记,权利人可以另行起诉。人民法院的裁判在登记的范围内执行。未参加登记的权利人提起诉讼,人民法院认定其请求成立的,裁定适用人民法院已作出的判决、裁定。

链接《民诉解释》77—80

第五十八条 【公益诉讼】对污染环境、侵害众多消费者合法权益等损害社会公共利益的行为,法律规定的机关和有关组织可以向人民法院提起诉讼。

人民检察院在履行职责中发现破坏生态环境和资源保护、食品药品安全领域侵害众多消费者合法权益等损害社会公共利益的行为,在没有前款规定的机关和组织或者前款规定的机关和组织不提起诉讼的情况下,可以向人民法院提起诉讼。前款规定的机关或者组织提起诉讼的,人民检察院可以支持起诉。

注释 2017年修订的民事诉讼法将人民检察院明确规定为可以提起公益诉讼的主体,同时规定本条第一款规定的机关或者组织提起诉讼的,人民检察院可以支持起诉。

公益诉讼的特征

公益诉讼与普通民事诉讼相比具有以下主要特征:(1)诉讼目的不完全相同。公益诉讼的主要目的是维护公共利益;而普通民事诉讼的直接目的是维护个体利益。(2)保护利益的特点不同。公益诉讼保护公共利益,与私益相关联,但又不等同于私益。普通民事诉讼所保护的主要是个体利益。(3)对诉讼当事人的要求不同。公益诉讼的原告不要求一定与纠纷有法律上的直接利害关系。在普通民事诉讼中,原告必须与案件有法律上的直接利害关系,否则法院不予立案或者驳回起诉。(4)公益诉讼纠纷所涉及的损害往往具有广泛性、严重性和长期性,如污染环境、侵害众多消费者权益等侵权行为的公益诉讼。而普通民事诉讼主要涉及普通个体之间的利益损害,损害的范围一般较易界定。

公益诉讼案件的管辖和受理

公益诉讼案件由侵权行为地或者被告住所地中级人民法院管辖,但法律、司法解释另有规定的除外。因污染海洋环境提起的公益诉讼,由污染发生地、损害结果地或者采取预防污染措施地海事法院管辖。对同一侵权行为分别向两个以上人民法院提起公益诉讼的,由最先立案的人民法院管辖,必要时由它们的共同上级人民法院指定管辖。

环境保护法、消费者权益保护法等法律规定的机关和有关组织对污染环境、侵害众多消费者合法权益等损害社会公共利益的行为,根据本条规定提起公益诉讼,符合下列条件的,人民法院应当受理:(1)有明确的被告;(2)有具体的诉讼请求;(3)有社会公共利益受到损害的初步证据;(4)属于人民法院受理民事诉讼的范围和受诉人民法院管辖。

人民法院受理公益诉讼案件后,应当在10日内书面告知相关行政主管部门。人民法院受理公益诉讼案件后,依法可以提起诉讼的其他机关和有关组织,可以在开庭前向人民法院申请参加诉讼。人民法院准许参加诉讼的,列为共同原告。

对公益诉讼案件，当事人可以和解，人民法院可以调解。当事人达成和解或者调解协议后，人民法院应当将和解或者调解协议进行公告。公告期间不得少于30日。公告期满后，人民法院经审查，和解或者调解协议不违反社会公共利益的，应当出具调解书；和解或者调解协议违反社会公共利益的，不予出具调解书，继续对案件进行审理并依法作出裁判。

公益诉讼案件的原告在法庭辩论终结后申请撤诉的，人民法院不予准许。公益诉讼案件的裁判发生法律效力后，其他依法具有原告资格的机关和有关组织就同一侵权行为另行提起公益诉讼的，人民法院裁定不予受理，但法律、司法解释另有规定的除外。

链接《民诉解释》282—289；《最高人民法院、最高人民检察院关于检察公益诉讼案件适用法律若干问题的解释》；《最高人民法院关于审理环境民事公益诉讼案件适用法律若干问题的解释》；《最高人民法院关于审理消费民事公益诉讼案件适用法律若干问题的解释》

第五十九条 【第三人】对当事人双方的诉讼标的，第三人认为有独立请求权的，有权提起诉讼。

对当事人双方的诉讼标的，第三人虽然没有独立请求权，但案件处理结果同他有法律上的利害关系的，可以申请参加诉讼，或者由人民法院通知他参加诉讼。人民法院判决承担民事责任的第三人，有当事人的诉讼权利义务。

前两款规定的第三人，因不能归责于本人的事由未参加诉讼，但有证据证明发生法律效力的判决、裁定、调解书的部分或者全部内容错误，损害其民事权益的，可以自知道或者应当知道其民事权益受到损害之日起六个月内，向作出该判决、裁定、调解书的人民法院提起诉讼。人民法院经审理，诉讼请求成立的，应当改变或者撤销原判决、裁定、调解书；诉讼请求不成立的，驳回诉讼请求。

注释 本条2012年修改时新增了第三人撤销之诉的规定。

第三人，指对原、被告所争议的诉讼标的认为有独立请求权，或者虽然没有独立请求权，但案件的处理结果与其有法律上的利害关系，从而参加到正在进行的诉讼中的人。无论是有独立请求权的第三人还是无独立请求权的第三人，参加诉讼的时间都可以是在案件受理后，法庭辩论结束前。有独立请求权的第三人有权向人民法院提出诉讼请求和事实、理由，成为当事人；无独立请求权的第三人，可以申请或者由人民法院通知参加诉讼。

有独立请求权的第三人

以提出诉讼的方式参加正在进行的本诉。其诉讼地位相当于原告，但由于其是参加到正在进行的本诉之中，不可能完全享有原告的诉讼权利，例如其不能提起管辖权异议，如果其对管辖权有异议，可以另行起诉。有独立请求权的第三人提出的与本案有关的诉讼请求，法院可以合并审理。有独立请求权的第三人撤诉的，不影响本诉的进行；如果本诉中原告撤诉的，有独立请求权的第三人作为另案中的原告，原案中的原告和被告作为另案被告，诉讼另行进行。

无独立请求权的第三人

在诉讼中，无独立请求权的第三人有当事人的诉讼权利义务，判决承担民事责任的无独立请求权的第三人有权提起上诉。但该第三人在一审中无权对案件的管辖权提出异议，无权放弃、变更诉讼请求或者申请撤诉。

可列为无独立请求权的第三人一般包括以下几种情形：(1)代位权诉讼中债权人以次债务人为被告向人民法院提起代位权诉讼，未将债务人列为第三人的，人民法院可以追加债务人为第三人。(2)债权人依照《民法典》第539条的规定提起撤销权诉讼时只以债务人为被告，未将知道或者应当知道的相对人列为第三人的，人民法院可以追加该受益人或者受让人为第三人。(3)合同转让中的第三人：①债权人转让合同权利后，债务人与受让人之间因履行合同发生纠纷诉至人民法院，债务人对债权人的权利提出抗辩的，可以将债权人列为第三人。②经债权人同意，债务人转移合同义务后，受让人与债权人之间因履行合同发生纠纷诉至人民法院，受让人就债务人对债权人的权利提出抗辩的，可以将债务人列为第三人。③合同当事人一方经对方同意将其在合同中的权利义务一并转让给受让人，对方与受让人因履行合同发生纠纷诉至人民法院，对方就合同权利义务提出抗辩的，可以将出让方列为第三人。

第三人撤销之诉

本条第3款是关于第三人撤销之诉的规定，

这是民事诉讼法新增加的一项重要制度。第三人提出撤销之诉应当满足以下条件:(1)因不能归责于自己的事由未参加诉讼。(2)有证据证明发生法律效力的判决、裁定、调解书的部分或者全部内容错误,损害其民事权益。实践中,第三人提起撤销之诉的撤销事由主要有:当事人恶意串通进行诉讼,损害其利益;第三人对原判决、裁定、调解书所处分的财产拥有物上请求权;原诉遗漏了必要的共同诉讼当事人,损害了其利益。(3)自知道或者应当知道其民事权益受到损害之日起6个月内提起该诉讼。

本条第3款规定的因不能归责于本人的事由未参加诉讼,是指没有被列为生效判决、裁定、调解书当事人,且无过错或者无明显过错的情形。包括:(1)不知道诉讼而未参加的;(2)申请参加未获准许的;(3)知道诉讼,但因客观原因无法参加的;(4)因其他不能归责于本人的事由未参加诉讼的。

本条第3款规定的判决、裁定、调解书的部分或者全部内容,是指判决、裁定的主文,调解书中处理当事人民事权利义务的结果。

对下列情形提起第三人撤销之诉的,人民法院不予受理:(1)适用特别程序、督促程序、公示催告程序、破产程序等非讼程序处理的案件;(2)婚姻无效、撤销或者解除婚姻关系等判决、裁定、调解书中涉及身份关系的内容;(3)民事诉讼法第57条规定的未参加登记的权利人对代表人诉讼案件的生效裁判;(4)民事诉讼法第58条规定的损害社会公共利益行为的受害人对公益诉讼案件的生效裁判。

对第三人撤销或者部分撤销发生法律效力的判决、裁定、调解书内容的请求,人民法院经审理,按下列情形分别处理:(1)请求成立且确认其民事权利的主张全部或部分成立的,改变原判决、裁定、调解书内容的错误部分;(2)请求成立,但确认其全部或部分民事权利的主张不成立,或者未提出确认其民事权利请求的,撤销原判决、裁定、调解书内容的错误部分;(3)请求不成立的,驳回诉讼请求。对前述规定裁判不服的,当事人可以上诉。原判决、裁定、调解书的内容未改变或者未撤销的部分继续有效。

第三人诉讼请求并入再审程序审理的,按照下列情形分别处理:(1)按照第一审程序审理的,人民法院应当对第三人的诉讼请求一并审理,所作的判决可以上诉;(2)按照第二审程序审理的,人民法院可以调解,调解达不成协议的,应当裁定撤销原判决、裁定、调解书,发回一审法院重审,重审时应当列明第三人。

第三人提起撤销之诉后,未中止生效判决、裁定、调解书执行的,执行法院对第三人依照民事诉讼法第234条规定提出的执行异议,应予审查。第三人不服驳回执行异议裁定,申请对原判决、裁定、调解书再审的,人民法院不予受理。案外人对人民法院驳回其执行异议裁定不服,认为原判决、裁定、调解书内容错误损害其合法权益的,应当根据民事诉讼法第234条规定申请再审,提起第三人撤销之诉的,人民法院不予受理。

关于第三人撤销之诉还需要说明两点:(1)第三人提起的撤销之诉是依据新事实提起的新诉,对新诉的裁判,第三人和原诉的当事人可以提起上诉。(2)在执行过程中,第三人发现原裁判损害自己利益的,既可以提起第三人撤销之诉,也可以以案外人身份提起执行异议。

债权人能否提起第三人撤销之诉

第三人撤销之诉中的第三人仅局限于《民事诉讼法》第59条规定的有独立请求权及无独立请求权的第三人,而且一般不包括债权人。但是,设立第三人撤销之诉的目的在于,救济第三人享有的因不能归责于本人的事由未参加诉讼但因生效裁判文书内容错误受到损害的民事权益,因此,债权人在下列情况下可以提起第三人撤销之诉:

(1)该债权是法律明确给予特殊保护的债权,如《民法典》第807条规定的建设工程价款优先受偿权,《海商法》第22条规定的船舶优先权;

(2)因债务人与他人的权利义务被生效裁判文书确定,导致债权人本来可以对《民法典》第539条和《企业破产法》第31条规定的债务人的行为享有撤销权而不能行使的;

(3)债权人有证据证明,裁判文书主文确定的债权内容部分或者全部虚假的。

债权人提起第三人撤销之诉还要符合法律和司法解释规定的其他条件。对于除此之外的其他债权,债权人原则上不得提起第三人撤销之诉。

链接《民法典》第539、807条;《民诉解释》81、82;《全国法院民商事审判工作会议纪要》120

第二节 诉讼代理人

第六十条 【法定诉讼代理人】无诉讼行为能力人由他的监护人作为法定代理人代为诉讼。法定代理人之间互相推诿代理责任的,由人民法院指定其中一人代为诉讼。

注释 在诉讼中,无民事行为能力人、限制民事行为能力人的监护人是他的法定代理人。事先没有确定监护人的,可以由有监护资格的人协商确定;协商不成的,由人民法院在他们之中指定诉讼中的法定代理人。当事人没有民法典第27条、第28条规定的监护人的,可以指定民法典第32条规定的有关组织担任诉讼中的法定代理人。

监护人制度

《民法典》规定了详细的监护人制度。第27条规定:"父母是未成年子女的监护人。未成年人的父母已经死亡或者没有监护能力的,由下列有监护能力的人按顺序担任监护人:(一)祖父母、外祖父母;(二)兄、姐;(三)其他愿意担任监护人的个人或者组织,但是须经未成年人住所地的居民委员会、村民委员会或者民政部门同意。"第28条规定:"无民事行为能力或者限制民事行为能力的成年人,由下列有监护能力的人按顺序担任监护人:(一)配偶;(二)父母、子女;(三)其他近亲属;(四)其他愿意担任监护人的个人或者组织,但是须经被监护人住所地的居民委员会、村民委员会或者民政部门同意。"第33条规定:"具有完全民事行为能力的成年人,可以与其近亲属、其他愿意担任监护人的个人或者组织事先协商,以书面形式确定自己的监护人,在自己丧失或者部分丧失民事行为能力时,由该监护人履行监护职责。"

链接《民诉解释》83;《民法典》第27、28、32条

第六十一条 【委托诉讼代理人】当事人、法定代理人可以委托一至二人作为诉讼代理人。

下列人员可以被委托为诉讼代理人:

(一)律师、基层法律服务工作者;

(二)当事人的近亲属或者工作人员;

(三)当事人所在社区、单位以及有关社会团体推荐的公民。

注释 本条第2款第2项规定中与当事人有夫妻、直系血亲、三代以内旁系血亲、近姻亲关系以及其他有抚养、赡养关系的亲属,可以当事人近亲属的名义作为诉讼代理人;与当事人有合法劳动人事关系的职工,可以当事人工作人员的名义作为诉讼代理人。

本条第2款第3项规定,有关社会团体推荐公民担任诉讼代理人的,应当符合下列条件:(1)社会团体属于依法登记设立或者依法免予登记设立的非营利性法人组织;(2)被代理人属于该社会团体的成员,或者当事人一方住所地位于该社会团体的活动地域;(3)代理事务属于该社会团体章程载明的业务范围;(4)被推荐的公民是该社会团体的负责人或者与该社会团体有合法劳动人事关系的工作人员。专利代理人经中华全国专利代理人协会推荐,可以在专利纠纷案件中担任诉讼代理人。

链接《民诉解释》85—87

第六十二条 【委托诉讼代理权的取得和权限】委托他人代为诉讼,必须向人民法院提交由委托人签名或者盖章的授权委托书。

授权委托书必须记明委托事项和权限。诉讼代理人代为承认、放弃、变更诉讼请求,进行和解,提起反诉或者上诉,必须有委托人的特别授权。

侨居在国外的中华人民共和国公民从国外寄交或者托交的授权委托书,必须经中华人民共和国驻该国的使领馆证明;没有使领馆的,由与中华人民共和国有外交关系的第三国驻该国的使领馆证明,再转由中华人民共和国驻该第三国使领馆证明,或者由当地的爱国华侨团体证明。

注释 授权委托书分为一般授权和特别授权两种。(1)一般授权:委托代理人依据委托当然享有程序性的诉讼权利,但不能享有具有处分实体权利性质的诉讼权利。(2)特别授权:行使实体性的诉讼权利,即代为承认、放弃、变更诉讼请求,进行和解,提起反诉或者上诉,必须有委托人的特别授权。

当事人向人民法院提交的授权委托书,应当在开庭审理前送交人民法院。授权委托书仅写"全权代理"而无具体授权的,诉讼代理人无权代为承认、放弃、变更诉讼请求,进行和解,提出反诉或者提起上诉。适用简易程序审理的案件,双方当事人同时到庭并径行开庭审理的,可以当场口头委托诉讼代理人,由人民法院记入笔录。

诉讼代理人除根据本条规定提交授权委托书外,还应当按照下列规定向人民法院提交相关材料:(1)律师应当提交律师执业证、律师事务所证

明材料;(2)基层法律服务工作者应当提交法律服务工作者执业证、基层法律服务所出具的介绍信以及当事人一方位于本辖区内的证明材料;(3)当事人的近亲属应当提交身份证件和与委托人有近亲属关系的证明材料;(4)当事人的工作人员应当提交身份证件和与当事人有合法劳动人事关系的证明材料;(5)当事人所在社区、单位推荐的公民应当提交身份证件、推荐材料和当事人属于该社区、单位的证明材料;(6)有关社会团体推荐的公民应当提交身份证件和符合《民诉解释》第87条规定条件的证明材料。

链接《民诉解释》88、89;《最高人民法院关于民事诉讼委托代理人在执行程序中的代理权限问题的批复》

第六十三条 【诉讼代理权的变更和解除】诉讼代理人的权限如果变更或者解除,当事人应当书面告知人民法院,并由人民法院通知对方当事人。

第六十四条 【诉讼代理人调查收集证据和查阅有关资料的权利】代理诉讼的律师和其他诉讼代理人有权调查收集证据,可以查阅本案有关材料。查阅本案有关材料的范围和办法由最高人民法院规定。

注释本条规定的是代理人的权利。需要明确的是,最高人民法院在2002年11月15日以法释〔2002〕39号正式公布了《关于诉讼代理人查阅民事案件材料的规定》,2020年最高人民法院关于修改《最高人民法院关于人民法院民事调解工作若干问题的规定》等十九件民事诉讼类司法解释的决定对该司法解释进行了修改。对于该司法解释,读者需要注意以下几点:1. 该司法解释规定当事人及其诉讼代理人查阅案件材料的范围限于审判卷和执行卷的正卷,不可查阅案件副卷的内容。2. 该司法解释规定可以查阅的主体仅限于当事人及其诉讼代理人,而不是面向所有人或者任何人。3. 该司法解释规定可以查阅的时间是诉讼中的案件材料。对于已经形成档案的文件的查阅,应当依据档案法的规定查阅,不再适用民事诉讼法有关查阅案件材料的规定。

第六十五条 【离婚诉讼代理的特别规定】离婚案件有诉讼代理人的,本人除不能表达意思的以外,仍应出庭;确因特殊情况无法出庭的,必须向人民法院提交书面意见。

第六章 证 据

第六十六条 【证据的种类】证据包括:

(一)当事人的陈述;

(二)书证;

(三)物证;

(四)视听资料;

(五)电子数据;

(六)证人证言;

(七)鉴定意见;

(八)勘验笔录。

证据必须查证属实,才能作为认定事实的根据。

注释本条2012年的修改新增了电子数据这一证据形式。

证据是诉讼的灵魂。民事诉讼中的证据即民事证据,是用来证明民事案件争议事实的各种材料。

书证

以文字、符号、图形等所记载的内容或表达的思想来证明案件事实的证据。

物证

以其形状、质量、规格等来证明案件事实的物品。

视听资料

利用现代科技手段制作、存储的,主要以图像、声音证明争议过程的事实材料。注意视听资料与鉴定意见的区别:鉴定意见的本质特征是其专门性,即由法定的鉴定机构通过专门的鉴定程序对民事争议中的特定问题所作出的书面意见。

书证、物证、视听资料的相互区别

(1)书证和物证的根本差异在于书证是用事实材料表达的思想内容来证明案件事实,而物证是用事实材料的物质特征来证明案件事实。在司法实践中要结合证明对象来区别一项证据是书证还是物证:首先要明确要证明的对象是什么,然后再根据证据的特性判断。

(2)书证和视听资料的区别。传统视听资料与书证可以通过记录方式直接予以区别,例如录像带、录音带都是视听资料。

(3)物证与视听资料的区别。物证是用材料的物理特征证明争议过程,而视听资料是用声音、图像中反映出来的信息来证明争议过程。

电子数据

电子数据包括下列信息、电子文件:(1)网页、博客、微博客等网络平台发布的信息;(2)手机短信、电子邮件、即时通信、通讯群组等网络应用服务的通信信息;(3)用户注册信息、身份认证信息、电子交易记录、通信记录、登录日志等信息;(4)文档、图片、音频、视频、数字证书、计算机程序等电子文件;(5)其他以数字化形式存储、处理、传输的能够证明案件事实的信息。当事人以电子数据作为证据的,应当提供原件。电子数据的制作者制作的与原件一致的副本,或者直接来源于电子数据的打印件或其他可以显示、识别的输出介质,视为电子数据的原件。

链接《民诉解释》116;《最高人民法院关于民事诉讼证据的若干规定》①

第六十七条 【举证责任与查证】当事人对自己提出的主张,有责任提供证据。

当事人及其诉讼代理人因客观原因不能自行收集的证据,或者人民法院认为审理案件需要的证据,人民法院应当调查收集。

人民法院应当按照法定程序,全面地、客观地审查核实证据。

注释 原告对自己诉讼请求所依据的事实,被告对自己答辩或反诉所根据的事实,第三人对自己提出的请求等,都应当提出证据,也就是说当事人各自不同的主张,都应当由提出这一主张的当事人提出证据,加以证明。当事人对自己提出的诉讼请求所依据的事实或者反驳对方诉讼请求所依据的事实有责任提供证据加以证明。没有证据或者证据不足以证明当事人的事实主张的,由负有举证责任的当事人承担不利后果。

不能自行收集的证据

当事人及其诉讼代理人因客观原因不能自行收集的证据包括:(1)证据由国家有关部门保存,当事人及其诉讼代理人无权查阅调取的;(2)涉及国家秘密、商业秘密或者个人隐私的;(3)当事人及其诉讼代理人因客观原因不能自行收集的其他证据。当事人及其诉讼代理人因客观原因不能自行收集的证据,可以在举证期限届满前书面申请人民法院调查收集。

人民法院认为审理案件需要的证据

一般是指以下情形:(1)涉及可能损害国家利益、社会公共利益的;(2)涉及身份关系的;(3)涉及本法第58条规定诉讼的;(4)当事人有恶意串通损害他人合法权益可能的;(5)涉及依职权追加当事人、中止诉讼、终结诉讼、回避等程序性事项的。

在域外形成的证据的认定

当事人提供的公文书证系在中华人民共和国领域外形成的,该证据应当经所在国公证机关证明,或者履行中华人民共和国与该所在国订立的有关条约中规定的证明手续。中华人民共和国领域外形成的涉及身份关系的证据,应当经所在国公证机关证明并经中华人民共和国驻该国使领馆认证,或者履行中华人民共和国与该所在国订立的有关条约中规定的证明手续。当事人向人民法院提供的证据是在香港、澳门、台湾地区形成的,应当履行相关的证明手续。

民事诉讼中的"承认"

(1)在诉讼过程中,一方当事人陈述的于己不利的事实,或者对于己不利的事实明确表示承认的,另一方当事人无须举证证明。在证据交换、询问、调查过程中,或者在起诉状、答辩状、代理词等书面材料中,当事人明确承认于己不利的事实的,适用前述规定。(2)一方当事人对于另一方当事人主张的于己不利的事实既不承认也不否认,经审判人员说明并询问后,其仍然不明确表示肯定或者否定的,视为对该事实的承认。(3)一方当事人对于另一方当事人主张的于己不利的事实有所限制或者附加条件予以承认的,由人民法院综合案件情况决定是否构成自认。(4)普通共同诉讼中,共同诉讼人中一人或者数人作出的自认,对作出自认的当事人发生效力。必要共同诉讼中,共同诉讼人中一人或者数人作出自认而其他共同诉讼人予以否认的,不发生自认的效力。其他共同诉讼人既不承认也不否认,经审判人员说明并询问后仍然不明确表示意见的,视为全体共同诉讼人的自认。(5)当事人委托诉讼代理人参加诉讼的,除授权委托书明确排除的事项外,诉讼代理人的自认视为当事人的自认。当事人在场对诉讼代理人的自认明确否认的,不视为自认。(6)经对方当事人同意,或者自认是在受胁迫或者重大误解

① 以下简称《民诉证据规定》。

情况下作出，当事人在法庭辩论终结前撤销自认的，人民法院应当准许。

免于举证的情形

下列事实，当事人无须举证：(1)自然规律以及定理、定律；(2)众所周知的事实；(3)根据法律规定推定的事实；(4)根据已知的事实和日常生活经验法则推定出的另一事实；(5)已为仲裁机构生效裁决所确认的事实；(6)已为人民法院发生法律效力的裁判所确认的基本事实；(7)已为有效公证文书所证明的事实。前述第2项至第5项规定的事实，当事人有相反证据足以反驳的除外；第6项至第7项规定的事实，当事人有相反证据足以推翻的除外。

链接《民诉解释》90—96、99—102、107；《民诉证据规定》第1—14条

第六十八条 【举证期限及逾期后果】当事人对自己提出的主张应当及时提供证据。

人民法院根据当事人的主张和案件审理情况，确定当事人应当提供的证据及其期限。当事人在该期限内提供证据确有困难的，可以向人民法院申请延长期限，人民法院根据当事人的申请适当延长。当事人逾期提供证据的，人民法院应当责令其说明理由；拒不说明理由或者理由不成立的，人民法院根据不同情形可以不予采纳该证据，或者采纳该证据但予以训诫、罚款。

注释 本条是关于当事人及时提供证据义务的规定，属于2012年修改新增。

本条第1款是对当事人及时提供证据义务的明确规定，是指当事人在民事诉讼中应当根据诉讼进行情况，在合理、适当的期间内对自己的主张提供证据。

本条第2款是对当事人及时提供证据义务并承担相应后果的规定，明确了当事人的举证期限和逾期提供证据的法律后果。

举证期限可以由当事人协商，并经人民法院准许。人民法院指定举证期限的，适用第一审普通程序审理的案件不得少于15日，当事人提供新的证据的第二审案件不得少于10日。适用简易程序审理的案件不得超过15日。举证期限届满后，当事人提供反驳证据或者对已经提供的证据的来源、形式等方面的瑕疵进行补正的，人民法院可以酌情再次确定举证期限，该期限不受前款规定的期间限制。

存在下列情形的，举证期限按照如下方式确定：(1)当事人依照民事诉讼法第130条规定提出管辖权异议的，举证期限中止，自驳回管辖权异议的裁定生效之日起恢复计算；(2)追加当事人、有独立请求权的第三人参加诉讼或者无独立请求权的第三人经人民法院通知参加诉讼的，人民法院应当依照本规定第54条的规定为新参加诉讼的当事人确定举证期限，该举证期限适用于其他当事人；(3)发回重审的案件，第一审人民法院可以结合案件具体情况和发回重审的原因，酌情确定举证期限；(4)当事人增加、变更诉讼请求或者提出反诉的，人民法院应当根据案件具体情况重新确定举证期限；(5)公告送达的，举证期限自公告期届满之次日起计算。

链接《民诉证据规定》第49—55条

第六十九条 【人民法院签收证据】人民法院收到当事人提交的证据材料，应当出具收据，写明证据名称、页数、份数、原件或者复印件以及收到时间等，并由经办人员签名或者盖章。

链接《民诉证据规定》第19条

第七十条 【人民法院调查取证】人民法院有权向有关单位和个人调查取证，有关单位和个人不得拒绝。

人民法院对有关单位和个人提出的证明文书，应当辨别真伪，审查确定其效力。

链接《民诉证据规定》第20—24条

第七十一条 【证据的公开与质证】证据应当在法庭上出示，并由当事人互相质证。对涉及国家秘密、商业秘密和个人隐私的证据应当保密，需要在法庭出示的，不得在公开开庭时出示。

注释 **质证**

是指当事人、诉讼代理人在法庭的主持下，对所提供的证据进行宣读、展示、辨认、质疑、说明、辩驳的活动。质证既是当事人、诉讼代理人之间相互审验对方提供的证据，也是帮助法庭鉴别、判断证据。证据应当在法庭上出示，由当事人互相质证。未经当事人质证的证据，不得作为认定案件事实的根据。当事人在审理前的准备阶段认可的证据，经审判人员在庭审中说明后，视为质证过的证据。涉及国家秘密、商业秘密、个人隐私或者法律规定应当保密的证据，不得公开质证。人民法院应当组织当事人围绕证据的真实性、合法性以及与待证事实的关联性进行质证，并针对证据

有无证明力和证明力大小进行说明和辩论。能够反映案件真实情况、与待证事实相关联、来源和形式符合法律规定的证据，应当作为认定案件事实的根据。

认证

(1)非法证据排除规则：以严重侵害他人合法权益、违反法律禁止性规定或者严重违背公序良俗的方法形成或者获取的证据，不得作为认定案件事实的根据。

(2)和解、调解不利豁免原则：在诉讼中，当事人为达成调解协议或者和解的目的作出妥协所涉及的对案件事实的认可，不得在其后的诉讼中作为对其不利的证据，法律另有规定或者当事人均同意的除外。

(3)补强证据规则：下列证据由于自身的缺陷不能单独作为认定案件事实的依据，需要其他事实材料补充和加强才能证明案件事实：①当事人的陈述；②无民事行为能力人或者限制民事行为能力人所作的与其年龄、智力状况或者精神健康状况不相当的证言；③与一方当事人或者其代理人有利害关系的证人陈述的证言；④存有疑点的视听资料、电子数据；⑤无法与原件、原物核对的复制件、复制品。

(4)证据持有推定规则：一方当事人控制证据无正当理由拒不提交，对待证事实负有举证责任的当事人主张该证据的内容不利于控制人的，人民法院可以认定该主张成立。例如，控制书证的当事人无正当理由拒不提交书证的，人民法院可以认定对方当事人所主张的书证内容为真实。

链接《民诉解释》103、104；《民诉证据规定》第60—62条

第七十二条 【公证证据】经过法定程序公证证明的法律事实和文书，人民法院应当作为认定事实的根据，但有相反证据足以推翻公证证明的除外。

第七十三条 【书证和物证】书证应当提交原件。物证应当提交原物。提交原件或者原物确有困难的，可以提交复制品、照片、副本、节录本。

提交外文书证，必须附有中文译本。

注释 **提交书证原件确有困难**

提交书证原件确有困难，包括下列情形：(1)书证原件遗失、灭失或者毁损的；(2)原件在对方当事人控制之下，经合法通知提交而拒不提交的；(3)原件在他人控制之下，而其有权不提交的；(4)原件因篇幅或者体积过大而不便提交的；(5)承担举证证明责任的当事人通过申请人民法院调查收集或者其他方式无法获得书证原件的。前述规定情形，人民法院应当结合其他证据和案件具体情况，审查判断书证复制品等能否作为认定案件事实的根据。

控制书证的当事人应当提交书证的情形

下列情形，控制书证的当事人应当提交书证：(1)控制书证的当事人在诉讼中曾经引用过的书证；(2)为对方当事人的利益制作的书证；(3)对方当事人依照法律规定有权查阅、获取的书证；(4)账簿、记账原始凭证；(5)人民法院认为应当提交书证的其他情形。前述所列书证，涉及国家秘密、商业秘密、当事人或第三人的隐私，或者存在法律规定应当保密的情形的，提交后不得公开质证。

提交书证原件确有困难，包括下列情形：(1)书证原件遗失、灭失或者毁损的；(2)原件在对方当事人控制之下，经合法通知提交而拒不提交的；(3)原件在他人控制之下，而其有权不提交的；(4)原件因篇幅或者体积过大而不便提交的；(5)承担举证证明责任的当事人通过申请人民法院调查收集或者其他方式无法获得书证原件的。前述规定情形，人民法院应当结合其他证据和案件具体情况，审查判断书证复制品等能否作为认定案件事实的根据。

链接《民诉解释》111；《民诉证据规定》第45—48条

第七十四条 【视听资料】人民法院对视听资料，应当辨别真伪，并结合本案的其他证据，审查确定能否作为认定事实的根据。

第七十五条 【证人的义务】凡是知道案件情况的单位和个人，都有义务出庭作证。有关单位的负责人应当支持证人作证。

不能正确表达意思的人，不能作证。

第七十六条 【证人不出庭作证的情形】经人民法院通知，证人应当出庭作证。有下列情形之一的，经人民法院许可，可以通过书面证言、视听传输技术或者视听资料等方式作证：

(一)因健康原因不能出庭的；

(二)因路途遥远，交通不便不能出庭的；

(三)因自然灾害等不可抗力不能出庭的；

（四）其他有正当理由不能出庭的。

注释 本条是关于证人出庭作证的规定，属于2012年修改新增加的规定。《民诉证据规定》规定，证人确有困难不能出庭作证，申请以书面证言、视听传输技术或者视听资料等方式作证的，应当向人民法院提交申请书。申请书中应当载明不能出庭的具体原因。符合民事诉讼法第76条规定情形的，人民法院应当准许。证人经人民法院准许，以书面证言方式作证的，应当签署保证书；以视听传输技术或者视听资料方式作证的，应当签署保证书并宣读保证书的内容。

链接《民诉证据规定》第76、77条

第七十七条 【证人出庭作证费用的承担】证人因履行出庭作证义务而支出的交通、住宿、就餐等必要费用以及误工损失，由败诉一方当事人负担。当事人申请证人作证的，由该当事人先行垫付；当事人没有申请，人民法院通知证人作证的，由人民法院先行垫付。

注释 **证人出庭费用的范围**

包括证人因履行出庭作证义务而支出的交通、住宿、就餐等必要费用和误工损失两部分。其中的必要费用应当由法院确定一个以普通公民的行、住、食为基础的差旅费标准，根据证人的住所远近、交通状况、生活水平决定，不能过高也不能过低。至于证人误工损失，虽然本法已经规定证人所在单位应当支持公民出庭作证，但在现行市场经济体制下因证人出庭作证而给所在单位造成利益损失的，不能一概将这些损失转嫁于该证人所在单位，当然也不能由证人自身负担，这部分损失应当包含在证人出庭费用范围内较为合适。

证人出庭作证后，可以向人民法院申请支付证人出庭作证费用。证人有困难需要预先支取出庭作证费用的，人民法院可以根据证人的申请在出庭作证前支付。

链接《民诉证据规定》第75条

第七十八条 【当事人陈述】人民法院对当事人的陈述，应当结合本案的其他证据，审查确定能否作为认定事实的根据。

当事人拒绝陈述的，不影响人民法院根据证据认定案件事实。

第七十九条 【申请鉴定】当事人可以就查明事实的专门性问题向人民法院申请鉴定。当事人申请鉴定的，由双方当事人协商确定具备资格的鉴定人；协商不成的，由人民法院指定。

当事人未申请鉴定，人民法院对专门性问题认为需要鉴定的，应当委托具备资格的鉴定人进行鉴定。

注释 本条2012年的修改主要是完善了鉴定程序的启动和鉴定人的选任问题。关于鉴定程序的启动，增加规定了当事人申请鉴定的内容，这样就得以避免使不少人误认为鉴定是人民法院的司法行为，是人民法院主动调查证据的行为。关于鉴定人的确定，本条规定了两种方式：协商和指定。根据本条规定，当事人申请鉴定的，由双方当事人协商确定具备资格的鉴定人；协商不成的，才由人民法院指定；当事人未申请鉴定，人民法院对专门性问题认为需要鉴定的，可以在询问当事人的意见后，指定相应资格的鉴定人。需要注意的是，虽然当事人可以协商选择鉴定人，但是决定和委托鉴定仍然是人民法院的工作。

链接《民诉证据规定》第30—32条；《司法鉴定程序通则》

第八十条 【鉴定人的职责】鉴定人有权了解进行鉴定所需要的案件材料，必要时可以询问当事人、证人。

鉴定人应当提出书面鉴定意见，在鉴定书上签名或者盖章。

第八十一条 【鉴定人出庭作证的义务】当事人对鉴定意见有异议或者人民法院认为鉴定人有必要出庭的，鉴定人应当出庭作证。经人民法院通知，鉴定人拒不出庭作证的，鉴定意见不得作为认定事实的根据；支付鉴定费用的当事人可以要求返还鉴定费用。

注释 **鉴定意见**

是指具备资格的鉴定人对民事案件中出现的专门性问题，通过鉴别和判断后作出的书面意见。由于鉴定主要是鉴定人利用自己的专业知识作出的一种判断，它只是证据获取途径中的一种，而非绝对的、最终的结论，所以，2012年修改时将原法中的“鉴定结论”修改为“鉴定意见”。

申请重新鉴定

当事人申请重新鉴定，存在下列情形之一的，人民法院应当准许：(1)鉴定人不具备相应资格的；(2)鉴定程序严重违法的；(3)鉴定意见明显依据不足的；(4)鉴定意见不能作为证据使用的其他情形。存在前述第1项至第3项情形的，鉴定人已经收取的鉴定费用应当退还。拒不退还的,依照《民诉证据规定》第81条第2款的规定处理。对鉴定意见的瑕疵,可以通过补正、补充鉴定或者补充质证、重新质证等方法解决的,人民法院不予准许重新鉴定的申请。重新鉴定的,原鉴定意见不得作为认定案件事实的根据。

第八十二条 【对鉴定意见的查证】当事人可以申请人民法院通知有专门知识的人出庭,就鉴定人作出的鉴定意见或者专业问题提出意见。

链接《民诉证据规定》第36条

第八十三条 【勘验笔录】勘验物证或者现场,勘验人必须出示人民法院的证件,并邀请当地基层组织或者当事人所在单位派人参加。当事人或者当事人的成年家属应当到场,拒不到场的,不影响勘验的进行。

有关单位和个人根据人民法院的通知,有义务保护现场,协助勘验工作。

勘验人应当将勘验情况和结果制作笔录,由勘验人、当事人和被邀参加人签名或者盖章。

链接《民诉证据规定》第43条

第八十四条 【证据保全】在证据可能灭失或者以后难以取得的情况下,当事人可以在诉讼过程中向人民法院申请保全证据,人民法院也可以主动采取保全措施。

因情况紧急,在证据可能灭失或者以后难以取得的情况下,利害关系人可以在提起诉讼或者申请仲裁前向证据所在地、被申请人住所地或者对案件有管辖权的人民法院申请保全证据。

证据保全的其他程序,参照适用本法第九章保全的有关规定。

注释 人民法院进行证据保全,可以根据当事人申请或具体情况,采取查封、扣押、录音、录像、复制、鉴定、勘验等方法并制作笔录。人民法院进行证据保全,可以要求当事人或者诉讼代理人到场。

链接《民诉证据规定》第25—29条

第七章 期间、送达

第一节 期 间

第八十五条 【期间的种类和计算】期间包括法定期间和人民法院指定的期间。

期间以时、日、月、年计算。期间开始的时和日,不计算在期间内。

期间届满的最后一日是法定休假日的,以法定休假日后的第一日为期间届满的日期。

期间不包括在途时间,诉讼文书在期满前交邮的,不算过期。

第八十六条 【期间的耽误和顺延】当事人因不可抗拒的事由或者其他正当理由耽误期限的,在障碍消除后的十日内,可以申请顺延期限,是否准许,由人民法院决定。

第二节 送 达

第八十七条 【送达回证】送达诉讼文书必须有送达回证,由受送达人在送达回证上记明收到日期,签名或者盖章。

受送达人在送达回证上的签收日期为送达日期。

第八十八条 【直接送达】送达诉讼文书,应当直接送交受送达人。受送达人是公民的,本人不在交他的同住成年家属签收;受送达人是法人或者其他组织的,应当由法人的法定代表人、其他组织的主要负责人或者该法人、组织负责收件的人签收;受送达人有诉讼代理人的,可以送交其代理人签收;受送达人已向人民法院指定代收人的,送交代收人签收。

受送达人的同住成年家属,法人或者其他组织的负责收件的人,诉讼代理人或者代收人在送达回证上签收的日期为送达日期。

第八十九条 【留置送达】受送达人或者他的同住成年家属拒绝接收诉讼文书的,送达人可以邀请有关基层组织或者所在单位的代表到场,说明情况,在送达回证上记明拒收事由和日期,由送达人、见证人签名或者盖章,把诉讼文书留在受送达人的住所;也可以把诉讼文书留在受送达人的住所,并采用拍照、录像等方式记录送达过程,即视为送达。

注释 本条2012年修改时修改了留置送达的规定,主要体现在两个方面:(1)在受送达人或者他的同住成年家属拒绝接收诉讼文书的情况下,将原来规定的“应当”邀请有关基层组织或者所在单位的代表到场修改为“可以”;(2)在无法邀请有关基层组织、所在单位的代表到场或者上述见证人拒绝见证的情况下,送达人也可以把诉讼文书留在受送达人的住所,并采用拍照、录像等方式记录送达过程,即视为送达,增加了送达的灵活性。

第九十条 【电子送达】经受送达人同意，人民法院可以采用能够确认其收悉的电子方式送达诉讼文书。通过电子方式送达的判决书、裁定书、调解书，受送达人提出需要纸质文书的，人民法院应当提供。

采用前款方式送达的，以送达信息到达受送达人特定系统的日期为送达日期。

注释 2021年修正对本条作了修改，旨在完善电子送达规则。新规定在遵循当事人自愿原则的基础上，加大电子送达适用力度，允许对判决书、裁定书、调解书适用电子送达，优化送达方式，细化生效标准，进一步拓展电子送达适用范围，丰富送达渠道，提升电子送达有效性，切实保障当事人诉讼知情权。

此外，2022年《民诉解释》根据新民事诉讼法关于电子送达的规定，明确人民法院可以依照民事诉讼法第九十条、第一百六十二条的规定采取捎口信、电话、短信、传真、电子邮件等简便方式传唤双方当事人、通知证人和送达诉讼文书。

链接《民诉解释》135

第九十一条 【委托送达与邮寄送达】直接送达诉讼文书有困难的，可以委托其他人民法院代为送达，或者邮寄送达。邮寄送达的，以回执上注明的收件日期为送达日期。

第九十二条 【军人的转交送达】受送达人是军人的，通过其所在部队团以上单位的政治机关转交。

第九十三条 【被监禁人或被采取强制性教育措施人的转交送达】受送达人被监禁的，通过其所在监所转交。

受送达人被采取强制性教育措施的，通过其所在强制性教育机构转交。

第九十四条 【转交送达的送达日期】代为转交的机关、单位收到诉讼文书后，必须立即交受送达人签收，以在送达回证上的签收日期，为送达日期。

第九十五条 【公告送达】受送达人下落不明，或者用本节规定的其他方式无法送达的，公告送达。自发出公告之日起，经过三十日，即视为送达。

公告送达，应当在案卷中记明原因和经过。

注释 2021年民事诉讼法修正对本条作了修改，合理缩短公告送达时间。根据经济社会发展变化，将公告送达期限从60天缩短为30天，进一步缩短审理周期，降低诉讼成本、防止诉讼拖延。最高人民法院将建立统一、权威、规范的公告送达平台，大力推进电子公告，全面提升公告送达的覆盖面和精准度。

公告送达可以在法院的公告栏和受送达人住所地张贴公告，也可以在报纸、信息网络等媒体上刊登公告，发出公告日期以最后张贴或者刊登的日期为准。对公告送达方式有特殊要求的，应当按要求的方式进行。公告期满，即视为送达。人民法院在受送达人住所地张贴公告的，应当采取拍照、录像等方式记录张贴过程。

公告送达应当说明公告送达的原因；公告送达起诉状或者上诉状副本的，应当说明起诉或者上诉要点，受送达人答辩期限及逾期不答辩的法律后果；公告送达传票，应当说明出庭的时间和地点及逾期不出庭的法律后果；公告送达判决书、裁定书的，应当说明裁判主要内容，当事人有权上诉的，还应当说明上诉权利、上诉期限和上诉的人民法院。

适用简易程序的案件，不适用公告送达。

链接《民诉解释》138—140

第八章 调 解

第九十六条 【法院调解原则】人民法院审理民事案件，根据当事人自愿的原则，在事实清楚的基础上，分清是非，进行调解。

注释 法院调解，是指在民事争议由法院受理后，在审判员或者合议庭的主持和撮合下，为协商解决纠纷，以双方当事人对民事争议进行的商谈、让步为内容的诉讼活动。

法院调解与庭外和解不同，二者最直观的区别就是参加主体不同：法院调解既是法院的职权行为也是重要的诉讼活动；当事人的庭外和解中没有法院的职权行为。对于庭外和解应注意：(1)诉讼和解后，当事人申请撤诉，经法院准许，诉讼终结。如果一方当事人不履行和解协议，对方当事人只能另行起诉。(2)当事人在诉讼过程中自行达成和解协议的，人民法院可以根据当事人的申请依法确认和解协议，制作调解书。

通常，调解必须由当事人自愿启动，人民法院不得依职权强行调解。例外情况是，在离婚案件中，法院应当进行调解。

按照公开审判的原则,调解也应当公开进行,这是一般原则。当事人申请不公开进行调解的,人民法院应当准许。调解时当事人各方应当同时在场,根据需要也可以对当事人分别做调解工作。

链接《民诉解释》142—145;《最高人民法院关于人民法院民事调解工作若干问题的规定》

第九十七条 【法院调解的程序】人民法院进行调解,可以由审判员一人主持,也可以由合议庭主持,并尽可能就地进行。

人民法院进行调解,可以用简便方式通知当事人、证人到庭。

第九十八条 【对法院调解的协助】人民法院进行调解,可以邀请有关单位和个人协助。被邀请的单位和个人,应当协助人民法院进行调解。

第九十九条 【调解协议的达成】调解达成协议,必须双方自愿,不得强迫。调解协议的内容不得违反法律规定。

注释 调解协议具有下列情形之一的,人民法院不予确认:(1)侵害国家利益、社会公共利益的;(2)侵害案外人利益的;(3)违背当事人真实意思的;(4)违反法律、行政法规禁止性规定的。

在司法实践中,需要注意:(1)调解协议内容超出诉讼请求的,人民法院可以准许;(2)人民法院对于调解协议约定一方不履行协议应当承担民事责任的,应予准许。调解协议约定一方不履行协议,另一方可以请求人民法院对案件作出裁判的条款,人民法院不予准许;(3)调解协议约定一方提供担保或者案外人同意为当事人提供担保的,人民法院应当准许;(4)当事人不能对诉讼费用如何承担达成协议的,不影响调解协议的效力。人民法院可以直接决定当事人承担诉讼费用的比例,并将决定记入调解书;(5)对调解书的内容既不享有权利又不承担义务的当事人不签收调解书的,不影响调解书的效力;(6)案外人提供担保的,人民法院制作调解书应当列明担保人,并将调解书送交担保人。担保人不签收调解书的,不影响调解书生效。

链接《最高人民法院关于人民法院民事调解工作若干问题的规定》第7—15条

第一百条 【调解书的制作、送达和效力】调解达成协议,人民法院应当制作调解书。调解书应当写明诉讼请求、案件的事实和调解结果。

调解书由审判人员、书记员署名,加盖人民法院印章,送达双方当事人。

调解书经双方当事人签收后,即具有法律效力。

第一百零一条 【不需要制作调解书的案件】下列案件调解达成协议,人民法院可以不制作调解书:

(一)调解和好的离婚案件;

(二)调解维持收养关系的案件;

(三)能够即时履行的案件;

(四)其他不需要制作调解书的案件。

对不需要制作调解书的协议,应当记入笔录,由双方当事人、审判人员、书记员签名或者盖章后,即具有法律效力。

注释 根据本条第1款第4项规定,当事人各方同意在调解协议上签名或者盖章后即发生法律效力的,经人民法院审查确认后,应当记入笔录或者将调解协议附卷,并由当事人、审判人员、书记员签名或者盖章后即具有法律效力。前述规定情形,当事人请求制作调解书的,人民法院审查确认后可以制作调解书送交当事人。当事人拒收调解书的,不影响调解协议的效力。

链接《民诉解释》151

第一百零二条 【调解不成或调解后反悔的处理】调解未达成协议或者调解书送达前一方反悔的,人民法院应当及时判决。

第九章 保全和先予执行

第一百零三条 【诉讼保全】人民法院对于可能因当事人一方的行为或者其他原因,使判决难以执行或者造成当事人其他损害的案件,根据对方当事人的申请,可以裁定对其财产进行保全、责令其作出一定行为或者禁止其作出一定行为;当事人没有提出申请的,人民法院在必要时也可以裁定采取保全措施。

人民法院采取保全措施,可以责令申请人提供担保,申请人不提供担保的,裁定驳回申请。

人民法院接受申请后,对情况紧急的,必须在四十八小时内作出裁定;裁定采取保全措施的,应当立即开始执行。

注释 本条2012年的修改是关于诉讼中保全制度的规定,主要有两点修改:一是增加行为保全制度的规定;二是法院驳回保全申请必须以裁定的形式。

财产保全

是指人民法院作出裁定,对一方当事人的财产采取查封、扣押、冻结等保全措施,防止该当事人转移、处分被保全的财产,以保证将来生效判决的执行。

行为保全

是指人民法院作出裁定,责令一方当事人作出一定行为,或者禁止其作出一定行为,防止该当事人正在实施或者将要实施的行为给申请人造成不可弥补的损害。

链接《最高人民法院关于人民法院办理财产保全案件若干问题的规定》

第一百零四条 【诉前保全】利害关系人因情况紧急,不立即申请保全将会使其合法权益受到难以弥补的损害的,可以在提起诉讼或者申请仲裁前向被保全财产所在地、被申请人住所地或者对案件有管辖权的人民法院申请采取保全措施。申请人应当提供担保,不提供担保的,裁定驳回申请。

人民法院接受申请后,必须在四十八小时内作出裁定;裁定采取保全措施的,应当立即开始执行。

申请人在人民法院采取保全措施后三十日内不依法提起诉讼或者申请仲裁的,人民法院应当解除保全。

注释 **诉前保全**

诉前保全,是指在起诉或者仲裁前,对于因情况紧急不立即申请保全,将会使利害关系人的合法权益受到难以弥补的损害,依据利害关系人的申请而采取的保全措施。

利害关系人申请诉前保全的,应当提供担保。申请诉前财产保全的,应当提供相当于请求保全数额的担保;情况特殊的,人民法院可以酌情处理。申请诉前行为保全的,担保的数额由人民法院根据案件的具体情况决定。

链接《民诉解释》152

第一百零五条 【保全的范围】保全限于请求的范围,或者与本案有关的财物。

注释 **限于请求的范围**

是指所保全的财产或者行为,应当在价值或者对象上与当事人所提诉讼请求的内容相符或者相等。

与本案有关的财物

是指本案的诉争标的,或者当事人在诉讼请求中没有直接涉及,但是与将来本案生效判决的强制执行相牵连的财物。对于债务人的财产不能满足保全请求,但债务人对案外人有到期债权的,人民法院可以依债权人的申请裁定该案外人不得对债务人清偿,该案外人对其到期债务没有异议并要求偿付的,由人民法院提存财物或价款,但人民法院不应对其财产采取保全措施。

实践中要注意某些特殊对象的保全措施:(1)对季节性商品、鲜活、易腐烂变质以及其他不宜长期保存的物品采取保全措施时,可以责令当事人及时处理,由人民法院保存价款;必要时,人民法院可予以变卖,保存价款。(2)人民法院在财产保全中采取查封、扣押、冻结财产措施时,应当妥善保管被查封、扣押、冻结的财产。不宜由人民法院保管的,人民法院可以指定被保全人负责保管;不宜由被保全人保管的,可以委托他人或者申请保全人保管。查封、扣押、冻结担保物权人占有的担保财产,一般由担保物权人保管;由人民法院保管的,质权、留置权不因采取保全措施而消灭。由人民法院指定被保全人保管的财产,如果继续使用对该财产的价值无重大影响,可以允许被保全人继续使用;由人民法院保管或者委托他人、申请保全人保管的财产,人民法院和其他保管人不得使用。(3)对抵押物、质押物、留置物可以采取财产保全措施,但不影响抵押权人、质权人、留置权人的优先受偿权。(4)对债务人到期应得的收益,可以采取财产保全措施,限制其支取,通知有关单位协助执行。(5)债务人的财产不能满足保全请求,但对他人有到期债权的,人民法院可以依债权人的申请裁定该他人不得对本案债务人清偿。该他人要求偿付的,由人民法院提存财物或者价款。

链接《民诉解释》153—159

第一百零六条 【财产保全的措施】财产保全采取查封、扣押、冻结或者法律规定的其他方法。人民法院保全财产后,应当立即通知被保全财产的人。

财产已被查封、冻结的,不得重复查封、冻结。

注释 本条2012年的修改将2007年民事诉讼法第94条第3款中的"冻结"修改为"保全",主要是考虑到,执行保全裁定可以采取查封、扣押、冻结以及法律规定的其他方法,而并非只有冻结才需要通知被执行人,采取查封、扣押以及其他措施时,也应当立即通知被执行人。

第一百零七条 【保全的解除】财产纠纷案件，被申请人提供担保的，人民法院应当裁定解除保全。

注释 裁定采取保全措施后，有下列情形之一的，人民法院应当作出解除保全裁定：(1)保全错误的；(2)申请人撤回保全申请的；(3)申请人的起诉或者诉讼请求被生效裁判驳回的；(4)人民法院认为应当解除保全的其他情形。解除以登记方式实施的保全措施的，应当向登记机关发出协助执行通知书。

链接《民诉解释》165、166

第一百零八条 【保全申请错误的处理】申请有错误的，申请人应当赔偿被申请人因保全所遭受的损失。

第一百零九条 【先予执行的适用范围】人民法院对下列案件，根据当事人的申请，可以裁定先予执行：

(一)追索赡养费、扶养费、抚养费、抚恤金、医疗费用的；

(二)追索劳动报酬的；

(三)因情况紧急需要先予执行的。

注释 **"情况紧急"的情形**

情况紧急包括：(1)需要立即停止侵害、排除妨碍的；(2)需要立即制止某项行为的；(3)追索恢复生产、经营急需的保险理赔费的；(4)需要立即返还社会保险金、社会救助资金的；(5)不立即返还款项，将严重影响权利人生活和生产经营的。

链接《民诉解释》170

第一百一十条 【先予执行的条件】人民法院裁定先予执行的，应当符合下列条件：

(一)当事人之间权利义务关系明确，不先予执行将严重影响申请人的生活或者生产经营的；

(二)被申请人有履行能力。

人民法院可以责令申请人提供担保，申请人不提供担保的，驳回申请。申请人败诉的，应当赔偿被申请人因先予执行遭受的财产损失。

第一百一十一条 【对保全或先予执行不服的救济程序】当事人对保全或者先予执行的裁定不服的，可以申请复议一次。复议期间不停止裁定的执行。

第十章 对妨害民事诉讼的强制措施

第一百一十二条 【拘传的适用】人民法院对必须到庭的被告，经两次传票传唤，无正当理由拒不到庭的，可以拘传。

注释 **必须到庭的被告**

本条规定的必须到庭的被告，是指负有赡养、抚育、扶养义务和不到庭就无法查清案情的被告。

链接《民诉解释》174

第一百一十三条 【对违反法庭规则、扰乱法庭秩序行为的强制措施】诉讼参与人和其他人应当遵守法庭规则。

人民法院对违反法庭规则的人，可以予以训诫，责令退出法庭或者予以罚款、拘留。

人民法院对哄闹、冲击法庭，侮辱、诽谤、威胁、殴打审判人员，严重扰乱法庭秩序的人，依法追究刑事责任；情节较轻的，予以罚款、拘留。

注释 诉讼参与人或者其他人有下列行为之一的，人民法院可以适用本条规定处理：(1)未经准许进行录音、录像、摄影的；(2)未经准许以移动通信等方式现场传播审判活动的；(3)其他扰乱法庭秩序，妨害审判活动进行的。有前述规定情形的，人民法院可以暂扣诉讼参与人或者其他人进行录音、录像、摄影、传播审判活动的器材，并责令其删除有关内容；拒不删除的，人民法院可以采取必要手段强制删除。

链接《民诉解释》176

第一百一十四条 【对妨害诉讼证据的收集、调查和阻拦、干扰诉讼进行的强制措施】诉讼参与人或者其他人有下列行为之一的，人民法院可以根据情节轻重予以罚款、拘留；构成犯罪的，依法追究刑事责任：

(一)伪造、毁灭重要证据，妨碍人民法院审理案件的；

(二)以暴力、威胁、贿买方法阻止证人作证或者指使、贿买、胁迫他人作伪证的；

(三)隐藏、转移、变卖、毁损已被查封、扣押的财产，或者已被清点并责令其保管的财产，转移已被冻结的财产的；

(四)对司法工作人员、诉讼参加人、证人、翻译人员、鉴定人、勘验人、协助执行的人，进行侮辱、诽谤、诬陷、殴打或者打击报复的；

(五)以暴力、威胁或者其他方法阻碍司法工作人员执行职务的；

(六)拒不履行人民法院已经发生法律效力的判决、裁定的。

人民法院对有前款规定的行为之一的单位，可以对其主要负责人或者直接责任人员予以罚款、拘留；构成犯罪的，依法追究刑事责任。

注释 本条第5项规定的以暴力、威胁或者其他方法阻碍司法工作人员执行职务的行为，包括：(1)在人民法院哄闹、滞留，不听从司法工作人员劝阻的；(2)故意毁损、抢夺人民法院法律文书、查封标志的；(3)哄闹、冲击执行公务现场，围困、扣押执行或者协助执行公务人员的；(4)毁损、抢夺、扣留案件材料、执行公务车辆、其他执行公务器械、执行公务人员服装和执行公务证件的；(5)以暴力、威胁或者其他方法阻碍司法工作人员查询、查封、扣押、冻结、划拨、拍卖、变卖财产的；(6)以暴力、威胁或者其他方法阻碍司法工作人员执行职务的其他行为。

本条第6项规定的拒不履行人民法院已经发生法律效力的判决、裁定的行为，包括：(1)在法律文书发生法律效力后隐藏、转移、变卖、毁损财产或者无偿转让财产、以明显不合理的价格交易财产、放弃到期债权、无偿为他人提供担保等，致使人民法院无法执行的；(2)隐藏、转移、毁损或者未经人民法院允许处分已向人民法院提供担保的财产的；(3)违反人民法院限制高消费令进行消费的；(4)有履行能力而拒不按照人民法院执行通知履行生效法律文书确定的义务的；(5)有义务协助执行的个人接到人民法院协助执行通知书后，拒不协助执行的。

诉讼参与人或者其他人有下列行为之一的，人民法院可以适用本条的规定处理：(1)冒充他人提起诉讼或者参加诉讼的；(2)证人签署保证书后作虚假证言，妨碍人民法院审理案件的；(3)伪造、隐藏、毁灭或者拒绝交出有关被执行人履行能力的重要证据，妨碍人民法院查明被执行人财产状况的；(4)擅自解冻已被人民法院冻结的财产的；(5)接到人民法院协助执行通知书后，给当事人通风报信，协助其转移、隐匿财产的。

链接《民诉解释》187—189

第一百一十五条 【对恶意串通，通过诉讼、调解等方式侵害他人合法权益的强制措施】当事人之间恶意串通，企图通过诉讼、调解等方式侵害他人合法权益的，人民法院应当驳回其请求，并根据情节轻重予以罚款、拘留；构成犯罪的，依法追究刑事责任。

注释 本条属于2012年修改新增，是关于对恶意诉讼、调解侵害他人合法权益行为进行司法处罚的规定。

虚假诉讼

是指当事人之间恶意串通，企图通过诉讼、调解等方式侵害他人合法权益的行为。其构成要件包括：(1)当事人恶意串通；(2)通过诉讼、调解等方式；(3)侵害他人合法权益。

链接《最高人民法院关于防范和制裁虚假诉讼的指导意见》；《最高人民法院、最高人民检察院关于办理虚假诉讼刑事案件适用法律若干问题的解释》

第一百一十六条 【对恶意串通，通过诉讼、仲裁、调解等方式逃避履行法律文书确定的义务的强制措施】被执行人与他人恶意串通，通过诉讼、仲裁、调解等方式逃避履行法律文书确定的义务的，人民法院应当根据情节轻重予以罚款、拘留；构成犯罪的，依法追究刑事责任。

注释 本条属于2012年修改新增，是关于对恶意串通逃避执行行为进行司法处罚的规定。其构成要件包括：(1)恶意串通；(2)通过诉讼、仲裁、调解等方式；(3)逃避履行法律文书确定的义务。实践中需要注意的是，本条中的“法律文书”泛指所有可以作为执行依据的法律文书，除法院制作的判决、裁定和调解书外，还包括刑事判决、裁定中的财产部分，仲裁裁决，公证债权文书，支付令，以及法律规定由人民法院执行的其他法律文书。

第一百一十七条 【对拒不履行协助义务的单位的强制措施】有义务协助调查、执行的单位有下列行为之一的，人民法院除责令其履行协助义务外，并可以予以罚款：

(一)有关单位拒绝或者妨碍人民法院调查取证的；

(二)有关单位接到人民法院协助执行通知书后，拒不协助查询、扣押、冻结、划拨、变价财产的；

(三)有关单位接到人民法院协助执行通知书后，拒不协助扣留被执行人的收入、办理有关财产权证照转移手续、转交有关票证、证照或者其他财产的；

(四)其他拒绝协助执行的。

人民法院对有前款规定的行为之一的单位，可以对其主要负责人或者直接责任人员予以罚款;对仍不履行协助义务的,可以予以拘留;并可以向监察机关或者有关机关提出予以纪律处分的司法建议。

注释 有关单位接到人民法院协助执行通知书后,有下列行为之一的,人民法院可以适用本条规定处理:(1)允许被执行人高消费的;(2)允许被执行人出境的;(3)拒不停止办理有关财产权证照转移手续、权属变更登记、规划审批等手续的;(4)以需要内部请示、内部审批,有内部规定等为由拖延办理的。

链接《民诉解释》192

第一百一十八条 【罚款金额和拘留期限】对个人的罚款金额,为人民币十万元以下。对单位的罚款金额,为人民币五万元以上一百万元以下。

拘留的期限,为十五日以下。

被拘留的人,由人民法院交公安机关看管。在拘留期间,被拘留人承认并改正错误的,人民法院可以决定提前解除拘留。

注释 本条2012年的修改是关于适用罚款和拘留措施的规定,为使强制措施的适用更具有适应性,这次修改民事诉讼法对罚款金额作了修改,将个人罚款金额由1万元提升至10万元,将单位罚款金额由1万元以上30万元以下提升至5万元以上100万元以下。

第一百一十九条 【拘传、罚款、拘留的批准】拘传、罚款、拘留必须经院长批准。

拘传应当发拘传票。

罚款、拘留应当用决定书。对决定不服的,可以向上一级人民法院申请复议一次。复议期间不停止执行。

第一百二十条 【强制措施由法院决定】采取对妨害民事诉讼的强制措施必须由人民法院决定。任何单位和个人采取非法拘禁他人或者非法私自扣押他人财产追索债务的,应当依法追究刑事责任,或者予以拘留、罚款。

第十一章 诉讼费用

第一百二十一条 【诉讼费用】当事人进行民事诉讼,应当按照规定交纳案件受理费。财产案件除交纳案件受理费外,并按照规定交纳其他诉讼费用。

当事人交纳诉讼费用确有困难的,可以按照规定向人民法院申请缓交、减交或者免交。

收取诉讼费用的办法另行制定。

链接《民诉解释》194—207;《诉讼费用交纳办法》;《最高人民法院关于对经济确有困难的当事人提供司法救助的规定》

第二编 审判程序

第十二章 第一审普通程序

第一节 起诉和受理

第一百二十二条 【起诉的实质要件】起诉必须符合下列条件:

(一)原告是与本案有直接利害关系的公民、法人和其他组织;

(二)有明确的被告;

(三)有具体的诉讼请求和事实、理由;

(四)属于人民法院受理民事诉讼的范围和受诉人民法院管辖。

注释 注意:(1)原告要求适格,被告只需明确;(2)诉讼请求只要具体,不需要充分;(3)如果某个民事实体法律关系已经在法院诉讼或者已经由法院作出了判决,当事人就不能再次起诉。

第一百二十三条 【起诉的形式要件】起诉应当向人民法院递交起诉状,并按照被告人数提出副本。

书写起诉状确有困难的,可以口头起诉,由人民法院记入笔录,并告知对方当事人。

第一百二十四条 【起诉状的内容】起诉状应当记明下列事项:

(一)原告的姓名、性别、年龄、民族、职业、工作单位、住所、联系方式,法人或者其他组织的名称、住所和法定代表人或者主要负责人的姓名、职务、联系方式;

(二)被告的姓名、性别、工作单位、住所等信息,法人或者其他组织的名称、住所等信息;

(三)诉讼请求和所根据的事实与理由;

(四)证据和证据来源,证人姓名和住所。

注释 本条2012年的修改是关于起诉状及答辩状应记明事项的规定。

在起诉状记明事项中区分原被告分别处理,是2012年民事诉讼法修改的内容:(1)关于原告应记明事项新增加“联系方式”。(2)关于起诉状应记明的有关被告的事项,2012年民事诉讼法修改规定"被告的姓名、性别、工作单位、住所等信息,法人或者其他组织的名称、住所等信息"。注意此处并未要求记明被告"联系方式",只需要满足"有明确的被告"的条件即可。

第一百二十五条 【先行调解】当事人起诉到人民法院的民事纠纷,适宜调解的,先行调解,但当事人拒绝调解的除外。

注释 本条是2012年新增关于先行调解的规定。先行调解的适用范围,主要指向法院立案前或者立案后不久的调解。案件受理之后尚未开庭审理前,人民法院仍然可以进行调解。先行调解的适用条件,主要是两项,且缺一不可:一是人民法院认为"适宜调解";二是当事人不拒绝。

第一百二十六条 【起诉权和受理程序】人民法院应当保障当事人依照法律规定享有的起诉权利。对符合本法第一百二十二条的起诉,必须受理。符合起诉条件的,应当在七日内立案,并通知当事人;不符合起诉条件的,应当在七日内作出裁定书,不予受理;原告对裁定不服的,可以提起上诉。

注释 本条规定的立案期限,因起诉状内容欠缺通知原告补正的,从补正后交人民法院的次日起算。由上级人民法院转交下级人民法院立案的案件,从受诉人民法院收到起诉状的次日起算。

不予受理与驳回起诉的区别

起诉不符合受理条件的,人民法院应当裁定不予受理。立案后发现起诉不符合受理条件的,裁定驳回起诉。也就是说,如果法院是在案件尚未受理时发现案件不符合起诉条件的,裁定不予受理;如果法院是在案件受理后才发现不符合起诉条件的,裁定驳回起诉。

实务问答 **银行储蓄卡密码泄露导致存款被他人骗取引起的储蓄合同纠纷应否作为民事案件受理?**

根据《最高人民法院关于银行储蓄卡密码泄露导致存款被他人骗取引起的储蓄合同纠纷应否作为民事案件受理问题的批复》,因银行储蓄卡密码被泄露,他人伪造银行储蓄卡骗取存款人银行存款,存款人依其与银行订立的储蓄合同提起民事诉讼的,人民法院应当依法受理。

链接 《民诉解释》126;《最高人民法院关于人民法院登记立案若干问题的规定》

第一百二十七条 【对特殊情形的处理】人民法院对下列起诉,分别情形,予以处理:

(一)依照行政诉讼法的规定,属于行政诉讼受案范围的,告知原告提起行政诉讼;

(二)依照法律规定,双方当事人达成书面仲裁协议申请仲裁、不得向人民法院起诉的,告知原告向仲裁机构申请仲裁;

(三)依照法律规定,应当由其他机关处理的争议,告知原告向有关机关申请解决;

(四)对不属于本院管辖的案件,告知原告向有管辖权的人民法院起诉;

(五)对判决、裁定、调解书已经发生法律效力的案件,当事人又起诉的,告知原告申请再审,但人民法院准许撤诉的裁定除外;

(六)依照法律规定,在一定期限内不得起诉的案件,在不得起诉的期限内起诉的,不予受理;

(七)判决不准离婚和调解和好的离婚案件,判决、调解维持收养关系的案件,没有新情况、新理由,原告在六个月内又起诉的,不予受理。

注释 **仲裁协议对受理的影响**

(1)当事人在书面合同中订有仲裁条款,或者在发生纠纷后达成书面仲裁协议,一方向人民法院起诉的,人民法院裁定不予受理,告知原告向仲裁机构申请仲裁。但仲裁条款、仲裁协议无效、失效或者内容不明确无法执行的除外。需要注意的是,修改之前的民事诉讼法规定"依照法律规定,双方当事人对合同纠纷自愿达成书面仲裁协议向仲裁机构申请仲裁、不得向人民法院起诉的,告知原告向仲裁机构申请仲裁",2012年民事诉讼法修改删除了"对合同纠纷"的限定。因此,可以仲裁的纠纷范围不仅限于"合同纠纷",还包括其他财产权益纠纷。

(2)当事人在仲裁条款或协议中选择的仲裁机构不存在,或者选择裁决的事项超越仲裁机构权限的,人民法院有权依法受理当事人一方的起诉。

(3)当事人一方向人民法院起诉时未声明有仲裁协议,人民法院受理后,对方当事人又应诉答辩的,视为该人民法院有管辖权。

(4)当事人达成仲裁协议,一方向人民法院起诉未声明有仲裁协议,人民法院受理后,另一方在首次开庭前提交仲裁协议的,人民法院应当驳回起诉,但仲裁协议无效的除外;另一方在首次开庭前未对人民法院受理该案提出异议的,视为放弃仲裁协议,人民法院应当继续审理。

第二节　审理前的准备

第一百二十八条　【送达起诉状和答辩状】人民法院应当在立案之日起五日内将起诉状副本发送被告，被告应当在收到之日起十五日内提出答辩状。答辩状应当记明被告的姓名、性别、年龄、民族、职业、工作单位、住所、联系方式；法人或者其他组织的名称、住所和法定代表人或者主要负责人的姓名、职务、联系方式。人民法院应当在收到答辩状之日起五日内将答辩状副本发送原告。

被告不提出答辩状的，不影响人民法院审理。

注释 有关被告联系方式的规定，是2012年修改新增加的内容，与本法第124条起诉状应记明的有关原告信息的事项相呼应，此处关于联系方式的规定也为诉讼进程中的后续送达提供便利条件。

第一百二十九条　【诉讼权利义务的告知】人民法院对决定受理的案件，应当在受理案件通知书和应诉通知书中向当事人告知有关的诉讼权利义务，或者口头告知。

第一百三十条　【对管辖权异议的审查和处理】人民法院受理案件后，当事人对管辖权有异议的，应当在提交答辩状期间提出。人民法院对当事人提出的异议，应当审查。异议成立的，裁定将案件移送有管辖权的人民法院；异议不成立的，裁定驳回。

当事人未提出管辖异议，并应诉答辩的，视为受诉人民法院有管辖权，但违反级别管辖和专属管辖规定的除外。

注释 本条2012年的修改是关于应诉管辖的规定。

管辖权异议，即当事人向受诉人民法院提出的该院对案件无管辖权的主张。注意：(1)有权提出管辖权异议的主体只能是本案当事人，而且一般是被告；(2)提出的时间只能是在第一审当事人提交答辩状期间提出，并且只能是对第一审案件的管辖权提出异议，包括级别管辖、地域管辖以及书面选择仲裁三个方面。

另外，2012年的修改新增了应诉管辖的规定，即如果当事人在答辩期间未提出管辖异议并应诉答辩的，视为受诉人民法院有管辖权。

链接《最高人民法院关于审理民事级别管辖异议案件若干问题的规定》

第一百三十一条　【审判人员的告知】审判人员确定后，应当在三日内告知当事人。

第一百三十二条　【审核取证】审判人员必须认真审核诉讼材料，调查收集必要的证据。

第一百三十三条　【调查取证的程序】人民法院派出人员进行调查时，应当向被调查人出示证件。

调查笔录经被调查人校阅后，由被调查人、调查人签名或者盖章。

第一百三十四条　【委托调查】人民法院在必要时可以委托外地人民法院调查。

委托调查，必须提出明确的项目和要求。受委托人民法院可以主动补充调查。

受委托人民法院收到委托书后，应当在三十日内完成调查。因故不能完成的，应当在上述期限内函告委托人民法院。

第一百三十五条　【当事人的追加】必须共同进行诉讼的当事人没有参加诉讼的，人民法院应当通知其参加诉讼。

第一百三十六条　【案件受理后的处理】人民法院对受理的案件，分别情形，予以处理：

(一)当事人没有争议，符合督促程序规定条件的，可以转入督促程序；

(二)开庭前可以调解的，采取调解方式及时解决纠纷；

(三)根据案件情况，确定适用简易程序或者普通程序；

(四)需要开庭审理的，通过要求当事人交换证据等方式，明确争议焦点。

注释 本条2012年修改新增了关于开庭前准备阶段对案件处理情况的规定，需要把握以下两点：(1)第1项中的"督促"是指对于给付金钱或者有价证券为标的的请求，人民法院根据债权人的申请，向债务人发出附有条件的支付令，如果债务人在法定期间内未履行义务又不提出书面异议，债权人可以根据支付令向人民法院申请强制执行。(2)如何理解第2项中的开庭前"可以调解的"，还是应当遵循自愿和合法原则，当事人拒绝调解的，应尊重当事人的意愿，及时开庭审理。

第三节　开庭审理

第一百三十七条　【公开审理及例外】人民法院审理民事案件，除涉及国家秘密、个人隐私或者法律另有规定的以外,应当公开进行。

离婚案件,涉及商业秘密的案件,当事人申请不公开审理的,可以不公开审理。

注释 商业秘密,是指生产工艺、配方、贸易联系、购销渠道等当事人不愿公开的技术秘密、商业情报及信息。

链接《民诉解释》220

第一百三十八条 【巡回审理】人民法院审理民事案件,根据需要进行巡回审理,就地办案。

第一百三十九条 【开庭通知与公告】人民法院审理民事案件,应当在开庭三日前通知当事人和其他诉讼参与人。公开审理的,应当公告当事人姓名、案由和开庭的时间、地点。

第一百四十条 【宣布开庭】开庭审理前,书记员应当查明当事人和其他诉讼参与人是否到庭,宣布法庭纪律。

开庭审理时,由审判长或者独任审判员核对当事人,宣布案由,宣布审判人员、书记员名单,告知当事人有关的诉讼权利义务,询问当事人是否提出回避申请。

第一百四十一条 【法庭调查顺序】法庭调查按照下列顺序进行:

(一)当事人陈述;

(二)告知证人的权利义务,证人作证,宣读未到庭的证人证言;

(三)出示书证、物证、视听资料和电子数据;

(四)宣读鉴定意见;

(五)宣读勘验笔录。

第一百四十二条 【当事人庭审诉讼权利】当事人在法庭上可以提出新的证据。

当事人经法庭许可,可以向证人、鉴定人、勘验人发问。

当事人要求重新进行调查、鉴定或者勘验的,是否准许,由人民法院决定。

注释 **重新鉴定**

当事人申请重新鉴定,存在下列情形之一的,人民法院应当准许:(1)鉴定人不具备相应资格的;(2)鉴定程序严重违法的;(3)鉴定意见明显依据不足的;(4)鉴定意见不能作为证据使用的其他情形。存在前述第1项至第3项情形的,鉴定人已经收取的鉴定费用应当退还。拒不退还的,依照《民诉证据规定》第81条第2款的规定处理。对鉴定意见的瑕疵,可以通过补正、补充鉴定或者补充质证、重新质证等方法解决的,人民法院不予准许重新鉴定的申请。重新鉴定的,原鉴定意见不得作为认定案件事实的根据。

链接《民诉证据规定》第40—43、45条

第一百四十三条 【合并审理】原告增加诉讼请求,被告提出反诉,第三人提出与本案有关的诉讼请求,可以合并审理。

注释 反诉,是指在本诉进行中,本诉的被告向本诉原告提出的独立的反请求。反诉是与本诉相对应的,其与本诉一样都是独立的诉,独立的请求。成立反诉的条件:(1)只能由本诉的被告对本诉的原告提出。(2)反诉与本诉之间有牵连关系。所谓牵连关系,是指反诉与本诉基于同一法律关系而产生或者反诉与本诉基于相互牵连的法律关系而产生。(3)反诉应当在本诉进行中提出。(4)反诉须向受理本诉的法院提出,且反诉没有协议管辖和专属管辖。(5)反诉与本诉必须适用同一程序。

一审被告反诉应当在举证期限届满前提出;二审中原审被告提出反诉,只能进行调解;调解不成的,告知当事人另行起诉。

链接《民诉解释》326

第一百四十四条 【法庭辩论】法庭辩论按照下列顺序进行:

(一)原告及其诉讼代理人发言;

(二)被告及其诉讼代理人答辩;

(三)第三人及其诉讼代理人发言或者答辩;

(四)互相辩论。

法庭辩论终结,由审判长或者独任审判员按照原告、被告、第三人的先后顺序征询各方最后意见。

第一百四十五条 【法庭调解】法庭辩论终结,应当依法作出判决。判决前能够调解的,还可以进行调解,调解不成的,应当及时判决。

第一百四十六条 【原告不到庭和中途退庭的处理】原告经传票传唤,无正当理由拒不到庭的,或者未经法庭许可中途退庭的,可以按撤诉处理;被告反诉的,可以缺席判决。

注释 **撤诉**

撤诉是指案件受理后,判决宣告前,原告要求撤回起诉的行为,或者基于原告的行为,法院视为原告撤回起诉的行为。撤诉分为申请撤诉和视为撤诉两种。

视为撤诉的情形主要为:(1)适用简易程序审

理的案件转为普通程序的，原告自接到人民法院交纳诉讼费用通知之日起7日内补交案件受理费。原告无正当理由未按期足额补交的，按撤诉处理，已经收取的诉讼费用退还一半。(2)原告应当预交而未预交案件受理费，人民法院应当通知其预交，通知后仍不预交或者申请减、缓、免未获批准而仍不预交的，裁定按撤诉处理。原告撤诉或者人民法院按撤诉处理后，原告以同一诉讼请求再次起诉的，人民法院应予受理。(3)无民事行为能力的当事人的法定代理人，经传票传唤无正当理由拒不到庭，属于原告方的，按撤诉处理。(4)有独立请求权的第三人经人民法院传票传唤，无正当理由拒不到庭的，或者未经法庭许可中途退庭的，按撤诉处理。

公益诉讼案件的原告在法庭辩论终结后申请撤诉的，人民法院不予准许。

在第二审程序中，原审原告申请撤回起诉，经其他当事人同意，且不损害国家利益、社会公共利益、他人合法权益的，人民法院可以准许。准许撤诉的，应当一并裁定撤销一审裁判。

原审原告在第二审程序中撤回起诉后重复起诉的，人民法院不予受理。

一审原告在再审审理程序中申请撤回起诉，经其他当事人同意，且不损害国家利益、社会公共利益、他人合法权益的，人民法院可以准许。裁定准许撤诉的，应当一并撤销原判决。

当事人申请撤诉或者依法可以按撤诉处理的案件，如果当事人有违反法律的行为需要依法处理的，人民法院可以不准许撤诉或者不按撤诉处理。

第一百四十七条 【被告不到庭和中途退庭的处理】被告经传票传唤，无正当理由拒不到庭的，或者未经法庭许可中途退庭的，可以缺席判决。

注释 **缺席判决**

缺席判决是指法院在被告无正当理由拒不到庭或者未经法庭许可中途退庭时，依法作出判决。缺席判决是与当事人同时到庭的对席判决相对应的，它与对席判决有相同的法律效力。

缺席判决的情形主要有：(1)无民事行为能力的当事人的法定代理人，经传票传唤无正当理由拒不到庭，属于被告方的，比照本条的规定，缺席判决；(2)被告经传票传唤无正当理由拒不到庭，或者未经法庭许可中途退庭的，人民法院应当按期开庭或者继续开庭审理，对到庭的当事人诉讼请求、双方的诉辩理由以及已经提交的证据及其他诉讼材料进行审理后，可以依法缺席判决；(3)对在中华人民共和国领域内没有住所的当事人，经用公告方式送达诉讼文书，公告期满不应诉，可以缺席判决。

链接《民诉解释》235、241、532

第一百四十八条 【原告申请撤诉的处理】宣判前，原告申请撤诉的，是否准许，由人民法院裁定。

人民法院裁定不准许撤诉的，原告经传票传唤，无正当理由拒不到庭的，可以缺席判决。

第一百四十九条 【延期审理】有下列情形之一的，可以延期开庭审理：

（一）必须到庭的当事人和其他诉讼参与人有正当理由没有到庭的；

（二）当事人临时提出回避申请的；

（三）需要通知新的证人到庭，调取新的证据，重新鉴定、勘验，或者需要补充调查的；

（四）其他应当延期的情形。

第一百五十条 【法庭笔录】书记员应当将法庭审理的全部活动记入笔录，由审判人员和书记员签名。

法庭笔录应当当庭宣读，也可以告知当事人和其他诉讼参与人当庭或者在五日内阅读。当事人和其他诉讼参与人认为对自己的陈述记录有遗漏或者差错的，有权申请补正。如果不予补正，应当将申请记录在案。

法庭笔录由当事人和其他诉讼参与人签名或者盖章。拒绝签名盖章的，记明情况附卷。

第一百五十一条 【宣告判决】人民法院对公开审理或者不公开审理的案件，一律公开宣告判决。

当庭宣判的，应当在十日内发送判决书；定期宣判的，宣判后立即发给判决书。

宣告判决时，必须告知当事人上诉权利、上诉期限和上诉的法院。

宣告离婚判决，必须告知当事人在判决发生法律效力前不得另行结婚。

第一百五十二条 【一审审限】人民法院适用普通程序审理的案件，应当在立案之日起六个月内审结。有特殊情况需要延长的，经本院院长批准,可以延长六个月;还需要延长的,报请上级人民法院批准。

第四节 诉讼中止和终结

第一百五十三条 【诉讼中止】有下列情形之一的,中止诉讼:

(一)一方当事人死亡,需要等待继承人表明是否参加诉讼的;

(二)一方当事人丧失诉讼行为能力,尚未确定法定代理人的;

(三)作为一方当事人的法人或者其他组织终止,尚未确定权利义务承受人的;

(四)一方当事人因不可抗拒的事由,不能参加诉讼的;

(五)本案必须以另一案的审理结果为依据,而另一案尚未审结的;

(六)其他应当中止诉讼的情形。

中止诉讼的原因消除后,恢复诉讼。

第一百五十四条 【诉讼终结】有下列情形之一的,终结诉讼:

(一)原告死亡,没有继承人,或者继承人放弃诉讼权利的;

(二)被告死亡,没有遗产,也没有应当承担义务的人的;

(三)离婚案件一方当事人死亡的;

(四)追索赡养费、扶养费、抚养费以及解除收养关系案件的一方当事人死亡的。

链接《全国法院民商事审判工作会议纪要》130

第五节 判决和裁定

第一百五十五条 【判决书的内容】判决书应当写明判决结果和作出该判决的理由。判决书内容包括:

(一)案由、诉讼请求、争议的事实和理由;

(二)判决认定的事实和理由、适用的法律和理由;

(三)判决结果和诉讼费用的负担;

(四)上诉期间和上诉的法院。

判决书由审判人员、书记员署名,加盖人民法院印章。

注释 本条2012年修改后进一步明确了判决书应当写明判决结果和作出判决的理由,并规定判决书内容应包括适用的法律的理由。这有利于促使人民法院增强判决书的说理性,不断提高判决书的质量,对保护当事人的合法权益和提高司法权威具有重要意义。

第一百五十六条 【先行判决】人民法院审理案件,其中一部分事实已经清楚,可以就该部分先行判决。

第一百五十七条 【裁定】裁定适用于下列范围:

(一)不予受理;

(二)对管辖权有异议的;

(三)驳回起诉;

(四)保全和先予执行;

(五)准许或者不准许撤诉;

(六)中止或者终结诉讼;

(七)补正判决书中的笔误;

(八)中止或者终结执行;

(九)撤销或者不予执行仲裁裁决;

(十)不予执行公证机关赋予强制执行效力的债权文书;

(十一)其他需要裁定解决的事项。

对前款第一项至第三项裁定,可以上诉。

裁定书应当写明裁定结果和作出该裁定的理由。裁定书由审判人员、书记员署名,加盖人民法院印章。口头裁定的,记入笔录。

注释 本条2012年修改了裁定的适用范围和制作要求。在适用范围上,新增了关于裁定适用于撤销仲裁裁决的规定。在制作要求上,新增规定要求裁定书应当写明裁定结果和作出该裁定的理由。

第一百五十八条 【一审裁判的生效】最高人民法院的判决、裁定,以及依法不准上诉或者超过上诉期没有上诉的判决、裁定,是发生法律效力的判决、裁定。

第一百五十九条 【判决、裁定的公开】公众可以查阅发生法律效力的判决书、裁定书,但涉及国家秘密、商业秘密和个人隐私的内容除外。

注释 本条属于2012年修改新增,是关于裁判文书公开的规定。

本条规定的公众查阅权,与当事人及其诉讼代理人查阅权有以下几点不同:(1)查阅主体不同,本条规定的是公众,主要是指诉讼当事人及其代理人以外的人,而不论其与本案是否有利害关系。(2)查阅范围不同。根据本条的规定,公众查阅的对象为发生法律效力的判决书、裁定书。判决书、裁定书以外的法律文书不属于本条规定的公众查阅的范围;另外,法院已经作出,但尚未发生法律效力的判决书、裁定书,也不属于本条规定的公众查阅的范围。而当事人则可以查阅、复制起诉状、答辩状、法庭笔录、法庭上出示的有关证据等有关材料和法律文书。诉讼代理人在诉讼中可以查阅、摘抄和复印起诉书、答辩书、庭审笔录及各种证据材料等。(3)对于涉密内容的查阅存在区别。公众无权查阅涉及国家秘密、商业秘密和个人隐私的内容,而相关规定并未禁止当事人及其代理人查阅本案中涉及国家秘密、商业秘密和个人隐私的内容。

第十三章 简易程序

第一百六十条 【简易程序的适用范围】基层人民法院和它派出的法庭审理事实清楚、权利义务关系明确、争议不大的简单的民事案件,适用本章规定。

基层人民法院和它派出的法庭审理前款规定以外的民事案件,当事人双方也可以约定适用简易程序。

注释 **事实清楚**

简单民事案件中的事实清楚,是指当事人对争议的事实陈述基本一致,并能提供相应的证据,无须人民法院调查收集证据即可查明事实。

权利义务关系明确

权利义务关系明确是指能明确区分谁是责任的承担者,谁是权利的享有者;争议不大是指当事人对案件的是非、责任承担以及诉讼标的争执无原则分歧。

不适用简易程序的案件

下列案件,不适用简易程序:(1)起诉时被告下落不明的;(2)发回重审的;(3)共同诉讼中一方或者双方当事人人数众多的;(4)法律规定应当适用特别程序、审判监督程序、督促程序、公示催告程序和企业法人破产还债程序的;(5)人民法院认为不宜适用简易程序进行审理的。

链接《民诉解释》256、257;《最高人民法院关于适用简易程序审理民事案件的若干规定》1—3

第一百六十一条 【简易程序的起诉方式和受理程序】对简单的民事案件,原告可以口头起诉。

当事人双方可以同时到基层人民法院或者它派出的法庭,请求解决纠纷。基层人民法院或者它派出的法庭可以当即审理,也可以另定日期审理。

第一百六十二条 【简易程序的传唤方式】基层人民法院和它派出的法庭审理简单的民事案件,可以用简便方式传唤当事人和证人、送达诉讼文书、审理案件,但应当保障当事人陈述意见的权利。

注释 本条是关于简易程序可以用简便方式传唤、送达和审理案件的规定。2012年的修改增加规定简易程序可以用简便方式送达诉讼文书、审理案件,并规定适用简易程序应当保障当事人陈述意见的权利。

第一百六十三条 【简易程序的独任审理】简单的民事案件由审判员一人独任审理,并不受本法第一百三十九条、第一百四十一条、第一百四十四条规定的限制。

第一百六十四条 【简易程序的审限】人民法院适用简易程序审理案件,应当在立案之日起三个月内审结。有特殊情况需要延长的,经本院院长批准,可以延长一个月。

注释 2021年修正对本条进行了修改,增加了有特殊情况需要延长审限的,经院长批准,可以延长1个月的规定。

2022年《民诉解释》对照新《民事诉讼法》第164条的规定,将简易程序案件延长审限的条件由"双方当事人同意继续适用简易程序"修改为"有特殊情况需要延长",同时将简易程序案件的最长审限由六个月修改为四个月。

链接《民诉解释》258

第一百六十五条 【小额诉讼程序】基层人民法院和它派出的法庭审理事实清楚、权利义务关系明确、争议不大的简单金钱给付民事案件,标的额为各省、自治区、直辖市上年度就业人员年平均工资百分之五十以下的,适用小额诉讼的程序审理,实行一审终审。

基层人民法院和它派出的法庭审理前款规定的民事案件,标的额超过各省、自治区、直辖市上年度就业人员年平均工资百分之五十但在二倍以下的,当事人双方也可以约定适用小额诉讼的程序。

注释 2021年修正对本条进行了全面修改,进一步完善了小额诉讼程序适用范围和方式。一方面,将适用案件类型限定为"金钱给付"案件，适用标的额从原来的"各省、自治区、直辖市上年度就业人员年平均工资百分之三十以下"提升到"百分之五十以下"。另一方面，新增当事人合意选择适用模式，进一步降低小额诉讼程序适用门槛，加大适用力度，充分保障当事人程序选择权和利益处分权，有效发挥小额诉讼程序便捷、高效、一次性终局解纷的制度优势。

人民法院审理小额诉讼案件，实行一审终审。本条规定的各省、自治区、直辖市上年度就业人员年平均工资，是指已经公布的各省、自治区、直辖市上一年度就业人员年平均工资。在上一年度就业人员年平均工资公布前，以已经公布的最近年度就业人员年平均工资为准。

链接《民诉解释》271—273

第一百六十六条 【不适用小额诉讼程序的案件】人民法院审理下列民事案件，不适用小额诉讼的程序：

（一）人身关系、财产确权案件；

（二）涉外案件；

（三）需要评估、鉴定或者对诉前评估、鉴定结果有异议的案件；

（四）一方当事人下落不明的案件；

（五）当事人提出反诉的案件；

（六）其他不宜适用小额诉讼的程序审理的案件。

注释 本条是2021年修正新增加的条文。旨在明确不得适用小额诉讼程序的案件，明确规定对确权类、涉外、需要评估鉴定、一方当事人下落不明、提出反诉等六种情形的纠纷不得适用小额诉讼程序，避免实践中的滥用或不当适用。

此外，2022年新修改的《民诉解释》根据新《民事诉讼法》第165条、第166条的规定，删除《民诉解释》原第274条、第275条关于具体适用和不得适用小额诉讼程序案件类型的规定。

第一百六十七条 【小额诉讼的审理方式】人民法院适用小额诉讼的程序审理案件，可以一次开庭审结并且当庭宣判。

注释 本条是2021年修正新增加的条文。旨在简化小额诉讼案件审理方式，审理方式上可以简化起诉、答辩、传唤、送达、庭审和裁判文书，一般应当一次开庭审结并当庭宣判。

链接《民诉解释》280

第一百六十八条 【小额诉讼的审限】人民法院适用小额诉讼的程序审理案件，应当在立案之日起两个月内审结。有特殊情况需要延长的，经本院院长批准，可以延长一个月。

注释 本条是2021年修正新增加的条文。规定小额诉讼案件的审理期限从原来的3个月缩短为2个月，进一步降低当事人诉讼成本，提高审理效率，及时有效维护当事人的合法权益。

第一百六十九条 【小额诉讼程序转化及当事人异议权】人民法院在审理过程中，发现案件不宜适用小额诉讼的程序的，应当适用简易程序的其他规定审理或者裁定转为普通程序。

当事人认为案件适用小额诉讼的程序审理违反法律规定的，可以向人民法院提出异议。人民法院对当事人提出的异议应当审查，异议成立的，应当适用简易程序的其他规定审理或者裁定转为普通程序；异议不成立的，裁定驳回。

注释 本条是2021年修正新增加的条文。该规定赋予当事人程序异议权，当事人认为案件不符合适用小额诉讼程序条件的，可以向人民法院提出异议，经审查异议成立，应当转换审理程序，有效保障当事人的程序异议权，加强对程序适用的制约监督。

具体来讲，当事人对按照小额诉讼案件审理有异议的，应当在开庭前提出。人民法院经审查，异议成立的，适用简易程序的其他规定审理或者裁定转为普通程序；异议不成立的，裁定驳回。裁定以口头方式作出的，应当记入笔录。

链接《民诉解释》279

第一百七十条 【简易程序转为普通程序】人民法院在审理过程中，发现案件不宜适用简易程序的，裁定转为普通程序。

注释 2022年《民诉解释》对照新《民事诉讼法》第170条的规定，将简易程序转换为普通程序的条件由"案情复杂"修改为"不宜适用简易程序"，为下一步细化程序转换标准预留空间。同时，明确当事人对适用简易程序、小额诉讼程序的异议不成立的，人民法院应当裁定驳回，裁定可以采取口头形式。

2022年新修改的《民诉解释》第269条规定，当事人就案件适用简易程序提出异议，人民法院经审查，异议成立的，裁定转为普通程序；异议不成立的，裁定驳回。裁定以口头方式作出的，应当记入笔录。转为普通程序的，人民法院应当将审判人员及相关事项以书面形式通知双方当事人。转为普通程序前，双方当事人已确认的事实，可以不再进行举证、质证。

第十四章 第二审程序

第一百七十一条 【上诉权】当事人不服地方人民法院第一审判决的，有权在判决书送达之日起十五日内向上一级人民法院提起上诉。

当事人不服地方人民法院第一审裁定的，有权在裁定书送达之日起十日内向上一级人民法院提起上诉。

注释 当事人对于法院的一审判决，原则上都能上诉；但特别程序和公示催告程序所作判决不能上诉；对于裁定中的不予受理、驳回起诉、管辖权异议、驳回破产申请的裁定可以上诉；对于调解书不能上诉；如果只对诉讼费用负担不服的，不能提起上诉。

上诉人与被上诉人的范围

(1)一审原告和被告可以上诉，无民事行为能力人、限制民事行为能力人的法定代理人，可以代理当事人提起上诉；(2)有独立请求权的第三人可以作为上诉人和被上诉人；(3)无独立请求权第三人只有被判决承担民事责任时才有权上诉或成为被上诉人。

上诉人与被上诉人的确定

(1)双方当事人和第三人都提起上诉的，均列为上诉人。人民法院可以依职权确定第二审程序中当事人的诉讼地位。(2)一对一的简单民事案件：提起上诉的为上诉人，没有提起上诉的当事人是被上诉人。双方当事人和第三人都提出上诉的，均为上诉人。(3)必要共同诉讼中的一人或者部分人提出上诉的，按下列情况处理：①上诉仅对与对方当事人之间权利义务分担有意见，不涉及其他共同诉讼人利益的，对方当事人为被上诉人，未上诉的同一方当事人依原审诉讼地位列明；②上诉仅对共同诉讼人之间权利义务分担有意见，不涉及对方当事人利益的，未上诉的同一方当事人为被上诉人，对方当事人依原审诉讼地位列明；③上诉对双方当事人之间以及共同诉讼人之间权利义务承担有意见的，未提起上诉的其他当事人均为被上诉人。

链接《民诉解释》315、317、319

第一百七十二条 【上诉状的内容】上诉应当递交上诉状。上诉状的内容，应当包括当事人的姓名，法人的名称及其法定代表人的姓名或者其他组织的名称及其主要负责人的姓名；原审人民法院名称、案件的编号和案由；上诉的请求和理由。

第一百七十三条 【上诉的提起】上诉状应当通过原审人民法院提出，并按照对方当事人或者代表人的人数提出副本。

当事人直接向第二审人民法院上诉的，第二审人民法院应当在五日内将上诉状移交原审人民法院。

第一百七十四条 【上诉的受理】原审人民法院收到上诉状，应当在五日内将上诉状副本送达对方当事人，对方当事人在收到之日起十五日内提出答辩状。人民法院应当在收到答辩状之日起五日内将副本送达上诉人。对方当事人不提出答辩状的，不影响人民法院审理。

原审人民法院收到上诉状、答辩状，应当在五日内连同全部案卷和证据，报送第二审人民法院。

第一百七十五条 【二审的审理范围】第二审人民法院应当对上诉请求的有关事实和适用法律进行审查。

第一百七十六条 【二审的审理方式和地点】第二审人民法院对上诉案件应当开庭审理。经过阅卷、调查和询问当事人，对没有提出新的事实、证据或者理由，人民法院认为不需要开庭审理的，可以不开庭审理。

第二审人民法院审理上诉案件，可以在本院进行，也可以到案件发生地或者原审人民法院所在地进行。

注释 **可以不开庭审理的上诉案件**

下列上诉案件可以不开庭审理：(1)不服不予受理、管辖权异议和驳回起诉裁定的；(2)当事人提出的上诉请求明显不能成立的；(3)原判决、裁定认定事实清楚，但适用法律错误的；(4)原判决严重违反法定程序，需要发回重审的。

链接《民诉解释》331

第一百七十七条 【二审裁判】第二审人民法院对上诉案件，经过审理，按照下列情形，分别处理：

(一)原判决、裁定认定事实清楚，适用法律正

确的,以判决、裁定方式驳回上诉,维持原判决、裁定;

(二)原判决、裁定认定事实错误或者适用法律错误的,以判决、裁定方式依法改判、撤销或者变更;

(三)原判决认定基本事实不清的,裁定撤销原判决,发回原审人民法院重审,或者查清事实后改判;

(四)原判决遗漏当事人或者违法缺席判决等严重违反法定程序的,裁定撤销原判决,发回原审人民法院重审。

原审人民法院对发回重审的案件作出判决后,当事人提起上诉的,第二审人民法院不得再次发回重审。

注释 原判决、裁定认定事实或者适用法律虽有瑕疵,但裁判结果正确的,第二审人民法院可以在判决、裁定中纠正瑕疵后,依照本条第1款第1项规定予以维持。

本条第1款第3项规定的基本事实,是指用以确定当事人主体资格、案件性质、民事权利义务等对原判决、裁定的结果有实质性影响的事实。

下列情形,可以认定为本条第1款第4项规定的严重违反法定程序:(1)审判组织的组成不合法的;(2)应当回避的审判人员未回避的;(3)无诉讼行为能力人未经法定代理人代为诉讼的;(4)违法剥夺当事人辩论权利的。

链接《民诉解释》323、332、333

第一百七十八条 【对一审适用裁定的上诉案件的处理】第二审人民法院对不服第一审人民法院裁定的上诉案件的处理,一律使用裁定。

第一百七十九条 【上诉案件的调解】第二审人民法院审理上诉案件,可以进行调解。调解达成协议,应当制作调解书,由审判人员、书记员署名,加盖人民法院印章。调解书送达后,原审人民法院的判决即视为撤销。

第一百八十条 【上诉的撤回】第二审人民法院判决宣告前,上诉人申请撤回上诉的,是否准许,由第二审人民法院裁定。

第一百八十一条 【二审适用的程序】第二审人民法院审理上诉案件,除依照本章规定外,适用第一审普通程序。

第一百八十二条 【二审裁判的效力】第二审人民法院的判决、裁定,是终审的判决、裁定。

第一百八十三条 【二审审限】人民法院审理对判决的上诉案件,应当在第二审立案之日起三个月内审结。有特殊情况需要延长的,由本院院长批准。

人民法院审理对裁定的上诉案件,应当在第二审立案之日起三十日内作出终审裁定。

第十五章 特别程序

第一节 一般规定

第一百八十四条 【特别程序的适用范围】人民法院审理选民资格案件、宣告失踪或者宣告死亡案件、认定公民无民事行为能力或者限制民事行为能力案件、认定财产无主案件、确认调解协议案件和实现担保物权案件,适用本章规定。本章没有规定的,适用本法和其他法律的有关规定。

注释 本条2012年的修改是关于适用特别程序的案件以及增加确认调解协议案件和实现担保物权案件的规定。民事诉讼中的特别程序都是基层人民法院管辖。按照特别程序规定审理的案件,不能按照普通程序、简易程序的规定去审理。特别程序不能上诉、再审,但法院可以作出新判决,撤销原判决。

第一百八十五条 【一审终审与独任审理】依照本章程序审理的案件,实行一审终审。选民资格案件或者重大、疑难的案件,由审判员组成合议庭审理;其他案件由审判员一人独任审理。

第一百八十六条 【特别程序的转换】人民法院在依照本章程序审理案件的过程中,发现本案属于民事权益争议的,应当裁定终结特别程序,并告知利害关系人可以另行起诉。

第一百八十七条 【特别程序的审限】人民法院适用特别程序审理的案件,应当在立案之日起三十日内或者公告期满后三十日内审结。有特殊情况需要延长的,由本院院长批准。但审理选民资格的案件除外。

第二节 选民资格案件

第一百八十八条 【起诉与管辖】公民不服选举委员会对选民资格的申诉所作的处理决定,可以在选举日的五日以前向选区所在地基层人民法院起诉。

第一百八十九条 【审理、审限及判决】人民法院受理选民资格案件后，必须在选举日前审结。

审理时，起诉人、选举委员会的代表和有关公民必须参加。

人民法院的判决书，应当在选举日前送达选举委员会和起诉人，并通知有关公民。

第三节 宣告失踪、宣告死亡案件

第一百九十条 【宣告失踪案件的提起】公民下落不明满二年，利害关系人申请宣告其失踪的，向下落不明人住所地基层人民法院提出。

申请书应当写明失踪的事实、时间和请求，并附有公安机关或者其他有关机关关于该公民下落不明的书面证明。

注释《民法典》第40—53条对宣告失踪和宣告死亡制度进行了明确规定。需要注意的是宣告失踪不是宣告死亡的必经程序。公民下落不明，符合申请宣告死亡的条件，利害关系人可以不经申请宣告失踪而直接申请宣告死亡。但利害关系人只申请宣告失踪的，应当宣告失踪；有的申请宣告死亡，有的不同意宣告死亡，则应当宣告死亡。

链接《民法典》第40—53条；《民诉解释》第341条

第一百九十一条 【宣告死亡案件的提起】公民下落不明满四年，或者因意外事件下落不明满二年，或者因意外事件下落不明，经有关机关证明该公民不可能生存，利害关系人申请宣告其死亡的，向下落不明人住所地基层人民法院提出。

申请书应当写明下落不明的事实、时间和请求，并附有公安机关或者其他有关机关关于该公民下落不明的书面证明。

第一百九十二条 【公告与判决】人民法院受理宣告失踪、宣告死亡案件后，应当发出寻找下落不明人的公告。宣告失踪的公告期间为三个月，宣告死亡的公告期间为一年。因意外事件下落不明，经有关机关证明该公民不可能生存的，宣告死亡的公告期间为三个月。

公告期间届满，人民法院应当根据被宣告失踪、宣告死亡的事实是否得到确认，作出宣告失踪、宣告死亡的判决或者驳回申请的判决。

第一百九十三条 【判决的撤销】被宣告失踪、宣告死亡的公民重新出现，经本人或者利害关系人申请，人民法院应当作出新判决，撤销原判决。

第四节 认定公民无民事行为能力、限制民事行为能力案件

第一百九十四条 【认定公民无民事行为能力、限制民事行为能力案件的提起】申请认定公民无民事行为能力或者限制民事行为能力，由利害关系人或者有关组织向该公民住所地基层人民法院提出。

申请书应当写明该公民无民事行为能力或者限制民事行为能力的事实和根据。

注释《民法典》第19条规定："八周岁以上的未成年人为限制民事行为能力人，实施民事法律行为由其法定代理人代理或者经其法定代理人同意、追认；但是，可以独立实施纯获利益的民事法律行为或者与其年龄、智力相适应的民事法律行为。"第20条规定："不满八周岁的未成年人为无民事行为能力人，由其法定代理人代理实施民事法律行为。"第21条规定："不能辨认自己行为的成年人为无民事行为能力人，由其法定代理人代理实施民事法律行为。八周岁以上的未成年人不能辨认自己行为的，适用前款规定。"第22条规定："不能完全辨认自己行为的成年人为限制民事行为能力人，实施民事法律行为由其法定代理人代理或者经其法定代理人同意、追认；但是，可以独立实施纯获利益的民事法律行为或者与其智力、精神健康状况相适应的民事法律行为。"

申请认定公民无民事行为能力或者限制民事行为能力的案件，被申请人没有近亲属的，人民法院可以指定经被申请人住所地的居民委员会、村民委员会或者民政部门同意，且愿意担任代理人的个人或者组织为代理人。没有前述代理人的，由被申请人住所地的居民委员会、村民委员会或者民政部门担任代理人。代理人可以是一人，也可以是同一顺序中的两人。

链接《民法典》第19—22条；《民诉解释》第350条

第一百九十五条 【民事行为能力鉴定】人民法院受理申请后，必要时应当对被请求认定为无民事行为能力或者限制民事行为能力的公民进行鉴定。申请人已提供鉴定意见的，应当对鉴定意见进行审查。

第一百九十六条　【审理及判决】人民法院审理认定公民无民事行为能力或者限制民事行为能力的案件，应当由该公民的近亲属为代理人，但申请人除外。近亲属互相推诿的，由人民法院指定其中一人为代理人。该公民健康情况许可的，还应当询问本人的意见。

人民法院经审理认定申请有事实根据的，判决该公民为无民事行为能力或者限制民事行为能力人；认定申请没有事实根据的，应当判决予以驳回。

第一百九十七条　【判决的撤销】人民法院根据被认定为无民事行为能力人、限制民事行为能力人本人、利害关系人或者有关组织的申请，证实该公民无民事行为能力或者限制民事行为能力的原因已经消除的，应当作出新判决，撤销原判决。

第五节　认定财产无主案件

第一百九十八条　【财产无主案件的提起】申请认定财产无主，由公民、法人或者其他组织向财产所在地基层人民法院提出。

申请书应当写明财产的种类、数量以及要求认定财产无主的根据。

第一百九十九条　【公告及判决】人民法院受理申请后，经审查核实，应当发出财产认领公告。公告满一年无人认领的，判决认定财产无主，收归国家或者集体所有。

第二百条　【判决的撤销】判决认定财产无主后，原财产所有人或者继承人出现，在民法典规定的诉讼时效期间可以对财产提出请求，人民法院审查属实后，应当作出新判决，撤销原判决。

注释《民法典》第188条规定：“向人民法院请求保护民事权利的诉讼时效期间为三年。法律另有规定的，依照其规定。诉讼时效期间自权利人知道或者应当知道权利受到损害以及义务人之日起计算。法律另有规定的，依照其规定。但是，自权利受到损害之日起超过二十年的，人民法院不予保护，有特殊情况的，人民法院可以根据权利人的申请决定延长。”该规定沿续了民法总则的规定，以适应社会生活中新的情况不断出现，交易方式与类型不断创新，权利义务关系更趋复杂的现实情况与司法实践，有利于建设诚信社会，更好地保护债权人合法权益。

第六节　确认调解协议案件

第二百零一条　【调解协议的司法确认】经依法设立的调解组织调解达成调解协议，申请司法确认的，由双方当事人自调解协议生效之日起三十日内，共同向下列人民法院提出：

（一）人民法院邀请调解组织开展先行调解的，向作出邀请的人民法院提出；

（二）调解组织自行开展调解的，向当事人住所地、标的物所在地、调解组织所在地的基层人民法院提出；调解协议所涉纠纷应当由中级人民法院管辖的，向相应的中级人民法院提出。

注释 2021年民事诉讼法修正对该条作了修改，旨在合理扩大司法确认程序适用范围。修改后的规定一方面将司法确认程序适用范围从原来的仅限于“人民调解协议”扩展至“依法设立的调解组织达成的调解协议”，允许中级人民法院受理符合级别管辖标准的司法确认申请，进一步发挥司法确认制度对多元解纷方式的促进保障作用，丰富人民群众解纷渠道，推动矛盾纠纷源头治理。另一方面优化司法确认案件管辖规则。根据调解主体和调解类型的不同，明确了三种情形下司法确认案件的管辖规则。既有利于完善诉调对接，便于审查和执行，又有效防控虚假调解和虚假确认的风险。

调解组织自行开展的调解，有两个以上调解组织参与的，符合《民事诉讼法》第201条规定的各调解组织所在地人民法院均有管辖权。双方当事人可以共同向符合《民事诉讼法》第201条规定的其中一个有管辖权的人民法院提出申请；双方当事人共同向两个以上有管辖权的人民法院提出申请的，由最先立案的人民法院管辖。

申请司法确认的方式

当事人申请司法确认调解协议，可以采用书面形式或者口头形式。当事人口头申请的，人民法院应当记入笔录，并由当事人签名、捺印或者盖章。

申请司法确认需要的材料

当事人申请司法确认调解协议，应当向人民法院提交调解协议、调解组织主持调解的证明，以及与调解协议相关的财产权利证明等材料，并提供双方当事人的身份、住所、联系方式等基本信息。当事人未提交上述材料的，人民法院应当要求当事人限期补交。

裁定不予受理的情形

当事人申请司法确认调解协议,有下列情形之一的,人民法院裁定不予受理:(1)不属于人民法院受理范围的;(2)不属于收到申请的人民法院管辖的;(3)申请确认婚姻关系、亲子关系、收养关系等身份关系无效、有效或者解除的;(4)涉及适用其他特别程序、公示催告程序、破产程序审理的;(5)调解协议内容涉及物权、知识产权确权的。人民法院受理申请后,发现有上述不予受理情形的,应当裁定驳回当事人的申请。

值得注意的是,2022年新修改的《民诉解释》修改了司法确认案件共同管辖的相关规定。对照2021年新修改的《民事诉讼法》第201条关于司法确认案件管辖规则的规定,对调解组织自行开展调解的司法确认案件管辖问题进行适应性修改。

链接《民诉解释》351—355;《最高人民法院关于人民调解协议司法确认程序的若干规定》

第二百零二条 【审查及裁定】人民法院受理申请后,经审查,符合法律规定的,裁定调解协议有效,一方当事人拒绝履行或者未全部履行的,对方当事人可以向人民法院申请执行;不符合法律规定的,裁定驳回申请,当事人可以通过调解方式变更原调解协议或者达成新的调解协议,也可以向人民法院提起诉讼。

第七节 实现担保物权案件

第二百零三条 【实现担保物权案件的提起】申请实现担保物权,由担保物权人以及其他有权请求实现担保物权的人依照民法典等法律,向担保财产所在地或者担保物权登记地基层人民法院提出。

注释本条是关于行使担保物权请求权的主体及管辖法院的规定,是2012年修改民事诉讼法新增加的规定。担保物权包括抵押权、质权和留置权。担保物权的实现,是指债务人不能履行债务时,担保物权人经法定程序,通过将担保标的物拍卖、变卖等方式,从而使其债权得到优先受偿的过程。

担保物权人

本条规定的担保物权人,包括抵押权人、质权人、留置权人;其他有权请求实现担保物权的人,包括抵押人、出质人、财产被留置的债务人或者所有权人等。

链接《民诉解释》359—372

第二百零四条 【审查及裁定】人民法院受理申请后,经审查,符合法律规定的,裁定拍卖、变卖担保财产,当事人依据该裁定可以向人民法院申请执行;不符合法律规定的,裁定驳回申请,当事人可以向人民法院提起诉讼。

注释本条是关于审查实现担保物权申请的规定,是2012年修改民事诉讼法新增加的条款。按照本法第254条规定,拍卖可以由人民法院主持进行,也可以委托商业性拍卖机构进行拍卖。担保标的物不适于拍卖的,人民法院可以委托有关单位变卖或者自行变卖。

第十六章 审判监督程序

第二百零五条 【人民法院决定再审】各级人民法院院长对本院已经发生法律效力的判决、裁定、调解书,发现确有错误,认为需要再审的,应当提交审判委员会讨论决定。

最高人民法院对地方各级人民法院已经发生法律效力的判决、裁定、调解书,上级人民法院对下级人民法院已经发生法律效力的判决、裁定、调解书,发现确有错误的,有权提审或者指令下级人民法院再审。

注释本条2012年修改后在判决和裁定书的基础上新增了对调解书的审判监督,即对于已经发生法律效力的调解书,根据民事诉讼法第208条的规定,当事人提出证据证明调解违反自愿原则或者调解协议的内容违反法律的,可以申请再审。

链接《最高人民法院关于规范人民法院再审立案的若干意见(试行)》;《最高人民法院关于适用〈中华人民共和国民事诉讼法〉审判监督程序若干问题的解释》第21条;《最高人民法院关于落实司法责任制完善审判监督管理机制的意见(试行)》

第二百零六条 【当事人申请再审】当事人对已经发生法律效力的判决、裁定,认为有错误的,可以向上一级人民法院申请再审;当事人一方人数众多或者当事人双方为公民的案件,也可以向原审人民法院申请再审。当事人申请再审的,不停止判决、裁定的执行。

注释本条规定的人数众多的一方当事人,包括公民、法人和其他组织。本条规定的当事人双方为公民的案件,是指原告和被告均为公民的案件。

必要共同诉讼漏列的当事人申请再审

民事诉讼法司法解释对必要共同诉讼漏列的当事人申请再审规定了两种不同的程序，二者在管辖法院及申请再审期限的起算点上存在明显差别，人民法院在审理相关案件时应予注意：

(1)该当事人在执行程序中以案外人身份提出异议，异议被驳回的，根据《民诉解释》第423条的规定，其可以在驳回异议裁定送达之日起6个月内向原审人民法院申请再审；

(2)该当事人未在执行程序中以案外人身份提出异议的，根据《民诉解释》第422条的规定，其可以根据《民事诉讼法》第207条第8项的规定，自知道或者应当知道生效裁判之日起6个月内向上一级人民法院申请再审。当事人一方人数众多或者当事人双方为公民的案件，也可以向原审人民法院申请再审。

链接《民诉解释》373、374；《全国法院民商事审判工作会议纪要》

第二百零七条 【再审事由】当事人的申请符合下列情形之一的，人民法院应当再审：

(一)有新的证据，足以推翻原判决、裁定的；

(二)原判决、裁定认定的基本事实缺乏证据证明的；

(三)原判决、裁定认定事实的主要证据是伪造的；

(四)原判决、裁定认定事实的主要证据未经质证的；

(五)对审理案件需要的主要证据，当事人因客观原因不能自行收集，书面申请人民法院调查收集，人民法院未调查收集的；

(六)原判决、裁定适用法律确有错误的；

(七)审判组织的组成不合法或者依法应当回避的审判人员没有回避的；

(八)无诉讼行为能力人未经法定代理人代为诉讼或者应当参加诉讼的当事人，因不能归责于本人或者其诉讼代理人的事由，未参加诉讼的；

(九)违反法律规定，剥夺当事人辩论权利的；

(十)未经传票传唤，缺席判决的；

(十一)原判决、裁定遗漏或者超出诉讼请求的；

(十二)据以作出原判决、裁定的法律文书被撤销或者变更的；

(十三)审判人员审理该案件时有贪污受贿，徇私舞弊，枉法裁判行为的。

注释 **主要证据是伪造的**

主要证据是对应于案件的基本事实或主要事实而言的，是指能够证明案件基本事实、具有足够证明力且必不可少的证据。

所谓伪造证据，是指非法制造虚假的证据。这里的"伪造"还应当包括虚假、变造证据的情形。

主要证据未经质证

本项事由是对原审裁判认定事实中已经采信的主要证据未经质证而言的，对于在原审法院审理中未置可否的主要证据，一般参照再审新证据事由处理，对于因法官犯罪导致对主要证据未置可否的，应按照审判人员枉法裁判行为事由来处理。本项事由也不包括原审过程中，法院庭审要求一方当事人发表质证意见，而该方当事人未加评判的情形。

对审理案件需要的主要证据未调查收集

"对审理案件需要的主要证据"，在申请再审和再审阶段，是指主要证据，而不包括间接证据或者辅助性证据。关于应当书面提出申请，是指当事人应当在原审期间以书面形式提出过申请，而人民法院由于种种原因未予调查收集该证据。

审判组织的组成不合法和未依法回避

审判组织的组成不合法主要是指根据法律规定，案件应当组成合议庭进行审理，而法院却由法官一人进行了独任审判，或者在原审庭审中合议庭组成人员中的法官缺席或者出席者不具有法官资格等。对于合议庭组成人员确定后已经告知当事人，但在具体开庭时却不是告知的合议庭组成人员，或者被告知的合议庭组成人员已经开庭后，但在法律文书的署名上出现不同的署名等情况，一般应属于本事由。

所谓"依法应当回避的审判人员没有回避"，一般包括两种情形：一是发生于自行回避，即按照法律规定的情形，法官应当主动回避没有回避；二是发生于申请回避，即当事人申请法官回避，且此申请已被法院宣告理由成立，但该法官仍参与了审判。

诉讼主体问题

本项中的"无诉讼行为能力人"包括无民事行为能力人和限制民事行为能力人。当事人如果是无诉讼行为能力人，就必须由其法定代理人代为实施提起诉讼、参加诉讼等诉讼行为，否则即为无效。诉讼过程中当事人丧失诉讼行为能力，人民法院应当裁定中止诉讼，等待其法定代理人代为进行诉讼。如未等待其法定代理人代为诉讼而继续进行审判的，则属于本事由所指"应当参加诉讼的当事人，因不能归责于本人或者其诉讼代理人的事由，未参加诉讼的"情形。

违法剥夺当事人辩论权利

根据《民诉解释》第389条，有下列情形之一的，应当认定为剥夺当事人辩论权利：(1)不允许当事人发表辩论意见的；(2)应当开庭审理而未开庭审理的；(3)违反法律规定送达起诉状副本或者上诉状副本，致使当事人无法行使辩论权利的；(4)违法剥夺当事人辩论权利的其他情形。

违法缺席判决

未经传票传唤，便作出缺席判决的，属于程序上存在重大瑕疵，可以申请再审。在审判实践中，一些法院仅以通知书或者口头传唤、电话传唤方式，通知当事人的，若当事人无正当理由拒不到庭或者未经许可中途退庭，而作出缺席判决，适用本事由申请再审。

遗漏或超出诉讼请求

在民事诉讼中，当事人有权支配自己的实体权利和诉讼权利，这是民事诉讼处分原则的基本涵义。诉讼请求的范围由当事人自行决定，当事人没有提出的事项法院不能对其作出裁判，否则属于"超出诉讼请求"；反之，当事人业已提出的事项，法院不能不加理睬、拒绝裁判，否则属于"遗漏诉讼请求"。对于当事人在原审审理过程中增加或放弃诉讼请求的，应当以变更后的诉讼请求为基准，确定是否存在遗漏、超出诉讼请求的情况。此处规定的诉讼请求，包括一审诉讼请求、二审上诉请求，但当事人未对一审判决、裁定遗漏或者超出诉讼请求提起上诉的除外。

所依据的法律文书被撤销或变更

此处规定的法律文书包括：(1)发生法律效力的判决书、裁定书、调解书；(2)发生法律效力的仲裁裁决书；(3)具有强制执行效力的公证债权文书。

注意，2012年修改本条时将2007年民事诉讼法第179条第1款第7项规定的"违反法律规定，管辖错误"的情形删除了。这主要是考虑到，因管辖问题导致案件有错误的，一般都表现为判决、裁定认定的事实和适用的法律是错误的，而这些错误依照本条规定已经明确可以再审。

链接《民事诉讼法》第12—13、45、57、63—64、113、116、122、127条；《民诉解释》385—392

第二百零八条 【调解书的再审】当事人对已经发生法律效力的调解书，提出证据证明调解违反自愿原则或者调解协议的内容违反法律的，可以申请再审。经人民法院审查属实的，应当再审。

注释 人民法院对调解书裁定再审后，按照下列情形分别处理：(1)当事人提出的调解违反自愿原则的事由不成立，且调解书的内容不违反法律强制性规定的，裁定驳回再审申请；(2)人民检察院抗诉或者再审检察建议所主张的损害国家利益、社会公共利益的理由不成立的，裁定终结再审程序。前述规定情形，人民法院裁定中止执行的调解书需要继续执行的，自动恢复执行。

链接《民诉解释》407

第二百零九条 【不得申请再审的案件】当事人对已经发生法律效力的解除婚姻关系的判决、调解书，不得申请再审。

第二百一十条 【再审申请以及审查】当事人申请再审的，应当提交再审申请书等材料。人民法院应当自收到再审申请书之日起五日内将再审申请书副本发送对方当事人。对方当事人应当自收到再审申请书副本之日起十五日内提交书面意见；不提交书面意见的，不影响人民法院审查。人民法院可以要求申请人和对方当事人补充有关材料，询问有关事项。

第二百一十一条 【再审申请的审查期限以及再审案件管辖法院】人民法院应当自收到再审申请书之日起三个月内审查，符合本法规定的，裁定再审；不符合本法规定的，裁定驳回申请。有特殊情况需要延长的，由本院院长批准。

因当事人申请裁定再审的案件由中级人民法院以上的人民法院审理，但当事人依照本法第二百零六条的规定选择向基层人民法院申请再审的除外。最高人民法院、高级人民法院裁定再审的案件，由本院再审或者交其他人民法院再审，也可以交原审人民法院再审。

第二百一十二条 【当事人申请再审的期限】当事人申请再审，应当在判决、裁定发生法律效力后六个月内提出；有本法第二百零七条第一项、第三项、第十二项、第十三项规定情形的，自知道或者应当知道之日起六个月内提出。

注释 注意，本条2012年修改后将再审申请期限由2年改为6个月。

第二百一十三条 【中止原判决的执行及例外】按照审判监督程序决定再审的案件，裁定中止原判决、裁定、调解书的执行，但追索赡养费、扶养费、抚养费、抚恤金、医疗费用、劳动报酬等案件，可以不中止执行。

注释 本条是关于决定再审案件中止执行的规定，中止执行的裁定，送达当事人后立即生效。本条2012年修改后新增了追索赡养费、扶养费、抚养费、抚恤金、医疗费用、劳动报酬等案件可以不中止执行。这主要是因为这类案件通常具有紧迫性，一旦中止执行，就很有可能给原告生活带来困难。

第二百一十四条 【再审案件的审理程序】人民法院按照审判监督程序再审的案件，发生法律效力的判决、裁定是由第一审法院作出的，按照第一审程序审理，所作的判决、裁定，当事人可以上诉；发生法律效力的判决、裁定是由第二审法院作出的，按照第二审程序审理，所作的判决、裁定，是发生法律效力的判决、裁定；上级人民法院按照审判监督程序提审的，按照第二审程序审理，所作的判决、裁定是发生法律效力的判决、裁定。

人民法院审理再审案件，应当另行组成合议庭。

第二百一十五条 【人民检察院提起抗诉】最高人民检察院对各级人民法院已经发生法律效力的判决、裁定，上级人民检察院对下级人民法院已经发生法律效力的判决、裁定，发现有本法第二百零七条规定情形之一的，或者发现调解书损害国家利益、社会公共利益的，应当提出抗诉。

地方各级人民检察院对同级人民法院已经发生法律效力的判决、裁定，发现有本法第二百零七条规定情形之一的，或者发现调解书损害国家利益、社会公共利益的，可以向同级人民法院提出检察建议，并报上级人民检察院备案；也可以提请上级人民检察院向同级人民法院提出抗诉。

各级人民检察院对审判监督程序以外的其他审判程序中审判人员的违法行为，有权向同级人民法院提出检察建议。

注释 本条2012年的修改是关于人民检察院审判监督权的规定。原民事诉讼法仅规定了检察机关通过抗诉方式对发生法律效力的判决、裁定进行监督，这不能完全适应法律监督的需要。修改后的本条增加了检查建议这一监督方式，地方各级人民检察院对同级人民法院已经发生法律效力的判决、裁定，发现有本条规定情形之一的，或者发现调解书损害国家利益、社会公共利益的，可以向同级人民法院提出检察建议，并报上级人民检察院备案。各级人民检察院对审判监督程序以外的其他审判程序中审判人员的违法行为，有权向同级人民法院提出检察建议。同时，有下列情形之一的，当事人可以向人民检察院申请检察建议或者抗诉：(1)人民法院驳回再审申请的；(2)人民法院逾期未对再审申请作出裁定的；(3)再审判决、裁定有明显错误的。人民检察院对当事人的申请应当在3个月内进行审查，作出提出或者不予提出检察建议或者抗诉的决定。当事人不得再次向人民检察院申请检察建议或者抗诉。

案例 牡丹江市宏阁建筑安装有限责任公司诉牡丹江市华隆房地产开发有限责任公司、张某增建设工程施工合同纠纷案（最高人民法院指导案例7号）

裁判规则：最高人民法院认为：对于人民检察院抗诉再审的案件，或者人民法院依据当事人申请或依据职权裁定再审的案件，如果再审期间当事人达成和解并履行完毕，或者撤回申诉，且不损害国家利益、社会公共利益的，为了尊重和保障当事人在法定范围内对本人合法权利的自由处分权，实现诉讼法律效果与社会效果的统一，促进社会和谐，人民法院应当根据《最高人民法院关于适用〈中华人民共和国民事诉讼法〉审判监督程序若干问题的解释》第23条的规定，裁定终结再审诉讼。

本案中，申诉人华隆公司不服原审法院民事判决，在向最高人民法院申请再审的同时，也向检察机关申请抗诉。在本院提审期间，当事人达成和解，华隆公司向本院申请撤诉。由于当事人有权在法律规定的范围内自由处分自己的民事权益和诉讼权利，其撤诉申请意思表示真实，已裁定准许其撤回再审申请，本案当事人之间的纠纷已得到解决，且本案并不涉及国家利益、社会公共利益或第三人利益，故检察机关抗诉的基础已不存在，本案已无按抗诉程序裁定进入再审的必要，应当依法裁定本案终结审查。

第二百一十六条 【当事人申请再审检察建议及抗诉的条件】有下列情形之一的，当事人可以向人民检察院申请检察建议或者抗诉：

（一）人民法院驳回再审申请的；

（二）人民法院逾期未对再审申请作出裁定的；

（三）再审判决、裁定有明显错误的。

人民检察院对当事人的申请应当在三个月内进行审查，作出提出或者不予提出检察建议或者抗诉的决定。当事人不得再次向人民检察院申请检察建议或者抗诉。

注释 地方各级人民检察院依当事人的申请对生效判决、裁定向同级人民法院提出再审检察建议，符合下列条件的，应予受理：(1)再审检察建议书和原审当事人申请书及相关证据材料已经提交；(2)建议再审的对象为依照民事诉讼法和本解释规定可以进行再审的判决、裁定；(3)再审检察建议书列明该判决、裁定有民事诉讼法第215条第2款规定情形；(4)符合民事诉讼法第216条第1款第1项、第2项规定情形；(5)再审检察建议经该人民检察院检察委员会讨论决定。不符合前述规定的，人民法院可以建议人民检察院予以补正或者撤回；不予补正或者撤回的，应当函告人民检察院不予受理。

链接《民诉解释》413、414

第二百一十七条 【抗诉案件的调查】人民检察院因履行法律监督职责提出检察建议或者抗诉的需要，可以向当事人或者案外人调查核实有关情况。

注释 本条是关于人民检察院调查权的规定，属2012年修改民事诉讼法新增。注意本条所规定的调查权，不应超出为了对生效判决、裁定、调解书提出检察建议或者抗诉而需要了解情况的具体范围，更不能理解为类似刑事诉讼中的侦查权。

第二百一十八条 【抗诉案件裁定再审的期限及审理法院】人民检察院提出抗诉的案件，接受抗诉的人民法院应当自收到抗诉书之日起三十日内作出再审的裁定；有本法第二百零七条第一项至第五项规定情形之一的，可以交下一级人民法院再审，但经该下一级人民法院再审的除外。

注释 人民检察院依当事人的申请对生效判决、裁定提出抗诉，符合下列条件的，人民法院应当在30日内裁定再审：(1)抗诉书和原审当事人申请书及相关证据材料已经提交；(2)抗诉对象为依照民事诉讼法和本解释规定可以进行再审的判决、裁定；(3)抗诉书列明该判决、裁定有民事诉讼法第215条第1款规定情形；(4)符合民事诉讼法第216条第1款第1项、第2项规定情形。不符合前述规定的，人民法院可以建议人民检察院予以补正或者撤回；不予补正或者撤回的，人民法院可以裁定不予受理。

链接《民诉解释》415

第二百一十九条 【抗诉书】人民检察院决定对人民法院的判决、裁定、调解书提出抗诉的，应当制作抗诉书。

第二百二十条 【人民检察院派员出庭】人民检察院提出抗诉的案件，人民法院再审时，应当通知人民检察院派员出席法庭。

第十七章 督促程序

第二百二十一条 【支付令的申请】债权人请求债务人给付金钱、有价证券，符合下列条件的，可以向有管辖权的基层人民法院申请支付令：

（一）债权人与债务人没有其他债务纠纷的；

（二）支付令能够送达债务人的。

申请书应当写明请求给付金钱或者有价证券的数量和所根据的事实、证据。

注释 支付令应向债务人住所地基层人民法院申请。基层人民法院受理债权人依法申请支付令的案件，不受争议金额的限制。共同债务人住所地、经常居住地不在同一基层人民法院辖区，各有关人民法院都有管辖权的，债权人可以向其中任何一个基层人民法院申请支付令。

链接《民诉解释》227

第二百二十二条 【支付令申请的受理】债权人提出申请后，人民法院应当在五日内通知债权人是否受理。

第二百二十三条 【审理】人民法院受理申请后，经审查债权人提供的事实、证据，对债权债务关系明确、合法的，应当在受理之日起十五日内向债务人发出支付令；申请不成立的，裁定予以驳回。

债务人应当自收到支付令之日起十五日内清偿债务，或者向人民法院提出书面异议。

债务人在前款规定的期间不提出异议又不履行支付令的，债权人可以向人民法院申请执行。

第二百二十四条 【支付令的异议及失效的处理】人民法院收到债务人提出的书面异议后，经审查,异议成立的,应当裁定终结督促程序,支付令自行失效。

支付令失效的,转入诉讼程序,但申请支付令的一方当事人不同意提起诉讼的除外。

注释 本条是关于终结督促程序的规定。本条在2012年的修改中作了两方面的完善:(1)完善了第1款的内容,原第1款规定:"人民法院收到债务人提出的书面异议后,应当裁定终结督促程序,支付令自行失效。"修改后增加了"经审查,异议成立的";(2)增加了第2款。

这两处修改的主要内容为:(1)人民法院对异议需进行审查。债务人收到人民法院发出的支付令后提出异议的,说明当事人双方对债权债务关系存在争议,为此人民法院应当对债务人提出的书面异议进行审查,经审查,债务人对债务本身没有异议,只是提出缺乏清偿能力的,人民法院应当驳回债务人异议;异议成立的,裁定终结督促程序,发出的支付令自行失效。(2)转入诉讼程序。2012年修改前的民事诉讼法规定,如果申请人在督促程序终结后,仍要对被申请人主张债权,可以就该债权债务关系向人民法院提起诉讼,人民法院对该诉讼按照普通程序审理。修改后的本条第2款规定的是"转入诉讼程序",即申请支付令一方的当事人不需要另行起诉,而直接转入普通诉讼程序,这样就使督促程序较好地与诉讼程序对接,省去了当事人再去立案的麻烦。考虑到有的申请支付令的当事人不一定都会同意转入诉讼,是否诉讼的决定权在于当事人自己,选择督促程序是当事人自己决定的,法律规定可以转入诉讼,如果申请支付令一方不同意的,则不转入诉讼。

债务人对债务本身没有异议,只是提出缺乏清偿能力、延缓债务清偿期限、变更债务清偿方式等异议的,不影响支付令的效力。人民法院经审查认为异议不成立的,裁定驳回。债务人的口头异议无效。

链接《民诉解释》435—439

第十八章 公示催告程序

第二百二十五条 【公示催告程序的提起】按照规定可以背书转让的票据持有人,因票据被盗、遗失或者灭失,可以向票据支付地的基层人民法院申请公示催告。依照法律规定可以申请公示催告的其他事项,适用本章规定。

申请人应当向人民法院递交申请书,写明票面金额、发票人、持票人、背书人等票据主要内容和申请的理由、事实。

注释 **票据持有人**

本条规定的票据持有人,是指票据被盗、遗失或者灭失前的最后持有人。

链接《民诉解释》442

第二百二十六条 【受理、止付通知与公告】人民法院决定受理申请,应当同时通知支付人停止支付,并在三日内发出公告,催促利害关系人申报权利。公示催告的期间,由人民法院根据情况决定,但不得少于六十日。

第二百二十七条 【止付通知和公告的效力】支付人收到人民法院停止支付的通知,应当停止支付,至公示催告程序终结。

公示催告期间,转让票据权利的行为无效。

第二百二十八条 【利害关系人申报权利】利害关系人应当在公示催告期间向人民法院申报。

人民法院收到利害关系人的申报后,应当裁定终结公示催告程序,并通知申请人和支付人。

申请人或者申报人可以向人民法院起诉。

注释 利害关系人申报权利,人民法院应当通知其向法院出示票据,并通知公示催告申请人在指定的期间查看该票据。公示催告申请人申请公示催告的票据与利害关系人出示的票据不一致的,应当裁定驳回利害关系人的申报。

链接《民诉解释》448—450

第二百二十九条 【除权判决】没有人申报的,人民法院应当根据申请人的申请,作出判决,宣告票据无效。判决应当公告,并通知支付人。自判决公告之日起,申请人有权向支付人请求支付。

第二百三十条 【除权判决的撤销】利害关系人因正当理由不能在判决前向人民法院申报的,自知道或者应当知道判决公告之日起一年内,可以向作出判决的人民法院起诉。

第三编 执行程序

第十九章 一般规定

第二百三十一条 【执行依据及管辖】发生法律效力的民事判决、裁定,以及刑事判决、裁定中的财产部分,由第一审人民法院或者与第一审人民法院同级的被执行的财产所在地人民法院执行。

法律规定由人民法院执行的其他法律文书，由被执行人住所地或者被执行的财产所在地人民法院执行。

链接《民诉解释》460、461;《最高人民法院关于人民法院执行工作若干问题的规定(试行)》;《最高人民法院关于民事执行中变更、追加当事人若干问题的规定》

第二百三十二条 【对违法的执行行为的异议】当事人、利害关系人认为执行行为违反法律规定的，可以向负责执行的人民法院提出书面异议。当事人、利害关系人提出书面异议的，人民法院应当自收到书面异议之日起十五日内审查，理由成立的，裁定撤销或者改正；理由不成立的，裁定驳回。当事人、利害关系人对裁定不服的，可以自裁定送达之日起十日内向上一级人民法院申请复议。

第二百三十三条 【变更执行法院】人民法院自收到申请执行书之日起超过六个月未执行的，申请执行人可以向上一级人民法院申请执行。上一级人民法院经审查，可以责令原人民法院在一定期限内执行，也可以决定由本院执行或者指令其他人民法院执行。

第二百三十四条 【案外人异议】执行过程中，案外人对执行标的提出书面异议的，人民法院应当自收到书面异议之日起十五日内审查，理由成立的，裁定中止对该标的的执行；理由不成立的，裁定驳回。案外人、当事人对裁定不服，认为原判决、裁定错误的，依照审判监督程序办理；与原判决、裁定无关的，可以自裁定送达之日起十五日内向人民法院提起诉讼。

注释 本条中的“案外人”是指执行当事人以外，对执行标的主张权利，认为法院对某一项或几项财产的执行侵害其实体法上权利的公民、法人或其他组织。案外人对执行标的提出异议的，应当在该执行标的执行程序终结前提出。

案例 孙某明与江苏威特集团有限公司、盐城经济开发区祥欣农村小额贷款有限公司案外人执行异议纠纷案(《最高人民法院公报》2015年第7期)

裁判规则:在执行过程中，案外人可以对执行标的提出异议，但只有理由成立的，才可裁定中止执行，理由不成立的，裁定驳回。需要注意的是，案外人的异议必须采用书面的形式，未提交书面形式的，视为未提出异议。

链接《民诉解释》462、463;《最高人民法院关于人民法院执行工作若干问题的规定(试行)》;《最高人民法院关于人民法院办理执行异议和复议案件若干问题的规定》;《全国法院民商事审判工作会议纪要》119

第二百三十五条 【执行员与执行机构】执行工作由执行员进行。

采取强制执行措施时，执行员应当出示证件。执行完毕后，应当将执行情况制作笔录，由在场的有关人员签名或者盖章。

人民法院根据需要可以设立执行机构。

注释 根据《最高人民法院关于人民法院执行工作若干问题的规定(试行)》第2条的规定，执行机构负责执行下列生效法律文书:(1)人民法院民事、行政判决、裁定、调解书，民事制裁决定、支付令，以及刑事附带民事判决、裁定、调解书，刑事裁判涉财产部分;(2)依法应由人民法院执行的行政处罚决定、行政处理决定;(3)我国仲裁机构作出的仲裁裁决和调解书，人民法院依据《中华人民共和国仲裁法》有关规定作出的财产保全和证据保全裁定;(4)公证机关依法赋予强制执行效力的债权文书;(5)经人民法院裁定承认其效力的外国法院作出的判决、裁定，以及国外仲裁机构作出的仲裁裁决;(6)法律规定由人民法院执行的其他法律文书。

此外需要注意的是:(1)人民法院在审理民事、行政案件中作出的保全和先予执行裁定，由审理案件的审判庭负责执行。(2)人民法庭审结的案件，由人民法庭负责执行。其中复杂、疑难或被执行人不在本法院辖区的案件，由执行机构负责执行。

第二百三十六条 【委托执行】被执行人或者被执行的财产在外地的，可以委托当地人民法院代为执行。受委托人民法院收到委托函件后，必须在十五日内开始执行，不得拒绝。执行完毕后，应当将执行结果及时函复委托人民法院；在三十日内如果还未执行完毕，也应当将执行情况函告委托人民法院。

受委托人民法院自收到委托函件之日起十五日内不执行的，委托人民法院可以请求受委托人民法院的上级人民法院指令受委托人民法院执行。

第二百三十七条 【执行和解】在执行中，双方当事人自行和解达成协议的，执行员应当将协议内容记入笔录，由双方当事人签名或者盖章。

申请执行人因受欺诈、胁迫与被执行人达成和解协议，或者当事人不履行和解协议的，人民法院可以根据当事人的申请，恢复对原生效法律文书的执行。

链接《民诉解释》464—465

第二百三十八条 【执行担保】在执行中，被执行人向人民法院提供担保，并经申请执行人同意的，人民法院可以决定暂缓执行及暂缓执行的期限。被执行人逾期仍不履行的，人民法院有权执行被执行人的担保财产或者担保人的财产。

注释 执行承担，即在执行中，因出现特殊情况，被执行人的义务由其他主体履行。根据《民事诉讼法》第238条规定向人民法院提供执行担保的，可以由被执行人或者他人提供财产担保，也可以由他人提供保证。担保人应当具有代为履行或者代为承担赔偿责任的能力。

他人提供执行保证的，应当向执行法院出具保证书，并将保证书副本送交申请执行人。被执行人或者他人提供财产担保的，应当参照民法典的有关规定办理相应手续。

人民法院在审理案件期间，保证人为被执行人提供保证，人民法院据此未对被执行人的财产采取保全措施或解除保全措施的，案件审结后如果被执行人无财产可供执行或其财产不足清偿债务时，即使生效法律文书中未确定保证人承担责任，人民法院有权裁定执行保证人在保证责任范围内的财产。

链接《民诉解释》468—473；《最高人民法院关于人民法院执行工作若干问题的规定（试行）》54

第二百三十九条 【被执行主体的变更】作为被执行人的公民死亡的，以其遗产偿还债务。作为被执行人的法人或者其他组织终止的，由其权利义务承受人履行义务。

第二百四十条 【执行回转】执行完毕后，据以执行的判决、裁定和其他法律文书确有错误，被人民法院撤销的，对已被执行的财产，人民法院应当作出裁定，责令取得财产的人返还；拒不返还的，强制执行。

第二百四十一条 【法院调解书的执行】人民法院制作的调解书的执行，适用本编的规定。

第二百四十二条 【对执行的法律监督】人民检察院有权对民事执行活动实行法律监督。

注释 本条属于2012年修改新增，是对民事执行活动进行法律监督的规定。本条仅就检察机关对民事执行活动实行法律监督作了原则性规定，并未对监督的范围、程序、效力等问题作出具体规定。

第二十章 执行的申请和移送

第二百四十三条 【申请执行与移送执行】发生法律效力的民事判决、裁定，当事人必须履行。一方拒绝履行的，对方当事人可以向人民法院申请执行，也可以由审判员移送执行员执行。

调解书和其他应当由人民法院执行的法律文书，当事人必须履行。一方拒绝履行的，对方当事人可以向人民法院申请执行。

第二百四十四条 【仲裁裁决的申请执行】对依法设立的仲裁机构的裁决，一方当事人不履行的，对方当事人可以向有管辖权的人民法院申请执行。受申请的人民法院应当执行。

被申请人提出证据证明仲裁裁决有下列情形之一的，经人民法院组成合议庭审查核实，裁定不予执行：

（一）当事人在合同中没有订有仲裁条款或者事后没有达成书面仲裁协议的；

（二）裁决的事项不属于仲裁协议的范围或者仲裁机构无权仲裁的；

（三）仲裁庭的组成或者仲裁的程序违反法定程序的；

（四）裁决所根据的证据是伪造的；

（五）对方当事人向仲裁机构隐瞒了足以影响公正裁决的证据的；

（六）仲裁员在仲裁该案时有贪污受贿，徇私舞弊，枉法裁决行为的。

人民法院认定执行该裁决违背社会公共利益的，裁定不予执行。

裁定书应当送达双方当事人和仲裁机构。

仲裁裁决被人民法院裁定不予执行的，当事人可以根据双方达成的书面仲裁协议重新申请仲裁，也可以向人民法院起诉。

注释 仲裁机构裁决的事项，部分有本条第2款、第3款规定情形的，人民法院应当裁定对该部分不予执行。应当不予执行部分与其他部分不可分的，人民法院应当裁定不予执行仲裁裁决。

依照本条第2款、第3款规定，人民法院裁定不予执行仲裁裁决后，当事人对该裁定提出执行异议或者复议的，人民法院不予受理。当事人可以就该民事纠纷重新达成书面仲裁协议申请仲裁，也可以向人民法院起诉。

链接《民诉解释》475、476

第二百四十五条 【公证债权文书的申请执行】对公证机关依法赋予强制执行效力的债权文书，一方当事人不履行的，对方当事人可以向有管辖权的人民法院申请执行，受申请的人民法院应当执行。

公证债权文书确有错误的，人民法院裁定不予执行，并将裁定书送达双方当事人和公证机关。

第二百四十六条 【申请执行期间】申请执行的期间为二年。申请执行时效的中止、中断，适用法律有关诉讼时效中止、中断的规定。

前款规定的期间，从法律文书规定履行期间的最后一日起计算；法律文书规定分期履行的，从最后一期履行期限届满之日起计算；法律文书未规定履行期间的，从法律文书生效之日起计算。

第二百四十七条 【执行通知】执行员接到申请执行书或者移交执行书，应当向被执行人发出执行通知，并可以立即采取强制执行措施。

第二十一章 执行措施

第二百四十八条 【被执行人报告财产情况】被执行人未按执行通知履行法律文书确定的义务，应当报告当前以及收到执行通知之日前一年的财产情况。被执行人拒绝报告或者虚假报告的，人民法院可以根据情节轻重对被执行人或者其法定代理人、有关单位的主要负责人或者直接责任人员予以罚款、拘留。

注释 理解本条应当注意以下几点：(1)本条适用的前提是，被执行人未按执行通知履行法律文书确定的义务。(2)报告财产的范围是，当前以及收到执行通知之日前1年的财产情况。(3)被执行人拒绝报告、虚假报告的法律责任是，根据情节轻重可以对被执行人或者其法定代理人、有关单位的主要负责人或者直接责任人员予以罚款、拘留。

被执行人报告财产后，其财产情况发生变动，影响申请执行人债权实现的，应当自财产变动之日起10日内向人民法院补充报告。对被执行人报告的财产情况，申请执行人请求查询的，人民法院应当准许。申请执行人对查询的被执行人财产情况，应当保密。对被执行人报告的财产情况，执行法院可以依申请执行人的申请或者依职权调查核实。

链接《最高人民法院关于民事执行中财产调查若干问题的规定》

第二百四十九条 【被执行人存款等财产的执行】被执行人未按执行通知履行法律文书确定的义务，人民法院有权向有关单位查询被执行人的存款、债券、股票、基金份额等财产情况。人民法院有权根据不同情形扣押、冻结、划拨、变价被执行人的财产。人民法院查询、扣押、冻结、划拨、变价的财产不得超出被执行人应当履行义务的范围。

人民法院决定扣押、冻结、划拨、变价财产，应当作出裁定，并发出协助执行通知书，有关单位必须办理。

注释 这里的“有关单位”主要指银行、信用社、证券公司、证券登记结算机构、股票交易所、保险公司等负有管理金融账户义务的金融机构。“扣押”“变价”是两种执行措施，“扣押”是指人民法院对有关的金融资产凭证予以扣留，避免被执行人占有、处分；变价是指对被执行人的债券、股票、基金份额等金融资产予以折现，以达到清偿债权人债权的目的。

第二百五十条 【被执行人收入的执行】被执行人未按执行通知履行法律文书确定的义务，人民法院有权扣留、提取被执行人应当履行义务部分的收入。但应当保留被执行人及其所扶养家属的生活必需费用。

人民法院扣留、提取收入时，应当作出裁定，并发出协助执行通知书，被执行人所在单位、银行、信用合作社和其他有储蓄业务的单位必须办理。

第二百五十一条 【被执行人其他财产的执行】被执行人未按执行通知履行法律文书确定的义务，人民法院有权查封、扣押、冻结、拍卖、变卖被执行人应当履行义务部分的财产。但应当保留被执行人及其所扶养家属的生活必需品。

采取前款措施，人民法院应当作出裁定。

第二百五十二条 【查封、扣押】人民法院查封、扣押财产时，被执行人是公民的，应当通知被执行人或者他的成年家属到场；被执行人是法人或者其他组织的，应当通知其法定代表人或者主要负责人到场。拒不到场的，不影响执行。被执行人是公民的，其工作单位或者财产所在地的基层组织应当派人参加。

对被查封、扣押的财产，执行员必须造具清单，由在场人签名或者盖章后，交被执行人一份。被执行人是公民的，也可以交他的成年家属一份。

第二百五十三条 【被查封财产的保管】被查封的财产，执行员可以指定被执行人负责保管。因被执行人的过错造成的损失，由被执行人承担。

第二百五十四条 【拍卖、变卖】财产被查封、扣押后，执行员应当责令被执行人在指定期间履行法律文书确定的义务。被执行人逾期不履行的，人民法院应当拍卖被查封、扣押的财产；不适于拍卖或者当事人双方同意不进行拍卖的，人民法院可以委托有关单位变卖或者自行变卖。国家禁止自由买卖的物品，交有关单位按照国家规定的价格收购。

注释 本条2012年的修改是关于拍卖、变卖被查封、扣押财产程序的规定，可以由以下几个层次来理解：一是查封、扣押。拍卖、变卖的前提是查封、扣押财产。二是被执行人自觉履行。查封、扣押财产后，执行员应当责令被执行人在指定期间履行法律文书确定的义务，被执行人应当自觉履行。三是拍卖。被执行人逾期不履行的，人民法院应当拍卖查封、扣押的财产。人民法院可以自己组织拍卖，也可以委托拍卖。对拟拍卖的财产，人民法院可以委托具有相应资质的评估机构进行价格评估。对于财产价值较低或者价格依照通常方法容易确定的，可以不进行评估。当事人双方及其他执行债权人申请不进行评估的，人民法院应当准许。四是变卖。实践中有的财产不适于拍卖，需及时处理。有的当事人希望尽快变现财产，实现债权。因此，对于不适于拍卖或者当事人双方同意不进行拍卖的，人民法院可以委托有关单位变卖或者自行变卖。五是收购。国家禁止自由买卖的物品，交有关单位按照国家规定的价格收购。“国家禁止自由买卖的物品”主要是指金银（不包含金银制品）等物品。

链接《民诉解释》486—491；《最高人民法院关于人民法院民事执行中拍卖、变卖财产的规定》；《最高人民法院关于民事执行中查封、扣押、冻结财产有关期限问题的答复》；《最高人民法院关于人民法院执行公开的若干规定》第10条

第二百五十五条 【搜查】被执行人不履行法律文书确定的义务，并隐匿财产的，人民法院有权发出搜查令，对被执行人及其住所或者财产隐匿地进行搜查。

采取前款措施，由院长签发搜查令。

第二百五十六条 【指定交付】法律文书指定交付的财物或者票证，由执行员传唤双方当事人当面交付，或者由执行员转交，并由被交付人签收。

有关单位持有该项财物或者票证的，应当根据人民法院的协助执行通知书转交，并由被交付人签收。

有关公民持有该项财物或者票证的，人民法院通知其交出。拒不交出的，强制执行。

第二百五十七条 【强制迁出】强制迁出房屋或者强制退出土地，由院长签发公告，责令被执行人在指定期间履行。被执行人逾期不履行的，由执行员强制执行。

强制执行时，被执行人是公民的，应当通知被执行人或者他的成年家属到场；被执行人是法人或者其他组织的，应当通知其法定代表人或者主要负责人到场。拒不到场的，不影响执行。被执行人是公民的，其工作单位或者房屋、土地所在地的基层组织应当派人参加。执行员应当将强制执行情况记入笔录，由在场人签名或者盖章。

强制迁出房屋被搬出的财物，由人民法院派人运至指定处所，交给被执行人。被执行人是公民的，也可以交给他的成年家属。因拒绝接收而造成的损失，由被执行人承担。

第二百五十八条 【财产权证照转移】在执行中，需要办理有关财产权证照转移手续的，人民法院可以向有关单位发出协助执行通知书，有关单位必须办理。

第二百五十九条 【行为的执行】对判决、裁定和其他法律文书指定的行为，被执行人未按执行通知履行的，人民法院可以强制执行或者委托有关单位或者其他人完成，费用由被执行人承担。

第二百六十条 【迟延履行的责任】被执行人未按判决、裁定和其他法律文书指定的期间履行给付金钱义务的，应当加倍支付迟延履行期间的

债务利息。被执行人未按判决、裁定和其他法律文书指定的期间履行其他义务的,应当支付迟延履行金。

注释 被执行人迟延履行的,迟延履行期间的利息或者迟延履行金自判决、裁定和其他法律文书指定的履行期间届满之日起计算。被执行人未按判决、裁定和其他法律文书指定的期间履行非金钱给付义务的,无论是否已给申请执行人造成损失,都应当支付迟延履行金。已经造成损失的,双倍补偿申请执行人已经受到的损失;没有造成损失的,迟延履行金可以由人民法院根据具体案件情况决定。

根据本条规定加倍计算之后的迟延履行期间的债务利息,包括迟延履行期间的一般债务利息和加倍部分债务利息。迟延履行期间的一般债务利息,根据生效法律文书确定的方法计算;生效法律文书未确定给付该利息的,不予计算。加倍部分债务利息的计算方法为:加倍部分债务利息=债务人尚未清偿的生效法律文书确定的除一般债务利息之外的金钱债务×日万分之一点七五×迟延履行期间。加倍部分债务利息自生效法律文书确定的履行期间届满之日起计算;生效法律文书确定分期履行的,自每次履行期间届满之日起计算;生效法律文书未确定履行期间的,自法律文书生效之日起计算。

链接《民诉解释》504、505;《最高人民法院关于人民法院执行工作若干问题的规定(试行)》45—53;《最高人民法院关于执行程序中计算迟延履行期间的债务利息适用法律若干问题的解释》

第二百六十一条 【继续执行】人民法院采取本法第二百四十九条、第二百五十条、第二百五十一条规定的执行措施后,被执行人仍不能偿还债务的,应当继续履行义务。债权人发现被执行人有其他财产的,可以随时请求人民法院执行。

第二百六十二条 【对被执行人的限制措施】被执行人不履行法律文书确定的义务的,人民法院可以对其采取或者通知有关单位协助采取限制出境,在征信系统记录、通过媒体公布不履行义务信息以及法律规定的其他措施。

第二十二章 执行中止和终结

第二百六十三条 【中止执行】有下列情形之一的,人民法院应当裁定中止执行:

(一)申请人表示可以延期执行的;

(二)案外人对执行标的提出确有理由的异议的;

(三)作为一方当事人的公民死亡,需要等待继承人继承权利或者承担义务的;

(四)作为一方当事人的法人或者其他组织终止,尚未确定权利义务承受人的;

(五)人民法院认为应当中止执行的其他情形。

中止的情形消失后,恢复执行。

第二百六十四条 【终结执行】有下列情形之一的,人民法院裁定终结执行:

(一)申请人撤销申请的;

(二)据以执行的法律文书被撤销的;

(三)作为被执行人的公民死亡,无遗产可供执行,又无义务承担人的;

(四)追索赡养费、扶养费、抚养费案件的权利人死亡的;

(五)作为被执行人的公民因生活困难无力偿还借款,无收入来源,又丧失劳动能力的;

(六)人民法院认为应当终结执行的其他情形。

第二百六十五条 【执行中止、终结裁定的生效】中止和终结执行的裁定,送达当事人后立即生效。

第四编 涉外民事诉讼程序的特别规定

第二十三章 一般原则

第二百六十六条 【适用本法原则】在中华人民共和国领域内进行涉外民事诉讼,适用本编规定。本编没有规定的,适用本法其他有关规定。

注释 **涉外民事案件**

下列情形之一可以认定为涉外民事案件:(1)当事人一方或者双方是外国人、无国籍人、外国企业或者组织的;(2)当事人一方或者双方的经常居所地在中华人民共和国领域外的;(3)标的物在中华人民共和国领域外的;(4)产生、变更或者消灭民事关系的法律事实发生在中华人民共和国领域外的;(5)可以认定为涉外民事案件的其他情形。

链接《民诉解释》520

第二百六十七条 【信守国际条约原则】中华人民共和国缔结或者参加的国际条约同本法有不

同规定的，适用该国际条约的规定，但中华人民共和国声明保留的条款除外。

第二百六十八条 【司法豁免原则】对享有外交特权与豁免的外国人、外国组织或者国际组织提起的民事诉讼，应当依照中华人民共和国有关法律和中华人民共和国缔结或者参加的国际条约的规定办理。

第二百六十九条 【使用我国通用语言、文字原则】人民法院审理涉外民事案件，应当使用中华人民共和国通用的语言、文字。当事人要求提供翻译的，可以提供，费用由当事人承担。

第二百七十条 【委托中国律师代理诉讼原则】外国人、无国籍人、外国企业和组织在人民法院起诉、应诉，需要委托律师代理诉讼的，必须委托中华人民共和国的律师。

第二百七十一条 【委托授权书的公证与认证】在中华人民共和国领域内没有住所的外国人、无国籍人、外国企业和组织委托中华人民共和国律师或者其他人代理诉讼，从中华人民共和国领域外寄交或者托交的授权委托书，应当经所在国公证机关证明，并经中华人民共和国驻该国使领馆认证，或者履行中华人民共和国与该所在国订立的有关条约中规定的证明手续后，才具有效力。

第二十四章 管 辖

第二百七十二条 【特殊地域管辖】因合同纠纷或者其他财产权益纠纷，对在中华人民共和国领域内没有住所的被告提起的诉讼，如果合同在中华人民共和国领域内签订或者履行，或者诉讼标的物在中华人民共和国领域内，或者被告在中华人民共和国领域内有可供扣押的财产，或者被告在中华人民共和国领域内设有代表机构，可以由合同签订地、合同履行地、诉讼标的物所在地、可供扣押财产所在地、侵权行为地或者代表机构住所地人民法院管辖。

第二百七十三条 【专属管辖】因在中华人民共和国履行中外合资经营企业合同、中外合作经营企业合同、中外合作勘探开发自然资源合同发生纠纷提起的诉讼，由中华人民共和国人民法院管辖。

第二十五章 送达、期间

第二百七十四条 【送达方式】人民法院对在中华人民共和国领域内没有住所的当事人送达诉讼文书，可以采用下列方式：

（一）依照受送达人所在国与中华人民共和国缔结或者共同参加的国际条约中规定的方式送达；

（二）通过外交途径送达；

（三）对具有中华人民共和国国籍的受送达人，可以委托中华人民共和国驻受送达人所在国的使领馆代为送达；

（四）向受送达人委托的有权代其接受送达的诉讼代理人送达；

（五）向受送达人在中华人民共和国领域内设立的代表机构或者有权接受送达的分支机构、业务代办人送达；

（六）受送达人所在国的法律允许邮寄送达的，可以邮寄送达，自邮寄之日起满三个月，送达回证没有退回，但根据各种情况足以认定已经送达的，期间届满之日视为送达；

（七）采用传真、电子邮件等能够确认受送达人收悉的方式送达；

（八）不能用上述方式送达的，公告送达，自公告之日起满三个月，即视为送达。

注释 本条2012年修改增加了传真、电子邮件等简易送达方式的规定。司法实践中，《关于适用简易程序审理民事案件的若干规定》已经明确规定了法院可以采取“捎口信、电话、传真、电子邮件等简便方式”传唤当事人、证人；《关于涉外民事或商事案件司法文书送达问题若干规定》第10条也明确了“传真、电子邮件等能够确认收悉的其他适当方式”的送达。鉴于实践中相关经验积累的有效性，本条新增了传真、电子邮件等简易送达方式的规定。另外，本条将公告送达的日期由6个月改为了3个月。

第二百七十五条 【答辩期间】被告在中华人民共和国领域内没有住所的，人民法院应当将起诉状副本送达被告，并通知被告在收到起诉状副本后三十日内提出答辩状。被告申请延期的，是否准许，由人民法院决定。

第二百七十六条 【上诉期间】在中华人民共和国领域内没有住所的当事人，不服第一审人民法院判决、裁定的，有权在判决书、裁定书送达之日起三十日内提起上诉。被上诉人在收到上诉状副本后，应当在三十日内提出答辩状。当事人不能在法定期间提起上诉或者提出答辩状，申请延期的，是否准许，由人民法院决定。

第二百七十七条 【审理期间】人民法院审理涉外民事案件的期间，不受本法第一百五十二条、第一百八十三条规定的限制。

第二十六章 仲 裁

第二百七十八条 【或裁或审原则】涉外经济贸易、运输和海事中发生的纠纷，当事人在合同中订有仲裁条款或者事后达成书面仲裁协议，提交中华人民共和国涉外仲裁机构或者其他仲裁机构仲裁的，当事人不得向人民法院起诉。

当事人在合同中没有订有仲裁条款或者事后没有达成书面仲裁协议的，可以向人民法院起诉。

第二百七十九条 【仲裁程序中的保全】当事人申请采取保全的，中华人民共和国的涉外仲裁机构应当将当事人的申请，提交被申请人住所地或者财产所在地的中级人民法院裁定。

第二百八十条 【仲裁裁决的执行】经中华人民共和国涉外仲裁机构裁决的，当事人不得向人民法院起诉。一方当事人不履行仲裁裁决的，对方当事人可以向被申请人住所地或者财产所在地的中级人民法院申请执行。

第二百八十一条 【仲裁裁决不予执行的情形】对中华人民共和国涉外仲裁机构作出的裁决，被申请人提出证据证明仲裁裁决有下列情形之一的，经人民法院组成合议庭审查核实，裁定不予执行：

（一）当事人在合同中没有订有仲裁条款或者事后没有达成书面仲裁协议的；

（二）被申请人没有得到指定仲裁员或者进行仲裁程序的通知，或者由于其他不属于被申请人负责的原因未能陈述意见的；

（三）仲裁庭的组成或者仲裁的程序与仲裁规则不符的；

（四）裁决的事项不属于仲裁协议的范围或者仲裁机构无权仲裁的。

人民法院认定执行该裁决违背社会公共利益的，裁定不予执行。

第二百八十二条 【仲裁裁决不予执行的法律后果】仲裁裁决被人民法院裁定不予执行的，当事人可以根据双方达成的书面仲裁协议重新申请仲裁，也可以向人民法院起诉。

第二十七章 司法协助

第二百八十三条 【司法协助的原则】根据中华人民共和国缔结或者参加的国际条约，或者按照互惠原则，人民法院和外国法院可以相互请求，代为送达文书、调查取证以及进行其他诉讼行为。

外国法院请求协助的事项有损于中华人民共和国的主权、安全或者社会公共利益的，人民法院不予执行。

第二百八十四条 【司法协助的途径】请求和提供司法协助，应当依照中华人民共和国缔结或者参加的国际条约所规定的途径进行；没有条约关系的，通过外交途径进行。

外国驻中华人民共和国的使领馆可以向该国公民送达文书和调查取证，但不得违反中华人民共和国的法律，并不得采取强制措施。

除前款规定的情况外，未经中华人民共和国主管机关准许，任何外国机关或者个人不得在中华人民共和国领域内送达文书、调查取证。

第二百八十五条 【司法协助请求使用的文字】外国法院请求人民法院提供司法协助的请求书及其所附文件，应当附有中文译本或者国际条约规定的其他文字文本。

人民法院请求外国法院提供司法协助的请求书及其所附文件，应当附有该国文字译本或者国际条约规定的其他文字文本。

第二百八十六条 【司法协助程序】人民法院提供司法协助，依照中华人民共和国法律规定的程序进行。外国法院请求采用特殊方式的，也可以按照其请求的特殊方式进行，但请求采用的特殊方式不得违反中华人民共和国法律。

第二百八十七条 【申请外国承认和执行】人民法院作出的发生法律效力的判决、裁定，如果被执行人或者其财产不在中华人民共和国领域内，当事人请求执行的，可以由当事人直接向有管辖权的外国法院申请承认和执行，也可以由人民法院依照中华人民共和国缔结或者参加的国际条约的规定，或者按照互惠原则，请求外国法院承认和执行。

中华人民共和国涉外仲裁机构作出的发生法律效力的仲裁裁决，当事人请求执行的，如果被执行人或者其财产不在中华人民共和国领域内，应当由当事人直接向有管辖权的外国法院申请承认和执行。

第二百八十八条 【外国申请承认和执行】外国法院作出的发生法律效力的判决、裁定，需要中华人民共和国人民法院承认和执行的，可以由当事人直接向中华人民共和国有管辖权的中级人民法院申请承认和执行，也可以由外国法院依照该国与中华人民共和国缔结或者参加的国际条约的规定，或者按照互惠原则，请求人民法院承认和执行。

注释 当事人向中华人民共和国有管辖权的中级人民法院申请承认和执行外国法院作出的发生法律效力的判决、裁定的，如果该法院所在国与中华人民共和国没有缔结或者共同参加国际条约，也没有互惠关系的，裁定驳回申请，但当事人向人民法院申请承认外国法院作出的发生法律效力的离婚判决的除外。承认和执行申请被裁定驳回的，当事人可以向人民法院起诉。

链接《民诉解释》542

第二百八十九条 【外国法院裁判的承认与执行】人民法院对申请或者请求承认和执行的外国法院作出的发生法律效力的判决、裁定，依照中华人民共和国缔结或者参加的国际条约，或者按照互惠原则进行审查后，认为不违反中华人民共和国法律的基本原则或者国家主权、安全、社会公共利益的，裁定承认其效力，需要执行的，发出执行令，依照本法的有关规定执行。违反中华人民共和国法律的基本原则或者国家主权、安全、社会公共利益的，不予承认和执行。

第二百九十条 【外国仲裁裁决的承认和执行】国外仲裁机构的裁决，需要中华人民共和国人民法院承认和执行的，应当由当事人直接向被执行人住所地或者其财产所在地的中级人民法院申请，人民法院应当依照中华人民共和国缔结或者参加的国际条约，或者按照互惠原则办理。

第二百九十一条 【施行时间】本法自公布之日起施行，《中华人民共和国民事诉讼法（试行）》同时废止。

最高人民法院关于适用《中华人民共和国民事诉讼法》的解释

· 2014 年 12 月 18 日最高人民法院审判委员会第 1636 次会议通过
· 根据 2020 年 12 月 23 日最高人民法院审判委员会第 1823 次会议通过的《最高人民法院关于修改〈最高人民法院关于人民法院民事调解工作若干问题的规定〉等十九件民事诉讼类司法解释的决定》第一次修正
· 根据 2022 年 3 月 22 日最高人民法院审判委员会第 1866 次会议通过的《最高人民法院关于修改〈最高人民法院关于适用《中华人民共和国民事诉讼法》的解释〉的决定》第二次修正
· 2022 年 4 月 1 日最高人民法院公告公布
· 自 2022 年 4 月 10 日起施行
· 法释〔2022〕11 号

2012 年 8 月 31 日，第十一届全国人民代表大会常务委员会第二十八次会议审议通过了《关于修改〈中华人民共和国民事诉讼法〉的决定》。根据修改后的民事诉讼法，结合人民法院民事审判和执行工作实际，制定本解释。

一、管　辖

第一条 民事诉讼法第十九条第一项规定的重大涉外案件，包括争议标的额大的案件、案情复杂的案件，或者一方当事人人数众多等具有重大影响的案件。

第二条 专利纠纷案件由知识产权法院、最高人民法院确定的中级人民法院和基层人民法院管辖。

海事、海商案件由海事法院管辖。

第三条 公民的住所地是指公民的户籍所在地，法人或者其他组织的住所地是指法人或者其他组织的主要办事机构所在地。

法人或者其他组织的主要办事机构所在地不能确定的，法人或者其他组织的注册地或者登记地为住所地。

第四条 公民的经常居住地是指公民离开住所地至起诉时已连续居住一年以上的地方，但公民住院就医的地方除外。

第五条 对没有办事机构的个人合伙、合伙型联营体提起的诉讼，由被告注册登记地人民法院管辖。没有注册登记，几个被告又不在同一辖区的，被告住所地的人民法院都有管辖权。

第六条 被告被注销户籍的，依照民事诉讼法第二十三条规定确定管辖；原告、被告均被注销户籍的，由被告居住地人民法院管辖。

第七条 当事人的户籍迁出后尚未落户，有经常居住地的，由该地人民法院管辖；没有经常居住地的，由其原户籍所在地人民法院管辖。

第八条 双方当事人都被监禁或者被采取强制性教育措施的，由被告原住所地人民法院管辖。被告被监禁或者被采取强制性教育措施一年以上的，由被告被监禁地或者被采取强制性教育措施地人民法院管辖。

第九条 追索赡养费、扶养费、抚养费案件的几个被告住所地不在同一辖区的，可以由原告住所地人民法院管辖。

第十条 不服指定监护或者变更监护关系的案件，可以由被监护人住所地人民法院管辖。

第十一条 双方当事人均为军人或者军队单位的民事案件由军事法院管辖。

第十二条 夫妻一方离开住所地超过一年，另一方起诉离婚的案件，可以由原告住所地人民法院管辖。

夫妻双方离开住所地超过一年，一方起诉离婚的案件，由被告经常居住地人民法院管辖；没有经常居住地的，由原告起诉时被告居住地人民法院管辖。

第十三条 在国内结婚并定居国外的华侨，如定居国法院以离婚诉讼须由婚姻缔结地法院管辖为由不予受理，当事人向人民法院提出离婚诉讼的，由婚姻缔结地或者一方在国内的最后居住地人民法院管辖。

第十四条 在国外结婚并定居国外的华侨，如定居国法院以离婚诉讼须由国籍所属国法院管辖为由不予受理，当事人向人民法院提出离婚诉讼的，由一方原住所地或者在国内的最后居住地人民法院管辖。

第十五条 中国公民一方居住在国外，一方居住在国内，不论哪一方向人民法院提起离婚诉讼，国内一方住所地人民法院都有权管辖。国外一方在居住国法院起诉，国内一方向人民法院起诉的，受诉人民法院有权管辖。

第十六条 中国公民双方在国外但未定居，一方向人民法院起诉离婚的，应由原告或者被告原住所地人民法院管辖。

第十七条 已经离婚的中国公民，双方均定居国外，仅就国内财产分割提起诉讼的，由主要财产所在地人民法院管辖。

第十八条 合同约定履行地点的，以约定的履行地点为合同履行地。

合同对履行地点没有约定或者约定不明确，争议标的为给付货币的，接收货币一方所在地为合同履行地；交付不动产的，不动产所在地为合同履行地；其他标的，履行义务一方所在地为合同履行地。即时结清的合同，交易行为地为合同履行地。

合同没有实际履行，当事人双方住所地都不在合同约定的履行地的，由被告住所地人民法院管辖。

第十九条 财产租赁合同、融资租赁合同以租赁物使用地为合同履行地。合同对履行地有约定的，从其约定。

第二十条 以信息网络方式订立的买卖合同，通过信息网络交付标的的，以买受人住所地为合同履行地；通过其他方式交付标的的，收货地为合同履行地。合同对履行地有约定的，从其约定。

第二十一条 因财产保险合同纠纷提起的诉讼，如果保险标的物是运输工具或者运输中的货物，可以由运输工具登记注册地、运输目的地、保险事故发生地人民法院管辖。

因人身保险合同纠纷提起的诉讼，可以由被保险人住所地人民法院管辖。

第二十二条 因股东名册记载、请求变更公司登记、股东知情权、公司决议、公司合并、公司分立、公司减资、公司增资等纠纷提起的诉讼，依照民事诉讼法第二十七条规定确定管辖。

第二十三条 债权人申请支付令，适用民事诉讼法第二十二条规定，由债务人住所地基层人民法院管辖。

第二十四条 民事诉讼法第二十九条规定的侵权行为地，包括侵权行为实施地、侵权结果发生地。

第二十五条 信息网络侵权行为实施地包括

实施被诉侵权行为的计算机等信息设备所在地，侵权结果发生地包括被侵权人住所地。

第二十六条 因产品、服务质量不合格造成他人财产、人身损害提起的诉讼，产品制造地、产品销售地、服务提供地、侵权行为地和被告住所地人民法院都有管辖权。

第二十七条 当事人申请诉前保全后没有在法定期间起诉或者申请仲裁，给被申请人、利害关系人造成损失引起的诉讼，由采取保全措施的人民法院管辖。

当事人申请诉前保全后在法定期间内起诉或者申请仲裁，被申请人、利害关系人因保全受到损失提起的诉讼，由受理起诉的人民法院或者采取保全措施的人民法院管辖。

第二十八条 民事诉讼法第三十四条第一项规定的不动产纠纷是指因不动产的权利确认、分割、相邻关系等引起的物权纠纷。

农村土地承包经营合同纠纷、房屋租赁合同纠纷、建设工程施工合同纠纷、政策性房屋买卖合同纠纷，按照不动产纠纷确定管辖。

不动产已登记的，以不动产登记簿记载的所在地为不动产所在地；不动产未登记的，以不动产实际所在地为不动产所在地。

第二十九条 民事诉讼法第三十五条规定的书面协议，包括书面合同中的协议管辖条款或者诉讼前以书面形式达成的选择管辖的协议。

第三十条 根据管辖协议，起诉时能够确定管辖法院的，从其约定；不能确定的，依照民事诉讼法的相关规定确定管辖。

管辖协议约定两个以上与争议有实际联系的地点的人民法院管辖，原告可以向其中一个人民法院起诉。

第三十一条 经营者使用格式条款与消费者订立管辖协议，未采取合理方式提请消费者注意，消费者主张管辖协议无效的，人民法院应予支持。

第三十二条 管辖协议约定由一方当事人住所地人民法院管辖，协议签订后当事人住所地变更的，由签订管辖协议时的住所地人民法院管辖，但当事人另有约定的除外。

第三十三条 合同转让的，合同的管辖协议对合同受让人有效，但转让时受让人不知道有管辖协议，或者转让协议另有约定且原合同相对人同意的除外。

第三十四条 当事人因同居或者在解除婚姻、收养关系后发生财产争议，约定管辖的，可以适用民事诉讼法第三十五条规定确定管辖。

第三十五条 当事人在答辩期间届满后未应诉答辩，人民法院在一审开庭前，发现案件不属于本院管辖的，应当裁定移送有管辖权的人民法院。

第三十六条 两个以上人民法院都有管辖权的诉讼，先立案的人民法院不得将案件移送给另一个有管辖权的人民法院。人民法院在立案前发现其他有管辖权的人民法院已先立案的，不得重复立案；立案后发现其他有管辖权的人民法院已先立案的，裁定将案件移送给先立案的人民法院。

第三十七条 案件受理后，受诉人民法院的管辖权不受当事人住所地、经常居住地变更的影响。

第三十八条 有管辖权的人民法院受理案件后，不得以行政区域变更为由，将案件移送给变更后有管辖权的人民法院。判决后的上诉案件和依审判监督程序提审的案件，由原审人民法院的上级人民法院进行审判；上级人民法院指令再审、发回重审的案件，由原审人民法院再审或者重审。

第三十九条 人民法院对管辖异议审查后确定有管辖权的，不因当事人提起反诉、增加或者变更诉讼请求等改变管辖，但违反级别管辖、专属管辖规定的除外。

人民法院发回重审或者按第一审程序再审的案件，当事人提出管辖异议的，人民法院不予审查。

第四十条 依照民事诉讼法第三十八条第二款规定，发生管辖权争议的两个人民法院因协商不成报请它们的共同上级人民法院指定管辖时，双方为同属一个地、市辖区的基层人民法院的，由该地、市的中级人民法院及时指定管辖；同属一个省、自治区、直辖市的两个人民法院的，由该省、自治区、直辖市的高级人民法院及时指定管辖；双方为跨省、自治区、直辖市的人民法院，高级人民法院协商不成的，由最高人民法院及时指定管辖。

依照前款规定报请上级人民法院指定管辖时，应当逐级进行。

第四十一条 人民法院依照民事诉讼法第三十八条第二款规定指定管辖的，应当作出裁定。

对报请上级人民法院指定管辖的案件，下级人民法院应当中止审理。指定管辖裁定作出前，下级人民法院对案件作出判决、裁定的，上级人民法院应当在裁定指定管辖的同时，一并撤销下级人民法院的判决、裁定。

第四十二条 下列第一审民事案件，人民法院依照民事诉讼法第三十九条第一款规定，可以在开庭前交下级人民法院审理：

（一）破产程序中有关债务人的诉讼案件；

（二）当事人人数众多且不方便诉讼的案件；

（三）最高人民法院确定的其他类型案件。

人民法院交下级人民法院审理前，应当报请其上级人民法院批准。上级人民法院批准后，人民法院应当裁定将案件交下级人民法院审理。

二、回 避

第四十三条 审判人员有下列情形之一的，应当自行回避，当事人有权申请其回避：

（一）是本案当事人或者当事人近亲属的；

（二）本人或者其近亲属与本案有利害关系的；

（三）担任过本案的证人、鉴定人、辩护人、诉讼代理人、翻译人员的；

（四）是本案诉讼代理人近亲属的；

（五）本人或者其近亲属持有本案非上市公司当事人的股份或者股权的；

（六）与本案当事人或者诉讼代理人有其他利害关系，可能影响公正审理的。

第四十四条 审判人员有下列情形之一的，当事人有权申请其回避：

（一）接受本案当事人及其受托人宴请，或者参加由其支付费用的活动的；

（二）索取、接受本案当事人及其受托人财物或者其他利益的；

（三）违反规定会见本案当事人、诉讼代理人的；

（四）为本案当事人推荐、介绍诉讼代理人，或者为律师、其他人员介绍代理本案的；

（五）向本案当事人及其受托人借用款物的；

（六）有其他不正当行为，可能影响公正审理的。

第四十五条 在一个审判程序中参与过本案审判工作的审判人员，不得再参与该案其他程序的审判。

发回重审的案件，在一审法院作出裁判后又进入第二审程序的，原第二审程序中审判人员不受前款规定的限制。

第四十六条 审判人员有应当回避的情形，没有自行回避，当事人也没有申请其回避的，由院长或者审判委员会决定其回避。

第四十七条 人民法院应当依法告知当事人对合议庭组成人员、独任审判员和书记员等人员有申请回避的权利。

第四十八条 民事诉讼法第四十七条所称的审判人员，包括参与本案审理的人民法院院长、副院长、审判委员会委员、庭长、副庭长、审判员和人民陪审员。

第四十九条 书记员和执行员适用审判人员回避的有关规定。

三、诉讼参加人

第五十条 法人的法定代表人以依法登记的为准，但法律另有规定的除外。依法不需要办理登记的法人，以其正职负责人为法定代表人；没有正职负责人的，以其主持工作的副职负责人为法定代表人。

法定代表人已经变更，但未完成登记，变更后的法定代表人要求代表法人参加诉讼的，人民法院可以准许。

其他组织，以其主要负责人为代表人。

第五十一条 在诉讼中，法人的法定代表人变更的，由新的法定代表人继续进行诉讼，并应向人民法院提交新的法定代表人身份证明书。原法定代表人进行的诉讼行为有效。

前款规定，适用于其他组织参加的诉讼。

第五十二条 民事诉讼法第五十一条规定的其他组织是指合法成立、有一定的组织机构和财产，但又不具备法人资格的组织，包括：

（一）依法登记领取营业执照的个人独资企业；

（二）依法登记领取营业执照的合伙企业；

（三）依法登记领取我国营业执照的中外合作经营企业、外资企业；

（四）依法成立的社会团体的分支机构、代表机构；

（五）依法设立并领取营业执照的法人的分支机构；

（六）依法设立并领取营业执照的商业银行、政策性银行和非银行金融机构的分支机构；

（七）经依法登记领取营业执照的乡镇企业、街道企业；

（八）其他符合本条规定条件的组织。

第五十三条 法人非依法设立的分支机构，或者虽依法设立，但没有领取营业执照的分支机构，以设立该分支机构的法人为当事人。

第五十四条 以挂靠形式从事民事活动，当事人请求由挂靠人和被挂靠人依法承担民事责任的，该挂靠人和被挂靠人为共同诉讼人。

第五十五条 在诉讼中，一方当事人死亡，需要等待继承人表明是否参加诉讼的，裁定中止诉讼。人民法院应当及时通知继承人作为当事人承担诉讼，被继承人已经进行的诉讼行为对承担诉讼的继承人有效。

第五十六条 法人或者其他组织的工作人员执行工作任务造成他人损害的，该法人或者其他组织为当事人。

第五十七条 提供劳务一方因劳务造成他人损害，受害人提起诉讼的，以接受劳务一方为被告。

第五十八条 在劳务派遣期间，被派遣的工作人员因执行工作任务造成他人损害的，以接受劳务派遣的用工单位为当事人。当事人主张劳务派遣单位承担责任的，该劳务派遣单位为共同被告。

第五十九条 在诉讼中，个体工商户以营业执照上登记的经营者为当事人。有字号的，以营业执照上登记的字号为当事人，但应同时注明该字号经营者的基本信息。

营业执照上登记的经营者与实际经营者不一致的，以登记的经营者和实际经营者为共同诉讼人。

第六十条 在诉讼中，未依法登记领取营业执照的个人合伙的全体合伙人为共同诉讼人。个人合伙有依法核准登记的字号的，应在法律文书中注明登记的字号。全体合伙人可以推选代表人；被推选的代表人，应由全体合伙人出具推选书。

第六十一条 当事人之间的纠纷经人民调解委员会或者其他依法设立的调解组织调解达成协议后，一方当事人不履行调解协议，另一方当事人向人民法院提起诉讼的，应以对方当事人为被告。

第六十二条 下列情形，以行为人为当事人：

（一）法人或者其他组织应登记而未登记，行为人即以该法人或者其他组织名义进行民事活动的；

（二）行为人没有代理权、超越代理权或者代理权终止后以被代理人名义进行民事活动的，但相对人有理由相信行为人有代理权的除外；

（三）法人或者其他组织依法终止后，行为人仍以其名义进行民事活动的。

第六十三条 企业法人合并的，因合并前的民事活动发生的纠纷，以合并后的企业为当事人；企业法人分立的，因分立前的民事活动发生的纠纷，以分立后的企业为共同诉讼人。

第六十四条 企业法人解散的，依法清算并注销前，以该企业法人为当事人；未依法清算即被注销的，以该企业法人的股东、发起人或者出资人为当事人。

第六十五条 借用业务介绍信、合同专用章、盖章的空白合同书或者银行账户的，出借单位和借用人为共同诉讼人。

第六十六条 因保证合同纠纷提起的诉讼，债权人向保证人和被保证人一并主张权利的，人民法院应当将保证人和被保证人列为共同被告。保证合同约定为一般保证，债权人仅起诉保证人的，人民法院应当通知被保证人作为共同被告参加诉讼；债权人仅起诉被保证人的，可以只列被保证人为被告。

第六十七条 无民事行为能力人、限制民事行为能力人造成他人损害的，无民事行为能力人、限制民事行为能力人和其监护人为共同被告。

第六十八条 居民委员会、村民委员会或者村民小组与他人发生民事纠纷的，居民委员会、村民委员会或者有独立财产的村民小组为当事人。

第六十九条 对侵害死者遗体、遗骨以及姓名、肖像、名誉、荣誉、隐私等行为提起诉讼的，死者的近亲属为当事人。

第七十条 在继承遗产的诉讼中，部分继承人起诉的，人民法院应通知其他继承人作为共同原告参加诉讼；被通知的继承人不愿意参加诉讼又未明确表示放弃实体权利的，人民法院仍应将其列为共同原告。

第七十一条 原告起诉被代理人和代理人，要求承担连带责任的，被代理人和代理人为共同被告。

原告起诉代理人和相对人，要求承担连带责任的，代理人和相对人为共同被告。

第七十二条 共有财产权受到他人侵害，部分共有权人起诉的，其他共有权人为共同诉讼人。

第七十三条 必须共同进行诉讼的当事人没有参加诉讼的，人民法院应当依照民事诉讼法第一百三十五条的规定，通知其参加；当事人也可以向人民法院申请追加。人民法院对当事人提出的申请，应当进行审查，申请理由不成立的，裁定驳回；申请理由成立的，书面通知被追加的当事人参加诉讼。

第七十四条 人民法院追加共同诉讼的当事人时，应当通知其他当事人。应当追加的原告，已明确表示放弃实体权利的，可不予追加；既不愿意参加诉讼，又不放弃实体权利的，仍应追加为共同原告，其不参加诉讼，不影响人民法院对案件的审理和依法作出判决。

第七十五条 民事诉讼法第五十六条、第五十七条和第二百零六条规定的人数众多，一般指十人以上。

第七十六条 依照民事诉讼法第五十六条规定，当事人一方人数众多在起诉时确定的，可以由全体当事人推选共同的代表人，也可以由部分当事人推选自己的代表人；推选不出代表人的当事人，在必要的共同诉讼中可以自己参加诉讼，在普通的共同诉讼中可以另行起诉。

第七十七条 根据民事诉讼法第五十七条规定，当事人一方人数众多在起诉时不确定的，由当事人推选代表人。当事人推选不出的，可以由人民法院提出人选与当事人协商；协商不成的，也可以由人民法院在起诉的当事人中指定代表人。

第七十八条 民事诉讼法第五十六条和第五十七条规定的代表人为二至五人，每位代表人可以委托一至二人作为诉讼代理人。

第七十九条 依照民事诉讼法第五十七条规定受理的案件，人民法院可以发出公告，通知权利人向人民法院登记。公告期间根据案件的具体情况确定，但不得少于三十日。

第八十条 根据民事诉讼法第五十七条规定向人民法院登记的权利人，应当证明其与对方当事人的法律关系和所受到的损害。证明不了的，不予登记，权利人可以另行起诉。人民法院的裁判在登记的范围内执行。未参加登记的权利人提起诉讼，人民法院认定其请求成立的，裁定适用人民法院已作出的判决、裁定。

第八十一条 根据民事诉讼法第五十九条的规定，有独立请求权的第三人有权向人民法院提出诉讼请求和事实、理由，成为当事人；无独立请求权的第三人，可以申请或者由人民法院通知参加诉讼。

第一审程序中未参加诉讼的第三人，申请参加第二审程序的，人民法院可以准许。

第八十二条 在一审诉讼中，无独立请求权的第三人无权提出管辖异议，无权放弃、变更诉讼请求或者申请撤诉，被判决承担民事责任的，有权提起上诉。

第八十三条 在诉讼中，无民事行为能力人、限制民事行为能力人的监护人是他的法定代理人。事先没有确定监护人的，可以由有监护资格的人协商确定；协商不成的，由人民法院在他们之中指定诉讼中的法定代理人。当事人没有民法典第二十七条、第二十八条规定的监护人的，可以指定民法典第三十二条规定的有关组织担任诉讼中的法定代理人。

第八十四条 无民事行为能力人、限制民事行为能力人以及其他依法不能作为诉讼代理人的，当事人不得委托其作为诉讼代理人。

第八十五条 根据民事诉讼法第六十一条第二款第二项规定，与当事人有夫妻、直系血亲、三代以内旁系血亲、近姻亲关系以及其他有抚养、赡养关系的亲属，可以当事人近亲属的名义作为诉讼代理人。

第八十六条 根据民事诉讼法第六十一条第二款第二项规定，与当事人有合法劳动人事关系的职工，可以当事人工作人员的名义作为诉讼代理人。

第八十七条 根据民事诉讼法第六十一条第二款第三项规定，有关社会团体推荐公民担任诉讼代理人的，应当符合下列条件：

（一）社会团体属于依法登记设立或者依法免予登记设立的非营利性法人组织；

（二）被代理人属于该社会团体的成员，或者当事人一方住所地位于该社会团体的活动地域；

（三）代理事务属于该社会团体章程载明的业务范围；

（四）被推荐的公民是该社会团体的负责人或

者与该社会团体有合法劳动人事关系的工作人员。

专利代理人经中华全国专利代理人协会推荐，可以在专利纠纷案件中担任诉讼代理人。

第八十八条 诉讼代理人除根据民事诉讼法第六十二条规定提交授权委托书外，还应当按照下列规定向人民法院提交相关材料：

（一）律师应当提交律师执业证、律师事务所证明材料；

（二）基层法律服务工作者应当提交法律服务工作者执业证、基层法律服务所出具的介绍信以及当事人一方位于本辖区内的证明材料；

（三）当事人的近亲属应当提交身份证件和与委托人有近亲属关系的证明材料；

（四）当事人的工作人员应当提交身份证件和与当事人有合法劳动人事关系的证明材料；

（五）当事人所在社区、单位推荐的公民应当提交身份证件、推荐材料和当事人属于该社区、单位的证明材料；

（六）有关社会团体推荐的公民应当提交身份证件和符合本解释第八十七条规定条件的证明材料。

第八十九条 当事人向人民法院提交的授权委托书，应当在开庭审理前送交人民法院。授权委托书仅写"全权代理"而无具体授权的，诉讼代理人无权代为承认、放弃、变更诉讼请求，进行和解，提出反诉或者提起上诉。

适用简易程序审理的案件，双方当事人同时到庭并径行开庭审理的，可以当场口头委托诉讼代理人，由人民法院记入笔录。

四、证　据

第九十条 当事人对自己提出的诉讼请求所依据的事实或者反驳对方诉讼请求所依据的事实，应当提供证据加以证明，但法律另有规定的除外。

在作出判决前，当事人未能提供证据或者证据不足以证明其事实主张的，由负有举证证明责任的当事人承担不利的后果。

第九十一条 人民法院应当依照下列原则确定举证证明责任的承担，但法律另有规定的除外：

（一）主张法律关系存在的当事人，应当对产生该法律关系的基本事实承担举证证明责任；

（二）主张法律关系变更、消灭或者权利受到妨害的当事人，应当对该法律关系变更、消灭或者权利受到妨害的基本事实承担举证证明责任。

第九十二条 一方当事人在法庭审理中，或者在起诉状、答辩状、代理词等书面材料中，对于己不利的事实明确表示承认的，另一方当事人无需举证证明。

对于涉及身份关系、国家利益、社会公共利益等应当由人民法院依职权调查的事实，不适用前款自认的规定。

自认的事实与查明的事实不符的，人民法院不予确认。

第九十三条 下列事实，当事人无须举证证明：

（一）自然规律以及定理、定律；

（二）众所周知的事实；

（三）根据法律规定推定的事实；

（四）根据已知的事实和日常生活经验法则推定出的另一事实；

（五）已为人民法院发生法律效力的裁判所确认的事实；

（六）已为仲裁机构生效裁决所确认的事实；

（七）已为有效公证文书所证明的事实。

前款第二项至第四项规定的事实，当事人有相反证据足以反驳的除外；第五项至第七项规定的事实，当事人有相反证据足以推翻的除外。

第九十四条 民事诉讼法第六十七条第二款规定的当事人及其诉讼代理人因客观原因不能自行收集的证据包括：

（一）证据由国家有关部门保存，当事人及其诉讼代理人无权查阅调取的；

（二）涉及国家秘密、商业秘密或者个人隐私的；

（三）当事人及其诉讼代理人因客观原因不能自行收集的其他证据。

当事人及其诉讼代理人因客观原因不能自行收集的证据，可以在举证期限届满前书面申请人民法院调查收集。

第九十五条 当事人申请调查收集的证据，与待证事实无关联、对证明待证事实无意义或者其他无调查收集必要的，人民法院不予准许。

第九十六条 民事诉讼法第六十七条第二款规定的人民法院认为审理案件需要的证据包括：

（一）涉及可能损害国家利益、社会公共利益的；

（二）涉及身份关系的；

（三）涉及民事诉讼法第五十八条规定诉讼的；

（四）当事人有恶意串通损害他人合法权益可能的；

（五）涉及依职权追加当事人、中止诉讼、终结诉讼、回避等程序性事项的。

除前款规定外，人民法院调查收集证据，应当依照当事人的申请进行。

第九十七条 人民法院调查收集证据，应当由两人以上共同进行。调查材料要由调查人、被调查人、记录人签名、捺印或者盖章。

第九十八条 当事人根据民事诉讼法第八十四条第一款规定申请证据保全的，可以在举证期限届满前书面提出。

证据保全可能对他人造成损失的，人民法院应当责令申请人提供相应的担保。

第九十九条 人民法院应当在审理前的准备阶段确定当事人的举证期限。举证期限可以由当事人协商，并经人民法院准许。

人民法院确定举证期限，第一审普通程序案件不得少于十五日，当事人提供新的证据的第二审案件不得少于十日。

举证期限届满后，当事人对已经提供的证据，申请提供反驳证据或者对证据来源、形式等方面的瑕疵进行补正的，人民法院可以酌情再次确定举证期限，该期限不受前款规定的限制。

第一百条 当事人申请延长举证期限的，应当在举证期限届满前向人民法院提出书面申请。

申请理由成立的，人民法院应当准许，适当延长举证期限，并通知其他当事人。延长的举证期限适用于其他当事人。

申请理由不成立的，人民法院不予准许，并通知申请人。

第一百零一条 当事人逾期提供证据的，人民法院应当责令其说明理由，必要时可以要求其提供相应的证据。

当事人因客观原因逾期提供证据，或者对方当事人对逾期提供证据未提出异议的，视为未逾期。

第一百零二条 当事人因故意或者重大过失逾期提供的证据，人民法院不予采纳。但该证据与案件基本事实有关的，人民法院应当采纳，并依照民事诉讼法第六十八条、第一百一十八条第一款的规定予以训诫、罚款。

当事人非因故意或者重大过失逾期提供的证据，人民法院应当采纳，并对当事人予以训诫。

当事人一方要求另一方赔偿因逾期提供证据致使其增加的交通、住宿、就餐、误工、证人出庭作证等必要费用的，人民法院可予支持。

第一百零三条 证据应当在法庭上出示，由当事人互相质证。未经当事人质证的证据，不得作为认定案件事实的根据。

当事人在审理前的准备阶段认可的证据，经审判人员在庭审中说明后，视为质证过的证据。

涉及国家秘密、商业秘密、个人隐私或者法律规定应当保密的证据，不得公开质证。

第一百零四条 人民法院应当组织当事人围绕证据的真实性、合法性以及与待证事实的关联性进行质证，并针对证据有无证明力和证明力大小进行说明和辩论。

能够反映案件真实情况、与待证事实相关联、来源和形式符合法律规定的证据，应当作为认定案件事实的根据。

第一百零五条 人民法院应当按照法定程序，全面、客观地审核证据，依照法律规定，运用逻辑推理和日常生活经验法则，对证据有无证明力和证明力大小进行判断，并公开判断的理由和结果。

第一百零六条 对以严重侵害他人合法权益、违反法律禁止性规定或者严重违背公序良俗的方法形成或者获取的证据，不得作为认定案件事实的根据。

第一百零七条 在诉讼中，当事人为达成调解协议或者和解协议作出妥协而认可的事实，不得在后续的诉讼中作为对其不利的根据，但法律另有规定或者当事人均同意的除外。

第一百零八条 对负有举证证明责任的当事人提供的证据，人民法院经审查并结合相关事实，确信待证事实的存在具有高度可能性的，应当认定该事实存在。

对一方当事人为反驳负有举证证明责任的当事人所主张事实而提供的证据，人民法院经审查并结合相关事实，认为待证事实真伪不明的，应当认定该事实不存在。

法律对于待证事实所应达到的证明标准另有规定的，从其规定。

第一百零九条 当事人对欺诈、胁迫、恶意串通事实的证明，以及对口头遗嘱或者赠与事实的证明，人民法院确信该待证事实存在的可能性能够排除合理怀疑的，应当认定该事实存在。

第一百一十条 人民法院认为有必要的，可以要求当事人本人到庭，就案件有关事实接受询问。在询问当事人之前，可以要求其签署保证书。

保证书应当载明据实陈述、如有虚假陈述愿意接受处罚等内容。当事人应当在保证书上签名或者捺印。

负有举证证明责任的当事人拒绝到庭、拒绝接受询问或者拒绝签署保证书，待证事实又欠缺其他证据证明的，人民法院对其主张的事实不予认定。

第一百一十一条 民事诉讼法第七十三条规定的提交书证原件确有困难，包括下列情形：

（一）书证原件遗失、灭失或者毁损的；

（二）原件在对方当事人控制之下，经合法通知提交而拒不提交的；

（三）原件在他人控制之下，而其有权不提交的；

（四）原件因篇幅或者体积过大而不便提交的；

（五）承担举证证明责任的当事人通过申请人民法院调查收集或者其他方式无法获得书证原件的。

前款规定情形，人民法院应当结合其他证据和案件具体情况，审查判断书证复制品等能否作为认定案件事实的根据。

第一百一十二条 书证在对方当事人控制之下的，承担举证证明责任的当事人可以在举证期限届满前书面申请人民法院责令对方当事人提交。

申请理由成立的，人民法院应当责令对方当事人提交，因提交书证所产生的费用，由申请人负担。对方当事人无正当理由拒不提交的，人民法院可以认定申请人所主张的书证内容为真实。

第一百一十三条 持有书证的当事人以妨碍对方当事人使用为目的，毁灭有关书证或者实施其他致使书证不能使用行为的，人民法院可以依照民事诉讼法第一百一十四条规定，对其处以罚款、拘留。

第一百一十四条 国家机关或者其他依法具有社会管理职能的组织，在其职权范围内制作的文书所记载的事项推定为真实，但有相反证据足以推翻的除外。必要时，人民法院可以要求制作文书的机关或者组织对文书的真实性予以说明。

第一百一十五条 单位向人民法院提出的证明材料，应当由单位负责人及制作证明材料的人员签名或者盖章，并加盖单位印章。人民法院就单位出具的证明材料，可以向单位及制作证明材料的人员进行调查核实。必要时，可以要求制作证明材料的人员出庭作证。

单位及制作证明材料的人员拒绝人民法院调查核实，或者制作证明材料的人员无正当理由拒绝出庭作证的，该证明材料不得作为认定案件事实的根据。

第一百一十六条 视听资料包括录音资料和影像资料。

电子数据是指通过电子邮件、电子数据交换、网上聊天记录、博客、微博客、手机短信、电子签名、域名等形成或者存储在电子介质中的信息。

存储在电子介质中的录音资料和影像资料，适用电子数据的规定。

第一百一十七条 当事人申请证人出庭作证的，应当在举证期限届满前提出。

符合本解释第九十六条第一款规定情形的，人民法院可以依职权通知证人出庭作证。

未经人民法院通知，证人不得出庭作证，但双方当事人同意并经人民法院准许的除外。

第一百一十八条 民事诉讼法第七十七条规定的证人因履行出庭作证义务而支出的交通、住宿、就餐等必要费用，按照机关事业单位工作人员差旅费用和补贴标准计算；误工损失按照国家上年度职工日平均工资标准计算。

人民法院准许证人出庭作证申请的，应当通知申请人预缴证人出庭作证费用。

第一百一十九条 人民法院在证人出庭作证前应当告知其如实作证的义务以及作伪证的法律后果，并责令其签署保证书，但无民事行为能力人和限制民事行为能力人除外。

证人签署保证书适用本解释关于当事人签署保证书的规定。

第一百二十条 证人拒绝签署保证书的，不得作证，并自行承担相关费用。

第一百二十一条 当事人申请鉴定，可以在举证期限届满前提出。申请鉴定的事项与待证事实无关联，或者对证明待证事实无意义的，人民法院不予准许。

人民法院准许当事人鉴定申请的，应当组织双方当事人协商确定具备相应资格的鉴定人。当事人协商不成的，由人民法院指定。

符合依职权调查收集证据条件的，人民法院应当依职权委托鉴定，在询问当事人的意见后，指定具备相应资格的鉴定人。

第一百二十二条 当事人可以依照民事诉讼法第八十二条的规定，在举证期限届满前申请一至二名具有专门知识的人出庭，代表当事人对鉴定意见进行质证，或者对案件事实所涉及的专业问题提出意见。

具有专门知识的人在法庭上就专业问题提出的意见，视为当事人的陈述。

人民法院准许当事人申请的，相关费用由提出申请的当事人负担。

第一百二十三条 人民法院可以对出庭的具有专门知识的人进行询问。经法庭准许，当事人可以对出庭的具有专门知识的人进行询问，当事人各自申请的具有专门知识的人可以就案件中的有关问题进行对质。

具有专门知识的人不得参与专业问题之外的法庭审理活动。

第一百二十四条 人民法院认为有必要的，可以根据当事人的申请或者依职权对物证或者现场进行勘验。勘验时应当保护他人的隐私和尊严。

人民法院可以要求鉴定人参与勘验。必要时，可以要求鉴定人在勘验中进行鉴定。

五、期间和送达

第一百二十五条 依照民事诉讼法第八十五条第二款规定，民事诉讼中以时起算的期间从次时起算；以日、月、年计算的期间从次日起算。

第一百二十六条 民事诉讼法第一百二十六条规定的立案期限，因起诉状内容欠缺通知原告补正的，从补正后交人民法院的次日起算。由上级人民法院转交下级人民法院立案的案件，从受诉人民法院收到起诉状的次日起算。

第一百二十七条 民事诉讼法第五十九条第三款、第二百一十二条以及本解释第三百七十二条、第三百八十二条、第三百九十九条、第四百二十条、第四百二十一条规定的六个月，民事诉讼法第二百三十条规定的一年，为不变期间，不适用诉讼时效中止、中断、延长的规定。

第一百二十八条 再审案件按照第一审程序或者第二审程序审理的，适用民事诉讼法第一百五十二条、第一百八十三条规定的审限。审限自再审立案的次日起算。

第一百二十九条 对申请再审案件，人民法院应当自受理之日起三个月内审查完毕，但公告期间、当事人和解期间等不计入审查期限。有特殊情况需要延长的，由本院院长批准。

第一百三十条 向法人或者其他组织送达诉讼文书，应当由法人的法定代表人、该组织的主要负责人或者办公室、收发室、值班室等负责收件的人签收或者盖章，拒绝签收或者盖章的，适用留置送达。

民事诉讼法第八十九条规定的有关基层组织和所在单位的代表，可以是受送达人住所地的居民委员会、村民委员会的工作人员以及受送达人所在单位的工作人员。

第一百三十一条 人民法院直接送达诉讼文书的，可以通知当事人到人民法院领取。当事人到达人民法院，拒绝签署送达回证的，视为送达。审判人员、书记员应当在送达回证上注明送达情况并签名。

人民法院可以在当事人住所地以外向当事人直接送达诉讼文书。当事人拒绝签署送达回证的，采用拍照、录像等方式记录送达过程即视为送达。审判人员、书记员应当在送达回证上注明送达情况并签名。

第一百三十二条 受送达人有诉讼代理人的，人民法院既可以向受送达人送达，也可以向其诉讼代理人送达。受送达人指定诉讼代理人为代收人的，向诉讼代理人送达时，适用留置送达。

第一百三十三条 调解书应当直接送达当事人本人，不适用留置送达。当事人本人因故不能签收的，可由其指定的代收人签收。

第一百三十四条 依照民事诉讼法第九十一条规定，委托其他人民法院代为送达的，委托法院应当出具委托函，并附需要送达的诉讼文书和送达回证，以受送达人在送达回证上签收的日期为送达日期。

委托送达的，受委托人民法院应当自收到委托函及相关诉讼文书之日起十日内代为送达。

第一百三十五条 电子送达可以采用传真、电子邮件、移动通信等即时收悉的特定系统作为送达媒介。

民事诉讼法第九十条第二款规定的到达受送达人特定系统的日期，为人民法院对应系统显示发送成功的日期，但受送达人证明到达其特定系统的日期与人民法院对应系统显示发送成功的日期不一致的，以受送达人证明到达其特定系统的日期为准。

第一百三十六条 受送达人同意采用电子方式送达的，应当在送达地址确认书中予以确认。

第一百三十七条 当事人在提起上诉、申请再审、申请执行时未书面变更送达地址的，其在第一审程序中确认的送达地址可以作为第二审程序、审判监督程序、执行程序的送达地址。

第一百三十八条 公告送达可以在法院的公告栏和受送达人住所地张贴公告，也可以在报纸、信息网络等媒体上刊登公告，发出公告日期以最后张贴或者刊登的日期为准。对公告送达方式有特殊要求的，应当按要求的方式进行。公告期满，即视为送达。

人民法院在受送达人住所地张贴公告的，应当采取拍照、录像等方式记录张贴过程。

第一百三十九条 公告送达应当说明公告送达的原因；公告送达起诉状或者上诉状副本的，应当说明起诉或者上诉要点，受送达人答辩期限及逾期不答辩的法律后果；公告送达传票，应当说明出庭的时间和地点及逾期不出庭的法律后果；公告送达判决书、裁定书的，应当说明裁判主要内容，当事人有权上诉的，还应当说明上诉权利、上诉期限和上诉的人民法院。

第一百四十条 适用简易程序的案件，不适用公告送达。

第一百四十一条 人民法院在定期宣判时，当事人拒不签收判决书、裁定书的，应视为送达，并在宣判笔录中记明。

六、调　解

第一百四十二条 人民法院受理案件后，经审查，认为法律关系明确、事实清楚，在征得当事人双方同意后，可以径行调解。

第一百四十三条 适用特别程序、督促程序、公示催告程序的案件，婚姻等身份关系确认案件以及其他根据案件性质不能进行调解的案件，不得调解。

第一百四十四条 人民法院审理民事案件，发现当事人之间恶意串通，企图通过和解、调解方式侵害他人合法权益的，应当依照民事诉讼法第一百一十五条的规定处理。

第一百四十五条 人民法院审理民事案件，应当根据自愿、合法的原则进行调解。当事人一方或者双方坚持不愿调解的，应当及时裁判。

人民法院审理离婚案件，应当进行调解，但不应久调不决。

第一百四十六条 人民法院审理民事案件，调解过程不公开，但当事人同意公开的除外。

调解协议内容不公开，但为保护国家利益、社会公共利益、他人合法权益，人民法院认为确有必要公开的除外。

主持调解以及参与调解的人员，对调解过程以及调解过程中获悉的国家秘密、商业秘密、个人隐私和其他不宜公开的信息，应当保守秘密，但为保护国家利益、社会公共利益、他人合法权益的除外。

第一百四十七条 人民法院调解案件时，当事人不能出庭的，经其特别授权，可由其委托代理人参加调解，达成的调解协议，可由委托代理人签名。

离婚案件当事人确因特殊情况无法出庭参加调解的，除本人不能表达意志的以外，应当出具书面意见。

第一百四十八条 当事人自行和解或者调解达成协议后，请求人民法院按照和解协议或者调解协议的内容制作判决书的，人民法院不予准许。

无民事行为能力人的离婚案件，由其法定代理人进行诉讼。法定代理人与对方达成协议要求发给判决书的，可根据协议内容制作判决书。

第一百四十九条 调解书需经当事人签收后才发生法律效力的，应当以最后收到调解书的当事人签收的日期为调解书生效日期。

第一百五十条 人民法院调解民事案件，需由无独立请求权的第三人承担责任的，应当经其同意。该第三人在调解书送达前反悔的，人民法院应当及时裁判。

第一百五十一条 根据民事诉讼法第一百零一条第一款第四项规定，当事人各方同意在调解协议上签名或者盖章后即发生法律效力的，经人民法院审查确认后，应当记入笔录或者将调解协议附卷，并由当事人、审判人员、书记员签名或者盖章后即具有法律效力。

前款规定情形，当事人请求制作调解书的，人民法院审查确认后可以制作调解书送交当事人。当事人拒收调解书的，不影响调解协议的效力。

七、保全和先予执行

第一百五十二条 人民法院依照民事诉讼法第一百零三条、第一百零四条规定，在采取诉前保全、诉讼保全措施时，责令利害关系人或者当事人提供担保的，应当书面通知。

利害关系人申请诉前保全的，应当提供担保。申请诉前财产保全的，应当提供相当于请求保全数额的担保；情况特殊的，人民法院可以酌情处理。申请诉前行为保全的，担保的数额由人民法院根据案件的具体情况决定。

在诉讼中，人民法院依申请或者依职权采取保全措施的，应当根据案件的具体情况，决定当事人是否应当提供担保以及担保的数额。

第一百五十三条 人民法院对季节性商品、鲜活、易腐烂变质以及其他不宜长期保存的物品采取保全措施时，可以责令当事人及时处理，由人民法院保存价款；必要时，人民法院可予以变卖，保存价款。

第一百五十四条 人民法院在财产保全中采取查封、扣押、冻结财产措施时，应当妥善保管被查封、扣押、冻结的财产。不宜由人民法院保管的，人民法院可以指定被保全人负责保管；不宜由被保全人保管的，可以委托他人或者申请保全人保管。

查封、扣押、冻结担保物权人占有的担保财产，一般由担保物权人保管；由人民法院保管的，质权、留置权不因采取保全措施而消灭。

第一百五十五条 由人民法院指定被保全人保管的财产，如果继续使用对该财产的价值无重大影响，可以允许被保全人继续使用；由人民法院保管或者委托他人、申请保全人保管的财产，人民法院和其他保管人不得使用。

第一百五十六条 人民法院采取财产保全的方法和措施，依照执行程序相关规定办理。

第一百五十七条 人民法院对抵押物、质押物、留置物可以采取财产保全措施，但不影响抵押权人、质权人、留置权人的优先受偿权。

第一百五十八条 人民法院对债务人到期应得的收益，可以采取财产保全措施，限制其支取，通知有关单位协助执行。

第一百五十九条 债务人的财产不能满足保全请求，但对他人有到期债权的，人民法院可以依债权人的申请裁定该他人不得对本案债务人清偿。该他人要求偿付的，由人民法院提存财物或者价款。

第一百六十条 当事人向采取诉前保全措施以外的其他有管辖权的人民法院起诉的，采取诉前保全措施的人民法院应当将保全手续移送受理案件的人民法院。诉前保全的裁定视为受移送人民法院作出的裁定。

第一百六十一条 对当事人不服一审判决提起上诉的案件，在第二审人民法院接到报送的案件之前，当事人有转移、隐匿、出卖或者毁损财产等行为，必须采取保全措施的，由第一审人民法院依当事人申请或者依职权采取。第一审人民法院的保全裁定，应当及时报送第二审人民法院。

第一百六十二条 第二审人民法院裁定对第一审人民法院采取的保全措施予以续保或者采取新的保全措施的，可以自行实施，也可以委托第一审人民法院实施。

再审人民法院裁定对原保全措施予以续保或者采取新的保全措施的，可以自行实施，也可以委托原审人民法院或者执行法院实施。

第一百六十三条 法律文书生效后，进入执行程序前，债权人因对方当事人转移财产等紧急情况，不申请保全将可能导致生效法律文书不能执行或者难以执行的，可以向执行法院申请采取保全措施。债权人在法律文书指定的履行期间届满后五日内不申请执行的，人民法院应当解除保全。

第一百六十四条 对申请保全人或者他人提供的担保财产，人民法院应当依法办理查封、扣押、冻结等手续。

第一百六十五条 人民法院裁定采取保全措

施后,除作出保全裁定的人民法院自行解除或者其上级人民法院决定解除外,在保全期限内,任何单位不得解除保全措施。

第一百六十六条 裁定采取保全措施后,有下列情形之一的,人民法院应当作出解除保全裁定:

(一)保全错误的;

(二)申请人撤回保全申请的;

(三)申请人的起诉或者诉讼请求被生效裁判驳回的;

(四)人民法院认为应当解除保全的其他情形。

解除以登记方式实施的保全措施的,应当向登记机关发出协助执行通知书。

第一百六十七条 财产保全的被保全人提供其他等值担保财产且有利于执行的,人民法院可以裁定变更保全标的物为被保全人提供的担保财产。

第一百六十八条 保全裁定未经人民法院依法撤销或者解除,进入执行程序后,自动转为执行中的查封、扣押、冻结措施,期限连续计算,执行法院无需重新制作裁定书,但查封、扣押、冻结期限届满的除外。

第一百六十九条 民事诉讼法规定的先予执行,人民法院应当在受理案件后终审判决作出前采取。先予执行应当限于当事人诉讼请求的范围,并以当事人的生活、生产经营的急需为限。

第一百七十条 民事诉讼法第一百零九条第三项规定的情况紧急,包括:

(一)需要立即停止侵害、排除妨碍的;

(二)需要立即制止某项行为的;

(三)追索恢复生产、经营急需的保险理赔费的;

(四)需要立即返还社会保险金、社会救助资金的;

(五)不立即返还款项,将严重影响权利人生活和生产经营的。

第一百七十一条 当事人对保全或者先予执行裁定不服的,可以自收到裁定书之日起五日内向作出裁定的人民法院申请复议。人民法院应当在收到复议申请后十日内审查。裁定正确的,驳回当事人的申请;裁定不当的,变更或者撤销原裁定。

第一百七十二条 利害关系人对保全或者先予执行的裁定不服申请复议的,由作出裁定的人民法院依照民事诉讼法第一百一十一条规定处理。

第一百七十三条 人民法院先予执行后,根据发生法律效力的判决,申请人应当返还因先予执行所取得的利益的,适用民事诉讼法第二百四十条的规定。

八、对妨害民事诉讼的强制措施

第一百七十四条 民事诉讼法第一百一十二条规定的必须到庭的被告,是指负有赡养、抚育、扶养义务和不到庭就无法查清案情的被告。

人民法院对必须到庭才能查清案件基本事实的原告,经两次传票传唤,无正当理由拒不到庭的,可以拘传。

第一百七十五条 拘传必须用拘传票,并直接送达被拘传人;在拘传前,应当向被拘传人说明拒不到庭的后果,经批评教育仍拒不到庭的,可以拘传其到庭。

第一百七十六条 诉讼参与人或者其他人有下列行为之一的,人民法院可以适用民事诉讼法第一百一十三条规定处理:

(一)未经准许进行录音、录像、摄影的;

(二)未经准许以移动通信等方式现场传播审判活动的;

(三)其他扰乱法庭秩序,妨害审判活动进行的。

有前款规定情形的,人民法院可以暂扣诉讼参与人或者其他人进行录音、录像、摄影、传播审判活动的器材,并责令其删除有关内容;拒不删除的,人民法院可以采取必要手段强制删除。

第一百七十七条 训诫、责令退出法庭由合议庭或者独任审判员决定。训诫的内容、被责令退出法庭者的违法事实应当记入庭审笔录。

第一百七十八条 人民法院依照民事诉讼法第一百一十三条至第一百一十七条的规定采取拘留措施的,应经院长批准,作出拘留决定书,由司法警察将被拘留人送交当地公安机关看管。

第一百七十九条 被拘留人不在本辖区的,作出拘留决定的人民法院应当派员到被拘留人所在地的人民法院,请该院协助执行,受委托的人民法院应当及时派员协助执行。被拘留人申请复议或者在拘留期间承认并改正错误,需要提前解除拘留的,受委托人民法院应当向委托人民法院转达或者提出建议,由委托人民法院审查决定。

第一百八十条 人民法院对被拘留人采取拘留措施后,应当在二十四小时内通知其家属;确实无法按时通知或者通知不到的,应当记录在案。

第一百八十一条 因哄闹、冲击法庭,用暴力、威胁等方法抗拒执行公务等紧急情况,必须立即采取拘留措施的,可在拘留后,立即报告院长补办批准手续。院长认为拘留不当的,应当解除拘留。

第一百八十二条 被拘留人在拘留期间认错悔改的,可以责令其具结悔过,提前解除拘留。提前解除拘留,应报经院长批准,并作出提前解除拘留决定书,交负责看管的公安机关执行。

第一百八十三条 民事诉讼法第一百一十三条至第一百一十六条规定的罚款、拘留可以单独适用,也可以合并适用。

第一百八十四条 对同一妨害民事诉讼行为的罚款、拘留不得连续适用。发生新的妨害民事诉讼行为的,人民法院可以重新予以罚款、拘留。

第一百八十五条 被罚款、拘留的人不服罚款、拘留决定申请复议的,应当自收到决定书之日起三日内提出。上级人民法院应当在收到复议申请后五日内作出决定,并将复议结果通知下级人民法院和当事人。

第一百八十六条 上级人民法院复议时认为强制措施不当的,应当制作决定书,撤销或者变更下级人民法院作出的拘留、罚款决定。情况紧急的,可以在口头通知后三日内发出决定书。

第一百八十七条 民事诉讼法第一百一十四条第一款第五项规定的以暴力、威胁或者其他方法阻碍司法工作人员执行职务的行为,包括:

(一)在人民法院哄闹、滞留,不听从司法工作人员劝阻的;

(二)故意毁损、抢夺人民法院法律文书、查封标志的;

(三)哄闹、冲击执行公务现场,围困、扣押执行或者协助执行公务人员的;

(四)毁损、抢夺、扣留案件材料、执行公务车辆、其他执行公务器械、执行公务人员服装和执行公务证件的;

(五)以暴力、威胁或者其他方法阻碍司法工作人员查询、查封、扣押、冻结、划拨、拍卖、变卖财产的;

(六)以暴力、威胁或者其他方法阻碍司法工作人员执行职务的其他行为。

第一百八十八条 民事诉讼法第一百一十四条第一款第六项规定的拒不履行人民法院已经发生法律效力的判决、裁定的行为,包括:

(一)在法律文书发生法律效力后隐藏、转移、变卖、毁损财产或者无偿转让财产、以明显不合理的价格交易财产、放弃到期债权、无偿为他人提供担保等,致使人民法院无法执行的;

(二)隐藏、转移、毁损或者未经人民法院允许处分已向人民法院提供担保的财产的;

(三)违反人民法院限制高消费令进行消费的;

(四)有履行能力而拒不按照人民法院执行通知履行生效法律文书确定的义务的;

(五)有义务协助执行的个人接到人民法院协助执行通知书后,拒不协助执行的。

第一百八十九条 诉讼参与人或者其他人有下列行为之一的,人民法院可以适用民事诉讼法第一百一十四条的规定处理:

(一)冒充他人提起诉讼或者参加诉讼的;

(二)证人签署保证书后作虚假证言,妨碍人民法院审理案件的;

(三)伪造、隐藏、毁灭或者拒绝交出有关被执行人履行能力的重要证据,妨碍人民法院查明被执行人财产状况的;

(四)擅自解冻已被人民法院冻结的财产的;

(五)接到人民法院协助执行通知书后,给当事人通风报信,协助其转移、隐匿财产的。

第一百九十条 民事诉讼法第一百一十五条规定的他人合法权益,包括案外人的合法权益、国家利益、社会公共利益。

第三人根据民事诉讼法第五十九条第三款规定提起撤销之诉,经审查,原案当事人之间恶意串通进行虚假诉讼的,适用民事诉讼法第一百一十五条规定处理。

第一百九十一条 单位有民事诉讼法第一百一十五条或者第一百一十六条规定行为的,人民法院应当对该单位进行罚款,并可以对其主要负责人或者直接责任人员予以罚款、拘留;构成犯罪的,依法追究刑事责任。

第一百九十二条 有关单位接到人民法院协

助执行通知书后，有下列行为之一的，人民法院可以适用民事诉讼法第一百一十七条规定处理：

（一）允许被执行人高消费的；

（二）允许被执行人出境的；

（三）拒不停止办理有关财产权证照转移手续、权属变更登记、规划审批等手续的；

（四）以需要内部请示、内部审批，有内部规定等为由拖延办理的。

第一百九十三条 人民法院对个人或者单位采取罚款措施时，应当根据其实施妨害民事诉讼行为的性质、情节、后果，当地的经济发展水平，以及诉讼标的额等因素，在民事诉讼法第一百一十八条第一款规定的限额内确定相应的罚款金额。

九、诉讼费用

第一百九十四条 依照民事诉讼法第五十七条审理的案件不预交案件受理费，结案后按照诉讼标的额由败诉方交纳。

第一百九十五条 支付令失效后转入诉讼程序的，债权人应当按照《诉讼费用交纳办法》补交案件受理费。

支付令被撤销后，债权人另行起诉的，按照《诉讼费用交纳办法》交纳诉讼费用。

第一百九十六条 人民法院改变原判决、裁定、调解结果的，应当在裁判文书中对原审诉讼费用的负担一并作出处理。

第一百九十七条 诉讼标的物是证券的，按照证券交易规则并根据当事人起诉之日前最后一个交易日的收盘价、当日的市场价或者其载明的金额计算诉讼标的金额。

第一百九十八条 诉讼标的物是房屋、土地、林木、车辆、船舶、文物等特定物或者知识产权，起诉时价值难以确定的，人民法院应当向原告释明主张过高或者过低的诉讼风险，以原告主张的价值确定诉讼标的金额。

第一百九十九条 适用简易程序审理的案件转为普通程序的，原告自接到人民法院交纳诉讼费用通知之日起七日内补交案件受理费。

原告无正当理由未按期足额补交的，按撤诉处理，已经收取的诉讼费用退还一半。

第二百条 破产程序中有关债务人的民事诉讼案件，按照财产案件标准交纳诉讼费，但劳动争议案件除外。

第二百零一条 既有财产性诉讼请求，又有非财产性诉讼请求的，按照财产性诉讼请求的标准交纳诉讼费。

有多个财产性诉讼请求的，合并计算交纳诉讼费；诉讼请求中有多个非财产性诉讼请求的，按一件交纳诉讼费。

第二百零二条 原告、被告、第三人分别上诉的，按照上诉请求分别预交二审案件受理费。

同一方多人共同上诉的，只预交一份二审案件受理费；分别上诉的，按照上诉请求分别预交二审案件受理费。

第二百零三条 承担连带责任的当事人败诉的，应当共同负担诉讼费用。

第二百零四条 实现担保物权案件，人民法院裁定拍卖、变卖担保财产的，申请费由债务人、担保人负担；人民法院裁定驳回申请的，申请费由申请人负担。

申请人另行起诉的，其已经交纳的申请费可以从案件受理费中扣除。

第二百零五条 拍卖、变卖担保财产的裁定作出后，人民法院强制执行的，按照执行金额收取执行申请费。

第二百零六条 人民法院决定减半收取案件受理费的，只能减半一次。

第二百零七条 判决生效后，胜诉方预交但不应负担的诉讼费用，人民法院应当退还，由败诉方向人民法院交纳，但胜诉方自愿承担或者同意败诉方直接向其支付的除外。

当事人拒不交纳诉讼费用的，人民法院可以强制执行。

十、第一审普通程序

第二百零八条 人民法院接到当事人提交的民事起诉状时，对符合民事诉讼法第一百二十二条的规定，且不属于第一百二十七条规定情形的，应当登记立案；对当场不能判定是否符合起诉条件的，应当接收起诉材料，并出具注明收到日期的书面凭证。

需要补充必要相关材料的，人民法院应当及时告知当事人。在补齐相关材料后，应当在七日内决定是否立案。

立案后发现不符合起诉条件或者属于民事诉讼法第一百二十七条规定情形的，裁定驳回起诉。

第二百零九条 原告提供被告的姓名或者名称、住所等信息具体明确，足以使被告与他人相区别的，可以认定为有明确的被告。

起诉状列写被告信息不足以认定明确的被告的，人民法院可以告知原告补正。原告补正后仍不能确定明确的被告的，人民法院裁定不予受理。

第二百一十条 原告在起诉状中有谩骂和人身攻击之辞的，人民法院应当告知其修改后提起诉讼。

第二百一十一条 对本院没有管辖权的案件，告知原告向有管辖权的人民法院起诉；原告坚持起诉的，裁定不予受理；立案后发现本院没有管辖权的，应当将案件移送有管辖权的人民法院。

第二百一十二条 裁定不予受理、驳回起诉的案件，原告再次起诉，符合起诉条件且不属于民事诉讼法第一百二十七条规定情形的，人民法院应予受理。

第二百一十三条 原告应当预交而未预交案件受理费，人民法院应当通知其预交，通知后仍不预交或者申请减、缓、免未获批准而仍不预交的，裁定按撤诉处理。

第二百一十四条 原告撤诉或者人民法院按撤诉处理后，原告以同一诉讼请求再次起诉的，人民法院应予受理。

原告撤诉或者按撤诉处理的离婚案件，没有新情况、新理由，六个月内又起诉的，比照民事诉讼法第一百二十七条第七项的规定不予受理。

第二百一十五条 依照民事诉讼法第一百二十七条第二项的规定，当事人在书面合同中订有仲裁条款，或者在发生纠纷后达成书面仲裁协议，一方向人民法院起诉的，人民法院应当告知原告向仲裁机构申请仲裁，其坚持起诉的，裁定不予受理，但仲裁条款或者仲裁协议不成立、无效、失效、内容不明确无法执行的除外。

第二百一十六条 在人民法院首次开庭前，被告以有书面仲裁协议为由对受理民事案件提出异议的，人民法院应当进行审查。

经审查符合下列情形之一的，人民法院应当裁定驳回起诉：

（一）仲裁机构或者人民法院已经确认仲裁协议有效的；

（二）当事人没有在仲裁庭首次开庭前对仲裁协议的效力提出异议的；

（三）仲裁协议符合仲裁法第十六条规定且不具有仲裁法第十七条规定情形的。

第二百一十七条 夫妻一方下落不明，另一方诉至人民法院，只要求离婚，不申请宣告下落不明人失踪或者死亡的案件，人民法院应当受理，对下落不明人公告送达诉讼文书。

第二百一十八条 赡养费、扶养费、抚养费案件，裁判发生法律效力后，因新情况、新理由，一方当事人再行起诉要求增加或者减少费用的，人民法院应作为新案受理。

第二百一十九条 当事人超过诉讼时效期间起诉的，人民法院应予受理。受理后对方当事人提出诉讼时效抗辩，人民法院经审理认为抗辩事由成立的，判决驳回原告的诉讼请求。

第二百二十条 民事诉讼法第七十一条、第一百三十七条、第一百五十九条规定的商业秘密，是指生产工艺、配方、贸易联系、购销渠道等当事人不愿公开的技术秘密、商业情报及信息。

第二百二十一条 基于同一事实发生的纠纷，当事人分别向同一人民法院起诉的，人民法院可以合并审理。

第二百二十二条 原告在起诉状中直接列写第三人的，视为其申请人民法院追加该第三人参加诉讼。是否通知第三人参加诉讼，由人民法院审查决定。

第二百二十三条 当事人在提交答辩状期间提出管辖异议，又针对起诉状的内容进行答辩的，人民法院应当依照民事诉讼法第一百三十条第一款的规定，对管辖异议进行审查。

当事人未提出管辖异议，就案件实体内容进行答辩、陈述或者反诉的，可以认定为民事诉讼法第一百三十条第二款规定的应诉答辩。

第二百二十四条 依照民事诉讼法第一百三十六条第四项规定，人民法院可以在答辩期届满后，通过组织证据交换、召集庭前会议等方式，作好审理前的准备。

第二百二十五条 根据案件具体情况，庭前会议可以包括下列内容：

（一）明确原告的诉讼请求和被告的答辩意见；

（二）审查处理当事人增加、变更诉讼请求的申请和提出的反诉，以及第三人提出的与本案有关的诉讼请求；

（三）根据当事人的申请决定调查收集证据，委托鉴定，要求当事人提供证据，进行勘验，进行证据保全；

（四）组织交换证据；

（五）归纳争议焦点；

（六）进行调解。

第二百二十六条 人民法院应当根据当事人的诉讼请求、答辩意见以及证据交换的情况，归纳争议焦点，并就归纳的争议焦点征求当事人的意见。

第二百二十七条 人民法院适用普通程序审理案件，应当在开庭三日前用传票传唤当事人。对诉讼代理人、证人、鉴定人、勘验人、翻译人员应当用通知书通知其到庭。当事人或者其他诉讼参与人在外地的，应当留有必要的在途时间。

第二百二十八条 法庭审理应当围绕当事人争议的事实、证据和法律适用等焦点问题进行。

第二百二十九条 当事人在庭审中对其在审理前的准备阶段认可的事实和证据提出不同意见的，人民法院应当责令其说明理由。必要时，可以责令其提供相应证据。人民法院应当结合当事人的诉讼能力、证据和案件的具体情况进行审查。理由成立的，可以列入争议焦点进行审理。

第二百三十条 人民法院根据案件具体情况并征得当事人同意，可以将法庭调查和法庭辩论合并进行。

第二百三十一条 当事人在法庭上提出新的证据的，人民法院应当依照民事诉讼法第六十八条第二款规定和本解释相关规定处理。

第二百三十二条 在案件受理后，法庭辩论结束前，原告增加诉讼请求，被告提出反诉，第三人提出与本案有关的诉讼请求，可以合并审理的，人民法院应当合并审理。

第二百三十三条 反诉的当事人应当限于本诉的当事人的范围。

反诉与本诉的诉讼请求基于相同法律关系、诉讼请求之间具有因果关系，或者反诉与本诉的诉讼请求基于相同事实的，人民法院应当合并审理。

反诉应由其他人民法院专属管辖，或者与本诉的诉讼标的及诉讼请求所依据的事实、理由无关联的，裁定不予受理，告知另行起诉。

第二百三十四条 无民事行为能力人的离婚诉讼，当事人的法定代理人应当到庭；法定代理人不能到庭的，人民法院应当在查清事实的基础上，依法作出判决。

第二百三十五条 无民事行为能力的当事人的法定代理人，经传票传唤无正当理由拒不到庭，属于原告方的，比照民事诉讼法第一百四十六条的规定，按撤诉处理；属于被告方的，比照民事诉讼法第一百四十七条的规定，缺席判决。必要时，人民法院可以拘传其到庭。

第二百三十六条 有独立请求权的第三人经人民法院传票传唤，无正当理由拒不到庭的，或者未经法庭许可中途退庭的，比照民事诉讼法第一百四十六条的规定，按撤诉处理。

第二百三十七条 有独立请求权的第三人参加诉讼后，原告申请撤诉，人民法院在准许原告撤诉后，有独立请求权的第三人作为另案原告，原案原告、被告作为另案被告，诉讼继续进行。

第二百三十八条 当事人申请撤诉或者依法可以按撤诉处理的案件，如果当事人有违反法律的行为需要依法处理的，人民法院可以不准许撤诉或者不按撤诉处理。

法庭辩论终结后原告申请撤诉，被告不同意的，人民法院可以不予准许。

第二百三十九条 人民法院准许本诉原告撤诉的，应当对反诉继续审理；被告申请撤回反诉的，人民法院应予准许。

第二百四十条 无独立请求权的第三人经人民法院传票传唤，无正当理由拒不到庭，或者未经法庭许可中途退庭的，不影响案件的审理。

第二百四十一条 被告经传票传唤无正当理由拒不到庭，或者未经法庭许可中途退庭的，人民法院应当按期开庭或者继续开庭审理，对到庭的当事人诉讼请求、双方的诉辩理由以及已经提交的证据及其他诉讼材料进行审理后，可以依法缺席判决。

第二百四十二条 一审宣判后，原审人民法院发现判决有错误，当事人在上诉期内提出上诉的，原审人民法院可以提出原判决有错误的意见，报送第二审人民法院，由第二审人民法院按照第二审程序进行审理；当事人不上诉的，按照审判监督程序处理。

第二百四十三条 民事诉讼法第一百五十二条规定的审限，是指从立案之日起至裁判宣告、调解书送达之日止的期间，但公告期间、鉴定期间、双方当事人和解期间、审理当事人提出的管辖异议以及处理人民法院之间的管辖争议期间不应计算在内。

第二百四十四条 可以上诉的判决书、裁定书不能同时送达双方当事人的，上诉期从各自收到判决书、裁定书之日计算。

第二百四十五条 民事诉讼法第一百五十七条第一款第七项规定的笔误是指法律文书误写、误算，诉讼费用漏写、误算和其他笔误。

第二百四十六条 裁定中止诉讼的原因消除，恢复诉讼程序时，不必撤销原裁定，从人民法院通知或者准许当事人双方继续进行诉讼时起，中止诉讼的裁定即失去效力。

第二百四十七条 当事人就已经提起诉讼的事项在诉讼过程中或者裁判生效后再次起诉，同时符合下列条件的，构成重复起诉：

（一）后诉与前诉的当事人相同；

（二）后诉与前诉的诉讼标的相同；

（三）后诉与前诉的诉讼请求相同，或者后诉的诉讼请求实质上否定前诉裁判结果。

当事人重复起诉的，裁定不予受理；已经受理的，裁定驳回起诉，但法律、司法解释另有规定的除外。

第二百四十八条 裁判发生法律效力后，发生新的事实，当事人再次提起诉讼的，人民法院应当依法受理。

第二百四十九条 在诉讼中，争议的民事权利义务转移的，不影响当事人的诉讼主体资格和诉讼地位。人民法院作出的发生法律效力的判决、裁定对受让人具有拘束力。

受让人申请以无独立请求权的第三人身份参加诉讼的，人民法院可予准许。受让人申请替代当事人承担诉讼的，人民法院可以根据案件的具体情况决定是否准许；不予准许的，可以追加其为无独立请求权的第三人。

第二百五十条 依照本解释第二百四十九条规定，人民法院准许受让人替代当事人承担诉讼的，裁定变更当事人。

变更当事人后，诉讼程序以受让人为当事人继续进行，原当事人应当退出诉讼。原当事人已经完成的诉讼行为对受让人具有拘束力。

第二百五十一条 二审裁定撤销一审判决发回重审的案件，当事人申请变更、增加诉讼请求或者提出反诉，第三人提出与本案有关的诉讼请求的，依照民事诉讼法第一百四十三条规定处理。

第二百五十二条 再审裁定撤销原判决、裁定发回重审的案件，当事人申请变更、增加诉讼请求或者提出反诉，符合下列情形之一的，人民法院应当准许：

（一）原审未合法传唤缺席判决，影响当事人行使诉讼权利的；

（二）追加新的诉讼当事人的；

（三）诉讼标的物灭失或者发生变化致使原诉讼请求无法实现的；

（四）当事人申请变更、增加的诉讼请求或者提出的反诉，无法通过另诉解决的。

第二百五十三条 当庭宣判的案件，除当事人当庭要求邮寄发送裁判文书的外，人民法院应当告知当事人或者诉讼代理人领取裁判文书的时间和地点以及逾期不领取的法律后果。上述情况，应当记入笔录。

第二百五十四条 公民、法人或者其他组织申请查阅发生法律效力的判决书、裁定书的，应当向作出该生效裁判的人民法院提出。申请应当以书面形式提出，并提供具体的案号或者当事人姓名、名称。

第二百五十五条 对于查阅判决书、裁定书的申请，人民法院根据下列情形分别处理：

（一）判决书、裁定书已经通过信息网络向社会公开的，应当引导申请人自行查阅；

（二）判决书、裁定书未通过信息网络向社会公开，且申请符合要求的，应当及时提供便捷的查阅服务；

（三）判决书、裁定书尚未发生法律效力，或者已失去法律效力的，不提供查阅并告知申请人；

（四）发生法律效力的判决书、裁定书不是本院作出的，应当告知申请人向作出生效裁判的人民法院申请查阅；

（五）申请查阅的内容涉及国家秘密、商业秘密、个人隐私的，不予准许并告知申请人。

十一、简易程序

第二百五十六条 民事诉讼法第一百六十条规定的简单民事案件中的事实清楚，是指当事人对争议的事实陈述基本一致，并能提供相应的证据，无须人民法院调查收集证据即可查明事实；权利义务关系明确是指能明确区分谁是责任的承担者，谁是权利的享有者；争议不大是指当事人对案件的是非、责任承担以及诉讼标的争执无原则分歧。

第二百五十七条 下列案件，不适用简易程序：

（一）起诉时被告下落不明的；

（二）发回重审的；

（三）当事人一方人数众多的；

（四）适用审判监督程序的；

（五）涉及国家利益、社会公共利益的；

（六）第三人起诉请求改变或者撤销生效判决、裁定、调解书的；

（七）其他不宜适用简易程序的案件。

第二百五十八条 适用简易程序审理的案件，审理期限到期后，有特殊情况需要延长的，经本院院长批准，可以延长审理期限。延长后的审理期限累计不得超过四个月。

人民法院发现案件不宜适用简易程序，需要转为普通程序审理的，应当在审理期限届满前作出裁定并将审判人员及相关事项书面通知双方当事人。

案件转为普通程序审理的，审理期限自人民法院立案之日计算。

第二百五十九条 当事人双方可就开庭方式向人民法院提出申请，由人民法院决定是否准许。经当事人双方同意，可以采用视听传输技术等方式开庭。

第二百六十条 已经按照普通程序审理的案件，在开庭后不得转为简易程序审理。

第二百六十一条 适用简易程序审理案件，人民法院可以依照民事诉讼法第九十条、第一百六十二条的规定采取捎口信、电话、短信、传真、电子邮件等简便方式传唤双方当事人、通知证人和送达诉讼文书。

以简便方式送达的开庭通知，未经当事人确认或者没有其他证据证明当事人已经收到的，人民法院不得缺席判决。

适用简易程序审理案件，由审判员独任审判，书记员担任记录。

第二百六十二条 人民法庭制作的判决书、裁定书、调解书，必须加盖基层人民法院印章，不得用人民法庭的印章代替基层人民法院的印章。

第二百六十三条 适用简易程序审理案件，卷宗中应当具备以下材料：

（一）起诉状或者口头起诉笔录；

（二）答辩状或者口头答辩笔录；

（三）当事人身份证明材料；

（四）委托他人代理诉讼的授权委托书或者口头委托笔录；

（五）证据；

（六）询问当事人笔录；

（七）审理（包括调解）笔录；

（八）判决书、裁定书、调解书或者调解协议；

（九）送达和宣判笔录；

（十）执行情况；

（十一）诉讼费收据；

（十二）适用民事诉讼法第一百六十五条规定审理的，有关程序适用的书面告知。

第二百六十四条 当事人双方根据民事诉讼法第一百六十条第二款规定约定适用简易程序的，应当在开庭前提出。口头提出的，记入笔录，由双方当事人签名或者捺印确认。

本解释第二百五十七条规定的案件，当事人约定适用简易程序的，人民法院不予准许。

第二百六十五条 原告口头起诉的，人民法院应当将当事人的姓名、性别、工作单位、住所、联系方式等基本信息，诉讼请求，事实及理由等准确记入笔录，由原告核对无误后签名或者捺印。对当事人提交的证据材料，应当出具收据。

第二百六十六条 适用简易程序案件的举证期限由人民法院确定，也可以由当事人协商一致并经人民法院准许，但不得超过十五日。被告要求书面答辩的，人民法院可在征得其同意的基础上，合理确定答辩期间。

人民法院应当将举证期限和开庭日期告知双方当事人，并向当事人说明逾期举证以及拒不到庭的法律后果，由双方当事人在笔录和开庭传票的送达回证上签名或者捺印。

当事人双方均表示不需要举证期限、答辩期间的，人民法院可以立即开庭审理或者确定开庭日期。

第二百六十七条 适用简易程序审理案件，可以简便方式进行审理前的准备。

第二百六十八条 对没有委托律师、基层法律服务工作者代理诉讼的当事人，人民法院在庭审过程中可以对回避、自认、举证证明责任等相关内容向其作必要的解释或者说明，并在庭审过程中适当提示当事人正确行使诉讼权利、履行诉讼义务。

第二百六十九条 当事人就案件适用简易程序提出异议，人民法院经审查，异议成立的，裁定转为普通程序；异议不成立的，裁定驳回。裁定以口头方式作出的，应当记入笔录。

转为普通程序的，人民法院应当将审判人员及相关事项以书面形式通知双方当事人。

转为普通程序前，双方当事人已确认的事实，可以不再进行举证、质证。

第二百七十条 适用简易程序审理的案件，有下列情形之一的，人民法院在制作判决书、裁定书、调解书时，对认定事实或者裁判理由部分可以适当简化：

（一）当事人达成调解协议并需要制作民事调解书的；

（二）一方当事人明确表示承认对方全部或者部分诉讼请求的；

（三）涉及商业秘密、个人隐私的案件，当事人一方要求简化裁判文书中的相关内容，人民法院认为理由正当的；

（四）当事人双方同意简化的。

十二、简易程序中的小额诉讼

第二百七十一条 人民法院审理小额诉讼案件，适用民事诉讼法第一百六十五条的规定，实行一审终审。

第二百七十二条 民事诉讼法第一百六十五条规定的各省、自治区、直辖市上年度就业人员年平均工资，是指已经公布的各省、自治区、直辖市上一年度就业人员年平均工资。在上一年度就业人员年平均工资公布前，以已经公布的最近年度就业人员年平均工资为准。

第二百七十三条 海事法院可以适用小额诉讼的程序审理海事、海商案件。案件标的额应当以实际受理案件的海事法院或者其派出法庭所在的省、自治区、直辖市上年度就业人员年平均工资为基数计算。

第二百七十四条 人民法院受理小额诉讼案件，应当向当事人告知该类案件的审判组织、一审终审、审理期限、诉讼费用交纳标准等相关事项。

第二百七十五条 小额诉讼案件的举证期限由人民法院确定，也可以由当事人协商一致并经人民法院准许，但一般不超过七日。

被告要求书面答辩的，人民法院可以在征得其同意的基础上合理确定答辩期间，但最长不得超过十五日。

当事人到庭后表示不需要举证期限和答辩期间的，人民法院可立即开庭审理。

第二百七十六条 当事人对小额诉讼案件提出管辖异议的，人民法院应当作出裁定。裁定一经作出即生效。

第二百七十七条 人民法院受理小额诉讼案件后，发现起诉不符合民事诉讼法第一百二十二条规定的起诉条件的，裁定驳回起诉。裁定一经作出即生效。

第二百七十八条 因当事人申请增加或者变更诉讼请求、提出反诉、追加当事人等，致使案件不符合小额诉讼案件条件的，应当适用简易程序的其他规定审理。

前款规定案件，应当适用普通程序审理的，裁定转为普通程序。

适用简易程序的其他规定或者普通程序审理前，双方当事人已确认的事实，可以不再进行举证、质证。

第二百七十九条 当事人对按照小额诉讼案件审理有异议的，应当在开庭前提出。人民法院经审查，异议成立的，适用简易程序的其他规定审理或者裁定转为普通程序；异议不成立的，裁定驳回。裁定以口头方式作出的，应当记入笔录。

第二百八十条 小额诉讼案件的裁判文书可以简化，主要记载当事人基本信息、诉讼请求、裁判主文等内容。

第二百八十一条 人民法院审理小额诉讼案件，本解释没有规定的，适用简易程序的其他规定。

十三、公益诉讼

第二百八十二条 环境保护法、消费者权益保护法等法律规定的机关和有关组织对污染环境、侵害众多消费者合法权益等损害社会公共利益的行为，根据民事诉讼法第五十八条规定提起公益诉讼，符合下列条件的，人民法院应当受理：

（一）有明确的被告；

（二）有具体的诉讼请求；

（三）有社会公共利益受到损害的初步证据；

（四）属于人民法院受理民事诉讼的范围和受诉人民法院管辖。

第二百八十三条 公益诉讼案件由侵权行为地或者被告住所地中级人民法院管辖，但法律、司法解释另有规定的除外。

因污染海洋环境提起的公益诉讼，由污染发生地、损害结果地或者采取预防污染措施地海事法院管辖。

对同一侵权行为分别向两个以上人民法院提起公益诉讼的，由最先立案的人民法院管辖，必要时由它们的共同上级人民法院指定管辖。

第二百八十四条 人民法院受理公益诉讼案件后，应当在十日内书面告知相关行政主管部门。

第二百八十五条 人民法院受理公益诉讼案件后，依法可以提起诉讼的其他机关和有关组织，可以在开庭前向人民法院申请参加诉讼。人民法院准许参加诉讼的，列为共同原告。

第二百八十六条 人民法院受理公益诉讼案件，不影响同一侵权行为的受害人根据民事诉讼法第一百二十二条规定提起诉讼。

第二百八十七条 对公益诉讼案件，当事人可以和解，人民法院可以调解。

当事人达成和解或者调解协议后，人民法院应当将和解或者调解协议进行公告。公告期间不得少于三十日。

公告期满后，人民法院经审查，和解或者调解协议不违反社会公共利益的，应当出具调解书；和解或者调解协议违反社会公共利益的，不予出具调解书，继续对案件进行审理并依法作出裁判。

第二百八十八条 公益诉讼案件的原告在法庭辩论终结后申请撤诉的，人民法院不予准许。

第二百八十九条 公益诉讼案件的裁判发生法律效力后，其他依法具有原告资格的机关和有关组织就同一侵权行为另行提起公益诉讼的，人民法院裁定不予受理，但法律、司法解释另有规定的除外。

十四、第三人撤销之诉

第二百九十条 第三人对已经发生法律效力的判决、裁定、调解书提起撤销之诉的，应当自知道或者应当知道其民事权益受到损害之日起六个月内，向作出生效判决、裁定、调解书的人民法院提出，并应当提供存在下列情形的证据材料：

（一）因不能归责于本人的事由未参加诉讼；

（二）发生法律效力的判决、裁定、调解书的全部或者部分内容错误；

（三）发生法律效力的判决、裁定、调解书内容错误损害其民事权益。

第二百九十一条 人民法院应当在收到起诉状和证据材料之日起五日内送交对方当事人，对方当事人可以自收到起诉状之日起十日内提出书面意见。

人民法院应当对第三人提交的起诉状、证据材料以及对方当事人的书面意见进行审查。必要时，可以询问双方当事人。

经审查，符合起诉条件的，人民法院应当在收到起诉状之日起三十日内立案。不符合起诉条件的，应当在收到起诉状之日起三十日内裁定不予受理。

第二百九十二条 人民法院对第三人撤销之诉案件，应当组成合议庭开庭审理。

第二百九十三条 民事诉讼法第五十九条第三款规定的因不能归责于本人的事由未参加诉讼，是指没有被列为生效判决、裁定、调解书当事人，且无过错或者无明显过错的情形。包括：

（一）不知道诉讼而未参加的；

（二）申请参加未获准许的；

（三）知道诉讼，但因客观原因无法参加的；

（四）因其他不能归责于本人的事由未参加诉讼的。

第二百九十四条 民事诉讼法第五十九条第三款规定的判决、裁定、调解书的部分或者全部内容，是指判决、裁定的主文，调解书中处理当事人民事权利义务的结果。

第二百九十五条 对下列情形提起第三人撤销之诉的，人民法院不予受理：

（一）适用特别程序、督促程序、公示催告程序、破产程序等非讼程序处理的案件；

（二）婚姻无效、撤销或者解除婚姻关系等判决、裁定、调解书中涉及身份关系的内容；

（三）民事诉讼法第五十七条规定的未参加登记的权利人对代表人诉讼案件的生效裁判；

（四）民事诉讼法第五十八条规定的损害社会

公共利益行为的受害人对公益诉讼案件的生效裁判。

第二百九十六条 第三人提起撤销之诉，人民法院应当将该第三人列为原告，生效判决、裁定、调解书的当事人列为被告，但生效判决、裁定、调解书中没有承担责任的无独立请求权的第三人列为第三人。

第二百九十七条 受理第三人撤销之诉案件后，原告提供相应担保，请求中止执行的，人民法院可以准许。

第二百九十八条 对第三人撤销或者部分撤销发生法律效力的判决、裁定、调解书内容的请求，人民法院经审理，按下列情形分别处理：

（一）请求成立且确认其民事权利的主张全部或部分成立的，改变原判决、裁定、调解书内容的错误部分；

（二）请求成立，但确认其全部或部分民事权利的主张不成立，或者未提出确认其民事权利请求的，撤销原判决、裁定、调解书内容的错误部分；

（三）请求不成立的，驳回诉讼请求。

对前款规定裁判不服的，当事人可以上诉。

原判决、裁定、调解书的内容未改变或者未撤销的部分继续有效。

第二百九十九条 第三人撤销之诉案件审理期间，人民法院对生效判决、裁定、调解书裁定再审的，受理第三人撤销之诉的人民法院应当裁定将第三人的诉讼请求并入再审程序。但有证据证明原审当事人之间恶意串通损害第三人合法权益的，人民法院应当先行审理第三人撤销之诉案件，裁定中止再审诉讼。

第三百条 第三人诉讼请求并入再审程序审理的，按照下列情形分别处理：

（一）按照第一审程序审理的，人民法院应当对第三人的诉讼请求一并审理，所作的判决可以上诉；

（二）按照第二审程序审理的，人民法院可以调解，调解达不成协议的，应当裁定撤销原判决、裁定、调解书，发回一审法院重审，重审时应当列明第三人。

第三百零一条 第三人提起撤销之诉后，未中止生效判决、裁定、调解书执行的，执行法院对第三人依照民事诉讼法第二百三十四条规定提出的执行异议，应予审查。第三人不服驳回执行异议裁定，申请对原判决、裁定、调解书再审的，人民法院不予受理。

案外人对人民法院驳回其执行异议裁定不服，认为原判决、裁定、调解书内容错误损害其合法权益的，应当根据民事诉讼法第二百三十四条规定申请再审，提起第三人撤销之诉的，人民法院不予受理。

十五、执行异议之诉

第三百零二条 根据民事诉讼法第二百三十四条规定，案外人、当事人对执行异议裁定不服，自裁定送达之日起十五日内向人民法院提起执行异议之诉的，由执行法院管辖。

第三百零三条 案外人提起执行异议之诉，除符合民事诉讼法第一百二十二条规定外，还应当具备下列条件：

（一）案外人的执行异议申请已经被人民法院裁定驳回；

（二）有明确的排除对执行标的执行的诉讼请求，且诉讼请求与原判决、裁定无关；

（三）自执行异议裁定送达之日起十五日内提起。

人民法院应当在收到起诉状之日起十五日内决定是否立案。

第三百零四条 申请执行人提起执行异议之诉，除符合民事诉讼法第一百二十二条规定外，还应当具备下列条件：

（一）依案外人执行异议申请，人民法院裁定中止执行；

（二）有明确的对执行标的继续执行的诉讼请求，且诉讼请求与原判决、裁定无关；

（三）自执行异议裁定送达之日起十五日内提起。

人民法院应当在收到起诉状之日起十五日内决定是否立案。

第三百零五条 案外人提起执行异议之诉的，以申请执行人为被告。被执行人反对案外人异议的，被执行人为共同被告；被执行人不反对案外人异议的，可以列被执行人为第三人。

第三百零六条 申请执行人提起执行异议之诉的，以案外人为被告。被执行人反对申请执行人主张的，以案外人和被执行人为共同被告；被执行人不反对申请执行人主张的，可以列被执行人为第三人。

第三百零七条 申请执行人对中止执行裁定未提起执行异议之诉，被执行人提起执行异议之诉的，人民法院告知其另行起诉。

第三百零八条 人民法院审理执行异议之诉案件，适用普通程序。

第三百零九条 案外人或者申请执行人提起执行异议之诉的，案外人应当就其对执行标的享有足以排除强制执行的民事权益承担举证证明责任。

第三百一十条 对案外人提起的执行异议之诉，人民法院经审理，按照下列情形分别处理：

（一）案外人就执行标的享有足以排除强制执行的民事权益的，判决不得执行该执行标的；

（二）案外人就执行标的不享有足以排除强制执行的民事权益的，判决驳回诉讼请求。

案外人同时提出确认其权利的诉讼请求的，人民法院可以在判决中一并作出裁判。

第三百一十一条 对申请执行人提起的执行异议之诉，人民法院经审理，按照下列情形分别处理：

（一）案外人就执行标的不享有足以排除强制执行的民事权益的，判决准许执行该执行标的；

（二）案外人就执行标的享有足以排除强制执行的民事权益的，判决驳回诉讼请求。

第三百一十二条 对案外人执行异议之诉，人民法院判决不得对执行标的执行的，执行异议裁定失效。

对申请执行人执行异议之诉，人民法院判决准许对该执行标的执行的，执行异议裁定失效，执行法院可以根据申请执行人的申请或者依职权恢复执行。

第三百一十三条 案外人执行异议之诉审理期间，人民法院不得对执行标的进行处分。申请执行人请求人民法院继续执行并提供相应担保的，人民法院可以准许。

被执行人与案外人恶意串通，通过执行异议、执行异议之诉妨害执行的，人民法院应当依照民事诉讼法第一百一十六条规定处理。申请执行人因此受到损害的，可以提起诉讼要求被执行人、案外人赔偿。

第三百一十四条 人民法院对执行标的裁定中止执行后，申请执行人在法律规定的期间内未提起执行异议之诉的，人民法院应当自起诉期限届满之日起七日内解除对该执行标的采取的执行措施。

十六、第二审程序

第三百一十五条 双方当事人和第三人都提起上诉的，均列为上诉人。人民法院可以依职权确定第二审程序中当事人的诉讼地位。

第三百一十六条 民事诉讼法第一百七十三条、第一百七十四条规定的对方当事人包括被上诉人和原审其他当事人。

第三百一十七条 必要共同诉讼人的一人或者部分人提起上诉的，按下列情形分别处理：

（一）上诉仅对与对方当事人之间权利义务分担有意见，不涉及其他共同诉讼人利益的，对方当事人为被上诉人，未上诉的同一方当事人依原审诉讼地位列明；

（二）上诉仅对共同诉讼人之间权利义务分担有意见，不涉及对方当事人利益的，未上诉的同一方当事人为被上诉人，对方当事人依原审诉讼地位列明；

（三）上诉对双方当事人之间以及共同诉讼人之间权利义务承担有意见的，未提起上诉的其他当事人均为被上诉人。

第三百一十八条 一审宣判时或者判决书、裁定书送达时，当事人口头表示上诉的，人民法院应告知其必须在法定上诉期间内递交上诉状。未在法定上诉期间内递交上诉状的，视为未提起上诉。虽递交上诉状，但未在指定的期限内交纳上诉费的，按自动撤回上诉处理。

第三百一十九条 无民事行为能力人、限制民事行为能力人的法定代理人，可以代理当事人提起上诉。

第三百二十条 上诉案件的当事人死亡或者终止的，人民法院依法通知其权利义务承继者参加诉讼。

需要终结诉讼的，适用民事诉讼法第一百五十四条规定。

第三百二十一条 第二审人民法院应当围绕当事人的上诉请求进行审理。

当事人没有提出请求的，不予审理，但一审判决违反法律禁止性规定，或者损害国家利益、社会公共利益、他人合法权益的除外。

第三百二十二条 开庭审理的上诉案件，第二审人民法院可以依照民事诉讼法第一百三十六条第四项规定进行审理前的准备。

第三百二十三条 下列情形，可以认定为民事诉讼法第一百七十七条第一款第四项规定的严重违反法定程序：

（一）审判组织的组成不合法的；

（二）应当回避的审判人员未回避的；

（三）无诉讼行为能力人未经法定代理人代为诉讼的；

（四）违法剥夺当事人辩论权利的。

第三百二十四条 对当事人在第一审程序中已经提出的诉讼请求，原审人民法院未作审理、判决的，第二审人民法院可以根据当事人自愿的原则进行调解；调解不成的，发回重审。

第三百二十五条 必须参加诉讼的当事人或者有独立请求权的第三人，在第一审程序中未参加诉讼，第二审人民法院可以根据当事人自愿的原则予以调解；调解不成的，发回重审。

第三百二十六条 在第二审程序中，原审原告增加独立的诉讼请求或者原审被告提出反诉的，第二审人民法院可以根据当事人自愿的原则就新增加的诉讼请求或者反诉进行调解；调解不成的，告知当事人另行起诉。

双方当事人同意由第二审人民法院一并审理的，第二审人民法院可以一并裁判。

第三百二十七条 一审判决不准离婚的案件，上诉后，第二审人民法院认为应当判决离婚的，可以根据当事人自愿的原则，与子女抚养、财产问题一并调解；调解不成的，发回重审。

双方当事人同意由第二审人民法院一并审理的，第二审人民法院可以一并裁判。

第三百二十八条 人民法院依照第二审程序审理案件，认为依法不应由人民法院受理的，可以由第二审人民法院直接裁定撤销原裁判，驳回起诉。

第三百二十九条 人民法院依照第二审程序审理案件，认为第一审人民法院受理案件违反专属管辖规定的，应当裁定撤销原裁判并移送有管辖权的人民法院。

第三百三十条 第二审人民法院查明第一审人民法院作出的不予受理裁定有错误的，应当在撤销原裁定的同时，指令第一审人民法院立案受理；查明第一审人民法院作出的驳回起诉裁定有错误的，应当在撤销原裁定的同时，指令第一审人民法院审理。

第三百三十一条 第二审人民法院对下列上诉案件，依照民事诉讼法第一百七十六条规定可以不开庭审理：

（一）不服不予受理、管辖权异议和驳回起诉裁定的；

（二）当事人提出的上诉请求明显不能成立的；

（三）原判决、裁定认定事实清楚，但适用法律错误的；

（四）原判决严重违反法定程序，需要发回重审的。

第三百三十二条 原判决、裁定认定事实或者适用法律虽有瑕疵，但裁判结果正确的，第二审人民法院可以在判决、裁定中纠正瑕疵后，依照民事诉讼法第一百七十七条第一款第一项规定予以维持。

第三百三十三条 民事诉讼法第一百七十七条第一款第三项规定的基本事实，是指用以确定当事人主体资格、案件性质、民事权利义务等对原判决、裁定的结果有实质性影响的事实。

第三百三十四条 在第二审程序中，作为当事人的法人或者其他组织分立的，人民法院可以直接将分立后的法人或者其他组织列为共同诉讼人；合并的，将合并后的法人或者其他组织列为当事人。

第三百三十五条 在第二审程序中，当事人申请撤回上诉，人民法院经审查认为一审判决确有错误，或者当事人之间恶意串通损害国家利益、社会公共利益、他人合法权益的，不应准许。

第三百三十六条 在第二审程序中，原审原告申请撤回起诉，经其他当事人同意，且不损害国家利益、社会公共利益、他人合法权益的，人民法院可以准许。准许撤诉的，应当一并裁定撤销一审裁判。

原审原告在第二审程序中撤回起诉后重复起诉的，人民法院不予受理。

第三百三十七条 当事人在第二审程序中达成和解协议的，人民法院可以根据当事人的请求，对双方达成的和解协议进行审查并制作调解书送达当事人；因和解而申请撤诉，经审查符合撤诉条件的，人民法院应予准许。

第三百三十八条 第二审人民法院宣告判决可以自行宣判，也可以委托原审人民法院或者当事人所在地人民法院代行宣判。

第三百三十九条 人民法院审理对裁定的上诉案件，应当在第二审立案之日起三十日内作出终审裁定。有特殊情况需要延长审限的，由本院院长批准。

第三百四十条 当事人在第一审程序中实施的诉讼行为，在第二审程序中对该当事人仍具有拘束力。

当事人推翻其在第一审程序中实施的诉讼行为时，人民法院应当责令其说明理由。理由不成立的，不予支持。

十七、特别程序

第三百四十一条 宣告失踪或者宣告死亡案件，人民法院可以根据申请人的请求，清理下落不明人的财产，并指定案件审理期间的财产管理人。公告期满后，人民法院判决宣告失踪的，应当同时依照民法典第四十二条的规定指定失踪人的财产代管人。

第三百四十二条 失踪人的财产代管人经人民法院指定后，代管人申请变更代管的，比照民事诉讼法特别程序的有关规定进行审理。申请理由成立的，裁定撤销申请人的代管人身份，同时另行指定财产代管人；申请理由不成立的，裁定驳回申请。

失踪人的其他利害关系人申请变更代管的，人民法院应当告知其以原指定的代管人为被告起诉，并按普通程序进行审理。

第三百四十三条 人民法院判决宣告公民失踪后，利害关系人向人民法院申请宣告失踪人死亡，自失踪之日起满四年的，人民法院应当受理，宣告失踪的判决即是该公民失踪的证明，审理中仍应依照民事诉讼法第一百九十二条规定进行公告。

第三百四十四条 符合法律规定的多个利害关系人提出宣告失踪、宣告死亡申请的，列为共同申请人。

第三百四十五条 寻找下落不明人的公告应当记载下列内容：

（一）被申请人应当在规定期间内向受理法院申报其具体地址及其联系方式。否则，被申请人将被宣告失踪、宣告死亡；

（二）凡知悉被申请人生存现状的人，应当在公告期间内将其所知道情况向受理法院报告。

第三百四十六条 人民法院受理宣告失踪、宣告死亡案件后，作出判决前，申请人撤回申请的，人民法院应当裁定终结案件，但其他符合法律规定的利害关系人加入程序要求继续审理的除外。

第三百四十七条 在诉讼中，当事人的利害关系人或者有关组织提出该当事人不能辨认或者不能完全辨认自己的行为，要求宣告该当事人无民事行为能力或者限制民事行为能力的，应由利害关系人或者有关组织向人民法院提出申请，由受诉人民法院按照特别程序立案审理，原诉讼中止。

第三百四十八条 认定财产无主案件，公告期间有人对财产提出请求的，人民法院应当裁定终结特别程序，告知申请人另行起诉，适用普通程序审理。

第三百四十九条 被指定的监护人不服居民委员会、村民委员会或者民政部门指定，应当自接到通知之日起三十日内向人民法院提出异议。经审理，认为指定并无不当的，裁定驳回异议；指定不当的，判决撤销指定，同时另行指定监护人。判决书应当送达异议人、原指定单位及判决指定的监护人。

有关当事人依照民法典第三十一条第一款规定直接向人民法院申请指定监护人的，适用特别程序审理，判决指定监护人。判决书应当送达申请人、判决指定的监护人。

第三百五十条 申请认定公民无民事行为能力或者限制民事行为能力的案件，被申请人没有近亲属的，人民法院可以指定经被申请人住所地的居民委员会、村民委员会或者民政部门同意，且愿意担任代理人的个人或者组织为代理人。

没有前款规定的代理人的，由被申请人住所地的居民委员会、村民委员会或者民政部门担任代理人。

代理人可以是一人，也可以是同一顺序中的两人。

第三百五十一条 申请司法确认调解协议的，双方当事人应当本人或者由符合民事诉讼法

第六十一条规定的代理人依照民事诉讼法第二百零一条的规定提出申请。

第三百五十二条 调解组织自行开展的调解,有两个以上调解组织参与的,符合民事诉讼法第二百零一条规定的各调解组织所在地人民法院均有管辖权。

双方当事人可以共同向符合民事诉讼法第二百零一条规定的其中一个有管辖权的人民法院提出申请;双方当事人共同向两个以上有管辖权的人民法院提出申请的,由最先立案的人民法院管辖。

第三百五十三条 当事人申请司法确认调解协议,可以采用书面形式或者口头形式。当事人口头申请的,人民法院应当记入笔录,并由当事人签名、捺印或者盖章。

第三百五十四条 当事人申请司法确认调解协议,应当向人民法院提交调解协议、调解组织主持调解的证明,以及与调解协议相关的财产权利证明等材料,并提供双方当事人的身份、住所、联系方式等基本信息。

当事人未提交上述材料的,人民法院应当要求当事人限期补交。

第三百五十五条 当事人申请司法确认调解协议,有下列情形之一的,人民法院裁定不予受理:

(一)不属于人民法院受理范围的;

(二)不属于收到申请的人民法院管辖的;

(三)申请确认婚姻关系、亲子关系、收养关系等身份关系无效、有效或者解除的;

(四)涉及适用其他特别程序、公示催告程序、破产程序审理的;

(五)调解协议内容涉及物权、知识产权确权的。

人民法院受理申请后,发现有上述不予受理情形的,应当裁定驳回当事人的申请。

第三百五十六条 人民法院审查相关情况时,应当通知双方当事人共同到场对案件进行核实。

人民法院经审查,认为当事人的陈述或者提供的证明材料不充分、不完备或者有疑义的,可以要求当事人限期补充陈述或者补充证明材料。必要时,人民法院可以向调解组织核实有关情况。

第三百五十七条 确认调解协议的裁定作出前,当事人撤回申请的,人民法院可以裁定准许。

当事人无正当理由未在限期内补充陈述、补充证明材料或者拒不接受询问的,人民法院可以按撤回申请处理。

第三百五十八条 经审查,调解协议有下列情形之一的,人民法院应当裁定驳回申请:

(一)违反法律强制性规定的;

(二)损害国家利益、社会公共利益、他人合法权益的;

(三)违背公序良俗的;

(四)违反自愿原则的;

(五)内容不明确的;

(六)其他不能进行司法确认的情形。

第三百五十九条 民事诉讼法第二百零三条规定的担保物权人,包括抵押权人、质权人、留置权人;其他有权请求实现担保物权的人,包括抵押人、出质人、财产被留置的债务人或者所有权人等。

第三百六十条 实现票据、仓单、提单等有权利凭证的权利质权案件,可以由权利凭证持有人住所地人民法院管辖;无权利凭证的权利质权,由出质登记地人民法院管辖。

第三百六十一条 实现担保物权案件属于海事法院等专门人民法院管辖的,由专门人民法院管辖。

第三百六十二条 同一债权的担保物有多个且所在地不同,申请人分别向有管辖权的人民法院申请实现担保物权的,人民法院应当依法受理。

第三百六十三条 依照民法典第三百九十二条的规定,被担保的债权既有物的担保又有人的担保,当事人对实现担保物权的顺序有约定,实现担保物权的申请违反该约定的,人民法院裁定不予受理;没有约定或者约定不明的,人民法院应当受理。

第三百六十四条 同一财产上设立多个担保物权,登记在先的担保物权尚未实现的,不影响后顺位的担保物权人向人民法院申请实现担保物权。

第三百六十五条 申请实现担保物权,应当提交下列材料:

(一)申请书。申请书应当记明申请人、被申请人的姓名或者名称、联系方式等基本信息,具体的请求和事实、理由;

（二）证明担保物权存在的材料，包括主合同、担保合同、抵押登记证明或者他项权利证书，权利质权的权利凭证或者质权出质登记证明等；

（三）证明实现担保物权条件成就的材料；

（四）担保财产现状的说明；

（五）人民法院认为需要提交的其他材料。

第三百六十六条 人民法院受理申请后，应当在五日内向被申请人送达申请书副本、异议权利告知书等文书。

被申请人有异议的，应当在收到人民法院通知后的五日内向人民法院提出，同时说明理由并提供相应的证据材料。

第三百六十七条 实现担保物权案件可以由审判员一人独任审查。担保财产标的额超过基层人民法院管辖范围的，应当组成合议庭进行审查。

第三百六十八条 人民法院审查实现担保物权案件，可以询问申请人、被申请人、利害关系人，必要时可以依职权调查相关事实。

第三百六十九条 人民法院应当就主合同的效力、期限、履行情况，担保物权是否有效设立、担保财产的范围、被担保的债权范围、被担保的债权是否已届清偿期等担保物权实现的条件，以及是否损害他人合法权益等内容进行审查。

被申请人或者利害关系人提出异议的，人民法院应当一并审查。

第三百七十条 人民法院审查后，按下列情形分别处理：

（一）当事人对实现担保物权无实质性争议且实现担保物权条件成就的，裁定准许拍卖、变卖担保财产；

（二）当事人对实现担保物权有部分实质性争议的，可以就无争议部分裁定准许拍卖、变卖担保财产；

（三）当事人对实现担保物权有实质性争议的，裁定驳回申请，并告知申请人向人民法院提起诉讼。

第三百七十一条 人民法院受理申请后，申请人对担保财产提出保全申请的，可以按照民事诉讼法关于诉讼保全的规定办理。

第三百七十二条 适用特别程序作出的判决、裁定，当事人、利害关系人认为有错误的，可以向作出该判决、裁定的人民法院提出异议。人民法院经审查，异议成立或者部分成立的，作出新的判决、裁定撤销或者改变原判决、裁定；异议不成立的，裁定驳回。

对人民法院作出的确认调解协议、准许实现担保物权的裁定，当事人有异议的，应当自收到裁定之日起十五日内提出；利害关系人有异议的，自知道或者应当知道其民事权益受到侵害之日起六个月内提出。

十八、审判监督程序

第三百七十三条 当事人死亡或者终止的，其权利义务承继者可以根据民事诉讼法第二百零六条、第二百零八条的规定申请再审。

判决、调解书生效后，当事人将判决、调解书确认的债权转让，债权受让人对该判决、调解书不服申请再审的，人民法院不予受理。

第三百七十四条 民事诉讼法第二百零六条规定的人数众多的一方当事人，包括公民、法人和其他组织。

民事诉讼法第二百零六条规定的当事人双方为公民的案件，是指原告和被告均为公民的案件。

第三百七十五条 当事人申请再审，应当提交下列材料：

（一）再审申请书，并按照被申请人和原审其他当事人的人数提交副本；

（二）再审申请人是自然人的，应当提交身份证明；再审申请人是法人或者其他组织的，应当提交营业执照、组织机构代码证书、法定代表人或者主要负责人身份证明书。委托他人代为申请的，应当提交授权委托书和代理人身份证明；

（三）原审判决书、裁定书、调解书；

（四）反映案件基本事实的主要证据及其他材料。

前款第二项、第三项、第四项规定的材料可以是与原件核对无异的复印件。

第三百七十六条 再审申请书应当记明下列事项：

（一）再审申请人与被申请人及原审其他当事人的基本信息；

（二）原审人民法院的名称，原审裁判文书案号；

（三）具体的再审请求；

（四）申请再审的法定情形及具体事实、理由。

再审申请书应当明确申请再审的人民法院，

并由再审申请人签名、捺印或者盖章。

第三百七十七条 当事人一方人数众多或者当事人双方为公民的案件,当事人分别向原审人民法院和上一级人民法院申请再审且不能协商一致的,由原审人民法院受理。

第三百七十八条 适用特别程序、督促程序、公示催告程序、破产程序等非讼程序审理的案件,当事人不得申请再审。

第三百七十九条 当事人认为发生法律效力的不予受理、驳回起诉的裁定错误的,可以申请再审。

第三百八十条 当事人就离婚案件中的财产分割问题申请再审,如涉及判决中已分割的财产,人民法院应当依照民事诉讼法第二百零七条的规定进行审查,符合再审条件的,应当裁定再审;如涉及判决中未作处理的夫妻共同财产,应当告知当事人另行起诉。

第三百八十一条 当事人申请再审,有下列情形之一的,人民法院不予受理:

(一)再审申请被驳回后再次提出申请的;

(二)对再审判决、裁定提出申请的;

(三)在人民检察院对当事人的申请作出不予提出再审检察建议或者抗诉决定后又提出申请的。

前款第一项、第二项规定情形,人民法院应当告知当事人可以向人民检察院申请再审检察建议或者抗诉,但因人民检察院提出再审检察建议或者抗诉而再审作出的判决、裁定除外。

第三百八十二条 当事人对已经发生法律效力的调解书申请再审,应当在调解书发生法律效力后六个月内提出。

第三百八十三条 人民法院应当自收到符合条件的再审申请书等材料之日起五日内向再审申请人发送受理通知书,并向被申请人及原审其他当事人发送应诉通知书、再审申请书副本等材料。

第三百八十四条 人民法院受理申请再审案件后,应当依照民事诉讼法第二百零七条、第二百零八条、第二百一十一条等规定,对当事人主张的再审事由进行审查。

第三百八十五条 再审申请人提供的新的证据,能够证明原判决、裁定认定基本事实或者裁判结果错误的,应当认定为民事诉讼法第二百零七条第一项规定的情形。

对于符合前款规定的证据,人民法院应当责令再审申请人说明其逾期提供该证据的理由;拒不说明理由或者理由不成立的,依照民事诉讼法第六十八条第二款和本解释第一百零二条的规定处理。

第三百八十六条 再审申请人证明其提交的新的证据符合下列情形之一的,可以认定逾期提供证据的理由成立:

(一)在原审庭审结束前已经存在,因客观原因于庭审结束后才发现的;

(二)在原审庭审结束前已经发现,但因客观原因无法取得或者在规定的期限内不能提供的;

(三)在原审庭审结束后形成,无法据此另行提起诉讼的。

再审申请人提交的证据在原审中已经提供,原审人民法院未组织质证且未作为裁判根据的,视为逾期提供证据的理由成立,但原审人民法院依照民事诉讼法第六十八条规定不予采纳的除外。

第三百八十七条 当事人对原判决、裁定认定事实的主要证据在原审中拒绝发表质证意见或者质证中未对证据发表质证意见的,不属于民事诉讼法第二百零七条第四项规定的未经质证的情形。

第三百八十八条 有下列情形之一,导致判决、裁定结果错误的,应当认定为民事诉讼法第二百零七条第六项规定的原判决、裁定适用法律确有错误:

(一)适用的法律与案件性质明显不符的;

(二)确定民事责任明显违背当事人约定或者法律规定的;

(三)适用已经失效或者尚未施行的法律的;

(四)违反法律溯及力规定的;

(五)违反法律适用规则的;

(六)明显违背立法原意的。

第三百八十九条 原审开庭过程中有下列情形之一的,应当认定为民事诉讼法第二百零七条第九项规定的剥夺当事人辩论权利:

(一)不允许当事人发表辩论意见的;

(二)应当开庭审理而未开庭审理的;

(三)违反法律规定送达起诉状副本或者上诉状副本,致使当事人无法行使辩论权利的;

(四)违法剥夺当事人辩论权利的其他情形。

第三百九十条 民事诉讼法第二百零七条第

十一项规定的诉讼请求,包括一审诉讼请求、二审上诉请求,但当事人未对一审判决、裁定遗漏或者超出诉讼请求提起上诉的除外。

第三百九十一条 民事诉讼法第二百零七条第十二项规定的法律文书包括:

(一)发生法律效力的判决书、裁定书、调解书;

(二)发生法律效力的仲裁裁决书;

(三)具有强制执行效力的公证债权文书。

第三百九十二条 民事诉讼法第二百零七条第十三项规定的审判人员审理该案件时有贪污受贿、徇私舞弊、枉法裁判行为,是指已经由生效刑事法律文书或者纪律处分决定所确认的行为。

第三百九十三条 当事人主张的再审事由成立,且符合民事诉讼法和本解释规定的申请再审条件的,人民法院应当裁定再审。

当事人主张的再审事由不成立,或者当事人申请再审超过法定申请再审期限、超出法定再审事由范围等不符合民事诉讼法和本解释规定的申请再审条件的,人民法院应当裁定驳回再审申请。

第三百九十四条 人民法院对已经发生法律效力的判决、裁定、调解书依法决定再审,依照民事诉讼法第二百一十三条规定,需要中止执行的,应当在再审裁定中同时写明中止原判决、裁定、调解书的执行;情况紧急的,可以将中止执行裁定口头通知负责执行的人民法院,并在通知后十日内发出裁定书。

第三百九十五条 人民法院根据审查案件的需要决定是否询问当事人。新的证据可能推翻原判决、裁定的,人民法院应当询问当事人。

第三百九十六条 审查再审申请期间,被申请人及原审其他当事人依法提出再审申请的,人民法院应当将其列为再审申请人,对其再审事由一并审查,审查期限重新计算。经审查,其中一方再审申请人主张的再审事由成立的,应当裁定再审。各方再审申请人主张的再审事由均不成立的,一并裁定驳回再审申请。

第三百九十七条 审查再审申请期间,再审申请人申请人民法院委托鉴定、勘验的,人民法院不予准许。

第三百九十八条 审查再审申请期间,再审申请人撤回再审申请的,是否准许,由人民法院裁定。

再审申请人经传票传唤,无正当理由拒不接受询问的,可以按撤回再审申请处理。

第三百九十九条 人民法院准许撤回再审申请或者按撤回再审申请处理后,再审申请人再次申请再审的,不予受理,但有民事诉讼法第二百零七条第一项、第三项、第十二项、第十三项规定情形,自知道或者应当知道之日起六个月内提出的除外。

第四百条 再审申请审查期间,有下列情形之一的,裁定终结审查:

(一)再审申请人死亡或者终止,无权利义务承继者或者权利义务承继者声明放弃再审申请的;

(二)在给付之诉中,负有给付义务的被申请人死亡或者终止,无可供执行的财产,也没有应当承担义务的人的;

(三)当事人达成和解协议且已履行完毕的,但当事人在和解协议中声明不放弃申请再审权利的除外;

(四)他人未经授权以当事人名义申请再审的;

(五)原审或者上一级人民法院已经裁定再审的;

(六)有本解释第三百八十一条第一款规定情形的。

第四百零一条 人民法院审理再审案件应当组成合议庭开庭审理,但按照第二审程序审理,有特殊情况或者双方当事人已经通过其他方式充分表达意见,且书面同意不开庭审理的除外。

符合缺席判决条件的,可以缺席判决。

第四百零二条 人民法院开庭审理再审案件,应当按照下列情形分别进行:

(一)因当事人申请再审的,先由再审申请人陈述再审请求及理由,后由被申请人答辩、其他原审当事人发表意见;

(二)因抗诉再审的,先由抗诉机关宣读抗诉书,再由申请抗诉的当事人陈述,后由被申请人答辩、其他原审当事人发表意见;

(三)人民法院依职权再审,有申诉人的,先由申诉人陈述再审请求及理由,后由被申诉人答辩、其他原审当事人发表意见;

(四)人民法院依职权再审,没有申诉人的,先由原审原告或者原审上诉人陈述,后由原审其他当事人发表意见。

对前款第一项至第三项规定的情形，人民法院应当要求当事人明确其再审请求。

第四百零三条 人民法院审理再审案件应当围绕再审请求进行。当事人的再审请求超出原审诉讼请求的，不予审理；符合另案诉讼条件的，告知当事人可以另行起诉。

被申请人及原审其他当事人在庭审辩论结束前提出的再审请求，符合民事诉讼法第二百一十二条规定的，人民法院应当一并审理。

人民法院经再审，发现已经发生法律效力的判决、裁定损害国家利益、社会公共利益、他人合法权益的，应当一并审理。

第四百零四条 再审审理期间，有下列情形之一的，可以裁定终结再审程序：

（一）再审申请人在再审期间撤回再审请求，人民法院准许的；

（二）再审申请人经传票传唤，无正当理由拒不到庭的，或者未经法庭许可中途退庭，按撤回再审请求处理的；

（三）人民检察院撤回抗诉的；

（四）有本解释第四百条第一项至第四项规定情形的。

因人民检察院提出抗诉裁定再审的案件，申请抗诉的当事人有前款规定的情形，且不损害国家利益、社会公共利益或者他人合法权益的，人民法院应当裁定终结再审程序。

再审程序终结后，人民法院裁定中止执行的原生效判决自动恢复执行。

第四百零五条 人民法院经再审审理认为，原判决、裁定认定事实清楚、适用法律正确的，应予维持；原判决、裁定认定事实、适用法律虽有瑕疵，但裁判结果正确的，应当在再审判决、裁定中纠正瑕疵后予以维持。

原判决、裁定认定事实、适用法律错误，导致裁判结果错误的，应当依法改判、撤销或者变更。

第四百零六条 按照第二审程序再审的案件，人民法院经审理认为不符合民事诉讼法规定的起诉条件或者符合民事诉讼法第一百二十七条规定不予受理情形的，应当裁定撤销一、二审判决，驳回起诉。

第四百零七条 人民法院对调解书裁定再审后，按照下列情形分别处理：

（一）当事人提出的调解违反自愿原则的事由不成立，且调解书的内容不违反法律强制性规定的，裁定驳回再审申请；

（二）人民检察院抗诉或者再审检察建议所主张的损害国家利益、社会公共利益的理由不成立的，裁定终结再审程序。

前款规定情形，人民法院裁定中止执行的调解书需要继续执行的，自动恢复执行。

第四百零八条 一审原告在再审审理程序中申请撤回起诉，经其他当事人同意，且不损害国家利益、社会公共利益、他人合法权益的，人民法院可以准许。裁定准许撤诉的，应当一并撤销原判决。

一审原告在再审审理程序中撤回起诉后重复起诉的，人民法院不予受理。

第四百零九条 当事人提交新的证据致使再审改判，因再审申请人或者申请检察监督当事人的过错未能在原审程序中及时举证，被申请人等当事人请求补偿其增加的交通、住宿、就餐、误工等必要费用的，人民法院应予支持。

第四百一十条 部分当事人到庭并达成调解协议，其他当事人未作出书面表示的，人民法院应当在判决中对该事实作出表述；调解协议内容不违反法律规定，且不损害其他当事人合法权益的，可以在判决主文中予以确认。

第四百一十一条 人民检察院依法对损害国家利益、社会公共利益的发生法律效力的判决、裁定、调解书提出抗诉，或者经人民检察院检察委员会讨论决定提出再审检察建议的，人民法院应予受理。

第四百一十二条 人民检察院对已经发生法律效力的判决以及不予受理、驳回起诉的裁定依法提出抗诉的，人民法院应予受理，但适用特别程序、督促程序、公示催告程序、破产程序以及解除婚姻关系的判决、裁定等不适用审判监督程序的判决、裁定除外。

第四百一十三条 人民检察院依照民事诉讼法第二百一十六条第一款第三项规定对有明显错误的再审判决、裁定提出抗诉或者再审检察建议的，人民法院应予受理。

第四百一十四条 地方各级人民检察院依当事人的申请对生效判决、裁定向同级人民法院提出再审检察建议，符合下列条件的，应予受理：

（一）再审检察建议书和原审当事人申请书及相关证据材料已经提交；

（二）建议再审的对象为依照民事诉讼法和本解释规定可以进行再审的判决、裁定；

（三）再审检察建议书列明该判决、裁定有民事诉讼法第二百一十五条第二款规定情形；

（四）符合民事诉讼法第二百一十六条第一款第一项、第二项规定情形；

（五）再审检察建议经该人民检察院检察委员会讨论决定。

不符合前款规定的，人民法院可以建议人民检察院予以补正或者撤回；不予补正或者撤回的，应当函告人民检察院不予受理。

第四百一十五条 人民检察院依当事人的申请对生效判决、裁定提出抗诉，符合下列条件的，人民法院应当在三十日内裁定再审：

（一）抗诉书和原审当事人申请书及相关证据材料已经提交；

（二）抗诉对象为依照民事诉讼法和本解释规定可以进行再审的判决、裁定；

（三）抗诉书列明该判决、裁定有民事诉讼法第二百一十五条第一款规定情形；

（四）符合民事诉讼法第二百一十六条第一款第一项、第二项规定情形。

不符合前款规定的，人民法院可以建议人民检察院予以补正或者撤回；不予补正或者撤回的，人民法院可以裁定不予受理。

第四百一十六条 当事人的再审申请被上级人民法院裁定驳回后，人民检察院对原判决、裁定、调解书提出抗诉，抗诉事由符合民事诉讼法第二百零七条第一项至第五项规定情形之一的，受理抗诉的人民法院可以交由下一级人民法院再审。

第四百一十七条 人民法院收到再审检察建议后，应当组成合议庭，在三个月内进行审查，发现原判决、裁定、调解书确有错误，需要再审的，依照民事诉讼法第二百零五条规定裁定再审，并通知当事人；经审查，决定不予再审的，应当书面回复人民检察院。

第四百一十八条 人民法院审理因人民检察院抗诉或者检察建议裁定再审的案件，不受此前已经作出的驳回当事人再审申请裁定的影响。

第四百一十九条 人民法院开庭审理抗诉案件，应当在开庭三日前通知人民检察院、当事人和其他诉讼参与人。同级人民检察院或者提出抗诉的人民检察院应当派员出庭。

人民检察院因履行法律监督职责向当事人或者案外人调查核实的情况，应当向法庭提交并予以说明，由双方当事人进行质证。

第四百二十条 必须共同进行诉讼的当事人因不能归责于本人或者其诉讼代理人的事由未参加诉讼的，可以根据民事诉讼法第二百零七条第八项规定，自知道或者应当知道之日起六个月内申请再审，但符合本解释第四百二十一条规定情形的除外。

人民法院因前款规定的当事人申请而裁定再审，按照第一审程序再审的，应当追加其为当事人，作出新的判决、裁定；按照第二审程序再审，经调解不能达成协议的，应当撤销原判决、裁定，发回重审，重审时应追加其为当事人。

第四百二十一条 根据民事诉讼法第二百三十四条规定，案外人对驳回其执行异议的裁定不服，认为原判决、裁定、调解书内容错误损害其民事权益的，可以自执行异议裁定送达之日起六个月内，向作出原判决、裁定、调解书的人民法院申请再审。

第四百二十二条 根据民事诉讼法第二百三十四条规定，人民法院裁定再审后，案外人属于必要的共同诉讼当事人的，依照本解释第四百二十条第二款规定处理。

案外人不是必要的共同诉讼当事人的，人民法院仅审理原判决、裁定、调解书对其民事权益造成损害的内容。经审理，再审请求成立的，撤销或者改变原判决、裁定、调解书；再审请求不成立的，维持原判决、裁定、调解书。

第四百二十三条 本解释第三百三十八条规定适用于审判监督程序。

第四百二十四条 对小额诉讼案件的判决、裁定，当事人以民事诉讼法第二百零七条规定的事由向原审人民法院申请再审的，人民法院应当受理。申请再审事由成立的，应当裁定再审，组成合议庭进行审理。作出的再审判决、裁定，当事人不得上诉。

当事人以不应按小额诉讼案件审理为由向原审人民法院申请再审的，人民法院应当受理。理由成立的，应当裁定再审，组成合议庭审理。作出的再审判决、裁定，当事人可以上诉。

十九、督促程序

第四百二十五条 两个以上人民法院都有管辖权的,债权人可以向其中一个基层人民法院申请支付令。

债权人向两个以上有管辖权的基层人民法院申请支付令的,由最先立案的人民法院管辖。

第四百二十六条 人民法院收到债权人的支付令申请书后,认为申请书不符合要求的,可以通知债权人限期补正。人民法院应当自收到补正材料之日起五日内通知债权人是否受理。

第四百二十七条 债权人申请支付令,符合下列条件的,基层人民法院应当受理,并在收到支付令申请书后五日内通知债权人:

(一)请求给付金钱或者汇票、本票、支票、股票、债券、国库券、可转让的存款单等有价证券;

(二)请求给付的金钱或者有价证券已到期且数额确定,并写明了请求所根据的事实、证据;

(三)债权人没有对待给付义务;

(四)债务人在我国境内且未下落不明;

(五)支付令能够送达债务人;

(六)收到申请书的人民法院有管辖权;

(七)债权人未向人民法院申请诉前保全。

不符合前款规定的,人民法院应当在收到支付令申请书后五日内通知债权人不予受理。

基层人民法院受理申请支付令案件,不受债权金额的限制。

第四百二十八条 人民法院受理申请后,由审判员一人进行审查。经审查,有下列情形之一的,裁定驳回申请:

(一)申请人不具备当事人资格的;

(二)给付金钱或者有价证券的证明文件没有约定逾期给付利息或者违约金、赔偿金,债权人坚持要求给付利息或者违约金、赔偿金的;

(三)要求给付的金钱或者有价证券属于违法所得的;

(四)要求给付的金钱或者有价证券尚未到期或者数额不确定的。

人民法院受理支付令申请后,发现不符合本解释规定的受理条件的,应当在受理之日起十五日内裁定驳回申请。

第四百二十九条 向债务人本人送达支付令,债务人拒绝接收的,人民法院可以留置送达。

第四百三十条 有下列情形之一的,人民法院应当裁定终结督促程序,已发出支付令的,支付令自行失效:

(一)人民法院受理支付令申请后,债权人就同一债权债务关系又提起诉讼的;

(二)人民法院发出支付令之日起三十日内无法送达债务人的;

(三)债务人收到支付令前,债权人撤回申请的。

第四百三十一条 债务人在收到支付令后,未在法定期间提出书面异议,而向其他人民法院起诉的,不影响支付令的效力。

债务人超过法定期间提出异议的,视为未提出异议。

第四百三十二条 债权人基于同一债权债务关系,在同一支付令申请中向债务人提出多项支付请求,债务人仅就其中一项或者几项请求提出异议的,不影响其他各项请求的效力。

第四百三十三条 债权人基于同一债权债务关系,就可分之债向多个债务人提出支付请求,多个债务人中的一人或者几人提出异议的,不影响其他请求的效力。

第四百三十四条 对设有担保的债务的主债务人发出的支付令,对担保人没有拘束力。

债权人就担保关系单独提起诉讼的,支付令自人民法院受理案件之日起失效。

第四百三十五条 经形式审查,债务人提出的书面异议有下列情形之一的,应当认定异议成立,裁定终结督促程序,支付令自行失效:

(一)本解释规定的不予受理申请情形的;

(二)本解释规定的裁定驳回申请情形的;

(三)本解释规定的应当裁定终结督促程序情形的;

(四)人民法院对是否符合发出支付令条件产生合理怀疑的。

第四百三十六条 债务人对债务本身没有异议,只是提出缺乏清偿能力、延缓债务清偿期限、变更债务清偿方式等异议的,不影响支付令的效力。

人民法院经审查认为异议不成立的,裁定驳回。

债务人的口头异议无效。

第四百三十七条 人民法院作出终结督促程

序或者驳回异议裁定前，债务人请求撤回异议的，应当裁定准许。

债务人对撤回异议反悔的，人民法院不予支持。

第四百三十八条 支付令失效后，申请支付令的一方当事人不同意提起诉讼的，应当自收到终结督促程序裁定之日起七日内向受理申请的人民法院提出。

申请支付令的一方当事人不同意提起诉讼的，不影响其向其他有管辖权的人民法院提起诉讼。

第四百三十九条 支付令失效后，申请支付令的一方当事人自收到终结督促程序裁定之日起七日内未向受理申请的人民法院表明不同意提起诉讼的，视为向受理申请的人民法院起诉。

债权人提出支付令申请的时间，即为向人民法院起诉的时间。

第四百四十条 债权人向人民法院申请执行支付令的期间，适用民事诉讼法第二百四十六条的规定。

第四百四十一条 人民法院院长发现本院已经发生法律效力的支付令确有错误，认为需要撤销的，应当提交本院审判委员会讨论决定后，裁定撤销支付令，驳回债权人的申请。

二十、公示催告程序

第四百四十二条 民事诉讼法第二百二十五条规定的票据持有人，是指票据被盗、遗失或者灭失前的最后持有人。

第四百四十三条 人民法院收到公示催告的申请后，应当立即审查，并决定是否受理。经审查认为符合受理条件的，通知予以受理，并同时通知支付人停止支付；认为不符合受理条件的，七日内裁定驳回申请。

第四百四十四条 因票据丧失，申请公示催告的，人民法院应结合票据存根、丧失票据的复印件、出票人关于签发票据的证明、申请人合法取得票据的证明、银行挂失止付通知书、报案证明等证据，决定是否受理。

第四百四十五条 人民法院依照民事诉讼法第二百二十六条规定发出的受理申请的公告，应当写明下列内容：

（一）公示催告申请人的姓名或者名称；

（二）票据的种类、号码、票面金额、出票人、背书人、持票人、付款期限等事项以及其他可以申请公示催告的权利凭证的种类、号码、权利范围、权利人、义务人、行权日期等事项；

（三）申报权利的期间；

（四）在公示催告期间转让票据等权利凭证，利害关系人不申报的法律后果。

第四百四十六条 公告应当在有关报纸或者其他媒体上刊登，并于同日公布于人民法院公告栏内。人民法院所在地有证券交易所的，还应当同日在该交易所公布。

第四百四十七条 公告期间不得少于六十日，且公示催告期间届满日不得早于票据付款日后十五日。

第四百四十八条 在申报期届满后、判决作出之前，利害关系人申报权利的，应当适用民事诉讼法第二百二十八条第二款、第三款规定处理。

第四百四十九条 利害关系人申报权利，人民法院应当通知其向法院出示票据，并通知公示催告申请人在指定的期间查看该票据。公示催告申请人申请公示催告的票据与利害关系人出示的票据不一致的，应当裁定驳回利害关系人的申报。

第四百五十条 在申报权利的期间无人申报权利，或者申报被驳回的，申请人应当自公示催告期间届满之日起一个月内申请作出判决。逾期不申请判决的，终结公示催告程序。

裁定终结公示催告程序的，应当通知申请人和支付人。

第四百五十一条 判决公告之日起，公示催告申请人有权依据判决向付款人请求付款。

付款人拒绝付款，申请人向人民法院起诉，符合民事诉讼法第一百二十二条规定的起诉条件的，人民法院应予受理。

第四百五十二条 适用公示催告程序审理案件，可由审判员一人独任审理；判决宣告票据无效的，应当组成合议庭审理。

第四百五十三条 公示催告申请人撤回申请，应在公示催告前提出；公示催告期间申请撤回的，人民法院可以径行裁定终结公示催告程序。

第四百五十四条 人民法院依照民事诉讼法第二百二十七条规定通知支付人停止支付，应当符合有关财产保全的规定。支付人收到停止支付通知后拒不止付的，除可依照民事诉讼法第一百一十四条、第一百一十七条规定采取强制措施外,在判决后,支付人仍应承担付款义务。

第四百五十五条 人民法院依照民事诉讼法第二百二十八条规定终结公示催告程序后,公示催告申请人或者申报人向人民法院提起诉讼,因票据权利纠纷提起的,由票据支付地或者被告住所地人民法院管辖;因非票据权利纠纷提起的,由被告住所地人民法院管辖。

第四百五十六条 依照民事诉讼法第二百二十八条规定制作的终结公示催告程序的裁定书,由审判员、书记员署名,加盖人民法院印章。

第四百五十七条 依照民事诉讼法第二百三十条的规定,利害关系人向人民法院起诉的,人民法院可按票据纠纷适用普通程序审理。

第四百五十八条 民事诉讼法第二百三十条规定的正当理由,包括:

(一)因发生意外事件或者不可抗力致使利害关系人无法知道公告事实的;

(二)利害关系人因被限制人身自由而无法知道公告事实,或者虽然知道公告事实,但无法自己或者委托他人代为申报权利的;

(三)不属于法定申请公示催告情形的;

(四)未予公告或者未按法定方式公告的;

(五)其他导致利害关系人在判决作出前未能向人民法院申报权利的客观事由。

第四百五十九条 根据民事诉讼法第二百三十条的规定,利害关系人请求人民法院撤销除权判决的,应当将申请人列为被告。

利害关系人仅诉请确认其为合法持票人的,人民法院应当在裁判文书中写明,确认利害关系人为票据权利人的判决作出后,除权判决即被撤销。

二十一、执行程序

第四百六十条 发生法律效力的实现担保物权裁定、确认调解协议裁定、支付令,由作出裁定、支付令的人民法院或者与其同级的被执行财产所在地的人民法院执行。

认定财产无主的判决,由作出判决的人民法院将无主财产收归国家或者集体所有。

第四百六十一条 当事人申请人民法院执行的生效法律文书应当具备下列条件:

(一)权利义务主体明确;

(二)给付内容明确。

法律文书确定继续履行合同的,应当明确继续履行的具体内容。

第四百六十二条 根据民事诉讼法第二百三十四条规定,案外人对执行标的提出异议的,应当在该执行标的执行程序终结前提出。

第四百六十三条 案外人对执行标的提出的异议,经审查,按照下列情形分别处理:

(一)案外人对执行标的不享有足以排除强制执行的权益的,裁定驳回其异议;

(二)案外人对执行标的享有足以排除强制执行的权益的,裁定中止执行。

驳回案外人执行异议裁定送达案外人之日起十五日内,人民法院不得对执行标的进行处分。

第四百六十四条 申请执行人与被执行人达成和解协议后请求中止执行或者撤回执行申请的,人民法院可以裁定中止执行或者终结执行。

第四百六十五条 一方当事人不履行或者不完全履行在执行中双方自愿达成的和解协议,对方当事人申请执行原生效法律文书的,人民法院应当恢复执行,但和解协议已履行的部分应当扣除。和解协议已经履行完毕的,人民法院不予恢复执行。

第四百六十六条 申请恢复执行原生效法律文书,适用民事诉讼法第二百四十六条申请执行期间的规定。申请执行期间因达成执行中的和解协议而中断,其期间自和解协议约定履行期限的最后一日起重新计算。

第四百六十七条 人民法院依照民事诉讼法第二百三十八条规定决定暂缓执行的,如果担保是有期限的,暂缓执行的期限应当与担保期限一致,但最长不得超过一年。被执行人或者担保人对担保的财产在暂缓执行期间有转移、隐藏、变卖、毁损等行为的,人民法院可以恢复强制执行。

第四百六十八条 根据民事诉讼法第二百三十八条规定向人民法院提供执行担保的,可以由被执行人或者他人提供财产担保,也可以由他人提供保证。担保人应当具有代为履行或者代为承担赔偿责任的能力。

他人提供执行保证的,应当向执行法院出具保证书,并将保证书副本送交申请执行人。被执行人或者他人提供财产担保的,应当参照民法典的有关规定办理相应手续。

第四百六十九条 被执行人在人民法院决定暂缓执行的期限届满后仍不履行义务的，人民法院可以直接执行担保财产，或者裁定执行担保人的财产，但执行担保人的财产以担保人应当履行义务部分的财产为限。

第四百七十条 依照民事诉讼法第二百三十九条规定，执行中作为被执行人的法人或者其他组织分立、合并的，人民法院可以裁定变更后的法人或者其他组织为被执行人；被注销的，如果依照有关实体法的规定有权利义务承受人的，可以裁定该权利义务承受人为被执行人。

第四百七十一条 其他组织在执行中不能履行法律文书确定的义务的，人民法院可以裁定执行对该其他组织依法承担义务的法人或者公民个人的财产。

第四百七十二条 在执行中，作为被执行人的法人或者其他组织名称变更的，人民法院可以裁定变更后的法人或者其他组织为被执行人。

第四百七十三条 作为被执行人的公民死亡，其遗产继承人没有放弃继承的，人民法院可以裁定变更被执行人，由该继承人在遗产的范围内偿还债务。继承人放弃继承的，人民法院可以直接执行被执行人的遗产。

第四百七十四条 法律规定由人民法院执行的其他法律文书执行完毕后，该法律文书被有关机关或者组织依法撤销的，经当事人申请，适用民事诉讼法第二百四十条规定。

第四百七十五条 仲裁机构裁决的事项，部分有民事诉讼法第二百四十四条第二款、第三款规定情形的，人民法院应当裁定对该部分不予执行。

应当不予执行部分与其他部分不可分的，人民法院应当裁定不予执行仲裁裁决。

第四百七十六条 依照民事诉讼法第二百四十四条第二款、第三款规定，人民法院裁定不予执行仲裁裁决后，当事人对该裁定提出执行异议或者复议的，人民法院不予受理。当事人可以就该民事纠纷重新达成书面仲裁协议申请仲裁，也可以向人民法院起诉。

第四百七十七条 在执行中，被执行人通过仲裁程序将人民法院查封、扣押、冻结的财产确权或者分割给案外人的，不影响人民法院执行程序的进行。

案外人不服的，可以根据民事诉讼法第二百三十四条规定提出异议。

第四百七十八条 有下列情形之一的，可以认定为民事诉讼法第二百四十五条第二款规定的公证债权文书确有错误：

（一）公证债权文书属于不得赋予强制执行效力的债权文书的；

（二）被执行人一方未亲自或者未委托代理人到场公证等严重违反法律规定的公证程序的；

（三）公证债权文书的内容与事实不符或者违反法律强制性规定的；

（四）公证债权文书未载明被执行人不履行义务或者不完全履行义务时同意接受强制执行的。

人民法院认定执行该公证债权文书违背社会公共利益的，裁定不予执行。

公证债权文书被裁定不予执行后，当事人、公证事项的利害关系人可以就债权争议提起诉讼。

第四百七十九条 当事人请求不予执行仲裁裁决或者公证债权文书的，应当在执行终结前向执行法院提出。

第四百八十条 人民法院应当在收到申请执行书或者移交执行书后十日内发出执行通知。

执行通知中除应责令被执行人履行法律文书确定的义务外，还应通知其承担民事诉讼法第二百六十条规定的迟延履行利息或者迟延履行金。

第四百八十一条 申请执行人超过申请执行时效期间向人民法院申请强制执行的，人民法院应予受理。被执行人对申请执行时效期间提出异议，人民法院经审查异议成立的，裁定不予执行。

被执行人履行全部或者部分义务后，又以不知道申请执行时效期间届满为由请求执行回转的，人民法院不予支持。

第四百八十二条 对必须接受调查询问的被执行人、被执行人的法定代表人、负责人或者实际控制人，经依法传唤无正当理由拒不到场的，人民法院可以拘传其到场。

人民法院应当及时对被拘传人进行调查询问，调查询问的时间不得超过八小时；情况复杂，依法可能采取拘留措施的，调查询问的时间不得超过二十四小时。

人民法院在本辖区以外采取拘传措施时，可以将被拘传人拘传到当地人民法院，当地人民法院应予协助。

第四百八十三条 人民法院有权查询被执行人的身份信息与财产信息,掌握相关信息的单位和个人必须按照协助执行通知书办理。

第四百八十四条 对被执行的财产,人民法院非经查封、扣押、冻结不得处分。对银行存款等各类可以直接扣划的财产,人民法院的扣划裁定同时具有冻结的法律效力。

第四百八十五条 人民法院冻结被执行人的银行存款的期限不得超过一年,查封、扣押动产的期限不得超过两年,查封不动产、冻结其他财产权的期限不得超过三年。

申请执行人申请延长期限的,人民法院应当在查封、扣押、冻结期限届满前办理续行查封、扣押、冻结手续,续行期限不得超过前款规定的期限。

人民法院也可以依职权办理续行查封、扣押、冻结手续。

第四百八十六条 依照民事诉讼法第二百五十四条规定,人民法院在执行中需要拍卖被执行人财产的,可以由人民法院自行组织拍卖,也可以交由具备相应资质的拍卖机构拍卖。

交拍卖机构拍卖的,人民法院应当对拍卖活动进行监督。

第四百八十七条 拍卖评估需要对现场进行检查、勘验的,人民法院应当责令被执行人、协助义务人予以配合。被执行人、协助义务人不予配合的,人民法院可以强制进行。

第四百八十八条 人民法院在执行中需要变卖被执行人财产的,可以交有关单位变卖,也可以由人民法院直接变卖。

对变卖的财产,人民法院或者其工作人员不得买受。

第四百八十九条 经申请执行人和被执行人同意,且不损害其他债权人合法权益和社会公共利益的,人民法院可以不经拍卖、变卖,直接将被执行人的财产作价交申请执行人抵偿债务。对剩余债务,被执行人应当继续清偿。

第四百九十条 被执行人的财产无法拍卖或者变卖的,经申请执行人同意,且不损害其他债权人合法权益和社会公共利益的,人民法院可以将该项财产作价后交付申请执行人抵偿债务,或者交付申请执行人管理;申请执行人拒绝接收或者管理的,退回被执行人。

第四百九十一条 拍卖成交或者依法定程序裁定以物抵债的,标的物所有权自拍卖成交裁定或者抵债裁定送达买受人或者接受抵债物的债权人时转移。

第四百九十二条 执行标的物为特定物的,应当执行原物。原物确已毁损或者灭失的,经双方当事人同意,可以折价赔偿。

双方当事人对折价赔偿不能协商一致的,人民法院应当终结执行程序。申请执行人可以另行起诉。

第四百九十三条 他人持有法律文书指定交付的财物或者票证,人民法院依照民事诉讼法第二百五十六条第二款、第三款规定发出协助执行通知后,拒不转交的,可以强制执行,并可依照民事诉讼法第一百一十七条、第一百一十八条规定处理。

他人持有期间财物或者票证毁损、灭失的,参照本解释第四百九十二条规定处理。

他人主张合法持有财物或者票证的,可以根据民事诉讼法第二百三十四条规定提出执行异议。

第四百九十四条 在执行中,被执行人隐匿财产、会计账簿等资料的,人民法院除可依照民事诉讼法第一百一十四条第一款第六项规定对其处理外,还应责令被执行人交出隐匿的财产、会计账簿等资料。被执行人拒不交出的,人民法院可以采取搜查措施。

第四百九十五条 搜查人员应当按规定着装并出示搜查令和工作证件。

第四百九十六条 人民法院搜查时禁止无关人员进入搜查现场;搜查对象是公民的,应当通知被执行人或者他的成年家属以及基层组织派员到场;搜查对象是法人或者其他组织的,应当通知法定代表人或者主要负责人到场。拒不到场的,不影响搜查。

搜查妇女身体,应当由女执行人员进行。

第四百九十七条 搜查中发现应当依法采取查封、扣押措施的财产,依照民事诉讼法第二百五十二条第二款和第二百五十四条规定办理。

第四百九十八条 搜查应当制作搜查笔录,由搜查人员、被搜查人及其他在场人签名、捺印或者盖章。拒绝签名、捺印或者盖章的,应当记入搜查笔录。

第四百九十九条 人民法院执行被执行人对他人的到期债权，可以作出冻结债权的裁定，并通知该他人向申请执行人履行。

该他人对到期债权有异议，申请执行人请求对异议部分强制执行的，人民法院不予支持。利害关系人对到期债权有异议的，人民法院应当按照民事诉讼法第二百三十四条规定处理。

对生效法律文书确定的到期债权，该他人予以否认的，人民法院不予支持。

第五百条 人民法院在执行中需要办理房产证、土地证、林权证、专利证书、商标证书、车船执照等有关财产权证照转移手续的，可以依照民事诉讼法第二百五十八条规定办理。

第五百零一条 被执行人不履行生效法律文书确定的行为义务，该义务可由他人完成的，人民法院可以选定代履行人；法律、行政法规对履行该行为义务有资格限制的，应当从有资格的人中选定。必要时，可以通过招标的方式确定代履行人。

申请执行人可以在符合条件的人中推荐代履行人，也可以申请自己代为履行，是否准许，由人民法院决定。

第五百零二条 代履行费用的数额由人民法院根据案件具体情况确定，并由被执行人在指定期限内预先支付。被执行人未预付的，人民法院可以对该费用强制执行。

代履行结束后，被执行人可以查阅、复制费用清单以及主要凭证。

第五百零三条 被执行人不履行法律文书指定的行为，且该项行为只能由被执行人完成的，人民法院可以依照民事诉讼法第一百一十四条第一款第六项规定处理。

被执行人在人民法院确定的履行期间内仍不履行的，人民法院可以依照民事诉讼法第一百一十四条第一款第六项规定再次处理。

第五百零四条 被执行人迟延履行的，迟延履行期间的利息或者迟延履行金自判决、裁定和其他法律文书指定的履行期间届满之日起计算。

第五百零五条 被执行人未按判决、裁定和其他法律文书指定的期间履行非金钱给付义务的，无论是否已给申请执行人造成损失，都应当支付迟延履行金。已经造成损失的，双倍补偿申请执行人已经受到的损失；没有造成损失的，迟延履行金可以由人民法院根据具体案件情况决定。

第五百零六条 被执行人为公民或者其他组织，在执行程序开始后，被执行人的其他已经取得执行依据的债权人发现被执行人的财产不能清偿所有债权的，可以向人民法院申请参与分配。

对人民法院查封、扣押、冻结的财产有优先权、担保物权的债权人，可以直接申请参与分配，主张优先受偿权。

第五百零七条 申请参与分配，申请人应当提交申请书。申请书应当写明参与分配和被执行人不能清偿所有债权的事实、理由，并附有执行依据。

参与分配申请应当在执行程序开始后，被执行人的财产执行终结前提出。

第五百零八条 参与分配执行中，执行所得价款扣除执行费用，并清偿应当优先受偿的债权后，对于普通债权，原则上按照其占全部申请参与分配债权数额的比例受偿。清偿后的剩余债务，被执行人应当继续清偿。债权人发现被执行人有其他财产的，可以随时请求人民法院执行。

第五百零九条 多个债权人对执行财产申请参与分配的，执行法院应当制作财产分配方案，并送达各债权人和被执行人。债权人或者被执行人对分配方案有异议的，应当自收到分配方案之日起十五日内向执行法院提出书面异议。

第五百一十条 债权人或者被执行人对分配方案提出书面异议的，执行法院应当通知未提出异议的债权人、被执行人。

未提出异议的债权人、被执行人自收到通知之日起十五日内未提出反对意见的，执行法院依异议人的意见对分配方案审查修正后进行分配；提出反对意见的，应当通知异议人。异议人可以自收到通知之日起十五日内，以提出反对意见的债权人、被执行人为被告，向执行法院提起诉讼；异议人逾期未提起诉讼的，执行法院按照原分配方案进行分配。

诉讼期间进行分配的，执行法院应当提存与争议债权数额相应的款项。

第五百一十一条 在执行中，作为被执行人的企业法人符合企业破产法第二条第一款规定情形的，执行法院经申请执行人之一或者被执行人同意，应当裁定中止对该被执行人的执行，将执行案件相关材料移送被执行人住所地人民法院。

第五百一十二条 被执行人住所地人民法院

应当自收到执行案件相关材料之日起三十日内，将是否受理破产案件的裁定告知执行法院。不予受理的，应当将相关案件材料退回执行法院。

第五百一十三条 被执行人住所地人民法院裁定受理破产案件的，执行法院应当解除对被执行人财产的保全措施。被执行人住所地人民法院裁定宣告被执行人破产的，执行法院应当裁定终结对该被执行人的执行。

被执行人住所地人民法院不受理破产案件的，执行法院应当恢复执行。

第五百一十四条 当事人不同意移送破产或者被执行人住所地人民法院不受理破产案件的，执行法院就执行变价所得财产，在扣除执行费用及清偿优先受偿的债权后，对于普通债权，按照财产保全和执行中查封、扣押、冻结财产的先后顺序清偿。

第五百一十五条 债权人根据民事诉讼法第二百六十一条规定请求人民法院继续执行的，不受民事诉讼法第二百四十六条规定申请执行时效期间的限制。

第五百一十六条 被执行人不履行法律文书确定的义务的，人民法院除对被执行人予以处罚外，还可以根据情节将其纳入失信被执行人名单，将被执行人不履行或者不完全履行义务的信息向其所在单位、征信机构以及其他相关机构通报。

第五百一十七条 经过财产调查未发现可供执行的财产，在申请执行人签字确认或者执行法院组成合议庭审查核实并经院长批准后，可以裁定终结本次执行程序。

依照前款规定终结执行后，申请执行人发现被执行人有可供执行财产的，可以再次申请执行。再次申请不受申请执行时效期间的限制。

第五百一十八条 因撤销申请而终结执行后，当事人在民事诉讼法第二百四十六条规定的申请执行时效期间内再次申请执行的，人民法院应当受理。

第五百一十九条 在执行终结六个月内，被执行人或者其他人对已执行的标的有妨害行为的，人民法院可以依申请排除妨害，并可以依照民事诉讼法第一百一十四条规定进行处罚。因妨害行为给执行债权人或者其他人造成损失的，受害人可以另行起诉。

二十二、涉外民事诉讼程序的特别规定

第五百二十条 有下列情形之一，人民法院可以认定为涉外民事案件：

（一）当事人一方或者双方是外国人、无国籍人、外国企业或者组织的；

（二）当事人一方或者双方的经常居所地在中华人民共和国领域外的；

（三）标的物在中华人民共和国领域外的；

（四）产生、变更或者消灭民事关系的法律事实发生在中华人民共和国领域外的；

（五）可以认定为涉外民事案件的其他情形。

第五百二十一条 外国人参加诉讼，应当向人民法院提交护照等用以证明自己身份的证件。

外国企业或者组织参加诉讼，向人民法院提交的身份证明文件，应当经所在国公证机关公证，并经中华人民共和国驻该国使领馆认证，或者履行中华人民共和国与该所在国订立的有关条约中规定的证明手续。

代表外国企业或者组织参加诉讼的人，应当向人民法院提交其有权作为代表人参加诉讼的证明，该证明应当经所在国公证机关公证，并经中华人民共和国驻该国使领馆认证，或者履行中华人民共和国与该所在国订立的有关条约中规定的证明手续。

本条所称的“所在国”，是指外国企业或者组织的设立登记地国，也可以是办理了营业登记手续的第三国。

第五百二十二条 依照民事诉讼法第二百七十一条以及本解释第五百二十一条规定，需要办理公证、认证手续，而外国当事人所在国与中华人民共和国没有建立外交关系的，可以经该国公证机关公证，经与中华人民共和国有外交关系的第三国驻该国使领馆认证，再转由中华人民共和国驻该第三国使领馆认证。

第五百二十三条 外国人、外国企业或者组织的代表人在人民法院法官的见证下签署授权委托书，委托代理人进行民事诉讼的，人民法院应予认可。

第五百二十四条 外国人、外国企业或者组织的代表人在中华人民共和国境内签署授权委托书，委托代理人进行民事诉讼，经中华人民共和国公证机构公证的，人民法院应予认可。

第五百二十五条 当事人向人民法院提交的书面材料是外文的，应当同时向人民法院提交中文翻译件。

当事人对中文翻译件有异议的，应当共同委托翻译机构提供翻译文本；当事人对翻译机构的选择不能达成一致的，由人民法院确定。

第五百二十六条 涉外民事诉讼中的外籍当事人，可以委托本国人为诉讼代理人，也可以委托本国律师以非律师身份担任诉讼代理人；外国驻华使领馆官员，受本国公民的委托，可以以个人名义担任诉讼代理人，但在诉讼中不享有外交或者领事特权和豁免。

第五百二十七条 涉外民事诉讼中，外国驻华使领馆授权其本馆官员，在作为当事人的本国国民不在中华人民共和国领域内的情况下，可以以外交代表身份为其本国国民在中华人民共和国聘请中华人民共和国律师或者中华人民共和国公民代理民事诉讼。

第五百二十八条 涉外民事诉讼中，经调解双方达成协议，应当制发调解书。当事人要求发给判决书的，可以依协议的内容制作判决书送达当事人。

第五百二十九条 涉外合同或者其他财产权益纠纷的当事人，可以书面协议选择被告住所地、合同履行地、合同签订地、原告住所地、标的物所在地、侵权行为地等与争议有实际联系地点的外国法院管辖。

根据民事诉讼法第三十四条和第二百七十三条规定，属于中华人民共和国法院专属管辖的案件，当事人不得协议选择外国法院管辖，但协议选择仲裁的除外。

第五百三十条 涉外民事案件同时符合下列情形的，人民法院可以裁定驳回原告的起诉，告知其向更方便的外国法院提起诉讼：

（一）被告提出案件应由更方便外国法院管辖的请求，或者提出管辖异议；

（二）当事人之间不存在选择中华人民共和国法院管辖的协议；

（三）案件不属于中华人民共和国法院专属管辖；

（四）案件不涉及中华人民共和国国家、公民、法人或者其他组织的利益；

（五）案件争议的主要事实不是发生在中华人民共和国境内，且案件不适用中华人民共和国法律，人民法院审理案件在认定事实和适用法律方面存在重大困难；

（六）外国法院对案件享有管辖权，且审理该案件更加方便。

第五百三十一条 中华人民共和国法院和外国法院都有管辖权的案件，一方当事人向外国法院起诉，而另一方当事人向中华人民共和国法院起诉的，人民法院可予受理。判决后，外国法院申请或者当事人请求人民法院承认和执行外国法院对本案作出的判决、裁定的，不予准许；但双方共同缔结或者参加的国际条约另有规定的除外。

外国法院判决、裁定已经被人民法院承认，当事人就同一争议向人民法院起诉的，人民法院不予受理。

第五百三十二条 对在中华人民共和国领域内没有住所的当事人，经用公告方式送达诉讼文书，公告期满不应诉，人民法院缺席判决后，仍应当将裁判文书依照民事诉讼法第二百七十四条第八项规定公告送达。自公告送达裁判文书满三个月之日起，经过三十日的上诉期当事人没有上诉的，一审判决即发生法律效力。

第五百三十三条 外国人或者外国企业、组织的代表人、主要负责人在中华人民共和国领域内的，人民法院可以向该自然人或者外国企业、组织的代表人、主要负责人送达。

外国企业、组织的主要负责人包括该企业、组织的董事、监事、高级管理人员等。

第五百三十四条 受送达人所在国允许邮寄送达的，人民法院可以邮寄送达。

邮寄送达时应当附有送达回证。受送达人未在送达回证上签收但在邮件回执上签收的，视为送达，签收日期为送达日期。

自邮寄之日起满三个月，如果未收到送达的证明文件，且根据各种情况不足以认定已经送达的，视为不能用邮寄方式送达。

第五百三十五条 人民法院一审时采取公告方式向当事人送达诉讼文书的，二审时可径行采取公告方式向其送达诉讼文书，但人民法院能够采取公告方式之外的其他方式送达的除外。

第五百三十六条 不服第一审人民法院判决、裁定的上诉期，对在中华人民共和国领域内有住所的当事人，适用民事诉讼法第一百七十一条规定的期限;对在中华人民共和国领域内没有住所的当事人,适用民事诉讼法第二百七十六条规定的期限。当事人的上诉期均已届满没有上诉的,第一审人民法院的判决、裁定即发生法律效力。

第五百三十七条 人民法院对涉外民事案件的当事人申请再审进行审查的期间,不受民事诉讼法第二百一十一条规定的限制。

第五百三十八条 申请人向人民法院申请执行中华人民共和国涉外仲裁机构的裁决,应当提出书面申请,并附裁决书正本。如申请人为外国当事人,其申请书应当用中文文本提出。

第五百三十九条 人民法院强制执行涉外仲裁机构的仲裁裁决时,被执行人以有民事诉讼法第二百八十一条第一款规定的情形为由提出抗辩的,人民法院应当对被执行人的抗辩进行审查,并根据审查结果裁定执行或者不予执行。

第五百四十条 依照民事诉讼法第二百七十九条规定,中华人民共和国涉外仲裁机构将当事人的保全申请提交人民法院裁定的,人民法院可以进行审查,裁定是否进行保全。裁定保全的,应当责令申请人提供担保,申请人不提供担保的,裁定驳回申请。

当事人申请证据保全,人民法院经审查认为无需提供担保的,申请人可以不提供担保。

第五百四十一条 申请人向人民法院申请承认和执行外国法院作出的发生法律效力的判决、裁定,应当提交申请书,并附外国法院作出的发生法律效力的判决、裁定正本或者经证明无误的副本以及中文译本。外国法院判决、裁定为缺席判决、裁定的,申请人应当同时提交该外国法院已经合法传唤的证明文件,但判决、裁定已经对此予以明确说明的除外。

中华人民共和国缔结或者参加的国际条约对提交文件有规定的,按照规定办理。

第五百四十二条 当事人向中华人民共和国有管辖权的中级人民法院申请承认和执行外国法院作出的发生法律效力的判决、裁定的,如果该法院所在国与中华人民共和国没有缔结或者共同参加国际条约,也没有互惠关系的,裁定驳回申请,但当事人向人民法院申请承认外国法院作出的发生法律效力的离婚判决的除外。

承认和执行申请被裁定驳回的,当事人可以向人民法院起诉。

第五百四十三条 对临时仲裁庭在中华人民共和国领域外作出的仲裁裁决,一方当事人向人民法院申请承认和执行的,人民法院应当依照民事诉讼法第二百九十条规定处理。

第五百四十四条 对外国法院作出的发生法律效力的判决、裁定或者外国仲裁裁决,需要中华人民共和国法院执行的,当事人应当先向人民法院申请承认。人民法院经审查,裁定承认后,再根据民事诉讼法第三编的规定予以执行。

当事人仅申请承认而未同时申请执行的,人民法院仅对应否承认进行审查并作出裁定。

第五百四十五条 当事人申请承认和执行外国法院作出的发生法律效力的判决、裁定或者外国仲裁裁决的期间,适用民事诉讼法第二百四十六条的规定。

当事人仅申请承认而未同时申请执行的,申请执行的期间自人民法院对承认申请作出的裁定生效之日起重新计算。

第五百四十六条 承认和执行外国法院作出的发生法律效力的判决、裁定或者外国仲裁裁决的案件,人民法院应当组成合议庭进行审查。

人民法院应当将申请书送达被申请人。被申请人可以陈述意见。

人民法院经审查作出的裁定,一经送达即发生法律效力。

第五百四十七条 与中华人民共和国没有司法协助条约又无互惠关系的国家的法院,未通过外交途径,直接请求人民法院提供司法协助的,人民法院应予退回,并说明理由。

第五百四十八条 当事人在中华人民共和国领域外使用中华人民共和国法院的判决书、裁定书,要求中华人民共和国法院证明其法律效力的,或者外国法院要求中华人民共和国法院证明判决书、裁定书的法律效力的,作出判决、裁定的中华人民共和国法院,可以本法院的名义出具证明。

第五百四十九条 人民法院审理涉及香港、澳门特别行政区和台湾地区的民事诉讼案件,可以参照适用涉外民事诉讼程序的特别规定。

二十三、附　则

第五百五十条 本解释公布施行后,最高人民法院于1992年7月14日发布的《关于适用〈中华人民共和国民事诉讼法〉若干问题的意见》同时废止;最高人民法院以前发布的司法解释与本解释不一致的,不再适用。

最高人民法院关于民事诉讼证据的若干规定

· 2001年12月6日最高人民法院审判委员会第1201次会议通过
· 根据2019年10月14日最高人民法院审判委员会第1777次会议《关于修改〈关于民事诉讼证据的若干规定〉的决定》修正
· 2019年12月25日最高人民法院公告公布
· 自2020年5月1日起施行
· 法释〔2019〕19号

为保证人民法院正确认定案件事实,公正、及时审理民事案件,保障和便利当事人依法行使诉讼权利,根据《中华人民共和国民事诉讼法》(以下简称民事诉讼法)等有关法律的规定,结合民事审判经验和实际情况,制定本规定。

一、当事人举证

第一条 原告向人民法院起诉或者被告提出反诉,应当提供符合起诉条件的相应的证据。

第二条 人民法院应当向当事人说明举证的要求及法律后果,促使当事人在合理期限内积极、全面、正确、诚实地完成举证。

当事人因客观原因不能自行收集的证据,可申请人民法院调查收集。

第三条 在诉讼过程中,一方当事人陈述的于己不利的事实,或者对于己不利的事实明确表示承认的,另一方当事人无需举证证明。

在证据交换、询问、调查过程中,或者在起诉状、答辩状、代理词等书面材料中,当事人明确承认于己不利的事实的,适用前款规定。

第四条 一方当事人对于另一方当事人主张的于己不利的事实既不承认也不否认,经审判人员说明并询问后,其仍然不明确表示肯定或者否定的,视为对该事实的承认。

第五条 当事人委托诉讼代理人参加诉讼的,除授权委托书明确排除的事项外,诉讼代理人的自认视为当事人的自认。

当事人在场对诉讼代理人的自认明确否认的,不视为自认。

第六条 普通共同诉讼中,共同诉讼人中一人或者数人作出的自认,对作出自认的当事人发生效力。

必要共同诉讼中,共同诉讼人中一人或者数人作出自认而其他共同诉讼人予以否认的,不发生自认的效力。其他共同诉讼人既不承认也不否认,经审判人员说明并询问后仍然不明确表示意见的,视为全体共同诉讼人的自认。

第七条 一方当事人对于另一方当事人主张的于己不利的事实有所限制或者附加条件予以承认的,由人民法院综合案件情况决定是否构成自认。

第八条 《最高人民法院关于适用〈中华人民共和国民事诉讼法〉的解释》第九十六条第一款规定的事实,不适用有关自认的规定。

自认的事实与已经查明的事实不符的,人民法院不予确认。

第九条 有下列情形之一,当事人在法庭辩论终结前撤销自认的,人民法院应当准许:

(一)经对方当事人同意的;

(二)自认是在受胁迫或者重大误解情况下作出的。

人民法院准许当事人撤销自认的,应当作出口头或者书面裁定。

第十条 下列事实,当事人无须举证证明:

(一)自然规律以及定理、定律;

(二)众所周知的事实;

(三)根据法律规定推定的事实;

(四)根据已知的事实和日常生活经验法则推定出的另一事实;

(五)已为仲裁机构的生效裁决所确认的事实;

(六)已为人民法院发生法律效力的裁判所确认的基本事实;

(七)已为有效公证文书所证明的事实。

前款第二项至第五项事实,当事人有相反证据足以反驳的除外;第六项、第七项事实,当事人有相反证据足以推翻的除外。

第十一条 当事人向人民法院提供证据,应当提供原件或者原物。如需自己保存证据原件、原物或者提供原件、原物确有困难的，可以提供经人民法院核对无异的复制件或者复制品。

第十二条 以动产作为证据的，应当将原物提交人民法院。原物不宜搬移或者不宜保存的，当事人可以提供复制品、影像资料或者其他替代品。

人民法院在收到当事人提交的动产或者替代品后，应当及时通知双方当事人到人民法院或者保存现场查验。

第十三条 当事人以不动产作为证据的，应当向人民法院提供该不动产的影像资料。

人民法院认为有必要的，应当通知双方当事人到场进行查验。

第十四条 电子数据包括下列信息、电子文件：

（一）网页、博客、微博客等网络平台发布的信息；

（二）手机短信、电子邮件、即时通信、通讯群组等网络应用服务的通信信息；

（三）用户注册信息、身份认证信息、电子交易记录、通信记录、登录日志等信息；

（四）文档、图片、音频、视频、数字证书、计算机程序等电子文件；

（五）其他以数字化形式存储、处理、传输的能够证明案件事实的信息。

第十五条 当事人以视听资料作为证据的，应当提供存储该视听资料的原始载体。

当事人以电子数据作为证据的，应当提供原件。电子数据的制作者制作的与原件一致的副本，或者直接来源于电子数据的打印件或其他可以显示、识别的输出介质，视为电子数据的原件。

第十六条 当事人提供的公文书证系在中华人民共和国领域外形成的，该证据应当经所在国公证机关证明，或者履行中华人民共和国与该所在国订立的有关条约中规定的证明手续。

中华人民共和国领域外形成的涉及身份关系的证据，应当经所在国公证机关证明并经中华人民共和国驻该国使领馆认证，或者履行中华人民共和国与该所在国订立的有关条约中规定的证明手续。

当事人向人民法院提供的证据是在香港、澳门、台湾地区形成的，应当履行相关的证明手续。

第十七条 当事人向人民法院提供外文书证或者外文说明资料，应当附有中文译本。

第十八条 双方当事人无争议的事实符合《最高人民法院关于适用〈中华人民共和国民事诉讼法〉的解释》第九十六条第一款规定情形的，人民法院可以责令当事人提供有关证据。

第十九条 当事人应当对其提交的证据材料逐一分类编号，对证据材料的来源、证明对象和内容作简要说明，签名盖章，注明提交日期，并依照对方当事人人数提出副本。

人民法院收到当事人提交的证据材料，应当出具收据，注明证据的名称、份数和页数以及收到的时间，由经办人员签名或者盖章。

二、证据的调查收集和保全

第二十条 当事人及其诉讼代理人申请人民法院调查收集证据，应当在举证期限届满前提交书面申请。

申请书应当载明被调查人的姓名或者单位名称、住所地等基本情况、所要调查收集的证据名称或者内容、需要由人民法院调查收集证据的原因及其要证明的事实以及明确的线索。

第二十一条 人民法院调查收集的书证，可以是原件，也可以是经核对无误的副本或者复制件。是副本或者复制件的，应当在调查笔录中说明来源和取证情况。

第二十二条 人民法院调查收集的物证应当是原物。被调查人提供原物确有困难的，可以提供复制品或者影像资料。提供复制品或者影像资料的，应当在调查笔录中说明取证情况。

第二十三条 人民法院调查收集视听资料、电子数据，应当要求被调查人提供原始载体。

提供原始载体确有困难的，可以提供复制件。提供复制件的，人民法院应当在调查笔录中说明其来源和制作经过。

人民法院对视听资料、电子数据采取证据保全措施的，适用前款规定。

第二十四条 人民法院调查收集可能需要鉴定的证据，应当遵守相关技术规范，确保证据不被污染。

第二十五条 当事人或者利害关系人根据民事诉讼法第八十一条的规定申请证据保全的，申请书应当载明需要保全的证据的基本情况、申请保全的理由以及采取何种保全措施等内容。

当事人根据民事诉讼法第八十一条第一款的规定申请证据保全的，应当在举证期限届满前向人民法院提出。

法律、司法解释对诉前证据保全有规定的，依照其规定办理。

第二十六条 当事人或者利害关系人申请采取查封、扣押等限制保全标的物使用、流通等保全措施，或者保全可能对证据持有人造成损失的，人民法院应当责令申请人提供相应的担保。

担保方式或者数额由人民法院根据保全措施对证据持有人的影响、保全标的物的价值、当事人或者利害关系人争议的诉讼标的金额等因素综合确定。

第二十七条 人民法院进行证据保全，可以要求当事人或者诉讼代理人到场。

根据当事人的申请和具体情况，人民法院可以采取查封、扣押、录音、录像、复制、鉴定、勘验等方法进行证据保全，并制作笔录。

在符合证据保全目的的情况下，人民法院应当选择对证据持有人利益影响最小的保全措施。

第二十八条 申请证据保全错误造成财产损失，当事人请求申请人承担赔偿责任的，人民法院应予支持。

第二十九条 人民法院采取诉前证据保全措施后，当事人向其他有管辖权的人民法院提起诉讼的，采取保全措施的人民法院应当根据当事人的申请，将保全的证据及时移交受理案件的人民法院。

第三十条 人民法院在审理案件过程中认为待证事实需要通过鉴定意见证明的，应当向当事人释明，并指定提出鉴定申请的期间。

符合《最高人民法院关于适用〈中华人民共和国民事诉讼法〉的解释》第九十六条第一款规定情形的，人民法院应当依职权委托鉴定。

第三十一条 当事人申请鉴定，应当在人民法院指定期间内提出，并预交鉴定费用。逾期不提出申请或者不预交鉴定费用的，视为放弃申请。

对需要鉴定的待证事实负有举证责任的当事人，在人民法院指定期间内无正当理由不提出鉴定申请或者不预交鉴定费用，或者拒不提供相关材料，致使待证事实无法查明的，应当承担举证不能的法律后果。

第三十二条 人民法院准许鉴定申请的，应当组织双方当事人协商确定具备相应资格的鉴定人。当事人协商不成的，由人民法院指定。

人民法院依职权委托鉴定的，可以在询问当事人的意见后，指定具备相应资格的鉴定人。

人民法院在确定鉴定人后应当出具委托书，委托书中应当载明鉴定事项、鉴定范围、鉴定目的和鉴定期限。

第三十三条 鉴定开始之前，人民法院应当要求鉴定人签署承诺书。承诺书中应当载明鉴定人保证客观、公正、诚实地进行鉴定，保证出庭作证，如作虚假鉴定应当承担法律责任等内容。

鉴定人故意作虚假鉴定的，人民法院应当责令其退还鉴定费用，并根据情节，依照民事诉讼法第一百一十一条的规定进行处罚。

第三十四条 人民法院应当组织当事人对鉴定材料进行质证。未经质证的材料，不得作为鉴定的根据。

经人民法院准许，鉴定人可以调取证据、勘验物证和现场、询问当事人或者证人。

第三十五条 鉴定人应当在人民法院确定的期限内完成鉴定，并提交鉴定书。

鉴定人无正当理由未按期提交鉴定书的，当事人可以申请人民法院另行委托鉴定人进行鉴定。人民法院准许的，原鉴定人已经收取的鉴定费用应当退还；拒不退还的，依照本规定第八十一条第二款的规定处理。

第三十六条 人民法院对鉴定人出具的鉴定书，应当审查是否具有下列内容：

（一）委托法院的名称；

（二）委托鉴定的内容、要求；

（三）鉴定材料；

（四）鉴定所依据的原理、方法；

（五）对鉴定过程的说明；

（六）鉴定意见；

（七）承诺书。

鉴定书应当由鉴定人签名或者盖章，并附鉴定人的相应资格证明。委托机构鉴定的，鉴定书应当由鉴定机构盖章，并由从事鉴定的人员签名。

第三十七条 人民法院收到鉴定书后，应当及时将副本送交当事人。

当事人对鉴定书的内容有异议的，应当在人民法院指定期间内以书面方式提出。

对于当事人的异议，人民法院应当要求鉴定

人作出解释、说明或者补充。人民法院认为有必要的,可以要求鉴定人对当事人未提出异议的内容进行解释、说明或者补充。

第三十八条 当事人在收到鉴定人的书面答复后仍有异议的,人民法院应当根据《诉讼费用交纳办法》第十一条的规定,通知有异议的当事人预交鉴定人出庭费用,并通知鉴定人出庭。有异议的当事人不预交鉴定人出庭费用的,视为放弃异议。

双方当事人对鉴定意见均有异议的,分摊预交鉴定人出庭费用。

第三十九条 鉴定人出庭费用按照证人出庭作证费用的标准计算,由败诉的当事人负担。因鉴定意见不明确或者有瑕疵需要鉴定人出庭的,出庭费用由其自行负担。

人民法院委托鉴定时已经确定鉴定人出庭费用包含在鉴定费用中的,不再通知当事人预交。

第四十条 当事人申请重新鉴定,存在下列情形之一的,人民法院应当准许:

(一)鉴定人不具备相应资格的;

(二)鉴定程序严重违法的;

(三)鉴定意见明显依据不足的;

(四)鉴定意见不能作为证据使用的其他情形。

存在前款第一项至第三项情形的,鉴定人已经收取的鉴定费用应当退还。拒不退还的,依照本规定第八十一条第二款的规定处理。

对鉴定意见的瑕疵,可以通过补正、补充鉴定或者补充质证、重新质证等方法解决的,人民法院不予准许重新鉴定的申请。

重新鉴定的,原鉴定意见不得作为认定案件事实的根据。

第四十一条 对于一方当事人就专门性问题自行委托有关机构或者人员出具的意见,另一方当事人有证据或者理由足以反驳并申请鉴定的,人民法院应予准许。

第四十二条 鉴定意见被采信后,鉴定人无正当理由撤销鉴定意见的,人民法院应当责令其退还鉴定费用,并可以根据情节,依照民事诉讼法第一百一十一条的规定对鉴定人进行处罚。当事人主张鉴定人负担由此增加的合理费用的,人民法院应予支持。

人民法院采信鉴定意见后准许鉴定人撤销的,应当责令其退还鉴定费用。

第四十三条 人民法院应当在勘验前将勘验的时间和地点通知当事人。当事人不参加的,不影响勘验进行。

当事人可以就勘验事项向人民法院进行解释和说明,可以请求人民法院注意勘验中的重要事项。

人民法院勘验物证或者现场,应当制作笔录,记录勘验的时间、地点、勘验人、在场人、勘验的经过、结果,由勘验人、在场人签名或者盖章。对于绘制的现场图应当注明绘制的时间、方位、测绘人姓名、身份等内容。

第四十四条 摘录有关单位制作的与案件事实相关的文件、材料,应当注明出处,并加盖制作单位或者保管单位的印章,摘录人和其他调查人员应当在摘录件上签名或者盖章。

摘录文件、材料应当保持内容相应的完整性。

第四十五条 当事人根据《最高人民法院关于适用〈中华人民共和国民事诉讼法〉的解释》第一百一十二条的规定申请人民法院责令对方当事人提交书证的,申请书应当载明所申请提交的书证名称或者内容、需要以该书证证明的事实及事实的重要性、对方当事人控制该书证的根据以及应当提交该书证的理由。

对方当事人否认控制书证的,人民法院应当根据法律规定、习惯等因素,结合案件的事实、证据,对于书证是否在对方当事人控制之下的事实作出综合判断。

第四十六条 人民法院对当事人提交书证的申请进行审查时,应当听取对方当事人的意见,必要时可以要求双方当事人提供证据、进行辩论。

当事人申请提交的书证不明确、书证对于待证事实的证明无必要、待证事实对于裁判结果无实质性影响、书证未在对方当事人控制之下或者不符合本规定第四十七条情形的,人民法院不予准许。

当事人申请理由成立的,人民法院应当作出裁定,责令对方当事人提交书证;理由不成立的,通知申请人。

第四十七条 下列情形,控制书证的当事人应当提交书证:

(一)控制书证的当事人在诉讼中曾经引用过的书证;

（二）为对方当事人的利益制作的书证；

（三）对方当事人依照法律规定有权查阅、获取的书证；

（四）账簿、记账原始凭证；

（五）人民法院认为应当提交书证的其他情形。

前款所列书证，涉及国家秘密、商业秘密、当事人或第三人的隐私，或者存在法律规定应当保密的情形的，提交后不得公开质证。

第四十八条 控制书证的当事人无正当理由拒不提交书证的，人民法院可以认定对方当事人所主张的书证内容为真实。

控制书证的当事人存在《最高人民法院关于适用〈中华人民共和国民事诉讼法〉的解释》第一百一十三条规定情形的，人民法院可以认定对方当事人主张以该书证证明的事实为真实。

三、举证时限与证据交换

第四十九条 被告应当在答辩期届满前提出书面答辩，阐明其对原告诉讼请求及所依据的事实和理由的意见。

第五十条 人民法院应当在审理前的准备阶段向当事人送达举证通知书。

举证通知书应当载明举证责任的分配原则和要求、可以向人民法院申请调查收集证据的情形、人民法院根据案件情况指定的举证期限以及逾期提供证据的法律后果等内容。

第五十一条 举证期限可以由当事人协商，并经人民法院准许。

人民法院指定举证期限的，适用第一审普通程序审理的案件不得少于十五日，当事人提供新的证据的第二审案件不得少于十日。适用简易程序审理的案件不得超过十五日，小额诉讼案件的举证期限一般不得超过七日。

举证期限届满后，当事人提供反驳证据或者对已经提供的证据的来源、形式等方面的瑕疵进行补正的，人民法院可以酌情再次确定举证期限，该期限不受前款规定的期间限制。

第五十二条 当事人在举证期限内提供证据存在客观障碍，属于民事诉讼法第六十五条第二款规定的“当事人在该期限内提供证据确有困难”的情形。

前款情形，人民法院应当根据当事人的举证能力、不能在举证期限内提供证据的原因等因素综合判断。必要时，可以听取对方当事人的意见。

第五十三条 诉讼过程中，当事人主张的法律关系性质或者民事行为效力与人民法院根据案件事实作出的认定不一致的，人民法院应当将法律关系性质或者民事行为效力作为焦点问题进行审理。但法律关系性质对裁判理由及结果没有影响，或者有关问题已经当事人充分辩论的除外。

存在前款情形，当事人根据法庭审理情况变更诉讼请求的，人民法院应当准许并可以根据案件的具体情况重新指定举证期限。

第五十四条 当事人申请延长举证期限的，应当在举证期限届满前向人民法院提出书面申请。

申请理由成立的，人民法院应当准许，适当延长举证期限，并通知其他当事人。延长的举证期限适用于其他当事人。

申请理由不成立的，人民法院不予准许，并通知申请人。

第五十五条 存在下列情形的，举证期限按照如下方式确定：

（一）当事人依照民事诉讼法第一百二十七条规定提出管辖权异议的，举证期限中止，自驳回管辖权异议的裁定生效之日起恢复计算；

（二）追加当事人、有独立请求权的第三人参加诉讼或者无独立请求权的第三人经人民法院通知参加诉讼的，人民法院应当依照本规定第五十一条的规定为新参加诉讼的当事人确定举证期限，该举证期限适用于其他当事人；

（三）发回重审的案件，第一审人民法院可以结合案件具体情况和发回重审的原因，酌情确定举证期限；

（四）当事人增加、变更诉讼请求或者提出反诉的，人民法院应当根据案件具体情况重新确定举证期限；

（五）公告送达的，举证期限自公告期届满之次日起计算。

第五十六条 人民法院依照民事诉讼法第一百三十三条第四项的规定，通过组织证据交换进行审理前准备的，证据交换之日举证期限届满。

证据交换的时间可以由当事人协商一致并经人民法院认可，也可以由人民法院指定。当事人申请延期举证经人民法院准许的，证据交换日相应顺延。

第五十七条 证据交换应当在审判人员的主持下进行。

在证据交换的过程中,审判人员对当事人无异议的事实、证据应当记录在卷;对有异议的证据,按照需要证明的事实分类记录在卷,并记载异议的理由。通过证据交换,确定双方当事人争议的主要问题。

第五十八条 当事人收到对方的证据后有反驳证据需要提交的,人民法院应当再次组织证据交换。

第五十九条 人民法院对逾期提供证据的当事人处以罚款的,可以结合当事人逾期提供证据的主观过错程度、导致诉讼迟延的情况、诉讼标的金额等因素,确定罚款数额。

四、质　证

第六十条 当事人在审理前的准备阶段或者人民法院调查、询问过程中发表过质证意见的证据,视为质证过的证据。

当事人要求以书面方式发表质证意见,人民法院在听取对方当事人意见后认为有必要的,可以准许。人民法院应当及时将书面质证意见送交对方当事人。

第六十一条 对书证、物证、视听资料进行质证时,当事人应当出示证据的原件或者原物。但有下列情形之一的除外:

(一)出示原件或者原物确有困难并经人民法院准许出示复制件或者复制品的;

(二)原件或者原物已不存在,但有证据证明复制件、复制品与原件或者原物一致的。

第六十二条 质证一般按下列顺序进行:

(一)原告出示证据,被告、第三人与原告进行质证;

(二)被告出示证据,原告、第三人与被告进行质证;

(三)第三人出示证据,原告、被告与第三人进行质证。

人民法院根据当事人申请调查收集的证据,审判人员对调查收集证据的情况进行说明后,由提出申请的当事人与对方当事人、第三人进行质证。

人民法院依职权调查收集的证据,由审判人员对调查收集证据的情况进行说明后,听取当事人的意见。

第六十三条 当事人应当就案件事实作真实、完整的陈述。

当事人的陈述与此前陈述不一致的,人民法院应当责令其说明理由,并结合当事人的诉讼能力、证据和案件具体情况进行审查认定。

当事人故意作虚假陈述妨碍人民法院审理的,人民法院应当根据情节,依照民事诉讼法第一百一十一条的规定进行处罚。

第六十四条 人民法院认为有必要的,可以要求当事人本人到场,就案件的有关事实接受询问。

人民法院要求当事人到场接受询问的,应当通知当事人询问的时间、地点、拒不到场的后果等内容。

第六十五条 人民法院应当在询问前责令当事人签署保证书并宣读保证书的内容。

保证书应当载明保证据实陈述,绝无隐瞒、歪曲、增减,如有虚假陈述应当接受处罚等内容。当事人应当在保证书上签名、捺印。

当事人有正当理由不能宣读保证书的,由书记员宣读并进行说明。

第六十六条 当事人无正当理由拒不到场、拒不签署或宣读保证书或者拒不接受询问的,人民法院应当综合案件情况,判断待证事实的真伪。待证事实无其他证据证明的,人民法院应当作出不利于该当事人的认定。

第六十七条 不能正确表达意思的人,不能作为证人。

待证事实与其年龄、智力状况或者精神健康状况相适应的无民事行为能力人和限制民事行为能力人,可以作为证人。

第六十八条 人民法院应当要求证人出庭作证,接受审判人员和当事人的询问。证人在审理前的准备阶段或者人民法院调查、询问等双方当事人在场时陈述证言的,视为出庭作证。

双方当事人同意证人以其他方式作证并经人民法院准许的,证人可以不出庭作证。

无正当理由未出庭的证人以书面等方式提供的证言,不得作为认定案件事实的根据。

第六十九条 当事人申请证人出庭作证的,应当在举证期限届满前向人民法院提交申请书。

申请书应当载明证人的姓名、职业、住所、联系方式，作证的主要内容，作证内容与待证事实的关联性，以及证人出庭作证的必要性。

符合《最高人民法院关于适用〈中华人民共和国民事诉讼法〉的解释》第九十六条第一款规定情形的，人民法院应当依职权通知证人出庭作证。

第七十条 人民法院准许证人出庭作证申请的，应当向证人送达通知书并告知双方当事人。通知书中应当载明证人作证的时间、地点，作证的事项、要求以及作伪证的法律后果等内容。

当事人申请证人出庭作证的事项与待证事实无关，或者没有通知证人出庭作证必要的，人民法院不予准许当事人的申请。

第七十一条 人民法院应当要求证人在作证之前签署保证书，并在法庭上宣读保证书的内容。但无民事行为能力人和限制民事行为能力人作为证人的除外。

证人确有正当理由不能宣读保证书的，由书记员代为宣读并进行说明。

证人拒绝签署或者宣读保证书的，不得作证，并自行承担相关费用。

证人保证书的内容适用当事人保证书的规定。

第七十二条 证人应当客观陈述其亲身感知的事实，作证时不得使用猜测、推断或者评论性语言。

证人作证前不得旁听法庭审理，作证时不得以宣读事先准备的书面材料的方式陈述证言。

证人言辞表达有障碍的，可以通过其他表达方式作证。

第七十三条 证人应当就其作证的事项进行连续陈述。

当事人及其法定代理人、诉讼代理人或者旁听人员干扰证人陈述的，人民法院应当及时制止，必要时可以依照民事诉讼法第一百一十条的规定进行处罚。

第七十四条 审判人员可以对证人进行询问。当事人及其诉讼代理人经审判人员许可后可以询问证人。

询问证人时其他证人不得在场。

人民法院认为有必要的，可以要求证人之间进行对质。

第七十五条 证人出庭作证后，可以向人民法院申请支付证人出庭作证费用。证人有困难需要预先支取出庭作证费用的，人民法院可以根据证人的申请在出庭作证前支付。

第七十六条 证人确有困难不能出庭作证，申请以书面证言、视听传输技术或者视听资料等方式作证的，应当向人民法院提交申请书。申请书中应当载明不能出庭的具体原因。

符合民事诉讼法第七十三条规定情形的，人民法院应当准许。

第七十七条 证人经人民法院准许，以书面证言方式作证的，应当签署保证书；以视听传输技术或者视听资料方式作证的，应当签署保证书并宣读保证书的内容。

第七十八条 当事人及其诉讼代理人对证人的询问与待证事实无关，或者存在威胁、侮辱证人或不适当引导等情形的，审判人员应当及时制止。必要时可以依照民事诉讼法第一百一十条、第一百一十一条的规定进行处罚。

证人故意作虚假陈述，诉讼参与人或者其他人以暴力、威胁、贿买等方法妨碍证人作证，或者在证人作证后以侮辱、诽谤、诬陷、恐吓、殴打等方式对证人打击报复的，人民法院应当根据情节，依照民事诉讼法第一百一十一条的规定，对行为人进行处罚。

第七十九条 鉴定人依照民事诉讼法第七十八条的规定出庭作证的，人民法院应当在开庭审理三日前将出庭的时间、地点及要求通知鉴定人。

委托机构鉴定的，应当由从事鉴定的人员代表机构出庭。

第八十条 鉴定人应当就鉴定事项如实答复当事人的异议和审判人员的询问。当庭答复确有困难的，经人民法院准许，可以在庭审结束后书面答复。

人民法院应当及时将书面答复送交当事人，并听取当事人的意见。必要时，可以再次组织质证。

第八十一条 鉴定人拒不出庭作证的，鉴定意见不得作为认定案件事实的根据。人民法院应当建议有关主管部门或者组织对拒不出庭作证的鉴定人予以处罚。

当事人要求退还鉴定费用的，人民法院应当在三日内作出裁定，责令鉴定人退还；拒不退还的，由人民法院依法执行。

当事人因鉴定人拒不出庭作证申请重新鉴定的，人民法院应当准许。

第八十二条 经法庭许可，当事人可以询问鉴定人、勘验人。

询问鉴定人、勘验人不得使用威胁、侮辱等不适当的言语和方式。

第八十三条 当事人依照民事诉讼法第七十九条和《最高人民法院关于适用〈中华人民共和国民事诉讼法〉的解释》第一百二十二条的规定，申请有专门知识的人出庭的，申请书中应当载明有专门知识的人的基本情况和申请的目的。

人民法院准许当事人申请的，应当通知双方当事人。

第八十四条 审判人员可以对有专门知识的人进行询问。经法庭准许，当事人可以对有专门知识的人进行询问，当事人各自申请的有专门知识的人可以就案件中的有关问题进行对质。

有专门知识的人不得参与对鉴定意见质证或者就专业问题发表意见之外的法庭审理活动。

五、证据的审核认定

第八十五条 人民法院应当以证据能够证明的案件事实为根据依法作出裁判。

审判人员应当依照法定程序，全面、客观地审核证据，依据法律的规定，遵循法官职业道德，运用逻辑推理和日常生活经验，对证据有无证明力和证明力大小独立进行判断，并公开判断的理由和结果。

第八十六条 当事人对于欺诈、胁迫、恶意串通事实的证明，以及对于口头遗嘱或赠与事实的证明，人民法院确信该待证事实存在的可能性能够排除合理怀疑的，应当认定该事实存在。

与诉讼保全、回避等程序事项有关的事实，人民法院结合当事人的说明及相关证据，认为有关事实存在的可能性较大的，可以认定该事实存在。

第八十七条 审判人员对单一证据可以从下列方面进行审核认定：

（一）证据是否为原件、原物，复制件、复制品与原件、原物是否相符；

（二）证据与本案事实是否相关；

（三）证据的形式、来源是否符合法律规定；

（四）证据的内容是否真实；

（五）证人或者提供证据的人与当事人有无利害关系。

第八十八条 审判人员对案件的全部证据，应当从各证据与案件事实的关联程度、各证据之间的联系等方面进行综合审查判断。

第八十九条 当事人在诉讼过程中认可的证据，人民法院应当予以确认。但法律、司法解释另有规定的除外。

当事人对认可的证据反悔的，参照《最高人民法院关于适用〈中华人民共和国民事诉讼法〉的解释》第二百二十九条的规定处理。

第九十条 下列证据不能单独作为认定案件事实的根据：

（一）当事人的陈述；

（二）无民事行为能力人或者限制民事行为能力人所作的与其年龄、智力状况或者精神健康状况不相当的证言；

（三）与一方当事人或者其代理人有利害关系的证人陈述的证言；

（四）存有疑点的视听资料、电子数据；

（五）无法与原件、原物核对的复制件、复制品。

第九十一条 公文书证的制作者根据文书原件制作的载有部分或者全部内容的副本，与正本具有相同的证明力。

在国家机关存档的文件，其复制件、副本、节录本经档案部门或者制作原本的机关证明其内容与原本一致的，该复制件、副本、节录本具有与原本相同的证明力。

第九十二条 私文书证的真实性，由主张以私文书证证明案件事实的当事人承担举证责任。

私文书证由制作者或者其代理人签名、盖章或捺印的，推定为真实。

私文书证上有删除、涂改、增添或者其他形式瑕疵的，人民法院应当综合案件的具体情况判断其证明力。

第九十三条 人民法院对于电子数据的真实性，应当结合下列因素综合判断：

（一）电子数据的生成、存储、传输所依赖的计算机系统的硬件、软件环境是否完整、可靠；

（二）电子数据的生成、存储、传输所依赖的计算机系统的硬件、软件环境是否处于正常运行状态，或者不处于正常运行状态时对电子数据的生成、存储、传输是否有影响；

（三）电子数据的生成、存储、传输所依赖的计算机系统的硬件、软件环境是否具备有效的防止出错的监测、核查手段；

（四）电子数据是否被完整地保存、传输、提取，保存、传输、提取的方法是否可靠；

（五）电子数据是否在正常的往来活动中形成和存储；

（六）保存、传输、提取电子数据的主体是否适当；

（七）影响电子数据完整性和可靠性的其他因素。

人民法院认为有必要的，可以通过鉴定或者勘验等方法，审查判断电子数据的真实性。

第九十四条 电子数据存在下列情形的，人民法院可以确认其真实性，但有足以反驳的相反证据的除外：

（一）由当事人提交或者保管的于己不利的电子数据；

（二）由记录和保存电子数据的中立第三方平台提供或者确认的；

（三）在正常业务活动中形成的；

（四）以档案管理方式保管的；

（五）以当事人约定的方式保存、传输、提取的。

电子数据的内容经公证机关公证的，人民法院应当确认其真实性，但有相反证据足以推翻的除外。

第九十五条 一方当事人控制证据无正当理由拒不提交，对待证事实负有举证责任的当事人主张该证据的内容不利于控制人的，人民法院可以认定该主张成立。

第九十六条 人民法院认定证人证言，可以通过对证人的智力状况、品德、知识、经验、法律意识和专业技能等的综合分析作出判断。

第九十七条 人民法院应当在裁判文书中阐明证据是否采纳的理由。

对当事人无争议的证据，是否采纳的理由可以不在裁判文书中表述。

六、其　他

第九十八条 对证人、鉴定人、勘验人的合法权益依法予以保护。

当事人或者其他诉讼参与人伪造、毁灭证据，提供虚假证据，阻止证人作证，指使、贿买、胁迫他人作伪证，或者对证人、鉴定人、勘验人打击报复的，依照民事诉讼法第一百一十条、第一百一十一条的规定进行处罚。

第九十九条 本规定对证据保全没有规定的，参照适用法律、司法解释关于财产保全的规定。

除法律、司法解释另有规定外，对当事人、鉴定人、有专门知识的人的询问参照适用本规定中关于询问证人的规定；关于书证的规定适用于视听资料、电子数据；存储在电子计算机等电子介质中的视听资料，适用电子数据的规定。

第一百条 本规定自2020年5月1日起施行。

本规定公布施行后，最高人民法院以前发布的司法解释与本规定不一致的，不再适用。

实用附录

1. 民事诉讼流程图(一审)

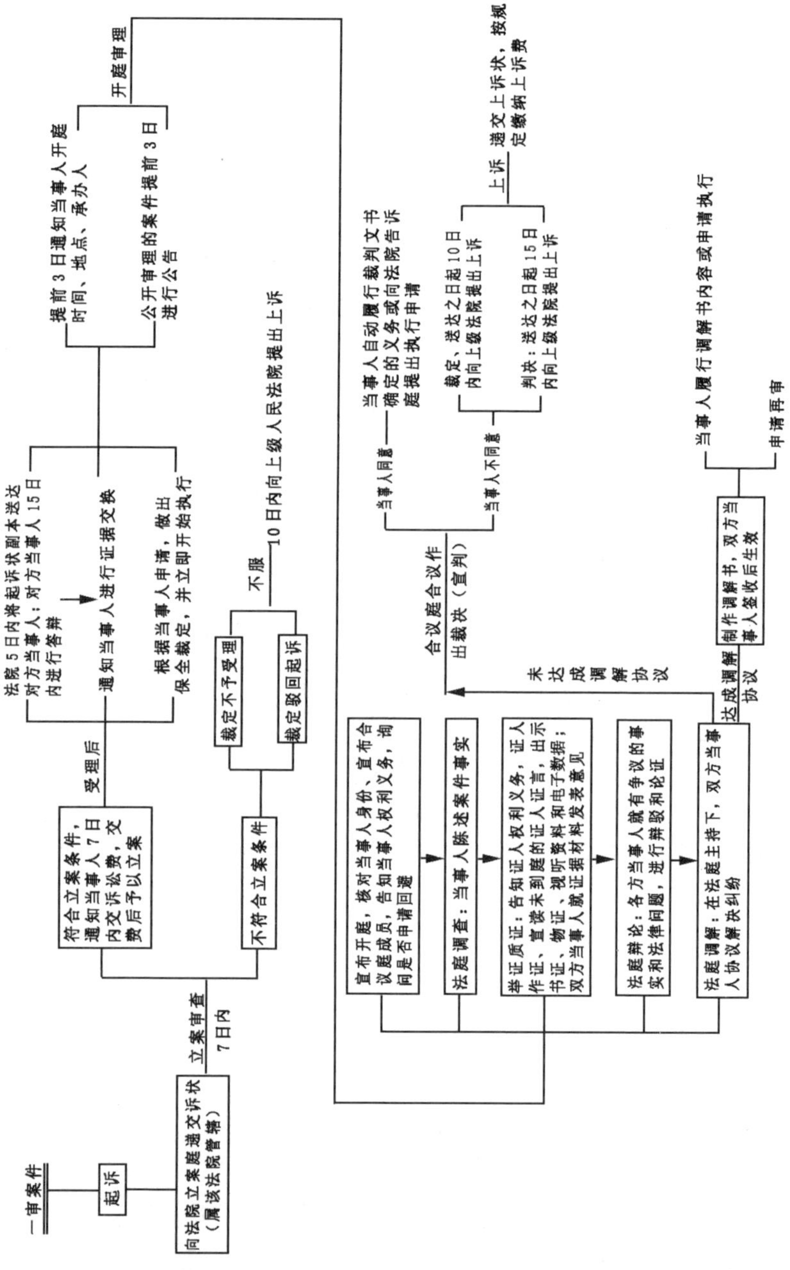

2. 民事诉讼流程图(二审)

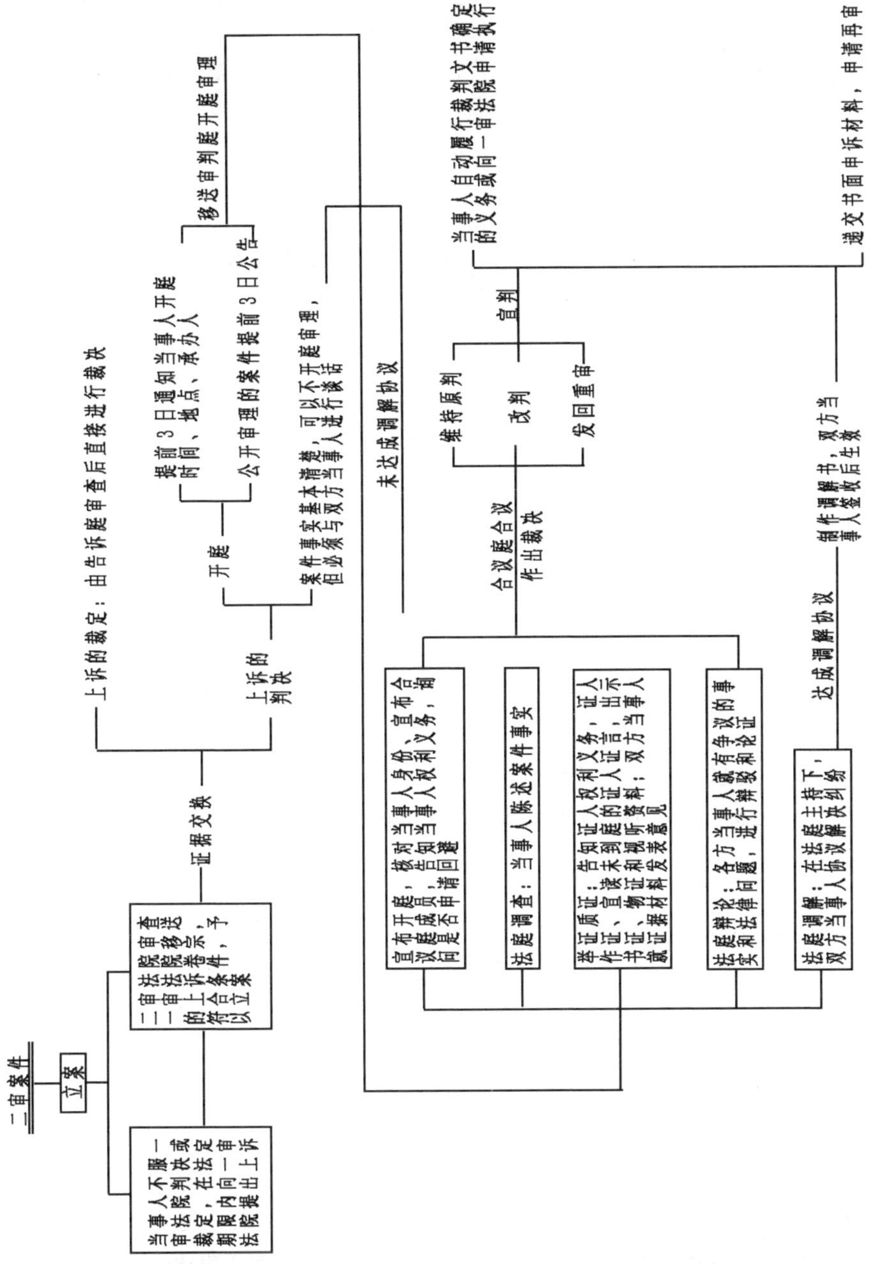
二审案件
立案
当事人不服一审法院判决或裁定，在法定期限内向一审法院提出上诉
一审法院审查后移送二审法院，二审法院审查上诉案件，符合条件的予以立案
证据交换
上诉的裁定：由告诉庭审查后直接进行裁决
上诉的判决
开庭
提前3日通知当事人开庭时间、地点、承办人
公开审理的案件提前3日公告
移送审判庭开庭审理
案件事实基本清楚，可以不开庭审理，但必须与双方当事人进行谈话
未达成调解协议
宣布开庭，核对当事人身份，宣布合议庭成员，告知当事人权利义务，询问是否申请回避
法庭调查：当事人陈述案件事实
举证质证：告知证人权利义务，证人作证，宣读未到庭证人证言，出示书证、物证和视听资料；双方当事人就证据材料发表意见
法庭辩论：各方当事人就有争议的事实和法律问题，进行辩驳和论证
法庭调解：在法庭主持下，双方当事人协议解决纠纷
达成调解协议
制作调解书，双方当事人签收后生效
合议庭合议作出裁决
维持原判
改判
发回重审
宣判
当事人自动履行裁判文书确定的义务或向一审法院申请执行
递交书面申诉材料，申请再审

图书在版编目（CIP）数据

中华人民共和国婚姻家庭注释法典 / 中国法制出版社编．—北京：中国法制出版社，2023.7
（注释法典）
ISBN 978-7-5216-3437-2

Ⅰ.①中… Ⅱ.①中… Ⅲ.①亲属法-法律解释-中国 Ⅳ.①D923.905

中国国家版本馆 CIP 数据核字（2023）第 065815 号

责任编辑：欧　丹　　封面设计：周黎明

中华人民共和国婚姻家庭注释法典

ZHONGHUA RENMIN GONGHEGUO HUNYIN JIATING ZHUSHI FADIAN

编者/中国法制出版社
经销/新华书店
印刷/三河市紫恒印装有限公司
开本/710 毫米×1000 毫米　16 开　　印张/ 36.5　字数/ 960 千
版次/2023 年 7 月第 1 版　　2023 年 7 月第 1 次印刷

中国法制出版社出版
书号 ISBN 978-7-5216-3437-2　　定价：92.00 元

北京市西城区西便门西里甲 16 号西便门办公区
邮政编码：100053　　传真：010-63141600
网址：http：//www.zgfzs.com　　**编辑部电话：010-63141655**
市场营销部电话：010-63141612　　**印务部电话：010-63141606**